Entscheidungen
des Reichsgerichts
in Zivilsachen

Sammlung der noch wichtigen Entscheidungen nach Fachgebieten geordnet

Herausgegeben

von

Professor Dr. **Leonhard Auerbach**, Berlin; Präsident des Reichspatentamtes a. D. **Johannes Eylau**, München; Rechtsanwältin **Charlotte Graf**, Berlin; Ministerialdirektor z.Wv. Senatspräsident Dr. **Ernst Knoll**, Berlin; Rechtsanwalt **Erich Kummerow**, Berlin; Rechtsanwalt **Hermann Reuß**, Berlin; Rechtsanwalt Dr. **Walter Schmidt**, Düsseldorf; Landgerichtsdirektor **Alexander Swarzenski**, Berlin; Rechtsanwalt Dr. **Werner Vahldiek**, Berlin.

Gruppe III Handelsrecht

Bank- und Börsenrecht
Wechsel- und Scheckrecht

Berlin 1953

Walter de Gruyter & Co.

vormals G. J. Göschen'sche Verlagshandlung / J. Guttentag, Verlagsbuchhandlung / Georg Reimer / Karl J. Trübner / Veit & Comp.

Bank- und Börsenrecht
Wechsel- und Scheckrecht

Bearbeitet

von

Dr. Werner Vahldiek
Rechtsanwalt in Berlin

Berlin 1953

Walter de Gruyter & Co.
vormals G. J. Göschen'sche Verlagshandlung / J. Guttentag, Verlagsbuchhandlung / Georg Reimer / Karl J. Trübner / Veit & Comp.

Archiv Nr. 28 17 53
Satz und Druck: Berliner Buchdruckerei Union GmbH., Berlin SW 29

Inhaltsverzeichnis

Seite

Verzeichnis der aufgenommenen Entscheidungen . . . VII

Bank- und Börsenrecht 1

Wechselrecht 193

Scheckrecht 571

Sachregister 627

Verzeichnis

der aufgenommenen Entscheidungen aus der alten Sammlung

+ Entscheidung ist gekürzt

* Entscheidung enthält nur Leitsatz

RGZ.	Seite
2, 59—63	193
2, 75—85	197
3, 60—64	206
8, 42—46+	209
8, 56—61	212
8, 66—71	216
9, 21—30	221
9, 56—61+	229
11, 148—160	232
12, 85—92	1
12, 131—134	243
14, 145—150	246
19, 136—140	251
23, 109—112	255
23, 296—304+	257
32, 36—39	258
32, 75—80*	260
33, 143—149	261
34, 35—37	8
35, 38—43	266
36, 64—71	10
41, 114—116	271
41, 126—127	273
43, 39—44	274
44, 78—80	278
44, 103—116	15
45, 120—123	280
45, 261—265	283
46, 132—142	287
47, 104—114	27
48, 139—144	295
48, 152—157	300
48, 223—233	305
49, 132—141	314
52, 220—223	322
53, 204—212	325
53, 227—232	332
53, 261—263	337
54, 329—335	36
55, 47—52	338
55, 183—187	42
56, 19—24	47
57, 167—169	343
58, 48—53	345
58, 366—369	51
60, 426—431	349
65, 177—183	55
65, 357—361*	353
65, 409—412	354
66, 7—10	357
66, 201—202	359
66, 295—305	361
67, 295—299	369
68, 427—428	373
70, 116—118	375
70, 208—212	377
70, 350—353	381
71, 14—16	384
71, 289—293*	385
72, 55—59	61
73, 244—250	64
73, 250—253	386
74, 184—186	389
74, 207—208	391
74, 351—354	392
76, 179—181	395
77, 139—141	397
77, 185—191	399
79, 381—389	70
81, 254—256	571
82, 32—34	78
85, 195—197	404
85, 299—304	406
87, 18—26	80
87, 329—334	87
87, 365—368	411
88, 91—94	92
89, 358—360	94
91, 42—46	96
91, 377—381	99
93, 23—27	414
95, 241—242	573
95, 255—260	103
96, 136—143*	419
96, 190—195	574
97, 144—148	108

RGZ	Seite
98, 103—106	419
99, 7—9	422
99, 75—78	580
100, 31—35	584
100, 55—60	587
100, 138—142	592
100, 167—171	424
100, 227—230	428
101, 361—365	113
102, 328—332*	596
103, 44—47	597
103, 87—91	599
104, 37—39	604
104, 119—121	116
105, 141—143	431
105, 143—147	434
107, 34—36	438
108, 78—83	440
108, 337—341	446
108, 389—391	450
109, 324—331	120
111, 266—273	606
111, 280—285+	612
112, 124—126	453
112, 137—140	614
112, 202—205	454
113, 335—341+	456
114, 365—371	462
115, 195—198	617
115, 311—319	468
117, 69—77	476
117, 93—96	126
119, 198—204	484
119, 422—427	489
122, 351—360*	494
124, 65—68	495
126, 1—8	497
126, 223—225	504
127, 226—231	130
129, 206—208	135
129, 336—339	506
130, 367—375*	137
134, 291—293	509
135, 91—94+	138
135, 319—321	139
136, 106—108	142
136, 137—141*	511
136, 207—210	512
138, 122—125*	144
139, 114—118	144
139, 193—199	515
140, 132—137	148
140, 345—348	152
142, 314—317	156
143, 154—159	520
144, 242—246	158
144, 311—314	162
145, 87—95	525
145, 121—131	531
147, 112—120	165
147, 149—154	174
153, 197—200	178
160, 338—349	541
162, 302—308	551
164, 10—15	557
164, 292—303	181
166, 98—105	620
166, 306—315	562

Die Entscheidungen sind grundsätzlich ungekürzt gebracht worden. Ausnahmsweise gekürzte Entscheidungen sind mit einem + gekennzeichnet.

Soweit eine Entscheidung mehrere Fachgebiete betrifft, ist sie nur in einem Fachgebiet aufgenommen worden. Die anderen Gebiete enthalten nur den Leitsatz der betreffenden Entscheidung mit einem Hinweis, wo der vollständige Abdruck erfolgt ist.

Um das Auffinden der Entscheidungen zu erleichtern, wird am Schluß der Gruppe ein Gesamt-Fundstellenregister erscheinen, in dem alle aufgenommenen Entscheidungen verzeichnet und nach der Fundstelle der alten und der neuen Sammlung zitiert sind.

Bank- und Börsenrecht

RGZ. 12, 85.

1. Rechtliche Natur der Guthaben einer Bank auf Girokonto.

2. Sind Kompensation und Retention beim depositum irregulare zulässig?

I. Zivilsenat. Urt. v. 30. Januar 1884.

I. Landgericht Hamburg. — II. Oberlandesgericht daselbst.

Die Firma A. J. & Co. in Hamburg, welche am 15. Mai 1882 ihre Zahlungen einstellte, hatte bei der beklagten Bank ein Girokonto. auf welches am 17. und 18. Mai 1882 Beträge von dritten Personen eingingen. Den Administratoren der unter außergerichtliche Administration getretenen Firma A. J. & Co. verweigerte die Bank die Auszahlung dieser Beträge, weil ihr gegen die gedachte Firma Gegenforrungen von höherem Betrage zustanden. Die Klage der Administratoren auf Auszahlung dieser Beträge wurde in erster Instanz wegen der Gegenforderungen der beklagten Bank abgewiesen. In zweiter Instanz wurde die beklagte Bank unter Verwerfung ihrer Kompensations- und Retentionseinwände auf Grund der Feststellung, daß ihr die Zahlungseinstellung der Firma A. J. & Co. am 17. Mai 1882 bekannt gewesen sei, nach dem Klagantrage verurteilt. Die hiergegen eingelegte Revision wurde zurückgewiesen.

Aus den Gründen:

„Beizustimmen ist der wohlbegründeten Ausführung des Berufungsgerichts, daß die Guthaben auf Girokonto der beklagten Bank als Depositenforderungen anzusehen sind. Diese Annahme widerspricht keineswegs der von der Revisionsklägerin in bezug genommenen Entscheidung des Reichsgerichts vom 14. Juni 1882 i. S. Witwe Großmann w. Fehlhaber (Hanseatische Gerichtszeitung Hauptblatt 3, S. 128). Letztere betraf das Rechtsverhältnis zwischen demjenigen, welcher nach Hamburger Sprachgebrauch — sein Konto unter einem anderen hat, und dem Kontoinhaber; hier dagegen handelt es sich um das Rechtsverhältnis zwischen dem Kontoinhaber und der Bank, bei welcher ihm ein Girokonto eröffnet ist. Während in betreff des ersteren Rechtsverhältnisses anerkannt wurde, daß dasselbe nicht immer auf einem Aufbewahrungsvertrage (depositum irregulare) beruhe, sondern je nach den Umständen des einzelnen Falles von verschiedener rechtlicher Natur sein könne, liegt dem letzteren Rechtsverhältnis immer dieselbe Art von Vertrag zugrunde.

Um die rechtliche Natur dieses Vertrages zu bestimmen, bedarf es keines Zurückgehens auf die Verhältnisse der ehemaligen Hamburger Bank. Auch das angefochtene Urteil erwähnt dieselben nur geschichtlich, begründet dagegen seine Annahme eines Depositum nicht etwa in der Weise, daß ein solches anzunehmen sei, weil die Einlagen auf Girokonto der alten Bank nach dem Ausspruch des Oberappellationsgerichtes zu Lübeck vom 23. September 1837 i. S. Delbanco w. Bankdeputation, vgl. B a u m e i s t e r, Hamburger Privatrecht B. 1, S. 304, Note 7 unter den Begriff des Depositum fielen, die Einrichtungen der beklagten Bank aber mit den Einrichtungen der ehemaligen Hamburger Bank in Ansehung des Giroverkehrs im wesentlichen übereinstimmen. Es bedarf daher keines Eingehens auf die Ausführung der Revisionsklägerin, daß die Verhältnisse der ehemaligen Hamburger Bank und der 1856 errichteten Bank sowohl in wirtschaftlicher als in rechtlicher Beziehung ungleich gewesen seien....

Als Grundlage für das Rechtsverhältnis der Beklagten zu den Klägern hinsichtlich des Giroverkehrs betrachtet das Berufungsgericht mit Recht die allgemeinen Bestimmungen des vom Verwaltungsrat der beklagten Bank erlassenen Geschäftsregulativs; daß für das Rechtsverhältnis der Parteien von den allgemeinen abweichende besondere Bestimmungen vereinbart worden seien, ist von keiner Seite behauptet worden. Das gedachte (im Hamburger Handelarchiv Bd. 1, S. 387 abgedruckte) Regulativ, über dessen Inhalt kein Streit obwaltet, nennt als Geschäftszweige: Girokonten, Annahme von verzinslichen Depositen, Darlehen auf Wechsel und Wertpapiere, auf Waren und Konnossements und ohne Unterpfand, endlich Aufbewahrung von Wertgegenständen. Der von Girokonten handelnde Abschnitt des Regulativs enthält die Bestimmung, daß die Bank jedem, der darum anhält und ein Guthaben bei ihr beschafft, ein Konto eröffnet und spesenfrei führt, daß die Verfügung über ein Guthaben bei der Bank vermittelst Anweisungen geschieht, und daß niemand über sein Guthaben hinaus verfügen darf. Dagegen enthält das gedachte Regulativ noch nicht die erst in dem neuen Regulativ aufgenommene Bestimmung, daß die Bank vom 1. Januar 1883 ab für die täglichen Giroguthaben von mindestens 1000 M Zinsen gewährt, und daß das Guthaben den Girokontoinhaber der Bank für ihre etwaigen Forderungen an dieselben haftet.

Auf diese Bestimmungen und die Feststellung, daß das in Gemäßheit derselben geführte Girokonto der Kläger bei der Beklagten immer einen Saldo zugunsten der ersteren aufgewiesen hat, und daß sowohl die von der Beklagten für Kläger auf deren bei ihr domizilierten Akzepte geleisteten Zahlungen, als auch die von ihr infolge eines Vorschußgeschäftes, sowie für diskontierte Wechsel an die Kläger geleisteten Zahlungen auf Girokonto gebucht worden sind, gründet nun das Berufungsgericht den Schluß:

daß das Girokonto nicht die laufende Rechnung des Bankiers mit seinen Geschäftsfreunden ist, in welcher die beiderseitigen Forderungen und Zahlungen gebucht und periodisch zum Abschluß gebracht werden, sondern die von allen anderen Rechtsbeziehungen des Kunden zur Bank abgesonderte Kassenrechnung, die wie eine Kasse immer nur einen Kreditsaldo haben kann, über welchen der Kontoinhaber durch Anweisung verfügen mag, daß demgemäß die auf dem Girokonto der Kläger eingegangenen Beträge von der Beklagten nicht zu dem Zweck, um in laufender Rechnung gutgeschrieben zu werden, sondern zu dem Zweck, damit Kläger durch Anweisungen oder durch Ab- und Zuschreiben auf ihrem Folium darüber verfügen können, angenommen worden sind, und

daß die auf diese Weise zwischen den Klägern und der Beklagten zustandegekommenen Rechtsgeschäfte die Natur eines Aufbewahrungsvertrages (depositum irregulare) haben.

Diese Ausführungen werden mit Unrecht als irrtümlich angefochten. Bei Abgrenzung des Depositum von verwandten Verträgen ist das unterscheidende Merkmal darin zu finden, ob der Vertrag die Pflicht zur Aufbewahrung eines beweglichen Gegenstandes dergestalt begründet, daß sie nicht die Folge eines außerdem bestehenden Rechtsverhältnisses, sondern lediglich Ausfluß des Hinterlegungsvertrages ist, und ob die Aufbewahrungspflicht zugunsten des Hinterlegenden dergestalt übernommen ist, daß demselben jederzeit, selbst bei Verabredung einer bestimmten Dauer der Aufbewahrung, den hinterlegten Gegenstand zurückzufordern freisteht. Diese Merkmale treffen bei der Eröffnung eines Girokonto vollkommen zu. Anstatt die verfügbaren Gelder bei sich aufzubewahren, übergeben die Inhaber von Girokonten sie der Bank zur Aufbewahrung mit Vorbehalt der Befugnis, jederzeit darüber durch Anweisungen an die Bank zur Auszahlung an sie oder andere oder Umschreibung auf andere zu verfügen. Während ein Vertrag dieses Inhaltes die Merkmale des Depositum an sich trägt, kann er weder als Kontokorrentvertrag noch als Mandat noch als Darlehnsvertrag aufgefaßt werden.

Der Umstand, daß die beklagte Bank nicht, wie die ehemalige Hamburger Bank, reine Girobank ist, sondern Bankgeschäfte verschiedener Art macht, und daß auch Kläger mit ihr nicht lediglich in Giroverkehr gestanden, sondern auch andere Geschäfte, unter anderem ein Anlehn gegen Verpfändung von Aktien, mit ihr negoziiert haben, nötigt keineswegs zu der Annahme, daß sämtliche beiderseitigen Geschäfte, wie beim Kontokorrentverhältnis, als ein Ganzes zusammenzufassen seien, so daß die Aufrechnung der Forderungen und Gegenforderungen beim Rechnungsabschluß sich von selbst verstehe. Der Abschluß eines Kontokorrentvertrages aber ist von der Beklagten nicht einmal behauptet, und es fehlen wesentliche oder doch regelmäßige Merkmale desselben, wie die Verabredung periodischer rechtsgeschäftlicher Rechnungsabschlüsse und die gegenseitige Verzinsung der Rechnungsposten. Die auf Girokonto eingegangenen Beträge erscheinen daher nicht als Zahlungen à conto, die beim Rechnungsabschluß als Faktoren in Verrechnung zu kommen bestimmt sind, sondern als Kassenbestände, welche die Beklagte zur Verfügung der Kläger bereit zu halten verpflichtet war.

Daß bei der Benutzung von Girokonten auch Mandatsverhältnisse, Zahlungs- und Einkassierungsaufträge vorkommen, berechtigt nicht, das gesamte Rechtsverhältnis zwischen dem Kontoinhaber und der Bank mit Thöl, Handelsrecht Bd. 1, S. 311, auf ein Mandastverhältnis zurückzuführen. Die Aufbewahrungspflicht besteht unabhängig von den Aufträgen, welche sich auf Vereinnahmung und Verausgabung der Gelder für den Kontoinhaber beziehen. Durch Übergabe und Übernahme derselben zur Aufbewahrung entsteht ein vom Mandate zu unterscheidender Realvertrag.

Daß dieser Realvertrag als Darlehnsvertrag aufzufassen sei, weil die Beklagte die bei ihr eingegangenen Gelder nicht in Natur aufzubewahren, sondern nur die gleiche Summe zur Verfügung des Kontoinhabers bereit zu halten verpflichtet war, kann nach dem hier maßgebenden gemeinen Recht nicht angenommen werden, nach welchem nicht allein die Vereinbarung, daß der Depositar die Gefahr des Unterganges oder Verlustes der hinterlegten Sache übernimmt (1, 7 § 15 Dig. de pact. 2, 14), sondern auch die Abrede, daß der Depositar den hinterlegten Gegenstand nur der Gattung nach zur Verfügung des Hinterlegenden zu halten verpflichtet sei (l. 31 Dig. loc. cond. 19, 2), ja sogar die Verabredung einer Verzinsung der hinterlegten Gelder mit dem Begriffe des Depositum nicht unverträglich gilt. Bei dem hier in Rede stehenden Girokonto ist es ganz unzulässig, einen Darlehnsvertrag anzunehmen, da die Beklagte die bei ihr auf Girokonto eingangenen Gelder nicht zu verzinsen hatte, unverzinsliche Darlehen aber im Handelsverkehr als ungebräuchlich im Zweifel nicht anzunehmen sind.

Sprechen somit alle Gründe für die Annahme eines Depositum, so kann ein Bedenken gegen diese Annahme auch nicht daraus entnommen werden, daß bei der beklagten Bank (wie auch bei der Reichsbank, vgl. Reichsbankgesetz vom 14. März 1875 § 13 Nr. 7, und bei anderen Banken) das Girokonto von dem Depositenkonto unterschieden wird. Die Unterscheidung dieser Konten beruht nicht auf rechtlichen, sondern auf wirtschaftlichen Rücksichten; nicht wegen rechtlicher Verschiedenheit der betreffenden Rechtsgeschäfte, sondern wegen der Verschiedenheit der finanziellen Bedingungen, unter welchen die Bank Gelder auf Girokonto oder auf Depositenkonto annimmt, erfolgt die Buchung auf verschiedenen Konten. Welcher rechtliche Charakter den auf Depositenkonto stehenden Depositen (im kaufmännischen Sinne des Wortes) zukommt, kann hier dahingestellt bleiben; jedenfalls gibt der Umstand, daß Gelder nicht auf Depositenkonto, sondern auf Girokonto eingezahlt, angenommen und gebucht worden sind, keinen Grund ab, ihnen die Eigenschaft von Depositen (im rechtlichen Sinne des Wortes) abzusprechen.

Prüft man nun von der Annahme eines depositum irregulare aus die von der Beklagten erhobenen Einreden, so unterliegt es

1. keinem Bedenken, daß die Kompensationseinrede unzulässig ist. Es ist zwar in neuerer Zeit,

vgl. Eisele, Kompensation S. 351 flg. S. 316,

dem Kompensationsverbot in l. 11 Cod. depos. 4, 34 unter ausschließlicher Beziehung desselben auf die Hinterlegung einer in specie zurückzugebenden Sache wegen vermeintlichen Zusammenhanges desselben mit jetzt nicht mehr geltenden römischen Prozeßgrundsätzen die praktische Bedeutung für das heutige Recht abgesprochen werden. Da aber der Grund der Ausschließung der Kompensation beim Depositum vielmehr darin zu finden ist, daß regelmäßig der Wille der Vertragschließenden dahin geht, wegen des dem Hinterlegenden jederzeit zustehenden Rückforderungsrechts dem Depositar unter keinen Umständen ein Zurückbehaltungsrecht zuzugestehen, und da dieser Grund, welcher auch beim depositum irregulare zutrifft, auch für das heutige Recht Geltung hat, so ist nicht allein anzunehmen, daß die Bestimmung der l. 11 Cod. cit. nach heutigem gemeinen Recht noch völlig anwendbar ist, was für Hamburg ohnehin durch die Wiederholung derselben in Stat. II, 3 Art. 12 außer Zweifel gesetzt wird, sondern es ist diese Bestimmung auch bei dem depositum irregulare, in Übereinstimmung mit der Mehrzahl der Rechtslehrer und mit der Rechtsprechung des vormaligen Reichsoberhandelsgerichts,

vgl. Entsch. des ROHG Bd 9, S. 437,

für anwendbar zu halten. Daß die Kompensationsbefugnis der Beklagten durch Vertrag mit den Klägern beigelegt worden sei, ist nicht behauptet worden....

2. Die Retentionseinrede anlangend, ist der Annahme des Berufungsgerichts, daß dieselbe nach Art. 313, 314 HGB nicht begründet ist, beizutreten, wenn auch nicht allen hierauf bezüglichen Ausführungen des angefochtenen Urteils beigestimmt werden kann. Das Zurückbehaltungsrecht des Handelsgesetzbuches findet schon deshalb keine Anwendung, weil es nur an „beweglichen Sachen und Wertpapieren des Schuldners" stattfindet. Geld ist daher nur dann Gegenstand des handelsrechtlichen Zurückbehaltungsrechts, wenn Geldstücke als körperliche Sachen retiniert werden. Geldsummen, d. h. Wertquantitäten, welche in Geld ausgedrückt und zu leisten sind, lassen sich nur zur Kompensation, nicht zur kaufmännischen Retention benutzen.

Vgl. Goldschmidt, Handbuch des Handelsrechts Bd. 1, S. 1034 Note 21, 23; v. Hahn, Kommentar zum Handelsgesetzbuch Bd. 2 Aufl. 2. S. 176; Endemann im Handbuch des deutschen Handelsrechts Bd. 2 S. 102, 103.

Das Berufungsgericht ist der Meinung, dieses Erfordernis des handelsrechtlichen Zurückbehaltungsrechts sei vorhanden, weil es sich um die Geldstücke handele, welche bei der Beklagten für die Kläger eingezahlt oder übertragen sind. Diese Meinung widerspricht aber der Annahme, daß ein depositum irregulare vorliege. Da die eingezahlten Gelder nicht als Geldstücke in specie bei der Beklagten aufbewahrt werden sollten und, wie ohne weiteres unterstellt werden kann, als solche auch nicht aufbewahrt worden sind, so kann daran das handelsrechtliche Zurückbehaltungsrecht nicht ausgeübt werden.

Da schon aus diesem Grunde die Berufung auf das handelsrechtliche Rententionsrecht zurückzuweisen ist, kommt es auf den vom

Berufungsgericht aus den Schlußworten des Art. 314 Abs. 2 HGB entnommenen Grund zur Verwerfung dieses Retentionsrechts nicht an. Es scheint aber auch dieser weitere Grund wenigstens insoweit zutreffend, als festgestellt wird, daß die Beklagte die Verpflichtung, die für Kläger eingezahlten Gelder zur jederzeitigen Verfügung der Kläger zu halten, in bezug auf die streitigen Gelder durch Annahme derselben auf Girokonto der Kläger zu einer Zeit übernommen hat, wo die Zahlungseinstellung der Kläger bereits erfolgt und der Beklagten bekanntgeworden war. Dies kann nur so verstanden werden, daß die Beklagte sich verpflichtet hat, ungeachtet des ihr nach Art. 314 Abs. 2 a. .a O. wegen der Zahlungeinstellung der Kläger zustehenden Zurückbehaltungsrechts, die eingegangenen Gelder *jederzeit zur Verfügung* der Kläger bereit zu halten. Dagegen erscheint es bedenklich, die Annahme des Berufungsgerichts zu billigen, daß das Zurückbehaltungsrecht immer dann ausgeschlossen sei, wenn der retinierende Gläubiger bestimmte, der Ausübung des Zurückbehaltungsrechts widerstreitende Verpflichtungen in bezug auf eine noch nicht übergebene Sache übernommen hat und die Sache erst nach erfolgter Zahlungseinstellung in seinen Besitz gelangt ist. Wie die gedachten Verpflichtungen schon mit Übernahme derselben entstehen, wenngleich die Übergabe der Sache erst später erfolgt, so greift auch die gesetzliche Vorschrift, welche die Übernahme derartiger Verpflichtungen bei Unsicherheit des Schuldners (unter den in Nr. 1, 2 Art. 314 a. a. O. bezeichneten Umständen) als die Retention nicht hindernd erklärt, schlechthin Platz, auch wenn die Übergabe der Sache erst später erfolgt. Nur dann, wenn der Gläubiger zu einer Zeit, wo die Unsicherheit des Schuldners bereits eingetreten und ihm bekanntgeworden war, mithin das Zurückbehaltungsrecht nach der Regel des Art. 214 ihm zustand, Verpflichtungen übernimmt, deren Erfüllung der Zurückbehaltung widerstreitet, sei es durch ausdrückliche Übernahme der Verpflichtung oder stillschweigend durch Annahme der Sache ohne Widerspruch gegen eine von dem Schuldner bei der Übergabe erteilte Vorschrift, ist in der Übernahme solcher Verpflichtungen ein Verzicht auf das nach Art. 314 stattfindende Zurückbehaltungsrecht zu finden. Dieser Fall aber liegt nach der Feststellung des Berufungsgerichts hier vor.

Auch das Retentionsrecht des allgemeinen bürgerlichen Rechts, soweit es über das in den Art. 313, 314 HGB gewährte, namentlich in Ansehung des Gegenstandes der Retention hinausgeht, steht der Beklagten nicht zu, weil beim Depositum nach l. 11 Cod. depos. 4, 34 nach Hamburger Stat. II, 3 Art. 12 nicht bloß die Kompensation, sondern auch die Retention dem Verwahrer versagt ist."

RGZ. 34, 35.

Rechtliche Natur der Akkreditierung. Welche Einreden stehen dem Akkreditierenden gegen den Anspruch aus dem Akkreditiv zu?

I. Zivilsenat. Urt. v. 3. November 1894.

I. Landgericht Hamburg. — II. Oberlandesgericht daselbst.

Der Kläger hatte im März 1893 an die de R. Company zu New York Waren für 1650 M verkauft, lieferbar Ende Juni durch den Beklagten, der in Hamburg domiziliert, zahlbar per 30 Tage Akkreditiv. Der Beklagte hatte dem Kläger durch Schreiben vom 11. April 1893 bestätigt, daß er demselben die fakturierten 1650 M an die Company seiner Zeit in gewohnter Weise „30 Tage nach Eintreffen der Ware hier" bar einsenden werde; er hatte demnächst auch die erst am 22. Juli bei ihm mit Faktura über 2065,55 M eingetroffenen, ursprünglich und nachträglich bestellten Waren nach New York verschifft. Im August teilte er dem Kläger mit, daß er für die Company weitere Waren nicht annehme und zahle, verweigerte dann auch die Zahlung für die Julisendung, weil sie verspätet geliefert sei, und ihr Betrag den akkredierten übersteige. Auf die Klage ist der Beklagte in beiden Instanzen zur Zahlung von 2065,50 M nebst Zinsen verurteilt. Seine Revision ist zurückgewiesen aus folgenden

Gründen:

„Das Berufungsgericht nimmt an, daß durch die Bestätigung des Akkreditivs eine selbständige Zahlungsverpflichtung des Beklagten begründet worden ist, und daß daher Beklagter nicht berechtigt ist, dem Kläger Einreden entgegenzusetzen, welche aus dem Rechtsverhältnis der de R. Company zum Beklagten oder zum Kläger hergenommen sind. Die Rüge der Revision, daß diese Auffassung die Bedeutung des Akkreditivs verkenne, kann nicht für zutreffend erachtet werden. Die Akkreditierung des Klägers bei dem Beklagten durch die de R. Company war eine Zahlungsanweisung. Beklagter hat durch das Bestätigungsschreiben vom 11. April 1893 dem Kläger gegenüber die Annahme der Anweisung erklärt und haftet demnach zufolge Art. 300 HGB. dem Kläger nach Maßgabe seiner Erklärung. Einwendungen, die auf das Rechtsverhältnis des Assignanten zum Assignatar oder zum Assignaten gestützt sind, kann letzterer dem Assignatar nur dann mit Erfolg entgegensetzen, wenn in der Annahmeerklärung ein dahin gehender Vorbehalt zu finden ist. Einen hierauf bezüglichen Vorbehalt enthält das Bestätigungsschreiben des Beklagten unzweifelhaft nicht. Die Sachlage bietet aber auch keine Veranlassung zu der Annahme, daß ein auf einen solchen Vorbehalt hinauslaufendes stillschweigendes Einverständnis unter den Parteien bestanden habe. Vielmehr ist mit dem Berufungsrichter davon auszugehen, daß Kläger bei Ausbedingung des Akkreditivs von der Absicht geleitet worden ist, sich von dem überseeischen Besteller unabhängig zu machen, und daß Beklagter diese mit den kaufmännischen Anschauungen im Einklang stehende Absicht des Klägers gekannt hat. Die Revision hat hiergegen geltend gemacht, Beklagter habe in seinem im Tatbestand des erstinstanzlichen Urteils in bezug genommenen Schriftsatz behauptet, in dem Akkreditiv sei die dreißigtägige Zahlungsfrist deswegen festgesetzt worden, damit, wenn sich bei der Ablieferung der Ware Mängel herausstellen würden, die de R. Company die Möglichkeit haben sollte, die Zahlung zurückzubehalten. Es wird gerügt, daß der Berufungsrichter diese, nach der Auffassung der Revision erhebliche Anführung unbeachtet gelassen hat. Die gedachte Anführung stellt sich aber nicht als eine selbständige Behauptung, sondern als eine Schlußfolgerung aus der Tatsache dar, daß die vom Beklagten zu leistende Zahlung dreißig Tage lang befristet war. Dieser Schluß ist nicht gerechtfertigt, da die Festsetzung eines derartigen Zahlungsziels die verschiedensten Gründe haben kann. Die Übergehung der vorstehenden Anführung in den Entscheidungsgründen des Berufungsurteils kann mithin nicht als ein die Aufhebung desselben bedingender prozessualer Verstoß betrachtet werden.

Es kann sich demnach nur darum handeln, ob Kläger den Anspruch auf den akkreditierten Betrag um deswillen verloren hat, weil die Ware nicht Ende Juni, sondern erst am 13. Juli von ihm abgesandt und erst am 22. Juli 1893 bei dem Beklagten eingetroffen ist, sowie ferner, ob Kläger den Beklagten auch für den die akkreditierte Summe überschreitenden Betrag seiner Faktur in Anspruch nehmen kann. Beide Fragen sind von den Instanzrichtern richtig beurteilt. Der Beklagte hat die ihm mit dem Schreiben vom 13. Juli 1893 unter Bezugnahme auf die getroffene Vereinbarung übersandten Waren anstandslos entgegengenommen und nach Amerika verschifft. Da Kläger in seinem Schreiben zu erkennen gegeben hatte, daß er sich, und zwar wegen des vollen Betrages seiner Faktur, an den Beklagten halten wolle, liegt in dem Verhalten des Beklagten das Anerkenntnis, daß der Anspruch des Klägers seinem ganzen Umfang nach von ihm honoriert werden solle."...

RGZ. 36, 64.

Prolongationsgeschäfte bei Ultimo-Engagements in Börsenpapieren. Verschiedenartige Gestaltung solcher, insbesondere Wirkung der Hinfälligkeit des letzten Prolongationsgeschäftes auf die vorausgegangenen.

II. Zivilsenat. Urt. v. 25. Oktober 1895.

I. Landgericht Mannheim. — II. Oberlandesgericht Karlsruhe.

Der Kläger, welcher mit der Bankfirma Gebrüder N. Spekulationsgeschäfte in Wertpapieren machte, meldete in dem gegen diese Firma eröffneten Konkurs eine Konkursforderung von 9059,81 M an, wovon nur 1528,32 M anerkannt wurden. Die Differenz von 7531,49 M, welche den Gegenstand einer nach § 134 KO. erhobenen Feststellungsklage bildet, rührt daher, daß der Kläger eine Reihe von Belastungsposten der gegnerischen Rechnung, welche sich auf nachstehende Geschäfte gründen, nicht anerkannte.

Am 4. April 1893 hatte der Kläger wiederum N. beauftragt, für ihn 30 000 M Diskonto-Kommandit per Ultimo April zu kaufen, und mit Schreiben der Gebrüder N. vom gleichen Tage die Nachricht erhalten, daß diese zufolge seines Auftrages an der Frankfurter Börse die bezeichneten Papiere zu 194,30 per Ultimo April kauften. Diese 30 000 M Diskontokommandit wurden sodann Ende April im gegenseitigen Einverständnis auf Ultimo Mai prolongiert, und zwar geschah nach dem Schreiben N.'s vom 27. April 1893 die Prolongation in folgender Weise: N. erklärte, mit dem einschließlich Zinsen, Kurtage usw. auf 58 782,05 M berechneten Kaufpreis der vom Kläger per Ultimo April zu beziehenden 30 00 M Diskontokommandit den Kläger zu belasten und dagegen für 56 646,65 M zu erkennen, welche letztere Summe den zum Liquidationskurs von 188 Prozent abzüglich 0,40 Prozent Reportgebühr berechneten Preis darstellte, um den N. seinerseits „per Kontant" 30 000 M Diskontokommandit vom Kläger kaufte. Am Schluß ist bemerkt, daß Kläger nunmehr an Ultimo Mai 30 000 M Diskontokommandit zu 188 von N. zu beziehen habe. Am 12. Mai ließ der Kläger die Hälfte der per Ultimo Mai zu beziehenden 30 000 M Diskontokommandit auf diesen Ultimo zu 181,20 Prozent verkaufen und wurde infolgedessen auf den 31. Mai mit einer Differenz von 1071,90 M belastet. Die andere Hälfte wurde zu dem Ultimokurs von 184 Prozent auf Ultimo Juni prolongiert. In der Berechnung vom 30. Mai fehlt, abweichend von der früheren Prolongation, eine getrennte Ermittlung des Preises der zunächst zu beziehenden und der an N. verkauften Aktien; es wurde vielmehr unmittelbar die auf der Vergleichung der Kurse von 188 und 184 Prozent sich ergebende Differenz zuzüglich 60,80 M Reportkosten, zusammen 660,80 M, als den Kläger per 31. Mai belastender Betrag festgestellt; doch ist am Schluß wiederum bemerkt, daß Kläger nunmehr an Ultimo Juni 15 000 M Diskontokommandit zu 184 Prozent von N. zu beziehen habe. Am 2. Juni ließ der Kläger noch 15 000 M „Handelsanteile" zu 143½ Prozent per Ultimo Juni kaufen, und es fand hierauf bezüglich beider Gegenstände eine Prolongation auf Ultimo Juli statt. Die nach den bisherigen Geschäften erfolgten Belastungen und Gutschriften, zu welchen letzteren noch der Betrag der Dividenden von seiten des Klägers bei der Bankfirma zu deren Sicherheit deponierter Aktien kam, ergaben per 30. Juni 1893 einen Saldo zu Lasten des Klägers von 2100,95 M. Die Prolongationen wurden aber auch in der Folge noch fortgesetzt, und zwar in der bisherigen Art und jeweils im Einverständnis des Klägers und unter Gutheißung der Ergebnisse durch denselben bis Ende November, auf welchen Zeitpunkt sich die Schuld des Klägers ohne Zinsen auf 7138,45 M berechnete. Nachdem N. wegen Unzulänglichkeit des Depots weitere Deckung verlangt hatte, jedoch ohne Erfolg, kündigte er mit Schreiben vom 9. Dezember 1893 dem Kläger an, daß er auf Ende des Monats die Abnahme der vom Kläger per Ultimo zu beziehenden Papiere und auch die Begleichung des Kontos mit 7299,55 M, worüber Rechnungsauszug beigelegt war, wünschen müsse. Hierauf erwiderte jedoch der Kläger am 11. Dezember, daß von ihm eine Abnahme der Effekten niemals beabsichtigt gewesen, wie dem N. auch wohl bekannt sein dürfte, und daß er dem Wunsche, die Effekten gegen Bezahlung zu übernehmen, daher nicht nachkommen könne, ebenso wenig der Regulierung der daraus resultierenden Differenzen. Mit Schreiben vom 15. Dezember erklärte N., daß er auf der Abnahme bestehen müsse, und bemerkte unter Hinweisung auf „Geschäftsbedingungen", die Kläger am 1. Januar 1892 erhalten und schriftlich anerkannt habe, daß er erforderlichenfalls zum Verkauf des Depots schreiten werde. Hierauf antwortete Kläger am 17. Dezember, daß die erwähnten Geschäftsbedingungen nicht in Betracht kämen, er jedenfalls auf seinen Standpunkt verharre und sich alle Rechte gegen N. vorbehalte, falls dieser seine bei ihm deponierten Papiere angreifen würde. N. verhielt sich nun trotz seiner Ankündigungen vom 9. und 15. Dezember bis in den Februar 1894 vollständig untätig. Als Kläger mit dem Verlangen der Rückgabe seines Depots hervortrat, erwiderte er diesem unterm 3. Februar, daß er zuvor sein Engagement lösen und den Saldo begleichen müsse, worauf Kläger am 4. Februar sein Verlangen mit folgender Begründung wiederholte: „Sie haben mein Engagement bei Ihnen ohne meine Einwilligung einseitig aufgelöst und bin ich hierdurch meinen Verpflichtungen enthoben." Nunmehr sandte am 4. oder 5. Februar N. dem Kläger zwei vom 29. Dezember 1893 und 29. Januar 1894 datierte Prolongationsberechnungen zu, welche Differenzen zugunsten des Klägers enthielten, und nach denen dieser an Ultimo Februar 15 000 M Handelsanteile zu 133,25 Prozent und 15 000 M Diskontokommandit zu 178 Prozent zu beziehen gehabt haben würde. Der Kläger erwiderte aber am 5. Februar telegraphisch: „Nachträgliche Prolongation ungültig, bestätige meinen gestrigen Brief."

Der Standpunkt des Klägers war nun der, daß infolge der im Dezember 1893 gewechselten brieflichen Erklärungen in Verbindung mit dem von N. nach Ultimo Dezember beobachteten Verhalten alle Geschäfte und insbesondere alle Ultimoverrechnungen, die mit dem Ankauf der 30 000 M Diskontokommandit am 4. April 1893 begonnen und seitdem stattgefunden haben, als hinfällig und ungeschehen anzusehen seien, ohne daß aus denselben irgendeine Verbindlichkeit für ihn zurückgeblieben wäre. ...

Der Konkursverwalter führte dagegen aus, daß Gebrüder N. zu den weiteren Prolongationen berechtigt gewesen, eventuell jedenfalls die Ergebnisse der früheren in Kraft geblieben seien, und durch die dem Stichtag vorausgegangenen Ankündigungen dessen, was sie zu tun gedächten, Gebrüder N. sich nicht gebunden hätten. ...

Die erste Instanz erkannte zugunsten des Klägers, das Berufungsgericht zugunsten der beklagten Konkursmasse, und die gegen letzteres Urteil eingelegte Revision wurde zurückgewiesen aus folgenden

Gründen:

„Das Berufungsricht geht in seinen Urteilsgründen davon aus, daß nach der auf eine Reihe von Prolongationen gefolgten letzten beiderseits noch für verbindlich erachteten Prolongation vom 29. November 1893 N. als Verkaufer von 15 000 M Handelsanteilen zu 126 Prozent und von 15 000 M Diskontokommandit zu 169 Prozent per Ultimo Dezember 1893 beanspruchen konnte, daß der Kläger als Käufer jene Papiere an den im Sinne des Art. 357 HGB fest bestimmten Termin gegen Bezahlung des Betrages abnehme. Darauf habe N. auch nicht etwa im Laufe des Dezember verzichtet, sondern im Gegenteil mit seinen Briefen vom 9. und 15. Dezember ausdrücklich angekündigt, daß er Abnahme verlangen werde. Allein, nachdem der Ultimo Dezember 1893 abgelaufen und von der Seite des Klägers nichts zur Erledigung seiner Abnahmeverbindlichkeit geschehen gewesen sei, habe N. seinerseits versäumt, von einem der Rechte, die ihm für jenen Fall nach Art. 357 vgl. mit Art. 354 HGB. zugestanden, den erforderlichen unverzüglichen Gebrauch zu machen. Durch diese Versäumnis sei aber jeder Anspruch des N. aus dem am 29. November per Ultimo Dezember abgeschlossenen Verkauf hinfällig geworden, und es könnten aus demselben nicht nachträglich noch irgendwelche Rechte gegen den Kläger abgeleitet werden.

Dagegen lehnt das Berufungsgericht ab, daraus, daß aus dem letzten Kaufvertrag vom 29. November 1893 seit Ende Dezember keine gegenseitigen Ansprüche mehr bestanden, mit dem Kläger die weitere Folgerung zu ziehen, daß deshalb auch alle früheren und sonstigen Geschäfte, die vom 4. April bis 29. November 1893 einschließlich stattgefunden haben, samt den daraus erwachsenen Geldforderungen hinfällig geworden seien. Insbesondere sei kein Grund ersichtlich, aus dem Kläger die Differenzen, die er schon schuldig geworden und mit denen er unter seiner Zustimmung per 29. April, 21. Mai, 30. Juni, 31. Juli, 31. August, 30. Oktober und 30. November 1893 belastet worden sei, zur Zeit der Konkurseröffnung nicht mehr schuldig gewesen sein sollte. Auf die Unverbindlichkeit dieser Belastungposten stützt aber der Kläger seine Revision und seinen auf Verwerfung der Berufung gerichteten Antrag.

Es muß nun zuvörderst dem Oberlandesgericht darin beigetreten werden, daß auf alle Fälle die Belastung vom 31. Mai mit 1071,90 M und die Belastung vom 29. April mit der aus der Vergleichung der Posten von 58 782,05 M und 56 646,65 M sich ergebenden Differenz von 2135,40 M für die Hälfte mit 1067,70 M nicht hinfällig geworden seien, da es sich hier um Differenzschulden des Klägers aus einer bereits Ende Mai vollständig beendigten Spekulation handelt.

Was dagegen die übrigen Differenzschulden des Klägers angeht, welche aus der nämlichen Spekulation herrühren, der auch der letzte und unvollzogen gebliebene Kaufvertrag vom 29. November 1893 seine Entstehung verdankt, so handelt es sich hier allerdings um die Frage, welche rechtliche Folge diesem Zusammenhang beizulegen sei. Während nach der Auffassung des Berufungsgerichts den auf dem klägerischen Auftrag vom 4. April 1893, soweit er 15 000 M Diskontokommanditanteile betraf, und dem am 2. Juni 1893 zum Ankauf von 15 000 M Handelsanteilen gegebenen Auftrag beruhenden Kauf- und Prolongationsgeschäften und den hierbei gebuchten Differenzschulden und

Nebenforderungen eine selbständige von der Erfüllung oder Hinfälligkeit des letzten Prolongationsgeschäfts nicht berührte Existenz beigemessen wird, hat der Vertreter der Revision eine entgegengesetzte Auffassung zur Geltung zu bringen versucht. Das Spekulationsgeschäft, wurde ausgeführt, verliere durch die Prolongation nicht den Charakter eines einheitlichen Geschäftes, wenngleich dieselbe zwischen den Kontrahenten einen Kauf und Verkauf darstelle. Die erste Prolongation bilde nur eine besondere Modalität der Erfüllung des ursprünglichen Vertrages; dies gelte auch von jeder folgenden, und es stelle sich sonach auch die letzte Prolongation als ein zur Erfüllung des ursprünglichen Vertrages geschlossenes Geschäft dar, mit dessen Rechtsunwirksamkeit sonach das ganze Gechäft hinfällig werde. Die Prolongation schließe die Abmachung ein, daß die Differenzen zu buchen seien, der Kaufpreis danach erhöht oder gemindert werde; aber erst, wenn real geliefert worden, seien die durch die vorläufigen Erfüllungsgeschäfte entstandenen Belastungen als definitiv zu betrachten.

Es ist nicht zu bestreiten, daß auch bei Ultimogeschäften, wie sie hier vorliegen, die Prolongation lediglich durch Hinausschiebung des Stichtages bewirkt und auf diese Weise die Einheitlichkeit des Geschäftes gewahrt werden könnte. Auch würde das Geschäft diesen Charakter nicht notwendig verlieren, wenn nach Verabredung jeweils die Differenz berechnet und nebst etwa vereinbarten Prolongationsgebühren als Abschlagszahlungen auf den Kaufpreis ausbezahlt oder zur gesonderten Begleichung gebucht würden. Auf der anderen Seite darf nicht verkannt werden, daß den Kontrahenten die freie Bestimmung darüber zusteht, ob sie in der angeführten Weise verfahren oder im Wege des Reportgeschäfts mittels Rückkaufs und abermaligen Verkaufs auf den nächsten Ultimo die Prolongation vornehmen wollen. Die Form des einfachen oder des Doppelgeschäftes, welche die Kontrahenten ihren Prolongationen geben, ist aber von entscheidender Bedeutung für die Beurteilung der rechtlichen Wirkung der eingetretenen Hinfälligkeit der Ansprüche aus der letzten Prolongation.

Das Oberlandesgericht stellt nun fest, daß die Prolongationen, welche zwischen der Firma Gebrüder N. und dem Kläger stattfanden, nicht etwa die Bedeutung hatten, daß damit die Erfüllung der über 15 000 M Diskontokommandit und 15 000 M Handelsanteile erstmals am 4. April und bzw. 2. Juni per Ultimo des Monats abgeschlossenen Geschäfte von Monat zu Monat weiter hinausgeschoben worden wäre. Vielmehr sei mit jeder Prolongation des per Ultimo des betreffenden Monats laufenden Geschäftes jeweils ein neuer und selbständiger Kaufvertrag zustande gekommen, dessen späteres Schicksal die aus den vorangegangenen Kaufverträgen und ihrer Abwicklung gegenseitig erworbenen Differenzansprüche nicht mehr habe berühren können. Zunächst wird bei der ersten Prolongation als unzweifelhaft das Vorliegen eines eigentlichen Reportgeschäftes und die Entstehung einer Differenzschuld von 2135,40 M für den Kläger ohne Anspruch auf eine Gegenleistung hierfür unabhängig von der Erledigung des per Ultimo des folgenden Monats zu erfüllen gewesenen Lieferungsgeschäftes nachgewiesen. Bei den späteren Prolongationen wird eine etwas abweichende Gestalt anerkannt, insofern hierbei nicht mit dem geschuldeten Kaufpreis der aus dem Rückkauf zum Liquidationskurs entstandene Anspruch des Klägers aufgerechnet, sondern unmittelbar sofort die Differenz selbst festgestellt worden sei. Allein ohne Rechtsirrtum wird auch für den Fall, daß nicht eine bloße abgekürzte Darstellung anzunehmen, vielmehr hiermit lediglich der gerade zu erfüllende Kauf durch Berechnung der Differenzschuld reguliert werden sollte, die Selbständigkeit dieser Schuld gegenüber dem neuen per nächsten Ultimo abgeschlossenen Kauf angenommen. Die Spekulation im ganzen wurde nach dem Inhalt und der juristischen Form der geschlossenen Geschäfte in selbständigen Abschnitten oder einzelnen Spekulationen erledigt, und es wurden deshalb die gebuchten Gewinn- bzw. Verlustbeträge nicht dadurch hinfällig, daß nach dem Stichtage der letzten Prolongation beide Teile ihre Rechte auf Abnahme und Lieferung nicht verfolgten und solcher verlustig wurden.

Da auch die weiteren nicht angefochtenen Erwägungen des Berufungsgerichts, welche zur Verneinung des behaupteten Verzichtes des Gemeinschuldners auf die Geltendmachung der bereits entstandenen Belastungsposten auf den hier in Rede stehenden Abschlüssen führten, keinen Rechtsirrtum enthalten, und die nachträglich von N. beliebten, vom Kläger abgelehnten weiteren Prolongationen nur günstige Ergebnisse für letzteren geliefert haben, so liegt ein rechtlicher Grund zur Aufhebung der angefochtenen Entscheidung nicht vor, und mußte deshalb die Revision zurückgewiesen werden."...

RGZ. 44, 103.

1. Zur Auslegung der §§ 48, 66 des Börsengesetzes vom 22. Juni 1896.

2. Zur Feststellung des Begriffes der Umgehung des Gesetzes.

I. Zivilsenat. Urt. v. 28. Oktober 1899.

I. Landgericht I Berlin. — II. Kammergericht daselbst.

Die Parteien standen vom November 1896 bis zum Juni 1897 in Geschäftsverbindung der Art, daß die Beklagte im Auftrage des Klägers an der Berliner Börse Wertpapiere kaufte und verkaufte. Die Beklagte trat in alle Geschäfte als Selbstkontrahentin ein.

Am 1. Januar 1897 ergab sich daraus für die Beklagte ein Guthaben. Am 1. März 1897 gab der Kläger Auftrag zum Ankauf von 25 Stück Luxemburgischer Prince-Henri-Aktien pr. ult. März, welche die Beklagte ihm verkaufte. Am 12. März ersuchte der Kläger die Beklagte um Verkauf von 50 Stück Oesterr. Kreditaktien pr. ult. unter ihren Geschäftsbedingungen, die vom Kläger unter dem 1. März 1897 unterschrieben waren.

Der Kläger nahm die gekauften Papiere nicht ab, und die verkauften wurden nicht geliefert. Beide Geschäfte wurden, das erstere auf den 30. April, das zweite auf den 30. April und sodann auf den 31. Mai, hinausgeschoben, das erste durch einfaches Gegengeschäft gelöst, das zweite dadurch, daß, als Kläger am 31. Mai nicht lieferte, die Beklagte ihm auf Grund der Nr. 4 der Geschäftsbedingungen am 1. Juni telegraphisch anzeigte, daß sie Schadensersatz wegen Nichterfüllung verlange und sich am 2. Juni decken werde. Den Deckungskauf nahm die Beklagte nach den von ihr überreichten Schlußscheinen am 2. Juni vor. Das von ihr aufgestellte Kontokorrent schloß mit einem Saldo zu ihren Gunsten von 384,80 M pr. 3. Juni.

Der Kläger wollte die Geschäfte als verbindlich nicht anerkennen. Keine der Parteien war im Börsenregister eingetragen, und der Kläger behauptete, daß die Geschäfte Börsentermingeschäfte und deshalb nach § 66 des Börsengesetzes unverbindlich, jedenfalls aber reine Differenzgeschäfte seien. Würden die Geschäfte im Kontokorrent gestrichen, so blieb ein Guthaben für den Kläger von mehr als 1800 M. Die Klage verlangte Verurteilung der Beklagten zur Zahlung von 1800 M nebst Zinsen seit der Klage.

Die Beklagte beantragte Abweisung der Klage, und widerklagend Verurteilung des Klägers zur Zahlung des Saldos von 384,80 M nebst Zinsen. Sie führte aus, daß nach den Geschäftsbedingungen vom 1. Januar 1897 die Geschäfte als Börsentermingeschäfte im Sinne der §§ 48, 66 des Börsengesetzes nicht anzusehen, und bestritt, daß reine Differenzgeschäfte abgeschlossen seien.

Der erste Richter verurteilte auf Grund des § 66 des Börsengesetzes, unter Abweisung der Widerklage, die Beklagte nach der Klage.

Dagegen legte die Beklagte die Berufung mit dem Antrag auf Abweisung der Klage und Verurteilung nach der Widerklage ein. Sie machte nunmehr geltend, daß es sich um Börsentermingeschäfte im Sinne des Gesetzes nicht handele, weil der Vorstand der Berliner Börse für den Terminhandel in Fonds bisher überhaupt keine Bedingungen festgesetzt habe, und weil die Geschäftsbedingungen, unter denen die angefochtenen Geschäfte geschlossen, nicht nur in 28 wesentlichen Punkten von den bis zum 1. Januar 1897 in Geltung gewesenen Börsenbedingungen abwichen, sondern auch ernstlich darauf gerichtet seien, im Verkehr der Bankwelt mit den Kunden Fixgeschäfte im Sinne des Art. 357 HGB. überhaupt auszuschließen und nur Lieferungsgeschäfte im Sinne der Art. 354—356 HGB. abzuschließen, denen der Charakter des Börsentermingeschäftes von Grund aus fehle, weil mit diesem die Übernahme des Risikos der Nachfrist unverträglich sei.

Der Kläger bestritt, daß ihm die Geschäftsbedingungen am 1. März und vor dem 12. März vorgelegt seien. Er behauptete, daß dies erst nach dem 12. März und auf seine Frage nach der Bedeutung der Bedingungen mit dem Bemerken geschehen sei, er wisse ja, diese Dinge seien nur pro forma, die Geschäfte würden gemacht wie früher. Darauf habe er das Formular unterschrieben, ohne es zu lesen.

Nach Beweisaufnahme wurde die Berufung zurückgewiesen. Auch die Revision der Beklagten ist zurückgewiesen worden aus folgenden

Gründen:

„Der Berufungsrichter stellt zugunsten der Beklagten fest, daß die angefochtenen Geschäfte auf Grund der vom Kläger unter dem 1. März 1897 unterschriebenen Geschäftsbedingungen geschlossen sind. Diese Bedingungen stimmen in allen wesentlichen Punkten mit den von der Bank für Handel und Industrie (Darmstädter Bank) aufgestellten Bedingungen für Lieferungsgeschäfte in Wertpapieren vom 1. Januar 1897 (Hans Hoffmann, Das Reichsbörsengesetz S. 81) überein. Die Behauptung des Klägers, ihm sei vor der Unterschrift der Bedingungen erklärt, „er wisse ja, diese Dinge seien bloß pro forma, die Geschäfte würden gemacht wie früher", sieht der Berufungsrichter nicht für erwiesen an.

Im übrigen geht der Berufungsrichter davon aus, daß die seit dem 1. Januar 1895 geltenden Bedingungen für die Geschäfte an der Berliner Fondsbörse nach dem 1. Januar 1897 von dem Börsenvorstand der Berliner Börse stillschweigend als für den Termindhandel im Sinne des § 48 des Börsengesetzes festgesetzte Geschäftsbedingungen in Kraft belassen seien. In der mündlichen Verhandlung ist dies nicht weiter in Zweifel gezogen. Der Berufungsrichter stellt sodann fest, daß es sich bei den angefochtenen Geschäften um Ultimoaufträge zum Abschluß von börsenmäßigen Termingeschäften gehandelt habe, die ihrer rechtlichen und wirtschaftlichen Natur nach Börsentermingeschäfte seien und deshalb unter den § 66 des Börsengesetzes fallen. In dieser Beziehung ist festgestellt, daß die geschlossenen Effekten bekannte, an der Berliner Börse zugelassene Spielpapiere sind, daß Prince-Henri-Aktien namentlich auch zu 25 Stück gehandelt werden, wie bei den Geschäften zwischen den Parteien, daß die Preise der Effekten amtlich notiert werden, daß der Vorstand der Berliner Fondsbörse nach dem von der Beklagten beigebrachten Protokollauszug vom 19. Januar 1897 die Börseneinrichtungen solchen Zeitgeschäften, wie sie von den Parteien auf Grund der Geschäftsbedingungen der Bank für Handel und Industrie geschlossen sind, eröffnet hat. Der Berufungsrichter legt darauf, daß diese Geschäftsbedingungen den Fixcharakter aufgegeben haben, kein Gewicht, weil der Fixcharakter für die börsenmäßigen Termingeschäfte im weiteren Sinne unwesentlich sei, die Nachfristklausel auch nicht ernst gemeint sein könne, da der Lieferungspflichtige auch nach Ablauf der Nachfrist regelmäßig nicht liefern werde, von vornherein dazu nicht gewillt, und dies dem anderen Teil bekannt sei.

Auf Grund dieser Feststellungen in Verbindung mit der unstreitigen Tatsache, daß keine der Parteien im Börsenregister eingetragen ist, gelangt der Berufungsrichter im Anschluß an das Urteil des Reichsgerichts vom 12. Oktober 1898,

Entsch. des RG.'s in Zivils. Bd. 42 S. 43,

dazu, den fraglichen Geschäften die Rechtswirksamkeit zu versagen. Daß unter dieser Voraussetzung dem Kläger das eingeklagte Guthaben zusteht, die Widerklageforderung nicht besteht, ist nicht mehr in Frage gezogen.

Dem Berufungsrichter ist im Ergebnis beizutreten. Die Angriffe der Revision treffen weder den Kernpunkt der Sache, noch den Kernpunkt der angefochtenen Entscheidung und der Entscheidung des Reichsgerichts vom 12. Oktober 1898. Auch wenn angenommen wird, daß der Begriff des Börsentermingeschäfts, wie ihn der § 48 des Börsengesetzes aufstellt, auch den §§ 55, 66, 69 des Gesetzes und allen Vorschriften des Abschnitts IV, betreffend den Börsenterminhandel, zugrunde liegt, ist das Ergebnis, zu dem der Berufungsrichter gelangt, gerechtfertigt. Auf die Ausführungen der Revision gegen die Argumentation des Berufungsrichters aus den §§ 50 Abs. 3, 82 Abs. 4 des Börsengesetzes kommt nichts an, weil es dieser Argumentation nicht bedarf. Auch die Ausführungen der Revision gegen die Auslegung der §§ 51, 52 des Gesetzes in dem reichsgerichtlichen Urteil vom 12. Oktober 1898 können auf sich beruhen. Es handelt sich vorliegend nicht um einen tatsächlichen Terminhandel in Wertpapieren, die zum Börsenterminhandel nicht zugelassen sind, oder in denen der Börsenterminhandel untersagt ist, für die deshalb eine amtliche Feststellung und Veröffentlichung der Preise nicht stattfindet. In Frage steht allein, ob die im § 66 des Börsengesetzes ausgesprochene Unwirksamkeit von Börsentermingeschäften, für die nicht beide Parteien im Börsenregister eingetragen sind, auf die Börsentermingeschäfte, die der Formulierung des § 48 des Gesetzes entsprechen, zu beschränken, oder ob diese Unwirksamkeit auf solche Geschäfte zu erstrecken ist, deren äußere Rechtsform zwar sich mit der Begriffsbestimmung des § 48 nicht deckt, die aber nach ihrem materiellen Inhalt und ihrer wirtschaftlichen Natur und Zweckbestimmung unter die Geschäfte fallen, die der Gesetzgeber nur den in das Börsenregister eingetragenen Personen mit Rechtswirksamkeit hat, gestatten, von denen er andere Personen hat ausschließen wollen, von denen deshalb anzunehmen ist, daß der Gesetzgeber sie hat treffen wollen und ausdrücklich getroffen haben würde, wenn er ihre Einkleidung in eine andere Rechtsform, als diejenige, die er formuliert hat, vorausgesehen hätte.

Das Urteil des Reichsgerichts vom 12. Oktober 1898 beruht in seinem Kern, ebenso wie das angefochtene Berufungsurteil, auf der Bejahung dieser Frage, die Bejahung dieser Frage aber auf dem Satz, daß der Rechtserfolg, den der Gesetzgeber durch eine zwingende allgemeingültige Rechtsnorm einem Rechtsgeschäft versagt, nicht auf einem Umweg dadurch erreicht werden kann, daß dem Rechtsgeschäft ohne Aenderung seines Inhalts eine andere Form gegeben wird.

Das Reichsgericht hält an diesem Satz fest. Aus sittlichen oder wirtschaftlichen Gründen, wegen sozialer Gefahren und in ähnlichen Fällen verbietet der Gesetzgeber manche Handlungen, die an sich dazu dienen könnten, rechtsgeschäftliche Folgen zu erzeugen, entweder schlechthin, oder so, daß die Handlungen rechtsgeschäftliche Folgen nicht haben sollen, oder er zieht dem Eintritt solcher Folgen gewisse, der Privatwillkür entzogene Schranken. Faßt der Gesetzgeber die Definition solcher Handlungen nicht weit oder genau genug, so entsteht die Gefahr, daß die Parteien den Rechts- und den wirtschaftlichen Erfolg, den sie durch das Rechtsgeschäft, gegen das das Gesetz sich richtet, erreichen wollen, auf einem Umweg dadurch zu erreichen suchen, daß sie ein verwandtes Geschäft an Stelle des vom Gesetz bedrohten abschließen und so die Erreichung des gesetzgeberischen Zweckes vereiteln. Dies ist der Fall der Umgehung des Gesetzes, die jedes Recht dem direkten Handeln gegen das Gesetz gleichstellt.

In den Quellen des gemeinen Rechts hat er seinen allgemeinen Ausdruck in ll. 29, 30 Dig. de leg. 1, 3 (l. 5 Cod. de leg. 1, 14) und seine praktische Gestaltung in einer Reihe von Fällen gefunden. l. 13 § 26 Dig. de AEV. 19, 1; l. 3 § 3, l. 7 pr. §§ 1, 3 Dig. de S. C. Maced. 14, 6; l. 8 § 6, l. 29 § 1. l. 32 § 3 Dig. ad S. C. Vell. 16, 1; l. 16 Cod. de usur. 4, 32. Das Verbot des Darlehns an den Haussohn, das Gesetz gegen die Interzession der Frauen und gegen die Schenkung unter Eheleuten, das Zinsverbot wird auf den Verkauf von Sachen durch den Gläubiger an den Haussohn, dem das Darlehn aus dem Erlös verschafft werden soll, auf das Darlehn, das der Frau gegeben wird, damit sie das Geld dem kreditunwürdigen Dritten gebe, auf den Verkauf unter dem Wert an den Ehegatten, auf Vergütung für Kredit unter der Rechtsform der Vertragsstrafe angewendet. In dem Gesetz vom 16. Mai 1894 (RGBl. S. 450) werden Verkäufe auf Abzahlung Beschränkungen unterworfen, die durch Vertrag nicht abgeändert werden dürfen. Der § 6 des Gesetzes sagt ausdrücklich, daß die Beschränkungen auf Verträge Anwendung finden, die darauf abzielen, den Zweck des Abzahlungsgeschäftes in einer anderen Rechtsform, z. B. durch Vermietung, zu erreichen. Hier hat das Gesetz den allgemeinen Rechtsgedanken ausdrücklich ausgesprochen, auf den der Gesetzgeber auch ohne ausdrückliche Hinweisung bei dem Richter für die Anwendung zwingender Gesetze rechnen muß.

Vgl. reg. 84 in VI° de R. J. 5, 12 appendix („cum quid una via prohibetur alicui, ad id alia non debet admitti"). Wächter, Handbuch des Württemb. Privatrechts Bd. 2 § 1 S. 9 a. E.

Die Anwendung dieses Rechtsgedankens enthält nicht, wie die Revision meint, die Verbesserung eines mangelhaften Gesetzes durch den Richter, zu der der Richter nicht berufen ist, sondern die dem wahren Willen des Gesetzes nach seinem Grund und Zweck entsprechende Anwendung des Gesetzes, zu der der Richter an erster Stelle berufen ist.

Im vorliegenden Falle handelt es sich um ein zwingendes Gesetz. Das Börsengesetz gebietet die Führung eines Börsenregisters für Waren und Wertpapiere bei jedem zur Führung des Handelsregisters zuständigen Gericht. Es gebietet allen Personen, die sich an Börsentermingeschäften mit voller Rechtswirkung beteiligen, solche Geschäfte eingehen wollen, die Eintragung ihrer Namen in das Börsenregister (§§ 54, 55, 60, 66). Es versagt ohne diese Eintragung allen Börsentermingeschäften, der Erteilung und Übernahme von Aufträgen zu solchen und der Vereinigung zum Abschluß derselben, den bestellten Sicherheiten und den abgegebenen Schuldanerkenntnissen die volle Rechtswirksamkeit. Das Gesetz will ohne die Eintragung voll rechtswirksame Börsentermingeschäfte nicht. Es will Börsentermingeschäfte unter nicht eingetragenen Personen verhüten.

Grund und Zweck des Gesetzes sind aus seiner Entstehungsgeschichte bekannt. Man ging davon aus, daß der börsenmäßige Terminhandel ganz überwiegend nicht berechtigten wirtschaftlichen Zwecken, sondern der Befriedigung des reinen Spielbedürfnisses diene, daß die Art seines Betriebes zu der Möglichkeit geführt habe, am Terminhandel mit geringen Mitteln teilzunehmen, obwohl die Wertpapiere regelmäßig nur in ganz bestimmten hohen Beträgen gehandelt werden, welche die Geldmittel der kleinen Kapitalisten erheblich übersteigen, daß dadurch zahllose Personen aus dem großen Privatpublikum, Beamte, Offiziere, Landwirte, Handwerker und selbst Kaufleute, deren Geschäftsbetrieb solche Geschäfte nicht fordert, zum börsenmäßigen Terminhandel verleitet werden, obwohl sie nicht die zur Beurteilung der Gewinn- und Verlustchancen erforderliche Fachkenntnis besitzen und regelmäßig Kontrahenten gegenüberstehen, die mit dem Börsenwesen vertraut und ihnen überlegen sind. Erwogen wurde, daß infolgedessen die Beteiligung am börsenmäßigen Terminhandel für das Privatpublikum in hohem Maße verhängnisvoll geworden sei und jährlich zahlreiche Existenzen vernichtet habe.

Man ging weiter davon aus, daß die damalige Gesetzgebung zur Bekämpfung der Ausartung des börsenmäßigen Terminhandels in Wertpapieren nicht ausreiche. Man wollte diesen Terminhandel nicht ganz beseitigen, weil man annahm, daß er an sich und in gewissen Fällen eine berechtigte Form des Handelsverkehrs sei. Man gelangte deshalb dahin, die Fähigkeit, rechtlich vollwirksame Börsentermingeschäfte abzuschließen, an bestimmte Voraussetzungen zu knüpfen, und glaubte in der Einrichtung des Börsenregisters das geeignete Mittel gefunden zu haben, dem Privatpublikum die Beteiligung an dem Börsenterminhandel zu erschweren und sie dadurch einzuschränken. Man nahm an, daß alle, aber auch nur solche Personen, die eine wirtschaftlich berechtigte Veranlassung haben, sich des börsenmäßigen Terminhandels als Mittel zur Erleichterung und Sicherung ihrer geschäftlichen Unternehmungen zu bedienen, sie ohne Bedenken eintragen lassen könnten und würden. Für solche Personen sah man in der Einführung des Registerzwanges zugleich einen hohen Vorteil, weil die Eintragung die Scheidung zwischen berechtigtem und unberechtigtem Terminhandel zum Ausdruck bringe, die Einrede des reinen Differenzgeschäftes eingetragenen Personen gegenüber unbedenklich zu versagen sei, und dadurch klare und sichere Rechtsverhältnisse geschaffen würden. Für andere Personen hielt man jedes börsenmäßige Termingeschäft für bedenklich und ihre Ausschließung von demselben für ganz unnachteilig.

Dabei war man sich darüber klar, daß es der gesetzlichen Feststellung des Begriffs des Börsentermingeschäfts bedürfe, schon bei den Verhandlungen der Börsen-Enquetekommission aber zugleich darüber, daß die Beteiligten versuchen könnten, ihren Geschäften den Charakter von Börsentermingeschäften im Sinne der gesetzlichen Begriffsbestimmung durch einzelne Abänderungen der Geschäftsbedingungen zu nehmen. Man vertraute aber darauf, daß der Richter bei Anwendung der Begriffsbestimmung die Vereitelung des vom Gesetz beabsichtigten Zweckes zu verhindern wissen werde.

Die Begriffsbestimmung war naturgemäß durch die Gestaltung gegeben, die der börsenmäßige Terminhandel in seiner bekannten Entwicklung aus dem gewöhnlichen fixen Lieferungsgeschäft im Sinne des Art. 357 HGB. angenommen hatte. Bei dem gewöhnlichen Fixgeschäft wird der gesamte Inhalt des Geschäfts, Objekt, Quantum und der Termin, durch das Bedürfnis und die Mittel der Kontrahenten in jedem einzelnen Falle bestimmt. Jedes Geschäft ist dadurch anderen, gleichartigen Geschäften gegenüber nach Menge, Preis, Lieferzeit individualisiert. Im Gegensatz zu diesem gewöhnlichen Fixgeschäft haben die Geschäfte im börsenmäßigen Terminhandel einen allgemeinen schablonenhaften Charakter dadurch erhalten, daß sie nach vorher an der Börse für alle Geschäfte dieser Art festgesetzten gemeinsamen Bedingungen auf dieselbe festbestimmte Zeit, über feste Mengeeinheiten geschlossen, und daß für sie an der Börse fortdauernd Terminpreise amtlich festgestellt und veröffentlicht werden. Auf dieser Gleichartigkeit aller Geschäfte nach Menge, Termin, Terminspreis beruht die Möglichkeit der Deckung jedes Kontrahenten durch Gegengeschäft, der Lösung durch bloße Differenzzahlung, die Möglichkeit der Beteiligung weiter Kreise an den Geschäften ohne den Besitz der Mittel zur Effektiverfüllung, die stets umgangen werden kann, die Möglichkeit der Benutzung dieser Geschäfte zu einfachen Differenz- und Spielgeschäften.

Daraus ergab sich für den Gesetzgeber die Begriffsbestimmung, die der § 48 des Börsengesetzes formuliert. Die Begriffsbestimmung deckte die Börsentermingeschäfte, wie sie damals üblich waren. Geschäfte dieser Art sollten dem großen Privatpublikum durch die Einrichtung des Börsenregisters verschlossen werden.

Ob die Einrichtung des Börsenregisters dafür das geeignete Mittel war, ist hier nicht zu beurteilen. Nach dem Grund und Zweck des Gesetzes war den Beteiligten der Weg, den sie dem Gesetz gegenüber einzuschlagen hatten, vorgezeichnet. Das Börsentermingeschäft war entweder aufzugeben, oder auf den Kreis der eingetragenen Personen zu beschränken, den das Gesetz selbst nicht einschränkt, da es die Eintragung in das Börsenregister von keinen besonderen Voraussetzungen abhängig macht. Wollten sie das nicht, so mußten sie auch die Folgen auf sich nehmen, die das Gesetz an die Nichtbefolgung seiner Vorschriften knüpft. Statt dessen ist das Bestreben der beteiligten Börsenkreise von Anfang an dahin gerichtet gewesen, das Gesetz illusorisch zu machen und seinen Zweck, das große Privatpublikum vom Börsenterminhandel fernzuhalten und klare und sichere Rechtsverhältnisse zu schaffen, dadurch zu vereiteln, daß man die Termingeschäfte nicht nach den an der Börse festgestellten Geschäftsbedingungen abschloß, sondern für den Verkehr mit den Privatkunden andere Geschäftsbedingungen gleicher allgemeiner Art substituierte. Der Zweck dieses Verhaltens, das Gesetz illusorisch zun machen, wird kaum geleugnet. Die Sache liegt ja nicht so, daß die an der Börse Beteiligten aus geschäftlichen Gründen, welche nicht mit dem Erlaß des Börsengesetzes zusammenhingen, das bis dahin übliche Termingeschäft umgestaltet und ein Geschäft wesentlich anderen Inhalts an die Stelle gesetzt hätten, welches anderen geschäftlichen Zwecken und anderen geschäftlichen Bedürfnissen sowohl der Börsenkreise wie des mit demselben in Beziehung tretenden Publikums zu dienen bestimmt gewesen wäre. Man glaubte sich von der Pflicht der Eintragung in das Börsenregister einfach dadurch befreien zu können, daß man an die Stelle des der bisherigen Übung entsprechenden Tatbestandes, wie er im § 48 des Gesetzes definiert ist, an den der § 66 des Gesetzes die Pflicht zur Eintragung knüpft, einen anderen Tatbestand setzte, mit welchem man im übrigen dasselbe erreicht.

Aber darin hat man sich geirrt. Die Ausführung, daß, nachdem der § 48 des Börsengesetzes die Begriffsbestimmung des Börsentermingeschäfts gegeben, „jedem Rechtsgenossen freistehe, von dem Abschluß solcher Börsentermingeschäfte abzusehen und ein anderes Geschäft abzuschließen", ist verfehlt, wenn das andere Geschäft nur eine andere Rechtsform für die Geschäfte ist, die das Gesetz in seinen §§ 48, 66 im Auge gehabt hat, und zu denselben wirtschaftlichen Resultaten führt, die das Gesetz hat verhüten wollen. Die Sache liegt dann nicht anders, als in dem obigen Beispiel der gemeinrechtlichen Rechtsquellen, in welchen man an die Stelle des verbotenen Darlehns an den Haussohn den Verkauf an ihn setzte, um ihm das verbotene Darlehn zu verschaffen. Die Umgehung des Gesetzes liegt in der absichtlichen Wahl dieser Rechtsform zum Zweck der Erreichung dessen, was das Gesetz nicht will. Der Charakter der Umgehung des Gesetzes wird weder dadurch beseitigt, daß man den Zweck des Gesetzes für unberechtigt hielt und das Kapital des großen Privatpublikums für die Geschäfte der Börse nicht entbehren zu können glaubte, noch dadurch, daß man durch den Abschluß solcher Geschäfte, ohne sich eintragen zu lassen, den Nachteil mit in den Kauf nahm, daß sie jedenfalls dem Differenzeinwand unterworfen blieben (§ 69 des Gesetzes).

Vgl. Bähr, Urteile des Reichsgerichts S. 59, 60.

Man nahm den Nachteil in den Kauf, obwohl man ihn durch Eintragung hätte vermeiden können, weil man ihn, ohne sich eintragen zu lassen, nicht vermeiden konnte. Dadurch, daß man ihn in den Kauf nahm, würde man zugleich den Zweck des Gesetzes, klare und sichere Rechtsverhältnisse zu schaffen, vereiteln, wenn die Vorschrift des § 66 in der Anwendung auf solche Geschäfte versagte. Es ist völlig klar, daß, wenn man annehmen wollte, der Gesetzgeber habe zulassen wollen, sich der Eintragungspflicht dadurch zu entziehen, daß man die Geschäfte unter anderen allgemeinen Geschäftsbedingungen abschloß, als den von der Börse festgesetzten, ohne daß dadurch der Charakter der Geschäfte geändert wurde, das Börsengesetz nichts als ein Blatt Papier wäre, durch das an dem früheren, als unleidlich empfundenen Rechtszustand nichts geändert wäre, da die Beteiligung des Privatpublikums an den als verhängnisvoll angesehenen Geschäften ebenso unverändert bliebe, wie die Berufung auf die Einrede des reinen Differenzgeschäfts. Das kann nicht in der Absicht des Gesetzgebers gelegen haben, und die Rechtsprechung ist berufen, den Willen des Gesetzes zur Geltung zu bringen.

Was die Revision dagegen aus dem von ihr angeführten Beispiel beweisen will, ist verfehlt. Schon in den Verhandlungen der Börsen-Enquetekommission ist darauf hingewiesen, daß eine Person, die Wertpapiere besitzt und zu einer bestimmten künftigen Zeit Geld braucht, das Börsentermingeschäft nicht nötig hat oder doch nur gering benachteiligt wird, wenn sie vom Börsentermingeschäft keinen Gebrauch machen kann, um die Wertpapiere auf Termin zu verkauefn, daß der Fall überdies praktisch sehr selten, und daß die Möglichkeit, im Wege des Termingeschäfts zu verkaufen, immer bedenklich ist.

Auch die von der Beklagten in wesentlicher Übereinstimmung mit dem Schema der Bank für Handel und Industrie aufgestellten allgemeinen Bedingungen sind nicht geeignet, die Anwendung des Börsengesetzes auszuschließen. Sie sind, wie die von den Mitgliedern der Stempelvereinigung aufgestellten Bedingungen,

vgl. Hoffmann, a. a. O. S. 79,

dazu bestimmt, an die Stelle der ausdrücklich ausgeschlossenen Bedingungen für Zeitgeschäfte an der Berliner Fondsbörse zu treten. Wird dieser Zweck erreicht, so gewinnen die danach geschlossenen Geschäfte denselben allgemeinen, schablonenhaften, der Individualität des Einzelgeschäftes entbehrenden Charakter, der den in § 48 des Börsengesetzes formulierten Börsentermingeschäften eigen ist. Werden sie an der Börse in Wertpapieren geschlossen, die zum Börsenterminhandel zugelassen sind, die infolgedessen an der Börse tatsächlich gehandelt werden, ist die Benutzung der Börseneinrichtungen für sie gestattet, werden die Terminpreise für sie amtlich festgestellt, so unterscheiden sie sich materiell in nichts von den Börsentermingeschäften, die dem Wortlaut des § 48 des Börsengesetzes entsprechen. Sie sind dann, ebenso wie diese, durch ihre Gleichartigkeit, durch die parate Möglichkeit der Deckung durch Gegengeschäft und der Umgehung der Effektiverfüllung geeignet, dem Spiel zu dienen, und der Zweck des Gesetzes wäre vereitelt, wenn die Eintragungspflicht für diese Geschäfte nicht bestände. Dagegen kann nicht geltend gemacht werden, daß das Termingeschäft sich aus dem freien Terminhandel entwickle. Der Gesetzgeber des Börsengesetzes kann nicht anders als davon ausgegangen sein, daß nach der gebotenen Einrichtung des Börsenregisters am Börsenterminhandel jeder Art sich nur noch solche Personen beteiligen würden, die im Börsenregister eingetragen sind. Er muß davon ausgegangen sein, weil er die Vereitelung des Zwecks des Gesetzes nicht gewollt haben kann.

Im vorliegenden Falle ist unstreitig, daß die Geschäfte über Wertpapiere geschlossen sind, in denen der Börsenterminhandel vor dem

1. Januar 1897 erlaubt war und nachher nicht untersagt ist, daß die Benutzung der Börseneinrichtungen für Zeitgeschäfte auf Grund der in Rede stehenden Geschäftsbedingungen von dem Börsenvorstand der Berliner Börse gestattet ist, und daß die Preise für die gehandelten Effekten ohne Unterschied der Geschäftsbedingungen, nach denen sie gehandelt, und namentlich ohne Unterscheidung der Geschäfte, die mit Nachfrist geschlossen werden, und der übrigen Ultimogeschäfte amtlich festgestellt werden.

In Wahrheit sind danach die von der Beklagten nach ihren Geschäftsbedingungen geschlossenen Geschäfte den Fixgeschäften des § 48 des Börsengesetzes völlig gleichwertig. Die Bedingungen sollen dem Wortlaut nach für alle Lieferungsgeschäfte in Wertpapieren gelten und unterwerfen alle solche Geschäfte den Art. 354—356 HGB als vertragsgemäßer Norm. In Wahrheit zielen sie nur auf die unter 2 hervorgehobenen Ultimogeschäfte. Als Ultimo soll der letzte Börsentag des Monats, aber auch dieser nicht als fixer Termin für die Lieferung im Sinne des § 48 des Börsengesetzes gelten, obwohl der Verzug durch Nichterfüllung ohne Mahnung eintreten soll. Das soll notwendig auch für Ultimogeschäfte in Wertpapieren gelten, die erheblichen Preisschwankungen unterliegen, Gegenstand der Börsenspekulation sind und im Börsenhandel erfahrungsmäßig lediglich mit Rücksicht auf den durch die Preisschwankungen zu erzielenden Gewinn abgeschlossen werden, bei denen deshalb nach der Absicht der Kontrahenten die vereinbarte Erfüllungszeit als eine wesentliche Bedingung des Geschäftes anzusehen ist.

Vgl. Entsch. des ROHG Bd. 8 S. 236, Bd. 16 S. 292.

Trotzdem soll der nicht säumige Käufer, unter Ausschluß des Rücktrittsrechts, Schadenersatz wegen Nichterfüllung nur fordern können, wenn er dies dem säumigen Verkäufer telegraphisch anzeigt, und der Verkäufer entweder nicht telegraphisch eine Nachfrist von zwei Börsentagen beansprucht, oder auch an dem durch die zu gewährende Nachfrist hinausgeschobenen Erfüllungstage nicht erfüllt. Der Höchstbetrag des Schadensersatzes, den der Käufer zu fordern hat, soll nach der Wahl des Käufers durch Deckungskauf festgestellt oder durch die Differenz zwischen dem Vertragspreis und dem amtlichen Börsenkurs am Erfüllungstag bestimmt werden. Auch der Verkäufer muß vor der Zwangsregulierung dem säumigen Käufer auf telegraphisches Verlangen dieselbe Nachfrist von zwei Börsentagen bewilligen.

Damit sind die Geschäfte äußerlich zwar des Charakters des Fixgeschäftes auf seiten des Verkäufers, den der § 48 des Börsengesetzes für das Börsentermingeschäft fordert, entkleidet, aber auch nur äußerlich. Die Nachfrist, die dem Verkäufer auf Verlangen gewährt werden muß, ist nicht die den Umständen angemessene Frist zur Nachholung des Versäumten im Sinne des Art. 356 HGB. Von solcher den Umständen angemessenen Frist ist bei Ultimogeschäften in Wertpapieren an der Börse überhaupt nicht zu reden; die Natur solcher Geschäfte läßt eine Nachfrist dieser Art überhaupt nicht zu; die Voraussetzung, an welche der Art. 356 HGB die Pflicht zur Gewährung der Nachfrist knüpft, liegt nicht vor. Ob daraus zu schließen, diese Bedingung könne nicht ernst gemeint sein, weil jeder darauf rechnen müsse, Nachfrist werde nicht verlangt, und jedenfalls auch nach bewilligter Nachfrist nicht geliefert und abgenommen werden, kann auf sich beruhen. Die ein für alle Mal festbestimmte Nachfrist von zwei Börsentagen führt zu weiter nichts, als dazu, daß, wenn sie gefordert wird, das Geschäft von Ultimo auf den dritten Börsentag nach Ultimo fix prolongiert wird. Wenn die Revision geltend macht, daß nach der Natur des Ultimobörsengeschäfts in Wertpapieren mit dieser Nachfrist eine ernste Gefahr verbunden, und ein erheblicher Nachteil mit in Kauf genommen werde, so gilt hier dasselbe, was oben bezüglich des Umstandes bemerkt ist, daß mit der Exemtion der Geschäfte von den vom Börsenvorstand festgesetzten Bedingungen die Gefahr der Einrede des reinen Differenzgeschäfts in Kauf genommen wird. Weder die Natur des Börsentermingeschäfts wird dadurch geändert, daß die Nachfrist eine weitere Spekulation über Ultimo gestattet, noch wird die Umgehung des Gesetzes dadurch beseitigt, daß die Geschäftsform, in der sie enthalten ist, mit Nachteilen für die Kontrahenten verknüpft ist, die sie übernahmen, weil ohnedies der Versuch der Umgehung des Gesetzes von vornherein aussichtslos war.

Der Berufungsrichter hat hiernach den § 66 des Börsengesetzes auf die Geschäfte der Parteien mit Recht zur Anwendung gebracht." ...

RGZ. 47, 104.

1. Gehören preußische Kuxe neueren Rechts zu den in § 50 Abs. 2 des Börsengesetzes vom 22. Juni 1896 bezeichneten Anteilen von Bergwerksunternehmungen?

2. Bestimmt der § 51 Abs. 1 des Börsengesetzes die Folgen der in § 50 vorgesehenen Untersagung erschöpfend, oder ist ein der Untersagung zuwider geschlossenes Geschäft nichtig?

Gilt dies auch von dem in § 51 Abs. 2 vorgesehenen börsenmäßigen Terminhandel in sogenannten verbotenen Papieren?

3. Was ist unter börsenmäßigem Terminhandel im Sinne des § 51 Abs. 2 zu verstehen?

I. Zivilsenat. Urt. v. 1. Dezember 1900.

I. Landgericht I Berlin. — II. Kammergericht daselbst.

Zufolge vier in Berlin am 5., 10., 10. Mai und 4. Juni 1898 ausgestellter Schlußscheine kaufte die Kommanditgesellschaft M. & Co. in Berlin von der ebenfalls dort ansässigen Klägerin 6, 3, 2, 5 im ganzen 16 Stück Kuxe der Gewerkschaft „Neue Kirche" zum Preise von je 2300 M, 2475 M, 2500 M, 2425 M. Die Schlußscheine enthielten übereinstimmend zunächst in rotem Druck den Satz: „Für das hierin bekundete Lieferungsgeschäft gelten die Bestimmungen des allgemeinen Deutschen Handelsgesetzbuches unter Ausschluß der Börsenusancen und unter Verzicht auf die Benutzung der Börseneinrichtungen." Dann folgten die Angaben über den Gegenstand des Geschäfts, den Preis (unter dem Wort Kurs) und die Lieferungsbedingungen, letztere Angabe mit den Worten: „Fester Lieferungstermin: 31. Dezember und täglich mit Zubuße und Ausbeute vom heutigen Tage ab." Bald nach dem Abschluß wurde über das Vermögen der Käuferin das Konkursverfahren eröffnet, abgenommen waren die Kuxe nicht. Der Konkursverwalter verweigerte die Abnahme, erklärte sich jedoch auf Anfrage der Klägerin mit einem Verkauf einverstanden und bat nur, diesen mit Vorsicht zu betreiben, damit der Kurs nicht gedrückt werde. Klägerin ließ dann am 15. März 1899 die Kuxe versteigern. Inzwischen war im November und Dezember 1898 eine Zubuße von je 1600 M, zusammen 3200 M fällig geworden, die Klägerin gezahlt haben will, wonach ihre Forderung an Kaufpreis und Zubuße 41 550 M betragen würde. Die Versteigerung ergab einen Erlös von 22 955,50 M, den sie auf ihre Forderung abrechnete, so daß sie diese auf noch 18 594,50 M bezifferte. In dieser Höhe meldete sie im Konkurs ihre Forderung an, dieselbe wurde jedoch im Prüfungstermin vom Verwalter bestritten. Klägerin erhob deshalb gegen letzteren Klage und beantragte, ihre Konkursforderung in Höhe von 18 594,50 M für festgestellt zu erklären.

Bei Abschluß der Geschäfte waren Verkäuferin und Käuferin nicht im Börsenregister eingetragen. Unter Berufung auf § 66 des Börsengesetzes vom 22. Juni 1896 beantragte Beklagter Abweisung der Klage, da es sich um die Termingeschäfte gehandelt habe, behauptete auch, daß es Differenzgeschäfte gewesen seien.

In erster Instanz wurde die Klage abgewiesen; die Berufung der Klägerin wurde zurückgewiesen. Ihre Revision führte zur Aufhebung des angefochtenen Urteils aus folgenden

Gründen:

„Beide Instanzgerichte haben angenommen, daß das in Rede stehende Geschäft für die Käuferin unverbindlich geblieben sei, und zwar nicht nur deswegen, weil es gegen das in § 50 Abs. 2 des Börsengesetzes ausgesprochene Verbot verstoßen habe, sondern auch mit Rücksicht darauf, daß keine der vertragschließenden Parteien im Börsenregister eingetragen gewesen sei, also auch die Bestimmung in § 66 Abs. 1 Platz greife. Hiergegen wird allerdings von der Revision mit Recht eingewendet, daß der § 66 außer Betracht zu bleiben habe. Denn wenn § 50 Abs. 2 Anwendung zu finden hätte und hieraus ein Verbot zu entnehmen wäre, so würde das Geschäft auch dann unverbindlich gewesen sein, wenn beide Parteien eingetragen gewesen wären, und es würde einer Heranziehung des § 66 überhaupt nicht bedürfen. Seitens der Revision wird ferner die Anwendbarkeit des § 50 Abs. 2 ebenso wie die von den Instanzgerichten gegebene Auslegung dieser Bestimmung bemängelt. In beiden Beziehungen muß jedoch den Instanzgerichten beigetreten, und es kann das angefochtene Urteil nur deshalb bemängelt werden, weil die in ihm getroffene Feststellung, daß ein börsenmäßiges Termingeschäft vorgelegen habe, auf einer nicht genügenden Begründung beruht.

1. Von der Revision wird zunächst in Frage gestellt, ob der vierte Abschnitt des Börsengesetzes im vorliegenden Fall überhaupt Anwendung finden könne, da Gegenstand des Geschäfts Kuxe gewesen seien. Diese Frage ist indes zu bejahen. Das Börsengesetz unterscheidet zwar im § 48, wie an anderen Stellen zwischen Waren und Wertpapieren und bestimmt in § 54, daß je ein Börsenregister für Waren und für Wertpapiere eingerichtet werden solle. Hiernach verbindet es mit dem Ausdruck Ware nicht dessen weitesten Begriff, wonach unter Ware alles verstanden wird, was Gegenstand des Handelsverkehrs sein kann, versteht vielmehr hierunter offenbar nur von der Natur oder durch menschliche Tätigkeit hervorgebrachte Erzeugnisse, die Gegenstand des Gebrauchs oder Verbrauchs sein können. Hierzu gehören Kuxe selbstverständlich nicht. Wohl aber sind sie bei Anwendung des Börsengesetzes zu den Wertpapieren zu zählen. Im Handelsverkehr werden hierzu Urkunden gerechnet, die Träger des Wertes sind, und das Börsengesetz, das in § 80 für eine Reihe von Bestimmungen auch Wechsel und ausländische Geldsorten hierunter verstanden wissen will,

geht ebenfalls von diesem Begriff aus. Preußische Kuxe neueren Rechts – und solche stehen hier in Frage – sind (allgem. Berggesetz vom 24. Juni 1865 § 101 Abs. 1) gewerkschaftliche Anteile, denen (§ 101 Abs. 3) die Eigenschaft der beweglichen Sachen beigelegt worden ist (vgl. hierzu Entsch. des RG in Zivils. Bd. 28 S. 251; Bolze, Praxis Bd. 12 Nr. 603). Sie sind aber keineswegs körperliche Sachen, werden auch im Rechtsverkehr nicht als solche behandelt (vgl. Bolze a. a. O. Bd. 12 Nr. 90), sondern als Vermögensanlage angesehen und dem Kapitalvermögen beigezählt (Entsch. des RG in Zivils. Bd. 43 S. 355). Als gewerkschaftliche Anteile eigenen sie sich ebenso wie Aktien dazu, als Gegenstand des Handels und der Spekulation zu dienen, also auch der Kursbildung unterworfen zu sein (vgl. Brassert, Allgem. Berggesetz S. 296), wie denn auch Kuxe tatsächlich an den Börsen in Essen und Düsseldorf gehandelt und notiert werden. Es kann deshalb nicht wohl einem Zweifel unterliegen, daß unter den in § 50 Abs. 2 des Börsengesetzes genannten „Anteilen von Bergwerksunternehmungen" auch Kuxe zu verstehen sind.

2. Alsdann kommt in Frage, welche Bedeutung den Bestimmungen in § 50 und 51 des Börsengesetzes beizulegen ist. Die Revision macht geltend, daß die in § 50 gesetzlich ausgesprochene oder dem Bundesrat freigestellte Untersagung sich lediglich auf Börsentermingeschäfte im Sinne des § 48 beziehe, daß die Folgen der Untersagung in § 51 Abs. 1 erschöpfend bestimmt seien, und daß im übrigen gegen Geschäfte in den sogenannten verbotenen Waren und Wertpapieren durch § 51 Abs. 2 nur gesagt sei, es seien solche Geschäfte von der Börse ausgeschlossen, wenn und soweit sie sich in den für Börsentermingeschäfte üblichen Formen vollziehen. Diese Ansicht ist nicht nur die in der Literatur vertretene, sondern sie findet anscheinend in einer Bemerkung, die der Kommissar des Bundesrats bei der dritten Beratung des Börsengesetzes im Reichstag gemacht hat (Verhandl. des Reichstags 1895/96 S. 2449) eine wesentliche Stütze.

Gleichwohl ist der Revision nicht zuzustimmen, insbesondere kann der Ansicht nicht beigetreten werden, daß das Börsengesetz sich lediglich mit Vorgängen an der Börse beschäftige und die Maßregeln des vierten Abschnittes nur den Zweck verfolgen, bestimmte Geschäfte von der Börse fernzuhalten. Der Börsenterminhandel, wie er in § 48 bestimmt wird, ist an eine Reihe von Schranken gebunden. In einzelnen Waren und Wertpapieren, nämlich in Getreide und Mühlenfabrikaten, sowie in Anteilen von Bergwerks- und Fabrikunternehmungen ist er vom Gesetz untersagt (§ 50 Abs. 3, Abs. 2 Satz 1), in allen anderen kann er vom Bundesrat untersagt oder von Bedingungen abhängig gemacht werden (§ 50 Abs. 1); in gewissen Wertpapieren, nämlich in Anteilen von anderen als den genannten Erwerbsgesellschaften darf nur gestattet werden, wenn deren Kapital mindestens 20 000 000 M beträgt (§ 50 Abs. 2 Satz 2); stets aber ist seine Zulassung (die vielleicht hinsichtlich der Waren und Wertpapiere, die vor dem Inkrafttreten des Börsengesetzes Gegenstand des Börsenterminhandels waren und nachher nicht unter die gesetzlichen Verbote fielen, nicht besonders ausgesprochen zu werden brauchte) von einer Entscheidung der Börsenorgane abhängig (§ 49). Nur nach solcher Entscheidung ist auch tatsächlich der Abschluß von Börsentermingeschäften im Sinne des § 48 möglich, weil andernfalls eine amtliche Feststellung von Terminpreisen nicht erfolgt. Neben diesem der Begriffsbestimmung des § 48 in allen Beziehungen entsprechenden Börsenterminhandel kann jedoch ein anderweitiger Terminhandel mit denselben Zwecken, ja sogar in der nämlichen oder doch ähnlichen Form stattfinden, und das Börsengesetz selbst zieht auch diesen Handel in Betracht. Es unterscheidet dabei einen solchen börsenmäßigen Terminhandel:

1. in sogenannten verbotenen Waren und Wertpapieren (§ 51 Abs. 2),

2. in Waren und Wertpapieren, die nicht verboten, aber nicht zugelassen sind, sei es, daß die Zulassung nicht erfolgen könnte oder nicht nachgesucht worden ist (§ 52).

Ein Terminhandel der ersten Art soll an der Börse nicht geduldet werden. Ein Terminhandel der zweiten Art kann untersagt werden, ist jedoch, bis dies geschieht, nicht verboten, sondern wird im Gegenteil bis zu einem gewissen Grade, nämlich in Ansehung derjenigen Waren und Wertpapiere, die zugelassen werden könnten, für erforderlich erachtet, und zwar als Vorstufe zu der nach § 49 nötigen Zulassung: um beurteilen zu können, ob für die Zulassung ein Bedürfnis vorhanden ist (vgl. die Begründung zu § 48 des Entwurfs, Reichstag 95/96 Nr. 14 S. 48, 49). Es ist doch nun kaum angängig, diesen Terminhandel, mit dem das Gesetz selbst rechnet, anders zu behandeln, das heißt freier zu stellen, als den eigentlichen Börsenterminhandel, wenn er diesem nachgebildet ist und wenn er zu dessen Ersatz dienen soll. In Ansehung der hier allein interessierenden Termingeschäfte in sogenannten verbotenen Wertpapieren ist denn auch durch das Gesetz selbst die Gleichstellung durch § 51 Abs. 2 verfügt, Termingeschäfte in sogenannten verbotenen Papieren, mögen es eigentliche Börsentermingeschäfte sein oder freie, sind deshalb 1. von der Benutzung der Börseneinrichtungen ausgeschlossen und dürfen 2. durch Kursmakler nicht vermittelt werden. Endlich darf 3. für sie, falls sie im Inlande abgeschlossen sind, kein Kurszettel veröffentlicht werden. Es fragt sich jedoch, ob sich hierin die Folgen der in § 50 ausgesprochenen Untersagung erschöpfen. Wäre dies der Fall, so würde es einer Untersagung eigentlich nicht bedurft und jedenfalls würde dieselbe kaum einen Inhalt haben, der zur Verwirklichung ihres Zwecks dienlich wäre. Denn wenn die amtliche Notierung von Terminpreisen für die sogenannten verbotenen Papiere, wie in § 51 Abs. 1 geschehen ist, ausgeschlossen wird, so ist ein Börsentermingeschäft im Sinne des § 48 in solchen Papieren überhaupt unmöglich, und es wäre nicht nötig, derartige Geschäfte überdies noch zu untersagen. Wohl dagegen hat die Untersagung einen guten Sinn, wenn der Zweck berücksichtigt wird. Das in § 50 schon vom Gesetz ausgesprochene Verbot des Börsenterminhandels in den dadurch betroffenen Wertpapieren und Waren fand sich noch nicht in dem Entwurf, der nur, in § 46, den Bundesrat ermächtigen wollte, „den Börsenterminhandel von Bedingungen abhängig zu machen oder in bestimmten Waren oder Wertpapieren zu untersagen". Das Verbot wurde vielmehr in Ansehung der Anteile von Bergwerks- und Fabrikunternehmungen von der Kommission in das Gesetz gebracht und in ihrem Bericht (Reichstag 95/96 Nr. 246 S. 33) dadurch gerechtfertigt, „daß der Terminhandel in Aktien gewerblicher Unternehmungen besonders nachteilig sei, weil dadurch die Börse einen Einfluß auf diese Unternehmungen gewinne, der einer ruhigen, gedeihlichen Entwicklung derselben nicht förderlich sei". Es sollte also verhindert werden, daß die Papiere solcher Unternehmungen zum Gegenstand der Spekulation einerseits auf das Steigen, andererseits auf das Fallen ihres Preises bis zu einem vereinbarten Termin gemacht würden, weil derartige Geschäfte die Gefahr mit sich bringen, daß vorübergehend, nämlich um bis zu dem Termin einen möglichst hohen Gewinn zu erzielen, die Preise entweder höher getrieben oder niedriger gedrückt werden, als es der wirtschaftlichen Lage der Unternehmung und dem hierdurch bedingten Wert ihrer Papiere entspricht. Würden nun, um dieser Gefahr zu begegnen, nur die in § 51 Abs. 1 des Börsengesetzes bestimmten Folgen der Untersagung für anwendbar gehalten, so wären freilich Geschäfte der bezeichneten Art von der Börse ausgeschlossen, und es dürften für sie auch die an der Börse bestehenden Einrichtungen, also Schiedsgerichte, Sachverständigenkommissionen, Kündigungsbüros, Liquidationsvereine, nicht benutzt werden. Unmöglich gemacht würde jedoch nur die Veröffentlichung und Verbreitung von T e r m i n preisen und die Benutzung der Börse. Hierdurch aber würde die Spekulation nicht unterdrückt. Denn diese ist nicht durch die Kenntnis von Terminpreisen notwendig bedingt, und für die Eingehung und Abwicklung der Geschäfte ließe sich Ersatz finden. Die Gefahr, die man verhindern wollte, würde deshalb in unvermindertem Maße fortbestehen. Wirkliche Abhilfe wird nur erzielt, wenn man die in § 50 des Börsengesetzes ausgesprochene Untersagung dahin versteht, daß Geschäfte, die gegen dieses Verbot geschlossen werden, nichtig sind und deshalb keine Verbindlichkeit erzeugen. Solche Auslegung entspricht dem jetzt geltenden Recht, denn nach § 134 BGB ist ein Rechtsgeschäft, das gegen ein gesetzliches Verbot verstößt, nichtig, wenn sich nicht aus dem Gesetz ein anderes ergibt; der § 50 des Börsengesetzes läßt aber nicht erkennen, daß dem Zuwiderhandeln gegen sein Verbot eine andere Folge, insbesondere nur die Folgen des § 51 des Börsengesetzes, beigelegt werden sollten. Die nämlichen Grundsätze haben sodann im Bereich des hier in Betracht kommenden Allgemeinen Landrechts nach § 87 seiner Einleitung gegolten. Endlich darf die Untersagung und ihre Folge nicht auf die eigentlichen Börsentermingeschäfte im Sinne des § 48 des Börsengesetzes — die in den sogenannten verbotenen Papieren tatsächlich nicht vorkommen können — beschränkt, sondern muß auf die ihnen in § 51 Abs. 2 gleichgestellten Geschäfte ausgedehnt werden. Es ergibt sich daraus, daß alle börsenmäßigen Termingeschäfte in den sogenannten verbotenen Papieren nichtig sind, und zwar auch dann, wenn diese Geschäfte nicht im Börsengebäude oder nicht während der Börsenzeit abgeschlossen wurden, da hierauf für die Bestimmung ihres Begriffs nichts ankommt.

3. Die Entscheidung hängt deshalb davon ab, ob das in Rede stehende Geschäft als ein börsenmäßiges Termingeschäft anzusehen ist. Beide Vorinstanzen haben diese Frage bejaht. Das Berufungsgericht, das dem Landgericht folgt, erachtet das in Rede stehende Geschäft für ein Termingeschäft und hält es für ein Börsengeschäft, da für dessen Begriff nur erforderlich sei, daß es von Personen, die an der Börse verkehren und dort Geschäfte treiben, über Gegenstände abgeschlossen werde, die ihrer Natur nach in den Börsenverkehr fallen, gleichgültig, ob die Waren oder Wertpapiere, um die es sich handle, sonst gerade an der betreffenden Börse gehandelt und notiert werden oder nicht. Diese Erfordernisse hält das Berufungsgericht für erfüllt. Es bemerkt dabei, daß die hier fraglichen Kuxe zwar an der Essener und Düsseldorfer, aber nicht an der Berliner Börse notiert wurden, hält jedoch eine amt-

liche Feststellung von Terminpreisen für kein Erfordernis des Börsentermingeschäfts.

Diese Begründung ist nicht völlig ausreichend. Das sogenannte Börsentermingeschäft hat sich aus dem in Art. 357 HGB behandelten Kaufgeschäft entwickelt, und zwar dahin, daß der Vertrag seinem Inhalt nach nicht den Bedürfnissen der vertragschließenden Parteien im einzelnen Fall angepaßt, sondern unter Zugrundelegung fester Mengeeinheiten nach gemeinsamen im Vertrag festgesetzten Bedingungen geschlossen wird, so daß die einzelnen Geschäfte in betreff ihres Inhaltes, abgesehen vom Preise gleichartig sind (vgl. Bericht der Börsen-Enquetekommission S. 13). Für die Abwicklung wird an einigen Börsen, unter anderen in Berlin, kurz vor dem Termin ein eigener Liquidationskurs festgesetzt, auf Grund dessen dann an dem betreffenden Termin von einer besonderen Kommission sämtliche Termingeschäfte der an dieser Kommission beteiligten Mitglieder der Börse erledigt werden, soweit die Geschäfte Effekten betreffen, für die solche Regulierung vorgesehen ist. Diese Art der Abwicklung dient jedoch nur zur Vereinfachung und ist für den Begriff des Börsentermingeschäfts nicht wesentlich; sie ist denn auch an manchen Börsen nicht vorhanden (vgl. die Nachweisungen in dem Urteil des Oberverwaltungsgerichts Bd. 34 seiner Entscheidungen auf S. 335). Ebenso ist die Einhaltung fester Mengeeinheiten nur behufs Erleichterung der Abwicklung zweckmäßig, aber für den Begriff des Börsentermingeschäfts nicht notwendig. Wesentlich ist nur, daß das Geschäft zu einem festen Termin, ohne Rücksicht auf besondere persönliche Bedürfnisse der Parteien, also mit typischem Inhalt und zu einem Preis geschlossen wird, der sich an der Börse infolge des Zusammentreffens und Zusammenwirkens der Börsenbesucher bildet. Wie dagegen dieser Preis festgestellt und ob das Geschäft genau an der Börse selbst geschlossen wird, ist wiederum unerheblich.

In dem vorliegenden Fall unterliegt es keinem Zweifel, daß das in Rede stehende Geschäft ein Termingeschäft gewesen ist. Bedungen war nach den Schlußnoten „Fester Lieferungstermin: 31. Dezember und täglich". Diese Worte „und täglich" enthalten eine Bedingung zugunsten des Käufers, die sich im Handelsverkehr ausgebildet hat (vgl. Thöl, Handelsrecht Bd. 1 § 294 der 6. Aufl.) und auch in den Bedingungen für die Geschäfte an der Berliner Fondsbörse (gültig seit dem 1. Januar 1895) in § 16 vorgesehen ist. Sie gibt dem Käufer das Recht, die Lieferung vor dem Termin zu verlangen, in Berlin: jeden Tag zu kündigen (über hierbei beobachtete Unterschiede vgl. Saling, Börsenpapiere Teil I, 8. Aufl. S. 244—245). Im übrigen wird an dem Charakter des Geschäfts als eines Termingeschäfts durch solche Bedingung nichts geändert. Dieselbe setzt mithin den Käufer in die Lage, eine Spekulation jederzeit, wenn ihm der günstige Zeitpunkt gekommen scheint, auch durch ein Kassageschäft zum Abschluß zu bringen, während er sonst das Gegengeschäft zwar auch stets machen könnte, aber als Termingeschäft machen müßte. Geschäfte der vorliegenden Art eignen sich demnach sehr wohl zu Spekulationen, die durch §§ 50, 51 des Börsengesetzes verhindert werden sollen.

Die in Rede stehenden Geschäfte lassen ferner in nichts erkennen, daß sie einen individullen oder überhaupt einen anderen als einen typischen Charakter tragen. Daß nicht nach denselben (festen Mengeneinheiten gekauft wurde, ist, wie schon erwähnt, unerheblich und kommt umsoweniger in Betracht, als eine Abwicklung des Geschäfts durch den an der Berliner Börse bestehenden Liquidationsverein ausgeschlossen war.

Demnach steht nur noch in Frage, ob ein Börsenpreis zugrundegelegt wurde. In dieser Beziehung ist den Gerichten der Vorinstanzen darin beizustimmen, daß ein solcher auch dann angenommen werden könnte, wenn eine Notierung an keiner Börse erfolgte. Der Börsen- oder Marktpreis wird in vielen Bestimmungen des früher geltenden Handelsgesetzbuchs erwähnt, ohne daß für seine Feststellung und für seine Erkennung Vorschriften gegeben wären, da solche bei der Beratung des Handelsgesetzbuchs zwar in der zweiten Lesung angenommen, in der dritten jedoch abgelehnt wurden (vgl. die Nachweisungen bei Hahn, Kommentar zum Allgemeinen Deutschen Handelsgesetzbuch 2. Aufl. Bd. 1 S. 166). Ebenso ist der Börsen- oder Marktpreis für das jetzt geltende Handelsgesetzbuch und für das Bürgerliche Gesetzbuch von Bedeutung, ohne daß sein Begriff bestimmt wäre, und es fehlt an manchen Börsen sogar die Einrichtung, den Börsenpreis festzustellen (vgl. das schon erwähnte Erkenntnis des Oberverwaltungsgerichts a. a. O. Bd. 34 S. 334). Der Börsenpreis ist deshalb, wenn und soweit eine Notierung nicht stattfindet, anderweit zu ermitteln. Er ist der gemeine Preis, um den die betreffende Ware zu der in Betracht kommenden Zeit an der in Frage kommenden Börse gehandelt wird. Dieser Preis kann sich dort bilden, wenn eine erhebliche Menge nicht von besonderen Umständen abhängiger Geschäfte geschlossen werden, aus deren Vergleichung er entnommen werden kann; es kann aber auch ein Preis sein, der sich an einer anderen Börse bildet und an der in Frage kommenden als maßgebend behandelt wird. Die hier in Rede stehenden Geschäfte sind an drei Tagen geschlossen, die sich auf den Zeitraum eines Monats verteilen und für die Geschäfte an den beiden ersten dieser Tage, die fünf Tage auseinander liegen, eine Steigerung von 200 M oder etwas mehr als 8 Prozent, für zwei Geschäfte, die beide an dem nämlichen Tage (den 10. Mai 1898) geschlossen wurden, einen Unterschied im Preise von 25 M oder etwa 1 Prozent aufweisen. Dieses Schwanken der Preise läßt darauf schließen, daß nach wirklichen Börsenpreisen gehandelt wurde, und legt die Vermutung nahe, daß sich für Geschäfte, wie sie hier in Rede stehen, sogar Terminpreise bilden. Wie es sich in dieser Beziehung verhalten hat, läßt sich jedoch aus den bisherigen Feststellungen nicht entnehmen. Es ist möglich, daß nach *Preisen abgeschlossen wurde, die sich an der Berliner Börse bildeten*; es ist aber auch möglich, daß Preise zugrunde gelegt oder berücksichtigt wurden, die in Essen oder Düsseldorf, wo nach der Angabe der Klägerin und der Feststellung des Berufungsgerichts die hier fraglichen Kuxe gehandelt und notiert werden, gelten, und die auch für Berlin als maßgebend betrachtet wurden. Sollte das eine oder das andere der Fall sein, so würde nicht ein gelegentlich geschlossenes Fixgeschäft vorliegen, sondern ein börsenmäßiges Termingeschäft, das nach der oben gegebenen Ausführung keine Verbindlichkeit erzeugte. Und zwar würde dies auch dann zutreffen, wenn sich nur Kassapreise nachweisen ließen, da die in Rede stehenden Geschäfte auch dann, wenn nur solche Preise der Käuferin zum Anhalt dafür, welche Preise sie geben solle, gedient hätten, als börsenmäßige Termingeschäfte zu gelten hätten. Die Annahme aber, daß der Börsenpreis — falls sich ein solcher feststellen läßt — zugrunde gelegt wäre, würde, wenn die Geschäfte an der Börse geschlossen sein sollten, ohne weiteres begründet sein und einer besonderen Feststellung nur dann bedürfen, wenn der Abschluß außerhalb der Börse erfolgt wäre." ...

RGZ. 54, 329.

1. Darf eine Girobank, insbesondere die Reichsbank, den ihr von einem Girokunden erteilten Auftrag, dem Konto eines anderen Girokunden eine Summe gutzuschreiben, ohne Rückfrage bei dem Auftraggeber nach ausführen, wenn sie vor der Gutschrift erfahren hat, daß der bestimmte Empfänger der Überweisung seine Zahlungen eingestellt hat?

2. Widerruf einer Überweisung auf Girokonto.

3. Welche Bedeutung hat es, wenn die Girobank einem Kunden erklärt, daß sie sein Konto sperre?

I. Zivilsenat. Urt. v. 25. April 1903.

I. Landgericht I Berlin, Kammer für Handelssachen. — II. Kammergericht daselbst.

Die Klägerin und die L. Bank hatten im Juni 1901 ein Girokonto bei der Reichsbank. Maßgebend für die Benutzung desselben waren die „Bestimmungen für den Giroverkehr der Reichsbank". Nach Ziff. 6 Abs. 4 und 5 dieser Bestimmungen sind zur Übertragung von Konten an demselben oder an einem anderen Bankplatz die roten Scheckformulare bestimmt. Sie müssen auf den Namen ausgestellt werden und sind nicht übertragbar. Das Guthaben haftet der Reichsbank für ihre Forderungen aus allen Geschäftszweigen. Sie darf dagegen auch solche Forderungen aufrechnen, welche noch nicht fällig sind. Auf Grund eines von der L. Bank mit der Filiale der Klägerin in F. abgeschlossenen Geschäfts wies am 24. Juni 1901 die Klägerin durch roten Scheck die Reichsbankhauptstelle in H. an, dem Girokonto der L. Bank in L. 81 000 M gutzuschreiben und dafür ihr Konto mit dem gleichen Betrag zu belasten. Die Reichsbankhauptstelle in H. nahm, wie die Beklagte behauptete, am 24. Juni 1901 die Belastung der Klägerin vor und überwies unstreitig mittels Schreibens vom gleichen Tag der Reichsbankhauptstelle in L. 81 000 M für Rechnung der Klägerin. Am 25. Juni vormittags 10 Uhr 20 Minuten schrieb die Reichsbankhauptstelle in L. den überwiesenen Betrag von 81 000 M der L. Bank gut, obgleich ihr schon vormittags um 9 Uhr die Zahlungseinstellung derselben bekannt war, und sie um die Stunde einem Angestellten der Bank, welcher in gewohnter Weise mit dem Kontogegenbuch und einem zur teilweisen Verfügung über das Girokonto bestimmten Scheck erschienen war, nach ihrer Behauptung erklärt hatte, die Reichsbank könne Verfügungen über das Guthaben nicht mehr zulassen und werde dasselbe zur Aufrechnung gegen ihre Forderungen an die L. Bank benutzen. Nach der Behauptung der Klägerin war diese Erklärung dahin gegangen, sie lasse Verfügungen über das Konto der L. Bank nicht mehr zu, sondern sperre es.

Die Klägerin erhielt am Morgen des 25. Juni 1901 von der Zahlungseinstellung der L. Bank Kenntnis. Auf Veranlassung der Klägerin ersuchte hierauf die Reichsbankhauptstelle in H. in einem Telegramm, welches um 11 Uhr 10 Minuten bei der Reichsbankhauptstelle in L. eintraf:

„Gestrige 81 000 L. Bank von Kommerzbank nicht buchen, erbitten Rücküberweisung",

worauf sie indessen die Antwort erhielt
„Bereits gutgeschrieben. Rücküberweisung abgelehnt."
Dieser Bescheid wurde am Nachmittag des 25. Juni wiederholt.

Am 26. Juni 1901 wurde der Konkurs über das Vermögen der L. Bank eröffnet, und Rechtsanwalt F. zum Konkursverwalter bestellt. Ihm gegenüber hat sich die Beklagte am 26. Juli 1901 zur Auszahlung der 81 000 M bereiterklärt, worauf diese 81 000 M von der L. Bank der Klägerin gutgeschrieben worden sind.

In einer im Oktober 1901 erhobenen Klage verlangte die Klägerin die überwiesenen 81 000 M nebst Zinsen von der Reichsbank zurück. Das Landgericht erkannte nach dem Antrag der Klage, wogegen das Kammergericht die Klage abwies.

Die Revision der Klägerin wurde zurückgewiesen aus folgenden

Gründen:

„Die Revision ist der Ansicht, daß die Beklagte, indem sie am 25. Juni 1901 vormittags 10 Uhr 20 Minuten die Überweisung der 81 000 M an die L. Bank vollzog, ohne zuvor der Klägerin von der der Beklagten schon seit vormittags 9 Uhr bekannten Zahlungseinstellung der L. Bank Mitteilung zu machen und Gelegenheit zu geben, die Überweisung der 81 000 M vom Tag zuvor zu widerrufen, die Sorgfalt des ordentlichen Kaufmanns außer acht gelassen und gegen die §§ 665, 666 und 675 BGB. verstoßen habe. Dieser Ansicht kann jedoch nicht beigepflichtet werden; sie verkennt die Rechte und Pflichten, welche sich für die Beklagte aus dem Girovertrag ergeben, auf Grund dessen die Klägerin die Dienste der Beklagten zur Überweisung der in Rede stehenden 81 000 M in Anspruch genommen, und die Beklagte die Überweisung vollzogen hat. Dieser Girovertrag, wie er „durch die Bestimmungen für den Giroverkehr der Reichsbank" für alle Inhaber eines Girokontos bei der Reichsbank im einzelnen seine nähere Ausgestaltung erfahren hat, gibt die entscheidende Norm für die Beurteilung der Rechtsverhältnisse, welche aus dem Giroverkehr entstehen. Im Wesen des Giroverkehrs ist es begründet, daß die Einkassierungen und Zahlungsaufträge, zu deren Vollziehung die Girobank auf Grund des Giroeröffnungsvertrags verpflichtet ist, nach dem ausgesprochenen Willen der Beteiligten und nach der von den Girokunden der Bank ein für allemal erteilten Ermächtigung von der Bank vollzogen werden und durch Umbuchungen in den Büchern der Bank, durch Abschreibung und Gutschrift auf dem Konto der Girokunden, derart, daß in der Umbuchung auf dem Konto der Beteiligten sich die Leistung der Bank erschöpft, und die Umbuchung selbst die Wirkung hat, daß kraft der Abschreibung der Girozahler um so viel weniger von der Bank zu fordern, und kraft der Gutschrift der Zahlungsempfänger um so viel mehr von der Bank zu beanspruchen hat. Es ist somit durch den Willen der Beteiligten der Umbuchung in den Büchern der Bank für sich allein schon, sowohl der Bank als den Girokunden gegenüber, rechtsbegründende Wirkung beigelegt, ohne daß es irgendeiner Mitteilung an die Beteiligten bedarf. Hiernach hat das Berufungsgericht mit Recht angenommen, daß die Buchung der von der Klägerin überwiesenen 81 000 M zugunsten der L. Bank mit der am 25. Juni 1901 vormittags 10 Uhr 20 Minuten eingetretenen Vollziehung der Buchung bei der Reichsbankhauptstelle in L. unwiderruflich geworden ist, und daß die Beklagte die Rechte der L. Bank, wie sie auf Grund des geschlossenen Girovertrags ihr zukamen, verletzt hätte, wenn sie die bereits vollzogene Buchung nach der Ankunft des Telegramms um 11 Uhr 10 Minuten wieder rückgängig gemacht hätte. Mit der Gutschreibung war der Überweisungsauftrag der Klägerin ausgeführt, und damit das Recht der L. Bank auf die überwiesenen 81 000 M erworben.

Daß die Beklagte auch in ihrem Giroverkehr und insbesondere bei der Vollziehung von Überweisungen, welche unter Verwendung des roten Schecks gemäß § 6 Abs. 4 der Bestimmungen von Ort zu Ort auszuführen sind, für die Sorgfalt des ordentlichen Kaufmanns einzustehen hat, ist im Hinblick auf § 347 HGB. zweifellos. Sie hat dafür zu sorgen, daß sich der gesamte Giroverkehr, den getroffenen Bestimmungen entsprechend, rasch und zuverlässig abwickelt, daß die notwendigen Umbuchungen richtig und pünktlich stattfinden, und der wirtschaftliche Zweck des Giroverkehrs, die Zahlungsgeschäfte unter größtmöglicher Ersparung von Barzahlungsmitteln zu erleichtern, nach dem Inhalt des Girovertrags erreicht wird. Über die Grenzen des Zahlungsgeschäfts hinaus die Interessen ihrer Kunden wahrzunehmen, ist die Bank auf Grund des Girovertrags aber nicht verpflichtet, und es ist rechtsirrig, wenn die Revision meint, die Girobank sei verpflichtet, über die Zweckmäßigkeit einer ihr angesonnenen Zahlung, Übertragung oder Überweisung Erwägungen anzustellen. Der Grund, welcher ihre Kunden bestimmt, ihre Tätigkeit zur Vermittlung des Zahlungsgeschäfts in Anspruch zu nehmen, geht sie vielmehr gar nichts an, wie das Berufungsgericht in zutreffender Weise ausgeführt hat. Es folgt dies wiederum aus dem Wesen des Girovertrags, welcher über den Zweck, das Zahlungsgeschäft für die Kunden zu erleichtern, nicht hinausgeht, und die Doppelstellung, welche die Bank in jedem einzelnen Falle der

Umschreibung gegenüber dem Girozahler einerseits und dem Zahlungsempfänger andererseits einnimmt, und welche Voraussetzung für die versprochene Leistung ist, kann nur dann in aller Unabhängigkeit und Unparteilichkeit gewahrt werden, wenn jede Prüfung der Zweckmäßigkeit der Überweisung ausgeschlossen bleibt, und die Bank sich streng auf diejenige Tätigkeit beschränkt, zu welcher sie nach dem Girovertrag verpflichtet ist, zur möglichst raschen Umbuchung der Überweisungen in den Büchern der Bank. Die Vorinstanz hat demnach mit Recht angenommen, daß es nicht Sache der Girobank ist, die bei ihr einlaufenden Überweisungsanträge auf ihre Rätlichkeit zu prüfen, da sie Kassenhalterin, aber nicht Ratgeberin ihrer Girokunden ist. Die Beklagte hatte deshalb auch keine Befugnis oder Verpflichtung, der Klägerin am 25. Juni 1901 vor der Gutschrift der überwiesenen 81 000 M auf dem Konto der L. Bank davon Mitteilung zu machen, daß letztere ihre Zahlungen eingestellt habe; jede Verzögerung der Vollziehung der Überweisung hätte die Beklagte aus dem Girovertrag verantwortlich gemacht. Auf die §§ 665 und 666 BGB. kann sich die Klägerin mit Erfolg nicht berufen, weil die besondere Natur des von den Parteien gewollten Girovertrags, auf Grund dessen die 81 000 M überwiesen worden waren, die Anstellung von Erwägungen über die Rätlichkeit der Überweisung ausschloß, und in bezug auf die Nachrichterteilung in den „Bestimmungen" der Reichsbank festgesetzt ist, daß andere Bescheinigungen als die in die Kontogegenbücher aufzunehmenden nicht erteilt werden.

Es kann sich hiernach nur noch fragen, ob der weitere Angriff der Revision begründet ist, es habe zu der Zeit, als die Überweisung der 81 000 M zugunsten der L. Bank gebucht wurde, ein Girovertragsverhältnis zwischen der Reichsbank und der L. Bank überhaupt nicht mehr bestanden, weil die Reichsbank durch ihre am 25. Juni vormittags 9 Uhr einem Angestellten der L. Bank gegenüber abgegebene Erklärung, „daß sie Verfügungen über das Konto der L. Bank nicht mehr zulasse, sondern dasselbe sperre", den Girovertrag außer Kraft gesetzt habe. Es ist der Revision zugegeben, daß, wenn diese Erklärung die Wirkung der Aufhebung des Girovertrags hätte haben können, die um 10 Uhr 20 Minuten vollzogene Buchung der überwiesenen 81 000 M zugunsten der L. Bank keine auf Grund des Girovertrags vollzogene gewesen wäre und deshalb auch nicht den Erfolg gehabt hätte, daß die L. Bank bezüglich der 81 000 M unwiderruflich die Gläubigerin der Reichsbankhauptstelle L. wurde. Das Berufungsgericht hat aber mit Recht angenommen, daß jene am 25. Juni 1901 vormittags 9 Uhr abgegebene Erklärung, auch wenn sie genau in dem Wortlaut unterstellt wird, welchen die Klägerin behauptet, die Wirkung einer Aufhebung des Girovertrags in keinem Falle hat haben können. Ihr Wortlaut enthält nichts, was die Deutung der Erklärung dahin rechtfertigen würde, daß nun der Girovertrag unter den Parteien sofort aufgehoben sein sollte; einer der Fälle der Ziff. 9, daß die L. Bank über mehr hätte verfügen wollen, als ihr Guthaben betrug, oder über ihr ganzes Guthaben verfügt hätte, lag, wie unter den Parteien unbestritten ist, nicht vor. Die Erklärung selbst muß in Zusammenhaltung mit der ganzen Sachlage gewürdigt werden, wie sich am Morgen des 25. Juni 1901 durch die Tatsache, daß die L. Bank ihre Zahlungen eingestellt hatte, für die Beklagte gestaltete. Die Beklagte hatte nicht allein die Befugnis, Verfügungen der L. Bank abzulehnen, welche über den Betrag ihres Guthabens hinausgingen, sondern es war in Ziff. 6 der maßgebenden „Bestimmungen" noch ausdrücklich festgesetzt, daß das Guthaben des Girokunden der Reichsbank für ihre Forderungen aus allen Geschäftszweigen hafte, und daß sie gegen das Guthaben des Kunden aus dem Giroverkehr aufrechnen dürfe mit allen ihren Forderungen, auch mit solchen, welche noch nicht fällig seien. Trat nun der Fall ein, daß die L. Bank ihre Zahlungen einstellte, so ergab sich daraus von selbst, daß die Beklagte in Erwägungen darüber einzutreten hatte, inwieweit sie Verfügungen der L. Bank über ihr Guthaben aus dem Giroverkehr noch zulassen könne, ohne das Recht der Reichsbank, durch Aufrechnung zu erfüllen, zu gefährden. Die Erwägungen erforderten naturgemäß bei den ausgedehnten Beziehungen, welche die L. Bank unterhielt, eine gewisse Zeit, und wenn die Beklagte innerhalb dieses Zeitraums, um einen klaren Überblick über die augenblickliche Sachlage zu gewinnen, zunächst erklärte, daß sie weitere Verfügungen über das Guthaben nicht mehr zulasse, sondern dasselbe sperre, so liegt darin weder eine Aufhebung des Girovertrags, noch die Ablehnung, eine Überschreibung zugunsten der L. Bank vorzunehmen. Mehr als die vorläufige Einbehaltung des Guthabens der L. Bank hat die Beklagte am Morgen des 25. Juni 1901 nicht erklärt, und diese Erklärung hinderte es nicht, daß während des ganzen 25. Juni und bis zu der am 26. Juni 1901 erfolgten Konkurseröffnung das Giroverhältnis durch Überschreibungen für die L. Bank fortgesetzt wurde. Es ist dies dadurch geschehen, daß die am Morgen des 25. Juni 1901 zugunsten der L. Bank eingetroffenen Überweisungen, darunter die hier fragliche zu 81 000 M, in den Büchern der Bank um 10 Uhr 20 Minuten vollzogen worden sind, und es ist nach den Vorträgen der Parteien nicht daran zu zweifeln, daß die L. Bank im Besitz der weißen Schecks, die sie beim Abbruch des Giroverhältnisses hätte zurückgeben müssen, verblieb und späterhin über die sämtlichen ihr am 25. Juni 1901 überwiesenen Beträge, die zur Aufrechnung nicht beansprucht wurden, mittels weißen Schecks verfügt hat. Wenn demnach auch ganz davon abgesehen wird, daß die am 25. Juni morgens 9 Uhr abgegebene Erklärung sich auf diejenigen Guthaben, welche in diesem Zeitpunkt noch nicht gutgeschrieben waren, darunter die 81 000 M, überhaupt nicht beziehen konnte, so ist doch jedenfalls der Schluß des Berufungsgerichts gerechtfertigt, daß durch jene Erklärung das Giroverhältnis der Beklagten zur L. Bank nicht aufgehoben worden ist. Diese Auffassung steht auch mit den in dem Urteil des Reichsgerichts vom 12. Oktober 1897 (Entsch. des RG.'s in Zivils. Bd. 40 S. 162 flg.) ausgesprochenen Rechtsgrundsätzen nicht im Widerspruch, weil in dem dort entschiedenen Fall die Bestimmungen der Reichsbank über den Giroverkehr noch nicht die Vorschrift der Ziff. 6 Abs. 5 enthielten, welche unstreitig für das Rechtsverhältnis der Parteien maßgebend ist und dahin lautet, daß das Guthaben der Kunden aus dem Giroverkehr der Reichsbank für ihre Forderungen aus allen Geschäftszweigen haftet, und sie dagegen auch solche Forderungen aufrechnen darf, welche noch nicht fällig sind.

Da somit die Überweisung der Klägerin vom 24. Juni 1901 am 25. Juni 1901 ordnungsmäßig zugunsten der L. Bank durch Gutschrift im Giroverkehr vollzogen worden ist, hat die Klägerin kein Rückforderungsrecht, und ist die von ihr erhobene Klage mit Recht abgewiesen worden."...

KGZ. 55, 183.

Fallen auch die an einer ausländischen Börse abgeschlossenen börsenmäßigen Termingeschäfte unter das Verbot des § 50 Abs. 3 des Börsengesetzes?

I. Zivilsenat. Urt. v. 15. Juni 1903.

I. Landgericht I Berlin, Kammer für Handelssachen. — II. Kammergericht daselbst.

Die Klage war auf die Behauptung gestützt, daß die von der Beklagten an der New-Yorker und Chikagoer Börse für den Kläger abgeschlossenen Geschäfte Börsentermingeschäfte seien, daß der Kläger deshalb die zur Deckung seiner Verluste gemachten Zahlungen von 5110 M und 3000 M und den Erlös seines Depots mit 1011,60 M zurückfordern, ferner die von ihm gegebenen, noch laufenden Wechsel über 2000 M und 2374,30 M herausverlangen, außerdem aber auch den von ihm bei einem der Geschäfte erzielten Gewinn im Betrage von 2363,40 M beanspruchen könne. Die Beklagte beantragte Abweisung der Klage, indem sie namentlich geltend machte, daß die vom Kläger geleisteten Zahlungen sowie die Verwertung seines Depots nach vollständiger Abwicklung der Geschäfte erfolgt seien, daher eine Rückforderung nach § 66 Abs. 4 des Börsengesetzes ausgeschlossen sei. Das Landgericht verurteilte die Beklagte zur Herausgabe der beiden Wechsel und zu der Anerkennung, daß ihr eine Forderung in Höhe der Wechselbeträge nicht zustehe, und wies im übrigen die Klage ab. Dieses Urteil wurde, soweit es es die Klage abwies, auf die Berufung des Klägers dahin abgeändert, daß die Beklagte weiter zur Zahlung von 9161,60 M nebst Zinsen verurteilt wurde. Auf die Revision der Beklagten ist das Berufungsurteil aufgehoben, und die Berufung des Klägers zurückgewiesen worden, aus folgenden

Gründen:

„Die angefochtene Entscheidung konnte nicht aufrechterhalten werden. Das Kammergericht erwägt, ob die in Frage stehenden Geschäfte, welche zweifellos Börsentermingeschäfte sind, aber an einer ausländischen Börse und nach deren Usancen ausgeführt wurden, den Vorschriften des § 66 Abs. 1, 2, 4 des Börsengesetzes, oder derjenigen des § 50 Abs. 3 a. a. O. unterstehen. Es entscheidet sich für die letztere Annahme und gelangt zu dem Ergebnis, daß Kläger wegen der Nichtigkeit der verbotswidrigen Geschäfte auch zur Zurückforderung der bereits bezahlten Beträge berechtigt sei.

Allein die Auffassung des Kammergerichts, daß die Vorschrift des § 50 Abs. 3 des Börsengesetzes:

> „Der börsenmäßige Terminhandel in Getreide und Mühlenfabrikaten ist untersagt",

sich auch auf Börsentermingeschäfte beziehe, die an ausländischen Börsen geschlossen werden, kann nicht gebilligt werden.

Der Gesetzgeber sucht den schweren wirtschaftlichen Nachteilen, welche ein ungesunder Börsenterminhandel sowohl für den einzelnen als in volkswirtschaftlicher Beziehung nach sich zieht, in mehrfacher Weise entgegenzuwirken; zunächst in subjektiver Beziehung, indem er diejenigen Personen, für welche eine wirtschaftliche Berechtigung zur Benutzung der Börse nicht anerkannt werden kann, durch die Einrichtung des Börsenregisters von derselben fernzuhalten sucht; sodann objektiv, indem er nach dem Gegenstand der Spekulation den börsenmäßigen Terminhandel an Bedingungen knüpft, erschwert oder völlig untersagt. Dabei hat der Gesetzgeber schon mit Rücksicht auf die internationalen Beziehungen, welche der Börsenterminhandel notwendig mit sich bringt, sich der Aufgabe nicht entziehen können, die räumlichen Grenzen für die Herrschaft seiner Vorschriften in dem Gesetz selbst zu bestimmen. Dies ist in § 68 geschehen, und zwar, wie anzunehmen ist, in erschöpfender Weise. Die hier gezogenen Grenzlinien sind maßgebend, sowohl in dem, was ausdrücklich verordnet ist, als auch in dem, was nicht verordnet ist. Daß der Gesetzgeber mit seinen Vorschriften über die Einrichtung der Börse, über die Zulassung von Waren und Wertpapieren zur Börse und über das Börsenregister nur inländische Börsen im Auge haben konnte, ist ohne weiteres selbstverständlich. In unmittelbarem und untrennbarem Zusammenhang mit diesen Bestimmungen stehen aber auch das Verbot und die Beschränkung des Börsenterminhandels in gewissen Waren und Wertpapieren in § 50, sowie die Vorschriften über die zivilrechtliche Wirksamkeit der Börsentermingeschäfte in § 66. Nur die letzteren, nicht aber die übrigen den Börsenterminhandel regelnden Bestimmungen sind in § 68 Abs. 1 des Gesetzes auch dann für anwendbar erklärt, wenn das Geschäft im Ausland geschlossen oder zu erfüllen ist. Man hielt es für erforderlich, daß Prinzip „locus regit actum" zu durchbrechen, um zu verhüten, daß der Inländer unter Umgehung der Eintragung seine Börsentermingeschäfte nach dem Auslande verlegt.

Vgl. Motive zu § 65 des Entwurfs eines Börsengesetzes (Nr. XIV) der Drucksachen des Reichstags IX. Legislaturperiode 4. Session und Kommissionsbericht zu § 65 (Reichstags-Drucksache Nr. 246) erstattet von dem Abgeordneten Gamp.

Das Gesetz greift hier über das Territorialitätsprinzip hinaus, aber nur in Ansehung solcher Personen, welche im Inlande einen Wohnsitz oder eine gewerbliche Niederlassung haben. Die ausdrückliche Beschränkung dieser Ausdehnung auf die Bestimmungen des § 66 muß bei einer logischen Interpretation des Gesetzes notwendig zu dem Ergebnis führen, daß der Gesetzgeber die Anwendung seiner übrigen Normen über den Börsenterminhandel auf im Auslande geschlossene oder zu erfüllende Geschäfte nicht gewollt hat. Demgegenüber erscheint es auch unzulässig, hier die Vorschrift des Art. 30 Einf.Ges. zum BGB beizuziehen. Die Kollisionsnorm, welche das Börsengesetz im § 68 gibt, ist die allein maßgebliche.

Die durch die Interpretation der Gesetzesbestimmungen selbst gefundene Auffassung wird überdies durch den Gang der Beratung im Reichstag durchaus bestätigt. Hier war zur dritten Lesung des Entwurfs eines Börsengesetzes von seiten des Grafen v. Arnim der Antrag gestellt (vgl. Reichstags-Drucksache Nr. 425, 1), dem § 50 hinter Abs. 3 folgende Zusätze beizufügen:

„Ebenso sind Rechtsansprüche aus in Getreide und Mühlenfabrikaten abgeschlossenen börsenmäßigen Termingeschäften auch dann unklagbar, wenn die betreffenden Geschäfte im Ausland abgeschlossen sind. Etwa schon Geleistetes kann zurückgefordert werden.

Die Zwangsvollstreckung aus solchen Urteilen ausländischer Gerichte, welche durch dieses Gesetz verbotene Termingeschäfte betreffen, findet nicht statt."

Dieser Antrag wurde zurückgezogen zugunsten eines Abänderungsantrages der Grafen v. Arnim und v. Stolberg-Wernigerode (vgl. Reichstags-Drucksache Nr. 429), dem § 50 den Zusatz hinzuzufügen:

„Wenn börsenmäßige Termingeschäfte, die auf Grund dieses Gesetzes verboten sind, im Ausland abgeschlossen sind, so sind Rechtsansprüche aus diesen Geschäften unklagbar, und findet Zwangsvollstreckung aus Urteilen ausländischer Gerichte, welche solche Geschäfte betreffen, nicht statt.

Etwa schon Geleistetes kann zurückgefordert werden."

Der Schlußsatz „Etwa schon Geleistetes" usw. wurde zurückgezogen, dagegen zu dem noch bestehenden Antrag der Zusatz gemacht: „soweit nicht Staatsverträge entgegenstehen."

In dieser Fassung wurde der Antrag nach eingehender Beratung, in welcher er namentlich von dem Kommissar des Bundesrates, Präsidenten des Reichsbankdirektoriums Koch, bekämpft worden war, von der Mehrheit des Reichstages abgelehnt.

Vgl. Sitzungsprotokolle S. 2417 flg. 2448 flg. 2455.

Aus den Ausführungen des Bundesratskommissars ist die Auffassung hervorzuheben, daß der Entwurf grundsätzlich nur die Verhältnisse an deutschen Börsen regele; wenn das Verbot des börsenmäßigen Terminhandels in landwirtschaftlichen Produkten den Zweck verfolge, einer gewissen Tyrannei, welche durch die Börsenkurse auf alle Geschäfte in diesen Produkten ausgeübt werde, insbesondere den zu großen und häufigen Schwankungen und dem Preisdruck, entgegen zu wirken, so treffe dieser Gesichtspunkt für im Ausland geschlossene Geschäfte nicht zu; denn die ausländischen Kurse seien für Geschäfte, die von inländischen Händlern oder Kommissionären im Inland geschlossen würden, nicht maßgebend.

Der Vertreter der Revisionsbeklagten hat demgegenüber darauf hingewiesen, daß die Absicht des Gesetzgebers, auch die im Ausland abgeschlossenen Börsentermingeschäfte in Getreide und Mühlenfabrikaten zu verbieten, in der von der Reichtagsmehrheit angenommenen Resolution (Reichstags-Drucksache Nr. 327), dahin lautend:

> „Den Herrn Reichskanzler zu ersuchen, mit denjenigen Staaten, in denen ein börsenmäßiger Terminhandel in Getreide und Mühlenfabrikaten besteht, wegen Untersagung dieses Handels in Verhandlung zu treten und über das Ergebnis dem Reichstag Mitteilung zu machen",

deutlichen Ausdruck gefunden habe (vgl. Protokolle S. 2436). Er hat ausgeführt, daß diese Absicht bei Auslegung der Vorschrift des § 50 Berücksichtigung finden müsse. Allein dieser Auffassung kann nicht beigetreten werden. Denn die Resolution strebte gerade an, daß auf anderem Wege das erreicht werden sollte, was durch das deutsche Reichsgesetz nicht zu erreichen ist; sie bestätigt also die hier vertretene, engere Auslegung.

Hiernach ist die für die Entscheidung des vorliegenden Rechtsstreits aufzuwerfende Frage, *ob auch an einer ausländischen Börse geschlossene börsenmäßige Termingeschäfte unter das Verbot des § 50 Abs. 3 des Börsengesetzes fallen*, zu verneinen.

Dabei erscheint es, soweit das eben erwähnte Verbotsgesetz in Frage kommt, unerheblich, daß der Auftrag zum Abschluß des Termingeschäfts in Getreide an den amerikanischen Börsen von einem Inländer einer inländischen Firma und im Inland erteilt worden war. Denn eben weil die Geschäfte an einer ausländischen Börse abzuschließen waren, fielen sie nicht unter das Verbot, waren vielmehr im Sinne des Börsengesetzes an und für sich erlaubte Geschäfte. Wohl aber war auf diese Geschäfte die bereits oben hervorgehobene Vorschrift des § 68 des Börsengesetzes, durch welche die Bestimmungen des § 66 ausdrücklich für anwendbar erklärt sind, maßgebend. Dies hat auch das Kammergericht erwogen. Es hat unter Hinweis auf die Entsch. des RG.'s in Zivils. Bd. 43 S. 91 flg., Bd. 49 S. 59 flg., die Anwendung der Bestimmungen des § 66 auf die vorwürfigen Geschäfte erörtert. Es hielt dieselben nur deshalb nicht für einschlagend, weil das weitergehende Verbot des § 50 Platz greife. Die Anwendung des § 66 Abs. 4 des Börsengesetzes führt dazu, dem Revisionskläger die Rückforderung dessen zu versagen, was er nach völliger Abwicklung der Geschäfte zu deren Erfüllung geleistet hat. In dieser Hinsicht hat aber das Kammergericht tatsächlich und ohne erkennbaren Rechtsirrtum festgestellt, daß gerade diejenigen Barzahlungen, deren Rückersatz mit dem Berufungsantrag begehrt wird, nach völliger Abwicklung der Geschäfte geleistet sind."...

RGZ. 56, 19.

1. Unwirksamkeit der bei klaglosen Börsentermingeschäften vereinbarten Schiedsgerichtsklausel.

2. Zur Auslegung des § 28 des Börsengesetzes.

3. Können Einschüsse, die auf den künftigen Saldo im Kontokorrentverkehr geleistet werden, als Leistungen zur Erfüllung der einzelnen Passivposten im Sinne des § 66 Abs. 4 des Börsengesetzes erscheinen?

4. In welcher Weise hat die Aufrechnung im Kontokorrent zu erfolgen, wenn die die Aktivseite übersteigenden Passivposten teils aus vollwirksamen, teils aus ungültigen (klaglosen) Verbindlichkeiten bestehen?

I. Zivilsenat. Urt. v. 14. November 1903.

I. Landgericht I Berlin, Kammer für Handelssachen. — II. Kammergericht daselbst.

Die Parteien standen von 1896 bis 1900 miteinander in Kontokorrentverkehr. Kläger beanspruchte sein Saldoguthaben pr. 1. Januar 1901 mit 3243,35 M nebst Zinsen, sowie Ersatz des Kurswerts seiner von der Beklagten veräußerten Depots pr. 9. Oktober 1900 mit 6367,55 M nebst Zinsen. Nach der Auffassung der Beklagten hatte Kläger nicht nur nichts an sie zu fordern, sondern schuldete ihr noch 556,75 M, deren Zahlung nebst Zinsen sie widerklagend verlangte. Die Differenz ergab sich daraus, daß Beklagte ein größeres Guthaben aus Termingeschäften in Transvaalbahnaktien gegen den Kläger beanspruchte, gegen welches der Kläger den Differenz- und Registereinwand erhob. Die einzelnen Streitpunkte sind im übrigen zu entnehmen aus den

Gründen:

...„1. Mit Recht hat das Kammergericht den Einwand der Beklagten, daß über die Frage, ob die aus dem Transvaalbahngeschäft herrührenden Posten in das Kontokorrent einzustellen seien, nach § 9 der Bedingungen ein Schiedsgericht zu entscheiden habe, für unbegründet erachtet. Das Kammergericht hat in einwandfreier Begründung dargelegt, daß jene Bedingungen Bestandteil des Geschäfts über die Transvaalaktien nach dem übereinstimmenden Willen der Parteien geworden sind, daß diese Geschäfte im Hinblick auf §§ 48, 66 des

Börsengesetzes als ungültige Börsentermingeschäfte zu behandeln sind, und daß jene Bedingungen das Schicksal der Geschäfte selbst teilen, also, wie diese, nur eine freiwillige Erfüllung nach völliger Abwicklung gestatten. Das Kammergericht befindet sich hier in völliger Übereinstimmung mit der Rechtsprechung des Reichsgerichts, wie dieselbe in einer Reihe von Erkenntnissen zum Ausdruck gelangt ist.

Vgl. Entsch. des RG.'s in Zivils. Bd. 27 S. 379, Bd. 31 S. 398, Bd. 36 S. 423, Bd. 43 S. 408.

Wenn die Revision einen Unterschied in der rechtlichen Beurteilung zwischen dem reinen Differenzgeschäft und dem (erlaubten) Börsentermingeschäft unter Nichteingetragenen für die vorliegende Frage daraus ableiten will, daß bei dem Differenzgeschäft der Inhalt des Geschäfts nur ein simulierter, also gar nicht gewollter sei, während bei dem Börsentermingeschäft nichts vereinbart werde, was nicht dem Willen der Kontrahenten entspreche, so ist diese Erwägung nicht zutreffend. Die Unklagbarkeit des reinen Differenzgeschäfts beruht nicht darauf, daß dasselbe in die Form des Kaufs gekleidet ist, sondern darauf, daß es seinem Wesen nach nur ein Spielvertrag ist oder als Spielvertrag aufzufassen ist (vgl. §§ 762, 764 BGB.). Das Gesetz entzieht aber dem (erlaubten) Börsentermingeschäft unter Nichteingetragenen die Klagbarkeit in gleicher Weise wie dem Spiel. In beiden Fällen liegen keineswegs nichtige Geschäfte vor, wohl aber Geschäfte, welchen die Wirksamkeit vollgültiger Geschäfte nicht zukommt, weil die aus ihnen resultierenden Ansprüche nicht erzwingbar sind. Insofern kann man von der Ungültigkeit dieser Geschäfte reden. Sie gestatten aber die freiwillige Erfüllung. Auf den Unterschied, welcher in letzterer Hinsicht zwischen dem reinen Differenzgeschäft und dem Börsentermingeschäft nach § 66 Abs. 4 des Börsengesetzes besteht, kommt es hier nicht an.

Verfehlt ist auch die Berufung der Revisionsklägerin auf § 28 des Börsengesetzes. Sie glaubt aus demselben folgern zu können, daß die Vereinbarung eines Schiedsvertrags unter Kaufleuten auch dann wirksam und verbindlich sei, wenn die Geschäfte, über welche das Schiedsgericht entscheiden soll, an und für sich wegen Nichteintragung der Kontrahenten in das Börsenregister des betreffenden Geschäftszweiges unter die Vorschrift des § 66 des Börsengesetzes fallen. Eine solche Tragweite kann dem § 28 a.a.O. nicht beigelegt werden. Wie die Entstehungsgeschichte desselben beweist, sollte durch ihn die Kompetenz der Börsenschiedsgerichte nicht erweitert, sondern vielmehr eingeschränkt werden. Die Bestimmung des § 28 verdankt ihre Aufnahme in das Gesetz einem Antrag der Börsenenquetekommission. Man war in derselben der Ansicht, daß sich die an den Börsen bestehenden Schiedsgerichte an und für sich durchaus bewährt haben. „Als ein Mißstand wurde es jedoch empfunden, daß durch allgemeine Geschäftsbedingungen ... die Börsenschiedsgerichte vielfach Personen aufgedrängt werden, die gar nicht Börsenbesucher sind, die sich auch gar nicht unter die Börsenschiedsgerichte stellen wollen". Demgegenüber empfahl die Kommission eine durch die Börsenordnungen zu treffende Bestimmung, wonach sich die Börsenschiedsgerichte „ohne Rücksicht auf die Vereinbarungen der Vertragschließenden der Entscheidung von Rechtsstreitigkeiten zu enthalten haben, wenn nicht beide Teile einer und derselben Börse angehören oder sich zur Zeit der Erhebung von Ansprüchen der Entscheidung des betreffenden Schiedsgerichts unterwerfen".

Vgl. Bericht der Börsenenquetekommission S. 30.

In der Folge wurde die Aufnahme einer entsprechenden Bestimmung in das Gesetz selbst vorgezogen, und dabei die Gültigkeit der vor Entstehung des Streitfalles geschehenen Unterwerfung nicht an die Zugehörigkeit beider Parteien zu einer und derselben Börse geknüpft, sondern davon abhängig gemacht, daß jeder der Beteiligten Kaufmann oder für den betreffenden Geschäftszweig in das Börsenregister eingetragen ist.

Vgl. Begründung zu § 28 des Entwurfs eines Börsengesetzes.

Aus dem Dargestellten ergibt sich, daß der Zweck des § 28 des Gesetzes lediglich der ist, gegen eine leichtfertige Unterwerfung unter ein Börsenschiedsgericht zu schützen. Keineswegs sollte aber die in allgemeinen Geschäftsbedingungen übliche Schiedsgerichtsklausel in der Weise privilegiert werden, daß ihre Gültigkeit und Wirksamkeit, ganz abgesehen von der Wirksamkeit und Gültigkeit des Hauptgeschäfts, nur nach § 28 a.a.O. zu beurteilen wäre. Vielmehr setzt § 28 des Börsengesetzes, damit er überhaupt zur Anwendung kommen kann, einen gültigen und wirksamen Schiedsvertrag voraus.

2. Auch der weitere Angriff der Revisionsklägerin, welcher sich gegen die Verrechnung des Erlöses der Depots und der am 24. Juli 1900 geleisteten Barzahlung im Kontokorrent richtet, erscheint nicht begründet. Die Revisionsklägerin legt dar, es sei auch bei bestehendem Kontokorrentverhältnis den Kontrahenten unbenommen, einzelne Posten auszuscheiden und besonders auszugleichen. Jener Erlös und die Barzahlung mit zusammen 10 473,50 M seien nach dem Willen der Parteien speziell zur Deckung der Schuld des Klägers aus dem Transvaalbahngeschäft zu verwenden. Da dieses Geschäft wieder-

holt prolongiert worden sei, und jede Prolongation ein neues Geschäft darstelle, sei die Leistung nach völliger Abwicklung im Sinne des § 66 Abs. 4 des Börsengesetzes erfolgt. Das Oberlandesgericht hat nun aber keineswegs verkannt, daß auch bei bestehendem Kontokorrentverkehr ein einzelnes Geschäft aus demselben ausgeschieden und gemäß besonderer Vereinbarung besonders reguliert werden kann. Es hat nur im vorliegenden Falle nach einwandfreier und zutreffender Würdigung der vorgelegten Korrespondenz das Vorhandensein einer solchen Abmachung verneint. Wenn die Beklagte in der Korrespondenz vom Juli 1900 von dem Kläger „mit Rücksicht auf sein laufendes Engagement" „Einschüsse" verlangt, wenn sie „der weiteren Herabminderung seines Debetsaldos" entgegensieht, so ergibt sich gerade hieraus, wie das Kammergericht mit Recht feststellt, daß die Leistungen des Klägers nicht als Zahlung auf ein bestimmtes einzelnes Geschäft nach dessen völliger Abwicklung, sondern zur Deckung seines Debetsaldos im Kontokorrentverkehr verwendet werden sollten. Daß in solchen Einschüssen nicht Leistungen zur Erfüllung der konkreten Verbindlichkeit aus bestimmten Börsentermingeschäften im Sinne des § 66 Abs. 4 des Börsengesetzes erblickt werden können, entspricht durchaus dem Sachverhalt und der Auffassung der bisherigen Judikatur.

Vgl. Entsch. des RG.'s in Zivils. Bd. 38 S. 232 flg.

3. Auch die von dem Kammergericht vorgesehene Verrechnung der Aktiv- und Debetposten des Klägers im Kontokorrent muß im Prinzip als zutreffend bezeichnet werden. Die Art und Weise dieser Verrechnung in den Fällen, in denen die Passivposten teils aus wirksamen, teils aus unwirksamen (klaglosen) Verbindlichkeiten bestehen, ist eine sehr bestrittene. Nach Ansicht der Beklagten muß in solchen Fällen, wenn die Aktivseite die Passivseite des Kontokorrents nicht erreicht, die Aufrechnung der Aktivposten zunächst auf die unwirksamen Schuldposten erfolgen, da diese „dem Gläubiger geringere Sicherheit bieten" (vgl. § 366 Abs. 2 BGB.). Diese Ansicht verkennt, daß für die Verrechnung im Kontokorrent die einzelnen Posten lediglich Rechnungsfaktoren, und als solche gleichwertig sind. Nach einer anderen Ansicht, welche S t a u b in seinem Kommentar zum Handelsgesetzbuch Bd. 2 Exkurs zu § 376 Anm. 15 vertritt, ist die Aufrechnung in solchen Fällen überhaupt unwirksam; denn wenn auch von den in der Saldofeststellung liegenden Geschäften nur der eine Teil (das Anerkenntnis) nicht imstande sei, die unwirksamen Geschäfte wirksam zu machen, während der andere Teil (die Verrechnung) diese Kraft besitze, so werde doch nach der Vorschrift des § 139 BGB. meist der ganze

Rechtsakt der Saldofeststellung infolge der Ungültigkeit jenes einen Teiles ungültig sein. Diese Ansicht erscheint jedenfalls deshalb unzutreffend, weil Verrechnung und Saldoanerkennung keineswegs Teile eines und desselben Rechtsaktes, sondern selbständige Rechtsakte sind. Die Verrechnung erfolgt gemäß dem in der Eingehung eines (eigentlichen) Kontokorrentverhältnisses gelegenen Aufrechnungsvertrag auf Schluß der Rechnungsperiode, bis zu welchem sämtliche Posten gleichmäßig gestundet erscheinen, und geht der Anerkennung des Saldos in der Regel voraus. Wenn die Aufrechnung die Schuldposten in einer dem Betrag der aufgerechneten Gegenposten entsprechenden Höhe tilgt, so wird diese Tilgung nicht dadurch ungültig, daß die Anerkennung des Saldos, soweit in dieser das Ergebnis der klagbaren Termingeschäfte enthalten ist, keine klagbare Forderung erzeugt. Eine dritte Ansicht (vgl. Regelsberger, Die rechtliche Natur der Abrechnung, in Iherings Jahrb. Bd. 46 S. 27) gelangt im Gegensatz zu Staub zu dem Resultat, daß die Anfechtung der Verrechnung in Fällen der hier behandelten Art überhaupt ausgeschlossen sei; sie scheitere an der Unmöglichkeit einer Ausscheidung, welche Forderungen von der Aufrechnung erfaßt seien, welche nicht. Das Kammergericht geht diesen Auffassungen gegenüber von der Anschauung aus, daß die Verrechnung auf die mehreren bis zum Zeitpunkt des Kontokorrentabschlusses gestundeten Posten verhältnismäßig zu erfolgen habe,

vgl. Trumpler in der Zeitschr. für das ges. Handelsrecht Bd. 50 S. 488 flg.,

und befindet sich auch hierbei in Übereinstimmung mit der Auffassung des Senats, wie sie in den Entscheidungen vom 29. Juni 1901, Rep. I 78/01, vom 29. Januar 1902, Rep. I 329/01, vom 21. Februar 1903, Rep. I 360/02, vom 28. Oktober 1903, Rep. I 221/03 zum Ausdruck gekommen ist. Die verhältnismäßige Verrechnung ist die der Vorschrift des § 366 Abs. 2 BGB. allein entsprechende. Sie findet auf den Schluß der Rechnungsperiode statt (vgl. § 389 BGB.) und bewirkt, daß die aus klaglosen Geschäften herrührenden Verbindlichkeiten soweit — und nur insoweit — getilgt sind, als bei einer verhältnismäßigen Aufrechnung der gegenüberstehenden Aktivposten auf sie entfällt."...

RGZ. 58, 366.

Ist die Anwendung des § 69 des Börsengesetzes auf solche Geschäfte beschränkt, bei denen alle Voraussetzungen des § 48 des Börsengesetzes seinem Wortlaut nach gegeben sind, oder bezieht sich seine Bestimmung auf alle solche Geschäfte, welche nach § 66 des

Börsengesetzes in Ermangelung der Eintragung der Parteien in das Börsenregister ungültig sein würden, bzw. bei denen nach § 68 Abs. 2 des Börsengesetzes zur Wirksamkeit die Eintragung in das Börsenregister nicht erfordert wird?

I. Zivilsenat. Urt. v. 4. Juli 1904.

I. Landgericht Hamburg, Kammer für Handelssachen. — II. Oberlandesgericht daselbst.

Der in Stockholm wohnhafte, in ein Börsenregister nicht eingetragene Kläger hatte durch Vermittlung des ebenfalls dort wohnenden Agenten der Beklagten P. von der Beklagten, welche in das Börsenregister eingetragen war, gemäß Schlußnota Nr. 2 anfangs Juni 1902 30 000 M Berliner Handelsgesellschaftsanteile, zu liefern am 30. Juni 1902, zum Kurs von 160,85 Prozent gekauft. Nach verschiedenen Prolongationen hatte Beklagte das Verhältnis Ende Oktober 1902 gelöst und dem Kläger eine Abrechnung erteilt, deren Richtigkeit Kläger, abgesehen von dem von ihm erhobenen Einwand des Spiels, nicht bestritt. Danach schuldete Kläger der Beklagten bei Verrechnung von ihm bar eingezahlter 600 M noch 2089,10 M. Beklagte hatte sich zum größten Teil dadurch befriedigt, daß sie ein ihr von dem Kläger gegebenes Akzept weiter begab, auf welches Kläger demnächst, einschließlich Zinsen und Protestkosten, 2008,10 M zahlen mußte. Kläger hält sich für berechtigt, diese 2008,10 M, sowie die an die Beklagte unmittelbar gezahlten 600 M zurückzufordern, und beantragte demnach, die Beklagte zur Zahlung von 2608,10 M nebst Zinsen zu verurteilen. Zur Begründung des Spieleinwandes führte er aus, er sei ein vermögensloser Agent und habe, wie dem Agenten P. bekannt gewesen sei, nicht die Mittel besessen, um die gekauften Papiere zu bezahlen; P. habe ihm erklärt, es handle sich immer nur um die Differenz; er könne ja so lange schieben, bis er gut aus dem Engagement herauskomme. Hiernach sei sowohl die als Sicherheit eingezahlte Summe von 600 M zurückzugeben, wie auch das zwangsweise auf den Wechsel Geleistete zu erstatten. Was den Wechsel anlange, so sei außerdem noch vereinbart gewesen, daß Beklagte ihn nicht begeben dürfe.

Das Landgericht wies die Klage ab. Die Berufung des Klägers wurde zurückgewiesen. Beide Vorinstanzen gingen davon aus, daß der Spieleinwand mit Rücksicht auf § 69 des Börsengesetzes nicht berücksichtigt werden könne, und daß, wenn hiernach die Rechnungsforderung der Beklagten begründet sei, auch die angebliche Vereinbarung wegen des Wechsels unerheblich sei, weil Beklagte ja mit ihrer größeren Gegenforderung würde aufrechnen können.

Die Revision des Klägers ist zurückgewiesen worden aus folgenden

Gründen:

„Nach deutschem internationalen Privatrecht ist für vertragliche Verpflichtungen das Recht des Erfüllungsortes maßgebend.

Vgl. Entsch. des RG.'s in Zivls. Bd. 53 S. 140, Bd. 54 S. 316.

Der Kläger hat sich daher durch Annahme der Schlußnote vom 2. Juni 1902, welche die Klausel: „Erfüllungsort für beide Kontrahenten Hamburg", enthält, stillschweigend dem deutschen Recht unterworfen. Danach ist der von der Revision angeregte Zweifel, ob die durch die Schlußnote begründeten Verpflichtungen des Klägers nicht nach schwedischem Recht, als dem Recht seines Wohnorts, hätten beurteilt werden müssen, unbegründet.

Das in der Schlußnote beurkundete Ultimogeschäft betrifft Anteile der Berliner Handelsgesellschaft, für welche an deutschen Börsen notorisch sowohl Kassa- wie auch Terminpreise börsenamtlich notiert werden. Es ist daher zu vermuten, daß es unter Zugrundelegung von Börsennotierungen abgeschlossen ist. Die Schlußnote nimmt Bezug auf Art. 357 HGB. a. F.; die Lieferung hatte somit genau zu der bestimmten Zeit, 30. Juni 1902, zu erfolgen. Danach ist das Geschäft unbedenklich trotz des in der Schlußnote vereinbarten Ausschlusses „der allgemeinen Usancen für den Effektenhandel" nach der feststehenden Rechtsprechung des Reichsgerichts als ein Börsentermingeschäft im Sinne der §§ 48, 66 des Börsengesetzes zu behandeln. Dasselbe gilt von den nachfolgenden Prolongationen und dem auf Ende Oktober 1902 abgeschlossenen Abwicklungsgeschäft. Hieraus folgt aber, daß auf alle diese Geschäfte auch der § 69 des Börsentermingesetzes anzuwenden ist. Allerdings hat der Senat in einem älteren Urteil der Ansicht Ausdruck gegeben, daß der § 69 nur auf solche Geschäfte Anwendung finde, bei denen die nach dem Wortlaut des § 48 des Börsengesetzes für den Begriff „Börsentermingeschäft" erforderten Voraussetzungen gegeben seien.

Vgl. Entsch. des RG.'s in Zivils. Bd. 42 S. 49.

Diese Auslegung des Gesetzes, wonach das Wort in einer verschiedenen Bedeutung einerseits in dem § 66, andererseits in den §§ 48 und 69 gebraucht sein würde, ist aber bereits in einem späteren Urteil aufgegeben worden.

Vgl. Entsch. des RG.'s in Zivils. Bd. 44 S. 110 flg.

Dort wird ausgeführt, daß in § 66 die Pflicht zur Eintragung an den im § 48 definierten Tatbestand knüpfe, und daß diese Definition nur dem Wortlaut nach deshalb so eng ausgefallen sei, weil man den bestehenden, auf Art. 357 HGB. beruhenden Geschäftsgebrauch dabei ins Auge gefaßt habe. In der Tat ist der Zusammenhang der §§ 48, 66, 68 und 69 des Börsengesetzes ein so enger, daß der Begriff „Börsentermingeschäft" in allen diesen Bestimmungen nur in einer und derselben Bedeutung verstanden werden kann. Wenn es in § 68 Abs. 2 heißt: „In Ansehung der Personen, welche im Inland weder einen Wohnsitz noch eine gewerbliche Niederlassung haben, ist die Eintragung in das Börsenregister zur Wirksamkeit des Geschäfts nicht erforderlich', so muß dies zweifellos auf alle diejenigen Geschäfte bezogen werden, welche nach § 66 in Ermangelung der Eintragung ungültig sein würden, und kann nicht auf solche Geschäfte beschränkt werden, bei denen die nach dem Wortlaut des § 48 erforderten Voraussetzungen gegeben sind. Andererseits aber wiederholt nicht nur der Eingang des § 69 wörtlich alle Begriffsmerkmale des § 66, sondern es nimmt auch der zweite Teil den gesamten Tatbestand des § 68 Abs. 2 in sich auf, indem er von demjenigen redet, „dessen Eintragung nach den vorstehenden Bestimmungen (§ 68 Abs. 2) zur Wirksamkeit des Geschäfts nicht erforderlich war". Danach muß für alle diejenigen Geschäfte, welche nach § 66 in Ermangelung der Eintragung ungültig sein würden, nach § 69 der Differenzeinwand als ausgeschlossen gelten, wenn dem Erfordernis der Eintragung genügt, oder von diesem Erfordernis gemäß § 68 Abs. 2 abzusehen ist. Dies entspricht auch allein dem Zweck des Gesetzes, für Geschäfte dieser Art nach beiden Richtungen klare und sichere Rechtsverhältnisse zu schaffen.

Vgl. Entsch. des RG.'s in Zivils. Bd. 44 S. 113.

Der Gedanke, bei derartigen Geschäften den Differenzeinwand um deswillen auszuschließen, weil bei Annahme der von dem Börsenvorstand festgesetzten Bedingungen eine gewisse Garantie für ihre Ungefährlichkeit gegeben sei, hat dem Gesetzgeber jedenfalls ferngelegen. Im Gegenteil hat er sie wegen des typischen Charakters, der ihnen durch die Festsetzung und Beobachtung allgemeiner Bedingungen aufgedrückt wurde, für besonders zum Börsenspiel geeignet angesehen und hat sie wegen der hieraus entspringenden wirtschaftlichen Gefährlichkeit den Beschränkungen des § 66 unterwerfen zu müssen geglaubt. Dagegen hat er sich bei solchen Personen, die sich freiwillig in das Börsenregister eintragen lassen würden, sowie den diesen nach § 68 Abs. 2 Gleichgestellten, nicht nur einer besonderen gesetzlichen Fürsorge für enthoben erachtet, sondern hat ihnen auch zur Erleichterung ihres einem mutmaßlich berechtigtem Interesse dienenden Terminhandels den Ausschluß des in diesen Gewerbebetrieb nicht selten störend eingreifenden Differenzeinwandes zugestanden. Daß hierbei zwischen Börsentermingeschäften der einen oder anderen Art irgendwie hätte unterschieden werden sollen, ergibt sich weder aus dem Gesetz selbst, noch aus den Vorarbeiten zu letzterem."...

RGZ. 65, 177.

Ist der Verzicht auf Übersendung des Stückeverzeichnisses nach § 3 Abs. 2 des Depotgesetzes vom 5. Juli 1896 „ausdrücklich" erklärt, wenn in der Erklärung der Gegenstand des Verzichts nur durch Verweisung auf die Bestimmungen des Gesetzes bezeichnet ist? Kann die Erklärung des Kommittenten, daß er das Geschäft als nicht für seine Rechnung abgeschlossen zurückweise (§ 4 Abs. 1 des Gesetzes) schon vor Ablauf der dreitägigen Nachfrist wirksam abgegeben werden, wenn der Kommissionär bereits vorher die Übersendung des Stückeverzeichnisses abgelehnt hat? Ist der Prozeßbevollmächtigte für die Aufforderung zur Übersendung des Stückeverzeichnisses legitimiert?

I. Zivilsenat. Urt. v. 13. Februar 1907.

I. Landgericht Düsseldorf. — II. Oberlandesgericht Köln.

Mit der Klage war eine angebliche Schuld der Beklagten für Aktienanschaffungen eingefordert, die die Klägerin gemäß der Einkaufsaufträge der Beklagten vom 8. und 13. März 1900 ausgeführt haben wollte. Die Beklagte hatte neben anderen Verteidigungen den Einwand erhoben, daß sie nach § 4 Abs. 1 des Depotgesetzes die Geschäfte nicht anzuerkennen brauche. Die Ablehnung dieses Einwandes durch den Berufungsrichter ist vom Reichsgericht mißbilligt worden. Im übrigen ergibt sich der einschlagende Sachverhalt aus den

Gründen:

...„Das Berufungsgericht hat den Einwand der Beklagten, daß sie wegen verspäteter Mitteilung des Nummernverzeichnisses von den Geschäften wirksam zurückgetreten sei, zurückgewiesen, weil die Beklagte auf diese Mitteilung gültig verzichtet gehabt und gegenüber diesem Verzicht die Mitteilung des Nummernverzeichnisses nur noch unter Erfüllung ihrer eigenen Vertragspflichten habe fordern dürfen. Die Revision will zunächst das letztere nicht gelten lassen. Allein insofern ist den zutreffenden Ausführungen des Berufungsgerichts einfach zuzustimmen. Weiter aber ficht die Revision die Annahme an, daß ein gültig erklärter Verzicht vorgelegen habe.

Die Verzichterklärungen sind enthalten in den vom Ingenieur H. unter Benutzung gedruckter Formulare erteilten schriftlichen Aufträgen vom 8. und 13. März 1900. Der auf den Verzicht bezügliche vorgedruckte Inhalt des Formulars lautet im Zusammenhang des Kontextes:

„Zugleich ermächtigte ich die B.-M.-Bank, Düsseldorf, an Stelle der auf Grund vorstehender Aufträge anzuschaffenden Wertpapiere gleichartige zurückzugewähren und entbinde dieselbe von den Bestimmungen der §§ 3 bis 5 des Gesetzes vom 5. Juli 1896."

Wenn die Revision meint, diese Verzichterklärungen hätten schon deshalb keine *Bedeutung, weil der Ingenieur H. dazu keine Vollmacht* der Beklagten gehabt habe, so kann sie damit allerdings keinen Erfolg haben. Es steht unbestritten fest, daß H. von der Beklagten im allgemeinen für die Erteilung der Aufträge bevollmächtigt war. Eine besondere Bevollmächtigung für die Erklärung des Verzichts ist nicht behauptet und wird auch von dem Berufungsgericht nicht angenommen. Nicht zu beanstanden aber ist es, wenn es die allgemein gegebene Vollmacht auch auf diesen zu der Auftragserteilung gehörigen Akt bezieht. Die Ansicht der Revision, die auch schon in den Instanzen von der Beklagten vertreten war, daß es für die Verzichterklärung einer Spezialvollmacht bedurft hätte, findet im Gesetz keinen Grund. Das Depotgesetz trifft Bestimmungen über Form und Inhalt des Verzichts; die Frage, ob die dem § 3 entsprechende Verzichtserklärung für die Beklagte bindend sei, beantwortet sich nach den allgemeinen Grundsätzen über die Vertretung und Vollmacht (§§ 164 flg. BGB.). Eine besondere Form der Vollmacht war danach nicht erforderlich (§ 167 Abs. 2). Ebensowenig kann der Revision darin Recht gegeben werden, daß die Verzichterklärungen deshalb nicht genügen könnten, weil sie nur durch Unterschrift eines gedruckten Formulars abgegeben seien. Nach § 3 Abs. 2 des Depotgesetzes muß der Verzicht „schriftlich" erklärt sein. Daß diesem Erfordernis durch die schriftliche Unterzeichnung eines Formulars nicht entsprochen sei, ist eine durch das Gesetz nicht gerechtfertigte Behauptung der Revision.

Vgl. Rießer, Das Bankdepotgesetz 2. Aufl. S. 28, verbunden mit S. 49 Anm. 1; Lusensky, Gesetz vom 5. Juli 1896 2. Aufl. S. 67; Ecker, Die rechtliche Natur des Bankverwahrungsdepots S. 50, 61; BGB. § 126 Abs. 1.

Für zutreffend dagegen muß der Angriff gehalten werden, daß die Verzichterklärungen ihrem Inhalt nach nicht genügen könnten.

Nach § 3 Abs. 2 des Gesetzes ist der Verzicht nur wirksam, wenn er „ausdrücklich' erklärt wird. Das Berufungsgericht will in dieser Ausdrücklichkeit nur den Gegensatz zu der Willenserklärung durch konkludente Handlungen, der sogenannten stillschweigenden Willenserklärung, finden und hält — von diesem Standpunkt aus mit Recht — die Verzichterklärungen für „ausdrücklich". Diese Auslegung ist rechtsirrtümlich. Das Wort „ausdrücklich' muß in einem engeren Sinne verstanden werden. Auch das Bürgerliche Gesetzbuch spricht an einigen Stellen — §§ 164, 244, 700 — von „ausdrücklicher" Erklärung. Darüber, was die Willenserklärung zu einer ausdrücklichen mache und namentlich, was als der begriffliche Gegensatz zur ausdrücklichen Willenserklärung zu denken sei, besteht weder im allgemeinen Übereinstimmung, noch hat der Ausdruck an den einzelnen Stellen, wo er vorkommt, eine übereinstimmende Auslegung gefunden. Das kann hier dahingestellt bleiben. Denn der Ausdruck hat überhaupt keine sichere und für alle Fälle gleiche, technische Bedeutung. Es muß im einzelnen Falle geprüft werden, was der Gesetzgeber damit gemeint habe. Diese Notwendigkeit besteht ganz besonders für den Sprachgebrauch des Gesetzes vom 5. Juli 1896, das mit seinen gleichmäßigen Vorschriften in § 2 für die Ermächtigung, in § 3 für den Verzicht eigenartige Zwecke verfolgt. Ohne Berücksichtigung dieser Gesetzesabsichten kann hier die Auslegung des an sich mehrdeutigen Wortes „ausdrücklich" zu keinem richtigen Ergebnis führen.

Über die Zwecke, die das Gesetz mit seinen Bestimmungen über Form und Inhalt der Ermächtigung und des Verzichtes erreichen will, gibt die Begründung zum Entwurf — Drucksache Nr. 14 des Reichstages, 9. Legislaturperiode IV. Session 1895/97 — deutliche Auskunft. Es kommen vor allem in Betracht die Stellen:

> Seite 79/80: ... „Ein Verzicht auf das Nummernverzeichnis wird deshalb von Voraussetzungen abhängig zu machen sein, welche Gewähr dafür bieten, daß der Kunde bei der Erklärung dieses Verzichtes sich der Bedeutung und der Folgen des Verzichtes wohl bewußt war. Aus dieser Erwägung wird sowohl einem formlos erklärten Verzicht ... die Gültigkeit zu versagen sein, als einem allgemeinen Verzicht, weil sonst leicht der Fall eintreten könnte, daß durch Aufnahme einer entsprechenden Klausel in die Geschäftsbedingungen ... die Vorschrift wegen des Stückeverzeichnisses unwirksam gemacht, und die beabsichtigte Sicherung des Publikums, namentlich für den weniger erfahrenen Teil desselben, vereitelt würde ..."

Seite 87 zu § 2: „Die Vorschrift, daß die ... Ermächtigungserklärung ... ausdrücklich abgegeben werden müsse, bezweckt ... eine klare, unzweifelhafte Ausdrucksweise zu fordern, um zu verhindern, daß aus unklaren, in ihrer Bedeutung dem Hinterleger nicht genügend zum Bewußtsein gelangten Ausdrücken in den ihm zur Anerkennung vorgelegten Schriftstücken, namentlich in sogenannten Geschäftsbedingungen, ein von demselben nicht gewollter Verzicht hergeleitet werden kann ..."

Vgl. S. 75 daselbst.

In dem Falle, wo der Hinterleger oder Verpfänder (§ 2) oder der Kommittent (§ 3) gewerbsmäßig Bank- oder Geldwechslergeschäfte betreibt, hält es das Gesetz nicht für erforderlich, besondere Schutzvorschriften aufzustellen. Für diese Personen gelten die beschränkenden Bestimmungen über die Wirksamkeit der Ermächtigung und des Verzichtes nicht. Andere Hinterleger und Verpfänder sowie Kommittenten aber sieht das Gesetz für schutzbedürftig an, und um hier den beabsichtigten Schutz „namentlich für den weniger erfahrenen Teil" des Publikums mit Sicherheit zu erreichen, stellt es gleichmäßig an die Ermächtigung des § 2 wie an den Verzicht des § 3 Anforderungen nach drei Seiten: der Wortlaut der Erklärung muß feststehen — „schriftlich" —, es muß feststehen, daß die Erklärung in jedem Falle besonders überlegt und gewollt ist — „für das einzelne Geschäft" —, endlich muß sich aus dem Wortlaut mit Bestimmtheit ergeben, daß eine Ermächtigung oder ein Verzicht mit dem vom Gesetz vorgesehenen Inhalt gewollt sei — „ausdrücklich". Für das letztere aber folgt aus der Begründung, wie es auch der Schutztendenz des Gesetzes durchaus entspricht, daß nicht schon das Wollen der Willens*erklärung* genügen soll, sondern daß der Erklärende sich auch des Inhalts, der Bedeutung seiner Willenserklärung bewußt, darüber im klaren sein muß. „Ausdrücklich" heißt also hier, daß die Ermächtigung, der Verzicht *in der Willenserklärung selbst den vollen, unzweideutigen Ausdruck* gefunden haben muß. Und da nach der gesetzlichen Bestimmung die Willenserklärung schriftlich sein muß, so ergibt sich weiter, daß für die Beurteilung, ob die Ermächtigung oder der Verzicht inhaltlich dieser Anforderung genüge, *nur die schriftliche Erklärung* maßgebend sein kann. Nur so ist, soweit überhaupt erreichbar, die vom Gesetz angestrebte Garantie dafür gegeben, daß der Erklärende die Tragweite seiner Erklärung erkannt habe.

Bei dieser Auslegung ist es klar, daß ein Verzicht auf das Stückeverzeichnis, der nur, wie hier, durch Bezugnahme auf den — selbst nicht mitgeteilten — Inhalt des § 3 des Gesetzes erklärt wird, kein im Sinne des Gesetzes „ausdrücklich" erklärter Verzicht sein kann. Er ist es schon durch diese Bezugnahme nicht; man braucht gar nicht Gewicht darauf zu legen, daß die Verzichterklärung hier noch ein weiteres Moment der Unbestimmtheit dadurch erhalten hat, daß die Bezugnahme allgemein auf die Bestimmungen der §§ 3 bis 5 des Gesetzes gerichtet ist. Der Mangel der Erklärung wird auch nicht geheilt durch den Umstand, daß dem Ingenieur H., wie das Berufungsgericht angenommen hat, der Inhalt der angezogenen Gesetzesbestimmungen bekannt war; denn diese Kenntnis läßt sich nicht aus der schriftlichen Verzichterklärung selbst entnehmen.

Daß Ermächtigungs- und Verzichterklärungen mit bloßer Bezugnahme auf die einschlagenden Paragraphen den Anforderungen des Gesetzes nicht genügen, ist auch die Ansicht der berufensten Kommentatoren des Bankdepotgesetzes.

Vgl. Lusensky a.a.O. S. 67 zu § 2 Anm. 3; Rießer a.a.O. S. 26 flg., S. 49 Anm. 1.

Ganz konsequent läßt Rießer die Bezugnahme zu, wenn zugleich der Wortlaut des angezogenen Paragraphen wiedergegeben ist. Solcher Formulare mit dem Abdruck des einschlagenden Gesetzestextes bedienten sich nach v. Pechmann (das Reichsgesetz vom 5. Juli 1896 S. 63) schon 1897 die Münchener Bankiers. Damit wird die Behauptung der Klägerin, daß das von ihr benutzte Formular im Bankverkehr allgemein üblich sei, widerlegt. Zu vergleichen sind auch die von Rießer in den Anlagen 1 flg. (a.a.O. S. 106 flg.) gegebenen Beispielsformulare. ...

Die Unwirksamkeit der Verzichterklärungen ist für die Entscheidung nur dann von Bedeutung, wenn die Beklagte in einer dem § 4 des Gesetzes entsprechenden Weise von ihrer Befugnis Gebrauch gemacht hat, die Klaggeschäfte als nicht für ihre Rechnung geschlossen zurückzuweisen. Abschließende Feststellungen sind darüber noch nicht getroffen. Was aber die Beklagte in dieser Richtung behauptet und auch zum Teil die Klägerin nicht bestritten hat, genügt, um die Möglichkeit erkennen zu lassen, daß der Einwand der Beklagten begründet sei.

Behauptet und nicht bestritten ist, daß die Beklagte am 18. Juni 1900 und im Laufe des Rechtsstreites durch Schriftsatz vom 6. Oktober 1900 die Klägerin zur Vorlage der Stückeverzeichnisse aufgefordert hat.

Damals war, da die Verzichterklärungen nicht zu berücksichtigen sind, die Klägerin mit der Übersendung der Verzeichnisse längst im Verzuge. Die Üersendung hat aber unstreitig erst am 5. Dezember 1900 stattgefunden.

Für die Aufforderung vom 18. Juni 1900 ist nun behauptet, der Ingenieur H. habe an diesem Tage für sich und die Beklagte durch Rechtsanwalt C. von der Klägerin ein Nummernverzeichnis verlangt. Die Klägerin habe es am 19. Juni verweigert. Hierauf sei H. am 20. Juni von den fraglichen Geschäften zurückgetreten. Daß der Rücktritt erklärt sein soll, während es sich nach § 4 des Gesetzes, genau genommen, nicht darum, sondern nur um die Zurückweisung des Ausführungsgeschäfts handelt — Düringer und Hachenburg, Bd. 3 S. 374 bei cc — ist ohne Bedeutung, da dieser Sinn der Erklärung nicht zweifelhaft sein konnte und hier ohnedies keine noch weiter ausführbaren Aufträge in Frage stehen. Wohl aber wäre nach der eigenen Angabe der Beklagten die Erklärung vor Ablauf der dreitägigen Nachfrist des § 4 erfolgt und darum an sich verfrüht und daher rechtsunwirksam gewesen. Demgegenüber kommt aber in Betracht, daß, wenn die angebliche Weigerung der Klägerin vom 19. Juni im Sinne einer endgültigen Ablehnung ergangen ist, die Klägerin also damit erklärt hat, daß sie von der gesetzlichen Nachfrist keinen Gebrauch machen wolle, auch die Beklagte für berechtigt angesehen werden muß, die Zurückweisungserklärung schon sofort nach dieser Weigerung und vor Ablauf der gesetzlichen Nachfrist abzugeben. Es greift der gleiche rechtliche Gesichtspunkt durch, der z. B. bei § 326 BGB. dahin geführt hat, bei entschiedener Erfüllungsweigerung des Gegners von dem Erfordernis der Nachfristsetzung abzusehen (Entsch. des RG.'s in Zivils. Bd. 51 S. 347, Bd. 52 S. 150).

Die zweite Aufforderung der Beklagten ist enthalten in ihrem Schriftsatz vom 6. Oktober 1900. Behauptet ist hierzu, daß der Rücktritt durch Brief vom 12. Oktober 1900 ausgesprochen sei. Ob hierbei die beiden Fristen des § 4 — die dreitägige Nachfrist und die dreitägige Präklusivfrist — eingehalten sind, läßt sich nicht mit Sicherheit erkennen. Die Möglichkeit ist aber vorhanden. Dabei kommt in Betracht, daß der Prozeßbevollmächtigte an sich nicht für legitimiert angesehen werden kann, die Aufforderung zur Übersendung des Stückeverzeichnisses zu erklären oder in Empfang zu nehmen. Diese Aufforderung hat mit dem Prozeß selbst nichts zu tun. Für sie können die Gründe nicht verwertet werden, die in der Rechtsprechung maßgebend gewesen sind für die Erstreckung der Prozeßvollmacht auf die Abgabe

und Entgegennahme von Erklärungen des materiellen Rechts, die mit der Rechtsverfolgung oder der Rechtsverteidigung zusammenhängen.
Vgl. Urteil Rep. II. 569/05 vom 22. Juni 1906, Entsch. des RG.'s in Zivils. Bd. 63 S. 413."...

RGZ. 72, 55.

1. Gerät der Kommissionär nach fruchtlosem Ablauf der in § 3 Abs. 1 des Bankdepotgesetzes bestimmten Frist ohne weiteres in Verzug?

2. Gilt die Vorschrift des § 3 Abs. 2 des Bankdepotgesetzes auch dann, wenn nur auf Zeit auf die Übersendung des Stückeverzeichnisses verzichtet wird?

3. Begründet die in § 4 Abs. 1 des Bankdepotgesetzes vorgeschriebene Aufforderung zugleich die Inverzugsetzung des Kommissionärs im Sinne dieses Paragraphen, sofern diese bis zur Aufforderung noch nicht erfolgt ist?

Gesetz, betr. die Pflichten der Kaufleute bei Aufbewahrung fremder Wertpapiere, vom 5. Juli 1896 §§ 3, 4.

I. Zivilsenat. Urt. v. 16. Oktober 1909.

I. Landgericht Stettin, Kammer für Handelssachen. — II. Oberlandesgericht daselbst.

Der Kläger, ein Kaufmann, der keine Bank- oder Geldwechslergeschäfte betrieb, hatte die Beklagte, eine Bank in Stettin, beauftragt, für ihn Albu-Shares zu kaufen. Die Beklagte übersandte ihm am 27. Juni und am 15. Juli 1904 Abrechnungen über die nach Londoner Usance gekauften und abgenommenen General Mining Albu shares mit dem Bemerken, daß sie die Stücke für ihn in London verwahren lasse. Der Kläger erklärte sich mit den Abrechnungen einverstanden und erhob bis zum Jahre 1907 gegen die ihm von der Beklagten regelmäßig mitgeteilten Kontoauszüge keinen Widerspruch.

Nachdem ihn die Beklagte am 27. Juli 1907 mit Rücksicht auf den Kursrückgang der Shares zu einem entsprechenden Einschuß aufgefordert hatte, erklärte ihr der Kläger mit Schreiben vom 3. September 1907, er lasse den Kauf, weil ihm unrichtige Zusicherungen gemacht seien, nicht gelten und behalte sich die Rückforderung aller gezahlten Beträge vor. Er hielt hieran, als die Beklagte die Anfechtung als unbegründet zurückwies, fest, ersuchte aber mit Schreiben vom 25. Oktober 1907 unbeschadet dieses Standpunktes die Beklagte um Übersendung eines Stückeverzeichnisses. Die Beklagte erhielt dieses Schreiben am selben Tage. Am 29. Oktober 1907 zeigte ihr der Kläger an, er weise nunmehr, da sie die bisher unterlassene Übersendung des Stückeverzeichnisses auf die Aufforderung vom 25. Oktober nicht binnen der Frist von drei Tagen nachgeholt habe, das Geschäft als nicht für seine Rechnung abgeschlossen zurück, behalte sich seine Ansprüche auf Schadensersatz vor, ersuche aber, da er trotzdem ein Interesse daran habe, nochmals um Übersendung des Verzeichnisses. Diese erfolgte am 30. Oktober 1907.

Demnächst übersandte der Kläger der Beklagten eine Abrechnung, worin er sein Guthaben auf 15 663,20 M berechnete, und klagte darauf einen Teilbetrag von 2700 M ein. Das Landgericht verurteilte die Beklagte gemäß dem Klageantrag. Ihre Berufung wurde zurückgewiesen. Auch die Revision hatte keinen Erfolg.

Gründe:

„Das Oberlandesgericht hat in Übereinstimmung mit dem Landgericht auf Grund der §§ 3 und 4 BDepG. der Klage stattgegeben. ... Rechtlich einwandfrei geht es davon aus, daß die in § 3 für die Übersendung des Stückeverzeichnisses vorgesehene Frist von drei Tagen, da von der Beklagten bei der Anzeige über die Ausführung des Auftrags ein Dritter als Verkäufer nicht namhaft gemacht worden sei, mit dem Ablauf des Zeitraums begonnen habe, innerhalb dessen sie nach der Erstattung der Ausführungsanzeige die Stücke bei ordnungsmäßigem Geschäftsgange ohne schuldhafte Verzögerung hätte beziehen können. Da die Geschäfte ... am 27. Juni und 15. Juli 1904 ausgeführt, und die Stücke damals für den Kläger in London in Verwahrung genommen gewesen seien, so habe die Beklagte sie bei ordnungsmäßigem Geschäftsgang unmittelbar nach der Erstattung der Ausführungsanzeige beziehen können und dem Kläger die Stückeverzeichnisse alsbald und jedenfalls schon im Laufe des Juli 1904 übersenden müssen.

Dagegen kann der nachfolgenden Erwägung des Oberlandesgerichts nicht beigetreten werden: „Mit der Erfüllung der ihr obliegenden Verpflichtung kam die Beklagte durch Nichtübersendung des Stückeverzeichnisses innerhalb der dreitägigen Frist ohne weiteres in Verzug, und der Kläger hatte es nicht nötig, sie wegen der Übersendung des Stückeverzeichnisses erst zu mahnen." Zwar entspringt diese Erwägung aus derselben Ansicht, die im Urteil des erkennenden Senats vom 28. November 1900 (Entsch. in Zivils. Bd. 48 S. 9) Ausdruck gefunden hat. Die hier vertretene Auslegung des § 4 kann aber nicht festgehalten werden.

Die Eingangsworte dieses Paragraphen: „Ist der Kommissionär mit Erfüllung der ihm nach den Bestimmungen des § 3 obliegenden Verpflichtungen im Verzuge" ... setzen den Verzug des Kommissionärs voraus. Da das BDepG. nicht die Lehre vom Verzug regelt, so werden die rechtlichen Erfordernisse des Verzugs des Kommissionärs in betreff seiner Verpflichtungen aus § 3 seit dem Inkrafttreten des Bürgerlichen Gesetzbuchs gemäß Art. 4 EG. zum BGB. und Art. 2 EG. zum HGB. durch die Vorschriften des § 284 BGB. bestimmt. Diese aus dem klaren Wortlaut des Gesetzes sich ergebende Auslegung des § 4 wird durch die Begründung des Entwurfs (S. 81) bestätigt. Danach ist seine Bestimmung in Anlehnung an die Art. 354 bis 356 ADHGB. entworfen, die die Folgen des Verzugs beim Kauf regeln. Wie die Art. 354 und 355 den Eintritt des Verzugs voraussetzen und über das Vorliegen von dessen Erfordernissen beim Schweigen des ADHGB.'s das bürgerliche Recht zu entscheiden hatte, so hält auch das Depot-Gesetz den Eintritt des Verzugs des Kommissionärs in Erfüllung seiner Verpflichtungen aus § 3 als Voraussetzung seines Rechts aus § 4 fest. Über die Erfordernisse des Verzugs aber entscheidet beim Schweigen des Depot-Gesetzes jetzt das Bürgerliche Gesetzbuch.

Hiernach ist der Kommissionär, der gemäß § 3 dem Kommittenten binnen drei Tagen nach dem tatsächlichen oder möglichen Erwerb der Stücke deren Verzeichnis zu übersenden hat, nach fruchtlosem Ablauf dieser Frist nicht ohne weiteres im Verzug. Diese Fristsetzung ist keine Zeitbestimmung nach dem Kalender im Sinne des § 284 Abs. 2 BGB., weil sie einen bestimmten, an sich nach dem Kalender zu berechnenden Tag nicht ergibt (vgl. Entsch. des RG.'s in Zivils. Bd. 60 S. 84, Bd. 68 S. 22). Es bedarf daher gemäß § 284 Abs. 1 nach Ablauf der Frist, um den Kommissionär in Verzug zu setzen, der Mahnung.

Erscheint insoweit der Angriff der Revision, ... begründet, so wird ihm gleichwohl der Erfolg durch die Tatsache genommen, daß die Beklagte durch das Schreiben des Klägers vom 25. Oktober 1907, worin er sie um Übersendung eines Stückeverzeichnisses ersuchte, in Verzug gesetzt wurde. Zwar soll das Schreiben die in § 4 vorgeschriebene Aufforderung an den Kommissionär zur Nachholung des Versäumten enthalten, die nach dem Wortlaut des Gesetzes: „Ist der Kommissionär ... im Verzug, und holt er das Versäumte auf eine d a n a c h an ihn ergangene Aufforderung des Kommittenten nicht binnen drei Tagen nach", zeitlich hinter die Inverzugsetzung des Kommissionärs fällt. Da sich die Aufforderung aber ebenfalls als Mahnung an die Übersendung des Stückeverzeichnisses darstellt mit der nebenher gehenden Wirkung, daß die vom Gesetz bestimmte Frist zu laufen beginnt, so würde sie durch die Forderung einer in jedem Falle erforderlichen besonderen, vorausgehenden Inverzugsetzung des Kommissionärs zu einer zwecklosen Wiederholung der Mahnung herabsinken, und damit die Erreichung eines wichtigen Zweckes des Depot-Gesetzes, das Eigentum an den Stücken möglichst bald auf den Kommittenten zu übertragen, unnötig verzögert werden. Dies zwingt zu der Annahme, daß die in § 4 vorgeschriebene Aufforderung zugleich die Inverzugsetzung des Kommissionärs im Sinne dieses Paragraphen begründet, sofern diese bis zur Aufforderung noch nicht erfolgt ist.

Das Oberlandesgericht hat nicht verkannt, daß in dem gesamten Verhalten des Klägers, der sich mit der Aufbewahrung der Shares in London begnügt, ein Stückeverzeichnis mehrere Jahre lang nicht verlangt und die ihm zugesandten Kontokorrentauszüge nicht bemängelt hatte, ein stillschweigender Verzicht auf die Übersendung des Stückeverzeichnisses zu finden sei. Es erachtet einen solchen Verzicht aber wegen der Vorschrift des § 3 Abs. 2 BDepG. für unwirksam. Dies entspricht den vom Reichsgericht (Entsch. in Zivils. Bd. 65 S. 177) ausgesprochenen Rechtsgrundsätzen, an denen festgehalten wird. Danach muß der Verzicht schriftlich und ausdrücklich erklärt werden, d. h. in der schriftlichen Willenserklärung selbst den vollen, unzweideutigen Ausdruck gefunden haben. Nun meint zwar die Revisionsklägerin, der Kläger habe sich durch sein Verhalten mit der Verzögerung der Übersendung des Stückeverzeichnisses einverstanden erklärt, und dieses Einverständnis brauche nicht ausdrücklich erklärt zu werden. Allein auch hierin liegt nur ein Verzicht auf die Beobachtung der für die Übersendung in § 3 Abs. 1 bestimmten Frist. Der § 3 Abs. 2 aber unterscheidet nicht zwischen dem Verzicht auf die Übersendung des Stückeverzeichnisses überhaupt oder dem auf Zeit. Seine Formschrift gilt für beide Fälle ...

RGZ. 73, 244.

1. Hat der Kommissionär in dem von ihm nach §§ 3, 4 des Bankdepotgesetzes vom 5. Juli 1896 zu erteilenden Stückeverzeichnisse die Stücke anzugeben, die er ursprünglich für den Kommittenten angeschafft hat, oder, wenn inzwischen ein Umtausch stattgefunden hat, die Stücke, die er gegenwärtig zu dessen Verfügung hält?

2. Kann der Kommittent, wenn der Kommissionär weniger Stücke aufgibt, als in Auftrag gegeben waren, wegen des ganzen Geschäftes oder nur wegen der fehlenden Stücke zurücktreten? Wie verhält es sich

in dieser Hinsicht, wenn der Kommissionär über einen Teil der Stücke vertragswidrig verfügt hat?

Gesetz, betr. die Pflichten der Kaufleute bei Aufbewahrung fremder Wertpapiere, vom 5. Juli 1896 §§ 3, 4.

I. Zivilsenat. Urt. v. 6. April 1910.

I. Landgericht I Berlin, Kammer für Handelssachen. — II. Kammergericht daselbst.

Am 15. Juni 1906 beauftragte der Kläger den Beklagten, für ihn zehn Aktien der Elberfelder Papierfabrik zum Kurse von 212% zu kaufen. Der Beklagte führte den Auftrag am 18. Juni 1906 durch verschiedene Einzelkäufe aus, erteilte dem Kläger eine Schlußnote und trug die Nummern der ins Depot genommenen Stücke unter dem Namen des Klägers in seinem Depotbuch ein. Der Kläger leistete eine Anzahlung von 2000 M und zahlte später noch weitere 4000 M in Raten. Mit Schreiben vom 29. Mai 1907, das dem Beklagten nach dessen Angabe am gleichen Tag, nach des Klägers Behauptung am folgenden Tag zugegangen war, verlangte er vom Beklagten ein Nummernverzeichnis. Er erhielt dieses am 1. Juni 1907 und ließ darauf am 6. Juni 1907 durch einen Bevollmächtigten dem Beklagten schreiben, daß er das Geschäft für aufgehoben erkläre, weil die erteilte Auskunft nicht seinen Anforderungen entspreche. Alsdann erhob er Klage mit der Behauptung, daß der Beklagte den Auftrag gar nicht ausgeführt habe; eventuell habe er die Aktien nicht für den Kläger ins Depot genommen, sondern anderweit darüber verfügt. Er verlangte zunächst Rückzahlung eines Teiles der geleisteten Zahlungen, nämlich von 1000 M, erweiterte den Klageantrag indessen in der Berufungsinstanz auf Rückzahlung von 3000 M nebst Zinsen.

Bei der Beweisaufnahme stellte sich heraus, daß der Beklagte die für den Kläger angeschafften Aktien am 11. August 1906 bei der Berliner Firma L. & Co. lombardiert und erst am 31. Mai 1907 wieder eingelöst hatte. Jedoch waren bei dem Pfandnehmer zwei Stücke vertauscht worden, so daß an deren Stelle zwei andere Stücke zurückgegeben wurden. Infolgedessen gab das dem Beklagten erteilte Nummernverzeichnis zwar die am 1. Juni 1907 vorhandenen Stücke richtig an, enthielt aber nur die Nummern von acht der ursprünglich für den Kläger angekauften Aktien. Festgestellt wurde ferner, daß der Beklagte nach dem Bestand seiner Kasse in der Zeit vom 11. August 1906 bis zum 31. Mai 1907 stets imstande gewesen sein würde, die lombardierten Aktien einzulösen.

Nunmehr änderte der Kläger die Klagebegründung dahin, daß er nach § 4 BDepGes. zum Rücktritt berechtigt sei. Der Beklagte habe ihm ein unvollständiges oder unrichtiges Nummernverzeichnis erteilt; dies sei nicht besser, als wenn er keins erteilt hätte. Die Frist für den Beklagten sei an sich mit dem 2. Juni, da aber dieser Tag ein Sonntag gewesen, am 3. Juni abgelaufen. Die drei Tage für die Erklärung des Rücktritts seien mit dem 6. Juni abgelaufen; der Rücktritt sei somit an diesem Tage rechtzeitig erklärt. Gleichgültig sei es, ob die Erklärung in Kenntnis der Unrichtigkeit des Nummernverzeichnisses ergangen sei; es genüge die Tatsache der Unrichtigkeit. Der Kläger sei aber auch wegen der positiven Vertragsverletzung des Beklagten, die in der widerrechtlichen Verpfändung der Aktien zu erblicken sei, zum Rücktritt berechtigt. Endlich folge diese Berechtigung auch aus der Unmöglichkeit der Erfüllung, in die sich der Beklagte schuldhaft versetzt habe. Der Kläger sei nur verpflichtet, die Lieferung der ursprünglich für ihn angeschafften Stücke als Erfüllung gelten zu lassen.

Nach der Ansicht des Beklagten konnte der Rücktritt des Klägers, auch wenn man dessen Darstellung zugrunde lege, nicht auf § 4 BDepGes. gestützt werden. Da er aber die Aufforderung zur Erteilung des Nummernverzeichnisses schon am 29. Mai erhalten habe, wäre die Frist zur Zurückweisung des Geschäfts schon am 4. Juni abgelaufen. Der Rücktritt könne eventuell nur wegen der beiden vertauschten Aktien erklärt werden. Wenn deren Preis von der Schuld des Klägers abgerechnet würde, bliebe immer noch ein erhebliches Guthaben des Beklagten bestehen. Der Kläger habe indes nicht das geringste Interesse daran, andere als die ihm jetzt angebotenen Stücke zu erhalten.

Beide Instanzen haben die Klage für unbegründet erklärt. Die Revision des Klägers wurde zurückgewiesen aus folgenden

Gründen:

„Die §§ 3 und 4 BDepGes. legen dem Kommissionär die Verpflichtung zur Übersendung des Stückeverzeichnisses auf, um dem Kommittenten eine größere Sicherheit gegen Veruntreuung des Depots zu verschaffen. Der Kommissionär erkennt damit die bezeichneten Stücke als Eigentum des Kommittenten und als die Stücke an, die er ihm nach dem Kommissionsverhältnis zu liefern hat. Ist er später außerstande, genau diese Stücke zu liefern, so setzt er sich dem Verdacht der Veruntreuung und der Gefahr aus, daß das Geschäft zurückgewiesen und Schadensersatz von ihm gefordert wird. Das Gesetz verlangt prinzipiell, daß das Stückeverzeichnis unmittelbar nach Ausführung des Auftrages in der in § 3 bestimmten kurz bemessenen Frist erteilt wird. Ist dies aber versäumt worden, so soll die Übersendung jedenfalls auf entsprechende Aufforderung des Kommittenten binnen drei Tagen erfolgen, widrigenfalls der Kommittent das Geschäft binnen weiteren drei Tagen zurückweisen und Schadensersatz fordern kann. In diesem Falle wird dem Kommittenten die Sicherheit, die ihm das Gesetz gewähren will, wenigstens nachträglich verschafft. Sind ihm vorher Nachteile dadurch erwachsen, daß der Bankier die ihm prinzipiell obliegende Pflicht versäumt hat, so bietet das Bankdepotgesetz keine Handhabe, sie auszugleichen. Es begnügt sich damit, dem Kommittenten in der ihm zustehenden Aufforderung und den an ihre Nichtbeachtung geknüpften Folgen ein Mittel zu geben, bei sorgfältiger Wahrnehmung seiner Geschäfte tunlichst rasch die erwähnte Sicherheit zu erlangen.

Das Gesetz sagt nicht, daß das Stückeverzeichnis unbedingt die Stücke enthalten muß, die der Kommissionär bei Ausführung des Auftrages für den Kommittenten angeschafft hat. Es kann dies auch nicht wohl aussprechen. Der Auftrag zum Einkauf wird mit dem Abschluß des Kaufgeschäfts ausgeführt. Dieser Abschluß wird dem Kommittenten nach allgemeinem Geschäftsgebrauch sofort unter Übersendung der Schlußnote und gleichzeitiger oder nachträglicher Erteilung einer Rechnung mitgeteilt. Zu dieser Zeit steht meistens noch nicht fest, mit welchen Stücken das Geschäft erfüllt werden soll. Aber auch wenn die Stücke dem Bankier geliefert sind, hat er häufig noch Freiheit in der Auswahl der dem bestimmten Kommittenten zu liefernden Stücke; denn er kann eine Reihe von gleichen Aufträgen auf einmal und einheitlich ausgeführt haben. Freilich folgt aus § 3, daß die Auswahl für jeden Kommittenten prinzipiell alsbald nach dem Erwerb geschehen soll; indes sind an eine Säumnis in dieser Beziehung keine unmittelbaren Folgen geknüpft. Damit ergibt sich für den Bankier die Möglichkeit, die infolge mehrerer Aufträge erworbenen gleichartigen Stücke ungesondert vorrätig zu haben, diesem Vorrat nachträglich erworbene Stücke hinzuzufügen und aus ihm Stücke ohne Rücksicht auf die Zeit ihres Erwerbes für einzelne Kommittenten auszusondern, so daß ein Umtausch der ursprünglich für bestimmte Kommittenten erworbenen Stücke stattfinden kann.

Bei diesem Standpunkt ist es verständlich, daß das Gesetz keinerlei Bestimmungen über den materiellen Inhalt des Stückeverzeichnisses oder über die Folgen einer unrichtigen Angabe von Nummern trifft. Das Stückeverzeichnis enthält eben lediglich eine Erklärung des Bankiers dahin, daß er die betreffenden Stücke dem Kommittenten in Ausführung der Kommission zu liefern bereit sei, nicht dahin, daß er gerade diese Stücke von Anfang an in Ausführung des Auftrages für den Kommittenten besessen habe. Es wäre widersinnig, wenn der Bankier eine Aufforderung des Kommittenten, die ihm gemäß § 4 zugeht, dadurch entsprechen würde, daß er Nummern aufgibt, die er nicht im Besitz hat und nicht mehr imstande ist, zu liefern. Der Hauptzweck der ganzen Einrichtung, dem Kommittenten in der Beschaffung des Eigentums an den Stücken, wenn er es infolge Säumnis des Bankiers in der Aussonderung nicht schon vorher erworben hat, gemäß § 7 wenigstens jetzt durch Absendung des Stückeverzeichnisses eine größere Sicherheit zu geben, würde vereitelt, wenn der Bankier Stücke aufgeben müßte, die nicht mehr zu seiner Verfügung stehen. Ein dem Kommittenten etwa auf Grund des Kommissionsverhältnisses zustehendes Recht, das Geschäft aus dem Grunde zurückzuweisen, weil der Kommissionär widerrechtlich über die ursprünglich für ihn erworbenen Stücke verfügt habe (vgl. Entsch. des RG. in Zivils. Bd. 53 S. 363), wird hierdurch selbstverständlich nicht berührt. Hier handelt es sich zunächst nur um die Frage, ob der Beklagte mit der Übersendung eines Stückeverzeichnisses, worin die Stücke angegeben waren, die er damals zur Verfügung des Klägers hielt und ihm zu liefern bereit war, seiner Verpflichtung aus § 4 Abs. 1 BDepGes. nachgekommen ist, obwohl zwei dieser Stücke nicht identisch waren mit den ursprünglich für den Kläger angeschafften. Die Frage ist nach vorstehenden Ausführungen mit dem Berufungsgericht zu bejahen.

Ausschlaggebend für diese Auslegung des Gesetzes ist das Interesse des Kommittenten daran, möglichst bald Eigentümer der Stücke zu werden (vgl. Entsch. des RG.'s in Zivils. Bd. 52 S. 130). Es kommt ferner in Betracht, daß, wenn man ein Stückeverzeichnis, das nicht die ursprünglich angeschafften Stücke enthielt, für nicht dem Gesetz entsprechend erachten wollte, der Kommittent in allen Fällen, in denen die Kurse gewichen sind, er also ein Interesse an Zurückweisung des Geschäfts hat, gut täte, die Zurückweisung binnen drei Tagen aufs Geratewohl zu erklären — wie es im vorliegenden Fall geschehen ist — und dann vom Bankier den Nachweis zu verlangen, daß er die aufgegebenen Stücke von vornherein für ihn angeschafft habe. Es kann aber unmöglich als Absicht des Gesetzes angesehen werden, auf ein derartiges die glatte Abwicklung der Geschäfte störendes und das Vertrauensverhältnis zwischen Bankier und Kunden schwer beeinträchtigendes Verhalten dadurch hinzuwirken, daß Vorteile daran geknüpft werden.

Vgl. Breit, Recht der Effektenkommission in Rehm's Komment. zum BörsGes. Einf. Anm. 132; abweichend Riesser, Depotgesetz 2. Aufl. S. 60.

Hiernach kann der Kläger seinen Rücktritt vom Geschäft auf eine Fehlerhaftigkeit des ihm am 1. Juni 1907 erteilten Stückeverzeichnisses nicht stützen. Es mag noch hinzugefügt werden, daß auch bei der vom Kläger vertretenen Auslegung des Gesetzes der Rücktritt doch nur wegen der beiden vertauschten Stücke erklärt werden könnte, da das Stückeverzeichnis bezüglich der übrigen acht Stücke vollständig und richtig gewesen wäre. Der Auftrag zum börsenmäßigen Ankauf einer Quantität gleichartiger Wertpapiere zu einem bestimmten Kurse ist im Zweifel ein teilbares Geschäft. Der Kommissionär ist nicht immer in der Lage, eine solche Kommission durch Abschluß eines Geschäftes zu erledigen. Bietet sich ihm die Gelegenheit, es teilweise auszuführen, so darf er im Zweifel zugreifen, und der Kommittent hat das Geschäft anzuerkennen, auch wenn sich der Rest des Auftrages als unausführbar herausstellt. Denn gerade in einem solchen Falle wird durch die Teilausführung regelmäßig eine vorteilhafte Anlage für den Kommittenten bewirkt. Erklärt daher der Bankier durch Erteilung eines Nummernverzeichnisses, das weniger Stücke enthält, als zum Ankauf aufgegeben waren, daß er dem Auftrage nur zum Teil entsprechen könne, so kann der Kommittent aus diesem Grunde nur wegen des Restes zurücktreten.

Auch die übrigen Klagegründe sind vom Berufungsgericht mit Recht verworfen worden. Es wird zutreffend ausgeführt, daß in der vorübergehenden Lombardierung der Stücke nicht eine Verletzung der Vertragstreue der Art zu erblicken sei, daß dem Kläger das Beharren beim Vertrag nicht mehr zugemutet werden könnte. Der Kläger ist in der Lage, die Aktien sofort gegen Zahlung zu entnehmen und damit jede ähnliche Gefährdung seiner Rechte für die Zukunft auszuschließen. Endlich kann es mit dem Vorderrichter dahingestellt bleiben, ob sich der Kläger nach Lage der Sache den Umtausch zweier der ursprünglich für ihn angeschafften Stücke nicht gefallen zu lassen braucht. Er wäre alsdann doch nur zum Rücktritt wegen dieser beiden Stücke befugt, und es würde die Klage nicht begründet sein, weil die Auslagen des Beklagten für die übrigen acht Stücke die geleisteten Zahlungen weit übersteigen. Mit Recht hat das Berufungsgericht die Anwendung des § 325 Abs. 1 Satz 2 BGB. abgelehnt. Denn da die Aktien erheblich im Kurse zurückgegangen sind, liegt es gerade im Interesse des Klägers, daß der Vertrag nur teilweise erfüllt wird."

RGZ. 79, 381.

1. Kann der Börsentermingeschäftsunfähige Ansprüchen aus Börsentermingeschäften in nicht zugelassenen Wertpapieren den Spieleinwand entgegensetzen, obgleich er Sicherheit nach § 54 BörsGes. gestellt hat?

2. Gehören zu solchen Börsentermingeschäften Börsentermingeschäfte an ausländischen Börsen? Abschluß von Deckungsgeschäften.

3. Einrede der Arglist gegen Spieleinwand.

4. Leistung auf Grund des Geschäfts nach § 762 BGB.

BörsGes. §§ 50, 54, 58, 61. BGB. §§ 762, 764.

II. Zivilsenat. Urt. v. 4. Juni 1912.

I. Landgericht I Berlin. — II. Kammergericht daselbst.

Der Kläger stand mit der Beklagten (durch deren Depositenkasse in der Jerusalemer Straße) bis zum Jahre 1909 etwa 20 Jahre lang in Geschäftsverbindung. Am 30. Oktober 1908 erteilte er der Beklagten den Auftrag zum Verkauf von 100 Stück United States Steel Corporation common Shares in London zum Kurse von $49^{7}/_{16}$% und am 16. November 1908 den Verkaufsauftrag für 50 Stück derselben Aktien zum Kurse von $59^{11}/_{16}$% sowie endlich am 12. März 1909 den Verkaufsauftrag für 100 Stück derselben Aktien gegen $2^{1}/_{4}$% Rückprämie. Diese drei Geschäfte wurden nach Londoner Börsenusance geschlossen. Sie wurden mehrfach von Medio zu Ultimo prolongiert. Aus anderen Geschäften schuldet der Kläger der Beklagten 1176,85 M- mit Einschluß dieses Verlustes schuldet der Kläger der Beklagten 10 674,70 M. Davon entfallen auf obige drei Geschäfte 10 674,70 M — 1176,85 M. Am 19. November 1908 hat der Kläger der Beklagten zwei 4prozentige preußische Konsols über je 5000 M nebst Erneuerungsscheinen und den Zinsscheinen vom 1. April 1909 in der Form des § 54 BörsGes. zur Sicherheit für ihre Forderungen aus bestehenden und noch zu schließenden Börsentermingeschäften in Wertpapieren bestellt.

Der Kläger behauptet, die drei eingangs erwähnten Börsentermingeschäfte seien Differenzgeschäfte. Deshalb schulde er daraus der Beklagten nichts gemäß § 764 BGB. Er hat die Beklagte mit dem Antrag verklagt, die Konsols Zug um Zug gegen Zahlung von 1176,85 M an ihn herauszugeben.

Das Landgericht wies die Klage ab. Das Kammergericht gab ihr statt. Die Revision der Beklagten wurde zurückgewiesen aus folgenden

Gründen:

„Die streitigen Geschäfte sind nach Londoner Börsenusance abgeschlossen. Die Shares, um die es sich handelt, sind an keiner deutschen Börse zugelassen. Daß die Geschäfte Börsentermingeschäfte sind, ist nach den Feststellungen des Berufungsrichters nicht zu bezweifeln. Die Beklagte beanstandet diesen Ausgangspunkt des angegriffenen Urteils nicht. Sie hält die Geschäfte selbst für Börsentermingeschäfte. Im Hinblick auf § 50 BörsGes. vom 8. Mai 1908 sind die drei Geschäfte danach sog. inoffizielle Börsentermingeschäfte, d. h. der hier fragliche Börsenterminhandel hat in Papieren stattgefunden, die zum Börsenterminhandel an einer deutschen Börse nicht zugelassen sind.

I. Der Streit der Parteien dreht sich zunächst darum, ob gegen solche inoffizielle Börsentermingeschäfte der Spieleinwand nach § 764 BGB. zugelassen ist. Der Berufungsrichter hat diese Frage zugunsten des Klägers bejaht und die Anwendbarkeit des von der Beklagten angerufenen § 58 BörsGes. verneint.

Die Beklagte, eine Aktiengesellschaft, gehört zu den Personen, die in verbindlicher Weise Börsentermingeschäfte abschließen können (§ 53 Abs. 1 BörsGes.). Der Kläger dagegen gehört nicht zu diesen Personen; er ist börsentermingeschäftsunfähig. Der Kläger hat aber der Beklagten eine Sicherheit nach § 54 BörsGes. bestellt. Würde es sich um Börsentermingeschäfte in zugelassenen Wertpapieren, d. h. um sog. offizielle Börsentermingeschäfte, handeln, so würden die Geschäfte für die Beklagte vollverbindlich sein (§ 54 Abs. 1 Schlußsatz BörsGes.). Der Kläger würde, weil er nicht börsentermingeschäftsfähig ist, zwar nicht persönlich aus den Geschäften haften, aber die Beklagte könnte sich aus der gestellten Sicherheit befriedigen (§ 54 Abs. 1 BörsGes.). Auf seiten der Beklagten würde danach das offizielle Börsentermingeschäft voll verbindlich sein, während es für den Kläger nur beschränkt, nämlich beschränkt auf die Sicherheit, wirksam sein würde.

So würde sich die Rechtslage gestalten, wenn es sich um Ansprüche aus offiziellen Börsentermingeschäften handeln würde, und wenn der Spieleinwand nicht erhoben wäre. Ist der Spieleinwand erhoben, so trifft § 58 BörsGes. für offizielle Börsentermingeschäfte, also für Börsentermingeschäfte in zugelassenen Wertpapieren, folgende Bestimmung: Der Börsentermingeschäftsfähige kann den Spieleinwand nicht vorbringen, sobald er sich, wie dies hier zutrifft, Sicherheit nach § 54 BörsGes. hat stellen lassen. Denn für ihn ist das Geschäft durch Stellung der Sicherheit voll verbindlich geworden. Dies bestimmt Satz 1 § 58 BörsGes. Der Kläger dagegen würde, weil das Geschäft für ihn nicht verbindlich, sondern infolge der Sicherheitsstellung nur beschränkt wirksam wäre, den Spieleinwand auch nur in diesem beschränten Umfange, d. h. insoweit erheben können, als die Ansprüche der Beklagten aus offiziellen Börsentermingeschäften über den Betrag der gestellten Sicherheit hinausgehen. Dies bestimmt Satz 2 § 58 BörsGes.

Die Beklagte macht nun geltend, diese letztere Bestimmung des Satzes 2 § 58 BörsGes. finde auch auf die hier vorliegenden Börsentermingeschäfte in nicht zugelassenen Wertpapieren, also auf den inoffiziellen Börsenterminhandel, Anwendung, so daß sie sich, auch wenn der vom Kläger erhobene Spieleinwand begründet wäre, doch für ihre Ansprüche aus den drei Börsentermingeschäften befriedigen dürfe. Die Beklagte führt zur Rechtfertigung dieser Auffassung aus: Zuerst sei der Staub'sche Nachtrag zum Exkurs zu § 376 Anm. 29, 82, 142, 178 (8. Aufl.) nicht allein im Widerspruch mit dem Regierungskommissar Hemptenmacher in dessen Kommentar zum Börsengesetz (§ 58 Bem. 3), sondern auch im Widerspruch mit dem Berichterstatter der Reichstagskommission (DJurZ. 1908 S. 609 flg., insbesondere S. 612) sowie im Widerspruch mit der im Reichstag selbst hervorgetretenen Auffassung des § 58 BörsGes. und im Widerspruch mit den im Staub'schen Nachtrag angeführten Stellen aus den Vorarbeiten des Gesetzes sowie endlich im Gegensatz zu Düringer (Bankarch. Bd. 7 S. 114 und 115) und Wildhagen (DJurZ. 1907 S. 1276 und 1282) zur Aufstellung der Ansicht gekommen, daß § 58 BörsGes. auf inoffizielle Börsentermingeschäfte, insbesondere auf ausländische Börsentermingeschäfte, überhaupt keine Anwendung finde, sondern daß vielmehr Ansprüche aus inoffiziellen Börsentermingeschäften dem Differenzeinwand völlig preisgegeben seien.

Diese Ansicht, der sich der Berufungsrichter angeschlossen hat, wird, was die Auslegung des § 58 BörsGes. angeht, wonach § 58 nur für offizielle Börsentermingeschäfte gegeben sei, geteilt von den Kommentaren von Nußbaum, § 58 Nr. III; Neukamp, § 58 Anm. 7 flg.; Bernstein, § 58 III Anm. 4c; Apt, § 58 Anm. 1 sowie von Jacusiel, Leipz. Zeitschr. 1908 S. 577. Was jedoch das Verhältnis des § 58 BörsGes. zu den ausländischen Börsentermingeschäften angeht, ist die Wissenschaft geteilter Meinung. Die Beklagte macht geltend, die Beschränkung des § 58 BörsGes. auf den offiziellen Börsenterminhandel stehe mit der Tendenz des Gesetzes nicht in Einklang. Dies ergebe sich namentlich aus der Auffassung der obengenannten Persönlichkeiten, die beim Zustandekommen des Gesetzes zum Teil in hervorragender Stellung mitgewirkt hätten. Dem

Prozeßbevollmächtigten der Beklagten ist nach seinem Vortrag eine briefliche Mitteilung des Berichterstatters W. der Reichstagskommission zugegangen, wonach die Reichstagskommission den Spieleinwand unter allen Umständen vor einer bestellten Sicherheit Halt machen lassen wollte. Der Beklagte steht auf dem Standpunkt, dieser Wille sei auch in dem Entwurf des Börsengesetzes klar durchgearbeitet gewesen; erst § 58 des Gesetzes habe Unklarheit geschaffen. Der Sinn dieses § 58 sei dunkel; sei es aber dem Gesetzgeber nicht gelungen, seinem leitenden Gedanken in klare Fassung zu geben, so sei es Aufgabe der Rechtsprechung, dem wahren Rechtsgedanken zum Siege zu verhelfen. Dieser auch in dem nicht glücklichen Wortlaut des § 58 BörsGes. noch erkennbare Rechtsgedanke gehe dahin, daß, wer bereits eine Sicherheit geleistet, also wirtschaftlich das, was er aus dem Terminhandel schuldet, bereits aus seinem Vermögen gegeben hat, an der nicht ehrenvollen Erhebung des Spieleinwandes gehindert werden solle. Zudem sei die Meinung, die den Spieleinwand hier zulasse, mit § 61 BörsGes. unverträglich.

Was die Behauptung der Unverträglichkeit des § 61 BörsGes. mit einem Ausschluß des § 58 BörsGes. bei Erhebung des Spieleinwands gegen Ansprüche aus ausländischen Börsentermingeschäften angeht, so hat zu dieser Frage bereits der I. Zivilsenat des Reichsgerichts (Entsch. in Zivils. Bd. 76 S. 371) Stellung genommen. Dort ist dargelegt, daß § 61 BörsGes. zwar die entsprechende Anwendung der §§ 52—60 verfügt, wenn das Geschäft im Auslande geschlossen oder zu erfüllen ist, daß also § 61 den § 58 des Gesetzes nicht ausnimmt. In demselben Urteil ist aber hinzugefügt, daß § 58 BörsGes. ausdrücklich auf § 50 verweist, d. h. nur für das offizielle Börsentermingeschäft bestimmt ist, daß § 58 also auch keine Anwendung, und zwar auch keine entsprechende Anwendung auf Auslandsgeschäfte finden kann, weil sie inoffizielle Börsentermingeschäfte sind. Dieser Auffassung des I. Zivilsenats schließt sich der erkennende Senat an. Hieraus folgt, daß § 61 BörsGes. durch § 58 des Gesetzes eingeschränkt wird, und daß das von der Beklagten aus § 61 entnommene Bedenken grundlos ist.

Was nun § 58 BörsGes. selbst angeht, so läßt sein Wortlaut keinen Zweifel aufkommen. Satz 1 des § 58 sagt ausdrücklich, daß die börsentermingeschäftsfähige Person, die sich eine Sicherheit hat bestellen lassen, den Spieleinwand nur dann nicht erheben kann, wenn die Sicherheit für einen Anspruch aus einem offiziellen Börsentermingeschäft bestellt worden ist. Damit darüber kein Zweifel ausgeschlossen werde, hat der Gesetzgeber sich noch ausdrücklich auf § 50 BörsGes. bezogen, der den offiziellen Börsenterminhandel regelt. § 58 BörsGes. lautet nämlich:

„Gegen Ansprüche aus Börsentermingeschäften in Waren oder Wertpapieren, die zum Börsenterminhandel zugelassen sind (§ 50), kann von demjenigen, für welchen das Geschäft nach den Vorschriften der §§ 53, 54, 57 verbindlich ist, ein Einwand aus den §§ 762 und 764 BGB. nicht erhoben werden. Soweit gegen die bezeichneten Ansprüche ein solcher Einwand zulässig bleibt, finden die Vorschriften der § 54 und 56 über die Befriedigung aus der Sicherheit und die Zulässigkeit der Aufrechnung entsprechende Anwendung."

Satz 2 dieser Gesetzesstelle betrifft gleichfalls nur den offiziellen Börsenterminhandel, also nicht die ausländischen Börsentermingeschäfte. Dieser Wille des Gesetzgebers ist ganz unzweideutig gemacht, indem Satz 2 auf die in Satz 1 bezeichneten Ansprüche aus offiziellen Börsentermingeschäften ausdrücklich verweist.

Die Beklagte meint, es müßten die Worte „gegen die bezeichneten Ansprüche" dahin ausgelegt werden, daß damit Ansprüche aus Börsentermingeschäften schlechthin gemeint seien; zu diesem Zweck müsse man sich hinwegdenken, was dieser Auslegung in Satz 2 entgegenstehe. Erst eine solche Auslegung sei eine freie, im Geiste des Gesetzes gerecht werdende.

Auf diesem Wege kann der Beklagten nicht gefolgt werden. Es handelt sich hier keineswegs um eine verfehlte Ausdrucksweise des Gesetzgebers. Der Gedanke, von dem sich der Gesetzgeber leiten ließ, ist ein leicht verständlicher. Er wollte nur den Börsenterminhandel vor dem Spieleinwand schützen, der alle die Garantien bietet, wie sie § 50 BörsGes. umschreibt. Klarer und unzweideutiger, als geschehen, konnte sich der Gesetzgeber nicht ausdrücken. Daß Satz 1 des § 58 dem Börsentermingeschäftsfähigen, der Sicherstellung erlangt hat, den Spieleinwand schlechthin abschneidet, ist eine notwendige Folge aus dem Standpunkt des § 54 Abs. 1 BörsGes., der das offizielle Börsentermingeschäft für den Börsentermingeschäftsfähigen vollverbindlich werden läßt, sobald ihm Sicherheit bestellt ist. Mit demselben Begriff des Vollverbindlichwerdens operieren auch die an Satz 1 des § 58 bezogenen §§ 53 und 57. Hieraus ist zu ersehen, daß der Gesetzgeber sich genau bewußt war, was er in Satz 1 des § 58 BörsGes. bestimmen wollte und bestimmt hat. Nachdem er in Satz 1 des § 58 den Spieleinwand des Börsentermingeschäftsfähigen erledigt hatte, der ein offizielles Börsentermingeschäft abgeschlossen hat, bedurfte es noch der Regelung, wie es sich bei offiziellen Börsentermingeschäften mit dem Spieleinwand des Börsentermingeschäftsunfähigen verhalte. Diese Regelung ist in Satz 2 des § 58 im Einklang mit § 54 BörsGes. erfolgt, wie dies bereits oben dargelegt worden ist. Damit aber jede Auslegung des Satzes 2 zugunsten inoffizieller Börsentermingeschäfte unmöglich gemacht werde, hat die Reichstagskommission dem Satz 2 die zum Gesetz erhobene Fassung gegeben, die ausdrücklich besagt, daß Satz 2 keine anderen Ansprüche im Auge hat als die Ansprüche aus den in Satz 1 bezeichneten offiziellen Börsentermingeschäften. Es ist somit nicht richtig, was die Beklagte einwendet, der § 58 ergäbe keinen Sinn, wenn man sich nicht die von ihr vorgeschlagene Auslegung zu eigen mache. Der hier dargelegte Sinn des § 58 läßt sich auch bereits aus dem Entwurf und aus der Entstehungsgeschichte des Gesetzes entnehmen. Der Berufungsrichter hat daher mit Recht den Spieleinwand zugelassen.

II. Die Beklagte vertritt die Meinung, der Spieleinwand sei dem Kläger versagt, weil er innerhalb 20jähriger Geschäftsverbindung Spielgeschäfte gemacht und Gewinne eingezogen habe. Mit Rücksicht hierauf sei es arglistig, den Spieleinwand zu erheben, weil der Kläger die Beklagte in den Glauben versetzt habe, sie habe einen solchen Einwand von ihm nicht zu besorgen. Die Einrede der Arglist ist nicht begründet, da der Kläger nicht gehindert werden kann, von seinem gesetzlichen Recht Gebrauch zu machen.

III. Die Beklagte hält § 286 ZPO. für mehrfach verletzt:

1. Der Berufungsrichter stellt fest, daß die drei streitigen Geschäfte Spielgeschäfte im Sinne des § 764 BGB. waren. Der Kläger habe nämlich, so führt er aus, die drei Geschäfte in der der Beklagten bekannten Absicht geschlossen, daß Erfüllung ausgeschlossen sein und nur der Unterschied zwischen dem vereinbarten und dem Börsenpreis am Stichtage gezahlt werden solle. Diesen Parteiwillen entnimmt der Berufungsrichter daraus, daß die Parteien von 1898 bis zu den hier fraglichen drei Abschlüssen miteinander 448 durch Gegengeschäfte erledigte Ultimogeschäfte gemacht und nur drei Termingeschäfte durch Effektiverfüllung erledigt haben. Allerdings finde sich auch eine geringe Zahl von Kassegeschäften. In Termingeschäften bewegten sich nach der Feststellung des Berufungsrichters die monatlichen Umsätze zwischen 35 000 M und 474 000 M. In den Monaten August und Dezember betrug die Schuld des Klägers 600 000 M. In Verbindung damit bringt der Berufungsrichter den Umstand, daß die Papiere der

drei Abschlüsse wegen ihrer starken Schwankungen sich vorzüglich zum Börsenspiel eignen, und daß der Kläger seine Absicht zu „fixen" dem einen der Filialleiter der Beklagten, der Abschlußvollmacht besaß, vor dem Abschluß mitgeteilt habe. Dieser Filialleiter habe den Ausdruck „fixen" im Sinne des Börsenspiels verstanden. Die Spielabsicht des Klägers ergibt sich nach der Darstellung des Berufungsrichters weiter aus der Art der Abwicklung der drei Geschäfte, aus den Beträgen, die dabei in Frage kommen, und aus deren Verhältnisse zu den Mitteln des Klägers sowie aus noch anderen Umständen. Damit ist die Spielabsicht auf seiten des Klägers einwandfrei festgestellt. Die Beklagte beanstandet die Bemerkung des Berufungsrichters, wonach ein gewichtiges Anzeichen für die Spielabsicht des Klägers darin erblickt wird, daß der Kläger das dritte Geschäft gegen Rückprämie abgeschlossen hat. Die Beklagte meint, einen Abschluß gegen Rückprämie könne man eben so gut gegen eine Spielabsicht anführen, weil sie das Risiko begrenze. Auf der beanstandeten Bemerkung des Berufungsrichters beruht sein Urteil nicht. Es ergibt sich aus seinen Ausführungen, daß er auch dann aus den übrigen zwingenden Umständen bereits zu der Überzeugung von der Spielabsicht des Klägers gekommen ist, wenn man die beanstandete Erwägung völlig ausscheidet.

2. Der Berufungsrichter erachtet auch die Kenntnis der Beklagten von der Spielabsicht des Klägers für erwiesen. Er entnimmt diese Kenntnis aus einer Reihe von Umständen. Die betreffenden Feststellungen sind angegriffen. Auf diese Angriffe kommt es nicht an. Denn der Berufungsrichter stellt fest, daß jedenfalls die beiden Filialleiter der Beklagten, mit denen der Kläger die Geschäfte abgeschlossen hat, die Spielabsicht des Klägers hätte kennen müssen. Auch diese Feststellung ist angegriffen; allein diese Angriffe beruhen nur darauf, daß die Beklagte den vom Berufungsrichter verwerteten Umständen eine andere Deutung gibt. Mit solchen Angriffen kann die Beklagte in der Revisionsinstanz nicht durchdringen, weil die freie Beweiswürdigung nach § 286 ZPO. nur angreifbar ist, wenn ein Verstoß gegen Rechtsgrundsätze vorliegt. An einem solchen Verstoß fehlt es aber hier.

Die Beklagte wendet zwar noch ein, daß durch § 8 ihrer Geschäftsbedingungen, denen sich der Kläger unterworfen hatte, jedes Kennenmüssen ausgeschlossen sei, weil sich die Beklagte in § 8 ihrer Bedingungen dagegen verwahrt, daß sie Spielgeschäfte mache. Der Berufungsrichter hat diesen Paragraphen gewürdigt. Er kommt zum Ergebnis, daß gegenüber den unzweifelhaften Tatsachen der § 8 nicht in Betracht komme. Hiergegen ist nichts zu erinnern.

3. Die Beklagte macht dem Berufungsrichter den Vorwurf, er habe nicht berücksichtigt, daß die Aufträge des Klägers in London in der Tat ausgeführt worden seien. Der Berufungsrichter stellt fest, daß die Beklagte hinsichtlich der drei hier streitigen Geschäfte in London Deckungsgeschäfte abgeschlossen habe. Aus diesem Umstand entnimmt der Berufungsrichter aber nur, daß die Beklagte selbst keine Spielabsicht gehabt haben möge, daß es dem § 764 BGB. aber genüge, wenn die Beklagte die Spielabsicht des Klägers habe kennen müssen. Das Kennenmüssen seitens der Beklagten stehe aber völlig fest. Gegen diese Erwägung des Berufungsrichters ist nichts zu erinnern.

IV. Die Beklagte hat in der Vorinstanz den Versuch gemacht, gegen den Anspruch des Klägers den Betrag von 10 000 M aufzurechnen, den der Kläger bei ihr im Laufe der Geschäftsverbindung gewonnen hatte. Die Beklagte vertrat nämlich die Meinung, wenn die drei hier in Frage stehenden Geschäfte Spielgeschäfte seien, so müßten auch die früheren Geschäfte denselben Charakter haben, also hätte die Beklagte den Gewinn von 10 000 M dem Kläger nicht auszuzahlen oder mit ihm zu verrechnen brauchen; der Kläger müsse die empfangenen 10 000 M danach herausgeben. Der Berufungsrichter hat mit Recht darauf hingewiesen, daß das, was die Beklagte hier dem Anspruch auf Herausgabe der Sicherheit entgegenhalte, keine Aufrechnung nach § 387 BGB. und § 529 Abs. 3 ZPO., sondern ein Bereicherungsanspruch sei. Die Gewinne seien längst teils bezahlt, teils verrechnet. Darin liege eine Leistung auf Grund der Geschäfte. Diese Leistung könne nach § 762 BGB. nicht zurückgefordert werden. Die Beklagte macht die Ausstellung, sie könne wenigstens die Anerkennung verlangen, daß die Gewinne dem Kläger nicht zugestanden hätten. Diese Ausstellung ist nicht berechtigt, weil auch diesem Einwande § 762 BGB. im Wege steht.

Die Beklagte meint nun, sie habe mit dem Vorbringen der Einrede der Arglist (oben unter II) zugleich die Einrede des Zurückbehaltungsrechts vorgebracht. Diese Einrede habe der näheren Aufklärung mit Hilfe der Ausübung des Fragerechts nach § 139 ZPO. bedurft. Diese Rüge ist nicht berechtigt. Eine Einrede des Zurückbehaltungsrechts war nicht vorgeschützt. Es ist auch nicht zu ersehen, auf welche Grundlage ein solches Recht überhaupt gestützt werden könnte. Der Berufungsrichter hat somit berechtigterweise dem Klagebegehren auf Herausgabe der geleisteten Sicherheit stattgegeben."

RGZ. 82, 32.

Reicht die Ermächtigung in den allgemeinen Geschäftsbedingungen eines Bankiers, daß er die ihm von seinem Kunden verpfändeten Wertpapiere weiter verpfänden dürfe, aus, die Verpfändungsbefugnis oder den guten Glauben daran zu begründen?

Bankdepotgesetz vom 5. Juli 1896 § 2 Abs. 1 HGB. § 366.

VII. Zivilsenat. Urt. v. 11. März 1913 i. S. H. (Kl.) w. L. (Bekl.). Rep. VII. 538/12.

I. Landgericht Hamburg. — II. Oberlandesgericht daselbst.

Der Kläger stand mit dem Kaufmann G. in F. insofern in Geschäftsverbindung, als dieser für ihn Börsengeschäfte besorgte. Zur Sicherheit der sich hieraus für ihn ergebenden Verbindlichkeiten übergab der Kläger dem G. Wertpapiere, darunter drei Aktien des E. Bankvereins zum Nennwerte von je 1000 M. G. ließ die ihm vom Kläger und von anderen Kunden aufgetragenen Geschäfte an der Hamburger Börse durch den Beklagten ausführen, und zur Sicherheit für die aus dieser Geschäftsverbindung erwachsenden Forderungen verpfändete er ihm dieselben Aktien. Im August 1910 wurde G. dem Beklagten beträchtliche Summen schuldig, und dieser verwendete zu seiner Deckung die Wertpapiere. Kläger war der Meinung, daß der Beklagte nicht in gutem Glauben gewesen sei, und forderte Herausgabe der Papiere oder Ersatz des Wertes. Der Beklagte widersprach der Klage. Das Landgericht erkannte zugunsten des Klägers. Das Oberlandesgericht wies dagegen auf die Berufung des Beklagten die Klage ab. Der Revision des Klägers ist stattgegeben worden.

Aus den Gründen:

... „Der Berufungsrichter weist die Klage ab, weil er die Verpfändung der dem Kläger gehörigen Aktien, die der Kaufmann G. zugunsten des Beklagten vorgenommen hatte, für rechtswirksam ansieht. Diese Annahme stützt er auf zwei selbständige Gründe: einmal darauf, daß G., dem der Kläger seinerseits die Aktien für etwaige Ansprüche aus ihrer Geschäftsverbindung verpfändet hatte, zur Verpfändung befugt gewesen sei, sodann auf den guten Glauben des Beklagten an diese Befugnis (§ 366 HGB.). Wäre der erste Grund zu billigen, so käme es auf den zweiten nicht mehr an. Aber jener Grund ist rechtlich zu beanstanden. Die Verfügungsbefugnis des G. wird lediglich aus den allgemeinen Geschäftsbedingungen hergeleitet, die der Kläger bei Beginn der Geschäftsverbindung mit G. unterschrieben hatte und in denen diesem das Recht eingeräumt war, über die bei ihm hinterlegten Wertpapiere zu seinem Nutzen in der Weise zu verfügen, daß er sie anderweit als Sicherstellung deponieren könnte. Eine solche Ermächtigung in den allgemeinen Geschäftsbedingungen ist jedoch nach § 2 Abs. 1 des Depotgesetzes vom 5. Juli 1896 unwirksam. Das Gesetz bestimmt: „Eine Erklärung des Hinterlegers oder Verpfänders, durch welche der Verwahrer oder Pfandgläubiger ermächtigt wird, an Stelle hinterlegter oder verpfändeter Wertpapiere der im § 1 bezeichneten Art gleichartige Wertpapiere zurückzugewähren oder über die Papiere zu seinem Nutzen zu verfügen, ist, falls der Hinterleger oder Verpfänder nicht gewerbsmäßig Bank- oder Geldwechslergeschäfte betreibt, nur gültig, soweit sie für das einzelne Geschäft ausdrücklich und schriftlich abgegeben wird." Diese Vorschrift bezweckt den Schutz des Hinterlegers oder Verpfänders, sofern er — was im vorliegenden Falle nicht zutrifft — nicht selbst Bankier ist, gegen die aus der Einräumung der Verfügungsmacht erwachsenden Gefahren und knüpft die Gültigkeit der Ermächtigung an die Erfüllung von drei Voraussetzungen: sie muß schriftlich, für das einzelne Geschäft und ausdrücklich erklärt sein (vgl. B r e i t, Bankdepotgesetz 1911, Erläuterungen zu § 2, über die gleiche Vorschrift in § 3 wegen des Verzichts auf das Stückeverzeichnis Entsch. des RG. in Zivils. Bd. 65 S. 177). Es muß also, weil eine allgemeine Ermächtigung ausgeschlossen ist, feststehen, daß die Erklärung für den Einzelfall besonders überlegt und gewollt ist. Daß nun im gegenwärtigen Falle der Kläger bei der Verpfändung der drei Aktien des E. Bankvereins die vom Gesetz geforderte formgerechte Erklärung abgegeben habe, ist nicht ersichtlich. Der Beklagte selbst hat eine entsprechende Behauptung nicht aufgestellt.

Die Verfügungsbefugnis des G. ist mithin bislang nicht dargetan, und es kann sich nur darum handeln, ob ihr Mangel durch den guten Glauben des Beklagten ersetzt ist. Dieser wußte nach der Feststellung des Berufungsrichters, daß die Papiere fremdes Eigentum waren; G. hatte ihm mitgeteilt, daß sie einem Gymnasiallehrer gehörten, wobei es nicht darauf ankommt, daß dessen Name nicht genannt wurde. Der gute Glaube des Beklagten konnte sich daher gemäß § 366 HGB. nur auf die Befugnis des Verpfänders G. beziehen, über die Papiere für den Kläger als Eigentümer zu verfügen. Nur ein entschuldbarer Irrtum über diese Befugnis vermochte dem Beklagten das Pfandrecht zu verschaffen. War ihm infolge grober Fahrlässigkeit unbekannt, daß G. nicht verfügen durfte, so erwarb er kein Pfandrecht. Aus den ihm bei der pfandweisen Übergabe der Papiere nach der Feststellung des Berufungsrichters gewordenen Mitteilungen, insbesondere auch aus der Aeußerung des G., daß der — nicht genannte — Gymnasiallehrer nicht wünsche, daß die Papiere verkauft würden und daß er eventuelle Differenzen bar bezahlen würde, konnte der Beklagte nicht entnehmen, daß G. zur Weiterverpfändung ermächtigt war. Der Berufungsrichter sagt auch nur, daß der gute Glaube durch diese Mitteilungen nicht ausgeschlossen werde. Als Bankier mußte der Beklagte aber wissen, daß eine allgemeine Ermächtigung auf Grund der Geschäftsbedingungen die Verfügungsbefugnis nicht zu begründen vermag. Hat er es nicht gewußt, so beruht seine Unkenntnis auf einer besonders schweren Vernachlässigung der im Verkehr erforderten Sorgfalt, da er sich mit der zweifelsfreien Vorschrift des Depotgesetzes vertraut zu machen hatte, und ihre Bedeutung auch dem flüchtigen Leser ohne weiteres klar sein muß. Der Zweck des Gesetzes würde verfehlt, wenn man dem Bankier die Berufung auf Rechtsunkenntnis gestatten und ihn deshalb für entschuldigt ansehen wollte, weil er eine allgemeine Ermächtigung für ausreichend gehalten habe.

Anders würde es sein, wenn er über das Vorhandensein einer formgerechten Sonderermächtigung getäuscht worden wäre. Werden ihm fremde Papiere als Sicherheit angeboten, so wird er sich eine solche Ermächtigung, die allein die Verpfändungsbefugnis herzustellen vermag, vorlegen oder ihr Dasein in anderer Weise glaubhaft machen lassen müssen. Ist dies geschehen, so wird ihn regelmäßig kein Vorwurf treffen, wenn er dennoch infolge betrügerischen Verhaltens des Verpfänders einem Irrtum unterlegen sein sollte. Davon erhellt aber zur Zeit nichts. Weder die Parteien noch die Gerichte haben den § 2 des Depotgesetzes in den Kreis ihrer Erörterungen gezogen. Das Berufungsurteil war daher aufzuheben." ...

RGZ. 87, 18.

1. Kann Befriedigung wegen Forderungen aus Börsentermingeschäften aus einer Sicherheit verlangt werden, die der Börsentermingeschäftsunfähige mit „seinem jeweiligen Guthaben" bei dem anderen Teile bestellt hat?

2. Die Gesellschaft mit beschr. Haftung und der Inhaber ihrer sämtlichen Geschäftsanteile.

Börsengesetz v. 8. Mai 1908 (RGBl. S. 183, 215) §§ 52, 53, 54 Abs. 2. BGB. §§ 223 Abs. 2, 232 flg., 700, 762, 764, 826.

III. Zivilsenat. Urt. v. 4. Juni 1915.

I. Landgericht I Berlin. — II. Kammergericht daselbst.

Mit der beklagten Gesellschaft m. b. H., deren sämtliche Geschäftsanteile der Kaufmann La. besitzt, stand 1912 der Kläger in laufender Rechnung. Daß ihm aus dieser Geschäftsverbindung eine Forderung von 5291,35 M erwachsen war, ist außer Streit. Die Forderung erhöht sich um 1058,85 M, wenn der Beklagten nicht das Recht zusteht, aus seinem Guthaben in dieser Höhe Befriedigung zu suchen wegen eines Anspruchs aus einer Reihe von Börsentermingeschäften, die sie mit dem börsenterminsunfähigen Kläger abgeschlossen hatte. Nach der Behauptung der Beklagten hatte der Kläger eine schriftliche Erklärung des Inhalts ausgestellt, daß er der Beklagten sein „jeweiliges Bargutḥaben" (oder: sein „jeweiliges Guthaben") und eine bestimmte — von der Beklagten alsbald veräußerte — Aktie als Sicherheit für die von ihm abgeschlossenen Börsentermingeschäfte bestelle, und daß Guthaben und Aktie zur Deckung von Verlusten aus solchen Geschäften dienen sollten. Die Forderung des Klägers erhöht sich um weitere 1931,93 M, also insgesamt auf 8282,13 M, wenn zu jenem Betrage gegen einen Anspruch der Beklagten aus angeblichen Kassegeschäften der vom Kläger geltend gemachte Spieleinwand durchgreift.

Der Kläger erhob auf Zahlung von 8282,13 M nebst Zinsen Klage, der die Beklagte eine ihr angeblich von La. abgetretene Schadensersatzforderung aus unerlaubter Handlung in Höhe von mehr als 13 000 M aufrechnend entgegensetzte. Diese Forderung begründete sie damit, daß der Kläger unter falschem Namen mit La. durch dessen Börsenagenten L. und in betrügerischem Zusammenwirken mit diesem Börsentermingeschäfte abgeschlossen habe, da La. mit einem Verlust in der angegebenen Höhe habe glattstellen müssen.

Das Landgericht verurteilte klagegemäß. Das Kammergericht wies die Berufung zurück.

Die Revision hatte Erfolg.

Gründe:

„Dem Anspruch der Beklagten aus den zwischen den Streitteilen abgeschlossenen Börsentermingeschäften über Wertpapiere kann der Kläger, der zur Zeit dieses Geschäftsverkehrs nicht zu den Personen gehörte, die nach § 53 des Börsengesetzes vom 8. Mai 1908 Börsentermingeschäfte abschließen können, die Unwirksamkeit jener Geschäfte (§§ 52 flg. des Börsengesetzes) und den Spiel- und Differenzeinwand (§§ 762, 764 BGB.) entgegenhalten. Doch ist die Beklagte nach der Bestimmung des § 54 des Börsengesetzes befugt, wenn eine den Vorschriften des Gesetzes entsprechende Sicherheit bestellt ist, wegen ihrer Ansprüche aus den Termingeschäften Befriedigung aus der Sicherheit zu suchen. Die Sicherheitsleistung hat nach § 54 Abs. 2 diese Wirkung nur, wenn sie aus Geld oder aus Wertpapieren besteht, die einen Kurswert haben, und wenn der Besteller dem anderen Teil schriftlich und ausdrücklich erklärt, daß die Sicherheit zur Deckung von Verlusten aus Börsentermingeschäften dienen soll. Es fragt sich, ob die vom Kläger angeblich erklärte Bestellung seines „jeweiligen Barguthabens" oder „jeweiligen Guthabens" und der alsbald veräußerten und dem Erlös nach gutgeschriebenen Aktie als Sicherheit diesen Anforderungen entspricht.

Der gesetzgeberische Gedanke der Vorschriften über Gegenstand und Form der Sicherheitsbestellung ist der, daß der börsenterminsunfähige Kunde klar erkennen soll, welchen Einsatz er wagt, einen wie hohen Betrag er im ungünstigsten Falle verlieren kann. Deshalb schreibt das Gesetz vor, daß die Sicherheit in Geld oder kurshabenden Wertpapieren, also in Sachen bestellt werden muß, deren Wert unmittelbar feststeht oder jederzeit ohne weiteres ermittelt werden kann, dem Kunden also stets mit vollster Sicherheit bekannt ist. Schon in der Begründung zum Entwurf eines Gesetzes betr. die Aenderung des Abschnitts IV des Börsengesetzes vom Jahre 1904 (Stenogr. Berichte des Reichstags 11. Legislaturperiode I. Session, S. 1060 Aktenstück Nr. 244) war betont worden, daß bei dem Erfordernis der Sicherheitsleistung jedenfalls im Interesse des Schuldners das Hauptgewicht darauf zu legen sei, daß das Maß seines Einsatzes von vornherein klar erkennbar und fest begrenzt sei. In jenem Entwurf (§ 68 b) war die Beschränkung des Gegenstandes der Sicherheitsbestellung auf Geld und kurshabende Wertpapiere noch nicht vorgesehen und nur ausgesprochen, daß, wenn die Sicherheit in Wertpapieren bestehe, diese nach Gattung und nach Zahl oder Nennwert in der schriftlichen Erklärung bezeichnet sein müßten. Die Begründung hebt hervor, daß nach der Vorschrift des Entwurfs der Schuldner überdies noch jederzeit in der Lage sei, zu erklären, daß die Sicherheit oder ein bestimmter Teil von ihr für neu abzuschließende Geschäfte nicht mehr haften solle. Der § 68 c des späteren Entwurfs vom Jahre 1906 läßt die Befriedigung aus der Sicherheit zu, wenn „die Sicherheit in barem Geld, Banknoten oder in solchen Wertpapieren bestellt worden ist, bei denen ein Börsen- oder Marktpreis amtlich festgestellt wird", und die Begründung (Stenogr. Berichte 11. Legislaturperiode II. Session S. 5360 Aktenstück Nr. 587) bemerkt dazu, der Bankier solle nicht in der Lage sein, sich zur Deckung seiner Forderung aus den Börsentermingeschäften an alle Werte zu halten, die er aus irgendwelchem Anlaß für den Kunden in Gewahrsam habe, sondern die als Sicherheit bestellten Werte müßten gesetzlich als solche zugelassen, ferner aus dem Vermögen des Kunden ausgesondert und unter genauer Bezeichnung für die etwaigen Verluste aus Börsentermingeschäften durch eine schriftliche Willenserklärung besonders haftbar gemacht sein. Dem jetzt geltenden Gesetz liegt der Entwurf vom 22. November 1907 zugrunde. Dessen § 55 wollte neben den im Entwurf von 1906 bezeichneten Gegenständen zur Sicherheitsbestellung auch Waren derselben Art wie die den Gegenstand des Geschäfts bildenden zulassen, seine Bestimmung war nicht wie die des geltenden Gesetzes auf Börsentermingeschäfte in Wertpapieren beschränkt. Die Begründung (Aktenstück 483) führt aus, eine Beschränkung der Haftung aus Börsentermingeschäften auf bestellte Sicherheiten werde für den soliden Handel nicht unerträglich sein. Sie hebt die Unmöglichkeit, eine Verpflichtung zu nachträglicher Ergänzung der Sicherheit zu begründen, hervor und weist darauf hin, daß, wenn die Möglichkeit eines Verlustes auf bestellte Sicherheiten beschränkt bleibe, nur die Bestellung realer Sicherheiten zugelassen und eine zweckmäßige Beschränkung der Gegenstände vorgesehen werde, die als Sicherheit dienen könnten. Wenn schließlich — so hieß es weiter — die Wirksamkeit der Sicherheitsbestellung von der Wahrung strenger Formen abhängig gemacht werde, die auch dem Leichtsinnigsten die drohende Gefahr klarmachen müßten, so erscheine gleichzeitig „der Gesichtspunkt des Schutzes des Publikums so weit wie irgend tunlich gewahrt" (S. 14). Der Kaufmann werde darauf zu achten haben, daß er von vornherein die Geschäftsverbindung in den durch die bestellte Sicherheit gezogenen Grenzen halte (S. 29). Die Reichstagskommission (Aktenstück 847) beschränkte die Geltung der Vorschrift (§ 55 des Entwurfs, § 52 der Kommissionsbeschlüsse) auf Termingechäfte über Wertpapiere und den Kreis der zur Sicherheitsbestellung zuzulassenden Gegenstände so, wie jetzt das Gesetz ergibt. Auch in den Kommissionsverhandlungen (S. 63) wurde der Zweck der Bestimmung, Klarheit und einen Schutz für den Börsenterminsunfähigen zu schaffen, besonders beleuchtet. Ein Regierungsvertreter erklärte, wenn der Entwurf nur solche Wertpapiere für die Sicherheitsbestellung zulasse, für die ein Börsen- oder Marktpreis amtlich festgestellt werde, so verfolge er damit auch den Zweck, daß der Wert der geleisteten Sicherheit stets feststehen solle. Der Entwurf gestatte den nicht zu den termingeschäftsfähigen Kreisen gehörenden Personen, sich „in den Grenzen einer bestellten Sicherheit" durch Börsentermingeschäfte zu verpflichten.

Die Gesetzgebungsarbeiten in ihrer fortschreitenden Entwicklung lassen danach ersehen, daß beständig von den bei der Gesetzgebung Beteiligten darauf hingewirkt wurde, eine Vorschrift zu schaffen, die eine klare Erkennbarkeit des Umfangs der Haftungsmöglichkeit und die unbedingte Beschränkung der Haftung auf die ihrem Wert nach unzweifelhaft feststehende Sicherheit forderte. Nur eine Sicherheit, die diesen Anforderungen genügt, entspricht dem Gesetz. Sie soll aus Geld oder aus Wertpapieren bestehen, die einen Kurswert haben. Mit diesen Mitteln soll die Sicherheit bestellt werden, das Gesetz fordert nicht ihre Verpfändung. Zwar wird im Bericht der Reichstagskommission Drucks. 847 S. 63) eine Regierungsäußerung dahin wiedergegeben, daß unter „Geld" nicht nur Währungsgeld, sondern auch „usuelles Geld", d. h. alles zu verstehen sei, was der Verkehr als Zahlungsmittel gelten lasse, also auch ausländische Münzen, Reichskassenscheine usw. Daraus mag zu folgern sein, daß die Regierung zunächst an eine Verpfändung bestimmter Stücke gedacht hat. In derselben Richtung würde verwertet werden können, daß bei der zweiten Beratung in der Vollversammlung am 7. April 1908 der Abgeordnete Dove (S. 4772 C) offenbar an eine Verpfändung del Geldes dachte, wenn er erwähnte, bei Bestellung der Sicherheit mit Geld trage das Geld keine Zinsen. Anderseits läßt eine Regierungsäußerung bei den Kommissionsberatungen von 1905 erkennen (Kommissions-Bericht von 1905 S. 32), daß man damals von der Verzinslichkeit der aus barem Geld bestehenden Sicherheit ausging. Allein, wie es sich damit auch verhalten mag, jedenfalls läßt sich aus dem Gesetz nicht entnehmen, daß die Verpfändung die einzige zulässige Art der Sicherheitsbestellung habe sein sollen. Die Sicherheitsbestellung nach § 54, auf die die §§ 232 flg. BGB. keine Anwendung finden, kann auch in der Weise geschehen, daß das Geld oder die Wertpapiere dem anderen Teil zur Sicherheit übereignet werden (§ 223 Abs. 2 BGB.). Geld und Wertpapiere können im Wege des Darlehns oder der unregelmäßigen Hinterlegung (§ 700 BGB.) hingegeben werden, sei es daß die Hingabe erfolgt zu Beginn der Geschäftsverbindung bei Bestellung der Sicherheit, sei es daß es sich um bereits im Besitz des anderen Teiles befindliche Gelder und Wertpapiere des die Sicherheit Bestellenden handelt. — Vgl. die Kommentare zum Börsengesetz: Apt 5. Aufl. S. 178 Anm. 4, Nußbaum S. 267 Anm. I e, Bernstein S. 234 flg. Anm. B II 3 c, Hemptenmacher (Meyer) 3. Aufl. S. 142 Anm. 7, auch Neukamp im Verbandskommentar S. 237, 241 Anm. 13, 26 (Anm. 5 S. 235 flg.); ebenso wie die 9. Auflage des Kommentars von Staub-Könige zum Handelsgesetzbuch Exkurs zu § 376

Anm. 37. — Der Kunde kann also die Sicherheit dadurch bestellen, daß er dem Bankier, der für ihn Geld verwahrt, bei dem er Gelder stehen hat, dieses Geld in der angegebenen Weise zur Sicherheit übereignet. Es würde eine leere Förmlichkeit sein, wollte man verlangen, daß der Bankier zunächst dem Kunden den Betrag, den dieser zu fordern hat, in barem Geld herauszahle und der Kunde ihm dann die empfangenen Stücke zur Sicherheitsleistung zurückübertrage. Dem Verkehrsbedürfnis muß insofern entgegengekommen werden, als anzuerkennen ist, daß es dieses Hin- und Herzahlens der Geldstücke nicht bedarf. Der Kunde bestellt die Sicherheit durch Übereignung des Geldes, dessen Auszahlung er auf Grund seiner Forderung an den Bankier verlangen könnte. In diesem Sinne kann Sicherheit bestellt werden mit dem Guthaben des die Sicherheit Bestellenden bei dem anderen Teil. Dieses Entgegenkommen gegenüber den Anforderungen des Verkehrs muß aber seine Grenze finden in der unbedingt gebotenen Beachtung des Gesetzeszweckes, der gesetzlich geforderten Klarheit über das Maß der Haftung und der gesetzlich geschützten Haftungsbeschränkung. Dem gesetzlichen Gebot trägt wohl Rechnung die Bestellung der Sicherheit mit dem zur Zeit der Bestellung vorhandenen Guthaben des Kunden. Dies Guthaben ist nach Art und Größe unmittelbar und unzweifelhaft sofort festzustellen, der Kunde weiß, womit und bis zu welchem Betrag er im ungünstigsten Falle haftet und Verluste erleiden kann. Völlig anders ist aber eine Sicherheitsleistung zu beurteilen, wie sie nach Behauptung der Beklagten hier der Kläger bewirkt hat, eine Sicherheitsbestellung mit dem „jeweiligen Guthaben". Das wechselnde, durch teilweise vorgenommene Befriedigung des Bankiers sich verringernde, durch Gutschriften und Einzahlungen sich mehrende Guthaben (vgl. N u ß b a u m a.a.O. S. 269 Anm. II b) kann nicht Gegenstand einer den Vorschriften des § 54 entsprechenden Sicherheitsbestellung sein. Diese Art Sicherheitsleistung läuft vielmehr dem Gesetzeszweck schnurstracks zuwider. Hier kann nicht davon die Rede sein, daß die vom Gesetz erforderte Klarheit und Sicherheit über den Umfang des möglichen Verlustes von vornherein vorhanden wäre. Im Gegenteil: die Art der Bestellung weist geradezu auf die Unbestimmtheit der Höhe des Einsatzes hin. Diese Unsicherheit wird auch nicht dadurch gehoben, daß der Kunde die Möglichkeit hat, zu bestimmter oder auch beliebiger Zeit die Höhe seines Guthabens feststellen zu lassen.

Die behauptete Sicherheitsbestellung mit dem jeweiligen Guthaben oder Barguthaben macht danach die Börsentermingeschäfte der Streitteile nicht in dem Sinne wirksam, daß die Beklagte sich wegen ihrer Forderung für Termingeschäftsverluste aus diesem Guthaben zu befriedigen befugt wäre. Die Sicherheitsleistung mit der einen Aktie unterliegt einer anderen Beurteilung nicht. Die Aktie ist, unstreitig im Einverständnis des Klägers, alsbald veräußert, ihr Erlös dem Guthaben zugeschrieben worden. Dieser Erlös kommt als Teil des „jeweiligen Guthabens" in Betracht. Die Börsentermingeschäfte der Streitteile sind also auch nicht insofern verbindlich und wirksam, daß die Beklagte den Betrag von 1058,85 M von diesem Guthaben kürzen könnte.

Die Revision hat die Ausführungen der Kammergerichts darüber nicht angefochten, daß die zwischen der Beklagten und dem Kläger abgeschlossenen Kassengeschäfte Differenzgeschäfte waren. Die Darlegungen des Berufungsgerichts stehen im Einklang mit der Rechtsprechung des Reichsgerichts (Jur. Wochenschr. 1902 Beil. S. 199, S. 257 Nr. 24, 1903 Beil. S. 100, 1904 S. 291 Nr. 13, 1906 S. 14 Nr. 12). Der vom Kläger dem Anspruch der Beklagten entgegengehaltene Spieleinwand ist daher begründet und die Beklagte weiter nicht berechtigt, das Guthaben des Klägers um 1931,93 M zu mindern.

Dagegen ist die Begründung, mit der das Berufungsgericht die zur Aufrechnung gebrachte, ihr angeblich von La. abgetretene, Gegenforderung der Beklagten zurückweist, in mehrfacher Hinsicht nicht frei von Rechtsirrtum. Das Berufungsgericht versagt den geltend gemachten Schadensersatzanspruch, weil ein Schaden nicht entstanden sei. Die Beklagte hat den Anspruch damit begründet, daß La. durch Täuschung über die Person des Vertragsgenossen zum Abschluß der schadenbringenden Börsentermingeschäfte veranlaßt worden sei (§ 826 BGB.). Abwegig ist die Ausführung des Landgerichts, die Geschäfte seien durch den Börsenagenten Le. abgeschlossen; auf dessen als seines Vertreters Willen und Kenntnis komme es für La. an, Le. sei aber nicht in Unkenntnis darüber gewesen, daß sich hinter dem falschen Namen der Kläger verstecke. Die Ersatzforderung wird gerade damit begründet, daß Le. und der Kläger gemeinsam den La. getäuscht hätten. Das Kammergericht führt aus: wenn die fraglichen Börsentermingeschäfte nicht mit La. abgeschlossen wären, dann würden sie mit der Beklagten geschlossen geworden sein. Die sämtlichen Geschäftsanteile der beklagten Gesellsch. m. b. H. besitze La., dieser würde also — als Inhaber der sämtlichen Anteile — auch ohne die Täuschung denselben Schaden erlitten haben.

Auch wenn zwischen La. und der beklagten Gesellsch. m. b. H. das behauptete Verhältnis besteht, sind doch er und die Gesellschaft verschiedene Rechtspersönlichkeiten. Die Gläubiger der Gesellschaft sind nicht Gläubiger La.'s, ihnen haftet nur das Gesellschaftsvermögen, ebenso sind seine Gläubiger nicht solche der Gesellschaft. Schloß die Gesellschaft m. b. H. die Geschäfte ab, dann haftete für den Ausfall nur das Gesellschaftsvermögen. Fehlte es etwa an einem solchen, dann erlitt La. überhaupt keinen Schaden (vgl. das Urteil in Sachen L. gegen R. Rep. III. 127/14 v. 27. Oktober 1914 RGZ. Bd. 85 S. 380). Aber auch die Annahme des Berufungsgerichts, daß der Kläger die Geschäfte mit der Beklagten abgeschlossen haben würde, wenn sie mit La. nicht zustande gekommen wären, ermangelt der genügenden einwandfreien Begründung. Zunächst war von keiner Seite eine entsprechende Behauptung aufgestellt worden; die Revision rügt also mit Recht Verletzung des Verhandlungsgrundsatzes. Ferner fehlt es aber an Feststellungen darüber, daß der Beklagten die nach ihrer Meinung wirksam geleistete Sicherheit zum Abschluß auch dieser Geschäfte noch ausreichend erschienen wäre und daß der Kläger sein Guthaben mit diesen, von ihm etwa für wirksam gehaltenen, Geschäften würde haben belasten wollen. Endlich ist nicht dargetan, daß ez zu einer schadenbringenden Glattstellung gekommen wäre, wenn die Beklagte die Geschäfte geschlossen hätte. Sie glaubte durch das Guthaben, wenn auch nur teilweise, gesichert zu sein, sie hätte, wie anzunehmen, eine günstige Gestaltung der Kurse abgewartet und zur Glattstellung einen geeigneten Zeitpunkt im eigenen Interesse und im Interesse des Klägers gewählt. Die Revision weist nicht mit Unrecht auch darauf hin, daß der Kläger offenbar deswegen mit Le. verhandelte, weil er diese Geschäfte mit der Beklagten nicht machen wollte. Das Berufungsgericht konnte sich danach einer sachlichen Prüfung der Gegenforderung nach Grund und Betrag mit der von ihm gegebenen Begründung nicht entziehen."

RGZ. 87, 329.

1. Findet § 8 des Bankdepotgesetzes vom 5. Juli 1896 (RGBl. S. 183) nur auf solche Kaufleute Anwendung, die sich gewerbsmäßig mit der Verwahrung fremder Wertpapiere befassen?

2. Verhältnis des § 8 Abs. 2 des Bankdepotgesetzes zur Vorschrift des § 366 HGB.

3. Voraussetzungen des guten Glaubens einer Bank an die Befugnis ihres Kunden, von ihm hinterlegte fremde Wertpapiere für seine Schulden zu verpfänden.

III. Zivilsenat. Urt. v. 23. November 1915.

I. Landgericht I Berlin. — II. Kammergericht daselbst.

Zu dem Bankdepot, das der Baumeister S. Z., ein Schwager der Klägerin, bei der Depositenkasse M. der Beklagten in Berlin besaß, gehörten seit dem 22. Juni 1899 20000 M 4% Schuldverschreibungen der Gesellschaft für elektrische Unternehmungen, welche die Klägerin ihrem Schwager zur Aufbewahrung übergeben hatte. Ende August 1904 beauftragte Z. die Beklagte, die bei dieser für ihn liegenden Wertpapiere zu verkaufen. Am 7. September 1904 schrieb er ihr aber, er habe bei diesem Auftrag zu bemerken vergessen, daß die 20000 M Schuldverschreibungen der Gesellschaft für elektrische Unternehmungen nicht zu verkaufen seien; die gehörten nicht ihm, sondern seiner Schwägerin, der jetzigen Klägerin, und seien ihm seiner Zeit „nur zur Aufbewahrung resp. Depot" übergeben worden. Er bitte, die verkauften Stücke bis zum Gesamtbetrage von 20000 M neu zu kaufen. Die Beklagte führte diesen Auftrag aus, entnahm den Kaufpreis dem Guthaben des Z., übersandte ihm am 18. September 1904 ein Verzeichnis der gekauften und in sein Depot genommenen Stücke und brachte ihm auch später den Erlös eines zum 1. Oktober 1908 ausgelosten Stückes von 1000 M dieser Wertpapiere gut. Nachdem Z. 1912 in Vermögensverfall geraten war, forderte die Klägerin die Herausgabe der übrigen 19000 M jener Papiere.

Die Beklagte verweigert die Herausgabe; sie bestreitet das Eigentum der Klägerin und nimmt auf Grund ihrer Bedingungen für den Depositen- und Effektenverkehr, denen sich Z. unterworfen hatte, ein Pfandrecht an den Papieren für ihre Forderungen gegen Z. in Anspruch.

Das Landgericht hat dem Klageantrag entsprechend die Beklagte zur Herausgabe verurteilt. Das Kammergericht hat dagegen die Klage abgewiesen. Die Revision der Klägerin hatte Erfolg.

Gründe:

„Der Berufungsrichter nimmt an, daß die Klägerin Eigentümerin der streitigen Wertpapiere sei, daß der Beklagten aber auf Grund ihrer Geschäftsbedingungen ein Pfandrecht an den Papieren für ihre Forderungen gegen S. Z. zustehe, weil die Beklagte den Z. gutgläubig für befugt gehalten habe, zur Sicherung ihrer Forderungen gegen ihn über die Papiere durch Verpfändung zu verfügen, und daß der § 8 des sogenannten Bankdepotgesetzes vom 5. Juli 1896 hier keine Anwendung finde.

Den Ausführungen des Kammergerichts kann zunächst in dem letzten Punkt nicht beigepflichtet werden. Es stellt zwar fest, daß Z. 1904 Kaufmann war und daß die Duldung der Niederlegung der wieder angeschafften Papiere in sein Depot und die Kreditentnahme auf Grund der dadurch gewährten Sicherheit Handelsgeschäfte waren, die zum Betrieb des Handelsgewerbes des Z. gehörten, so daß der § 366 HGB. Anwendung zu finden habe. Es verneint aber die Anwendbarkeit des § 8, weil dieser sich nur auf Mitteilungen solcher Kaufleute beziehe, die sich mit der Verwahrung fremder Wertpapiere gewerbsmäßig beschäftigen, zu diesen aber Z. nicht gehört habe; die Vorschriften des § 8 sollten nämlich nach der Begründung des Gesetzes für den Fall der sehr häufig notwendig werdenden Mitwirkung mehrerer Bankiers als Kommissionäre bei der Ausführung eines Auftrags, insbesondere im Falle der Mitwirkung eines Lokal- und eines Zentralbankiers, den Kunden des ersteren vor der Gefahr schützen, daß das Pfandrecht des Zentralbankiers auch die in dessen Gewahrsam gelangten Papiere jenes Kunden wegen aller Forderungen des Zentralbankiers gegen den Lokalbankier ergreife. Allein wenn auch in erster Linie dieser Fall von den Bestimmungen des § 8 getroffen werden sollte, so beschränkt sich deren Anwendbarkeit doch nicht auf ihn, wie nach dem Wortlaut und auch nach der Begründung des Gesetzentwurfs keinem Zweifel unterliegen kann. Nach den Eingangsworten des § 8 findet die Vorschrift des Abs. 1 auf alle Kaufleute Anwendung, die im Betrieb ihres Handelsgewerbes fremde Wertpapiere einem Dritten zum Zweck der Aufbewahrung usw. ausantworten; irgendeine Beschränkung auf bestimmte Arten des Handelsgewerbes ist aus dem Gesetz nicht zu entnehmen, nur die sogenannten Minderkaufleute sind durch § 13 ausgenommen. Die Fassung des § 8 ist in dieser Hinsicht genau dieselbe wie die des § 1, und daß dieser nicht nur für Bankkaufleute gilt, ist unbestritten. In der Begründung des Entwurfs des Depotgesetzes (Drucksache des Reichstags 9. Legislaturperiode IV. Session 1895/97 Nr. 14 S. 75) wird ausdrücklich hervorgehoben, daß der Entwurf, die unmittelbar vorher erörterte, dem § 8 entsprechende Vorschrift nicht ausgenommen, sich bei der Regelung des Depotverkehrs nicht auf Bankkaufleute beschränke, sondern auch die übrigen Kaufleute mit Ausnahme der Minderkaufleute umfasse, weil einerseits der Begriff Bankier im Handelsgesetzbuch nicht abgegrenzt sei, anderseits die in Frage stehenden Geschäfte auch außerhalb des Bankbetriebs im kaufmännischen Verkehr vorkommen könnten und vorkämen. Demnach findet § 8 auch dann Anwendung, wenn ein Kaufmann im Betrieb seines gewöhnlich auf andere Geschäfte gerichteten Handelsgewerbes eine der dort vorgesehenen Rechtshandlungen vornimmt (vgl. § 343 Abs. 2 HGB.).

In dem Brief des Z. vom 7. September 1904 ist nun eine der Vorschrift des § 8 Abs. 1 entsprechende Mitteilung zu finden, daß die von der Beklagten anzukaufenden und aufzubewahrenden Wertpapiere nicht dem Z., sondern der Klägerin gehörten. Demnach kann die Beklagte nach § 8 Abs. 2 an diesen Papieren ein Pfandrecht wegen ihrer hier in Betracht kommenden Forderungen, die nicht in bezug auf diese Papiere entstanden sind, nicht geltend machen, es sei denn, daß sie beweist, die Klägerin habe ihren Schwager zur Verpfändung ihrer Wertpapiere für seine Schulden ermächtigt, oder daß sie besondere Umstände darlegt, aus denen sie eine solche Verfügungsbefugnis des Z. angenommen hat und ohne grobe Fahrlässigkeit annehmen konnte. Durch die Vorschrift des § 8 Abs. 2 wird nämlich die Anwendung des § 366 HGB. nicht ausgeschlossen; die Bank kann trotz der Mitteilung ihres Kunden, daß die Wertpapiere ihm nicht gehörten, auf Grund ihres guten Glaubens an dessen Berechtigung, über die fremden Wertpapiere zu verfügen, an diesen für ihre Forderungen gegen ihren Kunden ein Pfandrecht erwerben. Aber abweichend von der Regel der §§ 932 flg., 1207 BGB. trifft die das Pfandrecht in Anspruch nehmende Bank die Beweislast für ihren guten Glauben. Vgl. das Urteil des I. Zivilsenats RGZ. Bd. 41 S. 35 flg. und vor allem das des VII. Zivilsenats RGZ. Bd. 71 S. 337 flg., auf dessen Gründe verwiesen wird. An den in diesen Urteilen vertretenen Ansichten ist trotz der in der Rechtslehre dagegen erhobenen Angriffe festzuhalten; s. auch RGZ. Bd. 82 S. 33 flg. und Warneyer Rechtspr. 1911 S. 170 Nr. 157.

Demnach stützt das Berufungsgericht zu Unrecht seine Entscheidung darauf, daß die Klägerin den ihr obliegenden Beweis nicht erbracht habe; sie habe nicht bewiesen, daß die Beklagte nicht oder nur aus grober Fahrlässigkeit angenommen habe. S. Z. sei zur Pfändung der Wertpapiere befugt. Aber auch wenn man in den übrigen Ausführungen des angefochtenen Urteils die positive Feststellung finden will, die Beklagte habe ohne grobes Verschulden annehmen können, daß die Klägerin ihrem Schwager die Verpfändung ihrer Wertpapiere für seine Schulden bei der Beklagten gestattet habe, ist die Entscheidung nicht haltbar. Von den Gründen, die das Berufungsgericht für diese Feststellung beibringt, scheidet die Tatsache, daß die Klägerin ihrem Schwager 175 000 M ohne Sicherheit geliehen, also großes Vertrauen zu seiner Zahlungsfähigkeit hatte, schon deshalb aus, weil sie, wie der Berufungsrichter selbst sagt, der Beklagten nicht bekannt war; sie ist also für deren guten Glauben ohne Bedeutung. Daß ferner die Wertpapiere der Klägerin in den Jahren 1899 bis 1904 bei der Beklagten im Depot des Z. gelegen haben, ohne daß der Beklagten von dem Eigentum der Klägerin von irgendeiner Seite Mitteilung gemacht war, und daß sie von Z. zur Verstärkung seines Kredits benutzt sind, kommt für die Zeit nach dem 7. September 1904 nicht mehr in Betracht. Durch das Schreiben von diesem Tag war die Sachlage völlig verändert. In ihm hat Z., der damals durch den Verkaufserlös seiner Wertpapiere seine Schulden bei der Beklagten völlig getilgt hatte, der Beklagten unzweideutig erklärt, daß er zur Verfügung über die Wertpapiere, weil sie der Klägerin gehörten, nicht befugt sei; er hat nicht etwa, wie der Vorderrichter meint, nur geschrieben, die Papiere seien nicht zu verkaufen, sondern auch, sie seien ihm „nur zur Aufbewahrung bzw. zum Depot" gegeben. Dieser Brief bietet also keinen Anhalt für die Annahme einer Befugnis des Z. zur Verpfändung der Wertpapiere, und die Beklagte handelte grobfahrlässig, wenn sie eine solche Befugnis aus dem Schreiben entnahm. Selbst wenn man aber nicht so weit gehen, sondern eine andere Auslegung des Briefes für möglich halten wollte, würde der Beklagten eine grobe Fahrlässigkeit zur Last zu legen sein. Denn keinenfalls ergibt sich aus dem Schreiben, auch bei Berücksichtigung aller Nebenumstände, jene Verfügungsbefugnis des Z. so unzweifelhaft, daß die Beklagte nicht zur näheren Nachforschung verpflichtet gewesen wäre, ob die Klägerin wirklich ihrem Schwager diese Befugnis eingeräumt habe (vgl. RGZ. Bd. 58 S. 162; Jur. Wochenschr. 1907 S. 672; Warneyer 1912 S. 182, 1913 S. 423). Endlich rechtfertigen auch die von dem Vorderrichter erwähnten, nach dem 7. September 1904 liegenden Umstände nicht die Annahme des guten Glaubens der Beklagten, und zwar weder das Schweigen des Z. auf ihre Mitteilung, sie habe die Wertpapiere für s e i n Depot gekauft, noch auch das jahrelange Liegenlassen der Papiere in diesem Depot. Nach dem Willen der Klägerin und ihres Schwagers sollten die Papiere in der Tat in dem Depot des letzteren liegenbleiben, aber nicht als seine eigenen, sondern als fremde. Für eine Verfügungsbefugnis des Z. ergibt sich daher aus beiden Umständen nichts. Sollte endlich der Brief vom 7. September 1904 im Laufe der Jahre bei der Beklagten in Vergessenheit geraten und sein Inhalt denjenigen ihrer Angestellten, welche später auf Grund der hier fraglichen Wertpapiere dem Z. Kredit bewilligten, nicht bekanntgewesen sein, so würde sich die Beklagte auch darauf nicht berufen können, denn ihre Sache wäre es gewesen, auf Grund jenes Briefes durch Anlegung eines Kontos B — entsprechend dem Beschluß des Vereins Berliner Banken und Bankiers vom 21. Juli 1896 und des Zirkulars vom Juli 1896 (s. R i e s s e r,

Bankdepotgesetz 3. Aufl. S. 106, 141; auch RGZ. Bd. 68 S. 133) – klarzustellen, daß die Wertpapiere von Z. als fremde in Verwahrung gegeben seien. Demnach ist auf Grund des bisherigen Parteivorbringens der gute Glauben der Beklagten an die Befugnis des Z., ihr die Papiere der Klägerin für seine Schulden zu verpfänden, zu verneinen."...

RGZ. 88, 91.

Gilt die Vorschrift des § 63 Abs. 1 BörsG., daß Börsentermingeschäfte in Anteilen von Bergwerks- und Fabrikunternehmungen nur mit Genehmigung des Bundesrats zulässig sind, auch für Anteile ausländischer Unternehmungen?

BörsG. § 63.

I. Zivilsenat. Urt. v. 11. Februar 1916.

I. Landgericht Ellwangen. — II. Oberlandesgericht Stuttgart.

Die Frage wurde verneint aus folgenden

Gründen:

„Börsentermingeschäfte in Anteilen von Bergwerksunternehmungen sind gemäß § 63 Abs. 1 BörsG. nur mit Genehmigung des Bundesrats zulässig, und es wird durch ein verbotenes Geschäft in solchen Anteilen eine Verbindlichkeit nicht begründet (§ 64 Abs. 1 das.). Trotzdem kann der Beklagte die Unverbindlichkeit der von ihm geschlossenen Geschäfte nicht auf die Vorschriften stützen, weil den Gegenstand der Geschäfte lediglich Anteile an ausländischen Bergwerksunternehmungen bildeten und die genannten Vorschriften auf den Handel mit solchen keine Anwendung finden. Bei Beurteilung dieser im Schrifttum bestrittenen Frage ist allerdings nicht zu verkennen, daß der Wortlaut des § 63 zwischen Anteilen inländischer und ausländischer Unternehmungen nicht unterscheidet. Allein die Entstehungsgeschichte des Gesetzes läßt keinen Zweifel darüber, daß nach Sinn und Zweck der Vorschrift der Börsenhandel in ausländischen Papieren von dem Verbot ausgeschlossen sein soll.

Schon das frühere Börsengesetz vom 22. Juni 1896 untersagte in § 50 Abs. 2 den Börsenterminhandel in Anteilen von Bergwerks- und Fabrikunternehmungen. Dieses Verbot wurde, wie der Kommissionsbericht (Reichstag Bd. 152 S. 1474/1475) ersehen läßt, aus der Erwägung erlassen, daß der Terminhandel in solchen Anteilen besonders deshalb nachteilig sei, weil durch ihn die Börse einen Einfluß auf diese Unternehmungen gewinne, der ihrer ruhigen, gedeihlichen Entwicklung nicht förderlich sei. Der Entwurf des neuen Gesetzes sah die Streichung dieser Bestimmung vor, und zwar unter folgender Begründung: Das Verbot habe sich als nachteilig für die Allgemeinheit erwiesen, ohne seinen Zweck zu erfüllen. Bis zu einem gewissen Grad sei es gelungen, Unberufene von der Spekulation in diesen Papieren fernzuhalten. Dies sei indessen nicht der Zweck des Verbots gewesen; sonst würde es genügt haben, den Börsenterminhandel in den genannten Anteilen den allgemeinen Vorschriften des Gesetzes zu unterstellen, von denen sich der Gesetzgeber bereits eine wirksame Einschränkung der Spekulation versprochen habe. Das Verbot sei vielmehr seinerzeit deshalb für erforderlich erachtet worden, weil die Börsen durch den Terminhandel in den Aktien einen Einfluß auf die Unternehmungen selbst ausübten, der einer ruhigen und gedeihlichen Entwicklung der Industrie nicht förderlich sei. Das Verbot habe auch den nachteiligen Einfluß gehabt, die Spekulation in das Ausland zu treiben; es sei verfehlt, das Publikum von der Spekulation in guten deutschen Werten abzuhalten, da es sich dann den viel weniger empfehlenswerten Auslandswerten zuwende (Reichstag Bd. 243 S. 2601 flg.; Bd. 247 S. 5142). Trotz dieser Auffassung der Regierung ist aber das Verbot in der aus § 63 ersichtlichen eingeschränkten Fassung aufrechterhalten worden. In den Kommissionen und den Reichstagsverhandlungen wurde dargelegt: Das Verbot sei im Interesse der beteiligten Unternehmungen, nicht zum Schutz des Publikums erlassen worden; es liege durchaus im Interesse der stetigen Entwicklung eines Unternehmens, daß die Anteile eines solchen nicht in den Terminhandel hineingezogen und zu Spekulationszwecken und zu unbegründeten Preistreibereien benutzt würden. Durch den Ausschluß der Anteile vom Terminhandel diene man auch den Interessen der Arbeiter, die in ihren wirtschaftlichen Verhältnissen wesentlich auf die Festigkeit des Unternehmens angewiesen seien. Wenn das Verbot, wie die Entwurfsbegründung behaupte, derartige Geschäfte in das Ausland getrieben habe, so rechtfertige dieser Umstand nicht die Aufhebung des Verbots; es müsse nach anderen Mittel gesucht werden, um die Spekulationen in ausländischen Papieren zu verhindern (Reichstag Bd. 247 S. 5140, 5178; Bd. 232 S. 4751).

Hieraus ergibt sich mit voller Sicherheit, daß der Zweck, zu dessen Erreichung das Verbot aufgestellt wurde, in dem Schutz der Unternehmungen und ihrer Arbeiter bestand. Selbstverständlich ist, daß der deutsche Gesetzgeber, wenn er zu diesem Zweck das Verbot erließ, nur die inländischen Unternehmungen und ihre Arbeiter im Auge hatte. Dieser Auffassung von dem Umfang des Verbots steht auch nicht die Tatsache entgegen, daß der Bundesrat in mehreren Verordnungen (RGBl. 1908 S. 585; 1910 S. 910; 1911 S. 917) die Genehmigung zu Börsentermingeschäften in Anteilen dreier ausländischer Unternehmungen erteilt hat. Es besteht die Möglichkeit, daß diese Genehmigungen aus Anlaß der im Schrifttum aufgeworfenen Zweifel über die Tragweite des Gesetzes zur Klarstellung der Zulässigkeit des Terminhandels in diesen Aktien erteilt worden sind.

Dahingestellt bleibt die andere Frage, ob die Termingeschäfte des Beklagten auch deshalb sich als erlaubte darstellen, weil sie im Ausland geschlossen wurden und nach den ausländischen Vorschriften erlaubte waren (vgl. RGZ. Bd. 55 S. 183; Seuff. Arch. Bd. 67 S. 201)."...

RGZ. 89, 358.

Ist bei den an einer ausländischen Börse geschlossenen Börsentermingeschäften der Differenzeinwand auch dann zulässig, wenn dieselbe Ware oder dasselbe Wertpapier an einer ausländischen Börse zum Terminhandel zugelassen ist?

Börsengesetz vom 27. Mai 1908 §§ 50, 58, 61.

III. Zivilsenat. Urt. v. 30. Januar 1917.

I. Amtsgericht Glauchau, Kammer für Handelssachen. — II. Oberlandesgericht Dresden.

Die Frage ist bejaht aus folgenden

Gründen:

„Es besteht zwischen den Parteien kein Streit mehr darüber, daß die Börsentermingeschäfte, durch die die Klägerin in den Jahren 1911 und 1912 an der Liverpooler Börse Baumwolle an den Erblasser der Beklagten verkauft hat, Differenzgeschäfte gewesen sind. Der Entscheidung unterliegt nur die Frage, ob der von den Beklagten erhobene Differenzeinwand gemäß §§ 58, 61 BörsG. ausgeschlossen ist. Der Verneinung der Frage durch das Berufungsgericht ist beizutreten. Nach § 58 Satz 1 BörsG. kann gegen Ansprüche aus Börsentermingeschäften in Waren oder Wertpapieren, die zum Börsenterminhandel zugelassen sind (§ 50 BörsG.), von demjenigen, für den das Geschäft nach den Vorschriften der §§ 53, 54, 57 verbindlich ist, der Differenzeinwand nicht erhoben werden. Es kommt also kraft dieser klaren Gesetzesbestimmung die in dem Ausschluß des Differenzeinwandes liegende, von den allgemeinen Vorschriften abweichende Bevorzugung nur den Termingeschäften in solchen Waren oder Wertpapieren zu, die gemäß den Regeln des § 50 BörsG. zum Terminhandel zugelassen sind. Der

Gesetzgeber wollte die Bevorzugung nur für den Fall eintreten lassen, daß die Zulassung zum Terminhandel unter den weitgehenden, in § 50 genau festgesetzten Schutzmaßregeln erfolgt ist. Eine unmittelbare Anwendung des § 58 auf die an Auslandsbörsen geschlossenen Geschäfte kann hiernach nicht stattfinden, da für diese Börsen die in § 50 gegebenen Vorschriften über die Zulassung ihrem Inhalt nach keine Geltung haben. Wie aber das Reichsgericht bereits in den Entscheidungen Bd. 76 S. 371 und Bd. 79 S. 381 ausgesprochen hat, kann auch eine entsprechende Anwendung des § 58 auf Auslandsgeschäfte nicht für zulässig erachtet werden; auch nicht für den Fall, daß an einer Auslandsbörse gleiche oder ähnliche Schutzbestimmungen für die Zulassung gälten. Der mit den Vorschriften des § 50 bezweckte Schutz der Bevölkerung von den Gefahren des Terminhandels ist dem deutschen Gesetzgeber nur dann gewährleistet, wenn sich die Zulassung unter der Aufsicht und Überwachung der eigenen staatlichen Organe vollzieht. Kein Gegengrund gegen diese Auffassung ist dem § 61 BörsG. zu entnehmen, wonach die Vorschriften der §§ 52 bis 60 BörsG. auch dann Anwendung finden sollen, wenn das Geschäft im Ausland geschlossen oder zu erfüllen ist. Die nicht ausgeschlossene Vorschrift des § 58 kann nicht Platz greifen, weil die wesentliche Voraussetzung ihrer Anwendung, daß die Termingeschäfte gemäß § 50 zugelassen sind, nicht erfüllt ist. Wäre man anderer Ansicht, so würde eine Bevorzugung der an Auslandsbörsen geschlossenen Termingeschäfte eintreten, die der deutsche Gesetzgeber nicht gewollt hat. Hieraus folgt, daß die Klägerin sich für die in Liverpool geschlossenen Geschäfte auf § 58 nicht berufen kann.

Ohne Bedeutung für die Entscheidung ist die vom Berufungsgericht als zutreffend unterstellte klägerische Behauptung, daß Börsentermingeschäfte in Baumwolle an der Hamburger Börse zugelassen seien. Nach den Vorschriften des Börsengesetzes (§§ 1 flg.) geschieht die Zulassung von Waren und Wertpapieren zum Börsenterminhandel jeweils nur für eine einzelne bestimmte Börse. Es ist daher durchaus möglich, daß dieselbe Ware oder dasselbe Wertpapier an e i n e r deutschen Börse zum Terminhandel zugelassen ist, an einer anderen deutschen Börse aber nicht. Hieraus folgt für die Anwendung des § 58 BörsG., daß gegen Termingeschäfte in denselben Gegenständen der Differenzeinwand ausgeschlossen oder gegeben sein kann, je nachdem an der einen oder anderen Börse die Zulassung der Gegenstände zum Terminhandel erfolgt ist oder nicht. Entscheidend für den Ausschluß des Differenzeinwandes ist die Zulassung zum Terminhandel an der Börse des Abschlußortes. Der Umstand, daß an der Hamburger Börse Baumwolle zum Terminhandel zugelassen ist, würde somit die Anwendung des § 58, also den Ausschluß des Differenzeinwandes für ein Termingeschäft nicht rechtfertigen, das an einer anderen deutschen Börse, wo die Zulassung nicht erfolgte, abgeschlossen ist. Noch viel weniger kann die Zulassung an der Hamburger Börse die Anwendung des § 58 rechtfertigen, wenn die Abschlußbörse im Ausland liegt."

RGZ. 91, 42.

1. Darlegungs- und Beweislast wegen der Voraussetzungen für die Wirksamkeit von Börsentermingeschäften.

2. Spielnatur von Kassegeschäften.

3. Genügt die formularmäßige Mitteilung, „die vorstehend bezeichneten Wertpapiere haben wir Ihrem Depot beigefügt" in einer die Papiere nur nach ihrem Gesamtwert bezeichnenden Ausführungsanzeige der mit dem Einkauf beauftragten Bank als Ausdruck dafür, daß die Bank die ihr obliegende Leistung im Sinne des § 57 des Börsengesetzes bewirkt habe?

Börsengesetz vom 8./27. Mai 1908 (RGBl. S. 183, 215) §§ 52 flg.
BGB. § 762.

III. Zivilsenat. Urt. v. 23. Oktober 1917.

I. Landgericht I Berlin. — II. Kammergericht daselbst.

Der Kläger stand vom 1. April 1911 bis Anfang November 1911 mit der beklagten Bank in Geschäftsverbindung behufs Abschlusses von Börsentermingeschäften und Kassegeschäften in Wertpapieren. Er überließ der Beklagten bei Beginn der Geschäftsverbindung 13 844,31 M bar und 92 658,90 M in Wertpapieren, hob 7234,15 M ab und erhielt schließlich nach der von ihr aufgestellten Schlußabrechnung noch etwa 6000 M ausbezahlt. Mit der Klage verlangte er die Erstattung von 93 269,06 M oder doch wenigstens 40 000 M, indem er der Beklagten falsche Beratung und Verleitung zum Börsenspiel vorwarf, in der Berufungsinstanz auch aus dem Grunde, weil die Geschäfte als Börsentermin- und Spielgeschäfte unwirksam seien, das der Beklagten überlassene Kapital daher nach den Grundsätzen der ungerechtfertigten Bereicherung zurückzugewähren sei. Die Klage wurde abgewiesen, die Berufung des Klägers zurückgewiesen. Auch die Revision, die nur den Klagegrund der ungerechtfertigten Bereicherung aufrechterhielt, wurde das Berufungsurteil aufgehoben und die Sache an das Berufungsgericht zurückverwiesen.

Gründe:

„Das Berufungsgericht weist den Anspruch als ungerechtfertigter Bereicherung aus dem Grunde ab, weil der Kläger trotz der Aufforderungen vom 10. Juni und 18. Oktober 1915 die Klage nach dieser Richtung nicht ausreichend begründet habe. Allein der Beschluß vom 10. Juni 1915 war nichts weiter als ein dem eigenen Verlangen des Klägers entsprechendes Anheimstellen der näheren Begründung. Die Verfügung v. 18. Oktober 1915 aber beruht auf einer rechtsirrigen Beurteilung der Sachlage, insbesondere auf einer Verkennung der Beweislast. In dieser Verfügung wurde dem Kläger aufgegeben, darzulegen, welche Börsentermingeschäfte zugelassene und nicht zugelassene Wertpapiere betrafen, und welche Geschäfte verboten waren. Nach § 52 BörsG. sind aber Börsentermingeschäfte, die nicht verboten sind, nur nach Maßgabe der §§ 53 bis 56 wirksam. Es war daher gegebenenfalls Sache der Beklagten, die sich auf die Wirksamkeit der Geschäfte beruft, darzulegen, daß und aus welchen Gründen sie nach diesen Bestimmungen wirksam waren, wenn nicht schon der gegebene Sachverhalt für die vom Gericht von Amts wegen vorzunehmende Prüfung der Rechtswirksamkeit der Geschäfte ausreichte. Aufgabe der Beklagten war es namentlich, die Voraussetzungen der §§ 54 flg. BörsG. darzutun, auch, daß es sich um nicht verbotene Geschäfte, und zu § 58, daß es sich um zugelassene Wertpapiere handelte. Daraus, daß der Kläger der an ihn gerichteten Aufforderung nicht nachgekommen war, durfte das Berufungsgericht daher eine ihm nachteilige Folge nicht ableiten. Da auch Kassegeschäfte in Frage kamen, war es allerdings Sache des Klägers, zur Begründung seines Anspruchs nötigenfalls anzugeben, welche Geschäfte auf Zeit abgeschlossen und welche Kassegeschäfte waren. Es kann aber nicht anerkannt werden, daß nach Lage der Sache eine weitere Aufklärung durch den Kläger nötig war. Das Berufungsgericht scheint sie selbst nicht für erforderlich gehalten zu haben. Es würde sonst die Aufforderung vom 18. Oktober 1915 nicht auf Börsentermingeschäfte beschränkt, sondern vor allem gefragt haben, welche Geschäfte Termingeschäfte und welche Kassegeschäfte gewesen seien. Eine etwa noch nötige Aufklärung in diesem Punkt hätte sich auf Grund des vom Kläger vorgelegten oder doch in bezug genommenen Beweisstoffs durch Befragung der Parteien lösen lassen. Der Kläger hatte schon mit der Berufungsbegründung die Abschlüsse und Abrechnungen beigebracht. Die Beklagte legte die Kaufs- und Verkaufsaufträge des Klägers, nach Termins- und Kassegeschäften geschieden, vor. Auch diese Urkunden waren Gegenstand der mündlichen Verhandlung; denn der Tatbestand des Berufungsurteils hebt hervor, daß ihre Echtheit nicht bestritten wurde. Unter diesen Umständen und gegenüber der bestimmten Behauptung des Klägers, daß die sämtlichen Geschäfte, sei es als Börsentermingeschäfte, sei es als Spielgeschäfte, unwirksam seien, durfte sich das Berufungsgericht, wenn es seiner prozessualen Aufgabe gerecht werden sollte, nicht mit der Erklärung begnügen, daß für den Kläger nichts weiter angeführt werden solle. Es hätte vielmehr auf die einzelnen Geschäfte eingehen müssen. Die nach dieser Richtung gehende Revisionsbeschwerde ist daher begründet.

Was das Berufungsgericht über die Wirksamkeit der Geschäfte ausführt, kann die Entscheidung schon deshalb nicht stützen, weil diese Ausführungen nicht erschöpfend sind und es nach ihrem Inhalt auch nicht sein sollen. Sie beruhen aber auch, was mit Rücksicht auf die weitere Behandlung der Sache hervorgehoben werden muß, auf Rechtsirrtum. Das Berufungsgericht verkennt nicht, daß Kassegeschäfte Spielgeschäfte sein können, bemerkt aber, daß Anzeichen, wie sie der Kläger vorgetragen habe, insbesondere die Unzulänglichkeit seines Vermögens, die Eignung der Wertpapiere als Spielpapiere und die baldige Weiterveräußerung von Papieren, bei Kassegeschäften „unbeachtlich" seien. Das ist rechtsirrig. Wenn auch gewisse Umstände beim Kassegeschäft im Gegensatz zum Zeitgeschäft nicht genügen, um die Spielnatur dieser Geschäfte zu erweisen, so kann man sie doch nicht als unbeachtlich bezeichnen. Ob es sich um ernstlichen Kauf und Verkauf oder nur um Spiel handelte, ist nach der Gesamtheit der Umstände, wozu auch die vom Berufungsgericht hervorgehobenen gehören, zu beurteilen. Auch diese Umstände müssen daher mitberücksichtigt werden.

Bezüglich der Börsentermingeschäfte befaßt sich das Berufungsgericht im wesentlichen nur mit der Anwendung des § 57 BörsG. Es findet in der in den Ausführungsanzeigen der Beklagten enthaltenen Erklärung: „die vorstehend bezeichneten Wertpapiere haben wir Ihrem Depot beigefügt" den Ausdruck dafür, daß die Beklagte ihrerseits die ihr obliegende Leistung bewirkt habe. Die Bewirkung der vereinbarten Leistung besteht aber grundsätzlich darin, daß der Verkäufer oder Kommissionär die Wertpapiere dem Käufer oder Kommittenten übereignet, sie also dem letzteren aushändigt oder doch für ihn in Verwahrung nimmt (§ 433 BGB., RGZ. Bd. 87 S. 244). Daß dies geschehen, dafür bietet der fragliche formularmäßige Vermerk über die in den Anzeigen nur nach dem Gesamtnennwert bezeichneten Papiere keine Gewähr. Es kann sich dabei auch um reine Buchungen handeln. Der Kläger selbst hatte behauptet, daß die Beklagte die angeblich angeschafften Papiere niemals besessen habe. Damit entfallen auch die Ausführungen über das Einverständnis des Klägers. Diese Ausführungen sind aber auch sonst rechtsirrig. Der erkennende Senat hat wiederholt, so auch in RGZ. Bd. 90 S. 250, ausgesprochen, daß die Anerkennung einens Saldos, einer Rechnungslegung nicht genügt, um ein Einverständnis im Sinne des § 57 darzutun. Auch die Vorgänge, die nach der Ansicht des Berufungsgerichts auf ein vertragsmäßiges Anerkenntnis des Rechnungsabschlusses hindeuten, lassen sich daher nicht im Sinne eines solchen Einverständnisses verwerten. Die Voraussetzungen des § 57 müssen streng aufgefaßt werden, wenn sein Zweck erreicht werden soll. Kann daher auch eine stillschweigende Willenserklärung genügen, so muß doch das Verhalten des Vertragsgegners erkennen lassen, daß er mit der einzelnen Leistung, so wie sie tatsächlich erfolgte, einverstanden war. Das Einverständnis muß sich aus den das einzelne Geschäft betreffenden Vorgängen ergeben (RGZ. Bd. 87 S. 221). Der Hinweis des Berufungsgerichts endlich, daß der Kläger trotz Aufforderung nicht dargelegt habe, in welchem Umfang und wann verbotene Geschäfte abgeschlossen worden seien, beruht auf der schon erörterten Verkennung der Beweislast."

RGZ. 91, 377.

Heilung unverbindlicher Börsentermingeschäfte durch Erfüllungsannahme der vereinbarten Leistung.

BörsGes. § 57.

III. Zivilsenat. Urt. v. 11. Dezember 1917.

I. Landgericht Bremen. — II. Oberlandesgericht Hamburg.

Die Klägerin schloß in den Jahren 1912 und 1913 mit dem Beklagten, der nicht zu den in § 53 BörsG. bezeichneten Personen gehörte, mehrfache Kassa- und Termingeschäfte über Wertpapiere ab, deren rechnerisches Ergebnis eine Schuld des Beklagten in Höhe von 9802,55 M war. Ihrer hierauf gerichteten Klage stellte der Beklagte den Termin- und Spieleinwand entgegen, während die Klägerin die Bewirkung der vereinbarten Leistung und das Einverständnis des Beklagten hiermit behauptete. Im Gegensatz zum ersten Richter gab das Oberlandesgericht der Klage statt. Die Revision des Beklagten hatte Erfolg aus nachstehenden

Gründen:

„Nach den Feststellungen des Berufungsgerichts wurden die zwischen den Parteien geschlossenen Börsentermingeschäfte in der Weise erledigt, daß die Klägerin die ihr in Auftrag gegebenen Papiere hereinnahm, darüber Schlußscheine gab, den Beklagten auf Stückekonto erkannte und die Papiere sodann gemäß einem Auftrage des Beklagten, sei es ohne Prolongation vor dem nächsten Ultimo, sei es nach einer Prolongation, verkaufte. In diesen Tatsachen hat das Berufungsgericht unter Bezugnahme auf die Entscheidungen des II. Zivilsenats des Reichsgerichts RGZ. Bd. 82 S. 175 und Jur. Wochenschrift 1914 S. 534 die Bewirkung der vereinbarten Leistung im Sinne des § 57 BörsG. erblickt. Es sei zwar — so führt es aus — die ursprünglich vereinbarte typische Leistung, nämlich die effektive Lieferung der Papiere, nicht bewirkt worden, wohl aber eine andere zwischen den Parteien vereinbarte Leistung, die geeignet sei, die ursprüngliche Leistung im Sinne des § 57 zu ersetzen. Soweit keine Prolongation erfolgt sei, habe die Klägerin die effektive Leistung durch Hereinnahme der Stücke in das Depot vorbereitet. Zur effektiven Lieferung sei es nicht gekommen, weil der Beklagte Auftrag zum Verkauf der Papiere gegeben habe. Damit sei die Verpflichtung der Klägerin zur Lieferung der Papiere gegenstandslos geworden, und es sei an ihre Stelle die Verpflichtung getreten, für Rechnung des Beklagten Papiere gleicher Art und Zahl zu verkaufen. Gleichzeitig sei sinngemäß die beiderseitige Verpflichtung zur Zahlung des Kaufpreises entfallen und durch die Verpflichtung zur Zahlung der Differenz ersetzt worden. Die abgeänderte Leistung habe sodann die Klägerin durch Ausführung der Verkaufsaufträge bewirkt. Mit dieser Bewirkung habe sich der Beklagte durch widerspruchslose Entgegennahme der Schlußnoten über die Verkäufe, jedenfalls durch Anerkennung des Kontokorrentsaldos einverstanden erklärt. Soweit bei einzelnen Geschäften eine Prolongation erfolgt sei, gelte dasselbe; es bestehe nur der Unterschied, daß zwischen Kauf und Verkauf eine Prolongation eingeschaltet sei.

Diesen Darlegungen kann nicht beigetreten werden. Die in den angeführten Urteilen des II. Zivilsenats entschiedenen Fälle lagen anders als die nunmehrige Streitsache. In jenen Fällen fand ein Rückkauf der Papiere durch die Bank, ein Reportgeschäft mit ihr statt. Das Reportgeschäft dient allerdings der Schiebung des Unternehmens auf den nächsten Ultimo, wie sie auch im gegebenen Falle bei einem Teil der Geschäfte vorgekommen ist. Während aber die sog. echte Prolongation lediglich die Erfüllung des Geschäfts auf den nächsten Ultimo verlegt, erfolgt beim Reportgeschäft die Hinausschiebung durch zwei

Geschäfte entgegengesetzter Art, die sich in einem einheitlichen Akt vollziehen und die bei der auf Kurssteigerung gerichteten Spekulation in dem Ankauf der Papiere auf Ultimo und gleichzeitig in deren Rückkauf durch den Spekulanten auf den nächsten Ultimo bestehen (Saling, Börsenpapiere Bd. I S. 453; Schmidt, Reportgeschäft S. 15). Von einem derartigen Kauf und Rückkauf ist vorliegendenfalls keine Rede; der Beklagte hat der Klägerin nur den Auftrag zum Verkauf gegeben. Daß aber in der echten ein Reportgeschäft nicht in sich schließenden Prolongation keine Leistungsbewirkung im Sinne des § 57 BörsG. zu erblicken und daß dies auch nicht den erwähnten Urteilen des II. Zivilsenats zu entnehmen sei, hat der erkennende Senat schon in der Entscheidung RGZ. Bd. 90 S. 250 ausgesprochen.

Im vorliegenden Falle handelt es sich nur darum, daß der Beklagte, ohne daß ihm die gekauften Papiere geliefert wären, und ohne Dazwischentreten eines Reportgeschäfts der Klägerin den Auftrag zum Verkauf gleichartiger Papiere gegeben und daß die Klägerin diesen Auftrag ausgeführt hat. Eine Bewirkung der vereinbarten Leistung, wie sie in § 57 BörsG. vorausgesetzt wird, kann hierin nicht erblickt werden. Wie das Berufungsgericht nicht verkennt, ist die ursprünglich vereinbarte Leistung, nämlich die Lieferung der Papiere zu Eigentum des Käufers, nicht bewirkt worden. Nun ist allerdings zur Anwendbarkeit des § 57 nicht erforderlich, daß die bewirkte Leistung vollständig und in allen Stücken mit der ursprünglich vereinbarten Leistung übereinstimme. Es ist im Schrifttum und in der Rechtsprechung die Möglichkeit anerkannt worden, daß als die „vereinbarte" Leistung des § 57 auch eine andere Leistung angesehen werde, die durch die Verabredung der Parteien an die Stelle der ursprünglich vereinbarten Leistung gesetzt worden ist. Streit herrscht aber darüber, wie die anderweite Leistung beschaffen sein müsse, um als vereinbarte gelten zu können. Der Auffassung des Revisionsbeklagten, daß den Parteien ein vollständig freies Belieben in der Bestimmung der Ersatzleistung zukomme, ist nicht beizutreten; es stehen auch erhebliche Bedenken der Annahme entgegen, daß ein Rücklauf oder Reportgeschäft die Bewirkung der Leistung gemäß § 57 in sich schließe. Die Bedeutung dieser Vorschrift liegt in der Heilung der Ungültigkeit der nicht verbotenen, aber gemäß den Vorschriften der §§ 50 flg. unverbindlichen Termingeschäfte. Diese Heilung soll dann eintreten, wenn die vereinbarte Leistung bewirkt ist und der Vertragsgegner sich mit der Leistungsbewirkung einverstanden erklärt hat. Durch diese Anordnung der Heilung der Unverbindlichkeit und durch die damit zusammenhängenden wirtschaftlichen Folgen soll den Parteien der Ernst und das Gewicht der tatsächlichen Erfüllung der Termingeschäfte zum Bewußtsein gebracht werden. Sie sollen, wenn einmal das unverbindlich geschlossene Termingeschäft tatsächlich erfüllt, die darin festgesetzte Leistung endgültig bewirkt ist, sich nicht mehr darauf berufen dürfen, daß das Geschäft an sich unverbindlich sei und ihm der Termineinwand entgegenstehe, weil die Berufung auf diesen Einwand nach einer solchen im Einverständnis mit dem Vertragsgegner erfolgten Erfüllung den Grundsätzen eines redlichen Verkehrs widerstreiten würde. Durch eine solche Regelung sollte gleichzeitig den berechtigten Interessen der kaufmännischen Verkehrskreise und des mit den Gefahren der Termingeschäfte oft nur ungenügend vertrauten Publikums Rechnung getragen werden.

Daß dies der Sinn und die Bedeutung des § 57 BörsG. ist, ergibt sich klar aus seiner Entstehungsgeschichte. § 68 des Börsengesetzentwurfs von 1906 (vgl. Verh. des Reichstags Bd. 226 S. 5353) ließ die Heilung unverbindlicher Termingeschäfte einmal (Abs. 1) dann eintreten, wenn der Schuldner nicht vor dem Ablauf von sechs Monaten dem Gläubiger gegenüber schriftlich erklärte, daß er die Unwirksamkeit geltend mache, wobei der Beginn der sechsmonatigen Frist an den Zugang einer Erklärung über die Abwicklung des Geschäfts geknüpft wurde, und weiterhin (Abs. 2) dann, wenn der Schuldner bei oder nach Absendung oder Empfang der in Abs. 1 bezeichneten Erklärung seine Verbindlichkeit schriftlich und ausdrücklich anerkannte. Diese Art der Regelung ist aber im späteren Entwurf — der Grundlage des jetzigen Börsengesetzes — verlassen worden. Aus den Vorarbeiten zu § 57, die in dem schon erwähnten Urteil des Senats RGZ. Bd. 90 S. 250 dem Wortlaut nach wiedergegeben sind, ist mit Sicherheit zu entnehmen, daß eine Heilung des unverbindlichen Termingeschäfts nicht auf der Grundlage eines Anerkenntnisses oder einer Mitteilung über die Abwicklung des Geschäfts erfolgen solle, sondern daß die Heilung eine endgültige tatsächliche (effektive) Erfüllung der im Termingeschäft versprochenen Leistung zur Voraussetzung habe.

Bei dieser Rechtslage ist es ausgeschlossen, daß der Erfolg der Heilung des unverbindlichen Termingeschäfts an jede beliebige Abwicklung des Unternehmens geknüpft sei, die die Parteien nachträglich vereinbart haben. Die Art der Ersatzleistung, die geeignet ist, die Wirkungen des § 57 herbeizuführen, kann nicht in das Belieben der Parteien gestellt sein. Als vereinbarte Leistung im Sinne dieser Vorschrift könnte es nicht gelten, daß an Stelle der ursprünglichen Leistung die Kursdifferenz zu entrichten oder daß — wie die Revisionsbeklagte meinte — ein Darlehn zu gewähren sei. Die Ersatzleistung muß vielmehr so beschaffen sein, daß sie eine tatsächliche und endgültige Erfüllung des ursprünglichen Geschäfts, wenn auch mit Modifikationen, in sich schließt. Der in Anlehnung an § 362 BGB. (Bewirkung der geschuldeten Leistung) geschaffene § 57 BörsG. setzt eine Vermögensverschiebung voraus; reine Buchungen und Beurkundungen ohne tatsächliche Leistung genügen nicht. Das ursprüngliche Geschäft muß wenigstens nach seinem wesentlichen Inhalt tatsächlich erfüllt sein. Es muß eine solche tatsächliche Leistung vorliegen, die der Erfüllung des Termingeschäfts in wirtschaftlicher Hinsicht gleich zu achten ist. Die Anwendbarkeit des § 57 ist ausgeschlossen, wenn die später vereinbarte Leistung die Erfüllung des ursprünglichen Geschäfts unberührt läßt.

Hier ist das ursprüngliche Termingeschäft nicht zur tatsächlichen Erfüllung gekommen. Die für den Beklagten gekauften Papiere sind ihm von der Klägerin nicht geliefert worden. Die Klägerin hat sie lediglich, sei es ohne Prolongation des Geschäfts oder nach einer solchen, im Auftrage des Beklagten verkauft und ihm berechnet. Diese Art der Abwicklung des Geschäfts ließ aber die Erfüllung des Termingeschäfts vollständig unberührt. Sie enthielt nur eine die Erfüllung gerade vermeidende Glattstellung. Hiernach fehlt es, wie jetzt schon endgültig auszusprechen ist, an den Voraussetzungen des § 57. Die zwischen den Parteien geschlossenen Termingeschäfte sind daher unverbindlich."

RGZ. 95, 255.

1. Zum Inhalt des Stückeverzeichnisses.

2. Frist für Übersendung desselben.

3. Kann der Kommittent nach § 4 DepotG. wegen verspäteter Übersendung des Stückeverzeichnisses das Geschäft noch zurückweisen, wenn er es vorher bereits schriftlich und durch Abzahlungen anerkannt hat?

Gesetz, betr. die Pflichten der Kaufleute bei Aufbewahrung fremder Wertpapiere, vom 5. Juli 1896 (RGBl. S. 183) §§ 3, 4.

I. Zivilsenat. Urt. v. 12. April 1919.

I. Landgericht Würzburg. — II. Oberlandesgericht Bamberg.

Der verstorbene Ehemann der Klägerin zu 1 hatte seit etwa 1899 mit der beklagten Firma Börsenspekulationsgeschäfte abgeschlossen. In einem Vorprozeß hatte die Beklagte den Saldo eingeklagt, der sich nach ihrer Meinung zu ihren Gunsten aus der Geschäftsverbindung ergab. Diese Klage ist rechtskräftig abgewiesen worden, und zwar aus dem Grunde, weil ein Geschäft über 180 Stück Johannesburg Investment Shares, 200 Stück A. Goerz & Co. Shares und 50 Stück van Dyk Prop. Shares für den verstorbenen W. nicht verbindlich gewesen sei; die Firma H. (die jetzige Beklagte) habe trotz Aufforderung entgegen der Bestimmung des § 3 des Depotgesetzes vom 5. Juli 1896 nicht rechtzeitig ein Stückeverzeichnis über die angekauften Shares übersandt, weshalb W. mit Recht das Geschäft als für ihn unverbindlich zurückgewiesen habe. Auf diesen Ausführungen fußt die vorliegende Klage. Sie verlangt, daß aus der Abrechnung der Beklagten alle Posten ausgeschieden würden, die sich auf das bezeichnete Geschäft bezögen; dann ergebe sich zugunsten der klagenden Erben des W. einschließlich Zinsen ein Betrag von 4799,20 M, der klagend gefordert werde. Die Beklagte hat eingewendet, das Stückeverzeichnis sei ordnungsmäßig übersandt, das Klageverlangen sei sittenwidrig.

Beide Vordergerichte gaben der Klage statt. Auf die Revision der Beklagten wurde das Berufungsurteil aufgehoben.

Gründe:

„In §§ 3 und 4 DepotG. ist bestimmt, daß der Einkaufskommissionär binnen einer dreitägigen Frist dem Kommittenten ein Stückeverzeichnis der eingekauften Wertpapiere zu übersenden hat. Verstößt der Kommissionär gegen diese Verpflichtung, so kann der Kommittent ihn zur Nachholung auffordern. Die Nachholung hat binnen drei Tagen („Nachholungsfrist") zu erfolgen. Erfolgt sie nicht frist- und formgerecht, so kann der Kommittent innerhalb weiterer dreier Tage erklären, daß er das Geschäft zurückweise und Schadensersatz fordere. Das Kaufgeschäft über die Goerz-, Johannsburg- und van Dyk Shares war im Februar 1907 abgeschlossen. Der Kaufpreis wurde W. belastet, die Stücke seinem Depot gutgeschrieben. Es ergab sich ein Schuldbetrag von über 20000 M für W. Abrechnungen, die ihm erteilt wurden, hat er einschließlich einer Abrechnung per 30. Juni 1907 stets schriftlich anerkannt. Er hat weiter am 30. März 1907 2000 M, am 4. September 1907 1000 M, am 28. Dezember 1907 500 M auf seine Schuld gezahlt. Von Ende Juni 1907 an wurden keine weiteren Geschäfte abgeschlossen. Weitere Abrechnungen hat W. nicht mehr anerkannt. Mit einem Brief vom 25. November 1909 forderte er Übersendung eines Stückeverzeichnisses über die genannten Wertpapiere. Diesen Brief hat die Beklagte am 26. November 1909 erhalten. Sie sandte das

Stückeverzeichnis am 29. November 1909 zwischen 11 und 12 Uhr mittags eingeschrieben, durch Eilboten zu bestellen, von Würzburg nach München ab. Nachts gegen 11 Uhr desselben Tages versuchte ein Postbote den Brief in die Wohnung des W. in München zu bestellen. Er erhielt jedoch keinen Einlaß. Der Brief wurde am 30. November 1909 morgens 7 Uhr 10 Min. W. zugestellt. Dieser hatte bereits am Abend des 29. November der Beklagten geschrieben, daß er das Geschäft zurückweise und Schadensersatz fordere. Im Februar 1910 hat die Beklagte die Minenanteile gegen W. verkauft.

Das Berufungsgericht hat angenommen, daß das Stückeverzeichnis inhaltlich den gesetzlichen Vorschriften genüge, daß es jedoch nicht rechtzeitig übersandt sei, weshalb W. zur Zurückweisung des Geschäfts berechtigt gewesen sei.

Dem kann nicht zugestimmt werden.

Zunächst ist die Frage zu erörtern, ob das Verzeichnis binnen der dreitägigen Nachholungsfrist nur abgesandt oder dem Kommittenten auch zugesellt sein muß. Das Berufungsgericht nimmt das letztere an und stützt sich dabei auf die Ausdrucksweise des Gesetzes, das im § 7 den durch die Übersendung desVerzeichnisses erfolgenden Übergang des Eigentums an den Wertpapieren auf den Zeitpunkt der Absendung des Verzeichnisses verlege, im übrigen aber, besonders bei den Fristbestimmungen, stets von Übersendung (nicht von Absendung) spreche. Dieser Wechsel im Ausdruck sei nicht zufällig noch auf Ungenauigkeit zurückzuführen; er beweise, daß unter Übersendung auch das Zugehen des Verzeichnisses an den Kommittenten verstanden sei, daß also auch die Zustellung innerhalb der dreitägigen Frist erfolgen müsse, was im vorliegenden Falle nicht geschehen sei. Allein diese Auslegung preßt den Wortlaut des Gesetzes zu stark. Im § 7 kam es darauf an, den Zeitpunkt des Eigentumsüberganges genau festzulegen. Deshalb hat das Gesetz in dieser Bestimmung einen objektiv genau feststellbaren Zeitpunkt, nämlich den der Absendung, das ist der Aufgabe an die Post, der Einlegung in den Briefkasten, für maßgebend erklärt. Bei den übrigen Bestimmungen handelte es sich zunächst darum, anzuordnen, welche Verpflichtung dem Kommissionär obliege. Diese Verpflichtung ist nach dem üblichen Sprachgebrauch als Übersendung des Verzeichnisses bezeichnet. Erst nachdem das Gesetz diese Verpflichtung festgestellt hatte, konnte es daran anschließend in logischer Folge anordnen, daß die gebotene Handlung binnen einer dreitägigen Frist zu erfolgen habe. Der Wechsel im Ausdruck erklärt sich also ungezwungen daraus, daß im § 7 nur der maßgebende Zeitpunkt festzulegen war, wogegen im § 3 zunächst die Handlung festzustellen war, zu der der Kommissionär verpflichtet sein sollte.

Materiell fällt weiter erheblich die vom Berufungsgericht gebilligte Auslegung ins Gewicht, daß es bei einer so kurz bemessenen Frist gesetzgeberisch nicht angezeigt erscheinen konnte, dem Kommissionär die Gefahr einer Verzögerung der Briefbestellung aufzubürden. Es ist außerdem zu berücksichtigen, daß bei weit voneinander entfernten Orten ein sehr großer Teil der Frist durch die Briefbeförderung, beispielsweise in ländlichen Verhältnissen, in Anspruch genommen werden würde. Diese Erwägungen sprechen gegen die Auslegung des Berufungsgerichts. Es ergibt sich auch aus den Vorarbeiten, daß der Gesetzgeber auf einem anderen Standpunkt gestanden hat. Zwar ist nirgends ganz scharf gesagt, daß eine binnen drei Tagen erfolgende Absendung rechtzeitig sei. Aber in der Begründung zum Entwurf vom 3. Dezember 1895, S. 78, heißt es doch zur Rechtfertigung der schon in diesem Entwurf enthaltenen, später Gesetz gewordenen Bestimmung wie folgt: „Die dem Kommissionär gemachte Auflage, dem Kommittenten binnen drei Tagen nach Ausführung der Kommission ein Stückeverzeichnis zu übersenden, stellt sich somit als die Verpflichtung dar, innerhalb dieser Frist das constitutum possessorium zu vollziehen und dadurch den Kommittenten zum Eigentümer der bezogenen Wertpapiere zu machen." Gegen diese Ausführung hat sich bei den gesetzgeberischen Verhandlungen nirgend ein Widerspruch erhoben. Der Gesetzgeber konnte nicht, wie angeführt, die Fristen für die Übersendung des Verzeichnisses und für die Eigentumsübertragung gleichstellen, wenn er nicht der Meinung war, daß, wie für die Eigentumsübertragung, so auch für die Übersendung des Verzeichnisses binnen dreier Tage in gleicher Weise die Absendung der entscheidende Zeitpunkt sein sollte. Endlich ist auch darauf hinzuweisen, daß diejenigen Schriftsteller, die sich über den streitigen Punkt ausgesprochen haben, die Absendung innerhalb dreier Tage für rechtzeitig erachten, und zwar, soweit ersichtlich, ohne Ausnahme; vgl. Lusensky (dessen Meinung von besonderem Gewicht ist, da er als Regierungskommissar an den gesetzgeberischen Verhandlungen teilgenommen hat) Kommentar, 3. Auflage, S. 66; Breit, Kommentar, § 4, I, 3; Düringer-Hachenburg, Bd. 3, Anhang I, S. 701, C 1; Weidmann, Kommissionsgeschäft Bd. 1, S. 154, c; Staub, § 384, Anm. 47, eingangs; Ritter, § 384, S. 614. Danach ist die Übersendung des Stückeverzeichnisses rechtzeitig erfolgt

Sie ist auch, wie mit dem angefochtenen Urteil entgegen den Ausführungen der Kläger angenommen werden muß, in gehöriger Form erfolgt. Das Berufungsgericht führt auf Grund des Gutachtens der Handelskammer zu Berlin aus, daß die Art der Bezeichnung der Stücke dem Zweck des Verzeichnisses genügte. W. habe auf Grund seiner langjährigen Geschäftsverbindung die genauere Bezeichnung der Papiere und deren Nennwert kennen müssen und habe sie auch gekannt; er habe also aus dem Verzeichnis sein Recht auf die Stücke ohne Schwierigkeit geltend machen können, wenn er gewollt habe. Diese Ausführungen sind überzeugend; sie erledigen ohne weiteres die Rüge der Kläger, daß es im Verzeichnis an einer Angabe fehle, wie groß der Nennwert der Stücke sei und ob es sich um Namensstücke oder Inhaberstücke handle. Letztere Angabe war zur Identifizierung der Stücke nicht erforderlich, und der Angabe des Nennwerts bedurfte es nicht, da dieser dem W. bekannt war. Aehnlich liegt es mit dem Fehlen der Angabe, welche der drei mit dem Schlagwort Johannisburg bezeichneten Aktiengesellschaften gemeint war. Im Gesetz ist nicht angeordnet, daß das Stückeverzeichnis ungültig und unwirksam ist, wenn es nicht die sämtlichen im Gesetz angegebenen Einzelheiten über die angeschafften Stücke aufführt. Vielmehr ist es zulässig, den Inhalt des Verzeichnisses aus den zwischen den Parteien gepflogenen Verhandlungen zu ergänzen. Das Verzeichnis braucht nicht das zu sagen, was ohnehin zwischen den Parteien selbstverständlich ist. Erforderlich ist nur, daß es seiner doppelten Zweckbestimmung gerecht wird. Diese Zweckbestimmung besteht einmal darin, daß der Kommittent eine klare Mitteilung darüber erhält, welche Stücke für ihn angeschafft worden sind. und zweitens darin, daß die Stücke objektiv so genau identifiziert werden, daß zweifelsfrei festgestellt werden kann, an welchen Stücken durch Übersendung des Verzeichnisses Eigentum übertragen wird. Diesen Erfordernissen entspricht das streitige Verzeichnis. Dem W. brauchte nicht mitgeteilt zu werden, welche der drei Johannisburg-Gesellschaften in Frage stand, denn er hatte in seinem Brief vom 25. November 1909 selbst schon vorher erklärt, daß es sich um Johannisburg Investment Shares, also nicht Estate Cpy oder Golf Fields Shares, handele. Zur objektiven Identifizierung der Stücke genügte die Angabe ebenfalls, denn für Bankfachleute war nach dem Gutachten ohnehin klar, daß die Investment Cpy gemeint war. Aus diesen Gründen entsprach das übersandte Verzeichnis den gesetzlichen Erfordernissen.

Hinzugefügt soll werden, daß noch von einem anderen Gesichtspunkt aus die Entscheidung des Berufungsgerichts einer näheren Erörterung bedürfen würde. Der Kauf der Mienenaktien ist im Februar 1907 erfolgt. Das Stückeverzeichnis ist erst $2^3/_4$ Jahre später, im November 1909, gefordert. Damals hatte W. bereits die Abrechnung vom 30. Juni 1907 schriftlich anerkannt, auch hatte er auf die aus dem streitigen Geschäft sich ergebende Schuld drei Abzahlungen zu 2000 M, 1000 M und 500 M geleistet, wie beides vom Berufungsgericht festgestellt wird. Durch diese mehrfachen Anerkenntnisse hat nun zwar W. auf sein Recht, ein Stückeverzeichnis zu verlangen, nicht verzichtet und nicht verzichten können, denn ein solcher Verzicht kann nach § 3 Abs. 2 des Gesetzes in wirksamer Weise für das einzelne Geschäft nur schriftlich und ausdrücklich erfolgen. Aber es erhebt sich die Frage, ob er das im § 4 zugestandene Recht auf Zurückweisung des Geschäfts nicht durch seine mehrfachen Anerkenntnisse verloren hat. Es könnte scheinen, als ob für die Verneinung der Frage spräche, daß solchenfalls für den Kommissionär ein weniger starker Antrieb für die Erfüllung der Übersendepflicht bestände. Dieser Grund ist jedoch nicht von erheblicher Kraft, da ja der Kommittent auf die Übersendung des Verzeichnisses und damit auf die Möglichkeit der Zurückweisung des Geschäfts gänzlich verzichten kann. Für die Bejahung der Frage würde sprechen, daß es wenig angezeigt erscheint, zuzulassen, daß der Kommittent eventuell nach völliger Erledigung und Abwicklung des Geschäfts alles Geschehene nachträglich rückgängig machen und das anerkannte und ausgeführte Geschäft als für ihn unverbindlich zurückweisen könne, und zwar durch Rechtshandlungen, die er schon vor den Anerkenntnissen hätte vornehmen können. Nur wenn ganz besondere Gründe vorlägen, könnte man annehmen, daß derartiges dem Willen des Gesetzgebers entspreche.

Auf diese Bedenken war hinzuweisen. Einer Entscheidung bedarf die aufgeworfene Frage nicht, da sich schon aus den vorstehenden Erörterungen ergibt, daß der Revision stattzugeben ist." ...

RGZ. 97, 144.

Inwieweit hat eine die Stellung eines Akkreditivs ausführende Bank die Erfüllung des unterliegenden Geschäfts zu prüfen?

III. Zivilsenat. Urt. v. 14. November 1919.

I. Landgericht Köln, Kammer für Handelssachen. — II. Oberlandesgericht daselbst.

Der Beklagte stellte durch Telegramm vom 18. Oktober 1916 im Auftrage der Nebenintervenientin der Klägerin 140000 M gegen Auslieferung des Frachtbriefs und Verladedokuments über 400 Ztr. holländischen Rückenspecks zur Verfügung. Die Klägerin erkundigte sich bei dem Bürgermeister der Stadt Z. nach der Person des Verkäufers; es wurde ihr darauf F. als solcher genannt. Sie übersandte demnächst dem Beklagten zwei Frachtbriefe, den einen über halbe gesalzene Färken, den andern über gesalzenes Schweinefleisch. Der Beklagte beanstandete die Frachtbriefzahlung, da die Sendung nicht Speck enthalte, und wies die Frachtbriefe als dem Auftrage nicht entsprechend zurück.

Die Klägerin fordert die Zahlung der 140 000 M nebst einer Vergütung von 200 M. Das Landgericht wies die Klage ab, das Berufungsgericht gab ihr statt. Das Reichsgericht hob das Berufungsurteil auf und wies die Berufung der Klägerin gegen das landgerichtliche Urteil zurück.

Aus den Gründen:

„Die Klägerin trägt zur Begründung ihres Anspruchs vor, sie habe am 24./25. Oktober 1916 die zwei Frachtbriefe über halbe gesalzene Färken und über gesalzenes Schweinefleisch durch Zahlung von 140 000 M eingelöst auf die mündliche Versicherung des ihr von F., dem Vertrauensmann der Nebenintervenientin, als überwachender Verlader vorgestellten K., daß die von ihm abgenommene Ware tadellos und prima Rückenspeck sei. Die Frachtbriefe hätten nur wegen des notwendigen Gleichlauts mit dem holländischen Ausfuhrbewilligungsformular anders, als im Telegramm vom 18. Oktober vorgeschrieben war, lauten müssen. Eine Anfrage bei der Nebenintervenientin sei nicht mehr möglich gewesen, die Ware hätte nämlich dann nicht mehr rechtzeitig über die Grenze gehen können. Auf alles dieses hin habe sie sich zur Einlösung entschlossen; sie, als vom Beklagten beauftragt, habe so handeln müssen, wie der Beklagte seinem Auftraggeber, nämlich der Nebenintervenientin gegenüber zu handeln verpflichtet war; sie, die Klägerin, sei also berechtigt und verpflichtet gewesen, die Interessen der Nebenintervenientin, der es darauf ankam, den Speck alsbald zu bekommen, ohne Kleben am Wortlaut des Telegramms vom 18. Oktober wahrzunehmen, und demnach die Frachtbriefe einzulösen, nachdem sie sich sorgfältig erkundigt und soweit möglich davon überzeugt gehabt habe, daß die Ware wirklich Rückenspeck sei.

Dieses Verfahren der Klägerin und die von ihr dafür gegebene Begründung kann jedoch aus den wirklich bestehenden Rechtsbeziehungen nicht gerechtfertigt und kaum erklärt werden. Denn die Klägerin trägt selbst weiter vor, daß ihr der Kaufvertrag über Speck zwischen der Nebenintervenientin als Käuferin und F. als Verkäufer damals in keiner Weise näher bekannt war, daß sie auch von einem etwaigen weiteren, in Wirklichkeit nicht vorhandenen, Auftrag der Nebenintervenientin an den Beklagten, über die Akkreditivstellung hinaus, wie sie sich aus dem Telegramm vom 18. Oktober ergab, nichts wußte. Die Klägerin hat nie verlauten lassen, daß sie selbst von der Nebenintervenientin oder vom Beklagten irgendeinen weiteren Auftrag als den des Telegramms vom 18. Oktober erhalten hatte. Es ist deshalb nicht abzusehen, wie die Klägerin dazu kommen konnte, für die materiellen, ihr ja unbekannten Rechte und Interessen der Nebenintervenientin durch zwiefache Abweichung von dem ihr selbst und ihr nur durch den Beklagten erteilten Auftrag für zu sorgen; und zwar für zu sorgen dadurch, daß sie der Zusicherung des Vertragsgegners der Nebenintervenientin, nämlich des Verkäufers F. und seines Verladers, die im Frachtbrief anders bezeichnete Ware sei Rückenspeck, Glauben schenkte und dieses ihr Vertrauen in die Zusicherung des Kaufvertragsgegners für eine genügende sorgfältige Erkundigung ihrerseits erachtete. In Wahrheit waren die Klägerin und der Beklagte nur als Banken beteiligt, der Beklagte, indem er das Depositum der Nebenintervenientin von 140 000 M entgegennahm und die Ausführung dieses Akkreditivs durch das Telegramm vom 18. Oktober der Klägerin übertrug, die Klägerin, indem sie diesem Telegramm gemäß gegen bestimmt lautenden Frachtbrief und gegen bestimmte Verladedokumente über diese 140 000 M verfügen sollte; beide Parteien hatten im übrigen mit dem unterliegenden Speckankauf der Nebenintervenientin nichts zu tun.

Der weitere Verlauf war der, daß die Klägerin am 24. Oktober an den Beklagten telegraphierte: „Z. rollt heute", und am gleichen Tage dem Beklagten schrieb: „Die Duplikatfrachtbriefe über die Sendung für Z. sende ich Ihnen separat", daß sie am 25. Oktober die beiden Frachtbriefe, nicht auch die Verladedokumente, die nach ihrer Behauptung im regelmäßigen Geschäftsgang immer beim Übergang über die Grenze kassiert werden, an den Beklagten einsandte, und daß der Beklagte diese Frachtbriefe am 28. Oktober erhielt. Darauf antwortete der Beklagte am 28. Oktober brieflich:

> „Wir empfingen heute von Ihnen zwei Duplikatfrachtbriefe über je 10 000 kg gesalzenes Schweinefleisch und sehen Ihrer Belastungsaufgabe entgegen."

In diesem Brief findet der Berufungsrichter eine Genehmigung des Beklagten, und zwar das den Beklagten zur Zahlung der Klagesumme verpflichtende Einverständnis damit, daß die Klägerin diese so lautenden Frachtbriefe eingelöst hatte, und die Erklärung der Absicht, die Einlösungssumme der Klägerin nach Mitteilung einer dahingehenden Belastungsaufgabe gutzuschreiben.

Diese Auffassung ist eine verfehlte, bei Würdigung aller Umstände unmögliche.

Falls der Beklagte auch — was er bestreitet, der Berufungsrichter aber feststellt — bei Absendung dieses seines angeblich zu seinen Ungunsten entscheidenden Briefes vom 28. Oktober bereits im klaren darüber war, daß es sich um eben dieses Geschäft handelte, so wußte er doch nichts davon, aus welchen Gründen die Klägerin anderslautende Frachtbriefe eingelöst hatte, daß dies insbesondere auf die Zusicherung des F. und seines Verladers geschehen war. Wiederholt betont die Klägerin, die sich ja selbst erst auf diese Zusicherung hin zur Einlösung entschlossen hatte, in ihren Schriftsätzen, der Beklagte habe prüfen müssen, ob das Verhalten der Klägerin ein richtiges gewesen war, der Beklagte habe den Ersatz der Einlösungssumme zurückhalten dürfen, bis die Frage geklärt war, ob die Ware wirklich Rückenspeck sei. Damit mutet die Klägerin dem Beklagten ebenfalls eine sachliche Einmischung in das materielle Speckkaufgeschäft zu. Am 28. Oktober aber hatte weder der Beklagte noch die Nebenintervenientin die geringste Kenntnis davon, wie und worauf hin die Einlösung der anders lautenden Frachtbriefe erfolgt war; weder der Beklagte noch die Nebenintervenientin konnten also die, von ihnen im Prozeß überhaupt bestrittene, Zusicherung des F. und des Verladers nachprüfen und zu der sich darauf stützenden Handlungsweise der Klägerin Stellung nehmen. Daß der Beklagte den angeblich entscheidenden Brief vom 28. Oktober nach Einvernahme mit der Nebenintervenientin mit deren Zustimmung und in deren Auftrage geschrieben habe, behauptet die Klägerin selbst nicht. Eine solche Behauptung würde bedeuten, daß die Käuferin des Specks, die Nebenintervenientin, sich ohne alles weitere mit der Einlösung der anders lautenden Frachtbriefe einverstanden erklärt habe, obwohl in dem Kaufvertrag zwischen ihr und F. ausdrücklich nur etwa 6 bis 12 cm starker Rückenspeck als die Ware benannt war, und obwohl der Zahlungsauftrag an die Klägerin in dem Telegramm vom 18. Oktober ganz scharf präzisiert war. Sondern die Klägerin behauptet, der Beklagte habe für sich allein auf sein eigenes Risiko in jenem Schreiben vom 28. Oktober die Einlösung genehmigt, obwohl er die angebliche Zusicherung des F. und des Verladers nicht kannte, also weder prüfen konnte, ob diese Zusicherung überhaupt gemacht war, noch ob sie der Wahrheit entsprach. Damit wird dem Beklagten, einer Bank, die für ihre rein bankmäßige Beteiligung an dem Geschäft nur 1% Provision zu erhalten hatte, zugemutet, daß er sich noch in einer viel weiter gehenden Weise, als die Klägerin getan hatte, in das materielle Geschäft eingemischt habe, nämlich daß er ohne Möglichkeit einer, von der Klägerin selbst für nötig erachteten, Prüfung die Ware als eine vertragsmäßige angenommen habe. Solchenfalls müßte der Beklagte unrettbar die 140 000 M aus eigener Tasche bezahlen, falls die Nebenintervenientin es ablehnte, sich überhaupt auf anders lautende Frachtbriefe einzulassen oder der von der Klägerin angebotene Beweis ergab, daß die Ware nicht Rückenspeck gewesen war. Vernünftigerweise konnte die Klägerin ein derartiges Anerkenntnis des Beklagten in dessen Brief vom 28. Oktober nicht erblicken; sie selbst hatte sich, wie sie sagt, erst nach sorgfältiger Erkundigung und gewonnener Überzeugung zur Einlösung entschlossen; sie durfte nicht annehmen, daß der Beklagte dagegen sich ohne Bedenken, ohne Kenntnis von der für den Entschluß der Klägerin maßgebend gewesenen Zusicherung, also ohne jede Möglichkeit, den ihm unbekannten Sachverhalt zu prüfen, zu einer Genehmigung entschlossen habe.

Die Klägerin hat denn auch wirklich eine solche Genehmigung selbst nicht entfernt angenommen." (Wird ausgeführt.)

„Die sämtlichen Begleitumstände des Briefes des Beklagten vom 28. Oktober ergeben hiernach mit vollster Sicherheit, daß mit den Worten „und sehen Ihrer Belastungsaufgabe entgegen" die Erklärung einer Genehmigung nicht gemeint sein konnte und nicht gemeint war, und daß die Klägerin diese Worte als eine Genehmigung nicht auffassen durfte und nicht aufgefaßt hat. Damit entfällt jeder Grund für eine unmittelbare Haftung des Beklagten, der die ihm am 28. Oktober zugekommenen Frachtbriefe der Nebenintervenientin als der für die sachliche Prüfung und Entschließung allein zuständigen Partei sofort mitgeteilt und sodann entsprechend deren Stellungnahme die Frachtbriefe mittels der Telegramme vom 30. und 31. Oktober und vom 2. November der Klägerin gegenüber als auftragswidrig beanstandet und zurückgewiesen hat. Der Beklagte hielt sich in den Grenzen des ihm von der Nebenintervenientin erteilten, formalen und präzisen, rein bankmäßigen Auftrags und steht völlig außerhalb der ihn nicht berührenden Frage, ob die betreffenden Wagen kaufvertragsgemäßen Rückenspeck enthielten oder nicht, und außerhalb des Vorbringens der Klägerin, die Ware sei nur deshalb zurückgewiesen, weil sie auf deutschem Boden sofort beschlagnahmt wurde, die Berufung auf die anders lautende Warenbezeichnung in den Frachtbriefen sei nur ein Vorwand." ...

RGZ. 101, 361.

1. Kann die Vertragsbestimmung, daß „im April 19..“ zu liefern sei, Fixcharakter haben?

2. Zur Unterscheidung von Börsentermingeschäften in Waren und handelsrechtlichen Lieferungsgeschäften. Bedeutung der Schlußscheinbestimmung, daß im Falle des Verzugs die Vorschriften der §§ 286, 326 BGB. Anwendung erleiden sollen.

II. Zivilsenat. Urt. v. 25. Februar 1921.

I. Landgericht Magdeburg. — II. Oberlandesgericht Naumburg a. S.

Der Kläger, technischer Direktor und Prokurist einer Zuckerfabrik, kaufte im Oktober 1911 von der Beklagten 10 000 Sack Zucker zur Lieferung im April 1912. Da die Preise fielen, wurde das Geschäft am 12. April in der üblichen Weise bis zum August geschoben. Gleichzeitig kaufte der Kläger weitere 2500 Sack zur August-Lieferung hinzu. Im August wurde sein Engagement gelöst; es ergab für ihn einen Verlust von 128 391,80 M. Wegen eines Restsaldos von 39 588,90 M hielt die Beklagte gewisse Wertpapiere zurück, die er ihr als Sicherheit übergeben hatte. Auf die Freigabe dieser Papiere zielte die Klage, der zufolge das zwischen den Parteien abgeschlossene Geschäft als unwirksames Börsentermingeschäft und Spiel anzusehen ist. Die Beklagte erwiderte, es handle sich um ein rechtsgültiges handelsrechtliches Lieferungsgeschäft; der Terminseinwand sei auch deshalb hinfällig, weil der Kläger schon früher berufsmäßig derartige Geschäfte abgeschlossen habe. Die Schlußscheine, auf Grund deren beide Abschlüsse der Parteien erfolgt waren, schlossen ausdrücklich alle Börsengebräuche aus und enthielten Bedingungen, welche in verschiedenen Punkten von den Geschäftsbedingungen abwichen, die der Magdeburger Börsenvorstand für den Börsenterminhandel in Zucker festgesetzt hatte. Unter anderem wurden dort die §§ 286, 326 BGB. für anwendbar erklärt.

Das Oberlandesgericht hatte der Klage auf Grund des Spieleinwands stattgegeben. Das Reichsgericht hatte aufgehoben und zurückverwiesen. Nach erneuter Verhandlung wies dann das Oberlandesgericht die Klage ab, weil der Spieleinwand versage und die Abschlüsse der Parteien als handelsrechtliche Lieferungsgeschäfte zu erachten seien. Auf die Revision des Klägers ist wiederum Aufhebung und Zurückverweisung erfolgt.

Aus den Gründen:

(Es werden zunächst die Ausführungen des Berufungsgerichts über die Hinfälligkeit des Spieleinwands gebilligt).

... Das Berufungsgericht setzt sich ohne Verwertung neuer tatsächlicher Momente und in Verkennung des Begriffs des Börsentermingeschäfts mit den vom erkennenden Senat gebilligten Darlegungen des ersten Berufungsurteils in Widerspruch. Das Börsentermingeschäft unterscheidet sich — wie in der reichsgerichtlichen Rechtsprechung ständig angenommen worden ist — vom handelsrechtlichen Lieferungsgeschäft wesentlich dadurch, daß es für eine bestimmte Zeit, ohne Rücksicht auf besondere persönliche Bedürfnisse der Parteien, also mit typischem Inhalt und zu einem Preise geschlossen wird, der sich an der Börse infolge des Zusammentreffens und Zusammenwirkens der Börsenbesucher bildet. Die Eigentümlichkeit des Börsentermingeschäfts besteht in seiner Beziehung zum Terminmarkt, auf dem jederzeit ein völlig gleiches Geschäft als Gegengeschäft abgeschlossen werden kann. Mit dieser Einrichtung ist für das außenstehende Publikum die Möglichkeit gegeben, sich an einem leicht zu Spielzwecken zu mißbrauchenden Umsatzverkehr zu beteiligen. Der Eindämmung dieser wirtschaftlichen Gefahr dienen die Vorschriften des Börsengesetzes.

Das Berufungsgericht geht in seinen Ausführungen an dem wesentlichen Charakter der zwischen den Parteien abgeschlossenen Verträge vorbei. Es beachtet nicht den typischen, eine schablonenhafte Abwicklung zulassenden und bezweckenden Inhalt der Schlußscheinbedingungen. Zwischen den Parteien ist unstreitig, daß diese Bedingungen nicht etwa nur in Schlußscheinen der Beklagten enthalten sind, sondern allgemein im Zuckerhandel zwischen Mitgliedern des deutschen Zucker-Export-Vereins in Magdeburg und sog. Außenseitern zur Anwendung gelangen. Überdies wird diese Tatsache durch die zu den Akten gebrachten Schlußscheine anderer Firmen zur Genüge klargestellt. Ebenso unstreitig ist, daß die mit Außenseitern abgeschlossenen Geschäfte unter Benutzung der Einrichtungen der Terminbörse und auf Grundlage der sich dort vollziehenden Preisbildung behandelt und abgewickelt werden, wie denn auch die vom Kläger nach Aussage der Zeugen verfolgten Kurse selbstverständlich nichts anderes als die Börsenkurse im Zuckerterminhandel waren. Was im übrigen das Berufungsgericht für das Vorliegen handelsrechtlicher Lieferungsgeschäfte ins Feld führt, trifft den Kernpunkt nicht oder geht fehl.

Der Umstand, daß die Abschlüsse der Parteien nicht an der Börse gemacht sind, ist — wie vom Reichsgericht bereits mehrfach ausgesprochen — nicht entscheidend. Allein von Bedeutung ist die Beziehung zur Zuckerterminbörse, und daß diese vorhanden war, kann nach dem oben Dargelegten nicht bezweifelt werden. Unerheblich ist weiterhin die Nichtstempelung der Schlußscheine, die Benutzung von Formularen, welche äußerlich für handelsrechtliche Lieferungsgeschäfte bestimmt sind, und der ausdrückliche Ausschluß aller Börsengebräuche. Wenn das Berufungsgericht besonderes Gewicht auf die Tatsache legt, daß sich in den Schlußscheinen des Klägers bis ins einzelne gehende Bestimmungen über die Beschaffenheit der Ware, den Preis, die Verpackung usw. befinden, so übersieht es, daß völlig das gleiche für die Schlußscheinbedingungen des deutschen Zucker-Export-Vereins in Magdeburg zutrifft, auf welche die Börsenterminschlußscheine ausdrücklich verweisen. Ebensowenig ist die Feststellung des Berufungsgerichts, daß die Parteien mit einer wirklichen Abnahme des Zuckers, d. h. also mit der Erfüllung des Abschlusses gerechnet hätten, gegen dessen Charakter als Börsentermingeschäft zu verwerten, denn auch bei einem solchen ist die Erfüllung keineswegs grundsätzlich ausgeschlossen.

Offenbar rechtsirrtümlich ist es, wenn das Berufungsgericht im vorliegenden Falle das Vorliegen eines Fixgeschäfts um deswillen verneint, weil „im Mai" oder „im August 1912" zu liefern war. Diese für den Warenterminhandel geradezu regelmäßige Zeitbestimmung entspricht durchaus dem § 376 HGB. („innerhalb einer festbestimmten Frist"). Die Abrede, daß der Vertrag mit der Einhaltung der Frist stehen und fallen soll, kann auch stillschweigend getroffen werden und ist, wie schon das ROHG. Bd. 8 S. 236 ausgeführt hat, namentlich dann anzunehmen, wenn die Ware erfahrungsmäßig erheblichen Preisschwankungen unterliegt, insbesondere einen Gegenstand der Börsenspekulation bildet, und das Geschäft erkennbar mit Rücksicht auf den durch die Preisschwankungen zu erzielenden Gewinn und im Börsenhandel abgeschlossen wird.

Zu Zweifeln über die Eigenschaft des zwischen den Parteien abgeschlossenen Geschäfts als Börsentermingeschäft können lediglich die Bestimmungen des Schlußscheins über „Verzug" und „Nachfristgewährung" Anlaß geben. Diese Bestimmungen lauten wie folgt:

„Verzug: im Verzugsfalle kommen die Bestimmungen der § 286 und 326 BGB. zur Anwendung."

„Nachfristgewährung: Wird der Verzug des Verkäufers erst nach Ablauf der Lieferungsfrist durch Unlieferbarkeit der Ware festgestellt, so sind spätestens an dem auf die Feststellung der Unlieferbarkeit folgenden Werktage die dem Käufer zustehenden Rechte auszuüben. Die Gewährung einer Nachfrist soll alsdann nicht mehr erforderlich sein."

Diese Bestimmungen lassen eine verschiedene Auslegung zu. Möglich ist die Annahme, daß es sich um eine ernstgemeinte Bewilligung von Nachfristen handelt, welche den Charakter des Geschäfts als Fixgeschäft in Wahrheit ausschließt, und daß die zweite Klausel nur einen besonderen Ausnahmefall im Auge hat, nämlich den Fall der Lieferung unvertraglicher Ware durch den Verkäufer. Möglich ist aber auch eine andere Auslegung der Bestimmungen, welche mit Rücksicht auf die Überschrift „Nachfristgewährung" annimmt, daß nur in der so gekennzeichneten Bestimmung die Frage der Bewilligung von Nachfristen ernstlich behandelt werden sollte, und daß die Anführung der Gesetzesvorschriften in dem voraufgehenden Absatz keine sachliche Bedeutung hat. Diese Auslegung hat das erste Berufungsurteil gewählt. Es ist zu erwägen, daß der Börsenterminhandel versucht hat, durch Aufnahme von Bestimmungen, welche die Bewilligung einer Nachfrist gewähren, das Börsentermingeschäft äußerlich seines wahren Charakters zu entkleiden und zum handelsrechtlichen Lieferungsgeschäft zu stempeln. Wie die zu den Akten gebrachten Schlußscheine zeigen, hat man in manchen Formularen der ersten Bestimmung hinzugefügt, daß die zu bestimmende Frist nicht mehr als 48 Stunden zu betragen habe. In diesen Fällen ist es ganz klar, daß es sich hier nicht um eine angemessene Nachfrist handelt, die das Geschäft seines Fixcharakters entkleidet, sondern um eine sog. fixe Prolongation (vgl. RGZ. Bd 44 S. 115). Es wird sich fragen, ob nach der geschäftlichen Handhabung die beiden Arten von Schlußscheinen in der hier fraglichen Beziehung gleichwertig oder aber wesentlich verschieden sind. Dabei darf auf die rein äußerliche Fassung der betreffenden Bestimmungen um so weniger Gewicht gelegt werden, als bei der wahren Spekulation in Wirklichkeit die Möglichkeit des Erlangens einer „angemessenen" Nachfrist kaum je eine Rolle spielen wird. Der Spekulant wird sein Engagement entweder schieben oder, wenn er dazu nicht imstande oder nicht willens ist, es lösen müssen. Das Berufungsgericht wird sich über die Frage, welche Auslegung im vorliegenden Falle zutrifft, schlüssig zu machen haben, und zwar gegebenenfalls nach Anhörung von Sachverständigen. . . .

RGZ. 104, 119.

1. Besteht die Pflicht zur Übersendung des Stückeverzeichnisses (§ 3 des Depotgesetzes) auch dann, wenn nicht eine eigentliche Einkaufskommission, sondern ein ähnliches Rechtsverhältnis vorliegt?

2. Kann die im § 4 des Depotgesetzes bestimmte dreitägige Nachholungsfrist zur Übersendung des Stückeverzeichnisses vom Kommittenten verlängert werden?

3. Erfordernisse des Verzichts auf das Stückeverzeichnis.

I. Zivilsenat. Urt. v. 25. Februar 1922.

I. Landgericht I Berlin. — II. Kammergericht daselbst.

Der Kläger gab im Juli 1918 der Beklagten den Auftrag zur Zeichnung von 21 000 Kr. Ungarischer Kriegsanleihe, zahlte ihr auch den Preis dafür. Die Beklagte beauftragte mit der Zeichnung den Ersten Pester Sparkassenverein, der für sie im ganzen 100 000 Kr. zeichnete. Die Stücke wurden in der Zeit vom August 1918 bis Februar 1919 geliefert und bei dem Pester Verein in Depot genommen. Am 5. April 1919 mahnte der Kläger zum ersten Male wegen Auslieferung der Stücke. Am 29. September forderte er Zusendung eines Stückeverzeichnisses unter Setzung einer Frist von fünf Tagen. Die Beklagte erklärte, sie könne das Verzeichnis nicht liefern, weil ihr die Nummern der in Budapest gelieferten Stücke nicht bekannt seien; sie habe jetzt aber deswegen dort angefragt. Mit Schreiben vom 7. Oktober erwiderte der Kläger, daß er das Geschäft als nicht für seine Rechnung abgeschlossen ansehe. Mit der Klage fordert er Rückleistung des gezahlten Preises.

Das Landgericht wies die Klage ab; das Kammergericht gab ihr statt. Die Revision der Beklagten hatte keinen Erfolg.

Gründe:

Der Kläger ist von dem mit der Beklagten geschlossenen Vertrag zurückgetreten, nachdem er ihr zur Lieferung eines Stückeverzeichnisses eine Frist gesetzt, die Beklagte aber das Verzeichnis nicht geliefert hatte. Das Berufungsgericht geht davon aus, daß der Rücktritt berechtigt war, weil der Kläger in der Tat einen Anspruch auf das Stückeverzeichnis hatte. Die Revision rügt, daß das Berufungsgericht sich nicht darüber ausgesprochen habe, ob es seine Entscheidung auf § 326 BGB. oder auf das Depotgesetz stütze; im einen, wie im anderen Falle sei der Rücktritt unberechtigt: nach § 326, weil die Lieferung des Stückeverzeichnisses nicht eine Hauptverpflichtung sei, nach dem Depotgesetze, weil keine Einkaufskommission vorliege und weil nicht erhelle, daß die im § 4 Abs. 2 gesetzte Frist von drei Tagen eingehalten sei. Die Rüge ist im Endergebnis unbegründet. Offenbar stützt sich das Berufungsgericht auf das Depotgesetz, und das ist berechtigt. Allerdings spricht § 3 DepG., welcher die Übersendung des Stückeverzeichnisses anordnet, seinen Worten nach nur von einer Einkaufskommission. In der Rechtslehre ist bestritten, ob die Zeichnung einer vom Staate oder von einer privaten Unternehmung aufgelegten Anleihe ein Kaufgeschäft oder ein Darlehnsvertrag ist (Freund, die Rechtsverhältnisse der öffentlichen Anleihen S. 68 flg.). Zweifellos liegt ein Kaufvertrag vor, wenn ein Bankenkonsortium die Anleihe fest übernommen hat und sie zur Zeichnung auflegt; denn dann wollen die Zeichner nicht den Banken Darlehen gewähren, sondern Stücke von ihnen kaufen (RGZ. Bd. 56 S. 299 flg.). Nicht ganz so klar liegt die Sache, wenn die Banken nur als Vermittler, als Zeichnungsstellen, auftreten. Es mögen auch dann überwiegende Gründe für die Annahme eines Kaufgeschäfts sprechen, wofür das Reichsgericht in seiner Entscheidung Bd. 28 S. 30 mit Recht besonders auf die ausgebildete Technik des Emissionsgeschäfts hingewiesen hat. Bei solcher Annahme wäre dann vorliegenden Falles die Beklagte Einkaufskommissionärin. und daraus würde die Verpflichtung zur Übersendung des Stückeverzeichnisses nach § 3 DepG. ohne weiteres folgen. Es bedarf aber keiner abschließenden Erörterung, wie die Anleihebezeichnung rechtlich zu konstruieren ist; denn der Umkreis der Fälle, auf welche der § 3 anzuwenden ist, wird nicht durch zweifelhafte rechtliche Konstruktionen bestimmt, sondern dadurch, ob die Sachlage ihrem Wesen nach, insbesondere in wirtschaftlicher Hinsicht, denjenigen Charakter aufweist, den der § 3 treffen wollte. Das ist hier der Fall. Die Beklagte hatte nach dem von ihr angenommenen Auftrag die Verpflichtung, dem Kläger gegen Entgelt die Stücke, die er zeichnen lassen wollte, zu verschaffen. Dieser Tatbestand stimmt mit dem einer Einkaufskommission auf alle Fälle so weitgehend überein, daß der § 3 auf ihn Anwendung finden muß. Der Zweck des § 3 ist, dem Schwebezustand zwischen dem Erwerb der Stücke und der Übertragung des Eigentums auf den Kommittenten (durch Lieferung oder constitutum possessorium) ein möglichst schleuniges Ende zu bereiten, indem durch Mitteilung des Stückeverzeichnisses das Eigentum übertragen wird (§ 7). Dieser Zweck erstreckt sich, wie aus der Anführung des § 406 HGB. (Art. 360 alter Fassung) im § 3 klar hervorgeht, auch auf den vorliegenden Tatbestand. Deshalb war die Beklagte zur Lieferung des Stückeverzeichnisses verpflichtet.

Über die Einhaltung der Fristen des § 4 hat sich das Berufungsgericht nicht ausgesprochen, worauf die Revision mit Recht hinweist. Diese Unterlassung ist unschädlich, denn die Fristen sind gewahrt. § 4 bestimmt, daß, wenn der Kommissionär die Übersendung des Stückeverzeichnisses unterläßt, der Kommittent ihn zur Übersendung auffordern kann. Holt dann der Kommissionär das Versäumte nicht binnen drei Tagen nach, so kann der Kommittent binnen weiteren drei Tagen das Ausführungsgeschäft zurückweisen. Die Stücke waren, wie die Mitteilungen des Pester Sparkassenvereins vom 1. und 5. Oktober 1919 ergeben, vom 29. August 1918 bis Februar 1919 nach und nach zur Ausgabe gelangt. Spätestens im Februar 1919 standen mithin die Nummern fest. Die Verpflichtung des § 3 wurde also spätestens derzeit fällig. Am 29. September 1919 hat der Kläger das Stückeverzeichnis gefordert und zur Lieferung — nach dem Depotgesetz unnötigerweise — *eine Frist von fünf Tagen gesetzt. Die Verlängerung der vom Gesetz* bestimmten Frist von drei Tagen auf fünf Tage ist zulässig. Am 7. Oktober 1919 hat er sodann das Ausführungsgeschäft als nicht für seine Rechnung geschlossen zurückgewiesen. Die Frist von drei Tagen nach Ablauf der gesetzten fünftägigen Frist ist also gewahrt. Die Fristbestimmung des § 4 ist nicht etwa dahin aufzufassen, daß der Rücktritt stets binnen sechs Tagen von der Aufforderung an erfolgen muß, vielmehr ist die Verlängerung der dreitägigen Nachholungsfrist durch den Kommittenten zulässig.

Die Revision beruft sich weiter darauf, daß der Kläger auf Übersendung des Stückeverzeichnisses durch Anerkennung der Geschäftsbedingungen der Beklagten verzichtet habe. Ein rechtswirksamer Verzicht liegt jedoch nicht vor. Ein solcher muß nach § 3 Abs. 2 drei Voraussetzungen erfüllen: er muß schriftlich, weiter ausdrücklich (d. h. in klarer Fassung) und endlich für den einzelnen Fall ausgesprochen sein. Das Berufungsgericht hat festgestellt, daß die Geschäftsbedingungen, aus deren Nr. 4 der Verzicht gefolgert wird, nicht unterschrieben sind. Es fehlt also an der gebotenen Schriftlichkeit, und deshalb braucht nicht erörtert zu werden, ob der Verzicht mit genügender Klarheit im Ausdruck und mit genügender Beschränkung auf den Einzelfall ausgesprochen worden ist. Es ist jedoch hinzuzufügen, daß es jedenfalls auch an der Spezialisierung auf den Einzelfall fehlt, denn diese liegt nicht in der Unterschreibung von allgemeinen Bedingungen (Staub, Anh. zu § 424, Anm. 21 b, 9), so daß auch bei Unterschreibung der Bedingungen nicht zu einem anderen Ergebnis zu gelangen wäre. ...

Mithin versagen die Rügen der Revision. Die Klage auf Rückzahlung des Preises ist wegen unterlassener Mitteilung des Stückeverzeichnisses berechtigt, ohne daß es darauf ankommt, ob die Beklagte die Stücke selbst vor dem Rücktritt des Beklagten liefern konnte und mußte.

RGZ. 109, 324.

Eigentumsübergang an Wertpapieren. Zur Frage des Selbsthilfe- oder Deckungsverkaufs von Wertpapieren. Sorgfaltspflicht der Bank.

§§ 3, 7 Depotges. v. 5. Juli 1896. §§ 373, 398 HGB.
§ 294, 1228 flg. BGB.

I. Zivilsenat. Urt. v. 13. Dezember 1924.

I. Landgericht Nürnberg, Kammer für Handelssachen. — II. Oberlandesgericht daselbst.

Im Herbst 1920 eröffnete die Klägerin dem Beklagten ein Konto zum Zweck des An- und Verkaufs von Wertpapieren und stellte ihm die erforderlichen Mittel kreditweise zur Verfügung. Im März 1921 ersuchte sie ihn wiederholt um Zahlung des Kaufpreises der für ihn angeschafften Papiere und um Glattstellung seines Kontos, widrigenfalls sie die Papiere am 19. März für ihn bestmöglichst an der Börse verkaufen lassen würde. Mit Schreiben vom 19. März 1921 übersandte sie ihm einen Kontoauszug und teilte ihm mit, daß sie den Verkauf der Papiere auf den 23. März 1921 verlege. Demgemäß erteilte sie mit Telegrammen, die am 23. März 1921 vormittags 10 Uhr beim Telegraphenamt in Nürnberg zur Aufgabe gelangten, bezüglich eines Teils der Papiere den Auftrag zum Verkauf an der Berliner Börse. Daraufhin ist ein Teil der Papiere am 23. März an der Börse in Berlin verkauft worden. Über diesen Verkauf ließ sie dem Beklagten Abrechnung zugehen und forderte ihn mit Schreiben vom 23. und 24. März auf, den Rest ihres Guthabens bis spätestens am 30. März 1921 vormittags 9 Uhr gegen Aushändigung der noch nicht verkauften Papiere zu bezahlen, widrigenfalls auch diese Papiere bestmöglichst zum Verkauf aufgegeben würden. Da Zahlung nicht erfolgte, wurden diese Papiere, und zwar am 30. und 31. März 1921, börsenmäßig verkauft. Nach Gutschrift der so erlösten Beträge berechnete die Klägerin ihren Saldo auf 58 603 M zum 1. April 1921 und klagte diesen Betrag nebst Zinsen gegen den Beklagten ein. Das Landgericht gab der Klage statt. Das Oberlandesgericht wies sie ab. Die Revision der Klägerin hatte Erfolg.

Günde:

Das Berufungsgericht hat festgestellt, daß der Beklagte bei jedem einzelnen der Klägerin erteilten Kommissionsauftrag zum Einkauf der Wertpapiere auf die Übersendung eines Stückeverzeichnisses ausdrücklich und schriftlich verzichtet habe. Ein solcher Verzicht ist nach § 3 Abs. 2 DepG. rechtswirksam. Das Vorliegen dieses Verzichts weist im Regelfall darauf hin, daß die von dem Einkaufskommissionär gekauften Papiere nicht in das Eigentum des Kommittenten gelangt sind.

Nach ausdrücklicher Vorschrift in § 7 DepG. geht mit der Absendung des Stückeverzeichnisses durch den Kommissionär an den Kommittenten das Eigentum an den im Verzeichnis aufgeführten Wertpapieren auf den Kommittenten über, soweit der Kommissionär über die Papiere zu verfügen berechtigt ist. Außerdem kann der Eigentumsübergang auch nach den allgemeinen Vorschriften des Bürgerlichen Gesetzbuchs erfolgen, z. B., indem der im Besitz und Eigentum der Wertpapiere befindliche Kommissionär gemäß § 930 BGB. dem Kommittenten das Eigentum überträgt. Eine Eigentumsübertragung der letzteren Art kommt aber bei einem rechtswirksamen Verzicht des Kommittenten auf die Übersendung des Stückeverzeichnisses nur ganz ausnahmsweise in Frage, wenn besondere dafür sprechende Umstände vorliegen. Denn an sich ist aus dem Verzicht des Kommittenten auf die Übersendung des Stückeverzeichnisses und auf die damit gegemäß § 7 DepG. verbundene Eigentumsübertragung zu entnehmen, daß eine Eigentumsübertragung an den Wertpapieren durch den Kommissionär auf den Kommittenten nur gegen Zahlung des Kaufpreises der Papiere erfolgen soll, und daß diese Zahlung nicht erfolgt ist, solange die Papiere sich noch in Händen des Kommissionärs befinden (vgl. auch Rießer, Bankdepotgesetz 3. Aufl. S. 78 flg., 71 flg.).

Im vorliegenden Fall geben die Feststellungen des Berufungsgerichts keinen Anhaltspunkt dafür, daß trotz des Verzichts auf die Übersendung des Stückeverzeichnisses und trotz Nichtzahlung des Kaufpreises der Stücke das Eigentum daran von der Klägerin auf den Beklagten übergegangen ist. Insbesondere läßt sich nach dieser Richtung der Umstand nicht verwerten, daß in den Briefen der Klägerin an den Beklagten wiederholt die fraglichen Stücke als „Ihre", d. h. des Beklagten, „Wertpapiere" bezeichnet sind, da diese Bezeichnung auch für solche Wertpapiere geschäftsüblich ist, welche der Einkaufskommissionär für den Kommittenten gekauft, aber ihm noch nicht zu Eigentum übertragen hat. Somit findet die nicht näher begründete Annahme des Berufungsgerichts, es müsse als Parteiwille angesehen werden, „daß das Eigentum an den von der Klägerin für Rechnung des Beklagten erworbenen Papieren, zum mindesten, sobald sie in den Besitz der Klägerin gelangten, unmittelbar auf den Beklagten übergehen sollte", in der Aktenlage keine Stütze.

Geht man nun davon aus, daß eine Eigentumsübertragung der Wertpapiere auf den Beklagten nicht erfolgt ist, so kommt ein Pfandverkauf, wie er den Ausgangspunkt der vom Berufungsgericht angestellten Erwägungen bildet, nur in Frage, wenn anzunehmen ist, daß die Klägerin einen solchen gemäß § 398 HGB. vornehmen wollte. Dafür sind aber nach dem bislang vorliegenden Material keine Anhaltspunkte gegeben. Vielmehr weist das Vorbringen der Parteien in erster Reihe darauf hin, daß es sich um einen Selbsthilfeverkauf nach § 373 HGB. handelt. Nach den Feststellungen des Berufungsgerichts befand sich der Beklagte auf Grund der Briefe der Klägerin vom 11., 16., 19., 23. und 24. März 1921 schon längere Zeit in Zahlungsverzug, bevor die Klägerin zu den von ihr angedrohten und am 23., 30. und 31. März 1921 vorgenommenen Verkäufen schritt. Der Beklagte befand sich aber auch, da die Zahlung seiner eigenen Darstellung nach Zug um Zug gegen Übergabe der Papiere seitens der Klägerin zu erfolgen hatte, in Annahmeverzug (Düringer-Hachenburg, HGB. § 373 Anm. 11). Die Androhung des freihändigen Selbsthilfeverkaufs durch die Klägerin ist laut Schreiben vom 16. und 19. März 1921 und späterhin laut Schreiben vom 23. und 24. März 1921 in ausreichender Weise erfolgt. Die von der Revision vertretene Annahme, daß auch eine Fristsetzung gemäß § 326 BGB. und demgemäß Schadensersatz wegen Nichterfüllung in Frage komme, findet in der beigebrachten Korrespondenz keine genügende Unterlage. Die Fristsetzung nach § 326 BGB. muß in klarer und eindeutiger Weise erkennen lassen, daß der Gläubiger nach Ablauf der Frist die Annahme der Leistung ablehnt, und dazu genügt die in den genannten Schreiben der Klägerin vom 16., 19., 23. und 24. März 1921 enthaltene Androhung eines für den Schuldner an einem bestimmten Tag vorzunehmenden Börsenverkaufs für sich allein nicht. Sollte aber tatsächlich eine den Vorschriften von § 326 BGB. entsprechende Fristsetzung erfolgt sein, so würde — materiellrechtlich — die Klägerin den Klageanspruch als Schadensersatz wegen Nichterfüllung bezeichnen, die am 23., 30. und 31. März 1921 vorgenommenen Verkäufe als Deckungsverkäufe behandeln und zur Begründung ihres Schadens verwerten können.

Etwas anders würde das Rechtsverhältnis der Parteien liegen, wenn wirklich der Beklagte vor den mehrerwähnten Börsenverkäufen Eigentümer der fraglichen Wertpapiere geworden sein sollte. Alsdann würde nur der vom Berufungsgericht behandelte Pfandverkauf in Frage kommen (§§ 397, 368 HGB., §§ 1228 flg. BGB.). Sollten dabei die gedruckten Geschäftsbedingungen der Klägerin im Rechtsverhältnis der

Parteien nicht von Bedeutung sein, so würde gemäß § 1234 Abs. 2 BGB., § 368 HGB. eine — übrigens im Handel mit Wertpapieren ganz ungebräuchliche — einwöchige Frist zwischen der Androhung und der Ausführung des Verkaufs in Betracht kommen können. Mangels Einhaltung dieser Frist würde zwar die Veräußerung des Pfandes rechtmäßig sein, der Beklagte aber wegen der vorzeitigen Veräußerung Schadensersatzansprüche geltend machen können (§ 1243 BGB.). Im übrigen würde auch solchenfalls nach den Feststellungen des Berufungsgerichts ein Zahlungsverzug des Beklagten vorliegen.

Nach alledem ist dem unter allen Umständen vorliegenden Zahlungsverzug des Beklagten entscheidende Bedeutung beizumessen. Denn die von der Klägerin angedrohten und vorgenommenen Verkäufe der Wertpapiere waren grundsätzlich rechtmäßig, solange der Beklagte seinen Zahlungsverzug nicht geheilt hatte. Es bedarf hier keiner Erörterung, ob dies durch eine rechtzeitige Übermittlung des Schreibens der Pfälzischen Filiale Nürnberg an die Klägerin vom 23. März 1921 hätte geschehen können. Denn die Feststellungen des Berufungsgerichts lassen nicht erkennen, daß ein rechtzeitiger Eingang dieses Schreibens bei der Klägerin erfolgt ist. Das Berufungsgericht hat nur festgestellt, daß am 23. März 1921 zwischen ½ und ¾ 10 Uhr, jedenfalls vor 10 Uhr, vormittags bei der Klägerin mittels Fernsprechers die Mitteilung der Pfälzischen Bank Filiale Nürnberg eingegangen ist, daß die genannte Bank vom Beklagten beauftragt sei, sein Konto bei der Klägerin abzulösen, und daß die Klägerin ihr Einverständnis mit dieser Ablösung durch die Erwiderung „Ist gut" oder „Ist recht" bekundet habe. Zu der laut Tatbestand des Berufungsurteils vom Beklagten gemachten Angabe, daß bei diesem Ferngespräch die Pfälzische Bank auch gefragt habe, über welche Bank das Geld für den Beklagten an die Klägerin geleitet werden solle, und daß von der Klägerin geantwortet worden sei „über die Staatsbank", hat das Berufungsgericht in seiner Urteilsbegründung keine ausdrückliche Stellung genommen. Aber auch wenn das vom Berufungsgericht festgestellte Ferngespräch diesen weiteren Inhalt gehabt haben sollte, würde die Annahme des Berufungsgerichts nicht zutreffen, daß die Erklärungen der Pfälzischen Bank einem tatsächlichen Angebot der verlangten Zahlung im Sinne des § 294 BGB. gleichstanden. Nach ausdrücklicher Vorschrift des § 294 BGB. muß die Leistung dem Gläubiger so, wie sie zu bewirken ist, tatsächlich angeboten werden, wenn nicht der hier nicht in Betracht kommende Ausnahmefall des § 295 BGB. vorliegt. Dazu genügt nach ständiger Rechtsprechung des Reichsgerichts nicht ein Bereiterklären zur Leistung, sondern das tatsächliche Leistungsangebot muß so erfolgen, daß der Gläubiger nichts weiter zu tun braucht, als zuzugreifen und die angebotene Leistung anzunehmen. An diesem gesetzlich festgelegten Grundsatz wird durch die Besonderheiten des Bankverkehrs im allgemeinen oder des vorliegenden Einzelfalls nichts geändert. Somit hat hier die Erwägung auszuscheiden, daß ein nach § 294 BGB. rechtswirksames, den Zahlungsverzug des Beklagten beseitigendes Leistungsangebot erfolgt sei. Es fragt sich, ob trotzdem die Klägerin in ihrem Verhältnis zum Beklagten nach den Grundsätzen von Treu und Glauben im Verkehr anders hätte handeln müssen, als sie getan hat.

Das Berufungsgericht nimmt keine besondere Stellung zu der Frage, ob die Wahl von Berlin oder Frankfurt a. M. als Ort des Verkaufs der Papiere gerechtfertigt war. Der Beklagte hat aber dieserhalb keine Einwendungen erhoben. Sollte nun am 23. März 1921 der für Berlin vorgesehene Verkauf von Wertpapieren an der dortigen Börse stattfinden, so lag es in der Natur der Sache, daß von der Klägerin am Morgen des genannten Tages die telegraphischen Verkaufsaufträge bei dem Telegraphenamt in Nürnberg eingereicht wurden. Dies ist nach den Feststellungen des Berufungsgerichts jedenfalls nicht zu früh geschehen, da danach die Verkaufsaufträge beim Telegraphenamt Nürnberg am 23. März 1921 vormittags 10 Uhr abgefertigt worden sind. Das Berufungsgericht hat ausgeführt, daß zur Zeit des erwähnten Fernanrufs der Pfälzischen Bank bei der Klägerin die Verkaufsaufträge vom Telegraphenamt in Nürnberg noch nicht nach Berlin abgefertigt gewesen seien. Dagegen läßt das Berufungsgericht dahingestellt, ob zur Zeit des Ferngesprächs der Bote der Klägerin mit den für Berlin bestimmten Depeschen bereits auf dem Weg zum Telegraphenamt war oder sich dort befand. Das Berufungsgericht meint, daß auch solchenfalls die Klägerin im unmittelbaren Anschluß an das mit der Pfälzischen Bank geführte Gespräch sofort alles habe tun müssen, um den Verkauf der Papiere abzuwenden, sei es durch die Rückbeorderung des mit den Depeschen nach dem Telegraphenamt gesandten Boten, sei es durch telegraphische Gegenorder nach Berlin. Statt dessen habe die Klägerin erst eine halbe Stunde nach dem ersten Ferngespräch mit der Pfälzischen Bank dieser durch Fernsprecher mitgeteilt, daß die Wertpapiere des Beklagten „bereits in Verkauf gegeben seien", und habe erst um 11 Uhr vormittags auf Grund einer für den Beklagten von dem Rechtsanwalt B. gegebenen Anregung die Stornierung des Verkaufsauftrags nach Berlin depeschiert. Bei Eintreffen dieses Widerrufs in Berlin sei bereits ein Teil der Papiere des Beklagten verkauft gewesen.

Dieser so am 23. März 1921 erfolgte Verkauf sei auf ein Versehen der Klägerin oder ihrer Angestellten zurückzuführen, für das die Klägerin dem Beklagten einzustehen habe.

Zutreffend rügt die Revision, daß in diesen Ausführungen des Berufungsgerichts eine rechtsirrtümliche Überspannung der der Klägerin obliegenden Sorgfaltspflicht zu erblicken sei. Auch wenn man aus der Erklärung der Pfälzischen Bank, sie sei vom Beklagten beauftragt, sein Konto bei der Klägerin abzulösen, zugleich die Bereitschaftserklärung der Pfälzischen Bank zu dieser Ablösung entnehmen will, bedeutete die Erwiderung der Klägerin „Ist gut" oder „Ist recht" nicht ohne weiteres einen Verzicht auf die Durchführung des von ihr eingeleiteten Verkaufs der Wertpapiere in Berlin. Das Angebot der Pfälzischen Bank enthielt den Vorschlag, die Auseinandersetzung der Parteien auf einem bestimmten Wege herbeizuführen und damit auch den Zahlungsverzug des Beklagten zu heilen. Die Beseitigung dieses Zahlungsverzugs trat aber nicht schon mit der Annahme jenes Vorschlags durch die Klägerin ein, sondern würde höchstens dann erfolgt sein, wenn der Vorschlag tatsächlich durchgeführt worden wäre. Die bloße Annahme des Vorschlags verpflichtete daher die Klägerin noch nicht, so zu handeln, als wenn bereits durch Leistung oder Leistungsangebot nach § 294 BGB. der Zahlungsverzug des Beklagten sein Ende gefunden hätte. Das Berufungsgericht hat keine Feststellung darüber getroffen, von wem auf seiten der Klägerin das erwähnte Ferngespräch mit der Pfälzischen Bank geführt worden ist. Es hat nur angenommen, daß das Gespräch, wenn nicht von einem Inhaber der klägerischen Firma selbst, so doch von einem ihrer vertretungsberechtigten Angestellten abgenommen sei, und daß der betreffende Angestellte das Gespräch sofort einem der klägerischen Inhaber berichtet habe. Danach entsprach es durchaus dem Rechtsverhältnis der Parteien, wie es sich auf Grund des Ferngesprächs gestaltet hatte, wenn die Klägerin, wie sie behauptet hat, zunächst feststellte, wie es sich mit den nach Berlin zu übermittelnden Verkaufsaufträgen verhielt, und, nachdem sich ergeben hatte, daß die Verkaufsaufträge bereits an das Telegraphenamt abgegeben waren, der Pfälzischen Bank eine entsprechende Mitteilung machte. Daß zwischen dieser Mitteilung und dem vorhergehenden Ferngespräch eine halbstündige Frist verstrichen ist, liegt im Rahmen des üblichen Geschäftsverkehrs und rechtfertigt nicht die Annahme einer schuldhaften Verzögerung auf seiten der Klägerin, zumal diese damals schwerlich nur dies eine Geschäft zu behandeln gehabt haben wird. Die Pfälzische Bank hat sich denn auch bei der ihr von der Klägerin gemachten Mitteilung beruhigt und weder um Stornierung des Verkaufs der Papiere gebeten, noch durch tatsächliches Anbieten oder durch Vollziehung der dem Beklagten obliegenden Leistung dessen Zahlungsverzug geheilt. Dagegen hat die Klägerin auf Grund des um 11 Uhr vormittags am 23. März 1921 von Rechtsanwalt B. für den Beklagten gestellten Stornierungsgesuchs sofort die Berliner Verkaufsaufträge telegraphisch widerrufen. Daß dieser Widerruf nur teilweisen Erfolg hatte, geht nicht zu Lasten der Klägerin.

Aber selbst wenn die von der Klägerin am 23. März 1921 vorgenommenen Verkäufe eines Teils der Wertpapiere des Beklagten verfrüht oder unrechtmäßig gewesen sein sollten, folgt daraus nicht ohne weiteres die Unrechtmäßigkeit der am 30. und 31. März 1921 erfolgten Verkäufe des Restes jener Wertpapiere. Der Beklagte befand sich hinsichtlich dieser Papiere nach wie vor mit der Zahlung des Kaufpreises im Verzug. Daß er diesen Verzug, sei es durch Zahlung, sei es durch tatsächliches Zahlungsangebot nach § 294 BGB., sei es durch Aufrechnung mit einer etwaigen Gegenforderung gegen die Klägerin oder auf andere Weise beseitigt hätte, ist nicht festgestellt. Die Klägerin hat durch Schreiben vom 23. und 24. März 1921 erneut an Zahlung gemahnt und mangels Zahlung den Verkauf der restlichen Wertpapiere angedroht. Die Annahme, daß dieser am 30. und 31. März 1921 vollzogene Verkauf im Verhältnis der Parteien nicht rechtmäßig gewesen sei, läßt sich durch die vom Berufungsgericht getroffenen Feststellungen nicht begründen. Die vom Berufungsgericht angestellte Erwägung, daß, wenn der Verkauf der Papiere vom 23. März 1921 verhütet und das Konto des Beklagten dem Angebot der Pfälzischen Bank entsprechend abgelöst worden wäre, die ganze Forderung der Klägerin getilgt gewesen wäre, ist nicht durchschlagend. Denn tatsächlich ist eine solche Abdeckung des Kontos des Beklagten nicht erfolgt. In diesem Konto steckten aber die von der Klägerin zur Anschaffung der fraglichen Papiere für den Beklagten verauslagten Kaufpreisbeträge. Der grundsätzlich vorhandene Anspruch der Klägerin auf Erstattung dieser Auslagen wurde nicht ohne weiteres hinfällig, wenn die Klägerin späterhin am 23., 30. und 31. März 1921 die angeschafften Papiere zu Unrecht anderweit verkauft haben sollte. . . .

RGZ. 117, 93.

1. Zur Auslegung von § 8 des Bankdepot-Gesetzes.

2. Kann der Bankier gutgläubig nach § 366 HGB. ein Pfandrecht an deponierten Wertpapieren erwerben, die nicht dem Hinterleger gehören?

I. Zivilsenat. Urt. v. 18. Mai 1927.

I. Landgericht Hamburg. — II. Oberlandesgericht daselbst.

Der Kläger wollte im März 1924 in geschäftliche Verbindung mit der Firma H. & S. treten und übergab der Firma ihm gehörige Aktien im Nennbetrag von 105 000 M. Die Firma hat die Aktien am 23. März 1924 bei der Depositenkasse Ottensen der zu 1 beklagten Bank eingeliefert, deren Vorsteher der Beklagte zu 2 war. Die Firma H. & S. war damals im Debet bei der beklagten Bank. Ihre Schuld wuchs demnächst weiter an und die Bank verkaufte schließlich zur Deckung ihrer Forderung die Aktien. Das will der Kläger als Eigentümer der Aktien nicht gegen sich gelten lassen; er verlangt Verurteilung der beiden Beklagten zur Lieferung eines Teils der Aktien. Die Einlieferung der Aktien bei der Depositenkasse Ottensen geschah in folgender Weise. Der Kläger hatte dort kein Konto, wohl aber die Firma H. & S.; deshalb wurden die Aktien auf deren Konto verbucht. Der Kläger behauptet, er habe der Firma H. & S. nicht gestattet, die Aktien für ihre Schulden zu verpfänden; der Auftrag sei vielmehr nur dahin gegangen, die Aktien bei der Depositenkasse einstweilen zu deponieren. Die Beklagte zu 1 habe also für ihre Forderungen an jene Firma kein Pfandrecht an den Wertpapieren erwerben können. Die Firma H. & S. habe bei Einlieferung der Aktien auch ausdrücklich erklärt, daß sie Eigentum des Klägers seien.

Die Beklagte zu 1 bestreitet, daß ihr eine solche Mitteilung gemacht worden sei. Die Firma H & S. habe nur erklärt, daß sie von fremder Seite Wertpapiere zur Geldbeschaffung erhalten habe; sie habe die Aktien eingeliefert und dann darauf Beträge entnommen, die sie nicht zurückgezahlt habe. Die Beklagte zu 1 habe deshalb für ihre Forderungen die Aktien verkaufen dürfen. Es möge bei der Einlieferung gesagt worden sein, daß die Aktien nicht für die alte Schuld der Firma verwendet werden dürften; das sei aber auch nicht geschehen, sie würden vielmehr nur für Schulden der Firma in Anspruch genommen, die nach der Einlieferung entstanden seien.

Das Landgericht hat die Klage abgewiesen. Auf die Berufung des Klägers hat das Oberlandesgericht für den Beklagten zu 2 auf einen Eid erkannt, im wesentlichen über die bei der Einlieferung von der Firma H. & S. abgegebenen Erklärungen. Die Revision des Klägers hatte keinen Erfolg.

Aus den Gründen:

Das Berufungsgericht hat zunächst dargelegt, formelle Bedenken gegen die Inanspruchnahme der Beklagten zu 1 beständen nicht, und es sei davon auszugehen, daß die Aktien zur Zeit des Zwangsverkaufs im Eigentum des Klägers gestanden hätten. Dieser müsse nun, so wird weiter ausgeführt, beweisen, daß der Verkauf der Aktien widerrechtlich erfolgt sei. Dieser ihm obliegende Beweis laufe darauf hinaus, daß das Pfandrecht nicht entstanden und den Beklagten dies bewußt gewesen sei. ... Das Berufungsgericht stellt sodann tatsächlich fest, die Firma H. & S. haben bei Einlieferung der Aktien Mitteilung davon gemacht, daß sie fremdes Eigentum seien. Diese Mitteilung habe zur Folge gehabt, daß ein Pfandrecht der Beklagten zu 1 an den Papieren für solche Forderungen, die nicht in bezug auf die Papiere entstanden seien, gemäß § 8 BankdepotGes. nur dann habe entstehen können, wenn die Beklagte in gutem Glauben eine Verpfändungsbefugnis der Firma H. & S. als gegeben habe annehmen können, und wenn sie ihrerseits das Vorhandensein dieses guten Glaubens nachweise. Nun möge es sein, daß gegenüber einem Lokalbankier — auf solchen Fall beziehe sich § 8 in erster Linie — der Zentralbankier, wenn jener ihm fremde Wertpapiere überliefere, ein gewisses Mißtrauen wegen der Verpfändungsbefugnis hegen müsse. Diese Auffassung könne aber auf den vorliegenden Fall nicht zutreffen. Denn die Firma H. & S. habe mit der Beklagten zu 1 seit langen Jahren in Geschäftsverbindung gestanden, auch hätten über ihre Zahlungsfähigkeit bis dahin keine Zweifel bestanden. Deshalb hätten die Beklagten keinen Argwohn zu hegen brauchen, wenn die Firma ihnen mitgeteilt habe, daß sie zur Verfügung über die Aktien berechtigt sei. Die Entscheidung des Rechtsstreits hänge somit davon ab, ob die Firma H. & S. die Papiere nicht im eigenen Namen und für eigene Rechnung übergeben, sondern erklärt habe, sie gehörten dem Kläger und sollten für ihn deponiert werden, der sie beleihen lassen wolle. Habe die Firma eine derartige Erklärung abgegeben, so habe die Beklagte zu 1 ein Pfandrecht wegen der später entstandenen Schuld der Firma nicht erwerben können. Das Berufungsgericht würdigt sodann eingehend das Ergebnis der Beweisaufnahme und gelangt zu dem Schluß, daß die Entscheidung darüber, was H. & S. bei Hingabe der Aktien erklärt hätten, von einem Eid des Beklagten zu 2 abhängig zu machen sei.

Mit Recht hat das Berufungsgericht angenommen, daß für die Entscheidung des Streitfalles zunächst § 8 BankdepotGes. in Betracht kommt. Nach § 8 hat ein Kaufmann, der im Betrieb seines Handelsgewerbes fremde Wertpapiere einem Dritten zur Aufbewahrung überantwortet, dem Dritten mitzuteilen, daß die Papiere fremde seien. Dann kann der Dritte an den Papieren ein Pfandrecht oder ein Zurückbehaltungsrecht nur wegen solcher Forderungen an seinen Auftraggeber (den Einlieferer) geltend machen, die mit Bezug auf diese Papiere entstanden sind. Diese Vorschrift spricht zwar nicht von einer Verpfändung der fremden Wertpapiere. Sie ist aber auch auf den Fall der Verpfändung zu erstrecken, wie jetzt allgemein angenommen wird (vgl. Rießer, DepotGes. 4. Aufl. S. 122, Note 2). Daß sie auch für den Fall gilt, wenn der Verpfänder nicht ein Bankier, sondern ein Kaufmann ist, ergibt sich aus dem Wortlaut der Vorschrift und ist in RGZ. Bd. 87 S. 329 dargelegt.

Die Vorschrift geht nun inhaltlich dahin, daß, wenn mitgeteilt worden ist, es handle sich um fremde Papiere, (nur) Forderungen, die mit Bezug auf die Papiere entstanden sind, durch die Effekten gedeckt werden. Vorliegendenfalls handelt es sich nicht um Forderungen, die mit Bezug auf die eingelieferten Wertpapiere entstanden sind, sondern um Darlehen oder Vorschüsse, die der Firma H. & S. auf Grund des Depots gewährt worden sind. Daß derartige Kredite nicht von der Vorschrift des § 8 Abs. 2 umfaßt werden, bedarf keiner Erörterung. § 8 kann also nicht zur Begründung dafür herangezogen werden, daß die Beklagte zu 1 das behauptete Pfandrecht an den Wertpapieren erworben habe.

Anderseits schließt § 8 aber auch die Möglichkeit der Entstehung des Pfandrechts nicht aus. Denn nach feststehender Rechtsprechung (RGZ. Bd. 68 S. 134, Bd. 71 S. 339) sind neben dem Depotgesetz die Vorschriften über den gutgläubigen Pfanderwerb, besonders die Vorschrift des § 366 HGB., zu beachten. Wenn der Pfandnehmer weiß, daß die Effekten nicht dem verpfändenden Kaufmann gehören, so kann er doch auf Grund seines guten Glaubens an dessen Berechtigung zur Verfügung über die Effekten ein Pfandrecht erwerben. Dabei tritt aber eine Besonderheit ein. Nach der herrschenden Rechtsprechung (vgl. RGZ. Bd. 87 S. 332) muß der Pfandnehmer entgegen der allgemeinen Regel des § 366 seinerseits seinen guten Glauben nachweisen. Diesen Beweis hat das Berufungsgericht als so weit geführt erachtet, daß es dem Beklagten zu 2 den aus der Urteilsformel ersichtlichen Eid auferlegt hat. Das Berufungsgericht hat ausdrücklich festgestellt, daß die Beklagte zu 1 nach Lage des Falles der Firma H. & S. gegenüber keinen Anlaß zu näherer Nachforschung oder zu Mißtrauen hatte. (Wird ausgeführt.) An diese tatsächliche Feststellung ist das Revisionsgericht gebunden.

Allerdings scheint es, als ob das Berufungsgericht angenommen hätte, daß Anlaß zu näherer Erkundigung und Nachforschung nur oder wenigstens in erster Reihe nur einem Zentralbankier gegenüber einem Lokalbankier obliege. Dem könnte in dieser Allgemeinheit nicht zugestimmt werden. Auch wenn der Verpfänder nicht Bankier, sondern Warenkaufmann ist, kann nach Lage des Falles Anlaß gegeben sein, seiner bloßen Versicherung, er dürfe über die fremden Papiere verfügen, nicht ohne weiteres Glauben zu schenken. Aber das Berufungsgericht hat in genügender Weise festgestellt, daß der zur Entscheidung stehende Fall nicht so lag. Wenn es sich um einen alten Kunden handelte, gegen dessen Zahlungsfähigkeit keine Bedenken bestanden, dann war in der Tat kein Anlaß gegeben, seinen Versicherungen zu mißtrauen und sich seine Verfügungsberechtigung von ihm bescheinigen zu lassen. Die Revision wendet ein, bei solcher Auffassung würde § 9 BankdepotGes. inhaltsleer sein. Das ist aber nicht der Fall. Dort ist unter Strafe gestellt, wenn ein Kaufmann über Wertpapiere, die ihm als Pfand übergeben worden sind, zum eigenen Nutzen oder zum Nutzen eines Dritten rechtswidrig verfügt, oder wenn ein Kaufmann der Vorschrift des § 8 zum eigenen Nutzen oder zum Nutzen eines Dritten vorsätzlich zuwiderhandelt. Die Strafbestimmung will also u. a. denjenigen treffen, der fremde Wertpapiere einliefert, ohne die vorherige Anzeige zu machen. Diese Bestimmung steht offenbar in keiner Verbindung mit der Frage, ob und unter welchen Umständen der Pfandnehmer, wenn ihm die Anzeige gemacht worden ist, ein Pfandrecht rechtswirksam erwerben kann. ...

RGZ. 127, 226.

Kann daraus, daß eine städtische Sparkasse satzungswidrig Bankgeschäfte großen Umfangs betreibt, hergeleitet werden, daß die Stadt in den Räumen und mit dem Personal der Sparkasse eine Stadtbank betreibt und daß die Stadt deshalb ohne Rücksicht auf die Ordnung der Vertretungsmacht in der Sparkassensatzung haftet?

VIII. Zivilsenat. Urt. v. 20. Januar 1930.

I. Landgericht München-Gladbach, Kammer für Handelssachen. — II. Oberlandesgericht Düsseldorf.

Anfang 1924 stand die später in Konkurs geratene Firma L. L. AG. mit der Sparkasse der verklagten Stadtgemeinde in Geschäftsverbindung. Als sich diese Firma bei der Klägerin um Spritlieferungen bemühte, erhielt die Klägerin nach Verhandlung mit dem Beamten der Sparkasse, Sch., dem die Stadtgemeinde die Amtsbezeichnung „Direktor" beigelegt hat, am 21. Februar 1924 zwei Bürgschaftsscheine ausgestellt für Forderungen der Klägerin aus Spritkäufen der L. L. AG. über 68 000 holl. Gulden und 102 000 holl. Gulden. Die Bürgschaftsscheine waren mit den Worten „Städtische Sparkasse" ohne Beifügung eines Siegels unterstempelt und mit dem Namen des Direktors Sch. und eines anderen Sparkassenbeamten B. unterzeichnet.

Aus dieser Bürgschaft hat die Klägerin die Beklagte auf Zahlung von 170 000 holl. Gulden in Anspruch genommen. Die Beklagte hat sich, abgesehen von anderen Einwänden, damit verteidigt, daß die Unterzeichner der Bürgschaft nicht zu ihrer Vertretung befugt gewesen seien.

Das Landgericht erkannte nach dem Klageantrag; das Oberlandesgericht wies die Klage ab. Die Revision der Klägerin führte (aus hier nicht in Betracht kommenden Gründen) zur Aufhebung und Zurückverweisung.

Aus den Gründen:

....Der sachliche Streit der Parteien betrifft die Frage, ob die verklagte Stadtgemeinde durch die Erklärung des Sparkassendirektors Sch. und des Sparkassenbeamten B. in die Bürgschaft rechtsgeschäftlich wirksam verstrickt worden ist.

Die Sparkasse der Beklagten wird nach § 3 ihrer Satzung durch den Verwaltungsrat der Sparkasse verwaltet, der aus dem Oberbürgermeister oder einem von ihm förmlich beauftragten Beigeordneten ... und aus zwölf von der Stadtverordnetenversammlung gewählten Bürgern der Stadt besteht. Dieser Verwaltungsrat vertritt nach § 6 Abs. 3 die Sparkasse bei allen gerichtlichen und außergerichtlichen Geschäften. Der Vorsitzende und ein anderes Mitglied des Verwaltungsrats können auf Beschluß des Verwaltungsrats sowohl in einzelnen Fällen auf Grund einer besonderen Vollmacht, als auch für gewisse häufig wiederkehrende Geschäfte ein für allemal mit Ausführung dieser Rechtsgeschäfte beauftragt werden. Nach § 7 müssen alle Urkunden, die vom Verwaltungsrat ausgestellt werden, wenn sie die Sparkasse verpflichten sollen, von dem Vorsitzenden, einem zweiten Mitglied des Verwaltungsrats und dem Rendanten (Direktor) unterzeichnet und, abgesehen von gerichtlichen und notariellen Urkunden, mit dem Siegel der Sparkasse versehen sein. Weder der Direktor noch der andere Sparkassenbeamte, der die Bürgschaftsurkunden vom 21. Februar 1924 mitgezeichnet hat, gehört dem Verwaltungsrat an. Über die Beamten der Sparkasse bestimmt § 4 Abs. 1, daß ihnen die Führung der Kassengeschäfte unter gemeinsamer Verantwortung obliegt, und im letzten Satz: daß, soweit im Statut nichts anderes bestimmt ist, alle Erklärungen und Quittungen der Sparkasse zu ihrer Gültigkeit der Unterschrift des Rendanten und des Kontrolleurs bedürfen.

In Übereinstimmung mit dem Berufungsrichter und mit dem Urteil des II. Zivilsenats vom 30. September 1927 II 5/27, das Ansprüche an die Beklagte aus der vom Direktor Sch. vorgenommenen Zeichnung eines Wechsels über 500 000 M zu beurteilen hatte, ist unbedenklich davon auszugehen, daß durch die Satzung keine Befugnis der Sparkassenbeamten begründet ist, für die Beklagte Verpflichtungen wie die hier streitige einzugehen. Denn zur Führung der in § 4 Abs. 1 genannten, den Sparkassenbeamten selbständig zugewiesenen Kassengeschäfte gehören Verbindlichkeiten dieser Art und dieses Umfangs nicht. Ob außerhalb dieses Bereichs trotz der Regelung in § 6 Abs. 3 den Sparkassenbeamten die Vertretungsbefugnis für Übernahme von Verbindlichkeiten im Rahmen laufender Geschäfte (RGZ. Bd. 104 S. 205, Bd. 115 S. 311, Bd. 116 S. 247) satzungsmäßig hätte übertragen werden können, bedarf nicht der Erörterung. Denn der Berufungsrichter hat in Übereinstimmung mit der vorangeführten und auch der sonstigen Rechtsprechung des Reichsgerichts verneint, daß die Bürgschaftsübernahme zum Betrag von 170 000 Gulden zu den laufenden Geschäften der Sparkasse der Beklagten gehörte.

Die Revision hat sich weiter auf eine ausdrückliche, außerhalb der Satzung liegende Bevollmächtigung des Sparkassendirektors zum Abschluß derartiger Geschäfte berufen. Sie sieht diese Ermächtigung in folgender, zum Protokoll vom 17. Januar 1924 niedergelegter Stellungnahme des Verwaltungsrats zur Geschäftsführung von Sch.:

> „Herr Direktor Sch. berichtet über die Geld- und Arbitragegeschäfte, wodurch es im großen Stil möglich gewesen ist, Gelder zu billigen Sätzen hereinzunehmen und wieder weiter zu einem höheren Satz gut und sicher unterzubringen. Bisher würde ungefähr mit einem Reingewinn von 130—150 000 GM schon gerechnet werden können. Der Verwaltungsrat begrüßt die Geschäfte, heißt dieselben gut und beschließt gleichzeitig, die Gewinne demnächst wertbeständig anzulegen."

Es kann unentschieden bleiben, ob die Wirksamkeit einer hieraus etwa zu entnehmenden Bevollmächtigung des Sch. daran scheitern müßte, daß der ermächtigende Verwaltungsrat nachdem Obigen nicht auf satzungsmäßigem Boden stehen würde. Denn der Berufungsrichter legt den „Beschluß" ohne Rechtsirrtum und jedenfalls nicht sinnwidrig dahin aus: der Verwaltungsrat habe nur die Zustimmung erteilen wollen und erteilt, daß sich die Sparkasse mit Geld- und „Arbitrage"-geschäften befasse, ohne an der satzungsmäßigen Vertretung der Sparkasse etwas zu ändern.

Es muß ferner der Versuch der Revision scheitern, aus stillschweigender Duldung der zu Anfang 1924 ins große gehenden Geld- und „Arbitrage"geschäfte durch den Verwaltungsrat eine Außenvollmacht im Sinne des § 54 HGB. herzuleiten. Auch wenn mit dem erwähnten Urteil des II. Zivilsenats die Kaufmannseigenschaft der Sparkasse nicht in Zweifel gezogen wird, so hat sich doch jenes Urteil mit Recht auf den Standpunkt gestellt, daß die Vertretungsregelung durch die Satzung nicht nur die positive Bedeutung hat, die satzungsmäßige Vollmacht zu umgrenzen, sondern zugleich eine Schranke für die rechtsgeschäftliche Vertretungsbefugnis bildet, die aus Tatbeständen außerhalb der Satzung erwachsen vermag. (Wird näher ausgeführt.)

Die Revision kann weiterhin keinen Erfolg haben mit dem Versuch, den rechtsgeschäftlichen Verkehr zwischen der Sparkasse der Beklagten und der Klägerin dahin umzudeuten, daß diese in Wahrheit nicht mit der Beklagten in ihrer Sonderorganisation als Sparkasse zu tun gehabt habe, sondern mit einer Stadtbank, welche die Beklagte, vertreten durch ihre allgemeinen Organe, in den Räumen und mit dem Personal der Sparkasse geführt habe. Auch dieser Begründung eines vertraglichen Erfüllungsanspruchs ist das erwähnte Urteil des II. Zivilsenats schon entgegengetreten. Die Revision hält gegenüber jenem Rechtsstreit die Lage für grundsätzlich dadurch geändert, daß dort die Klage gegen die Beklagte mit dem Zusatz „Städtische Sparkasse M.-Gl. wie angestrengt, so auch durchgeführt worden ist, während hier zwar bis in den zweiten Rechtszug hinein die Parteibenennung der Beklagten die gleiche war, durch den zweitinstanzlichen Schriftsatz vom 17. Januar 1928 aber die Parteibezeichnung so geändert worden ist, daß sich die Klage nunmehr gegen die beklagte Stadt schlechthin wendet. Damit ist aber kein neuer Klagegrund in den Rechtsstreit eingeführt worden. Auch im bezeichneten Schriftsatz und weiterhin ist der Anspruch immer auf die Rechtsbeziehungen gestützt geblieben, die zwischen den Parteien durch Rechtshandlungen der Beklagten im Rahmen ihrer Sparkasseneinrichtung durch Beschlüsse des Verwaltungsrats und durch sein Gewährenlassen begründet sein sollen. Der Berufungsrichter hat gegenüber der Behauptung, daß die Beklagte aus dem Betrieb einer Stadtbank hafte, festgestellt, es sei nichts dafür vorgebracht, daß die Beklagte neben der Sparkasse und unabhängig von ihr einen Bankbetrieb eröffnet habe. Nur insoweit mögen die Behauptungen der Klägerin an eine solche Begründung anklingen, als sich die Klägerin auf das Schreiben berufen hat, das der damalige stellvertretende Oberbürgermeister der Beklagten am 7. März 1924 an die Konsortial- und Handelsbank in Berlin gerichtet hat. Wenn darin der — für die Stadt nach Maßgabe der Rheinischen Städteordnung vom 15. Mai 1856 vertretungsberechtigte — Bürgermeister den Empfänger darauf hinweist, daß die Satzungen nicht mehr unverbrüchlich gehandhabt werden und daß mit dem Empfänger Geschäfte in einer der Satzung widersprechenden Art geschlossen werden können, so mag das im Verhältnis zu dem Empfänger als Bekenntnis der Stadt zu einem bankmäßigen Geschäftsbetrieb außerhalb der Sparkasse angesehen werden können. Daß es sich der Sache nach um Angelegenheiten handelte, die in den Betrieb der Sparkasse gehörten, mag demgegenüber nicht entscheidend sein. Das Reichsgericht hat in dem für den Bereich der östlichen Städteordnung ergangenen Urteil vom 26. Oktober 1928 (RGZ. Bd. 122 S. 176) und ebenso in dem JW. 1927 S. 1251 abgedruckten Erkenntnis für eine Gemeinde westfälischen Städterechts ausgesprochen, daß eine nach der Satzung in unvollständiger Vertretung vollzogene Wechselerklärung der Sparkasse als durch das Akzept der Stadtvertretung für die Stadt genehmigt anzusehen sei, weil die Sparkasse trotz ihrer eigenen Organisation schließlich auch dem Magistrat untergeordnet bleibe. Ob diese Grundsätze auch für das Rheinische Städterecht und die hier geltende Sparkasseneinrichtung Geltung haben können, braucht nicht erörtert zu werden. Denn in jenen Fällen handelte es sich um rechtsgeschäftliche Erklärungen, die von der Stadtvertretung als solcher gegenüber demjenigen abgegeben waren, der mit der Sparkasse in Vertragsbeziehungen trat. Die hier in Frage kommende Kundgebung vom 7. März 1924, wenn sie als namens der Stadt abgegeben gelten sollte, war nicht an die Klägerin gerichtet; sie konnte ihr, schon weil sie zeitlich der Bürgschaftszusage folgt, nicht einmal beim Vertragsschluß bekannt sein.

Soweit aber Erklärungen, sei es auch vom Stellvertreter des Oberbürgermeisters in Amtshandlung, für die Sparkasse abgegeben sind, kann es nur auf die satzungsmäßige Vertretungsmacht ankommen, nicht auf diejenige nach der Städteordnung. Denn da nach § 3 der Satzung der Sparkasse der Oberbürgermeister neben zwölf Bürgern dem Verwaltungsrat angehört, welcher gemäß § 8 nach Stimmenmehrheit und in den durch die §§ 7 und 8 gesetzten Formen entscheidet, wären sonst die besonderen Sicherungen inhaltlos, die gerade das Vertrauen der Bürgerschaft anrufen. Es bewendet deshalb auch hier bei dem Ergebnis, zu dem der II. Zivilsenat in der Sache II 5/27 gekommen ist, daß es nämlich nicht angeht, Beschlüsse, die der Verwaltungsrat der Sparkasse gefaßt, und Schritte, die er getan hat, in solche städtischer Organe umzudeuten. Der Gesichtspunkt des Schutzes der Sparkassen nach Maßgabe ihrer Satzungen muß auch jenen Erwägungen gegenüber entscheiden.

Eine andere Frage ist es, ob dieser Gedanke, der gegenüber dem vertraglichen Anspruch auf Erfüllung durchgreift, auch für einen vertraglichen Schadensersatzanspruch nach §§ 276, 278 BGB. Geltung beanspruchen kann aus dem Grunde, daß die Vertretungsberechtigten ihre Aufsichtspflicht verabsäumt haben. Im Urteil RGZ. Bd. 122 S. 351 hat der II. Zivilsenat einen solchen Schadensersatzanspruch anerkannt in einem Falle, wo die gesetzliche Vertretung der Stadt im Rahmen der (ihr bekannten) dauernden Geschäftsverbindung der Sparkasse mit einer Girozentrale die unbefugte Abgabe von Wechselerklärungen durch Sparkassenbeamte namens der Sparkasse geduldet hat. Der II. Zivilsenat hat dort die Anwendung dieses Haftungsgrundsatzes streng auf die besonderen Umstände des Falles beschränkt, nämlich die dauernde und der Vertretung bekannte Geschäftsverbindung bei gleichzeitiger Kenntnis der unbefugten Vertretungshandlungen der Sparkassenbeamten. Zutreffend hat der Berufungsrichter darauf hingewiesen, daß ähnliche Umstände hier nicht vorliegen, daß die Klägerin vielmehr in keiner Verbindung mit den zuständigen Stellen der Beklagten gestanden hat und daß deren Kenntnis von der Handhabung des in Frage stehenden Bürgschaftsgeschäfts und überhaupt von der Geschäftsverbindung der Klägerin mit der Sparkasse nicht in Betracht kommt.

RGZ. 129, 206.

Was ist unter vereinbarter Leistung im Sinne von § 57 des Börsengesetzes zu verstehen?

I. Zivilsenat. Urt. v. 14. Juni 1930.

I. Landgericht I Berlin. — II. Kammergericht daselbst

Die Parteien standen in bankmäßiger Geschäftsverbindung. Die Klägerin hat eine daraus herrührende Forderung eingeklagt. Der Beklagte rechnete mit einer Gegenforderung auf und machte den Überschuß im Wege der Widerklage geltend. Die Gegenforderung stützte er darauf, daß die Klägerin 60 englische Grammophon-Aktien, die sie als Kommissionärin für ihn an der Londoner Börse angeschafft habe, ohne Berechtigung zwangsweise verkauft habe. Die Klägerin habe nämlich auf das Aktiengeschäft einen Einschuß von 4000 RM verlangt; dazu sei sie nicht berechtigt gewesen, da es sich um ein für ihn unverbindliches Börsentermingeschäft gehandelt habe. Infolgedessen habe sie wegen Nichtzahlung des Einschusses keine Zwangsmaßregeln ergreifen dürfen.

Der Beklagte unterlag in allen drei Rechtszügen.

Aus den Gründen:

Die Gegenforderung des Beklagten stützt sich auf den unstreitig von ihm der Klägerin erteilten Auftrag, für ihn 60 Grammophon-Aktien an der Londoner Börse zu kaufen. Wenn der Beklagte geltend macht, daß der von der Klägerin vorgenommene Zwangsverkauf dieser Aktien ihm gegenüber unwirksam gewesen sei und daß er Schadensersatz fordern könne, so bedeutet das rechtlich die Erhebung eines Anspruchs, der seine Grundlage nur in dem ursprünglichen Kommissionsgeschäft finden kann. Die Gegenforderung ist in jedem Falle unbegründet, wenn dem Beklagten ein im Wege der Klage geltend zu machendes Recht aus dem Kommissionsvertrag überhaupt nicht erwachsen ist. Das trifft nach dem gegebenen Sachverhalt zu.

Es handelt sich um einen Auftrag zur Ausführung eines Börsentermingeschäfts. Als solcher wäre der Kommissionsvertrag nach §§ 53, 60, 61 BörsG. nur dann von Anfang an verbindlich gewesen, wenn der Beklagte zu den in § 53 das. aufgeführten Personen gehörte. Dies ist nicht der Fall. Auch nachträglich ist das Geschäft nicht verbindlich geworden. Eine Sicherheitsleistung im Sinne des § 54 BörsG. ist nicht erfolgt. Die vom Beklagten aufgestellte Behauptung, es habe zwischen ihm und der Klägerin stillschweigendes Einverständnis darüber bestanden, daß es so angesehen werden solle, als wenn die im § 54 geregelte Sicherheit geleistet wäre, ist unbeachtlich. Denn die §§ 53 flg. BörsG. sind zwingendes Recht und von Amts wegen zu beachten, und es steht den Parteien nicht frei, die Verbindlichkeit eines Börsentermingeschäfts auf einem anderen als dem im Gesetz vorgeschriebenen Weg herbeizuführen.

Auch die Voraussetzungen des § 57 BörsG. sind nicht gegeben. Daß der Beklagte eine Leistung auf Grund des Kommissionsgeschäfts bewirkt habe, ist nicht behauptet und aus dem Akteninhalt nicht zu entnehmen. Anderseits hat die Klägerin die englischen Aktien dem Beklagten lediglich auf Stückekonto gutgeschrieben. Darin kann die Bewirkung der vereinbarten Leistung oder auch nur eines Teils davon nicht gesehen werden. Der Beklagte hat sich darauf berufen, daß im Sinne des zwischen den Parteien geschlossenen Vertrags die vereinbarte

Leistung eben die Gutschrift auf Stückekonto gewesen sei. Eine solche Vereinbarung ist aber den Geschäftsbedingungen, auf die der Beklagte sich bezogen hat, nicht zu entnehmen. ... (Wird ausgeführt.) Wäre das aber auch der Fall, so würde die Vereinbarung dem Gesetz gegenüber keine Wirksamkeit beanspruchen können. Wenn § 57 BörsG. von der „vereinbarten" Leistung spricht, so kann damit nicht jede beliebige, sondern nur diejenige Leistung gemeint sein, die sich die Parteien schulden auf Grund des durch seine typischen Bedingungen bestimmten Termingeschäfts selbst. Andernfalls wäre ein allzu bequemer Weg eröffnet, die Vorschriften des Gesetzes über die Unverbindlichkeit der Termingeschäfte zu umgehen (vgl. Nußbaum Komm. zum BörsG. Anm. 2 zu § 57 S. 289.) Das Termingeschäft selbst geht an sich auf Lieferung von Waren oder Wertpapieren, d. h. auf Übertragung von Besitz und Eigentum. Ob im Verkehr mit englischen Aktien bei ihrer besonderen Natur insoweit etwas Abweichendes zu gelten hätte, als nicht unbedingt die Übertragung der Rechte an den Käufer selbst zu fordern wäre, sondern unter Umständen die Übertragung an einen Treuhänder genügte, kann dahingestellt bleiben. Denn auch bei englischen Aktien ist keinesfalls die Gutschrift auf Stückekonto, die nur ein Forderungsrecht des Käufers begründet, als Erfüllung des Termingeschäfts im Sinne des § 57 BörsG. anzusehen (vgl. RGUrt. v. 24. September 1915 III 41/15).

Der zwischen den Parteien geschlossene Kommissionsvertrag ist mithin unwirksam geblieben. Die Unverbindlichkeit gilt — und das hat der Vorderrichter übersehen — für beide Parteien. Der Beklagte kann keine Rechte daraus gegen die Klägerin herleiten. ...

RGZ. 130, 367.

Kann jede Reichsmarkschuld, auch eine Wertschuld, dadurch getilgt werden, daß der Nennbetrag in Reichsmark gezahlt wird? Gilt das auch dann, wenn die Kaufkraft der Reichsmark, z. B. nach den Reichs-Teuerungsrichtzahlen, zur Zeit der Entstehung der Schuld höher war als im Zeitpunkt der Zahlung?

Münzgesetz vom 30. August 1924 (RGBl. II S. 254) §§ 3, 4, 5, 9.
Bankgesetz vom 30. August 1924 (RGBl. II S. 235) §§ 31, 52.

II. Zivilsenat. Urt. v. 28. November 1930.

Die Entscheidung ist abgedruckt unter „Bürgerliches Recht, Recht der Schuldverhältnisse 1".

RGZ. 135, 91.*

1. . . .

2. Über das Wesen und die Bedeutung der Allgemeinen Geschäftsbedingungen von Banken und ihrer Anerkennung durch die Kunden.

VII. Zivilsenat. Urt. v. 5. Februar 1932.

I. Landgericht I Berlin. — II. Kammergericht daselbst.

Die Geschäftsbedingungen der Klägerin enthalten in Nr. 16 Satz 2 die Bestimmung:

> Die Bank kann bei ihr im Depot ruhende Wechsel, falls ihr keine andere Weisung erteilt ist, bei Verfall vorlegen und mangels Zahlung protestieren lassen und zu diesem Zweck über Wechsel auf auswärtige Plätze rechtzeitig verfügen.

Bei der Zweigstelle der Klägerin in D. fand das Finanzamt gelegentlich einer Revision eine Anzahl unterschriebener Bestätigungsschreiben folgenden Inhalts:

> Hierdurch bestätige ich Ihnen den Empfang Ihres Schreibens vom .... nebst einem Abdruck der für den Geschäftsverkehr mit Ihnen maßgebenden Allgemeinen Bedingungen, von denen ich Kenntnis genommen habe und welche ich für mich als rechtsverbindlich anerkenne.

In diesen Schreiben im Zusammenhalt mit dem oben wiedergegebenen Satz der Allgemeinen Bedingungen sah das Finanzamt Vollmachtsurkunden und erforderte dafür insgesamt 459 RM. Stempel nach Tarifst. 19 des preußischen Stempelsteuergesetzes vom 27. Oktober 1924. Die Klägerin zahlte den Betrag und forderte ihn nunmehr zurück.

Der Beklagte unterlag in allen drei Rechtszügen.

Gründe:

1. . . .

2. Sachlich kann zwar der Revision nicht aus dem vom erkennenden Senat in früheren Entscheidungen vorangestellten Gesichtspunkt entgegengetreten werden, daß die Antwort der Kunden nur als Empfangsbekenntnis zu werten sei. Denn die Klägerin hat sich nicht damit begnügt, von ihren Kunden ein bloßes Bekenntnis zum Empfang der Geschäftsbedingungen zu fordern, sie haben vielmehr darüber hinaus den Inhalt der Bedingungen als für sich rechtsverbindlich anerkennen müssen. Die Frage, was damit gemeint sei, ist der eigentliche Streitpunkt unter den Parteien. Sie ist vom Revisionsgericht in eigener Auslegung der Geschäftsbedingungen zu beantworten, denn diese sind

offenbar typische Urkunden. Das ist von keiner der Parteien bezweifelt worden.

Diese Streitfrage hat der Senat in jüngerer Zeit bereits dreimal zuungunsten des verklagten Staates entschieden, und zwar durch die Urteile vom 22. Oktober 1929 VII 158/29 (JW. 1930 S. 633 Nr. 11), vom 10. Dezember 1929 VII 251/29 und vom 30. September 1930 VII 636/29. Der Senat hat sich in jenen Urteilen strenger, als es vielleicht früher geschehen war, zu dem vom I. Zivilsenat des Reichsgerichts in RGZ. Bd. 58 S. 154 flg. aufgestellten Grundsatz bekannt, daß die Geschäftsbedingungen der Banken zur Erleichterung des Geschäftsverkehrs im voraus und in typischer Weise aufgestellt sind, um später, wenn ein Geschäftsabschluß erzielt wird, die sog. lex contractus dieses Geschäfts zu bilden, d. h. die Summe der bei diesem Einzelgeschäft getroffenen Abreden darzustellen. Die Möglichkeit, daß nach dem Willen der Bank und des Kunden auch einmal schon durch die Anerkennung der Geschäftsbedingungen sofort und ohne das Hinzutreten eines weiteren Geschäfts rechtliche Wirkungen eintreten sollen, hat der Senat stets eingeräumt und auch in den angezogenen Urteilen nicht geleugnet. Es ist aber aus der allein maßgebenden Urkunde nicht ersichtlich, daß Wechsel der Kunden bereits im Depot der Bank gelegen hätten, und auch aus ihr nicht einmal zu entnehmen, daß der Kunde die Absicht gehabt habe, überhaupt Wechselgeschäfte zu machen; es fehlt also an jedem Anhalt dafür, daß der Kunde damit gerechnet habe, seine Wechsel würden mit oder ohne sein Zutun in das Depot der Bank gelangen. Wenn er bei solcher Sachlage auch den allgemeinen Satz in Nr. 16 (2) der Geschäftsbedingungen unterzeichnete, so läßt sich nicht feststellen, daß er damit schon eine rechtsgeschäftlich bindende Vollmacht habe erklären wollen. Er hat lediglich das getan, was der Kunde bei der Unterzeichnung solcher Geschäftsbedingungen regelmäßig tut: er hat anerkannt, was für seine Beziehungen zur Bank maßgebend sein soll, wenn er einmal Wechselgeschäfte mit ihr machen würde. In anderem Sinne konnte auch die Bank nach Treu und Glauben und mit Rücksicht auf die Verkehrssitte die durch das Unterzeichnen der Geschäftsbedingungen abgegebene Erklärung nicht auffassen und hat sie diese auch nicht aufgefaßt.

. . .

RGZ. 135, 319.

Findet § 2 des Depotgesetzes Anwendung, wenn ein Kommissionär Wertpapiere für den Kommittenten angeschafft, ihm aber das Eigentum nicht übertragen hat?

DepotG. §§ 2, 7 Abs. 2.

I. Zivilsenat. Urt. v. 2. März 1932.

I. Landgericht III Berlin.

Der Beklagte steht mit der Klägerin in laufender Geschäftsverbindung und Kontokorrentverkehr. In seinem Auftrag kaufte die Klägerin im Januar und Februar 1931 in drei Posten 6000 RM Hirsch-Kupfer-Aktien zum Kurs von 115, 5800 RM Aktien des Bankvereins für Schleswig-Holstein, 2800 RM Reichsbankanteile zum Kurs von 119. Alle diese Aufträge wurden per Kassa nach den Geschäftsgebräuchen (Usancen) der Berliner Börse ausgeführt. Die Klägerin erfüllte die Aufträge durch Selbsteintritt. Der Beklagte wurde mit dem Kaufpreis in laufender Rechnung belastet, die Papiere wunrden ihm auf Stückekonto gutgeschrieben, eine Nummernaufgabe unterblieb. Am 1. Februar 1931 zahlte der Beklagte bei der Klägerin 7000 RM ein, am 1. März 1931 2000 RM.

Nach einer zwischen den Parteien bei Beginn der Geschäftsverdingung getroffenen mündlichen Vereinbarung sollte die Klägerin bis zur Übertragung des Eigentums auf den Beklagten das freie Verfügungsrecht über die aus Anlaß von Kaufanträgen des Beklagten angeschafften Wertpapiere haben, solange dessen Konto einen Schuldsaldo aufwies.

Am 12. März 1931 untersagte der Beklagte der Klägerin brieflich, über die auf Grund der Kommissionsverträge angeschafften Wertpapiere durch Weiterverpfändung oder in sonstiger Weise zu verfügen. Die Klägerin hält dieses Verbot für unberechtigt. Sie behauptet, ein rechtliches Interesse an der alsbaldigen Feststellung zu haben, daß das Verfügungsverbot des Beklagten unberechtigt sei, und hat eine dahingehende Feststellungsklage erhoben. Der Beklagte hat den entgegengesetzten Standpunkt vertreten.

Das Landgericht gab der Klage statt. Die vom Beklagten unmittelbar eingelegte Revision war erfolglos.

Gründe:

Bei den von der Klägerin angeschafften Wertpapieren handelt es sich um Stücke, welche in ihr Eigentum übergegangen sind; der Beklagte hatte nur ein Forderungsrecht auf Lieferung. Es ist kein Stückeverzeichnis übersandt, auch ist in sonstiger Weise das Eigentum nicht übertragen worden, ebensowenig der Besitz. Der Beklagte hat Teilzahlungen geleistet. Diese sind aber nur als Aktivposten in das

Kontokorrent eingestellt worden. Der Beklagte nimmt jedoch das Recht in Anspruch, der Klägerin jede Verfügung über die angeschafften Wertpapiere zu verbieten, indem er sich darauf beruft, daß nach der Rechtsprechung des Reichsgerichts in Strafsachen jede Verfügung der Klägerin gegen § 9 des Depotgesetzes verstoßen und daher auch bürgerlichrechtlich unerlaubt sein würde. Einer Stellungnahme zu dieser Frage bedarf es aber im vorliegenden Falle nicht. Zwischen den Parteien ist unstreitig, daß mündlich zwischen ihnen vereinbart worden war, die Klägerin solle über alle auf Grund von Kommissionsverträgen für den Beklagten angeschaffte Wertpapiere verfügungsberechtigt sein, solange das Konto des Beklagten einen Debetsaldo aufweise. Diese Vereinbarung schließt mit Rechtswidrigkeit einer unter der gegebenen Voraussetzung getroffenen Verfügung in jedem Falle aus, sofern sie rechtsgültig abgeschlossen ist. Zweifel in dieser Beziehung bestehen angesichts des § 2 DepotG. Nach dieser Bestimmung ist eine Erklärung des Hinterlegers oder Verpfänders von Wertpapieren, durch die der Verwahrer oder Pfandgläubiger ermächtigt wird, über die Papiere zu seinem Nutzen zu verfügen, nur gültig,

> soweit sie für das einzelne Geschäft ausdrücklich und schriftlich abgegeben wird.

Weiter bestimmt § 7 Abs. 2 das.:

> Der Kommissionär hat bezüglich der in seinem Gewahrsam befindlichen, in das Eigentum des Kommittenten übergegangenen Wertpapiere die im § 1 bezeichneten Pflichten eines Verwahrers.

Es fragt sich, ob § 2 des Gesetzes auch auf den Fall anzuwenden ist, daß der Kommissionär Papiere für den Kommittenten angeschafft hat, ohne das Eigentum auf ihn zu übertragen. Die Anwendung könnte nur eine sinngemäße sein, der Wortlaut der Bestimmungen deckte sie nicht. Sie ist abzulehnen. § 2 verordnet eine Ausnahme von der sonst im bürgerlichen Recht bestehenden Regel der Formfreiheit; deshalb verbietet sie eine Ausdehnung über den eindeutig bestimmten Tatbestand. Das Gesetz hat es ferner für nötig gehalten, ausdrücklich anzuordnen, daß der Kommissionär, welcher Papiere im Gewahrsam hat, die bereits in das Eigentum des Kommittenten übergegangen sind, die im § 1 bezeichneten Pflichten des Verwahrers hat. Daraus ist zu folgern, daß das Gesetz selbst eine Ausdehnung der Bestimmungen des § 2 über den ausdrücklich genannten Verwahrer oder Pfandgläubiger hinaus an sich nicht will. Ist somit die mündliche Vereinbarung der Parteien rechtsgültig, so ist die Klägerin zur Verfügung berechtigt, solange sich der Beklagte im Debet befindet. Da nicht behauptet worden ist, daß diese Voraussetzung nicht zuträfe, ist der Klage mit Recht stattgegeben worden.

RGZ. 136, 106.

Liegt ein Kassageschäft vor, wenn der Prämienkäufer die Wertpapiere effektiv bezieht?

BörsG. § 53.

I. Zivilsenat. Urt. v. 13. April 1932.

I. Landgericht Hamburg, Kammer für Handelssachen. — II. Oberlandesgericht daselbst.

Der Beklagte ist mit der Klägerin Ende Dezember 1927 in Geschäftsverbindung getreten und hat bei ihr Prämiengeschäfte gemacht. Die Klägerin hat, wie sie behauptet, am 30. Mai 1928 300 Stück Oesterreichische Alpine Montan-Aktien zum Kurs von 41,30 für 7290,90 RM für ihn fest gekauft. Unter Vorlegung eines Kontokorrentauszugs, in dem er neben dem Kaufpreis auch für Prämien, Zinsen, Provisionen und Spesen belastet worden ist, hat sie beantragt, ihn zur Zahlung von 9407 RM nebst Zinsen Zug um Zug gegen Auslieferung von 300 Stück Alpinen Montan-Aktien zu verurteilen.

Der Beklagte hat eingewendet, es habe sich bei dem Kauf der Montan-Aktien um ein verbotenes Börsentermingeschäft gehandelt, weil die Papiere nicht zum Börsenterminhandel zugelassen gewesen seien. Er sei nicht börsenterminsfähig, ferner seien die Montan-Aktien Spielpapiere; er erhebe den Differenz- und Spieleinwand. Schlußnote und Stückeverzeichnis habe er nicht erhalten. Das Geschäft sei auch wucherisch gewesen und habe gegen die guten Sitten verstoßen.

Die Klägerin hat sich darauf berufen, daß es sich bei dem Geschäft nicht um ein Termin-, sondern um ein Kassageschäft gehandelt habe.

Das Landgericht wies die Klage ab. Das Oberlandesgericht verurteilte den Beklagten zur Zahlung von 7290,90 RM und Zinsen. Die Revision des Beklagten führte zur Aufhebung und Zurückverweisung.

Gründe:

Das Berufungsgericht hat den Beklagten mit der Begründung verurteilt, der Kauf vom 30. Mai 1928 stelle sich als Kassageschäft dar, und der Beklagte habe den ihm obliegenden Beweis nicht geführt, daß sich unter dem Kassageschäft ein Börsentermingeschäft oder ein Differenz- oder Spielvertrag verborgen habe.

Der Ausgangspunkt des Vorderrichters ist rechtlich zu beanstanden. Wie der Briefwechsel der Parteien und der vorgelegte Kontoauszug ergeben, hat der Beklagte mit der Klägerin laufend Vorprämiengeschäfte über Oesterreichische Alpine Montan-Aktien abgeschlossen. „Aus der Prämie" hat er am 30. Mai 1928 300 Stück der Aktien fest übernommen, d. h. er hat, wie dies sein Recht war, effektive Lieferung dieser Stücke verlangt. Dieser Kauf kann nicht, wie der Berufungsrichter will, als ein selbständiges Geschäft angesehen werden, sondern er bildet einen untrennbaren Teil des ganzen Prämiengeschäfts. Dessen rechtliche Natur ist allerdings bestritten. Von einer Seite wird es als ein Kauf mit dem Vorbehalt des Rücktritts gegen Reugeld angesehen, von anderer als der einer Anwartschaft, der sich, wenn Lieferung verlangt wird, in einen Kauf von Effekten oder Waren umwandle (so Nußbaum in Ehrenbergs Handbuch Bd. IV Abt. 2 S. 581). Die erstgenannte rechtliche Auffassung erscheint als die natürlichere. Sie ist vom erkennenden Senat schon in früheren Entscheidungen zugrunde gelegt worden (JW. 1902 S. 101 Nr. 50 und LZ. 1908 Sp. 304 Nr. 35). Davon abzuweichen, besteht kein Anlaß. In jedem Fall aber handelt es sich um ein einheitliches Rechtsgeschäft (Nußbaum ebenda); der effektive Bezug stellt sich dar als einer der möglichen Abwicklungsarten. Prämiengeschäfte sind in aller Regel Börsentermingeschäfte, auch im vorliegenden Falle besteht kein Anlaß zu einer anderen Annahme. Nach dem bisher feststehenden Sachverhalt ist somit der Standpunkt des Berufungsgerichts nicht begründet, es liege der äußeren Form nach ein Kassageschäft vor, zumal da aus dem Vorbringen der Parteien, insbesondere dem vorgelegten Kontoauszug, nicht zu entnehmen ist, daß dem Beklagten der Kassakurs vom 30. Mai 1929 berechnet worden wäre.

Zutreffend hat das Oberlandesgericht ausgeführt, daß, wenn ein Börsentermingeschäft vorliegt, es sich um ein erlaubtes, aber sogenanntes inoffizielles handelt. Die Vorschrift des § 63 Abs. 1 BörsG., der Börsentermingeschäfte in Anteilen von Bergwerks- und Fabrikunternehmungen nur mit Genehmigung der Reichsregierung für zulässig erklärt, gilt nicht für die Anteile auswärtiger Unternehmungen (so die herrschende Meinung, vgl. Düringer-Hachenburg-Breit 3. Aufl. Bd. V 1 S. 587; RGZ. Bd. 88 S. 91). Für die Frage der Wirksamkeit kommt in erster Reihe in Betracht, ob der Beklagte börsenterminsfähig war. Da er, soweit ersichtlich, weder Kaufmann ist noch jetzt oder früher berufsmäßig Börsentermingeschäfte oder Bankiergeschäfte betrieben hat, wird zu prüfen sein, ob er zur Zeit des Geschäftsabschlusses an einer dem Handel mit Wertpapieren dienenden Börse mit der Befugnis zur Teilnahme am Börsenhandel dauernd zugelassen war. Sollte der Beklagte nicht börsenterminsfähig sein, so würde weiter zu untersuchen sein, ob etwa das Geschäft gemäß § 57 BörsGes. — § 54 daselbst kommt anscheinend nicht in Frage — verbindlich geworden ist. Dabei ist darauf hinzuweisen, daß die vereinbarte Leistung erst dann bewirkt sein würde, wenn die Papiere dem Beklagten zu Eigentum übertragen sein sollten, nicht, wenn sie ihm nur auf Stückekonto gutgeschrieben oder wenn sonst bloß ein Anspruch auf Lieferung begründet worden wäre (RGZ. Bd. 129 S. 206). In letzter Reihe würde der Einwand erneut zu prüfen sein, es handle sich um ein Differenzgeschäft oder Spiel.

RGZ. 138, 122.

1. Kann sich der Kommissionär, der auf Grund eines ungültigen Börsentermingeschäfts vom Kommittenten auf Rückgabe des Geleisteten in Anspruch genommen wird, auf Wegfall der Bereicherung berufen weil er das Empfangene an seinen Vertragsgegner weitergegeben habe?

2. Wen trifft die Beweislast, wenn das zur Erfüllung einer Verbindlichkeit Geleistete und der Behauptung zurückgefordert wird, es sei unter Vorbehalt geleistet worden.

BörsG. §§ 66, 68, 70. BGB §§ 814, 818.

1. Zivilsenat. Urt. v. 26. Oktober 1932.

Die Entscheidung ist abgedruckt unter „Bürgerliches Recht, Recht der Schuldverhältnisse 8".

RGZ. 139, 114.

1. Kann die vereinbarte Leistung nach § 57 BörsG. durch Verschaffung von Miteigentum an den im Sammeldepot liegenden Wertpapieren bewirkt werden?

2. Voraussetzungen der Verschaffung von Miteigentum durch Besitzkonstitut.

BörsG. § 57. BGB. § 930.

I. Zivilsenat. Urt. v. 14. Dezember 1932.

I. Landgericht Altona, Kammer für Handelssachen. — II. Oberlandesgericht Kiel.

Der Beklagte stand mit der Klägerin seit Jahren in laufender Geschäftsverbindung. Es wurde zunächst nur ein gewöhnliches Girokonto geführt, auf welchem auch Käufe und Verkäufe von Wertpapieren per Kasse verbucht wurden. Seit dem 31. Januar 1928 wurde daneben ein Sonderkonto U für die Börsengeschäfte der Parteien, soweit sie Zeitgeschäfte waren, errichtet. Die Gutschriften und Lastschriften des Sonderkontos wurden laufend auf das Girokonto übertragen. Das Sonderkonto wurde am 29. Oktober 1928 geschlossen und der sich zu Lasten des Beklagten ergebende Saldo auf das Girokonto übernommen. In der folgenden Zeit zahlte der Beklagte 8250 RM bar ein, ferner verkaufte die Klägerin seine im Depot befindlichen Wertpapiere und brachte ihm den Erlös gut. Das Konto schloß am 30. April 1931 mit einem Debetsaldo für den Beklagten von 6958 M ab. Diesen Betrag nebst Zinsen hat die Klägerin mit der Klage verlangt.

Der Beklagte hat geltend gemacht: Bei den auf Sonderkonto verbuchten Geschäften habe es sich um Börsentermingeschäfte gehandelt, die unwirksam gewesen seien, da er als Apothekenprovisor nicht börsentermingeschäftsfähig sei.

Die Klägerin hat bestritten, daß es sich um Börsentermingeschäfte gehandelt habe. Sie hat ferner geltend gemacht, daß der Beklagte Kaufmannseigenschaft besessen habe, sowie daß die Geschäfte, wenn sie zunächst unverbindlich gewesen sein sollten, doch wirksam geworden seien, weil die gekauften Papiere effektiv geliefert seien, der Beklagte den Saldo bei Schließung des Sonderkontos schriftlich anerkannt und die Übertragung auf das Girokonto beantragt habe.

Das Landgericht erkannte nach dem Klageantrag, das Oberlandesgericht wies die Klage ab. Die Revision der Klägerin führte zur Aufhebung und Zurückverweisung.

Gründe:

Ohne Rechtsirrtum hat das Oberlandesgericht ausgeführt, daß die auf dem Sonderkonto U verbuchten Geschäfte der Parteien Börsentermingeschäfte und als solche zunächst unverbindlich gewesen seien, weil der Beklagte die Börsentermingeschäftsfähigkeit nicht besessen habe. In Frage kommt, ob die Geschäfte dadurch von Anfang an verbindlich geworden sind, daß der eine Teil bei oder nach Fälligkeit sich dem anderen Teil gegenüber mit der Bewirkung der vereinbarten Leistung einverstanden erklärt und der andere Teil diese Leistung an ihn bewirkt hat. Das Berufungsgericht hat dies für beide Parteien verneint. Soweit der Beklagte in Betracht kommt, sind dagegen keine rechtlichen Bedenken zu erheben. Der Vorderrichter hat ausgeführt, daß für den Käufer die vereinbarte Leistung grundsätzlich die Zahlung des Kaufpreises sei; inwieweit an dessen Stelle eine mit Einverständnis des Gläubigers bewirkte Leistung an einen Dritten oder Leistung eines

Erfüllungsersatzes, wie Hingabe an Erfüllungsstatt oder Aufrechnung, treten könne, bedürfe keiner weiteren Prüfung. Denn selbst wenn in der Übertragung des Debetsaldos aus dem Sonderkonto auf das Girokonto die Begründung einer Darlehnsschuld zu sehen wäre, so bedeutete das keine Abwicklung, die eine Bewirkung der vereinbarten Leistung darstellte. Reine Buchungen und Beurkundungen ohne tatsächliche Leistung und ohne eine Vermögensverschiebung genügten nicht. Diese Ausführungen entsprechen den in der Rechtsprechung entwickelten Grundsätzen (RGZ. Bd. 91 S. 377). Wenn die Revision bemerkt, daß der Beklagte die Leistung bewirkt haben würde, wenn die Klägerin ihm den Betrag seiner Schuld auf Sonderkonto bar ausgezahlt und er dann den Betrag wieder auf Sonderkonto eingezahlt hätte, so ist das richtig; es ist weiter als richtig anzuerkennen, daß die gleiche rechtliche Beurteilung eintreten müßte, wenn die Umbuchung nur aus praktischen Gründen vorgenommen worden wäre, um den Weg der Aus- und Einzahlung zu ersparen. Daß die Sache aber so gelegen hätte, dafür bietet das bisherige Sachvorbringen keinen Anhalt. Es muß daher angenommen werden, daß die Umbuchung des Endsaldos, ebenso wie die übrigen Übetragungen von einem Konto auf das andere, bloße Buchungsmaßnahmen darstellen.

Dagegen beruht die Annahme des Berufungsgerichts, daß auch die Klägerin die vereinbarte Leistung nicht bewirkt und der Beklagte sich nicht mit der Bewirkung einverstanden erklärt habe, auf einer unzureichenden rechtlichen Würdigung des Sachverhalts. Nach der Rechtsprechung genügt es für die Anwendung des § 57 BörsG., daß das Geschäft in seinem wesentlichen Inhalt erfüllt ist, daß eine tatsächliche Leistung vorliegt, die der Erfüllung in wirtschaftlicher Hinsicht gleichzuachten ist (RGZ. Bd. 91 S. 381). Die Bewirkung der vereinbarten Leistung besteht grundsätzlich darin, daß der Verkäufer oder Kommissionär die Wertpapiere dem Käufer oder Kommittenten übereignet, sie also aushändigt oder in Verwahrung nimmt. Bloße Buchungen bieten keine Gewähr (RGZ. Bd. 91 S. 45, vgl. auch RGZ. Bd. 87 S. 244). Von diesem Standpunkt aus muß es genügen, wenn dem Käufer oder Kommittenten in der erforderlichen Höhe Miteigentum verschafft wird an Wertpapieren gleicher Art, die bei einem von den Großbanken für Hinterlegungszwecke benutzten Sammeldepot, wie dem Sammeldepot der Bank des Berliner Kassenvereins, verwahrt werden. Auch in diesem Falle hat eine wirkliche Vermögensverschiebung stattgefunden, es liegt eine Leistung vor, die der Erfüllung in wirtschaftlicher Beziehung gleichzuachten ist. Es war daher zunächst zu prüfen, ob nicht die Klägerin dem Beklagten Miteigentum auf den auf Termin gekauften Papieren verschafft hat. Das Berufungsgericht will das offensichtlich deshalb verneinen, weil kein Stückeverzeichnis übersandt worden sei. Es sagt, daß die Eigentumsübertragung nach § 7 DepotG. rechtswirksam nur dergestalt bewirkt werden könne, daß dem Käufer ein Verzeichnis der ihm gelieferten einzelnen Stücke übersandt werde. Das ist rechtsirrig. Die Übersendung des Stückeverzeichnisses ist nicht der einzige Weg, auf dem der Kommissionär dem Kommittenten das Eigentum übertragen kann. Daneben bestehen die sonstigen Möglichkeiten, welche das bürgerliche Recht für die Übertragung des Eigentums ohne gleichzeitige Übertragung des unmittelbaren Besitzes bietet; sie gelten auch für die Übertragung des Miteigentums. Als eine solche Möglichkeit käme gemäß § 931 BGB. die Abtretung des Herausgabeanspruchs gegen die Bank des Kassenvereins in Betracht, doch bietet der Sachverhalt keinen Anhalt, daß dieser Weg gewählt worden wäre. Wohl aber bietet die Sachlage Anlaß zu der Prüfung, ob nicht eine Übertragung des Miteigentums gemäß § 930 BGB stattgefunden hat. Dazu wäre zunächst erforderlich, daß die Klägerin unmittelbare oder mittelbare Mitbesitzerin gleichartiger Wertpapiere in der erforderlichen Höhe gewesen wäre. Weiter müßte zwischen den Parteien ein Rechtsverhältnis vereinbart sein, vermöge dessen der Beklagte den mittelbaren Mitbesitz erlangt hätte; das würde in diesem Falle ein Rechtsverhältnis sein, kraft dessen die Klägerin verpflichtet wurde, nunmehr im eigenen Namen für Rechnung des Beklagten das Miteigentum an den Papieren zu verwalten. Dieses Rechtsverhältnis hätte die Klägerin durch Vertragsschluß mit sich selbst gemäß § 181 BGB. begründen können. Erforderlich wäre nur, daß der Wille, ein solches Rechtsverhältnis zu begründen, nach außen in die Erscheinung getreten wäre. Dazu würde aber genügen ein Vermerk in den Handelsbüchern, sofern darin der Umfang des Miteigentums in genügender Weise gekennzeichnet wäre, und eine allgemeine Mitteilung an den Kommittenten, daß die Papiere für ihn in Verwahrung genommen seien (vgl. ROHG. Bd. 25 S. 250; RGZ. Bd. 11 S. 60). Endlich wäre noch erforderlich das Einverständnis des Beklagten mit dieser Art der Übertragung des Miteigentums. Dieses könnte auch nachträglich und stillschweigend erteilt worden sein. Das Berufungsgericht meint allerdings, jedenfalls seien die Geschäfte, welche der Lastschrift vom 31. Januar 1928 zugrunde lägen, von der Klägerin nicht vereinbarungsgemäß erfüllt worden, weil bei der Erteilung des Auftrags das Einverständnis des Beklagten damit, daß die Papiere im Sammeldepot vereinigt würden, noch nicht vorgelegen habe. Dabei hat aber der Vorderrichter übersehen, daß die Klägerin allgemein behauptet hatte, der Beklagte habe sich „jeweils", also bei jeder Auftragserteilung damit einverstanden erklärt, daß die zu kaufenden Stücke dem Sammeldepot beigefügt würden. Es kommt indes darauf nicht einmal an. Denn es ist nicht zuzugeben, daß sich der Käufer schon bei der Auftragserteilung mit einer bestimmten Abwicklung des Geschäfts einverstanden erklären müsse. Es genügt, daß eine Abwicklung erfolgt, die im wirtschaftlichen Sinne der Erfüllung gleichkommt, und daß der Käufer hiermit sein Einverständnis erklärt. Dieses Einverständnis kann auch stillschweigend erklärt werden. Zur Zeit der Lastschrift vom 31. Januar 1928 war dem Beklagten bekannt, daß die Papiere im Sammeldepot lägen oder dahin überführt werden sollten, daß ihm die Klägerin also nur Miteigentum verschaffen wolle. Ein stillschweigendes Einverständnis mit dieser Regelung könnte darin gefunden werden, wenn er ohne Widerspruch den Geschäftsverkehr fortsetzte und die Dividenden der Papiere entgegennahm.

RGZ. 140, 132.

Kann eine nicht börsentermingeschäftsfähige Person die Bürgschaft für eine Verbindlichkeit des Hauptschuldners aus einem voll wirksamen Börsentermingeschäft übernehmen?

BörsG. § 59.

IV. Zivilsenat. Urt. v. 16. März 1933.

I. Landgericht Aachen. — II. Oberlandesgericht Köln.

Auf den Namen des Erstbeklagten wird bei der Klägerin ein Konto geführt, das zu seinen Lasten einen Saldo von mehr als 30 000 RM aufweist. Auf diesem Konto sind zwischen ihm und der Klägerin Börsentermingeschäfte abgeschlossen worden. Zur Verwaltung des Kontos hat er dem Zweitbeklagten Vollmacht erteilt. Dieser hat sich für alles, was der Erstbeklagte der Klägerin etwa schuldig sein werde, nach Maßgabe seiner Erklärung vom 19. Juni 1922 als Selbstschuldner verbürgt. Die Klägerin nimmt die Beklagten als Gesamtschuldner auf Zahlung von 30 000 RM nebst Zinsen in Anspruch. Das Landgericht hat sie nach dem Klageantrag verurteilt. Das Oberlandesgericht hat durch rechtskräftiges Teilurteil die Berufung des Erstbeklagten zurückgewiesen und durch das Schlußurteil auf die Berufung des Zweitbeklagten die gegen diesen gerichtete Klage abgewiesen. Die von der Klägerin gegen das Schlußurteil eingelegte Revision blieb erfolglos.

Gründe:

Bei den zwischen der Klägerin und dem Erstbeklagten abgeschlossenen Termingeschäften handelte es sich um offizielle Börsentermingeschäfte (§ 50 BörsG.) unter börsentermingeschäftsfähigen Personen. Die Geschäfte waren also für beide Teile verbindlich und unterlagen nicht dem Spiel- oder Differenzeinwand (§ 53, 58 Satz 1 das.). Der Zweitbeklagte ist unstreitig nicht börsentermingeschäftsfähig. Die ihm gegenüber zu entscheidende Rechtsfrage ist daher die, ob eine nicht börsentermingeschäftsfähige Person die Bürgschaft für eine Verbindlichkeit des Hauptschuldners aus einem voll wirksamen Börsentermingeschäft übernehmen kann. In der Rechtsprechung ist diese Frage, soweit ersichtlich, bisher nicht entschieden worden. Das Berufungsgericht hat sie verneint. Es befindet sich dabei in Übereinstimmung mit Staub-Koenige HGB. Bd. 4 S. 41, Anh. zu § 376 Anm. 26, sowie mit den Erläuterungsbüchern zum Börsengesetz von Nußbaum S. 253, 296, Meyer S. 163 und Apt 5. Aufl. S. 194, während Düringer-Hachenburg-Breit HGB. Bd. V 1, Anh. II zum Handelskauf Anm. 78 S. 503, und Anm. 81d S. 505, die Erläuterungsbücher zum Börsengesetz von Bernstein S. 210 flg. und Kahn 2. Aufl. S. 283 sowie Neukamp im „Verbandskommentar" zum Börsengesetz S. 259 den entgegengesetzten Standpunkt vertreten.

Das Berufungsgericht führt aus, es sei dem Wortlaut des § 59 BörsG. zwar nicht unmittelbar zu entnehmen, daß er auch auf Vereinbarungen des Gläubigers mit Dritten anzuwenden sei; der Sinn des Börsengesetzes fordere aber diese Anwendung. Der Zweck des Gesetzes sei, Personen vom Börsenterminhandel fernzuhalten, die ihn nur zur Befriedigung ihrer Spekulationslust benützten. Eine nicht börsentermingeschäftsfähige Person werde auch durch die Übernahme einer Bürgschaft in die Gefahren verstrickt, die mit Börsentermingeschäften verbunden seien. Gerade der vorliegende Fall zeige, zu welch' unerwünschten Folgen eine andere Auffassung führen würde.

Die Revision bekämpft diese Ausführungen als rechtsirrig und meint, daß weder der Wortlaut des § 59 BörsG. noch die Entstehungsgeschichte des Gesetzes für die vom Berufungsgericht vertretene Auffassung spreche. Der Zweck des Gesetzes sei allein der, nur bestimmte Personengruppen zum Börsenterminhandel zuzulassen, alle anderen jedoch davon fernzuhalten. Der Bürge gehe aber keine eigenen Termingeschäfte ein. Jede Bürgschaft schließe die Gefahr für den Bürgen in sich, mit dem ganzen Vermögen in Anspruch genommen zu werden. Das besage aber noch nichts gegen ihre Gültigkeit. Anderenfalls müßten die gleichen Bedenken gegen eine sachliche Sicherung durch eine dritte Person bestehen. Daß im vorliegenden Fall schon zur Zeit der Bürgschaftsübernahme Börsentermingeschäfte in Frage gekommen seien, habe das Berufungsgericht nicht feststellen können; die Bürgschaft habe sich keineswegs etwa nur auf Termingeschäftsverbindlichkeiten bezogen. Daß eine Gesetzesumgehung vorliege, der Bürge also vom Hauptschuldner nur vorgeschoben worden sei, habe das Berufungsgericht ebenfalls nicht festgestellt.

Der Revision ist der Erfolg zu versagen. Auszugehen ist für diesen Rechtszug mit der Revision davon, daß es sich um eine ernstlich gemeinte Bürgschaft für eine vollwirksame fremde Verbindlichkeit handelt. Daß der Zweitbeklagte zum Zweck des Abschlusses eigener Termingeschäfte den Erstbeklagten nur vorgeschoben habe, stellt das Berufungsgericht nicht fest. Es zieht nur die Möglichkeit in Betracht, das Gesetz in dieser Weise zu umgehen, und entnimmt daraus eine weitere Stütze seiner Ansicht, daß eine nicht börsentermingeschäftsfähige Person eine Bürgschaft für Börsentermingeschäfte nicht wirksam übernehmen könne.

Die Entscheidung hängt davon ab, ob sich die Vorschrift des § 59 BörsG. nur auf Vereinbarungen zwischen den Vertragsparteien des Termingeschäfts selbst bezieht oder auch auf solche Vereinbarungen, die zwischen dem Gläubiger und einem Dritten getroffen werden. Aus dem Wortlaut des § 59 kann für sich allein die Entscheidung nicht mit Sicherheit entnommen werden. Die dort gebrauchten Ausdrücke „der eine Teil" und „der andere Teil" können sowohl auf die Vertragschließenden des Termingeschäfts wie auch auf die der neuen Vereinbarung bezogen werden (vgl. Nußbaum a.a.O. S. 296). Beachtlich ist aber immerhin — worauf Meyer a.a.O. S. 163 hinweist — die von der ähnlichen Vorschrift des § 762 Abs. 2 BGB. abweichende Fassung des § 59 BörsG. Schon diese Abweichung läßt einen Schluß darauf zu, daß der Gesetzgeber bei der Vorschrift des § 59 nicht nur Vereinbarungen zwischen den ursprünglichen Vertragsparteien im Auge hatte. Vor allem aber erfordert es, wie das Berufungsgericht zutreffend ausgeführt hat, der Zweck der §§ 52 flg. BörsG., die Vorschrift des § 59 auch auf Vereinbarungen des Terminglaubigers mit einem Dritten zu beziehen, durch die dieser zum Zweck der Erfüllung der Schuld aus einem Börsentermingeschäft dem Gläubiger gegenüber eine Verbindlichkeit eingeht, also insbesondere auch auf die Übernahme von Bürgschaften.

Nach der Begründung zum Entwurf eines Gesetzes betr. Aenderung des Börsengesetzes (Reichstags-Drucksache 1907/1909 Nr. 483 S. 2602 flg., 2609) bezweckte der Entwurf die Schaffung einer Börsenrechtssphäre, innerhalb deren allein dem Börsenterminhandel völlige Freiheit eingeräumt werden könne. Die Lösung der Frage sollte auf dem Weg angestrebt werden, daß die Personenkreise, welche wirksam Börsentermingeschäfte abschließen können, durch das Gesetz selbst bestimmt werden. Die Frage wurde deshalb dahin gestellt, welche Personenkreise keinen besonderen Schutz gegen die aus der Teilnahme am Terminhandel erwachsenden Gefahren beanspruchen könnten. Die Haftung des Publikums sollte auf bestellte reale Sicherheiten beschränkt werden, wobei die Wirksamkeit der Sicherheitsbestellung von der Wahrung strenger Formen abhängig sein sollte. Dem Börsenterminhandel sollte also innerhalb eines bestimmten Personenkreises völlige Freiheit gewährt und gleichzeitig dem außerhalb dieses Kreises stehenden Publikum die Beteiligung unter gewissen, den Gepflogenheiten des soliden Handels angepaßten Beschränkungen gestattet werden.

Aus diesen Erwägungen folgt als der Wille des Gesetzgebers, daß der erlaubte Börsenterminhandel nur innerhalb eines bestimmt abgegrenzten Personenkreises völlige Freiheit genießen und volle Wirksamkeit äußern soll. Die Haftung außerhalb dieses Personenkreises stehender Personen sollte auf die von ihnen in bestimmter Form bestellten realen Sicherheiten beschränkt sein (§ 54). Hiervon abgesehen sollten die Geschäfte nicht termingeschäftsfähiger Personen unwirksam, wenn auch erfüllbar sein (§ 55 bis 57). Der hiernach vom Gesetzgeber verfolgte Zweck, nicht termingeschäftsfähige Personen gegen die aus der Teilnahme am Terminhandel erwachsenden Gefahren zu schützen, würde vereitelt werden, wenn jede nicht termingeschäftsfähige Person dem Gläubiger gegenüber zum Zweck der Erfüllung fremder Terminschulden Verbindlichkeiten eingehen könnte. Dies nötigt dazu, die Vorschrift des § 59 auch auf Vereinbarungen des Gläubigers mit Dritten zu beziehen. Nach dem dort für anwendbar erklärten § 52 ist daher eine Bürgschaft für ein erlaubtes Börsentermingeschäft nur gemäß §§ 53 bis 56 BörsG. wirksam. Da der Zweitbeklagte nicht termingeschäftsfähig ist, so ergibt sich hieraus, daß durch die von ihm übernommene Bürgschaft keine klagbare Verbindlichkeit begründet worden ist.

Mit der Entscheidung des III. Zivilsenats vom 27. Oktober 1914 (RGZ. Bd. 85 S. 380) setzt sich der erkennende Senat damit nicht in Widerspruch. Diese Entscheidung betraf eine Darlehnsaufnahme des Schuldners bei einem Dritten, also ein selbständiges Rechtsgeschäft, das mit dem Termingeschäft in keinem rechtlichen Zusammenhang steht, während es sich hier um die Übernahme einer akzessorischen Verbindlichkeit durch einen Dritten gegenüber dem Gläubiger handelt.

Der Revision kann auch das Vorbringen nicht zum Erfolg verhelfen, daß zur Zeit der Bürgschaftsübernahme Börsentermingeschäfte noch nicht in Frage gekommen seien, und daß sich die Bürgschaft keineswegs etwa nur auf Termingeschäftsverbindlichkeiten bezogen habe. Die Klägerin kann den Zweitbeklagten auf Grund der Bürgschaft insoweit nicht in Anspruch nehmen, als die Schuld des Erstbeklagten auf Börsentermingeschäften beruht. An sich hätte es gegenüber dem Bürgen gemäß den im Urteil des I. Zivilsenats vom 25. März 1931 (RGZ. Bd. 132 S. 128) ausgesprochenen Grundsätzen einer Neuaufstellung des gesamten Rechnungsverhältnisses zwischen der Klägerin und dem Erstbeklagten unter Weglassung der auf Termingeschäfte bezüglichen Posten bedurft. Im vorliegenden Fall war dies aber deshalb nicht erforderlich, weil der gesamte in der Klagschrift angeführte Debetsaldo, wie der Zweitbeklagte ohne Widerspruch der Klägerin vorgetragen hatte, ausschließlich durch Verluste bei Börsentermingeschäften verursacht worden ist.

RGZ. 140, 345.

1. Inwieweit muß sich der Verpfänder, der die Rückgabe des Pfandes verlangt, zur Befriedigung des Pfandgläubigers erbieten?

2. Kann der Schuldner, der sich auf die Unwirksamkeit von Börsentermingeschäften beruft, diese Unwirksamkeit nur für einen Teil der Geschäfte geltend machen?

BGB. § 1223. BörsG. § 55.

I. Zivilsenat. Urt. v. 17. Mai 1933.

I. Landgericht I Berlin. — II. Kammergericht daselbst.

Der Kläger unterhielt bei der Beklagten in den Jahren 1925 bis 1931 eine laufende Rechnung. Auf das Konto wurden Kassageschäfte und eine große Anzahl von Börsentermingeschäften verbucht. Stückeverzeichnisse wurden dem Kläger nicht übersandt. Er begehrt von der Beklagten Lieferung von gekauften und ihm auf Stückekonto gutgeschriebenen Aktien und Zahlung von 4000 RM. Zur Begründung macht er geltend, seine jeweiligen Saldoanerkenntnisse seien unwirksam gewesen, weil darin Posten enthalten gewesen seien, die auf unwirksamen Börsentermingeschäften beruht hätten. Während er die vor dem 9. Mai 1927 geschlossenen Börsentermingeschäfte als wirksam anerkenne, mache er für die nachher abgeschlossenen die Unwirksamkeit geltend.

Die Beklagte hat beantragt, die Klage abzuweisen, hilfsweise sie nur zu verurteilen, Zug um Zug gegen Zahlung des Kaufpreises der Effekten am Tage der Lieferung zuzüglich der bis zum Urteil aufgelaufenen Zinsen die Papiere herauszugeben. Sie wendet ein: Nach den Geschäftsbedingungen stehe ihr wegen ihrer Forderungen gegen den Kläger ein Pfand- und Zurückbehaltungsrecht an den Papieren zu. Sie habe tatsächlich Forderungen in Höhe der vom Kläger abgegebenen Saldoanerkenntnisse.

In den Vorinstanzen unterlag der Kläger. Auf seine Revision wurde die Beklagte verurteilt, die Aktien Zug um Zug gegen Zahlung von 11 310 RM nebst Zinsen an ihn herauszugeben. Im übrigen blieb die Revision erfolglos.

Gründe:

Das Berufungsgericht hat die auf Herausgabe von Wertpapieren gerichtete Klage abgewiesen mit der Begründung, daß der Beklagten ein Pfandrecht zustehe an dem Anspruch des Klägers auf Übertragung des Eigentums an den für ihn kommissionsweise angeschafften Papieren, daß daher der Kläger die Herausgabe des Pfandes nur fordern könne, wenn er sich zur Zahlung der Schuld, für die das Pfand hafte, erbiete, daß er dies aber nicht getan habe, da er behaupte, der Beklagten nichts mehr zu schulden, vielmehr noch Forderungen gegen sie zu haben. Die Revision wendet sich in erster Linie dagegen, daß das Kammergericht nicht in dem Vorbringen des Klägers ein Erbieten gesehen habe, seine Schuld, soweit sie gerichtlich festgestellt werde, Zug um Zug gegen Herausgabe des Pfandes zu bezahlen. Sie führt aus, das Vorbringen des Klägers ergebe klar, daß er, wenn er nicht die uneingeschränkte Verurteilung der Beklagten erreichen könne, bereit sei, zwecks ihrer Verurteilung zur Herausgabe der Wertpapiere denjenigen Betrag zu zahlen, den das Gericht endgültig als seine Schuld feststellen werde. Diese Meinung der Revision ist begründet. In der Entscheidung des V. Zivilsenats vom 2. März 1918 (RGZ. Bd. 92 S. 280) ist unter Bezugnahme auf die Entscheidung des III. Zivilsenats vom 4. März 1910 in JW. 1910 S. 391 Nr. 10 ausgeführt, daß eine Klage auf Rückgabe eines Pfandes nicht deshalb abgewiesen werden dürfe, weil der Kläger in der Klage die durch das Pfand gesicherten Forderungen nicht beziffert und sich zu ihrer Befriedigung unter Angabe ihres Betrags nicht bereit erklärt habe. Der Verpfänder sei unter Umständen gar nicht in der Lage, zu wissen, welche Ansprüche der

Pfandgläubiger erheben wolle, und könne den Anspruch auf Herausgabe der Pfandsache vielleicht überhaupt nicht erheben, wenn der Pfandgläubiger mit seinen Ansprüchen nicht hervortrete oder unberechtigte Ansprüche erhebe. Diese Erwägungen müssen dahin führen, an das Erbieten des Schuldners zur Bezahlung der Schuld, mag sie auch an sich zur Klagbegründung gehören, geringe Ansprüche zu stellen. Jedenfalls kann, wie die Revision mit Recht hervorhebt, ein solches Erbieten auch dann vorliegen, wenn der Verpfänder in erster Linie geltend macht, daß er nichts mehr schulde oder sogar noch etwas zu fordern habe. Es wird sogar im Zweifel anzunehmen sein, daß der Verpfänder wenigstens hilfsweise bereit ist, die gerichtlich festgestellte Schuld zu bezahlen; denn es kann ihm nicht daran liegen, daß seine Klage auf Grund der Feststellung abgewiesen wird, daß noch irgendeine Schuld bestehe, die Höhe dieser Schuld aber nach wie vor ungewiß bleibt. Im vorliegenden Fall muß aber darüber hinaus angenommen werden, daß sich der Kläger zur Leistung Zug um Zug erboten hat.... (Wird ausgeführt.)

Das Kammergericht hat festgestellt, daß der Beklagten in jedem Fall noch eine Forderung gegen den Kläger zustehe, sei es, daß die Börsentermingeschäfte als verbindlich zu behandeln seien, sei es, daß das nicht der Fall sei. Die erste Möglichkeit wäre gegeben, wenn die Geschäfte ganz oder teilweise gemäß § 57 BörsG. erfüllt worden wären, oder wenn die Verrechnungsvereinbarung aus Nr. 12 Abs. 6 der Geschäftsbedingungen als hier wirksam anzuwenden wäre. Beide Voraussetzungen sind indes zu verneinen. Der Senat hält an seiner bereits mehrfach ausgesprochenen Ansicht fest, daß die Gutschrift auf Stückekonto keine Erfüllung nach § 57 BörG. darstellt; mehr als eine Gutschrift auf Stückekonto ist aber nicht behauptet worden. Anderseits fehlt es auch an einer Erfüllung durch Zahlung, wie sie der Kläger seinerseits für die vor dem 9. Mai 1927 abgeschlossenen Geschäfte behauptet. Eine Erfüllung liegt weder in der Gutschrift des Gewinnes im Kontokorrent noch in der bloßen Abhebung von Geld. Denn es ist im Wesen des Kontokorrents begründet, daß seine einzelnen Posten an sich in keiner Beziehung zueinander stehen. Eine solche Beziehung wird erst hergestellt mit der im Anerkenntnis des Saldos liegenden Verrechnung; sie fällt wieder weg, wenn die Verrechnung als nicht geschehen anzusehen ist. Allerdings steht es den Parteien frei, bestimmte Posten der Aktiv- und Passivseite miteinander in Beziehung zu setzen; dazu bedarf es aber jeweils einer besonderen Vereinbarung, die hier nicht behauptet worden ist. Die Nr. 12 der allgemeinen Geschäftsbedingungen kommt nicht in Betracht, weil dort nur von einer Leistung durch Gutschrift auf Depot- bzw. Devisenkonto die Rede ist, die bloße Gutschrift auf Stückekonto aber einer solchen nicht gleichgeachtet werden kann. Es braucht daher auf die Höhe der Gegenforderung, die sich bei Zugrundelegung der Wirksamkeit aller Termingeschäfte ergeben würde, nicht eingegangen zu werden.

Sind aber die Börsentermingeschäfte unverbindlich geblieben, so folgt aus den in RGZ. Bd. 132 S. 218 (221) ausgesprochenen Grundsätzen, daß, nachdem sich der Kläger auf die Unverbindlichkeit berufen hat, die in den Saldoanerkenntnissen liegenden Verrechnungen als nicht geschehen anzusehen sind. Dies führt an sich dazu, daß die auf Börsentermingeschäften beruhenden Posten auf beiden Seiten der Rechnung zu streichen sind. Der Kläger beruft sich nun darauf, daß er es in der Hand habe, inwieweit er die Unklagbarkeit der Geschäfte geltend machen wolle; er habe auf die Geltendmachung aller vor dem 9. Mai 1927 liegenden Geschäfte verzichtet und sie dadurch genehmigt. Es kann dahingestellt bleiben, inwieweit dieser Rechtsstandpunkt begründet ist und durch den Wortlaut der genannten Entscheidung gestützt werden könnte. Jedenfalls kann der Kläger auf diesem Wege die Beklage nicht verhindern, ihrerseits die Unwirksamkeit der Geschäfte geltend zu machen und damit die Folgen herbeizuführen, die sich daraus ergeben. Denn die Unwirksamkeit gilt, von § 54 Abs. 1 BörsG. abgesehen, für beiden Parteien (RGZ. Bd. 129 S. 206 [208]). Die Beklagte ist daher in der Lage, das Ergebnis herbeizuführen, welches der Kläger nicht will, nämlich daß alle auf Börsentermingeschäfte bezüglichen Posten auf beiden Seiten der Rechnung gestrichen werden.

Nach der Feststellung des Kammergerichts bleibt für die Beklagte nach Streichung aller Posten, die sich auf Börsentermingeschäfte beziehen, und nach Abzug aller übrigen vom Kläger bestrittenen Posten noch ein Saldo von 36 259,59 RM.... (Wird ausgeführt.) Hiernach ist die Klage mit Recht abgewiesen worden, soweit mit ihr Zahlung von 4000 RM gefordert wird. Im übrigen muß die Verurteilung zur Herausgabe der Papiere Zug um Zug gegen Zahlung der Schuld des Klägers erfolgen. Da die Beklagte erklärt hat, daß sie, falls sie zur Herausgabe der Papiere Zug um Zug gegen Erstattung des Anschaffungspreises von 11 310 RM nebst Zinsen verurteilt werde, für den gegenwärtigen Rechtsstreit auf die Feststellung ihres in Wahrheit weit höheren Guthabens verzichten wolle, so besteht kein Bedenken, das Urteil entsprechend diesem Erbieten zu fassen.

RGZ. 142, 314.

Welche Bedeutung hat es, wenn jemand, dem ein Kaufmann den ihm erteilten Auftrag zur Anschaffung von Wertpapieren weitergibt, erkennt oder erkennen muß, daß die Anschaffung für fremde Rechnung erfolgt? Steht dieser Umstand der Anzeige des Kaufmanns an den Dritten gleich?

DepG. § 8.

I. Zivilsenat. Urt. v. 29. November 1933.

I. Landgericht I Berlin. — II. Kammergericht daselbst.

Die Klägerin zeichnete in der Zeit vom 14. Oktober 1931 bis zum 29. Februar 1932 im Auftrage von Kunden bei der Beklagten $4^1/_2$%ige steuerfreie Reichsbahnanleihe. Hiervon ist ein Teil voll bezahlt und ausgehändigt worden; auf den Rest hat die Klägerin der Beklagten 25 % des Zeichnungspreises gezahlt. Anfang März 1932 geriet die Klägerin in Zahlungsschwierigkeiten. Über ihr Vermögen wurde ein gerichtliches Vergleichsverfahren eröffnet und durchgeführt. Einige Zeit vorher hatte sie bei der Beklagten zwei Akzepte diskontiert; diese waren nicht eingelöst worden. Die Beklagte hat der Klägerin mitgeteilt, daß sie wegen der ihr hieraus erwachsenen Ansprüche ein Zurückbehaltungsrecht an den von der Klägerin gezeichneten Stücken der Reichsbahnanleihe ausüben wolle.

Die Klägerin ist der Ansicht, daß der Beklagten kein Zurückbehaltungsrecht der von ihr beanspruchten Art zustehe. Sie habe allerdings der Beklagten nicht angezeigt, daß sie die Zeichnung für fremde Rechnung vornehme. Die Beklagte habe das aber gewußt, mindestens habe sie es erkennen müssen. Dies ergebe sich daraus, daß die Reichsbahnanleihe fast ausschließlich zur Erlangung von Steueramnestie gezeichnet worden sei, ein Beweggrund, der für Banken nicht in Betracht komme; ferner seien die Zeichnungen nach und nach und teilweise in ganz geringfügigen Beträgen erfolgt. Unter diesen Umständen habe die Beklagte jedenfalls kein Zurückbehaltungsrecht wegen solcher Forderungen erworben, die sich nicht auf die gezeichneten Papiere bezögen. Die Klägerin hat deshalb beantragt, festzustellen, daß der Beklagten wegen ihrer Ansprüche gegen sie aus den bei der Beklagten diskontierten und nicht zur Einlösung gekommenen Akzepten kein Zurückbehaltungsrecht an der $4^1/_2$%igen Deutschen Reichsbahnanleihe 1931 oder an den an Stelle eines Teils dieser Anleihestücke gezahlten Beträgen zustehe.

Die Vorinstanzen haben der Klage entsprochen. Die Revision der Beklagten führte zur Aufhebung und Zurückverweisung.

Gründe:

Das Kammergericht hat der Beklagten ein Zurückbehaltungsrecht der von ihr in Anspruch genommenen Art allein aus dem Grunde versagt, weil sie erkannt habe, daß die Klägerin die Zeichnungen für fremde Rechnung vorgenommen habe. Eine ausdrückliche Mitteilung darüber, so führt der Vorderrichter aus, sei allerdings unstreitig nicht erfolgt. Sie erübrige sich aber, wenn sich die mitzuteilende Tatsache aus anderen Umständen deutlich ergebe; in einem solchen Fall liege eine stillschweigende Mitteilung vor, die nach § 8 DepG. nicht ausgeschlossen sei.

Diese Auslegung des Gesetzes ist rechtlich nicht haltbar. Nach § 8 a.a.O. hat ein Kaufmann, welcher im Betrieb seines Handelsgewerbes einen ihm erteilten Auftrag zur Anschaffung von Wertpapieren an einen Dritten weitergibt, diesem hierbei mitzuteilen, daß die Anschaffung für fremde Rechnung geschehe. Der Dritte, welcher eine solche Mitteilung empfangen hat, kann an den neu beschafften Papieren ein Pfandrecht oder ein Zurückbehaltungsrecht nur wegen solcher Forderungen an seinen Auftraggeber geltend machen, welche mit Bezug auf diese Papiere entstanden sind. Nach dem klaren Wortlaut ist also die Beschränkung des Pfand- und Zurückbehaltungsrechts davon abhängig gemacht, daß der Dritte die Mitteilung empfängt, die Anschaffung erfolge für fremde Rechnung. Über Form und Inhalt dieser Mitteilung ist allerdings nichts vorgeschrieben. Sie kann also mündlich oder schriftlich erfolgen und genügt inhaltlich, wenn sie die Tatsache, daß die Anschaffung für fremde Rechnung erfolge genügend deutlich erkennen läßt. Immer aber muß es sich um eine Aeußerung des ersten Kommissionärs handeln, die von dem Dritten „empfangen" werden kann. Eine stillschweigende Mitteilung ist überhaupt keine Mitteilung, sie ist ein Widerspruch in sich selbst. Die besondere Bedeutung, die der Gesetzgeber der Mitteilung als solcher hat beilegen wollen, erhellt daraus, daß er deren Unterlassung strafrechtlich einer Verfügung über die Papiere selbst gleichgestellt hat (§ 9 Abs. 1 und 2 DepG.; RGSt. Bd. 34 S. 237 [241], Bd. 37 S. 225, Bd. 65 S. 216).

Eine über den Wortlaut hinausgehende Auslegung kann auch nicht mit dem Zweck des Gesetzes begründet werden. Allerdings ist sein erkennbarer Zweck der Schutz der Kunden, und dieser würde weiter gehen, wenn schon die Kenntnis des Dritten von der Tatsache, daß die Anschaffung für fremde Rechnung geschehen sei, ausreichte, um die Beschränkung des Pfand- und Zurückbehaltungsrechts zu bewirken. Das kann aber auch dem Gesetzgeber nicht verborgen geblieben sein. Wenn er bestimmt hat, daß der Empfang einer Mitteilung Voraussetzung der Beschränkung sein solle, einer Mitteilung, deren Unterlassung den ersten Kommissionär unter Umständen straffällig macht, so hat er dies offensichtlich getan, weil er den dadurch dem Kunden gewährten Schutz für ausreichend und jedenfalls eine weitere Ausdehnung mit den Belangen des Dritten nicht mehr für vereinbar gehalten hat. Wollte man trotzdem die Kenntnis des Dritten dem Empfang der Mitteilung gleichstellen, so würde das nicht mehr eine Auslegung des Gesetzes, sondern seine Verbesserung bedeuten. Es wäre dann kein Grund ersichtlich, warum man nicht auch die fahrlässige Unkenntnis des Dritten, ja schließlich die objektive Tatsache des Handelns für fremde Rechnung allein der Mitteilung gleichstellen sollte, alles unter dem Gesichtspunkt, daß der Zweck des Gesetzes dann besser erreicht werde.

In der Rechtsprechung ist die Frage bisher nicht behandelt worden. Im Schrifttum führt Breit in seiner Erläuterung zu § 8 DepG. Anm. VI C aus, daß, wenn der Lokalbankier die Kommission unter Verletzung des § 8 erteile, der Zentralbankier an den angekauften Effekten auch dann ein unbeschränktes Pfandrecht erwerbe, wenn er wisse oder wissen müsse, daß die Anschaffung für fremde Rechnung erfolge. Da, was für das Pfandrecht gilt, auch auf das Zurückbehaltungsrecht zutreffen muß, steht also Breit auf dem hier vertretenen Standpunkt. Dagegen führt Lusensk'y in seiner Erläuterung zum Gesetz, Anm. 8b zu § 8, aus, daß sich der Zentralbankier im Fall des Wissens oder fahrlässigen Nichtwissens vom Handeln für fremde Rechnung ebenso behandeln lassen müsse, wie wenn er die Mitteilung erhalten hätte. Als Grund führt er an, daß durch die pflichtwidrige Unterlassung der Mitteilung der Zweck des Gesetzes unmöglich vereitelt werden könne. Ihm ist aus den oben ausgeführten Gründen nicht zu folgen...

RGZ. 144, 242.

Kann die Erhebung des Differenzeinwandes gegen einen Anspruch aus Börsentermingeschäften gegen die guten Sitten verstoßen?

BörsG. § 58. BGB. §§ 138, 826.

VI. Zivilsenat. Urt. v. 16. April 1934.

I. Landgericht Breslau. — II. Oberlandesgericht daselbst.

Der verklagte Rechtsanwalt, der Genosse der Klägerin war, hatte geschäftliche Beziehungen zu ihr unterhalten, aus denen sich eine im wesentlichen auf fehlgeschlagenen Spekulationen in Börsentermingeschäften beruhende Schuld für ihn ergab, die in den Büchern der Klägerin für den 31. Dezember 1929 mit 83'052 RM ausgewiesen war. Als die Klägerin in geldliche Schwierigkeiten geraten war und einen Vergleich mit ihren Gläubigern anstrebte, verhandelten die Parteien über die Abdeckung der Schuld des Beklagten, wobei dieser den Standpunkt vertrat, daß die Forderung der Klägerin auf Börsentermingeschäften beruhe, die für ihn unverbindlich seien. Auch habe er die Geschäfte mit dem Direktor G. der Klägerin auf gemeinsame Rechnung abgeschlossen, weshalb sie sich für die Hälfte ihrer Forderung nur an G. halten könne. In Verfolg dieser Verhandlungen schlossen die Parteien am 4. Juni 1930 einen schriftlichen Vergleich, worin der Beklagte anerkannte, der Klägerin aus dem Kontokorrentverkehr die Summe von 42 500 RM zu schulden, die mit dem Tage des Vergleichsschlusses in eine Darlehnsschuld umgewandelt wurde und vom Beklagten nach der Verrechnung gewisser Guthaben mit 2% über den Reichsbankdiskont verzinst und in acht gleichen, mit dem 15. Juli 1930 beginnenden Vierteljahrsraten getilgt werden sollte. Der Beklagte hat die vier ersten Raten fristgemäß bezahlt, ist dann aber mit einem Teil der beiden folgenden Raten in Rückstand geraten. Mit der Klage verlangt die Klägerin Bezahlung dieser Rückstände in Höhe von 6944,07 RM. Der Beklagte machte geltend, daß es sich um eine für ihn unverbindliche Schuld aus Börsentermingeschäften handle, und wandte ferner ein, daß er zum Abschluß des Vergleichs nur durch die Drohung der Klägerin mit einer Anzeige bei der Anwaltskammer und dem Landgerichtspräsidenten bestimmt worden sei. Die Klägerin bestreitet, dem Beklagten mit Anzeigen gedroht zu haben. Sie behauptet, daß der Beklagte ihr ständiger Rechtsberater gewesen sei, und macht geltend, daß die Erhebung des Differenzeinwands aus diesem Grunde gegen die guten Sitten verstoße.

Das Landgericht hat den Beklagten nach dem Klageantrag verurteilt. Die Berufung des Beklagten wurde zurückgewiesen. Auch seine Revision blieb ohne Erfolg.

Gründe:

Soweit das Berufungsgericht darlegt, daß eine auf unverbindlichen Börsentermingeschäften beruhende Schuld nicht dadurch in eine klagbare Verbindlichkeit verwandelt werden könne, daß sich der Schuldner im Weg eines Vergleichs zu ihrer Erfüllung verpflichte, wird seine

Begründung von der Revision nicht angegriffen, läßt sie auch keinen rechtlichen Irrtum erkennen. Unberechtigt ist die Rüge der Revision, daß das Oberlandesgericht dem Beklagten zu Unrecht die Berufung auf die Unwirksamkeit der Börsentermingeschäfte versagt habe, weil er damit gegen die guten Sitten verstoße. Das Oberlandesgericht geht davon aus, daß die Berufung des nicht zu den börsentermingeschäftsfähigen Personen im Sinne des § 53 BörsGes. gehörigen Beklagten auf die durch § 58 BörsG. geregelte Nichtigkeit der von ihm getätigten Geschäfte an und für sich nicht als ein Verstoß gegen Treu und Glauben angesehen werden könne. Es läßt dahingestellt, ob in der Vornahme von Börsentermingeschäften durch einen Rechtsanwalt, der den Mangel seiner Börsentermingeschäftsfähigkeit und dessen rechtliche Folgen kenne, eine sittenwidrige, zum Schadensersatz verpflichtende Handlung gefunden werden könne. Im vorliegenden Fall will es aber deshalb in der Erhebung des Differenzeinwandes durch den Beklagten einen Verstoß gegen die guten Sitten finden, weil dessen gesamtes Verhalten bei der Eingehung und Abwicklung der Börsentermingeschäfte mit der Klägerin in hohem Maße gegen das Anstandsgefühl aller billig und gerecht Denkenden verstoße. Zwar habe der Gesetzgeber die Unverbindlichkeit von Spiel und Differenzgeschäften schlechthin und ohne Rücksicht auf die Zugehörigkeit der Beteiligten zu einem bestimmten Stand verordnet. Anderseits sei aber festzustellen, daß die Erhebung des Differenzeinwandes durch einen Rechtsanwalt, der mit als Hüter des Rechts berufen sei und an dessen sittliche Eignung deshalb die höchsten Anforderungen gestellt werden müßten, eine Schädigung seiner Berufsehre darstelle. Wenn nun auch nicht immer in der Verletzung einer Standes- und Berufspflicht zugleich auch ein Verstoß gegen die guten Sitten gefunden werden könne, so lägen im vorliegenden Fall doch besondere Umstände vor, die das Verhalten des Beklagten zu einem sittenwidrigen stempelten. Wenn der Beklagte auch nicht der Syndikus der Klägerin gewesen sein möge, so habe er sie doch unbestritten in zahlreichen Rechtsstreitigkeiten vertreten. Die Klägerin habe sich auf die Börsentermingeschäfte mit dem Beklagten, wie ohne weiteres angenommen werden müsse, nur eingelassen und ihm den hohen Kredit für diese Geschäfte nur eingeräumt, weil er als ihr rechtlicher Berater und wegen seiner persönlichen Beziehungen zum Vorstand eine besondere Stellung, „um nicht zu sagen" eine Vertrauensstellung, bei der Klägerin eingenommen habe. Wenn der Beklagte die ihm durch seine Stellung gebotene Möglichkeit dazu benutzt habe, jahrelang den Gewinn aus den Differenzspekulationen einzustreichen, um dann, als die Geschäfte mit einem Verlust für ihn abschlossen, den Differenzeinwand zu erheben, so verstoße dieses Verhalten gegen die guten Sitten und verpflichte den Beklagten, den der Klägerin durch die Unklagbarkeit der Geschäfte entstehenden Schaden zu ersetzen. Dies gelte um so mehr, als die Klägerin eine Genossenschaftsbank sei, der die Tätigung von Spekulations- und Termingeschäften zwar nicht gesetzlich verboten, für die sie aber doch mit besonderen Gefahren verbunden sei, weil es sich bei den Einlagen der Genossen um das Geld kleiner und kleinster Sparer handle, die durch die verantwortungslosen Termingeschäfte hätten ruiniert werden können und hier zum Teil auch tatsächlich ruiniert worden seien.

In dieser Begründung des Berufungsgerichts kann entgegen der Meinung der Revision im Hinblick auf die tatsächlichen Feststellungen ... kein rechtlicher Verstoß gefunden werden. Zwar sind die guten Sitten ein Maßstab, der nur das mit einem Makel belegt, was dem herrschenden Volksbewußtsein, dem Anstandsgefühl aller billig und gerecht Denkenden nicht entspricht. Deshalb genügt der Umstand, daß ein Verhalten die Standespflichten verletzt, noch nicht, um es als sittenwidrig zu kennzeichnen (RGZ. Bd. 83 S. 110 [114]. Aber solche Verstöße werden bei Personen, die wie die Richter und Rechtsanwälte vermöge ihres Amts und Berufs bei der Aufrechterhaltung der Rechtsordnung mitzuwirken haben, also Träger wichtiger öffentlich-rechtlicher Aufgaben sind, wegen der an solche Personen zu stellenden Anforderungen in der Regel auch als sittlich anstößig empfunden (RGZ. Bd. 113 S. 1). Daß die Erhebung des Differenzeinwandes durch einen Richter, dem das Berufungsgericht einen Rechtsanwalt insoweit ohne rechtlichen Irrtum gleichstellt, die Standesehre verletzt, ist in der Rechtsprechung der Disziplinargerichte mit Recht angenommen worden (DJZ. 1929 Sp. 1191). Ob die Geltendmachung der Unwirksamkeit eines Börsentermingeschäfts, wenn sie durch einen Richter oder Rechtsanwalt erfolgt, unter allen Umständen auch einen Verstoß gegen die guten Sitten enthält, braucht nicht entschieden zu werden. Denn das Berufungsgericht hat weitergehende Feststellungen getroffen: der Beklagte hat die Klägerin in zahlreichen Rechsstreitigkeiten vertreten; als Genosse der Klägerin hat er persönliche Beziehungen zu ihren Vorstandsmitgliedern unterhalten, die ihn in ein Vertrauensverhältnis zur Klägerin brachten, ihm jedenfalls eine besondere Stellung verschafften und für die Klägerin der Anlaß waren, sich in Börsentermingeschäfte einzulassen und ihm einen hohen Kredit hierfür zur Verfügung zu stellen. Daraus konnte der Vorderrichter ohne rechtlichen Irrtum die Folgerung ziehen, daß die Erhebung des Differenzeinwandes durch den Beklagten im Hinblick auf diese besondere Sachlage gegen die guten Sitten verstößt. Dies gilt um so mehr, als sich der Beklagte nach seiner eigenen Darstellung nicht gescheut hat, die Hand dazu zu bieten, daß der Direktor G. der Klägerin unter Verletzung seiner Dienstpflichten das Konto des Beklagten bei der Klägerin dazu benutzte, unter dem Deckmantel dieses Kontos in Gemeinschaft mit dem Beklagten Börsentermingeschäfte zu tätigen, deren Erfüllung er sich ebenso entzogen hat, wie der Beklagte dies jetzt zu tun versucht. Die Revision macht allerdings geltend, daß das Berufungsgericht einen Verstoß gegen die guten Sitten in dem Verhalten des Beklagten deshalb nicht hätte finden dürfen, weil der Beklagte wiederholt betont habe, sich zur Erfüllung seiner Schuld sittlich verpflichtet zu fühlen, und tatsächlich erhebliche Zahlungen geleistet habe, weil er ferner durch eine unbegründete Strafanzeige der Klägerin in Vermögensverfall geraten sei und seine Schuld deshalb nicht tilgen könne. Dem kann indessen nicht gefolgt werden. Daß der Beklagte einen Teil der Schuld bezahlt hat, kann die Verwerflichkeit seines Versuchs, sich der Bezahlung des Restes zu entziehen, nicht beseitigen. Wenn er die sittliche Verpflichtung fühlt, die Schuld bei der Klägerin zu tilgen, so ist umso weniger zu entschuldigen, daß er die Erfüllung jetzt unter Berufung auf die Unverbindlichkeit der Börsentermingeschäfte verweigert. Aus der nach seiner Behauptung unbegründeten Strafanzeige der Klägerin würde der Beklagte Rechte höchstens dann herleiten können, wenn die Strafanzeige wider besseres Wissen oder fahrlässig falsch erstattet wäre. In dieser Hinsicht hat der Beklagte nichts Ausreichendes vorgebracht.

Die Sittenwidrigkeit der Erhebung des Termineinwandes hat nach §§ 826, 249 BGB. die Folge, daß der Beklagte sich so behandeln lassen muß, als wenn er den Einwand nicht erhoben hätte (RGZ. Bd. 107 S. 357 [365]. Dann aber wäre er zur Zahlung der eingeklagten Summe verurteilt worden...

RGZ. 144, 311.

Zur Frage der Wirksamkeit von Bankbedingungen, nach denen die Aufrechnung gegen Forderungen aus Börsentermingeschäften in bestimmter Weise vorgenommen werden soll.

BörsGes. §§ 52, 57, 59.

I. Zivilsenat. Urt. v. 12. Mai 1934.

I. Landgericht Essen. — II. Oberlandesgericht Hamm.

Die Parteien haben seit März 1925 im Kontokorrentverkehr gestanden; dieser ist beendigt. Nach Behauptung der Klägerin hat der Beklagte von ihr gedruckte Geschäftsbedingungen erhalten und deren Verbindlichkeit bestätigt. Sie enthielten die folgende Bestimmung:

> Enthält das Konto eines Geschäftsfreundes Forderungen aus Börsentermingeschäften, so werden bei der jeweiligen Saldofeststellung zuerst die aus diesen Geschäften herrührenden Posten gegeneinander aufgerechnet; die hiernach für das Bankhaus oder seinen Geschäftsfreund noch verbleibende Forderung aus Börsentermingeschäften wird bei der weiteren Aufrechnung in erster Reihe getilgt. Die schriftliche Anerkennung der jeweiligen Konkorrentauszüge oder die Nichterhebung eines fristgemäßen Widerspruchs gilt als Bestätigung, daß die Aufrechnung der vorerwähnten Art genehmigt und vollzogen ist.

Der Beklagte hat die ihm übersandten Kontoauszüge der Klägerin für die Zeit bis einschließlich 31. Dezember 1930 schriftlich als richtig anerkannt, späteren Auszügen nicht widersprochen.

Die Klägerin behauptet, daß ihr eine Forderung von 476 450 RM zustehe und hat mit der Klage als Teilbetrag 5000 RM, später 6100 RM nebst 10% Zinsen seit dem 1. September 1931 verlangt. Sie hat ausgeführt, daß allerdings die Rechnungsauszüge auch Forderungen aus Börsentermingeschäften auswiesen, deren Erfüllung an sich nicht verlangt werden könne, da der Beklagte nicht termingeschäftsfähig sei. Bei Verrechnung gemäß der mitgeteilten Klausel der Geschäftsbedingungen ergebe sich aber jedenfalls ein einklagbarer Saldo für sie in Höhe von 354 926,50 RM.

Der Beklagte hält seine Saldenanerkenntnisse und die hiermit verbundene Annahme der Angebote zu Aufrechnungsverträgen für wirkungslos. Daher müßten alle Posten, die sich auf Börsentermingeschäfte bezögen, aus den Rechnungsauszügen gestrichen werden. Geschehe das, so ergebe sich nicht für die Klägerin, sondern für ihn ein Guthaben. Dies gelte in jedem Fall, möchten nun die von der Klägerin vorgelegten Allgemeinen Geschäftsbedingungen für den Geschäftsverkehr maßgebend geworden sein oder nicht. Im übrigen leugnet er aber auch, daß die Bestimmung, auf die sich die Klägerin beruft, Bestandteil der vertragsmäßigen Vereinbarungen geworden sei, wenn er die Bedingungen erhalten hätte. Dem stehe entgegen, daß sie in dem eng gedruckten Schriftstück völlig versteckt sei. Die Klausel müsse ferner deshalb als ungültig betrachtet werden, weil sie bezwecke, die Erfüllung von Schulden aus Börsentermingeschäften sicherzustellen, was das Gesetz nur im Rahmen des § 54 BörsG. zulasse.

Beide Vorinstanzen haben die Klage abgewiesen. Die Revision der Klägerin blieb erfolglos.

Gründe:

... Der Vorderrichter hat festgestellt, daß der Beklagte im Februar 1927 diejenigen Allgemeinen Geschäftsbedingungen der Klägerin erhalten und als für sich verbindlich anerkannt hat, welche im Rechtsstreit vorgelegt worden sind und welche die über die Verrechnung von Forderungen aus Börsentermingeschäften oben wiedergegebene Bestimmung enthalten. Der erkennende Senat hat nun bereits früher ausgesprochen, daß die Regeln über den Kontokorrentverkehr, da sie nachgiebiges Recht sind, beliebig vertraglich abgeändert werden können, und zwar auch im Wege über Bankbedingungen und auch, soweit die Aufrechnung gegen Forderungen aus unklagbaren Börsentermingeschäften in Frage kommt (Urt. vom 17. Dezember 1930 I 207/30 im Bankarchiv 1930 S. 230; RGZ. Bd. 140 S. 347; vgl. auch Staub Anm. 43 zu § 355 HGB. und Düringer-Hachenburg Anm. 39 und 52 zu § 355 HGB.). Es muß aber im Einzelfall stets geprüft werden, ob die Bankbedingungen wirklich genügend klar erkennen lassen, in welcher Weise die Aufrechnung entgegen den gewöhnlichen Regeln des Kontokorrents vorgenommen werden soll. Wie der erkennende Senat im Urteil RGZ. Bd. 132 S. 221 ausgeführt hat, ist der Wille der Parteien bei Anerkennung einer Saldoschuld, die auch unwirksame Posten aus Börsentermingeschäften in sich schließt, an sich darauf gerichtet, bei der Verrechnung alle Posten als wirksam zu behandeln. Es würde dem vernünftigen Willen des Gläubigers widersprechen, einen Aufrechnungsantrag zu stellen oder anzunehmen, der für ihn die Folge hätte, daß gültige Schulden durch Verrechnung mit ungültigen getilgt würden. Denn dadurch würde der vom Gesetz gewollte Schutz beseitigt oder doch wesentlich abgeschwächt werden, der für den nicht Börsenterminsfähigen darin liegt, daß er zur Erfüllung seiner Schulden nicht gezwungen werden kann und daß auch durch Anerkenntnis die Wirksamkeit der Verpflichtung nicht zustandekommt (§§ 52 bis 59 BörsG.). Hieraus folgt, daß eine Vereinbarung, wie sie in den Bankbedingungen nach der Behauptung der Klägerin in Aussicht genommen ist, dem wahren Interesse des Bankkunden widerspricht, da nicht ausgeschlossen werden kann, daß sie zur Verrechnung wirksamer Forderungen gegen unwirksame führt. Es hätte unter diesen Umständen ganz besonders deutlich in den von der

Klägerin ausgehenden und zur Geschäftsgrundlage gemachten Bankbedingungen zum Ausdruck gebracht werden müssen, daß sich jene Vereinbarung auch auf unwirksame Börsenterminforderungen beziehe, was leicht hätte geschehen können. Tatsächlich bietet aber die Bestimmung, so wie sie lautet, erhebliche Zweifel für die Durchschnittskundschaft der Banken. Diese wird geneigt sein, anzunehmen, daß hier nur von wirksamen Forderungen aus Börsentermingeschäften die Rede sei, weil ihr klaglose Forderungen nicht als Forderungen erscheinen werden. Daß die strittige Bestimmung in den Bankbedingungen die Möglichkeit einer Geltendmachung der Klaglosigkeit im Kontokorrent enthaltener Geschäfte besonders im Auge habe, das könnte, wenn überhaupt, nur kraft tieferer Überlegung erkannt werden, die dem Durchschnittskunden nicht zuzumuten ist. Es kommt noch hinzu, daß bei Übersendung der maßgeblichen Rechnungsauszüge in keiner Weise für den Beklagten kenntlich gemacht war, daß die Klägerin — wenigstens hilfsweise — das Angebot zu einer anderen Verrechnungsart machen wolle als zu der gewöhnlichen kontokorrentmäßigen.

Nach alledem bietet die von der Klägerin herangezogene Stelle ihrer Allgemeinen Geschäftsbedingungen keine genügende Grundlage für die Annahme, daß zwischen den Parteien für den Fall, daß die Klaglosigkeit einzelner Posten geltend gemacht werden sollte, eine Verrechnung im Sinne der Bedingungen stattgefunden hat.

Unter diesen Umständen muß die Geltendmachung der Klaglosigkeit gemäß den in RGZ. Bd. 132 S. 218 entwickelten Grundsätzen dazu führen, daß alle unwirksamen Posten auf beiden Seiten des Kontokorrents wegfallen. Unerörtert kann bleiben, ob bei der engen Verbindung zwischen dem Aufrechnungsvertrag und dem Saldoanerkenntnis die Unwirksamkeit des letzteren in j e d e m Falle auch die Wirkungen des Aufrechnungsvertrags beseitigen würde. Nach der eigenen Aufstellung der Klägerin ergibt sich bei Weglassung aller unwirksamen Posten ein Guthaben für den Beklagten.

RGZ. 147, 112.

1. Inwieweit ist ein Gesellschaftsvertrag, der den Abschluß von Börsentermingeschäften bezweckt, wirksam, sofern die Börsentermingeschäfte zugleich Spielgeschäfte (Differenzgeschäfte) sind?

2. Ist ein Gesellschaftsvertrag wirksam, der Umsatzgeschäfte betrifft, die sich äußerlich als Kassageschäfte darstellen, in Wirklichkeit aber Spielgeschäfte sind?

BörsG. §§53 flg., 60. BGB. §§ 762, 764.

II. Zivilsenat. Urt. v. 26. Februar 1935.

I. Landgericht Bautzen. — II. Oberlandesgericht Dresden.

Der Kläger hat geltend gemacht, die Parteien hätten im März 1926 vereinbart, auf den Namen des Klägers, aber auf gemeinschaftliche Rechnung Börsengeschäfte in Wertpapieren zu machen. Das sei dann auch geschehen. Dabei habe sich schließlich ein Verlust von 50 246,30 RM ergeben, den der Beklagte zur Hälfte zu tragen habe. Der Kläger hat demgemäß auf Zahlung eines Teilbetrages des Verlustanteils des Beklagten Klage erhoben. Der Beklagte hat die behauptete Vereinbarung bestritten und weiter eingewendet, auch im Fall des Bestehens des angeblichen Gesellschaftsverhältnisses könne der Kläger daraus keine Ansprüche herleiten, weil er Börsengeschäfte zum Gegenstand gehabt habe, die als Spiel im Sinne der §§ 762, 764 BGB. zu gelten hätten.

Die Revision des in beiden Rechtszügen unterlegenen Beklagten führte zur Aufhebung und Zurückverweisung.

Aus den Gründen:

1. Das Berufungsgericht hat auf Grund des Briefwechsels der Parteien in Verbindung mit den Bekundungen der vernommenen Zeugen für dargetan erachtet, daß diese einen Gesellschaftsvertrag miteinander abgeschlossen haben, um Börsengeschäfte, die der Kläger nach außen lediglich auf seinen Namen abschließen sollte, auf gemeinsame Rechnung zu betreiben. Gegen diese Auslegung des zwischen den Parteien getroffenen Abkommens bestehen keine rechtlichen Bedenken; solche sind auch von der Revision nicht erhoben worden. Es lag danach also eine Gesellschaft bürgerlichen Rechts vor, und zwar eine sog. Innengesellschaft. Auch für diese Innengesellschaft gilt, soweit etwas anderes nicht vereinbart worden ist oder sich aus den Umständen ergibt, die Vorschrift des § 722 BGB., welche bestimmt, daß jeder Gesellschafter ohne Rücksicht auf die Art und Größe seines Beitrags einen gleichen Anteil am Gewinn und Verlust habe. Das Berufungsgericht hat hiernach ohne Rechtsirrtum angenommen, daß der Beklagte an den Verlusten der Gesellschaft zur Hälfte beteiligt war.

2. Der Beklagte hat die Rechtsgültigkeit des zwischen den Parteien abgeschlossenen Gesellschaftsvertrags geleugnet; er ist der Ansicht, daß der Vertrag keine Rechte und Pflichten zwischen den Parteien habe begründen können, weil er den Abschluß von Differenzgeschäften im Sinn des § 764 BGB. zum Gegenstand gehabt habe.

Das Berufungsgericht hat die tatsächliche Richtigkeit dieses Einwandes des Beklagten dahingestellt gelassen und hat auch auf der Grundlage des Vorliegens von Differenzgeschäften den Anspruch des Klägers auf Erstattung des anteiligen Verlustes für begründet erachtet. Es hat hierzu erwogen:

Differenzgeschäfte, die dem Spiele gleichstünden, seien an sich nicht gesetzwidrig. Sie begründeten zwar im Regelfall keine Verbindlichkeit. Eine gewisse rechtliche Wirkung gestehe ihnen das Gesetz aber dadurch zu, daß es eine Rückforderung des daraus Geleisteten wegen ihrer grundsätzlichen Unverbindlichkeit nicht zulasse (§ 762 BGB.). Völlig gemißbilligt würden sie also durch das Gesetz nicht. Infolgedessen könnten sie nicht als gesetzlich verboten gelten, und auch ein Verstoß gegen die guten Sitten könne darin nicht ohne weiteres gefunden werden. Ein Gesellschaftsvertrag, der Differenzgeschäfte zum Ziele habe, sei daher nicht als nichtig zu betrachten, so daß er unter den Vertragschließenden die beabsichtigten Rechtsfolgen zu erzeugen vermöge. Dazu komme, daß der Kläger, auf dessen Namen die Geschäfte vereinbarungsgemäß gehen sollten, die Börsentermingeschäftsfähigkeit nach § 53 BörsG. besessen habe. Endlich würde die Unklagbarkeit der Spekulationsverluste des Klägers auch nicht die Unklagbarkeit seiner aus dem Gesellschaftsvertrag hervorgehenden Beitragsansprüche gegen den Beklagten zur Folge haben.

Diese Erwägungen des Berufungsgerichts halten, jedenfalls in ihrer Allgemeinheit, einer rechtlichen Nachprüfung nicht stand.

3. Die Rechtslage ist verschieden zu beurteilen, je nachdem es sich bei den vom Beklagten behaupteten Differenzgeschäften um sog. Kassageschäfte oder um Zeitgeschäfte (Börsentermingeschäfte) — §§ 29, 50 flg. BörsG. — gehandelt hat. Beide Arten von Börsengeschäften können sich als Differenzgeschäfte darstellen. Das Berufungsgericht hat darüber, ob den Gegenstand des Gesellschaftsvertrag Kassageschäfte oder Börsentermingeschäfte gebildet haben, keine Feststellungen getroffen. Die rechtliche Untersuchung hat deshalb unter beiden Gesichtspunkten zu erfolgen.

Börsentermingeschäfte und Kassageschäfte sind an sich wirkliche Kaufgeschäfte. Die Vertragschließenden wollen Waren oder Wertpapiere kaufen oder verkaufen. Durch den Beweggrund der Vertragschließenden wird die rechtliche Natur des Geschäfts an sich nicht berührt. Es ist also gleichgültig, ob der Zweck des Geschäfts der dauernde oder der vorübergehende Besitz des Kaufgegenstandes ist, ob dieser zur festen Anlage bestimmt ist oder ob er nur behufs Erzielung eines Gewinnes durch Weiterveräußerung vorübergehend, also zum Zweck der Spekulation, erworben wird. Daran wird auch durch die Tatsache nichts geändert, daß im Wege der Verrechnung und Ausgleichung zwischen den ursprünglichen Vertragschließenden, welche die gekaufte Ware von anderer Seite bezogen oder an eine dritte Seite weiter veräußert haben, lediglich der Preisunterschied gezahlt wird.

Anderseits ist es aber auch durchaus denkbar, daß der Wille der Vertragschließenden nicht auf den Erwerb und die Veräußerung der Waren oder Wertpapiere, sondern nur auf Bezahlung eines Preisunterschiedes gerichtet ist, daß sie sich zwar der Form des Kassageschäfts oder des Termingeschäfts bedienen, in Wirklichkeit aber den durch die zufällige Gestaltung des Preises an einem späteren Tage sich ergebenden Preisunterschied, die Differenz, zum Gegenstand des Geschäfts gemacht wissen wollen. Alsdann liegt ein reines Spielgeschäft vor.

Zum weitaus größten Teil sind Differenzgeschäfte gleichzeitig Börsentermingeschäfte. Es können jedoch, wie bereits hervorgehoben, auch Umsatzgeschäfte, die sich äußerlich als Kassageschäfte darstellen, Spielgeschäfte sein. Das hat auch das Reichsgericht in seiner neueren Rechtsprechung anerkannt (vgl. dazu: Staub-Heinichen HGB. Bd. 4 Anh. zu § 376 Anm. 98b, 98c, 102, 178; Düringer-Hachenburg-Breit HGB. Bd. 5 erste Hälfte Anhang I zum zweiten Abschnitt Anm. 45 S. 434, 435; RGZ. Bd. 87 S. 24, Bd. 91 S. 42 [45]; RGUrt. in Holdheims MonSchr. 1916 S. 114, im Bankarchiv 28 S. 360, in SeuffArch. Bd. 83 Nr. 186, Bd. 87 Nr. 89; WarnRspr. 1933 Nr. 98). Immerhin wird bei Vorliegen unzweifelhafter Kassageschäfte der Spieleinwand einer besonders sorgfältigen Prüfung bedürfen, da die Natur des Kassageschäfts an sich gegen die Spielabsicht spricht.

4. a) Soweit der Gesellschaftsvertrag den Abschluß von Börsentermingeschäften zum Gegenstand hatte, bedarf es zunächst der Prüfung, ob aus einem solchen Gesellschaftsvertrag überhaupt — abgesehen von dem Differenzeinwand — Verbindlichkeiten für die Parteien erwachsen konnten.

In dieser Hinsicht bestimmt § 60 BörsG., daß die Vorschriften der §§ 52 bis 59 (über Börsentermingeschäfte) auch Anwendung finden auf die Erteilung und Übernahme von Aufträgen, sowie auf die Vereinigung zum Zweck des Abschlusses von nicht verbotenen Börsentermingeschäften. Diese Vorschrift soll verhindern, daß Personen, die nicht börsentermingeschäftsfähig sind (§ 53 BörsG.), indem sie sich mit börsentermingeschäftsfähigen Personen zum Abschluß von Börsentermingeschäften vereinigen und diesen den verbindlichen Abschluß der Geschäfte überlassen, im Wege der Abrechnung an den Börsentermingeschäften beteiligt werden. Es kann kein Zweifel darüber bestehen, daß diese Vorschrift ihrem Zweck nach auch und gerade auf Innengesellschaften der bezeichneten Art Anwendung zu finden hat.

Schlechthin verbotene Börsentermingeschäfte (§ 50 BörsG.), die ohne weiteres die Nichtigkeit des Gesellschaftsvertrags begründen würden, standen im vorliegenden Falle offensichtlich nicht in Frage; das ist auch vom Beklagten nicht behauptet worden.

Die §§ 52 bis 59 BörsG., auf welche der § 60 Bezug nimmt, unterscheiden zwischen ganz oder in beschränktem Umfange verbindlichen Termingeschäften und unverbindlichen Termingeschäften. Die Verbindlichkeit der Geschäfte könnte nach dem hier festgestellten Sachverhalt, da die Bestimmungen der §§ 54, 56, nach denen eine Verbindlichkeit in beschränktem Umfang begründet wird, nicht zutreffen, auch der Fall einer nachträglichen Begründung einer Verbindlichkeit — § 57 — nicht gegeben ist, nur aus dem Gesichtspunkt des § 53 BörsG. in Frage kommen. Danach ist das Börsentermingeschäft verbindlich, wenn auf beiden Seiten als Vertragschließende Kaufleute, die in das Handelsregister eingetragen sind, beteiligt sind.

Der Kläger war, wie das angefochtene Urteil feststellt, als Kaufmann im Handelsregister eingetragen. Den Einwand des Beklagten, der Kläger sei gleichwohl nicht termingeschäftsfähig, weil sein Gewerbebetrieb über den Umfang des Kleingewerbes nicht hinausgehe (§ 53 Abs. 1 Satz 2 BörsG.), hält das Berufungsgericht nicht für begründet. Es geht dabei mit Recht davon aus, daß der Beklagte gegenüber der aus der Eintragung des Klägers im Handelsregister sich ergebenden tatsächlichen Vermutung der Vollkaufmannseigenschaft den Beweis für seine gegenteilige Behauptung zu erbringen habe (vgl. Nußbaum Börsengesetz § 53 III S. 255).

Nach dem bisherigen Sachverhalt ist aber die Börsentermingeschäftsfähigkeit des Klägers rechtlich einwandfrei nachgewiesen.

Um die Verbindlichkeit der Börsentermingeschäfte zu begründen, ist es jedoch nach § 53 BörsG. weiter erforderlich, daß auch der Beklagte börsentermingeschäftsfähig war. Nach dieser Richtung hat das Berufungsgericht, offenbar in der rechtsirrtümlichen Annahme, daß es darauf nicht ankomme, keine Feststellungen getroffen. Indessen ergibt sich die Börsentermingeschäftsfähigkeit des Beklagten im vorliegenden Falle ohne weiteres auf den Umständen. Nach § 53 Abs. 2 Nr. 1 BörsG. stehen den im Abs. 1 bezeichneten Kaufleuten (hinsichtlich der Börsentermingeschäftsfähigkeit) gleich: Personen, die zur Zeit des Geschäftsabschlusses oder früher berufsmäßig Börsentermingeschäfte oder Bankiersgeschäfte betrieben haben. Die Termingeschäftsfähigkeit im Sinne dieser Vorschrift ist nicht davon abhängig, daß die berufsmäßige Ausübung von Börsentermingeschäften oder Bankiergeschäften in eigenem Namen geschehe; es können also nach dieser Vorschrift auch Direktoren (Vorstandsmitglieder), Handlungsbevollmächtigte, Angestellte von Firmen, die Börsentermin- oder Bankiergeschäfte betreiben, termingeschäftsfähig sein unter der Voraussetzung, daß der Betrieb der genannten Geschäfte zu den besonderen beruflichen Obliegenheiten des *Direktors, Handlungsbevollmächtigten* oder Angestellten gehört (vgl. Nußbaum a.a.O. § 53 IV S. 257). Der Beklagte war in den Jahren 1926/1927 Direktor bei der O.-Bank AG. in N. Es kann danach nicht zweifelhaft sein, daß er im Sinn des § 53 Abs. 2 Nr. 1 BörsG. berufsmäßig Bankiergeschäfte betrieben, daß er mithin die Börsentermingeschäftsfähigkeit besessen hat.

Nach dem bisher vorliegenden Sachverhalt besaßen also beide Parteien die Börsentermingeschäftsfähigkeit, und daraus folgt — § 60 in Verbindung mit § 53 BörsG. —, daß der Gesellschaftsvertrag der Parteien, soweit er allgemein auf den Abschluß von Börsentermingeschäften gerichtet war, verbindlich war und die Pflicht des Beklagten begründete, den auf ihn entfallenden Verlustanteil zu tragen und dem Kläger zu erstatten.

Sollte sich in dem weiteren Verfahren dagegen etwa auf Grund neuen Vorbringens des Beklagten herausstellen, daß die Parteien oder eine von ihnen nicht die Termingeschäftsfähigkeit besaßen, so würde nach den bezeichneten Gesetzesbestimmungen ein verbindlicher Anspruch des Klägers auf anteilmäßige Tragung des Verlustes durch den Beklagten, sofern der Gesellschaftsvertrag den Abschluß von Börsentermingeschäften zum Gegenstand hatte, nicht entstanden sein, und es würde deshalb das Klagebegehren der rechtlichen Grundlage entbehren.

b) Nach anderen Gesichtspunkten ist die Rechtslage zu beurteilen, wenn es sich bei den Börsentermingeschäften, wie der Beklagte geltend gemacht hat, um Differenzgeschäfte im Sinne des § 746 BGB. gehandelt haben sollte. Der Berufungsrichter hat, wie bereits hervorgehoben, das Vorliegen solcher Differenzgeschäfte als richtig unterstellt, gleichwohl aber den Klageanspruch für begründet und die Widerklage für unbegründet erachtet.

Der VI. Zivilsenat des Reichsgerichts hat in der Entscheidung vom 19. Dezember 1898 (RGZ. Bd. 43 S. 148) in einem nach gemeinem Recht zu beurteilenden Falle ausgesprochen, aus der Nichtklagbarkeit des Spielvertrags für sich allein dürfe nicht die Unwirksamkeit eines zum Zweck des erlaubten Spiels eingegangenen Gesellschaftsvertrags gefolgert werden, jedenfalls insoweit nicht, als nur die Klage auf anteilmäßige Tragung des eingetretenen Verlustes oder auf anteilmäßige Herausgabe des erzielten Gewinnes in Frage stehe. Ob die in dieser Entscheidung vertretene Auffassung in ihrer Allgemeinheit mit den heutigen Rechtsanschauungen über das Wesen des Spielvertrags übereinstimmt, mag dahinstehen. Auf Differenzgeschäfte, die zugleich Börsengeschäfte sind, können diese Grundsätze jedenfalls keine Anwendung finden, da insoweit auch hier die besondere Regelung des § 60 BörsG. eingreift. Für Differenzgeschäfte sowie Spielgeschäfte überhaupt, fehlt es im Börsengesetz allerdings an einer dem § 60 BörsG. entsprechenden allgemeinen Bestimmung. Daraus wird im Schrifttum gefolgert, daß das, was § 60 bestimme, auf Differenzgeschäfte keine Anwendung finden könne. Das ist jedoch nur beschränkt richtig. Es ist eine Selbstverständlichkeit, daß § 60 auch für Differenzgeschäfte dann zu gelten hat, wenn die Differenzgeschäfte sich zugleich als Börsentermingeschäfte darstellen. Es wäre durchaus folgewidrig und würde jeden inneren Grundes entbehren, die Beschränkungen, die der § 60 — in Verbindung mit den §§ 52 bis 59 — BörsG. für die Wirksamkeit der Erteilung und Übernahme von Aufträgen sowie für die Vereinigung zum Zweck des Abschlusses von nicht verbotenen Börsentermingeschäften enthält, auf solche Börsentermingeschäfte, die zugleich Differenzgeschäfte sind und deshalb sinngemäß einer strengeren Beurteilung unterliegen müßten, nicht zu erstrecken (vgl. auch Nußbaum a.a.O. § 60 IV letzter Absatz S. 299). Die Geltung des § 60 auch für Differenzgeschäfte, soweit sie zugleich Börsentermingeschäfte sind, ergibt sich überdies auch ohne weiteres aus dem Gesetz insofern, als in § 60 auch die Vorschrift des § 58 (§§ 52 bis 59) für anwendbar erklärt ist, die sich gerade mit der Zulässigkeit des Differenzeinwandes bei Börsentermingeschäften befaßt.

Der hiernach auch für Gesellschaftsverträge anwendbare § 58 BörsG. bestimmt, daß gegen Ansprüche aus Börsentermingeschäften in Waren oder Wertpapieren, die zum Börsenterminhandel zugelassen sind (§ 50), von demjenigen, für den das Geschäft nach den Vorschriften der §§ 53, 54, 57 verbindlich ist, ein Einwand aus den §§ 762 und 764 des BGB. nicht erhoben werden kann. Daß beide Parteien nach dem bisherigen Sachverhalt als termingeschäftsfähig anzusehen sind, ist bereits oben dargelegt worden. Es bleibt hiernach nur noch die Frage zu entscheiden, ob die Börsentermingeschäfte, um die es sich handelte, in Wertpapieren erfolgt sind, die zum Börsenterminhandel zugelassen waren. Nach dieser Richtung hat das Berufungsgericht keine Feststellungen getroffen. Darauf kam es aber nach der Regelung des § 58 BörsG. entscheidend an. Soweit es sich um Wertpapiere handelte, die zum Börsenterminhandel zugelassen waren, ergibt sich aus der in § 60 verordneten Anwendung des § 58, daß dem Gesellschaftsvertrag der Parteien, auch soweit die Termingeschäfte in den zum Börsenhandel zugelassenen Wertpapieren Differenzgeschäfte waren, volle Wirksamkeit zukam und daß den daraus hergeleiteten Ansprüchen der Differenzeinwand nicht entgegengesetzt werden konnte. Standen dagegen Termingeschäfte in nicht zugelassenen Wertpapieren in Frage, so war die Erhebung des Differenzeinwandes nach der Vorschrift des § 58 nicht ausgeschlossen, und daraus ergibt sich wiederum, daß dieser Einwand zufolge der § 60 getroffenen Regelung auch gegenüber Ansprüchen aus einem Gesellschaftsvertrag, der den Abschluß von Termingeschäften in nicht zugelassenen Wertpapieren zum Gegenstand hatte, statthaft blieb.

Sofern es sich also um verbindliche Börsentermingeschäfte gehandelt hat, wird der Berufungsrichter zunächst die Frage zu klären haben, ob es sich bei diesen Geschäften um Wertpapiere handelte, die zum Börsenterminhandel zugelassen waren oder nicht.

5. Es bleibt schließlich zu prüfen, wie die Rechtslage zu beurteilen ist, wenn der Gesellschaftsvertrag den Abschluß nicht von Börsentermingeschäften, sondern von Kassageschäften zum Gegenstand gehabt haben sollte. Kassageschäfte sind an sich rechtsgültig und vollverbindlich ohne Rücksicht auf die Termingeschäftsfähigkeit der Parteien; es kann deshalb auch die Verbindlichkeit eines Gesellschaftsvertrags, der den Abschluß von Kassageschäften betrifft, nicht in Zweifel gezogen werden. Ebenso unzweifelhaft ist aber auch, daß gegenüber Kassageschäften der Spieleinwand nach § 762 BGB. unbeschränkt zulässig bleibt, da für Kassageschäfte eine dem § 58 BörsG. entsprechende Regelung nicht getroffen worden ist. Der § 58 BörsG., der die Beschränkung des Differenzeinwandes für einen Teil der verbindlichen Börsentermingeschäfte anordnet, ist eine Sondervorschrift, die auf Kassageschäfte auch nicht entsprechend Anwendung finden kann (vgl. dazu Düringer-Hachenburg-Breit a.a.O. Anm. 46).

Daraus folgt wiederum, daß auch gegenüber Ansprüchen aus Gesellschaftsverträgen, die den Abschluß von Umsatzgeschäften zum Gegenstand haben, die sich äußerlich als Kassageschäfte darstellen, die Zulässigkeit des Spieleinwandes keiner Beschränkung unterliegt. Der § 60 BörsG. gilt zwar unmittelbar für Kassageschäfte nicht. Dieser Vorschrift liegt indes der allgemeine Gedanke zugrunde, daß die Verbindlichkeit von Gesellschaftsverträgen, die Börsengeschäfte zum Gegenstand haben, und die Zulässigkeit des Spieleinwandes gegenüber Ansprüchen aus solchen Verträgen sich danach richten soll, ob und inwieweit die Börsengeschäfte selbst verbindlich waren und der Spieleinwand ihnen gegenüber zulässig blieb. Eine dem § 60 entsprechende Regelung für Kassageschäfte zu treffen, bestand kein Anlaß, da die Verbindlichkeit von Kassageschäften im Gegensatz zu Börsentermingeschäften nicht beschränkt werden sollte. Die Zulässigkeit des Spieleinwandes aber hat das Gesetz in § 58 nur für eine ganz bestimmte Art von Börsengeschäften, nämlich die verbindlichen Börsentermingeschäfte in Waren oder Wertpapieren, die zum Börsenterminhandel zugelassen waren, beschränkt, und es ist diese Beschränkung auch ausdrücklich in § 60 auf Ansprüche aus Gesellschaftsverträgen ausgedehnt worden. Da der Spieleinwand gegenüber Ansprüchen aus Kassageschäften, wie dargelegt, unbeschränkt zulässig ist, hätte es einer besonderen Regelung bedurft, wenn beabsichtigt worden wäre, gegenüber Ansprüchen aus Gesellschaftsverträgen, die Kassageschäfte betreffen, den Spieleinwand nicht zuzulassen oder seine Zulässigkeit zu beschränken.

Betraf der Gesellschaftsvertrag also Kassageschäfte, so war der Beklagte an der Erhebung des Spieleinwandes nicht behindert.

6. Die Frage, ob Spielgeschäfte den Gegenstand des Gesellschaftsvertrags gebildet haben, wird nach alledem nur dann dahingestellt bleiben können, wenn

a) entweder Börsentermingeschäfte in Wertpapieren in Frage standen, die zum Börsenterminhandel zugelassen sind, und beide Parteien im Sinne des § 53 börsentermingeschäftsfähig waren. Alsdann wäre der Klageanspruch nach den §§ 58, 60 BörsG. auch dann begründet, wenn die Termingeschäfte Differenzgeschäfte waren;

b) oder sich ergeben sollte, daß zwar Börsentermingeschäfte vorlagen, aber nicht beide Parteien termingeschäftsfähig im Sinne des § 53 BörsG. waren. Alsdann wäre der Gesellschaftsvertrag unverbindlich, und es würde das Klagebegehren, ohne Rücksicht darauf, ob

Differenzgeschäfte vorlagen oder nicht, der rechtlichen Grundlage entbehren.

RGZ. 147, 149.

Verliert der Schuldner den Einwand der Termingeschäftsunfähigkeit, wenn er zur Abdeckung seiner Schuld auf seinen Grundstücken ruhende Grundschulden an den Termingläubiger oder an einen mit diesem personengleichen Dritten abtritt, der das Abtretungsentgelt zur Begleichung der Terminschuld zur Verfügung stellt?

BörsG. §§ 55, 59.

V. Zivilsenat. Urt. v. 27. Februar 1935.

I. Landgericht Kiel. — II. Oberlandesgericht daselbst.

Der Beklagte, ein nicht börsentermingeschäftsfähiger Gastwirt, ist Eigentümer mehrerer Grundstücke. Seit Jahren steht er im Geschäftsverkehr mit der Kreditbank in K., einer Aktiengesellschaft, die alle Geschäftsanteile der Klägerin, einer Gesellschaft mbH., besitzt. Dieser Geschäftsverkehr lief seit 1926 über zwei Konten: ein Scheckkonto für den regelmäßigen Zahlungsverkehr und ein Effektenkonto für die Verrechnung von Börsentermingeschäften. Infolge mißglückter Spekulationen wies das Effektenkonto seit dem Frühjahr 1927 ein wachsendes Soll des Beklagten auf. Die Kreditbank verlangte daher Sicherungen. Der Beklagte ließ zunächst für sich Eigentümergrundschulden von 30 000 GM und 20 000 GM eintragen und beide Grundschuldbriefe der Kreditbank zustellen. Schließlich wurde seinen Anträgen gemäß noch eine Grundschuld von 10 000 GM unmittelbar für die Kreditbank eingetragen und der Brief der Gläubigerin ausgehändigt. Demnächst wollte sich die Bank aber hiermit nicht mehr begnügen, sondern drängte auf Abdeckung der beiden Konten. Da der Beklagte keine Barmittel dazu besaß, wurde vereinbart: die Klägerin sollte ihm gegen Abtretung der drei Grundschulden 60 000 RM zur Verfügung stellen; damit sollte er die Kreditbank befriedigen. In Ausführung dieses Abkommens wurden am 20. Oktober 1928 vier notariell beglaubigte Urkunden verlautbart. In der ersten trat die Kreditbank die für sie eingetragene Grundschuld von 10 000 GM an den Beklagten ab; in den drei weiteren Urkunden trat der Beklagte die drei Grundschulden an die Klägerin ab. Diese reichte die Abtretungsurkunden nebst den Grundschuldbriefen dem Grundbuchamt ein. Am 3. Dezember 1928 erfolgte die Umschreibung. Die Grundschuldbriefe gingen an die Klägerin zurück. Diese schickte der

Kreditbank am 18. Dezember 1928 einen Barscheck über 60 000 RM mit der Bitte, den Betrag als Gegenwert für die Grundschulden dem Beklagten auszuhändigen. Dieser quittierte am 20. Dezember 1928 bei der Kreditbank über den Empfang der 60 000 RM und zahlte das Geld gleichzeitig zur Gutschrift auf sein Effektenkonto ein. Dieses Konto wies damals eine Schuld von noch rund 19 700 RM auf. Es ergab also nach Gutschrift der 60 000 RM ein Haben von rund 40 300 RM. Dieses Haben übertrug die Bank am 27. Dezember 1928 gemäß einer Anweisung des Beklagten auf dessen Scheckkonto, das damals eine Schuld von rund 44 000 RM aufwies und nunmehr bis auf einen Rest von etwa 4000 RM abgedeckt wurde. Auf dem ausgeglichenen Effektenkonto sind seitdem keine Buchungen mehr erfolgt; das Scheckkonto lief weiter.

Die Klägerin verlangt mit der Klage die Zahlung rückständiger Zinsen von den beiden Grundschulden über 30 000 und 10 000 GM. Das Landgericht hat die Klage abgewiesen. Es ist der Meinung, daß der Beklagte der Kreditbank den Termineinwand (§§ 52, 53, 59 BörsG.) hätte entgegensetzen können und daß die Klägerin diesen Einwand auch ihr gegenüber gelten lassen müsse (§§ 1157, 1192 BGB.). Das Oberlandesgericht hat dagegen den Beklagten zur Zahlung von 6525 RM rückständiger Zinsen aus den grundschuldbelasteten Grundstücken verurteilt. Die Revision des Beklagten blieb erfolglos.

Gründe:

Das Berufungsgericht geht davon aus, daß die Klägerin als eingetragene Grundschuldgläubigerin die Vermutung des § 891 BGB. für sich habe und daß es dem Beklagten nicht gelungen sei, einen Rechtsmangel ihres Grundschulderwerbs aufzudecken. Die Revision stellt diesen Teil des Urteils zur Nachprüfung. Sie meint, daß das Berufungsgericht gegen die §§ 1117, 1154, 1192 BGB. und gegen § 286 ZPO. verstoßen haben könnte, indem es den Grundschulderwerb der Klägerin nicht am Mangel einer Briefübergabe scheitern ließ. Dies ist indessen unbegründet. Abgesehen von der gesetzlichen Vermutung des § 1117 Abs. 3 BGB. stellt das Berufungsgericht einwandfrei fest, daß zwischen dem Beklagten und der Klägerin zum mindesten eine die Übergabe ersetzende Vereinbarung nach § 1117 Abs. 2 BGB. getroffen worden ist... (Wird näher ausgeführt.)

Den Kern des Rechtsstreits bildet die Frage, ob der Beklagte der Klägerin den Termineinwand nach §§ 52, 53, 54, 59 BörsG. entgegenhalten kann. Das Berufungsgericht verneint diese Frage mit folgender Begründung: Freilich hätte sich die Kreditbank, so lange sie die Grundschuld über 10 000 GM und den Grundschuldbrief über 30 000 GM nur als Sicherheiten für die unverbindliche Börsenterminschuld des Beklagten in Händen gehabt habe, aus diesen Sicherheiten nicht befriedigen dürfen. Die Sach- und Rechtslage habe sich aber völlig dadurch geändert, daß die Klägerin Ende 1928 die Grundschulden gegen Vergütung des Nennbetrags übernommen habe. Damit sei die Verbindung zwischen der Terminschuld des Beklagten bei der Kreditbank und den vom Beklagten an die Klägerin nicht etwa nur sicherungshalber, sondern endgültig zu Volleigentum abgetretenen Grundschulden vollständig gelöst worden. Infolgedessen sei der Termineinwand der Grundschuldhaftung gegenüber erledigt. Das bliebe selbst dann so, wenn man die Kreditbank und die Klägerin als eine Einheit behandeln wollte. Denn dann läge in der Übernahme der Grundschulden zum Nennwert zwecks Ausgleichs der Terminschuld keine Vereinbarung im Sinn des § 59, sondern eine Leistung gemäß § 55 BörsG., nämlich eine Annahme an Erfüllungsstatt (§ 364 Abs. 1 BGB.). Ein Verstoß der Klägerin gegen die guten Sitten (§ 826 BGB.) komme nicht in Betracht, zumal der Beklagte in Bankangelegenheiten erfahren und über die einzelnen Vorgänge und ihr Bedeutung im klaren gewesen sei. Nicht nur die Kreditbank, sondern auch der Beklagte hätten das Grundschuldengeschäft mit der Klägerin deshalb betrieben und zum Abschluß gebracht, um ganz allgemein die persönlichen Verpflichtungen des Beklagten bei der Kreditbank endgültig und einwandfrei zu bereinigen.

Diese Begründung hält der Revision stand. Der Beklagte meint, der Gedankengang des Berufungsgerichts verkenne den Kernpunkt seiner Verteidigung, beachte nämlich nicht genügend die Tatsache, daß die Klägerin als „Einmann-GmbH." mit der Kreditbank wirtschaftlich eins sei, daß also beide Gesellschaften ihm gegenüber nichts aus der lediglich ihre Rechtspersönlichkeit betreffenden Verschiedenheit herleiten dürften. Trage man dieser Tatsache gebührend Rechnung, so stelle das Verfahren der Übernahme der Grundschulden durch die Klägerin unter Vergütung des Gegenwerts an die Kreditbank nur einen wohldurchdachten Versuch dar, auf einem Umweg die Terminschulden des Beklagten bezahlt zu machen, bevor er hätte ahnen können, was beabsichtigt gewesen sei.

Mit diesem Angriff wird indessen die Revision dem angefochtenen Urteil nicht gerecht. Zwar hat das Berufungsgericht zunächst in Anlehnung an das Erkenntnis des Reichsgerichts vom 27. Oktober 1914 (RGZ. Bd. 85 S. 380) die Rechtslage unter dem Gesichtspunkt erörtert, daß die Kreditbank und die Klägerin getrennte Rechtspersönlichkeiten sind. Es mißt dieser Verschiedenheit aber durchaus keine entscheidende Bedeutung für das Ergebnis bei, sondern prüft im weiteren Verlauf seiner Ausführungen die Rechtslage auch von dem Standpunkt aus, daß dem Beklagten gegenüber beide Gesellschaften als eine Einheit zu betrachten seien. Hier liegt der Schwerpunkt der Entscheidungsgründe. Der Gedankengang des Berufungsgerichts ist so zu verstehen: Mit den Vorgängen Ende 1928 erlosch der Termineinwand des Beklagten auch dann, wenn man diese Vorgänge nicht, wie es ihrem äußeren Hergang vielleicht entspricht, in zwei selbständige Geschäftskreise zerlegt, nämlich einerseits einen Grundschuldenkauf (und seine Erfüllung) zwischen der Klägerin und dem Beklagten, anderseits eine Bezahlung der persönlichen Schulden des Beklagten bei der Kreditbank mit dem Erlös aus jenem Kauf. Geht man vielmehr mit dem Beklagten von der rechtlichen und wirtschaftlichen Zusammengehörigkeit aller damals vorgenommenen Geschäfte aus, so bleibt doch für sämtliche Beteiligten, insbesondere den Beklagten, eine Tatsache unerschüttert: Durch die freiwillige Abtretung der Grundschulden gegen eine Vergütung von 60 000 RM sollten die persönlichen Schulden des Beklagten bei der Kreditbank, namentlich die Terminschuld, endgültig und mit der Wirkung getilgt werden, daß keinerlei persönliche Verbindlichkeit des Beklagten aus den Börsentermingeschäften mehr übrig blieb. Dann liegt aber ein echter Fall des § 55 und nicht des § 59 BörsG. vor (vgl. RGZ. Bd. 77 S. 277). Im entscheidenden Punkt abweichend lag daher der im Urteil des erkennenden Senats vom 8. Mai 1915 (WarnRspr. 1915 Nr. 177) behandelte Fall, wo an die Stelle der Terminschuld als neue persönliche Verpflichtung eine Darlehnsschuld gesetzt und zur Sicherung dieser Darlehnsschuld Grundschulden unter Umwandlung in Hypotheken abgetreten waren. Dort blieb der Termineinwand auch der Darlehnsschuld und den sie sichernden Hypotheken gegenüber gerade deshalb erhalten, weil § 55 BörsG. ein Leistungsgeschäft verlangt, das in Höhe des Geleisteten eine persönliche Verbindlichkeit des Terminschuldners an den Termingläubiger nicht zurückläßt oder neu begründet. Diese Voraussetzung ist aber im vorliegenden Fall erfüllt. Der Beklagte sollte und wollte, wie das Berufungsgericht feststellt, durch die Abtretung der Grundschulden an die Klägerin seine Terminschuld bei der Kreditbank endgültig und ohne jeden persönlichen Schuldrest tilgen. Damit verlor er den Termineinwand gegenüber den abgetretenen Grundschulden, hinter denen keine persönliche Verpflichtung mehr stand (vgl. RGZ. Bd. 73 S. 143;

Staub-Heinchen HGB. 14. Aufl. Band 4 S. 54 flg. Anh. zu § 376 Anm. 48, 52, 71). Ob der Beklagte bei der Vornahme des dem § 55 BörsG. genügenden Leistungsgeschäfts wußte, daß die erfüllte Terminschuld unverbindlich war, ist ohne Belang (vgl. RGRKomm. z. BGB. 8. Aufl. § 762 Anm. 3 Bd. 2 S. 460). Eine Verpflichtung der Kreditbank, ihn etwa vor der Leistung insoweit aufzuklären und dadurch seine Erfüllungsbereitschaft vielleicht zu erschüttern, bestand nicht. Daß die Klägerin ihn aber in dieser Richtung arglistig getäuscht oder sonst in unsittlicher Weise behandelt hätte (vgl. RGZ. Bd. 90 S. 254), dafür fehlt nach den Feststellungen des Berufungsgerichts jeder Anhalt. Von unlauteren Machenschaften der Kreditbank gegenüber dem Beklagten kann nicht schon deshalb gesprochen werden, weil jene die Grundschulden nicht sich selbst an Zahlungsstatt abtreten, sondern bei dem Leistungsgeschäft auf die Terminschuld des Beklagten die Klägerin, ihre Tochtergesellschaft, mitwirken ließ. Aus welchen Gründen das auch geschehen sein mag, dem Beklagten als leistungswilligen Terminschuldner konnte es einerlei sein, ob er seine Schuld tilgte durch Hingabe der Grundschulden an die Termingläubigerin selbst oder durch Abtretung an die Klägerin unter Verrechnung des ihm zur Verfügung gestellten Abtretungsentgelts auf seine Terminschuld bei der Kreditbank. Wenn die Revision aber den Leistungswillen des Beklagten und seine Erkenntnis, daß durch die Abtretung der Grundschulden die endgültige und restlose Abdeckung der Terminschuld erreicht werden sollte, in Zweifel zu ziehen versucht, so scheitert sie an den klaren tatsächlichen Feststellungen des Berufungsgerichts, wonach Bedenken gegen den Leistungswillen des Beklagten und seine Erkenntnis vom Zweck und Ziel der ganzen Vorgänge nicht auftauchen können...

RGZ. 153, 197.

Wann kann eine Sicherheit im Sinne von § 54 BörsG. mit einer Forderung auf Lieferung von Wertpapieren bestellt werden, die dem Kunden gegen den Bankier zusteht?

Börsengesetz vom 22. Juni 1896 in der Fassung vom 27. Mai 1908 (RGBl. S. 215) — BörsG. — § 54.

I. Zivilsenat. Urt. v. 4. Januar 1937.

I. Landgericht Essen. — II. Oberlandesgericht Hamm.

Der Sachverhalt ergibt sich aus den

Gründen:

Das Oberlandesgericht geht in Übereinstimmung mit dem Vortrage beider Parteien davon aus, daß der Kläger, als er am 10. Oktober 1930 erklärte, er bestelle u. a. mit 7500 RM Aktien der Rheinischen Stahlwerke Sicherheit zur Deckung von Verlusten aus Börsentermingeschäften, nicht Eigentümer dieser Aktien war, sondern nur einen schuldrechtlichen Anspruch auf Lieferung (auf Grund unregelmäßiger Verwahrung) oder auf Erstattung (auf Grund einer vertraglichen oder deliktischen Schadensersatzpflicht) gegen die Beklagte hatte. Der Berufungsrichter ist der Ansicht, daß bei dieser Sachlage eine wirksame Sicherheitsleistung im Sinne von § 54 BörsG. auch in dem erstbezeichneten Falle nicht erfolgt sein könne, weil § 54 Abs. 2 BörsG. eine Sicherheitsleistung mit einem Anspruch auf Verschaffung von Wertpapieren ausschließe. Darin kann ihm für den unterstellten Fall nicht gefolgt werden. § 54 Abs. 2 BörsG. spricht allerdings nur von barem Gelde oder Wertpapieren. Wie aber in der Entscheidung in RGZ. Bd. 87 S. 19 (23) ausgeführt ist, hindert dieser Wortlaut nicht, die Möglichkeit anzuerkennen, daß die Sicherheit auch mit einem Geldguthaben, also mit einer Geldforderung gegen den Bankier, bewirkt werden könne. Der Gedankengang dieser Entscheidung ist folgender: Das Börsengesetz verlangt weder nach seinem Wortlaut noch nach seiner Entstehungsgeschichte, daß die Sicherheitsleistung des § 54 durch Verpfändung von Geld oder Wertpapieren geschehen müsse. Sie könne mithin auch dadurch bewirkt werden, daß Geld oder Wertpapiere dem anderen Teil zur Sicherheit übereignet würden. Geld und Wertpapiere könnten im Wege des Darlehns oder der unregelmäßigen Verwahrung hingegeben werden, sei es, daß die Hingabe zu Beginn der Geschäftsverbindung bei Bestellung der Sicherheit erfolge, sei es, daß es sich um bereits im Besitz des anderen Teils befindliche Gelder und Wertpapiere des die Sicherheit Bestellenden handele. Der Kunde könne also die Sicherheit dadurch bestellen, daß er dem Bankier, der für ihn Geld verwahre, bei dem er Gelder stehen habe, dieses Geld in der angegebenen Weise zur Sicherheit übereigne. Es würde eine leere Förmlichkeit sein, wenn man verlangen wollte, daß der Bankier zunächst dem Kunden den Betrag, den dieser zu fordern habe, in barem Gelde auszahle und der Kunde ihm dann die empfangenen Stücke zur Sicherheitsleistung zurückübertrage. Mit Rücksicht auf die Anforderungen des Verkehrs dürfe das nicht verlangt werden.

Diese Erwägungen nehmen ihren Ausgangspunkt von dem Vorhandensein eines Guthabens in Geld oder Wertpapieren. Sie treffen für beide Fälle in gleicher Weise zu. Wenn schließlich nur auf ein Geldguthaben abgestellt wird, so beruht das auf der besonderen Lage des Falles. Eine Verschiedenheit der Sachlage ist nicht dadurch gegeben, daß es sich bei Geld um handgreiflich vorhandene, wenn auch vielleicht nicht gleich zur Stelle befindliche Werte handelte, während die Beklagte, um ihrer Pflicht zur Lieferung von Wertpapieren nachzukommen, erst das verpfändete Paket bei ihrer Zentrale hätte einlösen oder gleichartige Aktien an anderer Stelle hätte kaufen müssen. Diese Verschiedenheiten, soweit sie als solche anzuerkennen sind, würden nur den Wert und die Realisierungsmöglichkeit der bestellten Sicherheit beeinträchtigen können. Der vorherrschende Gedanke bei Schaffung des § 54 BörsG. war aber der, daß der Kunde, der Sicherheit bestellt, sich in klarer Erkenntnis der von ihm übernommenen Gefahr befinden müsse. In dieser Beziehung kann es keinen Unterschied begründen, ob die Werte, die er aufs Spiel setzt, in einem Geldguthaben oder in einem Wertpapierguthaben bestehen. Es besteht auch kein Unterschied zwischen Wertpapieren und einem Wertpapierguthaben. Denn ein Kunde, der Wertpapiere auf einem Stückekonto bei einem Bankier stehen hat, bewertet dieses Guthaben ebenso, wie wenn die Effekten im offenen Depot lägen, oder wie ein Guthaben auf Effektengirodepot, aus dem sich sein Miteigentum ergeben würde. Für die vorstehende Auffassung spricht auch, daß § 54 Abs. 4 BörsG. eine Bezeichnung der Wertpapiere nur nach der Gattung, der Zahl oder dem Nennwert, nicht auch nach Nummern fordert. Dem § 54 BörsG. hat der § 68b des Entwurfs des Aenderungsgesetzes vom 19. Februar 1904 (Drucks. Nr. 244 Bl. 55 1903/1904) zum Vorbild gedient. Ein Antrag, in dieser Bestimmung als weiteres Erfordernis die Bezeichnung der Nummern oder sonstige Unterscheidungsmerkmale der Stücke einzufügen, ist jedoch abgelehnt worden (Komm.-Ber., Drucks. Nr. 335, Sess. 1903/05, § 62flg.; vgl. hierzu Rehm-Neukamp BörsG. § 54 Anm. 26). Für den Fall, daß der Lieferungsanspruch unter Wahrung der Voraussetzung des § 2 DepotG. auf ein Darlehen oder einen unregelmäßigen Verwahrungsvertrag zurückgeht, bestehen daher keine Bedenken, die Bestellung der Sicherheit mit eben diesem Anspruch zuzulassen. Keineswegs ergibt sich hieraus mit Notwendigkeit die Folgerung, daß nun jeder Anspruch des Kunden gegen den Bankier auf Lieferung von Effekten, gleichviel auf welchem Rechtsgrunde er beruht, die gleiche Beurteilung erfahren müßte. Hierauf braucht daher nicht eingegangen zu werden. Am wenigsten ist die vom Berufungsgericht angenommene Gefahr vorhanden, daß nunmehr Sicherheit auch mit Ansprüchen des Kunden aus dem Termingeschäft selbst bestellt werden könnte. Dem steht schon entgegen, daß es sich dabei um nicht klagbare Forderungen handeln würde.

RGZ. 164, 292.

1. Sind die Voraussetzungen des § 12 Abs. 3 des neuen Depotgesetzes vom 4. Februar 1937 erfüllt, wenn der Verwahrer die Wertpapiere, die er nach Maßgabe dieser Gesetzesstelle vom Hinterleger erhalten und bei einer Großbank verpfändet, von dieser aber nach Erledigung des darauf gewährten Kredits zurückerhalten hat, nunmehr eigenmächtig zu seinen Gunsten in gleicher Höhe bei einer anderen Großbank verpfändet?

2. Kann eine den Bestimmungen des § 2 des alten Depotgesetzes angepaßte Verfügungsermächtigung des Hinterlegers für den Verwahrer die besonderen Voraussetzungen des § 12 Abs. 3 des neuen Depotgesetzes erfüllen? Kann sie in eine beschränkte Ermächtigung im Sinne dieser Vorschrift umgedeutet werden?

3. Über die Anforderungen, die im Falle des § 12 Abs. 3 des neuen Depotgesetzes, § 366 HGB. an die Sorgfaltspflicht des Pfandnehmers zu stellen sind, der sich auf gutgläubigen Pfandrechtserwerb vom Nichtverfügungsberechtigten berufen will.

Gesetz über die Verwahrung und Anschaffung von Wertpapieren vom 4. Februar 1937 (RGBl. I S. 171) — DepG. — § 12 Abs. 3 Gesetz, betreffend die Pflichten der Kaufleute bei Aufbewahrungen fremder Wertpapiere, vom 5. Juli 1896 (RGBl. S. 183, 194) in der Fassung der Verordnung über die Aufbewahrung fremder Wertpapiere vom 21. November 1923 (RGBl. I S. 1119) § 2. HGB. § 366.

VII. Zivilsenat. Urt. v. 4. Juni 1940.

I. Landgericht Dresden. — II. Oberlandesgericht daselbst.

Der Kläger hatte im ersten Rechtszuge die Beklagte auf Herausgabe von Wertpapieren im Nennbetrage von 33 000 GM in Anspruch genommen. Er hat hierzu vorgetragen, er habe dem Bankhaus St. & Oe. in D. ihm gehörende Wertpapiere — darunter die vorgenannten — zur Lombardierung zwecks Kreditbeschaffung für eine Fabrik der Firma B. & B. zur Verfügung gestellt. Die Wertpapiere seien von St. & Oe. jeweils abredegemäß bei der Sächsischen Staatsbank lombardiert worden. Die Firma St. & Oe. habe, als der Lombardkredit bei dieser bis auf einen Rest abgedeckt gewesen sei und sie die Wertpapiere von ihr zurückerhalten habe, die Papiere unbefugt für eigene Zwecke bei der Beklagten weiter lombardiert, indem sie ihr die Papiere auf Pfanddepot C gegen Einräumung und Inanspruchnahme eines Lombardkredits von 28 200 RM übergeben habe. Die Beklagte habe sich nicht in gutem Glauben über die Verfügungsbefugnis von St. & Oe. befunden. Am 20. Mai 1938 ist über das Vermögen des Bankhauses St. & Oe. das Konkursverfahren eröffnet worden; ihr Mitinhaber A. P. ist wegen mehrfacher Depotunterschlagung bestraft worden. Die Wertpapiere sind vom Konkursverwalter nicht in Anspruch genommen worden.

Die Beklagte macht an den Wertpapieren ein Pfandrecht geltend, das wirksam begründet worden sei entweder infolge einer Verpfändungsermächtigung des Klägers oder jedenfalls durch ihren guten Glauben an die Verpfändungsbefugnis von St & Oe. Die mündlich vom Kläger erteilte Verpfändungsermächtigung sei nicht auf eine bestimmte Bank beschränkt gewesen. Sie sei vielmehr auch für die Verpfändung der Papiere an sie, die Beklagte, gültig gewesen; daß danach St. & Oe. die Papiere eigentlich nur auf Depot D und nicht auf Depot C hätten einliefern dürfen, berühre sie — die den Zusammenhang nicht kenne und auch nicht zu kennen brauche — nicht; überdies mache sie ihr Pfandrecht tatsächlich nur wegen ihrer auf diese Wertpapiere entstandenen Forderung geltend. Der Mitinhaber von St. & Oe., P., habe ihr bei der Verpfändung erklärt, die Papiere gehörten einem Kunden, der von Zeit zu Zeit bei ihm Lombardkredite in Anspruch nehme; er habe gefragt, ob sie diese Papiere beleihen würde. Auf ihre Zusage hin seien dann die Papiere auf Pfanddepot C eingeliefert worden; darin habe die Erklärung des P. gelegen, daß seine Firma zur Verpfändung der Papiere zwecks Erlangung eines Rückkredits befugt sei. Zu einem Mißtrauen ihrerseits habe keine Veranlassung bestanden.

Das Landgericht hat die Klage abgewiesen. Es hat angenommen, daß St. & Oe. tatsächlich eine formlos mögliche Verpfändungsermächtigung des Klägers im Sinne von § 12 Abs. 3 DepG. gehabt hätte. Daß St. & Oe. die Papiere bei der Beklagten nicht auf das einschlägige Depot D, sondern auf Depot C verpfändet hätten, berühre das Pfandrecht der Beklagten nicht. Inzwischen waren im Einverständnis der Parteien die Wertpapiere verkauft und ihr Erlös von 33 613 RM auf verzinsliche Sperrguthaben angelegt worden; diese Zwischenregelung sollte auf den Rechtsstreit keinen Einfluß haben, der Erlös sollte an die Stelle der Papiere treten.

Im Berufungsverfahren hat der Kläger demgemäß beantragt, die Beklagte zu verurteilen, an ihn 33 613 RM nebst Zinsen, hilfsweise, den auf Sperrguthaben verbuchten Erlös von 33 613 RM nebst den auf diesem Guthaben erwachsenen Zinsen zu zahlen. Er hat dazu nunmehr drei Ermächtigungserklärungen vorgelegt, die er der Firma St. & Oe. erteilt habe. Die erste vom 24. August 1936 lautet: „Über die Ihnen heute eingelieferten (näher bezeichneten) Wertpapiere räume ich Ihnen nach § 2 des Depotgesetzes das Verfügungsrecht ein." Die zweite vom 28. Juli 1937 lautet: „Ich übergebe Ihnen beifolgend... (näher bezeichnete Wertpapiere)... mit der ausdrücklichen Bestimmung, daß Sie über diese Wertpapiere nach freiem Ermessen vollkommen verfügen dürfen." Die dritte vom 23. November 1937 lautet: „Ich übergebe Ihnen heute... (näher bezeichnete Wertpapiere) zur vollständig freien Verfügung in Ihrem Interesse." Trotz dieser unbeschränkten Verfügungsermächtigungen sei aber die Firma St. & Oe. nicht zur nochmaligen Verpfändung der Papiere befugt gewesen. Eine etwa als rechtsgültig zustandegekommene Ermächtigung sei durch die vorausgegangene Verpfändung an die Sächsische Staatsbank verbraucht gewesen. Für eine Verpfändung auf Depot C, wie sie bei der Beklagten vorgenommen worden sei, habe es an jeder Ermächtigung gefehlt. Da die Papiere bei der Beklagten in das Pfanddepot C gegeben worden seien, habe sich auch der gute Glaube der Beklagten auf eine entsprechende (nach § 12 Abs. 1 DepG. formbedürftige) Verpfändungsermächtigung beziehen müssen. Die Beklagte hat den Anträgen des Klägers noch entgegengehalten, er könne nicht Zahlung, sondern allenfalls Ausantwortung des Sperrguthabens verlangen. Sie mache aber ihr Zurückbehaltungsrecht und die Aufrechterhaltung mit ihrer Pfandforderung — das sei nach dem Stande vom 21. April 1939 ein Betrag von 29 828 RM, wozu noch die weiter auflaufenden Zinsen träten — geltend.

Das Berufungsgericht hat unter Klageabweisung im übrigen die Beklagte verurteilt, dem Kläger den auf dem Sperrguthaben verbuchten Erlös aus dem Verkauf der Wertpapiere in Höhe von 33 613 RM nebst Zinsen auszuzahlen. Die Revision der Beklagten hatte keinen Erfolg.

Gründe:

Die Revision bekämpft die beiden die Entscheidung des Berufungsgerichts tragenden Erwägungen, die dahin gehen, im Mai 1938 habe keine wirksame Verpfändungsermächtigung für die Firma St. & Oe.

vorgelegen, so daß die Beklagte als Drittpfandnehmerin ein Pfandrecht nach §§ 1293, 1205 mit § 185 BGB. nicht erworben habe, und die Beklagte habe ein Pfandrecht auch nicht gutgläubig (§ 366 HGB.) erworben, weil sie die nötige Verpfändungsbefugnis der Firma St. & Oe. nur infolge grober Fahrlässigkeit angenommen habe.

Die erste Erwägung, meint die Revision, beruhe auf einer Verletzung des § 12 Abs. 3 DepG. Der Berufungsrichter habe die Bedeutung des Umstandes verkannt, daß die Beklagte nur in dem Umfang auf die streitigen Wertpapiere der Firma St. & Oe. Kredit gewährt habe, in welchem diese dem Kläger Kredit eingeräumt gehabt habe. Danach habe eine Verpfändung vorgelegen, die den Rahmen des § 12 Abs. 3 DepG. nicht überschritten habe. Eine solche Ermächtigung dazu, die für diesen beschränkten Rahmen auch formlos erteilt werden könne, habe aber vorgelegen; sie sei im Gegensatz zur Auffassung des Vorderrichters den viel weitergehenden schriftlichen Ermächtigungen des Klägers vom 24. August 1936, 28. Juli und 23. November 1937 zu entnehmen, überdies unabhängig davon mündlich erteilt worden, wovon für das Revisionsverfahren nach § 286 ZPO. auszugehen sei.

Eine Verletzung des § 12 Abs. 3 DepG. kann indes dem Berufungsurteil nicht entnommen werden. Der Berufungsrichter geht nicht davon aus, daß die Beklagte nur im Rahmen dieser Gesetzesvorschrift Kredit gewährt habe, und das ist auch nicht nach § 286 ZPO. für das Revisionsverfahren zu unterstellen. Die Behauptungen der Beklagten, auf die sich die Revision hierbei beruft, deckten sich mit den eigenen Angaben des Klägers. Diese gingen, wie der Vorderrichter auch im Tatbestand des angefochtenen Urteils festgestellt hat, dahin, daß er die Firma St. & Oe. ermächtigt habe, die Wertpapiere zur Kreditbeschaffung für die Firma B. & B. bei der Sächsischen Staatsbank zu lombardieren. Die Kreditabdeckung und die Auslösung der Wertpapiere habe durch Zahlungen der Firma B. & B., die durch Akzepte gesichert gewesen seien, geschehen sollen. Bis zum 16. Juli 1938 habe die Firma St. & Oe. durch Abdeckung des größten Teils des Kredits — damals habe nur noch eine Restschuld von 6000 bis 7000 RM bestanden — die hier streitigen Wertpapiere von der Sächsischen Staatsbank zurückerhalten. Die Beklagte hatte aus eben diesem Tatsachenbestand die nunmehr auch von der Revision gezogene, oben wiedergegebene rechtliche Folgerung hergeleitet, nämlich, daß sie der Firma St. & Oe. auf die Wertpapiere in dem Umfange Kredit gewährt habe, in welchem diese dem Kläger Kredit eingeräumt hatte. Von diesem Sachverhalt konnte der Berufungsrichter hiernach als feststehend ausgehen. Danach war die Firma St. & Oe. im Innenverhältnis zu der Verpfändung an die Beklagte im Mai 1938 überhaupt nicht mehr berechtigt, da die alten Geschäfte in dieser Höhe bis auf den Restbetrag abgedeckt waren. Ob für den Restbetrag noch Papiere bei der Sächsischen Staatsbank verpfändet blieben, ist nicht festgestellt worden; überdies war der Kredit nur für die Firma B. & B. gewährt. Die Firma St. & Oe. hat aber hernach die Weiterverpfändung vorgenommen, um Geld für anderweitige, eigene Zwecke zu erlangen. Der Berufungsrichter nimmt also auf Grund dieses Sachverhalts an, die Firma St. & Oe. sei nicht zur Weiterverpfändung berechtigt gewesen, weil die ihr erteilte Ermächtigung nur dahingegangen sei, die Wertpapiere für den Kredit und nur in Höhe des Kredits zu verpfänden, den die Firma St. & Oe. (über die Sächsische Staatsbank und den Kläger) der Firma B. & B. eingeräumt hatte (§ 12 Abs. 3 DepG.). Der Vorderrichter hat also keineswegs angenommen, daß im Innenverhältnis der Kläger die Firma St. & Oe. ermächtigt habe, die Wertpapiere nunmehr noch zu einer Kreditbeschaffung für sich bei der Beklagten zu verpfänden. Er mußte davon auch nicht ausgehen, und auch das Revisionsgericht hat dies keineswegs zu unterstellen, wie die Revision meint. Ebensowenig hat solches zu geschehen in der Richtung, daß die Beklagte der Firma St. & Oe. gegen Verpfändung der Papiere Kredit nur in dem Umfange gewährt habe, in welchem St. & Oe. dem Kläger Kredit eingeräumt hatte. Abgesehen von der Frage der Ermächtigung nach § 12 Abs. 3 DepG., die nachstehend zu erörtern sein wird, ist also weder festgestellt noch zu unterstellen, daß die Wertpapiere bis zur Höhe desjenigen Kredits bei der Beklagten verpfändet worden sind, den die Firma St. & Oe. dem Kläger (zugunsten der Firma B. & B.) zur Zeit dieser Verpfändung etwa eingeräumt hatte. Dabei kann es nicht darauf ankommen, ob der Kredit, der der Firma B. & B. für Rechnung des Klägers gewährt war, bevor oder als die Papiere erstmalig an die Sächsische Staatsbank verpfändet wurden, zahlenmäßig demjenigen Kredit gleichkam, den sich die Firma St. & Oe. bei der Beklagten durch die hier streitige Verpfändung verschafft hat; denn die Beklagte hat der Firma St. & Oe. einen Kredit gewährt, der mit dem vorher von dieser Firma dem Kläger (der Firma B. & B.) gewährten und bis auf einen Rest abgedeckten Kredit überhaupt nichts zu tun hatte. Mit Recht weist übrigens die Revisionsbeantwortung darauf hin, daß durch die Verpfändung der Papiere auf Depot C statt auf Depot D die Annahme ohnehin gegenstandslos wird, jene Verpfändung könne auf einer Ermächtigung nach § 12 Abs. 3 DepG. beruht haben und einer solchen entsprechend bewirkt worden sein.

Es kann sich nur noch fragen, ob mit dem ersten Richter und der Revision gleichwohl anzunehmen sei, daß die Firma St. & Oe. eine — formlos erteilbare — Verpfändungsermächtigung des Klägers im Sinne von § 12 Abs. 3 DepG. gehabt habe. Der Berufungsrichter verneint das. Er prüft die drei schriftlich vorliegenden Ermächtigungen daraufhin und führt aus, die erste, noch in der Zeit vor dem Inkrafttreten des neuen Depotgesetzes (1. Mai 1937 nach § 43) erteilte vom 24. August 1936, die sich als „generelle Verfügungsermächtigung" an den Wortlaut des § 2 des alten Depotgesetzes (d. i. des Gesetzes, betreffend die Pflichten der Kaufleute bei Aufbewahrung fremder Wertpapiere, vom 5. Juli 1896 und 21. November 1923) angeschlossen habe, sei zugleich mit diesem Gesetz hinfällig geworden; die beiden anderen, nach dem 1. Mai 1937 schriftlich erteilten Ermächtigungen vom 28. Juli und 23. November 1937, deren Wortlaut im Tatbestand wiedergegeben ist, hätten, indem sie sich ebenfalls, wie jene erste Ermächtigung, an den Wortlaut des § 2 des alten Gesetzes im Sinne einer ganz allgemeinen und unbeschränkten Verfügungsermächtigung anschlossen, keine wirksame besondere Ermächtigung im Sinne des neuen Gesetzes erzeugt, seien auch nicht in eine solche umzudeuten, am wenigsten in eine nach § 12 Abs. 3 des neuen Gesetzes beschränkte Ermächtigung; im Mai 1938 habe also keine wirksame Verpfändungsermächtigung für die Firma St. & Oe. vorgelegen.

Die Revision meint demgegenüber, die viel weitergehenden Ermächtigungen des Klägers, einschließlich der ersten, hätten die engere Ermächtigung des § 12 Abs. 3 DepG. eingeschlossen. Darin kann ihr nicht beigetreten werden. In ihren Ausführungen läßt die Revision nicht nur die Beachtung vermissen, die gerade dem Worte „nur" in jener Gesetzesstelle für deren Sinn zukommt; die Auslegung der Revision deutet diese wesentliche Einschränkung geradezu weg. Der Sinn der Vorschrift des § 12 Abs. 3 DepG. geht dahin, daß die vom Hinterleger dem Verwahrer erteilte, also die ihm (sei es auch nur mündlich oder durch schlüssige Handlung) gegebene Ermächtigungserklärung selbst, die Einschränkung enthalten muß, der Verwahrer dürfe die Wertpapiere nur bis zur Höhe des dem Hinterleger (oder in seinem Interesse einem Dritten) gewährten Kredits verpfänden, wenn an diese Art von Ermächtigungserklärung die Befreiung von der Form des Abs. 1 Satz 2 geknüpft sein soll. Keine der drei schriftlichen Ermächtigungserklärungen des Klägers entsprach dieser Voraussetzung, und so entfiel die daran geknüpfte Befreiung. Das hat — im Gegensatz zur Annahme der Revision — die Begründung zum neuen Depotgesetz (§ 12) im Auge, und das hat auch in diesem Gesetz selbst deutlichen Ausdruck gefunden. Die Auffassung der Revision würde dazu führen, daß jede ohne Einschränkung erteilte Verfügungsermächtigung von einer Art, die den Anforderungen keines der Absätze 1 bis 4 des § 12 genügt, weil sie eine allgemeine Verfügungsermächtigung zugunsten des Verwahrers nach seinem freiem Ermessen enthält, eine Ermächtigung also, wie sie das neue Gesetz gerade ausschließen will, zugunsten des Verwahrers nach Art eines Schlusses vom Größeren auf das Geringere in eine in dem strengen Sinne des § 12 Abs 3 beschränkte Verpfändungsermächtigung umgedeutet werden könnte. Mit Recht hat der Berufungsrichter eine solche Umdeutung abgelehnt, nicht bloß wegen der allgemeinen Vermutung der Vollständigkeit und Richtigkeit, die jenen schriftlich abgegebenen Ermächtigungserklärungen zukomme, sondern insbesondere wegen des gesetzgeberischen Zweckes der in § 12 des Gesetzes überhaupt und insbesondere in dessen Abs. 3 ausgedrückten „Ermächtigungsstrenge". Diesen Erwägungen ist durchweg beizutreten. Es kommt deshalb nicht einmal darauf an, ob, wie der Vorderrichter annimmt, die erste Verfügungsermächtigung vom 24. August 1936 schon durch die am 1. Mai 1937 eingetretene Gesetzesänderung hinfällig geworden ist. Dafür, daß neben den drei schriftlichen Ermächtigungserklärungen noch mündliche anderen Inhalts erteilt worden wären, lag nichts vor.

Es kommt also darauf an, ob die Beklagte nach den Vorschriften des sonstigen bürgerlichen Rechts oder des Handelsrechts ein Pfandrecht an den Wertpapieren gutgläubig vom Nichtverfügungsberechtigten erworben hat. Der Berufungsrichter hat, wie erwähnt, auch das verneint. Er nimmt an, der gute Glaube (§ 366 HGB.) sei der Beklagten abzusprechen, weil sie die Verpfändungsbefugnis der Firma St. & Oe. grobfahrlässig angenommen habe. Dafür sei zwar der Kläger beweispflichtig, aber diese Beweisführung werde ihm dadurch erleichtert, daß besondere Umstände, die der Berufungsrichter irreführend mit „erster Anschein" bezeichnet, gegen die Beklagte sprächen. Nach allgemeinen Ausführungen geht er auf die im vorliegenden Fall anzunehmenden besonderen Umstände ein und führt als solche an, daß es sich um das „allererste" Kreditgeschäft zwischen den beiden Banken überhaupt gehandelt habe, daß die Firma St. & Oe. als kleine Privatbank, für die erfahrungsgemäß die allgemeinen Geschäfts- und Wirtschaftsverhältnisse nicht gerade günstige Entfaltungsmöglichkeiten geboten hätten, unter Aufgabe ihrer bisherigen Bankbeziehungen plötzlich mittels eines für ihre Verhältnisse immerhin beträchtlichen Kreditverlangens mit der Beklagten eingegangen sei. Das habe diese veranlassen müssen, Ermittlungen, ja eine sorgfältige Prüfung der Kreditwürdigkeit der neuen Kreditsucherin anzustellen, zumal da die Firma St. & Oe. für die Beklagte im Mai 1938 „in ihrer eigentlichen Bedeutung und Güte eine unbekannte Größe" gewesen sei, woran an sich schon ungenügende und zudem bereits Jahre zurückliegende Auskünfte, deren Inhalt überdies nicht gerade besonderes Vertrauen in die Kreditwürdigkeit der Firma gerechtfertigt habe, nichts hätten ändern können. Die Beklagte hätte, so meint der Vorderrichter, Unterlagen und Belege, eine Bilanz, zergliederte Schuldner- und Gläubigeraufstellungen verlangen müssen. Es wäre auch angebracht gewesen, daß sie von der Firma St. & Oe. geradezu den Berechtigungsnachweis, ja „allenfalls" die persönliche Vorstellung des Hinterlegers (Klägers) verlangt hätte.

Es ist klar, daß für die Frage, ob im einzelnen Fall einer Bank, die es unterläßt, über die Vertrauenswürdigkeit einer bei ihr fremde Wertpapiere verpfändenden Bankfirma Erkundigungen einzuziehen, insbesondere auch den Ermächtigungsnachweis zur Verpfändung nach Maßgabe des Depotgesetzes von ihr zu verlangen, Fahrlässigkeit und in welchem Maß zur Last fällt, weitgehend nicht nur die über die Umstände des einzelnen Falles getroffenen tatsächlichen Feststellungen Bedeutung haben, sondern daß auch ihre Beurteilung auf tatrichterlicher Würdigung beruht (vgl. RGZ. Bd. 118 S. 34 [40 Mitte] und das im Bankarchiv Bd. XXXIII S. 391 Nr. 2 abgedruckte Urteil des I. Zivilsenats des Reichsgerichts I 258/33 vom 14. April 1934). Immerhin ist die Grenze zwischen der letzteren und zwischen einer — etwa rechtsirrigen — Auffassung des Begriffs der groben Fahrlässigkeit (durch Überspannung der Sorgfaltpflicht) flüssig. Der Grad einer an sich rechtsirrtumsfrei festgestellten Verletzung der im Verkehr erforderlichen Sorgfalt allerdings bleibt nach ständiger Rechtsprechung des Reichsgerichts im wesentlichen Sache tatrichterlicher Würdigung, sofern dabei alle einschlägigen Umstände berücksichtigt sind. Dem Vorderrichter fällt jedenfalls ein Rechtsverstoß solcher Art nicht zur Last, und auch die Angriffe der Revision vermögen keinen Rechtsfehler aufzuzeigen.

Wenn der Vorderrichter vom „ersten Anschein" spricht, so meint er damit Beweisanzeichen, die schon eine hohe Wahrscheinlichkeit, aber für sich allein noch keinen vollen Beweis für grobe Fahrlässigkeit erbringen; er hat sich nur im Ausdruck vergriffen, wenn er einen solchen anwendete, dessen Bedeutung von der Rechtsprechung längst auf Vorgänge des sogenannten „typischen Geschehensablaufs" beschränkt worden ist, Vorgänge, die hier nicht in Frage kommen. Es ist richtig, daß der Berufungsrichter in der Folge nicht genau zwischen dem unterschieden hat, was er als Beweisanzeichen in dem vorstehend genannten Sinn und dem, was er als weiter hinzutretende, zusammen mit jenen Anzeichen den vollen Nachweis ergebende Umstände ansehen will. Doch kommt hierauf nichts an, weil jedenfalls klar ist, daß er den von ihm aufgeführten, oben im wesentlichen wiedergegebenen Umständen *in ihrer Gesamtheit* den Beweis entnimmt, daß die Beklagte in grober Nachlässigkeit alles das unterlassen habe, was sie nach den besonderen Umständen dieses Falles hätte tun sollen. Da er dabei ganz auf die einzelnen Umstände abstellt, geht es fehl, wenn die Revision ihre Beanstandungen gegen allgemeine Rechtssätze über Pflichten pfandnehmender Banken richtet, wie wenn der Vorderrichter solche aufgestellt hätte. Das hat er nicht getan; er hat nur auf die Pflichten der Beklagten unter den gerade im vorliegenden Falle gegebenen Umständen abgestellt, und wo er dabei auch allgemein gehaltene Wendungen gebraucht, kommt es nicht darauf an, ob diese in der Allgemeinheit richtig sind, sondern nur darauf, ob der besondere festgestellte Sachverhalt ihre Anwendung hier rechtfertigt. Schon aus diesem Grunde kann dem Berufungsrichter nicht um deswillen ein Verstoß gegen § 286 ZPO. oder ein sachlichrechtlicher Irrtum zur Last fallen, weil er die Ziffer 2 der Geschäftsbedingungen der Wirtschaftsgruppe Privates Bankgewerbe 1937 (abgedruckt bei O p i t z Depotgesetz S. 617 flg.) und die Bestätigung ihres Empfanges durch die Firma St. & Oe. sowie das Rundschreiben Nr. 49 der vorgenannten Wirtschaftsgruppe vom 24. März 1937 nicht erwähnt, auf dessen Darstellung sich die Beklagte bezogen hatte. Es darf nicht übersehen werden, daß diese Geschäftsbedingungen und Richtlinien grundsätzlich nur die Verkehrsgrundsätze zwischen dem sogenannten „Lokalbankier" (Verwahrer) und der „Zentralbank" zum Gegenstand haben, daß sie aber für das Maß derjenigen Sorgfalt, die im Verkehr erforderlich ist, um die Rechte des Hinterlegers nicht zu gefährden, nur von mittelbarer Bedeutung sein können. Entscheidende Bedeutung brauchte der Berufungsrichter jenen Schriftstücken daher nicht beizulegen. Daß er sie übersehen hätte, ist nicht anzunehmen. Die Revision meint übrigens selbst, eine ausdrückliche Erklärung des „Lokalbankiers, zur Weiterverpfändung ermächtigt zu sein, reiche nach allen diesen Bedingungen und Richtlinien aus, wenn nicht sonstige Verdachtsmomente" da seien. Solche hat aber der Vorderrichter gerade festgestellt, wobei der von der Revision gebrauchte Ausdruck „Verdacht" im Sinne der Ausführungen des Vorderrichters in Anwendung des Begriffs der groben Fahrlässigkeit (§ 932 Abs. 2 BGB. in Verbindung mit Abs. 1 das., §§ 276, 933 bis 936, 1207 BGB., § 366 HGB.) unter Entkleidung von jedem strafrechtlichen Beigeschmack mit Umständen gleichzusetzen ist, die bei Anwendung der im Verkehr erforderlichen Sorgfalt Anlaß zu Bedenken und deshalb zur Anwendung größerer Sorgfalt, als sie sonst geboten sein mag, geben müssen. Wenn die Revision dann die vom Berufungsrichter in diesem Sinn angeführten einzelnen Umstände einer Kritik daraufhin unterwirft, ob sie jeder für sich als solche „Verdachtsmomente" ausreichen, so ist das verfehlt. Es kommt darauf an, ob sie in ihrer Gesamtheit eine ausreichende Grundlage für die Annahme grober Fahrlässigkeit bieten. (Dann werden Revisionsangriffe gegen einzelne Feststellungen des Berufungsgerichts zurückgewiesen und fortgefahren:) Die Ausführungen der Revision, mit denen sie darzutun sucht, daß auch die Einhaltung dieser oder jener Pflicht, deren Unterlassung der Berufungsrichter der Beklagten zum Vorwurf macht, zu keinem anderen Ergebnis geführt hätte, sind bereits vom Vorderrichter mit rechtlich zutreffenden Erwägungen entkräftet, denen nichts hinzugefügt zu werden braucht. Falsch ist es, wenn die Revision meint, die Prüfung der Kreditwürdigkeit („Solvenz") eines kreditsuchenden Bankgeschäfts habe nichts mit der Frage zu tun, ob ihm möglicherweise eine unberechtigte Verpfändung von Wertpapieren eines Kunden zuzutrauen sei. Es liegt auf der Hand, daß sich die Prüfung der Umstände, die für diese Frage von Bedeutung sind, in weitem Maß deckt mit der Prüfung der „Solvenz", überhaupt der Vermögenslage desjenigen, der fremde Wertpapiere zwecks Krediterlangung zur Verpfändung anbietet. Deshalb ist auch der Hinweis der Revision auf die verschiedenen Anforderungen, die zu stellen seien, je nachdem es sich um Personal- oder nur um Realkredit handle, nicht zugkräftig. Einen Rechtsirrtum des Berufungsgerichts vermögen auch die Ausführungen der Revision nicht darzutun, in denen sie auf die Richtlinien für die Depotprüfung, aufgestellt von den beteiligten Wirtschafts- und Fachgruppen, Ausgabe 1937, Ziffer 7 (Kontenbezeichnung im Verkehr zwischen Kreditinstituten) — abgedruckt bei Opitz a.a.O. S. 580 flg. (S. 606, 607) — hinweist; auch ihnen ist — zum Teil aus den oben bereits erwähnten Gründen — für den hier zu entscheidenden besonderen Fall Brauchbares nicht zu entnehmen.

Sonach läßt sich nicht sagen, daß der Berufungsrichter den Rechtsbegriff der groben Fahrlässigkeit durch Überspannung der Anforderungen an die Sorgfaltpflicht verkannt hätte, wenn er bei der Gesamtheit der von ihm im einzelnen rechtsfehlerfrei festgestellten Umstände des Falles eine grobe Fahrlässigkeit der Beklagten darin sieht, daß sie jede Art von Nachprüfung der Vertrauenswürdigkeit der Firma St. & Oe. und ihres Mitinhabers P. unterlassen hat. Es kommt dabei nicht darauf an, ob die Beklagte von vornherein zu allen vom Vorderrichter erwogenen Maßnahmen, die solcher Nachprüfung dienlich sein konnten, hätte schreiten oder ob sie je nach dem Ergebnis der einen oder anderen dieser Maßnahmen noch weitere hätte ergreifen müssen. Deshalb braucht das Revisionsgericht auch nicht dazu Stellung zu nehmen, ob sie gerade den Nachweis der Berechtigung der Firma St. & Oe. zur Verpfändung oder sogar die persönliche Vorstellung des Hinterlegers (Klägers) hätte verlangen müssen. Denn der Berufungsrichter findet mit Recht die grobe Fahrlässigkeit der Beklagten darin, daß sie trotz des Vorliegens von Umständen, die zur Vorsicht mahnten, überhaupt nichts getan habe. Dagegen ist schon nach der vom Vorderrichter angeführten Rechtsprechung des Reichsgerichts zum alten Depotgesetz nichts einzuwenden. Das neue Depotgesetz hat die Anforderungen an die Sorgfaltpflicht des Pfandnehmers gewiß nicht mindern wollen; denn es hat zum Schutze der Hinterleger bedeutend schärfere Voraussetzungen für die Zuverlässigkeit der Verpfändung fremder Wertpapiere durch Banken an Banken aufgestellt.

Wechselrecht

RGZ. 2, 59.

Kann ein in der Wohnung des Bezogenen aufgenommener Abwesenheitsprotest, welcher den Mangel eines Geschäftslokales nicht feststellt, dennoch unter Umständen den Formvorschriften des Art. 91 der Wechselordnung genügen?

II. Zivilsenat. Urt. v. 21. September 1880.

I. Landgericht Leipzig. — II. Oberlandesgericht Dresden.

Der Revisionsbeklagte hatte als Inhaber eines Wechsels, welcher von dem Revisionskläger an eigene Order auf „F. in Leipzig, Waldstraße" gezogen und in blanco indossiert, zur Verfallzeit aber bei dem Akzeptanten F. mangels Zahlung protestiert worden war, gegen den Revisionskläger Regreßklage erhoben. Die Protesturkunde besagt: der um die Protestaufnahme ersuchte Notar habe die Urschrift des Wechsels „in der in der Waldstraße 50 befindlichen Wohnung des F. zur Zahlung vorlegen wollen, dies aber nicht vermocht, weil die Wohnungstüre verschlossen war und Klingelns ungeachtet nicht geöffnet wurde", Besondere Einwendungen gegen die Ordnungsmäßigkeit des Protestes waren von dem Beklagten in erster Instanz nicht vorgebracht worden, vielmehr hatte er, von Gerichts wegen befragt, ob er die geschehene Protesterhebung „als eine ordnungsmäßige anerkenne", dies mit dem Bemerken abgelehnt, daß er die Kognition über die Ordnungsmäßigkeit der geschehenen Protesterhebung dem Gerichte überlasse. In erster Instanz wurde der Protest für wirkungslos erachtet und deshalb die Klage abgewiesen. Die zweite Instanz verurteilte den Beklagten nach Maßgabe der Klagebitte.

Die eingelegte Revision wurde zurückgewiesen aus folgenden

Gründen:

„Der Art. 91 der Wechselordnung bezeichnet im ersten Satze als Ort, an welchem die Protesterhebung geschehen muß, wenn sie rechtliche Wirkung haben soll, das Geschäftslokal der um die Annahme oder Zahlung des Wechsels anzugehenden Person „und in Ermangelung eines solchen deren Wohnung". An anderen Orten den Protest zu erheben, verstattet der Artikel (Satz 2) nur, sobald die Beteiligten damit einverstanden sind. Der 3. Satz des Artikels regelt das Verhalten des Protestbeamten für den Fall, daß ein Geschäftslokal oder eine Wohnung sich nicht ermitteln läßt.

Die genaue Befolgung dieser Gesetzesvorschriften ist unstreitig wesentliches Erfordernis eines formgerechten Protestes. Auch muß die Befolgung aus der Protesturkunde zu ersehen sein, zumal dann, wenn die Person, gegen welche der Protest erhoben wird, die Wahl des Protestortes nicht genehmigt. Hiernach leidet es keinen Zweifel, daß ein Abwesenheitsprotest, welcher die gehörige Beobachtung der den Ort der Protestaufnahme angehenden gesetzlichen Bestimmungen nicht nachweist, der rechtlichen Gültigkeit entbehrt. Immerhin aber fragt es sich, wieweit in dieser Hinsicht die an den Inhalt der Protesturkunde zu stellenden Anforderungen reichen. Das Gesetz verpflichtet den Protestbeamten nicht ausdrücklich, in jedem Falle zunächst nach dem Geschäftslokale des Protestaten sich zu erkundigen und das Nichtvorhandensein eines solchen festzustellen, wenn er den Protest in der Wohnung aufnehmen will. Einer so strengen Auslegung bieten die Worte des Gesetzes mindestens keinen zuverlässigen Anhalt. Ebensowenig ist anzunehmen, daß der Gesetzgeber eine derartige Anordnung beabsichtigt hätte. Wie die Protokolle der Leipziger Wechselkonferenz (zu § 83 des preußischen Entwurfes S. 163 der Thölschen Ausgabe) deutlich ergeben, soll Satz 1 und 2 des Art. 91 hauptsächlich darüber Bestimmung treffen, daß der Protestat die Vorlegung des Wechsels an einem geeigneten Orte, in der Regel nämlich, falls er nicht einen anderen Ort für den geeigneten anerkennt, dort verlangen darf, wo er sich dem gewöhnlichen Geschäftsgange nach zur Annahme bereit hält, ingleichen darüber, welche Räumlichkeiten als Ort der vorauszusetzenden Bereitschaft zu gelten haben. Ist hierbei an erster Stelle das Geschäftslokal und nur aushilfsweise („in Ermangelung eines solchen") die Wohnung genannt worden, so darf daraus allein noch nicht gefolgert werden, das Gesetz habe den Protestbeamten anweisen wollen, ohne Unterschied überall, wo es auf die Wahl des richtigen Ortes ankommt, zuvörderst nach einem Geschäftslokale zu suchen und, sofern nötig, auf dem in Satz 3 vorgezeichneten Wege sich zu vergewissern, daß ein solches nicht vorhanden sei. Eine solche Anweisung wäre vielleicht am Platze gewesen, wenn der Wechselverkehr sich auf den Handelsstand, auf Personen beschränkte, welche ihre Geschäfte in von der Wohnung getrennten Lokalen zu betreiben pflegen; wenn demnach in jedem Falle eine tatsächliche Vermutung für das Bestehen eines Geschäftslokales stritte. Davon kann jedoch bei der Erstreckung der Wechselfähigkeit auf alle Vertragsfähige nicht die Rede sein. Die Erfahrung zeigt, daß eine beträchtliche Anzahl von Personen, die nicht Kaufleute sind und eigene Geschäftslokale nicht halten, wechselmäßige Verpflichtungen eingehen. Rücksichtlich dieser Klasse von Wechselschuldnern würde die grundsätzliche Nötigung des Protestbeamten zu vorgängigen Erörterungen über das Bestehen eines Geschäftslokales stritte. Davon kann jedoch bei der Erstreckung der Wechselfähigkeit auf alle Vertragsfähige nicht die Rede sein. Die Erfahrung zeigt, daß eine beträchtliche Anzahl von Personen, die nicht Kaufleute sind und eigene Geschäftslokale nicht halten, wechselmäßige Verpflichtungen eingehen. Rücksichtlich dieser Klasse von Wechselschuldnern würde die grundsätzliche Nötigung des Protestbeamten zu vorgängigen Erörterungen über das Bestehen eines Geschäftslokales auf eine leere, den Wechselverkehr zwecklos erschwerende Formalität hinauskommen. Auch Satz 3 des Art. 91 spricht nicht für die gegenteilige Auffassung. Derselbe läßt die Frage, ob der Notar oder Gerichtsbeamte vor allem nach dem Geschäftslokale zu forschen und erst, wenn er dieses nicht findet, die Wohnung aufzusuchen habe, ganz unberührt, bestimmt vielmehr lediglich, was geschehen muß, wenn die Nachfrage nach dem einen oder dem anderen Lokale fruchtlos bleibt, dahingestellt, welches von beiden gegebenen Falles für den richtigen Protestort zu achten ist. Weit eher wäre zu sagen, der 3. Satz unterstütze die mildere Auslegung. Denn wollte der Gesetzgeber wirklich für jeden Protest die vorgängige Ausmittelung eines Geschäftslokales und einen urkundlichen Nachweis der deshalb getroffenen Veranstaltungen fordern, so hätte es nahe gelegen, gerade an dieser Stelle der Wechselordnung eine hierauf bezügliche Vorschrift zu geben, nicht bloß im allgemeinen vorzuzeichnen, wie bei erfolgloser Nachfrage nach Geschäftslokal oder Wohnung zu verfahren sei. Zu Angaben über die Gründe, welche den Protestbeamten bestimmt haben, in dem letzteren und nicht in dem ersteren Lokale seine Amtshandlung zu vollziehen, verpflichtet ihn der Art. 91 so wenig, als eine andere Gesetzesbestimmung. Der Art. 88 führt in Nr. 4 unter den Protesterfordernissen schlechthin nur die Angabe des Ortes auf, an welchem das an den Protestaten gestellte Begehren geschehen oder ohne Erfolg versucht worden ist.

Bei dem im obigen dargelegten Stande der Gesetzgebung und da ferner einerseits zwar von dem Protestbeamten die Betätigung der nötigen Sorgfalt in der Aufsuchung des Protestaten und der Wahl des Protestortes verlangt werden muß, andererseits aber auch Formerfordernisse, die das Gesetz weder dem Wortlaute, noch dem deutlich erkennbaren Sinne nach hinstellt, in dasselbe nicht hineingetragen werden dürfen, war der vom Reichsoberhandelsgerichte (vgl. Entsch. desselben Bd. 25 Nr. 6 S. 30 flg.) ausgesprochenen Ansicht beizutreten, daß die Beurteilung der Gesetzmäßigkeit des Protestes in bezug auf das Protestlokal von der Beschaffenheit der Umstände abhängt. Drei Möglichkeiten sind denkbar. Der Wechsel, nach Befinden auch die Protesturkunde, ergeben, daß der Protestat zu den Personen gehört, welche regelmäßig eines Geschäftslokales sich bedienen; oder sie ergeben, daß er eine von den Personen ist, welche gewöhnlich kein derartiges Lokal besitzen; oder endlich sie deuten weder das Vorhandensein, noch das Nichtvorhandensein eines Geschäftslokales an. Ersteren Falles ist der Mangel eines Geschäftslokales nach der Vorschrift in Satz 3 des Art. 91 festzustellen und im Proteste zu verlautbaren, soll ein in der Wohnung erhobener Abwesenheitsprotest als gültig betrachtet werden. Im zweiten Falle steht es der Wirksamkeit eines solchen Protestes nicht entgegen, wenn die Protesturkunde etwaiger vergeblicher Bemühungen um die Ausmittelung eines Geschäftslokales nicht gedenkt. Von dem dritten Falle muß das nämliche gelten. Der Vorwurf nachlässigen Verhaltens bei der Aufsuchung des Protestaten trifft den Notar nicht, wenn er unter Verhältnissen, welche das Bestehen eines Geschäftslokales nicht wahrscheinlich machen, von einer Nachfrage danach absieht und sich sofort zur Protestaufnahme in die Wohnung begibt. Die bloße Möglichkeit, daß der in der Wohnung nicht vorgefundene Protestat auch noch ein Geschäftslokal haben kann, bietet keinen zureichenden Grund, die Ordnungsmäßigkeit des Protestes in Zweifel zu ziehen.

Hier handelt es sich um einen Fall der dritten Gattung. Der gegenwärtige Wechsel und Protest führt den Trassaten nur mit seinem Namen auf, ohne Standes- und Gewerbsbezeichnung und ohne weiteren Zusatz, als das der Wohnortsangabe (Leipzig) beigefügte Wort: „Waldstraße". Dieser Zusatz erscheint einflußlos. Mutmaßlich bezweckt er nur die Unterscheidung des Bezogenen von anderen Personen gleichen Namens. Ein Hinweis darauf, daß etwa die Zahlstelle in der an der Waldstraße belegenen Wohnung zu suchen sei, liegt darin so wenig, als eine Andeutung über das Bestehen eines in der genannten Straße befindlichen Geschäftslokales.

Unter solchen Umständen war dem Richter erster Instanz ein Anlaß, die Formrichtigkeit des Protestes rücksichtlich des Protestortes zu prüfen, nicht gegeben; um so weniger, als der Beklagte den Protest mit tatsächlichen Einwendungen anzufechten nicht einmal versucht hatte. Ob der Beklagte mit dergleichen Einwendungen überhaupt zu hören gewesen wäre, braucht für jetzt nicht erörtert zu werden." ...

RGZ. 2, 75.

Kann die Legitimation eines Wechselerwerbers nach Verfall und Protest durch Benutzung eines vorprotestlichen Blankogiros geführt werden?

Vereinigte Zivilsenate. Urt. v. 8. Juli 1880.

I. Landgericht Essen. — II. Oberlandesgericht Hamm.

Aus den Gründen:

„Der protestierte Wechsel, aus welchem Kläger im Wechselprozesse gegen den Beklagten als Akzeptanten klagt, weist nirgends den Kläger als einen selbst im Wechselverbande Stehenden nach. Derselbe stützt vielmehr seine Legitimation lediglich darauf, daß eine Reihe von Vollindossamenten, deren letztes auf den Protesterheber lautet, und hinter welchen sich Nachverfallsindossamente überhaupt nicht befinden, zwei Blankoindossamente, das erste das des Trassanten des an eigene Order gezogenen Wechsels, vorausgehen.

Der zweite Richter hat den Kläger, welcher den Wechsel nach der Protesterhebung vom Trassanten erworben zu haben behauptete, für legitimiert erachtet, von der allerdings in Rechtswissenschaft und Praxis überwiegend herrschenden Ansicht ausgehend, daß die Legitimation eines Wechselerwerbers nach Verfall und Protest auch durch ein vor Verfall erteiltes Blankoindossament hergestellt werden könne. Dieser Ansicht konnte nicht beigetreten werden.

Der Lauf des Wechsels nach Verfall und Protest kann seinen Ausgangspunkt von der Person des Inhabers zur Zeit des Protestes oder eines Vorindossanten, auf den der Wechsel im Rücklaufe zurückgelangt, nehmen.

Gestattet man, statt für den Beginn des Laufes nach Verfall das Indossament eines der bisherigen Wechselverbundenen zu fordern, die Legitimation eines Nachverfallinhabers durch ein Vorblankoindossament, so ist aus Wechsel und Protest nicht zu ersehen, welcher der Wechselverbundenen bis zum Verfalle der wirkliche erste Urheber des betreffenden Nacherwerbes ist, ob der Protestant, ob ein dem Blankoindossamente nachfolgender Vorindossant, ob der Blankoindossant selbst. Jeder dieser Wechselverbundenen, bzw. ihrer Rechtsnachfolger, kann es sein, der sich gedachten Mittels zu einer Begebung bedient hat. Auch wenn man annehmen wollte, daß, während bei den beiden ersten Erwerbshergängen die dem Blankoindossamente folgenden Indossamente bis zu diesem hinauf gestrichen werden müßten, dies im letzten Falle unterlassen werden könne, so wäre doch auch im letzten Falle die Durchstreichung nicht gehindert.

Nun liegt der Einwurf nahe, für die Legitimation sei der wirkliche Hergang des Wechselerwerbes gleichgültig. Die Benutzbarkeit eines Vorblankoindossamentes für den Nachverfallserwerb wird auch gerade darauf gestützt, daß Art. 16 W.O. das Indossament als Übertragungsform für den Wechsellauf nach Verfall ausdrücklich statuiere und nur die materiellen Wirkungen desselben im Gegensatze zu den Wirkungen eines Indossamentes vor Verfall einschränke, daß daher in bezug auf die Übertragungsform, bzw. Legitimation, beim Mangel besonderer Ausnahmebestimmungen, alle Grundsätze der Wechselordnung über die Legitimation durch Indossament anwendbar seien, insbesondere auch die in den Artt. 13, 36 enthaltenen, wonach jeder legitimierte Indossatar, statt neuer Indossierung, den Wechsel mittels Durchstreichung des ihm erteilten Indossamentes und aller Indossamente bis zurück auf ein vorhandenes Blankogiro wirksam begeben kann, da ausgestrichene Indossamente nicht gelesen werden.

Allein diese Auffassung wird der Bedeutung des Nachverfallserwerbes und der Tragweite des Art. 16 nicht gerecht.

Beim Laufe des Wechsels bis zum Verfalle begründet das Akzept wie jedes Indossament selbständige Rechte in der Person des jedes legitimierten Indossatars. Die Entstehung des Gläubigerrechtes wird daher lediglich durch die Legitimation vermittelt. Die Indossamente wirken neben ihrer Bedeutung als Verpflichtungserklärungen nur als fortlaufende Legitimationszeichen, nicht als Rechtsvorgängerschaften. Nur die Ausübung des Gläubigerrechtes kann wegen besonderer Abmachungen zwischen dem legitimierten Inhaber und der in Anspruch genommenen Person oder, weil die Geltendmachung wider Treu und Glauben, durch den Einwand des besonderen Abkommens oder der Arglist verhindert werden. Diesem Rechtsverhältnisse entspricht die wiederholte Begebbarkeit unter dem Schutze eines Blankoindossamentes mittels Durchstreichung der daran gereihten Indossamente. Wo nur das Prinzip der Legitimation herrscht, eine Rechtsvorgängerschaft, deren Rechte übertragen würden, gar nicht existiert, kann auch von einer Verhehlung einer solchen nicht gesprochen werden. Mit Verfall und Protest erlischt aber die Bestimmung des Wechsels, in der Person seiner Nehmer selbständige Rechte zu erzeugen. Allerdings ist auch alsdann noch eine weitere Zirkulation durch Indossierungen zulässig. Aber diesem neuen Wechsellaufe, der nach Verfall und Protest anhebt, gegenüber wird nicht etwa bloß der Kreis der einwandsfähigen Tatsachen erweitert, sondern es hat derselbe insofern einen durchaus verschiedenen Charakter, als er nur noch die in Personen, welche bis zum Verfalle im Wechselverbande gestanden, begründeten Rechte weiter zu übertragen vermag, und als gegen die Übertragenden selbst keine Wechselrechte begründet werden. Die wirkliche Urheberschaft des betreffenden Nachverfallaufes ist also hier von entscheidender rechtlicher Bedeutung. Von welcher wechselverbundenen Person die Rechte abgeleitet werden, tritt klar hervor, wenn man zur Überleitung in die Zirkulation nach Verfall ein neues Indossament eines bisherigen Wechselverbundenen erfordert. Es wird verhehlt, wenn man hierzu ein Vorblankoindossament für benutzbar erachtet.

Sieht man für den Inhalt des zu erhebenden Anspruches doch die wahre Urheberschaft des betreffenden Erwerbes als maßgebend an, so ist überhaupt zu keinen Ergebnissen zu gelangen, bei welchen die von den Verteidigern jener Verwendbarkeit des Vorblankogiros auseinandergehaltene Legitimation und Urheberschaft nebeneinander zur richtigen Geltung kämen. Entweder ist man genötigt, wegen der vorhandenen Legitimation des Klägers es dem Beklagten aufzubürden, den wirklichen Erwerbshergängen nachzuspüren und sie zu beweisen, um die Unbegründetheit des Anspruches dartun zu können. Damit wird dem Beklagten die Ermittelung und Nachweisung des Klagefundamentes auferlegt, um gegen dieses seine Einwendungen richten zu können. Denn wenn nach Art. 16 der Nachverfallserwerber nur die Rechte seines Indossanten geltend machen kann und bei Benutzung des Vorblankogiros aus dem Wechsel nicht konstiert, wer der Indossant im Sinne jenes Artikels ist, so gehört dessen Angabe zur Klagebegründung. Oder man verlangt behufs Wahrung des Einrederechtes des Beklagten vom Kläger noch trotz seiner angeblichen Legitimation die Angabe, von welchem bis zum Verfall bzw. Protest Wechselverbundenen er seine Rechte herleite. Alsdann ist also trotz der angeblichen Legitimation der Anspruch durch den Wechsel allein doch noch nicht begründet. Die Konsequenz solcher Angabepflicht ist aber auch die Pflicht zum Beweise, wenn dem Wechselinhaber die behauptete Autorschaft in einer Weise vom Beklagten bestritten wird, welche diesen Punkt als erheblich für die Rechtslage des letzteren erscheinen läßt. Damit fällt aber der ganze Anspruch aus dem Rahmen des Wechsel- bzw. Urkundenprozesses. Noch schärfer treten die unzuträglichen Folgen des unrichtigen Prinzipes hervor, wenn man den Anspruch des so legitimierten Nachverfallserwerbers gegen den Aussteller des fraglichen Blankogiros selbst in Betracht zieht. Hat der gedachte

Erwerber den Wechsel vom Protestanten oder einen dem Blankogiro nachstehenden Vorindossanten erhalten, so ist das Blankogiro das alte Vorindossament, und der Blankogirant ist dem Inhaber wechselmäßig verpflichtet. Hat der Inhaber den Wechsel vom Blankogiranten selbst erhalten, so wirkt das Blankogiro als neues Nachindossament, und sein Aussteller haftet nicht wechselmäßig. Aus dem Wechsel ist daher nicht zu ersehen, ob der Blankogirant dem Inhaber wechselmäßig verpflichtet ist oder nicht. Von irgend einer auf die gedachte Legitimation sich stützenden Präsumtion für eine bestimmte Autorschaft kann aber nicht ausgegangen werden. Eine solche spricht weder für einen Erwerb vom Protestanten, noch für einen solchen von einem Vorindossanten nach dem Blankogiro, noch für einen vom Blankogiranten.

Die Annahme der Verwendbarkeit des Vorblankoindossamentes für die Legitimation des Nachverfallserwerbes drängt zu den Konsequenzen, daß für den Fall solcher Legitimation entweder die Vorschrift des Art. 16 WO. über die Wirkungen des Indossamentes nach Verfall ganz außer Anwendung zu bleiben hätte, oder daß vermöge der Wahl der Interessenten, welche ihnen durch das Vorhandensein eines Blankogiro eröffnet, der Blankoindossant als derjenige, dessen Rechte übertragen würden, also als Autor des Nacherwerbers nach Verfall, auch wenn er es tatsächlich nicht sei, zu g e l t e n hätte, so daß nur Einwendungen aus seiner Person der Nacherwerber sich gefallen zu lassen brauchte, während Einwendungen aus dem wahren Autorverhältnisse nur insoweit in Betracht kämen, als sie als Einwendungen einer Arglist des Nacherwerbers qualifiziert würden. Jede von beiden Konsequenzen steht aber mit dem Art. 16 in Widerspruch und wird deshalb auch von den meisten Vertretern der gedachten Verwendbarkeit des Vorblankoindossamentes perhorresziert.

Das Prinzip des Art. 16 über die Wirkungen des Wechsellaufes nach Verfall gilt ausnahmslos, gleichviel ob dieser Lauf durch ein altes Blankoindossament vermittelt wird oder nicht. In der Tat wäre aber der Zweck des Art. 16 für alle Wechsel, welche ein Blankoindossament tragen, vereitelt, wenn die zweitgedachte Konsequenz anzunehmen wäre. Es wäre alsdann das Mittel gegeben, daß der Inhaber bei Verfall trotz empfangener Zahlung, trotz seinen Anspruch aufhebender Einwendungen den Wechsel durch einen gutgläubigen Nacherwerber wieder von neuem gegen den Akzeptanten oder die Vorschuldner, die aus der Person des benutzten Vorblankoindossanten keine Einwendungsgründe haben, geltend machte, oder daß der zahlende Akzeptant durch Veranlassung der Protestierung des Wechsels und der Übertragung desselben an einen

Nachverfallserwerber mittels Benutzung eines solchen Blankogiros die Vormänner des Blankoindossanten zum remboursieren zwänge, also in Wahrheit das ganze natürliche Wechselzugsverhältnis auf den Kopf stellte.

Die ganze ungesunde und unbefriedigende Kasuistik wird bei Anerkennung des Satzes vermieden, daß es zu jeder Einleitung einer Zirkulation nach Verfall eines neuen Indossamentes seitens irgend eines aus der geschlossenen Reihe der bis zum Verfalle Wechselverbundenen bedürfe, so daß kein Nachverfallserwerber legitimiert ist, dessen Legitimation nicht auf ein solches Indossament zurückführt. Alsdann ergibt sich aus dem Wechsel mit Sicherheit für jeden Nachverfallserwerb der wirkliche erste Urheber, da der von neuem Indossierende ja den Wechsel zu seiner Verfügung gehabt haben muß. Diese Ersichtlichkeit bleibt dieselbe, auch wenn der Wechsel nach Verfall mehrfach von verschiedenen Vorindossataren nacheinander in Lauf gesetzt wird.

Allerdings sind im Stadium des Laufes des Wechsels nach Verfall neue Blankoindossamente und Legitimationen durch solche mittels Durchstreichung darauf folgender Indossamente nicht ausgeschlossen, wie ja auch das erforderte neue Indossament selbst ein Blankoindossament sein kann. Allein die für den Nachverfallserwerb entscheidenden Personen, deren Rechtsbeziehungen zu den Wechselschuldnern, wie sie sich fixiert haben, allein übertragen werden, bleiben immer diejenigen im Wechselverbande Stehenden, auf die als erste Wechselbegeber nach Verfall das Recht des Wechselklägers zurückzuführen ist. Deren Rechtsverhältnis zu den Wechselschuldnern ist es, das Art. 16 für allen Nacherwerb fixiert wissen will und das jeden Nacherwerb beherrschen soll. Der für die Bedeutung des Wechsels einschneidende Zeitpunkt des Verfalles ist der naturgemäße Zeitpunkt für die Lösung der Verbindlichkeit. Deshalb soll das in diesem Zeitpunkte begründete materielle Rechtsverhältnis den Wechsel für alle Folgezeit beherrschen. Daß infolge einer Fortzirkulation nach Verfall durch verschiedene Hände sich noch neue individuelle Rechtsverhältnisse daran knüpfen können, ist von nur akzidenteller Bedeutung, und es enthält weder einen Widerspruch noch eine ungerechtfertigte Ungleichheit der Lage der Wechselschuldner, wenn man Erkennbarkeit des für den Nacherwerb fundamentalen Verhältnisses aus dem Wechsel fordert, dagegen bei Einwendungen aus Rechtsbeziehungen, welche im Laufe der Fortzirkulation nach Verfall der Wechselschuldner mit aus dem Wechsel nicht kenntlichen Nacherwerbern neu angeknüpft hat, vom Schuldner den Nachweis dieser Nacherwerbe fordert.

Für den legitimen Wechselverkehr erscheint aber auch der Behelf jener Verwendbarkeit des Vorblankoindossamentes für den Nachverfallserwerb überflüssig. Das Bedürfnis, sich an einer Wechselzirkulation ohne eigenes Hervortreten auf dem Wechsel zu beteiligen, hat nur für die Zirkulation bis zum Verfalle Sinn. Das Indossament nach Verfall und Protest erzeugt keine wechselrechtlichen Verpflichtungen. Eine Haftung kann nur nach Maßgabe des unterliegenden zivilrechtlichen Verhältnisses entstehen, und sie ist nach Maßgabe desselben für den wahren Autor vorhanden, gleichviel ob er seinen Namen auf dem Wechsel kundgegeben oder denselben, ohne dies zu tun, zum Gegenstande einer Abtretung gemacht hat. Ein Bedürfnis, die wahren Überleitungshergänge in dem Laufe des Wechsels nach Verfall zu verhehlen, kann als vorhanden oder des Schutzes bedürftig nicht anerkannt werden. Wohl aber gewährt solche Verhehlung für Übervorteilungen der Wechselschuldner, Vertragsuntreue und Afteranwendung der dem Wechsel vor Verfall eigentümlichen Wirkungen auf die eine ganz andere Bedeutung habende Zirkulation desselben nach Verfall den geeigneten Schlupfwinkel.

Diesen Erwägungen gegenüber würde es zur Annahme gedachter Verwendbarkeit eines kategorischen Ausspruches des Gesetzes bedürfen. Aus der Zulassung einer Übertragung des Wechselanspruches nach Verfall in den Formen der Wechsellegitimation folgt durchaus noch nicht die Zulässigkeit dieser Übertragung durch ein altes, vor Verfall erteiltes und benutztes Legitimationszeichen. Aber der Wortlaut des Gesetzes steht gedachter Annahme gerade entgegen und stimmt mit den diesseitigen Erwägung überein.

Der Art. 16 spricht lediglich von einer nach Verfall, bzw. Protest geschehenen I n d o s s i e r u n g. Das Gesetz nennt aber die bloße Übergabe eines Wechsels unter Benutzung eines früher erteilten Blankoindossamentes eines anderen nicht Indossierung. Es spricht bei erteiltem Blankoindossamente nur von dessen Ausfüllung seitens eines Inhabers oder von dessen Weiterindossierung ohne Ausfüllung (Art. 13), das ist der Erteilung eines neuen Indossamentes seitens des Inhabers, der nach Art. 36 Abs. 3 als Erwerber des Wechsels durch das Blankoindossament gilt. Diese Terminologie hängt eng mit dem Begriffe des Indossanten zusammen. Wer nur einen den Erwerber durch das Giro eines anderen legitimierenden Wechsel weggibt, kann nicht Wechselregressat werden. Eine Auffassung, welche unter dem Indossanten des Art. 16 einmal den wechselmäßigen Legitimanten und zugleich doch auch wieder den wirklichen Rechtsvorgänger, der gar nicht indossiert hat, versteht, sagt sich vollständig vom Texte des Gesetzes los. Offenbar hat „das Indossament.

vor welchem der Wechsel protestiert worden", im Abs. 2 des Art. 16 keine andere Bedeutung als das „Indossieren, nachdem die Frist zur Protesterhebung abgelaufen", im Abs. 1 daselbst. Bei letzterem Falle würde die beliebige Benutzung eines Vorblankoindossamentes aber dahin führen, daß entweder der Blankoindossant wider seinen Willen, trotzdem der Wechsel verfallen, im Regresse verbliebe, oder daß dem Texte des Gesetzes zuwieder der neue Wechsellauf ohne Vorhandensein eines neuen Ziehers, bzw. Indossanten, anheben könnte.

Wollte man die Benutzung des Vorblankoindossamentes mit den Gesetzesworten in dem speziellen Falle für vereinbar halten, daß der Blankoindossant selbst den Wechsel im Regreßwege eingelöst und behufs Ersparung eines neuen Giros unter Benutzung seines Blankogiros weitergegeben hätte, so ist doch dieser Fall nicht der einzig mögliche, der einer Benutzung des Blankogiros zu Grunde zu legen ist, noch ist aus dem Wechsel ersichtlich, ob gerade dieser Fall vorliege. Daß seine fiktive Unterstellung dem Art. 16 widerspricht, ist schon oben ausgeführt worden. Überhaupt aber müßte eine Legitimationsführung durch das Blankoindossament, welche der Unterstellung jenes besonderen Herganges benötigt wäre, daran scheitern, daß das gedachte Blankogiro schon bei der Legitimationsprüfung des Rücklaufes des Wechsels mitgelesen werden muß, um den Erwerb durch Einlösung anzunehmen und das vorausgehende, dem Blankogiranten erteilte Giro wieder in volle Kraft zu setzen, innerhalb eines und desselben Legitimationsnachweises aber eine und dieselbe Erklärung nicht zweimal, einmal zur Begründung des geschehenen Rücklaufes und noch einmal zur Begründung eines neuen Vorwärtslaufes, gelesen werden kann. Indem das Blankoindossament schon einmal mitgelesen ist und dazu geführt hat, das voraufgehende Indossament als den eingelöst habenden Blankoindossanten legitimierend wieder in volle Würden zu setzen, verschwindet es und gilt rechtlich als nicht mehr vorhanden, worauf ja auch die Auffassung beruht, daß es nicht erst ausgestrichen zu werden braucht. Es gilt als gestrichen und kann daher nicht noch einen neuen Weitererwerb vermitteln. In der Tat widerspräche es auch, um auf den Fall des Abs. 1 des Art. 16 noch einmal zurückzukommen, dem im Wesen der Wechselverpflichtung begründeten Erfordernisse ihres bestimmten und sicheren Hervorgehens aus der Skriptur, wenn, je nachdem das alte Blankoindossament vom Blankoindossanten selbst oder von einem anderen nochmals benutzt worden, dasselbe eine neue wechselmäßige Verpflichtung oder nur die alte verfallene und erloschene darstellte. Es bedarf daher auch im Falle der Wiederbegebung des im Regreßwege eingelösten Wechsels seitens des Blankoindossanten eines neuen Indossamentes. Demnach schließt das „Indossieren nach Verfall, bzw. Protest" die Benutzung eines Vorblankoindossamentes aus. Es ist nicht zuzugeben, daß das Premieren des Wortlautes des Gesetzes zu der Konsequenz nötige, auch die Benutzung von Nachblankoindossamenten im Verlaufe der Wechselzirkulation nach Verfall für unstatthaft zu erklären. Der Gesetzestext besagt, daß die Legitimation für den Nachverfallserwerb nur durch ein neues Nachindossament eingeleitet werden kann. Dieser Wortlaut des Gesetzes, schon als solcher beachtlich, entspricht gerade dem im Hinblicke auf die durch Art. 16 vorgeschriebenen materiellen Wirkungen allein gesunden, einfachen und klarer Konsequenzen fähigen Prinzipe.

Die Theorie hat, wenn sie auch überwiegend den hier verworfenen Grundsatz vertritt, irgendwie sichere Konsequenzen desselben nicht zu ziehen vermocht. Nach einigen soll solcher durch Benutzung des Vorblankoindossamentes ermittelter Erwerb gar nicht Nacherwerb, sondern Vorerwerb, nach anderen zwar Nacherwerb sein, aber der Blankogirant immer als Vorindossant, nach anderen wieder immer als Nachindossant gelten, nach wieder anderen der wahre Autor in Betracht kommen und danach der Blankogirant bald als Vorindossant, bald als Nachindossant zu erachten sein. Die letzteren, welche auf die materiellen Wirkungen, die Art. 16 vorschreibt, am meisten Rücksicht nehmen, vermögen nicht zu sagen, im Sinne welchen wechselmäßigen Erwerbsherganges ein so gestellter Anspruch zunächst zu deuten ist. Der Fall, daß das Blankogiro das letzte Giro vor Verfall ist, breitet ihnen die erheblichsten Verlegenheiten. Tritt der durch gedachtes Blankogiro legitimierte Inhaber zur Verfallzeit dadurch, daß ihn die Protesturkunde fixiert, in die Reihe der Wechselverbundenen — und es kann ja nicht zweifelhaft sein, daß dieser durch Protest nachgewiesene Inhaber weiter indossieren, bzw. Autor eines Nacherwerbes sein kann —, so ist hier ein Zwischenglied gegeben, welches die unmittelbare Verbindung zwischen dem Blankogiro und einem Nachverfallserwerbe verhindert. Die Annahme, das Blankogiro sei durch die Inhaberschaft bei Protesterhebung nur materiell, aber nicht formell konsumiert, ist willkürlich. Muß man überhaupt Wechsel und Protest zusammenlesen, so muß man es auch in bezug auf die Legitimation tun. Was aber für das Blankoindossament gilt, wenn es als letztes Indossament vor Verfall steht, muß auch für ein vorherstehendes gelten. Die unmittelbare Verbindung zwischen solchem Blankoindossamente und einem Nachverfallserwerbe wird dadurch verhindert, daß, auch wenn alle dazwischenstehenden Indossamente auf dem Wechsel gestrichen werden, die rechtliche Beziehung des letzten Indossatars bei

Verfall durch seine Protesterhebung untilgbar fixiert bleibt. Die wesentliche Voraussetzung für den Zusammenhang zwischen dem Blankogiro und einem späteren Indossamente oder einer Inhaberschaft beruht in dem Verschwinden der Zwischenglieder, die selbst keinen solchen Anschluß gewähren. Es enthält aber einen Widerspruch, ein solches Zwischenglied als wirkend zu setzen, wie es ja geschieht, indem dem weiteren Erwerbe der Charakter eines Erwerbes nach Verfall und Protest aufgedrückt wird, und es doch bei der Legitimation wieder als nicht vorhanden anzusehen. Auf diesem inneren Widerspruche beruht der eigentümliche Satz, daß das legitimierende Blankoindossament Vorindossament und doch der legitimierte Inhaber Nachindossatar sei. Dieser Gegensatz weist schon auf die dazwischen stehende Wechselverbandsperson, den Inhaber bei Verfall, hin, deren Vorhandensein gerade die unmittelbare Beziehung des Blankoindossamentes auf den Nachverfallserwerber hindert. Die Judikatur weist in Ziehung der Konsequenzen aus dem hier bekämpften Grundsatze die gleiche Unsicherheit auf.

Vgl. Martin in Voigts Archiv für Handelsrecht Bd. 2 S. 381, 382, 414 flg.; Riesser, ebenda Bd. 3 S. 29 flg. 61 flg.; Hoffmann im Archiv für Wechselrecht Bd. 10 S. 149, Bd. 14 S. 235 flg. 238; Kuntze, ebenda Bd. 11 S. 148 flg.; Grünhut, Wechselbegebung nach Verfall S. 84 flg. 92, 105, 106; Hartmann, Wechselrecht S. 305; ferner Entsch. des ROHG.s Bd. 3 S. 217, Bd. 15 S. 314 gegenüber Bd. 23 S. 38; Striethorst, Archiv Bd. 70 S. 365 gegenüber Bd. 46 S. 360 flg.; dann wiederum Entsch. des preuß. Obertrib. Bd. 56 S. 263, endlich Entsch. des O. App. Ger. Lübeck in Kierulff, Sammlung Bd. 2 S. 126[1].

[1]) Gewöhnlich wird als der hier verworfenen Ansicht beistimmend das Votum der Nürnberger Konferenz vom Jahre 1858 — Zeitschr. f. Handelsr. Bd. 1 S. 450 — in bezug genommen. Allein aus der Einsicht der Druckexemplare der betr. Verhandlung (Nürnberg 1858) ergibt sich zwar, daß der Referent der von der Konferenz ernannten Subkommission die fragliche Kontroverse in den Bereich seines Referates zog und unter Wiedergabe der Gründe des Urteiles des Oberappellationsgerichtes Dresden (Seuffert, Archiv Bd. 11 Nr. 90) erklärte, daß die Kontroverse durch die Praxis erledigt zu sein scheine und einer Erledigung durch die Gesetzgebung daher nicht bedürfe, daß sich auch die Subkommission in ihrem Berichte diese Ausführungen aneignete (a. a. O. S. XLV und LXI) und die Konferenz einen Anlaß, über fragliche Kontroverse Zusatzbestimmungen zur W.O. zu beantragen, als nicht vorhanden erachtete, zugleich aber auch, daß in der Konferenz ausdrücklich ausgesprochen wurde, daß durch die beschlossene Abstandnahme von der Beantragung von Zusätzen zur W.O. „keineswegs eine allseitige Billigung der im Kommissionsberichte geäußerten Ansichten erklärt sein solle", und auch vom Referenten erklärt wurde, daß innerhalb der Subkommission selbst über diese Ansichten verschiedene Auffassungen geltend gemacht worden seien (Protokolle der Sitzungen vom 1. und 2. März 1858 S. LXVI und LXXX a. a. O.).

Endlich kann die Frage auch nicht verschieden beantwortet werden, je nachdem es sich um den Anspruch auf die Wechselsumme gegen den Akzeptanten oder auf die Regreßsumme gegen die Indossanten und den dafür mitverpflichteten Akzeptanten handelt. Allerdings kann, da es für erstgedachten Anspruch, wenn kein domizilierter Wechsel vorliegt, keines Protestes bedarf, vom Kläger durch Unterdrückung des Protestes demselben der Schein eines Anspruches auf Grund eines Erwerbes vor Verfall gegeben werden. Aber der Akzeptant ist in der Lage, den vollständigen wechselmäßigen Hergang aufzudecken und damit jenen Schein zu zerstören. Daß aber der Anspruch auf die Wechselsumme gegen den Akzeptanten von der Vorschrift des Art. 16 über die Wirkungen des Nachverfallserwerbes nicht betroffen werde, läßt sich nicht behaupten. Vielmehr ist es gerade besonders das materielle Rechtsverhältnis des Akzeptanten zum Wechselinhaber zur Zeit des Verfalles, dessen Fixierung und Maßgeblichkeit für einen weiteren Wechsellauf durch Art. 16 hat festgesetzt werden sollen.

Demnach mußte das zweite Erkenntnis vernichtet und die Wechselklage abgewiesen werden, ohne daß auf die Frage einzugehen war, ob der Legitimation des Klägers schon der Umstand entgegenstand, daß die den Blankoindossamenten folgenden Vollindossamenten nicht ausgestrichen worden, welche Frage bei Prüfung der Begründetheit der Nichtigkeitsbeschwerde außer Betracht bleiben mußte, da in dieser Richtung Angriffe nicht erhoben waren."

RGZ. 3, 60.

Inwieweit ist der Nehmer eines Blankoakzeptes zur Domizilierung des Wechsels ermächtigt?

II. Zivilsenat. Urt. v. 3. Dezember 1880.

I. Bezirksgericht Borna. — II. Oberlandesgericht Dresden.

Wr. hatte seinem Gläubiger S. zu dessen Sicherstellung Wechsel mit We.'s Unterschrift zu geben versprochen, ihm auch darauf drei gedruckte Formulare gezogener Wechsel eingehändigt, welche von We. als Aussteller unterschrieben und in blanco giriert, ferner von Wr. für gewisse Summen akzeptiert, sonst aber unausgefüllt waren. S. füllte später die Formulare aus. Er bezeichnete den Aussteller als Remittenten, gab in der Adresse den Wohnort des Akzeptanten (Lustau) an und fügte Domizilvermerke bei, auf das Bankhaus H. & S. in Leipzig lautend. Dort wurden die Wechsel zur Verfallzeit protestiert. S. erhob Wechselklage gegen den Aussteller, und dieser forderte die ihm abgenötigte Zahlung mit der

Widerklage zurück, indem er einwendete: S. sei zur Beisetzung der Domizilvermerke nicht befugt gewesen. S. behauptet einredeweise, daß Wr. ihm vor Aushändigung der Blankette mitgeteilt habe: Er, Wr., domiziliere alle seine Wechsel bei H. & S. in Leipzig. — Das Reichsgericht hielt die Widerklage für begründet, beachtete aber die Einrede aus folgenden

Gründen:

„Mit der Hingabe und Annahme der fraglichen Wechselblankette erwarb zwar die Widerbeklagte das Recht, die Blankette zu formrichtigen gezogenen Wechseln umzugestalten und sich dadurch wechselmäßige Ansprüche gegen Wr. als Akzeptanten, nicht minder gegen den Widerkläger als Aussteller und Indossanten zu verschaffen. Auch die Art der Ausfüllung stand, soweit nicht schon in den Akzepten die Wechselbeträge festgesetzt waren, in seinem freien Ermessen. Daß ihm ein solches Ausfüllungsrecht zukam, läßt sich nicht bezweifeln, wenn die Umstände erwogen werden, unter denen die Blankette in seinen Besitz gelangten. Wr. schuldete ihm Geld. Er hatte deshalb im Jahre 1870 von Wr. Sicherstellung gefordert und sich bereit erklärt, Wechsel mit We.'s, des Widerklägers, Unterschrift als Sicherheit anzunehmen. We. ist darauf von Wr. mit der Bitte angegangen worden, ihm einige Wechsel mit seiner Unterschrift zu geben, da „ein Gläubiger von ihm" seiner Sicherung halber derartige Wechsel verlange. Dabei hat Wr. die drei, damals erst mit seinen Akzepten versehenen, Blankette vorgelegt. Diese hat We. nunmehr unterzeichnet, giriert und dem Wr. wiederausgehändigt, von welchem sie nachher in unverändertem Zustande dem Widerbeklagten überlassen wurden. ... Dem Sicherstellungszwecke, zu dessen Erreichung hiernach die Blankette von We. und Wr. gegeben, von dem Widerbeklagten genommen worden waren, konnten sie nur dienen, wenn der Widerbeklagte die offen gebliebenen Stellen entsprechend ausfüllte. Daß die Geber jenen Zweck wollten, erhellt aus den die Hingabe begleitenden Vorgängen. In der Hingabe liegt daher die stillschweigende Ermächtigung des Empfängers zur Ausfüllung.

Immerhin jedoch hätte, ohne den Hinzutritt noch weiterer Tatsachen, der Widerbeklagte sich nicht für ermächtigt achten dürfen, den Wechseladressen Domizile beizuschreiben. Der Nehmer eines Blankoakzeptes ist im Zweifel lediglich befugt, demselben die regelmäßige Form einer Tratte zu geben. Sein Ausfüllungsrecht erstreckt sich sonach nicht mit auf die Domizilierung. Denn daß der Trassat selbst in seinem Wohnorte die Zahlung leistet, bildet die Regel. Dagegen ist die Bestimmung eines von seinem Wohnorte verschiedenen Zahlungsortes als Ausnahme zu betrachten, schon darum, weil der Bezogene die Mittel zur Zahlung gewöhnlich nur an seinem Wohnorte bereit hält. Soll der Blankettnehmer den Wechsel domizilieren dürfen, so muß ihm das ausdrücklich oder doch durch Äußerungen oder Handlungen verstattet sein, aus denen auf den bezüglichen Willen des Gebers sicher geschlossen werden kann. Das Reichsgericht trägt kein Bedenken, den Ausführungen sich anzuschließen, welche hierüber in den ... Entscheidungen des Reichsoberhandelsgerichtes[1] enthalten sind. Bis auf weiteres haben demnach die Domizilvermerke des Widerbeklagten als abredewidrige Zusätze zu gelten, so daß die bei dem Domiziliaten geschehene Protesterhebung dem Widerkläger gegenüber wirkungslos und nicht geeignet erscheint, das Regreßrecht zur Entstehung zu bringen, auf welchem die Verurteilung We.'s im Wechselprozesse beruht. Dem Widerbeklagten würde mithin die Rückerstattung des ihm zufolge dieser Verurteilung Geleisteten obliegen, wenn er nicht Tatsachen beizubringen vermöchte, welche erkennen lassen, daß ihm die in Rede stehende Domizilierung erlaubt war.

Abweichend von dem vorigen Urteile findet nun aber die jetzige Instanz in der ... ersichtlichen Behauptung des Widerbeklagten eine nach der soeben bezeichneten Richtung hin beachtliche Einrede. Daß die Bestimmung des Zahlungsortes zunächst Sache des Ausstellers, nicht des Bezogenen ist, mag nicht bestritten werden. Ebensowenig aber läßt sich bezweifeln, daß der Aussteller dem Bezogenen überlassen kann, den Zahlungsort zu bestimmen; und gegenwärtigen Falles darf eine solche Überlassung angenommen werden. Denn der Widerkläger, welcher dem Wr. die drei Blankette zu beliebiger Verwendung für die Sicherstellung eines seiner Gläubiger anvertraut hatte, ohne nur nach dem Namen des Gläubigers und nach der sonstigen Beschaffenheit der zu sichernden Forderungsrechte zu fragen, war augenscheinlich bei der Wahl des Zahlungsortes, namentlich dabei, daß die Wechsel im Wohnorte Wr.'s zahlbar gemacht wurden, nicht interessiert. Ihm kam es ganz allein darauf an, durch die Wechselzeichnung eine bürgschaftliche Verpflichtung für Schulden Wr.'s einzugehen. Von seinem Standpunkte aus hatte er nur zu erwarten, daß, wenn der sicherzustellende Gläubiger von der Bürgschaft Gebrauch machte, der Hauptschuldner, der Akzeptant, überhaupt keine Zahlung geleistet haben, und daß alsdann der Gläubiger sich an ihn, den Aussteller, halten würde. Für diesen Fall war es offenbar gleichgültig, wo die Wechsel dem Akzeptanten zur Zahlung vorgelegt wurden. Die Vorlegung bei dem Akzeptanten stellt sich dann als bloße

[1]) Entsch. Bd. 3 S. 51 flg. Nr. 9, Bd. 14 S. 382 flg. Nr. 118, Bd. 15 S. 431 flg. Nr. 122, Bd. 23 S. 211 flg. Nr. 73, Bd. 23 Nr. 38 S. 126.

Form dar, welche der Gläubiger nur zu beobachten hatte, um dem Widerkläger aus den Wechseln in Anspruch nehmen zu können. Der Widerkläger muß daher gegen sich gelten lassen, daß er die Ausfüllung der Wechseladresse, die Angabe des Zahlungsortes, ganz ebenso in die Willkür Wr.'s gestellt habe, wie die Ergänzung anderer wichtigerer Bestimmungen, insbesondere auch die Festsetzung der Zahlungszeit. Er seinerseits ist mithin keinesfall in der Lage, die spätere Domizilierung der Wechsel als seinem Willen entgegenlaufend zu bezeichnen. Es fragt sich nur noch, ob der Widerbeklagte im Einverständnisse mit Wr. handelte, wenn er die Wechsel bei dem Bankhause H. & S. in L. domizilierte. Dazu würde er allerdings einer besonderen Ermächtigung bedurft haben. Dem Wr. konnte recht wohl daran gelegen sein, daß der Widerbeklagte, ehe er den widerbeklagten Bürgen um Zahlung anging, die Wechsel vorerst ihm, dem Hauptschuldner, zur Zahlung vorlegte. Für ihn war somit die Bestimmung des Zahlungsortes nicht bedeutungslos. Hatte er indessen dem Widerbeklagten früher bereits die Mitteilung gemacht: „er domiziliere alle seine Wechsel bei H. & S. in L.", so durfte der Widerbeklagte in der Tat voraussetzen, daß eine gleichartige Domizilierung der vorliegenden Wechsel dem Willen des Akzeptanten gemäß sei, daß er die von letzterem versprochene Zahlung nicht an dessen Wohnorte, sondern ebenfalls da zu suchen haben werde, wo Wr. sonst die Mittel zur Erfüllung seiner Wechselverbindlichkeiten bereit zu halten pflegte.

Unter so bewandten Verhältnissen war die Entscheidung der Sache von der Leistung des über die ... vorgeschützte Einrede angetragenen und angenommenen Eides abhängig zu machen." ...

RGZ. 8, 42+.

1. Muß derjenige, der seine Unterschrift als Akzeptant, Indossant usw. auf einen Wechsel setzt, der leicht verfälscht werden kann, spätere Fälschungen gegen sich gelten lassen?

2. ...

II. Zivilsenat. Urt. v. 5. Dezember 1882.

I. Landgericht Offenburg. — II. Oberlandesgericht Karlsruhe.

Die Gewerbebank L. erhob auf Grund mehrerer mangels Annahme protestierter Wechsel Klage auf Sicherstellung (Art. 25 WO.) gegen den Indossanten B., und zwar im Wechselprozesse. Der Einwand der Fälschung der Wechsel wurde in zwei Instanzen für unbeachtlich erklärt, das Urteil zweiter Instanz jedoch aufgehoben aus folgenden

Gründen:

„Das Oberlandesgericht unterstellt, daß der Beklagte B. Wechsel indossierte, welche vollständig ausgefüllt waren, und später durch Änderung der Wechselsummen (800 in 1800 M) gefälscht wurden; es erachtet trotz dieser Fälschung den Beklagten für die volle Wechselsumme von 1800 M regreßpflichtig, und zwar deshalb, weil der Wechsel zur Zeit der Indossierung derart beschaffen gewesen sei, daß eine Veränderung des Kontextes durch Zusätze leicht und in einer für Dritte nicht erkennbaren Weise habe vorgenommen werden können.

Diese Ansicht kann als den Prinzipien des Wechselrechtes entsprechend nicht erachtet werden.

In den Motiven der verschiedenen der deutschen Wechselordnung vorausgehenden und derselben zur Grundlage dienenden preußischen Entwürfe einer Wechselordnung wird es als selbstverständlich und einer besonderen Anerkennung im Gesetze nicht bedürfend betrachtet, daß derjenige, welcher seine Unterschrift als Trassant. Akzeptant, Indossant usw. auf einen vollständigen Wechsel setze, nur nach Maßgabe des Inhaltes des Wechsels zur Zeit der Unterzeichnung wechselrechtlich verpflichtet werde und spätere Verfälschungen dieses Inhaltes ihn nicht berühren. Diese Ansicht hatten auch die beim Entwurfe von 1845 gehörten Sachverständigen geteilt.

Es ist nicht zu bezweifeln, daß auch die deutsche Wechselordnung von einer anderen, als dieser im Wesen der Wechselverpflichtung begründeten Ansicht nicht ausgeht, und wurde dementsprechend vom Reichsoberhandelsgerichte immer unbedingt anerkannt, daß die exceptio falsi eine in rem wirkende, gegen jeden Inhaber des Wechsels geltend zu machende Einrede sei.

Vgl. Entsch. des R.O.H.G.'s Bd. 23 Nr. 73 S. 211.

Ganz anders verhält es sich im Falle, wo jemand seine Unterschrift auf einen Wechsel setzt, der noch nicht fertig, vielmehr bestimmt ist, erst in der Hand eines Anderen durch Ausfüllen vorhandener Lücken zu einem vollständigen Wechsel ergänzt zu werden. Wird in diesem Falle das dem Wechselinhaber geschenkte Vertrauen mißbraucht und die Vervollständigung des Wechsels in anderer als der verabredeten oder präsumtiv gewollten Weise vorgenommen, so steht dem Wechselverpflichteten nur die, gegen dritte redliche Inhaber des Wechsels nicht wirkende, exceptio doli zu.

Auf diesem letzteren Prinzipe beruht die vom Oberlandesgerichte in bezug genommene Entscheidung des Reichsgerichtes,

vgl. Entsch. des IR.G.s in Zivils. Bd. 2 S. 97,

welche den Fall zum Gegenstande hatte, wo der ganze im Kontexte des Wechsels für Einsetzung der Wechselsumme bestimmte Raum unausgefüllt geblieben war. Das Oberlandesgericht irrt, wenn es meint, die von ihm ausgesprochene Ansicht sei nur als Weiterführung des in jener reichsgerichtlichen Entscheidung entwickelten Gedanken zu betrachten. Allerdings handelte es sich in jenem Falle, wie im vorliegenden, um die Ausfüllung eines freien Raumes, allein dort war dieser Raum nach dem (präsumtiven) Willen des Wechselgebers bestimmt, durch Einsetzen der Wechselsumme ausgefüllt zu werden, hier aber hatte er im Gegenteile diese Bestimmung durchaus nicht, sollte vielmehr leer bleiben, weil eben der Wechsel schon vollständig war.

In der bezeichneten Entscheidung des Reichsgerichts sowie überhaupt in den betreffs der Ausfüllung von Wechselblanketten geltenden Grundsätzen kann daher die angefochtene Entscheidung eine Stütze nicht finden, vielmehr erscheint das Prinzip, welches sie aufstellt, als ein ganz neues, welches etwa dahin zu formulieren wäre:

„Wer als Aussteller, Akzeptant oder auch nur als Indossant seine Unterschrift auf einen Wechsel setzt, hat jedem redlichen Erwerber gegenüber die Verpflichtung, durch geeignete Vorkehrungen (Durchstreichen der Lücken usw.) dafür zu sorgen, daß der Wechsel nicht leicht verfälscht werden kann, und hat, falls er dieser Verpflichtung nicht nachkommt, etwaige Verfälschungen gegen sich gelten zu lassen, d. h. gerade so zu haften, als sei der Wechsel nicht verfälscht."

Ein wechselrechtlicher Grundsatz dieses Inhaltes würde zunächst das anerkannte Prinzip, daß die exceptio falsi gegen jeden Wechselinhaber wirkt, sehr wesentlich durchbrechen; denn es würde in jedem Falle der Fälschung zu prüfen sein, ob der betreffende Wechselverpflichtete die erforderliche Diligenz zur Verhütung der Fälschung aufgewendet habe. Dieser Grundsatz würde aber weiter die bedenkliche Folge haben, daß ein bloß kulposes Verhalten (eine Art culpa in contrahendo), welches seiner Natur nach nur zu Entschädigungsansprüchen führen könnte, die Wirkung äußern würde, den mangelnden Willen, sich wechselrechtlich zu verpflichten, zu ersetzen, ihn kraft einer Fiktion als vorhanden anzusehen. Daß ein derartiger Grundsatz dem Willen des Gesetzes entspreche, dafür bietet, wie gezeigt, die Geschichte der Entstehung der Wechselordnung nicht den geringsten Anhaltspunkt; aber auch aus den Bedürfnissen des Wechselverkehres läßt er sich nicht herleiten, wenigstens sprechen diese nicht in dem Maße für denselben, wie es erforderlich wäre, um ihn, ohne jeden Anhalt im Gesetze, als bestehend anzuerkennen.

Wenn es auch bei vorsichtigen Geschäftsleuten Übung ist, die leeren Stellen eines Wechsels vor Abgabe desselben zu durchstreichen, um sich gegen etwaige Fälschungen, deren Beweis oft schwierig ist, sicher zu stellen, so folgt hieraus nicht, daß die Sicherheit des Wechselverkehres eine strenge Einhaltung dieser Übung notwendig erheische. Wäre der Gesetzgeber dieser letzteren Ansicht gewesen, so hätte er sicher nicht unterlassen, die Durchstreichung leerer Stellen im Kontexte der Wechsel vorzuschreiben und die geeigneten Folgen an die Unterlassung zu knüpfen; indem er dies unterließ, gab er zu erkennen, daß er den Schutz, welcher in den für Fälschungen von Urkunden und wissentlichen Gebrauch falscher Urkunden angedrohten schweren Strafen liegt, für ausreichend erachtete.

Kann der fragliche Grundsatz überhaupt nicht anerkannt werden, so kann auch nicht die Rede davon sein, ihn ausnahmsweise im vorliegenden Falle gelten zu lassen, weil das Oberlandesgericht erklärt, die dem Beklagten zur Last fallende Verschuldung sei eine so große, daß sie nahe an dolus streife; denn hiermit ist immerhin nur eine culpa, nicht aber ein dolus festgestellt."

...

RGZ. 8, 56.

1. Entstehung des Wechselforderung aus Blankoakzepten.

2. Darf ein Blankoakzept von den Erben des Empfängers und auf einen anderen Namen als den des Empfängers ausgefüllt werden?

I. Zivilsenat. Urt. v. 4. November 1882.

I. Landgericht I Berlin. — II. Kammergericht daselbst

Gründe:

„Die angefochtene Entscheidung beruht auf dem unbestrittenen Sachverhalte, daß der Beklagte das Formular des in Rede stehenden Wechsels mit dem von ihm unterzeichneten Vermerke „angenommen für 3000 M" dem Kaufmanne L. zu Berlin übergeben, daß bei dem im Januar 1879 erfolgten Tode des L. dieses Akzept sich unausgefüllt in dessen Nachlasse befunden, und daß Kläger, welcher Vormund der L.'schen Erben ist, nachdem er das Blankoaccept im Nachlasse gefunden, dasselbe mit dem Datum „Berlin, den 10. April 1880" und mit seinem Namen als Aussteller an eigene Ordre ausgefüllt und im gegenwärtigen Prozesse in eigenem Namen daraus Klage erhoben hat.

Das Berufungsgericht gründet hierauf ohne weiter tatsächliche Feststellung die Abweisung der Klage und die Verurteilung des Klägers als

Widerbeklagten zur Herausgabe des Wechsels, indem es hierfür zwei Gründe anführt:

1. weil, wenn auch Kläger formell zur Klage legitimiert sei, doch ein wechselrechtlicher Anspruch für ihn nicht entstanden sei, da ihm kein Wechselbegebungs- oder Übertragungsvertrag zur Seite stehe;

2. weil seiner Klage der Einwand rechtswidrigen und dolosen Verhaltens entgegenstehe.

Weder in der ersteren noch in der letzteren Beziehung ist der Berufungsgerichte beizutreten.

Durch die Ausstellung eines Wechselblankettakzeptes und dessen Übergabe an einen anderen mit der Ermächtigung, das Blankett in verabredeter Weise auszufüllen, entsteht zwar keine Wechselforderung, solange es der Urkunde an einem der in Art. 4 WO. vorgeschriebenen Erfordernisse mangelt. Aber es kommt hiermit nicht allein ein auf Begründung der Wechselobligation gerichteter Vertrag zustande, sondern es ist auch von seiten des Akzeptanten bereits alles geschehen, was seinerseits zur Begründung der Wechselobligation erforderlich ist. Es bedarf nur noch der Ausfüllung des Blankettes in den nach Art. 4 a. a. O. wesentlichen Stücken, um die Wechselforderung gegen ihn ins Dasein zu rufen. Wenn nun auch die Verabredung nur dahin geht, daß der Empfänger die Ausfüllung in der verabredeten Weise bewirke, so entsteht doch die Wechselforderung gegen den Akzeptanten für den durch Besitz und Inhalt der Wechselurkunde als Wechselgläubiger Legitimierten auch dann, wenn die Ausfüllung des Blankettes nicht durch den Empfänger oder nicht in der verabredeten Weise erfolgt ist. Selbst wenn die nach Übergabe des Blankettes hinzugefügte Unterschrift des Trassanten falsch oden verfälscht ist, behält das Akzept nach Art. 75 WO. seine verpflichtende Kraft. Um so mehr ist dies der Fall, wenn sie echt ist, aber ihre Beifügung oder die sonstige Ausfüllung des Blankettes der zwischen dem Empfänger desselben und dem Blankoakzeptanten getroffenen Verabredung nicht entspricht.

Vgl. Thöl, Wechselrecht 4. Aufl. § 34 Nr. 10 flg. § 81 Note b.

Die Wechselforderung besteht gegen den Akzeptanten auch in diesen Fällen. Er kann sich nur, unter der Einschränkung des Art. 82 WO., der Einrede bedienen, daß die Ausfüllung abredewidrig geschehen, mithin die Voraussetzung nicht eingetreten sei, unter welcher er die Wechselverpflichtung durch das Akzept übernommen habe. Das Berufungsgericht irrt daher, indem es annimmt, daß zur Entstehung der Wechselforderung für den durch Besitz und Inhalt des Wechsels als Gläubiger legitimierten

Kläger außer dem durch Ausstellung des Blankoakzeptes und Übergabe desselben an L. zustande gekommenen Vertrage noch ein weiterer Wechselbegebungs- oder Übertragungsvertrag erforderlich gewesen sei.

Was sodann die Einrede des rechtswidrigen und dolosen Verhaltens des Klägers betrifft, so kommt es nicht darauf an, ob Kläger sich gegenüber den unter seiner Vormundschaft stehenden L.'schen Erben eines solchen Verhaltens schuldig gemacht habe. Denn selbst wenn dem Kläger, was übrigens nicht festgestellt ist, eine wissentliche Verletzung seiner Vormundschaftspflichten zur Last fiele, würde der Beklagte aus diesem ihm fremden Rechtsverhältnisse eine Einrede nicht entnehmen können. Es handelt sich vielmehr nur darum, ob Kläger gegenüber dem Beklagten sich des ihm vom Berufungsgerichte zur Last gelegten Verhaltens schuldig gemacht habe. Sieht man aber, wie das Berufungsgericht tut, von der Behauptung des Beklagten ab, daß er das Blankoakzept dem L. unter der ausdrücklich vereinbarten Bedingung gegeben habe, daß nur L. selbst dasselbe benutzen dürfe, so ist weder darin, daß dasselbe nach dem Tode des L. überhaupt noch ausgefüllt, noch darin, daß es auf den Namen des Klägers als Trassanten und Remittenten ausgefüllt worden ist, ein widerrechtliches Verhalten gegen den Beklagten zu erkennen.

In Übereinstimmung mit dem vormaligen Reichsoberhandelsgerichte (Entsch. desselben Bd. 13 S. 299, Bd. 14 S. 54, Bd. 21 S. 326) und dem Obertribunale zu Berlin (Entsch. desselben Bd. 58 S. 331) ist anzunehmen, daß die Ausfüllung des Blankoakzeptes auch noch nach dem Tode des Empfängers stattfinden darf, weil die dem letzteren eingeräumte Befugnis durch Ausfüllung des Blankettes gemäß der getroffenen Verabredung einen Wechsel herzustellen, nicht auf eine nach den Grundsätzen des Mandates zu beurteilende, dem Widerrufe unterliegende und mit dem Tode des Mandatars erlöschende Vollmacht zurückzuführen, sondern als ein dem Empfänger in seinem Interesse unwiderruflich eingeräumtes Recht anzusehen ist, welches wegen seines vermögensrechtlichen Charakters auf die Erben übergeht, wenn ihm diese Eigenschaft nicht durch Übereinkunft zwischen dem Aussteller und Empfänger des Blankoakzeptes entzogen ist. Der hiergegen erhobene Einwand, es handle sich nicht um ein schon erworbenes Recht, sondern nur um die Möglichkeit eines künftigen Rechtserwerbes,

vgl. Voigt in Busch, Archiv Bd. 40 S. 82, 87,

ist unzutreffend, da zwar eine Wechselforderung noch nicht besteht, aber ein durch Vorvertrag,

vgl. Entsch. des RG.s in Zivils. Bd. 2 S. 90.

begründetes Recht auf Herstellung einer solchen.

Daß der Empfänger eines akzeptierten Wechselblankettes nur befugt sei, dasselbe auf s e i n e n Namen als Aussteller auszufüllen, dagegen die Befugnis, dasselbe unausgefüllt einem anderen zur Ausfüllung auf d e s s e n Namen zu überlassen, ihm ohne besondere Verabredung nicht zustehe,

vgl. V o i g t , a. a. O. S. 69 flg.,

kann nicht für richtig erachtet werden. Wenn geltend gemacht wird, daß bei Unterstellung der Übertragbarkeit des unausgefüllten Blankoakzeptes dasselbe den Charakter eines Inhaberpapieres annehmen würde, welches Private ohne staatliche Konzession auszugeben nicht befugt seien, so beseitigt sich dieser Einwand, abgesehen davon, daß letztere Behauptung nicht überall zutreffend ist (vgl. Entsch. des ROHG.s Bd. 12 S. 303, Bd. 17 S. 151), durch die Erwägung, daß ein akzeptiertes Wechselblankett kein Inhaberpapier ist, weil der Akzeptant nicht jedem Inhaber, sondern nur demjenigen zu zahlen verspricht, welcher nach Ausfüllung des Blankettes laut der Wechselurkunde als Wechselgläubiger erscheint. Daß unausgefüllte Blankoakzepte in gleicher Weise wie Inhaberpapiere von Hand zu Hand gegeben werden können, widerspricht dem Verbote, Wechsel auf Inhaber auszustellen, sowenig wie die Begebung in blanco indossierter Wechsel von Hand zu Hand. Wenn ferner geltend gemacht wird, daß der Aussteller eines Blankoakzeptes dem Empfänger, welchem er die Ausfüllung überläßt, hierdurch ein Vertrauen schenkt, welches er gegen unbekannte Dritte, denen der Empfänger die Ausfüllung überläßt, nicht hegen kann, so würde diese an sich richtige Bemerkung von entscheidender Bedeutung sein, wenn es sich darum handelte, den Umfang einer lediglich vom Willen des Machtgebers abhängigen Vollmacht zu bestimmen. Da aber, wie bereits erwähnt, die Befugnis des Empfängers zur Ausfüllung des Blankettes nicht auf eine Vollmacht des Akzeptanten zurückzuführen ist, so muß bei Bestimmung des Umfanges des dem Empfänger eingeräumten Rechtes auf den beiderseitigen Willen Rücksicht genommen und im Zweifel das im Verkehr übliche als beiderseits gewollt angesehen werden. Daß es aber, wenn auch vielleicht weniger im Großhandelsverkehre,

vgl. V o i g t , a. a. O. S. 79,

doch im sonstigen Verkehre nicht ungebräuchlich ist, akzeptierte Wechselblankette unausgefüllt von Hand zu Hand gehen und erst von einem späteren Nehmer mit dessen Namen unterzeichnen zu lassen, kann nicht bezweifelt werden. Daß der Blankoakzeptant sich in einer günstigeren Lage befindet, wenn der Nehmer des Blankoakzeptes den Wechsel selbst als Aussteller unterzeichnet, als wenn dies durch einen

Dritten geschieht, indem er dem ersteren bei Geltendmachung seines Rechtes aus Art. 23 Abs. 2 WO. die Einreden aus dem zwischen ihnen bestehenden Vertragsverhältnisse entgegensetzen kann, die ihm gegen einen Dritten nicht zustehen, berechtigt nicht zu dem Schlusse, daß er nur dem Nehmer selbst das Recht zur Ausfüllung des Blankettes einräumen wollte; denn auch dann, wenn der Nehmer den Wechsel als Aussteller unterzeichnet, läuft der Blankoakzeptant Gefahr, die ihm gegen den Nehmer zustehenden Einreden gegenüber dem Remittenten oder Indossatar nicht geltend machen zu können. Es kann demnach nicht als allgemeine Regel aufgestellt werden, daß der Empfänger eines akzeptierten Wechselblankettes dasselbe nur auf seinen Namen als Aussteller auszufüllen befugt sei, wie auch von dem vormaligen Obertribunale zu Berlin in dessen Erkenntnis in Striethorsts Archiv Bd. 53 S. 205, Archiv für Wechselrecht Bd. 17 S. 104, dieser allgemeine Satz nicht aufgestellt ist. Vielmehr ist mit dem vormaligen Reichsoberhandelsgerichte (Entsch. desselben Bd. 6 S. 51) anzunehmen, daß die Beantwortung der Frage, ob der Empfänger das Blankoakzept unausgefüllt weiterbegeben und dessen Ausfüllung dem späteren Nehmer überlassen darf, in jedem einzelnen Falle nach der Verabredung zwischen dem Aussteller und Empfänger des Blankoakzeptes zu beantworten, in Ermangelung einer solchen Verabredung aber zu berücksichtigen ist, daß es im Verkehre üblich ist, Blankoakzepte unausgefüllt weiterzubegeben. Dies verkennt das Berufungsgericht, indem es, ohne die Wahrheit der Behauptung des Beklagten hinsichtlich einer zwischen ihm und L. ausdrücklich getroffenen Verabredung festzustellen, den L.schen Erben und deren Vormund das Recht abspricht, das in Rede stehende Wechselblankett auf den Namen des Klägers als Ausstellers auszufüllen.

Das angefochtene Urteil ist demnach gemäß dem Antrage des Revisionsklägers aufzuheben."

RGZ. 8, 66.

Wird die Fälligkeit eines eigenen Nachsichtwechsels, welcher nicht zur Sicht präsentiert worden ist, gegen den Aussteller derselben durch die Klagerhebung herbeigeführt?

Welche Bedeutung hat der einer Wechselunterschrift beigefügte Zusatz „als Bürge"?

Ist die Vorschrift des Art. 97 WO. in betreff des Wohnortes des Ausstellers eines eigenen Wechsels auch anwendbar, wenn der wirkliche Wohnort desselben in dem Wechsel angegeben ist?

III. Zivilsenat. Urt. v. 16. Januar 1883.

I. Landgericht Wiesbaden. — II. Oberlandesgericht Frankfurt a. M.

Auf Grund eines Wechsels, welcher lautete:

G., den 28. März 1882.

Drei Tage nach Sicht zahle ich gegen diesen Solawechsel an den Vorschuß- und Kreditverein G. die Summe von 4600 M.

Philipp St. aus H.
Karl F. aus K. als Bürge."

und welcher am Rande mit der Bemerkung:

„Zahlbar auf dem Büro des Vorschuß- und Kreditvereins in G." versehen war, und eines am 8. Juli 1882 an der bezeichneten Zahlungsstelle gegen beide, daselbst nicht angetroffene Unterzeichner des Wechsels erhobenen Protestes mangels Zahlung stellte der gedachte Verein gegen St. und F. die Wechselklage an. Die — mit einer Abschrift des Wechsels versehene — Klage wurde am 14. desselben Monates dem F. in seinem Wohnorte zugestellt, wogegen die Zustellung an St. nicht in gehöriger Weise vollzogen wurde. Infolge hiervon wurde die Klage nur gegen F. verhandelt. Der Kläger beantragte, denselben zur Zahlung der Wechselsumme mit 6 % Zinsen seit dem 11. Juli 1882 und der Protestkosten zu verurteilen. Der Beklagte wandte ein, daß eine Präsentation zur Sicht nicht stattgefunden habe und folglich der Wechsel noch nicht fällig sei. Der Kläger behauptete nicht, daß der Protesterhebung eine Präsentation des Wechsels zur Sicht vorausgegangen sei; er suchte aber auszuführen, daß die stattgefundene Protesterhebung, welche als Protest mangels Zahlung verfrüht gewesen, doch als ein Protest mangels Sicht angesehen werden dürfe und somit den Wechsel auf den 11. Juli fällig gemacht habe, und daß eventuell die Fälligkeit des Wechsels durch die Klagezustellung bewirkt worden sei. In dem Verhandlungstermine wurde das Original des Wechsels vorgelegt. Das Berufungsgericht hielt den Einwand des Beklagten für begründet und wies die Klage zur Zeit ab. Auf die Revision des Klägers hob das Reichsgericht dieses Urteil auf und verurteilte den Beklagten zur Zahlung der Wechselsumme mit 6 % Zinsen seit dem 17. Juli 1882, wogegen dem Kläger die mehrverlangten Zinsen und die Potestkosten abgesprochen wurden, aus folgenden

Gründen:

... „Die Präsentation eines eigenen Nachsichtwechsels zur Sicht, um ihn fällig zu machen, hat zu geschehen an den Aussteller desselben, und zwar in dessen Geschäftslokale, bzw. Wohnung (Art 91

WO.), also in dessen Wohnorte. Das Berufungsgericht hat aber ausgesprochen, daß die Präsentation des vorliegenden Wechsels an den Aussteller St. zu geschehen habe, und scheint somit nur den St. als den Aussteller desselben anzusehen. Diese Ansicht ist rechtsirrtümlich. Nach Art. 81 WO. hat die wechselmäßige Verpflichtung des Beklagten durch den Zusatz „als Bürge", welchen er seiner Unterschrift beigefügt hat, keine Einschränkung erfahren; da er demnach ebenso haftet, als ob er den Wechsel ohne diesen Zusatz unterschrieben hätte, so hätte er sich durch seine vorliegende Unterschrift gleich dem St. zum Aussteller (Mitaussteller) des Wechsels gemacht.

Vgl. Entsch. des ROHG.s Bd. 18 Nr. 83 S. 303, Bd. 25 Nr. 5 S. 25.

Demnach würde eine an den Beklagten vorgenommene Präsentation den Wechsel gegen ihn fällig gemacht haben. Der Umstand, daß der Beklagte sich auf dem Wechsel als Wechselbürge bezeichnet hat, kann höchstens dem Wechselberechtigten dahin zustatten kommen, daß auch eine Präsentation an St. zugleich die Fälligkeit gegen den Beklagten nach sich gezogen haben würde.

Vgl. Entsch. des ROHG.s Bd. 18 a. a. O.; Borchardt, Wechselordnung 8. Aufl. Zus. 486 zu Art. 40.

Aber eine gehörige Präsentation des Wechsels ist offenbar weder an St. noch an den Beklagten F. vorgenommen worden. Ob man als den wechselrechtlichen Wohnort des Ausstellers, in welchem die Präsentation zu erfolgen hatte, der Meinung des Berufungsgerichtes gemäß den in der Wechselunterschrift gegebenen wirklichen Wohnort desselben, H., bzw. K., oder vielmehr infolge der Bestimmung des Art. 97 WO. den Ausstellungsort des Wechsels, G., anzusehen hat, ist in dieser Beziehung ohne Belang. Daß der Wechsel am 8. Juli 1882, dem Tage der Protesterhebung, bereits fällig gewesen sei, hat der Kläger nicht zu behaupten vermocht. Der sonach als Protest mangels Zahlung unwirksame Protest kann als eine Präsentation zur Sicht und als Protest mangels Sicht schon deswegen nicht gelten, weil das Geschäftslokal des Klägers, in welchem dieser Akt stattgefunden hat, nicht der Ort ist, in welchem die Präsentation zur Sicht zu geschehen hatte, und weil auch nicht in der in Art. 91 Abs. 2 a. a. O. vorgeschriebenen Weise festgestellt worden ist, daß ein Geschäftslokal oder eine Wohnung der Aussteller in G. nicht zu ermitteln gewesen sei. Die Klagezustellung, welche nur an den Beklagten E. in gehöriger Weise erfolgt ist, kann nicht als Präsentation des Wechsels gelten, weil die erforderliche Vorzeigung des Wechsels durch die Zustellung der der Klage beigefügten Abschrift des Wechsels nicht ersetzt wird. Endlich ist die in der erstinstanzlichen mündlichen Verhandlung erfolgte Vorlegung des Wechsels keine gehörige Präsentation, weil die in dem Gerichtsorte Wiesbaden und in dem Gerichtslokale geschehene Vorlegung nicht in dem im Art. 91 a. a. O. vorgeschriebenen Orte und Lokale erfolgt ist.

Es kommt also darauf an, ob die Fälligkeit eines eigenen Nachsichtwechsels gegenüber dem Aussteller desselben, außer durch Präsentation des Wechsels, auch durch Klagerhebung herbeigeführt werden kann, in der Art, daß durch die Klagezustellung die Nachsichtfrist in Lauf gesetzt und mit deren Ablauf der Wechsel fällig wird. Das Reichsoberhandelsgericht hat in diese Frage in seinen Entscheidungen Bd. 3 Nr. 62 S. 300 bejaht mit der Motivierung, daß die Klagezustellung den Willen in sich schließe, den etwa noch nicht eingetretenen Verfall des Wechsels herbeizuführen, und daß hiernach der Tag der Klagerhebung prozessualisch als derjenige Tag zu erachten sei, von welchem an die Nachfrist zu laufen begonnen habe.

Ebenso a. a. O. Bd. 20 Nr. 51 S. 174 und in betreff eines eigenen Sichtwechsels Bd. 5 Nr. 68 S. 315.

Materiellrechtlich hat die Präsentation zur Sicht nur die Bedeutung einer Kündigung, und es muß daher vom Standpunkte des materiellen Rechtes aus ebenso, wie die Kündigung, auch die Präsentation zur Sicht durch den mittels der Klagerhebung dem Schuldner kundgegebenen Willen, die Fälligkeit des Anspruches herbeizuführen, ersetzt werden können. Dagegen kann ein Akt, welcher formelle Bedingung der Entstehung, der Erhaltung oder der Fälligkeit des Wechselanspruches ist, den Ersatz durch einen anderen, materiellrechtlich gleichwertigen Akt nicht zulassen. Nach den Bestimmungen der Art. 19, 20, 98 Ziff. 3 WO. geht der Wechselanspruch aus einem eigenen Nachsichtwechsel gegen den Aussteller, welcher in dieser Hinsicht ebenso, wie dies hinsichtlich der Art. 31, 98 Ziff. 5 bereits vom Reichsgerichte erkannt ist,

vgl. Entsch. des RG.s in Zivils. Bd. 3 Nr. 4 S. 7,

dem Akzeptanten des gezogenen Wechsels gleichzustellen ist,

vgl. Entsch. des ROHG.s Bd. 3 Nr. 41 S. 186, Bd. 5 Nr. 68 S. 315,

weder durch Versäumung der rechtzeitigen Präsentation noch im Falle der Verweigerung des Sichtvermerkes oder der Datierung desselben durch Unterlassung der Protesterhebung verloren. Wenn fener nach Art. 20 Abs. 3 WO. die Verfallzeit eines gezogenen Nachsichtwechsels gegen den Akzeptanten, welcher die Datierung der Annahme unterlassen hat, beim Mangel eines Datierungsprotestes vom letzten Tage der Präsentationsfrist an gerechnet wird, so ist hiermit, da die undatierte Annahme zur Herbeiführung der Fälligkeit nichts beizutragen vermag, der

Ablauf der Präsentationsfrist als dasjenige Ereignis anerkannt, welches die Nachsichtfrist selbständig in Lauf setzt. Auf den eigenen Nachsichtwechsel angewandt, folgt hieraus, daß derselbe gegen den Aussteller durch den Ablauf der Präsentationsfrist zur Fälligkeit gebracht wird, auch wenn eine Präsentation desselben zur Sicht überhaupt nicht stattgefunden hat.

Vgl. Entsch. des ROHG.s Bd. 5 a. a. O., Bd. 11 Nr. 22 S. 48; Thöl, Wechselrecht 4. Aufl. § 153 S. 610 Nr. 22; vgl. auch § 40 S. 180: „In betreff des Akzeptanten bedarf es, um den Verfalltag festzustellen, nicht der wirklichen Sicht."

Ist sonach die Präsentation zur Sicht gegen den Aussteller des eigenen Nachsichtwechsels keine ausschließliche Bedingung der Fälligkeit desselben, so kann man keinen Anstand nehmen, ihm gegenüber auch der Klagezustellung die Herbeiführung der Fälligkeit desselben zuzuschreiben. Folglich ist der eingeklagte Wechsel gegen den Beklagten infolge der am 14. Juli 1882 an ihn geschehenen Klagezustellung mit dem 17. desselben Monates fällig geworden.

Bei diesem Ergebnisse muß aber noch zurückgekommen werden auf die Ansicht der Vorinstanz, daß der in den Wechselunterschriften angegebene wirkliche Wohnort der Aussteller auch wechselrechtlich als ihr Wohnort zu gelten habe; denn nach dieser Ansicht würde der in G. zahlbare Wechsel ein Domizilwechsel sein (Art. 24 WO.), und hieraus würde gemäß Art. 99 folgen, daß die Erhaltung des Wechselanspruches, da die rechtzeitige Zahlung unterblieben ist, auch dem beklagten Wechselaussteller gegenüber durch Protest mangels Zahlung bedingt sei, und daß daher der Mangel eines nach Verfall des Wechsels erhobenen Protestes, welcher durch die Klagezustellung nicht ersetzt werden kann, zur Abweisung der Klage führen müsse. Allein die gedachte Ansicht kann nicht für richtig gehalten werden. Sie verstößt gegen die Bestimmung des Art. 97 WO., daß „der Ort der Ausstellung für den eigenen Wechsel, insofern ein besonderer Zahlungsort nicht angegeben ist, als Zahlungsort und zugleich als Wohnort des Ausstellers gilt". Mit diesem klaren Wortlaute ist die Auffassung des Berufungsgerichtes, daß der Art. 97 a. a. O. den Ausstellungsort ebenso, wie er denselben nur für den Fall, daß ein besonderer Zahlungsort nicht angegeben sei, als Zahlungsort gelten lasse, auch nur für den Fall, daß der wirkliche Wohnort des Ausstellers in dem Wechsel nicht angegeben sei, als dessen Wohnort gelten lassen wolle, nicht zu vereinbaren. Der Art. 97 a. a. O. disponiert vielmehr nur für den Fall, daß ein besonderer Zahlungsort nicht angegeben ist, und schreibt für diesen Fall unbedingt vor, daß der Ausstellungsort sowohl als Zahlungsort als auch als Wohnort des Ausstellers gelten soll. Die Absicht dieser Bestimmung ist darin zu finden, daß im Interesse der Vereinfachung des Verkehrs mit eigenen Wechseln ein solcher Wechsel, sofern in demselben ein besonderer Zahlungsort nicht angegeben ist, ohne Rücksicht auf den Wohnort des Ausstellers nicht als Domizilwechsel behandelt werden soll.

Hiernach ist das angefochtene Urteil aufzuheben und die Klage dahin für begründet zu erachten, daß der Beklagte schuldig ist, dem Kläger die Wechselsumme nebst 6 % Zinsen seit der am 17. Juli 1882 eingetretenen Fälligkeit des Wechsels zu bezahlen, wogegen der Kläger mit seiner Mehrforderung an Zinsen und mit dem Anspruche auf Ersatz der Kosten der unbegründeten Protesterhebung abzuweisen ist.

RGZ. 9, 21.

Kann der Geltendmachung des Wechselregresses entgegengestellt werden, daß das Akzept durch Wechselverjährung wirkungslos geworden?

I. Zivilsenat. Urt. v. 25. November 1882.

I. Landgericht Potsdam. — II. Kammergericht Berlin.

Der Beklagte hatte einen Wechsel auf die Handlung V. & S. gezogen und, mit dem von dieser vollzogenen Akzepte versehen, giriert. Zur Verfallzeit wurde Zahlung nicht geleistet, und der Inhaber beschränkte sich darauf, die Regreßforderung bei den Konkursen zweier Vormänner, darunter der Ritterschaftlichen Privatbank in Pommern, zu liquidieren. Schließlich entschloß sich die Konkursmasse dieser letzteren, den Wechsel durch Zahlung des nach Abrechnung verschiedener bei Verteilungen in den Konkursen bezahlten Dividendenbeträge noch verbleibenden Restbetrages einzulösen. Als diese Einlösung erfolgte, war infolge des Ablaufes der dreijährigen Frist der Anspruch gegen die Bezogenen bereits verjährt. Die bezeichnete Konkursmasse erhob Regreßklage gegen den Beklagten als ersten Indossanten. Derselbe machte außer anderen Einwendungen geltend, daß der Regreß verloren sei, weil Klägerin kein unversehrtes Akzept zu gewähren vermöge. Der erste Richter wies aus diesem Grunde die Regreßklage ab. Der zweite Richter verwarf diesen Grund, bestätigte aber die Klagabweisung wegen Unwirksamkeit des Wechselprotestes, weil der Notar sich mit einer Erklärung des im Geschäftslokale des Domiziliaten anwesend gefundenen Kassierers begnügt hatte, ohne daß ein Zahlungsbegehren an die Person des Domiziliaten gestellt oder registriert war, daß derselbe nicht anzutreffen gewesen wäre. Die Revision der Klägerin wurde verworfen.

Aus den Gründen:

„Es kann dahingestellt bleiben, ob der Annahme des Berufungsgerichtes in betreff der Ungültigkeit des erhobenen Protestes, welche sich allerdings auf das in den Entscheidungen des Reichsgerichtes in Zivilsachen Bd. 3 S. 90 abgedruckte Urteil des III. Zivilsenates des Reichsgerichtes stützt, beizutreten gewesen wäre. Die getroffene Entscheidung stellt sich deshalb als richtig dar, weil Klägerin zur Zeit der Regreßnahme den Wechsel dem Beklagten nicht mehr mit wirksamem, sondern nur mit durch Verjährung erloschenem, also mit wechselmäßig unwirksam gewordenem Akzepte zu gewähren vermochte.

Die Bedingung des Regreßanspruches ist die Herausgabe des Wechsels in ordnungsgemäßem Zustande. Der Regreßpflichtige muß gegen Leistung der Zahlung in die Lage gesetzt werden, alle auf den Wechsel während seines Umlaufes gesetzten Obligos nach Maßgabe seiner durch den Rückerwerb begründeten Legitimation wechselrechtlich — natürlich vorbehaltlich der besonderen Einwendungen gegen seine Person — geltend machen zu können. Er muß in die Lage des Inhabers gesetzt werden, worunter nicht die bloße wechselrechtliche Legitimation ungeachtet des Nichtmehrvorhandenseins von wechselmäßigen Rechten, sondern die Legitimation zur Geltendmachung der dem Wechsel während seines Umlaufes erworbenen Wechselrechte zu verstehen ist (Art. 54 WO.).

Vgl. Entsch. des ROHG.s Bd. 11 S. 217 flg.

Zum mindesten muß dies in betreff derjenigen Rechte gelten, welche dem Wechsel bereits anhafteten, als der nunmehr in Anspruch genommene Regreßpflichtige den Wechsel weitergab. Im vorliegenden Falle enthielt aber unstreitig der Wechsel das Akzept schon bei der Begebung des Wechsels durch Beklagten. Ob das Akzept in einer seine Geltendmachung verhindernden Weise tatsächlich zerstört ist, oder ob es bei verbliebenem tatsächlichen Bestande in seiner einmal vorhanden gewesenen Rechtswirksamkeit erloschen ist, kann keinen Unterschied machen. Bedingung des Wechselregresses ist wie die tasächliche so auch die rechtliche Unversehrtheit des Wechsels in betreff der in ihm enthaltenen verpflichtenden Erklärungen.

Vgl. Liebe, Allgemeine deutsche Wechselordnung S. 208, 209 gerade in bezug auf den Regreß bei verjährtem Akzept; Thöl, Wechselrecht 4. Aufl. § 99 Note a, § 101 S. 371, 372, § 197 Note 1.

Darauf, daß, weil ein Indossament nicht einer Zession gleich zu erachten, der Indossatar nicht zur Eintreibung des Wechsels, überhaupt nicht zu positiven Handlungen, außer der Präsentation und Protesterhebung, verpflichtet ist, während es doch zum Schutze gegen den Ablauf der Verjährungsfrist positiver Handlungen bedürfen würde, kommt es ebensowenig an wie auf eine Erwägung, ob denn eine Unterbrechung der Verjährung gegen den Akzeptanten seitens eines Indossatars zu Gunsten anderer Vorindossanten überhaupt oder doch in allen Fällen zu wirken vermöchte.

Vgl. die entgegenstehenden Ansichten von Thöl, a.a.O. S. 788 Note 15, und Renaud, Wechselrecht S. 311 einerseits, Dernburg, Preuß. Privatrecht 2. Aufl. S. 715 andererseits; auch Entsch. des ROHG.s Bd. 5 S. 362, Bd. 7 S. 80.

Nach dem entscheidenden Prinzipe des Art. 54 WO. kommt es nicht darauf an, was der Regreßnehmer tun muß und kann, um den Ablauf der Verjährung gegen den Akzeptanten zu verhindern. Er muß seinen Regreß ausüben, so lange er noch in der Lage ist, dem Regreßpflichtigen das Akzept unerloschen gewähren zu können. Es ist jetzt in Praxis und Doktrin unstreitig, daß es der objektive Eintritt eines den Wechsel in seiner Integrität wesentlich beeinträchtigenden Zustandes ist, welcher den Regreßanspruch beseitigt, ohne daß es darauf ankommt, ob der Regreßnehmer diesen Zustand durch sein Verschulden, bzw. durch Mangel einer Diligenz, die ihm obgelegen hätte, herbeigeführt hat.

Vgl. Entsch. des ROHG.s Bd. 11 S. 217.

Es kommt daher für einen Fall, wie den vorliegenden, nur darauf an, wen der Kasus, daß die Wechselkraft des Akzeptes erloschen, trifft, den Inhaber des Wechsels zur Zeit des Erlöschens dieser Wechselkraft, oder denjenigen, gegen welchen dieser einen noch nicht verjährten, aber auch zur gedachten Zeit noch nicht geltend gemachten Regreßanspruch hat. Nach dem an die Spitze gestellten Prinzip muß hier die Entscheidung zum Nachteile des ersteren ausfallen.

Es möchte hiergegen der Einwand erhoben werden, diese Lösung widerspräche dem Gesetze, weil danach die Verjährungsfrist des Regreßanspruches auf das Maß der Verjährungszeit des Anspruches gegen den Akzeptanten herabgesetzt werde, während doch das Gesetz die Verjährung dieser Ansprüche ganz unabhängig voneinander, für den Anspruch gegen den Akzeptanten mittels Setzung einer einzigen, vom Verfalltage ab laufenden Frist, für die Regreßansprüche mittels lauter besonderer, für den einzelnen Indossanten von seiner Einlösung bzw. Belangung laufenden Fristen, absichtlich geordnet habe. Für diesen Einwand lassen sich anscheinend noch besondere Stützpunkte aus den Hergängen in der Leipziger Wechselkonferenz bei Beratung der Verjährungsvorschriften herleiten. Bei der betreffenden Beratung entging den Konferenzmitgliedern die im vorliegenden Prozesse eingetretene Möglichkeit, daß infolge der Statuierung dieser verschiedenen Fristen die Verjährung gegen den Akzeptanten schon abgelaufen sein könne, während die Regreßansprüche noch im Laufen wären, nicht. Es wurde deshalb von verschiedenen Seiten vorgeschlagen, einerseits, ausdrücklich auszusprechen, daß der Regreßpflichtige vom Regresse frei werde, sobald der Anspruch gegen den Akzeptanten verjährt sei, bzw. daß er vom Regreßnehmer den Nachweis fordern dürfe, es sei die Verjährung gegen den Akzeptanten unterbrochen, andererseits, für die Dauer der einem Indossanten für die Regreßklage laufenden Frist diesem gegenüber auch das Obligo des Akzeptanten fortdauern zu lassen. Diese Vorschläge wurden indessen verworfen. „Es wurde zwar — von anderen Mitgliedern — die Möglichkeit der hervorgehobenen Inkonvenienzen zugegeben, aber kein entscheidendes Gewicht darauf gelegt, weil sie annehmen zu dürfen glaubten, daß in einer Frist von zwei Jahren, welche voraussichtlich für die Verjährung der Ansprüche gegen den Akzeptanten mindestens festgesetzt werden würde, das Geschäft regelmäßig abgewickelt und der Regressat daher nicht in der Lage sein werde, sein Forderungsrecht wegen Ablaufes der Verjährung gegen den Akzeptanten zu verlieren. Es wurde ferner darauf aufmerksam gemacht, daß schlimmsten Falles der § 75 (des Entwurfes), wonach immer noch die Klage gegen den Bereicherten offenstehe, die erforderliche Ausgleichung geben werde und es ungerecht sei, den Akzeptanten, welcher innerhalb dieser ganzen Zeit sich über die erhaltene Deckung mit dem Aussteller nicht berechnen könne, weil er immer der Klage aus dem Akzepte gewärtig sein müsse, allzulange im Obligo zu lassen."

Vgl. Leipziger Konferenzprotokolle, 28. Sitzung, — Hirschfeldsche Ausgabe — S. 188, 189.

Man kann hiernach zugeben, daß es anscheinend die Absicht der Beratenden gewesen, es würde unter dem Erlöschen des Akzeptes nicht der Regreßnehmer, sondern der Regreßpflichtige, gegen den der Regreßanspruch noch nicht verjährt sei, zu leiden haben. Aber diese Ansicht im Stadium der Beratung kann nicht gegen die Annahme eines anderen Ergebnisses als Konsequenz eines anderen, in dem zustande gebrachten Gesetze enthaltenen Prinzipes entscheiden. Für die Auslegung des Gesetzes ergibt sich aus jenen Verhandlungen nur, daß man es unterlassen hat, den gedachten Fall gesetzgeberisch zu ordnen, weil er sich zu selten ereignen möchte, und daß ohne Rücksicht auf gedachte Inkonvenienz die Verjährung des Anspruches gegen den Akzeptanten und der Regreßansprüche so, wie geschehen, gestattet worden ist. Es ist aber nicht richtig, die Annahme der Verwirkung des Regreßrechtes mit Erlöschen der Wirkung des Akzeptes durch Verjährung als eine Kürzung der gesetzlichen Verjährungsfrist für den Regreßanspruch zu bezeichnen. Wie der Grund dieser Verwirkung auf einem ganz anderen Prinzipe als dem einer Verjährung beruht, so wird das Prinzip auch in der praktischen Anwendung zu anderen Ergebnissen führen. Daß vermöge des Prinzipes tatsächlich ein Indossant in die Lage kommen kann, sich nicht der ganzen Verjährungszeit, welche das Gesetz seinem Regreßanspruche gewährt, bedienen zu können, ist nicht als Kürzung der gesetzlichen Verjährungsfrist, bzw. als ein Widerspruch gegen die Verjährungsvorschriften, zu erachten. Ebensowenig ist gegen die hier vertretene Auffassung ein Argument daraus herzunehmen, daß in erforderlicher weiterer Konsequenz derselben nicht schon das Nichtverjährtsein des Anspruches gegen den Akzeptanten im Zeitpunkte der Regreßnahme genüge, daß vielmehr der Regreß so zeitig genommen werden müsse, daß auch dem in Anspruch Genommenen noch die Unterbrechung der Verjährung gegen den Akzeptanten möglich werde. Solche Konsequenz würde die Anwendung des Prinzipes weder als bedenklich, noch auch als praktisch besonders unzuträglich erscheinen lassen, da der Regreßpflichtige schon durch Streitverkündung die Verjährung gegen den Akzeptanten unterbrechen kann.

Gewichtiger erschiene ein Einwand, welcher aus Art. 48 und der Benachrichtigungspflicht des Art. 45 WO. hergeleitet würde. Indem die Wechselordnung jedem Wechselschuldner das Recht der Einlösung des Wechsels gewähre und im Hinblick hierauf dem Wechselinhaber die Pflicht zur Benachrichtigung des Vormannes von der Nichtzahlung in kurzer Frist nach der Protesterhebung auflege, habe dieselbe — so läßt sich sagen — dafür gesorgt, daß der Regreßpflichtige die Gefahr der Wechselverjährung vermeiden könne, diese Gefahr gehe daher zu seinen Lasten. Diese Auffassung wäre unbedenklich richtig, wenn die Wechselordnung ein Notifikationssystem in dem Sinne adoptiert hätte, daß eine Aufforderung zur Einlösung in kurzer Frist nach Verfall und Nichtzahlung als ein für die Geltendmachung des Wechselanspruches wesentlicher Akt erfordert wäre. Alsdann würde allerdings die Verjährung des Akzeptes nach solcher Aufforderung zu Lasten des Aufgeforderten gehen, gerade so, wie sie jetzt nach Erhebung der Regreßklage zu Lasten des Regressaten geht, der noch Zeit hatte, nach Erhebung der Klage gegen ihn die Verjährung gegen den Akzeptanten zu unterbrechen. Aber solches System kennt die Wechselordnung nicht.

In den Entwürfen und Beratungsprotokollen zur Wechselordnung stand die Gestaltung der Wechselverjährung immer in innerer Verbindung mit der Annahme oder Verwerfung eines solchen strengen Notifikationssystems. Bei Annahme desselben statuierte man für den Regreß eine längere Verjährungsfrist, und zwar schließlich eine und dieselbe für alle Regreßansprüche und für den Anspruch gegen den Akzeptanten. Man erachtete die eventuellen Regressaten durch die Notifikation für aufmerksam gemacht, um sich wegen ihres eigenen eventuellen Regresses zu sichern. Der Inhaber habe das seinige durch die Notifikation getan und könne dann mit seiner Regreßnahme bis gegen das Ende der Verjährungsfrist warten, ohne darauf Rücksicht zu nehmen, daß dem Regressaten dann nicht mehr soviel Zeit bleibe, selbst noch seine Ansprüche gegen die Vormänner und den Akzeptanten zu verfolgen. Bei Verwerfung gedachten Notifikationserfordernisses dagegen wurden zur baldigen Orientierung der eventuellen Regreßpflichtigen und Regreßberechtigten kurze Verjährungsfristen für den Regreßanspruch erforderlich erachtet, und die Verjährung sollte dann immer für den einzelnen Regreßberechtigten ihren besonderen Anfang in dem Zeitpunkte nehmen müssen, in dem er eingelöst hatte oder beklagt war.

Das gedachte Notifikationssystem hatte das preußische Landrecht und wesentlich auch der Entwurf der Gesetzrevisoren. Der Inhaber mußte denjenigen der Vormänner, den er zuerst in Anspruch nehmen wollte, bei Verlust des Rechtes unter Vorlegung des Wechsels und Protestes binnen bestimmter Frist nach Verfall zur Erstattung auffordern und, bei Weigerung der Erstattung, ebenso weiter den weiteren Vormann; desgleichen der Indossant, der eingelöst hatte, seine Vormänner. Die Frist der Wechselverjährung war ein Jahr, gegen den Akzeptanten vom Verfall, gegen den Indossanten von den resp. Notifikationsterminen, bzw. von den an diesen wieder aufgenommenen Protesten ab gerechnet (vgl. §§ 1121—1131, 1062, 1130, 1208 Pr. ALR. II, 8, §§ 131, 137, 138, 162, 163 des Entwurfes der Gesetzrevisoren). Von im wesentlichen gleichen Gesichtspunkten ging der preußische Entwurf nach den Beratungen der Kommission des Staatsrates von 1845 aus (§§ 171—180, 196, 197, 279, 280, Motive S. 42, 44, 61). In den Beratungen der Sachverständigen über diesen Entwurf erwogen aber bereits die Bedenken gegen dieses System als zu lästig und insbesondere auch deshalb unvollkommen, weil der aufgeforderte Vormann nicht in so kurzer Zeit prüfen könne, ob nicht der Regreß durch Versäumung der Notifikation an seinen Nachmann präjudiziert sei. Die enge Beziehung zwischen diesem Systeme und der Gestaltung der Verjährung wurde hier anerkannt, indem man sich mangels eines bestimmten Ergebnisses in betreff des Notifikationssystemes auch der Beratung über die Verjährung enthielt. In dem Kommissionsberichte wurde aber die Ansicht des Referenten gegen das Notifikationssystem wiedergegeben und ausgeführt, daß man wenig Bedenken trage, die Notifikation nach dem Vorgange des sächsischen und braunschweiger Entwurfes gänzlich aufzugeben, weil sie aber an sich wünschenswert und bisher vorgeschrieben, könne sie im Sinne der Pflicht der Benachrichtigung jedes an den unmittelbaren Vormann und mit Pflicht des Ersatzes nachweisbaren Schadens seitens des Versäumenden, aber unter Wegfell als Wechselsolennität, beibehalten werden. Es seien dann kurze Fristen für die Regreßklage, wenn auch längere als die des Code, erforderlich und für jeden Regreßanspruch ein besonderer Anfangstermin der Verjährung von der geschehenen Einlösung oder Belangung des Regreßnehmers an, der in solchem Falle durch Streitverkündung die Verjährung unterbrechen könne.

Vgl. Verhdlgn. der Sachverständigen S. 85—90, 116—119, 143; Kommissionsbericht S. 93 flg. 96.

Bei der neuen Beratung der Staatsratskommission über die §§ 43, 79, 80 des diesen Vorschlägen entsprechend abgefaßten Entwurfes wurde gegen diese Behandlung der Sache geltend gemacht, daß eine Notifikationspflicht mit bloßem Präjudiz des Schadensersatzes etwas ganz Inanes sei, daß die bei solcher unzulänglichen Notifikationspflicht unvermeidliche Statuierung des Laufes lauter einzelner Verjährungsfristen für jeden Regredienten, wie kurz man sie auch bemesse, doch zu dem Ergebnisse führe, daß die Vormänner lange im ungewissen blieben, ob sie in Anspruch genommen würden, während das strikte Notifikationssystem auf dem richtigen Prinzipe beruhe, „wem notifiziert ist, der weiß, daß ihm Regreßnahme droht, und kann die Gefahr der Wechselverjährung vermeiden, wenn er tätig einschreitet und den Wechsel einlöst". Nach wiederholtem Schwanken überwogen diese Gesichtspunkte gegen die Aufgabe der Notifikation als Wechselsolennität. Dieselbe wurde aufrecht erhalten. Es wurde e i n e Wechselverjährung für alle Ansprüche, ein Jahr vom Verfalltage ab, statuiert (§ 73 des neuen Entwurfes). Jedem Eigentümer eines Wechsels sollte die Pflicht obliegen, demjenigen seiner Vormänner, den er in Anspruch nehmen will, am zweiten Tage nach Protesterhebung von der Nichtzahlung zu benachrichtigen und ihm Wechsel und Protesturkunde zur Einlösung vorzulegen. Nur hierdurch sollte der Anspruch gegen den betreffenden Vormann und dessen Vormänner erhalten bleiben. Behufs Erhaltung des Anspruches gegen die Nachmänner des Betreffenden sollte Benachrichtigung dieser in gleicher Frist unter Mitteilung einer Protestabschrift erforderlich sein (§§ 44, 45 dieses Entwurfes). Desgleichen sollte der einlösende Indossant sich die Rechte gegen seine Vormänner durch entsprechende Benachrichtigung innerhalb zweier Tage von der Einlösung ab erhalten müssen (§ 46 des Entwurfes; vgl. Motive dazu S. 70—81, 97). Dieser Entwurf wurde der Leipziger Konferenz vorgelegt. Dieselbe entschied sich aber nach wiederholtem Schwanken für das Prinzip, wie es, abgesehen von der hinzugefügten Verwirkung von Zinsen und Kosten bei der Nichtbenachrichtigung, im Kommissionsberichte auf Grund der Beratung der preußischen Sachverständigen vorgeschlagen war und in den jetzigen Artikeln 45—47, 77—80 WO. enthalten ist (vgl. die Protokolle in der Hirschfeldschen Ausgabe S. 87—108, 170—175, 177 bis 180, 184—188).

Aus dieser Entstehungsgeschichte ergibt sich, daß die angenommene Benachrichtigungspflicht keine Institution ist, durch welche die Gefahr der Verjährung des weiteren Anspruches als auf den zu Benachrichtigenden abgewälzt im Sinne der Wechselordnung zu erachten wäre. Es ist keine Notifikation im eigentlichen wechselrechtlichen Sinne. Es erfolgt nur eine Benachrichtigung von der Nichtzahlung, nur an den unmittelbaren Vornamen, ohne Einlösungsbegehren. Auf der Unterlassung der Benachrichtigung steht kein anderes wechselmäßiges Präjudiz als das des Verlustes von Zinsen und Kosten. Kann nach dem Systeme der Wechselordnung der zu Benachrichtigende ohne wesentlichen wechselrechtlichen Nachteil des Versäumenden auch unbenachrichtigt gelassen werden, so kann er auch nicht als auf den ihm drohenden Regreß und auf Wahrung seiner Rechte aufmerksam gemacht gelten. Eine verschiedene Behandlung in betreff der Tragung der Gefahr der Wechselverjährung, je nachdem tatsächlich die Benachrichtigung erfolgt ist oder nicht, würde aber jedes Anhaltes im Gesetze entbehren. Nach der Wechselordnung sind erst die speziellen Einlösungsforderungen, bzw. Regreßklagerhebungen, die eigentlichen wechselmäßigen Notifikationen. Die Vorschrift der Benachrichtigung nach Art. 45 beruht nur auf allgemeinen, zur Gewinnung wechselrechtlicher Gesichtspunkte' nicht geeigneten Rücksichten der Zweckmäßigkeit und Billigkeit. Ob der Regreßnehmer durch den Nachweis von Einwendungen, welche dem Akzeptanten, ganz abgesehen von der Verjährung, gegen die Regreßpflichtigen zuständen, die Verwirkung des Regreßanspruches auf Grund solcher Verjährung abwenden kann, braucht hier nicht entschieden zu werden, da das Berufungsgericht den

Beweis der klägerischen Behauptung, der Wechsel sei von der Bezogenen nur aus Gefälligkeit akzeptiert worden, nicht für geführt erachtet." ...

RGZ. 9, 56⁺.

Ist das Recht des legitimierten Inhabers der Wechsel-Sekunda auf Aushändigung der akzeptierten Prima wider den Akzeptanten ein durchaus selbständiges?

I. Zivilsenat. Urt. v. 7. April 1883.

I. Landgericht Hamburg. — II. Oberlandesgericht daselbst.

Die Handlung R. & Co. in Malaga hatte an die Beklagten in Hamburg eine Ladung Olivenöl verkauft. In Höhe des Kaufpreises zog sie auf die Käufer einen Wechsel an eigene Order, zahlbar drei Monate nach der Ausstellung. Diesen Wechsel stellte sie in zwei Exemplaren, Prima und Sekunda, aus, versah die Sekunda mit dem Vermerk, daß sich die Prima akzeptiert in Händen von C. H. D. in Hamburg befände, und indossierte diese Sekunda unter dem Datum des 26. August 1882 an die Order von F. G. & Co., welche wiederum unter dem Datum des 7. September 1882 dieselben an die jetzigen Kläger indossiert haben.

Die Prima sandten R. & Co. an ihren Agenten in Hamburg zur Besorgung des Akzepts. Dieser überreichte den Beklagten die Prima am 2. September 1882 und beließ sie zur Niederschrift des Akzepts, da der 3. September ein Sonntag war, einstweilen in den Händen der Beklagten. Diese versahen am 4. September 1882 morgens die Prima mit ihrem Akzept. Bald darauf an demselben Tage ging denselben aber ein sodann nochmals abschriftlich durch den Gerichtsvollzieher ihnen zugestelltes Schreiben des Rechtsanwalts S. zu, inhalts dessen dieser für einen Gläubiger von R. & Co. unter Hinweis auf § 744 ZPO. die Beklagten aufforderte, von dem von ihnen an R. & Co. für das Olivenöl geschuldeten Kaufpreise die Summe von 1840 M einzuhalten, bzw. falls die Berichtigung des Kaufpreises durch Akzept erfolgen sollte, ein Akzept in Höhe des Kaufpreises nur abzüglich dieses Betrages zu erteilen, weil einen so hohen Betrag R. & Co. gedachtem Gläubiger aus vollstreckbarem Urteil schuldeten. Es verweigerten hierauf die Beklagten dem noch am 4. September 1882 zur Empfangnahme der akzeptierten Prima weiter erschienenen Agenten deren Auslieferung. Am 8. September 1882 wurde den Beklagten ein Beschluß des zuständigen Gerichts zugestellt, inhalts dessen wegen der dem gedachten Gläubiger nach vollstreckbarem Urteile zustehenden Forderung an R. & Co. die letzteren gegen die jetzigen Beklagten „angeblich zustehende Forderung aus einem Kaufpreise für geliefertes Olivenöl" auf Höhe von 1840 M gepfändet und ihnen aufgegeben wurde, die gepfändete Forderung an die Schuldner nicht mehr zu bezahlen. Nach diesen Vorgängen haben Kläger auf Grund der ihnen indossierten Wechsel-Sekunda von den Beklagten die Herausgabe der akzeptierten Prima gefordert, Beklagte diese aber wegen dieser Vorgänge geweigert. Sie sind indessen in beiden Instanzen zur Herausgabe verurteilt worden, und ihre Revision wurde vom Reichsgericht zurückgewiesen.

Gründe:

„Das Berufungsgericht stützt die Begründetheit des klägerischen Ausantwortungsanspruches auf ein Eigentum der Kläger an der Wechsel-Prima, welches mittels eines constituti possessorii konstruiert wird, und eventuell auf einen durch Erwerb der Sekunda vermittelten Zessionserwerb der Vindikationsrechte, die R. & Co. zustanden. Diese Konstruktion greift die Revision vorzugsweise an. Das Berufungsurteil stellt sich indessen als richtig dar, ohne daß es dieser Konstruktion bedurfte. Unzweifelhaft kann von einer unmittelbaren Anwendung des Art. 68 Satz 3 WO. hier nicht die Rede sein, denn die Beklagten waren nicht Verwahrer des zum Akzepte versandten Exemplares im Sinne dieser Bestimmung. Ob aber dem legitimierten Inhaber der Sekunda ein Recht auf Ausantwortung der Prima gegen jeden Inhaber der letzteren zustehe, weil der Inhaber der Sekunda Eigentümer der Prima sei oder ihm nach der Natur der Bestimmung der Sekunda in Annahme eines allgemeinen Prinzipes, welches gesetzlich oder gewohnheitsrechtlich gelte, und für welches der Art. 68 WO. einen nur besonders hervorgehobenen Anwendungsfall darstelle, ein Exhibitionsrecht gegen jeden Inhaber der Prima zustehe, kann hier unerörtert bleiben.

...

Es handelt sich bei der Ausstellung von Wechselduplikaten immer nur um einen Wechsel, über den bloß mehrere Urkunden ausgestellt sind. Das Zirkulationsexemplar soll den Zweck haben, den Übergang der Rechte aus dem Wechsel zu bemerken. Es repräsentiert den ganzen Wechsel in bezug auf den Wechseltransport. Das Akzeptträger-Exemplar soll die Wechselerklärung des Bezogenen aufnehmen. Da das erste Exemplar alle Rechte aus dem Wechsel überträgt, so werden durch dessen Indossierung auch alle Rechte aus dem geleisteten Akzepte erworben. „Das Akzept auf dem einen Wechselexemplare ist auf den ganzen Wechsel zu beziehen."

Vgl. Liebe, Allgemeine deutsche Wechselordnung S. 184.

„Jedes einzelne der verschiedenen Exemplare repräsentiert den ganzen Wechsel; das Indossament, die Akzeption und die Bezahlung eines einzelnen Exemplares wirkt also auf alle Exemplare." So auch S. 17 des Braunschweiger Entwurfes einer Wechselordnung und S. 79 flg. der Motive dazu. Daß der legitimierte Sekundainhaber das Exemplar der Prima noch nicht in Händen hat, vermag sein Recht, jeden anderen Prätendenten, hier den Gläubiger der von R. & Co., der dessen Kaufgeldforderung pfänden ließ, auszuschließen, nicht zu beeinträchtigen. Die Beklagten mochten die Prima behalten oder an das Gericht oder an die Pfändungsgläubiger herausgeben; die Funktion der Sekunda als des Transportpapiers für den Erwerb der Rechte aus dem Wechsel seitens der gutgläubigen Nehmer wurde dadurch nicht gehemmt. Die Pfändung war, nachdem Beklagte das Akzept schon geleistet hatten, wirkungslos, sofern der Pfändungsgläubiger nicht auch die Sekunda im Laufe anzuhalten, bzw. wiederzuerlangen vermochte. Diese Sekunda war jedoch schon vor der Pfändung vom Pfändungsschuldner begeben worden. Die Beklagten konnten vom Pfändungsgläubiger zur Zahlung der Kaufgeldforderung nur angehalten werden, wenn dieser ihnen die Wechsel herauszugeben vermochte. Sie waren aber jedem legitimierten Inhaber des Wechsels zur Zahlung aus ihrem Akzepte verhaftet und wurden durch solche Zahlung von der Kaufgeldforderung frei. Der Pfändungsgläubiger mußte darein willigen, daß den Klägern die Prima ausgehändigt wurde, denn R. & Co. waren infolge der Begebung der Sekunda zu solcher Einwilligung, bzw. zur Aushändigung der an sie gelangten Prima dem Inhaber der Sekunda verbunden, und diese Verbindlichkeit, die aus der schon vor der Pfändung entstandenen Begebung herrührt, kann auch der Pfändungsgläubiger, der keine größeren Rechte geltend machen kann, als R. & Co. zur Zeit der Pfändung selbst noch hatten, nicht ignorieren. Was aber das Verhältnis der Kläger zu den Beklagten als Inhaber der Prima anlangt, so sind Beklagte den Klägern durch die Akzeptniederschrift verhaftete Schuldner, welche gedachte Niederschrift in Händen haben.

Es könnte sich fragen, ob nicht Kläger infolge des eingetretenen Verfalles einfach auf Grund der Sekunda im ordentlichen Prozesse die Wechselsumme von den Beklagten unter Zwang zur Edition des Akzeptes fordern könnten. Jedenfalls haben sie aber gegen dieselben ein Recht auf Herausgabe der Niederschrift, um auf Grund dieser ihre bereits durch die Niederschrift begründeten Rechte geltend machen zu können. Sie haben gegen Beklagte ein Recht auf das Wechselduplikat, weil diese es haben und Kläger gegen sie die Rechte aus dem Wechsel haben.

Allerdings haben Beklagte die Prima auf Grund einer geschäftlichen Vereinbarung mit den Trassanten, bzw. dem Präsentanten, welche eine Wiederauslieferungspflicht an diese erzeugte. Das Entstandensein eines solchen Wiederauslieferungsanspruches gibt aber den Beklagten kein Recht, das Ausantwortungsverlangen der Kläger abzuweisen, wenn, wie ausgeführt, diese das für Beklagte erkennbare Recht aus dem Wechsel haben. Ob sie sich den Klägern verantwortlich gemacht hätten, wenn sie trotz Erhebung des klägerischen Auslieferungsverlangens bei Bestehen der Trassanten, bzw. des Präsentanten auf der Rücklieferung letzteren das Wechselexemplar herausgegeben hätten, braucht hier nicht entschieden zu werden. Sie haben das Wechselexemplar. Den Klägern steht das erkennbare, andere ausschließende, Recht zu. Die Trassanten, bzw. der Präsentant haben offenbar von dem Auslieferungsverlangen Abstand genommen. Dem Pfändungsgläubiger steht kein Recht auf den Wechsel zu. Der Anspruch der Trassanten auf Wiederauslieferung des Wechsels gegen Beklage ist gar nicht einmal Gegenstand der Pfändung geworden.

RGZ. 11, 148.

Werden nach den Grundsätzen der Allgem. deutschen Wechselordnung durch ein s. g. Teilindossament Wechselrechte erzeugt oder übertragen?

I. Zivilsenat. Urt. v. 2. April 1884.

I. Landgericht I Berlin. — II. Kammergericht daselbst.

In den Gründen des Revisionsurteiles, welches, in Übereinstimmung mit dem Berufungsurteile, die in der Überschrift gestellte Frage verneint hat, heißt es zunächst bei Erörterung eines im übrigen hier nicht mitzuteilenden Revisionsgrundes wegen angeblicher Verletzung von Normen des Prozeßrechtes:

„Bei ihrem ersten Angriffe gegen das Berufungsurteil geht die Klägerin ersichtlich von der Voraussetzung aus, daß das Indossament der nach wechselgerechter Aufhebung der Wechselrechte auf einen Teil der Wechselsumme, bzw. Wechselregreßsumme, überhaupt noch bestehenden Rechte aus dem Wechsel kein Teilindossament, sondern das Indossament des Wechsels sei. Diese Voraussetzung ist eine begründete. Korrekt bezeichnet wird mit dem Ausdrucke Teilindossament nur diejenige (in Form eines Indossamentes auf den Wechsel, eine Kopie desselben, oder eine Allonge geschriebene) Erklärung des Wechselinhabers, welche (nach ihrem und dem sonstigen Wechselurkundsinhalt) für den betreffenden Indossatar Wechselrechte nur in bezug auf einen Teil der laut Wechsel noch geschuldeten Wechselsumme, oder Wechselregreßsumme, oder Wechselsumme und Wechselregreßsumme kreieren, bzw. auf den Idossatar als Indossament übertragen soll, während inhalts der Wechselurkunde den Wechselrechten des Teilindossatars qualitativ gleichartige Wechselrechte einer von dem Teilindossatar verschiedenen Person (z. B. des Teilindossanten), oder mehrerer von dem Teilindossatar verschiedenen Personen (z. B. anderer Teilindossatare) auf den Rest der wechselmäßig geschuldeten Summen als koexistent erscheinen."

Darauf wird in den Gründen des Revisionsurteiles in bezug auf die in der Überschrift gestellte Frage gesagt:

„Der Prüfung der einschlagenden Bestimmungen der Allgemeinen deutschen Wechselordnung sind folgende Bemerkungen vorauszuschicken.

In dem Geltungsgebiete des englischen und nordamerikanischen Rechtes sind Teilindossamente von jeher für ungeeignet erachtet, die Begebung eines zur Zirkulation im Verkehr bestimmten Papieres zu bewirken. In Übereinstimmung damit bestimmt das englische Gesetz vom 18. August 1882 (45, 46 Victoria cap. 61) unter Nr. 32 für Tratten (bills of exchange):

„Ein Indossament muß, um als Begebung (negotiation) zu wirken, folgenden Erfordernissen entsprechen:

— — — —

2. Es muß ein Indossament der ganzen Tratte sein.

Ein Teilindossament, d. h. ein Indossament, welches die Übertragung nur eines Teiles der zu zahlenden Geldsumme an den Indossatar oder die Übertragung der Tratte an zwei oder mehrere Indossatare zu getrenntem Rechte als seinen Gegenstand bezeichnet, bewirkt nicht eine Begebung der Tratte."

Nach der Bestimmung unter Nr. 89 desselben Gesetzes findet vorstehender Grundsatz auch auf eigene Wechsel (promissory notes) Anwendung. —

Der Art. 23 des revidierten Entwurfes einer Wechselordnung für das Russische Reich lautet:

„Der Wechsel kann auf mehrere Indossatare, jedoch nur als an eine Gesamtheit, übertragen werden.

Die Übertragung des Wechsels kann nicht auf einen Teil beschränkt werden."

In einzelnen früheren partikularen Wechselordnungen in Deutschland, z. B. in der brandenburg-onolzbachschen Wechselordnung von 1739 und der weimarischen Wechselordnung von 1819, sind Teilindossamente ausdrücklich verboten.

Die Lehrer des Wechselrechtes in Deutschland vor Geltung der Allgemeinen deutschen Wechselordnung und in Frankreich, woselbst der Code du Commerce keine Bestimmung über Teilindossamente enthält, streiten über die Zulässigkeit von Wechselteilindossamenten.

Darüber ist man indessen einig gewesen, daß solche Indossamente im Wechselverkehr (bei den Formen der Durchführung des Wechselregresses und bei der Bedeutung der Inhaberschaft des Wechselbriefes und des Verfügungsrechtes über diesen Wechselbrief für die Erzwingbarkeit des Wechselanspruches) zu den mannigfachsten und wiederwärtigsten Verwickelungen und Schwierigkeiten führen müssen. Nouguier, der gewiegteste Kenner des französischen Wechselrechtes, sagt unter Nr. 665 der vierten Ausgabe seines Werkes über dasselbe:

„Ist das Teilindossament eines Wechsels gültig?

Ich halte es für schwierig, aus dem Gesetze einen Grund gegen denjenigen, welcher einen solchen Akt versuchen würde, herzuleiten.

Indessen der Verkehrsgebrauch erkennt solche Akte nicht an, und würde sich ihnen in dem praktischen Leben eine Menge von Anständen entgegenstellen. Diese Schwierigkeiten in der Durchführung sind so groß, daß dieselben das Verbot des Teilindossamentes herbeiführen sollen."

Daß der doktrinelle Streit über die Zulässigkeit der Teilindossamente sowohl in Frankreich, als auch in Deutschland schon längere Zeit vor Einführung der allgemeinen deutschen Wechselordnung, lediglich ein akademischer gewesen ist, während im Lebensverkehr die (früher vielleicht öfters versuchten) Teilindossamente wegen der dadurch verursachten Unzuträglichkeiten so gut wie gar nicht vorgekommen sind, wird dadurch schlagend angezeigt, daß in den umfassenden Sammlungen der Rechtsprechung französischer Gerichtshöfe bis in die neueste Zeit kein Urteil erfindlich gewesen ist, welches sich mit der Frage der Gültigkeit von Teilindossamenten befaßte, während von den durch Druck veröffentlichten Urteilen deutscher Gerichtshöfe nur drei Urteile diese Frage in der Dezisivbegründung zu entscheiden gehabt haben und ein viertes Urteil die Frage gelegentlich berührt.

1. Erkenntnis des Hamburger Handelsgerichtes vom 21. April 1864 in der Hamburger Gerichtszeitung von 1864 S. 137, 138.

2. Bescheid des Oberappellationsgerichtes Rostock vom 5. Februar 1866 im 6. Bande der von Buchka und Budde herausgegebenen Entscheidungen des genannten Oberappellationsgerichtes Nr. 60 S. 226, 227.

3. Erkenntnis des Oberappellationsgerichtes zu Dresden vom 3. September 1875, abgedruckt in Pöschmanns Annalen, N. F. Bd. 22 S. 265.

4. Erkenntnis des preußischen Obertribunales IV. Senat vom 13. März 1860, abgedruckt in den Entscheidungen des Obertribunales Bd. 43 S. 264.

Ein erfahrener Kenner des Handels- und Wechselverkehres, Karl Peter Kheil, bezeichnet in der dritten Auflage seines Wechselrechtes S. 136, 137 und im Archive für deutsches Wechselrecht Bd. 10 S. 176 „die Teilindossamente als eine Antiquität, welche gegenwärtig im Handelsverkehr niemals vorkomme." Brentano sagt in der 4. Aufl. der „Lehre Schiebes von den Wechselbriefen' S. 74, 75, „die von theoretischem und praktischem Standpunkte verwerflichen Teilindossamente kämen im Handelsverkehr kaum vor".

Diese Ungebräuchlichkeit der Teilindossamente kann es erklären, daß (trotz jenes akademischen Streites über ihre Zulässigkeit) der Teilindossamente weder in den Beratungen der Leipziger Konferenz, deren Frucht die Allgem. deutsche Wechselordnung war, noch auf der Nürnberger Konferenz über mehrere zur Allgem. deutschen Wechselordnung in Anregung gekommene Fragen gedacht ist.

Da die Allgem. deutsche Wechselordnung eine besondere Bestimmung über Teilindossamente nicht enthält, ist in der deutschen Doktrin des Wechselrechtes nach jenem Gesetze die alte Kontroverse aufgelebt. Für die Zulässigkeit des Teilindossamentes haben sich namentlich erklärt:

Brauer, Blunschli, Blaschke, Borchardt, Dernburg, Hoffmann, Hartmann, Renaud, für die Unzulässigkeit derselben Thöl, Jolly, Volkmar und Löwy, Oskar Wächter, Brentano, Kheil, Gareis, Georg Cohn und Rehbein.

In den oben allegierten Urteilen haben

1. das preußische Obertribunal in einem Falle, in welchem es sich in dem konkreten zu entscheidenden Rechtsstreite nicht um die Rechtswirkung eines Teilindossamentes, sondern um die Gültigkeit der exekutivischen Teilzession einer Wechselforderung gegen den Aussteller und den Akzeptanten eines

an eigene Ordre gestellten, noch nicht weiterbegebenen Wechsels auf Antrag einer Gerichtssalarienkasse zur Befriedigung wegen eines Kostenrestes handelte, beiläufig bemerkt, die Ansicht, daß eine Wechselforderung nicht teilweise indossiert werden könne, möchte sich kaum rechtfertigen lassen;

2. das Oberappellationsgericht zu Dresden (wie in dem betreffenden Urteil wörtlich gesagt ist) „wenigstens für den damals in Frage stehenden Fall der Existenz eines einzigen Indossamentes auf dem Wechsel, welches auf einen Teil der Wechselsumme gerichtet war," das Teilindossament für zulässig erachtet;

3. das Hamburger Handelsgericht die Wechselklage des Teilindossatars eines Sichtwechsels abgewiesen, weil die Vorlegung eines Sichtwechsels durch einen nur zur Empfangnahme eines Teils der Wechselsumme Legitimierten nicht als gehörige Präsentation des Wechsels zur Zahlung gelten könne;

4. das Oberappellationsgericht zu Rostock die Klage des Teilindossatars gegen den Wechselaussteller abgewiesen, weil aus Art. 4 Nr. 4. 39 Allgem. deutsch. WO. folge, daß durch ein Teilindossament für den Teilindossanten ein erzwingbares Recht gegen den Wechselaussteller und den Wechselakzeptanten nicht entstehe. Beiläufig wird (ohne Begründung) die Ansicht ausgesprochen, daß zwischen dem Teilindossanten und dessen Nachmännern eine Wechselobligation erzeugt werde.

Die Prüfung der gesamten, zur Ziehung von Folgerungen in bezug auf diese Kontroverse geeigneten Bestimmungen der Allgem. deutschen Wechselordnung seitens des Revisionsgerichtes hat dasselbe zu dem Schlusse geführt, daß nach den Grundprinzipien dieses Gesetzes durch ein sogenanntes Teilindossament Wechselrechte überhaupt weder kreiert noch wechselrechtlich übertragen werden können. — Diejenigen, welche das Gegenteil annehmen, gründen ihre Auffassung darauf, daß regelmäßig Forderungen auf Zahlung einer Geldsumme teilbar, sowie Teile solcher Forderungen übertragbar seien, und daß die Allgem. deutsche Wechselordnung kein besonderes ausdrückliches Verbot der teilweisen Übertragung von Wechselansprüchen enthalte.

Diese Argumentation erregt schon deswegen Bedenken, weil nicht ersichtlich ist, daß ein Verhältnis zwischen einem geltenden objektiven Recht zur Allgem. deutschen Wechselordnung gegeben sei, welches rechtfertige, in dieser Wechselordnung nicht ausgesprochene Regeln jenes Rechtes als Normen für die Zulässigkeit wechselrechltlicher Akte zu erblicken.

Jedenfalls bedarf es keines ausdrücklichen Verbotes, um solche Verfügungen über ein eigenartiges Recht auszuschließen, welche dem eigenartigen Wesen dieses Rechtes widerstreben. Die streitige Frage kann daher nicht durch Aufstellung solcher vagen Sätze, sondern *nur dadurch* ihre Lösung finden, daß man die Eigenart der Wechselobligation überhaupt und die Bedeutung des Wechselindossamentes insbesondere nach den Bestimmungen der *für sich in das Auge gefaßten* Allgem. deutschen Wechselordnung klarlegt und dann prüft, ob Akte der Art, wie diejenigen, welche man doktrinell als Teilindossamente bezeichnet, wiewohl ihrer in der Allgem. deutschen Wechselordnung ausdrücklich gar nicht gedacht wird, doch nach den Grundprinzipien dieses Gesetzes als Akte anzuerkennen sind, welche wechselrechtlich Wechselrechte erzeugen, bzw. übertragen. Aus dem Inbegriff der Bestimmungen der Allgem. deutschen Wechselordnung (insbesondere aus den Art. 4—7, 39, 54, 96, 98 Nr. 1—6) ergibt sich, daß die Wechselgläubigerrechte (insoweit die Allgem. deutsche Wechselordnung selbst nicht ausdrücklich einzelne Ausnahmen statuiert), an die Inhaberschaft einer mit ganz bestimmten unerläßlichen Eigenschaften versehenen Urkunde, des Wechsels, als *ihres einheitlichen Trägers* geknüpft ist, und die Erfüllung der Wechselverpflichtung zur Zahlung der *Wechselsumme* (insoweit die Allgem. deutsche Wechselordnung selbst nicht ausdrücklich einzelne Ausnahmen statuiert) nur gegen Aushändigung des quittierten Wechsels, die Erfüllung der Wechselverpflichtung zur Zahlung der Wechsel*regreß*summe nur gegen Aushändigung des Wechsels, des Wechselprotestes und einer quittierten Retourrechnung gefordert werden darf, als Gegenstand eines perfekten erzwingbaren Wechselrechtes besteht.

Schon daraus folgt (bei der Nichtexistenz einer in der Allgem. deutschen Wechselordnung für den Fall der Verwirklichung einer Operation, wie die als Teilindossament bezeichnete, bestimmten Ausnahme von diesen Normen der Wechselobligation), die wechselrechtliche Unwirksamkeit einer solchen Operation, welche bezweckt, das Ergebnis zu erzielen, daß die Wechselgläubigerrechte gleichzeitig mehreren Individuen in der Weise zustehen, daß jedes dieser Individuen für sich das selbständige perfekte Wechselrecht besitze, einen Teil der Wechselsumme, beziehungsweise Wechselregreßsumme, zu fordern. Das ist unmöglich, weil das gleichzeitige Innehaben des Wechsels dieses einheitlichen Trägers aller Wechselrechte durch jedes dieser mehreren Individuen für sich nicht realisierbar ist, auch keines dieser Individuen für sich durch jene Operation berechtigt wird, den einheitlichen Träger aller Wechselrechte zu quittieren und über denselben durch Aushändigung an den Wechselverpflichteten zu verfügen. Es ist unrichtig, daß die in den Art. 66—72 Allgem. deutschen WO. über Wechselduplikate und Kopien gegebenen Normen geeignet seien, die Stringenz vorstehender Argumentation zu schwächen. Die Wechselduplikate und Kopien sind bestimmt ganz anderen Zwecken zu dienen. Das einzelne dem Teilindossatar zum Innehaben gegebene Duplikat oder die einzelne ihm übergebene Kopie ist nicht der Wechsel. Die Möglichkeit, daß etwa mehrere Individuen sich dahin verständigen können, sei es einem Dritten, sei es einem unter ihnen, die Befugnis zu übertragen, den Wechsel, dessen Summe oder Regreßsumme jeder von ihnen zum Teil für sich zu fordern prätendiert, zur gleichzeitigen Geltendmachung der sämtlichen Teilrechte gegen den Wechselverpflichteten innezuhaben, in ihrem Namen die Zahlung der Wechselsumme, beziehungsweise Wechselregreßsumme zu fordern und gegen Zahlung derselben darüber zu quittieren, den Wechsel dem Wechselverpflichteten auszuhändigen und schließlich an jedes Individuum den entsprechenden Teil der gezahlten Summe abzuführen, erscheint irrelevant für den Schluß auf die wechselrechtliche Existenz einer solchen Operation, wie das Teilindossament, als Wechselaktes. Das Wechselrecht gibt keinesfalls ein Recht auf ein Zusammenwirken der gekennzeichneten Art. Ein von einer solchen Zufälligkeit in seiner Realisierung abhängiges Recht ist nicht ein für sich bestehendes perfektes Recht, ist kein kraft Wechselrecht bestehendes Recht, d. h. kein Wechselrecht. Die Allgem. deutsche Wechselordnung kann nicht stillschweigend Normen in sich schließen, deren Anwendbarkeit derartig zufällige Singularitäten voraussetzen soll.

Außer diesen Gründen dafür, daß die Koexistenz für sich bestehender Rechte verschiedener Individuen auf Teile der Wechselsumme, beziehungsweise Wechselregreßsumme, gegen die Grundprinzipien der Allgem. deutschen Wechselordnung verstößt, sprechen dafür die Normen des Art. 4 Allgem. deutsch. WO. über die Wechselsumme und die Zahlungszeit des Wechsels. Nach Art. 4 Nr. 2 gehört zu den wesentlichen Erfordernissen des Wechsels die Angabe der zu zahlenden Geldsumme. Die Norm des Art. 4 über die Wechselzahlungszeit lautete ursprünglich:

„Die wesentlichen Erfordernisse eines gezogenen Wechsels sind

4. die Angabe der Zeit, zu welcher gezahlt werden soll, die Zahlungszeit kann nur festgesetzt werden auf einen bestimmten Tag, auf Sicht" usw.

Infolge der Verhandlungen der zur Beratung eines allgem. deutschen Handelsgesetzbuches in Nürnberg niedergesetzten Kommission über mehrere zur Allgem. deutschen Wechselordnung in Anregung gekommene Fragen ist gegenwärtig die Fassung jener gesetzlichen Bestimmung dahin präzisiert:

„Die wesentlichen Erfordernisse eines gezogenen Wechsels sind

4. die Angabe der Zeit, zu welcher gezahlt werden soll, die Zahlungszeit kann für die gesamte Geldsumme nur eine und dieselbe sein, und nur festgesetzt werden auf einen bestimmten Tag, auf Sicht" usw.

Diese Fassung wurde veranlaßt durch die (nach Emanation der Allgem. deutschen Wechselordnung aufgelebte) Kontroverse, ob Ratenwechsel gültig seien. Die Kommission war sich indessen nach dem Inhalt ihrer betreffenden Verhandlungen vollständig bewußt, in den eingefügten Worten kein neues Prinzip gesetzt, sondern lediglich eine notwendige Konsequenz der allgemeinen Prinzipien der allgem. deutschen Wechselordnung noch ausdrücklich ausgesprochen zu haben. Es heißt in ihrem Bericht:

„Die Festsetzung mehrerer Verfalltage, an welchen die einzelnen Raten der Wechselsumme zahlbar werden, widerspricht dem Wesen des Wechsels, als eines negoziabeln Papiers, und würde (wie auch Brauer, welcher Ratenwechsel zulassen will, zugibt) zu den größten Inkonvenienzen, namentlich in bezug auf den Regreß führen. Daß die Leipziger Konferenz nicht die Absicht gehabt hat, Ratenwechsel zuzulassen, geht aus Artikel 54 Allgem. deutsch. WO. hervor, nach welchem der Regreßpflichtige nur gegen Auslieferung des Wechsels usw. Zahlung zu leisten verbunden ist, und muß man daher annehmen, daß Art. 4 unter Nr. 4 eine und dieselbe Zahlungszeit für den gesamten Wechselbetrag, als wesentliches Erfordernis, habe feststellen wollen."

Die Kommission schlug daher vor, im Art. 4 Nr. 4 nach den Worten des Art. 4 Nr. 4 in der ursprünglichen Fassung die Worte einzuschalten:

„für die gesamte Geldsumme nur eine und dieselbe sein und"

In der zweiten Sitzung der Nürnberger Konferenz vom 2. März 1858 wurde als Bedenken gegen diesen Vorschlag geltend gemacht:

„Die Gründe des Kommissionsberichts könnten höchstens dahin führen, daß man eine Regreßnahme aus dem Ratenwechsel für unmöglich halte. Dieses bedinge aber noch nicht die Ungültigkeit des Wechsels; denn die Möglichkeit der Regreßnahme sei kein wesentliches Erfordernis eines Wechsels. Es gebe vielmehr anerkannt gültige

Wechsel, bei denen ein Regreß unmöglich oder doch beschränkt sei, z. B. wenn der Indossant ohne Obligo indossiert habe. Aber nicht einmal das könne zugegeben werden, daß bei Ratenwechseln eine Regreßnahme unmöglich sei, namentlich könne das nicht aus Art. 54 gefolgert werden, denn eine Abschreibung (Quittierung) der von dem Regreßpflichtigen gezahlten Rate aus dem Wechsel könne die Rückgabe desselben vertreten. Selbst, wenn man nicht geneigt sei, dies zuzugeben, erscheine die Regreßnahme nicht überhaupt als undenkbar; denn ein Gläubiger könne hinreichenden Grund haben, gegen Bezahlung einer einzigen Rate dem Regreßpflichtigen den Wechsel im Original zurückzugeben, z. B., wenn er außerdem gar nichts erhalten würde, weil der Akzeptant in Konkurs geraten sei. Daraus, daß Art. 4 die Requisite des Wechsels aufzähle, ohne ein den Ratenwechsel ausschließendes Requisit zu statuieren, folge mit Notwendigkeit die Statthaftigkeit desselben. Bloße tatsächliche Inkonvenienzen bei der Realisierung des Wechselrechts könnten nicht für die Gültigkeit oder Ungültigkeit des Wechsels entscheiden."

Als dem entgegen betont worden war:

„die faktischen Inkonvenienzen im Wechselverkehr seien nicht das Entscheidende, wohl aber sei der Schluß aus Art. 4 Nr. 4 in Verbindung mit Art. 54 darauf, daß die Zahlungszeit für die gesamte Wechselsumme eine und dieselbe sein müsse, durchaus stringent und die Gegenausführung, daß nach den Normen der Allgem. deutschen Wechselordnung eine Quittierung der Rate auf dem Wechsel die Rückgabe des Wechsels vertreten könne, eine unrichtige,"

wurde der Kommissionsantrag mit 13 gegen 1 Stimme angenommen.

Diese zutreffenden Erwägungen, welche zur Rechtfertigung der konnexen Präzisierung der Gesetzesführung geführt haben, legen klar, daß im Sinne der Allgem. deutschen Wechselordnung die Wechselsumme und Wechselzahlungszeit als Essentialien des Wechsels, als feste, nicht zu zerstückelnde Einheiten gedacht sind. Nun müssen diejenigen Regeln des Wechselrechts, welche nicht in der Allgem. deutschen Wechselordnung ersichtlich auf eine bestimmte Art von Wechseln oder auf bestimmte Momente des Wechselrechtsverhältnisses beschränkt sind, als wechselrechtlich allgemein geltend angesehen werden, sodaß eine in der Allgem. deutschen Wechselordnung nicht erwähnte Operation, welche überhaupt bei einzelnen Arten von Wechseln bei Realisierung in der Allgem. deutschen Wechselordnung geregelten Akte zu jenen allgemeinen Regeln widerstrebenden Ergebnissen führen würde, für wechselrechtlich unstatthaft erachtet werden muß. Der hiernach zu führende Beweis der wechselrechtlichen Unzulässigkeit der in der Allgem. deutschen Wechselordnung nicht erwähnten Operation, welche man doktrinell als Teilindossament bezeichnet, wird geführt vermöge der Annahme, daß diese Operation vor der Sicht bei einem Wechsel auf Sicht oder auf bestimmte Zeit nach Sicht realisiert wird. Tätigen dann (was ihnen, wenn sie jeder ein selbständiges Wechselrecht besitzen, zustehen muß) die verschiedenen Teilbesitzer der Wechselgläubigerrechte die Vorlegung zur Sicht in bezug auf ihr Teilrecht zu verschiedenen Zeiten, so würde (nach den Normen der Art. 31, 32 Allgem. deutsche WO.) die Zahlungszeit für die gesamte Wechselsumme (gegen das wesentliche Erfordernis des Wechsels nach Art. 4 Nr. 4 bzw. Art. 96 Nr. 4 Allgem. deutsche WO.) für die gesamte Wechselsumme nicht eine und dieselbe sein. — Daß solches nicht der Fall sein werde, wenn die Teilung der Wechselgläubigerrechte nach bewirkter Sicht des Wechsels durch dessen Inhaber zu realisieren versucht würde, sowie daß durch verabredetes gemeinschaftliches Zusammenwirken der mehreren anzeiglich selbständig Teilberechtigten (auch bei der Realisierung der gekennzeichneten Operation vor der Sicht) dieselbe Zahlungszeit für alle Teile der im ganzen zu zahlenden Summe herbeigeführt werden könnte, ist (nach gleichartigen Gesichtspunkten, wie die bei der Erörterung der Bedeutung der Art. 39, 54 Allgem. deutsche WO. für die Streitfrage der Zulässigkeit von Teilindossamenten enwickelten) irrelevant. —

Die vorstehend gezogenen Folgerungen aus den Bestimmungen der Allgem. deutschen Wechselordnung gegen die wechselrechtliche Zulässigkeit der Teilindossamente können auch nicht durch den Hinweis darauf abgeschwächt werden, daß die Allgem. deutsche Wechselordnung doch Teilzahlungen auf den Wechsel kenne. Es unterstützen vielmehr die betreffenden Bestimmungen die gezogene Folgerung. Nirgends spricht die Allgem. deutsche Wechselordnung von einem Wechselrecht, eine Teilzahlung von dem Wechselverpflichteten zu fordern. Die Art. 22, 38, 98 Nr. 5 Allgem. deutsche WO. legen klar, daß die Allgem. deutsche Wechselordnung Teilzahlungen nicht als Gegenstand des erzwingbaren Wechselgläubigerrechts, sondern nur als anomale Akte der Wechselverpflichteten auffaßt, welche der Wechselinhaber nicht zurückweisen darf. Ausweislich des Protokolles der 14. Sitzung der Leipziger Wechselkonferenz ist diese Anomalie, welche im § 38 des Entwurfes einer Wechselordnung für den preußischen Staat nicht statuiert war, nur aus praktischen Rücksichten auf das Interesse der Wechselregressaten gegen die juristische Konsequenz der sonstigen Prinzipien des Wechselrechtes zugelassen worden. — Gelangt man auf dem

Weg der bisherigen Erörterungen, schon ohne Heranziehung der in der Allgem. deutschen Wechselordnung speziell vom Indossamente handelnden Bestimmungen, zu dem Schlusse, daß die Allgem. deutsche Wechselordnung weder ausdrücklich noch implicite einen wechselrechtlichen Akt zulassen könne, welcher eine Zerstückelung des einheitlichen Wechselgläubigerrechts in mehrere koexistente koordinierte Teilrechte herbeiführe, und zwar deswegen nicht, weil eine solche Koexistenz dem in der Allgem. deutschen Wechselordnung ausgeprägten Wesen der Wechselobligation widerspreche, so wird außerdem die Richtigkeit dieses Schlusses bestätigt und die Überzeugung von seiner Stringenz erhöht durch die Fassung der besonderen Normen über das Indossament unter Nr. 3 des 2. Abschnittes der Allgem. deutschen Wechselordnung, d. h. der Art. 9 bis 17 dieses Gesetzes, welche nach Art. 98 Nr. 2 desselben auch für eigene Wechsel maßgebend sind. Die Allgem. deutsche Wechselordnung spricht in diesen Normen, mit welchen der Art. 36 des Gesetzes verknüpft werden kann, nicht von dem Indossamente als der wechselrechtlichen Übertragungsform einzelner Rechte aus dem Wechsel, sondern lediglich von dem Indossamente des Wechsels, durch welche alle Rechte aus dem Wechsel auf den Indossatar übergehen. — Neben diesen für sich schlüssigen Gründen dafür, daß die mit dem Ausdrucke „Teilindossament" bezeichnete Operation den Normen der Allgem. deutschen Wechselordnung über die wesentlichen Erfordernisse des Wechsels und über die Vorbedingungen, unter denen der Wechselgläubiger sein Wechselrecht realisieren kann, sowie der Fassung der speziell für das Indossament in jenem Gesetze gegebenen Bestimmungen widerspreche und deswegen als wechselrechtlicher Akt nach der Allgem. deutschen Wechselordnung nicht anerkannt werden dürfe, kommt adminikulierend für die Annahme der wechselrechtlichen Unzulässigkeit derartiger Operationen in Betracht, daß die Annahme ihrer Zulässigkeit (unstreitig und unzweifelhaft) im Wechselverkehr zu den mannigfachsten Schwierigkeiten und Verwickelungen, namentlich bei der Verwirklichung der Wechselregreßrechte, führen könnte, während doch die Allgem. deutsche Wechselordnung auf das Entschiedenste anstrebt, die größtmögliche Einfachheit und Sicherheit der Durchführung des Wechselrechts in das Dasein zu rufen.

Existiert hiernach das sogenannte Teilindossament nach der Allgem. deutschen Wechselordnung nicht, so können in dem Geltungsgebiete dieses Gesetzes durch eine Operation der mit jenem Ausdrucke bezeichneten Art weder Wechselrechte gegen den Aussteller eines Eigenwechsels oder gegen den Akzeptanten einer Tratte, noch Wechselregreßrechte wechselrechtlich kreiert oder übertragen werden. Der Unterschied, welchen das Oberappellationsgericht zu Rostock in dem obenerwähnten Bescheide zwischen dem Wechselrechte des Teilindossatars gegen den Aussteller bzw. Akzeptanten des Wechsels und einem Wechselrechte des Teilindossatars gegen den Teilindossanten betont hat, erscheint nicht stichhaltig. Selbst wenn man dem Theorem eine Berechtigung zugestehen wollte, daß das Indossament eine neue Tratte sei, so ist dieses Theorem doch stets nur mit der Bestimmung verteidigt worden, daß diese Tratte sich an den indossieren Wechsel anschließe und (abgesehen von dem neuen Schuldner) seinen Inhalt aus dem indossierten Wechsel nehme, also auch in bezug auf die Wechselsumme mit demselben übereinstimmen müsse. Ebensowenig sind bei der wechselrechtlichen Nichtexistenz der als Teilindossament bezeichneten Operation die Singularitäten des konkreten Falles, namentlich die Herbeiführung der Sicht des Klagwechsels vor dem Versuche des Teilindossamentes, die Tätigung dieses Versuches nach erhobenem Wechselproteste mangels Zahlung, oder der Umstand, daß der (sein Wechselrecht aus einem sogenannten Teilindossamente herleitende) Kläger sich gegen Zahlung der Klagsumme zur Aushändigung des Klagwechsels an den Beklagten bereit erklärt hat, geeignet, zu dem Ergebnisse zu führen, daß die in dem vorliegenden Wechselprozesse angestrengte Wechselklage begründet sei."

RGZ. 12, 131.

Muß bei Wechselklagen die Aktivlegitimation aus der Wechselurkunde hervorgehen?

I. Zivilsenat. Urt. v. 10. Juli 1884.

I. Landgericht I Berlin. — II. Kammergericht daselbst.

Die Aktiengesellschaft Deutsche Handelsgesellschaft zu Frankfurt a. M. hat eine Zweigniederlassung zu Bromberg, welche die Firma führt: „Deutsche Handelsgesellschaft in Frankfurt a. M. Agentur Bromberg". Ein von Sz. auf S. gezogener, von letzterem akzeptierter Wechsel wurde mangels Zahlung protestiert, aber von einem Notadressaten unter Protest „für die Deutsche Handelsgesellschaft in Frankfurt a. M. Agentur Bromberg zu Bromberg" bezahlt. Aus diesem Wechsel klagte im Wechselprozesse die Deutsche Handelsgesellschaft zu Frankfurt a. M. gegen den Akzeptanten S., welcher die Aktivlegitimation der Klägerin bestritt. Der

Einwand wurde in der Berufungsinstanz für begründet erklärt, in der Revisionsinstanz verworfen aus folgenden

Gründen:

„Bei Prüfung der Klageberechtigung der klagenden Aktiengesellschaft kommen zwei Indossamente in Betracht:

1. das von dem Aussteller des an eigene Ordre gezogenen Wechsels ausgestellte erste Indossament, welches auf die „Deutsche Handelsgesellschaft in Frankfurt a. M., Agentur Bromberg" als Indossatarin lautet,

2. das von der letzteren ausgestellte, auf die „Deutsche Handelsgesellschaft" als Indossatarin lautende nächstfolgende Indossament.

Das Berufungsgericht verneint die Berechtigung der Klägerin zur Erhebung der Wechselklage gegen den Akzeptanten, indem es nur das letztere Indossament in Betracht zieht und dasselbe aus zwei Gründen für ungeeignet erklärt, die Aktivlegitimation der Klägerin zu begründen, erstens, weil die Firma der klagenden Aktiengesellschaft laute: „Deutsche Handelsgesellschaft zu Frankfurt a. M.", als Indossatarin aber in dem gedachten Indossament die „Deutsche Handelsgesellschaft" ohne den Beisatz „zu Frankfurt a. M." genannt sei, zweitens, weil dieses Indossament durch die zu Ehren der vorhergehenden Indossatarin geschehene Wechselintervention seine wechselrechtliche Wirkung verloren habe.

Die Revisionsklägerin greift diese Entscheidung aus dem Grunde an, weil ihre Berechtigung zur Erhebung der Wechselklage aus dem ersten Indossament hervorgehe, indem die daselbst als Indossatarin benannte Agentur in Bromberg eine Zweigniederlassung der klagenden Aktiengesellschaft sei.

Dieser Angriff ist für begründet zu erachten.

Der von dem Berufungsgerichte ausgesprochene Satz, die Legitimation des Inhabers eines Wechsels zur Zahlungsforderung müsse aus der Wechselurkunde selbst hervorgehen, bedarf der Einschränkung. Auch einer anderen als der in der Wechselurkunde bezeichneten Person kann das Recht zur Geltendmachung der Wechselforderung zustehen, sofern dasselbe durch ein außerhalb des Wechsels liegendes Rechtsverhältnis dieser Person zu der in der Wechselurkunde als Wechselgläubiger bezeichneten Person, z. B. durch Erbgang, eheliches Güterrecht, Zession oder ein sonstiges Rechtsgeschäft begründet wird. Es kann daher auch die Klageberechtigung der klagenden Aktiengesellschaft darauf gestützt werden, daß sie als Subjekt des zu ihrer Zweigniederlassung zu Bromberg angelegten Vermögens über die dazu gehörigen Vermögensstücke zu verfügen, mithin auch die auf den Namen der Zweigniederlassung als Indossatarin erworbenen Wechselforderungen einzuklagen berechtigt ist. Weder wechselrechtliche noch prozessuale Hindernisse stehen dieser Begründung der Aktivlegitimation im Wege. ...

Zweifelhafter ist, ob nach den für den Urkunden- und Wechselprozeß geltenden Grundsätzen die Berufung der Klägerin auf das erste Indossament in Verbindung mit der Eigenschaft der darin als Indossatarin genannten Agentur in Bromberg als einer Zweigniederlassung der klagenden Aktiengesellschaft zulässig ist, obgleich diese Eigenschaft in der Klageschrift weder behauptet, noch die zum Beweise derselben dienende Urkunde gemäß § 556 ZPO. der Klage beigefügt war. Es ist jedoch die (unter den Auslegern der Zivilprozeßordnung allerdings sehr bestrittene) Ansicht für richtig zu erachten, daß die Abweisung der im Urkunden- und Wechselprozesse erhobenen Klage wegen Nichtbeifügung einer Urkunde zur Klageschrift (§ 556 Satz 2 a. a. O.) oder wegen Nichtantretung des Beweises durch Vorlegung einer Urkunde im Verhandlungstermine (§ 560 Abs. 2 a. a. O.) alsdann nicht stattfindet, wenn die durch die Urkunde zu beweisende Tatsache als offenkundig oder unbestritten keines Beweises bedarf. Dies ergibt sich, was die Antretung des Beweises betrifft, aus der Vorschrift des § 560 Abs. 2 a. a. O., daß die Klage als in der gewählten Prozeßart unstatthaft abzuweisen ist, wenn Kläger einen i h m o b l i e g e n d e n Beweis nicht mit den im Urkundenprozesse zulässigen Beweismitteln angetreten hat. In betreff der Klageschrift aber ergibt sich dasselbe aus der Erwägung, daß die Pflicht zur Ankündigung der als Beweismittel zu benutzenden Urkunden durch urschriftliche oder abschriftliche Beifügung derselben zur Klage sich nicht weiter erstreckt, als die Pflicht zur Antretung und Führung des Beweises. Der Kläger, welcher es unterläßt, der im Urkundenprozesse erhobenen Klage bezüglich einer zur Klagebegründung gehörigen Tatsache, insbesondere bezüglich der Aktivlegitimation, die zum Beweise derselben dienende Urkunde beizufügen, läuft Gefahr, wegen dieses Mangels mit der erhobenen Klage abgewiesen zu werden, wenn der Beklagte nicht erscheint oder die Klage bestreitet; der an sich vorhandene Mangel stellt sich aber als ein unwesentlicher, die Abweisung der Klage nicht rechtfertigender heraus, wenn sich bei der Verhandlung ergibt, daß die in Rede stehende Tatsache des Beweises nicht bedarf. Dieser Fall liegt im gegenwärtigen Rechtsstreite vor. Die Tatsache, daß die Deutsche Handelsgesellschaft zu Frankfurt a. M., Agentur Bromberg in Bromberg, eine Zweigniederlassung der klagenden Aktiengesellschaft ist, hat Beklagter laut des Tatbestandes der ergangenen Urteile weder in erster noch in zweiter Instanz bestritten, und der Ausspruch des Berufungsgerichtes, daß hierüber „tatsächlich kein Zweifel obwaltet", ist in Verbindung mit dem Tatbestande nicht dahin zu verstehen, daß dieser Umstand vom Beklagten bestritten, aber durch den vorgelegten Auszug aus dem Handelsregister erwiesen sei, sondern dahin, daß derselbe als unstreitig keinem Zweifel unterliege.

Ein Bedenken gegen die Herleitung der Klageberechtigung der Klägerin aus dem ersten Indossament ergibt sich auch nicht aus dem Umstande, daß dieses Indossament nicht das letzte ist, sondern darauf ein von der Agentur in Bromberg ausgestelltes undurchstrichenes weiteres Indossament folgt. Letzteres Indossament steht der Legitimation der Klägerin nicht entgegen, wenn man unterstellt, daß die Agentur in Bromberg als Honoratin oder anstatt derselben die Klägerin den Wechsel nach geleisteter Ehrenzahlung von dem Notadressaten, welcher diese Zahlung geleistet, unter Befriedigung desselben eingelöst hat; denn nach Art. 55 WO. kann jeder Indossant, der einen seiner Nachmänner befriedigt hat, sein eigenes und seiner Nachmänner Indossament ausstreichen, und er kann die Rechte aus dem Wechsel gegen Vormänner und Akzeptanten auch dann geltend machen, wenn er bisher unterlassen hat, von dieser Befugnis Gebrauch zu machen, welche Sätze auch dann Anwendung finden, wenn bei stattgehabter Wechselintervention der Honorat den Wechsel von dem Ehrenzahler eingelöst hat, wie man in Übereinstimmung mit dem vormaligen Reichsoberhandelsgerichte,

vgl. Entsch. des ROHG.s Bd. 12 S. 47,

annimmt. Aber auch wenn man die Einlösung des Wechsels seitens des Honoraten von dem Ehrenzahler als durch das angefochtene Urteil nicht festgestellt erachtet, steht das zweite Indossament der auf das erste Indossament gestützten Klageberechtigung nicht entgegen, weil jenes nach der zutreffenden Ausführung des Berufungsgerichtes durch die Wechselintervention zu Ehren des im ersten Indossament genannten Indossatars seine wechselrechtliche Wirkung verloren hat, so daß hierdurch nicht allein die Regreßpflicht der Nachmänner des Honoraten, sondern auch ihre Berechtigung zur Geltendmachung der Rechte aus dem Wechsel gegen Vormänner und Akzeptanten erloschen ist."

RGZ. 14, 145.

Genügt dem für den Wechselprozeß in Art. 88 Nr. 3 der deutschen Wechselordnung aufgestellten Erfordernisse der Feststellung, daß der Bezogene in dem im Wechsel angegebenen Geschäftslokale nicht anzu-

treffen gewesen, eine Beurkundung des protestierenden Beamten, daß er in dem Geschäftslokale — dem Dienstgebäude einer Reichsbankhauptstelle, die als Zahlstelle bezeichnet war — die Kasse verschlossen gefunden habe?

I. Zivilsenat. Urt. v. 24. Juni 1885.

I. Landgericht Hamburg, Kammer für Handelssachen. — II. Oberlandesgericht daselbst.

Es handelt sich um die Gültigkeit eines Wechselprotestes, den der Notar D. zu Hamburg über einen auf B. in Hamburg gezogenen, bei der Reichsbankhauptstelle in Hamburg zahlbaren Wechsel im Auftrage dieser Reichsbankhauptstelle als der Inhaberin am 11. September 1883 erhobenen hat, und über welchen die Protesturkunde nach Angabe des Tages der Protesterhebung, der Person des Auftraggebers sowie desjenigen, gegen welchen der Protest zu erheben, und der Bezeichnung des Wechsels dahin lautet: „ich habe den Wechsel bei meiner Requirentin in deren Geschäftslokal zur Zahlung vorzeigen wollen; da ich aber diese Kasse verschlossen fand, habe ich wegen nicht geschehener Zahlung des gedachten Wechsels gegen den Bezogenen protestiert." Kläger löste den in dieser Weise protestierten Wechsel bei der Reichsbankhauptstelle ein, wurde aber mit seinem Regreßanspruche gegen seinen Vormann, weil dieser Protest ungenügend, seitens des Landgerichtes zu Hamburg abgewiesen. Er beruhigte sich bei diesem Urteile und erhob, weil er in einem Irrtum über die Gültigkeit des Protestes gezahlt habe, gegen die Reichsbankhauptstelle Klage auf Rückzahlung der Wechselsumme. Das Berufungsgericht wies ihn, in Abänderung des verurteilenden Erkenntnisses erster Instanz, mit der Klage zurück. Das Reichsgericht verwarf seine Revision gegen dieses Urteil.

Gründe:

„Die von dem Gerichte erster Instanz gemachte Unterscheidung, nach welcher der vorliegende Protest genügt hätte, wenn die Reichsbankhauptstelle selbst die Protestatin gewesen wäre, aber ungenügend sein sollte, weil der Protestat ein anderer war, der aber bei der Reichsbankhauptstelle zahlen wollte, war nicht anzuerkennen. Hat die Erklärung des Notars, „er habe bei seiner Requirentin in deren Geschäftslokale den Wechsel zur Zahlung vorzeigen wollen, aber die Kasse verschlossen gefunden", den Sinn:

„er habe diejenigen Räume der Dienstlokalitäten verschlossen gefunden, in welchen allein bestimmungsgemäß auf Zahlungsbegehren auf Grund von Verkehrspapieren Antwort zu erhalten war, so daß das Publikum für diesen Zweck nach diesen Räumen gewiesen war.

und lediglich dort diejenigen Beamten waren, zu deren Geschäftskreis diese Eröffnungen und die Zahlungen gehörten,"

so war dies auch für die Nachforschung nach dem Bezogenen ausreichend, ebenso wie zur Konstatierung, daß derselbe da, wo er danach allein gesucht werden konnte, nicht angetroffen worden ist. Hatte der Protest nicht diesen Sinn, so war er auch im Falle wirklicher Domizilierung bei der Bankstelle unzureichend. Der Inhalt des Protestes war aber in dem bezeichneten Sinne aufzufassen. Es liegt in den tatsächlichen Verhältnissen der notwendigen Arbeits- und Raumteilung bei einem Institute, wie der in Rede stehenden Bankhauptstelle, daß in einer bestimmten Räumlichkeit allein die Zahlungsbegehren auf Verkehrspapiere, zu deren Einziehung die Bankstelle Anweisung haben möchte, zu stellen sind, und daß sich dort die Beamten aufhalten, welche, mögen sie nun erst deshalb mit anderen anderwärts stationierten Beamten oder gar dem Chef Rücksprache nehmen müssen oder schon die erforderlichen Instruktionen für den Tag haben, dem Publikum gegenüber darüber, ob gezahlt wird, disponieren. Denkbar ist es freilich, daß der Raum, wo gezahlt wird, von dem, in welchem das Zahlungsbegehren gestellt und darüber disponiert wird, verschieden ist. Aber faktisch liegt es nach dem Üblichen sehr nahe, daß Präsentation und Erklärung auf die Präsentation sowie die Zahlung in einem und demselben Raume, der wegen der Bestimmung zu Zahlungen äußerlich dem Publikum als solcher durch Bezeichnung als „Kasse" kenntlich gemacht ist, bestimmungsgemäß erfolgen.

Dem Notar stand es nun zu, solchen Zustand zu ermitteln und zu konstatieren, bzw. auf solcher Ermittelung, wenn sie schon durch frühere Protesterhebungen erfolgt war, zu fußen. Wenn er nun von „Kasse" spricht, so entspricht es geschäftlicher Ausdrucksweise, darunter den zur Erledigung der Wechselzahlungsbegehren bestimmten Geschäftsraum zu verstehen. Ist aber dieses Verständnis das zutreffende, so ist eben damit zugleich implicite konstatiert, daß der Notar die für die Beantwortung dieser Begehren und eventuelle Zahlung berufenen Beamten nicht angetroffen habe. Eine ausdrückliche Erklärung dieses Nichtantreffens fordert Art. 88 Nr. 3 WO. nicht.

Wäre nun die Hauptbankstelle selbst die Protestatin gewesen, so lag es dem Notar nicht ob, noch nach dem Bankhauptstellenvorstande zu fragen und dessen Erklärung zu verlangen, oder daß er nicht anzutreffen, zu konstatieren. Es wird freilich Sache konkreten vernünftigen Ermessens und damit immerhin schwankend sein, inwieweit eine getroffene Einrichtung den Notar berechtigt, sich bei dem Verschlusse eines bestimmten Geschäftsraumes zu begnügen, während andere Geschäftsräume noch offen sind. Daß, wenn ein Einzelkaufmann oder eine Handelsgesellschaft außer dem Kontor, das offen, einen „Kasse" bezeichneten Geschäftsraum hat, der geschlossen ist, sich der Notar mt der Tatsache, daß er letzteren Raum geschlossen findet, begnügen kann, läßt sich schlechthin nicht behaupten. Hier handelt es sich aber um eine Zweiganstalt einer mit umfassenden Aufgaben betrauten juristischen Person — §§ 12, 13, 36 des Reichsbankgesetzes vom 14. März 1875 — bürokratisch organisiert, bei welcher die Aufgaben naturgemäß unter verschiedene Personen in verschiedenen Räumen verteilt sind, so daß der Bankstellenvorstand selbst in der Regel gar nicht in der Lage sein wird, das Begehren entsprechend zu erledigen. Es tritt daher auch diese Auffassung nicht in Widerspruch mit der Auffassung des III. Zivilsenates des Reichsgerichtes in Entsch. in Zivils. Bd. 3 S. 90, wonach der Notar, der in einem Geschäftslokale sich mit der auf das Zahlungsbegehren erteilten, eine Zahlungsweigerung enthaltenden Antwort des Kassierers begnügt, nicht genug getan haben sollte, weil er nicht nach dem Prinzipal gefragt habe.

Die Sache steht aber für den Fall, der hier vorliegt, daß ein Dritter bei der Hauptbankstelle zahlen sollte — den Fall des uneigentlichen Domizilwechsels — für die Gültigkeit des Protestes durchaus nicht ungünstiger. Die Kontroverse, ob in solchem Falle behufs Erhaltung des Regresses an dieser gewählten Zahlstelle oder in dem wirklichen Geschäftslokale, bzw. der Wohnung des Bezogenen, zu protestieren, ist in Übereinstimmung mit der in Doktrin und Praxis überwiegenden Ansicht,

vgl. Entsch. des ROHG.s Bd. 17 S. 53, Bd. 22 S. 402, Bd. 25 S. 108; Erkk. des preuß. Obertrib. in Striethorst, Archiv Bd. 22 S. 233, Bd. 27 S. 337,

im Sinne der ersteren Alternative zu entscheiden.

Nun gibt es auf dem Boden dieser Auffassung zwei verschiedene Qualifikationen derselben.

Vgl. Striethorst, Archiv Bd. 22 S. 233, Bd. 27 S. 337; Entsch. des ROHG.s Bd. 17 S. 55, Bd. 29 S. 108.

Entweder man betrachtet die Zahlstelle als den zur Zahlung Beauftragten, so daß gegen die Zahlstelle als Vertreter bzw. Beauftragten des Bezogenen protestiert wird; alsdann greifen die obigen Betrachtungen Platz; oder man betrachtet das Geschäftslokal der Zahlstelle als das für den Wechsel vom Bezogenen für sich gewählte Geschäftslokal, in dem er gesucht und in dem gegen ihn protestiert wird. Letzteres ist die wechselrechtlich allein zutreffende Auffassung, da ein zur Zahlung Beauftragter, der nicht Domiziliat ist, überhaupt keine Person ist, gegen welche wechselrechtliche Handlungen vorgenommen werden können. Tritt man letzterer Auffassung bei (ebenso Volkmar und Loewy, Wechselordnung S. 22; Renaud, Lehrbuch des Wechselrechtes S. 150), so erscheint es einmal begründet, daß als der Ort, in dem der Bezogene zu suchen war, nicht das ganze Dienstgebäude, sondern der für Wechselzahlungen bestimmte Raum anzusehen war, aber auch, daß es, wenn dieser offen gewesen, genügen mußte, daß die dort anwesenden Beamten erklärten, der Bezogene sei nicht da, sowie daß keiner für ihn daselbst mit Zahlungserbieten auftrat. War also hier geschlossen, so war damit konstatiert, daß der Bezogene nicht, bzw. niemand, bei dem man nach ihm zu fragen hätte Anlaß haben können, angetroffen worden. In andere Räume oder zum Vorstande der Bankstelle zu gehen, lag bei dieser Auffassung gewiß kein Anlaß vor.

Die Revisionsbegründung scheint dies alles nicht bezweifeln zu wollen. Sie konstruiert sich nun den Fall dahin, der Notar sei so spät gekommen, daß die Kasse schon geschlossen war — das steht indessen nicht fest, man weiß nicht, wann er gekommen ist, und in den Instanzen hat Kläger Behauptungen in dieser Richtung gar nicht aufgestellt — und meint, daß, wenn der Notar zwar noch in den Geschäftsstunden, aber nach den Kassenstunden gekommen sei, er auch noch in den übrigen noch offenen Geschäftsräumen habe nachforschen müssen. Dies ist weder von der einen, noch von der anderen Auffassung aus richtig. Ist die Kasse geschlossen, dann ist eben der Regel nach für diesen Tag oder Vormittag der Geschäftsverkehr in bezug auf diese Zahlungserledigungen geschlossen, und tut dies der Geschäftsinhaber noch vor Ablauf der für die Proteste geltenden Geschäftsstunden, so tut er es auf eigene Gefahr. Ein Anhalt dafür, daß in solchem Falle der betreffende Geschäftsverkehr von einem anderen Raume aus auf Verlangen fortgesetzt würde, ist für den Notar nicht vorhanden. Noch weniger kann von der Auffassung aus, daß der bezogene Dritte selbst im Kassenlokale zu suchen sei, ein Suchen desselben anderwärts gefordert werden. Ist die Kasse geschlossen, so ist er eben dort, wo er zu suchen war, nicht zu finden.

Was den gerügten Mangel der Angabe der Stunde des erhobenen Protestes anlangt, so ist diese Angabe ein reichsgesetzliches Erfordernis nach Art. 88 WO. nicht. Die Frage der richtigen Auffassung des § 10 der Hamburger Einführungsverordnung zur WO. vom 21. Februar 1849 durch das Berufungsgericht entzieht sich aber, da es sich um ein Partikulargesetz handelt, der Kritik des Revisionsgerichtes (§ 511 ZPO.), und es entfällt deshalb auch die Frage, ob, wenn das Partikulargesetz den

Sinn hätte, daß die Angabe der Proteststunde als ein weiteres Erfordernis für den Protestinhalt zu gelten hätte, solche Beschränkung durch Erhebung der deutschen Wechselordnung zum Reichsgesetze beseitigt worden wäre."

RGZ. 19, 136.

Genügt bei abredewidriger Ausfüllung eines Wechselblankettes mit domizilierter Adresse zum Nachweise des bösen Glaubens des dritten Erwerbers, der den Wechsel mit der Kenntnis seiner erst in der Hand eines Nehmers erfolgten Ausfüllung erworben hat, die Geltendmachung des Satzes, daß sich im Zweifel das Ausfüllungsrecht nicht auf die Domizilierung erstreckt?

I. Zivilsenat. Urt. v. 21. September 1887.

I. Landgericht Elbing. — II. Oberlandesgericht Marienwerder.

Aus den Gründen:

Es ist unbestritten, daß das Wechselpapier, als Beklagter dasselbe mit seiner Unterschrift ausstellte und fortgab, und ebenso als dies seitens des Akzeptanten F. geschah, abgesehen von anderen wesentlichen Bestandteilen, in betreff der Adresse des Bezogenen überhaupt noch nicht ausgefüllt war. ... Es liegt auch nicht der in Entsch. des ROHG.s Bd. 7 S. 223 und Bd. 23 S. 211 behandelte Fall vor, daß die Adresse von irgendeinem Nehmer des Papiers ohne Domizil ausgefüllt worden und erst später das Domizil hinzugefügt worden wäre. Alsdann kann aber, wenn von einem Wechselnehmer in Überschreitung der erteilten Ermächtigung das Papier wider den Willen des Ausstellers mit einer domizilierten Adresse ausgefüllt worden ist, hierauf dem dritten Inhaber gegenüber nicht der Einwand der Fälschung, sondern nur der der Bösgläubigkeit gegründet werden. Dies ist in der Rechtsprechung der obersten Gerichtshöfe wiederholt, sowohl für den Fall der Überschreitung der Ausfüllungsermächtigung im allgemeinen,

vgl. Entsch. des ROHG.s Bd. 6 S. 43; Entsch. des RG.s in Zivils. Bd. 2 S. 99,

wie speziell für den Fall solcher Überschreitung durch nicht gestattetes Ausfüllen mit domizilierter Adresse,

vgl. Entsch. des ROHG.s Bd. 14 S. 382 flg.,

angenommen worden, wie es denn auch an jedem Grunde fehlen würde, für diesen speziellen Fall eine Ausnahme von dem Grundsatze zu machen. Auch gilt dieser Grundsatz nicht etwa bloß zu Gunsten desjenigen dritten Erwerbers, der beim Erwerbe in dem Glauben war, der Wechsel sei bereits ausgefüllt aus der Hand des Ausstellers oder Akzeptanten in den Verkehr gekommen, so daß derjenige dritte Erwerber, der beim Erwerbe wußte, daß derselbe erst in der Hand eines früheren Empfängers zur Ausfüllung gelangt war, es sich entgegenstellen lassen müßte, wenn solche Ausfüllung seitens des früheren Empfängers in Überschreitung der Ausfüllungsermächtigung stattgefunden hätte. Für eine solche Einschränkung des anerkannten Schutzbedürfnisses des guten Glaubens auch gegenüber den vom Aussteller in Zirkulation gesetzten Wechselblanketten, dessen Anerkennung seine Rechtfertigung darin findet, daß der Mißbrauch eines gewährten Zutrauens in seinen Folgen von demjenigen, der in diesem Zutrauen gehandelt hat, und nicht von unschuldigen Dritten zu tragen ist, liegt kein Anhalt vor. In Entsch. des ROHG.s Bd. 6 S. 47 und Bd. 14 S. 386 ist sogar anerkannt worden, daß, auch wenn der dritte Erwerber selbst erst die Ausfüllung des Wechselpapieres vorgenommen hat, welches ein früherer Empfänger mit einer Ausfüllungsbefugnis erhalten, aber ohne eigene Betätigung derselben weitergegeben hat, diesem Dritten seine Überschreitung der Ermächtigung bei der Ausfüllung nur entgegengestellt werden kann, wenn er mit dem Bewußtsein der Widerrechtlichkeit gehandelt hat.

Von dem Gesichtspunkte aus, daß die Domizilierung des Wechsels gegenüber dem Auftrage an den Bezogenen zur Zahlung an seinem Wohnorte eine Qualifizierung der Verbindlichkeit des Ausstellers bzw. des Akzeptanten enthält, ist nun allerdings angenommen worden, daß die Ausfüllungsermächtigung mangels ausdrücklicher Gestattung oder mangels besonderer Umstände, welche solche Gestattung konkludent anzeigen, nicht im Sinne der Befugnis zur Ausfüllung mit domizilierter Adresse aufzufassen ist.

Vgl. Entsch. des ROHG.s Bd. 14 S. 385, Bd. 15 S. 432; Entsch. des RG.s in Zivils. Bd. 3 S. 62.

In Konsequenz dieser Auffassung ist in den beiden zuletzt angeführten Erkenntnissen — das zuerst angeführte hat die Auffassung praktisch nicht verwertet — in welchen der Streit über den Inhalt der Ausfüllungsermächtigung in bezug auf die Domizilierung zwischen dem Wechselaussteller und demjenigen Wechselinhaber, der die Ausfüllungsermächtigung betätigt hatte — anscheinend dem ersten Nehmer — verhandelt wurde, der letztere für die ausdrückliche Ermächtigung zur Domizilierung oder die besonderen Umstände, die stillschweigendes Einverständnis ergeben würden, beweispflichtig erachtet worden.

Die Auffassung selbst und diese Konsequenz erscheint durchaus richtig. Demnach kann sich der beklagte Wechselaussteller für das objektive Moment, daß durch die Domizilierung die Ausfüllungsermächtigung abredewidrig benutzt worden wäre, allerdings jedem Wechselnehmer gegenüber zunächst darauf berufen, daß Wechselzahlung am Wohnorte des Bezogenen das Allgemeine, Typische, Domizilierung des Wechsels das Singuläre, die Verpflichtung Qualifizierende sei. Dagegen wäre es unzutreffend, aus jener Auffassung die Folgerung zu ziehen, daß auch zum Nachweise des subjektiven Momentes der Bösgläubigkeit in den Fällen, in welchen es dieses Nachweises bedarf, weil der dritte Wechselinhaber den Wechsel bereits von einem früheren Nehmer mit der domizilierten Adresse ausgefüllt erworben hat, — der besondere Fall, daß er selbst erst diese Ausfüllung auf Grund der Versicherung des Vorinhabers über den Umfang der erteilten Ermächtigungsbefugnis bewirkt habe, kann, als nicht vorliegend, außer Betracht bleiben — neben dem Beweise der Kenntnis des Inhabers, daß das Wechselpapier erst während seines Zirkulierens zur Ausfüllung gelangt war, der Hinweis auf die sogenannte Vermutung für die Eingeschränktheit der Ausfüllungsermächtigung genüge und es deshalb Sache des Wechselinhabers würde, Umstände, vermöge deren er ein besonderes, zur Ausfüllung des Wechsels als domizilierten ermächtigendes Verhältnis annehmen konnte, zu beweisen. Es ist unzutreffend, von einer Vermutung zu sprechen. Es spricht beim einzelnen Falle eine tatsächliche Wahrscheinlichkeit weder dafür noch dagegen, daß ein Hergang kein besonders gearteter gewesen. Es ergibt sich nur, solange ein Rechtsanspruch lediglich davon abhängt, daß der in Anspruch Genommene die Ausfüllung mit der ihm lästigeren Bestimmung wirklich bewilligt habe, aus solchem Streitverhältnisse die Beweispflicht für das Besondere seitens dessen, der auf Grund des Besonderen Belastungen des Gegners behauptet, die ohne solches Besondere nicht entstanden sein können. Für ein Streitverhältnis aber, bei welchem es darauf ankommt, den Rechtsanspruch durch den Nachweis der Wissenschaft, daß der Gegner die Ausfüllung mit der betreffenden Bestimmung nicht bewilligt habe, zu zerstören, trifft solche Regelung der Beweispflicht nicht zu. Die Wissenschaft des Wechselinhabers, daß die Ermächtigung zur Domizilierung nicht bestand, wenn sie nicht vom Aussteller ausdrücklich oder stillschweigend eingeräumt war, ist keine Wissenschaft davon, daß sie in Wahrheit nicht ausdrücklich oder stillschweigend eingeräumt war. Nur letztere Wissenschaft ist böser Glaube. Nun wird man freilich dem Wissen, daß dies nicht geschehen war, den für einen sorgfältigen Mann begründeten Zweifel, ob es geschehen, gleichstellen dürfen. Allein Umstände, welche solchen Zweifel seitens des Klägers hätten erregen sollen, sind vom Beklagten nicht vorgebracht worden. Insbesondere ist kein Grund dafür vorgebracht, weshalb Kläger nicht der Versicherung des D., der das Wechselpapier auf redliche Weise in die Hand bekommen hatte, daß die Ermächtigung zur Domizilierung bei ihm erteilt worden, welche Versicherung derselbe durch die Ausfüllung mit domizilierter Adresse auch betätigte, hätte glauben dürfen. Demnach war das Berufungsurteil aufzuheben, da das Berufungsgericht den Einwand als Einwand der Fälschung aufgefaßt und auch bei der eventuellen Auffassung als Einwand der Bösgläubigkeit den Kläger für beweispflichtig in betreff seines guten Glaubens erachtet hat.

Die Sache selbst erschien zur Endentscheidung im Sinne der Zurückweisung der Berufung des Beklagten reif, weil der Einwand der Bösgläubigkeit nicht in einer der Sachlage entsprechend erheblichen Art begründet worden ist. In dieser Beziehung ist von Belang, daß Beklagter selbst nach dem Tatbestande des Berufungsurteiles zugegeben hat, das Wechselpapier als Aussteller gezeichnet zu haben, damit sich F., der den Wechsel akzeptieren sollte, darauf Geld besorge. Damit hat er in eine Ausfüllung in solcher Weise, wie es für diesen Zweck des Akzeptanten erforderlich sein würde, also so, wie dieser in betreff der Zahlungsweise selbst ausdrücklich bestimmen würde, oder es schon an sich nach vorliegenden Verhältnissen oder Übungen dem Zwecke der Geldbeschaffung entsprach, sofern das eine oder andere nicht augenscheinlich einem eigenen wesentlichen, dem Geldbeschaffungszwecke des Akzeptanten präsumtiv nicht untergeordneten Interesse widersprach, gewilligt. Ein eigenes Interesse des Beklagten als Wechselaussteller, daß der Wechsel nicht in Elbing, sondern auf der Besitzung des Akzeptanten zahlbar gemacht wurde, wenn letzterer im Interesse der Verkäuflichkeit des Wechsels die Domizilierung in Elbing gestattete oder nach den vorliegenden Verhältnissen gestatten mußte, ist aber gar nicht ersichtlich. Es wird in dieser Beziehung auf die einen ähnlichen Fall betreffenden Ausführungen des in Entsch. des RG.s in Zivils. Bd. 3 S. 60 flg. abgedruckten Urteiles verwiesen."

(Es wird weiter ausgeführt, daß demnach es nicht darauf ankomme, ob B e k l a g t e r der Domizilierung zugestimmt habe, folglich auch die unter Eid gestellte Wissenschaft des Klägers davon, daß dies nicht geschehen, unerheblich sei.)

RGZ. 23, 109.

1. Wesen der Hingabe eines Wechselblankettes. Einwand vertragswidriger Ausfüllung desselben.

WO. Art. 82. ZPO. §§ 381, 405.

2. Auf „Rubel Polnisch" lautender Wechsel?

WO. Art. 96 Ziff. 2. ZPO. § 383.

I. Zivilsenat. Urt. v. 15. Mai 1889.

I. Landgericht Ostrowo. — II. Oberlandesgericht Posen.

Aus den Gründen:

„Die Revision kann für begründet nicht erachtet werden.

1. Hätte auch Kläger, wie Beklagter unter Bestreitung des Klägers behauptet hat, den hier fraglichen, vom Beklagten unterschriebenen Wechsel unausgefüllt übergeben und Kläger bei der ihm überlassenen Ausfüllung des Blankettes insofern vertragswidrig gehandelt, als er als Fälligkeitstag den 15. Oktober 1888 hineinschrieb, während er ihn der Abrede gemäß nicht vor dem 30. November 1888 hätte zahlbar machen dürfen, so würde dies der wechselmäßigen Verpflichtung des Beklagten in dem Umfange, in welchem seine Verurteilung ausgesprochen ist, keineswegs entgegenstehen. Die Übergabe eines in blanco unterzeichneten eigenen Wechsels stellt sich ebenso wie die Übergabe eines Blankoakzeptes, in betreff dessen dies im Anschlusse an die Rechtsprechung des Reichsoberhandelsgerichtes vom Reichsgerichte in konstanter Praxis bereits wiederholt ausgesprochen ist, als Ermächtigung zur Herstellung einer Wechselobligation dar, und dem Geber eines solchen Wechsels ist es nur als eine dem Nehmer gegenüber nach Art. 82 WO. zustehende exceptio doli gestattet seinerseits darzutun, daß der Wechsel vertragswidrig ausgefüllt sei, und daß mithin der Wechsel gegen ihn insoweit nicht geltend gemacht werden dürfe, als dessen Inhalt nicht der getroffenen Abrede entspricht. Das letztere ist aber nach der Behauptung des Beklagten vorliegend nur in betreff der Fälligkeit des Wechsels der Fall, indem Beklagter nur geltend gemacht hat, Kläger habe zu früh geklagt und verlange Verzugszinsen, welche er nicht zu beanspruchen habe. Da nun aber der Kläger seinen Zinsenanspruch auf die Zeit von dem seitens des Beklagten selbst zugestandenen verabredungsmäßigen Fälligkeitstage an beschränkt hat und dieser Fälligkeitstag schon zur Zeit des Urteiles erster Instanz längst verstrichen war, ohne daß Beklagter gezahlt hatte, so stand der Verurteilung des Beklagten der gedachte Einwand in keiner Weise entgegen. Der von der

Revision aufgestellten Ansicht, durch die auch nur in einem Punkte nicht vertragsmäßige Ausfüllung des Wechsels seitens des Klägers werde die Wechselobligation des Beklagten überhaupt hinfällig, kann nicht beigepflichtet werden. Ebensowenig ist aus § 381 ZPO. zu folgern, daß, wenn bewiesen wird oder zugestanden ist, daß die betreffende Urkunde von dem Aussteller derselben in blanco unterzeichnet worden sei, hierdurch die Beweiskraft der Urkunde beseitigt werde. Die formelle Beweisregel des § 381 wird durch die bloße Tatsache, daß die Urkunde aus einem Blankett entstanden sei, nicht berührt. Die Behauptung, daß die Urkunde durch einen Mißbrauch des Blanketts entstanden sei, richtet sich nicht gegen die formelle Beweisregel des § 381, sondern nur gegen die in § 405 ZPO. aufgestellte Vermutung.

2. In betreff des daraus, daß der Wechsel auf „Rubel polnisch" lautet, entnommenen Einwandes erkennt der Berufungsrichter an, daß es nach Art. 96 Ziff. 2 WO. dem Wechsel an einem wesentlichen Erfordernisse fehlen würde, wenn in demselben die zu zahlende Geldsumme nicht bestimmt angegeben wäre; auch erachtet er auf Grund des Einwandes des Beklagten, daß eine Münze unter der Bezeichnung „Rubel polnisch" mit einem in sich bestimmten Geldwerte nicht existiere, den Kläger dafür beweispflichtig, daß auch die Bezeichnung „Rubel polnisch" einen bestimmten Geldbetrag bedeute. Der Berufungsrichter erachtet aber diesen Beweis durch die vom Kläger beigebrachten beiden Bescheinigungen der Polizeiverwaltung zu Gr. vom 20. Februar 1889 für vollständig geführt, da hierdurch in dem früheren, jetzt zu Rußland gehörigen Polen nur eine Geldsorte unter dem Namen „Rubel" existiere, mit Rücksicht darauf aber, daß die Provinz Polen an Preußen grenzt, in Gr. (wo der hier fragliche Wechsel ausgestellt und zahlbar ist, und wo beide Parteien ihren Wohnsitz haben) und der ganzen Umgegend der Gebrauch herrsche, das russische Geld als polnisches zu bezeichnen, es deshalb auch im Handel gebräuchlich und üblich, sowie für jedermann ohne weiteres verständlich sei, den russischen Rubel als „polnischen" zu bezeichnen, und mithin die Bezeichnung „Polnischer Rubel" ganz gleichbedeutend sei mit „Russischem Rubel" oder „Rubel" überhaupt, so daß ein Zweifel darüber, daß in dem Wechsel die zu zahlende Geldsumme ganz bestimmt angegeben ist, füglich nicht mehr obwalten könne.

In dieser Ausführung ist irgendeine Verletzung von Rechtsnormen nicht enthalten, sei es nun von Normen des materiellen Wechselrechtes oder von prozessualischen Normen. Insbesondere ist auch der dem Berufungsrichter von der Revision gemachte Vorwurf unbegründet, er habe nicht beachtet, daß die Bescheinigungen von einer dazu nicht zuständigen Behörde ausgestellt seien. Der Berufungsrichter hat vielmehr den schon in der vorigen Instanz vom Beklagten erhobenen Einwand, daß die Polizeiverwaltung zu Gr. als eine untergeordnete Behörde nicht zuständig sei, über die streitige Frage ein Gutachten abzugeben, zutreffend damit beseitigt, daß gerade die Ortspolizeibehörde zu Gr., wo beide Parteien wohnen und wo der Wechsel ausgestellt sei, am besten befähigt erscheine, darüber Auskunft zu erteilen, was unter „Rubel Polnisch" nach dem in Gr. und Umgegend herrschenden Sprachgebrauche verstanden wird. Von einer Verletzung des § 383 ZPO. kann daher nicht die Rede sein."

RGZ. 23, 296⁺.

Neuer Leitsatz: Wer Wechselverbindlichkeiten eingeht, muß sich als wechselfähig behandeln lassen. Ihn trifft die Beweislast des Gegenteils.

Alter Leitsatz: Wird der großjährige Offizier von der väterlichen Gewalt nur dann befreit, wenn er eine Kompanie oder Eskadron erhält, oder auch dadurch, daß er eine abgesonderte Wirtschaft errichtet?

ALR. II, 2 §§, 210, 212a u. b, Anh. § 90.

I. Zivilsenat. Urt. v. 6. Juli 1889.

I. Landgericht I Berlin, Kammer für Handelssachen. — II. Kammergericht daselbst.

Der Beklagte, welcher im Jahre 1854 geboren, Premierleutnant, seit 1884 verheiratet, Vater mehrerer Kinder ist, und mit den Einkünften des Vermögens seiner Ehefrau im Betrage von 120 000 M einen eigenen Hausstand unterhält, dessen Vater aber noch lebt, wurde aus drei von ihm im Jahre 1887 akzeptierten Wechseln im Wechselprozesse auf Zahlung belangt. Er erhob den Einwand, daß er noch in väterlicher Gewalt sei. Die Klage ist deshalb in erster und zweiter Instanz abgewiesen. Auf die Revision des Klägers ist das Berufungsurteil aufgehoben und unter Abänderung des ersten Urteiles der Beklagte zur Zahlung unter Vorbehalt der Ausführung seiner Rechte verurteilt aus folgenden

Gründen:

„Mit dem Berufungsrichter ist davon auszugehen, daß der Beklagte, obwohl großjährig, nach Art. 1 WO. und den §§ 125, 131, 166 ALR. II. 2 nicht wechselfähig ist, wenn er sich noch in väterlicher Gewalt befindet.

Vgl. Entsch. des vormaligen Reichsoberhandelsgerichtes Bd. 7 S. 25, Bd. 11 S. 177; Entsch. des vormaligen Obertribunales zu Berlin Bd. 22 S. 401.

Daß der Fall vorliegt, in welchem der großjährige Haussohn ausnahmsweise nach den §§ 165, 166 a. a. O. ohne Beitritt des Vaters sich gültig wechselmäßig verpflichten kann, daß heißt, daß der Wechselzug ausgesprochenermaßen mit Bezug auf die zu dem freien Vermögen des Beklagten nach § 47 a. a. O. zu rechnenden Einkünfte des eingebrachten Vermögens seiner Ehefrau unter Beobachtung des § 166 a. a. O. vorgenommen sei, hat der Kläger nicht behauptet. Die Behauptung, daß der Vater des Beklagten die Akzeptierung der Wechsel genehmigt habe, was nach § 125 a. a. O. die Wechselverpflichtung gültig machen würde, kommt für diesen Prozeß nicht in Betracht, da diese Behauptung nur unter Zeugenbeweis gestellt ist (§§ 558, 560 ZPO.). Die allgemeine Behauptung, daß der Vater des Beklagten im voraus seine Genehmigung zu allen Rechtsgeschäften des Beklagten gegeben, ist durch den Eid des Beklagten beseitigt.

Die Entscheidung hängt danach davon ab, ob der Beklagte sich noch in väterlicher Gewalt befindet. Den Beweis, daß er noch in väterlicher Gewalt stehe, hat der Beklagte gegenüber der von ihm formell gültig übernommenen Wechselverpflichtung zu führen. Denn seine Verpflichtung ist, da er zur Zeit der Akzeptierung der Wechsel unstreitig großjährig war, an sich durch die Akzeptierung der Wechsel begründet (Art. 21, 23 WO.), und hat präsumtiv auch nach dem Willen des Beklagten begründet werden sollen. Behauptet der Beklagte, daß die Verpflichtung aus dem Akzepte ausnahmsweise nicht entstanden sei, so hat er die juristische Tatsache, aus welcher die Rechtsfolge der Nichtentstehung der regelmäßigen Wechselverpflichtung sich ergeben soll, zu beweisen.

Vgl. Entsch. des ROHG.s Bd. 20 S. 98 und die Zitate daselbst.

RGZ. 32, 36.

VoraussetzungEn der Haftung der einzelnen Wechselverpflichteten im Falle der nachträglichen Hinzufügung eines Domizilvermerkes während des Umlaufes des Wechsels.

VI. Zivilsenat. Urt. v. 2. November 1893.

I. Landgericht Dresden, Kammer für Handelssachen. — II. Oberlandesgericht daselbst.

Aus den Gründen:

„Die Revisionsangriffe haben sich nur gegen die Beurteilung gerichtet, die von seiten des Berufungsgerichtes derjenigen Einrede zu teil geworden ist, welche der Revisionskläger an die nachträgliche Domizilierung der drei von ihm indossierten Tratten geknüpft hatte. Es steht fest, daß diese Wechsel, gezogen von L. in Dresden auf W. in R. und von dem letzteren akzeptiert, zu der Zeit, als der Revisionskläger sein Indossament darauf setzte, noch keinen Domizilvermerk trugen und von ihm selbst später mit dem Vermerke: „Zahlbar bei der Sächs. Spar- und Kreditbank zu Dresden", versehen worden sind. Die Präsentation zur Zahlung und die Erhebung des Protestes mangels Zahlung sind zur Verfallzeit von dem legitimierten Inhaber T. nicht bei dem Akzeptanten in R., sondern bei der Domiziliatin in Dresden bewirkt worden.

Wenn nun das Oberlandesgericht auf Grund dieser Sachlage den Regreß mangels Zahlung gegen den Revisionskläger als an sich begründet angesehen hat, so konnte das keinem Bedenken unterliegen. Zwar kann sich die Frage, an welchem Orte, bzw. gegen wen der Protest mangels Zahlung zu erheben ist, nicht schlechtweg allen Wechselverpflichteten gegenüber nach der Beschaffenheit des Wechsels zur Zeit der Protesterhebung bestimmen.

Vgl. Lehmann, Wechselrecht § 108 Anm. 25 S. 412 flg. und Rehbein, Wechselordnung (Aufl. 4), Bem. 4 zu den Art. 75, 76 S. 92.

Jeder sonst Regreßpflichtige darf seine Haftung ablehnen, wenn nicht wenigstens auch ein Protest dort rechtzeitig erhoben worden ist, wo dieser nach dem Inhalte, den der Wechsel zu der Zeit hatte, als seine Wechselunterschrift gegeben wurde, bzw. die derselbe nachträglich mit seiner Zustimmung erhalten hat, zu erheben war; eine etwaige nachträgliche Verfälschung des Inhaltes könnte die Bedingungen seiner Haftung natürlich nicht zu seinem Nachteile ändern. Dagegen würde man andererseits zu weit gehen, falls man die wechselrechtliche Haftung aller Regreßpflichtigen dann schlechtweg an die Erhebung eines Protestes beim Akzeptanten an dessen Wohnort knüpfen wollte, wenn der etwa auf dem Wechsel befindliche Domizilvermerk nicht vom Aussteller herrührt, sondern später von einem anderen Wechselverpflichteten hinzugefügt ist. Wenn einzelne Schriftsteller, z. B. Renaud, Wechselrecht (Aufl. 3) § 42 S. 146 (vgl. auch § 18 S. 76), und Rehbein, Wechselordnung (Aufl. 4) Bem. 12 zu den Art. 21—24 S. 47, sich dahin ausdrücken, daß nur ein solcher Wechsel, in welchem durch den Aussteller oder mit dessen Willen ein vom Orte der

Adresse verschiedener Zahlungsort angegeben sei, als Domizilwechsel zu gelten habe, so würde hieraus dem Wortlaute nach allerdings die soeben mißbilligte Meinung zu entnehmen sein; aber man darf bezweifeln, ob diese wirklich damit hat ausgedrückt sein sollen; bei Rehbein deuten auch Äußerungen in Bem. 14 zu den Art. 41—55 S. 68 und Bem. 4 zu den Art. 75, 76 S. 92 auf das Gegenteil hin. Die Folgen einer nachträglichen einseitigen Veränderung des Wechselinhaltes sind in der deutschen Wechselordnung nirgends ausdrücklich geregelt; aber die Rücksicht auf die größtmögliche praktische Brauchbarkeit des Rechtes, wie auch die Analogie der in den Art. 75, 76 enthaltenen Bestimmungen über falsche und verfälschte Wechselunterschriften muß dahin führen und hat die herrschende Lehre dahin geführt, jeden einzelnen Unterzeichner einer Wechselerklärung nach Maßgabe desjenigen Inhaltes haften zu lassen, den der Wechsel zur Zeit der Abgabe seiner Unterschrift hatte oder nachher zu seinem Nachteile unter seiner Zustimmung erhalten hat.

Vgl. Liebe, Wechselordnung S. 205; Thöl, Handelsrecht Bd. 2 (Aufl. 4) § 173 S. 696 flg.; Renaud, Wechselrecht (Aufl. 3) § 17 S. 74, Kuntze, Wechselrecht § 48 S. 112; Lehmann, Wechselrecht § 109 S. 420; so auch Art. 802 Abs. 1 des Schweizer Obligationenrechtes.

Dieser allgemeine Grundsatz muß auch in dem Falle angewandt werden, wo die nachträgliche Veränderung des Wechsels nicht in der Abänderung eines wesentlichen Bestandteiles, sondern in der Hinzufügung des an sich beim Wechsel nicht wesentlichen Domizilvermerkes besteht (so auch Thöl, a. a. O. S. 696 flg., vgl. mit S. 695). Eine gewisse Analogie bietet für einen solchen Vermerk die Notadresse dar, von welcher nach Art. 62 WO. außer Zweifel steht, daß sie stets zu Gunsten des Adressanten und seiner Nachmänner wirkt, auch wenn ersterer nicht der Aussteller, sondern ein Indossant ist; freilich bleibt der Unterschied, daß der Domizilvermerk ebenso sehr zum Nachteile wie zu Gunsten des Regreßpflichtigen wirkt, indem er die Bedingungen des Regresses formell nicht sowohl, wie die Notadresse, erschwert, als vielmehr nur verändert.“. ...

RGZ. 32, 75.

1. ...

2. Ist ein Wechselprotest gültig, welcher für den durch Prokuraindossament legitimierten Wechselinhaber erhoben ist, während sich auf dem Wechsel undurchstrichen nach diesem Indossament noch ein weiteres Prokuraindossament auf einen Dritten befindet?

WO. Art. 36, 41, 55, 88.

I. Zivilsenat. Urt. v. 9. Dezember 1893.

Die Entscheidung ist abgedruckt unter „Verfahrensrecht, Zivilprozeßordnung".

RGZ. 33, 143.

Voraussetzungen der Wechselvindikation gegen den wechselrechtlich und gegen den zivilrechtlich legitimierten Wechselbesitzer. Unter welchen Voraussetzungen kann der Wechselbesitzer, dem die Wechselforderung unter Übergabe des Wechsels von dem wechselrechtlich Legitimierten zediert worden, von dem wahren Eigentümer zur Herausgabe des Wechsels angehalten werden?

WO. Art. 10, 14, 36, 48, 55, 74, 82.
ALR. I. 15 §§ 24 flg., I. 20 §§ 80 flg. 91.

I. Zivilsenat. Urt. v. 14. Juli 1894.

I. Landgericht I Berlin. — II. Kammergericht daselbst.

Der Kläger war im Besitze von drei Wechseln über 3000, 1300 und 3300 M, welche von der Frau L.-U. auf E. v. L. an eigene Order gezogen, von diesem akzeptiert und von ihr in blanco giriert sind. Er hat diese Wechsel nach Verfall im Januar 1891 der L.-U. zum Inkasso im Konkurse des Akzeptanten übergeben, die L.-U. aber hat den Wechsel über 1300 M an R. veräußert und die Wechsel über 3000 und 3300 M der Frau G. überlassen. R. hat den Wechsel über 1300 M mit seinem Blankogiro und einer Zession vom 31. Januar 1891 dem Beklagten zum Inkasso gegeben. Die Wechsel über 3000 und 3300 M, von denen letzterer am 26. Januar 1891 für den Kläger mangels Zahlung protestiert ist, hat die G. dem Beklagten für frühere Forderungen desselben an sie im Betrage von etwa 1800 M verpfändet und auf Verlangen des Beklagten demselben zwei Zessionen der L.-U. auf ihn nebst den Wechseln übergeben. Der Beklagte hat die Wechsel im Konkurse des Akzeptanten zur Anmeldung und Feststellung gebracht. Der Kläger ist als Eigentümer der Wechsel gegen ihn auf Abtretung der Konkursforderungen und Herausgabe der Wechsel klagbar geworden.

Der erste Richter hat die Entscheidung von einem Eide des Beklagten abhängig gemacht, daß er die Wechsel nicht von der L.-U. mit der Mitteilung, daß sie dieselben für den Kläger einziehen sollte, erhalten habe. Der Berufungsrichter hat den Beklagten zur Herausgabe des Wechsels über 3300 M verurteilt und die Klage im übrigen abgewiesen. Auf die Revision des Klägers ist der Beklagte auch zur Herausgabe des Wechsels über 3000 M verurteilt, im übrigen das Berufungsurteil aufrechterhalten aus folgenden

Gründen:

„Der Berufungsrichter stellt fest, daß der Kläger die drei streitigen Wechsel im Januar 1891 der Frau L.-U. zum Inkasso übergeben hat und damals der wechselrechtlich legitimierte Eigentümer der Wechsel war. Diese Feststellung ist nicht angegriffen. Die erhobene Eigentumsklage ist danach und nach Art. 74 WO. gegen den unstreitig im Besitze der Wechsel befindlichen Beklagten begründet, wenn der Beklagte nicht beweist, daß er das Eigentum der Wechsel nach Wechselrecht oder doch den Besitz der Wechsel von einer wechselrechtlich legitimierten Person mit Wirkung gegen den Kläger erworben hat, oder wenn der Kläger beweist, daß der Beklagte den Besitz in bösem Glauben oder unter grober Fahrlässigkeit erworben hat. Das Berufungsurteil weist die Klage bezüglich der Wechsel über 1300 und 3000 M ab, weil der Beklagte sie von einer wechselrechtlich legitimierten Person erworben habe, und weder böser Glaube noch grobe Fahrlässigkeit dabei erwiesen sei, verurteilt den Beklagten dagegen bezüglich des Wechsels über 3300 M, weil der Beklagte diesen Wechsel von einer wechselrechtlich nicht legitimierten Person erworben habe.

1. Die Revision des Klägers betrifft die Entscheidung über die beiden Wechsel über 1300 und 3000 M.

a) Den Wechsel über 1300 M hat der Beklagte, wie er behauptet hat, und wie der Berufungsrichter feststellt, durch den Schuhmacher R. mit dessen Blankogiro und der Zession vom 31. Januar 1891 zum Inkasso für R. erhalten. R. hat dies, und daß er den Wechsel von der Frau L.-U. erworben, bestätigt. Er hat bekundet, daß er den Wechsel schon vor dessen Verfalltage, dem 21. November 1890, erworben zu haben glaube. Nach der Feststellung des Berufungsrichters, daß der Kläger den Wechsel am 22. Januar 1891 der L.-U. zum Inkasso gegeben, ist dies ausgeschlossen, und nur möglich, daß R. den Wechsel nach dem 22. Januar 1891 von der L.-U. erworben hat. Es kommt darauf indessen nicht an. Denn die L.-U. war durch den Besitz des Wechsels und ihr eigenes Blankoindossament noch nach dem Verfalle des Wechsels zur Begebung des Wechsels an R. unter Benutzung des Blankoindossaments wechselrechtlich befugt. Nur für den verfallenen und protestierten Wechsel ist dies gegen die Ansicht des Reichsoberhandelsgerichtes,

vgl. Entsch. desselben Bd. 18 S. 4,
vom Reichsgerichte,
vgl. Entsch. desselben in Zivils. Bd. 2 S. 75,
verneint. Hat danach R. wechselrechtlich das Eigentum des Wechsels erworben, wenn er nicht in bösem Glauben war oder grob fahrlässig handelte, so ist auch der Beklagte durch das Blankogiro und die Zession des R. wechselrechtlich und zivilrechtlich legitimierter Besitzer. Und dafür, daß R. den Wechsel mala fide oder grob fahrlässig erworben hat, hat der Kläger nichts vorgebracht. Alles, was er vorgebracht hat, bezieht sich auf die mala fides des Beklagten bei dem Erwerbe von der G. und der L.-U.

Darauf, daß der Beklagte zugibt, daß seine Legitimation dem R. gegenüber nur eine formelle ist, insofern er Eigentumsindossament und Zession zum Inkasso erhalten hat, kommt es dem Kläger gegenüber rechtlich nicht an, ebensowenig wie darauf, daß R. sich auf die Streitverkündung seitens des Beklagten nicht eingelassen hat. Der Beklagte ist befugt, sein formelles Recht dem Kläger gegenüber solange geltend zu machen, als ihm selbst oder R. gegenüber nicht der Mangel des materiellen Rechtes in der Person des R. dargetan ist. Und an solchem Nachweise fehlt es ganz. Die Rüge der Revision, daß R. nicht beeidigt worden, obwohl er Rechtsvorgänger des Beklagten sei, ist bedeutungslos, selbst wenn sie begründet wäre, weil damit der Mangel jeden Vorbringens bezüglich der mala fides des R. nicht beseitigt werden würde. Bezüglich dieses Wechsels ist die Klage danach mit Recht abgewiesen, und die Revision unbegründet.

b) Bezüglich des Wechsels über 3000 M, der am 23. Oktober 1890 fällig war, das Blankoindossament der L.-U. trägt und am 28. Januar 1891 von der L.-U. an den Beklagten zediert ist, behauptet der Beklagte, daß er ihn von der G. zur Sicherheit für Forderungen an die G. erhalten habe. Daß ihm solche Foderungen gegen die G. im Betrage von weit mehr als 3000 M bei Hingabe des Wechsels zustanden und noch zustehen, ist vom Berufungsrichter ohne prozessualen Verstoß ebenso festgestellt, wie daß der Wechsel dem Beklagten zum Pfande gegeben ist. Dagegen sind auch keine Angriffe erhoben. Die G. war durch das Blankogiro der L.-U. legitimierte Wechseleigentümerin. Aber das Verhalten des Beklagten beweist, daß er ihrer materiellen Berechtigung oder wechselrechtlichen Legitimation nicht getraut hat. Denn ohnedies würde er sich die Zession vom 28. Januar 1891 durch die L.-U. als die Blankoindossantin nicht haben erteilen lassen. Diese Cession stellt die Sachlage rechtlich so her, als ob die L.-U. den Wechsel direkt dem Beklagten zum Eigentume in securitatem für fremde Schuld übertragen hat.

Auf die Legitimation durch das Blankogiro der L.-U. auf die G. kann der Beklagte sich nicht berufen, weil er nach seiner eigenen Darstellung den Wechsel auf Grund dieses Blankogiros und der Legitimation der G. durch dasselbe nicht hat erwerben wollen und nicht erworben, sondern ihn der G. zum Zwecke der Beschaffung der Zession der L.-U. zurückgegeben und mit dieser Zession zurückerhalten hat. Kann aber der Beklagte seine Legitimation nur auf die Zession der L.-U. stützen, so ist die Vindikation dieses Wechsels begründet. Nach der Feststellung des Berufungsrichters war die L.-U. nicht Eigentümerin des Wechsels. Der Zessionar erwirbt die Wechselforderung und mit ihr das Wechseleigentum nur aus dem Rechte seines Auktors, des Zedenten, das heißt die Rechte des Zedenten aus dem Wechsel, nicht wie der Indossatar kraft des Indossaments (Art. 10 WO.), das Recht aus dem Wechsel nach Maßgabe des Inhaltes der Wechselurkunde und das Eigentum des Wechsels als eigenes Recht. Da die Art. 10, 14 WO. auf den Zessionar nicht Anwendung finden, kann er die Wechselforderung nur soweit geltend machen, als sie seinem Zedenten zustand, und muß sich abweichend von Art. 82 WO. alle Einreden entgegensetzen lassen, welche gegen seinen Zedenten bestehen. Daraus folgt rechtlich zugleich mit Notwendigkeit, daß auch die Art. 36, 74 WO. auf den Cessionar keine Anwendung finden, daß er sich für seine Person auf die Präsumtion der Art. 17, 36, 74 WO. für das Eigentum des wechselrechtlich legitimierten Besitzers nicht berufen kann. Nachdem im vorliegenden Falle diese Präsumtion für das Eigentum der Zedentin des Beklagten durch den Nachweis, daß der Kläger Eigentümer des Wechsels war, als der Beklagte den Wechsel von der L.-U. erhielt, beseitigt ist, kann der Beklagte nur diejenigen Rechte an dem Wechsel geltend machen, die dem redlichen Besitzer auch gegen den wahren Eigentümer zustehen. Der Art. 306 HGB., auf den der Revisionsbeklagte sich beruft, findet schon deshalb keine Anwendung, weil die L.-U. nicht Kaufmann war. Über die Rechte des redlichen Besitzers enthält die Wechselordnung keine Vorschriften. Der Art. 74 WO. regelt nicht die ganze Lehre von der Wechselvindikation und besagt nicht, daß die Vindikation des Wechsels unbedingt gegen den stattfindet, der den Wechsel nicht durch einen Wechselakt, sondern durch einen zivilrechtlichen Akt der Eigentumsübertragung erworben hat. Er schließt nur die Vindikation des Wechsels gegen den wechselrechtlich Legitimierten aus, der nicht im bösen Glauben und grob fahrlässig erworben hat. Im übrigen richtet sich die Vindikation nach den Vorschriften des bürgerlichen Rechtes. Nach den hier zur Anwendung kommenden Bestimmungen des preußischen Rechtes (§§ 24 flg. ALR. I. 15, §§ 80 flg. 91 I. 20) hat der redliche Erwerber die vom Nichteigentümer erworbene Sache gegen Erstattung dessen herauszugeben, was er für die Sache gegeben oder geleistet hat. Der Beklagte hat aber für den Wechsel nach seinem eigenen Vortrage nichts gegeben oder geleistet. Er hat den Wechsel und die Wechselforderung deshalb herauszugeben, ohne daß es auf die Untersuchung ankommt, ob er ihn in bösem Glauben oder grob fahrlässig erworben hat.

2. Aus vorstehendem ergibt sich zugleich die Entscheidung bezüglich des Wechsels über 3300 M. Der Berufungsrichter hat den Beklagten zur Herausgabe dieses Wechsels verurteilt, weil er nicht gemäß Art. 36 WO. legitimierter Wechselbesitzer sei.

Davon ist richtig, daß die G. durch den Besitz des für den Kläger protestierten Wechsels zur Eigentumsübertragung oder Verpfändung des Wechsels nicht legitimiert war, da sie nicht im Wechselverbande stand und deshalb, selbst wenn sie den Wechsel im Regreßwege eingelöst hätte, was nicht der Fall ist, ohne Giro des Klägers nicht legitimiert war.

Vgl. Entsch. des RG.s in Zivils. Bd. 2 S. 75.

Aber der Beklagte hat nicht nur die rechtlich unwirksame Übergabe des Wechsels nebst Protest durch die G., sondern die Zession durch die L.-U. auf Grund des protestierten Wechsels für sich. Damit liegt die Sache rechtlich auch hier so, als ob die L.-U. dem Beklagten die Wechselforderung zur Sicherheit für fremde Schuld in securitatem zediert und zu diesem Zwecke den Wechsel zum Eigentume übergeben hätte. Und die L.-U. war, weil sie als Ausstellerin und erste Indossantin im Wechselverbande stand, und der Besitz des Wechsels und Protestes dafür sprach, daß sie den Wechsel im Regreßwege eingelöst hatte, nach Art. 48, 55 WO. wechselrechtlich legitimiert, das Recht aus dem Wechsel geltend zu machen oder es durch Zession nebst dem Eigentume an dem Wechsel zu übertragen, wie die Anschlußrevision mit Recht ausführt.

Im Ergebnisse ist die Entscheidung des Berufungsrichters aber aus den unter 1 b entwickelten Gründen richtig. Kann sich der Beklagte nur auf seine Legitimation durch die Zession der L.-U. berufen, so kann er, nachdem das Eigentum des Klägers an dem Wechsel festgestellt ist, auch hier nur die Rechte des redlichen Besitzers geltend machen und muß den Wechsel und die Wechselforderung herausgeben, da er für dieselben nichts gegeben oder geleistet hat. Die Anschließung an die Revision ist danach unbegründet." ...

RGZ. 35, 38.

Ist das Akzept ungültig, wenn der Wechsel auf eine offene Handelsgesellschaft gezogen und von einer Aktiengesellschaft akzeptiert ist?

WO. Art. 21.

I. Zivilsenat. Urt. v. 20. April 1895.

I. Landgericht I Berlin. — II. Kammergericht daselbst.

Aus drei Wechseln, welche von W. D. & Co. auf Mrs. P. & Co. zu Berlin, Waldstr. 35, an die Order der Aussteller gezogen, von den Ausstellern an Th. Br. & Co. zu Paris, von diesen an die Klägerin giriert, und akzeptiert sind: „P. & Company Engineers limited i. V. Fr. W.", ist gegen P. & Co. und P. & Company Engineers limited auf Zahlung geklagt. Der erste Richter hat die Klage abgewiesen, der Berufungsrichter die Akzeptantin nach der Klage verurteilt. Auf die Revision derselben ist das erste Urteil wiederhergestellt aus folgenden

Gründen:

„Soviel aus den Wechseln zu erkennen, sind dieselben von einer anderen Gesellschaft akzeptiert, als auf welche sie gezogen sind. Die Bezogene ist eine andere Firma als die Akzeptantin. Wie das Berufungsurteil selbst anerkennt, gab es zu der Zeit, als die Wechsel gezogen und akzeptiert wurden, eine offene Handelsgesellschaft P. & Co., Berlin, Waldstr. 35. Diese Gesellschaft war im Handelsregister eingetragen, ihre Inhaber waren G. J. und Fr. W. Daß es noch eine andere Firma P. & Co. damals in Berlin gegeben und daß solche auch Waldstr. 35 ein Geschäft betrieben hätte, ist nirgends behauptet. Daraus folgt bis auf weiteres, daß die offene Handelsgesellschaft P. & Co., welche aus den Gesellschaftern W. und J. bestand, die Bezogene war. Und wenn W., welchem die Tratten zum Akzepte vorgelegt wurden, mit dieser seiner Firma akzeptiert hätte, würde die Klage, soweit sie gegen die „Handlung P. & Co. zu Berlin, Waldstr. 35", erhoben war, zuzusprechen, diese Handlung zu verurteilen gewesen sein.

Nun hat aber W. nicht für die bezogene Firma, sondern für eine von derselben verschiedene Firma akzeptiert. Die Firma, mit deren Zeichnung er akzeptiert hat, enthält allerdings auch die Worte P. & Company, aber sie enthält außerdem einen Zusatz, den die bezogene Firma nicht hat. Daß Zusätze zu Firmen nicht ignoriert werden dürfen, ergibt sich aus handelsrechtlichen Vorschriften. Nach Art. 20 HGB. muß sich jede neue Firma von allen an demselben Orte oder in derselben Gemeinde bestehenden und in das Handelsregister eingetragenen Firmen *deutlich unterscheiden.* Es ist bekannt, daß solche Unterscheidungsmittel eben durch *Zusätze* vielfach gewonnen werden. Dieses Mittel der Unterscheidung ist gerade für Zweigniederlassungen vorgeschrieben (Art. 21 HGB.: „Besteht an dem Orte oder in der Gemeinde, wo die Zweigniederlassung errichtet wird, bereits eine *gleiche Firma*, so muß der Firma ein *Zusatz* beigefügt werden, durch welchen sie sich von jener bereits vorhandenen Firma *deutlich unterscheidet*").

Wer nur die Wechsel vor sich hat und sich dieser Bestimmungen des Handelsgesetzbuches erinnert, für den wird es gar keine andere Annahme geben können, als die, daß hier zwei verschiedene Firmen vorliegen, eine *deutsche Gesellschaftsfirma* mit dem Sitze in Berlin und eine *englische Firma* mit englischen Bezeichnungen und Zusätzen, die, wenn sie überhaupt in Berlin einen Sitz hatte, dort nur eine Zweigniederlassung haben konnte und nach dem deutschen Gesetze ebendeshalb nicht genau so lauten durfte wie die bestehende deutsche Gesellschaft. Aus dem Zusatze ergab sich aber noch etwas Weiteres. Limited bezeichnet die beschränkte Haftung der Gesellschaftsmitglieder. Dieser Zusatz ist bei der Firma der englischen Aktiengesellschaft *wesentlich.* Eine englische Gesellschaft, welche nicht mit limited bezeichnet ist, ist keine Aktiengesellschaft, und umgekehrt kennzeichnet der Zusatz die beschränkte Haftung der englischen Aktiengesellschaft. Stellt man sich auf den Standpunkt der Klägerin, welcher die eingeklagten Wechsel aus Paris zugegangen waren, und nimmt man an, sie hätte von den Verhältnissen der betreffenden Gesellschaften sonst gar nichts gewußt, so wäre ihr *aus den Wechseln* dies erkennbar gewesen: Die Bezogene war nach ihrer Bezeichnung, die eine deutsche offene Handelsgesellschaft oder Kommanditgesellschaft andeutete, die Handlung P. & Co. zu Berlin. Akzeptiert wurden nun die Wechsel nach der Bezeichnung von einer englischen Aktiengesellschaft, welche nicht die offene Handelsgesellschaft oder Kommanditgesellschaft sein konnte, als welche die Bezogene zu vermuten war. Die Nachfrage beim Handelsrichter würde nun folgendes ergeben haben: In der Tat bestand, wie berits erwähnt, damals und seit dem Jahre 1880 eine offene Handelsgesellschaft P. & Co. zu Berlin, als deren Inhaber eben die oben bezeichneten Personen im Handelsregister eingetragen waren. Dagegen war dem Handelsrichter von einer englischen Aktiengesellschaft P. & Company Engineers limited, welche auch nur einer Zweigniederlassung in Berlin gehabt hätte, damals, als die Wechsel ausgestellt und akzeptiert wurden, nichts bekannt. Denn, wie in diesem Prozesse konstatiert ist, erfolgte im Handelsregister des Amtsgerichtes zu Berlin erst zufolge Verfügung vom 14. Juli 1893 der Eintrag der Firma P. & Company Engineers limited mit dem Sitze in London und einer Zweigniederlassung in Berlin. Und zufolge Verfügung von demselben Tage wurde im Firmenregister da, wo die Firme P. & Co. mit dem Sitze zu Berlin vermerkt stand, eingetragen:

„Es ist das Handelsgeschäft durch Vertrag auf die unter Nr. 14221 des Gesellschaftsregisters vermerkte Aktiengesellschaft in Firma P. & Company Engineers limited übergegangen und dadurch die hier registrierte Firma erloschen."

Aus dem Eintrage ist aber weiter ersichtlich, daß der englischen Aktiengesellschaft erst unter dem 29. März 1893 von dem Ministerium für Handel und Gewerbe die Erlaubnis zum stehenden Geschäftsbetriebe in Preußen, deren die englische Aktiengesellschaft nach dem Gesetze vom 22. Juni 1861 § 18 bedurfte, erteilt worden ist. Bis dahin standen also der Begründung einer Zweigniederlassung in Berlin gesetzliche Hindernisse im Wege. Auf den Gedanken, daß Bezogene und Akzeptantin eine und dieselbe Person seien, hätte also die Klägerin nach dem, was sich für sie aus dem Wechsel und dem zu jedermanns Einsicht offenliegenden Handelsregister ergab, gar nicht kommen können. Nun hatte allerdings, wie in diesem Prozesse ermittelt ist, die Handelsgesellschaft P. & Co. zu Berlin den Vertrag über das von ihr bis dahin betriebene Fabrikations- und Handelsgeschäft mit der englischen Aktiengesellschaft P. & Company Engineers limited bereits am 13. August 1890 geschlossen; in diesem Vertrage verpflichten sich auch die Inhaber der offenen Handelsgesellschaft, kein Geschäft als Ingenieure oder Maschinenfabrikanten, noch irgendein anderes jetzt von ihrer Firma im Deutschen Reiche gefördertes Geschäft während eines Zeitraumes von 10 Jahren zu betreiben. Dagegen sollten sie als Geschäftsführer der Werke und des Geschäftes der Aktiengesellschaft für einen Zeitraum von fünf Jahren fungieren. Allein wenn auch dies der Klägerin und dem beteiligten handeltreibenden Publikum in Berlin bekannt gewesen wäre, so ergab sich daraus immer nicht, daß P. & Co. eine englische Aktiengesellschaft sei. So lange die Aktiengesellschaft die Genehmigung des preußischen Handelsministers zum stehenden Gewerbebetriebe in Preußen nicht erlangt hatte, so lange konnte sie auch als Inhaberin einer Zweigniederlassung in Berlin in das Handelsregister des Amtsgerichtes zu Berlin nicht eingetragen werden (Art. 179 Abs. 3, Art. 212 Abs. 3 HGB.). Es ist deshalb vollkommen verständlich, daß trotz des Vertrages vom 13. August 1890 mit Wissen und Willen der beklagten englischen

Aktiengesellschaft die offene Handelsgesellschaft P. & Co. im Handelsregister eingetragen blieb, und daß diese Firma erst gelöscht wurde, als zugleich die Zweigniederlassung der englischen Aktiengesellschaft eingetragen wurde und eingetragen werden konnte. Die Klägerin hat vor dem Berufungsrichter für sich geltend gemacht und damit zugestanden „die Tatsache, daß W. für die Gesellschaftszwecke der Aktiengesellschaft als Inhaber der Firma P. & Co. noch habe eingetragen bleiben sollen", und sie hat vor dem Reichsgerichte die Sache so dargestellt, daß die offene Handelsgesellschaft P. & Co. seit dem Abschlusse jenes Vertrages das Handelsgeschäft für Rechnung der Aktiengesellschaft geführt habe. „Für Rechnung" ist aber etwas anderes als „im Namen". Und übergegangen, wie Klägerin an der angezogenen Stelle weiter behauptet, kann die Firma P. & Co. auf die Beklagte aus zwei Gründen nicht sein, zunächst deshalb nicht, weil jene Firma keine Bezeichnung für eine Aktiengesellschaft war, sodann deshalb nicht, weil die Firma als die von G. J. und Fr. W. weiter bestand, auch nachdem das Handelsgeschäft als auf die Aktiengesellschaft übergegangen angesehen wurde. Daß die Firma der englischen Aktiengesellschaft der Firma der offenen Handelsgesellschaft nachgebildet ist, um der Kundschaft anzudeuten, daß das Handelsgeschäft der Aktiengesellschaft dasselbe sei wie dasjenige, welches bis dahin die offene Handelsgesellschaft für eigene Rechnung betrieben hatte, ist ja sehr glaublich. Allein Handelsgeschäfte sind weder Bezogene noch Akzeptanten von Wechseln noch Wechselschuldner.

Wenn die beklagte Aktiengesellschaft, etwa um zu verdecken, daß eine englische Aktiengesellschaft, welcher der stehende Gewerbebetrieb in Preußen noch nicht freigegeben war, doch tatsächlich für sich in größerem Umfage Fabrikations- und Handelsgeschäfte in Berlin betreiben und abschließen ließ, ihr neuerworbenes Fabrikations- und Handelsgeschäft von der offenen Handelsgesellschaft P. & Co., welche bis dahin Inhaberin des Fabrikations- und Handelsgeschäftes gewesen war, auch ferner unter deren Firma nach außen hin weiter betreiben ließ, so daß nur für das Verhältnis der offenen Handelsgesellschaft und der Aktiengesellschaft zueinander Vorteil und Nachteil des Geschäftes für Rechnung der Aktiengesellschaft gingen, so wurden doch dadurch die offene Handelsgesellschaft und die Aktiengesellschaft nicht identisch. Hätte ein solches Verhältnis bestanden, und wäre es der Klägerin und einem Teile des Publikums bekannt gewesen, hätte die offene Handelsgesellschaft, wie ein römischer Institor, die Geschäfte zwar im eigenen Namen, aber für Rechnung der Aktiengesellschaft betrieben, und wäre, wie es die

Klägerin selbst behauptet hat, die offene Handelsgesellschaft P. & Co. einstweilen zu diesem Behufe bestehen geblieben, so konnte doch die Klägerin, wenn sie mit dieser Gesellschaft in Verbindung trat, nicht wegen jenes wirtschaftlichen Hintergrundes zu der Ansicht gelangen, P. & Co. sei die Aktiengesellschaft. Mochte ferner auch die Aktiengesellschaft ihrem Pariser Bankier, welcher die Wechsel ziehen ließ und dafür als Äquivalent gänzlich wertlose Papiere übersandte, das Berliner Geschäft immerhin als „unser deutsches Haus" bezeichnen: es blieb doch immer innerhalb jenes Schemas des Geschäftsbetriebes, wenn der Pariser Bankier dann die Wechsel eben nicht auf P. & Company Engineers limited, sondern auf P. & Co. ausstellen ließ. Das war nicht eine Bezeichnung der Aktiengesellschaft, welche diese Firma nicht führte, sondern es war die Bezeichnung der unter dieser Firma bestehenden offenen Handelsgesellschaft.

Hätte damit, was aus dem Wechsel keineswegs hervorgeht, die Aktiengesellschaft bezeichnet werden sollen, so wäre das nicht, wie es das Berufungsgericht annimmt, eine unvollständige, sondern eine unzulässige Bezeichnung gewesen. Es wäre nicht gesagt, was gewollt war.

War aber die offene Handelsgesellschaft P. & Co. die Bezogene, so sollte diese die Zahlung leisten (Art. 4 Ziff. 7 WO.); es ist für das wechselrechtliche Verhältnis unerheblich, ob für eigene oder fremde Rechnung. Es war eine Annahme, wenn diese Bezogene ihren Namen auf die Vorderseite des Wechsels schrieb (Art. 21). Die Bezogene wäre dann durch die Annahme wechselmäßig verpflichtet worden (Art. 23). Dagegen war es, wie sich aus der streng formalen Natur des Wechsels ergibt, kein zur Zahlung verpflichtendes Akzept, wenn ein Anderer als der Bezogene seinen Namen auf die Vorderseite des Wechsels setzte,

vgl. Entsch. des ROHG.s Bd. 15 Nr. 99; Entsch. des RG.s in Zivils. Bd. 14 S. 18,

mochte dieser Andere auch eine Person sein, für deren Rechnung das dem Wechsel zu Grunde liegende Geschäft lief. Die Sache liegt hier nicht anders wie etwa der Fall, wenn ein Vormund in Angelegenheiten seines Mündels auf seinen Namen, ohne Zusatz seines Vertretungsverhältnisses, ziehen läßt und demnächst als Vertreter seines Mündels akzeptiert. Da entsteht auch eine Verbindlichkeit des Mündels aus dem Wechselakzepte so wenig wie eine Verbindlichkeit des Vormundes. Ebensowenig war hier eine Wechselverbindlichkeit der Berliner offenen Handelsgesellschaft P. & Co. begründet, denn diese hat nicht akzeptiert, noch eine Wechselverbindlichkeit der englischen Aktiengesellschaft P. & Company Engineers limited, denn auf diese war nicht gezogen." ...

RGZ. 41, 114.

Welche Wirkung hat ein Vollindossament, das erteilt ist, damit der Indossatar einen Teil der Wechselsumme für eigene Rechnung, den anderen Teil für Rechnung des Indossanten beitreibe?

WO. Art. 10, 12, 36, 74, 82, 98.

I. Zivilsenat. Urt. v. 18. Mai 1898.

I. Landgericht I Berlin. — II. Kammergericht daselbst.

Der Kläger klagte aus einem gehörig protestierten eigenen Sichtwechsel über 324 600 M, den die verstorbene Witwe L. L. an Order des A. L. ausgestellt, A. L. in blanco an W., W. nach Protest an den Kläger indossiert hatte, gegen die Erben der L. L. Die Beklagten wendeten ein, und es wurde festgestellt, daß A. L. den Wechsel von der L. L. auf Grund eines gegen die guten Sitten verstoßenden Rechtsgeschäftes erhalten hatte. W. hatte den Wechsel von A. L. auf Grund eines Kaufvertrages mit der Abrede erhalten, daß er die Wechselsumme erheben, sich wegen 30 000 M Kaufgelderrest aus dem Wechsel befriedigen, den überschießenden Betrag an A. L. herausgeben sollte. Die Beklagten beantragten deshalb Abweisung der Klage. Der erste Richter verurteilte nach der Klage, während der Berufungsrichter die Klage in Höhe von 294 600 M abwies, in Höhe von 30 000 M nebst Zinsen und dem entsprechenden Teil der Protestkosten und Provision die Beklagten verurteilte. Die dagegen von beiden Teilen eingelegte Revision wurde zurückgewiesen aus folgenden

Gründen:

... „Steht ... unanfechtbar fest, daß dem Wechsel ein unsittliches Geschäft zu Grunde liegt, so ist für A. L. ein Recht aus dem Wechsel nicht entstanden. Der Kläger ist Nachindossatar nach Protest, steht nach Art. 16 Abs. 2 Art. 98 Ziff. 2 WO. zu seinem Vormann W. wie der Zessionar zum Zedenten und muß sich deshalb alle Einreden gefallen lassen, die den verklagten Erben gegen W. zustehen. W. hat den Wechsel durch Blankoindossament erhalten. Er hat damit das Eigentum des Wechsels und die Rechte aus dem Wechsel, nicht nur die Rechte des A. L. aus dem Wechsel erworben. Klagte er selbst, so würden ihm nach Art. 10, 12, 36, 74, 82, 98 WO. die persönlichen Einreden der verklagten Erben gegen A. L. nur entgegenstehen, wenn er sie bei Erwerb des Wechsels gekannt. Das ist nicht behauptet. Anders würde sich die Sache gestalten, wenn W. den Wechsel unter der Form des Vollindossamentes erhalten hätte, um ihn im eigenen Namen, aber für Rechnung des A. L. einzuziehen. Materiell wäre W. dann nur Vertreter des A. L. und handelte arglistig, wenn er eine Wechselforderung einziehen wollte, die nach dem Rechte seinem Auftraggeber nicht zusteht. Und die Arglist würde bestehen, gleichgültig ob dem W. die dem Rechte aus dem Wechsel entgegenstehende Einrede beim Empfange des Wechsels, oder bei Erhebung der Klage, oder nachher bekannt geworden.

Vgl. Entsch. des RG.s in Zivils. Bd. 4 S. 100, Bd. 11 S. 10, Bd. 23 S. 125, Bd. 32 S. 129, Bd. 36 S. 56.

Nun hat W. unstreitig den Wechsel mit dem Vollindossament auf Grund der Bestimmung in dem schriftlichen Kaufvertrage vom 15. Januar 1896 erhalten, daß er sich wegen 30 000 M Kaufgelderforderung aus dem Wechsel bezahlt machen, die Wechselsumme erheben, den überschießenden Betrag an A. L. herausgeben solle. ... Danach würde W. berechtigt sein, den Wechsel in Höhe von 30 000 M in eigenem Namen und für eigene Rechnung einzuklagen. Insoweit geht der Wechsel sachlich ihn an; insoweit ist er nicht Vertreter des A. L., sondern würde er eigenes Recht geltend machen. Insoweit stände ihm auch, wie der Berufungsrichter mit Recht angenommen hat, die Einrede der Arglist in dem obigen Sinne nicht entgegen, wohl aber bezüglich der 294 600 M, die er für Rechnung des A. L. einziehen sollte. Was beide Revisionen gegen die rechtliche Möglichkeit einer solchen verschiedenen Beurteilung des Klagerechts ausführen, ist nicht durchgreifend. Die Wechselordnung läßt allerdings ein Teilindossament bezüglich der Wechselsumme nicht zu, und auch in dem Sinne ist ein Teilindossament nicht denkbar, daß es teils Vollindossament, teils Inkasso- oder Prokuraindossament wäre. Aber das ist auch nicht erforderlich, um zu dem Ergebnisse des Berufungsrichters zu gelangen. Vielmehr wird davon ausgegangen, daß ein einziges Vollindossament für die ganze Wechselsumme vorliegt, daß dem W. das Eigentum an dem ganzen Wechsel übertragen ist, aber unbeschränkt nur bezüglich 30 000 M, mit einer Einschränkung bezüglich 294 600 M, und daß aus dieser Einschränkung seines Eigentums seine und des Klägers Pflicht folgt, die den Beklagten gegen A. L. zustehende Einrede zu dulden, weil, soweit diese Einschränkung reicht, die Klage nur im Interesse des A. L. erhoben ist." ...

RGZ. 41, 126.

Erstreckt sich der Wechselanspruch des Remittenten einer Tratte, bzw. des ersten Nehmers eines eigenen Wechsels auf eine Provision von 1/3 Prozent und auf die etwaigen Protestkosten?

VI. Zivilsenat. Urt. v. 16. Juni 1898.

I. Landgericht Nürnberg, Kammer für Handelssachen. — II. Oberlandesgericht daselbst.

Der Aussteller eines eigenen Wechsels war von dem ersten Nehmer (sog. Remittenten) des letzteren, der, ohne denselben weiter begeben zu haben, zur Verfallzeit Protest mangels Zahlung hatte erheben lassen, im Wechselprozesse auf Wechselsumme, Zinsen, 1/3 Prozent Provision, Protest- und Prozeßkosten belangt und unter Vorbehalt der Ausführung seiner Rechte nach dem Klagantrage verurteilt worden. Seine hiergegen gerichtete Revision wurde im großen und ganzen zurückgewiesen; jedoch wurde vom Reichsgerichte das Berufungsurteil insoweit aufgehoben, als der Beklagte zur Zahlung von Provision verurteilt war, und insoweit die Klage abgewiesen.

Aus den Gründen:

... „Mit Unrecht ist der Klägerin auch eine Provision von 1/3 Prozent ... zuerkannt worden. Eine solche Provision kommt nämlich nach Art. 50 Abs. 1 Ziff. 3, bzw. Art. 98 Ziff. 6 WO. zwar dem Regreßberechtigten zu, und zwar diesem nach Art. 81, bzw. Art. 98 Ziff. 10 daselbst auch dem Akzeptanten, bzw. beim eigenen Wechsel dem Aussteller gegenüber, nicht dagegen dem Trassanten, bzw. beim eigenen Wechsel dem sog. Remittenten.

Vgl. Rehbein, Allgemeine Deutsche Wechselordnung (Aufl. 5) Bem. 18 zu Art. 41—55 S. 76 flg., und Staub, Kommentar zur Wechselordnung (Aufl. 2) § 17 zu Art. 50 S. 125 und § 13 zu Art. 51 S. 127.

Anderer Meinung ist freilich Grünhut (Wechselrecht Bd. 2 § 129 S. 443 flg.), unter Berufung darauf, daß der Trassant, bzw. der Remittent doch vergebliche Mühe habe aufwenden müssen; dieser Grund kann aber als triftig nicht anerkannt werden, da er dann ebenso bei jedem Gläubiger zutreffen würde, dem sein Schuldner trotz Anforderns nicht rechtzeitig gezahlt hat. Dagegen ist die Zuerkennung der geforderten Protestkosten, obgleich die Protesterhebung zur Erhaltung des Wechselrechtes hier nicht nötig war, gegen die Ansicht Thöl's (Handelsrecht Bd. 2 [Aufl. 4] § 81 Anm. 13 S. 283) und des Reichsoberhandelsgerichtes (Entsch. desselben Bd. 5 S. 104) zu billigen, weil der Protest im Wechselverkehre durchaus geschäftsüblich und zum Nachweise des Verzuges im Wechselprozesse kaum zu entbehren ist.

Vgl. Dernburg, Preußisches Privatrecht Bd. 2 (Aufl. 5) § 273 bei Anm. 17 S. 833; Lehmann, Deutsches Wechselrecht § 137 Anm. 4 S. 553; Rehbein, a. a. O.; Staub, a. a. O. § 15 zu Art. 50 S. 124 und § 9 zu Art. 99 S. 253; Grünhut, a. a. O." ...

RGZ. 43, 39.

1. Umfang der Rechtskraft bei Klagabweisung wegen mangelnder Wechsellegitimation.

2. Einrede der Rechtskraft aus einem den Wechselinkassomandatar abweisenden Urteile gegen einen neuen Inkassomandatar.

3. Ist der Wechselzessionar zur Begebung des Wechsels durch Indossament befugt?

WO. Art. 10, 13, 16, 82.

I. Zivilsenat. Urt. v. 10. Dezember 1898.

I. Landgericht I Berlin. — II. Kammergericht daselbst.

Der Kläger klagte aus zwei Akzepten des Beklagten vom 12. November 1894 über 5000 M und 1800 M auf Zahlung der Wechselsummen nebst Zinsen. Beide Wechsel waren von der Kommanditgesellschaft S. & Co. an eigene Ordre gezogen und trugen die Blankogiros von S. & Co. und von E. T. Der Beklagte erhob die Einrede der rechtskräftig entschiedenen Sache.

Im Januar oder Februar 1896 war über das Vermögen von S. & Co. der Konkurs eröffnet. E. T. hatte beide, mit dem Blankogiro von S. & Co. versehene, Wechsel nebst anderen Wechseln von dem Verwalter der Konkursmasse, F., im eigenen Namen, aber für Rechnung des Kaufmanns E. K. in Br. im April 1896 gekauft und ausgeliefert erhalten. Mit Klage vom 21. April 1896 hate T. die Wechsel als legitimierter Wechselinhaber, aber für Rechnung des E. K. gegen den Akzeptanten im Wechselprozeß eingeklagt. Durch Urteil vom 2. Juni 1896 wurde die Klage rechtskräftig abgewiesen, weil der Kläger durch das Blankogiro von S. & Co., da diese Gesellschaft durch die Konkurseröffnung erloschen, und ihr Blankogiro wertlos geworden sei, keine Rechte habe erwerben können, der Konkursverwalter vielmehr die Wechsel mit seinem Giro hätte versehen müssen. Nach Erlaß dieses Urteils gab E. T. die Wechsel an E. K. zurück und girierte sie auf dessen Veranlassung in blanco. Unter dem 1. Juli 1896 erhob der jetzige Kläger die Klage.

Der Beklagte behauptete, daß der Kläger nur Inkassomandatar des E. K. sei, was der Kläger ebenso bestritt, wie daß er von der rechtskräftigen Abweisung des T. im Vorprozeß Kenntnis gehabt habe.

Der erste Richter verwarf die Einrede der rechtskräftig entschiedenen Sache; auf die Berufung des Klägers und die Anschließung des Beklagten an dieselbe wurde dagegen auf Grund der Einrede der rechtskräftig entschiedenen Sache die Klage abgewiesen. Die Revision des Klägers ist zurückgewiesen aus folgenden

Gründen:

„Nach Art. 13, 16 WO. ist durch den Besitz der Wechsel und die Blankogiros von S. & Co. und T. die wechselrechtliche Legitimation des Klägers an sich hergestellt. Unstreitig ist das Blankogiro des T. nach Abweisung der Klage des Vorprozesses im Juni 1896 auf die im Februar 1896 fälligen und nicht protestierten Wechsel gebracht. Nach Art. 16 Abs. 1 WO. erlangte der Wechselerwerber durch dieses Giro eigenes selbständiges Wechselrecht gegen den Akzeptanten. Daß der Verwalter der Konkursmasse von S. & Co. die in der Konkursmasse vorgefundenen Wechsel unter Benutzung der darauf befindlichen Blankogiros der Gemeinschuldnerin begeben konnte, unterliegt nach Art. 13 WO. keinem Bedenken, wie das Reichsgericht in seinen Urteilen vom 14. Juni 1897 i. S. L. w. S. (Rep. I 49/97 und 105/97) bereits ausgesprochen hat. Hat der Kläger eigenes Wechselrecht, so steht ihm die Einrede der Rechtskraft aus dem Urteil in dem Vorprozeß zwischen T. und dem Beklagten vom 2. Juni 1896 nach Art. 82 WO. und den Grundsätzen von der Rechtskraft nicht entgegen, weil er nicht Partei im Vorprozeß war und wechselrechtlich zwar als Nachmann des T. gilt, nicht aber als dessen Rechtsnachfolger, sondern durch das Giro die Rechte aus dem Wechsel unabhängig von der Person des T. erworben hat (Art. 10 WO.).

Von diesen Grundsätzen geht auch der Berufungsrichter aus. Er weist die Klage aber auf Grund der Einrede der rechtskräftig entschiedenen Sache ab, indem er feststellt, daß der Kläger beim Erwerbe der Wechsel das abweisende Urteil des Vorprozesses gekannt habe, und daß er Inkassomandatar des E. K. sei. Die Feststellung, daß der Kläger Inkassomandatar des K. sei, beruht auf tatsächlichen Erwägungen und läßt einen Rechtsirrtum nicht erkennen. .... Sie ist danach für diese Instanz maßgebend, und durch sie wird das Berufungsurteil gegen alle erhobenen Angriffe getragen, ohne daß es auf die Entscheidung der Frage ankommt, ob dem Kläger die Kenntnis von dem Urteil des Vorprozesses entgegenstehen würde.

Durch das rechtskräftige Wechselurteil vom 2. Juni 1896 in dem Vorprozeß zwischen T. und dem Beklagten steht gegen T. fest, daß Wechselrechte aus den beiden damals wie jetzt im Streit befangenen Wechseln gegen den Beklagten aus dem Blankogiro von S. & Co. nicht geltend gemacht werden können. Die Gründe des Urteils, die zur Feststellung des Inhaltes der auf Abweisung der Wechselklage lautenden Formel des Urteils herangezogen werden müssen, lassen gar keinen Zweifel darüber, daß die Klage abgewiesen ist, weil die wechselmäßige Legitimation des T. verneint ist, und daß diese Legitimation verneint ist, weil der Verwalter im Konkurse von S. & Co., von dem T. die Wechsel für Rechnung des E. K. gekauft und mit dem Blankogiro von S. & Co. übergeben erhalten hat, die Rechte aus den Wechseln nur durch sein eigenes Giro habe übertragen können, das durch die Konkurseröffnung wertlos gewordene Giro von S. & Co. dazu nicht habe dienen können. Aus den allgemeinen Grundsätzen von der Wirkung der Rechtskraft folgt, daß T. eine neue Klage gegen den verklagten Akzeptanten nur dann erheben könnte, wenn er das Giro des Verwalters beibrächte.

Vgl. ZPO. § 293; Entsch. des RG.s in Zivils. Bd. 3 S. 210.

Daran wird dadurch nichts geändert, daß der Rechtsgrund, auf dem das Wechselurteil vom 2. Juni 1896 beruht, irrig ist. Die Rechtskraft des Urteils wird durch die Rechtsirrigkeit seiner Begründung nicht berührt. Selbst wenn es richtig wäre, was geltend gemacht wird, daß der Wechselerwerber im vorliegenden Falle dadurch in die Lage kommen könnte, sein Wechselrecht zu verlieren, weil der Verwalter der Konkursmasse nicht gezwungen werden könne, die Wechsel nachträglich zu girieren, würde er dies selbst dadurch herbeigeführt haben, daß er das Wechseljudikat vom 2. Juni 1896 hat rechtskräftig werden lassen.

Da T. unstreitig den Vorprozeß als Inkassomandatar des E. K. für dessen Rechnung und in dessen Interesse geführt hat, so würde die Einrede der rechtskräftig entschiedenen Sache in dem obigen Sinne nach dem, was das Reichsgericht wiederholt ausgesprochen hat,

vgl. Entsch. des RG.s in Zivils. Bd. 36 S. 54, Urteil vom 14. Juni 1897 i. S. L. w. S. (Rep. I 105/97),

auch dem E. K. entgegenstehen, wenn er selbst von neuem ohne neue Legitimation klagte. Sie steht auch dem jetzigen Kläger entgegen, nachdem . . . festgestellt ist, daß auch er nur Inkassomandatar des E. K. ist. Als solcher macht er nur die Rechte des E. K. aus den Wechseln geltend, und gegen diesen steht rechtskräftig fest, daß er Rechte aus den Wechseln gegen den Beklagten durch das Blankogiro von S. & Co. ohne das des Verwalters der Konkursmasse nicht erworben hat.

Daß E. K. durch das auf seine Veranlassung nach Erlaß des Wechselurteils vom 2. Juni 1896 auf die Wechsel gebrachte Blankogiro seines abgewiesenen Inkassomandatars T. kein neues eigenes Wechselrecht erwerben konnte, ist klar. Die Revision macht dagegen nur geltend, daß T. die Wechsel als Kommissionär des E. K. zunächst für sich erworben, im Vorprozeß für sich geltend gemacht, das Eigentum an den Wechseln demnächst durch sein Giro gemäß Art. 373 HGB. auf E. K. übertragen, und dieser dadurch eigenes, neues und selbständiges Wechselrecht erworben habe. Ob dem beizutreten wäre, wenn ein Kommissionsgeschäft zwischen T. und K. vorläge, kann auf sich beruhen. Denn die Behauptung, daß K. und T. im Verhältnis von Kommittenten zum Kommissionär standen, ist eine neue Behauptung, die in dieser Instanz nicht mehr berücksichtigt werden kann. In den Vorinstanzen ist nichts weiter behauptet, als daß T. die Wechsel im Auftrage des K. im eigenen Namen für dessen Rechnung erworben hat. Nach Art. 360 HGB. ist nicht jeder, der im eigenen Namen für fremde Rechnung handelt, Kommissionär. Es erhellt weder, daß T. gewerbsmäßiger Kommissionär, oder daß er das Geschäft als Kaufmann im Betriebe seines nicht in Kommissionsgeschäften bestehenden Handelsgewerbes geschlossen hat (Art. 378), noch daß es als Handelsgeschäft im Sinne des K. oder des T. geschlossen ist. Alles dies unterstellt die Revision, ohne daß in den Vorinstanzen darüber etwas vorgebracht ist. Auf solches Vorbringen unter Anwendung des § 130 ZPO. hinzuwirken, lag gegenüber der unstreitigen Tatsache, daß T. den Vorprozeß als Inkassomandatar des K. geführt hat, kein Anlaß vor. Die Revision macht ferner geltend, daß K., T. und der Kläger, wenn nicht wechselmäßig, doch durch die in der vorgetragenen Verhandlung vom 16. April 1896, in welcher der Verwalter F. dem T. die Wechsel gegen Zahlung des verabredeten Kaufpreises übereignet und ausgeliefert hat, enthaltene Zession legitimiert seien, und daß K. sich nach der rechtskräftigen Abweisung der Wechselklage wegen mangelnder Wechsellegitimation auf diese neue Legitimation durch Zession habe stützen können. Aber auch dies ist unhaltbar. Denn der Berufungsrichter stellt als unstreitig fest, daß T. die ihm durch den Verwalter angebotene Zession abgelehnt hat. Und selbst wenn man in der Verhandlung vom 16. April 1896 eine Zession finden wollte, würde dadurch der jetzigen Klage nicht aufgeholfen werden. T. war als Zessionar zur Girierung der Wechsel nicht befugt. Die jetzige Klage ist auch nicht auf Zession des T. oder K., sondern lediglich auf die Wechsel und die Legitimation durch den Besitz derselben und die Blankogiros gestützt, aus dem einleuchtenden Grunde, weil der Wechselerwerber den Einreden entgehen wollte, die der Beklagte ihm als Zessionar von S. & Co. aus deren Person würde entgegensetzen können."...

RGZ. 44, 78.

Wird die Bereicherungsklage nach Art. 83 WO. dadurch ausgeschlossen, daß zur Zeit des Erlöschens der wechselmäßigen Verbindlichkeit des Ausstellers oder des Akzeptanten die Klage aus dem unterliegenden Rechtsverhältnisse noch fortbesteht?

III. Zivilsenat. Urt. v. 26. September 1899.

I. Landgericht Stade. — II. Oberlandesgericht Celle.

Am 23. August 1886 erhielt der Beklagte vom Erblasser der Kläger ein mit fünf Prozent verzinsliches Darlehn von 1500 M und gab am 26. Februar 1887 zur Deckung dieser Schuld (zahlungshalber) einen von ihm akzeptierten, am 23. Februar 1888 fälligen Wechsel über 1576 M. Erst am 6. Juli 1898, nach Ablauf der dreijährigen Verjährungsfrist für die Wechselklage gegen den Akzeptanten, sowie auch nach Ablauf der in dem hannoverschen Verjährungsgesetz vom 22. September 1850 festgesetzten zehnjährigen Verjährungsfrist für die Darlehnsklage klagten die Erben des Darlehnsgebers gegen den Beklagten auf Zahlung von 1500 M nebst fünf Prozent Zinsen vom 23. August 1886 ab, und stützten diesen Anspruch, welchem gegenüber der Beklagte sich auf Verjährung berief, teils auf Bereicherung, teils auf das dem Wechselakzepte zu Grunde liegende Darlehn. Zweitinstanzlich wurde die Bereicherungsklage abgewiesen, und in der Revisionsinstanz diese Entscheidung aufrechterhalten aus folgenden

Gründen:

„In erster Linie kommt die von den Inhabern des verjährten Wechsels vom 26. Februar 1887 nach Art. 83 der Wechselordnung erhobene Bereicherungsklage in Frage. Die erste Instanz hat dieselbe in Höhe von 1576 M, dem Betrage des erwähnten Wechsels, für begründet erklärt; das Berufungsgericht hat sie zurückgewiesen. Dasselbe stützt diese Entscheidung im wesentlichen darauf, daß, da der Wechsel unstreitig nicht an Zahlungsstatt auf das Darlehn von 1500 M, sondern nur zahlungshalber oder zur Sicherung der schnelleren Einziehung des Darlehns gegeben worden sei, den Klägern zur Zeit der am 23. Februar

1891 eingetretenen Verjährung der Wechselklage noch die — zu jener Zeit zweifellos nicht verjährte — Darlehnsklage zu Gebote gestanden habe, hierdurch aber eine Beschädigung derselben, sowie eine Bereicherung des Beklagten ausgeschlossen gewesen sei. Diese Begründung erscheint zutreffend. Nach dem angeführten Art. 83 ist die dort zugelassene Klage nicht schon mit der Verjährung oder sonstigen Präjudizierung der Wechselklage gegeben, sondern von der weiteren Voraussetzung abhängig, daß sich der Aussteller oder Akzeptant mit dem Schaden des Wechselinhabers bereichern würde. Ob eine solche Beschädigung und Bereicherung vorliegt, ist nicht nach Wechselrecht, welches hierüber keine Bestimmung enthält, sondern unter Heranziehung des der Wechsel-Ausstellung oder -Annahme zu Grunde liegenden Rechtsverhältnisses nach den Grundsätzen des gewöhnlichen bürgerlichen Rechtes zu beurteilen. Geht man aber hiervon aus, so war im vorliegenden Falle bei Verjährung der Wechselklage weder auf seiten der Klagepartei, der damals zur Einziehung der fraglichen 1500 M noch die Darlehnsklage zu Gebote stand, eine Schädigung, noch auf seiten des Beklagten, der zu jener Zeit die Darlehns- und Wechselvaluta auf die erwähnte Klage (im Falle ihrer Anstellung) herauszugeben hatte, sie also nicht dauernd behalten konnte, eine Bereicherung im Sinne des Art. 83 gegeben. Hiergegen kann auch nicht eingewendet werden, daß wenigstens bei Anstellung der vorliegenden Klage, am 6. Juli 1898, nach dem (für die Provinz Hannover geltenden) Verjährungsgesetze vom 22. September 1850 auch die Darlehnsklage durch den Ablauf der für sie bestehenden Verjährungsfrist ausgeschlossen gewesen sei. Denn für die Entstehung der Bereicherungsklage kommt lediglich der Sachverhalt zur Zeit des Eintrittes der Verjährung der Wechselklage in Betracht, für welche die Bereicherungsklage Ersatz bieten soll. Unmöglich kann die bei Verjährung des Wechselanspruches nicht begründet gewesene Bereicherungsklage nachträglich bei der späteren Verjährung der Darlehnsklage aufleben. Vielmehr ist alsdann, wie die Vorinstanz zutreffend bemerkt, die Schädigung des Klägers und die Bereicherung des Beklagten nicht durch die Beseitigung des Wechselanspruches, sondern durch die Unterlassung der rechtzeitigen Geltendmachung des Darlehnsanspruches eingetreten, und hierfür will Art. 83 keinen Ersatz bieten.

In Übereinstimmung mit vorstehender Auffassung ist die Frage, ob die Bereicherungsklage des Art. 83 WO. durch die bei Verjährung oder sonstiger Beseitigung der Wechselklage noch fortbestehende Klage aus dem unterliegenden Deckungsverhältnisse ausgeschlossen werde, nicht nur in der Rechtsprechung des früheren Reichsoberhandelsgerichtes,

vgl. insbesondere Entsch. desselben Bd. 15 S. 321,
und in der neueren Rechtsprechung,
vgl. Seuffert, Archiv Bd. 41 Nr. 50,
sondern auch von den neueren Kommentatoren der Wechselordnung, Staub zu Art. 83 §§ 6, 7, 27, 30 und Bernstein, zu Art. 83 § 2 Ziff. 3b, bejahend beantwortet worden.

Die Revision hat sich für ihre gegenteilige Ansicht namentlich auf die in Goldschmidts Zeitschrift für Handelsrecht Bd. 31 S. 434, sowie in Gruchots Beiträgen Bd. 29 S. 111 abgedruckte, von der Vorinstanz aber für nicht überzeugend erachtete Entscheidung des III. Zivilsenates des Reichsgerichtes vom 26. September 1884 berufen. Dort wird allerdings die Annahme vertreten, daß schon mit der Verjährung der Wechselklage, also mit dem Wegfalle der wechselmäßigen Durchführung des Anspruches aus dem unterliegenden Rechtsverhältnisse, als Ersatz die aus dem Wechselrechte fließende Bereicherungsklage, und zwar neben der zivilrechtlichen Klage, gegeben sei. Allein der jetzt erkennende Senat vermag diese Auffassung, wonach schon der Wegfall der Wechselklage, also eines prozessualen Vorteiles des Klägers, als Bereicherung des Beklagten erscheinen würde, den oben entwickelten Grundsätzen gegenüber nicht aufrecht zu erhalten." ...

RGZ. 45, 120.

Ist ein Wechselprotest deshalb allein ungültig, weil der Vorname des Protestanten in der Protesturkunde unrichtig angegeben ist?

WO. Art. 88 Nr. 2.

I. Zivilsenat. Urt. v. 4. Februar 1900.

I. Landgericht I Berlin. — II. Kammergericht daselbst.

Der Kläger Moritz N. klagte im Wechselprozeß gegen den Beklagten als Akzeptanten eines von G. P. an eigene Order gezogenen Wechsels, der bei P. & Sch. in Berlin domiziliert war, auf Zahlung der Wechselsumme nebst Zinsen und Wechselunkosten. Der Wechsel war beim Domiziliaten durch den Gerichtsvollzieher K. protestiert: Nach der im Protest enthaltenen Abschrift trug der Wechsel die Blankogiros G. P., P. & Sch., S. H., darunter den Quittungsvermerk „Inhalt empfangen. B. 24/4. 93 M. N.", letzteren bis auf die Namensunterschrift durchstrichen. Die Protesturkunde gab an, daß der Protest auf Antrag des Kaufmannes Robert N. hier (Berlin) Lothringer Str. 100 erhoben. Unstreitig war der Kläger bei der Protestierung der Wechselinhaber.

Nach seiner Angabe hatte er den Wechsel zur Protestierung dem Bürovorsteher B. übergeben und dieser den Wechsel mit dem Auftrag zur Protestaufnahme an den Gerichtsvollzieher gegeben, dabei aber versehentlich Robert N. statt Moritz N. als Auftraggeber bezeichnet.

Das Landgericht wies die Klage wegen Ungültigkeit des Protestes ab, durch Urteil des Kammergerichtes aber wurde die Klage nur als in der gewählten Prozeßart unstatthaft, rechtskräftig abgewiesen, weil mit den im Wechselprozeß zulässigen Beweismitteln ein Beweis dafür nicht erbracht sei, daß der Kläger zur Zeit der Protesterhebung Inhaber des Wechsels gewesen oder nachher geworden, und daß nur ein Irrtum in der Bezeichnung des Auftraggebers in der Protesturkunde vorliege, der Kläger mit Robert N. identisch sei.

Der Kläger wurde sodann im ordentlichen Verfahren gegen den Beklagten aus dem Wechsel auf Zahlung der Wechselsumme nebst Zinsen und Protestkosten klagbar. In der Klage wurde Zeugenbeweis dafür angetreten, daß der Kläger selbst den Wechsel dem B. übergeben, um ihn für den Kläger protestieren zu lassen, daß B. den Gerichtsvollzieher K. mit dem Protest beauftragt und dabei aus Versehen den Vornamen des Klägers falsch angegeben, daß Kläger keinen Bruder mit dem Vornamen Robert habe, und daß in dem, im Protest als Wohnung des Protestanten angegebenen Hause Lothringer Str. 100 nur er, der Kläger, aber kein Robert N. gewohnt habe.

Der Beklagte beantragte Abweisung der Klage, berief sich auf die Ungültigkeit des Protestes und erhob die Einrede der Verjährung und des Wuchers.

Der erste Richter wies nach Beweisaufnahme die Klage auf Grund der Einrede des Wuchers ab, erachtete dagegen für erwiesen, daß der Protest nur infolge Versehens des B. für Robert N. aufgenommen sei.

Die Berufung des Klägers wurde zurückgewiesen weil der Protest ungültig sei.

Auf die Revision des Klägers ist dieses Urteil aufgehoben worden aus folgenden

Gründen:

....„In der Sache selbst kann dem Berufungsrichter nicht beigetreten werden. Er stellt fest, was nach dem Tatbestande des ersten Urteiles im Wechselprozeß schon damals vom Beklagten selbst vorgetragen ist, daß der Kläger zur Zeit der Protesterhebung der Wechselinhaber war. Wechselrechtlich legitimiert war der Kläger nach Art. 36 WO. durch die auf dem Wechsel befindlichen Blankoindossamente. Die auf dem Wechsel befindliche, bis auf die Unterschrift des Klägers durchstrichene Quittung läßt auch erkennen, daß der Wechsel vom Kläger vor dem Proteste, wie üblich, vorgelegt und nicht honoriert war. Nach Art. 36. 41 WO. war der Kläger diejenige Person, für die der Protest mangels Zahlung erhoben werden konnte und mußte.

Vgl. Entsch. des RG.s in Zivils. Bd. 27 S. 41, Bd. 32 S. 75, 77. Der Berufungsrichter stellt ferner fest, daß der Kläger auch den Auftrag zur Protesterhebung an den Bürovorsteher B., und daß dieser ihn an den Gerichtsvollzieher weitergegeben hat, daß danach materiell der Protest im Auftrage des Klägers und für den Kläger erhoben, der Kläger aber in der Protesturkunde unter Angabe seiner richtigen Wohnung mit dem unrichtigen Vornamen Robert bezeichnet ist, weil B. diesen Vornamen für den des Klägers gehalten und ihn so dem Gerichtsvollzieher angegeben hat.

Der im Auftrage des legitimierten Wechselinhabers für denselben erhobene Protest kann aber nicht, wie der Berufungsrichter annimmt, stets deshalb allein für ungültig angesehen werden, weil der Vorname des Protestanten unrichtig angegeben ist. Durch den Protest soll dargetan werden, daß die Zahlung des Wechsels, aus dem geklagt, vergeblich für den legitimierten Wechselberechtigten von dem Wechselverpflichteten am gehörigen Ort und zur gehörigen Zeit gefordert ist. Deshalb verlangt der Art. 88 WO. neben den Angaben unter 1, 3, 4 in Nr. 2 die Bezeichnung der Person, für welche der Protest erhoben wird. Ungültig ist der Protest zunächst nur dann, wenn er für eine andere Person erhoben, als diejenige, die wechselrechtlich legitimiert ist und Zahlung fordern kann. Dieser Fall liegt nicht vor. Die unrichtige Bezeichnung des Vornamens der Person, für die der Protest erhoben werden mußte und erhoben ist, kann die Gültigkeit des Protestes nur in Frage stellen, wenn sie geeignet ist, bei dem Protestaten Bedenken über die Legitimation der Person zu erwecken, für die Zahlung gefordert wird. Denn nur an die wechselrechtlich legitimierte Person darf er zahlen, und seine Zahlungsweigerung ist gerechtfertigt, der Protest unwirksam, wenn für eine nicht legitimierte Person von ihm Zahlung gefordert wird. So liegt die Sache hier aber nicht. Durch die Blankoindossamente war an sich auch Robert N. legitimiert, und der Domiziliat konnte mit Wirkung an den ihm als Lothringer Str. 100 wohnhaft bezeichneten N. gegen den quittierten Wechsel zahlen, mochte derselbe Robert oder Moritz mit Vornamen heißen, wenn nur keine Bedenken darüber bestanden, daß Robert und Moritz N. dieselbe Person seien. Der um die Zahlung angegangene Domiziliat hat solche Bedenken nicht gehabt. Ausweislich des Protestes hat er auf das Zahlungsverlangen einen Teil der geforderten Wechselsumme zur Verfügung gestellt. Es unterliegt auch keinerlei rechtlichen Bedenken, daß der Kläger, wenn er unter dem Namen Robert N. Klage erhoben hätte, um den aus dem Inhalt des Protestes zu befürchtenden Weiterungen zu entgehen, dem Einwand des Beklagten, er heiße Moritz mit Vornamen, mit dem Nachweis begegnen könnte, daß er und der als Robert N. bezeichnete Kläger dieselbe Person sei.

Bei dieser Sachlage ist das Berufungsurteil nicht gerechtfertigt und deshalb *aufgehoben*." ...

RGZ. 45, 261.

1. Klage des Machtgebers auf Herausgabe eines Wechsels gegen den Mitkontrahenten des Bevollmächtigten, der unter Überschreitung seiner Vollmacht den zum Diskontieren erhaltenen Wechsel zur Deckung des Kaufpreises für Sachen gegeben hat, die er namens des Machtgebers ohne Vollmacht gekauft hat.

2. Kommt dieser Klage gegenüber der Art. 74 WO. zur Anwendung?

ALR. I. 13 §§ 90, 262.

I. Zivilsenat. Urt. v. 8. Januar 1900.

I. Landgericht I Berlin. — II. Kammergericht daselbst

Ende Juli 1898 übergab der Kläger einen von ihm akzeptierten, auf ihn von dem Freiherrn O. v. R. gezogenen und mit dessen Blankoindossament versehenen Wechsel über 5000 M, fällig am 28. Oktober 1898, an den Agenten O., und zwar, nach Klägers Angabe, zum Diskontieren. Am 28. Juli erhielt Kläger, der in Th. wohnt, dort von O. aus Berlin ein vom 27. Juli datiertes Schreiben: „Ich habe heute Ihr Papier aber nur in Höhe von 4500 M begeben ... der überschießende Betrag von 500 M wird bei Einlösung in Abzug gebracht. Sie erhalten den Gegenwert Freitag, spätestens Sonnabend per Draht." Gleichzeitig erhielt Kläger ein, ebenfalls vom 27. Juli 1898 datiertes Schreiben des Beklagten, in dem dieser ihm mitteilte, daß er das Akzept „in Zahlung genommen habe und lautete die Note 4500 M; mithin bei Deckung obigen Akzeptes Ihnen 500 M bonifiziert werden", und in dem um „gefl. umgehende Bestätigung" gebeten wurde. Kläger telegraphierte noch am 28. Juli dem Beklagten: „Bin einverstanden, bitte Geld umgehend, da morgen verreise", erhielt jedoch darauf einen vom 28. Juli datierten Brief des Beklagten, in dem dieser erwiderte, er mache keine Geldgeschäfte und habe an O. zwei Wagen zum Preise von 4500 M verkauft, für den er das in Rede stehende Akzept in Zahlung genommen habe. Kläger ist hiermit nicht einverstanden, und hat klagend beantragt, den Beklagten zu verurteilen, den Wechsel herauszugeben, im Fall der Weiterbegebung aber den Kläger von der Wechselverbindlichkeit zu befreien, beziehungsweise die eingezogenen Beträge nebst Zinsen an ihn zurückzuzahlen. Beklagter will den Wechsel rechtmäßig erworben haben, und erklärt, O. sei bei ihm erschienen und habe gefragt, ob Beklagter die Wagen auf Kredit gegen den in Rede stehenden Wechsel verkaufen wolle. Beklagter habe sich nach einigem Bedenken und Einholung einer Auskunft über die Wechselverpflichteten hierzu verstanden, jedoch eine Bestätigung seitens des Klägers verlangt und darauf, nachdem O. gesagt, solche beschaffen zu wollen, am 26. Juli ein Telegramm des Klägers erhalten „Ich ermächtige Herrn O. Geschäft für mich abzuschließen". Erst dann sei der Kauf geschlossen und es seien die Wagen an O. auf dessen Verlangen ausgeliefert worden.

In erster Instanz wurde die Klage abgewiesen, auf Berufung des Klägers dagegen abändernd erkannt und dem Klagantrag stattgegeben. Die Revision des Beklagten ward zurückgewiesen aus folgenden

Gründen:

„Das Berufungsgericht hat angenommen, daß Beklagter den Wechsel in grober Fahrlässigkeit erworben habe und deshalb herausgeben müsse, ohne sich auf Art. 74 WO. berufen zu dürfen, daß er aber auch ganz abgesehen davon zur Herausgabe verbunden sei, weil dem Kläger ein persönlicher Anspruch hierauf zustehe. Seitens der Revision wird jede dieser beiden Erwägungen beanstandet, aus dem vorliegenden Sachverhalt gefolgert, daß dem Beklagten eine Fahrlässigkeit nicht zur Last gelegt werden könne, und geltend gemacht, daß alsdann der Anspruch auf Herausgabe des Wechsels durch Art. 74 WO. ausgeschlossen sei. Hierdurch wird indes dem Art. 74 eine unrichtige Bedeutung beigelegt, denn diese Bestimmung, die dem Art. 306 HGB. parallel geht, besagt zwar, daß der legitimierte gutgläubige Wechselerwerber Eigentümer des Wechsels wird und demzufolge gegen die Vindikation geschützt ist; dagegen steht sie einem Anspruch auf Herausgabe des Wechsels, der nicht auf das Eigentum gestützt wird, nicht im Wege. Auch ein solcher Anspruch ist von dem Kläger erhoben, und deshalb kann Art. 74 WO.

außer Betracht bleiben, wenn dieser Anspruch für begründet zu erachten ist. Letzteres ist aber der Fall.

Nach den Feststellungen des Berufungsgerichtes hat der Agent O. den in Rede stehenden Wechsel lediglich zum Diskontieren erhalten und ist bevollmächtigt gewesen, das Eigentum an dem Wechsel unter Benutzung des von dem Aussteller und Remittenten erteilten Blanko-indossamentes gegen bares Geld zu übertragen. Statt dessen hat er gegen Hingabe des Wechsels zwei Wagen gekauft, und zwar nicht in eigenem Namen, wenn auch für Rechnung seines Auftraggebers, sondern als angeblich beauftragter Stellvertreter desselben und auf dessen Namen. Hierauf aber lautete seine Vollmacht nicht, und deshalb würde das für den Kläger abgeschlossene Geschäft für diesen nur dann von rechtlicher Wirkung sein, wenn Kläger, obwohl er keine Vollmacht erteilt hatte, die Angabe seines Vertreters, bevollmächtigt zu sein, trotzdem dem Beklagten gegenüber gelten lassen müßte. Dies ist jedoch im vorliegenden Falle ausgeschlossen. Nach der eigenen Darstellung des Beklagten war der Agent O. ihm nur dadurch bekannt, daß derselbe ihm ein- oder zweimal Käufer von Equipagen nachgewiesen hatte. Daß er dagegen habe glauben dürfen, Kläger, ein in Th. stehender Offizier, wolle sich zwei wertvolle Wagen, ohne diese auch nur vorher zu besehen, durch einen solchen Agenten kaufen, und habe letzteren neben Erteilung einer Vollmacht zu beliebiger Auswahl mit einem Wechsel versehen, hierfür hat Beklagter irgendwelche Tatsachen nicht geltend gemacht. Er will freilich vorsichtig gehandelt, eine Bestätigung seitens des Klägers verlangt und von diesem das oben erwähnte Telegramm vom 26. Juli erhalten haben. Die Revision beruft sich hierauf, hebt hervor, der Beklagte habe die Behauptung des Klägers,

> dies Telegramm sei durch O. veranlaßt, und zwar durch die Anfrage, ob Kläger ihn ermächtige, das Geldbeschaffungsgeschäft für ihn abzuschließen,

unter Eideszuschiebung bestritten, und rügt, daß das Berufungsgericht hierauf nicht eingegangen sei. Diese Rüge ist indes unbegründet, denn in jenem Telegramm würde eine Ermächtigung, das tatsächlich eingegangene Geschäft abzuschließen, nur dann zu finden sein, wenn eine Anfrage an den Kläger, ob er den O. ermächtige, Wagen für ihn zu kaufen, vorhergegangen wäre. Daß aber dies geschehen sei, hat Beklagter nicht behauptet und ist mit Rücksicht auf O.s Mitteilung an den Kläger vom 27. Juli, „daß der Gegenwert per Draht folge", nicht anzunehmen, so daß zu weiterer Aufklärung kein Anlaß vorhanden war. Mit vollem Recht hat bei solcher Sachlage das Berufungsgericht auf das

Telegramm vom 26. Juli kein Gewicht gelegt und angenommen, daß Beklagter durch den Abschluß des Kaufes die gewöhnlichste Vorsicht außer acht gelassen habe. Es ist diese Annahme um so mehr zu billigen, als Beklagter sich durch eine einfache Anfrage bei dem Kläger Gewißheit verschaffen konnte und ein Grund, weshalb er dies unterließ, weder angegeben noch ersichtlich ist.

Hiernach war das durch O. abgeschlossene Kaufgeschäft, wie das Berufungsgericht zutreffend ausspricht, nach § 90 ALR. I. 13 für den Kläger unverbindlich, und letzterer ist in der Lage, den Wechsel zurückzufordern, als ob Beklagter ihn ohne jeden Rechtsgrund erhalten hätte. Auch in dieser Hinsicht ist es ohne Interesse, auf die Frage einzugehen, ob Beklagter trotz der Nichtigkeit des Kaufgeschäftes doch mit Rücksicht darauf, daß er den Wechsel nicht nur mit einem ihn legitimierenden Indossament, sondern auch auf Grund eines Begebungsvertrages erhielt, Eigentümer des Wechsels geworden ist. Sollte man angesichts des vorstehend wiedergegebenen Sachverhaltes doch noch annehmen dürfen, daß Beklagter sich bei dem Erwerb des Wechsels keine grobe Fahrlässigkeit im Sinne des Art. 74 WO. zuschulden kommen ließ, so würde diese Frage zu bejahen, anderenfalls würde sie zu verneinen sein. Ein Unterschied im Ergebnis würde hierdurch indes nicht bedingt, denn in dem ersten Falle hätte Beklagter dem Kläger den Wechsel wieder zu Eigentum zurückzugeben, im anderen Falle hätte er ihm den Besitz zu übertragen, was hier gleichbedeutend mit der Herausgabe der Sache selbst wäre. Endlich würde das Ergebnis in beiden Fällen insofern das nämliche sein, als Beklagter zur Herausgabe ohne Gegenleistung verbunden wäre. Der Anspruch, mit dem Kläger durchdringt, ist der wegen grundloser Bereicherung, und diese Klage geht auch im Geltungsbereich des hier maßgebenden preußischen Allgemeinen Landrechtes auf Herausgabe der Bereicherung, da sie (vgl. § 261 Tl. 1 Tit. 13) eine Ausgleichung bezweckt. An und für sich würde deshalb Beklagter den Wechsel nur gegen Rückgewähr der verkauften Wagen herauszugeben haben. Solche Rückgewähr ist indes nicht möglich, weil O. die Wagen zu seinem Nutzen verwertet hat und flüchtig geworden ist. Hierfür aber hat Kläger nicht aufzukommen, weil die Wagen nicht an ihn gelangt sind und Beklagter selbst hieran die Schuld trägt. Beklagter hat, als er mit O. einig geworden war, diesem die Wagen sofort übergeben lassen, ohne auch nur eine Antwort auf sein Benachrichtigungsschreiben an den Kläger vom 27. Juli abzuwarten. Dies war unvorsichtig gehandelt, da Beklagter nach den oben gegeben Darlegungen den O. nicht für bevollmächtigt zum Ankauf halten durfte, und hier überdies in Betracht kommt, daß für die Annahme, O. sei zum Empfang bevollmächtigt, noch weniger Grund vorhanden war. Beklagter muß deshalb den erwachsenen Schaden selbst tragen."

RGZ. 46, 132.

Ist ein gezogener Wechsel allein deshalb ungültig, weil er mehrere Personen nebeneinander als Bezogene bezeichnet?

Vereinigte Zivilsenate. Beschl. v. 31. Mai 1900.

I. Landgericht I Berlin, Kammer für Handelssachen. — II. Kammergericht daselbst.

Die vorangestellte Frage ist von den vereinigten Zivilsenaten des Reichsgerichtes dahin entschieden worden:

„Ein gezogener Wechsel ist nicht schon deshalb ungültig, weil er mehrere Personen nebeneinander als Bezogene bezeichnet."

Gründe:

„Der Kläger verlangt aus einem Wechsel vom 16. Juni 1898, den er an eigene Order zum 1. Januar 1899 auf die beiden Beklagten gezogen hatte, und den diese akzeptiert hatten, nach erfolgter Protesterhebung mangels Zahlung Entrichtung der Wechselsumme nebst Zinsen und Kosten.

Die Beklagten wenden ein, daß der Wechsel ungültig sei, weil er mehrere Personen als Bezogene benenne. Die 13. Kammer für Handelssachen des Landgerichtes ... hat die Beklagten der Klage gemäß verurteilt, und die Berufung der Beklagten ist ... zurückgewiesen worden. Beide Gerichte haben angenommen, daß der Wechsel gültig sei. Der I. Zivilsenat des Reichsgerichtes wollte sich dieser Ansicht anschließen und deshalb die von den Beklagten eingelegte Revision zurückweisen, sah sich aber daran gehindert durch das Urteil des II. Zivilsenates vom 3. Februar 1899 i. S. G. w. Ehel. D., Rep. II. 424/98[1]. Dort war ebenfalls aus einem vom Kläger auf die verklagten Eheleute gezogenen, von diesen akzeptierten und mangels Zahlung protestierten Wechsel geklagt. Das Landgericht ... hatte die Klage abgewiesen, und das Oberlandesgericht ... die Berufung des Klägers zurückgewiesen. Durch das erwähnte Urteil des II. Zivilsenates des Reichsgerichtes wurde auch die Revision zurückgewiesen, und zwar mit der Begründung, daß ein auf mehrere Personen gezogener Wechsel ungültig sei.

[1] Abgedruckt in den Entsch. des RG.s in Zivils. Bd. 43 Nr. 22. D. E.

Der I. Zivilsenat hat daher über die Frage:

Ist ein gezogener Wechsel allein deshalb ungültig, weil er mehrere Person nebeneinander als Bezogene bezeichnet?

die Entscheidung der vereinigten Zivilsenate einzuholen beschlossen.

Die vereinigten Zivilsenate haben einen Fall der Anwendbarkeit des § 137 GVG. für gegeben erachtet und die zur Entscheidung gestellte Frage aus folgenden Gründen wie angegeben beantwortet.

Nach Art. 4 Ziff. 7 WO. ist ein wesentliches Erfordernis des gezogenen Wechsels

„der Name der Person oder der Firma, welche die Zahlung leisten soll (des Bezogenen oder Trassaten)".

Daraus, daß die Wechselordnung hier, wie an zahlreichen anderen Stellen (Art. 6, 18, 20, 21, 22, 23, 24, 43, 62 u. a.) von dem Bezogenen in der Einzahl spricht, kann nichts gefolgert werden. Auch von dem Aussteller eines Wechsels ist stets nur in der Einzahl die Rede, und doch unterliegt es nach Art. 81 WO. keinem Zweifel, daß ein Wechsel gültig auch von mehreren Personen ausgestellt werden kann. Außerdem aber ist überhaupt davon auszugehen, daß ein Gesetz, wenn es von „dem" Gläubiger oder Schuldner, von „dem" Berechtigten oder Verpflichteten spricht, damit nur den Regelfall im Auge hat, und von vornherein läßt sich daher nur annehmen, daß die entsprechende Ausdrucksweise der Wechselordnung in gleichem Sinne gemeint ist.

Fragen kann sich hiernach nur, ob die Gültigkeit eines auf mehrere Personen nebeneinander gezogenen Wechsels mit sonstigen Bestimmungen der Wechselordnung oder mit der rechtlichen Natur des Wechsels, insbesondere des gezogenen Wechsels, unvereinbar ist.

Bedenken gegen die Ableitung der Ungültigkeit aus der Natur des Wechsels entstehen schon daraus, daß vor der deutschen Wechselordnung in den deutschen Wechselrechten, sowie ferner in dem für die Wechseltheorie bedeutsamen holländischen Wechselrecht, in dem französischen und dem neben dem deutschen und französischen den Wechselverkehr der Welt beherrschenden englischen Wechselrecht ein Zweifel über die Gültigkeit nicht bestanden hat.

Phoonsen, ein Kaufmann, der in dem großen Wechselverkehr eines Bankhauses seine Erfahrungen gesammelt hatte und im 17. und 18. Jahrhundert als Autorität auf dem Gebiete des Wechselrechtes galt, erörtert im Kap. 10 § 30 seines „Amsterdamer Wechselstiles" die Frage der Präsentation und Protesterhebung bei einem „auf zwei Personen, die nicht Kompagnons", gezogenen Wechsel. Solche Wechsel müssen damals üblich gewesen sein; daß sie ungültig seien, wird nicht einmal angedeutet.

Die württembergische Wechselordnung vom 24. März 1759 (Meißner, Codex der Europäischen Wechselrechte Bd. 1 S. 462) handelt im § 19 vom Akzept, und schreibt vor, daß es schriftlich erteilt werden, und, wenn der Wechsel auf zwei oder mehrere Personen, die nicht in einer Sozietät ständen, gezogen sei, ein Jeglicher seinen Vor- und Zunamen zeichnen müsse.

Die weimar'sche Wechselordnung vom 20. April 1819 (Meißner, a. a. O. Bd. 1 S. 646, 655), stellt im § 10 unter Ziff. 4 als ein wesentliches Erfordernis des gezogenen Wechsels auf: den Namen und Wohnort des Bezogenen, Trassaten, und schreibt im § 53 vor, daß, wenn mehrere Trassaten im Wechsel angegeben seien, die nicht in einer Handelsgesellschaft miteinander ständen, an alle präsentiert werden müsse, sollte auch einer den Wechsel schon pro solido akzeptiert haben.

In den sonstigen älteren deutschen Wechselgesetzen, insbesondere auch in dem Wechselrechte des preußischen Allgemeinen Landrechtes (Tl. II Tit. 8 §§ 713 flg.), findet sich eine gleiche Bestimmung nicht, aber auch keine Bestimmung, welche einen auf mehrere Personen gezogenen Wechsel für ungültig erklärte.

Auch in der Literatur wurde die Gültigkeit eines solchen Wechsels nicht in Zweifel gezogen.

Vgl. Sieveking, Materialien zu einem vollständigen und systematischen Wechselrecht mit besonderer Rücksicht auf Hamburg (1802) §§ 50, 128; Daniels, Grundsätze des Wechselrechts mit besonderer Rücksicht auf das Allgemeine Preußische Landrecht und das Französische Handelsgesetzbuch (1827) § 53; Bender, Grundsätze des Deutschen Wechselrechts (1828) § 279; Pöhls, Wechselrecht nach gemeinem und Hamburgischem Rechte Tl. I (1829) § 260.

Was das französische Wechselrecht betrifft, so fordert der Art. 110 Code de commerce für den gezogenen Wechsel „le nom de celui qui doit payer". Gleichwohl sieht Pardessus, Du contrat et des lettres de change (1809), die Zulässigkeit eines auf zwei Personen gezogenen Wechsels als selbstverständlich an ohne Rücksicht darauf, ob die Bezogenen Gesellschafter sind, oder nicht. In vol. I § 142 behandelt er die Frage der Präsentation und Akzeptation eines solchen Wechsels, ohne die Frage der Gültigkeit zu berühren. Abweichendes findet sich in der französischen Literatur und Praxis nicht.

Das im wesentlichen nur bestehendes Gewohnheitsrecht kodifizierende englische Wechselgesetz (Bills of Exchange Act) vom 18. August

1882 bestimmt in sect. 6 (1 und 2), daß der Bezogene in dem Wechsel mit Namen genannt oder sonst mit der erforderlichen Bestimmtheit bezeichnet sein müsse, und daneben, daß ein Wechsel an zwei oder mehr Bezogene, möchten sie Gesellschafter sein, oder nicht, gerichtet sein könne. Hinzugefügt wird nur die Bestimmung, daß ein an zwei Personen „in the alternative" oder an zwei oder mehr Personen „in succession" gerichteter Auftrag kein Wechsel sei.

Wenn bei diesem Stande der Sache in der Leipziger Wechselkonferenz von 1847, wie sich aus den Protokollen ergibt, die Frage der Gültigkeit eines auf Mehrere gezogenen Wechsels gar nicht erörtert worden ist, so läßt sich dies nicht füglich daraus erklären, daß man an der Ungültigkeit eines solchen Wechsels keinen Zweifel hatte; mit mehr Grund kann vielmehr angenommen werden, daß die Ungültigkeit ausdrücklich ausgesprochen worden wäre, wenn man sie gewollt hätte.

Jedenfalls hat, nachdem die deutsche Wechselordnung Geltung erlangt hatte, bis in die neueste Zeit die Rechtsprechung daran festgehalten, daß ein auf mehrere Personen nebeneinander gezogener Wechsel zulässig sei, und das Nämliche gilt von den wissenschaftlichen Darstellungen des Wechselrechtes auf der Grundlage der deutschen Wechselordnung. Ausdrücklich bejaht worden ist die Frage der Zulässigkeit vom vormaligen Obertribunal in Berlin (Striethorst, Archiv Bd. 72 S. 353) und vom vormaligen Oberappellationsgericht in Dresden (Annalen des Sächs. Oberappellationsgerichts N. F. Bd. 7 S. 59), und ohne weiteres wird die Gültigkeit vorausgesetzt in verschiedenen Urteilen des vormaligen Reichsoberhandelsgerichtes (Entsch. desselben Bd. 1 S. 187, Bd. 11 S. 213, Bd. 20 S. 83, Bd. 24 S. 267).

In betreff der Literatur ist zu verweisen auf Volkmar u. Löwy, die Deutsche Wechselordnung S. 286; Hartmann, Deutsches Wechselrecht S. 336; O. v. Wächter, Das Wechselrecht des Deutschen Reichs S. 161; v. Canstein, Lehrbuch des Wechselrechts S. 141, 318, 319; Lehmann, Lehrbuch des Wechselrechts S. 384; Hoffmann in Siebenhaar's Archiv Bd. 12 S. 188.

Abweichende Meinungen scheinen erst zu Tage getreten zu sein nach der Veröffentlichung des in den Entsch. des RG.s in Zivils. Bd. 25 unter Nr. 13 abgedruckten Urteiles des Reichsgerichtes vom 1. März 1890. Für dieses Urteil handelte es sich zwar nicht um einen an mehrere Bezogene gerichteten Wechsel, sondern um einen alternativen Domiziliaten-Wechsel. Aber die Entscheidungsgründe enthalten u. a. den Satz, nach Wechselrecht dürfe nur eine bestimmte Person gegeben sein, bei welcher (abgesehen vom Notfalle) die Wechselzahlung wechselgerecht gefordert werden könne und gefordert werden müsse, bei welcher seitens der Zahlungsverpflichteten für Bereithaltung der Zahlungsmittel zu sorgen sei, und gegenüber welcher mit wechselrechtlicher Wirkung der Protest mangels Zahlung zu erheben sei. Seitdem wird von Lehmann (Ihering's Jahrbücher für die Dogmatik des Privatr. Bd. 34 S. 404 flg.), Staub, Kommentar zur Wechselordnung § 43 zu Art. 4, § 15 zu Art. 29, und Dernburg, Preuß. Privatrecht Bd. 2 § 259 Anm. 11, die Ansicht vertreten, daß eine Wechselziehung auf mehr als eine Person nicht zulässig sei.

Dernburg stützt seine Ansicht auf eine eigene Begründung nicht. Staub bemerkt zutreffend, daß die Wechseltratte begrifflich nur ein Auftrag sei; unrichtig ist aber, wie schon die l. 60 § 2 Dig. mand. 17, 1 zeigt, seine fernere Behauptung, daß ein Auftrag zwar von Mehreren, dagegen nicht an Mehrere erteilt werden könne.

Vgl. auch Pappenheim, in Goldschmidt's Zeitschr. Bd. 44 S. 609, und Grünhut, Wechselrecht Bd. 1 S. 410 Anm. 7.

Von Lehmann wird ausgeführt: daß die Angabe der Wechselsumme und die Zahlungszeit nur eine einheitliche sein dürfe, ergebe sich ohne weiteres aus Art. 4 Ziff. 2 und 4 WO.; in Frage kämen also (bezüglich der Einheitlichkeit) nur die Ortsangaben, die Ausstellungszeit und die Personenangaben. An sich möglich erscheine dabei, daß das Resultat für die verschiedenen Erfordernisse des Wechsels verschieden ausfalle. Für ausgeschlossen halte er es dagegen, daß für ein und dasselbe Erfordernis die Antwort bei verschiedenen Arten des Wechsels verschieden gegeben werde. Für eine solche Unterscheidung biete die Wechselordnung keinerlei Anhalt. Ergebe sich also, daß unter irgendwelchen Voraussetzungen eine Mehrfachheit in der Angabe eines bestimmten Erfordernisses unzulässig sei, so folge daraus unmittelbar, daß dieses Erfordernis in jedem Wechsel nur einheitlich bestimmt sein dürfe. Auch diese Beweisführung, mit welcher im wesentlichen zusammentrifft das in dem Urteil des II. Zivilsenates vom 3. Februar 1899 erhobene Bedenken, daß die Zulassung der Benennung mehrerer Bezogenen es notwendig machen würde, verschiedene Ausnahmefälle zu statuieren, kann nicht für überzeugend erachtet werden. Ist es sonst nichts Ungewöhnliches, daß das Anwendungsgebiet eines Rechtssatzes eingeschränkt wird durch andere, neben ihm bestehende, so ist nicht einzusehen, warum nicht für Sätze des Wechselrechtes ein gleiches Verhältnis soll obwalten können. Mag daher auch zuzugeben sein, worüber hier nicht zu entscheiden ist, daß es unzulässig ist, einen Wechsel auf mehrere Personen alternativ oder sukzessiv zu ziehen, daß ein Wechsel ungültig ist, der mehrere Bezogene benennt und ohne Angabe eines eigenen Zahlungsortes bei dem Namen jedes Bezogenen einen anderen Wohnort angibt, und daß endlich ein auf mehrere gezogener Sichtwechsel rechtsunwirksam wird, wenn er den Bezogenen nicht an demselben Tage präsentiert wird, so folgt daraus nicht, daß ein auf mehrere Personen gezogener Wechsel überhaupt für ungültig erklärt werden muß. Der Unsicherheit in der Rechtsanwendung, die, wie in dem Urteil des II. Zivilsenates gemeint wird, durch die Notwendigkeit der Aufstellung jener Ausnahmefälle entstehen würde, kann eine entscheidende Bedeutung für die Frage nach der mutmaßlichen Absicht des Gesetzgebers nicht beigelegt werden.

Das Hauptbedenken des II. Zivilsenates liegt denn auch in einer anderen Richtung. Der Gedankengang, auf dem es beruht, ist folgender: Aussteller und Indossanten eines gezogenen Wechsels hafteten wechselmäßig für die Annahme des Wechsels und für dessen Zahlung. Es müsse gewiß sein, welchen Inhaltes jene, und von welcher Voraussetzung abhängig diese Haftung sei, und das lasse sich nicht bestimmen bei einem auf mehrere Personen gezogenen Wechsel, weil es hier zweifelhaft bleibe, ob nach der Absicht, welche der Wechselziehung zu Grunde liege, die Bezogenen gemeinschaftlich, und in welcher Weise, ob jeder für das Ganze, oder nur verhältnismäßig für seinen Teil, oder ob sie etwa, was auch möglich sei, alternativ haften sollten. Es ist zuzugeben, daß bezüglich der Frage, um die es sich hier handelt, in der älteren Literatur des deutschen Wechselrechtes keine Übereinstimmung besteht.

Vgl. einerseits Sieveking, a.a.O., und andererseits Daniels, a.a.O., und Pöhls, a.a.O. Anm. 3.

Die Zweifel, zu denen die Frage Veranlassung geben soll, sind indes nicht hinlänglich begründet. Die Möglichkeit der Beabsichtigung einer alternativen Haftung erscheint als ausgeschlossen durch den Wortlaut eines Wechsels, in welchem mehrere Personen nebeneinander zur Zahlung aufgefordert werden. Nicht wesentlich anders aber verhält es sich mit der Möglichkeit, daß es auf eine anteilsmäßige Haftung abgesehen sein könnte. Außer Zweifel steht für das Recht der deutschen Wechselordnung das Erfordernis der Einheitlichkeit der Wechselsumme. Daher würde ein auf mehrere Personen gezogener, aber jeden einzelnen Bezogenen zur Zahlung eines Kopfteiles oder eines sonst bestimmten Teiles der genannten Summe anweisender Wechsel ungültig sein. Ist jedoch in einem auf Mehrere gezogenen Wechsel von einer anteilsmäßigen Zahlungsanweisung nichts gesagt, so liegt kein Grund vor, mit der Möglichkeit einer Absicht zu rechnen, die auf etwas wechselrechtlich Unzulässiges gerichtet sein würde; als die natürliche und gebotene Auslegung eines solchen Wechsels erscheint es vielmehr, ihn dahin zu verstehen, daß die Anweisung zur Zahlung so, wie sie lautet, ungeteilt an die mehreren Bezogenen gerichtet sein, demnach aber auch jeder von ihnen sich im Fall der Präsentation zur Annahme durch sein Akzept zum Schuldner für den ganzen Betrag der im Wechsel angegebenen Summe machen soll.

Für das französische Recht setzt denn auch Pardessus a. a. O. nicht nur voraus, daß eine Wechselziehung auf mehrere Personen nebeneinander statthaft ist, sondern sieht es auch als selbstverständlich an, daß eine solche Wechselziehung darauf abzielt, daß jeder der Bezogenen für die ganze im Wechsel angegebene Summe diesen akzeptieren soll, indem er nämlich seine Bemerkung, daß man, wenn ein Wechsel auf zwei Personen gezogen sei, ihn von beiden akzeptieren lassen müsse, mit dem Hinzufügen motiviert, der Wechselinhaber, der diese Vorsicht („précaution") vernachlässigte, würde Gefahr laufen, daß derjenige, mit dessen Akzept er sich begnügte, zahlungsunfähig würde, und er dann kein Akzept hätte, auf Grund dessen er den zweiten Bezogenen belangen könnte, es müßte denn dieser Handelsgenosse des Akzeptanten sein.

Die gleiche Auffassung besteht im englischen Recht, wenn auch mit einer Besonderheit. Nach sect. 85 (1) des englischen Wechselgesetzes haften mehrere Aussteller eines eigenen Wechsels je nach dessen Fassung entweder „jointly", oder „jointly and severally". Jeder haftet daher in dem einen wie in dem anderen Falle für die ganze Schuld; kommt es aber zur Klage, so müssen die nur jointly Haftenden zusammen verklagt werden, während von den jointly and severally Haftenden auch jeder einzeln verklagt werden kann.

Vgl. Sweet, Dictionary of English Law s. v. „Joint" II §§ 5 und 6.

Wie im Falle einer nach sect. 6 (2) statthaften Wechselziehung auf Mehrere die Akzeptanten haften, darüber enthält das Gesetz keine ausdrückliche Bestimmung. Chalmers aber, der Verfasser des Gesetzes, bemerkt in seinem Kommentar (A Digest of the Law of Bills of Exchange Act, fourth edition S. 19) zu sect. 6 (2), daß die Akzeptanten „jointly" hafteten. Immerhin haften sie danach als Gesamtschuldner, und da die Akzeptation eine ihr entsprechende Wechselziehung zur Voraussetzung hat, so ist danach auch die Richtung eines Wechsels an mehrere Bezogene auf eine solche Haftung berechnet.

Sieht man nun aber, was das Recht der deutschen Wechselordnung anlangt, die Wechselziehung auf mehrere Personen nebeneinander als darauf ausgehend an, durch Annahme des Wechsels eine Gesamthaftung der Bezogenen für die im Wechsel angegebene Summe entstehen zu lassen, so macht sich der einen solchen Wechsel begebende oder weiterbegebende Aussteller oder Indossant anheischig, dem Wechselnehmer in den Bezogenen Gesamtschuldner zu verschaffen, und daraus folgt, daß der Regreß mangels Annahme schon begründet sein muß, wenn auch nur einer der Bezogenen den Wechsel nicht oder nur unter einer Einschränkung annimmt, und dieserhalb Protest erhoben wird. Andererseits ist derjenige, welcher einen ihn auf mehrere Bezogene anweisenden Wechsel entgegennimmt, gehalten, sich wegen Zahlung der Wechselsumme nötigenfalls an jeden der Bezogenen zu wenden, und erst wenn es ihm auf diese Weise nicht gelingt, die Zahlung zu erlangen, und dies durch Protest festgestellt ist, hat er den Regreß mangels Zahlung. Zweifelhaft mag sein, wie es sich mit dem Anspruch auf Sicherstellung verhält, wenn einer von mehreren Akzeptanten unsicher wird. Die Entscheidung darüber wird ebenso ausfallen müssen, wie über die von der Wechselordnung auch offen gelassene Frage der Sicherstellung in dem Falle, wenn einer von mehreren Ausstellern eines eigenen Wechsels unsicher wird.

Vgl. über die Regreßfragen Volkmar u. Löwy, a.a.O. S. 286; Hartmann, a.a.O. S. 336 und 383; O. v. Wächter, a.a.O. S. 310 u. 333; v. Canstein, a.a.O. S. 282 u. 319 Anm. 7a; Grünhut, a.a.O. Bd. 1 S. 411.

Hinsichtlich der Voraussetzungen des Regresses mangels Annahme und mangels Zahlung stimmen mit dem vorher Ausgeführten auch überein die Vorschriften des englischen Wechselgesetzes (sect. 19 (2 e), 43, 44, 45 (6) 47).

Gegen die Zulassung einer Wechselziehung auf Mehrere nebeneinander ist indes noch geltend gemacht worden, daß sie dazu führen würde, durch einen und denselben Wechselzug (in Verbindung mit der Annahme) enie Mehrheit von selbständigen Verpflichtungen auf der bezogenen Seite entstehen zu lassen, und daß dies mit den Grundsätzen der Wechselordnung unverträglich sei ebensowohl in dem Falle, wenn eine solidarische, wie in dem Falle, wenn eine anteilsmäßige Haftung der Bezogenen geschaffen werden solle. Der Art. 81 WO. soll dagegen nichts beweisen, weil daraus, daß zu einer Hauptverpflichtung eine andere Verpflichtung akzessorisch hinzutreten könne, nicht die Zulässigkeit des Nebeneinanderbestehens von mehreren Hauptverpflichtungen gefolgert werden dürfe. Dieser Ausführung ist entgegenzuhalten, daß sie zwei Fälle einer Wechselziehung einander gleichstellt, zwischen denen ein auch wechselrechtlich wesentlicher Unterschied besteht. Ein auf mehrere Personen gezogener, aber jeden Bezogenen zu einer anteilsmäßigen Zahlung anweisende Wechsel würde, wie bereits früher bemerkt, wegen

Fehlens der Einheitlichkeit der Wechselsumme ungültig sein; die Wechselurkunde würde hier ihrem Inhalte nach eine Mehrheit von Grundwechseln darstellen. Dies trifft aber nicht zu für einen Wechsel, durch dessen Ziehung auf Mehrere in Verbindung mit der Annahme eine Mehrheit von Verpflichtungen erzeugt werden soll, von denen jede auf Zahlung einer und derselben Geldsumme geht. Warum das Nebeneinanderbestehen von solchen mehreren Akzeptanten-Verpflichtungen mit den Grundsätzen der Wechselordnung unverträglich sein soll, bleibt unerklärt, wenn es mit diesen Grundsätzen verträglich ist, daß durch Ausstellung eines eigenen Wechsels von mehreren Personen auf seiten der Aussteller eine Mehrheit von Verpflichtungen derselben Art entsteht, und zwar eine Mehrheit von Verpflichtungen, die auch darin von derselben Art sind, daß keine von ihnen eine nur akzessorische ist. Allgemein anerkannt wird überdies die Zulässigkeit einer Wechselziehung auf die Firma einer offenen Handelsgesellschaft, und es ist nicht zu bezweifeln, daß auf Grund des Akzeptes der Firma nicht nur die Gesellschaft unter ihrer Firma, sondern auch jeder einzelne Gesellschafter als Wechselschuldner in Anspruch genommen werden kann. Auch damit ist es nicht füglich vereinbar, die Schaffung eines Gesamtschuldverhältnisses auf der bezogenen Seite durch Wechselziehung und Annahme für wechselrechtlich unzulässig zu erklären.

Bisher nicht in Betracht gezogene einzelne Vorschriften der Wechselordnung endlich, aus welchen die Unzulässigkeit der Wechselziehung auf Mehrere nebeneinander gefolgert werden müßte, lassen sich nicht nachweisen. Wohl aber spricht für die Zulässigkeit, wenn auch nicht in ausschlaggebender Weise, einmal der Art. 6 Abs. 2, nach welchem unter der dort bezeichneten Voraussetzung der Aussteller eines gezogenen Wechsels sich selbst als Bezogenen benennen darf, in Verbindung mit der Statthaftigkeit der Ausstellung auch eines gezogenen Wechsels von mehreren Personen, sowie ferner der Art. 56, insofern dieser die Hinzufügung von Notadressen, die auf den Zahlungsort lauten, nicht sowohl für zulässig erklärt, als vielmehr ihre Zulässigkeit voraussetzt."

RGZ. 48, 139.

1. Steht der Geltendmachung eines Anspruches wegen ungerechtfertigter Bereicherung der Umstand entgegen, daß der Kläger durch die Inanspruchnahme eines anderen als des Bereicherten wieder erlangen kann, was dieser auf Kosten des ersteren ohne rechtlichen Grund erlangt hat?

BGB. §§ 812–822.

2. Wird durch die Beifügung der Benennung eines Gasthofes und seiner Straßennummer zum Domizilvermerk in einem Wechsel der Inhaber des Gasthofes als Domiziliat bezeichnet?

VI. Zivilsenat. Urt. v. 25. April 1901.

I. Landgericht I München, Kammer für Handelssachen. — II. Oberlandesgericht daselbst.

Ein von J. B., Besitzer des „Hotels R." in München, daselbst unter dem Datum des 25. Oktober 1899 auf J. H. in E. über 5000 M gezogener, am 25. Januar 1900 zahlbarer Wechsel ging, mit dem Akzepte des J. H. versehen, durch Blankogiros auf den Kläger M. L., von diesem auf die verklagte Firma Gebr. Schw., dann auf den Bankier S. L. und von diesem mittels Vollindossamentes auf die Reichsbankhauptstelle in München über. Auf Grund des auf den Wechsel unter dem Namen und dem Wohnorte des Bezogenen stehenden Vermerkes: „in München zahlbar S.straße 15 Hotel R.", wurde der Wechsel auf Betreiben der Reichsbankhauptstelle in M. am 26. Januar 1900 dem Aussteller J. B. im Hotel R. zur Zahlung vorgelegt, mangels Zahlung protestiert und von S. L. eingelöst. Er gelangte sodann mit Protesturkunde und einer Retourrechnung von der Beklagten, Gebr. Schw., an den Kläger M. L. Der Kläger zahlte am 28. Januar 1900 an die Beklagte den Betrag von 5048 M.

Der Kläger forderte sodann auf Grund der Ausführung, der Wechselprotest sei unrichtig erhoben, er habe in der Meinung, einen wechselmäßigen Anspruch gegen seine Vormänner und den Akzeptanten zu haben, den Wechsel eingelöst, mithin, weil zur Einlösung des Wechsels nicht verpflichtet, eine Nichtschuld bezahlt, die Firma Schw. sei daher auf seine Kosten bereichert, von dieser die Regreßsumme zurück. In erster Instanz wurde die Beklagte verurteilt, dem Kläger 5048 M samt 5 Prozent Zinsen hieraus vom 28. Januar 1900 ab zu bezahlen und die Kosten des Rechtsstreites zu tragen.

Auf die Berufung der Beklagten wurde aber die Klage des M. L., unter Verurteilung desselben zur Tragung sämtlicher Kosten des Rechtsstreites, abgewiesen.

Auf die Revision des Klägers ist das Berufungsurteil aufgehoben, und die Berufung mit der Maßgabe zurückgewiesen worden, daß die Beklagte die ihr durch das Urteil erster Instanz auferlegte Zahlung gegen Herausgabe des von J. B. auf J. H. über 5000 M gezogenen Wechsels vom 25. Oktober 1899 und der Protesturkunde vom 26. Januar 1906 zu leisten habe, aus folgenden

Gründen:

„Das Berufungsgericht findet in dem Domizilvermerk nur die Angabe des Zahlungsortes und der Zahlungsstelle. Es geht davon aus, daß das Akzept echt sei, und stellt fest, daß es nach dem erwähnten Vermerk auf den Wechsel gesetzt worden. Hiernach habe der Akzeptant den Wechsel mit dem Zahlungsorte München und der Zahlstelle Hotel R. angenommen. Nach Ansicht des Berufungsgerichts hätte demnach der Wechsel dem Akzeptanten im Hotel R. vorgelegt und protestiert werden sollen. Infolge der unrichtigen Protesterhebung sei der wechselmäßige Anspruch gegen die Indossanten und Aussteller, nicht aber gegen den Akzeptanten verloren. Kläger könne daher aus dem Wechsel selbst gegen J. H. vorgehen. Da dieser unbestritten vollkommen zahlungsfähig sei, die Bereicherungsklage aber nur für den Fall gegeben wäre, daß ein ordentliches Klagrecht, um einen erlittenen Vermögensnachteil auszugleichen, nicht bestände, so könne der Kläger die Bereicherungsklage nicht vor Durchführung der Wechselklage gegen den Akzeptanten erheben. Der Anspruch sei auch aus dem Grunde nicht gerechtfertigt, weil der Kläger durch die Bezahlung der Regreßsumme einer Anstandspflicht wenigstens hinsichtlich der von der Beklagten unwidersprochen am 27. Oktober 1899 empfangenen Valuta mit 4799,77 M genügt habe. Endlich stehe der Klage auch der Satz: „dolo facit, qui petit, quod redditurus est", entgegen. Wenn Kläger die Valuta behielte und gleichwohl die Regreßsumme zurückersetzt bekäme, würde er sich zum Nachteil der Beklagten um den Betrag von 4799,77 M ohne gerechtfertigten Grund bereichern, und stände der Beklagten auf Rückzahlung dieses Betrages ein Klagerecht zu. Der Kläger habe aber niemals seine Klage auf den Unterschied zwischen der von ihm bezahlten Regreßsumme von 5048 M und der von ihm empfangenen Valuta mit 4799,77 M, also auf 248,23 M, eingeschränkt und mache sich mit seiner Mehrforderung der Arglist schuldig.

Die Revision rügt die Verletzung des § 812 BGB. Nach den Feststellungen des Berufungsrichters habe der Beklagte durch Leistung des Klägers auf Kosten desselben die Streitsumme ohne rechtlichen Grund erlangt; es sei also die Bereicherungsklage begründet. Von einer Subsidiarität dieser Klage im Sinne des Sicherholens könne keine Rede sein. Es sei Sache der Beklagten, gegen den Akzeptanten vorzugehen. Der Prozeßbevollmächtigte der Beklagten ... vertritt dagegen die Ansicht, daß durch den Vermerk „Hotel R." auf dem Wechsel J. B. als Domiziliat benannt, und demgemäß der Wechsel richtig protestiert sei. Eventuell macht er auch geltend, daß der Rückforderung der § 242 BGB. entgegenstehe. Der Prozeßbevollmächtigte des Nebenintervenienten S. L. tritt auch für die Anwendbarkeit des § 226 BGB. ein.

Die Revision war als begründet zu erachten.

Der Vermerk „in München zahlbar S.straße 15 Hotel R." enthält nicht die Benennung eines bestimmten Domiziliaten. „Hotel R." bezeichnet weder eine Person, noch eine Firma, sondern lediglich einen Gasthof. Auch die Nebeneinanderstellung der Angabe der Straße und der Hausnummer mit dem Namen des Gasthofes gibt keinen Anlaß, dem klaren Wortlaute des Wechselinhaltes eine andere Deutung zu unterstellen. Es ist durchaus nichts Ungewöhnliches, zur leichteren Auffindbarkeit dem Namen des Hotels Straße und Hausnummer beizufügen; davon kann man sich in jedem Kursbüchern beigegebenen Hotelpreisanzeiger überzeugen. Unter der Bezeichnung „Hotel R." den Besitzer des Hotels zu verstehen, ist nicht der geringste Anlaß gegeben. Da somit in dem Wechsel kein Domiziliat benannt ist, so hätte der Wechsel gemäß Art. 43 WO. an dem im Wechsel zur Zahlung angegebenen Orte dem Bezogenen präsentiert und dort protestiert werden müssen. Der erhobene Protest ist daher ungültig. Gemäß Art. 41 WO. ist infolgedessen der wechselmäßige Anspruch gegen den Aussteller und die Indossanten, gemäß Art. 43 und 44 jedoch nicht gegen den Akzeptanten verloren.

Der Kläger L. hat somit, da sein Nachmann, Gebr. Schw., gegen ihn keinen Wechselregreß hatte, eine Nichtschuld bezahlt. Die Beklagte hat also durch die Zahlung des Klägers auf dessen Kosten 5048 M ohne rechtlichen Grund erlangt.

Ob nun der Bereicherungsanspruch des Bürgerlichen Gesetzbuches (§§ 812—822) mit anderen Ansprüchen konkurrieren kann, oder nur in der Weise subsidiär zusteht, daß er ausgeschlossen erschiene, wenn dem Berechtigten gegen den Bereicherten noch ein anderer Anspruch zustände, mit dem er dasselbe erlangen kann, ist nicht unbestritten. Fischer u. Henle (Bürgerliches Gesetzbuch, Handausgabe 3 Aufl.) bezeichnen in Anm. 9 zu § 812 den Anspruch als subsidiär, ohne eine Begründung oder Erläuterung zu geben; Endemann (Einführung in das Studium des Bürgerlichen Gesetzbuchs 3. u. 4. Aufl. Bd. 1 S. 896 Anm. 9) erklärt den Bereicherungsanspruch für subsidiär, da er einen endgültigen Erwerb voraussetze. Cosack (Lehrbuch des Bürgerlichen Rechts 3. Aufl. S. 627 Nr. 6) lehnt die Annahme dieser Subsidiarität ab; ebenso findet Planck (Bürgerliches Gesetzbuch 1. u. 2. Aufl. Bd. 2 S. 577 Nr. V), ein Grund, den Bereicherungsanspruch auszuschließen, weil ein anderer Anspruch auf dasselbe zustehe, liege nicht vor. Weder

der Wortlaut des Gesetzes, noch die Motive zum ersten Entwurfe lassen entnehmen, daß die durch die Bereicherungsklage beabsichtigte Ausgleichung einer Vermögensverschiebung nur als Aushilsmittel gewährt werden sollte. Indes bedarf die Frage dieser Subsidiarität hier keiner Entscheidung. Ein derartiges Subsidiaritätsverhältnis steht hier nicht in Frage. Es handelt sich nicht um die Konkurrenz von Ansprüchen gegen den Bereicherten, sondern um die Möglichkeit eines Ersatzes des durch die Zahlung einer Nichtschuld erlittenen Vermögensnachteiles, und zwar vermöge der Inanspruchnahme eines Dritten, im vorliegenden Falle also darum, ob die Bereicherungsklage deshalb ausgeschlossen sein soll, weil dem Kläger die Möglichkeit gegeben wäre, sich durch Inanspruchnahme des Wechselakzeptanten in Höhe der Wechselsumme, allerdings nicht für den Betrag der Protestkosten, an dem Akzeptanten zu erholen.

Der Ausschluß der Bereicherungsklage in diesem Falle würde mit deren Bedeutung und Zweck in entschiedenem Widerspruche stehen. Die durch die Gewährung des Bereicherungsanspruches beabsichtigte Ausgleichung einer zwischen dem Benachteiligten und dem Bereicherten eingetretenen Vermögensverschiebung wäre geradezu ausgeschlossen, wenn der Benachteiligte erst den Ersatz seiner erlittenen Vermögensminderung von einem Anderen zu erlangen versuchen müßte und erlangen würde, hier also der Kläger den Wechsel gegen H. vorerst beitreiben müßte und Zahlung erlangen würde. Der Umstand, daß der Berechtigte durch Inanspruchnahme eines Anderen als des auf seine Kosten Bereicherten wieder erlangen kann, was der letztere auf Kosten des ersteren ohne rechtlichen Grund erlangt hat, steht daher der Geltendmachung des Bereicherungsanspruches nicht entgegen.

Der § 814 BGB. schließt die Rückforderung einer Leistung aus, wenn die Leistung einer sittlichen Pflicht oder einer auf den Anstand zu nehmenden Rücksicht entsprach. Das Berufungsgericht ist der Meinung, durch die Zahlung der Regreßsumme habe der Kläger hinsichtlich der von der Beklagten am 27. Oktober 1899 empfangenen Valuta von 4799,77 M einer Anstandspflicht genügt. Es ist nicht abzusehen, inwiefern für den Kläger eine moralische Verbindlichkeit bestehen sollte, die Beklagte für die Kosten des seinerzeitigen Erwerbes des Wechsels zu entschädigen. Der Wechsel ging von Hand zu Hand nur gegen eine Aufwendung. Der Kläger erwarb ihn, wenn auch, wie die Beklagte behauptet, um einen Preis unter der Wechselsumme, und gab ihn gegen Zahlung von 4799,77 M an die verklagte Firma Gebr. Schw. Die Beklagte erwarb also den Wechsel gegen Zahlung dieser Summe und gab ihn wieder gegen Entgelt an S. L. Der Diskontierende kauft den Wechsel und erhält in ihm — nach seiner Schätzung — den Wert des Aufgewendeten. Wird im Falle des Rücklaufes des Wechsels der Vormann vom Regresse des Hintermannes frei, so ergibt sich aus der Tatsache, daß ersterer an den letzteren den Wechsel verkauft hat, für den Vormann auch keine moralische Verpflichtung, für Nachlässigkeiten des Hintermannes einzustehen und Nachteile abzuwenden, die sich dieser durch Versehen zugezogen hat.

Vgl. Borchardt, Allgemeine Deutsche Wechselordnung 8. Aufl. S. 278 Zus. 603 b.

Die Valuta von 4799,77 M ist, wirtschaftlich betrachtet, der Kaufpreis für den an Gebr. Schw. veräußerten Wechsel und zugleich die möglicherweise mit einem Gewinn verbundene Deckung (der Rembours) der für den Erwerb des Wechsels gemachten Auslage. Eine Bereicherung des Klägers läge nur vor, wenn er trotz der Rückerstattung der an die Beklagte bezahlten Summe auch den Wechsel behielte; denn dann hätte er den Wechselanspruch und die Wechselsumme.

In der Berufungsverhandlung hat sich aber der Kläger darauf berufen, daß er schon mit Brief vom 1. März 1900 sich zur Rückgabe des Wechsels und der Protesturkunde bereit erklärt habe. Die Forderung des Rückersatzes der bezahlten Regreßsumme gegen Aushändigung des Wechsels und der Protesturkunde verstößt nicht gegen Treue und Glauben. Noch weniger kann von der Ausübung eines Rechtes die Rede sein, die nur den Zweck haben könnte, einem Anderen Schaden zuzufügen. Die §§ 226 und 242 BGB. sind daher gleich unanwendbar.

Hiernach war das Berufungsurteil aufzuheben, und in der Sache selbst die Berufung der Beklagten ... mit der Maßgabe zurückzuweisen, daß die Beklagte die ihr durch das Urteil erster Instanz auferlegte Zahlung gegen Aushändigung des von J. B. und J. H. über 5000 M gezogenen Wechsels vom 25. Oktober 1899 und der Protesturkunde vom 26. Januar 1900 zu leisten habe." ...

RGZ. 48, 152.

Regreßklage des Indossanten, der den Wechsel eingelöst hat, gegen seinen Vormann. Einrede, beide Wechselunterschriften seien zum Zwecke gemeinschaftlicher Verbürgung für eine Schuld des Akzeptanten gegeben worden.

WO. Art. 14, 82. BGB. §§ 774 Abs. 2, 426.

I. Zivilsenat. Urt. v. 8. Mai 1901.

I. Landgericht Neiße. — II. Oberlandesgericht Breslau.

Der Beklagte war Aussteller eines am 15. Januar 1900 auf den Kaufmann H. R. zu Neustadt in Oberschlesien gezogenen und von diesem akzeptierten Wechsels über 6000 M, zahlbar am 13. April 1900. Der Wechsel war an eigene Order ausgestellt und trug auf der Rückseite das Blanko-Indossament des Beklagten und darunter das Blanko-Indossament des Klägers. Er wurde bei Verfall auf Anstehen der Kreissparkasse zu N. mangels Zahlung gegen den Akzeptanten, der inzwischen in Konkurs verfallen war, protestiert. Nach Verfall leistete der Beklagte eine auf dem Wechsel beurkundete Abschlagszahlung von 3000 M bei der Kreissparkasse. Demnächst löste der Kläger den Wechsel gegen Zahlung des Restes der Wechselsumme mit 3000 M und von 30,73 M Protestkosten und Zinsen bei der Kreissparkasse ein. Wegen dieser Zahlung nebst einer eigenen Provision von 10 M und Verzugszinsen nahm er im Wechselprozesse den Beklagten als seinen Regreßschuldner in Anspruch.

Der Beklagte wandte ein, daß der Regreß nach dem dem Wechselzuge zu Grunde liegenden Verhältnisse nicht Platz greifen könne. Der Kaufmann H. R. habe im Jahre 1898 von der Kreissparkasse darlehnsweise 6000 M aufnehmen wollen. Nach ihren Statuten gebe diese Kasse Darlehn gegen Wechsel nur bei Verbürgung zweier weiterer Kreiseingesessenen neben dem Hauptschuldner. Demgemäß sei 1898 ein mit dem eingeklagten Wechsel (abgesehen vom Verfalltage) völlig übereinstimmender Wechsel hergestellt worden, den die Parteien, um sich gemeinschaftlich für H. R. zu verbürgen, mit unterzeichnet hätten, und auf den sich H. R. das Geld bei der Sparkasse verschafft habe. Durch wiederholte Prolongationen unter Ausstellung neuer gleichlautender Wechsel sei schließlich der Klagewechsel geschaffen worden. Als Mitbürgen aber hafteten die Parteien untereinander nach Kopfteilen, sodaß der Beklagte, nachdem er die Hälfte der Wechselsumme rechtzeitig bei der Sparkasse eingezahlt habe, dem Rückgriffe des Klägers nicht mehr ausgesetzt sei.

Der Kläger gab zu, daß H. R. ihn unter Mitteilung der erwähnten statutarischen Bestimmung der Sparkasse um die Mitunterzeichnung des Wechsels ersucht habe. Zwischen den Parteien aber sei keinerlei Verabredung getroffen, sodaß der Einwand des Beklagten hinfällig sei.

Durch Vorbehaltsurteil nach § 599 ZPO. verurteilte das Landgericht den Beklagten nach dem Klagantrage zur Zahlung von 3040,73 M nebst Zinsen. Auf die Berufung des Beklagten aber wies das Oberlandesgericht die Klage ab.

Das Reichsgericht hat auf die Revision des Klägers das Urteil erster Instanz wieder hergestellt aus folgenden

Gründen:

„Das Berufungsgericht geht völlig zutreffend davon aus, daß sich die erhobene Klage auf Art. 14 WO. gründet, wonach der spätere Inhaber des Wechsels von dem Vorindossanten wechselmäßige Haftung für die Zahlung aus der mit dem Indossament übernommenen Regreßpflicht beanspruchen kann, daß dieser Anspruch aber mit Rücksicht auf Art. 82 WO. in sich zusammenfällt, wenn sich die Rechtsverfolgung, die sich auf die bessere Rangstufe im Wechsel stützt, infolge des zwischen den Parteien bestehenden Rechtsverhältnisses als arglistig darstellen würde. Auf Rechtsirrtum aber beruht es, wenn das Berufungsgericht hier ein derartiges Verhältnis als gegeben ansieht.

Das Berufungsgericht führt aus: die Kreissparkasse gebe Darlehn auf Wechsel nur gegen Verbürgung durch zwei Kreiseingesessene. Dies sei dem Beklagten bekannt gewesen und auch dem Kläger von H. R. mitgeteilt worden, als dieser ihn gebeten habe, den Wechsel mit zu unterschreiben. Der Kläger leugne nicht, den Wechsel zum Zwecke der Bürgschaftsübernahme unterschrieben zu haben, und ebensowenig, daß der Beklagte das gleiche vor ihm getan habe. Da der Beklagte in Kenntnis jener Bestimmung der Statuten durch seine Unterschrift auf dem Wechsel die Bürgschaft übernommen habe, so habe er dies mit dem Bewußtsein getan, daß er den Hinzutritt eines zweiten Bürgen zu erwarten habe, der durch seine Unterschrift die gleiche Bürgschaft, und zwar in Kenntnis davon übernehmen werde, daß mit seiner und des Beklagten Unterschrift die von der Kreissparkasse gestellte Bedingung einer Verbürgung durch zwei Kreiseingesessene erfüllt sei. Der Kläger aber habe sich, als er durch seine Unterschrift die Bürgschaft übernommen habe, sagen müssen, daß der Beklagte ebenfalls als Bürge unterschrieben habe, und daß er selbst der in den Statuten verlangte andere Bürge sein solle. Unter diesen Umständen könne es auf eine besondere Verabredung zwischen den Parteien nicht weiter ankommen. Es genüge, daß der Kläger in Kenntnis der Umstände, unter denen der Beklagte ebenso wie er selbst den Wechsel unterzeichnet gehabt habe, über die damit von ihnen beiden übernommenen Verpflichtungen nicht in Zweifel habe sein können. Dadurch, daß ein jeder von den beiden Parteien die Bürgschaft übernommen habe in Kenntnis und mit Rücksicht darauf, daß er nicht alleiniger Bürge sein, sondern außer ihm noch der andere die gleiche Bürgschaft übernehmen solle oder übernommen habe, seien sie im Verhältnisse zueinander Mitbürgen geworden. Mitbürgen aber hafteten sowohl nach preußischem Rechte — wenn sie sich, wie es hier der Fall sei, gemeinschaftlich verpflichtet hätten —, als auch nach dem Bürgerlichen Gesetzbuche untereinander nach Kopfteilen (§§ 373, 374 ALR. I. 14; § 445 ALR. I. 5; § 774 Abs. 2, § 426 BGB.). Demnach könne der Kläger nur beanspruchen, daß der Beklagte ihm den Betrag erstatte, den er in Erfüllung der Bürgschaft über die auf ihn entfallende Hälfte hinaus gezahlt habe. Eine solche Zahlung aber liege nicht vor; vielmehr habe der Beklagte die auf ihn fallende Hälfte bei Verfall zu Händen des damaligen Wechselgläubigers selbst entrichtet, sodaß der Kläger nicht mehr zu zahlen gehabt habe, als ihm auch im Verhältnisse zwischen den Parteien zu zahlen obgelegen habe. Demnach sei die Klage abzuweisen.

Diese Ausführungen beruhen auf einer Verkennung der selbständigen rechtlichen Bedeutung des Wechselskripturaktes und vermischen in unzulässiger Weise die Rechtsverhältnisse, die unmittelbar durch den Wechsel selbst gegeben sind, mit der den einzelnen Stripturakten zu Grunde liegenden causa. Diese causa bestand allerdings, wie sich aus dem Parteivorbringen ergibt, bezüglich der Unterschriften beider Parteien darin, daß sowohl der Beklagte wie der Kläger die Haftung für eine ihnen fremde Schuld übernahmen. In dieser Absicht zeichneten beide den Wechsel auf Ersuchen des H. R. Daraus folgt aber nicht, daß das von den Parteien getätigte Rechtsgeschäft als eine nach Zivilrecht zu beurteilende Bürgschaft zu erachten sei. Denn etwas anderes als die Unterzeichnung eines Wechsels ist nicht vorgefallen. Der Beklagte hat nicht behauptet und kann nicht behaupten, daß er und der Kläger sich der Kreissparkasse gegenüber für eine Darlehnsschuld des H. R. verbürgt hätten, sodaß die Kreissparkasse in der Lage gewesen wäre, auch nach der Präjudizierung des Wechsels hierauf zurückzugreifen und sich für dieses Darlehn an den Beklagten oder den Kläger zu halten. Was die Parteien getan haben, erschöpft sich darin, daß sie durch Unterzeichnung des von H. R. akzeptierten Wechsels die wechselmäßige Haftung dafür übernahmen, daß H. R. die Wechselsumme bei Verfall zahlen werde.

Zwischen den Parteien hat hinsichtlich ihres Verhältnisses zueinander unstreitig irgendeine Absprache nicht stattgefunden. Nur soviel steht fest, daß beide Teile wußten, der Wechsel werde gemacht, damit sich H. R. bei der Sparkasse Geld darauf verschaffe, und dies erfordere zwei weitere Unterschriften. Die Aufdeckung dieses Beweggrundes für die Schaffung des Wechsels aber ist nicht geeignet, den Unterschriften der Parteien eine andere Bedeutung beizulegen, als ihnen nach Wechselrecht zukommt.

Es ist richtig, daß sich der Beklagte, als er von H. R. veranlaßt wurde, den Wechsel als Aussteller und erster Indossant zu zeichnen, sagen durfte, daß seine Unterschrift allein bedeutungslos bleiben werde, daß der Wechsel vielmehr erst durch Hinzukommen einer zweiten Unterschrift für die Erreichung des beabsichtigten geschäftlichen Zweckes tauglich gemacht werden müsse, seine Haftung also auch erst nach Erwirkung dieser zweiten Unterschrift und Begebung des Wechsels eintreten werde. Er wußte aber, daß er gegenüber der Kreissparkasse, an die der Wechsel gegeben werden sollte, für die ganze Wechselsumme hafte, und er mußte auch wissen, daß nach seinem Indossamente die weitere Unterzeichnung von seiten einer zweiten Person als eine Nachunterschrift zu erwarten war, sodaß er sich wechselrechtlich zu dieser zweiten Person ebenfalls in die Lage eines auf das Ganze Haftenden brachte. Andererseits erklärte der Kläger durch seine Unterzeichnung jedem nachfolgenden Wechselgläubiger gegenüber freilich auch die volle Haftung für die Wechselsumme, aber nur durch einen Akt, der ihm die Aussicht eines unbeschränkten Regresses gegen den Beklagten unmittelbar eröffnete.

Weder der Kläger, noch der Beklagte hat eine Bürgschaft im Sinne des Zivilrechtes übernommen, und sie stehen daher auch nicht im Verhältnisse von Mitbürgen zueinander. Für die Anwendung des dem bürgerlichen Rechte angehörigen dispositiven Rechtssatzes, daß mehrere Mitbürgen untereinander im Zweifel nach Kopfteilen haften, ist daher kein Raum. Sowenig die Aufdeckung des Umstandes, daß eine Wechselunterschrift in der Absicht der Verbürgung geleistet, und daß dies dem Nehmer des Wechsels bekannt gewesen sei, geeignet ist, dem Wechselschuldner die Einrede der Vorausklage (§ 771 BGB.) zu verschaffen, ebensowenig kann dieser Umstand die vorliegende Verteidigung stützen. Beide Parteien haben wechselrechtlich die Haftung für die Zahlung der Wechselsumme übernommen, und zwar in einer Form, die dem Beklagten zugleich die Haftung gegenüber dem Kläger aufbürdete. Von dieser Form würde in ihrem Verhältnisse zueinander nur dann abgesehen werden können, und dann allerdings auch abgesehen werden müssen, wenn (von einer ausdrücklichen Absprache abgesehen) zwischen ihnen irgend etwas vorgegangen wäre, aus dem sich der beiderseitige Wille ableiten ließe, daß die gewählte Wechselform unter ihnen ohne rechtliche Bedeutung sein solle, daß sie untereinander vielmehr so haften wollten, als wenn eine zivilrechtliche Mitverbürgung vorläge. Dafür aber liegt hier nichts vor, weder nach den Feststellungen des Berufungsgerichtes, noch nach den Behauptungen des Beklagten.

Sowenig seitens der Parteien eine zivilrechtliche Bürgschaft übernommen ist, ebensowenig liegt hier der Fall einer Wechselbürgschaft vor, d. h. der Fall, daß etwa beide Parteien nebeneinander per aval oder sonst in der Art unterzeichnet hätten, daß ihre Unterschrift nur akzessorisch neben der Unterschrift eines anderen Hauptverpflichteten stände. Fälle dieser Art lagen den Entscheidungen des Reichs-Oberhandelsgerichtes (Entsch. dess. Bd. 18 S. 171) und des Reichsgerichtes (Bolze, Praxis Bd. 18 Nr. 518) zu Grunde, auf die das Berufungsurteil Bezug nimmt. Für die Regreßrechte mehrerer Avalisten untereinander muß auf die Grundsätze des bürgerlichen Rechtes zurückgegriffen werden, weil das Wechselrecht hierüber keine Normen enthält. Die Regreßpflicht des Indossanten aber, auf die es im vorliegenden Falle allein ankommt, ist durch das Wechselrecht selbst geregelt. In einem ähnlichen Falle wie dem hier vorliegenden,

Bolze, a. a. O. Bd. 22 Nr. 318,

hat der erkennende Senat auch bereits im Jahre 1896 im Sinne der vorstehenden Ausführungen erkannt, wobei allerdings von einer älteren, aus dem Jahre 1886 stammenden Entscheidung desselben Senates,

Bolze, a. a. O. Bd. 2 Nr. 815,

abgewichen wurde.

Hiernach war das Berufungsurteil aufzuheben. Es konnte aber auch sogleich in der Sache selbst durch Wiederherstellung des erstinstanzlichen Urteils im Sinne der Klage erkannt werden." ...

RGZ. 48, 223.

Muß die Bezeichnung eines Wechsels als „Wechsel" in der Wechselerklärung enthalten sein, oder genügt das Wort „Wechsel" als Überschrift der Urkunde zur Herstellung eines gültigen Wechsels? Unter welchen Voraussetzungen kann eine wegen Formmangels als Wechsel ungültige Urkunde als kaufmännischer Verpflichtungsschein gelten? Legitimation des Inhabers einer solchen Urkunde durch Blankoindossament.

WO. Art. 4 Ziff. 1, Art. 96 Ziff. 1. HGB. § 363. BGB. § 140.

I. Zivilsenat. Urt. v. 5. Juni 1901.

I. Landgericht Hamburg, Kammer für Handelssachen. — II. Oberlandesgericht daselbst.

Der Kläger klagte unter Vorlegung einer Urkunde nachstehenden Inhalts:

„Exchange for Hamburg, March 25th 1900.

$ 400.

Thirty days after date I promise to pay to the order of Mr. P. Ch. the Sum of Dollars Fourhundred, value received.

Payable at American Express Cy
65 Broadway

Nr. 830 New-York (sigd) S. W. jr.",

auf deren Rückseite sich das Blankoindossament von P. Ch. und das durchstrichene Blankoindossament von L. A. befanden, sowie eines in englischer Sprache abgefaßten, im Auftrage der Bowery Bank in New-York bei der American Express Company in New-York am 25. April 1900 erhobenen notariellen Protestes mangels Zahlung gegen den Beklagten als Aussteller dieser Urkunde im Urkundenprozesse mit dem Antrage, den Beklagten zur Zahlung von 1675 M nebst Zinsen und zur Erstattung von 6,75 M Protestkosten zu verurteilen.

Der Beklagte bat um Abweisung der Klage. Er bestritt die Aktivlegitimation des Klägers und wendete ein, daß die sich aus der Urkunde ergebende Forderung des P. Ch., der richtig Fr. M. heiße, durch Beschluß des Landgerichtes in Hamburg vom 14. Mai 1900 im Wege des Arrestes für die Firma Ch. M. & Sch. in Wama (Bukowina) gepfändet, und dem Beklagten die Bezahlung der gepfändeten Forderung untersagt sei. Fr. M. werde von der Firma Ch. M. & Sch. wegen Diebstahls verfolgt. Derselbe habe 400 $ bei dem Beklagten eingezahlt, um sich den Gegenwert in New-York, wohin er sich begeben wollte, demnächst auszahlen zu lassen. Die vorgelegte Urkunde habe er, um die Polizei irre zu führen, auf den Namen P. Ch. ausstellen lassen. Der jetzige Kläger sei ein Schwager des Fr. M. und habe beim Erwerbe der vorgelegten Urkunde, die der Beklagte für einen Wechsel ansah, den vorgetragenen Sachverhalt gekannt. Hierüber wurde dem Kläger der Eid zugeschoben. Außerdem hielt der Beklagte den Urkundenprozeß für unzulässig, weil den vorgelegten, in englischer Sprache abgefaßten Urkunden eine deutsche Übersetzung nicht beigefügt sei.

Der Kläger machte hiergegen geltend, daß die vorgelegte Urkunde kein Wechsel, und daß deshalb die Bemängelung seiner Legitimation unbegründet sei. Das Fehlen von Übersetzungen hielt er nicht für ein Hindernis für den Urkundenprozeß. Er bestritt die tatsächlichen Anführungen des Beklagten, unter Annahme des zugeschobenen Eides.

Die Klage wurde sowohl in der ersten wie in der Berufungsinstanz abgewiesen. Auf die Revision des Klägers ist das Berufungsurteil aufgehoben, und die Sache in die Berufungsinstanz zurückverwiesen worden.

Aus den Gründen:

„Das Berufungsgericht hält die von dem Gerichte der ersten Instanz ausgesprochene Abweisung der Klage aufrecht, weil dem Kläger die Legitimation zur Klage fehle. Es sieht die Urkunde vom 25. März 1900, auf die sich die Klage stützt, als einen domiziliierten eigenen Wechsel an, der nur das vorprotestliche Blankoindossament des P. Ch. trage; ein anderer den Kläger als Wechselgläubiger legitimierender Übertragungsakt liege nicht vor. Jenes Blankoindossament aber sei, wie im Anschlusse an die Entscheidung der vereinigten Zivilsenate des Reichsgerichtes vom 8. Juli 1880,

Entsch. des RG.s in Zivils. Bd. 2 S. 75,

angenommen wird, zur Legitimation des Klägers nicht geeignet. Wäre der Ausgangspunkt des Berufungsgerichtes richtig, so würde die Entscheidung desselben nicht zu beanstanden sein. Der Auffassung, daß die Urkunde vom 25. März 1900 ein Wechsel sei, kann jedoch nicht beigepflichtet werden.

Das Berufungsgericht will die in Art. 4 Ziff. 1 und Art. 96 Ziff. 1 WO. gegebene Vorschrift, daß zu den wesentlichen Erfordernissen eines Wechsels die in den Wechsel selbst aufzunehmende Bezeichnung als Wechsel oder bei fremdsprachigen Wechseln ein jener Bezeichnung entsprechender Ausdruck in der fremden Sprache gehöre, dahin auslegen, daß nicht die Wechselerklärung selbst das Wort „Wechsel" oder das entsprechende Fremdwort zu enthalten brauche, sondern daß auch die Überschrift „Wechsel" genüge, um eine wechselmäßige Verpflichtung aus der Urkunde zu begründen. Der von dem Berufungsgerichte unternommene Versuch, diese, wie das Berufungsgericht anerkennt, der nahezu einhelligen Meinung der Rechtslehrer zuwiderlaufende Ansicht aus der Entstehungsgeschichte des Gesetzes zu begründen, kann als geglückt nicht angesehen werden.

Der § 87 des preußischen Entwurfes einer Wechselordnung, der den Beratungen der Leipziger Konferenz zu Grunde gelegen hat, erforderte als wesentlich für einen im Inlande ausgestellten eigenen (trockenen) Wechsel, ebenso wie im § 4 für den im Inlande ausgestellten gezogenen Wechsel, unter Ziff. 1:

„die in den Kontext aufzunehmende Bezeichnung als Wechsel oder Wechselbrief, oder, wenn der Wechsel in einer fremden Sprache ausgestellt ist, einen jener Bezeichnung entsprechenden Ausdruck in der fremden Sprache".

Von den hamburgischen Delegierten wurde hiergegen geltend gemacht, daß in Hamburg jedes an Order lautende, die Eigenschaft einer Zahlungsanweisung an sich tragende gezogene Papier im kaufmännischen Verkehr als Wechsel behandelt werde, und daß nach der Gesetzgebung der meisten Länder, mit denen Hamburg im Handelsverkehr stehe, die Benennung als Wechsel als wesentliches Erfordernis nicht vorgeschrieben sei (Protokolle S. 12, 13). Die Beschlußfassung über diesen Punkt wurde zunächst ausgesetzt (Protokolle S. 17), später aber, als der Entwurf der Redaktionskommission bereits vorlag, nach eingehender Erörterung (Protokolle S. 220 flg.) beschlossen, die Bestimmung des preußischen Entwurfes beizubehalten (S. 227), jedoch aus dem Entwurfe der Redaktionskommission die Worte „oder Wechselbrief" als überflüssig zu streichen.

Der Entwurf der Redaktionskommission lautete, abweichend von dem preußischen Entwurfe, dahin:

„§ 98. Die wesentlichen Erfordernisse eines eigenen (trockenen) Wechsels sind:

1. die in den Wechsel selbst aufzunehmende Bezeichnung als Wechsel oder Wechselbrief" usw.

Ebenso § 4 Ziff. 1 für den gezogenen Wechsel.

Das Berufungsgericht glaubt nun daraus, daß die Redaktionskommission an die Stelle der Worte „in den Kontext" die Worte „in den Wechsel selbst" gesetzt hat, und daß diese Änderung von der Konferenz genehmigt worden ist, den Schluß ziehen zu können, daß die Aufnahme der Bezeichnung „Wechsel" in die Wechselurkunde als deren Überschrift nach der Absicht der Konferenz dem gesetzlichen Erfordernisse genüge, obgleich diese Bezeichnung dann nicht im Kontexte der Urkunde stehe. Zur Begründung dieser Ansicht wird darauf hingewiesen, daß die an dem preußischen Entwurfe vorgenommene Änderung ihren Grund in der Absicht der Vermeidung von Fremdwörtern nicht finden könne, da an anderer Stelle (Art. 66) das Wort „Kontext" stehen geblieben sei, und daß die Wechselordnung den Wechsel selbst, nämlich die von dem Aussteller unterschriebene Urkunde, von den später hinzugefügten Erklärungen anderer Personen unterscheide, die Vorschrift in Art. 96 Ziff. 1 und in Art. 4 Ziff. 1 also sehr wohl dahin verstanden werden dürfe, daß dem Zwecke des Gesetzes genügt sei, wenn das Wort „Wechsel" sich an solcher Stelle der Wechselurkunde befinde, daß es als ein Teil der vom Aussteller unterschriebenen Erklärung erscheine. Damit werde sowohl der bei der Beratung der Wechselordnung betonten Gefahr vorgebeugt, daß unerfahrene Personen über die rechtliche Qualität der Urkunde im Zweifel sein könnten, als auch der Möglichkeit, bloße kaufmännische Anweisungen oder Verpflichtungsscheine als Wechsel zu behandeln.

Diese Ausführungen sind nicht stichhaltig. Es fehlt an jedem Anhalte dafür, daß die Redaktionskommission der Wechselkonferenz mit den Worten „in den Wechsel selbst" einen anderen Sinn hat verbinden wollen, als den in den Worten des preußischen Entwurfes „in den Kontext" zum klaren Ausdrucke gekommenen. Noch weniger ist eine solche Absicht aus den Verhandlungen der Konferenz selbst zu entnehmen. Bei der Ausführlichkeit, mit der gerade dieser Punkt von der Konferenz erörtert worden ist, hätte die etwa vorhandene Absicht, sachlich von dem preußischen Entwurfe abzuweichen, sicherlich bei den Beratungen Ausdruck gefunden. Daraus, daß die Konferenz die Fassung der Redaktionskommission genehmigte, zugleich aber beschloß, die Bestimmungen des preußischen Entwurfes beizubehalten, geht vielmehr überzeugend hervor, daß die Konferenz annahm, die Fassung der Redaktionskommission besage dasselbe, wie der preußische Entwurf. Das ist auch in der Tat der Fall. Schon die Ausdrucksweise „in den Wechsel selbst" deutet darauf hin, daß an etwas engeres, als an die ganze Wechselurkunde gedacht ist. Als solcher engerer Begriff bietet sich die Wechselerklärung des Ausstellers im Gegensatze zu den hinzukommenden Erklärungen Anderer dar. Dadurch, daß in Art. 4 Ziff. 1 und Art. 96 Ziff. 1 gefordert wird, der Wechsel müsse die „in den Wechsel selbst a u f z u n e h m e n d e" Bezeichnung als Wechsel enthalten, wird ferner erkennbar zum Ausdrucke gebracht, daß diese Bezeichnung nicht bloß auf der Wechselurkunde an irgend einer über der Unterschrift des Ausstellers befindlichen Stelle stehen, sondern in die Wechselerklärung (den Zahlungsauftrag oder das Zahlungsversprechen) des Ausstellers aufgenommen, d. h. in den grammatischen Zusammenhang dieser Erklärung eingefügt, werden müsse. Die von der Wechselkonferenz an dem preußischen Entwurfe vorgenommene Änderung ist also keine sachliche, sondern nur eine sprachliche, welche, wie aus einer die Vermeidung von Fremdwörtern betreffenden Erklärung der Redaktionskommission (Protokolle S. 232) zu schließen ist, vermutlich auf diesem Bestreben beruht. Daß dessenungeachtet in dem Art. 66 das Wort „Kontext" stehen geblieben ist, beweist nur die unvollkommene Durchführung der Absicht, Fremdwörter tunlichst zu vermeiden. Gerade dieser Art. 66 gibt aber ein starkes Argument gegen die Ansicht des Berufungsgerichtes an die Hand; denn wenn mehrere gleichlautende Exemplare desselben gezogenen Wechsels im Kontext als Prima, Sekunda, Tertia usw. bezeichnet sein müssen, so muß dasselbe um so mehr von der hierbei zu ergänzenden Bezeichnung „Wechsel" gelten.

Vgl. hierzu Entsch. des preuß. Ober-Tribunals Bd. 32 S. 449.

Es leuchtet auch ein, daß dem Zwecke, geschäftsunerfahrenen Personen die Bedeutung der von ihnen unterzeichneten Schrift vor Augen zu führen, sicherer gedient wird, wenn das Wort „Wechsel" in die Willenserklärung selbst aufgenommen wird, als wenn es als Überschrift außerhalb derselben steht, ganz abgesehen von der Möglichkeit, in letzterem Falle diese Überschrift nachträglich beizufügen.

Jolly und Staub, die einzigen wechselrechtlichen Schriftsteller, welche die Meinung des Berufungsgerichtes vertreten, bringen erhebliche Gründe für diese Meinung nicht bei. Jolly (Siebenhaar's Archiv Bd. 3 S. 15) sagt nur, die aus den Beratungen der Konferenz hervorgegangene Wechselordnung verlange, abweichend von dem Entwurfe, nur die in den Wechsel selbst, d. h. die Wechselurkunde, aufzunehmende Bezeichnung als Wechsel, sodaß die bloße Überschreibung der Urkunde mit jenem Worte für genügend erachtet werden müsse, da auf diese Art doch die Urkunde selbst als Wechsel bezeichnet sei. Diese Begründung nimmt das, was zu beweisen wäre, ohne weiteres als bewiesen an, ohne auf die Entstehungsgeschichte der gesetzlichen Vorschrift näher einzugehen. Staub (Kommentar zur Wechselordnung § 53 Bem. 2 zu Art. 4) hält einen zusammenhängenden Wechselkontext überhaupt nicht für erforderlich und leitet daraus her, daß auch das Wort „Wechsel" nicht in einem solchen Kontexte zu stehen brauche. Diese Anschauung tritt mit der allgemeinen Übung des Wechselverkehres in Widerspruch und berücksichtigt nicht, daß, wie Art. 66 WO. ergibt, das Gesetz einen zusammenhängenden Wechselkontext voraussetzt.

Ist hiernach mit der herrschenden Meinung daran festzuhalten, daß nach deutschem Wechselrechte zur Gültigkeit eines Wechsels die in dessen Kontext aufgenommene Bezeichnung als Wechsel oder bei einem fremdsprachigen Wechsel ein jener Bezeichnung entsprechender Ausdruck in der fremden Sprache erforderlich ist, so ist die Urkunde vom 25. März 1900, welche der Klage zu Grunde liegt, kein Wechsel. Sie ist in Hamburg ausgestellt, bezüglich ihrer Form also nach inländischem Rechte zu beurteilen, obgleich sie in englischer Sprache abgefaßt ist, und die Zahlung darauf in New-York geleistet werden sollte, und sie enthält in ihrem Kontext keinen Ausdruck, der in englischer Sprache der Bezeichnung „Wechsel" entspricht. Es kann deshalb dahingestellt bleiben, ob das auf der Urkunde als vorgedruckte Überschrift vorkommende Wort „Exchange", wenn es im Kontext enthalten wäre, dem gesetzlichen Erfordernisse Genüge leisten würde, obgleich „bill of exchange" oder „Exchange" nur den gezogenen Wechsel bedeutet, wohingegen der eigene Wechsel mit „promissory note" bezeichnet wird. Als bloße Überschrift erfüllt jenes Wort die Vorschrift des Gesetzes jedenfalls nicht.

Wenn aber die Urkunde vom 25. März 1900 kein Wechsel ist, so ist der die wechselrechtliche Legitimation des Klägers verneinende Entscheidungsgrund des Berufungsgerichtes hinfällig. Es kommt dann darauf an, ob der Klaganspruch, wie es der Kläger will, auf die Urkunde vom 25. März 1900 als auf einen kaufmännischen Verpflichtungsschein (§ 363 HGB.) gestützt werden kann. Daß die Urkunde ihrem Inhalte nach ein abstraktes Schuldversprechen gemäß § 780 BGB. und einen kaufmännischen Verpflichtungsschein nach § 363 HGB. darstellt, ist unbedenklich, da auch die Kaufmannseigenschaft des Beklagten nicht streitig ist. Insbesondere steht dem nicht entgegen, daß Zahlung an einem anderen Orte durch eine dortige Zahlungsstelle versprochen wird. Auch dem wirtschaftlichen Zwecke, dem nach dem Vortrage des Beklagten die Urkunde ihre Entstehung verdankt, kann an sich ein kaufmännischer Verpflichtungsschein deutschen Rechtes in gleicher Weise dienen, wie ein eigener Wechsel. Unter diesen Umständen würde es zulässig sein, anzunehmen, daß die in Deutschland ausgestellte, den deutschen Vorschriften über den kaufmännischen Verpflichtungsschein entsprechende Urkunde als solcher von den Beteiligten gewollt sei, wenn nicht andere Umstände es als wahrscheinlich erscheinen ließen, daß die Absicht der Beteiligten zunächst auf Schaffung eines eigenen Wechsels gerichtet gewesen sei. Hierfür spricht nicht nur die Verwendung eines, allerdings für einen gezogenen Wechsel bestimmten, Wechselformulars und der wechselmäßige Domizilvermerk, sondern vor allem der Umstand, daß der in englischer Sprache abgefaßte Text der Urkunde genau der in New-York, dem angegebenen Zahlungsorte, üblichen Fassung einer promissory note, eines amerikanischen eigenen Wechsels, entspricht. Wird aber diese Absicht unterstellt, so entsteht die Frage, ob, wenn jene Absicht wegen Nichterfüllung der Formvorschriften, die das deutsche Recht für alle im Inlande ausgestellten Wechsel, auch für die im Auslande zahlbaren, aufstellt, nicht erreicht, ein gültiger Wechsel also nicht zur Entstehung gekommen ist, die Urkunde dennoch als kaufmännischer Verpflichtungsschein aufrechterhalten werden kann. Diese Frage ist zu bejahen.

Die Rechtsprechung hat zwar wiederholt verneint, daß der formell gültige, aber präjudizierte oder verjährte Wechsel als Anweisung oder als Schuldschein oder als kaufmännischer Verpflichtungsschein geltend gemacht werden könne.

Vgl. Entsch. des ROHG.s Bd. 9 S. 354, Bd. 18 S. 188.

Diese zu billigenden Entscheidungen finden ihren Grund darin, daß die gültig entstandene Wechselobligation einheitlich nach den Grundsätzen des Wechselrechtes, und nur nach diesen Grundsätzen, zu beurteilen ist. Mit der Entstehung eines gültigen Wechsels ist nicht zugleich eine kaufmännische Anweisung oder ein kaufmännischer Verpflichtungsschein entstanden, sondern eben nur ein Wechsel. Es kann deshalb nicht davon die Rede sein, daß nach Erlöschung der Wechselobligation aus dem Wechselpapier noch diejenigen Rechte geltend gemacht werden könnten, welche aus einem kaufmännischen Verpflichtungsschein hervorgehen. Anders, wenn ein Wechsel zwar geschaffen werden sollte, aber wegen eines Formmangels nicht entstanden ist. Dann ist nach den Grundsätzen von der sog. Konversion der Rechtsgeschäfte zu untersuchen, ob die rechtsgeschäftliche Erklärung, welche zur Begründung einer Wechselobligation nicht geführt hat, als ein anderes Rechtsgeschäft aufrechterhalten werden kann, dessen Erfordernissen sie nach Form und Inhalt genügt. Der § 140 BGB. bestimmt mit Bezug hierauf:

„Entspricht ein nichtiges Rechtsgeschäft den Erfordernissen eines anderen Rechtsgeschäftes, so gilt das letztere, wenn anzunehmen ist, daß dessen Geltung bei Kenntnis der Nichtigkeit gewollt sein würde."

Dieser Satz schafft, wie die Motive des ersten Entwurfes (Bd. 1 S. 218) anerkennen, kein neues Recht, sondern entspricht dem älteren Rechte. Schon das gemeine Recht erkannte an, daß, wenn das gewollte Rechtsgeschäft ungültig sei, in der betreffenden Willenserklärung aber die objektiven Erfordernisse eines anderen Rechtsgeschäftes vorhanden seien, dieses letztere Rechtsgeschäft auch ohne besonders darauf gerichteten Willen der Parteien aufrechtzuerhalten sei, sobald dieses zweite Rechtsgeschäft im wesentlichen dieselbe rechtliche Wirkung hervorbringe, wie das gewollte.

Vgl. Römer, im Archiv f. d. ziv. Praxis Bd. 36 S. 79; Wächter, Württembergisches Privatrecht Bd. 2 S. 671; Windscheid, Pandektenrecht Bd. 1 § 82 Nr. 5.

Die zweite Kommission für die Beratung des Entwurfes eines Bürgerlichen Gesetzbuches hat die jetzige Fassung des § 140 gewählt, um damit deutlicher zum Ausdrucke zu bringen, daß der Wille der Parteien bei der Vornahme des nichtigen Rechtsgeschäftes auch nicht eventuell auf das in diesem enthaltene andere Rechtsgeschäft gerichtet zu sein brauche, daß vielmehr über die Aufrechthaltung des stattgehabten

Rechtsgeschäftes der auf den ökonomischen Erfolg gerichtete Wille der Parteien entscheide.

Vgl. Protokolle Bd. 1 S. 127.

Betrachtet man von diesen Grundsätzen aus den vorliegenden Sachverhalt, so besteht kein Zweifel, daß die Urkunde vom 25. März 1900, wenn sie als Wechsel gewollt war, wegen eines Formfehlers zwar ein solcher nicht geworden ist, objektiv aber, wie oben bereits erwähnt, allen Erfordernissen eines kaufmännischen Verpflichtungsscheines nach § 363 HGB. entspricht. Sie ist also als solcher aufrecht zu erhalten, falls damit im wesentlichen die gleiche Wirkung erzielt werden konnte, wie mit dem gewollten eigenen Wechsel, weil dann anzunehmen ist, daß die Beteiligten diese Aufrechthaltung gewollt haben würden, weil sie die Wirkung wollten. Dafür, daß der Wille der Beteiligten etwa derart ausschließlich auf die Errichtung eines Wechsels gerichtet gewesen sei, daß mit dessen Nichtigkeit jede Verpflichtung des Beklagten aus der Urkunde vom 25. März 1900 wegfallen sollte, ist ein Anhalt nicht gegeben. Ist vielmehr hier davon auszugehen, daß bezweckt wurde, den Berechtigten in den Stand zu setzen, die bei dem Beklagten eingezahlte Summe in New York selbst oder durch einen Dritten wieder erheben zu können, so wurde dieser Zweck durch die Aushändigung eines kaufmännischen Verpflichtungsscheines als eines indossabeln Orderpapieres in wesentlich derselben Weise erreicht, wie durch die Aushändigung eines eigenen Wechsels, auch wenn die Verpflichtung des Beklagten in letzterem Falle in einigen weniger in den Vordergrund tretenden Beziehungen, wie z. B. hinsichtlich der Verjährung, der Notwendigkeit eines Protestes, sich abweichend gestaltete. Deshalb ist es für zulässig zu erachten, die Urkunde vom 25. März 1900 als kaufmännischen Verpflichtungsschein gelten zu lassen.

Vgl. Entsch. des ROHG.s Bd. 6 S. 130.

Für den kaufmännischen Verpflichtungsschein gelten aber nach § 365 HGB. bezüglich der Form des Indossamentes und in betreff der Legitimation des Besitzers die Art. 11—13 und 36 WO. Es ist also die Übertragung durch Blankoindossament zulässig, und ausgestrichene Indossamente gelten als nicht geschrieben. Der Kläger ist demnach durch das allein auf dem Scheine stehende Blankoindossament des P. Ch., an dessen Order der Schein lautet, gehörig legitimiert. Dieser Legitimation stehen diejenigen Gründe, welche der Legitimation eines sich auf ein vorprotestliches Blankoindossament stützenden Wechsel-Inhabers nach Verfall und Protest aus Art. 16 WO. im Wege stehen, nicht entgegen; denn der Lauf eines Verpflichtungsscheines erfährt durch Verfall und Protest mangels Zahlung nicht diejenige Zäsur, durch die beim Laufe des Wechsels ein bestimmter Kreis von Wechselverbundenen abgegrenzt wird. Ein solcher Verband der Personen, deren Namen auf einem Verpflichtungsscheine stehen, besteht überhaupt nicht, da das Indossament nur Rechte überträgt, aber keine neue Verpflichtung schafft. Deshalb legitimiert das auf einem Verpflichtungsscheine befindliche Blankoindossament den Inhaber stets, gleichviel wann es darauf gesetzt ist.

Es kommen also nur noch die sonstigen gegen die Klage erhobenen Einwendungen in Betracht. Von diesen ist der prozessuale Einwand, daß der Urkundenprozeß unzulässig sei, weil den vorgelegten, in englischer Sprache abgefaßten Urkunden keine deutsche Übersetzung beigefügt sei, in zutreffender Weise unter Bezugnahme auf die Entsch. des RG.s in Zivils. Bd. 9 S. 436 zurückgewiesen worden. ... Es ist aber weiter eingewendet, die aus dem Scheine hervorgehende Forderung des P. Ch. oder Fr. M. sei im Wege des Arrestes für die Firma Ch. M. & Sch. in Wama gepfändet und dem Beklagten die Zahlungen an Fr. M. untersagt; der Kläger, der ein Schwager des Fr. M. sei, klage nur in dessen Auftrage und für dessen Rechnung; auch habe er beim Erwerbe der Forderung die Arrestpfändung gekannt. Diese Behauptungen des Beklagten sind bestritten. Da die behaupteten Tatsachen erheblich sind, die behauptete Kenntnis von der Arrestpfändung wenigstens in dem Falle, wenn der Kläger den Schein von Fr. M. erworben hat, tatsächliche Feststellungen aber bisher fehlen, so mußte, unter Aufhebung des Berufungsurteiles aus den oben entwickelten Gründen, die Sache zur anderweiten Verhandlung und Entscheidung in die Vorinstanz zurückgewiesen werden." ...

RGZ. 49, 132.

Kann aus einem akzeptierten, wegen nicht erfolgter Zahlung protestierten gezogenen Wechsel, wenn dieser nach Erhebung des Protestes abhanden gekommen ist, nach Kraftloserklärung des Wechsels auf Grund des Ausschlußurteiles Regreß gegen den Aussteller genommen werden?

WO. Art. 54. ZPO. § 1018 Abs. 1.

I. Zivilsenat. Urt. v. 26. Oktober 1901.

I. Landgericht Ulm. — II. Oberlandesgericht Stuttgart.

Die Reichsbanknebenstelle zu Schw. war im Besitz eines Wechsels über 9497.58 M. fällig am 12. Februar 1900, domiziliert bei der Königlich bayerischen Filialbank Schw., der von der Beklagten, der Firma G. L. an eigene Order auf die Firma D. K. gezogen, von dieser akzeptiert und, wie nicht bestritten ist, durch Indossament zunächst an die Bankkommandite Th. & Co. in U., von dieser an die Notenbank in St. und von letzterer an die Reichsbanknebenstelle in Schw. gelangt war. Diese ließ bei Verfall den Wechsel im Domizil zur Zahlung präsentieren und beauftragte, als Zahlung nicht erfolgte, den Gerichtsvollzieher M. mit der Erhebung des Protestes. Angeblich ist von M. darauf der vorliegende Protest am 13. Februar 1900 erhoben worden; der Wechsel ist aber nach der Protesterhebung bei dem Gerichtsvollzieher in bisher nicht aufgeklärter Weise verloren gegangen. Der Akzeptant ist flüchtig; über sein Vermögen ist das Konkursverfahren eröffnet.

Auf Betrieb der Reichsbanknebenstelle in Schw. wurde von dem Amtsgericht daselbst durch Verfügung vom 16. Februar 1900 das Aufgebotsverfahren zum Zweck der Kraftloserklärung des Wechsels eingeleitet und der Aufgebotstermin auf den 29. September 1900 anberaumt. In diesem Termin ward der Wechsel durch Ausschlußurteil für kraftlos erklärt.

Bereits vorher erhob die Reichsbank im ordentlichen Verfahren Klage gegen die Firma G. L. als Ausstellerin (und erste Indossantin) des Wechsels und beantragte durch ihre am 10. Mai 1900 zugestellte Klage Verurteilung der Beklagten, an Klägerin zu Händen der Reichsbanknebenstelle Schw. gegen Aushändigung des Wechsels oder des diesen Wechsel für kraftlos erklärenden Ausschlußurteils 9555,11 M nebst 6 Prozent Zinsen aus 9497,58 M seit dem 19. Februar 1900 zu bezahlen, eventuell Feststellung einer entsprechenden Verpflichtung.

Der geforderte Betrag setzte sich zusammen aus der Wechselsumme, Unkosten, Provision und Zinsen seit dem Verfalltage. In erster Instanz wurde die Klage abgewiesen; die Berufung der Klägerin blieb ohne Erfolg. Auf ihre Revision wurde Beklagte zur Zahlung der eingeklagten Summe gegen Auslieferung des Ausschlußurteiles und des Protestes schuldig erkannt aus folgenden

Gründen:

....„In der Sache selbst hat das Berufungsgericht, wie bereits das Landgericht, dem Anspruch der Klägerin, also dem von ihr aus dem in Rede stehenden Wechsel gegen den Beklagten als Aussteller wegen nicht erlangter Zahlung erhobenen Regreß, die Anerkennung versagt, weil der Wechsel verloren gegangen ist, der Regreßpflichtige aber nach Art. 54 WO. nur gegen Auslieferung des Wechsels zu zahlen brauche, und die

Wechselordnung allerdings, nämlich durch Art. 73, von dem gleichen, nach Art. 39 für alle Wechselschuldner geltenden Grundsatz in Ansehung des Akzeptanten und des Ausstellers eines eigenen Wechsels, im übrigen jedoch keine Ausnahme mache. Beide Instanzgerichte haben erörtert, ob hierin durch die Vorschriften der Zivilprozeßordnung über das Aufgebotsverfahren eine Änderung getroffen sei, sind jedoch zu dem Ergebnis gelangt, daß diese Frage verneint werden müsse.

Mit Recht wird hiergegen von der Revision eingewendet, daß diese Erwägungen mit den einschlagenden Bestimmungen der Wechselordnung und den ergänzenden Vorschriften der Zivilprozeßordnung nicht im Einklange stehen.

Durch die Zivilprozeßordnung sind über die Amortisation von Wechseln Bestimmungen getroffen, die dahin gehen, daß der bisherige (letzte) Inhaber eines abhanden gekommenen oder vernichteten Wechsels die Kraftloserklärung beantragen kann, worauf diese dergestalt zu erfolgen hat, daß der Wechsel durch Ausschlußurteil für kraftlos erklärt wird (§§ 1003, 1004, 1017, früher §§ 837, 838, 848 ZPO.). Die Wirkung aber wird in § 1018 Abs. 1 (früher § 850) bestimmt, und zwar dahin:

> „Derjenige, welcher das Ausschlußurteil erwirkt hat, ist dem durch die Urkunde Verpflichteten gegenüber berechtigt, die Rechte aus der Urkunde geltend zu machen."

Zu den aus der Urkunde Verpflichteten gehört in dem Falle, daß es sich um einen gezogenen, akzeptierten und indossierten Wechsel handelt, nicht bloß der Akzeptant, sondern auch der Aussteller und jeder, der den Wechsel indossiert hat. Dies ist ausgesprochen in Art. 81 WO., wonach die wechselmäßige Verpflichtung den Aussteller, Akzeptanten und Indossanten des Wechsels trifft, sowie einen jeden, der den Wechsel, die Wechselkopie, das Akzept oder das Indossament mit unterzeichnet hat, selbst dann, wenn er sich dabei nur als Bürge (per aval) benannt hat. Die Verpflichtung dieser Person erstreckt sich auf alles, was der Wechselinhaber wegen Nichterfüllung der Wechselverbindlichkeit zu fordern hat. Der Wechselinhaber kann sich wegen seiner ganzen Forderung an den Einzelnen halten; es steht in seiner Wahl, welchen Wechselverpflichteten er zuerst in Anspruch nehmen will. Die hier ausgesprochene Verbindlichkeit, und zwar Wechselverbindlichkeit der im Wechselverbande stehenden Personen erlischt aber nicht etwa, wenn der Wechsel verloren geht; denn das Vorhandensein eines Wechselbriefes ist allerdings für das Entstehen, nicht aber für die Fortdauer der Rechte aus dem Wechsel die notwendige Grundlage. Dies ist, was die Verbindlichkeit des Akzeptanten anlangt, unmittelbar aus Art. 73 WO. zu entnehmen. Es gilt aber ebensowohl für den Aussteller wie für die Indossanten, und zwar folgt letzteres aus Art. 66 WO., wonach unter der dort angegebenen Voraussetzung Remittent und Indossatare eines gezogenen Wechsels von dem Vormann die Ausstellung eines Duplikats verlangen dürfen, mag der ursprünglich ausgestellte Wechsel noch vorhanden sein, oder nicht. Allerdings wird dies in Art. 66 nicht mit ausdrücklichen Worten gesagt; die dort gegebene Bestimmung lautet jedoch ganz allgemein, ohne zu unterscheiden. Überdies fand sie sich bereits in dem preußischen Entwurf von 1847, der den Beratungen in Leipzig zu Grunde gelegen hat, in § 62, zu dem die Motive (Prot. der Leipziger Wechselkonferenz S. LXX) hervorheben, daß er dem Artikel 154 des rheinischen Handelsgesetzbuches (Code de commerce) nachgebildet sei; nach dem System des französischen Rechtes aber kann das Duplikat auch gefordert werden, wenn die verloren gegangene Prima akzeptiert war.

Vgl. Bédarride, Droit commercial N. 437 S. 87.

Endlich lassen die Protokolle der Leipziger Konferenz (auf S. 133) erkennen, daß diese von der Voraussetzung, es dürfe ein Duplikat auch nach Verlust der Prima verlangt werden, ausgegangen ist. Danach ist nicht zu bezweifeln, daß das in Art. 66 vorgesehene Recht auch dann geltend gemacht werden kann, wenn der Wechselnehmer das größte Interesse daran hat, ein Duplikat zu erhalten, nämlich dann, wenn er den Wechsel verloren hat.

So: Thöl, Wechselrecht, 4. Aufl. § 166 Note 6; übereinstimmend: Wächter, Wechselrecht, § 78 VII; Borchardt, Wechselordnung, 8. Aufl. Zus. 645; Lehmann, Lehrbuch des Wechselrechts § 67; Grünhut, Wechselrecht Bd. 2 S. 327; Rehbein, Wechselordnung Anm. 2 a. E. zu Art. 73; Staub, Wechselordnung § 11 zu Art. 66, sowie Urteil des Obergerichts Hamburg (Archiv für Wechselrecht Bd. 6 S. 214).

Ob und unter welchen Voraussetzungen nach Verlust des Wechsels auf Grund des Duplikats Protest mangels Zahlung erhoben und Regreß genommen werden kann,

vgl. hierüber Thöl, Wechselrecht, 4. Aufl. § 177 S. 716; Wächter, Lehmann a. a. O., Grünhut a. a. O. S. 328 Note 21,

insbesondere ob zum Regreß ein Duplikat auch dann ausreicht, wenn das verlorene Exemplar akzeptiert war, soll unentschieden bleiben, weil diese Frage in dem vorliegenden Fall ohne Bedeutung ist. Von Interesse ist gegenwärtig nur der Nachweis, daß die Wechselordnung eine Bestimmung enthält, aus der zu entnehmen ist, daß durch den Verlust des

Wechselbriefes die Wechselrechte gegen die Vormänner noch nicht erlöschen.

Danach würde der Wortlaut des § 1018 ZPO. in Verbindung mit Art. 81 WO. dahin führen, daß der Indossatar eines gezogenen Wechsels, der den Wechsel verloren hat, nach Erwirkung des Ausschlußurteils gegen jeden Vormann, unter der selbstverständlichen Voraussetzung, daß der Wechsel rechtzeitig protestiert war, Regreß nehmen kann, und daß ihm solches Recht auch dann zusteht, wenn der verlorene Wechsel schon akzeptiert war. Diese Folgerung, die dem Wortlaut entspricht, würde nur dann nicht maßgebend sein, wenn anderweitige Vorschriften des Wechselrechtes im Wege ständen. Dies ist jedoch nicht der Fall.

Allerdings ist aus dem preußischen Entwurf von 1847 und aus dessen Vorarbeiten zu entnehmen, daß dieser Entwurf den Regreß gegen die Vormänner im Falle des Verlustes des Wechsels nicht gewähren wollte. Es ist richtig, daß der erste Entwurf, von 1836, den Regreß in solchem Falle (unter Sicherungsmaßregeln) in §§ 155, 156 zuließ, da, wie die Motive S. 214 bemerken, „die Kontraktsverbindlichkeit höher steht, als das Schulddokument"; daß jedoch schon der revidierte Entwurf, von 1838, in § 170 aus einem abhanden gekommenen gezogenen bzw. eigenen Wechsel nur noch den Akzeptanten bzw. Aussteller haften ließ, da, wie in den Motiven S. 56 gesagt wird, „die Bestimmungen der §§ 155, 156 des ersten Entwurfes zu Weiterungen führen, welche sich mit dem Wechselverkehr nicht vereinigen lassen, dem, welchem der Wechsel abhanden gekommen ist, nur selten helfen, und in ihrer Anwendung unausbleiblich Verwirrungen und Übelstände verursachen, weshalb diese Bestimmungen ganz weggelassen worden sind". In den späteren Beratungen und Entwürfen ist hieran festgehalten, auch in der Vorlage von 1847, deren § 69 dem Art. 73 WO. entspricht. Die Motive zu § 69 bemerken noch, daß die Verfolgung von Regreßrechten gegen die Vormänner ohne Vorlegung des Wechsels nicht zulässig sei (Prot. S. LXXI).

Diese Vorgänge sind jedoch nicht entscheidend; denn verboten ist der Regreß nach Verlust des Wechselbriefes weder ausdrücklich noch mittelbar. Die Wechselordnung hat sich vielmehr darauf beschränkt, in Art. 73 (der nach Art. 98 Ziff. 9 mit der dort erwähnten Maßgabe auch für eigene Wechsel gelten soll) die Amortisation eines abhanden gekommenen Wechsels zuzulassen und Bestimmung über die Inanspruchnahme des Akzeptanten während der Dauer des Amortisationsverfahrens zu treffen. Ob daraus zu folgern ist, daß die Wechselordnung den Regreß bei Verlust des Wechsels nicht eröffnet hat, kann dahingestellt bleiben. Denn gegenwärtig würde diese Lücke durch die Bestimmungen der Zivilprozeßordnung ausgefüllt sein, und diese sind aus sich zu erklären, während die aus der Entstehungsgeschichte der Wechselordnung mitgeteilten Kundgebungen auch die Bedeutung einer Erläuterung verloren haben. Die Zivilprozeßordnung aber hat in den schon erwähnten §§ 1017 Abs. 1 und 1018 Abs. 1 Bestimmungen getroffen, die schon in den unverändert gebliebenen §§ 848 Abs. 1 und 850 der früheren Fassung enthalten und nach § 837 (jetzt 1003) ursprünglich in erster Linie für die Kraftloserklärung abhanden gekommener oder vernichteter Wechsel und der in den Art. 301, 302 HGB. bezeichneten Urkunden bestimmt waren. Gegeben wurden sie, ebenso wie die einschlagenden Vorschriften über das Verfahren, im Anschluß an die Bestimmungen in Art. 73 WO. und Art. 305 HGB. und mit Rücksicht auf die hohe Bedeutung jener Papiere für den Verkehr, die es, wie in der Begründung zu §§ 768 bis 791 des Entwurfes gesagt wird, nicht nur erwünscht, sondern geradezu indiziert erscheinen lasse, daß auf dem durch die Reichsgesetzgebung bereits geschaffenen Fundament gemeinschaftlich fortgebaut werde, „weil die gedachten reichsgesetzlichen Bestimmungen an die Einleitung des Verfahrens bestimmte wichtige Folgen knüpfen. Es sind danach für die bezeichneten Urkunden allgemeingültige und zwingende Vorschriften, sowohl über die Bedingungen der Einleitung, überhaupt die materielle Grundlage, der Amortisation, als auch über die Wirkungen des Verfahrens gegeben worden."

Vgl. Hahn, Materialien zur Zivilprozeßordnung Bd. 1 S. 479.

In den Vorschriften über die Wirkungen (§§ 790, 791 des Entwurfes, §§ 848, 850, jetzt §§ 1017, 1018 des Gesetzes) ist mithin, wie auch bei der Beratung (ebendas. S. 885) anerkannt wurde, ein Satz des materiellen Rechtes ausgesprochen, dessen Inhalt dahin wiederzugeben ist, daß nach erwirktem Ausschlußurteil der Verlust der für kraftlos erklärten Urkunde nicht mehr hindert, die Rechte aus ihr geltend zu machen.

Gegenüber diesem Inhalt des § 1018 Abs. 1 ZPO. kann ferner nicht anerkannt werden, daß nach ergangenem Ausschlußurteil der Regreß gleichwohl unmöglich sei, weil Art. 54 WO. im Wege stehe. Allerdings hat auch dann, wenn der Wechsel für kraftlos erklärt worden ist, der Regreß nach Vorschrift der Wechselordnung zu erfolgen, und hierzu gehört, daß der Regreßpflichtige in die Lage versetzt werden muß, seinerseits weiteren Regreß nehmen zu können. Zu diesem Behufe kann er nach Art. 54 die Auslieferung des eingelösten Wechsels fordern. Aber wenn der Wechsel für kraftlos erklärt worden ist, kann die Auslieferung unterbleiben, weil es ihrer nicht bedarf. Durch den weiteren Regreß verfolgt der Indossant, der den Wechsel zurückerhalten hat, nicht abgeleitete, sondern seine eigenen, ursprünglichen Wechselrechte, die infolge der Weiterbegebung des Wechsels geruht hatten und nun wieder in Kraft treten. Letzteres geschieht jedoch nicht sowohl infolge der Wiedererlangung des Wechselbriefes, sondern wird bewirkt durch die Wiedereinlösung des Wechsels, d. h. durch die Zahlung der Wechselschuld. Und eine solche ist auch diejenige Zahlung, die nach Kraftloserklärung des Wechsels und auf die aus § 1018 ZPO. gestellte Forderung seitens des Regreßpflichtigen geleistet wird. Hierdurch, also durch die Zahlung, tritt das Wechselrecht des Regreßpflichtigen wieder in Kraft und kann von ihm gegen seine eigenen etwaigen Vormänner, wie gegen den Akzeptanten, wenn der verloren gegangene Wechsel schon akzeptiert gewesen war, geltend gemacht werden. Zu diesem Behufe bedarf er des Wechsels nicht mehr; denn dieser ist für kraftlos erklärt; es genügt an Stelle desselben das Ausschlußurteil. Die Rechte aus diesem aber brauchen ihm nicht abgetreten zu werden; denn er soll nicht die Rechte des Antragstellers, sondern seine eigenen verfolgen, und deshalb genügt die Aushändigung, sowie die Quittung, da hiermit nur der Nachweis geführt werden soll, daß nicht mehr der Antragsteller, sondern der Regreßpflichtige es ist, dem die Rechte aus dem verloren gegangenen Wechsel zustehen. Der Einwand, daß nicht auf Grund des Ausschlußurteils Regreß genommen werden könne, weil dieses allein den Antragsteller berechtige, und letzterer nur in der Lage sei, seine Rechte aus dem Urteil abzutreten, dies jedoch zum Regreß nicht genüge, ist deshalb nicht begründet.

Ebensowenig ist anzuerkennen, daß die Zulassung des Regresses zu unannehmbaren Folgerungen führen und deshalb nicht beabsichtigt gewesen sein könne. Das Berufungsgericht hegt das Bedenken, daß der Akzeptant Gefahr laufen könne, zweimal zahlen zu müssen. In solche Lage würde derselbe jedoch nur kommen, wenn er Zahlung leistete, ohne sich das Ausschlußurteil ausliefern zu lassen, und wenn man annehmen müßte, daß er diese Zahlung nicht geltend machen dürfe, falls ein dritter legitimierter Inhaber des Urteils nochmals Zahlung verlangte. Allein alsdann würde der Verlust, der den Akzeptanten träfe, nur eine Folge seiner eigenen Sorglosigkeit sein, die Möglichkeit einer solchen Unaufmerksamkeit aber nicht gegen die Zulassung des Regresses geltend gemacht werden können, da dieser eine wirkliche derartige Gefahr nicht in sich birgt. Denn wenn der Akzeptant, wie von jedem achtsamen Menschen verlangt werden kann, nur gegen Aushändigung des Ausschlußurteiles Zahlung leistet, so ist er durchaus geschützt, was jetzt überdies noch aus § 1018 Abs. 2 ZPO. zu entnehmen ist.

Dagegen ist allerdings ein anderer Übelstand mit der Zulassung des Regresses nach Verlust des Wechsels verbunden: der Regreßpflichtige erhält nicht das Beweismittel, das ihm der Wechsel gewährt. Das Ausschlußurteil kann hierfür keinen Ersatz bieten. Allein hieraus ist ein entscheidendes Bedenken nicht zu entnehmen. Für die Lösung der Aufgabe, welche Folgen das Ausschlußurteil haben soll, das einen verloren gegangenen Wechsel für kraftlos erklärt, bleibt nur die Wahl, entweder jeden Regreß abzuschneiden, oder ihn zuzulassen, selbst auf die Gefahr hin, daß der Regreßpflichtige, wenn er einen Vormann oder den Akzeptanten in Anspruch nimmt, den Beweis, daß der in Rede stehende Wechsel den von ihm behaupteten Inhalt gehabt habe und von dem Gegner gezeichnet sei, nicht mehr durch Vorlegung des Wechsels führen kann, sondern anderweitig erbringen muß. Wenn aber das Gesetz sich dafür entschieden hat, die Geltendmachung der Rechte aus der verlorenen Urkunde auf Grund des Ausschlußurteils ohne Einschränkung zu gestatten, so kann daraus, daß diese Lösung, die der Billigkeit zweifellos am meisten entspricht, auch einige Unzuträglichkeiten mit sich führt, die Befugnis, ihre Anwendung doch einzuschränken, nicht entnommen werden.

Endlich ist ein Einwand gegen die Anwendung des § 1018 ZPO. auf den Wechselregreß nicht daraus herzuleiten, daß der Regreß in Fällen der vorliegenden Art nach Art. 78 Nr. 1 WO. in drei Monaten verjährt, die Erwirkung eines Ausschlußurteils aber wegen § 1015 (früher § 847) ZPO. einen Zeitaufwand von mehr als sechs Monaten erfordert. Denn der Indossatar, der den Wechsel verloren hat und Regreß zu nehmen beabsichtigt, braucht den Erlaß des Ausschlußurteiles nicht abzuwarten, sondern kann vorher Klage erheben. Ob zu diesem Behufe eine Feststellungsklage statthaft ist, kann unentschieden bleiben; jedenfalls ist die Klage auf Leistung gegen das zu erwartende Ausschlußurteil, die im vorliegenden Falle auch erhoben wurde, nicht zu beanstanden. Dem Indossatar ist es mithin stets möglich, die Verjährungsfrist zu wahren.

Aus den vorstehend erörterten Gründen ist die Annahme geboten, daß nach Erlaß des Ausschlußurteiles der Regreß stattfindet, und zwar lediglich mit den Abweichungen, die der Verlust des Wechsels und dessen Kraftloserklärung bedingt. Diese aber bestehen darin, daß die Aktivlegitimation des Wechselgläubigers durch das Ausschlußurteil endgültig festgestellt wird; daß der Inhalt des Wechsels und die Passivlegitimation des Regreßpflichtigen, da dies nicht mehr durch Vorlegung des Wechsels nachgewiesen werden kann, durch anderweitige Beweismittel dargelegt werden muß, aber auch darf; und daß gegen die Zahlung nicht mehr der Wechsel auszuliefern ist, sondern das Ausschlußurteil. Im übrigen sind die gewöhnlichen Bedingungen des Regresses nachzuweisen, insbesondere also die Protesterhebung, soweit solche erforderlich ist. Daß diese im vorliegenden Falle ordnungsmäßig erfolgte, ist vom Berufungsgericht einwandfrei festgestellt, während über den Inhalt des in Rede stehenden Wechsels und darüber, daß Beklagte der Aussteller desselben ist, nach dem Tatbestande beider Instanzurteile gar kein Streit geherrscht hat. Es liegen mithin alle Bedingungen für die Verurteilung der Beklagten vor, und es haben diese schon vor Erlaß des angefochtenen Urteils vorgelegen, da das Ausschlußurteil schon vorher erlassen war. Beklagte war deshalb schuldig zu erkennen, gegen Auslieferung des letzteren und des Protestes dem Klaganspruch zu genügen. Selbstverständlich ist ihr daneben eine Quittung einzuhändigen, die jeden einzelnen der verlangten Posten aufführt und erkennen läßt, daß die Zahlung für den in Rede stehenden und im Ausschlußurteil beschriebenen Wechsel geleistet worden ist[1]." . . .

RGZ. 52, 220.

Erlöschen die Rechte aus einem trockenen Wechsel unbedingt, wenn einer von mehreren Ausstellern, oder ein Wechselschuldner, der neben dem Aussteller als Bürge unterzeichnet hatte, den Wechsel nach Verfall einlöst? Wie bestimmt sich das Verhältnis mehrerer Wechselverpflichteten, welche den Wechsel an derselben Stelle gezeichnet haben, untereinander? Beweislast, wenn es nach dem Wechsel zweifelhaft ist, ob der Einlösende als Mitaussteller oder als Bürge des Ausstellers gezeichnet hatte.

I. Zivilsenat. Urt. v. 1. Oktober 1902.

I. Landgericht Kiel. — II. Oberlandesgericht daselbst.

Klägerin erhob aus einem trockenen Wechsel gegen den Revisionskläger E. J. und den Mitbeklagten E. W. K. im Wechselprozeß mit der Behauptung, daß sie den Wechsel, der von den Beklagten als Wechselbürgen mitunterzeichnet sei, nach Verfall durch Zahlung der Wechselsumme von 6000 M habe einlösen müssen, wogegen der Wechsel an sie indossiert sei, Klage mit dem Antrage, die Beklagten solidarisch zur Zahlung von 6000 M nebst 6 Prozent Prozeßzinsen zu verurteilen. Der Wechsel war auf der Vorderseite, wie folgt, unterzeichnet:

A. R.
M. F. R. Wwe.

Bürge: E. J.
E. W. K.

Auf der Rückseite fand sich folgendes Indossament der Remittentin:

Für uns an die Order von Frau M. F. R. Wwe.
Inhalt von Frau M. F. R. Wwe. erhalten.
N., d. 4. Juli 1901
ohne Obligo.
(Unterschrift.)

Die Beklagten beantragten Abweisung der Klage und führten aus, daß ihre Wechselverpflichtung erloschen sei, nachdem Klägerin den Wechsel nach Verfall eingelöst habe. Sie hätten übrigens den Wechsel nur aus Gefälligkeit auf Bitten der Klägerin und auf deren Zusage, daß sie dabei keinen Schaden haben sollten, mitunterzeichnet. Das Landgericht wies unter Bezugnahme auf die Entsch. des ROHG.s Bd. 25 S. 20 die Klage ab. Auf die Berufung der Klägerin wurde das erste Urteil dahin abgeändert, daß Klägerin nur in Höhe von 2000 M nebst Zinsen abgewiesen wurde, Beklagte jedoch verurteilt wurden, ihr als Gesamtschuldner 4000 M nebst Zinsen zu zahlen. In der Berufungsinstanz hatte Klägerin unter anderem geltend gemacht, sie sei nicht Ausstellerin des Wechsels. Nachdem A. R. als Aussteller unterzeichnet habe, habe sie nach einer mit diesem und dem Beklagten getroffenen Abrede in deren Gegenwart als Bürgin unterzeichnet. Dies ergebe sich aus dem Wechsel, doch werde auch Eid darüber zugeschoben. Sie habe den Wechsel nicht solvendi, sondern emendi causa erworben. Beklagte bestritten dies und führten aus, aus dem Wechsel ergebe sich, daß Klägerin als Mitausstellerin und nur die Beklagten als Bürgen unterzeichnet hätten. Durch Beweisbeschluß wurden Eide für Klägerin angeordnet, daß sie nicht die Beklagten ersucht habe, den Wechsel aus Gefälligkeit mit zu unterschreiben, mit der Zusicherung, sie sollten daraus keinen Schaden haben. Klägerin leistete diese Eide.

Auf die Revision des Beklagten J. wurde dessen Verurteilung auf 2000 M nebst Zinsen ermäßigt aus folgenden

Gründen:

„Da Klägerin aus dem Wechsel im Wechselprozesse klagt, hängt die Entscheidung davon ab, inwieweit der geltend gemachte Anspruch sich auf die durch den Wechsel beurkundeten Tatsachen gründen läßt. Der Tatbestand wird aber durch den Wechsel nicht völlig klar gestellt. Sicher ist nur, daß A. R. als Aussteller, die beiden Beklagten daneben als Bürgen gezeichnet haben. Was aber die Unterschrift der Klägerin anlangt, so ist es zweifelhaft, ob das vorgedruckte Wort „Bürge" sich auf sie mitbezieht, oder ob es sich nur auf die beiden Beklagten bezieht. Für die erstere Annahme spricht, daß die Unterschriften der Klägerin und der Beklagten in einer einheitlichen Säule untereinanderstehen und sich dadurch von der Unterschrift des A. R. abheben. Jedenfalls bleibt diese von der Klägerin geltend gemachte Auslegung der Urkunden an sich möglich, und auch der Vorderrichter hat nicht festgestellt, daß Klägerin nach der Urkunde als Mitausstellerin neben A. R. anzusehen sei.

Bei dieser Sachlage aber ist die Revision nur zum Teil begründet. Ihre Ausführung, daß, wenn einer von mehreren Ausstellern eines eigenen Wechsels, oder gar ein Wechselbürge des Ausstellers den Wechsel nach Verfall einlöst, die Wechselschuld unter allen Beteiligten unbedingt erlischt, ist nicht zutreffend. Die Entscheidung des Reichsoberhandelsgerichts (Bd. 25 S. 20), auf welche sie sich hierfür beruft, betraf einen Fall, wo ein einziger Akzeptant den Wechsel nach Verfall und Protest mangels Zahlung eingelöst hatte. Hier mußten allerdings die Wechselrechte durch Konfusion mit den Wechselpflichten erlöschen, weil der einzige Akzeptant gegen andere Wechselbeteiligte denkbarerweise keine Wechselrechte haben konnte. In anderen Entscheidungen ist dagegen anerkannt, daß bei mehreren Ausstellern eines eigenen Wechsels einer derselben durch Einlösung des Wechsels — und zwar ohne daß unterschieden wird zwischen Einlösung vor oder nach Verfall — Wechselrechte gegen die anderen Aussteller erwirbt, sofern er nicht solvendi, sondern emendi causa eingelöst hat, wofür unter anderem auch ein Indossament in üblicher Form Beweis bieten kann.

Vgl. Entsch. des ROHG.s Bd. 1 S. 102, Bd. 14 S. 405, Bd. 18 S. 367.

Der § 422 BGB. kann nicht entgegengehalten werden, denn der Kauf der Wechselforderung ist nicht Erfüllung der Wechselschuld. Nach § 425 Abs. 2 BGB. wirkt aber die Vereinigung der Forderung mit der Schuld nur für und gegen den Gesamtschuldner, in dessen Person sie eintritt. Die Verbindlichkeit der übrigen Wechselschuldner bleibt daher an sich bestehen. Auch im vorliegenden Fall wird durch das Indossament an die Klägerin bewiesen, daß sie den Wechsel nicht objektiv getilgt, sondern gegen Zahlung der Wechselsumme zu Eigentum erworben hat. An sich ist sie daher nach Art. 36 WO. legitimiert, die Wechselordnung sowohl gegen den Mitaussteller A. R., wie auch gegen die beiden Beklagten als Wechselbürgen desselben geltend zu machen.

Indessen bestimmt sich das Verhältnis mehrerer Wechselverpflichteten, welche an derselben Wechselstelle gezeichnet haben, untereinander nach den allgemeinen Grundsätzen des Zivilrechts.

Vgl. Entsch. des ROHG.s Bd. 1 S. 103; Bolze, Bd. 5 Nr. 721; Jurist. Wochenschr. 1902 S. 320 Nr. 43.

Nach § 426 BGB. sind daher mehrere Aussteller eines eigenen Wechsels als Gesamtschuldner im Verhältnisse zueinander zu gleichen Anteilen verpflichtet, soweit nicht ein anderes bestimmt ist. Dasselbe gilt für mehrere Wechselbürgen untereinander nach § 774 Abs. 2 BGB. Dagegen hat der Aussteller gegen seinen eigenen Bürgen überhaupt keinen Anspruch, denn begrifflich übernimmt der Bürge nur dem Gläubiger des Hauptschuldners, nicht aber auch dem Mitschuldner des letzteren gegenüber, die Verpflichtung, für die Verbindlichkeit des Hauptschuldners einzustehen (§ 765 BGB.).

Diese Sätze sind von dem aus dem Wechsel belangten Schuldner einredeweise geltend zu machen und somit die für ihre Anwendung erforderten Tatsachen zu beweisen. Hätte der Revisionskläger den Beweis geführt, daß, wie er behauptet, Klägerin aber bestreitet, diese den Wechsel neben A. R. als Ausstellerin unterzeichnet hat, so würde die Klage hinfällig sein, weil dann feststände, daß sein Verhältnis zu der Klägerin das eines Bürgen zu dem Hauptschuldner wäre. Dieser Beweis ist jedoch nicht geführt, vielmehr sind die in dieser Richtung aufgestellten Behauptungen durch Eid der Klägerin widerlegt worden. Die alsdann aber allein übrig bleibende, von der Klägerin auch selbst als tatsächlich zutreffend behauptete Möglichkeit ist die, daß Klägerin und die beiden Beklagten als Wechselbürgen für den Aussteller A. R. gezeichnet haben. Diese Möglichkeit ist somit als Tatsache zu behandeln und der Entscheidung zugrunde zu legen. Danach kann Klägerin aber gemäß §§ 774, 426 BGB. von jedem der beiden Mitbürgen nur ⅓ der Wechselsumme, also 2000 M nebst Zinsen, ersetzt verlangen. Ein dem § 426 Abs. 1 Satz 2 entsprechender Tatbestand ist nicht behauptet worden. Demgemäß ist das angefochtene Urteil auf die Revision zu gunsten des Revisionsklägers abgeändert worden."

RGZ. 53, 204.

Kann der Wechselschuldner wegen subjektiver Ungewißheit über die Person des Gläubigers (§ 372 Satz 2 BGB.) die Wechselsumme mit befreiender Wirkung hinterlegen?

Wie sind die Voraussetzungen für eine solche Hinterlegung zu bestimmen, wenn es sich darum handelt, daß ein Vormann der indossier-

ten Tratte behauptet, der Wechsel sei ihm gestohlen und vom Inhaber grob fahrlässig erworben?

BGB. §§ 372, 378. WO. Art. 36, 74, 76, 82.

I. Zivilsenat. Urt. v. 20. Dezember 1902.

I. Landgericht Hamburg. — II. Oberlandesgericht daselbst.

Die Bank von Tarapaca und Argentina in Buenos Aires hatte am 13. März 1902 fünf Wechsel über zusammen 200 000 M zahlbar 90 Tage nach Sicht auf die Beklagte gezogen: zwei über 50 000 M, zwei über 30 000 M und einen über 40 000 M. Alle fünf Wechsel waren in je drei Exemplaren, bezeichnet als First, Second und Third, ausgestellt. Als Remittentin war übereinstimmend die Firma E. H. & Co. bezeichnet, und es fand sich auf der Rückseite aller Exemplare zunächst ein Indossament von E. H. & Co. an H. N. und alsdann ein Indossament von H. N. an die Klägerin. Beide Indossamente trugen das Datum: Buenos Aires, 14. März 1902. In diesem Zustande waren die Primen der fünf Wechsel der Beklagten am 11. April 1902 präsentiert und von ihr akzeptiert worden.

Später wurden die Wechsel von der Klägerin an die Kommerz- & Diskonto-Bank giriert. Diese indossierte die beiden über 30 000 M an H. & Co. in Berlin, und H. & Co. wieder an A. Bl. in Hamburg.

Bei Verfall, am 10. Juli 1902, wurden sämtliche fünf Wechsel — drei auf Anstehen der Kommerz- & Diskonto-Bank, zwei auf Anstehen von A. Bl. — mangels Zahlung protestiert.

Die Klägerin, die die Wechsel im Rücklaufe zurückerwarb, klagte im Wechselprozesse unter Vorlegung sämtlicher Exemplare der fünf Wechsel auf Zahlung der Wechselsumme von 200 000 M nebst Zinsen, Protestkosten und Provision.

Ausweislich der Protesturkunden hatte die Beklagte beim Proteste erklärt:

„Da das erste Indorso des vorliegenden Wechsels betrügerischerweise geändert wurde, sind wir von den Trassanten angewiesen, den Wechsel nur dann zu bezahlen, wenn die Inhaber uns eine bündige Garantie leisten, daß weder der Bank of Tarapaca & Argentina ld. noch uns aus der Zahlung ein Schaden entsteht. Wir bitten mit solcher Erklärung versehen, den Wechsel zur prompten Zahlung wieder vorzuzeigen."

Veranlaßt war diese Erklärung durch eine Mitteilung, die den Beklagten am Tage vorher seitens der Remittentin und ersten Indossantin E. H. & Co. zugegangen war. Diese Mitteilung ging dahin: die sämtlichen Wechsel seien E. H. & Co. gestohlen worden; deren Indossament sei gefälscht; die Klägerin habe die Wechsel in gefälschtem Zustande in grob fahrlässiger Weise erworben; E. H. & Co. vindizierten daher sowohl die Wechsel für sich, wie sie auch die Auszahlung der Wechselbeträge verlangten; demgemäß widersprächen sie der Auszahlung der Wechsel an den jetzigen Inhaber und würden von diesem im Klagewege die Einwilligung auf Auskehrung an sie fordern.

Am 14. Juli 1902 hinterlegten die Beklagten die Wechselsumme beim Amtsgerichte zu Hamburg, als der Hinterlegungsstelle des Zahlungsorts, unter Verzicht auf das Recht der Rücknahme auf Grund von § 372 Satz 2 des Bürgerlichen Gesetzbuchs, da sowohl E. H. & Co. als auch die Klägerin Anspruch auf den Betrag erhöben. Mit Rücksicht auf diese Hinterlegung beantragte die Beklagte die Abweisung der Klage.

Die Beklagte verkündete der Firma E. H. & Co. den Streit, und diese trat dem Rechtsstreite als Nebenintervenientin bei. Als solche behauptete sie, ihre Unterschrift unter dem ersten Indossamente auf sämtlichen 3 × 5 Wechseln rühre zwar von ihr her, der darüber stehende Text aber habe ursprünglich gelautet:

„Für uns an die Ordre von H. & Co. in Berlin. Wert in Rechnung."

Nach der Entwendung der Wechsel seien dann die Worte

„von H. & Co. in Berlin"

durch Säuren und Rasur getilgt und durch den jetzigen Wortlaut

„des Herrn H. N."

ersetzt. Sodann machte die Nebenintervenientin nähere Angaben darüber, woraus sie ableiten wollte, daß sich die Klägerin beim Erwerbe der Wechsel einer groben Fahrlässigkeit schuldig gemacht habe.

Die Klägerin bestritt, daß ihr eine Fahrlässigkeit zur Last falle. Sie legte die Briefe vor, mit denen H. N. ihr die Sekunden und Tertien der Wechsel übersandt habe, sowie zwei Schreiben von E. H. & Co., worin diese den Newman der Klägerin empfehlen und ihr in seinem Auftrage die Primen schicken:

Die Briefe wurden von der Nebenintervenientin für gefälscht erklärt.

Der Richter der ersten Instanz erklärte die Hinterlegung für gerechtfertigt, wies die Klage auf die Wechselsumme ab, verurteilte aber die Beklagte zur Zahlung der Protestkosten und der Provision. Auf Berufung der Klägerin wurde dieses Urteil vom hanseatischen Oberlandesgerichte insoweit abgeändert, als es die Klage abgewiesen hatte, und die Beklagte auch zur Zahlung der Wechselsumme von 200 000 M verurteilt. Der Zinsanspruch wurde im Urteile des Oberlandesgerichts übergangen. Beide Urteile enthielten den Vorbehalt des § 599 Abs. 1 ZPO. Auf

Revision der Beklagten ist das Urteil des Oberlandesgerichts aufgehoben worden.

Gründe:

„Aus den Art. 36, 74, 76 und 82 WO. ergeben sich folgende in Wissenschaft und Rechtsprechung feststehende Sätze:

1. Der Inhaber eines indossierten Wechsels wird durch eine zusammenhängende, bis auf ihn hinuntergehende Reihe von Indossamenten als Eigentümer legitimiert. Der Wechselschuldner ist der Regel nach befugt, sich mit dieser formellen Legitimation des Wechselgläubigers zu begnügen. Er braucht insonderheit die Echtheit der Indossamente nicht zu prüfen und kann an den formell legitimierten Präsentanten der Urkunde mit befreiender Wirkung zahlen.

2. Die formelle Legitimation begründet indes nur eine Vermutung für den rechtmäßigen, d. h. gutgläubigen, Erwerb des Wechsels. Der Schuldner kann diese Vermutung entkräften. Zwar nicht durch den bloßen Nachweis, daß sich unter den vorangegangenen Wechselskripturen falsche oder verfälschte befänden, wohl aber durch den Nachweis, daß der formell legitimierte Inhaber den Wechsel in bösem Glauben oder in grober Fahrlässigkeit von einem zu dessen Begebung nicht Berechtigten erworben habe.

3. Ist die Bekämpfung der materiellen Legitimation des Vorzeigers der Urkunde der Regel nach nur ein Recht des Schuldners, so kann sie unter Umständen auch zu einer Pflicht werden. Insbesondere besteht eine solche Pflicht nach dem allgemeinen Grundsatze von Treu und Glauben im Verkehr gegenüber dem wahren Eigentümer des Wechsels. Dies ist aber nur dann der Fall, wenn der Schuldner weiß oder wissen muß, daß der Vorzeiger den Wechsel bösgläubig oder grob fahrlässig erworben hat. Leistet der Wechselschuldner auch beim Vorliegen dieser Voraussetzungen gleichwohl Zahlung an den Präsentanten, so kann er selbst nicht als gutgläubig erachtet werden und läuft Gefahr, dem vindizierenden Eigentümer nochmals Zahlung leisten zu müssen.

Vgl. Goldschmidt, in der Zeitschrift für das gesamte Handelsrecht Bd. 8 S. 326 flg., insbesondere S. 334, 335; Grünhut, Wechselrecht Bd. 2 S. 257 flg.; Bernstein, Wechselordnung S. 181, 183, 280; Rehbein, Wechselordnung 6. Aufl. S. 76, 108; Staub, Wechselordnung 4. Aufl. zu Art. 36 §§ 19, 24, zu Art. 74 § 10.

Im vorliegenden Falle hatte die Nebenintervenientin in der Berufungsinstanz tatsächliche Angaben gemacht, aus denen sie ableiten wollte, daß sich die Klägerin beim Erwerbe der streitigen Wechsel einer groben Fahrlässigkeit schuldig gemacht habe. Auf diese, von der Klägerin bestrittenen, Angaben und auf die Beweise, die dafür angetreten waren, ist das Berufungsgericht nicht eingegangen. Obwohl dieses Vorbringen nach dem zu 2 Bemerkten an sich ein wirksames Verteidigungsmittel gegen die Klage darstellt, das, wenn bewiesen, ohne jede Rücksicht auf die stattgehabte Hinterlegung der Wechselsumme zur Abweisung der Klage führen müßte, so erscheint es nach der prozessualen Sachlage trotzdem gerechtfertigt, daß das Berufungsgericht auf diese Behauptungen nicht eingegangen ist. Die Beklagte hat nach dem Tatbestande des Berufungsurteils ausdrücklich erklärt, daß sie mangels jeden eigenen Interesses an der Sache der Klage gegenüber „einzig und allein" geltend mache, daß sie unter den gegebenen Verhältnissen zur Hinterlegung der Wechselsumme berechtigt gewesen sei. Die Beklagte will also den Beweis, daß der Klägerin beim Erwerbe der Wechsel eine grobe Fahrlässigkeit zur Last falle, nicht unternehmen. Dann mußte aber auch jenes Vorbringen der Nebenintervenientin, insoweit es sich als eine selbständige Einrede gegen die Klage darstellt, unbeachtet bleiben. Denn nach § 67 ZPO. ist der Nebenintervenient nur insoweit berechtigt, Angriffs- und Verteidigungsmittel geltend zu machen, als seine Erklärungen mit den Erklärungen der Hauptpartei nicht in Widerspruch stehen. Die Beklagte hat denn auch hiergegen eine Revisionsbeschwerde nicht gerichtet.

Demnach handelt es sich ausschließlich um die Frage, ob die Beklagte nach § 372 BGB. einen rechtmäßigen Grund zur Hinterlegung hatte und infolgedessen nach § 378 durch die Hinterlegung von ihrer Verbindlichkeit aus den Wechseln befreit worden ist.

Durch § 372 Satz 2 BGB. ist die Hinterlegung unter anderm auch dann zugelassen — und hierauf beruft sich die Beklagte —,

> „wenn der Schuldner infolge einer nicht auf Fahrlässigkeit beruhenden Ungewißheit über die Person des Gläubigers seine Verbindlichkeit nicht oder nicht mit Sicherheit erfüllen kann."

Damit sind — wie die Begründung zu § 272 des ersten Entwurfs Bd. 2 S. 96 sagt — die Fälle der sogenannten subjektiven Ungewißheit des Gläubigers umfaßt. Zwar könne nicht jede subjektive Ungewißheit Berücksichtigung finden, aber doch eine solche, die weder verschuldet sei, noch auf Zweifeln beruhe, die ein verständiger Mann nicht hegen könne. Hierzu sei unter Umständen auch eine irrtümliche rechtliche Beurteilung zu zählen.

Das Oberlandesgericht führt aus, daß auch der Wechselschuldner sich auf diese Bestimmung berufen könne. Dem ist beizutreten. Es ist, mit anderen Worten, als richtig anzuerkennen, daß in Wechselsachen grundsätzlich nicht nur die durch die Wechselordnung selbst in Art. 40 für den Fall nicht rechtzeitiger Einforderung der Wechselsumme geregelte Hinterlegung in Frage kommen kann, sondern auch eine Hinterlegung auf Grund der Bestimmungen des bürgerlichen Rechts, insbesondere also auch die Hinterlegung wegen entschuldigter Ungewißheit über die Person des Gläubigers.

Für den vorliegenden Fall gelangt aber das Oberlandesgericht zu dem Ergebnisse, daß die Hinterlegung nicht als berechtigt anerkannt werden könnte. In dieser Beziehung wird ausgeführt:

„Die Klägerin, welche die ... Wechsel im Regreßwege eingelöst hat ..., ist durch eine zusammenhängende, bis auf sie hinunterreichende Reihe von Indossamenten als Eigentümer der Wechsel legitimiert, sie ist im Besitze der sämtlichen Exemplare der Wechsel ... und mithin allein zur Geltendmachung der Rechte aus den Wechseln berechtigt. Daß, selbst wenn das erste Indossament ... gefälscht wäre, und auch wenn die Wechsel der Nebenintervenientin gestohlen sein sollten, die Klägerin zur Geltendmachung der Ansprüche aus den in ihrem Besitze befindlichen Wechseln allein legitimiert ist, kann nach ... Art. 36 der Wechselordnung keinem Zweifel unterliegen, und konnte demnach auch bei der Beklagten irgendwelche Ungewißheit über die Person des Gläubigers nicht bestehen und auch nicht durch die Mitteilungen der Nebenintervenientin hervorgerufen werden, welche nicht behauptete, daß die Klägerin die Wechsel in bösem Glauben erworben habe, sondern ihren vermeintlichen Anspruch auf die Bezahlung der Wechselbeträge auf den unrechtmäßigen Erwerb der Wechsel durch den Vorindossanten der Klägerin gründete. Hierdurch wurden aber die Ansprüche der Klägerin aus den Wechseln in keiner Weise berührt, und es bestand eine Ungewißheit über die Person des Gläubigers für die Beklagte auch um deswillen nicht, weil die jetzige Nebenintervenientin Rechte aus den Wechseln überhaupt nicht geltend machte und auch nicht geltend machen konnte, weil sie nicht Inhaber der Wechsel ... war."

Diese Ausführungen werden dem feststehenden tatsächlichen Sachverhältnisse nicht gerecht. Die Mitteilungen, die die Nebenintervenientin kurz vor Verfall der Wechsel an die Beklagte gerichtet hatte, gingen allerdings nicht dahin, daß die Klägerin die Wechsel *in bösem Glauben* erworben habe, wohl aber dahin, daß sich die Klägerin bei diesem Erwerbe *einer groben Fahrlässigkeit* schuldig gemacht habe. Auch die grobe Fahrlässigkeit aber schließt nach Art. 74 WO. den gutgläubigen Erwerb aus. Auch hatte die Nebenintervenientin in ihrem Briefe vom 9. Juli 1902 mit deutlichen Worten erklärt, daß sie die ihr entwendeten Wechsel vindiziere und die Auszahlung der Wechselbeträge zu ihren Händen fordere.

Die Ausführungen beruhen aber zugleich auf einer Verletzung der im Eingange hervorgehobenen Rechtssätze. Insbesondere verkennt das Oberlandesgericht die oben unter 3 erwähnten Normen, indem es die formelle Legitimation des Wechselgläubigers aus Art. 36 ohne weiteres mit seiner materiellen Gläubigerschaft gleichstellt, während doch aus Art. 74 folgt, daß diese außerdem an den gutgläubigen Erwerb des Wechselbriefs geknüpft ist.

Hiernach mußte das angefochtene Urteil aufgehoben werden.

Die Sache liegt aber nicht derart, daß das Reichsgericht bereits die endgültige Entscheidung treffen könnte. Vielmehr bedarf es weiterer Erwägungen und Feststellungen, die im wesentlichen auf tatsächlichem Gebiete liegen, so daß die Sache nach § 565 Abs. 1 ZPO. an das Berufungsgericht zurückzuverweisen war.

Das Berufungsgericht wird aufs neue zu prüfen haben, ob sich die Beklagte, als sie zur Hinterlegung der Wechselsumme schritt, tatsächlich in einer solchen Ungewißheit über die Person ihres Gläubigers befand, daß sie ihre Verbindlichkeit nicht mit Sicherheit erfüllen konnte, und zweitens, ob diese Ungewißheit als entschuldigt angesehen werden kann, oder ob sie auf Fahrlässigkeit beruhte. Dabei ist lediglich auf den Zeitpunkt zu sehen, in dem die Hinterlegung erfolgte. Durch spätere Erklärungen oder Handlungen der Nebenintervenientin kann die Hinterlegung, wenn sie damals befugterweise erfolgte, ihre befreiende Wirkung für den Schuldner nicht verlieren. Dies ist namentlich von Bedeutung mit Rücksicht auf die Tatsache, daß die Nebenintervenientin den Versuch der Beklagten, sie als Hauptpartei auf Grund des § 75 ZPO. in den gegenwärtigen Prozeß zu ziehen, bereits in der ersten Instanz durch die Weigerung ihres Eintritts in den Prozeß vereitelt hat. Andererseits folgt hieraus freilich auch, daß die Hinterlegung, wenn sie durch § 372 BGB. nicht gerechtfertigt war, im vorliegenden Falle nicht etwa hinterher durch § 75 ZPO. gerechtfertigt werden kann.

Fahrlässig handelt nach § 276 BGB., wer die im Verkehr erforderliche Sorgfalt außer acht läßt. Hier handelt es sich um den überseeischen Wechselverkehr zwischen Großkaufleuten. Das Berufungsgericht wird zu erwägen haben, welches Maß von Sorgfalt dieser Verkehr von den Beteiligten „erfordert“. Daß dabei Rechtskenntnisse bis zu einem gewissen Umfange nicht zu entbehren sind, erscheint zweifellos. Insbesondere ist der Wechselverkehr, bei dem der Schuldner regelmäßig seinen Gläubiger im voraus nicht kennt, sondern erst bei Verfall kennen lernt, nicht denkbar, ohne daß die Beteiligten wissen, worauf sie die ihnen vom Gesetze zur Pflicht gemachte Legitimationsprüfung zu erstrecken haben. Als verfehlt erscheint danach die Meinung des Richters der ersten Instanz, der die Hinterlegung schon deswegen als gerechtfertigt ansehen will, weil die Beklagte die Regel des Art. 36 WO. nicht hätte zu kennen brauchen — abgesehen davon, daß diese Regel allein gerade unter den obwaltenden Umständen nicht ausreicht, um die Frage, auf die es ankam, zu beantworten. Der Schwerpunkt der Entscheidung wird demnach darin zu suchen sein, ob die Beklagten nach den ihnen bekannten tatsächlichen und persönlichen Verhältnissen auf Grund der Mitteilungen der Nebenintervenientin begründete Zweifel darüber hegen durften, ob nicht die von der Nebenintervenientin behauptete Entwendung und Fälschung der Wechsel vorlag, ob ihnen in der Person der Klägerin ein gutgläubiger Erwerber der Wechsel gegenüberstand, und ob sie sich nicht, wenn sie ihr Akzept trotz der ihnen gewordenen Mitteilungen einlösten, der Gefahr aussetzten, dem Vindikanten den Wert der Wechsel nochmals erstatten zu müssen. Lag die Sache so, daß sich die Beklagten als verständige Geschäftsleute sagen mußten, daß sie mit befreiender Wirkung an die Klägerin Zahlung leisten konnten, so kann die Hinterlegung nicht als berechtigt angesehen werden. Hatten die Beklagten aber begründete Ursache, anzunehmen, daß sie, wenn sie der Klägerin Zahlung geleistet und die Wechsel eingelöst hätten, auf eine Klage der Nebenintervenientin wegen der oben unter 3 erwähnten Rechtssätze zu einer nochmaligen Zahlung verurteilt werden könnten, so wird die stattgehabte Hinterlegung als gerechtfertigt anzusehen sein.

Der Beweis, daß die vom Geseze geforderten Voraussetzungen der Hinterlegung vorlagen, liegt selbstredend der Beklagten ob und wird mit den im Urkundenprozesse zulässigen Beweismitteln zu erbringen sein."

RGZ. 53, 227.

Ist ein mangels Zahlung erhobener Wechselprotest gültig, welcher gegenüber einem Vorstandsbeamten einer Reichsbankstelle ohne Feststellung der Abwesenheit des anderen Vorstandsbeamten aufgenommen wurde?

WO. Art. 41, 88 Nr. 3. ZPO. §§ 173, 171 Abs. 3, 418 Abs. 2.
BGB. § 28 Abs. 2.

HGB. §§ 125 Abs. 2 Satz 3, 150 Abs. 2 Satz 2, 232 Abs. 1 Satz 3.
Gesetz, betr. die Gesellsch. m. b. H., vom 20. Mai 1898 § 35 Abs. 2 Satz 3.

I. Zivilsenat. Urt. v. 31. Dezember 1902.

I. Landgericht Nordhausen. — II. Oberlandesgericht Naumburg a. S.

Kläger klagte als Indossatar und Indossant des von ihm im Regreßwege eingelösten Wechsels vom 28. Dezember 1901 über 25 000 M per 30. April 1902, zahlbar bei der Reichsbankstelle Nordhausen, gegen den Beklagten als Akzeptanten im Wechselprozeß auf Zahlung der Wechselsumme nebst Zinsen und Kosten. Beklagter beantragte Klagabweisung, indem er die Gültigkeit des Protestes beanstandete. Letzterer besagte, daß der beauftragte Gerichtsvollzieher sich in das Geschäftslokal der Reichsbankstelle zu Nordhausen verfügt, dort den Reichsbankrendanten Herrn K. angetroffen und von ihm auf Vorzeigung des Wechsels und Zahlungsaufforderung die Antwort erhalten habe: „Vom Bezogenen ist keine Deckung eingegangen." Der Akzeptant sei nicht anwesend gewesen. Beklagter führte aus, der Protest hätte den beiden zur Vertretung der Reichsbankhauptstelle befugten Vorstandsmitgliedern gegenüber aufgenommen werden, oder es häte erklärt werden müssen, daß einer derselben oder beide nicht angetroffen wurden. Mindestens hätte der angetroffene Rendant zugleich als Kassierer bezeichnet werden müssen. Darüber, daß K. Mitglied des Vorstandes der Reichsbankstelle Nordhausen sei, waren die Parteien einverstanden.

Die Vorinstanzen erkannten nach den Anträgen des Klägers. Die Revision der Beklagten ist zurückgewiesen aus folgenden

Gründen:

„Die Annahme des Vorderrichters, daß sich die angefochtene Entscheidung ohne weiteres durch Bezugnahme auf die in den Entsch. des RG.s in Zivils. Bd. 24 S. 82 flg. entwickelten Gründe rechtfertige, unterliegt erheblichen Bedenken. Dort wurde der Protest gegen eine Aktienbank für genügend erachtet, weil der protestierende Beamte das Zahlungsbegehren an eine Person gerichtet hatte, die sowohl der Kassierer der Bank war, als auch dem Vorstande derselben angehörte, und von dieser die Antwort entgegengenommen hatte, dieser Hergang auch in dem Proteste beurkundet war. Der Vorderrichter ist anscheinend der Meinung, daß der gegenwärtige Fall ebenso liegt, und zwar aus dem Grunde, weil mit dem Ausdrucke „Reichsbankrendant" nicht nur die Eigenschaft der Zugehörigkeit zum Vorstande der Reichsbankstelle, sondern zugleich die Funktion als Kassierer genügend bezeichnet sei. Ersteres mag zugegeben, letzteres kann aber nicht für feststehend erachtet werden.

Aus § 38 des Bankgesetzes vom 14. März 1875 (Reichsgesetzblatt S. 188), der Bekanntmachung des Reichskanzlers vom 27. Dezember 1875 und dem amtlichen Handbuche für das Deutsche Reich ergibt sich, daß der Vorstand aller Reichsbankstellen von zwei Personen gebildet wird, deren gemeinschaftliche Unterschrift die Reichsbank verpflichtet. Nach dem von der Reichsbank veröffentlichten, ebenfalls Gerichtskundigkeit begründenden, Werke „Die Reichsbank 1876—1900", liegt den beiden Vorstandsbeamten die Leitung der Geschäfte und die Überwachung der Ausführung durch die untergeordneten Beamten gemeinschaftlich ob. Der zweite Vorstandsbeamte ist der ordentliche Vertreter des ersten, zu wichtigen Geschäften ist seine Zustimmung erforderlich. Aus den verschiedenen Jahrgängen des Handbuchs für das Deutsche Reich ist sodann erkennbar, daß der Titel Bankrendant eine häufig vorkommende Bezeichnung eines der beiden, insbesondere des zweiten, Vorstandsbeamten der Reichsbankstellen ist. Es kann somit allenfalls schon hiernach aus dem Proteste entnommen werden, daß der Protestbeamte mit einem der beiden Vorstandsmitglieder der Reichsbankstelle Nordhausen verhandelt hat. Es kommt jedoch hinzu, daß sich die Zugehörigkeit des Bankrendanten K. zum Vorstande dieser Bankstelle auch unmittelbar aus dem amtlichen Handbuche für das Deutsche Reich ergibt und daher bei den Beteiligten als bekannt vorausgesetzt werden durfte.

Anders verhält es sich aber mit der Frage, ob der Protest ergibt, daß mit dem Kassierer der Reichsbankstelle verhandelt ist." (Im folgenden wird ausgeführt, daß dies aus dem Worte „Rendant" nicht geschlossen werden könne.)

„Allerdings ist es nicht ausgeschlossen, daß die Reichsbankstelle Nordhausen zu denjenigen „kleineren" Anstalten[1] gehört oder gehörte, bei denen der zweite Vorstandsbeamte zugleich die Funktionen des Kassierer versieht. Dies würde aber noch festzustellen sein, und es würde sich dann gegen die Gültigkeit des Protestes, wenn diese davon abhinge, daß mit dem Kassierer verhandelt wäre, das Bedenken ergeben, daß letztere Tatsache nicht beurkundet wäre, während gemäß Wechselordnung Art. 88 Nr. 3 die Beurkundung erfordert werden muß, daß mit einem in bezug auf die Protesterhebung zur Vertretung der Person, gegen welche potestiert wird, Berechtigten verhandelt, oder daß ein solcher Berechtigter nicht angetroffen wurde.

Vgl. Entsch. des RG.s in Zivils. Bd. 23 S. 123.

[1] Im Sinne des amtlichen Werkes: „Die Reichsbank 1876—1900" S 34.

Der Senat ist jedoch der Meinung, daß es hierauf nicht ankommt, sondern daß der vorliegende Protest auch dann rechtsgültig ist, wenn der Bankrendant K., mit welchem verhandelt wurde, nicht der Kassierer der Bankstelle gewesen sein sollte.

Bei dem Wechselproteste mangels Zahlung ist das Wesentliche, daß die Präsentation des Wechsels zur Zahlung und die Nichterlangung der Zahlung urkundlich dargetan wird (Art. 41 WO.). Die Präsentation des Wechsels zur Zahlung enthält eine Zahlungsaufforderung, d. h. eine Willenserklärung, die dem Protestaten gegenüber abzugeben ist. Dagegen ist die Konstatierung, daß Zahlung nicht erlangt wurde, lediglich das einseitige Zeugnis des Protestbeamten über die Erfolglosigkeit der Zahlungsaufforderung. Wenn in Art. 88 Nr. 3 WO. vorgeschrieben ist, daß, falls die Person, mit der verhandelt wird, eine Antwort gibt, diese Antwort im Protest aufgenommen werden muß, so geschieht dies, weil die Antwort in der Regel ohne weiteres die Tatsache der Erfolglosigkeit der Zahlungsaufforderung ergeben wird und eine gewisse Kontrolle des Protestbeamten ermöglicht, unter Umständen den nach § 418 Abs. 2 ZPO. auch der Protesturkunde gegenüber zulässigen Beweis erleichtert, daß die Zahlungsaufforderung nicht ordnungsmäßig, z. B. nicht verständlich, erfolgt ist. Im übrigen ist diese Antwort inhaltlich völlig gleichgültig. Selbst die Antwort, welche nicht selten gegeben wird, daß der Wechsel bezahlt werde, hindert den Protest mangels Zahlung nicht, wenn tatsächlich keine Zahlung erfolgt. Diese Antwort ist daher nicht ein einseitiges Rechtsgeschäft des Protestaten, auf dessen Perfektion es bei dem Protest abgesehen ist, sondern sie hat für letzteren nur tatsächliche Bedeutung. Es kommt nicht darauf an, daß, wenn die Antwort, wie es vorkommt, inhaltlich eine rechtsgeschäftliche Erklärung, z. B. ein Schuldanerkenntnis oder ein Zahlungsversprechen, darstellt, die Person, welche sie abgibt, hierzu legitimiert ist. Sie braucht weder zu der tatsächlich abgegebenen Antwort, noch zu jeder denkbaren Antwort legitimiert zu sein; auch kann daraus, daß von einer zur Entgegennahme der Zahlungsaufforderung befugten Person eine bestimmte Antwort erteilt ist, nicht ohne weiteres geschlossen werden, daß sie dazu ermächtigt war. Darauf jedoch kommt es an, daß diese Person legitimiert ist, die Zahlungsaufforderung entgegenzunehmen.

Selbstverständlich können Willenserklärungen, welche einem anderen gegenüber abzugeben sind, auch dessen zur Entgegennahme, sei es speziell, sei es generell, ermächtigtem Vertreter gegenüber mit voller Wirkung abgegeben werden. Wie nach § 173 ZPO. Prozeßerklärungen mittels Zustellung dem Generalbevollmächtigten und in den durch den

Betrieb eines Handelsgewerbes hervorgerufenen Rechtsstreitigkeiten dem Prokuristen gegenüber abgegeben werden können, so gilt das gleiche aus bezüglich materiellrechtlicher Willenserklärungen, insbesondere in bezug auf Zahlungsaufforderungen und daher auch in bezug auf die Protesterhebung mangels Zahlung.

Vgl. Entsch. des RG.s in Zivils. Bd. 23 S. 123.

Wenn aber in § 171 Abs. 3 ZPO. ausgesprochen ist: „Bei mehreren gesetzlichen Vertretern sowie bei mehreren Vorstehern genügt die Zustellung an einen derselben", so ist dies nicht eine nur für das Gebiet des Zivilprozesses zugelassene Singularität, sondern es entspricht dieser Satz einem allgemeinen Rechtsprinzip, das auch im Zivilrecht in vielen Gesetzen und in der Rechtsprechung Anerkennung gefunden hat, kraft dessen Willenserklärungen einem von mehreren Kollektivvertretern gegenüber mit Wirkung für die vertretene Person abgegeben werden können, und Kenntnis einer Tatsache auf seiten eines Kollektivvertreters genügt, um Kenntnis der vertretenen Person anzunehmen.

Vgl. § 28 Abs. 2 (vgl. § 40) BGB., § 125 Abs. 2 Satz 3, § 150 Abs. 2 Satz 2, § 232 Abs. 1 Satz 3 HGB.; § 35 Abs. 2 Satz 3 des Gesetzes, betreffend die Gesellschaften mit beschränkter Haftung, vom 20. Mai 1898; Bolze, Praxis Bd. 16 Nr. 231 und Zitate.

Ob § 232 Abs. 1 Satz 3 HGB. unmittelbar für die Reichsbank und ihre Zweiganstalten anwendbar ist, mag bezweifelt werden, da die Reichsbank sich von den Aktiengesellschaften des Handelsgesetzbuchs durch ihre öffentlichrechtliche Organisation und durch ihre amtlichen Obliegenheiten unterscheidet. Die analoge Anwendung unterliegt aber keinem Bedenken, da die Reichsbank, wenn nicht eine Aktiengesellschaft, so doch gewiß ein der Aktiengesellschaft ähnlicher Personenverein ist, und jene unterscheidenden Modalitäten die dem § 232 Abs. 1 Satz 3 HGB. zugrunde liegende gesetzgeberische Absicht nicht berühren. Da nun die Reichsbankstelle, bzw. die Reichsbank selbst innerhalb des Wirkungskreises der ersteren allgemein vertreten wird durch die beiden Vorstandsmitglieder der Bankstelle, so können Willenserklärungen, die der Reichsbankstelle gegenüber abzugeben sind, mit Wirkung für die Reichsbank einem der Vorstandsmitglieder gegenüber abgegeben werden, und es kann das für die Protesterhebung notwendige Zahlungsbegehren an ein Vorstandsmitglied gerichtet werden, ohne daß dieses zu allen denkbaren Antworten namens der Reichsbank ermächtigt zu sein brauchte. Erfolgt daraufhin keine Zahlung, so kann der Zahlungsverzug wechselprotestmäßig festgestellt werden.

In der Literatur ist die hier vorliegende Frage nur vereinzelt behandelt; richterliche Entscheidungen sind, soweit ersichtlich, darüber nicht veröffentlicht worden. Bernstein, Wechselordnung S. 372, Stranz, Wechselordnung S. 331 (Art. 88 Bem. 23), und Walter, Der Wechselprotest S. 99, erachten, abweichend von der hier vertretenen Ansicht, eine Verhandlung mit sämtlichen Kollektivvertretern (bzw. Abwesenheitskonstatierung) für notwendig. Ihnen schließt sich in dem Kommentar zur Wechselordnung § 37 zu Art. 88 an Staub, der jedoch in innerem Widerspruche damit in § 35 die Protesterhebung gegenüber einem Kollektivprokuristen für genügend erklärt und im Kommentar zum Handelsgesetzbuch zu § 232 Anm. 12 die hier vertretene Ansicht ausdrücklich gutzuheißen scheint. Auch das Reichsgericht hat in den bei Bolze, Praxis Bd. 15 Nr. 250 und Bd. 20 Nr. 329, angeführten — allerdings besonders gearteten — Fällen die Protesterhebung einem Kollektivprokuristen gegenüber für gültig erachtet." ...

RGZ. 53, 261.

Ist die von dem Empfänger eines Blankoakzeptes nachträglich ohne Erlaubnis des Akezeptanten erfolgte Änderung des vertragsmäßig fertiggestellten Wechsels Wechselfälschung, oder nur Überschreitung der erteilten Ermächtigung zur Ausfüllung des Blanketts?

I. Zivilsenat. Urt. v. 10. Januar 1903.

I. Landgericht Braunschweig. — II. Oberlandesgericht daselbst.

Der Kläger klagte im Wechselprozeß auf Grund eines vom Beklagten akzeptierten Wechsels vom 8. Januar 1900. Der Beklagte machte geltend, daß es sich um ein Gefälligkeitsakzept handle, welches nach der zwischen ihm und dem Aussteller, Bankier F. in H., getroffenen Vereinbarung bei letzterem domiziliiert sein sollte. Die Ausfüllung des in blanco akzeptierten Wechsels habe er dem Aussteller, wie in früheren Fällen, überlassen. In den Vorinstanzen wurde festgestellt, daß der Vermerk „zahlbar bei Herrn F. in H." auf dem Wechsel stand, aber durchstrichen war, und daß die Durchstreichung sowie ein über die Unterschrift des Ausstellers gesetzter Vermerk „ohne Kosten" mit anderer Tinte ausgeführt war, als der übrige Inhalt des Wechsels. In erster Instanz leistete der Beklagte einen Eid dahin: „es ist wahr, daß der auf dem Klagewechsel befindlich gewesene, jetzt durchstrichene Domizilvermerk in Gemäßheit des zwischen mir und dem Aussteller des Wechsels getroffenen Übereinkommens auf den Wechsel gesetzt werden sollte".

Beide Vorinstanzen wiesen den Kläger ab. Die eingelegte Revision ist zurückgewiesen worden aus folgenden

Gründen:

... „Der Revisionskläger hat ausgeführt, nur dann würde eine Fälschung der Wechselerklärung des Beklagten vorliegen, wenn festgestellt würde, daß zu der Zeit, als der Beklagte sein Akzept auf den Wechsel setzte, der Domizilvermerk schon auf dem Wechsel stand. Eine dahin gehende Behauptung habe der Beklagte nicht einmal aufgestellt, geschweige denn bewiesen. Sei das Blankett, wie anzunehmen, erst nach der Wechselzeichnung des Akzeptanten von F. ausgefüllt worden, so könne darin, daß F. den ursprünglich angebrachten Domizilvermerk nachträglich wieder durchstrich, nur eine Überschreitung der ihm erteilten Ermächtigung zur Ausfüllung des Blanketts erblickt werden, welche dem Kläger nur im Falle seiner Bösgläubigkeit entgegengehalten werden könne.

Dieser Angriff geht fehl, nachdem die Vorinstanz tatsächlich festgestellt hat, daß das Blankett von F. vereinbarungsgemäß hergestellt und auch mit Domizilvermerk versehen war, und daß erst nachträglich der fertige Wechsel durch die Durchstreichung des Domizilvermerks verändert wurde. Es ist mit der Entscheidung des Reichsoberhandelsgerichts Bd. 7 S. 223 davon auszugehen, daß mit der Herstellung des vollständigen Wechsels die von dem Akzeptanten erteilte Ermächtigung zur Ausfüllung des Blanketts erschöpft war. Jede spätere Veränderung des Wechselinhalts, welche ohne Einwilligung des Akzeptanten bewirkt wurde, erscheint als eine Verfälschung desselben. ... Auf die Gutgläubigkeit des Klägers kann es nicht ankommen, nachdem feststeht, daß die Wechselerklärung des Akzeptanten nachträglich verfälscht worden ist. Der Beklagte wurde nur nach Maßgabe des ursprünglichen Wechselinhaltes wechselmäßig verpflichtet. Nach diesem war der Wechsel ein Domizilwechsel, welcher nach Art. 43 WO. dem Aussteller selbst am Domizilorte zur Zahlung zu präsentieren und mangels Zahlung zu protestieren war. Da diese wechselrechtlichen Akte unbestrittenermaßen nicht vorgenommen wurden, ist der wechselmäßige Anspruch verloren gegangen." ...

RGZ. 55, 47.

Voraussetzungen für die Hinterlegung einer Wechselschuldsumme wegen subjektiver Ungewißheit des Gläubigers (§ 372 Satz 2 BGB.), wenn es sich darum handelt, daß ein Vormann der indossierten Tratte

behauptet, der Wechsel sei ihm gestohlen und vom Inhaber grob fahrlässig erworben.

I. Zivilsenat. Urt. v. 27. Mai 1903.

I. Landgericht Hamburg. — II. Oberlandesgericht daselbst.

Durch das im 53. Bande dieser Sammlung unter Nr. 51 abgedruckte Urteil des Reichsgerichts war die Sache an das Oberlandesgericht zurückverwiesen worden. Dieses erkannte nach der erneuten Verhandlung auf Verurteilung der Beklagten zur Zahlung der Wechselsumme nebst 6 Prozent Zinsen seit dem 10. Juli 1902.

Die Revision ist zurückgewiesen worden aus folgenden

Gründen:

„In der erneuten Verhandlung hat die Beklagte sich nicht nur, wie früher, damit verteidigt, daß sie befugt gewesen sei, die Wechselsummen zu hinterlegen, sondern der Klage auch entgegengehalten, daß die Klägerin die Wechselgläubigerin nicht sei.

Eingewendet worden ist in erster Linie, daß die Klägerin nicht einmal formell als Eigentümerin der Wechsel legitimiert sei, oder wenigstens die Beklagte Grund zu Zweifeln in dieser Beziehung gehabt habe, weil es eine Person des Namens, mit welchem die auf die Klägerin als Indossatarin lautenden Indossamente unterzeichnet seien, und mit welchem in den vorhergehenden Indossamenten der Indossatar bezeichnet werde, gar nicht gegeben habe. Dieser Einwand ist mit Recht vom Berufungsgericht für unbegründet erachtet worden. Es ist ein ganz feststehender, von der Sicherheit des Wechselverkehrs geforderter und im Art. 36 WO. mit voller Deutlichkeit zum Ausdruck gelangter Rechtssatz, daß der Inhaber eines Wechsels als dessen Eigentümer legitimiert ist, wenn nach dem Anblick der Wechselurkunde die Reihe der Indossamente ununterbrochen vom Remittenten bis auf ihn hinunterführt, daß es für diese Legitimation lediglich auf den äußerlichen Zusammenhang der als Indossamente sich darstellenden Erklärungen ankommt. Sollte die Beklagte hierüber zur Zeit der von ihr vorgenommenen Hinterlegung im Zweifel gewesen sein, so würde dieser als ein entschuldbarer nicht angesehen werden können.

Nicht behauptet ist, daß die Klägerin in bösem Glauben die Wechsel erworben, und auch nicht, daß für die Beklagte ein Anlaß zu Bedenken in dieser Richtung vorgelegen habe. Es handelt sich somit darum, ob die Klägerin sich bei der Erwerbung der Wechsel einer groben Fahrlässigkeit schuldig gemacht hat, oder wenigstens zur Zeit der Hinterlegung in bezug hierauf Umstände vorlagen, aus denen sich für die Beklagte eine Ungewißheit der Rechtslage, wie sie der § 372 Satz 2 BGB. erfordert, ergab. Zurückverwiesen wird in letzterer Hinsicht auf die Schlußsätze des früheren Revisionsurteils, nach welchen der Schwerpunkt der Entscheidung darin liegt, ob die Inhaber der verklagten Firma als verständige Geschäftsleute sich sagen mußten, daß sie mit befreiender Wirkung an die Klägerin Zahlung leisten konnten, oder ob sie begründete Ursache hatten, dies in Zweifel zu ziehen. Bei der Prüfung dieser Frage ist wohl zu beachten, daß in betreff der Möglichkeit, sich durch Erfüllung von seiner Schuld zu befreien, die Rechtsstellung des Wechselschuldners eine wesentlich günstigere ist, als die des Schuldners aus einem Schuldverhältnis des bürgerlichen Rechtes, woraus mit Notwendigkeit folgt, daß für jenen die Befugnis zur Hinterlegung wegen Ungewißheit des Gläubigers enger begrenzt sein muß, als für diesen. Der Schuldner des bürgerlichen Rechts wird in der Regel durch Erfüllung von seiner Schuld nur dann befreit, wenn er an den, der wirklich der Gläubiger ist, (oder an einen befugten Vertreter) leistet. Dagegen wird der an den formell legitimierten Inhaber des Wechsels zahlende Wechselschuldner, auch wenn der Inhaber des Wechsels dessen wahrer Eigentümer nicht ist, durch die Zahlung von seiner Schuld nur dann nicht befreit, sofern er bei der Zahlung wußte oder infolge grober Fahrlässigkeit nicht wußte, daß jener der Eigentümer des Wechsels nicht war. Dieser Rechtssatz geht parallel dem Grundsatze des Art. 74 WO. Wie der formell legitimierte Wechselinhaber, der den Wechsel gutgläubig ohne grobe Fahrlässigkeit erworben hat, als Wechseleigentümer anerkannt und geschützt wird, so wird der Wechselschuldner, der gutgläubig ohne grobe Fahrlässigkeit an den formell legitimierten Wechselinhaber gegen Aushändigung des (quittierten) Wechsels gezahlt hat, gegen eine nochmalige Inanspruchnahme aus dem Wechsel geschützt.

Vgl. Grünhut, Wechselrecht Bd. 2 § 107.

Hiernach standen die Inhaber der verklagten Firma, als von ihnen die Bezahlung der Wechsel gefordert wurde, vor der Frage,

> ob sie als verständige Geschäftsleute sich sagen müßten, daß man, wenn sie an die Klägerin zahlten, ihre Zahlung als eine ohne bösen Glauben und ohne grobe Fahrlässigkeit geleistete würde gelten lassen, d. h. als eine Zahlung, bei der von ihnen ohne grobe Fahrlässigkeit nicht angenommen worden sei, daß die Klägerin die Wechsel grob fahrlässig erworben habe.

Die einwandsfrei getroffenen tatsächlichen Feststellungen des Berufungsgerichts sind nun folgende. Die Klägerin habe die Primen der fünf Wechsel mit einem die Unterschrift von „E. H. & Co." tragenden Briefe zugesandt erhalten; die Art und Weise, wie darin „H. N." empfohlen worden sei, habe nichts Auffälliges, und zu dem Briefe seien Papier und Umschlag mit Vordruck der genannten Firma benutzt. Die Unterschrift sei, wenn gefälscht, doch so gut gefälscht, daß selbst bei ihrer Vergleichung mit zuverlässig echten Unterschriften kein Grund zu Zweifeln an ihrer Echtheit vorgelegen habe. Gleich unverdächtig seien die Wechsel gewesen; auch bei Anwendung gehöriger Aufmerksamkeit lasse sich ihnen nicht ansehen, daß sie gefälscht seien; dies selbst dann nicht, wenn man sie gegen das Licht halte. Dem Briefe von „E. H. & Co." sei der Brief von „H. N." an die Klägerin vom 13. Februar 1902 voraufgegangen, und mit einem weiteren Briefe vom 17. März 1902 habe „H. N." die Sekunden der Wechsel eingeschickt und der Klägerin die Anweisung gegeben, ihm von der Valuta zweimal 100 000 Frs. in zwei Schecks auf Genua und Paris nach Genua unter angegebener Hoteladresse zu übersenden oder bei einer dortigen Bank zu akkreditieren und den Rest für ihn in Depot zu nehmen; auch diese Schriftstücke seien in keiner Weise geeignet gewesen, Verdacht zu erregen.

Ohne Frage ergibt sich aus diesen Feststellungen nichts, worauf man sich dafür berufen könnte, daß die Klägerin die Wechsel grob fahrlässig erworben habe. Als das einzige, womit der dahin gehende Vorwurf gegenwärtig begründet wird und vor der Hinterlegung der Beklagten gegenüber begründet worden ist, bleibt nur übrig, daß die Klägerin, obwohl die von ihr dem „H. N." nach Genua übersandten Schecks von der Bank in Genua, weil der Vorzeiger über seine Identität mit dem „H. N." irgendeinen Nachweis nicht habe beibringen können, nicht eingelöst worden seien, ihrerseits keinen Anstand genommen habe, ohne solchen Nachweis demselben angeblichen H. N., als er kurz darauf bei ihr erschienen sei, die Wechselsummen in Schecks auf Paris zu übergeben. Allein abgesehen davon, ob es sich nicht hierbei nur um eine dem „H. N." gegenüber begangene Fahrlässigkeit handelt, und um eine diesem gegenüber unschädlich gebliebene Fahrlässigkeit, da ja der unter dem Namen „H. N." bei der Klägerin sich Vorstellende mit dem Wechselindossanten „H. N." identisch w a r, so ist und war doch diese Fahrlässigkeit nur behauptet, nicht aber bewiesen. Daraus, daß der angebliche H. N. sich in Genua über seine Identität mit diesem nicht ausweisen konnte, folgt noch nicht, daß er es der Klägerin gegenüber, die im Besitze der Briefe von „H. N." war, auch nicht konnte. Die Klägerin war, wenn sie von dem bei ihr Erschienenen sich eine Quittung über die Aushändigung der Schecks geben oder nur überhaupt seinen Namen schreiben ließ, in der Lage, die Namensschrift mit den Unterschriften zu vergleichen. Sodann aber ist die behauptete Fahrlässigkeit, wenn sie vorlag, für die Frage des grob fahrlässigen Wechselerwerbes jedenfalls deshalb ohne jede Bedeutung, weil sie in die Zeit nach dem Wechselerwerbe fällt. Der Klägerin waren die Wechsel zur Diskontierung übersandt, mithin zum Kauf angeboten. Vollendet hatte sich nach Ansicht des Berufungsgerichtes der Wechselerwerb spätestens am 11. April 1902, weil, wie festgestellt, an diesem Tage die Primen der Wechsel von der Beklagten akzeptiert, und schon vorher die Sekunden von der Klägerin weiterbegeben worden seien. Dieser Ansicht könnte man nur zustimmen, wenn anzuerkennen wäre, daß hier einer der Ausnahmefälle gegeben sei, in denen ein Vertrag durch die Annahme zustande kommt, ohne daß die Annahme dem Antragenden erklärt zu werden braucht. Einer Entscheidung hierüber bedarf es jedoch nicht; denn erklärt wurde dem Wechselindossanten „H. N." die Annahme seines Vertragsantrages durch die Übersendung der beiden Schecks auf Genua und Paris an ihn nach Genua, mithin v o r seinem Erscheinen bei der Klägerin; der Vertragsabschluß war also vor diesem Erscheinen erfolgt, und wenn man aus dem Grunde, weil die Schecks nicht eingelöst wurden, verneinen kann, daß auch schon der Kaufpreis bis auf den gestundeten Teil berichtigt war, so ist das unerheblich, da der gesetzliche Aufschub des Eigentumserwerbes beim Kauf bis zur Zahlung oder Stundung des Kaufpreises sowohl dem in Belgien geltenden französischen Recht wie dem Bürgerlichen Gesetzbuch unbekannt, und über ein etwa in dieser Hinsicht in Betracht zu ziehendes Gewohnheitsrecht für den internationalen Wechselverkehr durchaus nichts beigebracht ist.

Hiernach liegt kein Umstand dafür vor, daß die Klägerin die Wechsel grob fahrlässig erworben hat, und auch die Beklagte, der nach ihrem eigenen Vorbringen die für die Feststellung des Zeitpunktes der Wechselerwerbung entscheidenden Tatsachen mitgeteilt waren, und der juristischer Rat zu Gebote stand, hatte, als von ihr Zahlung gefordert wurde, keinen Grund zu der Annahme eines grob fahrlässigen Erwerbes, zum mindesten aber keinen Grund zu der Besorgnis, daß man die Nichtannahme eines solchen i h r als grobe Fahrlässigkeit anrechnen könne. Wenn gleichwohl der Beklagten von ihrem langjährigen Anwalt geraten worden ist, so zu verfahren, wie sie verfahren ist, so kann darauf kein Gewicht gelegt werden, weil zu diesem Verfahren auch das gehört, daß die Beklagte sich vor der Hinterlegung von der Firma E. H. & Co. das Versprechen des Aufkommens für alle Schäden und Kosten hat geben lassen." . . .

RGZ. 57, 167.

Ist ein Wechsel bezüglich des Verfalltages als Blankett zu behandeln, wenn er, im übrigen vollständig mit Tinte ausgeschrieben, an der für den Verfalltag bestimmten Stelle nur eine Bleistiftnotiz enthält? Ist der gutgläubige Erwerber eines solchen Wechsels berechtigt, an Stelle der Bleistiftnotiz einen beliebigen Verfalltag mit Tinte in den Wechsel einzutragen?

I. Zivilsenat. Urt. v. 5. März 1904.

I. Landgericht Dresden, Kammer für Handelssachen. — II. Oberlandesgericht daselbst.

Klägerin klagte gegen den Beklagten als Aussteller von zwei Wechseln über 2000 M und 3000 M, an Order des Beklagten selbst, akzeptiert von Ernst H., indossiert vom Beklagten an die inzwischen in Konkurs geratene Spar- und Vorschußbank in D., von deren Konkursverwalter weiter an die Klägerin, auf Zahlung der Wechselsummen nebst Zinsen und Wechselunkosten. Beide unter Benutzung gedruckter Formulare hergestellten Wechsel waren mit Tintenschrift ausgefüllt und trugen auf dem für den Verfalltag im ursprünglichen Formular offengelassenen Raum die Worte: „Am 14. Mai 1902." Sie wurden am 15. Mai 1902 protestiert.

Beklagter beantragte Klagabweisung, indem er folgendes behauptete. Als Klägerin die Wechsel indossiert erhalten habe, hätten statt der erwähnten Worte „Am 14. Mai 1902" nur die mit Bleistift und in Ziffer geschriebenen Daten „20./5. 00" in dem Wechsel über 2000 M, und „27./5. 00" in dem über 3000 M gestanden. Dies seien die von ihm mit der Spar- und Vorschußbank vereinbarten Verfalltage gewesen. Klägerin hätte diese Bleistiftdaten beseitigt und dafür mit Tinte die Worte „Am 14. Mai 1902" eingetragen. Darin liege eine rechtswidrige Änderung der wahren Verfalltage. Der Protest sei hiernach verspätet.

Das Landgericht wies die Klage ab. Dagegen verurteilte das Oberlandesgericht den Beklagten nach der Klage, wobei es die Wahrheit oder Unwahrheit der erwähnten Behauptung des Beklagten dahingestellt ließ. Die Revision wurde zurückgewiesen aus folgenden

Gründen:

„Mit Recht hat der Vorderrichter angenommen, daß, selbst wenn man die Behauptungen des Beklagten als wahr unterstellt, es sich bei den fraglichen Wechseln bezüglich der Verfalltage um Blankette handelt. Es widerspricht den Erfahrungen des Lebens, daß jemand ein im übrigen mit Tintenschrift vollzogenes Wechselformular in der Absicht, einen fertigen Wechsel herzustellen, an der für die Eintragung des Verfalltags bestimmten Stelle nur mit einer Bleistiftnotiz, in der überdies der Monat nur durch eine Ziffer angedeutet, und die Jahreszahl abgekürzt angegeben ist, ausfüllt. Vielmehr darf aus einem solchen Verhalten unbedenklich auf die Absicht geschlossen werden, daß die endgültige Bestimmung und Eintragung des Verfalltags vorbehalten bleiben, und der Wechsel folglich insoweit Blankett sein soll. Daß diese Absicht auch im vorliegenden Falle obwaltete, ergibt sich übrigens auch mit Sicherheit aus den eigenen weiteren Anführungen des Beklagten, wonach der eine Wechsel d. d. 17. Februar 1900 ursprünglich an der für den Verfalltag bestimmten Stelle die Bleistiftnotiz „20./2. 00" trug, welche später unter Vereinbarung der Beteiligten in „20./5. 00" abgeändert sei. Daraus ergibt sich nicht nur der provisorische Charakter der Notiz, sondern auch, da die Parteien schwerlich eine dreitägige Verfallzeit beabsichtigen, daß die Notiz nicht notwendig im Sinne eines vereinbarten Verfalltags verstanden zu werden braucht, sondern daß ihr möglicherweise auch nur Bedeutung für die vereinbarungsgemäß weiter zu berechnenden und zu zahlenden Zinsen zukommt.

Hiernach war die Klägerin, der beim Erwerb der Wechsel keinerlei Mitteilung über die Bedeutung der Bleistiftnotizen gemacht worden ist, vollkommen berechtigt, erstere in bezug auf die Verfalltage als Blankette zu behandeln und selbst Verfalltage mit Tinte in die Wechsel einzutragen. Eine andere Frage ist es allerdings, ob sie bei der Eintragung der von ihr gewählten Verfalltage in gutem Glauben handelte, und ob sie sich dabei nicht an die Bleistiftnotizen hätte gebunden erachten müssen. Allein auch diese Frage muß zugunsten der Klägerin beantwortet werden, da keine genügenden Anhaltspunkte dafür gegeben sind, daß die Klägerin sich beim Erwerb der Wechsel sagen mußte, die Bleistiftnotizen bezeichneten die unter den ursprünglichen Wechselparteien endgültig vereinbarten Verfalltage, und eine anderweitige Bestimmung derselben würde gegen die Vereinbarung verstoßen. Der Beklagte hat nicht behauptet, daß Klägerin die Wechsel vor den in den Bleistiftnotizen bezeichneten Tagen erworben habe, und die ganze Sachlage spricht an sich gegen diese Annahme. Hat Klägerin die Wechsel aber erst später erworben, so war für die Vermutung, daß die erste Nehmerin sie bei fest vereinbarter Verfallzeit hätte verfallen lassen, eine durchaus fernliegende. Sie durfte vielmehr davon ausgehen, daß die ursprünglichen Wechselparteien, mochten sie auch anfangs die in den Bleistiftnotizen bezeichneten Tage als Verfalltage in Aussicht genommen haben, hiervon nachträglich wieder abgegangen waren, und daß sie selbst somit andere Verfalltage nach Belieben einsetzen konnte. Ihr guter Glaube kann daher auch insoweit nicht in Frage gestellt werden." . . .

RGZ. 58, 48.

Wie ist der Wechselprotest mangels Zahlung aufzunehmen, wenn der Akzeptant gestorben ist?

I. Zivilsenat. Urt. v. 13. April 1904.

I. Landgericht I Berlin, Kammer für Handelssachen. — II. Kammergericht daselbst.

Auf dem am 15. Juli 1903 fälligen Klagewechsel über 4500 M war die *Bezogene und Akzeptantin bezeichnet* als „Witwe Marie B. geb. St. in Berlin Birkenstraße 19". Sie war bereits im Mai 1901, und zwar, wie nicht streitig, in der angegebenen Wohnung, gestorben. Den am Fälligkeitstage aufgenommenen Protest M. Z., dessen hier erheblicher Inhalt sich aus dem Nachstehenden ergibt, hat das Reichsgericht, entgegen den beiden Vorinstanzen, für formgerecht erklärt aus folgenden

Gründen:

„Das Berufungsgericht hat, wie das Landgericht, den Streitstoff im übrigen nicht geprüft und die Klage lediglich aus dem Grunde für unberechtigt erklärt, weil der mangels Zahlung erhobene Protest nicht formrichtig sei. Daß der Regreßanspruch, den der Kläger gegen den Beklagten als Aussteller der Tratte geltend macht, die Vorlegung eines rechtswirksamen Protestes voraussetzt, folgt aus Art. 41 WO. und ist außer Streit. Die Revision rügt aber, daß der vorgelegte Protest zu Unrecht für fehlerhaft angesehen worden sei. Dieser Revisionsangriff ist begründet. Ob mit der Revision die Formrichtigkeit des Protestes schon deshalb anzuerkennen wäre, weil der protestierende Notar den Nachlaßpfleger für die unbekannten Erben der verstorbenen Akzeptantin aufgesucht hat, . . . oder weil er den Verwalter im Konkurse über den Nachlaß der verstorbenen Akzeptantin aufgesucht hat, braucht nicht entschieden zu werden; denn es ergibt sich, daß der Protest in der Richtung gegen die verstorbene Akzeptantin selbst den Anforderungen des Gesetzes entspricht.

Für die Protestierung des Wechsels nach dem Tode des eigentlichen Protestaten läßt es eine in Literatur und Rechtsprechung ziemlich allgemein anerkannte Ansicht genügen, wenn der Protest dem Erben des Protestaten gegenüber aufgenommen wird. Darüber herrscht aber kein Streit, daß dies nur eine zulässige Ersatzform sein soll, und daß daneben auch, und zwar in erster Linie, die Aufnahme des Protestes in rechtswirksamer Weise dem verstorbenen Protestaten selbst gegenüber erfolgen kann. Wollte man den Wechselgläubiger auf die Protestation gegenüber dem Erben beschränken, so würde dies dem Wesen des Wechselrechts, das mit genau bestimmten Faktoren rechnen muß, widersprechen und in häufigen Fällen die Erhebung eines gültigen Protestes unmöglich machen. Für diese Frage vornehmlich ist der vom Reichsoberhandelsgericht in seiner Plenarentscheidung vom 25. Mai 1878 (Entsch. des ROHG.s Bd. 24 S. 22 flg.) ausgesprochene Grundsatz, daß nur dasjenige, was auf der Wechselurkunde selbst ausgedrückt sei, die Aussteller, Unterzeichner und Inhaber zu wechselmäßigen Handlungen verpflichtete, als richtig und entscheidend anzuerkennen.

Wenn es demnach unzweifelhaften Rechts ist, daß der Protest gegenüber dem aus der Wechselurkunde ersichtlichen Protestaten auch nach dessen Tode erhoben werden kann, so fragt es sich doch, in welcher Form diese Protesterhebung erfolgen muß, um rechtsgültig zu sein. Für die in Art. 88 WO. vorgeschriebenen Formalerfordernisse besteht keine Schwierigkeit. Zweifel können nur darüber entstehen, ob und in welcher Weise die Vorschriften der Wechselordnung über die Lokalität der Protestaufnahme Anwendung zu finden haben. Besondere Vorschriften über diesen Punkt für den Fall, daß der Protestat verstorben ist, enthält die Wechselordnung nicht. Auch die Protokolle der Leipziger Konferenz (Leipziger Ausgabe S. 147 flg. 242) enthalten in dieser Richtung keine Andeutung, sowenig wie die Motive zu dem einschlagenden § 83 des preußischen Entwurfs (das. S. LXXV/LXXVI). Grundsätzlich muß daher auch für diesen Fall von den allgemein und ausnahmslos gehaltenen Bestimmungen in Art. 91 WO. ausgegangen werden.

Nach Art. 91 muß der Protest, abgesehen von dem Falle beiderseitigen Einverständnisses, in dem Geschäftslokale des Protestaten, und in Ermangelung eines solchen in dessen Wohnung erhoben werden. Ein Platzprotest ist nur zulässig, wenn weder ein Geschäftslokal noch eine Wohnung des Protestaten zu ermitteln ist. Daß aber das Geschäftslokal oder die Wohnung nicht zu ermitteln sei, ist nach Satz 3 des Art. 91 erst alsdann als festgestellt anzunehmen, wenn auch eine dieserhalb bei der Polizeibehörde des Orts geschehene Nachfrage des Notars oder des Gerichtsbeamten fruchtlos geblieben ist, und dies muß im Proteste bemerkt werden.

Der Art. 91 spricht von dem g e g e n w ä r t i g e n Geschäftslokale und der g e g e n w ä r t i g e n Wohnung des Protestaten, die er zur Zeit der Protestaufnahme hat oder doch haben kann. Die Ermittlungen und insbesondere auch die Nachfrage bei der Polizeibehörde sind auf die Feststellung gerichtet, ob der Protestat gegenwärtig in der aus dem Wechsel ersichtlichen Ortschaft ein Geschäftslokal oder eine Wohnung habe. Auf Geschäftslokal oder Wohnung, die der Protestat früher einmal hatte, jetzt aber nicht mehr hat, bezieht sich der Art. 91 nicht. Insofern besteht für den Fall, daß der Protestat gestorben ist, eine Lücke, indem der tote Protestat gegenwärtig kein Geschäftslokal und keine Wohnung mehr hat und auch nicht haben kann. Die unmittelbare Anwendung des Art. 91 ist daher nicht möglich. Aus dem Prinzipe dieses Artikels muß aber doch gefolgert werden, daß es auch in diesem Falle nicht genügt, den Tod des Protestaten und damit die rechtliche Unmöglichkeit einer gegenwärtigen Wohnung zu konstatieren, sondern daß der Protestbeamte die Sterbewohnung, als die letzte mögliche Wohnung des Protestaten aufzusuchen hat, um dort den Protestakt vorzunehmen. Sachlich rechtfertigt sich diese Pflicht, in gleicher Weise wie die Pflicht zur Aufsuchung des Geschäftslokals oder der Wohnung des lebenden Protestaten, weil die von dem Verstorbenen oder von dritten Interessenten etwa getroffenen Vorkehrungen zur Einlösung des Wechsels an diese Lokalitäten gebunden sind. Aus der Eigentümlichkeit dieses Falles, in dem eine wirkliche Wohnung gar nicht mehr gefunden werden kann, darf aber auch geschlossen werden, daß schon das Aufsuchen des Sterbehauses genügt. Wenn aber der Protestbeamte in diesem Sinne die Sterbewohnung gefunden hat, so liegt nicht der Fall des Art. 91 Satzes 3 vor, daß das Geschäftslokal oder die Wohnung nicht zu ermitteln war; vielmehr steht dies dem in Satz 1 behandelten Falle gleich, daß das Geschäftslokal oder die Wohnung des noch lebenden Protestaten ermittelt worden ist. Von einer Pflicht des Protestbeamten zur Nachfrage bei der Polizeibehörde kann dann nicht die Rede sein.

Vgl. Rehbein, Wechselordnung (6. Aufl.) Bem. 6 zu Art. 41 flg. (S. 85), Bem. 6 zu Art. 91 flg. (S. 165); Staub, Wechselordnung (3. Aufl.) Anm. 18 zu Art. 88 (S. 229/230); v. Wächter, Das d. Wechselrecht § 83 bei Anm. 16 (S. 366); v. Canstein, Wechselrecht § 22 Anm. 5 (S. 326); Bernstein, Wechselordnung Art. 41 § 2a (S. 190); Borchardt, Wechselordnung (8. Aufl.) Zusatz 898 (S. 504); Walter, Der Wechselprotest § 22 (S. 59); Entsch. des ROHG.s Bd. 2 S. 218/219, Bd. 22 S. 424; Urt. des Oberlandesgerichts Dresden vom 27. November 1888 in seinen Annalen 1889 S. 41 und in Goldschmidts Zeitschrift Bd. 38 S. 570; Urt. des Handelsgerichts Stuttgart vom 13. Mai 1866 in Löhrs Zentralorgan Bd. 3 S. 118.

Wenn man von dieser Rechtsauffassung ausgeht, so muß der vorgelegte Protest als formrichtig anerkannt werden. Der Protest, der am 15. Juli 1903, also zweifellos rechtzeitig, in Berlin aufgenommen ist, lautet insoweit:

„Auf den Antrag des (Klägers) . . . , der Witwe M. B., geborenen St., zu Berlin Birkenstraße 19 den in Abschrift nachstehenden Wechsel" (folgt Wechselabschrift) „zur Zahlung vorzulegen und im Weigerungsfalle zu protestieren, habe ich mich zunächst nach dem hierselbst Birkenstraße 19 belegenen Hause verfügt. Eine Wohnung der Bezogenen Frau M. B., geborenen St., war selbst nicht zu ermitteln. Auf Nachfrage beim Verwalter W. wurde mir durch ein Fräulein G. bestätigt, daß die Bezogene verstorben sei. Ich begab mich daraufhin" usw. Der protestierende Notar beurkundet, daß er weiter den zum Nachlaßpfleger, bzw. zum Pfleger der unbekannten Erben der Bezogenen bestellten Justizrat Dr. H. H. und den Verwalter im Konkurse über den Nachlaß der Bezogenen, Kaufmann Sch., in ihren Geschäftslokalen aufgesucht habe, und schließt den Protest mit der Bemerkung: „Ich habe daher wegen nicht erfolgter Zahlung des vorbeschriebenen Wechsels diesen Protest erhoben."

Es ist zu beachten, daß der Wechsel selbst als Wohnung der Protestatin in Berlin die Nr. 19 der Birkenstraße angab. Dahin hat sich der protestierende Notar zuerst begeben. Im Zusammenhange mit diesem Umstande kann der hierzu gehörige Inhalt des Protestes ohne Willkür nicht wohl anders verstanden werden, als daß diese Wohnung als die Sterbewohnung der Protestatin bezeichnet und bezeugt werden sollte. Es wäre nicht verständlich, wie der Notar sonst sich bei dem Verwalter des Hauses Nr. 19 der Birkenstraße nach dem Tode der Protestatin erkundigen, und daß ihm dort von dem Fräulein G. dieser Tod hätte „bestätigt" werden können. Tatsächlich ist es auch gar nicht streitig, daß die Sterbewohnung der Protestatin Witwe B., die nach der eigenen Angabe des Beklagten bereits im Mai 1902 verstorben, in dem Hause Nr. 19 der Birkenstraße war. Der Protestnotar konstatiert nun allerdings ausdrücklich, daß er in diesem Hause eine Wohnung der Witwe B. nicht habe ermitteln können, und diese Feststellung ist für den Berufungsrichter der entscheidende Grund gewesen, den Protest für ungültig zu erklären, weil nicht zugleich die Nachfrage bei der Polizei und deren Erfolg beurkundet seien. Damit wird aber dieser Bemerkung im Protest eine Bedeutung beigelegt, die ihr in Verbindung mit dem übrigen Kontexte nicht zukommt. In diesem Zusammenhange bedeutet sie nur, was auch ohne jede Beurkundung feststand, daß damals eine gegenwärtige

Wohnung der bereits verstorbenen Protestatin in dem angegebenen Hause nicht mehr zu ermitteln war. Die Angaben des Protestes über die Sterbewohnung werden dadurch in keiner Weise berührt oder gar in Zweifel gezogen. Es ist deshalb rechtsirrtümlich, wenn das Berufungsgericht auch noch eine Nachfrage bei der Polizeibehörde für erforderlich angesehen hat. Der Vertreter des Revisionsbeklagten hat denn auch auf diesen Punkt weniger Gewicht gelegt, vielmehr die Ungültigkeit des Protestes gegenüber der Protestatin wesentlich darauf gestützt, daß der Notar zwar das Sterbehaus aufgesucht, aber dort den Wechsel nicht präsentiert und keine Zahlung verlangt hat. Dieser Vorwurf ist indessen nicht begründet. Wenn der Protestbeamte den Tod des Protestaten konstatiert und dessen Sterbewohnung aufgesucht hat, so liegt der Fall nicht anders, als wenn er in der aktuellen Wohnung des lebenden Protestaten niemand antrifft. Es ist dann kein Raum für die Präsentation des Wechsels und für die Zahlungsaufforderung. Es wird dann ein bloßer Wand- und Windprotest aufgenommen, der nur die Tatsache bezeugt, daß der Protestat in seiner Wohnung nicht zu finden gewesen sei. Dies entspricht der Vorschrift des Art. 88 Ziff. 3 WO., die allerdings nicht ganz glücklich gefaßt ist. Allein es liegt auf der Hand, daß dann, wenn die Person, gegen welche protestiert werden soll, nicht angetroffen wird, auch nicht von einem an sie gestellten Begehren die Rede sein kann, so daß hier die Worte „oder die Bemerkung, daß sie . . . nicht anzutreffen gewesen sei", den ganzen Inhalt der unter Nr. 3 erforderten Beurkundung bilden. Zur Begründung der Notwendigkeit, beim Protest gegen einen verstorbenen Protestaten die Sterbewohnung aufzusuchen, ist oben auf die Möglichkeit hingewiesen worden, daß dort vielleicht Vorkehrungen für die Honorierung des Wechsels getroffen seien. Daraus folgt aber nicht, daß der Protestbeamte Nachforschungen in dieser Richtung anzustellen habe. Da für den verstorbenen Protestaten auch kein Vertreter in Frage kommen kann, so tut er vielmehr genug, wenn er den Tod des Protestaten feststellt, und kann es demjenigen, welcher ein Interesse daran hat, überlassen, selbst hervorzutreten und die nötigen Handlungen oder Erklärungen vorzunehmen. Aus diesem Grunde kann im vorliegenden Falle namentlich auch nicht verlangt werden, daß er dem Hausverwalter oder dem dort getroffenen Fräulein G. den Wechsel zur Zahlung hätte präsentieren sollen." . . .

RGZ. 60, 426.

Sind Bleistiftvermerke auf einem mit Vordruck und Tinte an sich vollständig hergestellten Wechsel als Teile der Wechselschrift zu behan-

deln? Welche rechtliche Bedeutung hat die unrichtige Angabe der Adresse des Bezogenen?

I. Zivilsenat. Urt. v. 10. Mai 1905.

I. Landgericht I Berlin, Kammer für Handelssachen. — II. Kammergericht daselbst.

Die vorliegende Wechselklage wurde in erster Instanz ohne Vorbehalt, in der Berufungsinstanz als in der gewählten Prozeßart unstatthaft abgewiesen. Letztere Entscheidung beruht darauf, daß auf dem vorgelegten Wechsel neben der Adresse „Herrn Geh. Kanzleirat A. L. in Groß-Lichterfelde Louisenstraße 23" sich der Bleistiftvermerk „Lankwitz" befand, und zwar durch mit Bleistift ausgeführte Bindestriche mit dem Worte „Groß-Lichterfelde" verbunden. Auch in der zum Wechselproteste gehörigen Wechselabschrift stand neben dem Worte „Groß-Lichterfelde" in der Adresse der Bleistiftvermerk „Lankwitz". Im übrigen waren Wechsel und Protest, soweit nicht formularmäßig vorgedruckt, mit Tintenschrift vollzogen. Der Berufungsrichter war der Ansicht, daß hiernach vorbehaltlich des vom Kläger zu erbringenden Gegenbeweises anzunehmen sei, daß der Wechsel als Zahlungsort das gar nicht existierende Groß-Lichterfelde-Lankwitz bezeichne, da, wie gerichtskundig, Groß-Lichterfelde und Lankwitz verschiedene politische Gemeinden seien. Die Behauptung des Klägers, das Wort „Lankwitz" sei erst nach Protesterhebung in den Wechsel und in die Protesturkunde eingefügt worden, sei zwar erheblich, weil danach bei der Protesterhebung ein gültiger, den Kläger legitimierender Wechsel vorgelegen habe; indessen sei dafür kein im Wechselprozesse zulässiger Beweis angetreten. Beklagter hatte auch sachliche Einwendungen gegen den Wechselanspruch erhoben; die Verhandlung war jedoch auf Anordnung des Gerichts auf den formellen Einwand, daß der Wechsel unzulässigerweise zwei Zahlungsorte enthalte, beschränkt worden.

Auf die Revision des Klägers wurde das Berufungsurteil aufgehoben aus folgenden

Gründen:

. . . „Die angefochtene Entscheidung ist unhaltbar.

Wäre selbst im Wechsel und in der zum Proteste gehörigen Wechselabschrift als Zahlungsort mit Tinte „Groß-Lichterfelde-Lankwitz Louisenstraße 23" angegeben, so könnte doch nach Lage der Sache nicht mit dem Vorderrichter angenommen werden, daß inhalts des Wechsels die Zahlung an einem gar nicht existierenden Orte stattfinden sollte. Auch bei der Auslegung von Wechseln ist nicht die Buchstabeninterpretation anzuwenden, sondern es ist der Wille der Beteiligten aus der

Urkunde und denjenigen Umständen, welche den Wechselnehmern mutmaßlich bekannt sind, oder von ihnen ohne Schwierigkeit in Erfahrung gebracht werden können, zu erforschen. Da nun, wie ein Blick auf die Karte zeigt, Lankwitz eine ganz kleine, dem bei weitem größeren Groß-Lichterfelde unmitelbar benachbarte und daher mutmaßlich wirtschaftlich von ihm abhängige Ortschaft ist; da ferner die Protesturkunde ergibt, daß ein Grundstück Louisenstraße 23 in Groß-Lichterfelde nicht vorhanden ist, dagegen feststeht, daß Beklagter in Lankwitz Louisenstraße 23 wohnte, so ergäbe sich unter der bezeichneten Voraussetzung mit voller Sicherheit, daß die ursprünglichen Wechselparteien Lankwitz als Zahlungsort hätten bezeichnen wollen, und nicht, was widersinnig gewesen wäre, einen gar nicht existierenden Ort. Der Vorderrichter hätte daher bei der von ihm angenommenen Prämisse, daß das Wort „Lankwitz" zum Wechsel gehöre, höchstens zu der Schlußfolgerung gelangen können, daß der Protest in Groß-Lichterfelde nicht am gehörigen Ort aufgenommen sei, und hätte daraufhin zwar einen Teil der Zinsen und der Wechselunkosten, nicht aber die Wechselsumme aberkennen können.

Die Richtigkeit dieser Prämisse kann aber auch gar nicht zugegeben werden. Gewiß trifft es theoretisch zu, daß ein Wechsel mit Bleistift geschrieben werden kann, wenngleich es schwer sein dürfte, einen solchen Wechsel, zumal über einen so hohen Betrag, wie er hier in Frage ist, in der Praxis nachzuweisen. Etwas ganz anderes ist es aber, ob bei einem an sich vollständigen, mit Vordruck und Tinte ausgefertigten Wechsel bei späterer Prüfung darauf sich findende Bleistiftvermerke als zum Wechselinhalte gehörig, oder ob sie als einseitige, unverbindliche Notizen irgendeines Wechselinhabers, sofern sie sich als solche erklären lassen, zu behandeln sind. Hier gilt für die Auslegung der Urkunde die allgemeine Regel, daß das Ungewöhnliche und Unvernünftige nicht zu vermuten ist. Es muß aber als absolut ungewöhnlich und unvernünftig bezeichnet werden, daß ursprüngliche Wechselkontrahenten einen bereits fertigen, in üblicher Weise mit dauerhaften Schriftzeichen ausgestellten, Wechsel durch Hinzufügung eines Bleistiftvermerks, der nicht nur leicht zu beseitigen oder undeutlich zu machen wäre, sondern über dessen Bedeutung auch spätere Zweifel und Streitigkeiten fast mit Sicherheit erwartet werden müßten, in einem wesentlichen Punkte verändern wollten. Im vorliegenden Falle kommt noch hinzu, daß Beklagter gar nicht behauptet, der Vermerk „Lankwitz" sei schon bei der ursprünglichen Begebung auf dem Wechsel gewesen. Die in erster Instanz gemachte Angabe des Klägers, der Vermerk sei unmittelbar vor dem Proteste auf den Wechsel gesetzt worden, um dem protestierenden Beamten die

Protesterhebung zu erleichtern, hat er nicht beanstandet; er hat nur bestritten, daß, wie Kläger in zweiter Instanz eventuell behaupten zu wollen erklärte, der Vermerk erst nach Protesterhebung auf den Wechsel gekommen sei. Ist hiernach davon auszugehen, daß der Bleistiftvermerk von den ursprünglichen Wechselparteien nicht vereinbart war, so würde der Zusatz, wollte man ihn als gewollte Ergänzung des Wechselinhalts auffassen, eine Fälschung bedeuten, und zwar eine Fälschung, die sich als solche durch die Benutzung des Bleistiftes sofort zu erkennen gäbe. Ob bei dieser Unterstellung nicht nach Maßgabe der in den Entsch. des RG.s in Zivils. Bd. 54 S. 386 aufgestellten Grundsätze die Gültigkeit des Wechsels nach seinem ursprünglichen Inhalte anzunehmen wäre, kann dahingestellt bleiben. Denn die bezeichnete Eventualität ist gegenüber der einfachen Erklärung, daß der Inhaber des Wechsels durch den Bleistiftvermerk nur auf den wirklichen Wohnort des Akzeptanten hat hinweisen wollen, eine so absolut fernliegende, daß sie ernstlich nicht in Betracht gezogen werden kann. Übrigens wird auch durch den Protest bewiesen, daß der Vermerk entweder erst nachträglich auf den Wechsel gekommen ist, oder daß es sich dabei, wie dem protestierenden Beamten bekannt war, nur um einen solchen, den Inhalt des Wechsels nicht berührenden Hinweis handelte. Denn die vorliegende Protesturkunde kann keinesfalls dahin ausgelegt werden, daß der Beamte selbst das Wort „Lankwitz" mit Bleistift darin aufgenommen hat, um ersichtlich zu machen, daß ein solcher Vermerk auch auf dem Wechsel stände. Ein solches Verfahren würde gegen alle Ordnung verstoßen, und es hätte alsdann der protestierende Beamte eine entsprechende deutliche Bekundung in den Text des Protestes aufnehmen müssen.

Der Bleistiftvermerk kann hiernach ebensowenig als Bestandteil des Wechsels, wie als Bestandteil des Protestes gelten. Wie derartige Zusätze im Geiste der Wechselordnung zu behandeln sind, dafür gibt Art. 5 Abs. 1 daselbst einen Fingerzeig, wo sogar bei direkten, zweifellos in dem Wechsel selbst enthaltenen Widersprüchen in bezug auf einen wesentlichen Teil des Wechselversprechens, nämlich die Wechselsumme, die Gültigkeit des Wechsels eventuell auch für die höhere Summe anerkannt wird, weil eine tatsächliche Vermutung dafür streitet, daß im Zweifel die Buchstaben dem Willen der Kontrahenten besser entsprechen, als die Ziffern. In noch höherem Maße streitet eine tatsächliche Vermutung für die Annahme, daß Bleistiftzusätze auf einem vollständigen, mit dauerhaften Schriftzeichen hergestellten Wechsel keine Abänderung des Wechselinhalts bezwecken, sondern als unverbindliche Notizen gemeint sind. Wollte man dem Vorderrichter folgen, so müßte man im gegenwärtigen Falle auch annehmen, daß der Wechsel wegen des am Kopfe befindlichen Blaustiftvermerks „Groß-Lichterfelde" zwei Ausstellungsorte enthalte, und daß weder der Tag der Ausstellung, noch der Monat des Verfalls angegeben sei, weil diese beiden Daten durch den darüber abgesetzten Firmenstempel der Dresdener Bank als ausgestrichen erscheinen.

Ist der Vermerk „Lankwitz" als nicht zum Wechsel gehörig zu behandeln, so kann auch keine Rede davon sein, daß, wie das Landgericht, der Ausführung des Beklagten folgend, angenommen hat, der Wechsel zwei Zahlungsorte angebe, was ohnehin nach dem zu Eingang dieser Entscheidungsgründe Bemerkten für ausgeschlossen erachtet werden müßte.

Die unrichtige Angabe der Adresse des Bezogenen ist ebenfalls ohne Bedeutung für die Gültigkeit des Wechsels, und zwar auch dann, wenn, wie hier, ein an dem betreffenden Orte nicht existierendes Grundstück als Wohnung des Bezogenen bezeichnet ist. Nach Art. 4 Ziff. 8 WO. konnte der protestierende Beamte Groß-Lichterfelde als Zahlungsort behandeln und dort protestieren. Hätte er nähere Erkundigungen über die Wohnung des Beklagten angestellt, und wäre er daraufhin in sachgemäßer Auslegung der Wechselurkunde zu dem Schlusse gelangt, daß in Wahrheit beabsichtigt gewesen sei, den Wechsel in Lankwitz Louisenstraße 23 zahlbar zu machen, so hätte nach den in den Entsch. des RG.s in Zivils. Bd. 32 S. 110 ausgesprochenen Grundsätzen der Protest auch dort rechtsgültig erhoben werden können. Der Beamte war aber zu solchen Nachforschungen nicht verpflichtet, sondern durfte die wörtliche Angabe des Zahlungsortes mit „Groß-Lichterfelde" seinem Verfahren zugrunde legen.

Da hiernach Wechsel und Protest gültig sind, so ist die Klage mit Unrecht ohne Entscheidung über die sachlichen Einwendungen des Beklagten abgewiesen worden. Der Revision mußte somit stattgegeben, und die Sache zur Verhandlung und Entscheidung über die Einwendungen an die Vorinstanz zurückverwiesen werden."

RGZ. 65, 357.

1. ...

2. Tragweite der Klausel, daß die seewärts zu liefernde Ware durch Wechselakzept gegen Aushändigung der Verladungs- und Versicherungsdokumente einzulösen sei.

II. Zivilsenat. Urt. v. 19. März 1907.

I. Landgericht Düsseldorf. — II. Oberlandesgericht Köln.

Die Entscheidung ist abgedruckt unter „Bürgerliches Recht, Internationales Privatrecht".

RGZ. 65, 409.

Unter welcher Voraussetzung können dem gutgläubigen Käufer eines Blankoakzeptes, der daraus den fertigen Wechsel herstellt, indem er selbst als Aussteller zeichnet, Einreden aus der Person seines Verkäufers entgegengehalten werden?

WO. Art. 23, 74. BGB. §§ 404, 406.

I. Zivilsenat. Urt. v. 27. März 1907.

I. Landgericht Leipzig, Kammer für Handelssachen. — II. Oberlandesgericht Dresden.

Der Kläger klagte im Wechselprozesse als Aussteller eines an eigene Order auf die Beklagte gezogenen und von dieser akzeptierten Wechsels über 6000 M.

Die Beklagte wandte ein: sie habe den Klagewechsel in Gestalt eines Blankoakzeptes ihrem früheren Ehemanne zur Sicherung eines ihm auszusetzenden Vermächtnisses mit der Abrede gegeben, daß der Wechsel erst nach ihrem Tode geltend gemacht werden dürfe. Ihr Ehemann habe ihr zu ihrer Sicherung und Beruhigung dagegen ein Akzept über 8500 M, in dem damals das Fälligkeitsdatum nicht ausgefüllt gewesen sei, gegeben. Der Kläger sei Inkassomandatar ihres Ehemannes und müsse sich alle ihr gegen ihren Ehemann zustehenden Einreden gefallen lassen. Er habe das Blankett erst ausgefüllt, nachdem er von der Beklagten durch ein Telegramm benachrichtigt sei, daß das Papier „falsch" sei. Hiernach könne der Kläger keine Rechte aus dem Klagewechsel erheben. Hilfsweise wolle sie mit der ihr auf Grund des Wechsels über 8500 M zustehenden Gegenforderung aufrechnen.

Der Kläger gestand nur zu, daß er nach Ausfüllung des Klagewechsels auf seine Anfrage von der Beklagten, wie behauptet, benachrichtigt sei; im übrigen bestritt er alle Behauptungen der Beklagten. Nach seiner Angabe hatte er das Blankett gutgläubig von A., dem Ehemanne der Beklagen, käuflich erworben.

Nachdem der Kläger einen ihm über diese Angaben auferlegten Eid geleistet hatte, gab das Landgericht der Klage statt. Die Berufung der Beklagten wurde nach Auferlegung und Ableistung eines weiteren Eides des Klägers zurückgewiesen. Auch ihre Revision ist zurückgewiesen aus folgenden

Gründen:

„Der Revision ist zuzugeben, daß die Begründung des angefochtenen Urteils widerspruchsvoll und unrichtig ist. Wenn sich der Kläger, wie das Oberlandesgericht annimmt, die Einwendungen aus der Person des A., als des ersten Empfängers des Blanketts, gemäß § 404 BGB. gefallen lassen muß, so ist nicht abzusehen, weshalb die Beklagte die ihr aus dem Gegenwechsel gegen A. zustehende Forderung gemäß § 406 BGB nicht aufrechnend sollte geltend machen können. Ihre Behauptung, daß ihr dieser Gegenwechsel zu ihrer „Sicherheit und Beruhigung" gegeben sei, kann die Geltendmachung nach Lage der Sache nicht ausschließen, da die Beklagte nichts weiter bezweckt, als sich gegen die nach ihrer Angabe rechtswidrige und jedenfalls vorzeitige Geltendmachung des Klagewechsels zu schützen. Wenn auch ihre sämtlichen Behauptungen nicht bewiesen sind und sogar, soweit sie der Geltendmachung des Klagewechsels entgegenstehen, durch die Eidesleistung des Klägers als widerlegt zu gelten haben, so ist doch ebensowenig bewiesen, daß die Beklagte arglistig handelt, wenn sie den Gegenwechsel, aus dem ihr an sich nach Wechselrecht eine Forderung gegen A. zusteht, geltend macht. Hierfür hätte es positiver replikarischer Behauptungen und Feststellungen bedurft.

Trotzdem ist der Vorentscheidung im Ergebnisse beizutreten.

Bei richtiger Beurteilung der Sache ergibt sich nämlich, daß die Beklagte dem Kläger Einwendungen aus der Person des A. nicht entgegenhalten kann. Das Reichsoberhandelsgericht und das Reichsgericht haben, im Anschlusse an die Entscheidung des ersteren Bd. 6 S. 44, in ständiger Praxis angenommen, daß der Zeichner eines Blankoakzeptes dem gutgläubigen Erwerber des ausgefüllten oder von ihm selbst gutgläubig ausgefüllten Wechsels nach Wechselrecht haftet, so daß dem Erwerber gegenüber nur Einreden nach Maßgabe des Art. 82 WO. erhoben werden können.

Vgl. Entsch. des ROHG.s Bd. 14 S. 382, Bd. 25 S. 16; Entsch. des RG.s in Zivils. Bd. 2 S. 99, Bd. 8. S 56, Bd. 14 S. 22, Bd. 19 S. 137, Bd. 23 S. 110, Bd. 32 S. 69.

Dies gilt auch dann, wenn das Blankett dem Akzeptanten ohne seinen Willen abhanden gekommen ist (ROHG. Bd. 25 S. 16), oder wenn er gar nicht beabsichtigte, eine Wechselerklärung abzugeben (RG. Bd. 14 S. 22). Insbesondere gilt es zugunsten eines Erwerbers, der das Papier unausgefüllt erhalten hat, und der selbst erst durch Ausfüllung die Wechselrechte zur Entstehung bringt (RG. Bd. 19 S. 137 u. Zitate). Nach der Verkehrsauffassung erklärt, wer ein Blankoakzept aus den Händen gibt, daß er dem aus dem fertigen Wechsel legitimierten gutgläubigen Erwerber wechselrechtlich haften will. Es ist unbillig, den Erwerber darunter leiden zu lassen, wenn etwa der erste Nehmer des Akzeptes durch vertragswidrige Weiterbegebung das Vertrauen des Gebers getäuscht haben sollte (RG. Bd. 2 S. 99). In Art. 74 WO. ist ausgesprochen, daß der nach Art. 36 legitimierte gutgläubige Erwerber zur Herausgabe des Wechsels nicht angehalten werden kann. Dem entspricht die Rechtsstellung gegenüber dem Schuldner. Es liegt aber kein Grund vor, den aus dem Wechsel legitimierten Aussteller in dieser Hinsicht schlechter zu behandeln, wie den Indossatar.

An der Auffassung des Oberlandesgerichts ist nur so viel richtig, daß, solange auf dem Blankoakzepte die Zeichnung des Ausstellers fehlt, Wechselrechte auch des gutgläubigen Erwerbers noch nicht entstanden sind. Bis dahin ist nur die etwaige Ausfüllungsbefugnis seines Vormannes auf ihn übergegangen, und er muß sich folgeweise die in dessen Person begründeten Einreden gefallen lassen (ROHG. Bd. 14 S. 386). Hat er aber durch Zeichnung als Aussteller den Wechsel bona fide hergestellt, so ist damit zu seinen Gunsten gemäß Art. 23 Abs. 2 WO. die Haftung des Akzeptanten eingetreten. Sei Gläubigerrecht beruht alsdann nicht auf der Übertragung seines Vormannes, sondern auf der Skripturobligation des Akzeptanten in Verbindung mit seinem gutgläubigen Erwerbe. Sowenig der Blankoakzeptant, der einen anderen mit der Diskontierung des Akzeptes beauftragt hat, dem gutgläubigen Käufer und Hersteller des Wechsels entgegenhalten kann, daß der Beauftragte die ihm gesetzten Bedingungen nicht eingehalten habe, sowenig kann dem, der gutgläubig das Akzept vom ersten Nehmer käuflich erwirbt und dann gutgläubig den Wechsel herstellt, entgegengehalten werden, daß dem Verkäufer Rechte aus dem Wechsel nicht zugestanden hätten.

Ebenso Rehbein, Wechselordnung (7. Aufl.) S. 37 Note 3 zu Art. 7; Staub, Wechselordnung Art. 7 §§ 11—13; Bernstein, Wechselordnung Art. 7 Note 4 b. Abweichend anscheinend Grünhut, Handbuch Bd. 1 S. 445 Note 6, vgl. jedoch Lehrbuch S. 112, 113.

Im vorliegenden Falle ist die Gutgläubigkeit des Klägers beim Erwerbe und bei der Herstellung (Ausfüllung) des Wechsels durch den ihm vom Landgerichte abgenommenen Eid außer Zweifel gestellt. Etwaige gegen seinen Verkäufer begründete Einreden berühren ihn daher nicht. Der Auferlegung des Eides hätte es somit nicht mehr bedurft, da die Einwendungen der Beklagten gegen die liquide Wechselforderung ohnehin, weil nur aus der Person des Verkäufers hergeleitet, hinfällig waren."

RGZ. 66, 7.

Erfordernisse für die Bezeichnung des Remittenten bei einem gezogenen Wechsel, insbesondere bei einem Wechsel, der von zwei Personen ausgestellt ist. Grundsätze für die Auslegung der Wechselurkunde.

I. Zivilsenat. Urt. v. 13. April 1907.

I. Landgericht I Berlin, Kammer für Handelssachen. — II. Kammergericht daselbst.

Die Beklagte hatte einen Wechsel folgenden Wortlauts akzeptiert:

„Bad N., den 6. August 1906
für 6000 Mark.
Am 3. September 1906 zahlen Sie mir gegen diesen Prima-Wechsel Mk. sechstausend. Arthur P.
Fräulein Erna P. in Walter L."
Bad N. i./H. Villa
Kurhaus.

Die Rückseite des Wechsels lautete:

„Walter L.
für mich in Höhe von 4810,30 M an die Order des Herrn Emil R. in N.-B., Stahndorferstraße."

Emil R. hatte den Wechsel am 5. September 1906 mangels Zahlung protestieren lassen und klagte unter Vorlage von Wechsel und Protest im Wechselprozesse gegen die Akzeptantin auf Verurteilung zur Zahlung von 4810,30 M nebst Zinsen, Protestkosten und Provision.

Die Beklagte machte neben anderen Einwendungen Unbestimmtheit des Remittenten und mangelnde Legitimation des Klägers geltend.

Das Landgericht verurteilte die Beklagte durch Vorbehaltsurteil nach dem Klagantrage. Auf die Berufung der Beklagten aber erkannte das Kammergericht auf Abweisung der Klage. Die Revision des Klägers wurde zurückgewiesen.

Gründe:

„Nach Art. 4 Nr. 3 WO. gehört zu den wesentlichen Erfordernissen eines gezogenen Wechsels:

„der Name der Person oder die Firma, an welche oder an deren Order gezahlt werden soll (des Remittenten)".

Nach Art. 6 Abs. 1 kann sich der Aussteller selbst als Remittenten bezeichnen (Wechsel an eigene Order). Auch ist nach Art. 9 die Beifügung der Orderklausel nicht wesentlich, der Wechsel vielmehr selbst Orderpapier. Hiernach würde die im Klagewechsel gebrauchte Wendung „zahlen Sie mir" nicht zu beanstanden sein, wenn der Wechsel einen bestimmten Aussteller hätte. Die Person des Remittenten wäre dann in genügender Weise bezeichnet. Der Klagewechsel aber trägt zwei Ausstellerunterschriften, und damit ist durch den Ausdruck „zahlen Sie mir", wie das Kammergericht mit Recht angenommen hat, die Person des Remittenten ins Ungewisse gerückt. Es kann sein, daß ausschließlich der erste Aussteller gemeint ist, oder ausschließlich der zweite. Es kann auch sein, daß gemeint war, die Zahlung solle wahlweise entweder an den einen, oder an den anderen geleistet werden. Und es kommt endlich die Möglichkeit in Betracht, daß beide Aussteller zusammen als Zahlungsempfänger bezeichnet werden sollten, sei es in der Weise, daß sie als Gesamtgläubiger im Sinne des § 428 BGB., sei es so, daß sie als gemeinschaftliche Gläubiger im Sinne des § 432 aufzufassen sein würden. Diese Ungewißheit macht den Wechsel ungültig. Wie im allgemeinen für die wesentlichen Erfordernisse des Wechsels (Art. 4), so ist auch für die Person des Remittenten eine klare und bestimmte Angabe zu fordern, ohne die der Wechselverkehr nicht bestehen kann. Mit vieldeutigen Wendungen wird diesem Erfordernisse nicht Genüge geleistet. Und wenn anzuerkennen ist, daß auch die Wechselurkunde der Auslegung zugänglich ist, so müssen doch die Hilfsmittel der Auslegung durch die Urkunde selbst dargeboten werden, ein Weg, der hier versagt, um zu einem sicheren Ergebnis zu gelangen. Umstände, die außerhalb der Urkunde liegen, z. B. mündliche Erklärungen der Beteiligten, können hierbei nicht in Betracht kommen. Mit Recht hat das Kammergericht daher abgelehnt, auf den Eid einzugehen, den der Kläger der Beklagten darüber zugeschoben hatte, daß bei Ausstellung und Annahme des Wechsels von sämtlichen Beteiligten vereinbart worden sei, der zweite Aussteller, Walter L., solle den Wechsel in Besitz nehmen und allein darüber verfügen. Die Zulassung dieser Beweisantretung würde nicht nur gegen § 592 ZPO., sondern auch gegen den materiellrechtlichen Satz verstoßen, daß die sämtlichen wesentlichen Erfordernisse des Wechsels aus der Urkunde selbst erhellen müssen.

Die Ungültigkeit des Wechsels rechtfertigt die Abweisung der Klage, ohne daß die Rechtsbeständigkeit der Übertragung auf den Kläger und dessen Legitimation geprüft zu werden braucht.

Denkbar ist allerdings noch eine andere Auffassung der Urkunde, die weder von den Parteien angeregt, noch von den Instanzgerichten erwogen worden ist. Es wäre möglich, die beiden untereinander stehenden Unterschriften Arthur P. und Walter L. nicht als Unterschriften zweier Aussteller, sondern jene Unterschrift als die des Ausstellers und diese als die Mitunterzeichnung eines Wechselbürgen (Art. 81 WO.) zu verstehen. Bei dieser Auffassung würde der Mangel einer ungenügenden Bezeichnung des Remittenten wegfallen und der Wechsel selbst als gültig erscheinen. Es kann indes unerörtert bleiben, ob ein solches Verständnis der beiden Unterschriften angesichts des Umstandes, daß es der zweiten Unterschrift an jedem ein Avalverhältnis andeutenden Zusatze fehlt, zulässig sein würde. Denn der Klage kann hierdurch nicht aufgeholfen werden, weil der Kläger seine Legitimation auf das Indossament des zweiten Unterzeichners gründet, gegebenenfalls also des Avalisten. Der Avalist aber hat als solcher kein Wechselrecht und ist zur Indossierung des an die Order des Hauptausstellers gestellten Wechels nicht befugt."

RGZ. 66, 201.

Wen trifft die Beweislast für den Zeitpunkt der Veränderung des ursprünglichen Wechselinhalts, wenn diese Veränderung offensichtlich, und der Zeitpunkt ihrer Vornahme für die Verpflichtung des aus dem Wechsel in Anspruch Genommenen entscheidend ist?

I. Zivilsenat. Urt. v. 8. Juni 1907.

I. Landgericht Neu-Ruppin. — II. Kammergericht Berlin.

Aus den Gründen:

„Der Kläger ist, ebenso wie sein Girant Sch. nachprotestlicher Indossatar. An Sch. hatte G. St. den Wechsel erst giriert, nachdem er ihn am 17. Januar 1906 hatte protestieren lassen. Der Kläger hat daher nach Art. 16 Abs. 2 WO. nur die Rechte des G. St. gegen den Beklagten. Zur Zeit der Protesterhebung befand sich ausweislich der Protesturkunde die Unterschrift des G. St. zweimal auf der Rückseite des Wechsels, einmal unmittelbar vor der Unterschrift des Beklagten, sodann unmittelbar nach der Unterschrift des G. v. B., eines Nachmannes des Beklagten; beide Unterschriften des G. St. waren jedoch durchstrichen.

Der Beklagte hat eingewendet, daß zu der Zeit, als er den Wechsel indossierte, die erste Unterschrift des G. St. noch nicht durchstrichen gewesen sei, und daß er seine Unterschrift überhaupt nur deshalb hergegeben habe, weil die des G. St. bereits auf dem Wechsel gestanden habe.

Durch die Durchstreichung der Unterschriften des G. St. ist augenscheinlich eine Veränderung der wechselrechtlichen Erklärungen vorgenommen worden. Das Kammergericht meint, daß diese Veränderung für die Legitimation des Klägers unerheblich sei, da die Wechselordnung selbst unter Umständen zur Durchstreichung von Indossamenten ermächtige (Art. 36, 55 WO.), ohne dem Wechsel dadurch seine Beweiskraft zu nehmen. Das Kammergericht übersieht dabei, daß die in Frage stehenden Durchstreichungen gerade die wechselmäßige Verpflichtung des Beklagten gegenüber dem Zessionar des G. St. berühren. Unter diesen Umständen ist die Durchstreichung keine „unverdächtige". Sie ist vielmehr eine solche Veränderung der Wechselerklärungen, welche für die Verpflichtung des Beklagten gerade entscheidend ist. War die Durchstreichung der Unterschrift des G. St. schon erfolgt, als der Beklagte sein Giro auf den Wechsel setzte, so haftet er dem G. St. und den Personen, die Rechtsnachfolger des G. St. geworden sind. Befand sich aber zur Zeit der Unterzeichnung des Beklagten die Unterschrift des G. St. undurchstrichen auf dem Wechsel, so können die Rechtsnachfolger des G. St. keine Wechselrechte gegen den Beklagten geltend machen, weil dieser selbst in der Lage ist, auf G. St. zu regredieren. Der Kläger, der Ansprüche aus dem Wechsel geltend macht, muß daher beweisen, daß die erste Unterschrift des G. St. auf dem Wechsel, die sich als eine nachträglich durchstrichene darstellt, tatsächlich schon in dem Zeitpunkte durchstrichen war, als sich der Beklagte durch seine Unterschrift wechselmäßig obligierte.

Vgl. Staub-Stranz, Wechselordnung Art. 76 Anm. 19 und Rehbein, Wechselordnung Art. 76 Bem. 4.

„Ist die Veränderung offensichtlich, so hat der Inhaber den entscheidenden Zeitpunkt zu beweisen, anderenfalls der Verpflichtete." (Rehbein a. a. O.) Das Kammergericht hat daher, wie die Revision mit Recht geltend macht, rechtlich geirrt, wenn es dem Beklagten die Beweislast für seinen Einwand aufbürdete, daß die erste Unterschrift des G. St. zu der Zeit, als der Beklagte den Wechsel girierte, noch undurchstrichen gewesen sei. Vielmehr muß der Kläger die durch die Durchstreichung geschaffene Unklarheit beseitigen, sei es daß er den, wie oben bemerkt, ihm obliegenden Beweis führt, sei es, daß er die Zustimmung des Beklagten zur Durchstreichung nachweist, sei es, daß er dartut, G. St. sei, weil er einen seiner Nachmänner befriedigte, zur Durchstreichung berechtigt gewesen. Da der Kläger einen Beweis in dieser Richtung mit den im Wechselprozesse zulässigen Beweismitteln nicht angetreten hat, so war die Klage als in der gewählten Prozeßart unstatthaft abzuweisen (§ 597 Abs. 2 ZPO.)."

RGZ. 66, 295.

Bezieht sich die Ausnahmevorschrift des Art. 91 Satz 2 WO., wonach die in Satz 1 bezeichneten Akte, insbesondere auch die Protesterhebung, an einem anderen als dem in Satz 1 bestimmten Orte mit beiderseitigem Einverständnisse vorgenommen werden können, auch auf solche Fälle, in denen die Handlung, insbesondere die Protesterhebung, in Abwesenheit des davon Betroffenen vorgenommen wird?

III. Zivilsenat. Urt. v. 12. Juli 1907.

I. Landgericht Stuttgart. — II. Oberlandesgericht daselbst.

Am 10. August 1905 zog der Kommissionär E. H. in Stuttgart einen an eigene Order lautenden, am 5. November 1905 zahlbaren Wechsel über 1500 M auf den damals in Stuttgart, jetzt in Straßburg wohnhaften Bäckermeister M. F., und dieser akzeptierte den Wechsel. Von H. gelangte der Wechsel nacheinander durch Blankoindossamente an Z., an L., an Sch., an den Kläger und schließlich an den Bankier W. G. Dieser gab ihn durch Vollindossament an die Firma M. B jr., diese an die M.sche Kreditbank, und diese an die Reichsbankhauptstelle in Stuttgart. Vor Weiterbegebung des Wechsels setzte G. im Einverständnisse mit F. unter die auf diesen in Stuttgart, Mönchstraße 12, lautende Adresse den Vermerk: „zahlbar bei dem Zentralbureau in Stuttgart, Eberhardstraße 43".

Bei Verfall löste der Kläger den Wechsel, nachdem er die Mitteilung erhalten hatte, daß dieser von dem Akzeptanten F. nicht bezahlt würde, ohne Protest ein. Am 7. November 1905 begab er sich dann in die Geschäftsräume des Beklagten, um diesen mit der Protesterhebung zu beauftragen. Den Auftrag nahm aber nicht der Beklagte persönlich, sondern dessen Assistent S., ein Gehilfe im Sinne des Art. 96 württemb. Ausf.-Ges. zum BGB., entgegen und S. führte ihn auch aus. Er erhob aber den Protest nur an der nachträglich beigefügten Zahlstelle, dem „Zentralbureau" in Stuttgart, Eberhardstraße 43.

Auf Grund dieses Protestes erhob der Kläger, nachdem er auf dem Wechsel sein und seiner Nachmänner Indossamente hatte durchstreichen lassen, gegen F., H., Z., L. und Sch. Klage. F., H. und Z. wurden durch rechtskräftig gewordene Versäumnisurteile als Gesamtschuldner verurteilt, und zwar H. und Z. zur Zahlung von 1505 M nebst 6 vom

Hundert Zinsen von 1500 M seit dem 5. November 1905, F. zur Zahlung von 1500 M nebst 6 vom Hundert Zinsen seit dem 6. Dezember 1905. Sch. u. L. machten gegen den Rückgriffsanspruch geltend, der im Geschäftslokale des Zentralbureaus erhobene Protest sei ihnen gegenüber ungültig, weil der Vermerk „zahlbar bei dem Zentralbureau" erst nachträglich ohne ihr Wissen und Willen beigefügt worden sei; der Protest sei aber überhaupt ungültig, weil bei der Protestaufnahme die Nachindossamente nicht durchstrichen gewesen seien, und der Kläger deshalb zur Protesterhebung nicht wechselmäßig legitimiert gewesen sei. Aus dem zuletzt angeführten Grunde ist die Klage gegen L. und Sch. rechtskräftig abgewiesen worden.

Die Verurteilten F., H. und Z. besitzen weder jetzt Vermögen, noch haben sie solches zur Zeit der Fälligkeit des Wechsels oder ihrer Verurteilung besessen, während Sch. und L. nach der Behauptung des Klägers zur Zahlung der Wechselsumme und der Kosten des Rechtsstreits imstande sein würden. Der Kläger verlangt deshalb von dem Beklagten Erstattung des ihm dadurch, daß er nicht in die Lage gekommen sei, diese beiden Indossanten mit Erfolg im Wege des Rückgriffs auf Zahlung der Wechselsumme nebst Zinsen und Protestkosten in Anspruch zu nehmen, von dem Beklagten Ersatz des Schadens in Höhe dieser Beträge und der Kosten des verlorenen Rechtsstreits. Er machte geltend: der Protestbeamte sei auf Grund des zwischen ihm, Kläger, und dem Beklagten abgeschlossenen Dienstvertrages verpflichet gewesen, vor der Protesterhebung den wechselmäßigen Ausweis seiner, des Klägers, Berechtigung zur Erteilung des Auftrages zur Protestaufnahme zu prüfen und die Durchstreichung der diesem Ausweise entgegenstehenden Indossamente zu veranlassen. Da der Assistent des Beklagten dieser Verpflichtung nicht nachgekomemn sei, so liege eine Fahrlässigkeit vor, die den eingetretenen Schaden verursacht habe, und für die der Beklagte nach § 278 BGB. hafte. Die nachträgliche Beifügung der Zahlstelle sei mit Wissen und Willen sämtlicher Wechselverpflichteten erfolgt; keinesfalls aber hätten Sch. und L. hieraus einen Einwand gegen den Rückgriffsanspruch entnehmen können, weil jedenfalls der Akzeptant F. damit einverstanden gewesen sei.

Der Kläger hat die Verurteilung des Beklagten zur Zahlung von 1968,78 M nebst Zinsen beantragt.

Der Beklagte hat bestritten, daß den Assistenten S. ein Verschulden treffe, da dieser nicht verpflichtet gewesen sei, auf einen Mangel der wechselmäßigen Berechtigung des Klägers zur Erteilung des Auftrages zur Protesterhebung hinzuweisen, oder für dessen Beseitigung Sorge zu tragen. Jedenfalls sei aber dem Kläger durch ein etwaiges Verschulden seines Assistenten kein Schaden erwachsen, weil die Durchführung des Rückgriffsanspruchs gegen Sch. und L. auch daran gescheitert sein würde, daß der Domizilvermerk nachträglich ohne deren Wissen und Willen auf den Wechsel gesetzt, und der Protest nur an dieser Zahlstelle aufgenommen worden sei.

Das Landgericht wies die Klage ab.

Das Oberlandesgericht hat den Beklagten verurteilt, dem Kläger 1505 M nebst 6 vom Hundert Zinsen von 1500 M seit dem 5. November 1905 zu zahlen, und den Kläger mit seiner Mehrforderung abgewiesen.

Auf die Revision des Beklagten ist das Berufungsurteil, soweit dadurch der Beklagte verurteilt worden ist, aufgehoben, und die Berufung des Klägers gegen das Urteil des Landgerichts gänzlich zurückgewiesen worden.

Aus den Gründen:

... „Das Berufungsgericht ist davon ausgegangen, ein rechtsgültiger Wechselprotest habe zur Voraussetzung, daß derjenige, in dessen Auftrage er erhoben werde, nach dem Inhalte des Wechsels als dessen Eigentümer ausgewiesen werde, daß dies aber in bezug auf den Kläger nicht der Fall gewesen sei, als dieser den von dem Bäckermeister F. akzeptierten Wechsel über 1500 M am 7. November 1905 dem Assistenten des Beklagten, S., einem Gehilfen im Sinne des Art. 96 württemb. Ausf.-Ges. zum BGB., mit dem Auftrage zur Erhebung des Protestes mangels Zahlung übergeben habe, weil damals weder das Indossament des Klägers noch diejenigen seiner Nachmänner durchstrichen gewesen seien. Es hat ferner angenommen, daß jedenfalls nach württembergischem Rechte den mit der Erhebung eines Wechselprotestes beauftragten Notaren die Amtspflicht auferlegt sei, vor der Ausführung des Auftrages zu prüfen, ob der Inhaber des Wechsels durch dessen Inhalt als Wechselgläubiger ausgewiesen werde, und ob insoweit keine Bedenken gegen die Gültigkeit des zu erhebenden Protestes beständen. Ebenso hat es aber den Notar auch durch den von ihm mit dem Inhaber des Wechsels geschlossenen Dienstvertrag, selbst ohne besondere Vereinbarung, für verpflichtet erachtet, vor Ausführung der Protesthandlung sich darüber zu vergewissern, daß die Gültigkeit und Wirksamkeit des zu erhebenden Protestes nicht zu beanstanden sei. Wenn aber eine solche Prüfungspflicht für den Notar bestehe, so müsse sie ohne weiteres auch in bezug auf seinen Stellvertreter als bestehend angesehen werden. Auf dieser Grundlage hat das Gericht dann geprüft, ob den Assistenten S. in der Tat der Vorwurf der Fahrlässigkeit bei Erfüllung seiner Amts- und seiner Dienstpflicht treffe, den der Kläger darin findet, daß er den Mangel der Legitimation dieser Partei zur Erteilung des Auftrages zur Protesterhebung nicht entdeckt und für dessen rechtzeitige Abstellung, die noch möglich gewesen sei, Sorge getragen habe. Es hat diese Frage schon deshalb bejaht, weil S. dadurch, daß der Kläger bei der Übergabe des Wechsels an ihn erklärt habe, er habe ihn an die Reichsbank bezahlt, und dadurch, daß S. selbst diese Bemerkung in den Wechselprotest aufgenommen habe, zu erkennen gegeben habe, daß der Fall besonders geartet gewesen sei. Er hätte sich deshalb wenigstens bei dem Beklagten selbst oder in anderer Weise darüber Rats erholen sollen — so führt das Gericht aus —, ob nicht der Aufnahme eines rechtswirksamen Protestes Hindernisse entgegenständen.

Insoweit läßt die Begründung des angefochtenen Urteils keinen Rechtsirrtum erkennen; sie steht auch im Einklange mit dem von ihr angezogenen Urteile des erkennenden Senats vom 29. Mai 1906 in der Jurist. Wochenschr. von 1906 S. 467 (inzwischen vollständig abgedruckt in Gruchots Beiträgen Bd. 51 S. 637 flg.).

Das Berufungsurteil geht dann aber zur Erörterung des von dem Beklagten erhobenen Einwandes über, daß der ursächliche Zusammenhang zwischen der Unwirksamkeit des erhobenen Protestes und dem dem Kläger erwachsenen Schaden dadurch ausgeschlossen gewesen sei. daß diesem überhaupt kein Rückgriffsrecht gegen seine allein zahlungsfähigen Vormänner Sch. und L. deshalb zugestanden habe, weil die Bezeichnung der Zahlstelle auf dem Wechsel „zahlbar bei dem Zentralbureau in Stuttgart, Eberhardstraße 43" erst nachträglich ohne Genehmigung oder Zustimmung jener beiden Vormänner eingetragen worden sei, und der Wechsel nur an dieser Stelle, nicht aber im Geschäftslokale des Akzeptanten F. in Stuttgart, Mönchstraße 12, das sich aus der Wechseladresse ergeben habe, protestiert worden sei. Es hat diesen Einwand, den das Landgericht für durchgreifend erachtet hatte, aus folgenden Gründen verworfen: bei nachträglichen einseitigen Veränderungen des Wechselinhalts hafte jeder Unterzeichner einer Wechselerklärung nur nach Maßgabe desjenigen Inhaltes, den der Wechsel zur Zeit der Abgabe seiner Unterschrift gehabt, oder nachträglich mit seiner Zustimmung erhalten habe. Die Beifügung einer bloßen Zahlstelle, im Gegensatze zur Beifügung eines wirklichen Domizilvermerks, habe nun die Wirkung, daß der Wechsel an der Zahlstelle, aber nicht deren Inhaber, sondern dem Bezogenen selbst zur Zahlung vorzulegen, und, wenn sie nicht erfolge, zu protestieren sei. Der Grund zur nachträglichen Beifügung der Zahlstelle habe nun darin gelegen, daß der Bezogene F. vor Verfall des Wechsels seine Wohnung in Stuttgart aufgegeben habe und nach Straßburg verzogen sei, und daß deshalb zwischen dem Kläger, dem Akzeptanten F. und einer Reihe weiterer an dem Wechsel beteiligter Personen die Bewerkstelligung der Zahlung in Stuttgart dergestalt vereinbart worden sei, daß F. versprochen habe, das Geld zur Einlösung des Wechsels dem Zentralbureau zu übersenden. Die Beifügung sei nach dem Ergebnisse der Beweisaufnahme ohne Wissen und Willen L.s erfolgt, und dafür, daß Sch. damit einverstanden gewesen sei, oder sie nachträglich genehmigt habe, sei kein Beweis erbracht. Hiernach könne zunächst kein Zweifel darüber sein, daß F. sich damit einverstanden erklärt habe, es solle der Wechsel mit Wirkung für und gegen ihn auf dem Zentralbureau zur Zahlung vorgezeigt werden. Da er aber auch wohl gewußt habe, daß der Wechsel, wenn auf Vorzeigen keine Zahlung erfolgen würde, werde protestiert werden, so müsse in seiner Zustimmung zur Beifügung der Zahlstelle zugleich eine Erklärung seines Einverständnisses damit gefunden werden, daß der Wechsel für den Fall, daß er nicht eingelöst werde, an dieser Zahlstelle protestiert werde. Nach Art. 91 Satz 2 WO. könne aber die Präsentation eines Wechsels und die Protesterhebung dann in einem anderen Lokale als dem Geschäftslokale oder der Wohnung des Bezogenen erfolgen, wenn der Protestat damit einverstanden sei. Da nun nach dem Ausgeführten die Protestaufnahme in den Räumen des Zentralbureaus im Einverständnisse mit dem Protestaten F. habe erfolgen sollen, und da diesem Einverständnisse Rechtswirksamkeit gegen alle Wechselverpflichteten zukommen, so hätte der aufgenommene Protest genügt, als Grundlage der gegen Sch. und L. erhobenen Rückgriffsansprüche zu dienen, wenn er nicht wegen des Mangels des Ausweises des Klägers als Eigentümers des Wechsels rechtsunwirksam gewesen wäre.

Gegen diesen Teil der Begründung des Berufungsurteils erhebt die Revision mit Recht die Rüge der Verletzung des Art. 91 WO. Daß die nach dem Wechselrecht bei einer bestimmten Person vorzunehmenden Handlungen an einem anderen Orte als in deren Geschäftslokal, oder in Ermangelung eines solchen in deren Wohnung vorgenommen werden, setzt nach Satz 2 dieses Artikels das „beiderseitige Einverständnis" voraus. Darüber, daß die beiden Seiten, einerseits die Person, bei der die Handlung vorzunehmen ist, sofern es sich um die Protesterhebung handelt, also der Protestat, andererseits die Person ist, welche die

Handlung ihm gegenüber vorzunehmen hat, bei der Protesterhebung also der Protestant, der durch den Protestbeamten vertreten wird, herrscht in Wissenschaft und Rechtsprechung Einverständnis (vgl. hierüber Staub, WO. § 16 zu Art. 91; Bernstein, WO. § 2 Nr. 1 zu Art. 91). Diese Vereinbarung, die, wie mit Recht angenommen wird, an keine Form gebunden ist, insbesondere auch stillschweigend erfolgen kann, stellt sich dar als eine vom Gesetze zugelassene Übereinkunft über die Änderung eines an sich wesentlichen Erfordernisses der vorzunehmenden Handlung, insbesondere des aufzunehmenden Protestes, desjenigen nämlich, daß sie an dem richtigen Orte vorgenommen werde. Eine solche Vereinbarung ist also verschieden von derjenigen, die einer Veränderung der Ortschaft, in der der Wechsel zu präsentieren usw. ist, oder der Lokalität, in der dies zu geschehen hat, auf dem Wechsel selbst, also einer Domizilierung, echten oder unechten, des Wechsels zugrunde liegt. Nun steht aber die Person desjenigen, der eine der im Art. 91 WO. bezeichneten Handlungen vorzunehmen, insbesondere einen Protest erheben zu lassen haben wird, regelmäßig im voraus noch gar nicht fest, wenn eine Vereinbarung über die Örtlichkeit, wo die Handlung, abweichend von derjenigen, die sich aus dem maßgebenden Wechselinhalte ergibt, vorzunehmen sei, getroffen wird; denn der Wechsel kann nachher noch immer weiter begeben werden. Jeder spätere Erwerber des Wechsels ist dann zwar gemäß dem in der Entsch. des RG.s in Zivils. Bd. 32 S. 36 ausgesprochenen Grundsatze an eine Übereinkunft gebunden, vermöge deren der Zahlungsort, oder die Zahlstelle gegenüber dem ursprünglichen Inhalte des Wechsels nach dessen neuerem Inhalt geändert worden ist, eben weil diese Änderung sich für ihn aus dem Wechsel selbst ergibt. Dagegen hat, sofern in einer solchen Übereinkunft zugleich, wie das Berufungsgericht annimmt, eine dem Satze 2 des Art. 91 WO. entsprechende Vereinbarung der bei der Präsentation, der Protestierung usw. in Betracht kommenden Parteien darüber enthalten ein soll, daß diese Handlungen an einer anderen Stelle vorzunehmen seien, als an der sie sonst vorzunehmen sein würden, ein solches Abkommen für den späteren Erwerber des Wechsels, der an seiner Schließung nicht beteiligt gewesen ist, an sich keine Bedeutung, weil diese Vereinbarung auch aus dem neueren Inhalte des Wechsels nicht ersichtlich ist, und nach dem Art. 91 WO. nur das Einverständnis desjenigen, der eine der dort bezeichneten Handlungen wirklich vornehmen läßt, mit der Vornahme der Handlung an einem anderen als dem aus dem Wechselinhalte sich ergebenden Orte bindende Wirkung für alle Wechselbeteiligten hat. Dies übersieht Bernstein, der in seiner Erläuterung zur WO., § 2 Nr. 2 zu Art. 91, ausführt, daß, weil die Protestparteien willkürlich mit Wirksamkeit für alle Wechselbeteiligten eine Proteststelle vereinbaren könnten, es auch zulässig sein müsse, daß eine Proteststelle von vornherein im Wechsel festgestellt werde. Denn diejenigen, die eine solche Festsetzung im voraus treffen, sind nicht notwendig und nicht einmal regelmäßig identisch mit den künftigen Protestparteien, wenigstens soweit die Person des Wechseleigentümers in Frage kommt.

Es ist deshalb grundsätzlich abzulehnen, daß in einer Vereinbarung, die an sich nur bezweckt, an die Stelle des aus dem ursprünglichen Wechselinhalte sich ergebenden Geschäftslokals, oder der Wohnung des Bezogenen, als des gesetzlichen Ortes für die Vornahme der im Art. 91 bezeichneten Handlungen, einen anderen Ort, insbesondere eine andere Zahlstelle, durch Änderung des Wechselinhalts zu setzen, zugleich eine Übereinkunft zwischen demjenigen, der in Zukunft eine jener Handlungen vorzunehmen oder vornehmen zu lassen, insbesondere einen Protest erheben zu lassen, haben wird, und demjenigen, bei dem die Handlung vorzunehmen, insbesondere der Protest zu erheben ist, dahin gefunden werde, daß insoweit der Ort für die Vornahme der Handlung gemäß Satz 2 des Art. 91 WO. im Wege der Vereinbarung zwischen den an der Handlung Beteiligten, beim Proteste also zwischen dem Protestanten und dem Protestaten, geändert werde. Nur bei der Protesthandlung selbst und eben dadurch, daß der Protestat sich auch wirklich auf die Präsentation zur Annahme oder Zahlung und das bei der Protestierung an ihn gestellte Begehren eingelassen hat, kann die Vereinbarung über die Änderung des gesetzlichen Ortes für die Vornahme dieser Handlungen getroffen werden.

Daß das Gesetz auf Fälle der hier vorliegenden Art die Bestimmung des zweiten Satzes des Artikels nicht bezogen wissen will, ist auch aus seinem sonstigen Inhalte zu entnehmen. Der als Beispiel eines „anderen Ortes" beigefügte Satzteil: „z. B. an der Börse" läßt klar erkennen, daß es bei dem „beiderseitigen Einverständnisse" nur solche Fälle im Auge hat, in denen der die Handlung Vornehmende, insbesondere der mit der Protesterhebung betraute Beamte, mit dem anderen Teile wirklich verhandelt, und zwar nicht über eine erst in Zukunft einmal, sondern über eine eben jetzt vorzunehmende Handlung. Es denkt dabei ersichtlich an den Fall, daß beispielsweise der

Wechseleigentümer der Bezogenen an der Börse trifft und ihm dort den Wechsel zum Akzepte oder zur Zahlung vorlegt, und daß dieser sich dadurch, daß er die verlangte Erklärung abgibt, oder die verlangte Zahlung leistet, mit der Vornahme der Handlung an dieser Stelle einverstanden erklärt. Von dieser Auffassung aus entsprechen Handlungen, die in Abwesenheit des davon Betroffenen vorgenommen werden, insbesondere sog. Windproteste, bei denen weder der Protestat noch ein Vertreter seiner in der bestimmten Räumlichkeit angetroffen wird (vgl. Lehmann, Lehrbuch des deutschen Wechselrechts § 128 Nr. 3 a. E. S. 509), überhaupt nicht den Voraussetzungen des Art. 91 Satz 2 WO.

Dies wird auch durch die Entstehungsgeschichte dieser Vorschrift bestätigt. Der preußische Entwurf einer Wechselordnung enthielt in seinem dem Art. 91 des Ges. entsprechenden § 83 noch keine dem jetzigen Satze 2 entsprechende Bestimmung. In der Leipziger Konferenz beantragte nun ein Mitglied, „daß auch die Börse in denjenigen Städten, wo eine solche existiere, als ein Ort bezeichnet werde, wo die Präsentation und die anderen in diesem Paragraphen" (§ 83 des Entwurfs) „erwähnten Geschäfte und Handlungen vorgenommen werden könnten, da dies durch das Bedürfnis des Geschäftsverkehrs schon längst in allen größeren Städten eingeführt sei". Die Versammlung sprach jedoch ihre Ansicht dahin aus, daß die Präsentation und die sonstigen erwähnten Geschäfte „an jedem anderen Orte, namentlich auch an der Börse, vorgenommen werden könnten, sobald", wie es in den Protokollen wörtlich heißt, „die Beteiligten darüber einverstanden seien, daß jedoch, wenn dies nicht der Fall, der Protestat das Recht habe, zu verlangen, daß er in seinem Geschäftslokale oder in Ermangelung eines solchen in seiner Wohnung aufgesucht werde". Daraufhin wurde jener Antrag zurückgenommen und der Redaktionskommission überlassen, die Willensmeinung der Versammlung durch die zu wählende Fassung anzudeuten (vgl. Protok. der Leipziger Konferenz S. 152, 153). Hieraus erhellt, da auch jene Versammlung das „beiderseitige Einverständnis", von dem jetzt der Satz 2 des Art. 91 spricht, nur dahin aufgefaßt hat, daß es eben bei der und durch die Vornahme der Handlung selbst an einem anderen als dem wechselmäßig bestimmten Orte zwischen den Beteiligten persönlich erklärt werde. Denn gerade die Ausdrucksweise, die den Fall betrifft, daß derjenige, dem gegenüber die Handlung vorzunehmen sei, mit der Abweichung von der im Gesetze vorgeschriebenen Örtlichkeit nicht einverstanden sei: er habe das Recht, zu verlangen, daß er in seinem Geschäftslokale oder seiner Wohnung aufgesucht werde, läßt darauf schließen, daß vorausgesetzt wird, daß die Beteiligten persönlich miteinander verhandeln, wobei eben derjenige, dem gegenüber die Handlung vorzunehmen ist, wenn er mit der Abweichung nicht einverstanden ist, das „Verlangen, in seinem Geschäftslokale oder der Wohnung von dem anderen aufgesucht zu werden", auszusprechen in die Lage kommt.

In der Wissenschaft ist die vorliegende Rechtsfrage nur von Renaud, Lehrbuch des Allgemeinen Deutschen Wechselrechts, insofern behandelt worden, als er in § 28 S. 112 ausführt, ein Einverständnis im Sinne des Art. 91 Satz 2 WO. sei „dann anzunehmen, wenn derjenige, gegen welchen die Protesterhebung statthaben sollte, persönlich angetroffen werde, und der Protest eine Einwendung desselben gegen die Lokalität, in welcher der Akt vorgenommen, nicht ergebe".

Der Kläger hätte demnach, auch wenn sein Ausweis als Eigentümer des Wechsels und somit als zur Erhebung des Protestes mangels Zahlung Berechtigter nicht zu beanstanden gewesen wäre, doch mit seiner gegen Sch. und L. gerichteten Rückgriffsklage abgewiesen werden müssen, weil der Wechsel nicht nach Maßgabe desjenigen Inhalts des Wechsels, der für deren Haftung nach den Grundsätzen, die das Reichsgericht in der Entsch. in Zivils. Bd. 32 S. 36 festgelegt hat, entscheidend war, d.h. auch in dem früheren Geschäftslokal des Bezogenen F. oder in dessen Ermangelung in seiner früheren Wohnung in Stuttgart, protestiert worden ist, den Beklagten oder seinen Assistenten, die von der beschränkten Geltung des nachträglich beigefügten Zahlstellenvermerks keine Kenntnis hatten, auch keine Schuld daran beizumessen ist, daß dies unterblieben ist, wie dies denn der Kläger selbst auch gar nicht behauptet hat.

Das angefochtene Urteil ist deshalb, soweit dadurch der Beklagte verurteilt worden ist, aufzuheben. Die Sache ist zugleich, wie sich aus dem Dargelegten ergibt, zur Endentscheidung reif, und zwar dahin, daß die Berufung gegen das die Klage abweisende Urteil des Landgerichts zurückzuweisen ist." . . .

RGZ. 67, 295.

Wechselintervention. Formalitäten der Protesterhebung gegen eine Notadresse. Bereitwilligkeit der Notadresse zur Intervention. Frage der Gültigkeit der Notadresse.

I. Zivilsenat. Urt. v. 2. Januar 1908.

I. Landgericht I Berlin, Kammer für Handelssachen. — II. Kammergericht daselbst.

Der Beklagte war Aussteller eines auf S. C. zu Berlin gezogenen und von diesem akzeptierten Wechsels über 2986 M, zahlbar am 20. Oktober 1906. Der Wechsel trug unter dem Namen des Bezogenen zwei Notadressen: die erste lautete auf den Beklagten selbst, die zweite auf die D.er Bank. Er war an eigene Order ausgestellt und trug auf der Rückseite drei Indossamente: das des Beklagten an R. Th., dessen Indossament an den Kredit- und Diskontoverein in Sorau und dessen Indossament an die Klägerin.

Der Wechsel war auf Antrag der Klägerin am 22. Oktober 1906 durch einen Notar dem Akzeptanten und den beiden Notadressen zur Zahlung vorgelegt und mangels Zahlung protestiert worden. Der Protest berichtete zunächst das vergebliche Zahlungsbegehren bei dem Akzeptanten und sodann nacheinander, daß der Wechsel mit Zahlungsbegehren dem ersten und alsdann dem zweiten Notadressaten vorgelegt sei; jener (der Beklagte) habe erklärt:

„Ich interveniere zugunsten meines eigenen Giros",

dieser:

„Wir intervenieren unter Protest für den Kredit- und Diskontoverein zu Sorau."

Wie eine später durchstrichene Quittung auf dem Wechsel erkennen ließ, hatte die Klägerin am 24. Oktober 1906 den Wechsel nebst dem ausgefertigten Proteste dem Beklagten abermals vorgelegt, aber keine Zahlung erhalten.

Sie klagte auf Zahlung der Wechselsumme nebst 6 Prozent Zinsen seit dem 22. Oktober 1906, der Protestkosten, mit 13,70 M, und einer eigenen Provision von 9,95 M.

Der Beklagte wendete ein, daß die Klägerin mangels Beobachtung der in Art. 62 W.O. vorgeschriebenen Formen den Regreß gegen ihn verloren habe.

Beide Instanzen erkannten auf Abweisung der Klage. Auch die Revision der Klägerin wurde zurückgewiesen.

Gründe:

„Wenn sich der Notadressat bei der Vorzeigung des Wechsels zur Intervention bereit erklärt, so muß der Inhaber des Wechsels noch innerhalb der Protestfrist die angebotene Ehrenzahlung bei der Notadresse suchen. Hierzu bedarf es der abermaligen Vorlegung des Wechsels mit der Urkunde über den aufgenommenen Protest mangels

Zahlung; denn nur gegen Aushändigung von Wechsel und Protest braucht die Notadresse Zahlung zu leisten. Wird auf ein solches rechtzeitig und ordnungsmäßig gestelltes Zahlungsbegehren die Zahlung gleichwohl verweigert, so muß dies innerhalb der Protestfrist durch einen Protest gegen die Notadresse, den sog. Kontraprotest, festgestellt werden, widrigenfalls der Wechselinhaber den Regreß gegen den Honoraten und dessen Nachmänner verliert.

Diese Rechtssätze hat das Reichsoberhandelsgericht in den Entsch. Bd. 11 S. 303 aus den Artt. 62 und 63 WO. abgeleitet und in den Entsch. Bd. 20 S. 114 gegenüber Bekämpfungen in der Literatur nochmals eingehend begründet. Die Ansicht wird jetzt allgemein geteilt[1], und mit den Vorinstanzen schließt sich auch das Reichsgericht ihr an. Beachtenswerte und vom Reichsoberhandelsgerichte nicht bereits widerlegte Gegengründe hat auch die Revision nicht vorzubringen gewußt. Wenn sie geltend macht, daß durch die Notwendigkeit des Kontraprotestes ein Formalismus geschaffen werde, der zu praktischen Unzuträglichkeiten und zu einer erheblichen Erschwerung der Verfolgung weselrechtlicher Ansprüche führen würde, so sind das Erwägungen, die dem Gesetze gegenüber nicht ins Gewicht fallen können. Übrigens lassen sich die von der Revision angedeuteten praktischen Schwierigkeiten wiederholter Protesterhebung leicht umgehen, wenn nur vermieden wird, bei Wechseln mit Notadressen die Protestierung gegen den Bezogenen auf die letzten Stunden des zweiten Werktages nach dem Zahlungstage zu verschieben, obwohl sie nach Art. 41 Abs. 2 WO. schon am Zahlungstage selbst zulässig ist.

Der Zweck der Wechselintervention besteht darin, daß der notleidende Wechsel durch eine freiwillige Zahlung in Ehren gehalten, und der wechselmäßige Regreß des Inhabers gegen die Indossanten und den Aussteller vermieden werden soll. Die Ehrenzahlung mit ihren eigentümlichen Rechtswirkungen ist nur möglich innerhalb der Protestfrist. Eine freiwillige Zahlung außerhalb der Protestfrist ist niemals Ehrenzahlung. Der Intervenient aber ist genötigt, bei der Bewirkung der Zahlung auf die Beobachtung der wechselrechtlichen Formalitäten zu achten, um sich selbst den Rückgriff gegen den Honoraten und dessen Vormänner zu erhalten. Er muß sich zu diesem Zwecke nicht nur Wechsel und Protest aushändigen lassen; er muß auch die Ordnungsmäßigkeit des Protestes, und im Falle des Art. 64 WO. weiter prüfen, ob etwa ein

[1]) Vgl. Grünhut, Wechselrecht Bd. 2 S. 481: Staub-Stranz, W.O. (5. Aufl.) zu Art. 62 Anm. 4 unter 3 b; Rehbein, W.O. (7. Aufl.) S. 95 Nr. 7; Bernstein, W.O. zu Art. 62 Bem. I § 4 unter 2 b γ (S. 248).

anderer Intervenient, der zahlungsbereit ist, mehr Wechselverpflichtete befreien würde, als er selbst. Nun treffen freilich im vorliegenden Falle dieses Gesichtspunkte nicht sämtlich zu. Denn hier ist Intervenient, Honorat und Aussteller eine und dieselbe Person. Der Beklagte konnte sich Rückgriffsrechte nicht wahren, weil er keine Vormänner hatte. Andere Rechte als die gegen den Akzeptanten, die von der Protesterhebung nicht abhangen (Art. 44 WO.), kamen für ihn nicht in Frage. Hieraus darf aber die Entbehrlichkeit des rechtzeitigen und ordnungsmäßigen Zahlungsbegehrens und des Kontraprotestes für den vorliegenden Fall nicht abgeleitet werden. Das Gesetz unterscheidet nicht. Es unterscheidet weder zwischen der Intervention zugunsten eines Indossanten und der zugunsten des Ausstellers, noch zwischen der Intervention eines Dritten und der eines im Wechselverbande Stehenden. Es ist nicht angängig, bei einem formalen Rechte, wie dem Wechselrechte, auf Grund der größeren oder geringeren Wichtigkeit der formalen Wechselhandlungen für den Einzelfall Unterscheidungen aufzustellen, die dem Gesetze fremd sind. Völlig bedeutungslos sind übrigens die in Frage stehenden Handlungen auch im vorliegenden Falle nicht. Denn als Ehrenzahler hätte der Beklagte nur die Wechselsumme nebst den Protestkosten zu entrichten gehabt, während er als Aussteller nach Art. 50 auch noch die Provision hätte zahlen müssen.

Hiernach haben die Vorinstanzen mit Recht angenommen, daß die Klägerin des Regresses gegen den Beklagten als Aussteller verlustig gegangen ist, weil sie unterlassen hat, die angebotene Ehrenzahlung innerhalb der Protestfrist bei ihm unter Vorlage von Wechsel und Protest zu suchen oder deren Ausbleiben durch einen zweiten Protest rechtzeitig feststellen zu lassen.

Was die Revision gegen diese Folgerung einwendet, erscheint nicht als zutreffend.

Die dem Protestbeamten gegenüber abgegebene Erklärung des Beklagten: „Ich interveniere zugunsten meines eigenen Giros", ist vom Kammergerichte mit Recht als rechtserhebliche Erklärung der Bereitwilligkeit zur Ehrenzahlung aufgefaßt worden. Es ist ein Irrtum, wenn die Revision annimmt, daß diese Erklärung, weil sie nicht von einem sofortigen tatsächlichen Angebote der Zahlung begleitet gewesen, als Zahlungsweigerung aufzufassen sei. Wird von dem Bezogenen Zahlung gefordert, so wird freilich eine auf die Zukunft gestellte Erklärung, den Wechsel einlösen zu wollen, als Zahlungsweigerung erscheinen. Die Rechtstellung des Notadressaten aber ist, wie aus dem vorhin Bermerkten folgt, eine wesentlich andere. Von ihm kann die tatsächliche Zahlung nur gegen Aushändigung auch des Protestes gefordert werden.

Die Gültigkeit der hier vorliegenden Notadresse zieht die Revision mit Unrecht in Zweifel. Daß eine Notadresse auch auf den Aussteller lauten kann, unterliegt keinem Bedenken. Einer Unterzeichnung bedarf die Notadresse nicht. Auch ist es an sich unerheblich, wer von den mehreren Regreßpflichtigen die Notadresse beigesetzt hat. Eine Ungültigkeit würde nur vorliegen, wenn der Bezogene oder eine dritte, nicht im Wechselverbande stehende Person die Notadresse beigesetzt hätte. Dies zu behaupten und zu beweisen aber wäre Sache der Klägerin gewesen. Nicht ist es, wie die Revision meint, Sache des Beklagten, erst noch die Herkunft und Gültigkeit der Notadresse zu beweisen. Denn bei einem äußerlich unverdächtigen Wechsel, wie er hier vorliegt, ist für die wechselmäßigen Rechte und Pflichten in erster Linie die Gestalt maßgebend, die der Wechsel an sich trägt.

Vgl. Entsch. des RG.s in Zivils. Bd. 47 S. 68.

Die Klägerin hat den Wechsel unstreitig mit den beiden Notadressen erworben und ihr Vorhandensein bei der Erhebung des Protestes mangels Zahlung auch beachtet. Mit Recht aber hat das Berufungsgericht angenommen, daß der der Klägerin obliegende Beweis der Ungültigkeit der Notadresse nicht durch die Eideszuschiebung erbracht werden könne, der Beklagte habe vor der Protesterhebung einem Vertreter der Klägerin erklärt, die Notadresse sei gefälscht. Erstens ist nicht klar, ob der Beklagte damit nicht etwa bloß hat sagen wollen, von ihm rühre die Notadresse nicht her, was unerheblich sein würde. Zweitens aber würde, wenn die Erklärung auch anders zu verstehen sein sollte, mit ihr noch nicht bewiesen sein, daß die Notadresse in Wirklichkeit von einem Unbefugten beigesetzt worden ist."

RGZ. 68, 427.

Förmlichkeiten des Protestes, durch den die Präsentation eines eigenen Nach-Sicht-Wechsels beurkundet wird.

I. Zivilsenat. Urt. v. 30. Mai 1908.

I. Landgericht Kiel, Kammer für Handelssachen. — II. Oberlandesgericht daselbst.

Die Firma B. & Co. zu Neumünster hatte einen „Rendsburg, den 23. November 1906" datierten eigenen Wechsel ausgestellt, inhalts dessen sie sich verpflichtete, acht Tage nach Sicht „an die Order der Rendsburger Bank im Kontor derselben" 55 000 M zu bezahlen. Die Beklagten hatten den Wechsel „als Bürgen" mitunterschrieben. Laut Protestes vom 27. April 1907 hatte die Rendsburger Bank den Wechsel der Firma B. & Co. in Neumünster präsentieren lassen. In dem Wechselprozesse, den sie alsdann gegen die Bürgen erhob, wurde u. a. die Gültigkeit des Protestes streitig.

Aus den Gründen:

„Das Oberlandesgericht hat, abweichend vom Landgerichte, den mit der Klage vorgelegten Protest für ungültig gehalten, aber angenommen, daß die fehlende Sichtpräsentation durch die Zustellung der Klage ersetzt werde, und daß dies auch den Avalisten gegenüber gelte. Hierbei folgt es dem Urteile des III. Zivilsenats des Reichsgerichts vom 16. Januar 1883 (Entsch. in Zivils. Bd. 8 S. 66). Die Revision bekämpft diese Sätze als rechtsirrtümlich. Es ist nicht erforderlich, hierzu Stellung zu nehmen. Denn der Senat ist bei der Prüfung des Protestes zu dem Ergebnisse gelangt, daß die Bedenken gegen dessen Gültigkeit nicht durchgreifen.

Die Protesturkunde berichtet, daß sich der Notar im Auftrage der Klägerin in das Geschäftslokal der Firma B. & Co. zu Neumünster begeben habe, um ihr den Wechsel für seine Auftraggeber zu präsentieren. Alsdann heißt es: „Ich traf daselbst . . . die Prokuristen der Firma, nämlich die Herren H. F. und W. Sch., an und zeigte denselben den Wechsel vor. Dieselben erklärten: der Wechsel ist richtig; wir werden für Zahlung Sorge tragen."

Die Ungültigkeit des Protestes leitet das Oberlandesgericht ab aus der Vorschrift des Art. 88 Nr. 3 WO., wonach der Protest „das an die Person, gegen welche protestiert wird, gestellte Begehren" enthalten muß. Dieses „Begehren" habe sich im vorliegenden Falle, wie aus Art. 20 in Verbindung mit Art. 98 Nr. 3 hervorgehe, dahin richten müssen, daß der Aussteller eine datierte Sichtbescheinigung auf den Wechsel setze. Ein Begehren des Inhaltes, daß der Wechsel „zum Zwecke der Sicht" vorgelegt wurde, sei aus dem Proteste nicht zu entnehmen.

Auszugehen ist davon, daß trotz des Wortes „muß" die in Art. 88 für den Protest aufgestellten Erfordernisse nicht in dem Grade zwingend sind, daß das Fehlen oder die Mangelhaftigkeit des einen oder des andern Erfordernisses unbedingt und in allen Fällen Nichtigkeit zur Folge habe. Vielmehr ist in jedem einzelnen Falle zu prüfen, ob ein vorhandener Mangel so erheblich ist, daß er den Zweck und das Wesen des Protestes beeinträchtigt. Vgl. Entsch. des ROHG.s Bd. 1 S. 143, Bd. 18 S. 209.

Zweck und Aufgabe des hier in Frage stehenden Protestes war es, „die rechtzeitige Präsentation des Wechsels feststellen zu lassen" (Art.

20 in Verbindung mit Art. 98 Nr. 3). Für die „Annahme" oder die „Datierung des Akzeptes", wovon der vom gezogenen Wechsel handelnde Art. 20 spricht, ist bei dem eigenen Wechsel kein Raum. Demgemäß verfügt Art. 98 auch nur, daß die Vorschriften der Artt. 19 und 20 über die Präsentation der Wechsel auf eine Zeit nach Sicht für eigene Wechsel „mit der Maßgabe gelten, daß die Präsentation dem Aussteller geschehen muß." Nun ist freilich aus Artt. 19 und 20 zu entnehmen, daß die mit Datum versehene Sichtbescheinigung des Ausstellers genügt, um die Nach-Sicht-Frist in Lauf zu setzen und dem Wechsel einen festen Verfalltag zu geben. Auch ist zuzugeben, daß der Protestbeamte in einem Falle der vorliegenden Art an den Aussteller das Begehren richten könnte, eine solche datierte Sichtbescheinigung auf den Wechsel zu setzen. Für schlechthin wesentlich kann ein solches Begehren aber nicht erachtet werden. Das Wesentliche bei dem Rechtsakte ist vielmehr die Präsentation als solche, die Tatsache der Sicht. Diese aber ist durch den Protestbeamten in zweifelsfreier Weise beurkundet." . . .

RGZ. 70, 116.

Kann der Domiziliat, der unter dem Vorbehalte, daß vom Akzeptanten rechtzeitige Deckung bei ihm eingehe, den Wechsel an den Wechselinhaber gezahlt hatte, beim Ausbleiben der Deckung durch die einseitige Erklärung, er werde zu Ehren eines Indossanten zahlen, seine Leistung in eine Ehrenzahlung umwandeln?

WO. Artt. 24, 62 flg.

I. Zivilsenat. Urt. v. 12. Dezember 1908.

I. Landgericht Krefeld, Kammer für Handelssachen. — II. Oberlandesgericht Düsseldorf.

Die Klägerin klagte auf Grund eines am 28. November 1906 fälligen Wechsels über 3588,75 M und der Protesturkunde vom 30. November 1906 als Ehrenzahlerin zugunsten der Beklagten 1 gegen die Honoratin, ihre Indossantin (die Beklagte 2) und die Ausstellerin des Wechsels (die Beklagte 3) mit dem Antrage, die Beklagten unter solidarischer Haftbarkeit zur Zahlung der Wechselsumme nebst Zinsen und Wechselunkosten zu verurteilen.

Die Beklagten machten geltend, daß der Wechsel bereits am 28. November 1906 durch die Klägerin als Domiziliatin mittels weißen Schecks an die Reichsbanknebenstelle in V. bezahlt und von dieser auch als bezahlt gebucht, und daß damit die Wechselobligation erloschen sei. Die Klägerin erwiderte, dies sei keine Zahlung gewesen, sondern nur eine vorläufige Deckung gemäß einer Vereinbarung ihres Prokuristen mit dem Direktor der Reichsbanknebenstelle. Sie hatte, da sie von dem Akzeptanten F. M. keine Deckung erhielt, den Wechsel am zweiten Tage nach dem Verfalltage (Art. 41 Abs. 2 WO.) im Namen der Reichsbank bei sich selbst protestieren lassen und dabei erklärt, daß sie als Ehrenzahlerin zu Ehren des Giros des Sch.schen Bankvereins eintrete und den Wechsel nach erhobenem Proteste nebst Kosten bezahlen werde.

Über die von der Klägerin behauptete Vereinbarung hatte sich der als Zeuge eidlich vernommene Vorstand der Reichsbanknebenstelle wie folgt geäußert: da die Wechsel der Firma F. M. meistens erst am zweiten oder dritten Tage nach Verfall von der Klägerin (Domiziliatin) eingelöst worden seien, habe er mit dem Prokuristen der Klägerin mündlich vereinbart, daß ihr diese Wechsel am ersten Verfalltage „gegen Erhalt der Wechselsumme als Deckung" ausgehändigt werden sollten; für den Fall, daß F. M. dann der Klägerin innerhalb der Zahlungstage (gemeint waren offenbar die Protestfristtage des Art. 41) keine Deckung senden würde, habe die Klägerin berechtigt sein sollen, den Wechsel im Namen der Reichsbank zu protestieren.

Die erste Instanz hatte ohne Beweiserhebung die Klage abgewiesen, weil die Reichsbank die Hingabe des Schecks als Zahlung behandelt habe; wäre die Klägerin damit einverstanden gewesen, so hätte sie die Zahlung gemäß § 119 BGB. anfechten müssen.

Das Oberlandesgericht erkannte nach dem Klagantrage, indem es die Vereinbarung für gültig erachtete und hiernach annahm, daß die Hingabe des weißen Schecks keine endgültige Zahlung des Wechsels, sondern nur eine bedingte gewesen sei.

Auf die Revision der Beklagten wurde die Entscheidung des ersten Richters wieder hergestellt.

Gründe:

„Es kann dahingestellt bleiben, ob die zwischen dem Prokuristen der Klägerin und dem Vorstande der Reichsbanknebenstelle getroffene Vereinbarung gültig und mit der Wirkung getroffen werden konnte, daß die am 28. November 1906 von der Klägerin mittels weißen Schecks geleistete Zahlung, die sie als Vertreterin des Akzeptanten gemacht hatte (vgl. Entsch. des ROHG.s Bd. 5 S. 125), als nicht geschehen zu behandeln war. Denn keinesfalls konnte diese Vereinbarung in Verbindung mit der von der Klägerin dem Protestbeamten gegenüber abgegebenen Erklärung bewirken, daß sich die Leistung vom 28. November 1906 in eine am 30. November 1906 an die Reichsbank geleistete Ehrenzahlung verwandelte. Eine Ehrenzahlung, die innerhalb der Protestfrist hätte erfolgen müssen, ist die bloße Erklärung der Klägerin gegenüber dem Protestbeamten, „sie werde zu Ehren der Beklagten 1 bezahlen", jedenfalls nicht. Die Erklärung kann nicht einmal als wirksames Erbieten an die Reichsbank zur Leistung einer Ehrenzahlung aufgefaßt werden, weil diese den Protest nicht erhielt und nach der insoweit nicht bestrittenen Behauptung der Beklagten von der Erklärung erst nachträglich, nach Klagerhebung, erfuhr (vgl. § 130 BGB.). Die Zahlung ist ein zweiseitiger Akt. Die Klägerin konnte nicht durch einseitige Erklärung ihre Leistung vom 28. November zu einer Ehrenzahlung vom 30. November machen." . . .

RGZ. 70, 208.

1. Unvollständige Angabe der Firma des Bezogenen im Wechsel.

2. Wird durch das Akzept des Nichtbezogenen eine Wechselverpflichtung begründet?

3. Liegt in dem Akzepte des Nichtbezogenen, wenn dieser es dem Aussteller übersendet, die Ermächtigung, daß der Aussteller die Adresse des Wechsels mit dem Akzepte in Übereinstimmung bringen dürfe?

4. Einrede des Akzeptanten, daß sich der Wechselgläubiger durch die Geltendmachung des Wechsels auf seine Kosten ohne rechtlichen Grund bereichere.

I. Zivilsenat. Urt. v. 20. Januar 1909.

I. Landgericht I Berlin, Kammer für Handelssachen. — II. Kammergericht daselbst.

Geklagt war im Wechselprozesse auf Grund eines von der Klägerin an eigene Order ausgestellten Wechsels über 12 195,35 M, zahlbar am 3. Januar 1906. Der Wechsel war gezogen auf „Herrn E. T. F. Keck & Co." in Berlin W, Charlottenstraße 55, und trug den Annahmevermerk „E. T. F. Keck & Co.", der unstreitig von dem mitverklagten Kaufmann Emil Theodor Ferdinand Keck auf den Wechsel gesetzt worden war. Dieser war nicht nur Gesellschafter der verklagten offenen Handelsgesellschaft „Deutsche Kaffee-Großhandlung E. T. F. Keck & Co.", sondern betrieb außerdem unter der Firma „Ferdinand Keck" eine Kaffeewirtschaft in Berlin.

Die Beklagten behaupteten Ungültigkeit des Wechsels, weil ihre Firma nicht richtig bezeichnet sei, und machten weiter geltend, daß die dem Wechsel zugrunde liegende Forderung die Handelsgesellschaft nichts angehe, sondern nur das gesonderte Geschäft des Emil Theodor Ferdinand Keck. Der Wechsel habe auch ursprünglich nicht auf „E. T. F. Keck & Co.", sondern auf „E. T. F. Keck" gelautet und sei von Keck versehentlich mit der Gesellschaftsfirma akzeptiert und dann erst von der Klägerin durch Umänderung der Adresse in seine jetzige Gestalt gebracht.

Durch Vorbehaltsurteil des Landgerichts waren die Beklagten als Gesamtschuldner verurteilt, der Klägerin 12 195,35 M nebst Zinsen zu bezahlen. Ihre Berufung war vom Kammergerichte zurückgewiesen worden. Das Reichsgericht hat das Urteil des Kammergerichts aufgehoben und die Sache zurückverwiesen.

Gründe:

„Beide Vorinstanzen sehen es als unschädlich an, daß die Angabe des Bezogenen und in Übereinstimmung damit auch der Akzeptvermerk bloß „E. T. F. Keck & Co." lautet, während die vollständige Firma der Beklagten noch den vorangestellten unterscheidenden Zusatz „Deutsche Kaffee-Großhandlung" enthält. Dies ist rechtlich nicht zu beanstanden. Es handelt sich hierbei nicht um die Frage, ob dem Wechsel eines der in Art. 4 WO. aufgestellten Erfordernisse fehlt. Denn zweifellos ist eine Firma angegeben, welche die Zahlung leisten soll. In Frage steht nur, ob die gewählte Bezeichnung trotz der Unvollständigkeit der Firma mit genügender Bestimmtheit auf die verklagte offene Handelsgesellschaft hinweist. Die Entscheidung hierüber liegt auf tatsächlichem Gebiete. Ihre Bejahung läßt einen Rechtsirrtum nicht erkennen, und prozessuale Angriffe sind nicht erhoben.

Die Gründe aber, aus denen das Kammergericht die weitere Verteidigung der Beklagten zurückgewiesen hat, können nicht gebilligt werden.

Die Beklagten behaupten, daß der Wechsel, als der Ehemann Keck die Akzeptschrift darauf setzte, anders gelautet habe, als jetzt: als Adresse soll nicht „E. T. F. Keck & Co.", sondern „E. T. F. Keck" angegeben gewesen sein, also der bürgerliche Name des Ehemannes Keck. Für diese Behauptung haben sie in prozessual zulässiger Weise (§§ 595, 598 ZPO.) Beweis angetreten, mittelbar durch Vorlegung von Briefen der Klägerin, die sich auf den Klagewechsel beziehen und an den Ehemann Keck gerichtet sind, und unmittelbar durch Eideszuschiebung.

Das Oberlandesgericht erklärt die Behauptung für unerheblich. Es führt aus, daß, wenn die dem Wechsel zugrunde liegende Forderung die offene Handelsgesellschaft auch an sich nicht berühre, doch nichts im Wege gestanden habe, daß Keck bei der Akzeptierung die Gesellschaft verpflichtete. Dieser Wille aber müsse aus seinem Akzeptvermerke „E. T. F. Keck & Co." entnommen werden. Wer einen Wechsel mit einer

Firma akzeptiere, die er zu zeichnen befugt sei, könne damit nichts anderes beabsichtigen, als die Firma zu verpflichten. Wenn aber Keck den mit der Firmenbezeichnung akzeptierten Wechsel der Klägerin zurückgesandt habe, so habe er die Klägerin damit auch ohne ausdrückliche Erklärung ermächtigt, die Adresse des Wechsels durch Hinzufügung der Worte „& Co." mit dem Akzepte in Einklang zu bringen. Er habe nicht erwarten können, daß die Klägerin den Wechsel in einer Form belasse, bei der sie weder gegen die Firma, noch gegen Keck persönlich wechselmäßige Ansprüche hätte geltend machen können.

Bei dieser Ausführung wird, was zu beweisen wäre, vorweggenommen. Die Wechselobligation des Akzeptanten ist Skripturverpflichtung (vgl. die Entscheidung des Senats vom 1. Juli 1903 in der Sache Rep. I 168/03, Mon.-Schr. f. Handr. u. Bankw. 1903 S. 281). Sie entsteht durch die Unterschrift, aber nur durch eine dem Wechsel entsprechende Unterschrift. Insbesondere steht in der Rechtsprechung, wie auch in der Rechtslehre fest, daß das Akzept des Nichtbezogenen eine Wechselverpflichtung nicht erzeugt.

Vgl. Entsch. des RG.s in Zivils. Bd. 14 S. 18, Bd. 35 S. 43; Grünhut, WR. Bd. 2 S. 214; Staub, Komm. Anm. 4 zu Art. 21; Rehbein, Bem. 9 zu Art. 21.

Wird demnach die Wahrheit der Verteidigungsbehauptung der Beklagten unterstellt, so ergibt sich aus ihr unmittelbar, daß durch den Akzeptvermerk eine wechselmäßige Verpflichtung der verklagten Firma nicht begründet wurde, weil der Wechsel nicht auf sie gezogen war, die Unterschrift aber als Mitunterzeichnung des Akzeptes des Bezogenen (Art. 81 WO.) nicht in Betracht kommen kann. Damit fällt der Ausgangspunkt der Betrachtung des Kammergerichts.

Es kann zugegeben werden, daß trotzdem aus den besonderen Umständen eines Einzelfalles abgeleitet werden könnte, daß das Akzept des Nicht-Bezogenen in verpflichtender Absicht und mit der stillschweigenden Ermächtigung zu entsprechender Änderung der Wechseladresse gegeben worden sei. Eine solche aus den Besonderheiten des Einzelfalles geschöpfte Feststellung enthält aber die Begründung des Berufungsurteils nicht. Die Argumente sind allgemein gehalten und treffen nicht nur auf jeden Fall zu, wo, wie hier, die akzeptierende Person in der Lage ist, befugterweise sowohl für den Bezogenen, wie für die andere, nicht bezogene Firma zu unterzeichnen, sondern ebensogut auch auf den Fall völliger Personenverschiedenheit. Sie laufen daher auf eine Beseitigung des vorhin formulierten Rechtssatzes hinaus.

Es kann aber auch aus einem weiteren Grunde von einer tatsächlichen Feststellung, an die das Revisionsgericht gebunden wäre, keine Rede sein.

Das Berufungsgericht fügt den bereits wiedergegebenen Ausführungen hinzu, daß die Beklagten ihre Behauptung, Keck habe bei dem Akzeptvermerke die Firma aus Versehen gezeichnet, nicht bewiesen hätten und auch nicht mit Mitteln, die im Wechselprozesse zugelassen werden dürften, beweisen könnten. Dies mag an sich nicht zu beanstanden sein, kann die Entscheidung aber nicht rechtfertigen, weil hier eine Verkennung der Beweislast zutage tritt.

Aus dem vorhin Bemerkten folgt, daß den Beklagten ein weiterer Beweis nicht angesonnen werden darf, als daß der Wechsel zu der Zeit, als Keck den Akzeptvermerk daraufsetzte und ihn an die Klägerin zurückgab, die Adresse „E. T. F. Keck" trug. Ist dies dargetan, so folgt daraus ohne weiteres, daß die Umänderung der Adresse durch den Zusatz „& Co." unbefugt und wechselrechtlich eine Verfälschung war. Ein Blankett lag nicht vor, und an und für sich ist jede Veränderung des fertigen Wechsels, wodurch die Verpflichtung der Unterzeichner berührt wird, eine unzulässige Fälschung. Wer also behauptet, zu der Veränderung dem Verpflichteten gegenüber berechtigt gewesen zu sein, muß dies beweisen. Soll also unerachtet des hier unterstellten Nachweises die Wechselklage aufrecht erhalten werden, so würde es Sache der Klägerin sein, zu beweisen, daß Keck das Akzept nicht aus Irrtum, sondern in der Absicht, die Gesellschaftsfirma zu verpflichten, gegeben und sie zur Änderung der Adresse ermächtigt habe.

Wird dies nachgewiesen, so ist freilich die von der Beklagten erhobene Einrede der ungerechtfertigten Bereicherung (§ 812 BGB.) unbegründet. Denn ihre wechselmäßige Verpflichtung würde dann in der bewußten Übernahme einer fremden Verbindlichkeit den erforderlichen „rechtlichen Grund" finden. Auf einem weiteren Rechtsirrtum aber beruht es, wenn das Berufungsgericht diese Einrede schon jetzt zurückgewiesen hat, indem es erwägt, die wechselmäßige Haftung des Akzeptanten bedürfe keines außerhalb des Wechsels liegenden rechtlichen Grundes, werde vielmehr durch das Akzept selbst begründet: der Akzeptant könne also nicht deshalb sein Akzept wegen Bereicherung des Remittenten widerrufen, weil er diesem nichts schuldig gewesen sei. Diese Ausführung würde zutreffen, wenn der Wechsel von einem dritten gutgläubigen Erwerber gegen die verklagte Firma geltend gemacht würde. Dann könnte auf das Kausalverhältnis zwischen dem ersten Nehmer und dem Wechselschuldner nicht zurückgegriffen werden. Hier aber steht der Wechselschuldner dem ersten Nehmer selbst gegenüber. Der Einwand, daß es der Wechselobligation der Gesellschaft an jedem Rechtsgrunde fehle, würde also an sich zu beachten sein, weil im Verhältnis zwischen diesen Personen durch die Skriptur nur die Beweislast verschoben wird.

Vgl. Grünhut, Bd. 2 S. 130; Staub, Anm. 36 zu Art. 82; Wieland, Der Wechsel S. 131." . . .

RGZ. 70, 350.

1. Kann, wer einen Wechsel zu Ehren eines Regreßpflichtigen gezahlt hat, die Zahlung als ungerechtfertigte Bereicherung zurückfordern, wenn sich die Unterschrift des Honoraten als gefälscht erweist? Hat er die Kondiktion gegen den letzten Wechselinhaber, dem er das Geld gezahlt hat, zu richten? oder gegen die vor diesem stehenden Nachmänner des Honoraten?

2. Ist jeder, der im Wechselverbande steht, schlechthin verpflichtet, glaubhafte Mitteilungen über die Fälschung einer auf dem Wechsel befindlichen Unterschrift weiterzugeben?

I. Zivilsenat. Urt. v. 3. März 1909.

I. Landgericht Hildesheim. — II. Oberlandesgericht Celle.

Die Klage war veranlaßt durch einen am 25. Dezember 1905 fälligen Wechsel, auf dem als Aussteller und erster Indossant die Firma Gebrüder H., als Akzeptant der Zimmermeister E. Sch. angegeben waren. Die durch das erste Indossament legitimierte Beklagte hatte den Wechsel an die Reichsbankstelle Br. giriert. An diese zahlte ihn die Klägerin, bei der er domiziliert war, unter Protest zu Ehren des Ausstellers. Nachträglich stellte sich heraus, daß sowohl die beiden Unterschriften des Ausstellers, wie die Unterschrift des Akzeptanten gefälscht waren. Schon am 19. Dezember 1905 hatten die Gebrüder H. an die Beklagte geschrieben, die bei ihr diskontierten Wechsel seien abgelaufen; Papiere, die die Beklagte etwa noch in Händen habe, mit Fälligkeit vom Dezember oder später, seien gefälscht. Die Beklagte hatte diesen Brief ignoriert und weder der Klägerin noch der Reichsbankstelle Mitteilung davon gemacht.

Die auf Ersatz der Wechselsumme und der Protestkosten gerichtete Klage stützte sich auf einen doppelten Rechtsgrund. Erstens behauptete die Klägerin, die Beklagte habe ihr durch Verschweigen des Briefes vorsätzlich und in einer gegen die guten Sitten verstoßenden Weise Schaden zugefügt. Sodann suchte sie darzutun, daß die Beklagte auf ihre Kosten ohne Rechtsgrund bereichert sei. Beides wurde von der Beklagten bestritten.

Das Landgericht wies die Klage ab. Dagegen erkannte der Berufungsrichter zwar durch Zwischenurteil, daß die Deliktsklage unbegründet sei; dem Bereicherungsanspruch aber gab er statt. Die Revision führte zur Wiederherstellung des ersten Urteils, aus folgenden

Gründen:

„I. Die Ausführungen des Oberlandesgerichts über den Bereicherungsanspruch beruhen auf Rechtsirrtum. Wer durch die Zahlung der Klägerin ohne Rechtsgrund bereichert wurde, war die Reichsbank, nicht die Beklagte.

Daß die Reichsbank kondiktionspflichtig wurde, hätte nach der Bedeutung, die das angefochtene Urteil der Zahlung beilegt, auch vom Oberlandesgericht anerkannt werden müssen. Es ist der Ansicht, daß die Zahlung nach dem Inhalte des Rechtsgeschäftes den Zweck gehabt habe, die Forderungen gegen den Aussteller und den Akzeptanten zu erwerben. Wäre das richtig, so würde sich daraus gemäß § 812 Abs. 1 Satz 2 BGB. nur ein Anspruch gegen die Person ergeben, mit der das Zahlungsgeschäft vorgenommen wurde, also ein Anspruch gegen die Reichsbank. Nun kann zwar die Ansicht des Oberlandesgerichts über den Charakter der geleisteten Zahlung nicht gebilligt werden. Der Erwerb jener Forderungen kam nur als gesetzliche Folge der Zahlung in Betracht, war nicht ihr rechtsgeschäftlicher Zweck. Ob causam futuram zahlte die Klägerin nicht. Aber das Ergebnis ist um deswillen das gleiche, weil die Zahlung ob causam praeteritam geschah, zu dem Zwecke, die irrtümlich für bestehend erachtete Schuld des Ausstellers zu tilgen (§ 812 Abs. 1 Satz 1 BGB.).

Freilich ist die Auffassung der Ehrenzahlung, von der hierbei ausgegangen wird, keineswegs unbestritten. Mit der Begründung, jede Ehrenzahlung werde statt des Trassaten geleistet, spricht Grünhut (Wechselrecht Bd. 2 § 135 Anm. 13) dem Zahlenden, wenn sich die Unterschriften des Honoraten und seiner Vormänner als gefälscht herausstellen, die condictio indebiti ab. Der Gegensatz der Anschauungen, der hier zutage tritt, ist in der Literatur vornehmlich bei dem praktisch wenig bedeutsamen Institut des Ehrenakzepts ausgetragen. Wer, wie Grünhut, in dem Ehrenakzepte die Übernahme der Hauptwechselschuld erblickt, verfährt nur konsequent, wenn er die Ehrenzahlung wie eine Zahlung des Trassaten beurteilt. Indes die herrschende Lehre faßt das Ehrenakzept mit Recht als die Erklärung auf, eine

Wechselregreßschuld zahlen zu wollen. Nur diese Auffassung steht mit dem Inhalt des Gesetzes in Einklang. Nach Art. 60 WO. haftet der Ehrenakzeptant nicht dem Honoraten und dessen Vormännern und haftet überhaupt nur dann, wenn der Trassat nicht zahlt. Nach Art. 83 findet ein Wechselbereicherungsanspruch gegen ihn nicht statt. Stände die Ehrenzahlung der Zahlung des Trassaten gleich, so wäre die Fortdauer der Haftung des Honoraten und seiner Vormänner nicht zu erklären. Dagegen erweist sich, wenn nur die Regreßschuld gezahlt ist, das Recht des Zahlenden nach Art. 63 als ein Ausfluß des allgemeinen Rechtsgedankens, der auch den §§ 268, 426, 774, 1143, 1225, 1249 BGB. zugrunde liegt. Die Streitfrage, ob der Art. 63 ein Eintrittsrecht im engeren Sinne (cessio legis), oder einen originären Rechtserwerb im Auge hat, braucht dabei nicht entschieden zu werden.

Bezog sich die Zahlung der Klägerin auf eine nur scheinbar vorhandene Schuld der Gebrüder H., so wurde das Recht, das der Reichsbank in Wirklichkeit zustand, dadurch nicht berührt. Trotz Art. 62 Satz 3 WO. hätte die Reichsbank das angebotene Geld ablehnen können, ohne die Regreßforderung gegen die Beklagten zu verlieren. Dadurch, daß sie es annahm, ging sie ihrer Forderung gleichfalls nicht verlustig. Zahlt ein Dritter für einen von zwei Gesamtschuldnern, so wird auch der andere Gesamtschuldner befreit (§§ 267, 421, 422 BGB.). Aber keine Befreiung erfolgt, wenn ein Gesamtschuldverhältnis in Wahrheit nicht vorhanden, A allein der Schuldner ist, B nur scheinbar neben ihm haftet und der Dritte im Irrtum hierüber B.s vermeintliche Schuld zu tilgen glaubt. Die wirklich bestehende Forderung erlischt nicht, wenn der Gläubiger ein indebitum empfängt. Daraus erhellt, daß die Beklagte durch die Zahlung der Klägerin nichts auf deren Kosten erlangt hat. Allerdings mag die Zahlung der Anlaß gewesen sein, aus dem sich nach Hinzutritt eines anderen Ereignisses für die Beklagte ein Gewinn, für die Klägerin ein entsprechender Verlust entwickelt hat. Aller Wahrscheinlichkeit nach hat die Reichsbank in dem Glauben, eine gültige Ehrenzahlung empfangen zu haben, die Regreßforderung verjähren lassen. Sie wurde dann durch den Wegfall der Bereicherung von der Kondiktion der Klägerin befreit (§ 818 Abs. 3 BGB.). Der Vorteil aber, der h i e r m i t für die Beklagte verbunden war, ist nicht ohne rechtlichen Grund erlangt. Der Rechtsgrund liegt in der Vollendung der Verjährung.

II. Der Gedanke der Klageschrift, dem Bereicherungsanspruch eine weitere Stütze durch eine Arglistanfechtung zu geben, ist schon durch das Vorstehende erledigt. Mit Unrecht ist der Vertreter der Klägerin in der Revisionsinstanz darauf zurückgekommen. Die Beklagte wäre nur dann die richtige Anfechtungsgegnerin, wenn sie unmittelbar durch die Ehrenzahlung ein Recht, nämlich Befreiung von einer Verbindlichkeit, erlangt hätte (§ 123 Abs. 2 Satz 2 BGB.). Das war, wie erörtert, nicht der Fall. Zu prüfen bleibt nach § 563 ZPO. nur, ob die Endentscheidung des Oberlandesgerichts aus dem Gesichtspunkte der Deliktsklage des § 826 BGB. aufrechterhalten werden kann. Die Frage muß jedoch verneint werden. Ebenso wie jemand, dessen Wechselunterschrift gefälscht ist, durch unterlassene Anzeige der von ihm nachträglich in Erfahrung gebrachten Fälschung möglicherweise eine Schadensersatzpflicht auf sich lädt (RG. in Holdheims Monatsschr. 1904 S. 26; Entsch. des RG.s vom 16. November 1905, Rep. VI. 67/05; vom 10. November 1906, Rep. I. 219/06; vom 15. Dezember 1906, Rep. I. 61/06), kann auch der Empfänger der Anzeige ersatzpflichtig werden, wenn er die Mitteilung nicht weitergibt. Aber bei beiden hängt alles von den Umständen des Einzelfalls ab. Hier hat das Oberlandesgericht in seinem Zwischenurteil erwogen, daß die Klägerin auf dem Wechsel nur als Domiziliatin, nicht als Notadresse genannt war. Es sei weder unter Beweis gestellt, noch aus der Sachlage ohne weiteres zu entnehmen, daß die Beklagte das Bewußtsein gehabt habe, die Klägerin werde intervenieren. Daher könne ihr höchstens eine Fahrlässigkeit, nicht aber ein Eventualdolus vorgeworfen werden. Diese Erwägungen lassen einen Rechtsirrtum nicht erkennen." . . .

RGZ. 71, 14.

Unter welchen Umständen kann einem Wechselanspruch die Einrede des Schiedsvertrags mit Erfolg entgegengesetzt werden?

II. Zivilsenat. Urt. v. 2. April 1909.

I. Landgericht Rostock. — II. Oberlandesgericht daselbst.

Aus den Gründen:

„Der Kläger Pr., der Beklagte M. und der Bauunternehmer Th. hatten am 5. Juli 1905 der Wismarer Vereinsbank einen auf den 5. Oktober 1905 zahlbar gestellten eigenen Wechsel über 17 000 M ausgestellt. Der Kläger löste den Wechsel am 11. Oktober 1907 bei der genannten Bank ein und ließ ihn auf sich indossieren. Sodann erhob er im Wechselprozeß Klage auf Zahlung von 17 000 M gegen den Beklagten. Das Landgericht hatte unter Abweisung der Mehrforderung den Beklagten zur Zahlung von 5666,66 M verurteilt. Die Berufung des Klägers wurde vom Oberlandesgericht zurückgewiesen, während dieses auf die Berufung des Beklagten die Klage auch insoweit abwies, als das Landgericht sie zugesprochen hatte.

Die drei Aussteller des Wechsels standen auf Grund eines Vertrages vom 31. Oktober 1907 in einem Gesellschaftsverhältnis. Der Wechsel war der Wismarer Bank zur Sicherung für ein Darlehn an diese Gesellschaft ausgestellt und übergeben worden. In § 11 des Gesellschaftsvertrages war bestimmt, daß für Streitigkeiten, die nicht der Entscheidung der Majorität unterlägen, der Rechtsweg ausgeschlossen sein solle und die Entscheidung darüber durch ein Schiedsgericht zu erfolgen habe, dessen Bildung näher bestimmt wird. Auf Grund dieser Bestimmung hatte der Beklagte gemäß § 274 Nr. 3 ZPO. der Klage die Einrede des Schiedsvertrages entgegengesetzt, und das Oberlandesgericht hat diese Einrede für begründet erachtet. Die letztere Annahme wird von der Revision als rechtlich unzutreffend angefochten, weil es sich bei dem allein in Frage stehenden Anspruch aus dem Wechsel auf Grund des Indossaments des Klägers nicht um eine Streitigkeit aus dem Gesellschaftsverhältnis handele.

Dieser Angriff ist verfehlt. Daß die Einrede des Schiedsvertrages auch gegenüber der Klage im Wechselproseß geltend gemacht werden kann, unterliegt keinem begründeten Bedenken. Nach Art. 82 WO. kann sich der Wechselschuldner unbeschränkt solcher Einreden bedienen, die ihm unmittelbar gegen den jedesmaligen Kläger zustehen. Der streitige Wechsel war zur Geldbeschaffung für Zwecke der Gesellschaft gemeinsam von den Gesellschaftern ausgestellt. Unter diesen bildet daher die Frage, inwieweit der eine Gesellschafter dem anderen gegenüber verpflichtet ist, die Wechselsumme zu bezahlen, wenn sie streitig wird, eine Streitigkeit innerhalb des Gesellschaftsverhältnisses, die nach der Vertragsabmachung in § 11 des Vertrags der Parteien im Wege des schiedsrichterlichen Verfahrens zu erledigen ist, so daß der Rechtsweg jedenfalls vor Erledigung dieses Verfahrens ausgeschlossen ist.

Die Revision ist danach unbegründet."

RGZ. 71, 289.

Bedeutet ein schenkweise erteiltes Wechselakzept, das sich noch in Händen des Beschenkten befindet, nur ein Schenkungsversprechen im Sinne des § 518 BGB. oder schon die Bewirkung der versprochenen Leistung? Wie kann ein formloses Schenkungsversprechen wirksam bestätigt werden?

I. Zivilsenat. Urt. v. 16. Juni 1909.

Die Entscheidung ist abgedruckt unter „Bürgerliches Recht, Recht der Schuldverhältnisse 5".

RGZ. 73, 250.

Ist ein Windprotest ungültig, aus dem nicht hervorgeht, daß der Protestbeamte an der Stelle, die im Wechsel angegeben ist, Nachfrage gehalten hat?

Wechselordnung v. 3. Juni 1908, Art. 91 Abs. 2.

I. Zivilsenat. Urt. v. 6. April 1910.

I. Landgericht Frankfurt a. M., Kammer für Handelssachen. — II. Oberlandesgericht daselbst.

Der Beklagte zog auf „Frl. R. B. in Düsseldorf, Artushof", zwei am 6. und 12. April 1909 fällige Wechsel, die akzeptiert wurden, aber unter Protest gingen. Im Regreßwege belangt, machte der Beklagte geltend, die von einem Gerichtsvollzieher aufgenommenen Proteste entsprächen nicht den gesetzlichen Vorschriften. Nach ihrem Wortlaut:

„habe ich heute ein Geschäftslokal oder eine Wohnung der Bezogenen, Frl. R. B. zu Düsseldorf, früher Artushof, durch Nachfrage beim polizeilichen Einwohnermeldeamt hierselbst nicht ermitteln können",

sei anzunehmen, daß der Beamte im Artushof selbst nicht nachgeforscht habe; jedenfalls sei das Gegenteil in den Protesten nicht erklärt. Noch im Juni 1909 aber habe die Akzeptantin im Artushof gewohnt.

Das Landgericht schenkte diesen Ausführungen kein Gehör. Die Berufung des Beklagten und seine Revision wurden zurückgewiesen, letztere aus folgenden

Gründen:

„Richtig ist, daß die beiden Proteste über persönliche Nachforschungen des Gerichtsvollziehers in dem in den Wechseln angegebenen Lokal „Artushof" nichts ergeben. Aus der Wendung des Protestes „früher Artushof" geht nicht hervor, wie der Beamte die Überzeugung gewonnen hat, daß das dortige Geschäftslokal oder die dortige Wohnung vor dem Protestage verlassen sei. Möglicherweise ist ihm die Aufgabe des Lokals von dritter Seite mitgeteilt. Ebenso möglich ist, daß er nur die Polizeibehörde aufgesucht und von ihr die Nachricht erfahren hat. Indessen kommt es auf diesen Punkt nicht an. Die Ansicht, daß die berührte Ungewißheit der Gültigkeit der Proteste Eintrag tue, ist vom Berufungsgericht mit Recht verworfen.

Wird weder ein Geschäftslokal noch eine Wohnung des Protestaten aufgefunden, so ist der Fall des sog. Windprotestes gegeben. Über die Konstatierung der Voraussetzungen dieses Falles bestimmte die frühere Fassung WO. in Art. 91 Satz 3:

„Daß das Geschäftslokal oder die Wohnung nicht zu ermitteln sei, ist erst dann als festgestellt anzunehmen, wenn auch eine dieserhalb bei der Polizeibehörde des Orts geschehene Nachfrage des Notars oder des Gerichtsbeamten fruchtlos geblieben ist, welches im Protest bemerkt werden muß."

War im Wechsel eine Angabe über das Lokal enthalten, so erachtete die herrschende Meinung den Protestbeamten für verpflichtet, außer der Nachforschung bei der Polizei auch an der angegebenen Stelle Nachfrage zu halten und die Tatsache der erfolgten Nachfrage im Protest zu bekunden. Fehlte die Bekundung, so war nicht nur der Beamte verantwortlich, sondern es wurde auch der Protest als nichtig angesehen.

Vgl. Entsch. des ROHG.s Bd. 21 S. 357; Grünhut, Wechselrecht, Bd. 2 S. 71, und die Kommentare zu Art. 91 von Staub, 4. Aufl., § 7; Rehbein, 7. Aufl., Bem. 10.

Das Gesetz vom 30. Mai 1908, betr. die Erleichterung des Wechselprotestes, hat den bisherigen Art. 91 Satz 3 in mehrfacher Richtung geändert. An die Stelle des Vermerks über erfolglose Nachfrage bei der Polizei ist nach Art. 88 Nr. 2 der neuen Fassung die Angabe getreten, daß das Geschäftslokal oder die Wohnung sich nicht habe ermitteln lassen. Die unbedingte Nötigung des Protestbeamten, die Polizeibehörde anzugehen, ist durch einen allgemeinen Hinweis auf die Anstellung geeigneter Ermittlungen ersetzt (Art. 91 Abs. 3 Satz 1), so jedoch, daß der Beamte, wenn eine Nachfrage bei der Polizei ohne Erfolg geblieben ist, weitere Nachforschungen nicht anzustellen braucht (Art. 91 Abs. 3 Satz 2). Endlich ist bestimmt, daß ein Protest mit dem Vermerk, das Geschäftslokal oder die Wohnung habe sich nicht ermitteln lassen, nicht aus dem Grunde ungültig sein soll, weil in Wahrheit die Ermittlung möglich war (Art. 91 Abs. 2).

Diese Änderungen des Gesetzes müssen zu einer anderen Beurteilung auch des besonderen Unterfalles führen, wenn eine Lokalität im Wechsel bezeichnet ist.

Hat der Protestbeamte, wie hier, vergeblich bei der Polizeibehörde nachgefragt, so werden durch den neuen Abs. 3 Satz 2 Zweifel daran erweckt, ob ihm eine Verpflichtung, außerdem noch das im Wechsel notierte Lokal aufzusuchen, überhaupt obliegt. Müßte eine solche Verpflichtung verneint werden, so würde schon dieser Grund die Bemängelung der erhobenen Proteste als hinfällig erscheinen lassen. Es versteht sich von selbst, daß ein Protest nicht wegen ungenügender Nachforschungen ungültig sein kann, wenn der Beamte in Ansehung der Art und des Umfangs der Nachforschungen seinen Pflichten genügt hat. Indessen braucht hierauf nicht eingegangen zu werden, da die Gültigkeitserfordernisse der Wechselproteste durch das neue Gesetz eine selbständige Regelung erfahren haben. Darauf, ob vom Protestbeamten alles aufgeboten ist, was dazu gehört, um Schadensersatzansprüche und die Disziplinarstrafe zu vermeiden, kann nicht wie früher das Gewicht gelegt werden.

Der Vermerk nach Art. 88 Nr. 2, daß ein Geschäftslokal oder eine Wohnung sich nicht habe ermitteln lassen, hat durch den Abs. 2 des Art. 91 die Eigenschaft einer Form gewonnen, deren Beobachtung die Gültigkeit des Protestes sichert, auch wenn der Beamte unter gröblichster Verletzung seiner Pflichten nicht das Geringste zur Ermittlung getan hat. Der einschränkenden Auslegung, die von der Revision versucht wird, läßt sich nicht beitreten. Die Revision meint, der in Rede stehende Vermerk solle den Protest nur gegen den Einwand schützen, daß in Wirklichkeit die „Ermittlung" möglich gewesen sei. Eine Ermittlung komme erst in Frage, wenn das Lokal auf dem Wechsel entweder gar nicht oder unrichtig bezeichnet sei; der Beamte, dem ein Wechsel mit darin enthaltener Lokalbezeichnung übergeben werde, habe zunächst ohne Ermittlungsversuche den gewiesenen Weg zu gehen. Diese Deduktion beruht auf einer unzutreffenden Vorstellung von der Bedeutung, die der Bezeichnung eines Lokals im Wechsel zukommt. Die wechselmäßige Notiz fixiert nicht etwa die Stelle, an der die im Wechselverkehr erforderlich werdenden Handlungen, insbesondere die Protesterhebung, vorzunehmen sind. Vielmehr muß der Wechsel grundsätzlich in den wirklichen, augenblicklich benutzten Räumen — Geschäftslokal oder Wohnung — protestiert werden (vgl. Entsch. des ROHG.s Bd. 22 S. 401, Bd. 25 S. 413). Durch die Notiz wird nur die Persönlichkeit des Protestaten näher, als es durch Namen und Wohnort geschehen ist, individualisiert; es wird dadurch ein weiteres Mittel geboten, das unter Umständen die Auffindung des Protestaten zur Folge haben kann. Hiernach vermag ein innerer Unterschied in der Tätigkeit des Protestbeamten, je nachdem ein Lokal im Wechsel angegeben ist oder nicht, nicht anerkannt zu werden. Die Aufgabe ist jedesmal die, das wirkliche, aktuelle, zur Zeit der Protesterhebung vorhandene Lokal ausfindig zu machen. Da immer mit der Möglichkeit gerechnet werden muß, daß die Notiz im Wechsel von Anfang an unrichtig oder durch nachträgliches Verlassen des Lokals überholt ist, verlangt die Aufgabe ausnahmslos eine Ermittlungstätigkeit, die auch dann eine solche bleibt, wenn die Ermittlung durch die Notiz erleichtert wird. Fälle der hier gegebenen Art weisen für die Anwendung des Art. 91 Abs. 2 WO. keine Besonderheiten auf. Ist eine Lokalangabe des Wechsels, mit deren Hilfe der Protestat hätte gefunden werden können, unbeachtet geblieben, so ist deshalb allein der erhobene Windprotest nicht ungültig. Dem Gesetze ist genügt, wenn der Protest den Vermerk enthält, daß sich das Geschäftslokal oder die Wohnung nicht habe ermitteln lassen."

RGZ. 74, 184.

Ortsangabe im Wechseldatum. Guter Glaube des formell legitimierten Wechselinhabers.

I. Zivilsenat. Urt. v. 17. September 1910.

I. Landgericht München I, Kammer für Handelssachen. — II. Oberlandesgericht daselbst.

Die Klägerin verlangte von der Beklagten im Wechselprozesse die Zahlung von 3000 M nebst Zinsen und Kosten. Der dem Anspruch zugrunde liegende Wechsel trug das Datum: „Michaeliburg, den 24. Mai 1909." Er wurde von der Firma „Os.-Werke W. Str., Michaeliburg bei München, Post Trudering, W. Str." auf die Firma F. & B. in K. an eigene Order gezogen und von der Bezogenen angenommen. Der Wechsel enthielt das Blankoindossament des Ausstellers, als zweites Blankoindossament das von „W. Str. & Co." und zuletzt das Indossament: „Order der Herren Fr. & Sch." — der Klägerin — „Deutscher C.-Konsum-Verein, e. G. m. b. H., München, in Vollmacht Th. M."

Die Klägerin erwirkte gegen die Beklagte in der ersten Instanz ein verurteilendes Erkenntnis. Das Urteil wurde von der zweiten Instanz aufgehoben und der Klaganspruch abgewiesen. Auf die Revision der Klägerin wurde das Urteil des Oberlandesgerichts aufgehoben und die Sache zurückverwiesen.

Gründe:

„Das Berufungsgericht hat den von der Beklagten erhobenen Einwand, der Wechsel entbehre mangels gehöriger Ortsangabe eines dem Art. 4 Nr. 6 WO. entsprechenden Datums, als durchgreifend angesehen und aus diesem Grunde die Klage abgewiesen. Es wird dabei anerkannt, daß eine Ansiedlung von etwa 11 Häusern, die zum Teil zur Gemeinde Trudering, zum Teil zur Gemeinde Perlach gehört, im Volksmunde die Bezeichnung „Michaeliburg" führt und daß sich diese Bezeichnung auf der Karte des Katasteramts München II findet. Das Gericht sieht aber als entscheidend an, daß die Ortsbezeichnung „Michaeliburg" keine amtliche sei; „es fehle an jeder Grundlage für das Bestehen einer solchen Ortschaft im Sinne der rechtsrheinischen Gemeindeordnung".

Mit Recht greift die Revision diese Darlegung als irrtümlich an. Daß der Ort der Ausstellung des Wechsels mit amtlicher Genauigkeit zu bezeichnen sei, daß insbesondere der angegebene Ort eine amtlich anerkannte Gemeinde oder Ortschaft mit bestimmt festgelegten Grenzen sein müsse, kann aus dem Gesetz — namentlich auch im Hinblick auf den aus Art. 85 WO. zu entnehmenden Zweck der Vorschrift des Art. 4 Nr. 6 — *nicht hergeleitet werden.* Es muß vielmehr als ausreichend gelten, daß als Ausstellungsort ein im Verkehr bestimmbarer geographischer Bezirk oder Platz genannt wird. Und dies ist im vorliegenden Falle offensichtlich geschehen. Es bedarf deswegen keines Eingehens auf die weitere Frage, ob zur Erläuterung der Ortsangabe im Datum die der Wechselunterschrift hinzugefügte Ortsbezeichnung herangezogen werden könnte. Wenn das Berufungsgericht noch hervorhebt, daß Michaeliburg teils in der Gemeinde Trudering und teils in der Gemeinde Perlach liege, so ist die dadurch hervorgerufene Unsicherheit, ob der Wechsel im Gebiet der einen oder der andern Gemeinde ausgestellt worden ist, unerheblich.

Vgl. Lehmann, Lehrb. des WR. § 101 S. 377, und Staub, WO. (4. Aufl.) § 37 zu Art. 4.

Das Urteil des Oberlandesgerichts ist hiernach aufzuheben. Zur Endentscheidung ist die Sache noch nicht reif. . . . Unter anderem hat sich die Beklagte im Widerstreite mit der Klägerin darauf berufen, daß die Klägerin nicht aktiv legitimiert sei; denn das Indossament des Deutschen C.-Konsumvereins sei von Th. M. unbefugt ausgestellt worden und die Klägern habe dies gewußt. Eine gerechtfertigte Zurückweisung dieses Einwandes ist in dem angefochtenen Urteil insoweit nicht enthalten, als der — erforderliche — gute Glaube der Klägerin bestritten worden ist (vgl. Rehbein-Mansfeld, Wechselordnung Art. 36 flg. Bem. 5, Art. 74 Bem. 1; Entsch. des RG.s in Zivils. Bd. 53 S. 207). Die vom Berufungsgericht angeführte Entscheidung des Reichsgerichts (Jurist. Wochenschr. 1900 S. 472 Nr. 15) kann deswegen hier nicht verwertet werden, weil die Frage nach der Bedeutung des guten Glaubens darin nicht erörtert wird." . . .

RGZ. 74, 207.

Gilt der Satz, daß wer den Wechsel nach Protest erworben hat, seine Legitimation nicht durch ein vorprotestliches Blankogiro beibringen kann, auch dann, wenn der Wechsel nur das eine Giro des Ausstellers trägt?

I. Zivilsenat. Urt. v. 5. Oktober 1910.

I. Landgericht Stettin, Kammer für Handelssachen. — II. Oberlandesgericht daselbst.

Aus den Gründen:

„Es handelt sich um den im Wechselprozeß gegen den Akzeptanten geltend gemachten Anspruch des Inhabers des Wechsels, der nach Protesterhebung auf Grund eines vorprotestlichen Blankogiros in den Besitz des Wechsels gekommen ist.

Das Landgericht hat die Legitimation des Klägers zur Sache für geführt erachtet. Es geht davon aus, daß die Entscheidung der vereinigten Zivilsenate Bd. 2 S. 75 den gegenwärtigen Fall nicht treffe, weil hier das einzige Giro, das der Wechsel trage, vom Aussteller herrühre, also über die Persönlichkeit des Rechtsurhebers des Klägers ein Zweifel nicht bestehen könne, während jene Reichsgerichtsentscheidung gerade nur aus der Möglichkeit solcher Zweifel seine Begründung entnehme. Das Oberlandesgericht hat entgegengesetzt entschieden. Es erachtet auch in dem gegenwärtigen Falle jene Entscheidung für durchschlagend, weil in der Übergabe eines Wechsels unter Benutzung eines vorprotestlichen Blankogiros ein Indossament überall nicht zu finden sei.

Dem ist zuzustimmen. Es ist richtig, daß jene Entscheidung der vereinigten Senate von den nur beim Vorhandensein mehrerer Indossamente zutreffenden Erwägungen ausgeht, daß nur ein neues, nach Protest gegebenes Giro mit der erforderlichen Bestimmtheit erkennen lasse, wer der Rechtsvorgänger des Wechselinhabers sei, dessen Rechte dieser geltend mache, sowie ob der betreffende Indossant dem Inhaber wechselmäßig haftet. Die vereinigten Senate erwägen aber weiter, daß für den legitimen Wechselverkehr kein Bedürfnis bestehe, daß zur Begebung des Wechsels nach Protest das Blankogiro aus der Zeit vor seiner Protestierung verwendet werden könne; es wäre daher die Zulässigkeit einer solchen Verwendung von einer positiven sie aussprechenden Gesetzesbestimmung abhängig, die indes nicht bestehe, und im Anschluß hieran wird ganz allgemein ausgesprochen, es schließe das „Indossieren nach Verfall, beziehentlich Protest" die Benutzung eines Vorblankoindossaments aus.

Dieser Auffassung ist der gegenwärtig erkennende Senat in wiederholten Entscheidungen gefolgt. Die jetzt angeregten Zweifel sind dort zwar nicht erörtert. Aber in dem Falle der Entsch. in Zivils. Bd. 33 S. 144 haben die betreffenden Wechsel offenbar aus der Zeit vor Protestierung tatsächlich nur das eine Blankogiro der Ausstellerin getragen, und in dem Falle Bd. 40 S. 223, wo freilich schließlich die Wechselqualität der betreffenden Urkunde verneint wurde, trug diese auch nur das Blankoindossament zwar nicht des Ausstellers, wohl aber des Remittenten, und trotzdem wird anerkannt, daß die Plenarentscheidung maßgeblich sein würde, wenn es sich um einen Wechsel handelte.

Es liegt keine Veranlassung vor, von dieser Rechtsprechung abzugehen. Es ist keineswegs übertriebener Formalismus, daß in Fällen der vorliegenden Art der Indossant seinem bereits vorhandenen Giro ein zweites Giro zufügen muß. Im Wechselrechte nimmt der Formalismus einen breiten Raum ein und erscheint wohl begründet, wo er, ohne die Verkehrsinteressen zu beeinträchtigen, dazu dient, die wünschenswerte Klarheit der Rechtslage zu schaffen." . . .

RGZ. 74, 351

Welche Wirkung hat es im Verhältnis zwischen Geber und Empfänger eines Wechselblanketts, wenn der Empfänger einen späteren Verfalltag in den Wechsel setzt, als er mit dem Geber vereinbart hatte?

I. Zivilsenat. Urt. v. 12. November 1910

I. Landgericht Beuthen, Kammer für Handelssachen. — II. Oberlandesgericht Breslau.

Die klagende Bank hatte dem Redakteur S. in G. gegen Ausstellung eines vom 2. Januar 1904 datierten eigenen Wechsels ein Darlehn gegeben. Außer vom Empfänger war der Wechsel von acht anderen Personen, darunter auch vom Beklagten R., unterzeichnet. Der Verfalltag war offen gelassen, eine bestimmte Verabredung über die Ausfüllung der Lücke auch nicht getroffen. Die Beteiligten gingen davon aus, daß der Wechsel nach 3 Monaten fällig gemacht oder auch wiederholt von 3 zu 3 Monaten „prolongiert" werden dürfe. Die Klägerin setzte als Verfalltag den 20. Oktober 1906 in das Blankett und wurde im März 1908 gegen sämtliche Aussteller klagbar. R. wandte ein, er habe Mitte Oktober 1905 zwei Vorstandsmitgliedern der Klägerin erklärt, damit er nicht länger als Mitaussteller zu haften brauche, müsse der Wechsel im laufenden Monat, spätestens aber im Januar 1906 geltend gemacht werden; die Vorstandsmitglieder seien damit einverstanden gewesen.

In der ersten Instanz wurde diese Behauptung von der Klägerin nicht bestritten. Das Landgericht erachtete sie für erheblich und wies die gegen R. gerichtete Klage ab. In der Berufungsinstanz bestritt die Klägerin die Behauptung, indem sie den darüber zugeschobenen Eid annahm. Das Oberlandesgericht war jedoch der Ansicht, daß das Vorbringen des Beklagten, auch wenn erwiesen, an seiner Haftung nichts zu ändern vermöge. Daher verurteilte es ihn als Gesamtschuldner neben den übrigen Ausstellern. Die Revision führte zur Aufhebung des Urteils aus folgenden

Gründen:

„Das Landgericht hatte angenommen, daß die behauptete Vereinbarung vom Oktober 1905 eine nachträgliche Beschränkung der Haftung im Sinne des § 777 BGB. darstelle. Da die Klägerin dem Beklagten nicht unverzüglich im Januar 1906 die Absicht angezeigt habe, ihn in Anspruch zu nehmen, sei seine Haftung nach Abs. 1 Satz 2 dieser Vorschrift erloschen. Mit Recht hat im Gegensatz hierzu der Berufungsrichter die Anwendung des Bürgschaftsrechts abgelehnt. So richtig es ist, daß die Mitunterzeichnung des Wechsels durch den Beklagten eine Interzession für die Darlehnsschuld S.s bedeutete, dem der Beklagte mit seinem Kredite zur Hilfe kam, so ist doch an eine Bürgschaft nach §§ 765 flg. BGB. nicht zu denken. Der Beklagte hat keine andere Verpflichtung übernehmen zu wollen versprochen als die, die sich aus dem Wechsel ergeben würde. Hat er überhaupt aus dem Wechsel gehaftet, so sind dessen rechtliche Schicksale dergestalt für ihn maßgebend geworden, daß er mit dem Eintritte der Wechselverjährung befreit werden würde. Vgl. Entsch. des RG.s in Zivils. Bd. 48 S. 155. Für den Fall, daß die Interzession durch den Aval des Art. 81 WO., die sog. offene Wechselbürgschaft, erfolgt, hat der Senat schon in der Entscheidung Rep. I. 421/02 vom 12. Januar 1903 (Jur. Wochenschr. Beil. S. 43) ausgesprochen, daß die Bestimmung des § 777 BGB. unanwendbar ist. Das gleiche hat von der Interzession durch prinzipale Mitunterschrift einer Wechselerklärung zu gelten.

Allein die Einrede des Beklagten wird durch Verneinung des Bürgschaftsrechts nicht erledigt. In die Beweisfrage ist der Berufungsrichter nicht eingetreten. Ausdrücklich soll nach dem angefochtenen Urteile dahingestellt bleiben, ob die Vorstandsmitglieder der Klägerin im Oktober 1905 eine bestimmte Zusage, den Wechsel „am nächsten Fälligkeitstage einzuziehen", in verpflichtender Weise abgegeben haben. Wenn das Gericht glaubt, der Sinn einer solchen Vereinbarung müsse ein anderer gewesen sein, als der Beklagte daraus herleite, so kann dem nicht zugestimmt werden. Über den Sinn der Vereinbarung sind Zweifel nicht wohl möglich. Der Wechsel sollte einen spätestens dem Januar 1906 angehörigen Verfalltag erhalten, um alsbald eingeklagt und gegen S., den die zugrunde liegende Schuld allein anging, vollstreckt zu werden; den Ausfall, der sich dann herausstellen würde, sollte der Beklagte berichtigen. Ein anderes Verständnis der Worte erscheint ausgeschlossen.

Der Hauptgrund des Berufungsrichters liegt darin, daß er meint, die Verletzung einer Verpflichtung der Klägerin, den Wechsel im Januar 1906 fällig zu machen, könne höchstens zu einem Schadensersatzanspruche führen, der zur Aufrechnung geeignet sei. Nun habe der Beklagte zwar einen Schadensersatzanspruch geltend gemacht, indem er behauptete, der 1908 als zahlungsunfähig befundene S. habe im Januar 1906 noch hinreichendes Vermögen besessen. Der Beweis für die Behauptung sei aber nicht angetreten. Die Revision rügt Verstoß gegen die Grundsätze über Verteilung der Beweislast; die Klägerin, die ihr Versprechen gebrochen habe, müsse die Unschädlichkeit des Vertragsbruchs beweisen. Hier wird der entscheidende Gesichtspunkt von beiden Teilen verkannt.

Es muß beachtet werden, daß zur Zeit der behaupteten Vereinbarung nichts weiter vorlag als ein Wechselblankett. Da die Angabe der Zeit, zu welcher gezahlt werden soll, ein wesentliches Erfordernis des Wechsels bildet (WO. Art. 4 Nr. 4), aus einer Schrift aber, der eines der wesentlichen Erfordernisse fehlt, eine wechselmäßige Verbindlichkeit nicht entsteht (Art. 7), war der Beklagte vor Ausfüllung des Blanketts mit dem Verfalltage wechselmäßig nicht verhaftet. Die Rechtslage, in der er sich befand, wird in einem älteren Urteile des Reichsgerichts, Entsch. in Zivils. Bd. 2 S. 91, mit dem Satze gekennzeichnet, daß der Geber des Blanketts dem Empfänger eine durch Ausfüllung annehmbare Offerte zum Wechselbegebungsvertrage mache. Geht man hiervon aus, so ist klar, daß die bindende Wirkung der Offerte mit dem unbenutzten Ablauf der Annahmefrist erlosch (§§ 146, 148 BGB.). Indes kann die Konstruktion unerörtert bleiben. Wesentlich ist, daß die Klägerin, wenn die Behauptung des Beklagten auf Wahrheit beruht, nicht eine Verpflichtung gegenüber dem Beklagten verletzte — eine Pflicht, den Wechsel fällig zu machen, lag ihr überhaupt nicht ob —, sondern ein Recht unausgeübt gelassen hat. Das Recht, den Wechsel mit dem Verfalltage zu versehen und dadurch wechselmäßige Verpflichtungen ins Leben zu rufen, stand ihr, soweit der Beklagte in Frage kommt, nur bis zum Januar 1906 zu. Füllte sie die Lücke später aus, so erzeugte sie zwar einen Wechsel, aber keine Wechselobligation des Beklagten, da der gegen diesen gerichtete Anspruch aus dem Wechsel durch ein sog. Einrede der Arglist, die Einrede der vertragswidrigen Ausfüllung des Blanketts, zurückgeschlagen wird. Die unter Eid gestellte Behauptung, daß das Ausfüllungsrecht im Oktober 1905, wie erwähnt, begrenzt worden sei, durfte daher nicht als unerheblich behandelt werden. Trifft sie zu, so ist der Beklagte Ende Januar 1906 frei geworden — nicht in dem Sinne, daß eine ihn bis dahin belastende Wechselverpflichtung aufgehört hätte zu existieren, sondern so, daß die Möglichkeit, ihn wechselmäßig zu verpflichten, in Wegfall geraten ist."

RGZ. 76, 179.

An welcher Stelle des Wechsels hat der Indossant die Ortsbezeichnung hinzuzufügen, wenn er Benachrichtigung von der Nichtzahlung des Wechsels beansprucht?

WO. Art. 45, 47.

I. Zivilsenat. Urt. v. 26. April 1911.

I. Landgericht Bochum. — II. Oberlandesgericht Hamm.

Die Klägerin war Inhaberin eines von H. O. G. ausgestellten, auf H. O. B. gezogenen und von diesem akzeptierten Wechsels über 7860 M, zahlbar am 8. Dezember 1908 bei der Reichsbanknebenstelle in Langendreer. Der Wechsel war vom Aussteller und Remittenten H. O. G. an die Ümminger Brauerei W. K., von dieser an die Klägerin, von dieser an die Essener Kreditanstalt in Dortmund und von dieser an die Reichsbanknebenstelle in Langendreer indossiert. Die Reichsbanknebenstelle in Langendreer hatte den Wechsel am 10. Dezember 1908 mangels Zahlung protestieren lassen, aber die durch Art. 45 WO. vorgeschriebene Benachrichtigung ihres unmittelbaren Vormanns unterlassen. Sie hatte den Wechsel mit Protest erst am 17. Dezember 1908 der Essener Kreditanstalt zur Einlösung vorgelegt und von ihr demnächst eingelöst erhalten. Die Essener Kreditanstalt benachrichtigte am Abend des 17. Dezember telephonisch und durch ein am 18. Dezember eingegangenes Schreiben die Klägerin von der Protesterhebung. Die Klägerin behauptete, daß sie erst hierdurch erfahren habe, daß der Wechsel in Protest gegangen sei. Hätte sie rechtzeitig Nachricht erhalten, so hätte sie noch Deckung von der Ümminger Brauerei erlangen können; denn diese hätte vom 14.—17. Dezember 1908 noch über 100 000 M Wechsel eingelöst. Demnächst seien aber die Vormänner der Klägerin in Konkurs geraten. Sie verklagte die Reichsbank auf Ersatz des ihr verursachten Schadens.

Die Beklagte behauptete, daß eine Verpflichtung zur Benachrichtigung der Klägerin von der Protestierung des Wechsels vom 8. September 1908 nicht bestanden habe, weil die Klägerin den Wechsel ohne Hinzufügung einer Ortsbezeichnung weiter begeben habe (Art. 47 WO.); sie habe nur auf die Vorderseite des Wechsels ihren Firmenstempel aufgedrückt.

Das Landgericht wies die Klage ab. Die Berufung der Klägerin wurde zurückgewiesen. Die auf angebliche Verletzung der Art. 45, 47 WO. gestützte Revision hatte keinen Erfolg.

Aus den Gründen:

„Das Oberlandesgericht hat ausgeführt, Art. 47 WO. fordere die Weiterbegebung des Wechsels unter „Hinzufügung einer Ortsbezeichnung", also eine erkennbare, im Zweifel räumliche Beziehung der Ortsbezeichnung zu dem die Weiterbegebung begründenden Indossamente. Im vorliegenden Falle enthalte das Indossament auf der Rückseite des Wechsels keine Ortsbezeichnung; es finde sich aber auf der Vorderseite des Wechsels ein Abdruck des Firmenstempels der Klägerin mit Ortsbezeichnung, in dessen Mittelraume die Nummer 17 162 eingetragen sei. Aus dieser Eintragung ergebe sich der Zweck des Aufdrucks; er habe lediglich der bureaumäßigen Behandlung des Wechsels gedient, lasse aber jede Beziehung zu dem Indossamente vermissen. Dem Erfordernisse des Art. 47 sei durch ihn nicht genügt. Die Klägerin habe daher auch keinen Anspruch auf die Benachrichtigung nach Art. 45 und könne auf ihre Unterlassung keinen Schadensersatzanspruch gründen.

Die Revision macht demgegenüber geltend, daß es auf den Zweck des Stempelaufdrucks nicht ankomme; wesentlich sei, daß dem Erfordernis des Gesetzes (Art. 47) genügt sei. Art. 47 spreche nicht von einem „örtlich datierten Indossament", er sage lediglich: „hat ein Indossant den Wechsel (also nicht das Indossament) ohne Hinzufügung einer Ortsbezeichnung weiter begeben, . . ." Stände z. B. auf der Vorderseite des Wechsels die Bemerkung: „Der Wohnort des umseitig bezeichneten Indossanten Schulze ist Berlin, Friedrichstraße 1", so sei der Vorschrift des Art. 47 in buchstäblicher Weise genügt. Gebe man dies zu, so sei auch die Folgerung nicht abzulehnen, daß jede andere Ortsangabe auf dem Wechsel, die dasselbe besage, d. h. in einer für jeden Leser des Wechsels erkennbaren Weise die Ortsbezeichnung des Indossanten darstelle, als ausreichend anzusehen sei.

Der Senat vermochte sich diesen Ausführungen nicht anzuschließen. Die Benachrichtigungspflicht ist an die gesetzliche Voraussetzung geknüpft, daß der Indossant im Giro den für die Benachrichtigung bestimmten Adreßort angegeben hat. In dieser Weise hat schon das Reichsoberhandelsgericht die Vorschrift der Art. 45, 47 ausgelegt (vgl. Entsch. Bd. 18 S. 140). Wollte man dem oder den Indossataren zumuten, den Wechsel jeweils daraufhin zu prüfen, ob ohne äußerlichen Zusammenhang mit dem Indossamente an irgendeiner anderen Stelle des Wechsels die Ortsbezeichnung vom Indossanten angebracht sei, so würde dies zweifelsohne eine Belästigung des Wechselverkehrs bedeuten, könnte auch in zahlreichen Fällen zu Zweifeln Veranlassung geben. Durch die dem Giro beigefügte Ortsbezeichnung erklärt der Indossant, daß er unter dieser Adresse benachrichtigt sein will; durch die Unterlassung der Beifügung der Ortsbezeichnung zum Giro verzichtet er auf die Benachrichtigung. Die Anwendung dieser Grundsätze muß im Interesse der Sicherheit und Promptheit des Wechselverkehrs streng sein. Mit Recht hat daher das Oberlandesgericht den auf der Vorderseite des Wechsels angebrachten Stempelabdruck der Klägerin nicht als der Vorschrift des Art. 47 entsprechend angesehen." . . .

RGZ. 77, 139.

Kommt § 181 BGB. zur Anwendung, wenn jemand in eigenem Namen einen Wechsel akzeptiert, den er als Vertreter eines anderen auf sich gezogen hat?

I. Zivilsenat. Urt. v. 18. Oktober 1911.

I. Landgericht I Berlin, Kammer für Handelssachen. — II. Kammergericht daselbst.

Die Klägerin war Inhaberin eines Wechsels, den der an erster Stelle verklagte Kaufmann Z. in Plauen, damals Teilhaber der dortigen offenen Handelsgesellschaft Z. & Co., im Namen dieser Firma auf sich selbst gezogen und im eigenen Namen angenommen hatte. Der Wechsel trug die Indossamente der Ausstellerin, der Firma A. & Co., sowie K.s und sollte bei J. & L. in Berlin zahlbar sein. Nachdem er rechtzeitig gegen die Domiziliatin protestiert war, nahm die Klägerin den Akzeptanten und die Ausstellerin im Wechselprozesse in Anspruch. Beide Instanzen verurteilten unter Vorbehalt der Rechte. Die Revision von Z. & Co. wurde zurückgewiesen.

Gründe:

. . . „Anlangend die von der Ausstellerin, Firma Z. & Co., eingelegte Revision, so ging der Haupteinwand dieser Beklagten dahin, daß der Domizilvermerk nachträglich ohne ihr Wissen und ihren Willen auf den Wechsel gesetzt sei. Nach den Feststellungen des Kammergerichts hat die Domizilierung allerdings nach Ausstellung und Begebung des Wechsels stattgefunden. Es ist das aber auf ausdrücklichen Wunsch Z.s geschehen, der die Firma A. & Co. schrieb, sie möge das Papier bei J. & L. in Berlin zahlbar machen. Die Auffassung des Vorderrichters, die hierin liegende Einwilligung in die Domizilierung wirke zugleich gegen Z. & Co., begegnet keinem rechtlichen Bedenken. Zu der Zeit, als der Brief geschrieben wurde, war Z. vertretungsberechtigter Gesellschafter der Ausstellerin. Mit Unrecht vermißt die Revision Umstände, die den Willen offenbarten, daß die Erklärung als für die Ausstellerin abgegeben gelten sollte. Das Kammergericht hat schon darauf hingewiesen, daß Z., wenn er diesen Willen nicht gehabt hätte, völlig unsinnig gehandelt haben würde. Er sowohl wie der Empfänger des Briefes waren an Erhaltung der Ausstellerhaftung interessiert. Sollte der Protest an einem andern Orte als am Wohnorte des Bezogenen erhoben werden und gegenüber der Ausstellerin rechtswirksam sein, so verstand es sich im Hinblick auf Art. 43 WO. von selbst, daß auch die Ausstellerin in die Domizilierung willigen mußte.

Die Revision will sodann einen Verstoß gegen § 181 BGB. darin erblicken, daß Z. den Wechselbegebungsvertrag ohne besondere Gestattung für sich und zugleich für Z. & Co. geschlossen habe. Auch hierin kann ihr nicht gefolgt werden. Der Angriff versagt schon deshalb, weil die Ungültigkeit eines Begebungsvertrags redlichen Dritterwerbern nicht entgegenhalten werden kann. Daß K., der Inkassomandant der Klägerin, den Wechsel nicht für sich selbst habe erwerben wollen oder doch beim Erwerbe nicht redlich gewesen sei, hat die Beklagte zwar behauptet, aber nach Zurückziehung der darüber zugeschobenen Eide beweislos gelassen. Die Voraussetzung, daß ein Selbstkontrahieren im Sinne des § 181 vorgekommen wäre, trifft aber auch nicht einmal zu. Während Z. bei dem Indossament an A. & Co. lediglich als Vertreter von Z. & Co. tätig war, wurde sein im eignen Namen abgegebenes Akzept schon mit der Niederschrift bindend (Art. 21 Abs. 4 WO.). Eines Begebungsvertrags zwischen Akzeptanten und Aussteller bedarf es zur Herbeiführung der verpflichtenden Kraft des Akzeptes nicht. Daher hat der Senat wiederholt entschieden, daß ein Wechsel, den ein Vertreter im eignen Namen auf den Vertretenen zieht, von ihm im Namen des Vertretenen akzeptiert werden kann.

Vgl. Entsch. in Zivils. Bd. 24 S. 90; Rep. I. 156/06 in Holdheims Monatsschr. 1907 S. 121.

Daß Entsprechendes im umgekehrten Falle gilt, wenn der Vertretene Aussteller, der Vertreter Bezogener ist, braucht kaum hervorgehoben zu werden." . . .

RGZ. 77, 185.

Steht dem Indossanten, der den rückläufigen Wechsel eingelöst hat, der Rückgriff gegen den Akzeptanten und die Vormänner nur dann zu, wenn er zur Einlösung verpflichtet war?

WO. Art. 51.

I. Zivilsenat. Urt. v. 28. Oktober 1911.

I. Landgericht Danzig, Kammer für Handelssachen. — II. Oberlandesgericht Marienwerder.

Die Beklagten sind die Teilhaber der ehemaligen offenen Handelsgesellschaft L. G. zu D., die am 5. Mai 1908 in Liquidation getreten ist. Diese Firma war Akzeptantin dreier im Januar 1908 fälliger Wechsel über zusammen 28 000 M, die von der Berliner Firma M. & Th. auf sie gezogen waren. Die Wechsel, an eigene Order ausgestellt, waren von M. & Th. an die Klägerin, die Firma H. & J., und von dieser an die Reichsbank indossiert.

An den Verfalltagen und auch noch später befanden sich die Wechsel unstreitig in Händen der Reichsbank, die sie der Akzeptantin zwar zur Zahlung präsentierte, es aber unterließ, wegen der unterbliebenen Zahlung Protest zu erheben. Die Firma L. G. war nämlich damals wegen Zahlungsschwierigkeiten mit ihren Gläubigern in Unterhandlung getreten und hatte ihr Vermögen einem Gläubigerausschusse zur Versilberung und Verteilung überlassen. Dabei war am 10. Dezember 1907 vereinbart worden, daß die Inhaber der Firma bis auf zwei aus ihrer persönlichen Haftung für die Schulden der Gesellschaft entlassen werden sollten, und daß diese zwei auch nur dafür zu haften hätten, daß die Gläubiger aus der Liquidationsmasse mindestens 35 v. H. erhielten. Diesem Abkommen trat die Reichsbank als Inhaberin jener drei Wechsel am 18. Februar 1908 bei. Daß die garantierten 35 v. H. aus der Liquidationsmasse bezahlt worden sind, steht fest.

Später erhielt die Klägerin die Wechsel von der Reichsbank zurück. Sie erhob dann, nach Durchstreichung der späteren Indossamente, gegen die Firma L. G. in Liquidation und gegen deren Teilhaber im Wechselprozesse Klage auf solidarische Verurteilung zur Zahlung von noch 17 586,50 M nebst 6 % Zinsen seit dem 23. April 1909.

Während das Landgericht durch Vorbehaltsurteil nach diesem Antrag erkannte, hielt das Oberlandesgericht nur die Verurteilung der Liquidationsfirma selbst aufrecht und wies die Klage gegen die Firmeninhaber ab. Auf Revision der Klägerin wurde das erste Urteil wiederhergestellt.

Gründe:

„Die Beklagten sind Teilhaber der offenen Handelsgesellschaft die als Akzeptantin auf den Klagewechseln steht. Die Klägerin, eine Indossatarin, hatte die Wechsel an die Reichsbank weiterbegeben und nach Verfall ohne neues Indossament zurückerhalten. Gestritten wird über die Pflicht der Klägerin, Einreden aus der Person der Reichsbank zu dulden. Während sie selbst die Rechte in Anspruch nimmt, die einem Indossanten nach Einlösung des rückläufigen Wechsels zukommen, soll sie nach der Gegenansicht als bloße Zessionarin betrachtet werden. Hierfür bringen die Beklagten eine doppelte Begründung vor. Einmal behaupten sie unter Widerspruch der Klägerin, diese habe an die Reichsbank nichts gezahlt, die Wechsel vielmehr unentgeltlich zurückempfangen. Sodann berufen sie sich auf die Tatsache, daß zur Zeit der Rückgabe die Protestfrist unbenutzt abgelaufen und die Wechsel mangels Erlasses des Protestes präjudiziert waren.

Ob das Vorbringen der Beklagten erheblich ist, kann nur an der Rechtsnatur des Remboursregresses bemessen werden. Logisch möglich wäre es, die Klage des einlösenden Indossanten gegen den Akzeptanten und die Vormänner als Schadensersatzklage aufzufassen, darauf gestützt, daß der Akzeptant unterlassen hat, an den Nachmann des Indossanten zu zahlen. Nach dieser Ansicht würde ein Indossant, der bei der Einlösung nichts gezahlt hat, desgleichen ein Indossant, der eingelöst hat ohne einlösen zu müssen, nichts ersetzt verlangen können, denn er hätte einen Schaden entweder gar nicht erlitten oder müßte den entstandenen Schaden sich selbst zuschreiben (vgl. §§ 249, 254 BGB.). Zu demselben Ergebnis führt eine andere Betrachtung, die ebenfalls denkbar ist und mitunter verfochten wurde. Betont man die Garantiewirkung des Indossaments, so drängt sich der Vergleich mit einem Bürgen auf, der sich im Auftrage des Hauptschuldners verpflichtet hat und nach Befriedigung des Gläubigers, des Nachmanns des Indossanten, Regreß nimmt. Auch der Anspruch des Beauftragten auf Erstattung von Aufwendungen entfällt, wenn Aufwendungen nicht gemacht sind oder den Umständen nach nicht erforderlich waren (vgl. § 670 BGB.).

Allein die Remboursforderung des Indossanten ist weder eine Schadensforderung noch ein Anspruch auf Aufwendungsersatz. Die rechtserzeugende Tatsache, auf die sie sich gründet, liegt nicht sowohl in der Einlösung des Wechsels als in dem alten Wechselskripturakt. Der Indossant, der im Rücklaufe einlöst, nimmt keine andere Stellung ein, als er vor der Weiterbegebung inne hatte. Nicht ein neu erworbenes Recht, sondern sein ursprüngliches Recht als Remittent oder Indossatar ist es, das er mit der Regreßklage ausübt.

Diese Rechtsauffassung steht seit der Plenarentscheidung des Reichsoberhandelsgerichts vom 21. Juni 1878 (Bd. 24 S. 1) in der Praxis völlig fest und wird auch vom Reichsgerichte vertreten. Nach ihr beurteilt, stellt sich die Verteidigung der Beklagten als unwirksam heraus. Daß ein Indossant, der den Wechsel von seinem Nachmanne geschenkt erhält, nicht sämtliche in Art. 51 WO. aufgeführten Posten, insbesondere nicht die nicht gezahlte fremde Provision beanspruchen kann, kommt im vorliegenden Falle, wo nur die Wechselsumme und auch sie nur zum Teil eingeklagt wird, nicht in Betracht. Aber auch der Hinweis darauf, daß die Klägerin die Wechsel nicht einzulösen brauchte, verliert seine Bedeutung, wenn nur das, was ihr von Anfang an gebührte, gefordert wird. Darauf, daß sie die Wechsel weiterbegab, hatten die Beklagten kein Recht. Geschah dies freiwillig, so muß es ihnen gleichgültig sein, ob und in welcher Lage die Begebung zurückgenommen wurde.

Das Oberlandesgericht will die zweite Folgerung nicht gelten lassen. Obgleich es die Plenarentscheidung des Reichsoberhandelsgerichts als richtig anerkennt, spricht es dem Indossanten, der den Wechsel ohne Verpflichtung einlöst, den Rembourssregreß ab. Hierbei befindet es sich in Übereinstimmung mit der wechselrechtlichen Literatur, die fast ausnahmslos dieselbe Meinung vertritt;

vgl. H. O. Lehmann, Wechselrecht S. 546; Grünhut, Wechselrecht Bd. 2 S. 428; v. Canstein, Lehrbuch S. 357; Dernburg, Bürg. Recht Bd. 2 § 274 Anm. 8; Cosack, Handelsrecht 7. Aufl. S. 243; K. Lehmann, Handelsrecht 2. Aufl. S. 691, sowie die Kommentare zu Art. 51 von Rehbein Anm. 9; Bernstein, S. 223; Staub-Stranz, Anm. 1.

Nur Wieland, Der Wechsel S. 242, hat sich von der Überlieferung frei gemacht.

Gründe für die herrschende Ansicht sind bisher nicht dargetan. Der Satz des Oberlandesgerichts, die Klägerin sei mit der Präjudizierung der Wechsel aus dem Verbande der Wechselschuldner ausgeschieden und habe ihre Eigenschaft als Indossantin verloren, trifft nicht den entscheidenden Punkt. In Frage steht das Ausscheiden aus dem Verbande der Wechselberechtigten; zu prüfen ist, ob die Klägerin ihr Recht als Indossatarin verloren hat. Von den Schriftstellern versucht nur H. O. Lehmann eine Begründung. Aber seine Bemerkung, ein nicht regreßpflichtiger Indossant sei durch die Nichtzahlung des Bezogenen nicht geschädigt, fällt vom Standpunkte des Plenarbeschlusses aus nicht ins Gewicht.

Das Gesetz, das nur auf die Einlösung des Wechsels durch den Indossanten abstellt (Art. 51 Abs. 1), bietet für die gegnerische Meinung keinen Anhalt. Zweifellos gehört es nicht zum Begriffe der Einlösung, daß eine Verpflichtung zur Vornahme dieser Handlung besteht. Außer der Einlösungspflicht gibt es auch ein Recht zur Einlösung (vgl. den über Art. 48 WO. hinausgehenden § 268 BGB.), und auch der Nichtschuldner, der keinen Anspruch darauf hat, kann deshalb noch den Wechsel einlösen. Begriffsmäßig erforderlich ist nur, daß der Anspruch des Inhabers getilgt und der Wechsel von ihm ausgehändigt wird. Wenn ferner der Abs. 2 des Art. 51 von dem Regreßpflichtigen als Einlöser spricht, so ist dies deshalb ohne Belang, weil die gesetzliche Regelung den gewöhnlichen Lauf der Dinge ins Auge faßt. Endlich könnte für den hier vorliegenden Fall eines präjudizierten Wechsels nichts aus der Rechtsprechung hergeleitet werden, die den Besitz des Wechsels und des Protestes — oder, wie es seit dem neuen Art. 88 a heißen muß, den Besitz des protestierten Wechsels — für die Legitimation des Regreßnehmers als Voraussetzung fordert. Die Legitimation im Sinne des Art. 36, d. h. der gehörige Ausweis des Wechselklägers, ist von der Wechselberechtigung zu unterscheiden. Sie kann vorhanden sein, wo das Wechselrecht fehlt, ebenso wie es umgekehrt vorkommt, daß der Berechtigte als solcher nicht ausgewiesen ist. Unerfindlich ist aber auch, warum die Klägerin durch die Durchstreichung der nachfolgenden Indossamente für die Klage gegen den Akzeptanten, um die es sich nach Eintritt des Präjudizes allein handeln kann, nicht legitimiert sein sollte. Daß der Protest zur Legitimation beim Wechselrücklaufe unter allen Umständen unentbehrlich sei, ist in den früheren Urteilen nicht ausgesprochen. Müßte man doch andernfalls bei unterlassenem Proteste auch einen Indossanten für nicht legitimiert erachten, der den Protest durch eine außerhalb des Wechsels getroffene Abrede erlassen hat.

Wie willkürlich die hier bekämpfte Meinung ist, leuchtet besonders ein, wenn man den vom Reichsoberhandelsgerichte aufgestellten Grundsatz in seine rechtlichen Grundlagen hinein verfolgt. Das häufig gebrauchte Bild eines Wiederauflebens des Wechselrechts genügt zur Erläuterung des Vorgangs nicht. Vielfach wird gelehrt, der Indossant gebe sein Recht unter einer auflösenden Bedingung auf.

Vgl. Grünhut, Bd. 1 S. 291; Dernburg, § 267 II, Bernstein, S. 87.

Wäre das richtig, so möchte es als eine naheliegende Abweichung erscheinen, die Bedingung, statt in dem Einlösen des Wechsels schlechthin, in dem Einlösen auf Grund einer Einlösungspflicht zu erblicken. Indes die Konstruktion einer resolutiv bedingten Rechtsübertragung kann unter der Herrschaft des Bürgerlichen Gesetzbuchs nicht festgehalten werden. Nach § 158 Abs. 2 äußert der Eintritt der Bedingung keine rückwirkende Kraft. Das Verhältnis ist deshalb so zu denken, daß der Indossant wechselberechtigt bleibt, und den bisherigen Gläubigern ein neuer hinzugefügt wird; solange das Recht des Nachmanns besteht, fehlt nur die Möglichkeit der Geltendmachung des verbliebenen Rechts. Geht man hiervon aus, so ist klar, daß jede Tilgung der Nachmännerrechte dem Indossanten die Ausübung seines Rechts ermöglichen muß. Einschränkungen dieses Satzes bedürften, um anerkannt zu werden, der ausdrücklichen Vorschrift.

Steht die Einwendung, daß der Indossant nicht nötig gehabt habe, den Wechsel einzulösen, dem Akzeptanten nicht zu, so muß sie um so mehr zurückgewiesen werden, als sie unter Unständen zu erheblicher Prozeßverzögerung Anlaß gibt. Das tritt beim präjudizierten Wechsel sowie in dem von den Schriftstellern miterwähnten Falle, wenn der Indossant mit dem Vermerke „ohne Obligo" giriert hat, nur deshalb nicht hervor, weil hier die Nichtverpflichtung zur Einlösung wechselmäßig ist. Allein der Akzeptant könnte sich auch darauf berufen, daß die Schuld des Indossanten erlassen sei, daß der Indossant sich mit dem Inhaber verglichen habe, daß er durch Verjährung befreit gewesen sei. Wenn B e r n s t e i n diese Schlußfolgerung mit der Begründung ablehnt, die Berufung auf Erlaß, Verjährung usw. sei eine exceptio ex jure tertii, so bleibt er sich nicht konsequent. Es ist nicht einzusehen, warum eine Einwendung um deswillen weniger aus dem Rechte eines Dritten entnommen sein soll, weil sie aus der Urkunde selber hervorgeht. Überdies ist die Wechselmäßigkeit auch in jenen ersten beiden Fällen mitunter nur Schein. Auch ein nicht mit einer Klausel nach Art. 42 versehener Wechsel braucht, wenn die Protestfrist ohne Protest abgelaufen ist, nicht notwendig präjudiziert zu sein. Er ist es nicht, wenn der Protest rechtzeitig außerhalb der Urkunde erlassen wurde.

Hiernach unterliegt das angefochtene Urteil der Aufhebung. Da nicht behauptet ist, daß die Klägerin im Auftrag der Reichsbank für deren Rechnung auftrete, vielmehr feststeht, daß sie die Wechsel endgültig zu eigenem Vorteil ausgehändigt erhalten hat, erscheint die Sache auch zur Endentscheidung reif. Die Vereinbarungen der Reichsbank mit den Beklagten sind für die Klägerin bedeutungslos." . . .

RGZ. 85, 195.

Zur Unterschrift des Wechselausstellers.

WO. Art. 4 Nr. 5.

II. Zivilsenat. Urt. v. 23. Juni 1914.

I. Landgericht Görlitz, Kammer für Handelssachen. — II. Oberlandesgericht Breslau.

Die gegen die Akzeptantin W. und den Fürsten Ernst zu Lynar eingeklagten Wechsel trugen als Ausstellervermerk unter den Worten „Das Fürstlich Lynarsche Rent- und Forstamt" die Unterschrift: „Köhler, Fürstlicher Rentenmeister und Generalbevollmächtigter". Der Unterzeichner war der Bevollmächtigte des Fürsten.

Beide Beklagten bestritten ihre Haftung, weil die Unterschrift nicht in Ordnung sei. Während der erste Richter die Klage abwies, erkannte das Oberlandesgericht auf Verurteilung. Das Reichsgericht bestätigte aus folgenden

Gründen:

Für die Revision der Akzeptantin handelt es sich darum, ob das Formerfordernis des Art. 4 Nr. 5 WO. erfüllt ist. Das Oberlandesgericht, das diese Frage bejaht, hat erwogen, die Bezeichnung „Fürstlich Lynarsches Rent- und Forstamt" stelle zwar nicht, als Ganzes betrachtet, einen Namen dar, wohl aber enthalte sie einen solchen, nämlich den des Fürsten Lynar. Daß dieser Name in dem Vermerk nur in adjektivischer Form erscheine, tue der Bedeutung seines Vorhandenseins keinen Eintrag. Genau derselbe Sinn werde wiedergegeben, wenn man den Vermerk auflöse in „Rent- und Forstamt des Fürsten Lynar". Der Zusatz bezeichne nur die Verwaltungsstelle, die sich mit der Ausstellung der Wechsel befaßt habe.

Diese Erwägungen lassen einen Rechtsirrtum nicht ersehen. Die Revision meint, es sei zweifelhaft, ob der Träger des Namens Lynar oder etwa das „Rent- und Forstamt" aus den Wechseln berechtigt und verpflichtet werden sollte. Dem ist jedoch nicht beizutreten. Es kommt bei hochgestellten Persönlichkeiten häufig vor, daß die in ihrem Namen abgefaßten Urkunden in der Unterschrift den Geschäftszweig angeben, zu dem die betreffende Angelegenheit gehört. Wenn sich das Oberlandesgericht diese Erfahrungstatsache vor Augen gehalten hat, so kann das nur gebilligt werden. Auch wechselmäßige Erklärungen und Unterschriften dürfen nicht ausgelegt werden, ohne daß auf die Verkehrssitte Rücksicht genommen wird. Der Gedanke, daß das Rent- und Forstamt eine öffentliche Behörde oder eine selbständige Vermögensmasse sei, liegt hier um so ferner, als der Zusatz Generalbevollmächtigter zu dem Namen des Unterzeichners auf eine physische Person als Vollmachtgeber hindeutet. Richtig ist allerdings, daß sich das Geschlecht des Vollmachtgebers — Fürst oder Fürstin — aus dem Ausstellervermerk nicht ergibt. Aber es bedarf keiner Ausführung, daß dies für die Formgültigkeit nicht erforderlich ist. Unzählige Wechsel werden mit dem Familiennamen allein oder unter Beifügung eines abgekürzten Vornamens ausgestellt. Das Geschlecht des Ausstellers ist aus den meisten dieser Wechsel nicht zu erkennen; es liegt auf der Hand, daß sie deshalb nicht ungültig sind.

Ob das Berufungsurteil in der hier fraglichen Beziehung von dem Urteil des RGZ. Bd. 14 S. 17 abweicht, mag dahingestellt bleiben. Wenn das Reichsgericht damals der Ansicht war, daß der Name „Fürst zu Isenburg-Birstein" in der Wechseladresse „Fürstlich Isenburgsche Fabrikverwaltung zu Birstein" nicht enthalten sei, so scheint es mehr an dem Fehlen des Beiworts „Birsteinsche" vor „Fabrikverwaltung" als an diesem letzteren Worte Anstoß genommen zu haben. Jedenfalls ist jenes alte Erkenntnis des dritten Zivilsenats, das das entscheidende Merkmal für die Gültigkeit des Wechsels darin erblickte, ob eine mit der Adresse übereinstimmende Firma von dem Beklagten tatsächlich geführt wurde, durch spätere Urteile längst überholt worden. Wie in der Literatur, so steht auch in der Rechtsprechung des Reichsgerichts völlig fest, daß es für die Gültigkeit eines Wechsels genügt, wenn die in der Adresse oder im Ausstellervermerk vorkommenden Bezeichnungen überhaupt als Namen einer wechselrechtsfähigen Person gedacht werden können. Davon, ob die konkreten einzelnen Personen richtig bezeichnet sind, hängt die Gültigkeit nicht ab; vgl. zuletzt das Urteil des ersten Zivilsenats RGZ. Bd. 77 S. 191.

Sind die Klagewechsel hiernach formgültig, so ist die Akzeptantin mit Recht verurteilt worden. Aber auch der Erstbeklagte beschwert sich vergeblich über Gesetzesverletzung. Er wurde aus den Wechseln als Aussteller haftbar, ungeachtet der Tatsache, daß der in dem Ausstellervermerk steckende Personenname auch als „Fürstin" Lynar gedeutet werden kann. Wird doch auch sonst ein Aussteller verpflichtet, obgleich die gebrauchte Unterschrift ebensogut auf eine Frau paßt wie auf einen Mann. Der Einwand der Revision, sämtliche wesentlichen Erfordernisse müßten aus dem Wechsel selber hervorgehen, verfehlt das Ziel aus einem doppelten Grunde. Auf der einen Seite handelt es sich hier nicht mehr um die Formgültigkeit der Wechsel, weshalb auch das von der Revision angezogene Urteil des Reichsgerichts (RGZ. Bd. 66 S. 7: Unbestimmtheit des Remittenten; zwei Aussteller; „zahlen Sie mir") mit der Sache schlechterdings nichts zu tun hat. Anderseits wird verkannt, was das RGZ. Bd. 73 S. 281 schon hervorgehoben hat, daß Identitätsfragen durch die Urkunde allein niemals gelöst werden können. Der hier vorliegende Tatbestand bietet auch keinen Anlaß, auf die fernere Behauptung der Revision einzugehen, daß Art. 4 WO. strenger sei als § 126 BGB. und nur die Benutzung des bürgerlichen Namens oder der rechtmäßigen Firma, nicht auch die Benutzung eines gebräuchlichen Namens (Künstler-, Schriftstellername, sonstiges Pseudonym) gestatte. „Fürst zu Lynar" ist der Name, der dem Beklagten nach dem Recht zukommt."

RGZ. 85, 299.

1. Hat die Novelle vom 30. Mai 1908 etwas daran geändert, daß der Wechselprotest unter Umständen den Vermerk enthalten muß, ein Geschäftslokal sei nicht zu ermitteln gewesen? Wann ist dieser Vermerk erforderlich?

2. Wirkung einer im Akzept angegebenen Zahlstelle. Liegt eine Zahlstellenangabe auch dann vor, wenn die Wohnung des Bezogenen in der Adresse erwähnt wird?

WO. Art. 88 Nr. 3, Art. 91.

II. Zivilsenat. Urt. v. 2. Oktober 1914.

I. Landgericht I Berlin, Kammer für Handelssachen. — II. Kammergericht daselbst.

Die Klage stützte sich auf einen im Jahre 1913 von Anna, Ehefrau des Fabrikbesitzers Paul W. in C. an eigene Order auf ihren Ehemann gezogenen, von dem Manne akzeptierten Wechsel, dessen Adresse lautete: „Herrn Fabrikbesitzer Paul W. in C., Bahnhofstraße 28". Der Wechsel war mangels Zahlung im Auftrage des legitimierten Inhabers protestiert worden. In der Protesturkunde hieß es, der Beamte habe sich in die Wohnung des Paul W. in C., Bahnhofstraße 28, begeben, dort den Bezogenen nicht persönlich, sondern dessen Ehefrau getroffen, dieser den Wechsel vorgelegt und vergeblich Zahlung gefordert.

Der Kläger, ein Indossant, der den Wechsel im Rücklauf eingelöst hatte, beanspruchte Wechselsumme, Unkosten und Zinsen von den Eheleuten W. als Gesamtschuldnern. Der erste Richter gab diesem Antrage gegenüber dem Ehemann W. statt, erkannte aber im übrigen auf Abweisung, da der Protest dem Gesetz nicht entspreche. Berufung und Revision des Klägers blieben erfolglos.

Aus den G r ü n d e n :

„Nach Art. 91 Abs. 1 WO. muß die Vorlegung des Wechsels zur Zahlung und die Protesterhebung im Geschäftslokal des Protestaten und darf erst in Ermangelung eines solchen in seiner Wohnung vorgenommen werden. Das Kammergericht ist davon ausgegangen, daß diese Vorschrift durch die Protestnovelle vom 30. Mai 1908 nicht geändert worden sei. Allerdings, erwägt es, sei der Protestbeamte nach richtiger Auslegung der Vorschrift nicht in jedem Falle verpflichtet, nach einem Geschäftslokal zu forschen. Wohl aber liege ihm eine solche Verpflichtung dann ob, wenn der Protestat nach seiner Bezeichnung im Wechsel zu den Personen gehöre, welche vermöge ihres Standes, Berufs oder Gewerbes nach der Erfahrung des Lebens in der Regel ein Geschäftslokal haben. Sei das der Fall, so müsse der Protest gegen einen nicht angetroffenen oder mit der Vornahme der Handlung nicht einverstandenen Protestaten, um gültig zu sein, entweder die Ermittlung oder die Nichtermittlung des Geschäftslokals ergeben. Ein auf andere Weise als durch den Protest geführter Nachweis, daß der Protestat kein Geschäftslokal besaß, vermöge den Mangel des Protestes nicht zu heilen.

Die Revision sucht diesen Ausgangspunkt des Berufungsurteils zu widerlegen. Die Novelle vom 30. Mai 1908 habe eine Änderung der formellen Erfordernisse des Wechselprotestes gebracht. Nach der jetzigen Fassung des Art. 91 WO. komme es nur noch darauf an, ob der Protest tatsächlich an der richtigen Stelle erhoben wurde. Die Aufnahme des Vermerks in die Protesturkunde, ein Geschäftslokal sei nicht zu ermitteln gewesen, habe nur die Bedeutung, daß ein derartiger Vermerk den Gegenbeweis ausschließe. Fehle der Vermerk, so mache dies den Protest nicht ungültig, sondern es müsse in eine Beweisaufnahme über die Richtigkeit der Proteststelle, d. h. über das Vorhandensein eines Geschäftslokals, eingetreten werden. Wenn die Beweisaufnahme das Bestehen eines solchen Lokals nicht ergebe, sei der Protest trotz mangelnden Vermerks gültig. Im vorliegenden Falle habe der Kläger behauptet – und die Wahrheit der Behauptung werde vom Berufungsrichter unterstellt –, daß Paul W. ein von seiner Wohnung getrenntes Geschäftslokal nicht besessen habe.

Bei dieser Verschiedenheit der Meinungen gehen beide Teile zu weit. Es handelt sich um einen Fall des Abwesenheitsprotestes, nämlich um den, wenn der Wechsel in der Privatwohnung protestiert wurde, obgleich nach der wechselmäßigen Bezeichnung des Protestaten das Vorhandensein eines Geschäftslokals anzunehmen war. Das Kammergericht, das hier allemal im Protest vermerkt wissen will, ein Geschäftslokal sei nicht zu ermitteln gewesen, übersieht, daß sich die Protesturkunde über die Räumlichkeit überhaupt nicht auszusprechen braucht. Nach Art. 88 Nr. 3 (früher Nr. 4) wird nur die Angabe des „Ortes" der Protesterhebung verlangt. Daß unter Ort die Ortschaft, die politische Gemeinde, nicht die Örtlichkeit (Lokalität) innerhalb der Ortschaft zu verstehen ist, war von jeher die herrschende Ansicht. Der Widerspruch Grünhuts, Wechselrecht Bd. 2 S. 63, kommt nicht mehr in Betracht, seit die Novelle durch Änderung des Art. 91 Satz 2, wo sie statt „Ort" „Stelle" setzte, den Sinn des Art. 88 Nr. 3 (früher 4) aufgeklärt hat. Würde daher die Protesturkunde, wie dies freilich durchaus nicht üblich ist, über die Örtlichkeit schweigen, so wäre sie gültig, denn es wird vermutet, daß der Beamte seinen Verpflichtungen nachgekommen ist. Nur dann, wenn die Urkunde selber die Privatwohnung als Stelle der Vornahme der Amtshandlung nennt, hat die oberstrichterliche Rechtsprechung gefordert, daß zugleich die Nichtermittlung des Geschäftslokals aus ihr hervorgehoben muß (vgl. Entsch. des ROHG. Bd. 25 S. 30, RGZ. Bd. 2 S. 59, 62). In der Literatur wird die erörterte Beschränkung zutreffend hervorgehoben von Bernstein, Wechselordnung S. 385, 392; vgl. auch Staub 4. Aufl. Art. 91 § 12.

Mit dieser Beschränkung ist an der Notwendigkeit der Angabe festzuhalten. Man kann dagegen weder einwenden, daß Überflüssiges, nämlich die Erwähnung der Privatwohnung, nicht schaden könne, noch kann man den Satz legalia praesumuntor soweit ausdehnen, daß er auch den Fall einer solchen Erwähnung deckt. Ergibt die Urkunde, daß der Protest an einer Stelle erhoben wurde, die nach der zwingenden Vorschrift des Gesetzes nur unter einer bestimmten Voraussetzung zulässig war, so muß, soll die Regreßbedingung des Art. 41 WO. erfüllt sein, auch der Eintritt der Voraussetzung urkundlich feststehen. Es ist etwas anderes, ob es beim Protest gegen eine Person, die dem Wechsel oder der Protesturkunde zufolge ein Kaufmann, ein Rechtsanwalt, ein Notar oder ein Fabrikant ist, einfach heißt, der Beamte habe den Protestaten nicht angetroffen, oder ob gesagt wird, er habe ihn in seiner Wohnung nicht angetroffen. Im ersten Falle enthält die Urkunde bei ihrer allgemeinen Fassung nichts, was den Verdacht erregen könnte, der Versuch, den Protestaten anzutreffen, sei an der unrechten Stelle gemacht worden. Wohl aber wird dieser Verdacht im zweiten Falle wachgerufen. Daß er durch einen außerhalb der Protesturkunde zu führenden Beweis des Nichtbestehens eines Geschäftslokals entkräftet werden kann, hilft dem Regreßnehmer nichts. Es bleibt dabei: die

Protesturkunde selber spricht gegen die Ordnungsmäßigkeit des Protestes. Der Vorschrift des Gesetzes, daß die Regreßbedingung durch die Urkunde allein dargetan sein muß, ist daher nicht Genüge geschehen.

Die Novelle vom 30. Mai 1908 hat an der Rechtslage nichts geändert. Sie hat die Nachforschungspflicht des Protestbeamten zweckmäßiger gestaltet, insofern er nicht mehr unter allen Umständen bei der Polizeibehörde anfragen muß (vgl. Abs. 3). Durch die Vorschrift des Abs. 2 hat sie ferner einem bestimmten Vermerk, wenn er in die Urkunde aufgenommen wird, eine Wirkung verliehen, die seine Bedeutung über die eines durch Gegenbeweis widerlegbaren Zeugnisses hinaushebt. Ist in dem Protest angegeben, daß das Geschäftslokal oder die Wohnung nicht ermittelt werden konnte, so soll der Protest nicht deshalb ungültig sein, weil die Ermittlung möglich war. Wie schon der Wortlaut dieser Vorschrift („oder" die Wohnung) ergibt, gilt sie nicht nur für den Windprotest, wenn also gar keine Räumlichkeit aufgefunden wird, sondern auch für den Abwesenheitsprotest, wenn die Urkunde lautet, ein Geschäftslokal sei nicht zu ermitteln gewesen, in der Wohnung habe sich der Protestat nicht antreffen lassen. Damit sind aber die Neuerungen der Novelle auch erschöpft. Wäre es die Absicht des Gesetzes gewesen, eine Protesturkunde als gültig anzuerkennen, worin nur berichtet wird, der Wechsel sei dem Kaufmann X. in seiner Wohnung vorgelegt worden, so hätte es der Beseitigung des Grundes bedurft, auf dem die Unschlüssigkeit dieses Berichts beruht. Die Zwangsvorschrift, wonach der Protest in erster Linie im Geschäftslokal aufgenommen werden muß und die Aufnahme in der Wohnung nur dann zulässig ist, wenn ein Geschäftslokal nicht ermittelt wird, hätte gestrichen, die Wahl der Protestelle dem pflichtmäßigen Ermessen des Beamten anheimgegeben werden müssen. Diesen Schritt hat weder die Novelle vom 30. Mai 1908 getan, noch wird er von Art. 89 des Entwurfs einer neuen WO. (Beil. zum Reichsanzeiger vom 21. Januar 1914 Nr. 18) in Aussicht genommen. Beide Gesetzeswerke geben die ersten beiden Sätze der ursprünglichen Fassung des Art. 91 sachlich unverändert wieder.

Die rechtlichen Grundlagen, von denen das Berufungsgericht ausgegangen ist, sind somit zu billigen. Dem Kammergericht muß auch darin beigetreten werden, daß die Wechseladresse „Herrn Fabrikbesitzer Paul W." den Bezogenen als eine Person kennzeichnet, die ein von der Wohnung getrenntes Geschäftslokal zu haben pflegt. Wenn die Revision einwendet, das Wort Fabrikbesitzer weise hierauf nicht „zwingend" hin, auch könne das Geschäftslokal an einem anderen Orte als am

Wohnsitz des Bezogenen, wo doch der Protest erhoben werden müsse, liegen, so ist das zwar richtig, aber unerheblich, da es sich immer nur darum handelt, was im Leben das Gewöhnliche ist.

Zu prüfen bleibt hiernach nur, ob es für die Entscheidung von Einfluß ist, daß die Adresse die Wohnungsangabe „Bahnhofstraße 28" enthält und daß nach Behauptung des Klägers diese Angabe entweder vom Akzeptanten selbst herrührt oder doch schon zu der Zeit, als er das Giro seiner Frau genehmigte, auf dem Wechsel geschrieben stand. Die Frage muß indes mit dem Berufungsrichter verneint werden. Der Tatbestand ist keineswegs derselbe wie in dem von der Revision in Bezug genommenen Urteil des Reichsgerichts Rep. I. 416/02 vom 15. Dezember 1902 (Jur. Wochenschr. 1903 S. 51), wo die Wohnungsangabe dem Akzept beigefügt war. Gibt der Bezogene bei der Annahme eine Wohnung an, so ist dies für die Protesterhebung maßgebend. Freilich trifft es auch dann nicht zu, daß in der Angabe ein „beiderseitiges Einverständnis" im Sinne des Art. 91 Abs. 1 Satz 2 WO. läge. Diese Begründung des angeführten Urteils geht fehl; der Art. 91 denkt nur an das zwischen dem Protestanten und dem anwesenden Protestaten bei der Protestaufnahme unmittelbar betätigte Einverständnis, vgl. RGZ. Bd. 66 S. 295, 301 flg. Wohl aber darf der Wohnungsangabe im Akzept deshalb gefolgt werden, weil der Bezogene auf solche Weise deutlich den Willen an den Tag legt, daß die wechselrechtlichen Handlungen in dem genannten Lokal vorgenommen werden können. Der Vermerk stellt sich als Angabe einer Zahlstelle dar. Über die Befugnis des Akzeptanten, eine Zahlstelle zu nennen, vgl. G r ü n h u t Bd. 2 S. 223 sowie die im Haag beschlossene einheitliche WO. Art. 26 Abs. 2.

Ganz anders verhält es sich, wenn die Wohnung nur in der Adresse des Wechsels erwähnt wird. Ob der Akzeptant hiervon weiß oder nicht, tut nichts zur Sache, da durch sein Wissen an der Bedeutung des Zusatzes nichts geändert werden kann. Was aber diese Bedeutung anlangt, so erblickt der Verkehr in einem solchen Zusatz keine Zahlstelle, sondern versteht ihn dahin, daß er nur eine die Auffindung erleichternde nähere Bezeichnung des Bezogenen bezweckt (vgl. Entsch. des ROHG. Bd. 22 S. 403, RGZ. Bd. 2 S. 62 flg., Bd. 73 S. 253). Legt man dies zugrunde, so ist klar, daß im vorliegenden Falle die Worte „Bahnhofstraße 28" unerheblich waren. Sie entbanden den Protestbeamten nicht von der Pflicht, nach einem Geschäftslokal des Paul W. zu forschen und, wenn ein solches nicht zu ermitteln war, diese Tatsache in der Protesturkunde, worin er die Wohnung als Proteststelle nannte, mitzuvermerken." . . .

RGZ. 87, 365.

Kann dem Erwerber eines Wechselblanketts, der dieses gutgläubig ausgefüllt hat, entgegengehalten werden, daß der Aussteller und der Bezogene nach dem Geben und Nehmen des Blanketts dessen Vernichtung vereinbart haben?

WO. Art. 82.

III. Zivilsenat. Urt. v. 7. Dezember 1915.

I. Landgericht Posen. — II. Oberlandesgericht daselbst.

Am 4. August 1913 ließ die Klägerin einen auf sie als Remittentin lautenden Wechsel über 2200 M durch den Nebenintervenienten des Beklagten, den Gerichtsvollzieher Z., mangels Zahlung protestieren. Als Bezogener war M. in Großdorf bei Buk angegeben. Der Gerichtsvollzieher protestierte den Wechsel aber nicht in Großdorf, sondern in der damaligen Wohnung des M. in Buk. Wegen Ungültigkeit des Wechselprotestes wurde die Klägerin mit ihrer Wechselklage gegen die beiden Aussteller des Wechsels A. und D. abgewiesen. Die Zwangsvollstreckung gegen den Akzeptanten M. ist fruchtlos ausgefallen.

Die Klägerin beansprucht jetzt von dem Beklagten, dem sie in dem zweiten Rechtszuge des Wechselprozesses den Streit verkündet hatte, wegen Amtspflichtverletzung des Nebenintervenienten Ersatz der Wechselsumme nebst Zinsen und der Kosten des Wechselprozesses. Der Beklagte hat in erster Linie eingewandt, die Klägerin habe wegen des Fehlens eines Wechselbegebungsvertrags kein Wechselrecht erlangt. Die beiden Aussteller, die aus Gefälligkeit gegen den bezogenen M. einen früheren Wechsel als Aussteller und Indossanten gezeichnet hatten, hatten nämlich behufs Erwirkung der Prolongation dieser Wechselschuld das hier fragliche Wechselformular unausgefüllt als Aussteller unterschrieben und es dem M. eingehändigt. Der Bankagent, bei dem M. den ersten Wechsel versilbert hatte, verlangte aber die Unterschriften der beiden als Aussteller und als Indossanten. Auf Wunsch des M., der wahrheitswidrig erklärte, den zurückgewiesenen Wechsel als unbrauchbar vernichtet zu haben, unterschrieben darauf beide einen weiteren Wechsel als Aussteller und als Indossanten. M. versah später, nachdem er in Vermögensverfall geraten war, den von ihm zurückbehaltenen ersten Prolongationswechsel mit seinem Akzept, und die Klägerin, die im Frühjahr 1913 in den Besitz dieses Wechsels gelangt war, ließ ihn am 30. April 1913 durch ihren Rechtsanwalt mit ihrem

Namen als Remittentin, mit dem Verfalltag und mit Namen und Wohnort des Bezogenen ausfüllen.

Das Landgericht hat den Beklagten zur Zahlung der Wechselsumme nebst Zinsen verurteilt, den Anspruch auf Erstattung der Kosten des Vorprozesses dagegen aberkannt. Das Oberlandesgericht hat die Klage gänzlich abgewiesen. Auf Revision der Klägerin ist das Berufungsurteil aufgehoben und die Sache an das Berufungsgericht zurückverwiesen worden.

Gründe:

„Der Berufungsrichter hat, ohne in eine Prüfung des weiteren Parteivorbringens einzutreten, die Klage abgewiesen, weil die Klägerin kein Wechselrecht gehabt habe. Dies stützt er auf die von ihm als unstreitig bezeichnete Tatsache, daß bei dem der Klage zugrunde liegenden Wechsel der Wechselbegebungsvertrag zwischen den beiden Ausstellern und dem Bezogenen M. durch Vereinbarung und Hingabe eines Ersatzwechsels bereits aufgehoben gewesen sei, bevor die Klägerin den Wechsel erwarb und ausfüllen ließ. Er ist der Meinung, daß die Klägerin, selbst wenn sie zur Zeit des Wechselerwerbes keine Kenntnis von jener Tatsache gehabt haben sollte, kein Wechselrecht erlangt habe, denn der Einwand des mangelnden Wechselvertrags könne, da er sich gegen das Recht aus dem Wechsel selbst richte, auch gutgläubigen Erwerbern wirksam entgegengesetzt werden und sei nicht nur dann begründet, wenn eine Begebung überhaupt nicht oder nicht in gültiger Form stattgefunden habe, sondern auch dann, wenn der Begebungsvertrag durch Vereinbarung zwischen dem Aussteller und dem ersten Nehmer wieder aufgehoben worden sei, bevor der Wechsel in den Besitz eines späteren Nehmers gelangt sei. Diesen Ausführungen kann nicht beigepflichtet werden.

Daß der Aussteller eines gezogenen Wechsels nicht schon durch dessen Unterzeichnung verpflichtet wird, sondern zur Entstehung der Wechselverbindlichkeit ein Wechselvertrag, ein Geben und Nehmen des Wechsels, erforderlich ist, entspricht allerdings der Rechtsprechung des Reichsgerichts (vgl. z. B. RGZ. Bd. 5 S. 82, Bd. 14 S. 22, Bd. 35 S. 75). Aber schon die Ansicht, daß der Einwand des mangelnden Begebungsvertrags auch einem redlichen Dritterwerber des Wechsels entgegengehalten werden könne, steht mit der Rechtsprechung nicht im Einklang. In den Entscheidungen, in denen der Einwand zugelassen ist, ist enweder nicht ein Dritterwerber, sondern derjenige der Kläger gewesen, welcher den Wechsel ohne (gültigen) Begebungsvertrag erworben hatte (RGZ. Bd. 5 S. 82, Bd. 35 S. 75; vgl. auch Bd. 72 S. 216), oder es ist der böse Glaube des Dritterwerbers für erforderlich erklärt worden (so RGZ. Bd. 77 S. 139, sowie in den Urteilen des I. Zivilsenats vom 13. Juli 1904, I 149/1904 und des II. Zivilsenats vom 13. Februar 1913, II 545/1912). Vor allem aber hat das Berufungsgericht zu Unrecht den Einwand des mangelnden Begebungsvertrags in dem vorliegenden Falle für begründet erklärt. Zwischen den beiden Wechselausstellern und dem M. war durch Geben und Nehmen des von jenen unterzeichneten Wechselblanketts ein gültiger Begebungsvertrag zustande gekommen. Dieser Vertrag kann als Formalvertrag keineswegs durch die Abrede aus der Welt geschafft werden, daß der Wechsel durch einen anderen ersetzt und vernichtet werden soll, der Empfänger von ihm keinen Gebrauch machen darf. Einer solchen Abrede kann vielmehr keine weitergehende Wirkung beigelegt werden, als einer neben einem gültigen Begebungsvertrage getroffenen Vereinbarung, daß der Empfänger von dem Wechsel nur in einem beschränkten Umfange Gebrauch machen, namentlich Ansprüche aus ihm nicht geltend machen darf, und solche Vereinbarung kann unstreitig einem gutgläubigen Dritten nicht entgegengehalten werden. Es ist daher zutreffend, wenn sich die Revision auf die Ausführungen in RGZ. Bd. 14 S. 22 beruft, wo aus der Natur des Wechselvertrags als eines schriftlichen Formalvertrags in Verbindung mit der Bestimmung des Wechsels zum Wechselumlaufe gefolgert wird, daß das tatsächliche Geben und Nehmen des Wechsels genügen müsse, um im Verhältnis zu gutgläubigen Dritten den Wechselvertrag als abgeschlossen betrachten zu lassen, ohne daß es diesen gegenüber auf das bei dem Geben des Wechsels Gewollte oder mündlich Verhandelte ankommen könne. Ebensowenig kann einem gutgläubigen Dritten gegenüber von Bedeutung sein, was nach dem Abschluß eines gültigen Begebungsvertrags zwischen dem Aussteller und dem Wechselnehmer vereinbart ist, auch wenn die Vereinbarung die Vernichtung des Wechsels, eine sog. Wiederaufhebung des Begebungsvertrags zum Gegenstande hat.

Die Klägerin ist nun allerdings nicht Dritterwerberin der Wechselrechte, sondern erste Wechselgläubigerin. Trotzdem hat sie aber im Falle ihrer Gutgläubigkeit Wechselrechte erworben und es kann ihr nicht entgegengehalten werden, daß die von ihr vorgenommene Ausfüllung des Wechselblanketts der Abrede der Aussteller und des Bezogenen, wonach der Wechsel vernichtet werden sollte, widersprochen habe. Denn dem Dritterwerber eines Wechselblanketts, der seinerseits gutgläubig den Wechsel ausgefüllt und die Wechselrechte zur Entstehung gebracht hat, können nach der ständigen Rechtsprechung des Reichsgerichts (vgl. z. B. RGZ. Bd. 19 S. 137, Bd. 57 S. 168, Bd. 65 S. 410, Bd. 68 S. 420, Jur. Wochenschr. 1907 S. 543) Einreden nur nach Maßgabe des Art. 82 der Wechselordnung entgegengesetzt werden, auch wenn er nach dem Inhalt des Wechsels erster Wechselgläubiger ist. Obwohl er nicht gemäß Wechselrecht durch Indossament, sondern durch Tradition des Wechselblanketts erworben hat, erlangt er doch durch seinen Erwerb in Verbindung mit der gutgläubigen Ausfüllung des Wechsels Wechselrechte gemäß dem Inhalt des ausgefüllten Wechsels.

Demnach kann der Klägerin die Abrede der Vernichtung des Wechsels nur dann entgegengesetzt werden, wenn sie zur Zeit der Ausfüllung des Wechsels von ihr wußte und die Einrede der Arglist begründet ist." . . .

RGZ. 93, 23.

1. Voraussetzungen des Wechselbereicherungsanspruchs.

2. Zum Wesen des Diskontgeschäfts. Begründet es außer der wechselmäßigen Verpflichtung noch eine weitere schuldrechtliche Verpflichtung des Wechselgebers?

WO. Art. 83.

V. Zivilsenat. Urt. v. 4. Mai 1918.

I. Landgericht I Berlin. — II. Kammergericht daselbst.

Zwischen den Streitteilen kam in Wien am 26. Juni 1914 ein Abkommen dadurch zustande, daß der Beklagte ein an ihn gerichtetes, vom Kläger und dem Kaufmann D. unterzeichnetes Schreiben mittels eines Antwortschreibens bestätigte und sich mit seinem Inhalt einverstanden erklärte. Auf Grund dieses Abkommens übergab der Beklagte dem Kläger Wechsel über 58 000 Kronen, die er selbst ausgestellt, auch mit seinem Blankoindossament versehen und die der Graf von W. akzeptiert hatte. Davon waren zwei über 5000 und 12 000 Kronen am 4. November, ferner zwei über dieselben Beträge am 4. Dezember 1914, endlich einer über 8000 Kronen am 1. Januar 1915 fällig; sie wurden nach der Fälligkeit rechtzeitig für den Kläger und gegen den Akzeptanten mangels Zahlung protestiert.

Im Mai 1916 erhob der Kläger gegen den Beklagten Klage auf Zahlung von 42 000 Kronen nebst Zinsen. Er stützte seinen Anspruch in erster Reihe auf die Wechsel, sodann aber auch auf das bezeichnete Abkommen vom 26. Juni 1914, indem er behauptete, daß die Klagewechsel wie auch frühere Akzepte des Beklagten bestimmt gewesen seien, für ein unter der Firma Graphitgesellschaft m. b. H. errichtetes

Unternehmen Betriebsmittel zu beschaffen. Der Beklagte setzte dem Wechselanspruch die Einrede der Verjährung entgegen und machte geltend, es handle sich bei dem in dem Schreiben vom 26. Juni 1914 niedergelegten Abkommen nur um ein Wechseldiskontgeschäft, durch das keine zivilrechtliche Verbindlichkeit auf seiner Seite begründet worden sei. Gegenüber dem Verjährungseinwand führte der Kläger aus, daß der Beklagte ihm nach Art. 83 WO. jedenfalls aus ungerechtfertigter Bereicherung hafte.

Das Landgericht verurteilte den Beklagten nach dem Klagantrage, dagegen wies das Kammergericht die Klage ab. Die Revision wurde zurückgewiesen.

Aus den Gründen:

(Nachdem dargelegt ist, daß das Berufungsgericht die geltend gemachten Ansprüche mit Recht nach deutschem Recht beurteilt habe, wird fortgefahren:)

. . . „Mit Recht hat das Berufungsgericht angenommen, daß der Wechselanspruch des Klägers als Inhabers der in Betracht kommenden Wechsel gegen den Beklagten als Aussteller nach dem Art. 78 WO. verjährt ist. Angriffe sind gegen diese Annahme von der Revision auch nicht gerichtet. War die Verjährung der vor dem 31. Juli 1914 entstandenen Ansprüche des Klägers infolge der Bundesratsverordnung vom 7. August 1914 (RGBl. S. 360) gehemmt (vgl. § 203 BGB.), so hörte diese Hemmung doch mit der Bekanntmachung des Reichskanzlers vom 20. April 1915 (RGBl. S. 231) auf, während die Klage erst im Mai 1916 erhoben wurde.

Nach dem Art. 83 WO. bleibt indes der Aussteller, dessen Verbindlichkeit durch Verjährung erloschen ist, dem Inhaber des Wechsels so weit verpflichtet, als er sich sonst mit dessen Schaden bereichern würde. Ob und inwieweit eine Bereicherung des Ausstellers mit dem Schaden des Inhabers durch die Verjährung des Wechselregreßanspruchs eintreten würde, läßt sich nur unter Heranziehung der dem Wechselzuge zugrunde liegenden materiellen Rechtsverhältnisse beurteilen. Wie sich aus der Vorschrift des Art. 83 selbst ergibt, ist dabei nicht an die formale Schädigung und die formale Bereicherung gedacht, die schon in der Verjährung des Anspruchs selbst gegeben ist, sondern an eine sich aus dieser Verjährung ergebende materielle Vermögensminderung auf der einen und Vermögensvermehrung auf der anderen Seite. Die Annahme einer solchen materiellen Vermögensverschiebung lehnt das Berufungsgericht schon mit Rücksicht auf die Haftung des Grafen von

W. aus der Annahme (Akzeptation) der Wechsel ab. . . . Ob dies . . . gerechtfertigt ist, . . . kann dahingestellt bleiben; denn dem bezeichneten Erfordernis des Bereicherungsanspruchs aus Art. 83 entspricht auch der zweite Grund, aus dem das Berufungsgericht den Anspruch als ungerechtfertigt abtut, ohne daß ihm hier eine Gesetzesverletzung nachzuweisen ist.

Das Berufungsgericht vermißt die Darlegung, inwiefern die vom Kläger nach Maßgabe des Abkommens vom 26. Juni 1914 beim Erwerbe der Wechsel übernommenen und angeblich erfüllten Verpflichtungen dem Vermögen des Beklagten, sei es unmittelbar oder mittelbar infolge finanzieller Beteiligung am Graphitunternehmen zugute gekommen sind, und daß der Beklagte diesen Vermögensvorteilen entsprechende Gegenleistungen nicht aufgewendet habe. Es steht das im Einklang auch mit dem in der Rechtsprechung und in der Rechtslehre anerkannten Satze, daß der Aussteller eines gezogenen Wechsels der Regel nach nur insofern für bereichert gelten könne, als er noch die bei Begebung des Wechsels empfangene Valuta besitzt, anderseits aber Deckung dem Bezogenen überhaupt nicht gegeben oder die gegebene zurückerhalten hat (vgl. ROHG. Bd. 22 S. 257, Bd. 23 S. 262; Staub-Stranz Anm. 10, 11; Rehbein Anm. 3; Bernstein Anm. 4 zu Art. 83). Die Revision weist auf die im Schreiben vom 26. Juni 1914 erwähnten fünf vom Beklagten dem Herrn von Cr. gegebenen Akzepte über je 10000 Kronen mit dem Bemerken hin, daß der Beklagte von der Haftung aus diesen Akzepten durch das mit dem Kläger abgeschlossene Geschäft befreit worden sei. In der Tat hat sich der Kläger nach dem Schreiben vom 26. Juni 1914 verpflichtet, vier von diesen Akzepten, die sich in seiner Verwahrung befanden, herauszugeben und das fünfte, bei Frau We. befindliche, auszulösen, und zwar gegen die damals gezogenen Wechsel; der Kläger hat auch behauptet, die ihm in dem Schreiben auferlegten Verpflichtungen erfüllt zu haben. Eine materielle Bereicherung des Beklagten läßt sich jedoch hieraus schon um deswillen nicht entnehmen, weil der Beklagte jene fünf Akzepte bei dem vorliegenden Sachverhalte, nach den insbesondere vom Kläger selbst zu dem Abkommen vom 26. Juni 1914 gegebenen Erklärungen, ohne Deckung nur zur Beschaffung von Betriebsmitteln für ein fremdes Graphitunternehmen hergegeben hat.

Mit eingehender Begründung hat das Berufungsgericht endlich die Annahme einer Zahlungsverflichtung des Beklagten auf Grund des Abkommens vom 26. Juni 1914 abgelehnt. Ohne ersichtlichen Rechtsirrtum nimmt es an, der Inhalt des Schreibens von diesem Tage lasse keinen Zweifel darüber, daß nach der Absicht der Vertragsteile der Beklagte hinsichtlich der Wechselsumme von insgesamt 58 000 Kronen nur wechselmäßig haften und für ihn nicht daneben eine „zivilrechtliche" Haftung begründet werden sollte sowie daß es sich bei dem Wechselgeschäfte der Parteien lediglich um ein Diskontgeschäft handelte, bei dem der Wechselgeber mangels einer auf eine weitergehende Haftung abzielenden besonderen Vereinbarung nur nach Maßgabe seiner Wechselerklärung aus dem Wechsel hafte. In letzterer Beziehung stützt sich das Berufungsgericht besonders auch darauf, daß der Kläger sich im Eingange des Schreibens vom 26. Juni 1914 bereit erklärt hat, die Akzepte über insgesamt 58 000 Kronen zu „eskomptieren", indem es aus eigener Kenntnis und unter Berufung auf Staubs Handelsgesetzbuch und Entscheidungen österreichischer Gerichtshöfe feststellt, daß der Ausdruck „eskomptieren" in Österreich für „diskontieren" gebraucht wird, und indem es ausführt: daß die Parteien entgegen dem Gebrauche des dem Kläger jedenfalls geläufigen Wortes „eskomptieren" nicht ein Diskontgeschäft, nämlich die Hergabe von Wechseln „zwecks" (oder richtiger: gegen) Valuta in bar oder anderen Vermögenswerten, sondern die Begründung von außerwechselmäßigen Verpflichtungen des Beklagten zur Erstattung der Wechselbeträge beabsichtigt hätten, sei aus dem Gesamtinhalt der Urkunde in keiner Weise erkennbar.

Durchgreifende Bedenken lassen sich auch hiergegen nicht geltend machen. Daß der Ausdruck „eskomptieren" im Schreiben vom 26. Juni 1914, einem in Österreich bestehenden Sprachgebrauch entsprechend, für „diskontieren" gebraucht ist, ist eine tatsächliche Feststellung, an die das Revisionsgericht gebunden ist (s. übrigens auch Gareis, WO. 7. Aufl. Einleitung auf S. 26). Unter „diskontieren" aber versteht man den Erwerb noch nicht fälliger Wechsel gegen ein Entgelt, das regelmäßig in Geld besteht und durch die Wechselsumme bestimmt wird, die um den Zwischenzins und eine Provision gekürzt wird (vgl. Staub-Stranz Anm. 33 zu Art. 83; Bernstein auf S. 346 unter b; Gareis auf S. 26/27). Derjenige, der den Wechsel so, und zwar durch Indossament, erwirbt, erlangt damit auch gegenüber dem Diskontanten nur die Rechte aus dem Wechsel. Nicht eigentlich das Diskontgeschäft selbst (wie die eben genannten Schriftsteller meinen), sondern das ihm zugrunde liegende Kausalgeschäft trägt die wesentlichen Züge des Kaufes (vgl. § 433 Abs. 1 Satz 2 und Abs. 2 BGB.), und nur aus ihm können sich andere als die wechselmäßigen Verpflichtungen des Wechselveräußerers gegenüber dem Wechselerwerber ergeben. Mangels abweichender Vereinbarungen haftet jener diesem indes auch aus diesem Kausalgeschäfte nach § 437 BGB. nur für den rechtlichen Bestand des Wechsels oder der in ihm verkörperten mittels des Indossaments zu übertragenden Rechte.

Im übrigen beruht die Stellungnahme des Berufungsgerichts zu diesem Anspruch auf einer Auslegung des ersten Schreibens vom 26. Juni 1914, durch dessen Bestätigung mittels des zweiten Schreibens von diesem Tage nach dem unstreitigen Sachverhalte das der Diskontierung der Wechsel zugrunde liegende Abkommen zustande gekommen ist. Daß das Berufungsgericht dabei gegen die Auslegungsregeln, namentlich gegen die von ihm selbst herangezogenen §§ 133, 157 BGB. verstoßen hätte, ist nicht ersichtlich. Die von der Revision bezeichneten Behauptungen des Klägers: der Beklagte habe ihn beauftragt oder ersucht, weitere Beträge für das Graphitunternehmen oder die neu zu gründende Gesellschaft zur Verfügung zu stellen, und die Verpflichtung zur Rückerstattung der von ihm, dem Kläger, für das Werk bereits geleisteten Vorschüsse oder die persönliche Haftung dafür übernommen, hat das Berufungsgericht nicht unberücksichtigt gelassen. Im Zusammenhange mit seiner schon erwähnten Feststellung, wonach das Schreiben vom 26. Juni 1914 nichts davon enthält, sein Inhalt vielmehr keinen Zweifel darüber läßt, daß der Beklagte hinsichtlich der Wechselsummen von insgesamt 58 000 Kronen nur wechselmäßig verpflichtet werden sollte, hat es aber erwogen, der in den beiden Schreiben vom 26. Juni 1914 beschlossene schriftliche Vertrag habe die Vermutung für sich, daß er das von den Vertragsteilen endgültig Gewollte richtig und vollständig wiedergebe, ein zur Entkräftung dieser Vermutung geeigneter Gegenbeweis sei vom Kläger nicht angeboten. Der Einwurf der Revision: da nicht deutsches Recht zur Anwendung komme, sei die Rechtsprechung des Reichsgerichts, auf die sich das Berufungsgericht hier stütze, nicht maßgebend, geht nach dem Ausgeführten von einer unrichtigen Voraussetzung aus. Abgesehen hiervon gründet sich die bezeichnete Vermutung nicht auf eine dem deutschen Rechte eigentümliche Vorschrift, sondern auf den Zweck jeder Beurkundung von Verträgen, der in Österreich kein anderer ist, als bei uns. Entkräftet wird die Vermutung namentlich nicht schon durch den von der Revision hervorgehobenen Umstand, daß das Abkommen ohne Zuziehung eines Rechtsverständigen zu Papier gebracht worden ist, zumal das Berufungsgericht den Kläger und den Kaufmann D., die das durch den Beklagten bestätigte Schreiben vom 26. Juni 1914 unterschrieben haben, als gewiegte, geschäftserfahrene Personen bezeichnet. Dem steht weder der in dem Schreiben gebrauchte Ausdruck „eskomptieren“ noch der Umstand entgegen, daß die vom

Beklagten ausgestellten und vom Grafen von W. akzeptierten Wechsel darin als „Ihre (des Beklagten) Akzepte“ bezeichnet sind.“

RGZ. 96, 136.

1. Wird durch die Übernahme einer Wechselverpflichtung für fremde Schuld ein Rechtsverhältnis zwischen dem Wechselschuldner und dem Gläubiger einerseits und zwischen dem ersteren und dem Hauptschuldner andererseits begründet, vermöge dessen auf den die Wechselschuld tilgenden Wechselschuldner die Hauptschuld mit den dafür bestellten Sicherheiten nach § 774 oder nach § 426 BGB. übergeht?

2. . . .

V. Zivilsenat. Urt. v. 4. Februar 1920.

Die Entscheidung ist abgedruckt unter „Bürgerliches Recht, Recht der Schuldverhältnisse 4“.

RGZ. 98, 103.

Zur Anwendung des Art. 91a Satz 1 WO. (Zahlstellenwechsel).

V. Zivilsenat. Utr. v. 4. Februar 1920.

I. Landgericht III Berlin. — II. Kammergericht daselbst.

Der Kläger ist Inhaber eines vom Beklagten zu 2 auf den Beklagten zu 1 gezogenen und von diesem angenommenen Wechsels vom 21. Dezember 1918, zahlbar am 1. Februar 1919 über 10 000 M. Die Anschrift lautet: „Herrn Apotheker Hermann Cohn in Berlin-Wilmersdorf, Wilhelmsaue 100.“ Darunter befindet sich der Vermerk: „Zahlbar bei Herrn Georg Waldo, Leonhardstraße 15.“ Der durch Blankoindossament legitimierte Kläger ließ den Wechsel am 3. Februar 1919 gegen sich in seiner Wohnung, Charlottenburg, Leonhardstraße 15, mangels Zahlung protestieren und erhob dann gegen beide Beklagte im Wechselprozeß Klage auf Zahlung, worauf gegen den Beklagten zu 1 Verurteilung nach dem Antrag erging. Der Beklagte zu 2, gegen den der Kläger vom Wechselprozeß Abstand nahm, stützte seinen Antrag auf Abweisung der Klage auf die vom Kläger zugestandene Tatsache, daß dieser den Vermerk: „Zahlbar bei“ usw. nach Ausstellung und Indossierung des Wechsels auf diesen gesetzt hat, und machte geltend, daß der Wechsel mangels ordnungsmäßigen Protestes gegen ihn präjudiziert sei. Der Kläger erwiderte hierauf, er habe den Vermerk nach eingeholter Zustimmung beider Beklagten auf den Wechsel gesetzt.

Das Landgericht, das dies nach erfolgter Beweisaufnahme als erwiesen annahm, verurteilte den Beklagten zu 2 nach dem Klagantrag. Auf dessen Berufung wies das Kammergericht die Klage ab. Die Revision des Klägers führte zur Aufhebung des Urteils und Zurückverweisung der Sache aus folgenden

Gründen:

„Während das Landgericht, davon ausgehend, daß der Beklagte zu 2 der ihm vom Kläger gemachten Mitteilung des Zahlungsvermerks nicht widersprochen habe, seine Entscheidung darauf stützt, daß dieser Beklagte den Zahlungsvermerk und die Protesterhebung gegen sich gelten lassen müsse, erklärt das Berufungsgericht, daß diese Frage und die der Richtigkeit der vom Landgerichte vorgenommenen Beweiswürdigung offen bleiben könne. Der Umstand, daß der Zahlungsvermerk keine Ortsangabe enthält, bestimmte diese Entscheidung. Denn infolge dieses Mangels sei wechselmäßig Zahlung zu leisten an dem beim Namen des Bezogenen angegebenen Orte, d. h. in Wilmersdorf, wo daher auch, gegebenenfalls in den Wind, Protest hätte aufgenommen werden müssen. Denn selbst wenn es, wie der Kläger behaupte, in ganz Groß-Berlin nur in Charlottenburg eine Leonhardstraße geben sollte, würde mangels allgemeiner — auch gar nicht behaupteter — Kenntnis davon der Wechsel nicht zum Domizilwechsel geworden sein. Wenn auch Berlin-Wilmersdorf und Charlottenburg gemäß der Bekanntmachung des Reichskanzlers vom 9. Januar 1909 (RGBl. S. 249) benachbarte Orte im Sinne des Art. 91a WO. seien, so sei doch Art. 91a nicht anwendbar, da in dem Wechsel nicht an Stelle des Ortes der Wohnung, in der der Protest aufgenommen wurde, also an Stelle von Charlottenburg, ein anderer benachbarter Ort angegeben sei. Die in Art. 4 Nr. 8 WO. gegebene Bestimmung gelte nicht für die Anwendung des Art. 91a WO.

Diese gar zu sehr an dem Wortlaute des Gesetzes haftende Auffassung wird von der Revision mit Recht angefochten.

Der Vermerk, wonach der Wechsel bei dem Kläger zahlbar gemacht ist, ist nachträglich von dem Kläger auf den Wechsel gesetzt worden. Für die Beurteilung der Rechtslage ist vorerst zu unterstellen, daß die vom Kläger aufgestellte, vom Beklagten bestrittene, vom Berufungsgericht offengelassene Behauptung, der als Aussteller in Anspruch genommene Beklagte zu 2 sei damit einverstanden gewesen, sich bewahrheitet. Dann aber würde die Rechtslage folgende sein: Es würde sich um einen Wechsel handeln, aus dessen Inhalt sich ergibt, daß an einer andern Stelle als bei dem Bezogenen Zahlung geleistet werden soll. Es könnten dann zwei Möglichkeiten vorliegen. Der Wechsel könnte ein

Domizilwechsel oder ein Zahlstellenwechsel sein; eine dritte Möglichkeit gibt es nicht. Ein Domizilwechsel ist vorhanden, wenn in dem Wechsel ein vom Wohnorte des Bezogenen verschiedener Zahlungsort angegeben ist (Art. 24 WO.); diese Verschiedenheit muß aber aus dem Wechsel selbst ersichtlich sein (RGZ. Bd. 15 S. 113). Dies liegt hier nicht vor, da in dem Vermerke „Zahlbar bei Herrn Georg Waldo, Leonhardstraße 15" eine Ortsangabe fehlt. Danach kann der Wechsel nur ein Zahlstellenwechsel sein, für den das Erfordernis, daß die Wohnung des Bezogenen und die Stelle, an der gezahlt werden soll, in derselben Ortschaft liegen, nicht unmittelbar aus der Urkunde ersichtlich sein muß (ROHG. Bd. 2 S. 230). Somit steht der Umstand, daß bei dem Vermerke „Zahlbar bei" usw. die Angabe einer Ortschaft fehlt, der Annahme, daß der Wechsel ein Zahlstellenwechsel ist, nicht entgegen. Dann aber ist der Vermerk so anzusehen, als ob er lautete: „Zahlbar bei Herrn Georg Waldo, Berlin-Wilmersdorf" (Wohnort des Bezogenen) „Leonhardstraße 15". Geht man davon aus, so liegt einer der Fälle vor, die für die Einfügung des Art. 91a in die Wechselordnung Veranlassung geboten haben, und der Artikel ist ohne weiteres oder doch mindestens sinngemäß anwendbar. Denn der Protest, der in der Wohnung des Klägers, Leonhardstraße 15 in Charlottenburg, aufgenommen worden ist, ist danach gültig, da an Stelle des Ortes, in welchem die Wohnung liegt (Charlottenburg), ein nach der erwähnten Bekanntmachung des Reichskanzlers vom 9. Januar 1909 benachbarter Ort (Wilmersdorf), wenn auch nicht im Wechsel angegeben ist, so doch als dort angegeben zu gelten hat. Dieser Auslegung steht auch nicht etwa die Strenge und Förmlichkeit des Wechselrechts entgegen, da auch bei der Auslegung von Wechseln, wie der I. Zivilsenat in seinem Urteile vom 10. Mai 1905 (RGZ. Bd. 60 S. 428) des näheren dargelegt hat, nicht die Buchstabeninterpretation anzuwenden ist.

Auf Art. 91a Satz 2 WO. kann sich die Revision allerdings nicht mit Erfolg berufen. Denn unter dem dort erwähnten „beiderseitigen Einverständnis" ist, wie der III. Zivilsenat in seinem Urteile vom 12. Juli 1907 (RGZ. Bd. 66 S. 202) ausgeführt hat, nur ein solches gemeint, das bei der Protesthandlung selbst, und zwar durch Einlassung des Protestaten, vorhanden war (s. auch Staub, WO. Art. 91a Anm. 9; Rehbein, WO. Art., 91—93 Nr. 5; Rosenthal, WO. Art. 91, 91a Nr. 22).

Infolge Verletzung des Art. 91a Satz 1 WO. war das Urteil aufzuheben und die Sache an das Berufungsgericht zurückzuverweisen, das zu der von ihm offengelassenen Frage, ob der Zahlstellenvermerk mit.

sei es ausdrücklicher, sei es aus den Umständen zu entnehmender Zustimmung des Beklagten zu 2. vom Kläger auf den Wechsel gesetzt worden ist, Stellung zu nehmen haben wird."

RGZ. 99, 7.

1. Ist ein Blankowechsel nach der Ausfüllung des Blanketts so zu behandeln, als hätte er von vornherein den ihm nachträglich gegebenen Inhalt gehabt?

2. Kann der Verjährungslauf schon vor Ausfüllung des Blanketts beginnen?

WO. Art. 77.

V. Zivilsenat. Urt. v. 14. April 1920

I. Landgericht Breslau. — II. Oberlandesgericht daselbst.

Der Kläger ist Inhaber eines von der Beklagten angenommenen Wechsels. Der Wechsel wurde von dem Aussteller Sch. an den Kläger indossiert und war nach Sicht fällig. Er trägt das Ausstellungsdatum „Breslau, den 2. April 1905", ist aber an diesem Tage nicht fertig ausgefüllt worden. Vielmehr ist nach der Behauptung des Klägers der Name des Ausstellers und der Sichtvermerk erst nach dem im Oktober 1917 erfolgten Tode der Frau L. auf den Wechsel gesetzt worden, weil zwischen der Beklagten und Sch. vereinbart war, daß der Wechsel erst nach dem Tode der L.schen Eheleute, von denen die Beklagte eine Erbschaft zu erwarten hatte, durch Einrückung des Sichtvermerks fällig gemacht werden sollte.

Der Wechsel wurde am 8. Januar 1918 der Beklagten zur Zahlung vorgelegt, von ihr aber nicht eingelöst. Der Kläger erhob deshalb Klage auf Zahlung des Wechselbetrags. Die Beklagte setzte dem Klaganspruche neben anderen Einwendungen die Einrede der Verjährung entgegen. Das Landgericht erkannte auf mehrere Eide für den Kläger. Das Berufungsgericht wies die Klage mit Rücksicht auf die Vorschriften der Art. 31, 77 WO. ab. Der Revision des Klägers wurde stattgegeben aus folgenden

Gründen:

„Das Berufungsgericht geht richtig davon aus, daß der Wechsel nach Ausfüllung des Wechselblanketts so zu behandeln war, als wenn er von vornherein die ihm gegebene Gestalt gehabt hätte. Dann aber stellt er sich, ohne daß es auf die Zeit der wechselmäßigen Fertigstellung ankommt, als ein am 2. April 1905 ausgestellter Sichtwechsel dar, der mangels einer aus dem Wechsel ersichtlichen Abrede über die Dauer der

Präsentationsfrist binnen zwei Jahren nach der Ausstellung, also bis zum 2. April 1907, vorzulegen war (Art. 31 WO.), und mit dem Ablaufe dieser Frist auch gegen den Akzeptanten fällig wurde (RGZ. Bd. 28 S. 104; ROHG. Bd. 16 S. 346). Er würde deshalb am 2. April 1910 verjährt gewesen sein (Art. 77 WO.).

Nun nimmt das Berufungsgericht zwar an, daß von einer „eigentlichen" Verjährung des Anspruchs an diesem Tage nicht die Rede sein könne, weil damals der Wechselanspruch, den erst die vollständige Ausfüllung des Wechselblanketts zur Entstehung brachte, noch nicht bestand. Es hält die Vorschriften der Art. 31, 77 WO. aber insofern für dem Klaganspruch entgegenstehend, als aus ihnen folge, daß bei einem Blankowechsel mit bereits ausgefülltem Ausstellungstag eine Abrede über die nachträgliche Auf-Sicht-Stellung nur mit der sich aus jenen Vorschriften ergebenden zeitlichen Beschränkung wirksam getroffen werden könne.

Diesen Ausführungen kann nicht beigetreten werden. Richtig ist allerdings, daß die sofortige Einfügung des Ausstellungstages mit Rücksicht auf die Verjährungsvorschriften der Wechselordnung zu Schwierigkeiten führen kann. Aber eine Ungültigkeit des Abkommens, daß der Wechsel erst nach dem Tode der L.schen Eheleute auf Sicht gestellt werden sollte, ergibt sich daraus nicht, zumal deren Tod auch so eintreten konnte, daß der Verjährungseinwand nicht hätte aufkommen können. Auch die Erwägung, daß ein Anspruch, der infolge der Verjährung schon die Erlöschung in sich trägt, nicht mehr zur Entstehung gebracht werden kann, führt im gegebenen Falle zu keinem anderen Ergebnis. Denn da es nach der Ausfüllung des Wechsels so anzusehen war, als wenn der Wechselanspruch schon zur Zeit des Ausstellungsdatums entstanden gewesen wäre, so fielen die Entstehung und die Verjährung des Anspruchs tatsächlich auseinander.

In Wahrheit ist eine Verjährung aber überhaupt nicht eingetreten. Lief die Verjährung erst von der Herstellung des Wechsels, weil mit dieser erst der Wechsel und damit auch der Wechselanspruch, wenn auch nach Maßgabe des nunmehrigen Wechselinhalts, entstand, so war die Verjährungsfrist zur Zeit der Klagerhebung noch nicht abgelaufen. Begann sie aber an dem Tage, der nach dem Inhalte des Wechsels als Verfalltag erscheint (S t r a n z Anm. 17 zu Art. 7 WO.), so war die Verjährung, wie der Kläger mit Recht geltend gemacht hat, gehemmt. Denn da der Kläger den Wechsel vor dem Tode der L.schen Eheleute nicht ausfüllen durfte und daher vor diesem Termin einen Wechselanspruch gegen die Beklagte nicht hatte, so war er auch nicht in der

Lage, diesen zu erheben. Die Sache lag nicht anders, als wenn er den Wechsel sofort ausgefüllt hätte, aber zufolge einer der Beklagten bewilligten Stundung den Anspruch nicht einklagen konnte. In entsprechender Anwendung des § 202 BGB. hatte die Verjährung deshalb auch hier als gehemmt zu gelten. Da der Wechsel nach seiner Ausfüllung hinsichtlich des Laufs der Verjährung so zu behandeln war, als wenn der Anspruch schon seit dem im Wechsel bezeichneten Ausstellungstage bestanden hätte, so steht nichts im Wege, auch in einem solchen Falle von einer Hemmung der Verjährung zu reden. Sie beseitigt zugleich das Bedenken, daß der Wechselanspruch nicht vor seiner wirklichen Entstehung verjährt gewesen sein kann.

Hiernach kommt es noch auf die weiteren Einwendungen der Beklagten an." . . .

RGZ. 100, 167.

Bedarf die Bezeichnung des Fiskus als Wechselremittent der Hinzufügung der zu seiner Vertretung berufenen Behörde?

V. Zivilsenat. Urt. v. 27. Oktober 1920.

I. Landgericht II Berlin. — II. Kammergericht daselbst.

Der Reichsfiskus klagt aus einem vom 27. Juni 1919 datierten, am 20. Juli 1919 fällig gestellten, auf den Beklagten gezogenen und von diesem akzeptierten Wechsel über 59 000 M, zahbar „an die Verpflegungszentrale Spandau" und ausgestellt von der „Verpflegungszentrale der staatlichen Institute Spandau", gez. „Sch., V.", mit Stempelabdruck der „Verpflegungszentrale der Königlichen Institute Spandau" und Adler. Mit der zunächst im Wechselprozeß erhobenen, dann in das ordentliche Verfahren übergeleiteten Klage hat er Verurteilung des Beklagten zur Zahlung von 59 000 M nebst 6 % Zinsen seit Verfall und Wechselunkosten beantragt. Beide Vorinstanzen haben die Klage abgewiesen. Die Revision hatte Erfolg.

Gründe:

Der Berufungsrichter geht, wie das Landgericht, von der Vorschrift des Art. 4 Nr. 3 und 5 WO. aus, wonach zu den wesentlichen Erfordernissen des Wechsels einmal der Name des Remittenten oder seine Firma und sodann die Unterschrift des Ausstellers (Trassanten) mit seinem Namen oder seiner Firma gehören. Er nimmt an, daß diesen Vorschriften durch den vorliegenden Wechsel genügt ist, da Voraussetzung für die formelle Gültigkeit eines Wechsels nur sei, daß die auf dem Wechsel stehenden Bezeichnungen des Remittenten und des Ausstellers der bürgerliche oder Handelsname einer wechselfähigen Person überhaupt sein könnten. Die Ausstellerunterschrift „Verflegungszentrale der staatlichen Institute Spandau" und die abgekürzte Remittenten-bezeichnung „Verpflegungszentrale Spandau" könnten aber die Bezeichnung einer Behörde darstellen, die den Staat in seiner vermögensrechtlichen Persönlichkeit vertrete. Eine staatliche Behörde selbst sei zwar an sich keine juristische Person, sie könne aber, indem sie bei der Verwaltung des Staatsvermögens für den dieses verkörpernden Fiskus auftrete, eine Bezeichnung für diesen, juristische Persönlichkeit besitzenden Fiskus sein. — Anderseits aber nimmt das Urteil an, daß die in dem Wechsel enthaltene Remittentenbezeichnung den klagenden Reichsfiskus nur dann zur Geltendmachung der Rechte aus dem Wechsel legitimiere, wenn jene Bezeichnung tatsächlich die einer zur Vertretung des Fiskus berufenen Behörde, eine Namensbezeichnung des Fiskus, sei. Diese Voraussetzung könne hier nicht als erfüllt angesehen werden. Denn inhaltlich der amtlichen Auskunft des Reichsschatzministeriums sei der Verpflegungszentrale die Erledigung einiger im wirtschaftlichen Interesse der Angestellten des Reichswerks Spandau liegenden Geschäfte übertragen worden, insbesondere die Fürsorge für Massenspeisungen. Die Leiter der Zentrale, Sch. und V., hätten von der Hauptverwaltung der Reichsbetriebe Vollmacht erhalten, die notwendigen Ankäufe und Verflegungsabschlüsse im Einverständnis mit dem Beirat der Hauptverwaltung der Reichsbetriebe zu vollziehen. Die Verwaltung der Verflegungszentrale sei durch das Reichswerk Spandau erfolgt; Satzungen oder sonstige, die Einrichtung und den Geschäftsbetrieb der Verpflegungszentrale betreffende behördliche Anordnungen bestünden nicht. Aus diesen Angaben erhelle, daß die Verpflegungszentrale nicht eine auf öffentlich-rechtlicher Grundlage in den Verwaltungsorganismus des Reichsfiskus eingegliederte Einrichtung und somit keine zur Vertretung des Fiskus berufene selbständige Behörde gewesen sei. Das finde auch seinen Ausdruck darin, daß die von der Hauptverwaltung der Staatsbetriebe ausgestellte Vollmacht nicht der Verpflegungszentrale als einem von der Person seiner Verweser losgelösten Subjekte, sondern den die Geschäfte der Verpflegungszentrale leitenden Personen Sch. und V. persönlich erteilt sei. Fehle sonach die Legitimation des Klägers aus dem Klagewechsel, weil die Remittentenbezeichnung keine für den Kläger wirksame Angabe seines Namens im Sinne des Art. 4 Nr. 3 WO. sei, so könne diese Legitimation auch nicht durch eine nachträgliche Genehmigung der betreffenden Wechselzeichnung durch den Kläger ersetzt werden. Denn der Wechsel selbst müsse die gültige Namensbezeichnung des Remittenten enthalten.

Der Revision muß zugegeben werden, daß diese Begründung nicht frei von rechtlichen Bedenken ist. Der Berufungsrichter will ersichtlich sich der neueren Rechtsprechung des Reichsgerichts anschließen, die unter Aufgabe der „alten" Entscheidung vom 29. Mai 1885 (Bd. 14 S. 17) die in Art. 4 Nr. 3 bez. 5 und 7 WO. aufgestellten „wesentlichen Erfordernisse" eines gezogenen Wechsels, nämlich die Bezeichnung bzw. Unterschrift des Remittenten, Ausstellers und Bezogenen „mit seinem Namen oder seiner Firma" schon dann als erfüllt ansieht, wenn die Bezeichnung nur überhaupt als bürgerlicher oder kaufmännischer Name einer wechselrechtsfähigen Person gedacht werden kann, ohne daß es für die formelle Gültigkeit des Wechsels als solchen, die ihn befähigt, die Grundlage für wechselrechtliche Erklärungen zu bilden, darauf ankäme, ob die im einzelnen Falle in Betracht kommende Person wirklich diesen Namen führt.

Vgl. in diesem Sinne schon ROHG. Entsch. Bd. 23 S. 51; ferner namentlich RGZ. Bd. 77 S. 191; Bd. 85 S. 195; Staub-Stranz WO. zu Art. 4 Anm. 11bα.

Daß diese Voraussetzung hinsichtlich der Bezeichnung des Ausstellers und des Remittenten im vorliegenden Falle erfüllt ist, bezweifelt auch der Berufungsrichter nicht; er führt vielmehr zutreffend aus, daß die Ausstellerbezeichnung „Verpflegungszentrale der staatlichen Institute Spandau" sehr wohl die Namensbezeichnung einer fiskalischen Stelle und damit des Fiskus darstellen könne, und daß die Remittentenbezeichnung „Verpflegungszentrale Spandau" nur als abgekürzte Bezeichnung der gleichen Person, die als Aussteller bezeichnet ist, gebraucht sei, also gleichfalls eine Namensbezeichnung des Fiskus darstellen könne. Auch weiter ist dem Berufungsrichter insofern recht zu geben, als er meint, daß durch die Feststellung der formellen Gültigkeit des Wechsels als solchen (kraft deren er sich überhaupt als ein Wechsel im Sinne der WO. darstellt) noch nichts darüber entschieden sei, ob aus ihm eine bestimmte Person, hier der Reichsfiskus, zur Geltendmachung von Ansprüchen als Remittent legitimiert sei. Rechtsirrig ist es aber, daß der Berufungsrichter für die Bejahung dieser Frage eine für den Kläger wirksame Angabe seines Namens durch Bezeichnung einer zu seiner Vertretung gesetzlich berufenen Behörde verlangt und wegen Mangels einer dementsprechenden Angabe die Legitimation verneint. Der Berufungsrichter übersieht dabei augenscheinlich, daß es sich bei dieser Frage nicht um die gesetzliche Vertretung des Fiskus handelt, sondern lediglich um die Feststellung der Identität der im Wechsel als Remittent bezeichneten Person mit derjenigen, die das Recht aus dem Wechsel in Anspruch nimmt. Dafür bedarf es keiner formell vollständigen und richtigen Angabe des Namens, da (wie schon in RGZ. Bd. 85 S. 197 zutreffend hervorgehoben wird) nicht mehr die Formgültigkeit des Wechsels, sondern der Identitätsnachweis in Frage steht, der überhaupt nicht durch die Urkunde allein geführt werden kann, zu dessen Führung es vielmehr auch der Heranziehung außerhalb der Urkunde liegender Umstände bedarf, so daß die Entscheidung darüber, ob er geführt ist, Sache der Beurteilung des Einzelfalles durch Auslegung unter Berücksichtigung der Verkehrssitte ist. Es ist demgemäß in der wechselrechtlichen Lehre und Rechtsprechung von jeher anerkannt, daß auch eine ungenaue und unbestimmte, ja sogar eine irrtümliche (falsche) Bezeichnung genügt, sofern nur die Identität nachgewiesen werden kann, wobei allerdings, wie auch sonst bei der Auslegung der urkundlichen Form bedürftiger Rechtsgeschäfte (RGZ. Bd. 59 S. 219, Bd. 62 S. 172, Bd. 71 S. 115) eine Grenze insofern zu ziehen ist, als die Unrichtigkeit nicht derart sein darf, daß die Urkunde überhaupt keinen Anhalt für die Ermittlung der Identität bietet.

Vgl. ROHG. Entsch. Bd. 15 S. 283, Bd. 18 S. 418, Bd. 23 S. 52; RG. I 247/08 v. 26. Februar 1908 (JW. 1908 S. 280); RGZ. Bd. 73 S. 281, Bd. 85 S. 195; Staub-Stranz WO. zu Art. 4 Anm. 11bβ; Thöl, Wechselrecht S. 150; Grünhut, Wechselrecht Bd. 1 S. 347; Bernstein, WO. S. 33; Lehmann, Wechselrecht S. 348.

Insbesondere hat der II. Zivilsenat des Reichsgerichts in dem oben angeführten Urteile vom 23. Juni 1914 (RGZ. Bd. 85 S. 195) ausgesprochen, daß eine Person als Wechselaussteller verpflichtet werden kann durch eine Unterschrift, in der ihr Personenname nur „steckt", wie in „das Fürstlich Lynarsche Rent- und Forstamt" der Name des Fürsten Lynar, obwohl nicht einmal erkennbar war, ob dadurch ein Mann oder eine Frau bezeichnet wurde. In der Bezeichnung „Verpflegungszentrale der staatlichen Institute Spandau" steckt aber der Name des Staates in der gleichen Weise, wie in der in jenem Falle gebrauchten Unterschrift der Name des Fürsten Lynar. Ob der Gebrauch eines Namens, der demjenigen, der dadurch bezeichnet werden soll, nicht zusteht, z. B. eines Künstler- oder Schriftstellernamens oder eines sonstigen Pseudonyms, genügen würde (vgl. RGZ. Bd. 77 S. 192), kann auch hier (wie in RGZ. Bd. 85 S. 197) dahingestellt bleiben, da nicht zweifelhaft sein kann, daß „Staat" der richtige und ihr zustehende Name der Rechtspersönlichkeit ist, die in vermögensrechtlicher Beziehung als Fiskus bezeichnet wird. In Frage könnte nur kommen, ob die Identität des Reichsfiskus mit der als Staat bezeichneten Person genügend erhellt; aber auch in dieser Bezeichnung besteht kein wesentliches Bedenken, da die staatlichen Institute Spandau eine Einrichtung des Reichs sind und also nur dessen Fiskus in Betracht kommen konnte. Daß nicht etwa die der Rechtsfähigkeit entbehrende Verpflegungszentrale als solche, sondern der Reichsfiskus selbst berechtigt werden sollte, war ebenso wie in dem Falle RGZ. Bd. 85 S. 195 auch hier ohne weiteres erkennbar.

Enthält aber die Urkunde die für das rechtliche Bestehen eines Wechsels wesentlichen Erfordernisse und ist darin der Kläger als Remittent hinreichend bezeichnet, so ist dieser ohne weiteres berechtigt, das Recht aus dem Wechsel gegen den Akzeptanten geltend zu machen, und es genügt, daß er durch Anstellung der Wechselklage erklärt hat, von diesem Rechte Gebrauch machen zu wollen. Der Berufungsrichter irrt, wenn er meint, daß eine solche „Genehmigung" unwirksam sei; sie dient nicht (wie er annimmt) dazu, die Legitimation zu ersetzen; diese ergibt sich vielmehr aus dem richtig aufgefaßten Inhalte des Wechsels. Einer Feststellung, daß die Personen, die die Ausstellerunterschrift geleistet haben, Sch. und V., zur Abgabe von Wechselerklärungen für den Reichsfiskus berechtigt waren, insbesondere, daß die zufolge der Auskunft des Reichsschatzministeriums ihnen erteilte Vollmacht sich auf die Abgabe solcher Erklärungen erstreckte, bedarf es für die Frage der Legitimation des Klägers als Remittenten nicht, da der Akzeptant aus einem formell gültigen Wechsel dem Remittenten auch dann haftet, wenn die als Aussteller bezeichnete Person als solche nicht berechtigt und verpflichtet wird (Art. 75 WO.). Es kann deshalb dahingestellt bleiben, ob in der Klagerhebung auch eine Genehmigung der etwa ohne Vertretungsmacht erfolgten Ausstellerunterschrift (§ 177 BGB.) zu finden wäre.

RGZ. 100, 227.

1. Welche Anforderungen sind zu stellen, um Identität zwischen dem Bezogenen und dem Akzeptanten annehmen zu können?

2. Zu den Erfordernissen des Wechselprotestes.

V. Zivilsenat. Urt. v. 18. November 1920.

I. Landgericht I Berlin. — II. Kammergericht daselbst.

Der Kläger ist Inhaber eines auf Herrn Rich. C. in Berlin NW 87, W.-Straße 43, am 25. Juli 1919 gezogenen Wechsels über 17 443,20 M, zahlbar am 16. September 1919. Der Wechsel ist von der Ausstellerin in blanco an den Kläger, von diesem an die Preuß. Centralgenossenschaftskasse in Berlin indossiert und in deren Auftrag laut Protest vom 17. September 1919 dem Herrn Rich. C. in seinem oben angegebenen Geschäftslokal ohne Erfolg zur Zahlung vorgelegt worden. Der Akzeptvermerk lautet: „Rich. C. Gesellschaft m.b.H. R. C." Der Kläger, der den Wechsel im Regreßwege eingelöst hat, klagte gegen diese Gesellschaft auf Zahlung der Wechselsumme nebst Zinsen und Wechselunkosten. Das Landgericht wies die Klage ab. Auf die Berufung des Klägers verurteilte das Kammergericht nach dem Klagantrage. Die Revision wurde zurückgewiesen aus folgenden

Gründen:

Obwohl äußerlich eine Verschiedenheit zwischen Adresse und Akzept besteht, indem als Adressat bezeichnet ist „Herr Rich. C.", während das Akzept lautet: „Rich. C., Gesellschaft m.b.H." R. C.", hat das Berufungsgericht die Identität des Adressaten mit dem Akzeptanten als vorliegend angenommen und, im Gegensatze zum Landgericht, die Beklagte verurteilt.

Die Revision hat dagegen geltend gemacht, wie der Sachverhalt ergebe, sei außer der Gesellschaft m.b.H. noch eine Einzelperson Richard C. vorhanden, während irgendeine Andeutung, daß mit der Adresse Rich. C. die Gesellschaft m.b.H. gemeint sei, fehle. Daher bestehe, da die Gesellschaft akzeptiert habe, jedenfalls nach Inhalt des Wechsels keine Identität zwischen dem Bezogenen und dem Akzeptanten. Darauf aber komme es mit Rücksicht auf die Formalnatur des Wechsels an.

Diese Ausführungen sind nicht geeignet, Bedenken gegen das Urteil zu begründen. Die Tatsache, daß der Bezogene akzeptiert habe, sieht auch das Berufungsgericht gemäß Art. 21 WO. als Voraussetzung für die Haftung aus dem Akzept an. Es erwägt jedoch, daß, wenn sich nach der herrschenden Meinung diese Übereinstimmung auch äußerlich aus dem Wechsel ergeben müsse, die Rechtsprechung doch von jeher anerkannt habe, daß eine wörtliche Übereinstimmung nicht zu fordern sei, es vielmehr genüge, wenn trotz etwaiger Abweichungen keine Bedenken hinsichtlich der Identität bestünden. Diese grundsätzliche Auffassung deckt sich im wesentlichen mit der im Urteile des I. Zivilsenats vom 23. April 1910 (RGZ. Bd. 73 S. 281) zum Ausdrucke gebrachten. Eine nur unvollständige Bezeichnung der Firma, nicht bei dem Verpflichtungsakte, dem Akzepte, sondern bei der Adresse, ist unschädlich, wenn sich nur unzweideutig ergibt, daß der Bezogene den Wechsel angenommen hat (JW. 1902 S. 636 Nr. 19 und I 85/00 vom 12. Mai 1900). Ist das Akzept vollständig und findet sich etwas von ihm Abweichendes nur bei der Adresse vor, so kann es sich nur um Erforschung des Willens der Beteiligten handeln (ROHG. Bd. 14 S. 172), d. h. um die Prüfung, ob der Aussteller mit der Angabe der Adresse den Akzeptanten gemeint und dieser die Adresse im gleichen Sinne verstanden hat. Zutreffend hat das Kammergericht (KG.Bl. 1892 S. 54) ausgesprochen, daß bei Abweichungen im Einzelfalle zu untersuchen ist, ob es sich um das Akzept eines Nichtbezogenen oder nur um Ungenauigkeiten bei Bezeichnung der Person desjenigen handelt, welcher welcher als Bezogener vom Trassanten gewollt war. Die Feststellung, welcher von den beiden Fällen vorliegt, ist Sache des Tatsachengerichts. Da hier die Adresse vom Akzepte nur dadurch abweicht, daß erstere nur den Namen mit der Wohnungsangabe, letzteres dagegen noch den Zusatz zum Namen: „Gesellschaft m.b.H. R. C." enthält, so durfte das Berufungsgericht in Anlehnung an die erwähnten Grundsätze erklären, die im Wechsel gebrauchte Adresse könne hinreichen, um eine Gesellschaft m.b.H. Richard C. deutlich als Bezogene zu bezeichnen. Es prüft dann, ob in der Tat Zweifel an der Identität nicht anzunehmen sind, und kommt zu einem verneinenden Ergebnis. Dabei legt es Wert auf den vom Reichsgericht (RGZ. Bd. 73 S. 282) ausgesprochenen Erfahrungssatz, daß Personen, an die der Auftrag nicht gerichtet ist, schwerlich geneigt sein werden, zu akzeptieren. Es verwendet weiter hierfür die Tatsache, daß die Beklagte nicht nur nicht bestritten hat, den Wechsel akzeptiert zu haben, weil er von ihr als an sie adressiert angesehen worden sei, sondern daß sie sogar in einem Schriftsatz erklärt hat, den Wechsel nicht einlösen zu wollen, weil sie gegen die Ausstellerin aus dem zugrunde liegenden, zwischen dieser und ihr selbst abgeschlossenen Geschäft Einwendungen habe. Wenn das Berufungsgericht daraufhin die Identität als festgestellt angesehen hat, so können dagegen vom Revisionsgerichte Bedenken nicht erhoben werden (vgl. für die Behandlung der Identitätsfrage auch das Urteil des erkennenden Senats vom 27. Oktober 1920 V 332/20, oben S. 167).

Das Berufungsgericht erachtet den Protest, der besagt, daß der Wechsel Herrn Richard C. in seinem Geschäftslokale Berlin, W.-Str. 43, vorgelegt worden ist, für ordnungsmäßig, da ja davon auszugehen sei, daß die Adresse „Herrn Rich. C." die Beklagte bezeichnen konnte und sollte. Allerdings erfordere Art. 88 Nr. 2 WO. die Angabe der physischen Person, mit der der Protestbeamte verhandelt hat. Da aber der im Protest aufgeführte Rich. C. unstreitig einer der Geschäftsführer der Beklagten und in deren Geschäftslokal angetroffen worden sei, so fehle die erforderliche Angabe nicht. Der Einwurf der Revision, daß, wenn die Gesellschaft m.b.H. die richtige Bezogene und Akzeptantin war, der Wechsel ihr zur Zahlung vorgelegt und ihr gegenüber auch der Protest hätte erhoben werden müssen, was beides ausweislich des Protestes nicht geschehen sei, so daß dieser ungültig sei, kann nicht als stichhaltig anerkannt werden.

Da es sich um eine juristische Person handelt, so konnte, wie das Berufungsurteil mit Recht hervorhebt, die Person, die gemäß Art. 88 Nr. 2 zur Vornahme der wechselrechtlichen Leistung aufzufordern war, nur eine physische sein (Staub-Stranz WO. Art. 33 Anm. 25). War diese, wie das Urteil feststellt, einer der Geschäftsführer der Beklagten, so ist mit der Vorlegung an diesen dem Gesetz ausreichend Genüge geschehen.

Da der Protest nur dahin lautet: „Diesen Wechsel habe ich heute auf den Antrag der Preußischen Central-Genossenschaftskasse hier dem Herrn Rich. C. in seinem Geschäftslokal in Berlin, W.-Straße 43, ohne Erfolg zur Zahlung vorgelegt", so fehlt allerdings eine ausdrückliche Angabe der Firma, „gegen welche der Protest erhoben wird" (WO. Art. 88 Nr. 1). Aber bereits unter der Herrschaft des alten Art. 88, der im Eingange den Wortlaut hatte: „Der Protest muß enthalten", nahm die Rechtsprechung an, daß die aufgestellten Erfordernisse nicht in dem Grade zwingend seien, daß das Fehlen oder die Mangelhaftigkeit eines der Erfordernisse die unbedingte Nichtigkeit zur Folge habe, vielmehr sei in jedem einzelnen Falle zu prüfen, ob der Mangel so erheblich sei, daß er dem Zwecke und dem Wesen des Protestes Eintrag tue. In erhöhtem Maße muß dies gelten, seit durch die Novelle jene Eingangsworte durch die Wendung: „In den Protest ist aufzunehmen" ersetzt worden sind, da damit gerade bezweckt wurde, eine strengere Auslegung und eine Überspannung des Formularprinzips zu verhüten (JW. 1908 S. 493 Nr. 33; 1910 S. 950 Nr. 33). War Rich. C. Geschäftsführer der Beklagten und erfolgte die Protesthandlung, wie das Urteil feststellt, in den Geschäftsräumen der Beklagten, die auch als Adressatin anzusehen ist, tritt daher Rich. C. nicht als Einzelperson, sondern nur als Vertreter der Beklagten in die Erscheinung, so kann nach der Gesamtgrundlage ein Zweifel daran nicht bestehen, daß der Protest zum Ausdrucke bringt, daß er gegen die Beklagte erhoben worden ist.

RGZ. 105, 141.

Kann der Wechselgläubiger, wenn aus der Wechselurkunde nicht die Verpflichtung des Wechselschuldners hervorgeht, die Wechselsumme

ausschließlich in der ausländischen Währung zu zahlen, auf welche sie lautet, einen wechselrechtlichen Anspruch auf solche Zahlung mit der Behauptung begründen, daß sie mündlich vereinbart worden sei?

Feriensenat. Urt. v. 8. September 1922.

I. Landgericht I Berlin. — II. Kammergericht daselbst.

Der Kläger ist berechtigter Inhaber eines am 9. Mai 1921 von ihm auf den Beklagten gezogenen und von diesem angenommenen Wechsels, lautend über 650 schwedische Kronen. Der Wechsel war am 1. September 1921 fällig und in der Berliner Wohnung des Beklagten zahlbar. Am 11. November 1921 schrieb die mit der Einziehung der Wechselsumme beauftragte Direktion der Diskonto-Gesellschaft Berlin dem Beklagten, daß sie auftragsgemäß den Wechsel nur gegen Bezahlung in schwedischer Währung ausliefern werde, und bat um eine Erklärung, ob der Beklagte zur entsprechenden Anschaffung bereit oder damit einverstanden sei, daß die Bank statt seiner die schwedischen Kronen zum amtlichen Börsenkurse unter Berechnung ihrer Provision und Kurtage beschaffe. Der Beklagte ließ am 17. November durch seinen Anwalt antworten, daß er am Verfalltage die Wechselsumme in deutscher Währung zum derzeitigen Tageskurse bereit gehalten habe und daß dieser Betrag dem Kläger auch heute zur Verfügung stehe. Eine Zahlung von 650 schwedischen Kronen lehne er ab.

Nunmehr erhob der Kläger Klage im Wechselprozesse auf Zahlung von 650 schwedischen Kronen, hilfsweise aber auf Zahlung der entsprechenden Summe in deutscher Währung. Er machte unter Eideszuschiebung geltend, daß bei Ausstellung des Wechsels die ausschließliche Zahlung in schwedischer Währung vereinbart worden sei, diese Tatsache übrigens schon daraus erhelle, daß der Wechsel in Berlin zahlbar gemacht und der Kläger Balte, der Beklagte Estländer sei. Der Beklagte erkannte unter Verwahrung gegen die Kostenlast den Klaganspruch in Höhe des bereits früher zur Verfügung gestellten Betrags — 12025 M, Kurs der 650 schwedischen Kronen am 1. September 1921 — an und beantragte im übrigen Abweisung der Klage.

Das Landgericht verurteilte den Beklagten unter Abweisung des Hauptantrags zur Zahlung eines Betrags in deutscher Währung, welche 650 schwedischen Kronen am Zahlungstage entspreche. Auf die Berufung des Beklagten änderte jedoch das Kammergericht diese Entscheidung dahin ab, daß es den Beklagten lediglich zur Zahlung von 12025 M verurteilte, die Klage im übrigen völlig abwies und dem Kläger die gesamten Kosten des Rechtsstreits auferlegte. Die Revision des Klägers blieb erfolglos.

Aus den Gründen:

Mit Unrecht wirft die Revision dem Berufungsgericht vor, daß es keine Stellung zu der Streitfrage genommen habe, ob der Wechsel ausschließlich in schwedischer Währung zu bezahlen sei. Das Berufungsgericht hat ausdrücklich ausgesprochen, daß die vom Kläger behauptete Verpflichtung des Beklagten nicht aus dem Wechsel hervorgehe und eine Eideszuschiebung über die angebliche Vereinbarung gemäß § 592 ZPO. unzulässig sei. Der erste dieser beiden Gründe trägt die Entscheidung. Nach Art. 37 WO. kann, wenn der Wechsel auf eine Münzsorte lautet, welche am Zahlungsorte keinen Umlauf hat, die Wechselsumme nach ihrem Werte zur Verfallzeit in der Landesmünze gezahlt werden, sofern nicht der Aussteller durch den Gebrauch des Wortes „effektiv" oder eines ähnlichen Zusatzes die Zahlung der im Wechsel benannten Münzsorte ausdrücklich bestimmt hat. An einem derartigen Zusatz fehlt es hier völlig. Nimmt man aber selbst an, daß ein besonderer Zusatz dann entbehrlich ist, wenn aus dem Inhalte der Wechselurkunde im übrigen der Wille des Ausstellers, die ausschließliche Zahlung in der fremden Währung vorzuschreiben, unzweideutig erhellt, so kann das Ergebnis für den Kläger nicht günstiger werden. Denn die Tatsache, daß der Wechsel in Berlin zahlbar gemacht ist, reicht auch angesichts der Ausländereigenschaft der Parteien nicht aus, um jenen Willen einwandfrei festzustellen. Eine mündliche, nicht in den Wechsel aufgenommene Vereinbarung kann den Inhalt der Wechselverpflichtung nicht erschweren.

Hatte aber der Kläger wechselrechtlich keinen Anspruch auf Zahlung in ausschließlich schwedischer Währung, so konnte er auch aus dem Wechsel einen solchen Anspruch nicht geltend machen. Daraus folgt, daß die Behauptung, es sei zwischen den Parteien ausschließlich Zahlung in schwedischer Währung vereinbart worden, für den auf den Wechsel gegründeten Klaganspruch unerheblich ist, und zwar auch dann, wenn sie unter Urkundenbeweis verstellt worden wäre. Ob dem Kläger etwa schon auf Grund des der Wechselausstellung zugrunde liegenden Rechtsverhältnisses ein Anspruch, wie mit der Klage geltend gemacht, zustände, kann hier nicht erörtert werden; die Klage ist lediglich auf die vom Beklagten eingegangene Wechselverpflichtung gegründet und diese Begründung ist nach Wechselrecht unhaltbar.

Auf die Frage, ob der Beklagte das ihm durch Art. 37 WO. gewährte Wahlrecht noch im Rechtsstreite ausüben konnte, braucht nicht eingegangen zu werden. Tatsächlich ist diese Ausübung des Wahlrechts bereits im Schreiben vom 17. November 1921 erfolgt. Daß etwa der

Beklagte, um sich das Wahlrecht zu erhalten, bereits am Verfalltage des Wechsels die Wechselsumme hätte hinterlegen müssen, kann der Revision nicht zugegeben werden. Die Hinterlegung ist ein Recht und keine Pflicht des Wechselschuldners. Wollte der Kläger etwaiger; Valutaspekulation seines Schuldners vorbeugen, so konnte er das einfach durch ordnungsmäßige Vorlegung des Wechsels am Verfalltage bewirken.

RGZ. 105, 143.

Ist ein auf Zahlung in französischen Franken lautender gezogener Wechsel gültig, wenn er die Überschrift trägt: „Zahlbar in Bankscheck auf Paris"?

Feriensenat. Urt. v. 12. September 1922.

I. Landgericht Hamburg, Kammer für Handelssachen. — II. Oberlandesgericht daselbst.

Die Klägerin nimmt die Beklagte aus folgendem, von deren Zweigniederlassung H. ausgestellten und girierten, am 3. Januar 1922 protestierten Wechsel auf Zahlung der Wechselsumme von 21 000 französ. Franken in Anspruch:

Zahlbar in Bank-Scheck auf Paris.
Hamburg, den 31. März 1921. Für Frs. 21 000.
Am 1. Januar 1922 zahlen Sie für diesen Wechsel an die Order von mir selbst die Summe von Francs Einundzwanzigtausend Wert ...... und stellen es auf Rechnung ...... Bericht.
Herrn G. B.
H.
zahlbar bei O. M.,
Zweigniederlassung H.
in H., Gänsemarkt 60.
ppa Otto M.
Zweigniederlassung H.
gez. R. gez. H.
gez. G. B.

Die Beklagte wendete ein, daß der Wechsel ungültig sei, weil er nicht auf Zahlung einer Geldsumme, sondern auf Lieferung eines Bankschecks auf Paris laute. Das Landgericht verurteilte die Beklagte nach Antrag, das Oberlandesgericht wies die Klage ab. Die Revision der Klägerin hatte keinen Erfolg.

Aus den Gründen:

... Das Oberlandesgericht hält im Gegensatz zum Landgericht

den Wechsel für ungültig. Nach Art. 4 Nr. 2 WO. müsse der Wechsel die Angabe der zu zahlenden Geldsumme enthalten. Er dürfe nur auf Geld, nicht auf Wertpapiere lauten, auch dann nicht, wenn sie im Verkehr als Geldersatzmittel dienten. Der Wechsel laute nicht schlechthin auf Zahlung von 21 000 Frs.; dur chden Zusatz: „zahlbar in Bankscheck auf Paris" sei vielmehr der Charakter der in dem Wechsel verbrieften Schuld als einer reinen Geldschuld verändert worden. Nach ihrem Wortlaut und Sinn solle mit dieser Klausel nicht nur die Berechtigung, sondern auch die Verpflichtung des Wechselschuldners ausgesprochen werden, durch Hingabe eines Bankschecks auf Paris zu zahlen. Daß die Hingabe des Schecks nur dazu dienen sollte, dem Wechselinhaber die Geldsumme von 21 000 Frs. zu verschaffen, ändere nichts daran, daß der Wechsel in der vorliegenden Form nicht auf Zahlung dieser Geldsumme laute. Der Wechselschuldner habe gegen Hingabe des Schecks die Aushändigung des Wechsels verlangen können. Damit wären die Rechte aus dem Wechsel erloschen gewesen. Wäre der Scheck nicht honoriert worden, so hätte der Wechselinhaber keine Regreßrechte gegen den Aussteller und die Indossanten gehabt.

Unerheblich sei, daß die Bestimmung „zahlbar in Bankscheck auf Paris" außerhalb des Kontextes stehe. Sie sei ein durch die Unterschrift gedeckter Bestandteil des Wechselversprechens und enthalte eine Hauptverpflichtung aus dem Wechsel, deren Unzulässigkeit den Wechsel im ganzen nichtig mache, nicht aber eine Nebenverpflichtung, die als nicht geschrieben gelten könne. Das würde auch dann gelten, wenn man den Zusatz dahin auslegen wollte, daß er den Wechselschuldner nur berechtigen, nicht verpflichten sollte, durch Hingabe eines Bankschecks auf Paris Zahlung zu leisten.

Die Ausführungen des Berufungsgerichts sind bedenkenfrei und werden von der Revision vergeblich angegriffen. Ohne Rechtsirrtum legt das Berufungsgericht den streitigen Zusatz dahin aus, daß der Wechselschuldner nicht bloß berechtigt, sondern verpflichtet werde, in Bankscheck auf Paris zu zahlen. Zahlbar bedeutet in der Rechtssprache wie nach dem allgemeinen Sprachgebrauch, daß, was zahlbar ist, gezahlt werden muß, nicht, daß es gezahlt werden kann. So in Art. 32, 34, 53 WO., § 779 BGB., Art. 174 EG. z. BGB., § 215 Entw. z. BGB. So insbesondere bei zahlbar in Verbindung mit dem Zahlungsort oder der Zahlungszeit.

Unter einem Bankscheck ist mit der Revision ein von einer Bank ausgestellter Scheck zu verstehen, nicht etwa ein auf eine Bank gezogener Scheck. Dies ergibt sich aus § 2 ScheckGes., wonach ein Scheck überhaupt nur auf eine Bank oder eine ähnliche Anstalt gezogen werden soll. Da ferner nach § 10 ebenda eine Annahme-Erklärung untersagt ist, kann Bankscheck auch nicht einen von einer Bank angenommenen Scheck bedeuten.

Der Zusatz steht außerhalb des Kontextes des Wechsels, worunter nach der herrschenden Meinung bei dem gezogenen Wechsel der Zahlungsauftrag begriffen wird. Dies hindert nicht, daß er ein wesentlicher Bestandteil des Wechsels geworden ist. Sachlich stellt er nicht eine für das Wechselversprechen bedeutungslose Klausel dar; er enthält vielmehr, wie das Berufungsgericht zutreffend sagt, eine Hauptverpflichtung des Wechselschuldners. Auch die Unterschrift des Ausstellers, das Datum der Ausstellung, die Adresse, der Zahlungsort, die nach Art. 4 WO. zu den wesentlichen Erfordernissen des gezogenen Wechsels gehören, stehen nicht in dem Kontext. Der Zusatz ist daher so zu behandeln, als hätte er hinter der Geldsumme im Kontext seinen Platz. Er verfolgt sichtlich den Zweck, daß wegen der Schwierigkeit für den Hamburger Wechselschuldner, in französischer Münze oder in anderen französischen Geldzeichen zu zahlen, dem französischen Remittenten oder seinen Nachmännern dennoch die Zahlung in Franken verschafft werde. Der Auftrag an den Bezogenen geht also dahin, 21 000 Frs. in Bankscheck auf Paris zu zahlen. Das ist nach Art. 4 Nr. 2 WO. untersagt. Der Scheck, namentlich der Bankscheck, soll zwar als Geldersatzmittel dienen und im Verkehr die Stelle des Bargelds vertreten. Er ist aber kein Geld, sondern wie der Wechsel nur ein Wertpapier. Das Gesetz fordert jedoch die Angabe einer bestimmten, in Geld, wenn auch in fremder Währung (Art. 37) zu zahlenden Summe. Und dies aus gutem Grund. Der Wechsel soll, um seinen wirtschaftlichen Zweck zu erfüllen, dem Inhaber höchste Sicherheit für Erlangung rascher Zahlung oder Schadloshaltung gewähren. Diese Sicherheit bietet die Verwertung eines Bankschecks nicht immer; ein solcher schließt die unbedingte Gewißheit raschester Einlösung nicht in sich, ganz abgesehen von Zeitverlust und Kosten, die mit der Einlösung verbunden sein können; er ist dem baren Geld nicht gleichzustellen. Auch darin hat das Berufungsgericht Recht, daß der Wechselschuldner gegen Hingabe eines Bankschecks auf Paris die Aushändigung des Wechsels habe verlangen können, daß aber, wenn der Scheck nicht eingelöst worden wäre, der Wechselinhaber keine Regreßrechte gegen den Aussteller und die Indossanten gehabt hätte, weil mit der Hingabe des Bankschecks die Rechte aus dem Wechsel untergegangen waren.

Schließlich ist dem Berufungsgericht beizupflichten, daß der Zusatz, dessen Inhalt wider Art. 4 Nr. 2 WO. verstößt, nicht etwa als nicht geschrieben anzusehen ist, sondern den Wechsel ungültig macht. Der Wechsel ist ein Formalakt. Will man die Vorteile der Form, so wird man die Härten, die sie im einzelnen Fall mit sich führen kann, in Kauf nehmen müssen. Entspricht ein Wechsel nicht den gesetzlichen Erfordernissen, so kommt ihm keine wechselrechtliche Wirkung zu. Nur die Einhaltung dieses Grundsatzes verbürgt die Rechtssicherheit. Für die Nachsicht in diesem Punkt würde schwer die Grenze zu finden sein. Der Wechsel ist bestimmt, im Handelsverkehr durch viele Hände zu wandern. Er wird gegeben und genommen im Vertrauen auf seine Rechtsgültigkeit, über welche daher die denkbar geringste Meinungsverschiedenheit möglich sein soll. Dies ist nur erreichbar, wenn das, was das Gesetz an wesentlichen Bestandteilen des Wechsels verlangt, streng beobachtet wird. Denn bei der möglichen Mannigfaltigkeit der Abweichungen hiervon könnten sich häufig Zweifel an der Gültigkeit des Wechsels ergeben, die seiner Umlauffähigkeit im Wege stehen. Art. 7 WO., der das Zinsversprechen als nicht geschrieben gelten läßt, ist daher einer Ausdehnung insoweit nicht fähig, als durch Zusätze oder Klauseln Bestimmungen eingefügt werden, die den gesetzlichen Erfordernissen des Art. 4 (96) widersprechen.

Der Senat verkennt nicht — und das Hanseatische Oberlandesgericht hat sich der gleichen Betrachtung sicherlich nicht verschlossen —, daß durch die ergehende Entscheidung bei den derzeitigen Währungsverhältnissen im Inland, wo Münze des valutastarken Auslandes so gut wie gar nicht, Papiergeld in großen Beträgen nicht gar leicht zu beschaffen ist, dem internationalen Zahlungsverkehr Schwierigkeiten bereitet werden können. Indes abgesehen davon, daß der Bankscheck noch nicht zu einem feststehenden Begriff geworden zu sein scheint und vielfach zwischen Bankscheck und Prima-Bankscheck unterschieden wird, verlangt die Rechtssicherheit, daß der Richter an den strengen Formen des Wechselrechts nicht rüttele, sondern daß auf diesem Gebiete, gerade wegen seiner internationalen Bedeutung, nur der Gesetzgeber etwaigen dringenden Bedürfnissen des Verkehrs abhelfe. Die Folgerungen, die sich aus der Zulassung der Zahlung in Bankscheck statt Geld ergeben, sind nicht abzusehen. Anderseits ist zu erwarten, daß der Verkehr durch geeignete Maßnahmen jener Schwierigkeiten Herr werde. . . .

RGZ. 107, 34.

Wann kann in der Prolongation eines Wechsels eine Novation gesehen werden und zu wessen Gunsten wirkt sie?

V. Zivilsenat. Urt. v. 30. Mai 1923.

I. Landgericht III Berlin. — II. Kammergericht daselbst.

Die Klägerin als Inhaberin und Indossatarin von dreizehn von Frau C. auf die Beklagte gezogenen, von dieser akzeptierten und bei der Klägerin domizilierten Wechseln über zusammen 112 000 M, die an den Fälligkeitstagen nicht eingelöst worden sind, klagt im Wechselprozeß auf Zahlung der Wechselsumme nebst Zinsen. Die Beklagte wandte Nichtigkeit der Azepte ein, da sie zur Zeit der Akzeptierung geisteskrank gewesen sei. Die Wechsel seien auch von der Ausstellerin bei Fälligkeit bezahlt und dieser zurückgegeben worden. Die Klägerin habe sich die Wechsel später von der Ausstellerin gegen Empfangsschein vom 11. November 1919 zu treuen Händen zu statistischen Zwecken zurückgeben lassen. Den Anspruch auf Rückgabe habe Frau C. der Beklagten abgetreten.

Die Klägerin hat bestritten, daß die Beklagte zur maßgebenden Zeit geisteskrank gewesen sei und daß die Ausstellerin die Wechsel bezahlt habe. Letztere habe ihr, der Klägerin, vielmehr Prolongationswechsel gegeben; diese seien von der Klägerin in einem anderen Rechtsstreit gegen die Beklagte eingeklagt worden, und da in jenem Rechtsstreit die Beklagte mit einiger Aussicht auf Erfolg die Einrede der Geisteskrankheit erhoben habe, habe sich die Klägerin die alten Wechsel von der Ausstellerin zurückgeben lassen, um ihre Rechte aus diesen gegen die Beklagte geltend zu machen.

Die Klägerin wurde mit ihrem Anspruch in beiden Rechtszügen abgewiesen. Auf ihre Revision ist das Berufungsurteil aufgehoben worden.

Aus den Gründen:

Das Berufungsgericht verkennt nicht, daß die Hingabe von Wechseln und auch von Prolongationswechseln in der Regel nur zahlungshalber, nicht an Zahlungsstatt, erfolgt, also das ursprüngliche Schuldverhältnis nicht zum Erlöschen bringt. Es findet aber hier eine Abweichung von der Regel darin, daß die Klägerin beim Empfang der Prolongationswechsel die ursprünglichen Wechsel nicht behalten, sondern vorbehaltlos der Ausstellerin zurückgegeben hat. In diesem Verhalten sieht es einen Verzicht auf den Anspruch an den ursprünglichen Wechseln, da ja nach Art. 36 WO. der Anspruch an den Besitz der Wechsel geknüpft sei. Die Ausstellerin hätte die Wechsel nach dem Rückempfang vernichten können. Wenn sie es nicht getan und sie späterhin der Klägerin wieder ausgehändigt habe, so habe damit der einmal erloschene Anspruch der Klägerin aus den ursprünglichen Wechseln nicht von neuem erstehen können. Das ursprüngliche Schuldverhältnis sei infolge Novation erloschen und die Klägerin könne gegenüber der Beklagten nicht etwa deshalb wieder auf die Klagewechsel zurückgreifen, weil sie befürchten müsse, bei der Geltendmachung der Prolongationswechsel aus irgendwelchen Gründen zu unterliegen.

Der Revision kann nicht zugegeben werden, daß in der Hingabe der Prolongationswechsel eine Novation überhaupt nicht liege. Die Auffassung, daß in der Hingabe von Prolongationswechseln in der Regel keine Novation zu finden sei, die gemäß § 364 Abs. 1 BGB. das alte Schuldverhältnis zum Erlöschen bringe, entspricht der Rechtsprechung des Reichsoberhandelsgerichts und des Reichsgerichts (ROHG. Bd. 4 S. 371, Bd. 10 S. 48; Urt. d. I. ZS. v. 10. April 1909 in LZ. 1909 S. 679 und bei Warn. 1909 S. 397). Aber bereits in letzterem Urteil ist für die Entscheidung der Frage, ob — der Regel entgegen — in der Hingabe und Annahme eines Prolongationswechsels eine das alte Schuldverhältnis zum Erlöschen bringende Novation gefunden werden kann, maßgebender Wert darauf gelegt worden, ob mit der Ausstellung der neuen Wechsel die Rückgabe der alten verbunden war. Ebenso erklärt ein Urteil des Oberlandesgerichts in Hamburg vom 16. November 1909 (ROLG. Bd. 20 S. 132), Prolongationswechsel würden im Handelsverkehr meist an Zahlungsstatt gegeben, da für die Erhaltung einer doppelten Wechselverbindlichkeit kein Bedürfnis bestehe; regelmäßig würden dann aber auch die alten Wechsel zurückgegeben, so daß, wenn dies nicht geschehe, im Zweifel anzunehmen sein, der Gläubiger habe die neuen Wechsel nur zahlungshalber annehmen und die alten in Kraft halten wollen. Hiernach kann es nicht beanstandet werden, wenn das Berufungsgericht die Tatsache der vorbehaltlosen Rückgabe der ursprünglichen Wechsel bei Empfang der Prolongationswechsel für seine Überzeugung verwertet, daß die Klägerin die Prolongationswechsel an Zahlungsstatt genommen hat. Dagegen muß es beanstandet werden, daß es ohne weitere Begründung ein Erlöschen des alten Schuldverhältnisses aus den eingeklagten Wechseln infolge dieser Novation nicht nur zugunsten der Ausstellerin, der die Klägerin die Wechsel zurückgegeben hat, sondern auch zugunsten der Beklagten, der Akzeptantin, angenommen hat. Die ein Erlöschen des Schuldverhältnisses herbeiführende Novation kann keine stärkere Wirkung haben als die

Zahlung. Wie aber die Zahlung durch den Aussteller oder einen sonstigen Regreßpflichtigen den Akzeptanten nicht befreit (Staub, WO. Art. 82 Anm. 56; RGZ. Bd. 9 S. 64, Bd. 11 S. 21, Bd. 61 S. 7), so muß dies auch von der Novation gelten, die sich zwischen dem Wechselinhaber und dem Aussteller gurch Hingabe von Prolongationswechseln gegen Ausantwortung der alten Wechsel an den Aussteller vollzieht. Denn die Novation ist kein einseitiger Rechtsakt, sondern geht im Wege der Vereinbarung vor sich (§ 305 BGB.); sie wirkt daher an sich nur zwischen den an der Vereinbarung Beteiligten. Beteiligt daran könnte die Beklagte nur sein, wenn sie in irgendeiner erheblichen Weise an der Novation mitgewirkt hätte, wenn sie z. B. die Akzepte nicht, wie die Klägerin behauptet, bündelweise, also gewissermaßen auf Vorrat, der Ausstellerin gegeben, sondern sie auf Verlangen der Klägerin, die dafür die Ausantwortung der Klagewechsel an die Ausstellerin auch ihr gegenüber versprochen hätte, zwecks Prolongierung gewährt hätte. Es wäre auch denkbar, daß sie sich auf das Erlöschen durch Novation berufen könnte, weil etwa die Novationsvereinbarung als ein Vertrag zugunsten Dritter aufzufassen wäre, wofür die nicht mit Entschiedenheit bestrittene Behauptung der Beklagten, daß sie der C. ihre Akzepte nicht auf Schuld, sondern aus Gefälligkeit gegeben habe, für den Fall von Erheblichkeit sein könnte, daß die Klägerin dies gewußt habe.

Da das Berufungsgericht die erlöschende Wirkung der Novation zugunsten der Beklagten ohne jegliche besondere Begründung angenommen hat, so war das Urteil aufzuheben und die Sache an das Berufungsgericht zurückzuverweisen zwecks Prüfung, ob etwa besondere Umstände ein derartiges, der Beklagten günstiges Ergebnis rechtfertigen. . . .

RGZ. 108, 78.

Kann trotz nachträglicher Verfälschung des Wechselinhalts die Verpflichtung früherer Wechselschuldner nach Maßgabe des echten Wechselinhalts fortbestehen?

V. Zivilsenat. Urt. v. 16. Februar 1924.

I. Landgericht Schweidnitz. — II. Oberlandesgericht Breslau.

Die obige Frage wurde im Anschluß an die Entscheidung RGZ. Bd. 54 S. 386 bejaht.

Gründe:

Die Klägerin ist Inhaberin eines bei Sicht zahlbaren Wechsels, den der Kaufmann A. S. in W. und sein Bruder E. S. am 3. März 1922 an eigene Order gezogen haben und der Beklagte akzeptiert hat. Unstreitig lautete die Wechsel zur Zeit der Akzeptierung auf eine Million Mark und ist von den Ausstellern, bevor er durch Blankoindossament auf die Klägerin übertragen wurde, ohne Wissen und ohne Zustimmung des Beklagten dadurch abgeändert worden, daß die Zahl 1 000 000 und die Worte „Eine Million" mit roter Tinte je zweimal durchstrichen und über die Zahl die Worte „nur noch gültig auf 972 000", hinter die Worte „Eine Million" die Worte „Neunhundertzweiundsiebzigtausend" geschrieben wurden. Die Klägerin hat den Wechsel zum Einzug an die Order der Kommunalständischen Bank, Zweigstelle W., indossiert. Am 19. August 1922 hat diese gegen die Stadtbank W., wo der Wechsel zahlbar war, mangels Zahlung Protest erheben lassen. Die Klägerin hat den Wechsel von der Kommun. Bank gegen Zahlung der Protestkosten und $^1/_3$ vom Hundert Provision samt der Protesturkunde ausgehändigt erhalten und darauf mit der vorliegenden Klage den Beklagten auf Grund seines Akzeptes auf Zahlung der Wechselsumme samt Zins, Kosten und Provision unter Vorlegung des Wechsels, der Protesturkunde und der Rückrechnung der Kommun. Bank in Anspruch genommen. Der Beklagte hat eingewendet, durch die von den Ausstellern ohne seine Zustimmung vorgenommene Veränderung des Wechselinhalts sei die Gültigkeit der Wechselurkunde zerstört. Mindestens sei er, der Beklagte, aus dem Wechsel nicht mehr verpflichtet: denn der Wechsel, den er unterschrieben habe, bestehe nicht mehr, und eine Wechselverpflichtung, wie sie der Wechsel in der neuen Gestalt verbriefe, sei er nicht eingegangen. In jedem Falle habe der Wechsel durch die Veränderung der Wechselsumme seine Beweiskraft verloren. Die Frage, ob noch eine wechselrechtliche Verpflichtung des Beklagten aus dem Akzept trotz der Veränderung des Wechselinhalts erhalten geblieben sei, hat der erste Richter verneint, das Berufungsgericht hat sie bejaht — beide unter Berufung auf die Ausführungen der Entscheidung RGZ. Bd. 54 S. 386. Die Revision hat geltend gemacht, der dieser Entscheidung zugrunde liegende Sachverhalt sei von dem hier gegebenen wesentlich verschieden, und will insbesondere auf die Durchstreichungen abstellen, wodurch der ursprüngliche Inhalt des Wechsels verschwunden d. h. immer als ungültig erkennbar bleibe, wobei es darauf, ob der Text trotz der Durchstreichung noch lesbar bleibe, nicht ankommen könne: entscheidend ist nach der Ansicht der Revision, daß der unversehrte Text nicht wieder hergestellt werden könne.

Die Revision war zurückzuweisen.

Kein Zweifel könnte an der Ungültigkeit des Wechsels bestehen, wenn die Wechselsumme durch Zerreißen, Radieren und ähnliches völlig beseitigt wäre, der Wechsel also der Angabe einer Wechselsumme überhaupt entbehren würde (WO. Art. 4 Nr. 2). Ob dahin eine Durchstreichung nur dann zu zählen wäre, wenn sie den Betrag völlig unleserlich machen würde, kann dahinstehen; es fehlt an der Angabe der Wechselsumme in dem vorausgesetzten Sinne jedenfalls dann nicht, wenn ein neuer Betrag beigesetzt ist. Mit Recht hat daher das Berufungsgericht ausgesprochen, daß die an dem Wechsel vorgenommene Veränderung nicht schon dessen Gültigkeit schlechthin zerstört habe. Ein völliges Fehlen der Wechselsumme steht hier nicht in Frage. Vielmehr handelt es sich um eine ohne die Genehmigung des Akzeptanten vorgenommene Veränderung und in diesem Sinne sogenannte Verfälschung des Wechsels (vgl. z. B. RGZ. Bd. 53 S. 262 unten, Bd. 70 S. 212 oben), die einen wesentlichen Bestandteil des echten Wechsels, nämlich die Wechselsumme, durch eine falsche Angabe ersetzt, also dem Wechsel nach seiner Begebung einen von dem Verpflichteten, hier dem Akzeptanten, nicht genehmigten anderen Inhalt gegeben hat. Die Frage ist, welche Bedeutung dieser unbefugten Veränderung des Wechselinhalts für die zur Zeit ihrer Vornahme bestehenden Wechselverbindlichkeiten beizumessen ist, ob sie mit dem ursprünglichen Inhalt, von der Verfälschung unberührt, bestehen bleiben, oder ob dieser eine weitergehende Wirkung zukommt.

Die insbesondere in der Rechtslehre[1]) überwiegende strengere Meinung geht dahin, daß der ursprünglich verpflichtende Inhalt des Wechsels nicht mehr vorhanden, der vorhandene nicht verpflichtend und dadurch jedem, der den Wechsel vor der Verfälschung gezeichnet hat, die gegenüber jedem Wechselinhaber durchgreifende Einrede der Fälschung gegeben sei. Dies wird namentlich auch für die Wechselsumme gelehrt, dafür im besonderen auch der Gedanke abgelehnt, daß die kleinere Summe in der größeren enthalten sei, also gegebenenfalls für jene die Verpflichtung bestehen bleibe; von diesem Standpunkt

1) Für diese strengere Ansicht seien angef. Wächter, Wechselrecht § 109 in u. zu Anm. 14, 19, 24; Grünhut, Wechselrecht I § 63 S. 430 bes. in u. zu Anm. 1, 2 (Lehrb. § 29 S. 107); Staub-Stranz, WO.[9] Art. 75, 76 Anm. 9 flg. bes. 16; Stranz, WO.[12] Art. 76 Anm. 8 flg.; Rehbein-Mansfeld, WO. Art. 75, 76 Erl. 5; Art. 87 Erl. 3; Bernstein, WO. zu Art. 75, 76. Vgl. Thöl, Wechselrecht[4] einers. § 173 I S. 695, anders. § 183 I S. 745. Für Erhaltung der ursprünglichen Verpflichtung: Renaud, Wechselrecht § 17 a. E.; Lehmann § 108 S. 412 verbd. mit § 145 Nr. 3; Dernburg, Bürgerl. Recht[4] II 2 § 276 Anm. 12 § 288 Nr. 1 (S. 390, 400).

könnte also auch nichts darauf ankommen, daß in dem hier gegebenen Falle die Wechselsumme herabgesetzt worden ist.

In der Rechtsprechung ist dieser strengere Standpunkt vor allem vom Reichsoberhandelsgericht[1]) vertreten worden: ROHG. Bd. 13 S. 155, Bd. 19 S. 270, Bd. 23 S. 340. Insbesondere in dem erstangeführten Falle, wo die Verfallzeit durch den Wechselinhaber abgeändert worden war, wurde ausgesprochen, daß keine Haftung mehr aus dem Akzept bestehe: der veränderte Wechsel sei nicht akzeptiert, der akzeptierte existiere nicht mehr; gleichgültig sei, ob die Änderung nachteilig sei oder einer Vereinbarung entspreche.

Demgegenüber wird bei der Frage, ob trotz Verfälschung des Wechselinhalts die Verpflichtung aus dem ursprünglichen Inhalt und nach dessen Maßgabe fortdauern könne, in der Entscheidung RGZ. Bd. 54 S. 386 (vgl. aber auch schon Bd. 8 S. 43 oben und Bd. 32 S. 38) grundsätzlich davon ausgegangen, daß in dem Begriff der Verfälschung an sich nichts liege, was diese Fortdauer hindere. Vielmehr wird das Entscheidende nur in der Art gefunden, in der die Verfälschung ausgeführt ist und danach auf die Integrität des echten Wechselinhalts eingewirkt hat. Es wird der Rechtsgrundsatz ausgesprochen, daß die Wechselverpflichtung nach dem ursprünglichen Wechselinhalt erhalten bleibt, wenn die fälschende Veränderung den ursprünglichen Text nicht affiziert, sondern dergestalt unberührt läßt, daß er neben der Veränderung in voller Integrität bestehen bleibt und nach Entfernung des fälschenden Zusatzes, sei es in Gedanken, sei es tatsächlich, auch in dieser seiner Integrität erkennbar wird. Hieran ist festzuhalten. Weder allgemeine Rechtsgrundsätze noch die besondere Natur des formellen Wechselrechts stehen dieser Auffassung entgegen. Sie steht auch mit den Vorschriften der Wechselordnung im Einklang: enthält diese auch keine Bestimmungen über die Folgen einer Verfälschung des Wechselinhalts, so lassen doch die Vorschriften der Artikel 75 und 76 über falsche und gefälschte Wechselunterschriften die Tendenz erkennen, die rechtlichen Wirkungen der Fälschungen und Verfälschungen nach Möglichkeit auszuschließen. Die hier vertretene Auffassung entspricht endlich auch der überwiegenden Entwicklung des ausländischen Wechselrechts und Wechselverkehrs, als deren Niederschlag das auf der Zweiten Haager Wechselrechts-Konferenz unterzeichnete Abkommen zur Vereinheitlichung des Wechselrechts vom 23. Juli 1912 nebst der zugehörigen Einheitlichen Wechselordnung angesehen werden darf, wie es

---

[1]) Von sonstiger Rechtspr. s. z. B. einers. OLG. Bd. 28 S. 406 (Hamburg) für die strengere, anders. Recht 1910 Nr. 578 (Stettin) für die andere Ansicht.

unter dem 23. Mai 1913 dem Reichstag zur verfassungsmäßigen Genehmigung vorgelegt, aber noch nicht verabschiedet worden ist (RT. 13. Leg.-Periode, I. Sess. 1912/13, Drucks. Nr. 1002): in Art. 69 der Einheitlichen Wechselordnung[1]) wird ausdrücklich bestimmt, daß, wenn der Text eines Wechsels geändert wird, diejenigen, die den Wechsel nach der Änderung unterschrieben haben, entsprechend dem geänderten Text, wer früher unterschrieben hat, nach dem ursprünglichen Text haftet. Der in diesem Zusammenhang gelegentlich in der Rechtsprechung (Karlsruhe, DJZ. 1907 Sp. 664) berührte Gesichtspunkt, ob der Wechsel mit dem ursprünglichen Inhalt präsentiert und protestiert sei, kann hier unbeachtet bleiben, weil aus dem Akzept geklagt ist (WO. Art. 44).

Daß im vorliegenden Falle die dem Wechselinhalt eingefügten Zusätze (nur noch gültig auf 972 000 M) im dargelegten Sinne weggedacht werden können, bedarf keiner Ausführung. Die Frage ist aber, ob auch die — durchstrichene — ursprüngliche Wechselsumme zur vollen Integrität dadurch wiederhergestellt werden kann, daß die Durchstreichung gleichfalls weggedacht wird. In dem in RGZ. Bd. 54 S. 386 entschiedenen Falle lag eine Durchstreichung nicht vor; vielmehr war nur der Wortbezeichnung der Wechselsumme das Wort dreitausend vorangesetzt. Indessen ist gegen die Anwendung des dort herausgestellten und hier vertretenen Grundsatzes auf die Durchstreichung weder ein tatsächlicher noch ein rechtlicher Grund abzusehen. In der ersten Hinsicht genügt es, darauf hinzuweisen, daß unstreitig der Betrag der ursprünglichen Wechselsumme nach Zahlen und Buchstaben ohne weiteres lesbar geblieben war. Ein Bedenken rechtlicher Art würde sich dann erheben, wenn der Durchstreichung als solcher eine in formalem Sinne so sehr zerstörende Bedeutung beizumessen wäre, daß Durchstrichenes überhaupt nicht mehr als vorhanden, vielmehr als vernichteter Teil des Wechselinhalts anzusehen wäre. Eine Rechtsansicht, wie sie in der Entscheidung ROHG. Bd. 19 S. 270, wo es sich um die Durchstreichung eines Indossaments handelte, dahin Ausdruck gefunden hat, daß auch der Nachweis, die Durchstreichung sei aus Versehen oder von einem Unbefugten geschehen, „die zerstörte Form nicht wiederherstellen und, dem Geiste des Wechselrechts nach, dieselbe nicht ersetzen" könne[2]).

[1]) Über dessen Entstehungsgeschichte und den Stand des ausländischen Wechselrechts zur Frage siehe Haager Konferenz zur Vereinheitlichung des Wechselrechts 1910, documents S. 5 (Nr. 28), 37, 91, 133, 224, 275, 324; actes (Protokolle) S. 205, 229, 262, 331, 384; 1912 documents S. 187, actes Bd. I S. 39, Bd. II S. 97. Vgl. auch Felix Meyer, Weltwechselrecht I S. 49, 65, 66, II S. 34, 65.

[2]) Vgl. auch Wächter § 48 S. 177; Lehmann § 145 in [3]; Grünhut § 61 auf S. 434.

Eine so weitgehende Auffassung indessen von der Bedeutsamkeit der Durchstreichung — dergestalt daß Durchstrichenes aus der Wechselurkunde endgültig beseitigt, nicht mehr vorhanden und nicht mehr, wenn auch nur in Gedanken, wiederherstellbar wäre — findet weder in den Vorschriften der Wechselordnung eine Grundlage noch kann sie nach Lage des hier gegebenen Falles befriedigen. Die Wechselordnung enthält keine allgemeine Vorschrift über die Bedeutung von Durchstreichungen, überhaupt keinen allgemeinen Grundsatz über die endgültige Zerstörung der Wechselschuld durch Formalakte. Während im Rahmen des Art. 21 Abs. 4 die Durchstreichung — eines Akzeptes — sogar wirkungslos ist, werden Durchstreichungen im allgemeinen nur mit Bezug auf Indossamente in Art. 36 Satz 4 und in Art. 55 erwähnt, wonach ausgestrichene Indossamente bei Prüfung der Legitimation des Wechselinhabers als nicht geschrieben angesehen werden und jeder Indossant, der einen seiner Nachmänner befriedigt hat, sein eigenes und seiner Nachmänner Indossament ausstreichen kann. Zur Frage, ob durch die Durchstreichung des Giros das Wechselrecht endgültig untergehe, hat die Rechtsprechung des Reichsgerichts bisher keine Stellung genommen (vgl. JW. 1912 S. 254 Nr. 26, 1915 S. 1123 Nr. 7). Allerdings ist die Durchstreichung von Geschriebenem verkehrsgeläufig ein Tilgungsakt: sie bedeutet regelmäßig einen Widerruf der geschriebenen Willenserklärung. Aber dies ist nicht das hier Entscheidende: die Frage ist vielmehr die, ob die durchstrichene Wechselsumme derart beseitigt ist, daß die Durchstreichung nicht im Sinne des oben Dargelegten weggedacht werden kann.

Im übrigen kann nach dem Inhalt des vorliegenden Wechsels in seiner konkreten Beschaffenheit über den Betrag der früheren Wechselsumme kein Zweifel sein. Beide Beträge, der ursprüngliche wie der mit dem Zusatz „nur noch gültig auf" beigefügte neue Betrag, sind in Zahlen und in Worten geschrieben. Würden die Striche fehlen, so würde — von der Verfälschung abgesehen — die Vorschrift des Art. 5 Abs. 2 WO. eingreifen und danach die geringere Summe gelten. Es hieße die im Wechselrecht wenngleich in gewissem Umfang gebotene formale Betrachtungsweise überspannen, wollte man um der — ohne Notwendigkeit, nur zur Verdeutlichung — angebrachten Durchstreichung willen die — gedankliche — Wiederherstellbarkeit der ursprünglichen Wechselsumme verneinen und so den Wechsel schlechthin zu Fall bringen. Vielmehr hat das Berufungsgericht ohne Rechtsverstoß die Wechselverpflichtung des Beklagten als fortdauernd und auch die Beweiskraft der Wechselurkunde als nicht aufgehoben angesehen.

RGZ. 108, 337.

Kann sich der Wechselschuldner auch in Zeiten der Entwertung der deutschen Mark stets durch Hinterlegung des Markbetrags befreien, der am Verfalltage des Wechsels der in ausländischer Währung ausgedrückten Wechselsumme entsprach?

II. Zivilsenat. Urt. v. 1. Juli 1924.

I. Landgericht Zwickau, Kammer für Handelssachen. — II. Oberlandesgericht Dresden.

Am 4. Mai 1922 kaufte die Beklagte vom Kläger 9790 kg überseeische thigs (Arbeitsknochen) zum Preise von zusammen 3181,75 holländische Gulden. Kurz darauf übersandte sie dem Kläger über diesen Betrag ein am 22. Juni 1922 fälliges Akzept. Mit Telegramm vom 28. und Schreiben vom 29. Juni teilte die Dresdner Bank in Frankfurt a. M. der Beklagten mit, dieses Akzept sei verlorengegangen, sie möge es nicht einlösen und Bescheid geben, ob es schon bezahlt sei. Die Beklagte erwiderte am 11. Juli: das Akzept sei weder bei ihr noch bei ihrer Bankverbindung vorgezeigt worden. Mit Schreiben vom 13. Juli ersuchte sodann die Dresdner Bank die Beklagte, den Markbetrag unter Zugrundelegung des amtlichen Kurses vom 22. Juni bei dem Chemnitzer Bankverein Zweigstelle Schönheide einzuzahlen, was die Beklagte ablehnte. Der Wechsel wurde auch in der Folge nicht vorgelegt.

Der Kläger erhob darauf Klage aus dem Kaufvertrage mit dem Antrag, die Beklagte zur Zahlung von 3181,75 holländischen Gulden nebst 5 % Zinsen seit dem 22. Juni 1922 zu verurteilen. Er behauptet, er habe den Wechsel an einen Holländer giriert und mit Rücksicht auf § 1 des Kapitalfluchtgesetzes vom 8. September 1919 (RGBl. S. 1540) die Dresdner Bank mit der Übersendung beauftragt; diese habe das Papier in einem eingeschriebenen Brief verschlossen einem Lehrling zur Beförderung nach der Post übergeben; der Lehrling, der Wertpapiere darin vermutete, habe den Brief erbrochen und den vorgefundenen, für ihn unbrauchbaren Wechsel vernichtet. Bevor hierüber Beweis erhoben wurde, hinterlegte die Beklagte am 12. März 1923 bei dem sächsischen Amtsgericht Eibenstock unter Ausschließung der Rücknahme 396 367 M.

Das Berufungsgericht bestätigte das erstinstanzliche Urteil, wodurch die Klage abgewiesen worden war. Die Revision ermäßigte den Klagantrag dahin, daß die Zahlung der Wechselsumme nebst Zinsen nur gegen Aushändigung des Wechsels oder eines Ausschlußurteils sowie gegen Einwilligung in die Auszahlung des hinterlegten Betrags an die Beklagte verlangt wurde. Das Reichsgericht gab der Revision statt und verurteilte die Beklagte, dem Kläger gegen Aushändigung des Wechsels oder eines ihn für kraftlos erklärenden Ausschlußurteils sowie gegen Einwilligung des Klägers in Rückzahlung der am 12. März 1923 hinterlegten Summe an die Beklagte, 3181,75 holländische Gulden zu zahlen.

Gründe:

Der Wechsel, den der Kläger über die Kaufpreisforderung von 3181,75 holländischen Gulden mit Fälligkeit vom 22. Juni 1922 auf die Beklagte gezogen und den sie angenommen hatte, lautete nicht effektiv auf ausländische Währung. Art. 37 Wo. gestattete der Beklagten, den Wert dieser Währung zur Verfallzeit in der Landesmünze zu zahlen; mangels Vorlegung des Wechsels gab ihr Art. 40 ferner das Recht, die Wechselsumme auf Gefahr des Inhabers zu hinterlegen. Nach dem Kurse des Verfalltags waren 3181,75 holländische Gulden so viel wie 396 367 M. Hieraus schließt das Berufungsgericht, daß die Beklagte durch die am 12. März 1923 erfolgte Hinterlegung des genannten Markbetrags ihrer Pflicht genügt habe.

Die Bedenken gegen diese Entscheidung liegen auf der Hand. Allerdings stand der Kläger, wenn er sich von der Beklagten ein Akzept geben ließ und das Papier verlor, nicht mehr so günstig da, wie wenn er den Kaufpreis einfach bis zum 22. Juni 1922 gestundet hätte. Um sich gegen die Gefahr einer nochmaligen Inanspruchnahme durch den unbekannten Inhaber des Wechsels zu schützen, durfte die Beklagte hinterlegen und es dem Kläger überlassen, das Geld von der Hinterlegungsstelle abzuheben. Aber die 396 367 M, die sie hinterlegt hat und die am Verfalltage der Wechselsumme gleichgekommen waren, machten schon zur Zeit der Hinterlegung nur noch 48 holländische Gulden aus. Durch das Abhandenkommen des Wechsels oder durch die bloße Tatsache, daß er zur Zahlung nicht vorgelegt wurde, hätte also die Käuferin die Befugnis erlangt, sich mit einer weit hinter dem Kaufpreis zurückbleibenden Aufwendung von ihrer Schuld zu befreien. Und dies, obgleich die Schuld auf einen bestimmten Betrag holländischer Gulden lautete und die Möglichkeit, statt dessen Mark zu wählen, grundsätzlich nur die Form der Zahlung betraf, ohne an dem Inhalt der Verpflichtung etwas zu ändern (vgl. RGZ. Bd. 101 S. 313). Die Revision hat recht, wenn sie ein solches Ergebnis unerträglich findet. Ihre eigenen Ausführungen können freilich ebenfalls nicht befriedigen. Es ist nicht richtig, daß die Hinterlegung, sofern sie in Landeswährung geschehen sollte, alsbald nach Verfall hätte vorgenommen werden müssen. Nach dem zweifelhaften Sinn und Wortlaut des Gesetzes war hierfür so lange Zeit, bis der Wechsel oder ein ihn ersetzendes Ausschlußurteil (vgl. Art. 73 WO.) zur Zahlung vorgelegt wurde.

Der gemeinsame Irrtum des Berufungsgerichts wie der Revision besteht darin, daß sie glauben, den Wert der 3181 holländischen Gulden vom 22. Juni 1922 ohne weiteres mit 396 397 M wiedergeben zu können. Das wäre nur dann angängig, wenn sich nach dem Verfalltage nur der Wert des holländischen Guldens, nicht auch der der deutschen Reichmark geändert hätte. In Wirklichkeit aber war der Wert der Mark, solange die Inflation dauerte, unaufhaltsam gesunken. Um daher den Verfalltagswert der Wechselsumme auch für die spätere Zeit erkennbar zu bestimmen, bedarf es der Heranziehung einer stabileren Währung, am besten des nordamerikanischen Dollars. Die Summe, die die Beklagte zahlen oder hinterlegen mußte, wenn sie sich der Papiermark bedienen wollte, konnte nur mit Hilfe einer doppelten Berechnung gefunden werden, indem man zunächst die 3181,75 holländischen Gulden nach ihrem Wert am Verfalltage in die beständige Währung und alsdann den so gewonnenen Betrag nach dem Wert des Zahlungs- und Hinterlegungstages in Papiermark umrechnete. M. a. W.: da die 3181,75 holländischen Gulden am 22. Juni 1922 1212,55 Dollar gegolten hatten, war dieser letztere Betrag auch für den 12. März 1923 zugrunde zu legen, als der Dollar von 328 auf 20 815 M gestiegen war; die Hinterlegungssumme belief sich also auf (1212,55 mal 20815 =) 25 239 227 M.

Natürlich haben die Verfasser der deutschen Wechselordnung an eine solche doppelte Umrechnung nicht gedacht. Ebenso wie die ausländischen Wechselgesetzgeber, die bei einer nicht ausschließlichen Geldsortenschuld die Zahlung in der heimischen Währung zulassen und als Stichtag, den Tag des Verfalls oder den Tag nennen, an welchem Zahlung gefordert werden kann (Meyer, Weltwechselrecht Bd. I S. 288 flg.; vgl. auch den Entwurf der Haager Einheitlichen WO. von 1912 Art. 40), haben sie die Stabilität der Landeswährung als selbstverständlich vorausgesetzt. Daraus ist aber nichts gegen die Richtigkeit der hier vertretenen Ansicht herzuleiten. Im Gegenteil zeigt dann, wenn die Voraussetzung der Stabilität entfällt, gerade die doppelte Umrechnung den Weg, dem Sinne des Gesetzes gerecht zu werden. Indem der Senat diesen Weg betritt, zieht er die Folgerung aus der Tatsache, daß die Mark vom 22. Juni 1922 und die vom 12. März 1923 verschiedene Werte darstellten. Dabei befindet er sich in Einklang mit der Rechtsprechung des Reichsgerichts, die in immer steigendem Maße dazu gelangt ist, die Papiermark nur als Zahlungsmittel festzuhalten, als Wertmesser aber zu verwerfen. Nähere Verwandtschaft mit dem jetzt streitigen Fall bieten die Ansprüche auf Ersatz des Wertes einer Sache, bei denen sich der Wert nach einem in der Vergangenheit liegenden Zeitpunkt bestimmt. Nur die spätere Sachwertänderung muß hier außer Betracht bleiben, wogegen einer Änderung des Geldwerts Rechnung zu tragen ist. So ist die Beachtung der Geldentwertung z. B. für den Wertersatzanspruch des Bereicherungsgläubigers (§ 818 Abs. 2 BGB.) als notwendig anerkannt (vgl. RGZ. Bd. 107 S. 180, Bd. 108 S. 120), und von dem Anspruch des Enteigneten nach § 8 preuß. EnteignG. heißt es in RGZ. Bd. 107 S. 228, die Maßgeblichkeit der Zeit der Zustellung des Entschädigungsfestsetzungsbeschlusses für den Wert der enteigneten Sache habe nicht die Bedeutung, daß dieser Wert auch in der Ziffer auszudrücken sei, in der er nach dem Geldstande von damals zum Ausdruck kam. Der gleiche Grundsatz ist anzuwenden, wenn es sich nicht um eine Leistungs-, sondern um eine Anrechnungspflicht handelt, wie bei der Erbenausgleichung (§ 2055 Abs. 2 BGB.) und der Anrechnung auf den Pflichtteil (§ 2315 Abs. 2). Im Unterschied von diesen Fällen steht in dem des Art. 37 WO. der Wert einer fremden Währung in Frage. Das hat zur Folge, daß die Berücksichtigung besonderer Umstände des Einzelfalls durch sogenannte Aufwertung ausgeschlossen ist und die innere Kaufkraft der Mark keine Rolle spielt, vielmehr der Wert der fremden Währung durch Vergleich mit einer anderen an Hand der Börsenkurse ermittelt werden muß. Nur der Vergleich mit einer beständigen Währung aber ist imstande, diese Aufgabe zu lösen. Die deutsche Papiermark hatte die Eigenschaft, Wertmesser zu sein, eingebüßt, denn diese beruht auf dem durch keine Gesetzgebung zu beseitigenden Erfordernis der Stabilität.

Hätte nun die Beklagte am 12. März 1923 25 239 228 M hinterlegt, so brauchte sie für alles weitere nicht aufzukommen. Freilich hätte der Kläger die Auszahlung des Geldes von der Hinterlegungsstelle nur gegen Vorweisung des Ausschlußurteils fordern können, das er nach Angabe seines Prozeßbevollmächtigten in der Revisionsinstanz erst am 27. Juni 1923, als 1 holländischer Gulden = 60 000 M galt, erwirkt hat. Bis dahin wären die 25 239 228 M infolge des fortdauernden Sinkens der deutschen Währung auf 420,65 holländische Gulden zusammengeschmolzen. Aber da die Hinterlegung auf seine Gefahr geschehen wäre, würde dieser Verlust die Beklagte selbst dann nicht berührt haben, wenn sie einen Verzicht auf Rücknahme nicht ausgesprochen hätte (vgl. Art. 40 WO., § 379 Abs. 2 BGB.). Vielmehr müßte der Kläger, wenn der Wechsel auf die von ihm behauptete Weise verlorengegangen und das Aufgebotsverfahren ohne unnützes Zögern betrieben worden ist, für den erwähnten Schaden bei der Dresdner Bank Ersatz suchen. Nach § 278 BGB. war die Bank für ihren Lehrling verantwortlich.

Auf der andern Seite wurde durch die viel zu niedrige Hinterlegung die Schuld der Beklagten auch nicht teilweise getilgt. Wenn nach Art. 38 WO. der Inhaber des Wechsels eine Teilzahlung des Akzeptanten nicht zurückweisen darf, so folgt doch daraus nicht, daß der Akzeptant durch Hinterlegung eines Teilbetrags zum Teil befreit würde. Auch der Einwand der Beklagten aus § 254 BGB., der Kläger habe den Verlust des Wechsels zu vertreten, hat keinen verständlichen Sinn. Abgesehen davon, daß er diesen Verlust, wenn seine Behauptungen *zutreffen, ganz offensichtlich* n i c h t *zu vertreten hat, ist die Beklagte* dadurch auch nicht geschädigt. Sie konnte sich jederzeit durch Hinterlegung befreien und brauchte nie mehr zu hinterlegen als die Wechselsumme oder ihren Wert bei Verfall.

RGZ. 108, 389.

Kann die in einem Wechsel fehlende Bezeichnung des Remittenten noch während des Rechtsstreits nachgeholt werden?

V. Zivilsenat. Urt. v. 20. September 1924.

I. Landgericht Elberfeld. — II. Oberlandesgericht Düsseldorf.

Die Beklagten sind Akzeptanten eines Wechsels, die Klägerin ist dessen Indossatarin. Ihre Wechselklage wurde vom Landgericht abgewiesen, weil die Angabe eines Remittenten fehlte. Das Oberlandesgericht hat verurteilt, nachdem die Klägerin im Laufe des Berufungsverfahrens den Wechsel durch die Worte „an die Ordre von mir selbst" vervollständigt hatte. Die Revision der Beklagten hatte nur hinsichtlich eines Teils der Zinsen Erfolg.

Gründe:

Für ihre Behauptung, daß ihr Annahmevermerk auf dem Wechsel durch rechtswidrige Drohungen erpreßt sei, haben die Revisionskläger lediglich Zeugenbeweis angetreten. Dieses Beweismittel ist im Wechselprozeß nach § 595 Abs. 2 ZPO. unzulässig. . . . In der gegenwärtigen Lage des Rechtsstreits kann somit nur geprüft werden, ob der Wechsel formgültig ist, obwohl die Bezeichnung des Remittenten in ihm erst nachträglich erfolgt ist. Diese Frage ist zu bejahen.

Das Berufungsgericht hat in tatsächlicher Würdigung der Vorgänge bei der Annahme und Übergabe des Wechsels durch die Beschwerdeführer auf Grund ihrer eigenen Darstellung im Schriftsatz vom

3. Januar 1924 festgestellt, daß sie den Wechsel nicht für vollständig ausgefüllt gehalten haben, sondern ihnen bewußt gewesen ist, daß er noch ausgefüllt werden sollte. Diese Sachwürdigung ist für das Revisionsgericht bindend. Verfahrensrechtliche Bedenken stehen ihr nicht entgegen (wird ausgeführt).

Es handelt sich also vorliegendenfalls hinsichtlich der Bezeichnung des Remittenten (Art. 4 Nr. 2 WO.) um ein Blankoakzept, das die Beschwerdeführer dem Aussteller K. übergeben haben (Staub-Stranz, WO. Anm. 5 und 7 zu Art. 7; auch RGZ. Bd. 57 S. 168). Bei der Begebung eines solchen spricht, wie vom Reichsgericht eingehend in RGZ. Bd. 32 S. 71 (ferner RGZ. Bd. 8 S. 59, 61, Bd. 14 S. 24, Bd. 33 S. 44; Bd. 65 S. 411) ausgeführt ist, eine der Gewohnheit des Geschäftsverkehrs entsprechende Vermutung dafür, daß der Nehmer berechtigt sein soll, durch Ausfüllung des Formulars nach Maßgabe des der Wechselbegebung zugrunde liegenden Vertrags einen vollständigen Wechsel entweder selbst herzustellen oder diese Herstellung seinen Nachmännern zu übertragen; ebenso ist, wenn der erste Wechselnehmer ein solches Blankett weitergibt, ohne es vollständig ausgefüllt zu haben, zu vermuten, daß er von seiner Befugnis, die ihm erteilte Ermächtigung zur Ausfüllung seinem Nachmann zu übertragen, Gebrauch gemacht und die Weiterausfüllung seinem Nachmann überlassen hat. Die Bedenken der Revision gegen die Zulässigkeit einer Ausfüllung des Blanketts durch einen Blankoindossatar sind sonach unbegründet. Daß aber die Ausfüllung inhaltlich dem Wechselvertrag widerspräche — wofür sie beweispflichtig wären; ROHG. Bd. 6 S. 51 — haben die Beschwerdeführer nicht behauptet.

Ebensowenig kann ein Bedenken gegen die Gültigkeit des Wechsels aus der nachträglichen Ausfüllung des Blanketts hergeleitet werden. Eine Zeitfolge der Wechselerklärungen ist im Gesetz nicht vorgeschrieben (ROHG. Bd. 6 S. 48, 49). Dementsprechend hat das Reichsgericht bereits im Urteil I 141/02 (JW. 1902 S. 399 Nr. 37) es für zulässig erklärt, daß die Ausfüllung des Wechselblanketts erst nach dem Tage der Fälligkeit geschieht. Mangels einer dahingehenden Gesetzesbestimmung kann auch der in der Rechtslehre (Stranz, WO. Anm. 44 zu Art. 82) vertretenen Auffassung nicht beigestimmt werden, daß die Ausfüllung vor der Geltendmachung und Einklagung erfolgen müsse. Dies gilt jedenfalls dann, wenn, wie im vorliegenden Falle, das Wechselrecht gegenüber dem Akzeptanten geltend gemacht wird; insbesondere kann diesem gegenüber, bei dem es nach Art. 44 WO. der Erhebung eines Protestes nicht bedarf, nicht gefordert werden, daß die Ausfüllung schon vor einer etwaigen Protesterhebung erfolgt sein müsse (Staub-Stranz Anm. 13a zu Art. 7 WO.). Ihm gegenüber muß es vielmehr ausreichen, daß zur Zeit der letzten mündlichen Verhandlung, auf Grund deren das Urteil ergeht, die Ausfüllung vorgenommen und damit ein vollständiger Wechsel hergestellt ist. Prozeßrechtliche Bedenken dagegen liegen gleichfalls nicht vor, sofern (wie es hier geschehen ist) eine Abschrift des vervollständigten Wechsels einem vorbereitenden Schriftsatze rechtzeitig (darüber vgl. § 593 Abs. 2 Satz 2 ZPO.) beigefügt ist. Daß dieser Schriftsatz auch noch in der Berufungsinstanz eingereicht werden kann, ist anerkannten Rechtes (RGZ. Bd. 56 S. 306, Bd. 97 S. 164; Stein Anm. II 2; Foerster-Kann, Anm. 2a; Skonietzki-Gelpcke, Anm. 6; Sydow-Busch, Anm. 3 zu § 593 ZPO.). Auch in dem bei Stranz a. a. O. zur Begründung seiner Ansicht angezogenen Urteil in OLG. Bd. 224 S. 207 war, wie aus der Anführung des § 529 ZPO. zu entnehmen ist, der Wechsel erst im Laufe des zweiten Rechtszuges ausgefüllt und dem Beklagten abermals zugestellt worden. Die kostenrechtlichen Folgen dieser verspäteten Vorlegung eines vollständigen Wechsels (§ 97 Abs. 2 ZPO.) hat das Berufungsurteil hier gezogen. . . .

An diesem Ergebnis kann auch der Hinweis der Revisionsbegründung nichts ändern, daß der Wechsel hier bereits vor seiner Ausfüllung protestiert war. Durch solchen Protest konnte die Umlaufsfähigkeit nach Art. 16 Abs. 2 WO. eingeschränkt (Staub-Stranz Anm. 8 zu Art. 16), nicht aber die Eigenschaft der Urkunde als Wechsel bzw. Blankoakzept beseitigt werden; die aus der Urkunde bereits erwachsenen Rechte, insbesondere die einen Vermögenswert darstellende (RGZ. Bd. 8 S. 59, Bd. 33 S. 44) Befugnis zur Ausfüllung, blieben also trotz des Protestes, jedenfalls den Akzeptanten gegenüber, bestehen.

Die Revision mußte sonach in der Hauptsache als unbegründet zurückgewiesen werden. Erfolg kann sie nur hinsichtlich eines Teiles des Zinsanspruchs haben. Solange der Wechsel nicht ausgefüllt, also ein gültiger Wechsel nicht hergestellt und diese Ausfüllung den Beklagten nicht mitgeteilt war, waren diese zu einer Zahlung aus der Wechselurkunde nicht verpflichtet. Für die Zeit bis zur Zustellung der vervollständigten Wechselabschrift im Schriftsatze vom 9. April 1924 (die als am 11. April 1924 erfolgt nachgewiesen ist) stehen somit der Klägerin Zinsen auf Grund der Wechselurkunde nicht zu. Ob sie solche aus anderen rechtlichen Gesichtspunkten, etwa unter Anwendung des § 140 BGB., beanspruchen darf, kann im Wechselprozesse nicht entschieden werden; der Zinsanspruch für die Zeit vom 27. Dezember

1923 bis zum 11. April 1924 war daher als in der gewählten Prozeßart unstatthaft abzuweisen (§ 527 ZPO.).

RGZ. 112, 124.

Zur Frage der Wechselfähigkeit eines nicht rechtsfähigen Vereins.
Wechselordnung Art. 1, Art. 4 Nr. 7. BGB. § 54.

II. Zivilsenat. Urt. v. 20. November 1925.

I. Landgericht I Berlin, Kammer für Handelssachen. — II. Kammergericht daselbst.

Die Klägerin hat als Inhaberin eines von T. auf den Konsumverein C. P. G. gezogenen und F., als dem Bevollmächtigten des Vereinsvorstandes, unter dem Namen des Konsumvereins akzeptierten Wechsels Klage im Wechselprozeß gegen den Konsumverein auf Zahlung der Wechselsumme erhoben. Die Klage ist abgewiesen, die Berufung der Klägerin zurückgewiesen worden, ebenso ihre Revision.

Aus den Gründen:

... Nach der einwandfreien Feststellung des Kammergerichts ist der Beklagte ein nicht rechtsfähiger Verein. Ein solcher kann zwar unter seinem Namen (vgl. RGZ. Bd. 78 S. 101) verklagt werden, und er hat alsdann im Rechtsstreite die Stellung eines rechtsfähigen Vereins (§ 50 Abs. 2 ZPO.); zur Zwangsvollstreckung in sein Vermögen genügt ein gegen ihn ergangenes Urteil (§ 735 das.), auch kann über sein Vermögen das Konkursverfahren stattfinden (§ 213 KO.). Dagegen untersteht er im übrigen den Vorschriften über die Gesellschaft, nur daß aus einem Rechtsgeschäft, das in seinem Namen einem Dritten gegenüber vorgenommen wird, der Handelnde persönlich und eine Mehrzahl Handelnder gesamtschuldnerisch haftet (§ 54 BGB.). Daraus ergibt sich ohne weiteres, daß der nicht rechtsfähige Verein als solcher sich nicht durch Verträge verpflichten kann und deshalb nach Art. 1 WO. nicht wechselfähig ist (JW. 1908 S. 544 Nr. 2).

Durch den von F. unter dem Namen des Beklagten auf den Klagewechsel gesetzten Akzeptvermerk ist aber nicht nur keine Wechselverpflichtung des Beklagten begründet worden, sondern ebensowenig eine solche aller einzelnen Vereinsmitglieder, auch nicht eine solche mit Beschränkung auf das Vereinsvermögen (vgl. RGZ. Bd. 90 S. 173). Denn zu den wesentlichen Erfordernissen eines gezogenen Wechsels gehört nach Art. 4 Nr. 7 WO. der Name der Person oder der Firma, welche die Zahlung leisten soll (des Bezogenen oder Trassaten), und für den Akzeptvermerk ist nach Art. 21 das. die Zeichnung eben dieses Namens erforderlich. Der Vereinsname ist jedoch, wie das Kammergericht zutreffend hervorgehoben hat, weder ein Firmenname, noch der Name einer Person, insbesondere nicht der Name der einzelnen Vereinsmitglieder. Soweit in dem Kommentar von Staub-Stranz (Anm. 3 zu Art. 1 WO., 9. Aufl. S. 34) etwas anderes ausgeführt wird, ist dem nicht zuzustimmen (vgl. Anm. 11 c zu Art. 4 das. S. 47 flg.) ...

RGZ. 112, 202.

Entsteht in der Person des durch eine fortlaufende Reihe von Indossamenten legitimierten gutgläubigen Nachmanns auch dann ein Wechselanspruch, wenn es an einem Begebungsvertrag fehlt?

WO. Art. 74, 82.

II. Zivilsenat. Urt. v. 8. Dezember 1925.

I. Landgericht München I. — II. Oberlandesgericht daselbst.

Der Kläger ist der Inhaber eines von der A.-G. Effektenbank in M. an eigene Order ausgestellten, auf die A.-G. Hartsteinwerk in G. gezogenen und von dieser angenommenen, am 15. Juli 1924 bei der Bayerischen Staatsbank in M. zahlbaren Wechsels über 2500 Rentenmark, der mit dem Blankogiro der Ausstellerin und der Beklagten versehen ist und am 16. Juli 1924 im Auftrage des Klägers gegen die Domiziliatin, die Bayerische Staatsbank, protestiert wurde.

Der Kläger verlangte, indem er vom Wechselprozeß zum ordentlichen Verfahren überging, Verurteilung der Beklagten zur Zahlung von 2500 Rentenmark Wechselsumme nebst Zinsen, Protestkosten und Spesen. Die Beklagte wandte unter anderem ein: Die Hartsteinwerke hätten den Wechsel der Beklagten übergeben, damit diese seine Diskontierung bei der Bayerischen Staatsbank versuche; zur Ermöglichung dieser Diskontierung habe die Beklagte ihr Giro auf den Wechsel gesetzt. Da die Staatsbank die Diskontierung abgelehnt habe, sei der Wechsel von der Beklagten dem Direktor F., der zugleich Direktor der Hartsteinwerke und Aufsichtsratsvorsitzender der Beklagten gewesen sei, als unverwertbar zurückgegeben worden; dabei sei die Streichung ihres gegenstandslos gewordenen Giros versehentlich unterblieben. Unter Ausnutzung dieses Versehens habe F. den Wechsel an die Effektenbank oder deren Vorstand Se., der zugleich Vorsitzender des Aufsichtsrats der Hartsteinwerke in Schl. sei, weitergegeben und Se. lasse nunmehr durch seinen Bürogenossen Sa. den Wechsel einklagen, obwohl F., Se. und Sa. sehr wohl wüßten, daß ein Wechselbegebungsvertrag zwischen der Beklagten und den Hartsteinwerken nicht zustande gekommen sei; sie seien also bösgläubig.

Das Landgericht wies die Klage ab, weil es an einem Begebungsvertrag zwischen der Beklagten einerseits und den Hartsteinwerken oder Se. oder Sa. anderseits fehle und gefehlt habe und der Mangel eines Begebungsvertrags bei einem früheren Giro auch dem späteren redlichen Erwerber des Wechsels von dem in Anspruch genommenen Regreßpflichtigen entgegengehalten werden könne.

Das Oberlandesgericht gab der Klage statt. Die Revision der Beklagten wurde zurückgewiesen.

Aus den Gründen:

Das Beweisergebnis ist vom Berufungsrichter in Übereinstimmung mit dem ersten Richter gewürdigt worden. Danach hat die Beklagte ihr Blankoindossament auf den Wechsel gesetzt, um dessen Diskontierung bei der Staatsbank herbeizuführen; einen Teil der Wechselvaluta wollte sie zur Abdeckung ihres Guthabens an die Akzeptantin verwenden, es lag ihr bei der Aushändigung des von der Staatsbank unter Ablehnung der Diskontierung zurückgesandten Wechsels an F. fern, sich ihm oder seinen Nachmännern gegenüber wechselmäßig zu verpflichten. Es ist also weder ein Begebungsvertrag zwischen der Beklagten und F. zustande gekommen, noch hat die Beklagte den F. ermächtigt, in ihrer Vertretung einen solchen Vertrag mit einem Dritten abzuschließen. Nur versehentlich ist die Streichung des Blankoindossaments der Beklagten unterblieben.

Den Beweis, daß Se. beim Erwerb des Wechsels in bösem Glauben gewesen sei oder fahrlässig gehandelt habe, erachtet der Berufungsrichter nicht als geführt. In rechtlicher Beziehung nimmt er an, daß zwar im allgemeinen der Indossant aus seinem Indossament nur hafte, wenn zu dem Skripturakt noch ein Vertrag über Geben und Nehmen des Wechsels hinzutrete, in der Person des durch eine fortlaufende Reihe von Indossamenten legitimierten gutgläubigen Nachmanns aber der Wechselanspruch trotz fehlenden Begebungsvertrags entstehe. Diese Auffassung läßt einen Rechtsverstoß nicht erkennen. Der erste Richter folgt hierbei der von Stranz in der 10. Auflage von Staubs Kommentar zur Allgemeinen Deutschen Wechselordnung in Anm. 25 zu Art. 36 und Anm. 65 zu Art. 82 vertretenen Ansicht, und auf sie stützt sich auch die Behauptung der Beklagten in der Revisionsinstanz, daß die Einrede des mangelnden Begebungsvertrags als aus dem Wechselrechte sich ergebend auch einem gutgläubigen dritten Erwerber des Wechsels entgegengesetzt werden könne. Stranz gelangt zu diesem Ergebnis auf Grund seiner Wechseltheorie, wonach jede Wechselverbindlichkeit außer durch den Skripturakt noch durch den Abschluß eines Wechselvertrags bedingt sei und die Einrede des Wechselbeklagten, er habe einen dem eingeklagten Anspruch entsprechenden Wechselvertrag nicht geschlossen, als ein aus dem Wechselrecht selbst entsprungener Einwand gemäß Art. 82 jedem Wechselkläger gegenüber soll vorgeschützt werden können. Mit dieser Ansicht, die in der Wechselordnung keine Stütze findet und sich mit dem Grundgedanken des Art. 74 WO. nicht in Einklang bringen läßt, steht aber Stranz im Gegensatz zum gesamten Schrifttum wie auch zu der ständigen Rechtsprechung des Reichsoberhandelsgerichts (Bd. 19 S. 31, S. 49 und 328) und des Reichsgerichts (Bd. 5 S. 84, Bd. 53 S. 210, Bd. 57 S. 391, Bd. 74 S. 185, Bd. 87 S. 367, Bd. 103 S. 89). Auch bei den an sich nicht unter die Vorschrift des § 935 Abs. 2 BGB. fallenden handelsrechtlichen Orderpapieren wird derjenige, der das Papier von einem Nichteigentümer erwirbt, Eigentümer, gleichgültig, ob es abhanden gekommen war oder nicht; Voraussetzung des Eigentumserwerbs ist nur, daß der Erwerber papiermäßig legitimierter Besitzer der Urkunde ist und das Papier ohne grobe Fahrlässigkeit vom Veräußerer erlangt hat. Der Art. 74 der Wechselordnung spricht zwar nicht ausdrücklich vom Eigentumserwerb des gutgläubigen Nehmers des Wechsels, sondern schließt nur die Vindikation gegen ihn aus; unzweifelhaft hat aber das Gesetz damit dem Erwerber alle Rechte aus dem Wechsel zusprechen wollen, so daß er auch als Gläubiger die Wechselforderung geltend machen kann. Denn es wäre ein innerer Widerspruch, wollte man auf der einen Seite zugunsten des gutgläubigen Erwerbers die Verpflichtung zur Herausgabe des Wechsels ausschließen, auf der anderen Seite aber dem Erwerber die Ansprüche aus dem Wechsel versagen. Der gutgläubige Erwerber erlangt also nicht nur das Recht an dem Papier, sondern auch das Recht aus dem Papier, das heißt das Recht an der durch das Papier verbrieften Forderung. In diesem Rechte des redlichen Erwerbers findet der Einwand des mangelnden Begebungsvertrages seine Schranke.

RGZ. 113, 335.

1. Enthält die Überschrift über dem Wechsel „Fällig am 1. September 1924 in O." dann, wenn der Trassat an einem anderen Orte wohnt, einen Domizilvermerk ohne benannten Domiziliaten?

2. Wer hat bei einem Wechsel, der für nachträglich vorgenommene Veränderungen keinen äußeren Anhalt bietet, die Beweislast dafür, daß der Domizilvermerk erst nachträglich auf den Wechsel gesetzt sei?

3. Sind der Indossant und seine Vormänner im Sinne des § 445 ZPO. Rechtsvorgänger des Indossatars?

4. Ist der Tag der Protesterhebung in die Verjährungsfrist des Art. 78 Nr. 1 WO. mit einzurechnen?

5. Liegt Unterbrechung der Verjährung einer Forderung vor, wenn der zur Unterbrechung der Verjährung dienende Zahlungsbefehl zwar nicht ordnungsmäßig zugestellt, dieser Formmangel aber nicht rechtzeitig gerügt worden ist?

BGB. § 187 Abs. 1. WO. Art. 7, 24, 43, 78.
ZPO. §§ 211, 295, 445, 693, Abs. 3.

II. Zivilsenat. Urt. v. 7. Mai 1926.

I. Landgericht Düsseldorf. — II. Oberlandesgericht daselbst.

Die Klägerin, die Reichsbankstelle in R., ist Inhaberin eines von der beklagten Stadtgemeinde O. ausgestellten, auf die Firma E. in W. gezogenen und von dieser angenommenen Wechsels über 270 000 RM, der am 4. September 1924 fällig und bei der Reichsbanknebenstelle O. zahlbar war; er trägt die Überschrift: „fällig am 4. September 1924 in O."; auf der Rückseite befinden sich die Indossamente des Peter K. (Remittenten), der Firma E. mit den Unterschriften O. und Sch. und schließlich das Vollindossament: „an die Order der Reichsbank, für die Stadt O. der Bürgermeister W." ... Mangels Zahlung der Domiziliatin, Reichsbanknebenstelle O., ging der Wechsel am 5. September 1924 zu Protest.

Die Klägerin verlangt nunmehr, im Wechselprozeß klagend, Zahlung der Wechselsumme nebst Zinsen, Protestkosten und Provision. Die Beklagte wandte ein, der Domizilvermerk sei erst nachträglich unbefugt auf den Wechsel gesetzt worden, die Protesterhebung hätte daher nicht bei der Domiziliatin, sondern bei der Akzeptantin erfolgen sollen. Außerdem erhob sie den Einwand der Verjährung des Regreßanspruchs mit der Begründung, daß das Gesuch um Erlassung des der Klage vorangegangenen Wechselzahlungsbefehls nicht innerhalb der nach ihrer Meinung am 4. Dezember 1924 abgelaufenen dreimonatigen Frist des Art. 78 Nr. 1 WO., sondern erst am 5. Dezember beim Amtsgericht eingegangen sei. Die Verjährung sei aber auch deshalb nicht unterbrochen worden, weil es an einer ordnungsmäßigen Zustellung des Zahlungsbefehls gefehlt habe; der Zahlungsbefehl sei nämlich unter Nichtbeobachtung der Vorschrift des § 211 ZPO. dem gerade im Amtsgerichtsgebäude anwesenden Bürgermeister W. gegen Empfangsbescheinigung ausgehändigt worden. Schließlich machte die Beklagte geltend, es habe gemäß Vereinbarung zwischen Akzeptantin und Ausstellerin eine Einlösungspflicht der letzteren nicht begründet werden sollen, was der Klägerin beim Erwerb des Wechsels bekannt gewesen sei.

Das Landgericht verurteilte die Beklagte nach dem Klagantrag unter Vorbehalt der Ausführung ihrer Rechte. Die Berufung der Beklagten war erfolglos. Auch ihre Revision wurde zurückgewiesen.

Aus den Gründen:

1. Das Vorbringen der Beklagten läßt nicht klar erkennen, ob sich ihre Behauptung, der Domizilvermerk sei erst nach Unterzeichnung des Wechsels und des Vollindossaments durch Bürgermeister W. von der Akzeptantin auf den Wechsel gesetzt worden, lediglich auf den unter der Adresse befindlichen Vermerk „zahlbar Reichsbanknebenstelle O." oder auch auf die Überschrift über dem Wechsel „fällig am 4. September 1924 in O." beziehen soll. Das ist nicht ohne Bedeutung. Befand sich nämlich die Überschrift bereits auf dem Wechsel, als ihn Bürgermeister W. für die Beklagte, die Trassantin, unterzeichnete, so ist schon in dieser Überschrift eine Domizilierung zu erblicken. Die Benennung eines Domiziliaten gehört nicht zum Begriff des Domizilwechsels. Hat der Aussteller keinen Domiziliaten benannt, so ist der Akzeptant bei der Annahme hierzu befugt. Der Behauptung der Beklagten, die Akzeptantin habe den Vermerk „zahlbar Reichsbanknebenstelle O." erst nach Vollziehung der Unterschriften des Bürgermeisters W. auf den Wechsel gesetzt, käme also keine Bedeutung zu, es sei denn, daß die Akzeptantin den Domiziliaten nicht schon bei der Annahme, sondern erst später auf dem Wechsel vermerkt hätte. Tatsächlich hat es den Anschein, daß die Beklagte nur den unter der Adresse befindlichen Domizilvermerk, also die Bezeichnung des Domiziliaten, gemeint hat, wenigstens bezieht sich ihre Eideszuschiebung nur hierauf; dies kann jedoch auf sich beruhen, da das angefochtene Urteil auch dann richtig ist, wenn sich die Behauptung der Beklagten nicht nur auf den Domiziliatenvermerk, sondern auch auf die Wechselüberschrift beziehen sollte.

2. Der Berufungsrichter hat der Beklagten für ihre Behauptung der unbefugten, nachträglichen Domizilierung des Wechsels die Beweislast auferlegt, weil die Wechselurkunde selbst keinen Anhalt für die Annahme biete, daß an ihr nachträglich eine Veränderung vorgenommen sei. Die Revision bekämpft diese Auffassung mit dem Hinweis darauf, daß die Behauptung, wonach der Domizilvermerk sich schon bei der Unterzeichnung durch den Trassanten auf dem Wechsel

befunden haben soll, zur Klagebegründung gehöre; das Fehlen des Domizilvermerks stehe dem Regreßanspruch der Reichsbank entgegen, da dann der Protest nicht bei der Domiziliatin, sondern bei der Akzeptantin habe erhoben werden müssen; durch die Vorlegung des Wechsels sei der Beweis noch nicht erbracht, denn der Domizilvermerk gehöre nicht zur notwendigen Form des Wechsels und werde daher nicht durch die Wechselunterschrift als solche gedeckt.

Dieser Revisionsangriff geht fehl; er steht auch mit der Rechtsprechung (ROHG. Bd. 5 S. 373, Bd. 11 S. 30, Bd. 13 S. 252, Bd. 24 S. 255; RGZ. Bd. 32 S. 38) und mit dem Schrifttum im Widerspruch. Die Rechtsverhältnisse aus dem Wechsel müssen so beurteilt werden, wie sie sich nach seiner Gestaltung zur Zeit der Geltendmachung des Anspruchs darstellen. Läßt sich aus seiner äußeren Gestalt nicht entnehmen, daß nachträglich Veränderungen mit ihm vorgenommen worden sind, so ist zunächst davon auszugehen, daß solche Veränderungen nicht stattgefunden haben; wer sie behauptet, muß sie beweisen. Das erfordert schon die Sicherheit des Verkehrs, dem der Wechsel dienen soll. Die Ansicht der Revision würde zu praktisch unbrauchbaren Ergebnissen führen. Mutete man dem Wechselberechtigten, dessen Kenntnis es sich in den meisten Fällen entzieht, ob nicht der Domizilvermerk später unbefugt auf den Wechsel gesetzt wurde, die Beweislast zu, so müßte er stets der Vorsicht halber sowohl beim Domiziliaten wie beim Akzeptanten präsentieren und protestieren, weil er sonst Gefahr liefe, seine Regreßrechte einzubüßen. Da sich aber die doppelte Präsentation beim Akzeptanten und beim Domiziliaten innerhalb der kurzen Protestfrist oft nicht ermöglichen lassen wird, würde damit die praktische Verwendbarkeit des Domizilwechsels erheblich beeinträchtigt. ...

4. Auf die zugeschobenen Eide kommt es aber deshalb nicht an, weil die unter Eid gestellten Tatsachen für den von der Beklagten zu erbringenden Beweis nicht erheblich sind. Auszugehen ist mit dem Berufungsrichter davon, daß die nachträgliche Domizilierung nur diejenigen Unterschriften nicht berührt, die schon vorher auf den Wechsel gesetzt waren; für sie wird der Domizilvermerk als nicht vorhanden angesehen. Die Aussteller dieser Unterschriften können also mit der Wechselregreßklage nicht in Anspruch genommen werden, weil ihnen gegenüber der Wechsel beim Akzeptanten hätte protestiert werden müssen, was nicht geschehen ist. Anders verhält es sich dagegen mit den Unterschriften, die nach der Domizilierung auf den Wechsel gesetzt sind; für sie gilt der Wechsel als ein domizilierter, und die Nachmänner des Fälschers haften nach Maßgabe des veränderten Wechsels (vgl. auch

ROHG. Bd. 3 S. 51, Bd. 6 S. 21; RGZ. Bd. 32 S. 38). Im vorliegenden Fall wird die Beklagte im Regreßweg in ihrer Eigenschaft als Trassantin und zugleich auch als letzte Indossatarin in Anspruch genommen. Sie muß also den Nachweis führen, daß der Domizilvermerk noch nicht vorhanden war, als sie ihr Indossament auf den Wechsel schrieb und den Begebungsvertrag mit der Klägerin abschloß. Da die Beklagte nicht mehr behauptet, der Domizilvermerk sei erst nach Übergabe des Wechsels an die Reichsbanknebenstelle O. angebracht worden, muß dies vor der Begebung an die Klägerin geschehen sein. In welcher Reihenfolge die Indossamente auf den Wechsel gesetzt worden sind, ist bestritten; aus der Rückseite des Wechsels ergibt sich, daß auf die Blankoindossamente des Remittenten und der Akzeptantin das Vollindossament der Beklagten auf die Klägerin folgt. Übergab die Akzeptantin, wie die Beklagte behauptet, den Wechsel im Auftrag der Beklagten der Reichsbanknebenstelle, so schloß sie den Begebungsvertrag mit dieser als Botin der Beklagten ab. Täuschte hierbei die Akzeptantin das von der Beklagten in sie gesetzte Vertrauen, indem sie den Domizilvermerk unbefugt auf den Wechsel setzte, so hat die Beklagte dafür einzustehen, und sie kann sich nicht darauf berufen, daß der Wechsel zur Zeit der Ausstellung des Indossaments den Domizilvermerk noch nicht getragen habe; denn wesentlich ist allein, daß der Vermerk im Zeitpunkt der Begebung vorhanden war.

Wenn also die Klägerin den ihr im ersten Rechtszug zugeschobenen Eid verweigern und wenn damit feststehen würde, daß der Wechsel zur Zeit der Anbringung des Indossaments der Beklagten den Domizilvermerk noch nicht getragen hat, so käme die Haftung der Beklagten aus dem domizilierten Wechsel doch nicht in Wegfall, vorausgesetzt, daß der Vermerk schon bei der Begebung vorhanden war. Aus dem gleichen Grunde kommt es aber auch auf den in der Berufungsinstanz zugeschobenen Eid nicht an. Denn der Umstand, daß die Akzeptantin den Domizilvermerk etwa erst nach der Übergabe des Wechsels an sie angebracht hat (was bei Verweigerung des Eides feststehen würde), schließt nicht aus, daß der Vermerk bereits auf dem Wechsel stand, als die Akzeptantin diesen der Klägerin oder der Reichsbanknebenstelle als Botin der Beklagten übergab; denn erst wenn zum Skripturakt der Begebungsvertrag hinzutritt, vollendet sich regelmäßig die Wirkung aus dem Indossament, und in diesem maßgebenden Zeitpunkt trug der Wechsel den Domizilvermerk. Schließlich ist auch unerheblich die weiter unter Eid gestellte Behauptung, daß die Akzeptantin die Klägerin von der erst nachträglich erfolgten Anbringung des Domizilvermerks in

Kenntnis gesetzt haben soll. Denn als Akzeptantin war die Firma E. auf Grund der in der Überschrift des Wechsels zu erblickenden Domizilierung zur nachträglichen Bezeichnung eines Domiziliaten befugt; die Reichsbanknebenstelle konnte daher aus einer Mitteilung der erwähnten Art nicht entnehmen, daß die Akzeptantin ihre Befugnisse überschritten habe. Ganz abgesehen hiervon kommt es aber auf eine solche Kenntnis der Klägerin überhaupt nicht an; entscheidend ist vielmehr lediglich die Tatsache, ob der Domizilvermerk angebracht wurde, nachdem die Beklagte die Wechselrechte durch Skripturakt und Begebung auf die Reichsbanknebenstelle übertragen hatte.

5. Mit Recht hat endlich der Berufungsrichter die Einrede der Verjährung des Wechselregreßanspruchs zurückgewiesen. Der Wechsel ist am 5. September 1924 protestiert worden; die nach Art. 78 Nr. 1 WO. für die Regreßansprüche des Inhabers gegen Aussteller und sonstige Vormänner geltende dreimonatige Verjährungsfrist beginnt mit dem Tage des erhobenen Protestes zu laufen. Daß der Tag der Protesterhebung selbst in die Frist nicht eingerechnet wird, ist vom Reichsgericht schon für die Zeit vor 1900 angenommen worden (RGZ. Bd. 11 S. 45, Bd. 27 S. 80) und es entspricht nunmehr auch der Vorschrift des § 187 Abs. 1 BGB., die, weil sie nur der Niederschlag des im Leben und Verkehr Üblichen ist, bei der Auslegung anderer Reichs- und Landesgesetze zugrunde zu legen ist (Planck, BGB. § 186 Anm. 1 Abs. 2). Der § 187 Abs. 2 BGB. findet hier keine Anwendung, weil nicht der Beginn des Tages, sondern das Ereignis der Protesterhebung für den Anfang der Frist maßgebend ist. Die dreimonatige Verjährungsfrist lief hiernach am 6. Dezember 1924 ab. Da das Gesuch um Erlassung eines Zahlungsbefehls dem Gerichtsschreiber spätestens am 5. Dezember 1924 zuging, trat die Unterbrechung der Verjährung noch vor deren Ablauf ein. Nun entsprach allerdings die Zustellung des Zahlungsbefehls nicht der zwingenden Vorschrift des § 211 ZPO. und war deshalb wirkungslos; die Beklagte hat aber, wie der Berufungsrichter einwandfrei feststellt, ohne Geltendmachung einer der Art der Zustellung entnommenen Rüge zur Hauptsache streitig verhandelt. Dieser Rügeverzicht macht, wie auch schon das Berufungsgericht annimmt, nicht nur die Zustellung prozeßrechtlich wirksam, sondern greift auch in das materielle Recht ein und bewirkt die Unterbrechung der Verjährung, wobei gemäß § 693 Abs. 2 ZPO. die Wirkung der Unterbrechung bereits mit der Einreichung des Gesuchs um Erlassung des Zahlungsbefehls, also mit dem 4. Dezember 1924 eingetreten ist. Der Revisionsangriff gegen diese auf RGZ. Bd. 87 S. 273 sich stützende

Rechtsauffassung ist nicht begründet. Mit Recht führt das Reichsgericht dort aus, daß das Prozeßrecht einer Zustellung, deren Mängel gemäß § 295 ZPO. durch Versäumung der Prozeßrüge geheilt sind, genau dieselbe Wirkung wie einer von Anfang an einwandfreien Zustellung beilege, daß nach Prozeßrecht die Rechtswirkung solcher Zustellung schon mit dem Zeitpunkt ihres Stattfindens eintrete und daß dies nicht nur für die prozessuale, sondern auch für die materiellrechtliche Wirkung der Zustellung gelte, weil das materielle Recht die Entscheidung über das Vorliegen einer wirksamen Zustellung dem Prozeßrecht überlasse. Eine Scheidung in der Weise, daß eine Zustellung prozessual wirksam ist, der materiellrechtlichen Wirksamkeit aber entbehrt, ist demnach ausgeschlossen.

RGZ. 114, 365.

1. Liegt Klagänderung vor, wenn der Remittent, der den Wechsel ohne Protesterhebung eingelöst und, ohne die nachfolgenden Vollindossamente zu durchstreichen, Wechselklage gegen den Akzeptanten erhoben hat, die Durchstreichung erst im Laufe des Rechtsstreits vornimmt?

2. Dient die Durchstreichung der nachfolgenden Indossamente nur dem Beweise der Berechtigung des Klägers zur Klagerhebung oder bildet sie einen wesentlichen Teil des zur Geltendmachung des Wechselanspruchs erforderlichen Tatbestands?

3. Ist § 593 Abs. 2 Satz 2 ZPO. eine Muß-Vorschrift, von deren Anwendung auch im Falle offenbarer Zwecklosigkeit ihrer Einhaltung nicht abgesehen werden kann?

WO. Art. 36, 54, 55, 74. ZPO. §§ 268 Nr. 1, 593 Abs. 2.

II. Zivilsenat. Urt. v. 8. Oktober 1926.

I. Landgericht I Berlin. — II. Kammergericht daselbst.

Die Klägerin hat als Besitzerin zweier Wechsel über 2700 RM und 4050 RM, die sie auf den Beklagten gezogen und an eigene Order gestellt hatte, gegen den Akzeptanten im Wechselprozeß Klage auf Zahlung von 6750 RM nebst Zinsen erhoben. Bei Klagerhebung trugen die Wechsel auf der Rückseite außer dem Vollindossament der Klägerin noch ein weiteres solches Indossament. Keines von diesen Indossamenten war bei Beginn des Rechtsstreits durchstrichen. Eine Protesterhebung hatte nicht stattgefunden.

Das Landgericht gab der Klage statt. Im Berufungsverfahren wurde die Klägerin vom Gericht darauf hingewiesen, daß sie zur Klage nicht legitimiert sei, weil sie nach den (nunmehr in Urschrift vorgelegten) Wechseln ihre Rechte aus diesen durch Indossament übertragen habe. Daraufhin strich der Prozeßbevollmächtigte der Klägerin die Indossamente auf den Wechseln durch und erklärte, die Klage werde nunmehr darauf gestützt, daß die Klägerin als Ausstellerin der von ihr im Rücklauf eingelösten Wechsel vom Beklagten als Akzeptanten Zahlung verlange. Der Beklagte bestritt, daß die Klägerin die Wechsel im Rücklauf eingelöst habe, und erklärte das Durchstreichen der Indossamente in diesem Abschnitt des Verfahrens für unzulässig. Er erhob die Einrede der Klagänderung und die Rüge aus § 593 Abs. 2 ZPO. Das Berufungsgericht wies die Klage ab. Es ging davon aus, daß in erster Instanz die Legitimation der Klägerin zur Klage nicht vorhanden gewesen sei, ihr nunmehriges Vorbringen aber eine Klagänderung darstelle. Die Revision der Klägerin führte zur Aufhebung und Zurückverweisung.

Aus den Gründen:

Die vom Berufungsrichter bejahte Frage der Klagänderung ist in der im wesentlichen gleichliegenden Sache II 140/26 vom Feriensenat des Reichsgerichts am 22. Juli 1926 in gleichem Sinne entschieden worden. Der jetzt erkennende Senat vermag sich dieser Auffassung nicht anzuschließen. Um davon abzuweichen, bedarf es nach § 136 Abs. 1 GVG. keiner Anrufung der vereinigten Zivilsenate. Denn der Feriensenat wird nur an Stelle des ordentlichen Senats tätig und hört nach Beendigung der Gerichtsferien auf zu bestehen.

In der Sache selbst handelt es sich im vorliegenden Falle um zwei im Rücklauf befindliche Wechsel. Die Klägerin (als Remittentin) hatte ihrer Wechselklage gegen den Beklagten (als Akzeptanten) Wechselabschriften beigefügt, die zwei nicht durchstrichene Vollindossamente aufwiesen. Den Klagegrund bildete die Behauptung, der Beklagte als Bezogener habe die Wechsel akzeptiert und sei dadurch verpflichtet worden, der Remittentin oder den Indossataren die Wechselsummen zu zahlen. Da die Klägerin ihre Klagberechtigung nach dem Inhalt der Wechsel nicht auf Indossamente zu stützen vermochte (das letzte Indossament war ein Vollindossament, das auf den Namen eines anderen lautete), konnte die Erklärung in der Klagschrift, der Beklagte als Akzeptant schulde der Klägerin „als legitimierter Inhaberin" die Wechselsummen, verständigerweise nicht dahin aufgefaßt werden, daß die Klägerin als letzte Inhaberin der Wechsel die Rechte aus ihnen geltend mache. Sie bedeutete vielmehr, daß die Wechsel durch Einlösung, also im Wege des Rücklaufs, an die Remittentin zurückgelangt seien und daß diese daher wieder in ihr altes Wechselrecht eingetreten sei.

Um denselben Klagegrund handelte es sich auch im Berufungsverfahren. Hätten die Wechsel mit einem Blankoindossament abgeschlossen, so wäre die Klägerin zur Erhebung der Klage gegen den Akzeptanten ohne weiteres, auch ohne Protesterhebung, legitimiert gewesen. Da diese Voraussetzung nicht zutraf, fehlte ihr vorläufig, so lange die nachfolgenden Indossamente noch nicht durchstrichen waren, die Legitimation, d. h. der aus der Wechselurkunde selbst hervorgehende Ausweis als Berechtigter. Da in der ersten Instanz die Sachbefugnis der Klägerin vom Beklagten nicht beanstandet war, spielte dieser Punkt dort keine Rolle. Die Beschaffung des genannten Ausweises wurde nun in der Berufungsinstanz dadurch nachgeholt, daß die Klägerin gemäß Art. 55 WO. die beiden Indossamente durchstrich.

An sich fällt diese Handlung der Klägerin unter den Begriff der Berichtigung und Ergänzung tatsächlicher Anführungen, worauf § 268 Nr. 1 ZPO. Anwendung findet, sofern darin nicht eine Änderung des Klagegrundes zu erblicken sein sollte. Dies wiederum hängt davon ab, ob die Durchstreichung der Indossamente nur dem Beweis der Berechtigung der Klägerin zur Klagerhebung dient (der, wie unten auszuführen sein wird, auch auf andere Weise als im Wege der Durchstreichung geführt werden könnte), oder ob die Durchstreichung erst die formale Grundlage zur Klagberechtigung erzeugt, also einen wesentlichen Teil des zur Geltendmachung des Wechselanspruchs erforderlichen Tatbestands bildet. Der letztere Standpunkt wird vom Berufungsgericht und vom Feriensenat (in der Entscheidung vom 22. Juli 1926) vertreten. Der jetzt erkennende Senat dagegen tritt im Anschluß an die Ausführungen von M a n s f e l d in LZ. 1912 Sp. 577 (588) der ersterwähnten Auffassung bei aus folgenden Erwägungen.

Die Bedeutung der Durstreichung der nachfolgenden Indossamente für die Herbeiführung der Legitimation des Wechselinhabers ist ganz verschieden, je nachdem es sich um Begebung des Wechsels und Protesterhebung mangels Zahlung oder um seine Einklagung handelt. Bei der Begebung durch Indossament bildet eine bis auf den Indossanten reichende ununterbrochene Kette von Indossamenten (Art. 36 WO.) ein unbedingtes Erfordernis für die Legitimation. Der Wechselverkehr, der eine schnelle, einfache und leicht zu übersehende Abwicklung erheischt, wäre aufs schwerste gehemmt und gelähmt, wenn die Berechtigung des Indossanten zur Begebung erst noch umständlich geprüft werden müßte.

Daher ist das Indossament eines nicht gemäß Art. 36 Legitimierten formungültig, auch wenn bewiesen werden könne, daß er trotz fehlenden äußeren Ausweises zur Indossierung berechtigt war, ebenso wie umgekehrt der im Augenblick des Erwerbs gutgläubige Indossatar ein selbständiges Wechselrecht erlangt, auch wenn seinem äußerlich legitimierten Indossanten in Wirklichkeit keine Wechselrechte zustanden (Art. 74 a. a. O.). Beim Protest mangels Zahlung muß aus ähnlichen Gesichtspunkten der gleiche Grundsatz gelten. Die wechselmäßige Mahnung, das außergerichtliche Zahlungsverlangen kann wirksam nur von demjenigen ausgehen, dessen Berechtigung sich aus dem Wechsel selbst ergibt, wie auch aus ganz ähnlichen Gründen im bürgerlichen Recht der Schuldner eine vom Vertreter des Gläubigers erklärte Mahnung zurückweisen kann, wenn die Vertretungsmacht nicht dargetan wird. In der Rechtsprechung ist deshalb auch stets daran festgehalten worden, daß Regreßansprüche nicht gestützt werden können auf eine Protesturkunde, die eine nicht legitimierte Person als Protesterhebenden bezeichnet. Aus diesem Grunde muß der Inhaber, bevor er Protest erheben läßt, die legitimationsschädlichen Indossamente durchstreichen. Für die Wirksamkeit des Protests kommt es deshalb ausschließlich auf die Legitimation und nicht auf das Recht des Protesterhebenden an. Insoweit kann den Ausführungen des Feriensenats beigetreten werden, wo mit Recht auf die Entscheidungen RGZ. Bd. 1 S. 32; Bd. 27 S. 43; Bd. 69 S. 101 hingewiesen wird; ähnlich ROHG. Bd. 1 S. 249; Bd. 18 S. 138; RGZ. Bd. 32 S. 78; JW. 1906 S. 467 Nr. 25.

Anders liegt jedoch die Sache bei der Geltendmachung des Wechsels gegen den Schuldner. Hier spielen weder Formvorschriften noch die besonderen Erfordernisse des materiellen Rechts für die Gültigkeit einseitiger Rechtshandlungen eine Rolle. Ob ein Anspruch desjenigen, der den Wechsel im Rücklauf eingelöst hat und dadurch wieder in seine alten Rechte eingetreten ist, gegenüber dem Akzeptanten begründet ist, richtet sich nach den Vorschriften des materiellen Rechts. Bestehen solche Rechte nicht, so können sie niemals im Wege des Durchstreichens der Nachindossamente begründet werden. Ergibt sich sonach die Berechtigung des Anspruchs gegen den Akzeptanten aus den Vorschriften des materiellen Rechts, so ist ein verständiger Zweck nicht einzusehen, der den Gesetzgeber zu dem Verlangen veranlaßt haben könnte, daß zu jener Berechtigung noch die äußere Legitimation hinzutreten müßte. Dies führt folgerichtig zu der Annahme, daß der Legitimationsmangel die Klagberechtigung des Gläubigers keineswegs ausschließt, sondern nur die nachteilige Folge für ihn hat, daß er sein Recht beweisen muß.

Geschieht das, so kommt der Legitimationsmangel nicht weiter in Betracht.

Gegen die Auffassung, die in der Durchstreichung der Nachindossamente einen Umstand erblickt, der erforderlich ist, um den Schluß auf das Begründetsein des Klagantrags zu rechtfertigen und der die Entstehung des Anspruchs gerade in der Person des Klägers dartun soll, spricht die Tatsache, daß es der Wechselinhaber jederzeit in der Hand hat, durch einen Federstrich die vermißte und die Klagabweisung hindernde Legitimation zu beschaffen. Jene Auffassung steht auch nicht im Einklang mit dem Grundsatze der Prozeßökonomie, wonach eine unnötige Verdopplung von Prozessen zu vermeiden ist. Wenn der *Feriensenat die Bedeutung der Herstellung der Legitimation mit dem* Fall vergleicht, wo ein Kläger seine ursprünglich nicht vorhandene Anspruchsberechtigung nachträglich auf eine im Laufe des Rechtsstreits vorgenommene Abtretung der Forderung an ihn gründen will (in welchem Falle allerdings unbedenklich Klagänderung anzunehmen wäre, weil die Entstehungstatsachen des geltend gemachten Rechts in wesentlichen Teilen umgestaltet werden), so liegt doch die Sache im vorliegenden Falle insofern anders, als die materielle Berechtigung der Klägerin bereits aus der Einlösung des Wechsels im Rücklauf herrührt.

Die gegenteilige Ansicht kann sich auch nicht auf Art. 55 in Verbindung mit Art. 36 WO. berufen. Die Wechselordnung regelt nur den Fall, wo der Indossant, der den rechtzeitig protestierten Wechsel im Regreßweg eingelöst hat, seine Vormänner in Anspruch nimmt. In diesem Falle bedarf es zur Geltendmachung des Wechselanspruchs nicht der Durchstreichung der Indossamente der Nachmänner, vielmehr genügt hierzu der Besitz des Wechsels und der Protesturkunde (WO. Art. 54). Allerdings ist der Indossant berechtigt, sein und seiner Nachmänner Indossament zu durchstreichen. Der Fall der Einlösung des Wechsels durch einen Vormann ohne Protesterhebung ist in der Wechselordnung überhaupt nicht geregelt. Gegen die herrschende Meinung, die den Nachweis der Berechtigung bei nicht protestiertem Wechsel nur im Wege des Durchstreichens der nachfolgenden Indossamente zuläßt, ist jedoch das Bedenken zu erheben, daß nicht ersichtlich ist, warum die aus dem Besitz des Wechsels und des Protests entstehende Vermutung im Falle des Fehlens eines Protests nicht durch den besonderen Nachweis der Wechseleinlösung sollte ersetzt werden können. Mit Recht weist Bernstein WO. Art. 36 § 2 Ob Abs. 5 darauf hin, daß Art. 36 deshalb nicht entgegenstehe, weil er nur bezwecke, das Recht zur Empfangnahme der Zahlung durch den Erwerber „im

Wechselverlauf" zu regeln. Eine auf den Wechselinhaber lautende quittierte Retourrechnung (WO. Art. 54) ist ein wechselmäßiger und somit ausreichender Nachweis, da er nach den Gepflogenheiten des Wechselverkehrs nur die Deutung zuläßt, daß der Zahler den Wechsel im Rücklauf eingelöst hat.

Kann hiernach der Nachweis der Berechtigung auch auf andere Weise als im Wege der Durchstreichung der nachfolgenden Indossamente erbracht werden, so ist nicht zu verstehen, warum gerade die Durchstreichung ein wesentlicher Teil des Klagfundaments sein soll und warum man gegebenenfalls sich nicht auch im Wechselprozeß damit begnügen sollte, diesen Nachweis durch den Wechsel ohne durchstrichene nachfolgende Indossamente und durch gleichzeitige Vorlegung der auf den Kläger lautenden quittierten Retourrechnung als erbracht anzusehen. Schließlich mag auch noch hervorgehoben werden, daß in der Verneinung der Klagänderung keinerlei Härte oder Unbilligkeit gegen den in Anspruch genommenen Akzeptanten liegt. Denn er mußte von vornherein damit rechnen, daß die Klägerin die nur von ihrem Willen abhängige Beseitigung des äußeren Mangels ihrer Legitimation bei Anregung dieser Frage vornehmen werde.

Liegt demnach keine Klagänderung vor, so ist weiter zu der Frage Stellung zu nehmen, auf die der Berufungsrichter von seinem gegenteiligen Standpunkt aus nicht einzugehen brauchte, ob nicht die Klage, wie der Beklagte meint, schon wegen Verstoßes gegen § 593 ZPO. abzuweisen war. Auch hier vermag der erkennende Senat die Auffassung des Feriensenats nicht zu teilen. Allerdings verlangt § 593 Abs. 2, daß im Urkundenprozeß die Urkunden in Urschrift oder in Abschrift der Klage oder einem vorbereitenden Schriftsatz beizufügen seien und daß im letzteren Falle zwischen der Zustellung des Schriftsatzes und dem Termin zur mündlichen Verhandlung ein der Einlassungsfrist gleicher Zeitraum liege. Zuzugeben ist auch, daß die der Klagschrift beigefügten Wechselabschriften, auf denen die Indossamente nicht durchstrichen waren, zum Nachweis der Berechtigung der Klägerin nicht genügten. Nachdem die Legitimation der Klägerin in der Berufungsinstanz streitig und die Beibringung eines urkundlichen Beweises hierfür notwendig geworden war, hätte es daher nach dem Wortlaut des § 593 einer erneuten Zustellung von Wechselabschriften mit durchstrichenen Indossamenten bedurft. Allein im vorliegenden Falle hat das Durchstreichen der Indossamente in Gegenwart des Beklagten vor Gericht stattgefunden und es sind dann die so abgeänderten Wechsel vorgelegt worden. Durch diese Vorlegung in der mündlichen Verhandlung wurde, wie das Reichsgericht bereits mehrfach erkannt hat (RGZ. Bd. 56 S. 306, Bd. 97 S. 165, Bd. 104 S. 37), die vorgeschriebene Zustellung ersetzt. Das will auch der Feriensenat gelten lassen, er erblickt aber einen wesentlichen Verstoß gegen § 593 Abs. 2 darin, daß die Einlassungsfrist nicht gewahrt sei. Für den gegenwärtigen Prozeß kommt dies jedoch deshalb nicht in Betracht, weil die Klägerin, nachdem dieser Beweisantritt — für sie überraschend — auf die Anregung des Berufungsgerichts hin nötig geworden war, um Verlegung des Termins nachgesucht hat, eine Bitte, welcher der Berufungsrichter unter Würdigung der besonderen Umstände des Falles hätte entsprechen sollen. Abgesehen hiervon steht aber der Anwendung des § 593 Abs. 2, obwohl er sich äußerlich als „Mußvorschrift" darstellt, im vorliegenden Falle ihre völlige Zwecklosigkeit entgegen. Denn die Frist soll dem Gegner die Möglichkeit geben, die neuvorgelegte Urkunde in bezug auf Echtheit, Inhalt und Beweiserheblichkeit sorgfältig zu prüfen. Eine solche Prüfung kam gegenüber den nunmehr in Urschrift vorhandenen Wechseln nicht in Frage, da der Beklagte, abgesehen von den Durchstreichungen der Indossamente, den Wechselinhalt genau kannte und die in seiner Gegenwart vorgenommenen Durchstreichungen in keiner Weise beanstandet werden konnten. Unter solchen Umständen wäre die Einhaltung der Vorschrift des § 593 Abs. 2 auf eine zwecklose, leere Form hinausgelaufen, auf deren Einhaltung der Beklagte nicht bestehen konnte. Der Mangel dieser Formvorschrift ist zudem vom Beklagten nicht ausdrücklich gerügt worden und deshalb gemäß § 295 ZPO. als geheilt anzusehen.

RGZ. 115, 311.

Bildet auch dann, wenn es sich um die Eingehung wechselmäßiger Verpflichtungen handelt, die Vorschrift des § 137 Abs. 3 der Preuß. Kreisordnung vom 13. Dezember 1872 nicht bloß eine Formvorschrift, sondern zugleich und in erster Reihe eine Beschränkung der Willensorgane einer Körperschaft öffentlichen Rechts in ihrer Vertretungsmacht? Bildung von Gewohnheitsrecht.

Preußische Kreisordnung v. 12. Dez. 1872 § 137 Abs. 3. Preußische Landgemeindeordnung v. 3. Juli 1891 § 88 Abs. 4 Nr. 7. Preußische Städteordnung v. 30. Mai 1853 § 56 Nr. 8. Preußische Provinzialordnung v. 29. Juni 1875 § 91. EG. z. BGB. Art. 55.

II. Zivilsenat. Urt. v. 7. Dezember 1926.

I. Landgericht I Berlin. — II. Kammergericht daselbst.

Der Kläger ist Inhaber zweier Wechsel vom 24. November und 1. Dezember 1924 über 700 000 RM und 300 000 RM. Aussteller ist in beiden Fällen die Kreissparkasse-Kreisbank Liebenwerda; der Ausstellervermerk trägt die Unterschriften M. und W., denen ein Farbstempel beigedruckt ist. (M. ist der erste Beamte mit dem Titel Sparkassendirektor, W. ist Beamter der Sparkasse; beide sind gemäß Aushang im Schalterraum zu Zeichnungen für die Sparkasse ermächtigt.) Beide Wechsel sind gezogen auf den Kreisausschuß des Kreises Liebenwerda und zahlbar beim Notar Dr. Kurt S. in Berlin. Die Akzepte lauten: „Kreisausschuß des Kreises Liebenwerda" und tragen die Unterschriften V., P. und D. mit beigedruckten Farbstempeln des Landrats und des Kreisausschusses des Kreises Liebenwerda; die erste Unterschrift ist die des Landrats, die beiden andern sind solche von Kreisausschußmitgliedern. Die Wechsel sind an eigene Order ausgestellt und je mit einem Blankoindossament der Kreissparkasse-Kreisbank Liebenwerda versehen. Sie wurden an den Verfalltagen, nämlich am 24. Februar und 3. März 1925, beim Domiziliaten präsentiert und protestiert.

Der Kläger nimmt den beklagten Kreis als Akzeptanten beider Wechsel und als Rechtsträger des Sondervermögens der Kreissparkasse Liebenwerda in Anspruch, die nach seiner Ansicht in beiden Fällen als Ausstellerin und Indossantin haftet; er verlangt im Wechselprozeß 1 Million Reichsmark nebst Zinsen, Protestkosten und Provision.

Der Beklagte wendet ein, die Akzepte des Kreises seien unwirksam, weil sie nicht den Beschluß des Kreisausschusses oder Kreistages über die Genehmigung der Akzeptierung enthielten; auch die Ausstellung durch die Sparkasse sowie deren Giro seien ohne Wirkung, weil sie nicht von den zur Vertretung der Sparkasse berechtigten Personen herrührten. Nach der Satzung der Kreissparkasse müßten öffentliche Urkunden, durch welche die Sparkasse verpflichtet werden solle, vom Vorsitzenden (nach § 3a dem Landrat) oder seinem Stellvertreter (nach § 3 Abs. 2 Satz 2 einem vom Landrat bestimmten Mitglied des Kreisausschusses) und einem zweiten Vorstandsmitglied vollzogen und mit dem Stempel der Sparkasse versehen sein. Demgegenüber hält der Kläger Akzept, Ausstellervermerk und Indossament für rechtsgültig. Er behauptet außerdem, der Vorstand der Kreissparkasse L. — der aus dem Landrat als Vorsitzenden und vier vom Kreistag zu wählenden Mitgliedern besteht — habe die Beamten, welche die Unterschriften unter den Ausstellungsvermerken geleistet hätten, zur Wechselzeichnung ausdrücklich ermächtigt, und zwar urkundlich in der Form, wie es die Satzung vorschreibe. Hierüber schiebt er dem Beklagten den Eid zu, den dieser, da die Behauptung zu den klagebegründenden Tatsachen gehöre, in der gewählten Prozeßart für unzulässig hält, im übrigen jedoch annimmt.

Das Landgericht hat die Klage abgewiesen. Die Berufung wurde zurückgewiesen mit der Maßgabe, daß die Klage als in der gewählten Prozeßart unstatthaft abgewiesen sei. Die Revision des Klägers hatte keinen Erfolg.

Gründe:

1. Mit Recht hat der Berufungsrichter die Haftung des Beklagten aus den Akzepten des Kreisausschusses abgelehnt. Die vom Kläger hiergegen geltend gemachten Revisionsangriffe können nicht zu einer gegenteiligen Entscheidung führen.

Der § 137 Abs. 3 der Kreisordnung vom 13. Dezember 1872 bestimmt: „Urkunden über Rechtsgeschäfte, welche den Kreis gegen Dritte verbinden sollen, ingleichen Vollmachten müssen unter Anführung des betreffenden Beschlusses des Kreistages bzw. Kreisausschusses von dem Landrat und zwei Mitgliedern des Kreisausschusses bzw. der mit der Angelegenheit betrauten Kommission unterschrieben und mit dem Siegel des Landrats versehen sein." — Gegen diese Vorschrift verstößt das Akzept auf beiden Wechseln. Bedeutungslos ist zwar, daß kein Siegel, sondern ein Farbstempel zur Verwendung gelangt ist (JW. 1912 S. 816 Nr. 40). Es fehlt aber bei den Akzepten die Anführung des Beschlusses des Kreistags oder Kreisausschusses. In ständiger Rechtsprechung (JW. 1905 S. 446 Nr. 35; RGZ. Bd. 67 S. 269, Bd. 68 S. 407, Bd. 73 S. 73 und 205, Bd. 83 S. 7, Bd. 82 S. 396, Bd. 89 S. 433, Bd. 104 S. 205; JW. 1926 S. 1450 Nr. 5; WarnRspr. 1923/24 Nr. 157) hat das Reichsgericht die Vorschrift des § 137 Abs. 3 der Kreisordnung und die entsprechenden Vorschriften in § 88 Abs. 4 Nr. 7 der Preußischen Landgemeindeordnung vom 3. Juli 1898, in § 56 Nr. 8 der Preußischen Städteordnung vom 30. Mai 1853 und in § 91 der Preußischen Provinzialordnung vom 29. Juni 1875 in dem Sinne ausgelegt, daß es sich hierbei nicht lediglich um Formvorschriften, sondern zugleich und in erster Reihe um eine Besrchänkung der Willensorgane der betreffenden juristischen Person des öffentlichen Rechts handle. Wären es nur Formvorschriften, so würde allerdings Art. 55 EG. z. BGB. Platz greifen, wonach die privatrechtlichen Vorschriften der Landesgesetze außer Kraft treten, soweit nicht im Bürgerlichen Gesetzbuch oder im Einführungsgesetz dazu ein anderes bestimmt ist. Soweit es sich jedoch um eine

Beschränkung der Vertretungsmacht von Organen der Körperschaften öffentlichen Rechts handelt, bleiben die Vorschriften der Landesgesetze in Kraft. Diese allein haben zu bestimmen, in welcher Weise die öffentlichrechtlichen juristischen Personen durch ihre Willensorgane zu vertreten sind und wie diese Organe mit verbindlicher Kraft ihre Erklärungen für die von ihnen vertretene Körperschaft abzugeben haben. Demgemäß hat auch dieser Senat bereits ausgesprochen, daß, wie im Privatrecht der Vollmachtgeber mehreren Personen Vollmacht erteilen kann, auf Grund deren sie nur gemeinschaftlich und unter Einhaltung bestimmter Formen Willenserklärungen für ihn sollen abgeben dürfen, so auch der Gesetzgeber für die gesetzliche Vertretung die Einhaltung bestimmter Formen verordnen kann, und daß es sich dabei nicht um Vorschriften des bürgerlichen Rechts über Rechtsgeschäfte und Verträge, sondern um solche über den Umfang der Vertretungsmacht der Organe der öffentlichrechtlichen juristischen Person handelt (RGZ. Bd. 64 S. 414). Durch solche dem öffentlichen Recht angehörenden Vorschriften sollen die betreffenden Körperschaften davor geschützt werden, daß ihre Organe die ihnen gesetzten Schranken überschreiten. Unzulässig ist es, diesen Vorschriften bei wechselrechtlichen Verpflichtungen eine andere Bedeutung beizumessen als bei anderen Vertragsverpflichtungen der öffentlichrechtlichen Körperschaften. Die vom I. Zivilsenat in RGZ. Bd. 50 S. 23 vertretene gegenteilige Auffassung, die im § 88 Abs. 4 Nr. 7 Abs. 2 der Preußischen Landgemeindeordnung nur eine Formvorschrift erblicken will, die nicht zur Ergänzung der von der Wechselordnung selbst aufgestellten Formvorschriften herangezogen werden dürfe, kann nicht als zutreffend angesehen werden. Es bedarf jedoch nicht der Anrufung der Vereinigten Zivilsenate, um von jener Auffassung des I. Zivilsenats abzuweichen, da der I. Zivilsenat erklärt hat, daß er an der in RGZ. Bd. 50 S. 23 ausgesprochenen Ansicht nicht mehr festhalte.

Ob die Bezugnahme auf den Beschluß des Kreistags oder Kreisausschusses oder die Anführung dieses Beschlusses dann unterbleiben kann, wenn der Beschluß dem Vertragsgegner vorher mündlich mitgeteilt worden ist (was der VII. Zivilsenat in RGZ. Bd. 73 S. 73 bejaht, der V. Zivilsenat S. 205 daselbst dahingestellt läßt), braucht hier nicht entschieden zu werden. Denn die Eideszuschiebung über eine derartige zur Klagebegründung gehörende, vom Gegner bestrittene Behauptung ist kein im Wechselprozeß zulässiges Beweismittel. Der Kläger meint, es habe sich im Anschluß an RGZ. Bd. 50 S. 23 ein Gewohnheitsrecht im Sinne der dort vertretenen Auffassung gebildet.

Diese Möglichkeit muß jedoch als ausgeschlossen gelten angesichts der oben angegebenen, wenn auch nicht gerade die wechselrechtlichen Verpflichtungen betreffenden Entscheidungen des Reichsgerichts und der Stellungnahme des Schrifttums (vgl. Staub-Stranz WO. Art. 5 Anm. 34 Abs. 1 und Art. 9 Anm. 2; Rehbein-Mansfeld WO. 8. Aufl. Anm. 27 Abs. 2, Anm. 39 zu Art. 4; Genzmer Landgemeindeordnung S. 172 zu § 88 Nr. 7).

Daß die Anführung des Körperschaftsbeschlusses keinen unter allen Umständen zuverlässigen Schutz der Körperschaft bedeutet (da der in der Urkunde angeführte Beschluß möglicherweise gar nicht oder wenigstens nicht ordnungsmäßig gefaßt ist), soll nicht verkannt werden. Allein es spricht, wie schon in *RGZ. Bd. 64 S. 409* ausgeführt ist, immerhin ein hohes Maß von Wahrscheinlichkeit dafür, daß der angeführte Beschluß auch tatsächlich gefaßt wurde. Zur Entscheidung der Frage, ob die bloße Anführung des Beschlusses in der Wechselerklärung genügt oder ob der angeführte Beschluß auch ordnungsmäßig gefaßt sein muß, nötigt im vorliegenden Falle nichts, da den Akzepten schon gemäß § 137 der Kreisordnung die Rechtswirksamkeit fehlt.

An diesem Ergebnis vermag auch die Erwägung nichts zu ändern, daß mit der Aufrechterhaltung der Gültigkeit der genannten landesrechtlichen Vorschriften für die Körerschaften eine erhebliche Erschwerung der Teilnahme am Wechselverkehr verbunden ist, auf den diese Körperschaften zur Erfüllung ihrer Aufgaben zum Teil angewiesen sind. Es mag dies zwar ein beachtliches Moment dafür sein, daß etwa die Gesetzgebung die hier fraglichen landesgesetzlichen Vorschriften den Bedürfnissen des heutigen Verkehrs mehr anpaßt; gegenüber dem derzeitigen Stande der Gesetzgebung kann aber die Rechtsprechung keine Abhilfe schaffen. Will der Wechselnehmer sich vor Schaden schützen, so bleibt ihm nichts übrig, als sich zu vergewissern, ob die Organe der öffentlichrechtlichen Körperschaften im Rahmen ihrer Vertretungsmacht gehandelt haben und ob die einschlägigen landesgesetzlichen Vorschriften des öffentlichen Rechts beobachtet worden sind.

2. Ebensowenig ist im Wechselprozeß hier eine Haftung des Beklagten aus dem Ausstellervermerk und dem Giro zu begründen.

Nach § 4 der zur Zeit der Ausstellung der beiden Wechsel in Geltung gewesenen Satzung der Kreissparkasse hat der Vorstand die Eigenschaft einer öffentlichen Behörde. „Er vertritt die Sparkasse" — wie es in der Satzung heißt — „gerichtlich und außergerichtlich; öffentliche Urkunden, durch welche die Sparkasse verpflichtet werden soll, müssen vom Vorsitzenden oder seinem Stellvertreter und einem zweiten Vorstandsmitglied vollzogen und mit dem Stempel der Sparkasse versehen sein." Diese Bestimmung ist insofern übertreten worden, als auf beiden Wechseln weder der Ausstellervermerk noch das Blankogiro vom Vorsitzenden oder seinem Stellvertreter vollzogen wurde. Mit Recht erblickt der Berufungsrichter in § 4 der Satzung keine bloße Formvorschrift, sondern (ebenso wie bei § 88 Abs. 4 Nr. 7 der Preuß. Landgemeindeordnung, § 56 Nr. 8 der Preuß. Städteordnung und § 137 Abs. 3 der Kreisordnung) zugleich Vorschriften, welche die Vertretungsmacht der an sich vertretungsberechtigten Organe einengen, um die Sparkasse vor der Inanspruchnahme für Verbindlichkeiten zu schützen, die in anderer als der gesetzmäßigen Form begründet werden. Der Kläger wendet zwar ein, die beiden Wechsel seien keine öffentlichen Urkunden im Sinne des § 4 der Satzung. Allein mit Unrecht. Wie der Berufungsrichter zutreffend ausführt, liegt der Nachdruck nicht sosehr auf dem Wort „öffentlich", als auf den Worten „Urkunden, durch welche die Sparkassen verpflichtet werden". Öffentlich sind diese Urkunden deshalb, weil der Vorstand der eine Anstalt des Kreises bildenden Sparkasse die Eigenschaft einer öffentlichen Behörde hat und bei der Ausstellung solcher Urkunden in Ausübung der ihm obliegenden Vertretung der Sparkasse handelt. Aus der Fassung des § 4 geht hervor, daß die Verpflichtungsurkunden mit ihren im Abs. 1 aufgestellten strengeren Anforderungen den gewöhnlichen Quittungen (Abs. 2) und den im Abs. 3 angeführten Geschäften und Bevollmächtigungen gegenübergestellt werden. Zu solchen Verpflichtungsurkunden, auf die § 4 Abs. 1 Anwendung findet, gehören der Ausstellervermerk und das Giro.

Wie das Reichsgericht mehrfach ausgesprochen hat (RGZ. Bd. 104 S. 205; JW. 1912 S. 96 Nr. 53 und S. 925 Nr. 27, ferner Urt. vom 24. September 1921 V 108/21), sollen die den Rahmen der Vertretungsmacht beschränkenden Vorschriften nicht gelten, soweit es sich um den Kreis der laufenden Geschäfte handelt. Allein mit Rücksicht auf die außerordentlich hohen Wechselsummen beider Wechsel hat der Berufungsrichter ohne Rechtsirrtum angenommen, daß es sich im vorliegenden Fall bei dem Ausstellervermerk und dem Giro um keine Geschäfte der laufenden Verwaltung gehandelt hat.

Über die Behauptung, daß die beiden Personen, welche die Wechsel für die Sparkasse gezeichnet und giriert haben, in der satzungsmäßigen Form dazu ermächtigt gewesen seien, hat der Kläger dem Beklagten den Eid zugeschoben. Da jedoch die unter Eid gestellte, vom Beklagten bestrittene Tatsache zu den klagebegründenden Tatsachen im Sinne des

§ 592 ZPO. gehört, ist der Eid im Urkunden- und Wechselprozeß nach dieser Vorschrift unzulässig. Da mit Rücksicht hierauf die Klage nur als in der gewählten Prozeßart unstatthaft abgewiesen ist, bleibt dem Kläger die Verfolgung seiner Ansprüche im ordentlichen Prozeß vorbehalten.

Weiter beruft sich der Kläger darauf, daß unter Billigung des Vorstands schon seit Jahren sämtliche Wechsel der Kreissparkasse nur mit den Unterschriften von zwei der durch Aushang bekannt gegebenen Sparkassenbeamten versehen worden seien; dies rechtfertige die Annahme, daß der gesamte Vorstand der Kreissparkasse jenen Beamten, und damit auch dem M. und dem W., stillschweigende Vollmacht zur *Unterzeichnung von Wechseln gegeben habe.* Auch wenn die Kreissparkasse und der Beklagte im Handelsverkehr es grundsätzlich gegen sich gelten lassen müßten, daß Angestellte der Sparkasse unter stillschweigender Duldung ihrer Organe so aufgetreten sind, als ob sie Vertretungsmacht hätten (vgl. RGZ. Bd. 50 S. 76, Bd. 65 S. 295, Bd. 100 S. 49), so trifft doch angesichts des Umstands, daß der zugeschobene Eid im Wechselprozeß nicht zulässig ist, hier das nämliche zu, was oben über die besondere Ermächtigung des M. und des W. zur Ausstellung und Girierung von Wechseln gesagt worden ist.

Das gleiche gilt auch für das Vorbringen der Revision, daß die Kreissparkasse, die sich selber als „Kreissparkasse-Kreisbank Liebenwerda" bezeichne, Kaufmann im Sinne des Handelsgesetzbuchs sei und nach § 36 daselbst in das Handelsregister nicht eingetragen zu werden brauche. Der Vorstand der Sparkasse stelle — so meint der Kläger — eine Deputation des Kreisausschusses dar, auf welche die Befugnisse des Kreisausschusses in bestimmter Weise übertragen seien; betreibe der Kreis in dieser Weise ein Bankgeschäft, so gehörten insoweit Wechselgeschäfte zu den Geschäften der laufenden Verwaltung, die vom § 137 Abs. 3 der Kreisordnung nicht betroffen würden. Ein Bankgeschäft ohne Wechselverkehr sei undenkbar. Aus welchen Gründen und in welcher Höhe eine Kreisbank im einzelnen Falle Wechsel ziehe und in Verkehr bringe, entziehe sich der Kenntnis und der kritischen Würdigung Außenstehender. Bei welchem Betrage das Ziehen eines Wechsels aufhören solle, ein Geschäft der laufenden Verwaltung einer Bank zu sein, dafür fehle jede Möglichkeit der Abgrenzung. Betreibe ein Kreis ein Bankgeschäft, so müsse er sich eben als Bankier behandeln lassen, und es verstoße gegen Treu und Glauben im Handelsverkehr, wenn er sich bei Zuwiderhandlungen seiner Organe hinter Schutzvorschriften zurückziehe, die zu einer Zeit erlassen seien, wo es nur gemeinnützige Sparkassen ohne Kaufmannseigenschaft gegeben habe; denn erst in neuerer Zeit hätten die Kreise und Landgemeinden das eigentliche Bankgeschäft aufgenommen. Hiergegen ist folgendes geltend zu machen: Ob die Kreissparkasse in Liebenwerda Kaufmann ist, läßt sich nach dem im Wechselprozeß zu Gebot stehenden Material nicht übersehen. Der hier in erster Reihe maßgebende § 1 Abs. 2 der Satzung bestimmt: Zweck der Sparkasse ist, den Sparsinn zu fördern, zur sicheren Anlegung von Ersparnissen, Mündelgeldern und anderen Geldern und zur Erlangung von Darlehen Gelegenheit zu geben, sowie in dem behördlich zugelassenen Umfang sonstige sichere Geldgeschäfte zu betreiben. Neben dem in Abschnitt III geregelten Spareinlagenverkehr betrifft der Abschnitt IV den Depositen- und Kontokorrentverkehr, der Abschnitt V noch andere Geschäftszweige, nämlich den An- und Verkauf von Wertpapieren und Hypothekenforderungen für fremde Rechnung, ferner die Verwahrung und Verwaltung von Wertpapieren und anderen Wertgegenständen und die Vermietung von Sicherheitsfächern sowie die Einziehung von Forderungen, die Einlösung fälliger Zins- und Gewinnanteilscheine, den Ein- und Auszahlungsverkehr, die Diskontierung von Wechseln und sonstige Geldgeschäfte, für die der Oberpräsident die Genehmigung erteilt hat. Der Abschnitt VI regelt die Anlegung des Sparkassenvermögens, dabei auch die Gewährung von Darlehen gegen Schuldschein und Wechsel.

Der Begriff der Bankier- und Geldwechslergeschäfte des § 1 Nr. 4 HGB. geht wesentlich weiter als der im § 1 Abs. 2 der Satzung der Kreissparkasse angegebene Zweck der Betreibung „sonstiger sicherer Geldgeschäfte". Die Behauptung, die Sparkasse oder der Kreis sei Kaufmann, war in dieser Allgemeinheit in den Vorinstanzen vom Kläger nicht aufgestellt. Auch der Umstand, daß die Sparkasse den in § 1 Abs. 1 der Satzung angegebenen Namen „Kreissparkasse Liebenwerda" noch den Zusatz „Kreisbank" beigefügt hat, ist an sich unerheblich. Aus der Satzung ist trotz der erwähnten Umgrenzung der geschäftlichen Betätigung nicht zu folgern, daß die Kreissparkasse schon jetzt eine entsprechende Tätigkeit aufgenommen hat. Insbesondere hat der Beklagte das Bestehen eines Wechselverkehrs, wie er vom Kläger behauptet ist, bestritten mit dem Anfügen, der Wechselverkehr der Sparkasse beschränke sich darauf, daß sie Wechsel weitergiriere, die sie für ihre Kundschaft einziehe und an ihre Zentralorganisation, die Girozentrale, zur Weiterleitung an die Sparkasse am Orte des Bezogenen indossiere; es handle sich also um reine Inkassogiros, bei denen das Giro nur Legitimationszwecken diene und irgendwelche Gefahr für die Sparkasse nicht eintreten könne, da eine Valuta dabei weder gegeben noch genommen werde. Falls die Sparkasse von einzelnen Kunden einen Wechsel nicht nur zum Inkasso, sondern zur Diskontierung hereinnehme, müsse nach der Satzung vor dem Abschluß des Geschäfts ein ausdrücklicher Vorstandsbeschluß über die Einräumung eines Diskontkredits gefaßt werden. Da die Sparkassen nach Zweck, Ziel und Art dem gemeinen Nutzen dienen sollen, hat das Preußische Oberverwaltungsgericht (Entscheidungen Bd. 11 S. 56) ihre Kaufmannseigenschaft verneint, Staub dagegen bejaht sie. Allgemein läßt sich die Frage nicht beantworten, und nach dem bisherigen Material läßt sich nicht übersehen, ob die Sparkasse oder der Kreis Liebenwerda Bankgeschäfte betreibt.

Schließlich hat der Kläger noch geltend gemacht, der Landrat und der Kreisausschuß hätten durch Anbringung ihrer Akzeptvermerke zugleich ihre Genehmigung dazu erteilt, daß die Kreissparkasse, wenn auch unter Außerachtlassung der Vorschrift des § 4 Abs. 1 Satz 3 der Satzung, den Ausstellervermerk und das Giro auf die Wechsel gesetzt habe. Demgegenüber ist jedoch auf die oben erörterte Nichtigkeit der Akzepte hinzuweisen. Sie hat die Unwirksamkeit auch der in der Erteilung der Akzeptvermerke angeblich enthaltenen stillschweigenden Genehmigung zur Folge.

RGZ. 117, 69.

1. Über Bedeutung und Inhalt des wechselrechtlichen Begebungsvertrags.

2. Schließt der Nehmer eines in blanco girierten Wechsels, der diesen mit dem Auftrag empfängt, ihn für Rechnung des Gebers diskontieren zu lassen, mit dem Geber einen Begebungsvertrag?

WO. Art. 9, 10.

II. Zivilsenat. Urt. v. 6. Mai 1927.

I. Landgericht Freiburg i. B. — II. Oberlandesgericht Karlsruhe.

Die Klägerin hat als Inhaberin des eingeklagten, am 15. April 1926 fällig gewordenen und mangels Zahlung protestierten Wechsels, den sie als Indossantin im Rücklauf eingelöst haben will, die drei Beklagten gesamtschuldnerisch auf Zahlung der Wechselsumme von 9300 Schweizer Franken im Wechselprozeß in Anspruch genommen, und zwar die Beklagte zu 1 als Akzeptantin, die Beklagten zu 2 und 3 als Vorindossanten. Sie hat diesen Wechsel, der außer den Blankoindossamenten der Beklagten zu 2 und 3 auch dasjenige eines inzwischen verstorbenen v. G. trug, im Vorlauf aus der Hand des letzteren empfangen und, nachdem sie ihn mit ihrem Blankogiro versehen hatte, zum Inkasso dem Bankhaus B. & Co. in Freiburg übergeben, das ihr die Wechselsumme auf Schweizer Franken-Inkassokonto, Wert 15. April 1926, gutschrieb. Gleichzeitig gewährte ihr das Bankhaus eine Vorlage von 5500 RM gegen Verpfändung von zwei Sparkassenbüchern. Diese 5500 RM gab sodann die Klägerin, wie sie behauptet, dem v. G. als Darlehen. Das Bankhaus B. & Co. indossierte den Wechsel weiter an die Schweizerische Genossenschaftsbank in Basel, die beim Domiziliaten Protest mangels Zahlung erheben ließ. Die Klägerin wurde daher vom Bankhaus B. & Co., an das der Wechsel im Rücklauf kam, wieder mit 9300 Franken auf Schweizerfranken-Konto belastet. Sie deckte den ihr gewährten Kredit von 5500 RM nebst Zinsen und Wechselunkosten ab und erhielt daraufhin den Wechsel nebst Protest ausgehändigt.

Das Landgericht wies die Klage ab, das Oberlandesgericht dagegen gab ihr statt. Die Revision der Beklagten hatte keinen Erfolg.

Gründe:

Die Revision hat nicht in Zweifel gezogen, daß die Klägerin, die sich im Besitz des eingeklagten Wechsels und des Protestes befindet, den Wechsel als Indossantin im Rücklauf erworben hat und daß sie daher an sich regreßberechtigt ist. Es ist auch nicht von Bedeutung, ob sie diese Urkunden durch Erlegung der Regreßsumme oder durch Begleichung der Protestkosten und der effektiven Auslagen des Bankhauses zurückerlangt hat, an das sie den Wechsel zum Inkasso weiterbegeben hatte. Denn das Recht auf die versprochene Wechselsumme ist vom Gegenwert der Einlösung nicht abhängig (JW. 1909 S. 323 Nr. 27, 1910 S. 716 Nr. 26). Die Klägerin brauchte sich daher zur Wiedererlangung ihrer formellen Legitimation von ihrer Inkassomandatarin weder eine Abtretung zu verschaffen, noch ein Nachindossament geben zu lassen (RGZ. Bd. 114 S. 365).

In dieser Rechtsstellung als Wechselinhaberin wird ihr von den Wechselschuldnern der Einwand entgegengehalten, daß ihr Wechselrecht materiell nicht von Bestand sei, weil es zwischen ihr und ihrem Vormann v. G., durch dessen Blankoindossament sie die Rechte aus dem Wechsel erworben haben will, an einem Begebungsvertrag fehle. Denn die Klägerin habe den Wechsel mit dem Blankogiro des v. G. aus dessen Hand mit dem Auftrag empfangen, ihn für v. G. bei dem Bankhaus B. & Co. diskontieren zu lassen, wofür ihr aus dem Wechselerlös die Rückerstattung eines dem v. G. gewährten Darlehens von

5500 RM und eine Vermittlerprovision von 1500 RM versprochen worden sei. Sie habe jedoch den Wechsel nicht für v. G. diskontieren lassen und, dem Verlangen der Bank nachgebend, ihr Giro auf ihn gesetzt. Demnach sei zwischen ihr und v. G. kein Begebungsvertrag zustande gekommen. Das Landgericht hat dem Einwand stattgegeben während das Oberlandesgericht ihn mit tatsächlichen Erwägungen für widerlegt erachtete. Auf diese Feststellungen, die von der Revision bekämpft werden, kommt es jedoch im einzelnen nicht an, da dem Einwand aus rechtlichen Gründen der Erfolg zu versagen ist.

Die Frage nach der rechtlichen Natur eines wechselrechtlichen Indossaments und seiner Erfordernisse, die in der Rechtsprechung des Reichsgerichts bisher mehr nach Lage des einzelnen Falles behandelt worden ist, bedarf hier einer grundsätzlichen Klärung. Im wesentlichen herrscht seit langem in der Rechtsprechung wie im Schrifttum Einigkeit darüber, daß es zur Übertragung des Wechsels durch Indossament nicht nur eines Skripturakts, sondern auch einer Begebung des Wechsels, eines sogenannten Begebungsvertrags, bedarf (vgl. aus neuerer Zeit RGZ. Bd. 87 S. 367, Bd. 112 S. 202 sowie die Urteile des erkennenden Senats vom 22. Januar 1926 II 480/1925 und vom 29. März 1927 II 379/1926).

Die Wechselordnung spricht zwar in Art. 9 Abs. 1 nur davon, daß der Wechsel durch Indossament übertragen werde, aber dazu gehört, wie zu jeder Rechtsübertragung, ein Vertrag, der, wie jede Wechselverpflichtung abstrakt ist, auch nur ein abstrakter Vertrag sein kann. Insoweit kann die Frage als ausgetragen gelten. Die rechtliche Natur dieses Vertrags wird aber weder dadurch erschöpfend genug gekennzeichnet, daß er im Geben und Nehmen des Wechsels beruhe (RGZ. Bd. 5 S. 82, Bd. 112 S. 202), noch dadurch, daß es genügen soll, wenn das indossierte Papier mit dem Willen des unmittelbaren Vormanns in die Hände des Indossatars gelangt (II 379/26). Wer mit dem Willen des Gebers einen von diesem in blanco girierten Wechsel zur Aufbewahrung empfängt oder wer damit beauftragt ist, einen solchen Wechsel zur Bank zu tragen, damit sie ihn dem Auftraggeber diskontiere, gelangt zwar durch Geben und Nehmen in den Besitz des Wechsels, er erlangt aber nicht die Rechtsstellung des Wechselgläubigers und begegnet, wenn er ihn gegen den Schuldner einklagt, dem berechtigten Einwand, daß er den Wechsel nicht durch einen Begebungsvertrag erlangt habe. Es muß also zu dem bloßen einverständlichen Geben und Nehmen etwas weiteres hinzukommen, um den Begebungsvertrag zu vollenden, und das ist die Einigung des Gebers und Nehmers, welche die Rechtsübertragung ausmacht. Daß indessen diese Einigung, wenn sie ein Begebungsvertrag sein soll, die Übertragung der Wechselrechte zu eigenem Nutzen des Empfängers enthalten müsse, wie aus Art. 10 WO. („durch das Indossament gehen alle Rechte aus dem Wechsel auf den Indossatar über, insbesondere auch die Befugnis, den Wechsel weiter zu indossieren") hervorzugehen scheint, steht mit der modernen Rechtsentwicklung nicht im Einklang. Wie die Bedürfnisse des Verkehrs im bürgerlichen Recht zur Anerkennung einer Inkasso-Abtretung und fiduziarischer Rechtsübertragungen geführt haben, so hat die Rechtsprechung des Reichsgerichts auch im Wechselrecht die Gültigkeit fiduziarischer Indossamente und der sogenannten Inkasso-Indossamente anerkannt, letztere mit der Wirkung, daß der Inkasso-Indossatar im Innenverhältnis nur Beauftragter ist, daß er aber nach außen als Gläubiger der im Innenverhältnis ihm fremd gebliebenen Rechte gilt, also legitimiert ist, die Gläubigerrechte auszuüben. Damit hängt es zusammen, daß er sich die Einwendungen gefallen lassen muß, die diesem fremden Recht entgegenstehen. Ein gültiger Begebungsvertrag liegt daher auch dann vor, wenn dem Empfänger des indossierten Papiers nach außen die Legitimation zur Geltendmachung ihm fremd gebliebener Rechte eingeräumt wird. Der gleichen Erscheinung begegnet man auch im Aktienrecht, wo das Indossament der Namensaktie dazu benutzt wird, dem Erwerber nur die äußere Legitimation des Rechtsinhabers zu verschaffen, um ihn instandzusetzen, die Aktienrechte auszuüben, insbesondere mitzustimmen (vgl. Staub Kommentar zum HGB. § 222 Anm. 16 flg., § 223 Anm. 17 flg. und die dort angeführte Rechtsprechung). Ein gleicher oder ähnlicher Rechtsgedanke wird auch bei Auslegung des § 185 Abs. 1 BGB. im Schrifttum erörtert (vgl. Oertmann 3. Auflage zu § 185 BGB. Anm. 3). Nach § 185 Abs. 1 BGB. ist eine Verfügung, die ein Nichtberechtigter über einen Gegenstand trifft, wirksam, wenn sie mit Einwilligung des Berechtigten erfolgt. Diese Vorschrift bezieht sich zwar unmittelbar nur auf die Wirkung des Handelns eines Nichtberechtigten; trotzdem wird darin im Schrifttum (so Enneccerus BGB. Bd. I § 175, Ludewig Die Ermächtigung 1922) eine „Verfügungsermächtigung" oder „eine Überlassung der Rechtsausübung" erblickt, ein Zeichen, daß auf allen Gebieten des Rechts die Entwicklung dazu drängt, die Möglichkeit einer Übertragung der Legitimation zur Ausübung fremder Rechte anzuerkennen.

Nun liegt das Rechtsverhältnis zwischen Geber und Nehmer des Wechsels beim Diskontierungsauftrag insofern anders als beim Inkassomandat, als der Beauftragte den Wechsel nicht einziehen und gegen den

Schuldner einklagen, sondern im eigenen Namen, aber für Rechnung des Gebers diskontieren, also verwerten soll. Der Auftrag betrifft jedoch hier wie dort nur das Verpflichtungsgeschäft, also den innern, kausalen Teil des Rechtsverhältnisses. Diese Seite ist auch beim Diskontierungsauftrag von der Verfügungsermächtigung wohl zu unterscheiden, welche die Legitimationsübertragung zum Gegenstand hat. Beide, der Inkassomandatar und derjenige, der einen Wechsel diskontieren lassen soll, sind im Innenverhältnis nur Beauftragte. Die Weiterbegebung selbst ist, wie die Einziehung, eine Verfügung und als solche Erfüllung oder Teil der Erfüllung des kausalen Vertrags, durch den der Beauftragte zu verfügen verpflichtet wird; die Einigung darüber, daß *der Beauftragte zu verfügen ermächtigt wird,* ist der Gegenstand des abstrakten Geschäfts. Macht der mit der Diskontierung Beauftrage von der ihm durch den abstrakten Vertrag eingeräumten Verfügungsbefugnis einen auftragswidrigen Gebrauch, läßt er den Wechsel, ohne ihn diskontieren zu lassen, bei sich liegen, so daß dadurch Rechte verwirkt werden, so macht er sich aus der kausalen Abmachung heraus schadensersatzpflichtig. Nicht immer handelt er auftragswidrig, wenn er den Wechsel bei einer anderen als der ihm bezeichneten Stelle diskontieren läßt, wenn er ihn der Bank zum Inkasso indossiert, anstatt ihn gegen Erlegung der Diskontsumme weiterzubegeben, wenn er von der Ermächtigung Gebrauch macht, obwohl der Auftrag widerrufen ist, oder wenn er den Wechsel unmittelbar gegen den Wechselschuldner einklagt. Das alles berührt nicht die durch das Geben und Nehmen des Wechsels zur Diskontierung vollzogene Einigung, daß der Beauftragte nach außen in der Rechtsstellung des Wechselgläubigers auftreten und über die Rechte des Auftraggebers verfügen soll. Daß diese Verfügungsermächtigung, die dem Beauftragten eingeräumt wird, beim Inkassoindossament die unmittelbare Einziehung des Wechsels, bei der Begebung zur Diskontierung die Weiterübertragung der Wechselrechte an die Bank zum Gegenstand hat, macht für die Bedeutung des abstrakten Vertrags als Begebungsvertrag keinen Unterschied. Durch die Einziehung wie durch die Weiterbegebung eines Wechsels werden Befugnisse ausgeübt, wie sie nur aus der vollen rechtlichen Machtstellung eines Wechselgläubigers heraus erwachsen können. Beide setzen daher, wenn sie einem anderen zur Ausübung überlassen werden, die Einräumung dieser Machtstellung voraus, also zum wenigsten die äußere Legitimation, als Wechselgläubiger aufzutreten. Mit der Ermächtigung zur Weiterbegebung eines Wechsels wird aber diese Machtstellung übertragen, weil die Begebung an einen dritten durch den Beauftragten die vollen Wechselrechte des Auftraggebers, also das Recht zur Einziehung und zur abermaligen Weiterbegebung durch den diskontierenden Empfänger, auf diesen überträgt. Es tut daher der Übertragung der Legitimation an den Beauftragten nach außen, wenn sie die Erfordernisse eines Begebungsvertrags aufweisen soll, keinen Abbruch, wenn von dieser Legitimation nach den internen Weisungen des Auftraggebers nur ein bestimmter Gebrauch gemacht werden soll oder nach Art des Auftrags — soll dieser erfüllt werden — im Wechselvorlauf nur ein bestimmter Gebrauch gemacht werden kann. Ebenso, wie der Inkassomandatar nur zur Einziehung des Wechsels ermächtigt, seine Befugnis zur Weiterbegebung aber ausgeschlossen werden kann, ohne daß diese Einschränkung für den Begebungsvertrag von Bedeutung wäre, bildet die in der Natur des Diskontierungsauftrags liegende Ermächtigung an den Beauftragten, den Wechsel nur an die Bank weiterzubegeben, kein Hindernis dagegen, daß sich in der Einräumung dieser Verfügungsermächtigung seine äußere Legitimation als Wechselgläubiger überhaupt kundgibt.

Der Einwand, daß es an dieser Übertragung der Legitimation hier fehle, weil die Klägerin den Wechsel ohne Einverständnis ihres Vormanns mit ihrem Giro versehen habe, steht im Widerspruch mit dem unbestrittenen Sachverhalt. Denn danach war der Zweck der ganzen Abmachung zwischen der Klägerin und v. G., dem letzteren Geld zu verschaffen und dazu die Beziehungen der Klägerin zum Bankhaus B. & Co. und ihr Guthaben bei dieser Bank oder bei einer Sparkasse nutzbar zu machen. Wer aber als Kaufmann einen Wechsel nicht selbst unterbringen kann, weil seine Unterschrift oder andere auf dem Wechsel befindliche Unterschriften der Bank nicht genügen, und daher einen Dritten in Anspruch nimmt, weiß, daß die Verwertung des Wechsels nicht ohne das Giro des Beauftragten erfolgen kann. Es liegt deshalb, wie regelmäßig, auch hier die Sache so, daß derjenige, der einen in blanco girierten Wechsel zur Diskontierung erhält, damit den Auftrag übernimmt, ihn in eigenem Namen, aber für fremde Rechnung zu verwerten. Nur für diese Abrechnung unter den Parteien des Auftrags hat der Brief des v. G. an die Bank vom 20. Januar 1926, den die Revision für ihren Standpunkt anruft, Bedeutung.

Durch die im Schrifttum (Staub-Stranz WO. 11. Aufl. Art. 9 Anm. 3, Art. 82 Anm. 13) vertretene Auffassung, der Diskontierungsauftrag sei kein Begebungsvertrag, wer den Wechsel nur mit dem Auftrag erhalte, ihn diskontieren zu lassen, werde nicht Eigentümer des Wechsels, auch wenn er sich aus dem Erlös bezahlt machen solle, wird die Frage des Begebungsvertrags nicht geklärt. Wer verneint, daß derjenige einen Begebungsvertrag schließe, der für seinen Auftraggeber einen Wechsel im eigenen Namen weiter begeben soll und zu diesem Zweck einen in blanco girierten Wechsel empfängt, müßte folgerichtig den Schuldner auch dann zum Einwand des mangelnden Begebungsvertrags für berechtigt halten, wenn der mit der Diskontierung Beauftragte auftragsgemäß gehandelt hat, den Wechsel im Regreßwege — ohne Deckung — hat einlösen müssen und ihn nun gegen die Regreßverpflichteten einklagt. Denn seine Rechtslage ist, wenn er selbst regreßpflichtig gemacht wird, die, daß er dem ihn belangenden Wechselgläubiger gegenüber, wenn dieser gutgläubig war, den Mangel eines eigenen Begebungsvertrags zwischen ihm und seinem Vormann überhaupt nicht einwenden kann, also gegen Regreßansprüche nicht geschützt ist (RGZ. Bd. 112 S. 202). Das Recht aber, das er selbst durch die Einlösung erlangt, erwächst ihm nicht aus der Nachfolge in das Recht des rückgriffnehmenden Inhabers, ist also kein neues Recht, sondern die zurückerworbene Forderung ist nur die alte, ihm vor der Indossierung zu eigen gewesene, und wenn er sie geltend macht, so kann der Schuldner ihm — wie im Wechselvorlauf, so auch im Rücklauf — den Einwand entgegenhalten, daß er nicht durch einen gehörigen Begebungsvertrag in den Besitz des Wechsels gelangt sei, auch wenn dieser Einwand gegen die Nachmänner des mit der Diskontierung Beauftragten wirkungslos geworden ist. Das Recht gegen die Wechselverpflichteten auf Zahlung der Wechselsumme setzt also auch beim Rückgriff des Indossanten einen gültigen Begebungsvertrag zwischen ihm und seinem Vormann voraus. Daß aber derjenige, der auftragsgemäß den Wechsel mittels eigenen Giros hat diskontieren lassen, diesem Einwand nicht wohl ausgesetzt sein kann, wird nicht zu bestreiten sein. Das beruht jedoch nicht darauf, daß er seinen Auftrag erfüllt hat, weil ja dieser nur die innere, kausale Seite seines Rechtsverhältnisses zu seinem Vormann betrifft, sondern darauf, daß er den Wechsel durch einen Begebungsvertrag erlangt hat, der ihm nach außen in Verbindung mit dem Blankoindossament seines Vormanns die Legitimation zur Geltendmachung der ihm fremd gebliebenen Wechselrechte verschafft hat. Der Begebungsvertrag vollendet sich nicht etwa erst durch die Erfüllung des Auftrags, sondern er wird zeitlich und begrifflich bei der Hingabe des Wechsels, bei seiner Begebung, geschlossen und verträgt als Bestandteil des Indossaments keine Bedingung oder Zeitbestimmung. Dieser Begebungsvertrag ist es, auf dem die materielle Legitimation des einlösenden Indossanten beruht, und wenn er nunmehr die Wechselforderung einklagt, so macht er nur von der Rechtsstellung Gebrauch, die er von vornherein durch den mit dem Diskontierungsauftrag verbundenen Begebungsvertrag nach außen erlangt hat und die — zunächst — nicht zur Einziehung des Wechsels und zur Klage gegen die Verpflichteten führen, sondern nur in der Weiterübertragung des Wechsels an die Bank wirksam werden sollte. Steht sonach die Einrede jedweder auftragswidrigen Ausführung des Geschäfts nur dem unmittelbaren Vormann der Klägerin zu, so ist alles, was die Beklagten gegen die Klagforderung vortragen, sofern es nicht von vornherein unbegründet ist, eine unzulässige Einrede aus dem Recht eines Dritten, weil es in Verkennung der Tragweite der kausalen Abmachung zwischen der Klägerin und v. G. den Begebungsvertrag aus Gründen der Nichterfüllung des Auftrags zu verneinen sucht. Hat also insbesondere die Klägerin, anstatt gegen Erlegung der Diskontsumme, nur durch Inkassoindossament über den Wechsel verfügt, so ist das für die Frage nach dem Begebungsvertrag zwischen ihr und v. G. unerheblich. Die Revision kann daher mit dem Einwand des mangelnden Begebungsvertrags keinen Erfolg haben.

In zweiter Linie hält das Oberlandesgericht für möglich, aber für widerlegt den Einwand, die Beklagten hätten ihre Wechselunterschriften nur aus Gefälligkeit gegen v. G., den Vormann der Klägerin, abgegeben. Daß der Einwand möglich sei, ist eine rechtsirrige Auffassung. Denn der Zeichner eines Gefälligkeitsakzepts oder eines Gefälligkeitsgiros geht mit der Abgabe seiner Unterschrift eine ihn dem dritten Erwerber gegenüber bindende Wechselverpflichtung ein, und es ist gerade der Inhalt seiner Gefälligkeit, daß durch seine Verpflichtungserklärung der Wechsel umlauffähig gemacht oder sein Kreditwert erhöht werden soll. Weiß der dritte Erwerber, daß der Wechselgeber sich dem Nehmer nur im Vertrauen darauf verpflichtet hat, dieser werde ihn von seiner Wechselverbindlichkeit freihalten, so steht diese Kenntnis nach ständiger Rechtsprechung des Reichsgerichts den Rechten des dritten Erwerbers nicht im Wege, weil sie allein den Einwand der Arglist nicht begründen kann.

Die Revision ist der Meinung, die Klägerin habe auf die Mitteilung des v. G., daß die Sache die anderen auf dem Wechsel unterschriftlich beteiligten Personen gar nichts angehe, den Wechsel nur unter Ausschluß des Rechts erworben, diese Personen in Anspruch zu nehmen. Diese Meinung ist irrig. Daß die Klägerin bei der Wechselbegebung zugunsten der Beklagten die Verpflichtung übernommen hätte, sie nicht zu belangen, hat das Oberlandesgericht nicht festgestellt. Wovon es ausgeht, ist nur, daß die Mitteilung des v. G. an die Klägerin über seine Rechtsbeziehungen zu den Beklagten keine andere Bedeutung gehabt habe als die, der Klägerin die Kenntnis zu vermitteln, daß die Beklagten bloß als Gefälligkeitsschuldner gezeichnet hätten und daß v. G. beabsichtige, den Wechsel selber einzulösen. Ein vertraglicher Verzicht auf den Rückgriff gegen die übrigen Wechselschuldner, mit Wirkung zu ihren Gunsten, ergibt sich aus dieser Feststellung nicht. Die zweite Rüge ist demnach schon aus diesem Grunde hinfällig und es bedarf daher keines Eingehens auf die Revisionsrügen, die sich gegen die Feststellung wenden, daß ein Gefälligkeitsakzept und Gefälligkeitsindossamente gegenüber v. G. nicht vorgelegen hätten.

RGZ. 119, 198.

1. Inwieweit hängt die formelle Gültigkeit eines Wechsels von der nach Firmenrecht richtigen Bezeichnung der bezogenen Firma ab?

2. Ist es für die verpflichtende Kraft des Wechselakzepts erforderlich, daß dem Bezogenen der Name oder die Firma, die er auf den Wechsel schreibt, von Rechts wegen zusteht, oder genügt es, daß er sich dieses Namens oder dieser Firma überlicherweise bedient?

HGB. § 18. WO. Art. 4 Nr. 3 und 7.

II. Zivilsenat. Urt. v. 2. Dezember 1927.

I. Landgericht Bielefeld. — II. Oberlandesgericht Hamm.

Die Klägerin ist Indossatarin und Inhaberin eines am 18. September 1925 fällig gewesenen, von der Firma R. B. an eigene Order ausgestellten Wechsels über 5130 RM, der auf die Fürstliche Dampfmühle in B. gezogen und bei der Reichsbank in M. zahlbar ist. Der Akzeptvermerk lautet: „Fürstliche Dampfmühle“ (Stempelaufdruck) mit nachfolgender Namensunterschrift „D . . .“ (in Tinte). D. war bis Anfang September 1925 als Leiter der Mühle angestellt. Der Wechsel ist am 21. September 1925 bei der Domiziliatin mangels Zahlung protestiert worden.

Die Klägerin hat mit der Behauptung, D. sei von der Beklagten, der Fürstlich Sch.-L.schen Dampfmühle, zur Annahme des Wechsels ermächtigt gewesen, im Wechselprozeß Klage auf Zahlung der Wechselsumme nebst Zinsen und Wechselunkosten erhoben. Die Beklagte wandte ein: Der Klägerin sei nach ihrer Satzung und nach dem Inhalt ihrer Eintragung ins Genossenschaftsregister die Diskontierung fremder Wechsel nicht gestattet. D. habe den Wechsel aus Gefälligkeit gegenüber dem Aussteller akzeptiert und die Beklagte habe keinen Gegenwert dafür erhalten. Dem D. habe es an der nötigen Wechselvollmacht gefehlt, namentlich habe er keine Vollmacht zur Ausstellung von Gefälligkeitsakzepten gehabt. Daß es sich um ein Gefälligkeitsakzept gehandelt habe, sei der Klägerin beim Erwerb des Wechsels bekannt gewesen; auch den Mangel der Vollmacht des D. habe sie gekannt oder doch kennen müssen. Der verklagte Fürst A. zu Sch.-L. sei auch nicht passiv legitimiert, denn nicht er, sondern das Fürstlich Sch.-L.sche Haus sei Inhaber der Dampfmühle.

Das Landgericht hat nach dem Klagantrag erkannt. Die Berufung und ebenso die Revision der Beklagten blieb ohne Erfolg, abgesehen von einem Abstrich an den Zinsen.

Aus den Gründen:

Den Einwand der Beklagten, der verklagte Fürst A. zu Sch.-L. sei nicht passiv legitimiert, weist der Berufungsrichter mit der Begründung zurück, nicht der Fürst, sondern die Firma „Sch.-L.sche Dampfmühle" sei die Beklagte. Daß im Zahlungsbefehl ursprünglich bloß die „Fürstliche Dampfmühle in B." als Beklagte angegeben gewesen sei, mache nichts aus, da diese Bezeichnung schon im erstinstanzlichen Urteil berichtigt worden sei. Ein Anlaß, den Firmeninhaber im Rechtsstreit anzugeben, habe im vorliegenden Fall nicht vorgelegen; die Auferlegung eines Parteieides habe nicht in Frage gestanden. Diese Ausführungen sind bedenkenfrei. Das gleiche gilt von der Annahme, daß ein etwaiger Verstoß gegen das Genossenschaftsgesetz (§ 8 Abs. 2), der in der Diskontierung fremder Wechsel durch die Klägerin und in der darin möglicherweise zu erblickenden Gewährung von Darlehen an andere Personen als Genossenschaftsmitglieder zu finden sein könnte, keinen Einfluß auf die zivilrechtliche Gültigkeit der verbotswidrigen Geschäfte, sondern nur rechtspolizeiliche Bedeutung habe.

Die Bemängelung des Akzeptvermerks „Fürstliche Dampfmühle, D . . ." ist nach Ansicht des Berufungsrichters unbegründet, weil zur Bezeichnung des Akzeptanten eine Angabe erforderlich und ausreichend sei, welche der Name oder die Firma einer aktiv wechselfähigen Person sein könne; es komme nicht darauf an, ob die als Akzeptant bezeichnete Person auch wirklich existiere und ob das Rechtssubjekt, das damit bezeichnet werde, auch wirklich diesen Namen oder diese Firma führe. Deshalb sei der Akzeptvermerk auf dem Wechsel gültig; denn die Bezeichnung „Fürstliche Dampfmühle" sei als Sachfirma zur Herbeiführung eines vollgültigen Wechselakzepts geeignet. Sie könne z. B. die Firma einer vor 1900 gegründeten Aktiengesellschaft darstellen, da eine solche nach früherem Recht den Zusatz „Aktiengesellschaft" nicht habe zu enthalten brauchen und die nach früherem Recht gültigen

Firmen auch unter dem neuen Recht hätten beibehalten werden dürfen (AllgDHGB. Art. 18 Abs. 1; EG. z. HGB. Art. 22). Da die Beklagte im Wechselverkehr ständig unter der Bezeichnung „Fürstliche Dampfmühle" und nicht unter der im Handelsregister eingetragenen Firma „Fürstlich Sch.-L.sche Dampfmühle in B." aufgetreten sei, so genüge jene Bezeichnung, um die Beklagte wechselmäßig zu verpflichten. Denn trotz der Strenge des Wechselrechts sei auch auf diesem Gebiet an dem im bürgerlichen Recht anerkannten Grundsatz festzuhalten, daß, wenn jemand im Rechtsverkehr ständig eine bestimmte Bezeichnung verwende, diese als sein Name oder seine Firma angesehen werden müsse, auch wenn er von Rechts wegen sich eines anderen Namens oder einer anderen Firma hätte bedienen sollen. Wenn man, was zulässig sei, die bei der Adresse enthaltene Bezeichnung „in B." zur Erläuterung des Akzeptvermerks heranziehe, so beständen auch keine Bedenken wegen der Personengleichheit zwischen der Bezogenen und der Akzeptantin, denn in B. gebe es keine andere „Fürstliche Dampfmühle" als die Beklagte.

In diesen Ausführungen werden zwei Fragen nicht scharf genug auseinandergehalten, nämlich:

a) Welche Voraussetzungen für die formelle Gültigkeit des Wechsels (und nicht, wie der Berufungsrichter ausführt, des Akzepts) bestehen hinsichtlich der Bezeichnung des Bezogenen?

b) Welche Erfordernisse bestehen für die verpflichtende Kraft des Akzepts?

Für die formelle Gültigkeit des Wechsels ist es allerdings ohne Bedeutung, ob im einzelnen Fall die in Betracht kommenden Personen oder Firmen in Wirklichkeit existieren und ob ein solcher Name oder eine solche Firma überhaupt geführt wird; es genügt vielmehr, wenn der Bezogene durch Worte bezeichnet wird, die den Namen oder die Firma einer Person bilden können (so RGZ. Bd. 100 S. 167; JW. 1927 S. 1354 Nr. 5 und Bernstein in der Anm. hierzu; außerdem Thöl, Handelsrecht 4. Aufl. § 33 Nr. 4; Jacobi, Grundriß des Wechsel- und Scheckrechts S. 29 Anm. 3; a. M. RGZ. Bd. 14 S. 18). Entgegen den in einem Privatgutachten Hachenburgs enthaltenen Ausführungen, die auf den Rechtszustand vor dem 1. Januar 1900 nicht die gebührende Rücksicht nehmen, muß mit dem Berufungsrichter angenommen werden, daß die Bezeichnung der bezogenen Beklagten als „Fürstliche Dampfmühle in B." an sich die Firma einer vor 1900 gegründeten Aktiengesellschaft sein könnte. Zuzugeben ist aber, daß dies immerhin eine höchst eigentümliche Firmenbezeichnung für eine Aktiengesellschaft wäre. Deshalb ist es nicht ohne Bedeutung, zu prüfen, ob dieser Wortlaut nicht auch als Firmenbezeichnung eines Einzelkaufmanns möglich wäre. Die Frage ist zu bejahen. Laut Bekanntmachung des Amtsgerichts B. vom 29. April 1901 ist in das Handelsregister die Firma „Fürstlich Sch.-L.sche Dampfmühle" mit dem Sitz in B. und als deren Inhaber der regierende Fürst zu Sch.-L., vertreten durch die fürstliche Hofkammer zu B., eingetragen. Eine solche Firma war als Firma eines Einzelkaufmanns nach Art. 16 des AllgDHGB. bis zum 1. Januar 1900 zulässig. Denn dem Erfordernis, daß der Familienname des Einzelkaufmanns in der Firma enthalten sein mußte, wurde dadurch genügt, daß dies in der adjektivischen Form „Fürstlich Sch.-L.sche" zum Ausdruck gelangte (vgl. Staub, HGB. § 18 Anm. 5 a. E.). Namentlich wenn es sich um kaufmännische Betriebe von Landesherren, adligen Besitzern oder von Städten oder sonstigen Kommunalverbänden handelte, hat die Praxis die adjektivische Form des Namens stets zugelassen. Da es nach Art. 16 AllgDHGB. im Gegensatz zu § 18 HGB. nicht der Aufnahme eines Vornamens in die Firma des Einzelkaufmanns bedurfte, wäre vor dem 1. Januar 1900 die Bezeichnung „Fürstlich Sch.-L.sche Dampfmühle in B." als Firma eines Einzelkaufmanns zulässig gewesen. Und wenn sie schon vor dem 1. Januar 1900 im Handelsregister eingetragen war, durfte sie gemäß Art. 22 EG. z. HGB. auch künftig noch weitergeführt werden, ist also dann noch heute als Firma eines Einzelkaufmanns möglich.

Nun stellt aber der Berufungsrichter fest, daß die Beklagte schon lange Jahre vor ihrer Eintragung ins Handelsregister unter der Bezeichnung „Fürstliche Dampfmühle in B." bestanden, unter dieser Bezeichnung auch nach ihrer Eintragung als „Fürstlich Sch.-L.sche Dampfmühle" ihre Geschäfte betrieben hat und im Handel und Verkehr allgemein in dieser abgekürzten Weise bezeichnet worden ist. Diese Tatsache ist nicht ohne Bedeutung. Wird ein Betrieb im täglichen Leben ganz allgemein durch eine derartige schlagwortartige Bezeichnung gekennzeichnet, so muß das für den Verkehr und namentlich auch für den Wechselverkehr als eine zulässige Bezeichnung genügen, mag sie auch mit den für die Firma eines Einzelkaufmanns geltenden Vorschriften des Art. 16 AllgDHGB. und § 18 HGB. streng genommen nicht im Einklang stehen. Insofern weicht der erkennende Senat ab von der früheren Rechtsprechung (RGZ. Bd. 14 S. 18, Bd. 63 S. 380, Bd. 71 S. 274, Bd. 77 S. 192, Bd. 100 S. 169), die schlechthin verlangte, daß die Firmenbezeichnung nach den gesetzlichen Vorschriften zulässig sei. Es genügt für die formelle Gültigkeit des Wechsels, wenn sich im Handel und

Verkehr allgemein und unzweifelhaft die Übung herausgebildet hat, daß unter dem als Wechselbeteiligter Bezeichneten eine ganz bestimmte Person oder Firma verstanden wird, mag dann die Bezeichnung nach den gesetzlichen Vorschriften an sich zulässig sein oder nicht.

An der Gültigkeit des Wechsels bestehen hiernach keine Bedenken, da es, wie der Berufungsrichter feststellt, in B. nur eine „Fürstliche Dampfmühle", nämlich die Beklagte, gibt.

Was sodann die verpflichtende Kraft des Akzepts anlangt, so ist es nicht erforderlich, daß dem Bezogenen der Name oder die Firma, die er auf den Wechsel schreibt, von Rechts wegen zusteht; es genügt vielmehr, daß er sich des Namens oder der Firma üblicherweise bedient (RGZ. Bd. 100 S. 167; JW. 1927 S. 1354 Nr. 5). Wie schon bemerkt ist und wie der Berufungsrichter ausdrücklich feststellt, hatte sich die Abkürzung „Fürstliche Dampfmühle" für die Beklagte im Verkehr durchgesetzt. Das Akzept sollte also für die Beklagte abgegeben werden.

Auch das Fehlen eines das Vollmachtsverhältnis des D. ausdrückenden Zusatzes im Akzeptvermerk ist bedeutungslos, da es sich bei den einschlägigen Vorschriften des Handelsgesetzbuchs um bloße Ordnungsvorschriften handelt. Dadurch, daß D. seiner Machtgeberin, der Fürstlichen Dampfmühle, seinen Namen beigefügt hat, ist genügend erkennbar gemacht, daß er für sie handelte und sie verpflichten wollte. Der Text der Urkunde läßt also trotz Fehlens eines Zusatzes über das Vertretungsverhältnis deutlich genug ersehen, daß D. für seine Machtgeberin auftrat.

Mit zutreffender Begründung weist der Vorderrichter den Einwand zurück, die Klägerin habe gewußt, daß es sich um ein Gefälligkeitsakzept handle. Ein Zusammenwirken der Klägerin mit dem Aussteller zu dem Zweck, der Beklagten den Einwand des Gefälligkeitsakzepts abzuschneiden, ist von der Beklagten nicht behauptet worden.

Dem Einwand der mangelnden Wechselvollmacht des D. gibt der Vorderrichter aus doppeltem Grunde keine Folge. Zunächst erblickt er in einer Anweisung des Generalbevollmächtigten des Fürsten an D. eine Wechselvollmacht, deren Umfang er dahin auslegt, daß D. nach außen unbeschränkte Vollmacht besessen habe, daß aber im Innenverhältnis zwischen dem Vollmachtgeber und dem Bevollmächtigten alle beschränkenden Weisungen hätten Geltung haben sollen. Der Berufungsrichter gelangt zu dieser Auffassung deshalb, weil die Vollmacht, falls die Beschränkungen nach außen hätten wirken sollen, praktisch jeder Bedeutung entbehrt hätte; zum mindesten — sagt er — sei der mit D. verhandelnde Dritte berechtigt gewesen, die Vollmacht in diesem Sinne aufzufassen. Für diese seine Auslegung beruft sich der Vorderrichter auch auf einen zwischen der Getreide-Kreditbank A.-G. und der fürstlichen Hofkammer geführten Briefwechsel, aus dem gefolgert werden müsse, daß nach der eigenen Erklärung der Hofkammer dem D. nach außen unbeschränkte Wechselvollmacht habe erteilt werden sollen. Die Meinung der Revision, jener Briefwechsel sei für die gegenwärtige Entscheidung belanglos und müsse für das Verhältnis zwischen den Prozeßparteien ausscheiden, geht fehl. Jener Briefwechsel ist tatsächlich eine genügende Grundlage für die Beurteilung des Umfangs der Vollmacht und für den bei ihrer Erteilung erklärten Willen des Vollmachtgebers.

Abgesehen hiervon wird aber die Entscheidung zur Frage der Wechselvollmacht schon durch den Hinweis darauf getragen, daß die Beklagte durch ihr Verhalten bei den Dritten, die mit D. in seiner Eigenschaft als Leiter der Fürstlichen Dampfmühle zu tun hatten, den Anschein erweckt hat, als stünde dem D. Wechselvollmacht in unbeschränktem Maße zu (HGB. § 54). Denn die Beklagte hat zahlreiche Wechsel, die von D. für sie unterzeichnet worden waren, ohne Beanstandung eingelöst. Dadurch hat sie, da irgendwelche Einschränkungen der Vollmacht des D. nicht erkennbar waren, der Öffentlichkeit gegenüber kundgegeben, daß dieser die Stellung eines unbeschränkt zur Wechselvollmacht befugten Bevollmchtigten haben solle.

RGZ. 119, 422.

1. Zur Frage der Auslegung von Wechselerklärungen und der Ungültigkeit von bedingten Wechselerklärungen.

2. Kann beim Sichtwechsel der Vorlegungsvermerk auch in einer Bedingung bestehen, welche der an den Bezogenen gerichteten Zahlungsanweisung hinzugefügt wird?

3. Welche Wirkungen hat die Versäumung der rechtzeitigen Vorlegung eines Sichtwechsels zur Zahlung für die Verpflichtung des Akzeptanten, wenn der Vorlegungsvermerk im Gewand einer bedingten Zahlungsanweisung erscheint?

WO. Art. 4, 22, 31.

II. Zivilsenat. Urt. v. 17. Januar 1928.

I. Landgericht Hamburg, Kammer für Handelssachen. — II. Oberlandesgericht daselbst.

Der Kläger nimmt, im Wechselprozeß klagend, den Beklagten als Akzeptanten eines Wechsels auf Zahlung der Wechselsumme von

10 000 RM nebst Zinsen und Wechselunkosten in Anspruch. Der Wechsel lautet:

Angenommen Friedrich J. Flensburg, den 30. März 1926.

Auf Sicht zahlen Sie gegen diesen Wechsel an den Reichsfiskus, vertreten durch das Hauptzollamt zu Flensburg, sofern die Vorzeigung bis zum 10. August 1926 erfolgt, die Summe von 10 000 RM.

An
den Kaufmann Herrn Friedrich J.
zu Hamburg.

Aussteller:
Schleswiger Tabakfabrik
Willi B. in Schleswig.

Verlängert bis zum 1. November 1926
Hauptzollamt.
i. V.
(Unterschrift).

Der Beklagte hält den Wechsel für nichtig, weil es an der nach dem Gesetz erforderlichen Bestimmtheit des Fälligkeitstags fehle. Der Wechsel enthalte eine Bedingung. Der Beklagte brauche jedenfalls deshalb nicht zu zahlen, weil die Bedingung nicht eingehalten worden sei. Die Fristverlängerung sei ohne sein Wissen nach der Annahme des Wechsels erfolgt. Bei Leistung des Akzepts habe der Aussteller eine Forderung an ihn, den Beklagten, gehabt; diese Forderung habe der Beklagte nach Ablauf der Frist gegenüber dem Aussteller erfüllt, da er nicht mehr damit gerechnet habe, daß der Wechsel noch geltend gemacht werde. Der Kläger hat erwidert, es handle sich um eine Frist nach Art. 31 WO., deren Ablauf die Verpflichtung des Akzeptanten nicht berühre.

Das Landgericht wies die Klage ab. Berufung und Revision des Klägers blieben erfolglos.

Gründe:

Nach Auffassung der Vorinstanzen kann die Wechselerklärung „Auf Sicht zahlen Sie gegen diesen Wechsel an den Reichsfiskus, sofern die Vorzeigung bis zum 10. August 1926 erfolgt, die Summe von 10 000 RM" nicht anders verstanden werden, als daß der Akzeptant die Anweisung des Ausstellers, an den Remittenten zu zahlen, dem Wortlaut der Anweisung entsprechend nur für den Fall annehme, daß der Wechsel bis zum 10. August 1926 vorgezeigt werde. Da das nicht geschehen ist, meint der erste Richter, sei die Verpflichtung des Akzeptanten infolge Ausfalls der Bedingung unwirksam geworden. Das Berufungsgericht will dagegen die ganze Verpflichtung als nichtig behandeln, weil bei Wechselerklärungen die Hinzufügung von Bedingungen unzulässig sei. Der langjährigen Benutzung eines amtlichen Formulars in der Fassung des vorliegenden Wechsels legt das angefochtene Urteil keine Bedeutung bei.

Die Revision beanstandet die Auslegung der Vorinstanzen und macht ihnen den Vorwurf, sie hafteten zu sehr am Wortlaut der Wechselerklärung und beachteten nicht genügend, daß die Klausel nur eine Vorlegungsfrist für den Sichtwechsel bestimme. Auch bei Wechselerklärungen darf allerdings keine bloße Buchstabenauslegung stattfinden, sondern es muß der Zusammenhang der ganzen Wechselurkunde und der erkennbare Zweck der einzelnen Erklärung berücksichtigt werden. Da der Wechsel ein zum Umlauf bestimmtes Wertpapier ist, so entscheidet in erster Linie die Auffassung des Verkehrs über die Bedeutung der Wechselerklärung. Nur ihr typischer Inhalt ist maßgebend. Nach seinem klaren Sinn und Wortlaut enthält der Zwischensatz „sofern usw." eine Aufforderung an den Bezogenen, das bei Sicht fällige Papier nur dann einzulösen, wenn es bis zu dem genannten Tag vorgelegt werden sollte, sonst also nicht. Es handelt sich um eine bedingte Zahlungsanweisung. Das Berufungsgericht will aus dieser Bedingtheit der Wechselerklärung die Nichtigkeit des Wechsels folgern.

In der Tat sind Bedingungen mit der Natur des Wechsels in der Regel unverträglich. Der Wechsel als Umlaufpapier muß die Voraussetzungen der Zahlungspflicht erschöpfend enthalten. Das Recht aus dem Wechsel darf nicht von Umständen und Vorgängen abhängig gemacht werden, die außerhalb des Wechsels liegen und aus ihm nicht erkennbar sind. Wenn die zur Zeit geltende Wechselordnung auch keine ausdrückliche Vorschrift über die Unzulässigkeit der Hinzufügung von Bedingungen bei Wechselerklärungen enthält, so ist doch die Geltung jenes Grundsatzes zweifellos. Dementsprechend bestimmt Art. 1 der im Jahre 1913 im Haag beschlossenen „Einheitlichen Wechselordnung" (Reichstagsdrucksachen 13. Legislaturperiode I. Session 1912/13 Nr. 1002) wohl im Anschluß an die englische Bill of Exchange Act S. 3 und 83: „Der gezogene Wechsel enthält . . . 2. Die unbedingte Anweisung, eine bestimmte Geldsumme zu zahlen" (für den eigenen Wechsel heißt es in Art. 77 Nr. 2: „das unbedingte Versprechen"). Dazu bemerkt die amtliche deutsche Denkschrift, S. 63 der angeführten Drucksache: daß die Anweisung unbedingt sein müsse, entspreche dem geltenden Recht, obwohl es bisher nicht ausdrücklich gesagt sei.

Trotzdem kann dem Berufungsgericht nicht darin beigetreten werden, daß die hier hinzugefügte Bedingung der Vorlegung bis zu einem bestimmten Zeitpunkt die Wechselerklärung nichtig mache. Diese Auffassung trägt der besonderen Natur der in Rede stehenden Bedingung nicht genügend Rechnung. Es handelt sich bei dem Klagewechsel um einen Sichtwechsel, dessen Verfalltag durch den Tag der Präsentation bestimmt wird. Die Fälligkeit des Wechsels läßt sich also nicht, wie bei der regelmäßigen Form des (auf einen bestimmten Tag oder auf eine bestimmte Zeit nach Ausstellung lautenden) Wechsels, von vornherein aus der Urkunde ersehen, sie wird vielmehr durch den noch ungewissen Tag der Vorlegung bestimmt. Um eine mit dem Wechselverkehr nicht verträgliche Erstreckung des Verfalltags auf längere unbestimmte Zeit zu verhindern und namentlich den Aussteller einer Sichttratte mit seinen Geldmitteln nicht zu lange festzulegen, bestimmt Art. 31 WO., daß ein Sichtwechsel bei Verlust des wechselmäßigen Anspruchs gegen die Indossanten und den Aussteller nach Maßgabe der besonderen im Wechsel enthaltenen Bestimmung, und beim Fehlen einer solchen binnen zwei Jahren nach Ausstellung zur Zahlung präsentiert werden muß. Regelmäßig wird sich die Bestimmung einer besonderen Vorlegungsfrist in der Form eines Gebots an den Wechselinhaber vollziehen, den Wechsel bis zu einem gewissen Zeitpunkt dem Bezogenen vorzulegen. Die Frist hat dann die Wirkung, daß der Regreßanspruch des Wechselinhabers durch die rechtzeitige Vorlegung bedingt ist. Aber auch für den Bezogenen ist sie nicht ohne Bedeutung. Er hat infolge der Beschränkung des Rückgriffs bei späterer Zahlung keinen Erstattungsanspruch gegen den Aussteller. Er wird, wenn man von dem beim Sichtwechsel nur selten vorkommenden Fall der Annahme vor der Vorlegung zur Zahlung zunächst absieht, zur Vermeidung von Verlusten nach Ablauf der Frist nicht mehr zahlen.

Mit Rücksicht auf diese besondere Bedeutung der fristgerechten Vorlegung des Sichtwechsels ist es nicht zu beanstanden, wenn der Aussteller, statt sich unmittelbar an den Inhaber zu wenden, die Aufforderung zur Vorlegung durch Hinzufügung einer entsprechenden Bedingung zu der an den Bezogenen gerichteten Zahlungsanweisung zum Ausdruck bringt in der Form: es solle bei Sicht gezahlt werden, aber nur dann, wenn der Wechsel bis zum 10. August 1926 vorgelegt werde. Die Zahlungsanweisung wird damit von einem Umstand abhängig gemacht, dem auch sonst für die Fälligkeit des Wechsels und der Regreßverbindlichkeit des Ausstellers und der Indossanten wechselmäßige Bedeutung zukommt. Über den Eintritt dieser Bedingung kann kein Zweifel obwalten, da es sich um bloße Vorlegung des Wechsels zur Zahlung handelt, woran der Inhaber zur Herbeiführung der Fälligkeit und zur Erhaltung seiner Regreßrechte ohnehin ein Interesse hat; die Vorlegung wird, falls sie nicht zur Einlösung des Wechsels führt, regelmäßig durch Protest festzustellen sein. Hiernach wird ein gezogener Sichtwechsel nicht dadurch nichtig, daß der Vorlegungsvermerk ausnahmsweise im Gewand einer bedingten Zahlungsanweisung erscheint. Das Reichsoberhandelsgericht hat schon in Bd. 23 S. 111 seiner Entscheidungen einen solchen bedingten Vorlegungsvermerk beim Sichtwechsel für zulässig erklärt. Das vom Kläger gebrauchte, nach einer Auskunft des Reichsfinanzministers schon auf das Jahr 1851 zurückgehende Formular der Zollverwaltung läßt sich mithin nicht beanstanden. Die Zweifel an der Gültigkeit der Wechselerklärung sind daher unberechtigt.

Vom Standpunkt der Gültigkeit des Wechsels aus ist dann aber weiter zu prüfen, welche Wirkung es für die Fortdauer der Haftung des Akzeptanten hat, wenn wie hier der Vorlegungsvermerk in die Form einer der Zahlungsanweisung beigefügten Bedingung gekleidet ist. Wie schon hervorgehoben, wird die Annahme eines gezogenen Sichtwechsels nur selten sein; der Bezogene soll hier, dem Zweck eines solchen Wechsels entsprechend, in der Regel überhaupt nicht akzeptieren, sondern nur auf Vorlegung zahlen. Ausgeschlossen ist aber das Akzept auch beim Sichtwechsel nicht, sei es daß dieser dem Bezogenen zunächst nur zur Annahme vorgelegt wird, sei es daß wie hier dem Remittenten zu Sicherungszwecken von vornherein eine schon akzeptierte Sichttratte gegeben wird. Grundsätzlich steht fest, daß dann die Haftung des Akzeptanten des Sichtwechsels fortdauert, auch wenn ihm der Wechsel nicht innerhalb der Vorlegungsfrist zur Zahlung vorgelegt wird; nur die Regreßrechte des Wechselinhabers gegen Aussteller und Indossanten erlöschen nach Art. 31 WO., die Verpflichtung aus dem Akzept dagegen bleibt unberührt (RGZ. Bd. 28 S. 104). In der Haager „Einheitlichen Wechselordnung" Art. 52 Abs. 1 wird der Fortbestand der Haftung des Akzeptanten ausdrücklich ausgesprochen, und zwar, wie in der Denkschrift S. 81 hervorgehoben wird, „im Anschluß an das geltende Recht". Es fragt sich aber, ob dieser Grundsatz auch Geltung hat für den hier vorliegenden Ausnahmefall, daß der Vorlegungsvermerk im Gewand einer bedingten Zahlungsanweisung erscheint. Diese Frage, die in RGZ. Bd. 28 S. 104 nicht entschieden ist, muß aus inneren Gründen verneint werden. Die Fortdauer der Akzepthaftung setzt eine unbedingte Zahlungsanweisung voraus. Ist die Anweisung bedingt, nämlich nur für den Fall erklärt, daß der Wechsel vor Ablauf der Frist zur Zahlung vorgelegt wird, so kann auch die Annahmeerklärung nur für diesen

Fall abgegeben sein. Der Hinweis des Klägers auf den Art. 44 WO. verschlägt nicht. Die Vorschrift, daß es zur Erhaltung des Wechselrechts gegen den Akzeptanten nicht der Vorlegung bedarf, enthält nur die gesetzliche Regel. Unstreitig kann sie nach Art. 22 Abs. 2 WO. durch ein beschränktes Akzept ausgeschlossen werden. Hat der Bezogene im Falle einer unbedingten Anweisung bei der Annahme vermerkt, daß er nur bei fristgemäßer Vorlegung haften wolle, so wird er frei, wenn der Wechsel nicht innerhalb der Frist zur Zahlung präsentiert wird. Das gleiche muß auch der Fall sein, wenn zwar ein solcher Vermerk in der Annahmeerklärung fehlt, dafür aber schon in der Anweisung die rechtzeitige Vorlegung zur Bedingung erhoben ist. In einem solchen Fall tritt also der in Art. 31 WO. nur für die Regreßrechte gegen Aussteller und Indossanten vorgesehene Verlust der Wechselrechte auch für den Anspruch des Wechselinhabers gegenüber dem Akzeptanten eines Sichtwechsels ein. Diese Beschränkung der Haftung des Akzeptanten hat besondere Bedeutung, wenn wie hier der Remittent von vornherein einen mit Akzept versehenen Sichtwechsel erhält zur Sicherung von Forderungen, die ihm fernerhin dem Aussteller gegenüber aus einem bestimmten Rechtsverhältnis erwachsen. Der Akzeptant wäre sonst dem Wechselinhaber aus dem Akzept noch verpflichtet, obwohl er bei Zahlung nach Ablauf der Frist keinen Rückerstattungsanspruch gegen den Aussteller hätte. Es ist daher nicht ausgeschlossen, daß die aus dem amtlichen Formular ersichtliche Form des Vorlegungsvermerks gerade gewählt wurde, um die Beschränkung der Haftung auch des Akzeptanten zum Ausdruck zu bringen.

Im Ergebnis ist sonach der Auffassung des ersten Richters beizutreten, daß mangels vorheriger Vorlegung des Wechsels die Haftung des Beklagten mit dem 10. August 1926 erloschen war. Die später ohne sein Vorwissen vom Remittenten vorgenommene Verlängerung der Frist bis zum 1. November 1926 berührt den Beklagten nicht.

RGZ. 122, 351.

Welche rechtlichen Folgen treten ein, wenn der Bürgermeister einer Stadtgemeinde, der zugleich Vorsitzender des Vorstands der dortigen städtischen Sparkasse ist, es duldet, daß Sparkassenbeamte, die nach der Satzung nicht zur Abgabe wechselmäßiger Verpflichtungserklärungen ermächtigt sind, im Rahmen einer zwischen der Sparkasse und einer Bank bestehenden dauernden Geschäftsverbindung an diese Bank indossieren?

WO. Art. 81. BGB. §§ 276, 278.

II. Zivilsenat. Urt. v. 23. November 1928.

Die Entscheidung ist abgedruckt unter „Bürgerliches Recht, Recht der Schuldverhältnisse 1".

RGZ. 124, 65.

Wie regelt sich die Beweislast, wenn der legitimierte Wechselinhaber den Wechselanspruch auf eine nach der Begebung des Wechsels mit dem Verpflichteten angeblich getroffene Vereinbarung stützt, durch die ein neuer Rechtsgrund für die Hingabe des Wechsels geschaffen worden sein soll?

WO. Art. 82.

II. Zivilsenat. Urt. v. 15. März 1929.

I. Landgericht Düsseldorf. — II. Oberlandesgericht daselbst.

Der Kläger war legitimierter Inhaber zweier am 15. Juli 1927 vom Erstbeklagten auf die Drittbeklagte gezogener und von ihr akzeptierter, am 15. Oktober 1927 mangels Zahlung protestierter und mit einem Blankoindossament des Zweitbeklagten versehener Wechsel an eigene Order über 8500 RM und 13 000 RM, fällig am 15. Oktober 1927. Er hat im Wechselprozeß Klage erhoben mit dem Antrag, die Beklagten hätten als Gesamtschuldner 21 500 RM nebst Zinsen und Wechselunkosten an ihn zu zahlen.

Zur Begründung hat er vorgetragen, die beiden Wechsel hätten zunächst als Sicherheitsdepotwechsel der Firma T. & Sch. für bestimmte Gefälligkeitswechsel gedient. Nachdem jedoch die letzteren eingelöst worden und damit die Grundlage für die streitigen Wechsel weggefallen sei, habe der Kläger nach dem 18. Oktober 1927 mit dem Erstbeklagten für dessen Person und in seiner Eigenschaft als allein berechtigtes Vorstandsmitglied der Drittbeklagten, einer Aktiengesellschaft, vereinbart, daß er aus diesen Wechseln für seine höheren Schadensersatzansprüche wegen Aneignung seines (des Klägers) Likörlagers durch den Erstbeklagten und für seine Zinsansprüche wegen Entziehung des Geschäftskapitals durch diesen Beklagten gedeckt werden solle. Die Beklagten haben vorgebracht, eine Vereinbarung des vom Kläger behaupteten Inhalts wäre ungültig und sei auch von den Parteien nicht getroffen worden; Rechte aus dem Wechsel könnten nicht mehr geltend gemacht werden, nachdem der ursprüngliche Grund für die Hingabe der Wechsel weggefallen sei. Keinesfalls könne der Zweitbeklagte in Anspruch genommen werden, da er nach dem eigenen Vortrag des Klägers an der behaupteten Abrede gar nicht teilgenommen habe.

Das Landgericht wies die Klage gegen den Zweitbeklagten ab, verurteilte dagegen die beiden andern Beklagten nach dem Klagantrag. Das Oberlandesgericht wies auf die Berufung dieser beiden Beklagten auch die gegen sie gerichtete Klage ab. Die Revision des Klägers führte zur Wiederherstellung des ersten Urteils.

Gründe:

Der Berufungsrichter führt aus: Unstreitig seien die beiden Wechsel in erster Linie als Sicherheitswechsel für zwei gleich hohe Gefälligkeitswechsel gegeben worden. In solchem Falle habe der Wechselschuldner gegenüber dem Wechselanspruch zu beweisen, daß das Rechtsverhältnis beendet und daß keine Ansprüche daraus entstanden oder die entstandenen Ansprüche beseitigt seien. Da im vorliegenden Falle der Kläger die Einlösung der Gefälligkeitswechsel nicht bestritten habe, seien die Rechte aus den Wechseln hinfällig geworden, es wäre denn, daß der Kläger und der Erstbeklagte miteinander vereinbart hätten, die Wechsel sollten als Sicherheit für eine andere Forderung, nämlich für die den Betrag von 105 736 RM übersteigenden Ansprüche des Klägers gegen die Drittbeklagte dienen. Den Kläger treffe für diese von ihm behauptete Vereinbarung die Beweislast; denn die für die Einrede aus § 812 BGB. beweispflichtigen Beklagten seien ihrer Beweisführungspflicht dadurch enthoben, daß der Kläger ihre Behauptung über den Wegfall des Rechtsgrundes als richtig anerkannt habe. Damit sei die aus dem Besitz des Wechsels herzuleitende Vermutung für das Bestehen eines Wechselanspruchs entkräftet. Wenn der Kläger die Schaffung eines neuen Rechtsgrundes für die in seinem Besitz befindlichen Wechsel behaupte, so müsse er nach allgemeinen Beweisgrundsätzen hierfür den Beweis erbringen.

Dieser Regelung der Beweislast kann nicht beigetreten werden. Dem Anspruch des Klägers als legitimierten Inhabers der beiden Wechsel werden von den beiden verurteilten Beklagten (den Beklagten zu 1 und 3) Einwendungen aus dem zugrundeliegenden Rechtsgeschäft entgegengesetzt, also Einreden, die diesen Beklagten gegen den jedesmaligen Kläger zustehen (Art. 82 WO.). Hieraus ergibt sich die Verpflichtung des Wechselschuldners, den Beweis zu führen, daß dasjenige Rechtsgeschäft, auf Grund dessen die Begebung des Wechsels stattgefunden hat, entweder nicht zustande gekommen ist, oder daß die Verpflichtungen, die der Wechselhingabe zugrunde gelegen haben, untergegangen sind. Denn in diesen beiden Fällen fehlt es an einer rechtlichen Grundlage für den Fortbestand der abstrakten Wechselverpflichtung; sie kann daher gemäß §§ 812 flg. BGB. vom Wechselschuldner kondiziert werden.

Wird nun aber von den Beteiligten, wie das im vorliegenden Falle nach der Behauptung des Klägers der Fall sein soll, an die Stelle des ursprünglichen Kausalgeschäfts ein anderes Kausalgeschäft gesetzt (was rechtlich zulässig ist), so wird der frühere Begebungsvertrag nunmehr auf den neuen Rechtsgrund bezogen und das Innehaben des Wechsels findet dann in dem neuen Rechtsgrund seine Rechtfertigung. Um diese durch das legitimierte Innehaben des Wechsels gesicherte Stellung des Wechselgläubigers zu erschüttern, muß der Wechselschuldner beweisen, daß jetzt auch der neue Rechtsgrund nicht mehr besteht, sei es, daß er überhaupt nicht entstanden ist oder daß die auf ihm beruhenden Verpflichtungen wieder untergegangen sind. Würde man in einem solchen Falle — wie das Berufungsgericht will — den Beweis dafür, daß an Stelle des ursprünglichen Rechtsgrundes ein anderer getreten sei, dem Kläger aufbürden, so würde die abstrakte Wechselverbindlichkeit mit der Änderung ihrer kausalen Unterlage die Natur einer abstrakten Verpflichtung einbüßen. Gegen diese Regelung der Beweislast läßt sich auch nicht geltendmachen, damit werde dem Wechselschuldner ein schrankenloser Negativbeweis aufgebürdet (der Beweis dafür, daß an die Stelle des ursprünglichen Rechtsgrundes auch nachträglich kein anderer getreten sei), der Wechselschuldner könne daher tatsächlich nie zum Ziele gelangen. Denn dem Wechselgläubiger liegt, wie das Reichsgericht in JW. 1908 S. 151 Nr. 25 ausgesprochen hat, eine gewisse Darlegungspflicht ob. Dieser Pflicht ist aber der Kläger im vorliegenden Falle in vollem Umfang nachgekommen.

Das Berufungsgericht hätte daher bei richtiger Verteilung der Beweislast die Berufung der Beklagten zu 1 und 3 zurückweisen müssen.

RGZ. 126, 1.

1. Liegt ein gültiger Wechselprotest vor, wenn der Protestbeamte nur beurkundet hat, daß ein Geschäftslokal derjenigen Person, gegen welche protestiert werden soll, unter der im Wechsel angegebenen Adresse nicht ermittelt worden ist?

2. Inwieweit und bis zu welchem Zeitpunkt kann eine in der angegebenen Richtung mangelhafte Protesturkunde nachträglich berichtigt werden, insbesondere in dem Fall, daß der nämlichen Person der Auftrag zur Aufnahme des Wechselprotests und zur etwaigen Klagerhebung erteilt wird und die Urkunde nicht an den Auftraggeber zurückgelangt, sondern in den Händen des Beauftragten bleibt?

WO. Art. 88, 90, 91.

II. Zivilsenat. Urt. v. 18. Juni 1929.

I. Landgericht I Berlin. — II. Kammergericht daselbst.

Die Klägerin ist legitimierte Inhaberin eines von der Beklagten zu 2 (der Ehefrau F.) ausgestellten, von der Beklagten zu 1 (der F.-Motoren-GmbH.) akzeptierten und an die Beklagten zu 3, 4 und 5 girierten Wechsels vom 17. März 1928 über 30 000 RM, zahlbar am 17. Juni 1928. Der Wechsel ist am Verfalltag nicht eingelöst worden. In der am 19. Juni 1929 durch den Gerichtsassessor Dr. G. als Notariatsvertreter des Rechtsanwalts und Notars Dr. L. — des erstinstanzlichen Prozeßbevollmächtigten der Klägerin — aufgenommenen Protesturkunde heißt es:

„Bei dem Versuche, der F.-Motoren-GmbH. in Berlin-Charlottenburg, Morsestraße 18, diesen Wechsel vorzulegen und sie zu dessen Zahlung aufzufordern, habe ich unter der angegebenen Anschrift ein Geschäftslokal nicht ermittelt.

Ein in diesen Räumen anwesender Herr erklärte mir, daß die Firma F.-Motoren-GmbH. seit Monaten aufgelöst und hier nicht mehr ihr Geschäftslokal habe."

Als der Wechselprozeß bereits im Gang war — die Klage ging am 21. Juni 1928 beim Gericht ein —, nahm der gleiche Notarvertreter am 13. Juli 1928 eine Berichtigungsurkunde dahin auf, „daß es in dem Protest nicht heißen muß: habe ich unter der angegebenen Anschrift ein Geschäftslokal nicht ermittelt, sondern: habe ich ein Geschäftslokal in Groß-Berlin nicht ermittelt". Gegen die Beklagte zu 1 ist Versäumnisurteil unter Vorbehalt der Kostenentscheidung ergangen. Gegen die Beklagten zu 2, 4 und 5 wurde Antrag auf Zahlung der Wechselsumme nebst Zinsen und Kosten gestellt. Sie traten dem Klagbegehren entgegen. Die Klage wurde in allen drei Rechtszügen abgewiesen.

Aus den Gründen:

Nach Art. 41 WO. ist Voraussetzung für die Geltendmachung von Wechselregreßansprüchen, daß die Präsentation und die Nichterlangung der Zahlung durch einen rechtzeitig darüber aufgenommenen Protest dargetan wird. Die Protesturkunde als sogen. Solennitätsakt muß den Vorschriften des Art. 88 WO. entsprechen. Art. 88 lautete in der früheren Fassung: „Der Protest muß enthalten . . . 3. das an die Person, gegen welche protestiert wird, gestellte Begehren, ihre Antwort oder die Bemerkung, daß sie keine gegeben habe oder nicht anzutreffen gewesen sei." Durch das Gesetz betreffend die Erleichterung des

Wechselprotests vom 30. Mai 1908 (RGBl. 1908 S. 321) hat Art. 88 folgende Fassung erhalten: „In den Wechselprotest ist aufzunehmen ... 2. die Angabe, daß die Person, gegen welche protestiert wird, ohne Erfolg zur Vornahme der wechselrechtlichen Leistung aufgefordert worden oder nicht anzutreffen gewesen ist, oder daß ihr Geschäftslokal oder ihre Wohnung sich nicht hat ermitteln lassen."

Der Berufungsrichter hat angenommen, der am 19. Juni 1928 für die Klägerin erhobene Protest verstoße gegen die jetzt geltenden Vorschriften, weil in die Urkunde nur aufgenommen worden sei, daß der Protestbeamte ein Geschäftslokal der Akzeptantin, der Beklagten zu 1, unter der angegebenen Anschrift (Morsestraße 18) nicht ermittelt habe, und weil aus dieser Beurkundung unzweideutig hervorgehe, daß der Protestbeamte lediglich versucht habe, die Beklagte zu 1 unter der angegebenen Adresse zu erreichen. Letzteres habe aber nicht genügt; denn der Protestbeamte sei verpflichtet, wenn er denjenigen, gegen den der Protest erhoben wird, unter der angegebenen Adresse nicht feststellen könne, durch Nachfrage bei der Polizeibehörde des Ortes oder in anderer geeigneter Weise Nachforschungen anzustellen. Ob die Nachforschungen ordnungsmäßig erfolgt seien, sei allerdings für die Gültigkeit des Protests bedeutungslos; aber jedenfalls müsse im Protest vermerkt sein, daß sich das Geschäftslokal und die Wohnung nicht hätten ermitteln lassen. Dagegen genüge nicht eine Beurkundung dahin, daß sich ein Geschäftslokal oder eine Wohnung unter der auf dem Wechsel angegebenen Adresse nicht habe ermitteln lassen. Der Protestbeamte habe zwar weiter aufgenommen, daß ihm ein in diesen Räumen (also wohl in den früheren Räumen der Beklagten zu 1) anwesender Herr erklärt habe, die Beklagte zu 1 habe „hier" nicht mehr ihr Geschäftslokal. Auch aus dieser Erklärung gehe hervor, daß sich der Protestbeamte darauf beschränkt habe, festzustellen, daß der Protestgegner in dem im Wechsel angegebenen Hause nicht zu ermitteln gewesen sei. Eine Deutung der Beurkundung in dem Sinne, daß der Protestbeamte auf Grund weiteren Nachforschens ein Geschäftslokal des Protestgegners in Groß-Berlin nicht ermittelt habe, sei nach dem Wortlaut der Urkunde wie nach dem Zusammenhang der beurkundeten Tatsachen, die zu solcher Auslegung keinerlei Anlaß böten, ausgeschlossen.

Hiergegen erhebt die Revision folgende Bedenken: Der Grundgedanke der Reform von 1908 habe sich gegen eine Überspannung des Formalprinzips gerichtet. Aus der in der alten Wechselordnung nicht enthaltenen Vorschrift des Art. 90 Abs. 1 sei ersichtlich, daß nunmehr eine sinngemäße Auslegung der Protesturkunde statthaft und eine allzu scharfe Betonung der Form abzulehnen sei. Die Auslegung des Berufungsrichters sei allzu formal. Die Protesturkunde enthalte die Feststellung, daß sich das Geschäftslokal nicht habe ermitteln lassen; anders lasse sich der Vermerk nicht auslegen, daß die Beklagte zu 1 „hier" nicht mehr ihr Geschäftslokal habe. Das Berufungsgericht habe den Inhalt des Protestvermerks nicht in seiner Gesamtheit gewürdigt und außer acht gelassen, daß dem Protestbeamten nach seiner Beurkundung auf seine Anfrage die Auskunft erteilt worden sei, die Firma sei seit Monaten aufgelöst. Da eine aufgelöste Firma überhaupt kein Geschäftslokal mehr besitze, also auch nicht in Groß-Berlin, sei dem Vermerk unzweideutig zu entnehmen gewesen, daß der Protestbeamte habe feststellen wollen und auch festgestellt habe, ein Geschäftslokal der Beklagten zu 1 bestehe überhaupt nicht.

Der Angriff geht fehl. Die Klägerin beachtet nicht, daß gerade nach der jetzigen Fassung des Art. 88 die Angabe in den Protest aufgenommen werden muß, daß das Geschäftslokal oder die Wohnung der Person, gegen die protestiert wird, sich nicht habe ermitteln lassen. Eine solche Erklärung ist in dem vorliegenden Protest auch unter Berücksichtigung aller sonstigen in ihm enthaltenen Vermerke nicht zu erblicken. Die Erklärung des Protestbeamten beschränkt sich auf die Feststellung, sein Versuch, in Berlin-Charlottenburg, Morsestraße 18, der Beklagten zu 1 den Wechsel vorzulegen und sie zur Zahlung aufzufordern, sei gescheitert, da er unter der angegebenen Anschrift ein Geschäftslokal nicht ermittelt habe. Daß die Beklagte zu 1 in Groß-Berlin kein Geschäftslokal habe, daß sich also ein Geschäftslokal nicht habe ermitteln lassen, hat der Notarvertreter weder erklärt, noch konnte er es nach Lage der Sache erklären. Wenn er die Äußerung der in dem Hause Morsestraße 18 angetroffenen Person aufnahm, so wurde damit nur nochmals zum Ausdruck gebracht, daß die Beklagte zu 1 in der Morsestraße 18 kein Geschäftslokal habe. Daran ändert auch der Umstand nichts, daß die Auskunft weiter dahin ging, die Firma sei schon seit Monaten aufgelöst. Denn auch eine aufgelöste Gesellschaft mbH. kann (im Stadium der Liquidation) sehr wohl ein Geschäftslokal besitzen.

Wie weit der Protestbeamte seine Nachforschungen ausdehnt, bleibt seinem pflichtmäßigen Ermessen überlassen. Während früher bei fruchtlosen Ermittlungen die Angabe in der Protesturkunde erforderlich war, daß die Nachfrage bei der Polizeibehörde des Ortes erfolglos geblieben sei, ist der Protestbeamte jetzt nicht mehr verpflichtet, bei der Polizeibehörde Nachforschungen anzustellen. Er kann vielmehr alle geeigneten Ermittlungen vornehmen, er genügt jedoch seiner Ermittlungspflicht schon dann, wenn er sich auf die Nachforschung bei der Polizei beschränkt, und braucht bei Erfolglosigkeit dieser Nachforschung keine weiteren Ermittlungen vorzunehmen; vgl. Art. 91 Abs. 3 Satz 2 WO. Unter allen Umständen bedarf es aber nach jetzigem Recht des Vermerks in der Protesturkunde, daß sich das Geschäftslokal oder die Wohnung desjenigen, gegen den Protest erhoben werden soll, nicht habe ermitteln lassen. Enthält die Protesturkunde diesen Vermerk, so ist nach Art. 91 Abs. 2 der Protest nicht deshalb ungültig, weil die Ermittlung möglich gewesen wäre. An sich ist jedoch der Protestbeamte selbstverständlich verpflichtet, geeignete Ermittlungen vorzunehmen, sei es durch Nachfrage bei der Polizei, sei es beim Handelsregister, sei es in sonstiger Weise, und er macht sich seinem Auftraggeber haftbar, wenn er jede Ermittlung unterläßt. Im vorliegenden Falle geht nun aber, wie der Berufungsrichter mit Recht annimmt, aus der Urkunde klar hervor, daß der Protestbeamte alle Ermittlungen unterlassen hat, offenbar weil er sich in dem Irrtum befand, seiner Pflicht bereits durch die Feststellung genügt zu haben, daß die Beklagte zu 1 in der Morsestraße Nr. 18 kein Geschäftslokal habe. Allerdings hat der Protestbeamte in die Protesturkunde die Erklärung aufgenommen, welche ihm von der im Hause Morsestraße 18 angetroffenen, von ihm nicht näher bezeichneten Person gemacht worden ist. Allein dies läßt nicht die Deutung zu, daß er damit habe zum Ausdruck bringen wollen, es habe sich ein Geschäftslokal der Beklagten zu 1 überhaupt nicht ermitteln lassen. Denn ungeprüft konnte diese an sich leicht nachprüfbare Erklärung nicht die Grundlage einer solchen Feststellung bilden. Glaubte aber der Protestbeamte, er dürfe sich auf eine solche Erklärung eines unbekannten Dritten verlassen und weitere Nachforschungen unterlassen, so hätte es unter allen Umständen des im Gesetz vorgeschriebenen Vermerks bedurft. Im übrigen spricht jedoch auch der Umstand, daß der Protestbeamte am 13. Juli 1928 die Berichtigungsurkunde aufgenommen hat, dagegen, daß er schon am 19. Juni 1928 die Erklärung abgeben wollte, er habe ein Geschäftslokal der Beklagten zu 1 in Groß-Berlin nicht ermittelt. Hiernach liegt allerdings ein so erheblicher Mangel der Urkunde vor, daß er dem Zwecke und dem Wesen des Protests Eintrag tut (RGZ. Bd. 68 S. 467, Bd. 100 S. 229; JW. 1908 S. 493 Nr. 32, 1910 S. 950 Nr. 33).

Der Berufungsrichter hat sodann zu der Frage Stellung genommen, ob nicht die spätere Beurkundung vom 13. Juli 1928 als eine Berichtigung im Sinne des Art. 90 WO. aufzufassen sei. Mit Recht bemerkt er, in der ursprünglichen Protesturkunde habe ein so wesentlicher Teil gefehlt, daß man nicht mehr von Auslassungen und sonstigen Mängeln sprechen könne, auf die sich die Berichtigung beschränke, sondern daß es sich um die Ausstellung eines völlig neuen Protests gehandelt habe. Dem ist zuzustimmen. An Stelle einer mit dem Wesen des Wechselprotests nicht im Einklang stehenden Handlungsweise des Protestbeamten beurkundet dieser in einem neuen Akt, daß er eine den Vorschriften der Wechselordnung über Protestaufnahmen entsprechende Handlung vorgenommen habe. Es kann nicht zweifelhaft sein, daß eine solche neue Beurkundung über den Rahmen einer Berichtigung weit hinaus geht und sich als ein völlig neuer Protest darstellt. Aber selbst wenn man in der Urkunde vom 13. Juli 1928 eine Berichtigung erblicken wollte, müßte mit dem angefochtenen Urteil angenommen werden, daß die Berichtigung zu spät erfolgt ist. Der Berufungsrichter führt in dieser Beziehung aus: Nach Art. 90 sei die Berichtigung nur zulässig bis zur Aushändigung der Urkunde an die Person, für die der Protest erhoben sei. Nun sei zwar die Protesturkunde nicht in die Hände der Klägerin selbst zurückgelangt, wohl aber an den Bevollmächtigten des Protestanten, was der Aushändigung an diesen selbst gleichkomme. Denn der Notar, dessen Vertreter den Protest aufgenommen habe, sei in seiner Eigenschaft als Rechtsanwalt zugleich der Prozeßbevollmächtigte der Klägerin in erster Instanz gewesen. Mit dem Ausdruck „Aushändigung an die Person, für welche der Protest erhoben ist" als Zeitgrenze für die Zulässigkeit der Berichtigung sei der Zeitpunkt gemeint, wo die Urkunde aus dem Machtbereich des Protestbeamten in den des Protestanten zurückgelangt sei; eine körperliche Übergabe sei nicht erforderlich. Wenn die Person, die als Protestbeamter tätig geworden sei, die Urkunde nicht mehr in dieser Eigenschaft besitze, sondern sie in ihrer Eigenschaft als Vertreter des Protestanten in Händen habe, so sei die Urkunde damit in den Machtbereich desjenigen, für den protestiert wurde, zurückgekehrt und damit sei die Aushändigung an ihn erfolgt. Auf Grund der Vollmacht, die dem Notar von der Klägerin zur gerichtlichen Geltendmachung des Wechsels erteilt worden sei, hätten diese Personen unter sich ein Rechtsverhältnis vereinbart, demzufolge der Notar die Protesturkunde nicht mehr als Beamter, sondern auf Grund eines Besitzmittlungsverhältnisses zwischen ihm und der Klägerin besitze. Das sei nach außen hin spätestens durch die Klagerhebung zum Ausdruck gekommen.

Hiergegen macht die Revision geltend, die Protestnovelle habe die Berichtigungsfrist möglichst erweitern wollen. Dementsprechend müsse die Vorschrift des Art. 90 Abs. 1 zugunsten des Protestbeamten ausdehnend ausgelegt werden und man müsse deshalb unter der Aushändigung die körperliche Übergabe verstehen; sonst würde in den häufigen Fällen, wo dieselbe Person zunächst als Notar mit der Protesterhebung und nachher als Rechtsanwalt mit der Einreichung der Wechselklage beauftragt werde, die vom Gesetzgeber beabsichtigte Besserstellung gegenüber dem vorherigen Rechtszustand dem Protestanten nicht zuteil werden. Es sei eine gekünstelte Auffassung, daß der Notar, der doch den Besitz schon auf Grund des Verwahrungsvertrags habe, den Berichtigungsvermerk nicht anbringen könne, obwohl er Vertreter des Protestanten und in seinem Namen im Besitz des Wechsels und der Protesturkunde geblieben sei. Das Rechtsverhältnis habe sich durchaus nicht geändert, solange der Protest nicht ausgehändigt worden sei; der Umstand, daß der Rechtsanwalt auch den Auftrag zur Klagerhebung habe, ändere nichts an dem Rechtsverhältnis.

Auch dieser Revisionsangriff geht fehl. Vor der Novelle konnte der Protest bis zum Ablauf der Protestfrist erneuert und es konnten auf diese Weise Mängel geheilt werden. Die Novelle läßt auch nach Ablauf der Protestfrist eine Berichtigung zu, aber nur bis zur Aushändigung der Urkunde durch den Protestbeamten. Das Gesetz hat also absichtlich eine Zeitgrenze setzen und nicht eine zeitlich unbegrenzte Berichtigungsmöglichkeit schaffen wollen. Eine unbegrenzte Berichtigungsmöglichkeit, wie ihr S t r a n z in Anm. 2 zu Art. 90 WO. für ein später zu erlassendes Gesetz das Wort redet, würde zu dem praktisch höchst bedenklichen Ergebnis führen, daß in den Fällen, wo der protestierende Notar zugleich der Prozeßbevollmächtigte ist, wesentliche Mängel der Protesturkunde noch jederzeit nachgeholt werden könnten, was mit dem Zweck der Art. 41 und 88 WO. kaum im Einklang stände. Denn der gesetzgeberische Gedanke ist der, daß eine Berichtigung so lange zulässig sein soll, als der Auftrag noch nicht vollständig abgewickelt ist. Die Beendigung des Auftrags tritt aber durch Aushändigung der Protesturkunde äußerlich in die Erscheinung. Hat nun jemand der nämlichen Person Auftrag zum Protestieren und zur Klagerhebung gegeben, so wird die Aushändigung nicht ohne weiteres erfolgen. Es liegen dann zwei an sich vollständig verschiedene Aufträge vor. Wären der Protestbeamte und der Prozeßbevollmächtigte verschiedene Personen, so träte die Aushändigung äuerlich deutlich in die Erscheinung, indem nämlich der Protestbeamte den Wechsel und die Protesturkunde nach Protesterhebung dem Auftraggeber oder dem Prozeßbevollmächtigten, als dessen Vertreter, übergibt. Da es sich lediglich um die Festsetzung eines Zeitpunkts handelt, so tritt dieser dann, wenn Protestbeamter und Prozeßbevollmächtigter eine und dieselbe Person ist, in dem Augenblick ein, wo der Prozeßbevollmächtigte die Klage einreicht. Denn die Klage hat die Erhebung des Wechselprotests, d. h. eines den gesetzlichen Vorschriften entsprechenden Wechselprotests, zur Voraussetzung, und der Protest muß der Klage in Abschrift oder Urschrift beigefügt werden. Mit welcher Begründung die Möglichkeit gerechtfertigt werden könnte, noch nachträglich, nach vollständiger Abwicklung des Auftrags zur Protesterhebung, den Protest berichtigen zu dürfen, ist schlechterdings nicht einzusehen. Verfehlt ist insbesondere der Gedanke der Revision, die Wohltat des Gesetzes gehe in allen den Fällen verloren, wo dieselbe Person mit der Protesterhebung und der Klagerhebung beauftragt werde. Hierbei wird übersehen, daß auch in diesen Fällen die Möglichkeit der Berichtigung so lange bestehen bleibt, bis es zur Klagerhebung kommt. Hierdurch wird ermöglicht, daß etwaige Mängel des Protests noch bis zur Klagerhebung berichtigt werden können.

Die Klage ist daher mit Recht abgewiesen worden.

RGZ. 126, 223.

Kann bei einem vom Akzeptanten durch nachträgliche Erhöhung der Wechselsumme verfälschten Wechsel der Indossatar dem Avalisten die Einrede der Arglist entgegenhalten, wenn dieser bei Übernahme der Avalverpflichtung mit der Möglichkeit der bezeichneten Verfälschung des Wechsels gerechnet hat und nunmehr vom Indossatar verlangt, daß er sich mit der ursprünglichen Wechselsumme begnüge?

WO. Art. 75, 81, 82.

II. Zivilsenat. Urt. v. 15. November 1929.

I. Landgericht Münster i. W., Kammer für Handelssachen. — II. Oberlandesgericht Hamm.

Die verklagte Bankfirma ist Inhaberin von 11 Wechseln, die von den R.er Kristall-Glassandwerken GmbH. in D., gezeichnet von deren Geschäftsführer Sch., Holzhändler in M., auf eben diesen Sch. an eigene Order gezogen und von Sch. als Akzeptanten, von der Klägerin aber als Bürgin (per aval) angenommen worden sind. Die Beklagte will sie dem Sch. diskontiert haben. Diese Wechsel, einer vom 20. Juli und je 5 vom 1. und 10. August 1926 und mit Ausnahme derjenigen vom 10. August als „Depotwechsel" bezeichnet, sind von Sch. verfälscht worden, der Ende 1926 einen Vermögenszusammenbruch erlitten hat und nach Einleitung einer gerichtlichen Voruntersuchung wegen Urkundenfälschung und Betrugs gestorben ist. Dies geschah dadurch, daß Sch. die Summenangaben in Zahlen durch nachträgliche Beifügung einzelner Ziffern je um rund 10 000 bis 17 000 RM erhöhte und dementsprechend die Buchstabenbezeichnung selbst einsetzte. Die so verfälschten Wechsel wurden an die Beklagte begeben, die sie nicht weiterübertragen hat. Die Klägerin, die dem Sch. beträchtliche Kredite eingeräumt hatte, zahlte an die Beklagte die ursprünglichen Wechselbeträge von insgesamt 18 400 RM. Im übrigen klagte sie auf Feststellung, daß die Beklagte aus diesen Wechseln keinerlei Ansprüche mehr gegen sie habe. Die Beklagte verlangte widerklagend Zahlung von weiteren 117 100 RM nebst Zinsen.

Das Landgericht gab der Klage statt und wies die Widerklage ab. Die Berufung der Beklagten wurde zurückgewiesen. Ihre Revision führte zur Aufhebung und Zurückverweisung.

Gründe:

(Zunächst wird ausgeführt: Die Klägerin sei, wie sich aus den Feststellungen des Berufungsgerichts ergebe, überzeugt gewesen, daß sich Sch. mit Wechselfälschungen befasse, und sie habe auch bei Ausstellung der Avale mit der Möglichkeit gerechnet, daß die hier in Rede stehenden Wechsel von ihm verfälscht seien und daß Dritte, an welche sie gelangen würden, dadurch zu Schaden kommen könnten. Trotzdem habe die Klägerin nichts gegen Sch. unternommen; sie habe sogar dahin gewirkt, daß die Absicht eines Dritten, Strafanzeige gegen ihn zu erstatten, nicht ausgeführt worden sei. Dieses Verhalten habe seinen Grund in der Befürchtung der Klägerin gehabt, das Bekanntwerden der Fälschungen des Sch. werde seinen vermögensrechtlichen Zusammenbruch und die Uneinbringlichkeit ihrer Forderungen an ihn zur notwendigen Folge haben. — Dann wird fortgefahren:)

Nach alledem hat die Klägerin die Verfälschung der Wechsel zwar nicht gebilligt, aber sie hat die Möglichkeit der Verfälschung durch Sch. zum Schaden Dritter erkannt und bei Übernahme der Avalverpflichtung mit in Kauf genommen. Als Kaufmann — denn als solcher gilt nach § 17 Abs. 2 GenG. in Ansehung der hier fraglichen Geschäfte auch die Genossenschaft — hätte sie die Pflicht gehabt, zur Aufrechterhaltung eines redlichen Geschäftsgebarens und zur Reinhaltung des strenger Ordnung bedürftigen Wechselverkehrs die den Fälschungen Raum und Unterlage bietenden Geschäfte mit Sch. abzubrechen und, wenn nicht selbst ihn der verdienten Strafe zuzuführen, so doch jedenfalls die dahingehende Absicht eines andern nicht zu hintertreiben. Die Klägerin hat aber das Gegenteil getan, in dem rücksichtslosen Bestreben, sich vor einem Zusammenbruch des Sch. noch Deckung für ihre Forderungen zu verschaffen, und in voller Erkenntnis der Gefahr, daß dadurch Dritte zu dem erheblichen Betrag der im Wege der Verfälschung bewirkten Erhöhung der Wechselsummen zu Schaden kommen können. Ein solches Verhalten verstößt grob gegen das Anstandsgefühl aller billig und gerecht Denkenden und namentlich gegen die Auffassung der Kaufmannschaft von einem redlichen Geschäfts- und Wechselverkehr. Der Vorderrichter hat die für den Wechselverkehr zu stellenden Anforderungen viel zu niedrig gehalten. Auf Grund dieser Sittenwidrigkeit kann die Beklagte der Berufung der Klägerin auf die Verfälschung der Wechsel, die nichts anderes ist als ein Leugnen des Klagegrunds der wechselmäßigen Haftung, den Vorwurf der Arglist entgegenstellen. Die Klägerin muß sich bei solchem Verhalten ebenso behandeln lassen, wie wenn sie der Verfälschung der Wechsel zugestimmt hätte; sie haftet wechselmäßig. Auf die Frage, ob die Klägerin aus unerlaubter Handlung auf Schadensersatz haftet, braucht bei der Fassung der gestellten Anträge nicht eingegangen zu werden.

Bei solcher Haftung der Klägerin kann es nicht darauf ankommen, ob die Beklagte Schaden erlitten hat; sie hat eben den Wechselanspruch. Ebenso ist unerheblich, ob sich die Beklagte beim Nehmen der verfälschten Wechsel eine Fahrlässigkeit (ungenügende Achtsamkeit auf Verfälschungen) hat zuschulden kommen lassen, wie der Vorderrichter annimmt. Die wechselmäßige Haftung und natürlich auch eine Schadensersatzpflicht der Klägerin würde nur dann entfallen, wenn, wie die Klägerin vorgebracht hat, die Beklagte gleichfalls von der Fälschertätigkeit des Sch. Kenntnis gehabt und deshalb in der Annahme einer vollzogenen Fälschung die Wechsel nicht diskontiert, nichts auf sie gezahlt, sondern sie nur zum Depot als Deckung für bereits gewährten Kredit hereingenommen hätte. Im Falle der Diskontierung wäre bestimmt nicht anzunehmen, daß sie mit einer Verfälschung gerechnet hat. Nach dieser Richtung ist das beiderseitige Vorbringen bisher nicht geprüft worden.

RGZ. 129, 336.

Muß der Inhaber eines von seinem Vormann teilweise ausgefüllten Wechselblanketts, der den Wechselanspruch geltend machen will, bei der Vollendung des Wechsels über das Recht des Vormanns zu der von diesem vorgenommenen Teilausfüllung in gutem Glauben gewesen sein?

WO. Art. 7, 82.

II. Zivilsenat. Urt. v. 4. Juli 1930.

I. Landgericht Kiel. — II. Oberlandesgericht daselbst.

Die Klägerin fordert vom Beklagten auf Grund eines von ihm als Aussteller und Blankoindossant gezeichneten Wechsels die Wechselsumme von 32 000 RM nebst Zinsen, sowie Wechselunkosten. Der Beklagte hat seine Unterschriften auf dem im übrigen noch unausgefüllten Wechselvordruck dem ihm befreundeten, der Klägerin verschuldeten und am 25. November 1928 verstorbenen Kaufmann B., Mitinhaber der Firma Johs. B. Wwe., erteilt, der das Papier, versehen mit dem Akzept der Firma und der Wechselsumme von 32 000 RM in Zahlen und Buchstaben, dem Leiter einer Geschäftsstelle der Klägerin und stellvertretenden Vorstandsmitglied Sch. als Sicherheit für sein Konto übergab. Der Wechsel ist vom 28. November 1928 datiert und auf Sicht an eigene Order sowie auf Johs. B. Wwe. als Bezogene gestellt. Insoweit rührt nach der Behauptung des Beklagten die Ausfüllung von der Klägerin her und ist sie erst auf eine zwischen ihm und Sch. nach dem Tode des B. gepflogene Unterredung hin vorgenommen worden; bei dieser Unterredung soll der Wechsel dem Beklagten in unvollendetem Zustand vorgezeigt worden sein. Der Wechsel wurde am 29. Dezember 1928 mangels Zahlung protestiert. Über den Nachlaß des B. wurde das Konkursverfahren eröffnet.

Auf die im Wechselprozeß erhobene Klage wurde der Beklagte unter Vorbehalt der Ausführung seiner Rechte antragsgemäß verurteilt. Im Nachverfahren wurde das Vorbehaltsurteil von den Vorinstanzen aufrechterhalten. Die Revision des Beklagten führte zur Aufhebung und Zurückverweisung.

Gründe:

Die Revision geht mit dem Vorderrichter davon aus, daß von Anfang an die Klägerin durch Sch. als ihren Bevollmächtigten das Wechselblankett mit den Unterschriften des Beklagten und der durch B. bewirkten Ausfüllung der Wechselsumme auf 32 000 RM von diesem erworben und daß Sch. hierbei nicht für seine eigene Person gehandelt hat. Die Feststellung des Berufungsrichters hierüber ist tatsächlicher Art und für das Revisionsgericht bindend. Nach der Behauptung des Beklagten, die der Vorderrichter offen gelassen hat, weil er die Klägerin wegen Gutgläubigkeit dieses Erwerbs in ihrem Wechselanspruch für gesichert hält, hat B. das Blankett abredewidrig auf 32 000 RM ausgefüllt statt auf höchstens rund 1200 RM. Für den letzteren Betrag hatte ihm der Beklagte seine Unterschriften gegeben, damit der Wechsel zur Prolongation eines in Händen der N.-Bank in K. befindlichen

Wechsels in Höhe von etwa 1200 RM verwendet werde. Zum Beweis dieser Abrede mit B. hat der Beklagte sich zum Eid erboten und auch Zeugenbeweis angetreten. Hätte nun die Klägerin durch Sch. den ausgefüllten Wechsel gutgläubig erworben, so wäre sie nach Art. 82 WO. gegen den Einwand abredewidriger Ausfüllung des Blanketts gesichert gewesen. Das gleiche würde gelten, wenn sie von B. den werdenden Wechsel mit der von ihm abredewidrig vorgenommenen Ausfüllung der Wechselsumme auf 32000 RM und mit der nach der Gewohnheit des Geschäftsverkehrs auch ohne besondere Verabredung auf sie übergehenden Ermächtigung zur weiteren Ausfüllung erworben und nunmehr die Ausfüllung nach Art. 4 WO. in Ansehung aller übrigen Erfordernisse gutgläubig bewirkt hätte (RGZ. Bd. 32 S. 71, Bd. 33 S. 74, Bd. 65 S. 411, Bd. 108 S. 390). Das Reichsgericht stellt im Anschluß an das vormalige Reichsoberhandelsgericht dem gutgläubigen Wechselerwerb die gutgläubige Ausfüllung des erworbenen Wechselblanketts gleich (RGZ. Bd. 19 S. 137, Bd. 65 S. 411; JW. 1907 S. 543 Nr. 5). Um etwas anderes handelt es sich aber hier. Nach der unter Beweis gestellten weiteren Behauptung des Beklagten hat dieser in einer Unterredung nach dem Tode des B., wobei ihm der Wechsel in dem im übrigen noch unausgefüllten Zustand vorgewiesen wurde, dem Bevollmächtigten der Klägerin Sch. von seiner Abrede mit B. über die Verwendung des Wechsels und die Höhe der Wechselsumme Kenntnis gegeben. Nunmehr wäre Sch., der nicht einen fertigen Wechsel, sondern nur ein Blankett in der Hand hatte, wegen der Höhe des Wechselversprechens des Beklagten nicht mehr gutgläubig gewesen. Sein Wissen muß nach § 166 BGB. auch die Klägerin gegen sich gelten lassen, selbst wenn er ihr nachher den in allen Teilen ausgefüllten Wechsel in seinem jetzigen Zustand vorlegte, so wie er präsentiert und protestiert wurde. Die Richtigkeit der Behauptung des Beklagten vorausgesetzt, durfte Sch., der für die Klägerin kein Wechselrecht, sondern nur die dem B. erteilte Ermächtigung zur Herstellung eines Wechsels erworben hatte, diesen nicht durch Einsetzung der über die Ermächtigung hinausgehenden Wechselsumme vollenden; der gute Glaube muß, entgegen der Bemerkung bei Staub-Stranz Wechselordnung 12. Aufl. Art. 7 Anm. 12b, unter allen Umständen auch noch zur Zeit der Wechselausfüllung vorhanden sein (RGZ. Bd. 57 S. 169, Bd. 65 S. 409, Bd. 68 S. 421; JW. 1907 S. 543 Nr. 5). In dieser Richtung gilt für den weiteren Blankettnehmer nichts anderes als für den ersten, und es kann nicht darauf ankommen, ob gerade er oder ein Vormann dasjenige Erfordernis des Wechsels herstellt, bei dem die Ermächtigung überschritten wird. Erst die Einsetzung des letzten wesentlichen Erfordernisses ist entscheidend dafür, daß ein Wechsel und ein Wechselrecht entsteht, und wenn jemand weiß, daß die Ermächtigung zur Herstellung eines solchen Wechsels, wie er entstünde, nicht gegeben ist, darf er nicht zur Vollendung des Wechsels schreiten und erwirbt durch sie kein Wechselrecht. Er muß das Papier zurückgeben oder vernichten.

Daher kommt es nicht sowohl darauf an, ob die Klägerin oder Sch. beim Erwerb des Wechselblanketts über 32 000 RM in gutem Glauben war, als darauf, ob die vom Beklagten behauptete Abrede mit B. über die Höhe der Wechselsumme getroffen und ob Sch. hiervon vor der Ausfüllung des Blanketts unterrichtet worden ist.

RGZ. 134, 291.

Kann der in Anspruch genommene Wechselschuldner der Klage des durch Vollindossament legitimierten Regreßnehmers den Einwand entgegensetzen, daß das Indossament auf einer fiduziarischen Inkassozession beruhe, die sich erledigt habe?

WO. Art. 82. BGB. § 398.

II. Zivilsenat. Urt. v. 4. Dezember 1931.

I. Landgericht Köslin. — II. Oberlandesgericht Stettin.

Die Klägerin ist Inhaberin eines am 30. Juni 1930 fällig gewesenen, vom Zweitbeklagten H. Gu. (alleinigem Revisionskläger) ausgestellten und vom Erstbeklagten W. Gu. akzeptierten Wechsels über 10 000 RM, der den Vermerk trägt „Zahlbar bei dem Bankhaus Joh. Kr. in K." und bei Verfall mangels Zahlung protestiert wurde. Mit der im Wechselprozeß erhobenen Klage verlangt die Klägerin gesamtschuldnerische Verurteilung der beiden Beklagten zur Zahlung der Wechselsumme nebst Zinsen und Kosten. Die Beklagten machen geltend, es fehle an einem wirksamen Wechselbegebungsvertrag zwischen der Klägerin und deren Vorindossanten R., auch stehe dem Klaganspruch die Einrede der Arglist entgegen. Der Revisionskläger wendet außerdem ein, der Domizilvermerk sei erst nachträglich ohne seine Genehmigung auf den Wechsel gesetzt worden.

Das Landgericht wies die Klage gegen den Zweitbeklagten durch Teilurteil ab. Das Oberlandesgericht verurteilte ihn nach dem Klagantrag. Seine Revision war erfolglos.

Aus den Gründen:

. . . Wenn die Revision auf die vom Zweitbeklagten in der Schlußverhandlung vor dem Berufungsgericht unter Eid gestellte Behauptung

Bezug nimmt, daß die Klägerin auf Grund einer Vereinbarung der Gläubiger des R. vom 19. April 1930 den Klagewechsel zusammen mit anderen Wechseln nur als Treuhänderin zum Inkasso übertragen erhalten habe, so will sie damit auf der einen Seite begründen, daß die Klägerin die vom Zweitbeklagten behauptete Abredewidrigkeit des Domizils, das statt bei der Stadtbank in K. bei dem dortigen Bankhause Kr. gestellt worden sei, gegen sich gelten lassen müsse. Dieser Einwand würde zu seiner Schlüssigkeit indes voraussetzen, daß die Klägerin eben nur Inkassomandatarin ihres Vorindossanten wäre und daß danach Einwendungen, die gegen diesen beständen, auch ihr gegenüber durchgriffen. Nun ist aber nach dem Inhalt des angefochtenen Urteils jenes Mandat unstreitig widerrufen oder jedenfalls mit der Konkurseröffnung über das Vermögen des R. beendet worden, und der Zweitbeklagte leitet auf der anderen Seite gerade daraus den weiteren Einwand her, daß die Klägerin die Berechtigung zur Geltendmachung des Wechsels verloren habe. Er vertritt also insoweit den Standpunkt, daß die Klägerin nicht mehr Inkassomandatarin sei, sondern den Klagewechsel unbefugt für eigene Renchung geltend mache. Dann entzieht er jedoch seiner Einrede, der Vorindossant der Klägerin habe ein vertragswidriges Domizil eingesetzt, selbst den Boden, weil diese Einrede einem durch Vollindossament ausgewiesenen und den Wechselanspruch aus eigenem Recht verfolgenden Wechselberechtigten nicht entgegengesetzt werden kann. Was aber den Einwand anlangt, das Treuhandverhältnis, auf Grund dessen die Klägerin den Wechsel erlangt habe, sei erledigt, so kommt es auf die insoweit erhobene Prozeßrüge, das Berufungsgericht habe zu Unrecht die Eideszuschiebung des Zweitbeklagten über die Vereinbarung vom 19. April 1930 als verspätet zurückgewiesen, um deswillen nicht an, weil diese Abmachung und der spätere Wegfall des dadurch begründeten Verhältnisses entgegen der Annahme des Berufungsgerichts keinen Einwand gegenüber dem Wechselrecht der Klägerin begründet. In bezug auf die fiduziarische Forderungsabtretung wird allerdings in der Rechtsprechung und im Schrifttum die freilich keineswegs unbestrittene Meinung vertreten, daß der Schuldner gegenüber dem die Forderung trotz Wegfalls des Einziehungsauftrags weiterverfolgenden Zessionar die Einrede der Arglist habe[1]). Für das Gebiet des wechselrechtlichen Inkassoindossaments ist aber die bisher noch nicht entschiedene Frage jedenfalls zu verneinen, ob einem auf Grund eines

[1]) RG. im Recht 1917 Nr. 1018; JW. 1903 Beil. S. 53; Lehmann bei Enneccerus BGB. Schuldverh. Bd. 2 S. 273. A. M. RGZ. Bd. 99 S. 143; Staudinger 9. Aufl. Anm. zu § 398 BGB.; Planck-Siber Anm. 1 b α zu § 398 BGB.

Vollindossaments — nicht bloß eines Prokuraindossaments — Wechselberechtigten von einem früheren Wechselschuldner der Einwand entgegengesetzt werden kann, daß dem Indossament eine fiduziarische Inkassozession seines Vormanns zugrunde liege und diese sich erledigt habe. Wo der Wechselgläubiger nicht wie ein offener Prokuraindossatar in fremdem Namen, sondern im eigenen Namen handelnd auftritt, wäre es mit der Natur des Wechsels als eines im Interesse seiner Verkehrsfähigkeit strengen Anforderungen in bezug auf Einreden zu unterwerfenden Wertpapiers und mit der gesetzlichen Aufgabe des Indossaments nicht zu vereinigen, wollte man aus dem der Übertragung des Wechsels zugrunde liegenden inneren schuldrechtlichen Verhältnis zwischen Indossanten und Indossatar und insbesondere aus dem Wegfall des treuhänderischen Auftrags dem Wechselschuldner das Recht geben, dem nach Wechselrecht formell und materiell als vollberechtigt ausgewiesenen Inkassoindossatar die Leistung zu verweigern. Eine derartige Einrede geht weder aus dem Wechselrecht selbst hervor, noch steht sie sonst dem Wechselschuldner gegen den Genannten unmittelbar zu, sondern sie ist dem Rechte des Inkassozedenten entnommen, also einem die Schuld des Wechselverpflichteten gar nicht berührenden Rechtsverhältnis des Klägers zu einem Dritten. Der Zweitbeklagte kann also nicht geltend machen, daß die Klägerin ihre treuhänderische Stellung verloren habe, weil ihre etwaige Verpflichtung, den Klagewechsel an R. zurückzugeben, ihr zunächst noch vorhandenes materielles Wechselrecht gar nicht berührt. Es ist sonach unschädlich, wenn der Berufungsrichter auf den angetretenen Eidesbeweis nicht eingegangen ist. Im übrigen hat er aber auch bedenkenfreie tatsächliche Feststellungen getroffen, die das verspätete Eidesvorbringen des Beklagten als auf grober Nachlässigkeit beruhend erscheinen lassen (§ 529 ZPO.).

RGZ. 136, 137.

1. . . .

2. Kann der Abzahlungskäufer, der dem Käufer zahlungshalber sein Akzept über den Kaufpreis gegeben hat, die Einwendungen aus dem Abzahlungsgeschäft auch dem Geldgeber des Verkäufers entgegensetzen, wenn er die Ansprüche aus dem an ihn indossierten Wechsel geltend macht?

AbzG. § 4. WO. Art. 82.

II. Zivilsenat. Urt. v. 22. April 1932.

Die Entscheidung ist abgedruckt unter „Bürgerliches Recht, Recht der Schuldverhältnisse 5".

RGZ. 136, 207.

1. Ist ein Wechsel gültig, der an Order lautet, aber keinen Remittenten angibt? Kann die im Wechseltext fehlende Bezeichnung des Remittenten aus den sonstigen Wechselerklärungen ergänzt werden?

2. Zur Frage der Umdeutung nichtiger Wechselerklärungen in andere rechtsgeschäftliche Verpflichtungserklärungen.

WO. Art. 4 Nr. 3. BGB. § 140.

II. Zivilsenat. Urt. v. 13. Mai 1932.

I. Landgericht I Berlin, Kammer für Handelssachen. — II. Kammergericht daselbst.

Die Beklagten haben einen vom 14. Juni 1928 datierten, auf sie gezogenen, bei Sicht zahlbaren Wechsel über 20 000 RM angenommen. Im Text des Wechsels fehlte hinter den Worten „an die Order" die Bezeichnung des Remittenten. Der Wechsel ist am 14. Juni 1930 für die Rechtsvorgängerin der Klägerin mangels Zahlung protestiert worden. Gegenüber der Klage auf Zahlung der Wechselsumme nebst Zinsen und Protestkosten wendeten die Beklagten ein, daß der Klagwechsel wegen Formmangels nichtig sei; in zweiter Linie behaupteten sie Zahlung.

Das Landgericht wies die Klage ab; es sah den Klagwechsel zwar als rechtsgültig an, erachtete aber den Zahlungseinand für begründet. In der mündlichen Verhandlung vor dem Berufungsgericht ergänzte der Prozeßbevollmächtigte der Klägerin den Klagwechsel dahin, daß er in die Lücke hinter den Worten „an die Order" das Wort: „eigene" einfügte. Das Kammergericht wies die Berufung der Klägerin zurück. Ihre Revision blieb erfolglos.

Gründe:

Die erste Hauptfrage, ob der Klagwechsel in seiner ursprünglichen Form gültig ist, wird vom Berufungsgericht im Gegensatz zum ersten Richter verneint. Während das Landgericht aus der Verbindung von Wechselsatz und erstem Indossament im Wege der Auslegung den Schluß zieht, daß der Klagwechsel als Wechsel an eigene Order anzusehen sei, lehnt das Kammergericht eine solche Folgerung ab; es legt dabei im Anschluß an RGZ. Bd. 130 S. 82 entscheidendes Gewicht darauf, daß auf dem Klagwechsel zwischen den Wechselstempelmarken und dem Giro der Ausstellerin ein beträchtlicher Zwischenraum vorhanden sei, in den noch ein weiteres Giro eines anderen Remittenten hätte eingerückt werden können. Darüber hinaus aber ist das Kammergericht der Meinung, daß es gegenüber der ausdrücklichen Bestimmung des Art. 4 Nr. 3 WO. überhaupt unzulässig sei, den fehlenden Namen des

Remittenten im Wege der Auslegung des sonstigen Inhalts der Urkunde zu ergänzen.

Ob der letzteren Auffassung unbedingt und schlechthin beizupflichten ist, oder ob im einzelnen Fall doch die Möglichkeit besteht, die fehlende Bezeichnung des Remittenten durch Auslegung zu ersetzen, braucht hier nicht erörtert zu werden. Grundsätzlich ist jedenfalls ein Wechsel, dem eines der wesentlichen Erfordernisse des Art. 4 WO. mangelt, als Fehlwechsel ungültig. Die Ergänzung eines solchen Erfordernisses aus dem sonstigen Inhalt der Urkunde ist dann unbedingt ausgeschlossen, wenn die übrigen auf der Wechselurkunde befindlichen Erklärungen nach Wortlaut oder Form auch noch eine andere Auslegung gestatten. Im vorliegenden Fall zwingt aber das Giro der Ausstellerin keineswegs zu der Annahme, daß der Wechsel an eigene Order gestellt werden sollte. Vielmehr weist — ebenso wie in dem RGZ. Bd. 130 S. 82 entschiedenen Fall — auch hier der Klagwechsel vor dem Giro der Wechselausstellerin eine Lücke auf. Es ist deshalb die Möglichkeit zum mindesten nicht von der Hand zu weisen, daß der Wechsel nicht an die eigene Order der Ausstellerin, sondern an fremde Order lauten sollte, und daß der Zwischenraum zwischen den Wechselstempelmarken und dem Giro der Ausstellerin bestimmt war, das Giro des Remittenten aufzunehmen. Unter diesen Umständen ist eine Ergänzung des Remittentenvermerks aus dem ersten Indossament nicht zulässig, sondern der Klagwechsel muß mit dem Vorderrichter wegen Fehlens eines wesentlichen Erfordernisses als rechtsunwirksam angesehen werden.

Verneint wird vom Berufungsgericht auch die weitere Frage, ob der Klagwechsel dadurch gültig und wirksam geworden ist, daß der Prozeßbevollmächtigte der Klägerin in der Berufungsinstanz die Angabe des Remittenten ergänzt hat. Aus tatsächlichen Erwägungen heraus gelangt der Vorderrichter zu der Ansicht, daß die Beteiligten die Begebung eines Blankowechsels nicht gewollt haben und daß auch sonst der Klägerin keine allgemeine Ermächtigung erteilt worden sei, den Wechsel zu vervollständigen. Gegen diese Feststellung erhebt die Revision keinen Angriff. Die Revisionsbegründung trägt im Gegenteil selbst vor, man sei sich des fehlenden Remittentenvermerks nicht bewußt gewesen. War die Klägerin aber nicht vertraglich zur Ergänzung des Wechsels ermächtigt, so konnte die von ihrem Prozeßbevollmächtigten einseitig vorgenommene Vervollständigung der Urkunde nicht die Rechtswirkungen eines gültigen Wechsels begründen.

Es bleibt deshalb nur noch zu erörtern, ob die als Wechsel unwirksame Urkunde vom 14. Juni 1928 den Erfordernissen eines anderen Rechtsgeschäfts genügt und deshalb nach § 140 BGB. einen Anspruch gegen die Beklagten gewährt. Das Berufungsgericht verneint auch diese Frage; hiergegen wenden sich in der Hauptsache die Angriffe der Revision, die die Klagurkunde als kaufmännischen Verpflichtungsschein oder als Schuldanerkenntnis aufrechterhalten will. Daß an sich ein wegen Formmangels ungültiger Wechsel den Anforderungen eines Schuldanerkenntnisses oder eines kaufmännischen Verpflichtungsscheins genügen kann, ist in Rechtsprechung und Schrifttum anerkannt. Jedoch wird dies regelmäßig nur bei Urkunden der Fall sein, die als eigene Wechsel gedacht waren. Für den Fall des gezogenen Wechsels, wie er hier vorliegt, hat der Senat bereits in dem Urteil vom 8. Oktober 1929 JW. 1930 S. 1376 Nr. 1) ausgesprochen, daß aus der Akzeptunterschrift weder ein Schuldversprechen noch eine sonstige Verpflichtungserklärung zu entnehmen ist, weil das Akzept nicht irgendeine Erklärung des Akzeptanten deckt. Daß das Akzept trotzdem als Annahme und als Verpflichtung des Bezogenen zur Zahlung der Wechselsumme gilt, ist eine Sonderbestimmung des Art. 21 WO., die aber nur für rechtswirksame Wechsel Geltung hat. Für andere Fälle ist der einfachen Namensunterschrift der Beklagten eine Willenserklärung nicht zu entnehmen. In dem Akzept kann somit weder ein Schuldanerkenntnis noch ein Verpflichtungsschein gesehen werden.

In Betracht käme höchstens noch, ob die Klagurkunde den Erfordernissen einer kaufmännischen Anweisung entspricht, sofern auch der Erstbeklagte als Kaufmann anzusehen ist. Allein für die Anweisung ist es wesentlich, daß darin der Empfänger der dem Bezogenen aufgegebenen Leistung benannt ist. Daran fehlt es bei dem Klagwechsel in seiner ursprünglichen Form, da eben die Bezeichnung des Remittenten ausgelassen war. Derselbe Mangel, der der Klagurkunde die Wechselkraft vorenthielt, macht sie auch als kaufmännische Anweisung unwirksam. Und ebensowenig, wie die ohne vertragliche Vollmacht vorgenommene Vervollständigung der Urkunde eine Wechselverbindlichkeit der Beklagten begründete, konnte sie die Verpflichtung aus einer Anweisung schaffen, wobei die Streitfrage unerörtert bleiben darf, ob eine Anweisung an eigene Order zulässig ist. Die Ansicht der Revisionsbegründung, daß die objektiven Voraussetzungen eines anderen Verpflichtungsscheins im vorliegenden Fall gegeben seien, trifft somit nicht zu.

RGZ. 139, 193.

1. Haftet die Reichsbank als Prokuraindossatarin aus dem Wechselinkassoauftrag für ein Versehen des Notars beim Wechselprotest?

2. Hat der Vormann, der einen bereits präjudizierten Wechsel einlöst, den Wechselbereicherungsanspruch gegen den Aussteller?

3. Haftet der Notar, der einen ungültigen Protest aufgenommen hat, dem dadurch geschädigten Wechselinhaber auch für die Kosten eines Wechselregreßprozesses, in dem die Klage des Inhabers wegen der Nichtigkeit des Protestes abgewiesen worden ist?

BGB. § 839. WO. Art. 17, 83.

V. Zivilsenat. Urt. v. 11. Januar 1933.

I. Landgericht III Berlin. — II. Kammergericht daselbst.

Der Kläger ist Inhaber eines am 15. Januar 1930 fällig gewordenen Wechsels über 2500 RM. Aussteller war S., Akzeptant F., Giranten nacheinander F., H., N., G., der Kläger, die W.er Bank (kurz „Bank" genannt). Am 8. Januar 1930 indossierte die Bank den Wechsel an die Order der Reichsbank „Wert zum Einzug". Die Reichsbank ließ ihn am 16. Januar 1930 durch den verklagten Notar protestieren. Dieser wurde bei der Protesterhebung durch seinen amtlich bestellten Vertreter (Rechtsanwalt S.) vertreten. Die Reichsbank schickte den nicht bezahlten Wechsel und die Protesturkunde an die Bank. Diese nahm den Kläger in Anspruch. Der Kläger löste den Wechsel ein und versuchte in einem Vorprozeß, gegen den Akzeptanten, den Aussteller und die Vorgiranten Regreß zu nehmen. Die Klage wurde, soweit sie sich gegen die Indossanten richtete, wegen Nichtigkeit des Protestes rechtskräftig abgewiesen; gegen den Aussteller und den Akzeptanten wurde der Rechtsstreit nicht durchgeführt. Der Kläger verlangt nunmehr vom Beklagten Schadensersatz wegen des fehlerhaften Protestes. Er hat sich schriftlich abtreten lassen: 1. von der Bank Ansprüche gegen a) die Reichsbank, b) den Beklagten, 2. von der Reichsbank Ansprüche gegen den Beklagten.

Beide Vorinstanzen haben der Klage stattgegeben. In dem vom Kammergericht zugesprochenen Betrag von 3034,28 RM stecken 296,81 RM Kosten des Vorprozesses. Die Revision des Beklagten hatte Erfolg.

Gründe:

Das Kammergericht geht von folgenden Feststellungen und Rechtserwägungen aus: Schadensersatzansprüche des Klägers gegen den Beklagten wegen eines von dessen amtlichem Vertreter mangelhaft aufgenommenen Wechselprotestes können nur auf § 839 BGB., Art. 101 PrFGG. gegründet werden. Vertragliche Ansprüche sind ausgeschlossen. Der Protest vom 16. Januar 1930 entsprach nicht dem Art. 88 Abs. 1 Nr. 2 WO. und war daher nichtig. Der Protestbeamte verletzte durch den mangelhaften Protest fahrlässig seine Amtspflicht auch gegenüber dem Kläger. Daraus ist dem Kläger ein Schaden entstanden. Er mußte nach seinem Vertrag mit der Bank den präjudizierten Wechsel einlösen. Wegen der Nichtigkeit des Protestes verlor er den Wechselregreß gegen seine Vormänner, von denen wenigstens G. zahlungsfähig war. Der Beklagte haftet für die Fahrlässigkeit seines amtlichen Vertreters. Die Voraussetzungen des § 839 Abs. 1 Satz 1 BGB. liegen also vor.

Diese Darlegungen lassen keinen Rechtsirrtum erkennen. Die Revision hat insoweit auch keinen besonderen Angriff erhoben, sondern sich auf die Bitte um Nachprüfung beschränkt. Sie rügt aber ausdrücklich Verletzung des § 839 Abs. 1 Satz 2 BGB. in Verbindung mit Art. 83 WO. Das Berufungsgericht ist zu dem Ergebnis gelangt, der Kläger könne nicht anders als durch Inanspruchnahme des Beklagten Ersatz seines Schadens erlangen. Zur Begründung dieses Ergebnisses stellt es fest, daß von dem Akzeptanten F. nichts zu holen ist, und führt dann aus: Der Kläger habe auch keine Bereicherungsansprüche gegen die Bank und den Aussteller S. Ein Anspruch aus Art. 83 WO. könne nur der Bank, nicht dem Kläger zustehen. Auch aus dem Innenverhältnis mit seinen Vormännern könne sich der Kläger nicht schadlos halten.

Diese Ausführungen halten der Revision nicht stand. Zunächst glaubt sie, den Kläger auf einen — vom Berufungsgericht nicht erörterten — abgetretenen Anspruch der Bank gegen die Reichsbank „aus der rechtsirrtümlichen Einlösung des präjudizierten Wechsels" verweisen zu können. Dieser Angriff geht fehl. Zwar ist richtig, daß der Kläger selbst zu Beginn des Rechtsstreits die Ansicht vertreten hat, die Bank habe einen solchen Anspruch gegen die Reichsbank und dieser Anspruch sei ihm abgetreten worden. Nach den Feststellungen des Kammergerichts trifft diese Ansicht aber nicht zu. Die Reichsbank hat den Wechsel nur zum Inkasso erhalten. Das auf sie ausgestellte Giro („Wert zum Einzug") ist ein Prokuraindossament (Art. 17 WO.; vgl. Staub-Stranz Wechselordnung 12. Aufl. S. 109 Anm. 1, 2 zu Art. 17). Die Bank blieb also die eigentliche Wechselgläubigerin und hatte aus dem Inkassovertrag nur dann (nicht wechselmäßige) Ansprüche gegen die Reichsbank, wenn diese ihre Inkassopflichten schuldhaft vernachlässigte. Der Beklagte macht nun der Reichsbank zum Vorwurf, sie habe als Inkassobeauftragte schuldhaft die Prüfung der Gültigkeit des Protestes vom

16. Januar 1930 verabsäumt und dadurch die Präjudizierung des Wechsels mit verursacht. Damit verkennt indessen die Revision den Umfang der Pflichten des mit dem Inkasso des Wechsels betrauten Prokuraindossatars. Dieser hat zwar für die Rechtzeitigkeit des Protestes und für die Auswahl eines geeigneten Protestbeamten einzustehen. Für Versehen des Protestbeamten bei der Aufnahme des Protestes haftet er aber dem Inkassoauftraggeber regelmäßig nicht (vgl. Staub-Stranz a. a. O. S. 111 Anm. 4; Michaelis Wechselrecht S. 139 Anm. 14 zu Art. 17). Ausnahmsweise mag sich unter Umständen aus dem Inkassoauftrag die Vertragspflicht des Prokuraindossatars ergeben, bei ausreichender Zeit einen zweiten Protest erheben zu lassen, wenn er den ersten Protest als ungültig *tatsächlich erkennt* (vgl. Mitteilungen der Handelskammer zu Berlin 1913 S. 88 Gutachten 4272/13). Eine solche Erkenntnis scheidet im vorliegenden Falle bei der Reichsbank ohne weiteres aus. Ob darüber hinaus, wie die Revision meint, für die Reichsbank als inkassobeauftragte Prokuraindossatarin noch eine Vertragspflicht besteht, die ihr zugehenden Proteste auf „offensichtliche" Formmängel zu prüfen, braucht hier nicht näher erörtert zu werden. Denn selbst wenn man eine solche Pflicht nicht grundsätzlich verneinen wollte, müßte man ihren Umfang doch eng begrenzen. Nur in die Augen springende Mängel der Protesturkunden (z. B. Fehlen von Daten, Unterschriften usw.) könnten vielleicht geeignet sein, die Rechtspflicht einer inkassobeauftragten Großbank zur Feststellung der Nichtigkeit des Protestes und bei genügender Zeit zur Veranlassung eines neuen Protestes zu begründen. Um einen solchen Mangel handelt es sich aber hier bei der rechtlich ungenügenden Fassung des Windprotestvermerks nicht. Die Aufdeckung dieses Fassungsfehlers in der Protesturkunde setzt vielmehr eine eingehende und sorgfältige Rechtsprüfung aller Einzelheiten des Protestes voraus. Eine derartige juristische Nachprüfung der von einem Notar aufgenommenen Protesturkunde liegt keinesfalls im Rahmen der Vertragspflichten der Reichsbank aus dem Inkassoauftrag, der einem Prokuraindossament zugrunde liegt. Erstreckte sich somit nach Lage des Falles die Vertragspflicht der Reichsbank gegenüber der Bank nicht auf die Entdeckung der Nichtigkeit des Protestes, beschränkte sich diese Pflicht vielmehr, wie üblich, auf die Rechtzeitigkeit des Protestes und die Auswahl eines geeigneten Protestbeamten, so kann der Beklagte den Kläger nicht auf Ansprüche der Bank gegen die Reichsbank aus dem Inkassoverhältnis verweisen. Denn daß die Reichsbank etwa bei der Auswahl des Beklagten als Protestbeamten fahrlässig gehandelt hätte, erscheint ausgeschlossen und ist auch nicht Ansicht der

Revision. Hat mithin die Reichsbank ihre Inkassopflicht erfüllt, so sind aus der Mangelhaftigkeit des Protestes Ansprüche der Bank gegen sie nicht entstanden. Der Kläger kann also auch durch Abtretung keinen Anspruch der Bank gegen die Reichsbank erworben haben oder noch erwerben.

Die Revision verweist den Kläger weiterhin auf den ihm abgetretenen oder noch abzutretenden Wechselbereicherungsanspruch der Bank gegen den Aussteller S. aus Art. 83 WO. Insoweit reichen die Feststellungen des angefochtenen Urteils nicht aus, um dem Beklagten den Schutz des § 839 Abs. 1 Satz 2 BGB. zu versagen. Das Berufungsgericht hat bisher nicht näher geprüft, ob die Bank einen solchen Anspruch gegen S. erlangt hat. Es unterstellt dies und bemerkt nur, der Anspruch stehe jedenfalls nicht dem Kläger als dem einlösenden Vormann der Bank, sondern nur der Bank selbst als der zur Zeit der Präjudizierung legitimierten Wechselgläubigerin zu. Diese Begründung stützt die getroffene Entscheidung nicht. Zwar ist anzuerkennen, daß regelmäßig der Anspruch aus Art. 83 WO. in der Person des Wechselinhabers zur Zeit der Präjudizierung entsteht, und daß ein Vormann, der ohne Not den präjudizierten Wechsel einlöst, den Anspruch aus Art. 83 nicht kraft eigenen Rechts, sondern nur kraft abgetretenen Rechts jenes Wechselinhabers wird geltend machen können (vgl. Staub-Stranz a.a.O. S. 307 Anm. 15; Michaelis a.a.O. S. 381 Anm. 3). Hier liegt aber der Fall ausnahmsweise so, daß der Kläger als Vormann den präjudizierten Wechsel nicht ohne Not einlöste, sondern daß er ihn der Bank, die Wechselinhaberin zur Zeit der Präjudizierung war, auf Grund einer besonders vereinbarten Vertragspflicht nach den Allgemeinen Bankbedingungen abnehmen mußte. Ob unter diesen Umständen nicht spätestens mit der Einlösung ein eigener Wechselbereicherungsanspruch des Klägers gegen den Aussteller entstanden sein könnte, bedürfte immerhin noch einer näheren rechtlichen Prüfung, die sich indessen hier erübrigt, weil der Anspruch dem Kläger auch dann nicht ohne weiteres zu versagen ist, wenn er ihn nicht aus eigenem Recht, sondern nur kraft einer Abtretung der Bank geltend machen könnte. Eine solche Abtretung ist zwar in den schriftlichen Abtretungserklärungen der Bank nicht ausdrücklich erwähnt. Sie liegt aber als stillschweigende Erklärung schon in der Einlösung und in der Übergabe des präjudizierten Wechsels von der Bank an den Kläger (Staub-Stranz a.a.O. S. 308 Anm. 15). Denn weder aus den Abtretungsurkunden noch aus den sonstigen Umständen des Falles ergibt sich ein Anhalt dafür, daß entgegen der Regel hier ausnahmsweise der Anspruch aus Art. 83 WO. trotz der Einlösung des präjudizierten Wechsels nicht hätte auf den Kläger übergehen sollen. Ist also die Abtretung als schon vollzogen anzusehen, so braucht auf die Ausführungen der Revision, die eine schuldrechtliche Verpflichtung der Bank zur Abtretung an den Kläger aus den §§ 242, 255 BGB. herzuleiten sucht, nicht mehr eingegangen zu werden. In der erneuten Verhandlung, wozu der Rechtsstreit nach § 565 Abs. 1 ZPO. in die Vorinstanz zurückzuverweisen war, wird das Berufungsgericht nunmehr zu prüfen haben, ob die Voraussetzungen eines Wechselbereicherungsanspruchs aus Art. 83 WO., insbesondere eine Bereicherung des Ausstellers S. überhaupt vorliegen, und ob der etwa vorhandene Anspruch durchführbar und geeignet ist, den Kläger schadlos zu halten.

Unbegründet ist die letzte Revisionsrüge, deren Inhalt künftig für den Fall Bedeutung erlangen würde, daß der Berufungsrichter wiederum zur Verneinung einer anderweiten Ersatzmöglichkeit (§ 839 Abs. 1 Satz 2 BGB.) gelangen sollte. Die Revision meint, daß dann jedenfalls die Kosten des Vorprozesses mit 296,81 RM dem Kläger abzusprechen seien. Zur Begründung ihrer Ansicht bemerkt sie: wenn der Protest offenbar unrichtig und nichtig gewesen sei, so müsse der Kläger seinen Anwalt im Vorprozeß, der ihn bei der Regreßklage gegen die wechselmäßig freigewordenen Vormänner falsch beraten habe, für die Kosten schadensersatzpflichtig machen; der Ersatzanspruch aus dem Anwaltsvertrag mit diesem gehe nach § 839 Abs. 1 Satz 2 BGB. dem Rückgriff auf den verklagten Notar vor. Das Landgericht hat sich dieser Auffassung insofern genähert, als es eine fahrlässige Prozeßführung des Klägers im Vorprozeß angenommen und auf Grund des § 254 BGB. einen Ersatzanspruch gegen den Beklagten wegen der Kosten jenes Rechtsstreits verneint hat. Das Kammergericht hat sich dagegen ohne nähere Begründung auf den Standpunkt gestellt, daß die Ersatzpflicht des Beklagten auch die Kosten des Vorprozesses umfasse. Dieser Ansicht ist beizutreten. Zwar war die Klage im Vorprozeß, wie nunmehr objektiv feststeht, wegen der Ungültigkeit des Protestes aussichtslos. Dennoch kann weder dem Kläger noch seinem Anwalt der Vorwurf gemacht werden, daß sie fahrlässig einen aussichtslosen Prozeß angestrengt hätten. Vielmehr durften sie nach Lage der Sache zunächst die Wechselregreßklage und erst nach deren Erfolglosigkeit den Angriff gegen den Beklagten aus § 839 BGB. für nötig und sachdienlich ansehen. Hat doch der Beklagte selbst noch im vorliegenden Rechtsstreit die Ansicht vertreten, der Protest sei gültig gewesen. Angesichts dieser seiner eigenen Haltung kann er unmöglich dem Kläger und dessen Anwalt im Vorprozeß einen begründeten Anlaß zur Wechselregreßklage absprechen. Verständigerweise wurde die Frage der Gültigkeit des Protestes zunächst im Wechselprozeß zwischen den Wechselbeteiligten ausgetragen. Die Klage im Vorprozeß bewegte sich also auf dem gewöhnlichen, von der Rechtsordnung gewiesenen Wege. Sie schuf je nach ihrem Ausgange erst eine Grundlage für die weiteren Entschlüsse des Klägers und namentlich für die jetzige Schadensersatzklage. Die Kosten des Vorprozesses gehören daher mit zu dem Schaden, den der Beklagte, wenn er nach § 839 BGB. haftpflichtig ist, dem Kläger ersetzen muß (vgl. RGZ. Bd. 91 S. 232, Bd. 96 S. 168).

RGZ. 143, 154.

1. Haftet der Geschäftsübernehmer auch für die Kosten eines gegen den früheren Geschäftsinhaber anhängig gewordenen Rechtsstreits wegen einer Geschäftsverbindlichkeit?

2. Wie wirkt die gegenüber dem ursprünglichen Schuldner eingetretene Unterbrechung der Verjährung, die zur Zeit der Schuldübernahme noch fortdauert, auf die Verpflichtung des Übernehmers?

3. Gehört die Protestfrist zur „Form" der Handlungen im Sinne von Art. 86 WO.?

HGB. § 25. BGB. §§ 217, 425. WO. Art. 86.

II. Zivilsenat. Urt. v. 12. Januar 1934.

I. Landgericht I Berlin. — II. Kammergericht daselbst.

Durch notariellen Vertrag vom 27. August 1925 verkaufte der Kläger ein in B. gelegenes Grundstück an die M.sche Handelsgesellschaft mbH., an der in erster Reihe ein gewisser M. beteiligt war. In Anrechnung auf den Kaufpreis erhielt der Kläger eine von dem Kaufmann Sch. verauslagte Barzahlung von 58 000 RM sowie zwei Wechsel. Jeder dieser Wechsel lautete über 5000 Dollar; beide Wechsel waren am 1. August 1925 von M. an eigene Order ausgestellt, von V. in New York akzeptiert und trugen die Giros des M. und der Firma Elektrotechnische Fabrik Sch. & Co., deren alleiniger Inhaber damals der erwähnte Kaufmann Sch. war. Später ist der Grundstückskaufvertrag wieder aufgehoben und dabei zwischen den Vertragsteilen vereinbart worden, daß die Baranzahlung und die Wechsel dem Kläger als Entschädigung verbleiben sollten. Der hier allein in Betracht kommende erste der beiden Wechsel war am 20. Dezember 1925 fällig. Er ist am 31. Dezember 1925 in New York mangels Zahlung protestiert worden. In einem Vorprozeß hat der Kläger den Kaufmann Sch. als Alleininhaber der Firma Elektrotechnische Fabrik Sch. & Co. auf Zahlung der Wechselsumme nebst Zinsen in Anspruch genommen und die am 13. Juni 1932 rechtskräftig gewordene Verurteilung des Sch. zur Zahlung von 5000 Dollar oder nach seiner Wahl von 21 000 RM nebst Zinsen erwirkt. Die Kosten des Vorprozesses, die Sch. dem Kläger zu erstatten hat, sind auf 2650,58 und 152,40 RM festgesetzt worden. Nach Erhebung der Klage im Vorprozeß ist die jetzige Beklagte, die Elektrotechnische Fabrik Sch. & Co. Gesellschaft mbH., gegründet worden. In diese brachte der Kaufmann Sch. als Gesellschafter das bisher von ihm unter der Firma Elektrotechnische Fabrik Sch. & Co. betriebene Handelsgeschäft mit sämtlichen Aktiven und Passiven nach dem Stande vom 30. Juni 1927 ein. Die neue Gesellschaft wurde am 17. September 1927 in das Handelsregister eingetragen.

Der Kläger ist der Ansicht, daß es sich sowohl bei der Verpflichtung des Sch. aus dem im Vorprozeß eingeklagten Wechsel als auch bei seiner Verpflichtung zur Erstattung der Kosten des Vorprozesses um Verbindlichkeiten handele, die im Betriebe des von Sch. geführten Handelsgeschäfts begründet seien, für die deshalb die jetzige Beklagte hafte. Er hat daher ihre Verurteilung zur Zahlung von 23 802,98 RM nebst Zinsen begehrt. Die Beklagte hat jede Verpflichtung bestritten und überdies geltend gemacht, die Wechselforderung sei ihr gegenüber verjährt und der Wechsel sei nicht rechtzeitig protestiert worden.

Das Landgericht hat die Klage abgewiesen; das Kammergericht hat die Beklagte verurteilt, dem Kläger den Gegenwert von 5000 Dollar in Reichsmark nach dem Stande vom 20. Dezember 1925 nebst Zinsen, sowie weitere 2802,98 RM nebst Zinsen zu zahlen. Die Revision der Beklagten blieb erfolglos.

Aus den Gründen:

1. Das Berufungsgericht geht zutreffend davon aus, daß die Voraussetzungen für eine Haftung der Beklagten nach § 25 HGB. sowohl für die rechtskräftig festgestellte Wechselverbindlichkeit des Sch. als auch für die im Vorprozeß entstandene Kostenschuld gegeben seien, weil in der Einbringung des Geschäfts in die verklagte Gesellschaft mbH. ein Erwerb des Geschäfts durch diese gelegen habe, und weil die Beklagte das Geschäft auch unter der bisherigen Firma, lediglich mit einem Zusatz, fortgeführt habe. Das angefochtene Urteil erblickt ferner sowohl in der Wechselschuld, als auch in der Pflicht zur Erstattung der Prozeßkosten Verbindlichkeiten, die im Betriebe des früheren Geschäfts entstanden sind. Ein Rechtsirrtum liegt insofern nicht vor. Es kann zunächst nicht zweifelhaft sein, daß jedenfalls die Wechselverpflichtung

als eine in dem Betriebe des Geschäfts begründete Verbindlichkeit des Sch. anzusehen ist. Aber auch die Pflicht zur Erstattung der Prozeßkosten wird mit Recht als eine derartige Verbindlichkeit bezeichnet. Allerdings ist der Anspruch des Klägers auf Kostenerstattung endgültig erst mit der Rechtskraft des Urteils des Kammergerichts im Vorprozeß entstanden (vgl. die Entscheidung des erkennenden Senats JW. 1929 S. 1399 Nr. 32), und dieser Zeitpunkt, unstreitig der 13. Juni 1932, lag erheblich später als derjenige, in dem das Geschäft des Sch. von der Beklagten erworben worden ist. Allein in seiner Grundlage geht dieser Anspruch des Klägers, geht somit auch die Erstattungspflicht des früheren Beklagten Sch. darauf zurück, daß die in seinem Geschäft begründete Wechselverbindlichkeit gegen ihn als früheren Inhaber des jetzt von der Beklagten fortgeführten Geschäfts eingeklagt wurde. Es ist deshalb dem Berufungsgericht darin beizutreten, daß es sich auch bei der Kostenschuld um eine Verpflichtung handelt, die mit dem Geschäftsbetriebe in einer derartig engen inneren Verbindung steht, daß sie als eine Folge des Geschäftsbetriebes erscheint (RGZ. Bd. 58 S. 21 [23]). Auch für sie haftet deshalb die Beklagte. Insoweit hat auch die Revision besondere Angriffe nicht erhoben, sondern sich darauf beschränkt, das Urteil zur Nachprüfung zu stellen.

2. Ausdrücklich wendet sich dagegen die Revision gegen die Ansicht des Kammergerichts, daß die Wechselschuld der Beklagten nicht verjährt sei. Das angefochtene Urteil spricht aus, die durch die Klagerhebung gegenüber Sch. eingetretene Verjährungsunterbrechung wirke auch gegen die jetzige Beklagte. Der Lauf einer neuen Verjährung habe erst nach Beendigung der Unterbrechung, d. h. des Vorprozesses, also am 14. Juni 1932, begonnen.

Die hier zur Entscheidung stehende Frage ist allerdings in dem vom Berufungsgericht erwähnten Urteil RGZ. Bd. 135 S. 104 nicht entschieden worden. Das angefochtene Urteil zieht auch lediglich Schlußfolgerungen aus den in jenem Erkenntnis niedergelegten Grundsätzen. Diese Folgerungen lassen einen Irrtum nicht erkennen. In der genannten Entscheidung (S. 107/108) hat der III. Zivilsenat des Reichsgerichts ausgesprochen, die Mitschuld entstehe im Falle des § 25 HGB. nicht gleichzeitig mit der anderen Schuld, sondern sie trete erst nachträglich neben jene. Sie trete daher mit dem gleichen Inhalt und der gleichen Beschaffenheit ins Leben, wie sie die andere Schuld in diesem Zeitpunkt besitze. Sei die andere Schuld nach ihrer Entstehung gestundet worden oder inzwischen verjährt, so sei die hinzutretende neue Schuld gleichfalls gestundet oder verjährt: das führe folgerichtig dazu, daß sich die

Verjährung, die für die andere Schuld bereits begonnen habe, auch für die neue Schuld fortsetze. Der III. Zivilsenat hat hierbei ausdrücklich die entgegenstehende Ansicht von Reichel (Die Schuldmitübernahme S. 395 flg.) abgelehnt. Auch Reichel vertritt den Standpunkt, daß eine bereits verjährte Schuld von dem Mitübernehmer als verjährte übernommen werde, so daß auch ihm die Einrede der Verjährung zustehe. Dagegen will er bei Übernahme einer noch nicht verjährten Schuld den Lauf der Verjährung gegenüber dem Mitübernehmer frühestens mit dem Tage des Übernahmevertrags beginnen, die Verjährung deshalb dem Mitübernehmer gegenüber im Zweifel später ihr Ende finden lassen als gegenüber dem Urschuldner. Es ist jedoch nicht einzusehen, weshalb der Gläubiger durch die ohne sein Zutun vor sich gehende Schuldübernahme eine unberechtigte Besserstellung erlangen soll, insofern als seine vielleicht kurz vor der Verjährung stehende Forderung gegenüber dem Mitübernehmer wie eine neubegründete Forderung wirkt, bei der die ganze Verjährungsfrist von neuem zu laufen beginnt. Auch Reichel spricht an anderer Stelle (S. 357, 360) aus: wer eine fremde Schuld mitübernehme, übernehme sie im Zweifel mit dem Inhalt und Umfang, den sie zur Zeit der Mitübernahme habe. Auf den Inhalt der Schuld wirkt aber, wie in dem bezeichneten Erkenntnis betont ist, auch eine noch im Laufe befindliche Verjährung ein, sie verändert die Beschaffenheit der Schuld. Die Schuld wird von dem neuen Schuldner übernommen mit der Anwartschaft, daß ihm nach einer gewissen Zeit die Einrede der Verjährung erwachse, und die Länge dieser Zeit bestimmt sich nach dem Zeitpunkt, in dem die Urschuld gegenüber dem ersten Schuldner entstanden ist.

Daraus folgt dann mit Notwendigkeit, daß ebenso die vor der Schuldübernahme gegenüber dem ursprünglichen Schuldner eingetretene Unterbrechung der Verjährung auch gegen den Mitübernehmer wirksam ist. Denn ebenso wie die Verjährung selbst, so muß auch ihre Unterbrechung auf die Schuld selbst einwirken, muß deren Beschaffenheit ändern. Der neue Schuldner übernimmt die Schuld ohne die Anwartschaft auf den baldigen Erwerb der Einrede der Verjährung; im Gegenteil ist der Zustand der übernommenen Schuld derart, daß bisher auch noch kein Bruchteil der Verjährungsfrist verstrichen ist (§ 217 BGB.), und daß bis auf weiteres die Verjährung auch nicht zu laufen beginnt. Erst wenn die Unterbrechung ihr Ende gefunden hat, kann, wie gegenüber dem ursprünglichen, so auch gegenüber dem neuen Schuldner der Lauf der Verjährung beginnen. Die Vorschrift des § 425 BGB. steht dieser Auffassung nicht entgegen. Die Vorschrift betrifft nur die Tatsachen, die nach der Begründung des Gesamtschuldverhältnisses eintreten. Von diesem Zeitpunkt an geht, wie in RGZ. Bd. 135 S. 108 ausgesprochen, die Übernahmeschuld zum Teil ihren eigenen Weg. Das hat aber nichts mit dem Inhalt und der Beschaffenheit zu tun, in der sich die Schuld zur Zeit der Übernahme befindet. Und auch in der Folgezeit beschränkt sich die Wirkung der einzelnen neu eintretenden Ereignisse nach § 425 Abs. 1 BGB. dann nicht auf das Verhältnis zu dem einzelnen Gesellschafter, wenn sich aus dem Schuldverhältnis ein anderes ergibt. Wird die Schuld von dem neuen Gesamtschuldner in dem Zustand übernommen, in dem sie sich durch eine Unterbrechung der Verjährung befindet, dann ergibt sich aus dem Schuldverhältnis mit Notwendigkeit, daß die Beendigung dieser Unterbrechung gegenüber allen an dem Schuldverhältnis Beteiligten, also auch gegenüber dem Schuldübernehmer wirksam sein muß, auch wenn diese Beendigung, wie im vorliegenden Falle, dadurch erfolgt, daß der Rechtsstreit gegen den Urschuldner beendet wird. So wenig gegenüber dem neuen Schuldner alsbald mit der Übernahme eine neue Verjährung zu laufen beginnen kann, wenn die Verjährung zuvor unterbrochen war, so wenig kann ihm gegenüber die Unterbrechung ewig fortdauern. Aus dem Schuldverhältnis ergibt sich, daß die Beendigung der Unterbrechung auf das Schuldverhältnis in allen seinen Teilen gleichmäßig einwirken muß. Mit Recht hat deshalb das Berufungsgericht angenommen, daß erst die rechtskräftige Entscheidung des Vorprozesses gegen Sch. auch die Verjährung gegenüber der jetzigen Beklagten in Lauf gesetzt hat und daß diese Verjährung nicht bereits früher in Lauf gekommen ist, deshalb zur Zeit der Erhebung der vorliegenden Klage noch nicht abgelaufen war.

3. Zur Nachprüfung stellt die Revision auch die Ansicht des Kammergerichts, daß die Frage, ob die verspätete Protesterhebung als entschuldigt gelten könne, nach dem Recht des Zahlungsortes zu entscheiden sei. Nach Art. 86 WO. entscheidet über die Form der mit einem Wechsel an einem ausländischen Platze zur Ausübung oder Erhaltung des Wechselrechts vorzunehmenden Handlungen das dort geltende Recht. Die Rechtsprechung des Reichsgerichts hat von jeher den Standpunkt vertreten, daß unter die Form der Handlungen im Sinne des Art. 86 auch die Frist fällt, innerhalb deren eine Handlung wie die Erhebung des Protestes vorgenommen werden muß (RGZ. Bd. 9 S. 438, Bd. 32 S. 116). Auch das Schrifttum vertritt dieselbe Ansicht (z. B. Staub-Stranz WO. Art. 86 Anm. 1; Michaelis ebenda Anm. 6a). Da der hier in Betracht kommende Wechsel in New York zahlbar war, so hat das Berufungsgericht zutreffend für die Ent-

scheidung, ob der Protest mangels Zahlung fristgemäß aufgenommen worden sei, das in New York geltende Recht angewandt. Wenn es dabei zu dem Ergebnis gelangt, daß der Protest als rechtzeitig anzusehen sei, so ist diese Entscheidung nach fester Rechtsprechung gemäß § 562 ZPO. der Nachprüfung entzogen.

RGZ. 145, 87.

Erlangt eine gefälschte Wechselunterschrift dadurch Wirksamkeit, daß der Namensträger den ihr zugrunde liegenden wechselrechtlichen Begebungsvertrag genehmigt?

BGB. § 177. WO. a. F. Art. 75.

II. Zivilsenat. Urt. v. 6. Juli 1934.

I. Landgericht Bielefeld, Kammer für Handelssachen. — II. Oberlandesgericht Hamm.

Die klagende Reichsbank ist Inhaberin einer größeren Anzahl von Wechseln (im folgenden „H.-Wechsel" genannt), die sie im Diskontwege von dem Bankgeschäft H. erworben hatte und die das Giro des Beklagten trugen. Dieses Giro war, wie sich später herausstellte, von dem Geschäftsführer der H.-Bank gefälscht worden. Mit ihrer Klage auf Zahlung der Wechselsummen nebst Zinsen ist die Klägerin vom Landgericht abgewiesen worden. Das Oberlandesgericht gab der Klage statt. Die Revision des Beklagten blieb erfolglos.

Gründe:

Das Landgericht ist zur Abweisung der Klage gelangt, indem es eine wechselmäßige Haftung des Beklagten aus den gefälschten Klagewechseln im Hinblick auf die Formalnatur des Wechsels rechtsgrundsätzlich verneint. Eine unerlaubte Handlung des Beklagten erachtet es für vorliegend, sieht indes, unter Heranziehung des Gesichtspunktes der Vorteilsausgleichung, den Nachweis eines der Klägerin verursachten Schadens nicht für erbracht an.

Das Oberlandesgericht hat demgegenüber für dargetan erachtet, daß der Beklagte am 24. August 1930, als er, im Besitz der Benachrichtigungen der Klägerin über die Diskontierungen von 15 H.-Wechseln, sich einen Teil dieser Wechsel vorlegen ließ und sie prüfte, durch die Abgabe der Erklärung, die Wechsel seien echt, die Echtheit des Giros, obwohl es in Wirklichkeit gefälscht war, anerkannt habe, und zwar bezüglich der sämtlichen 15 in Frage kommenden Wechsel. Das Berufungsgericht erblickt hierin eine Genehmigung des Giros sowie ein Garantieversprechen. Aus diesem Gesichtspunkte hat es den Beklagten — und zwar unter Berücksichtigung des Umstandes, daß er im Laufe einer Stützungsaktion drei dieser Wechsel mit insgesamt 1770 RM eingelöst hatte — zur Zahlung der Beträge aus den restlichen 12 Wechseln mit insgesamt 8403 RM nebst Zinsen verurteilt.

Bei den weiteren für die Revisionsinstanz noch in Betracht kommenden 39 mit dem gefälschten Giro des Beklagten versehenen Wechseln über eine Gesamtsumme von 25 962,90 RM handelte es sich um Wechsel, welche die Klägerin nach dem 24. August 1930, also nachdem der Beklagte von den bisherigen Wechselfälschungen Kenntnis erlangt, angekauft hatte. Hierzu hat das Berufungsgericht folgendes erwogen:

Der Beklagte habe am 24. August 1930 die Klägerin in dem Glauben gelassen, daß die in den Benachrichtigungen vermerkten Wechsel sein echtes Giro trügen. Durch seine Besprechungen auf der Reichsbank habe er diesen Glauben noch verstärkt; insbesondere habe er den Vorstandsbeamten der Klägerin noch am 3. Oktober 1930 keine Mitteilung von den Fälschungen gemacht, sondern sie wegen der Lage der H.-Bank beruhigt und sie gebeten, von einer Benachrichtigung der Akzeptanten der nicht eingelösten Wechsel abzusehen, um keine Beunruhigung in die Kundschaft der H.-Bank zu bringen. Er habe weiter im Laufe des Monats Oktober 1930 31 Rückwechsel mit seinem gefälschten Giro eingelöst, davon 5, die er vor den Augen der Beamten der Klägerin geprüft habe. Auf Grund seiner engen Geschäftsbeziehungen zu der Klägerin habe der Beklagte die besondere Verpflichtung gehabt, die ihm als Kaufmann schon an und für sich obgelegen habe, der Klägerin die Fälschungen sofort anzuzeigen. Er habe geschwiegen, um Schaden von seiner Firma abzuwenden, habe für sich auf Stellung von Sicherheit gedrungen und damit gerechnet, daß die Klägerin durch die Fälschungen zu Schaden kommen könne. Er habe dabei überlegt, daß er der Reichsbank gegenüber sich auf die Fälschungen seines Giros berufen könne, wenn die Sanierung fehlschlagen sollte, wie er es tatsächlich auch versucht habe. Durch sein Schweigen und sein weiteres Verhalten habe er grob gegen das Anstandsgefühl aller billig und gerecht Denkenden und namentlich gegen die Auffassung der Kaufmannschaft von einem redlichen Geschäfts- und Wechselverkehr verstoßen. Die Klägerin könne daher auf Grund des sittenwidrigen Verhaltens des Beklagten seiner Berufung auf die Fälschung der Wechsel den Vorwurf der Arglist entgegenstellen. Der Beklagte müsse sich bei solchem Verhalten ebenso behandeln lassen, wie wenn er der Fälschung der Wechsel zugestimmt hätte; er hafte wechselmäßig wie ein echter Girant, ohne daß es darauf ankomme, wie hoch der Schaden der Klägerin in Wirklichkeit sei.

Die Revision, welche diese Erwägungen als rechtsirrig beanstandet, konnte im Ergebnis keinen Erfolg haben.

1. Rechtlich einwandfrei ist zunächst die Annahme des Berufungsgerichts, der Beklagte habe die Echtheit seines Giros auf 15 Wechseln zu einem Gesamtbetrage von 10173 RM dadurch anerkannt, daß er, im Besitze der Benachrichtigung der Klägerin über diese Wechsel und nachdem ihm ein Teil der Wechsel vorgelegt war, erklärte, die Wechsel seien echt, wenn er auch nur 10 von den Wechseln geprüft hatte. Das Berufungsgericht hat in diesem Anerkenntnis eine „Genehmigung" der Unterschriften sowie ein „Garantieversprechen" gefunden.

Eines Eingehens auf die Frage des Garantieversprechens bedarf es nicht, da eine Haftung des Beklagten, und zwar eine wechselmäßige Haftung, in jedem Falle durch die irrtumsfrei festgestellte Genehmigung der Wechselunterschriften begründet wurde.

Die Frage, ob eine gefälschte Wechselunterschrift durch eine nachträgliche Genehmigung des Namensträgers in dem Sinne wirksam werden kann, daß kraft der Genehmigung eine wechselmäßige Haftung des Betreffenden begründet wird, wird in der Rechtslehre verschieden beantwortet (vgl. z. B. bejahend: Mansfeld Genehmigung gefälschter Wechselunterschriften LZ. 1914 Sp. 801 flg.; Düringer-Hachenburg-Breit HGB. § 364 Anm. 12; Heß Zur Frage der Genehmigung gefälschter Wechselunterschriften LZ. 1933 Sp. 822; vgl. dazu auch OLG. Kiel und München in ROLG. Bd. 10 S. 398, Bd. 32 S. 361; verneinend: z. B. Staub-Stranz Wechselordnung Art. 75 Anm. 6, Wechselgesetz Art. 69 Anm. 11). Das Reichsgericht hat in zwei älteren, von der Revision angeführten Entscheidungen des I. Zivilsenats vom 17. Januar 1903 (I 482/02 in Holdheims MSchr. 1903 S. 126) und vom 13. Juni 1904 (I 178/04 in JW. 1904 S. 497) die Frage im Hinblick auf die Formalnatur der wechselmäßigen Verbindlichkeit rechtsgrundsätzlich verneint. Es ist auch in seiner späteren Rechtsprechung zu einer grundsätzlich abweichenden Stellungnahme bisher nicht gelangt, obwohl die Rechtslage inzwischen eine grundlegende Änderung erfahren hat durch die Entscheidung der Vereinigten Zivilsenate vom 27. Juni 1910 (RGZ. Bd. 74 S. 69), in welcher ausgesprochen ist, daß dem Erfordernis der Eigenhändigkeit der Unterschrift des Ausstellers einer Urkunde auch dadurch genügt wird, daß die Unterschrift durch einen bevollmächtigten Vertreter des Ausstellers mit dessen Namen erfolgt. Ein rechtsnotwendiges Ergebnis dieser Rechtsprechung ist es, daß auch die Unterschrift eines vollmachtlosen Vertreters durch Genehmigung seitens des Vertretenen im Rahmen des § 177 BGB. Wirksamkeit erlangen kann. Es kann demgemäß ein rechtlicher Zweifel darüber nicht obwalten, daß der wechselmäßige Begebungsvertrag, den ein vollmachtloser Vertreter im Namen des angeblich Vertretenen in der Weise abgeschlossen hat, daß er den Wechsel mit dem Namen des Vertretenen zeichnete, durch eine Genehmigung seitens des Vertretenen nach § 177 BGB. wirksam werden kann, die Genehmigung mithin die wechselmäßige Haftung des Vertretenen zu erzeugen vermag. Damit ist freilich noch nicht ohne weiteres die Frage entschieden, ob eine solche Genehmigungsfähigkeit, wie sie in § 177 BGB. für die Rechtshandlungen des Vertreters ohne Vertretungsmacht ausgesprochen wird, auch für die Rechtshandlungen des Fälschers in dem Sinne besteht, daß der Namensträger in der Lage ist, durch seine Genehmigung der Rechtshandlung des Fälschers Wirksamkeit zu verleihen (vgl. über diese Frage Enneccerus-Nipperdey Lehrbuch des Bürgerlichen Rechts 13. Aufl. Bd. 1 § 170 Anm. 1 und 2 S. 558 und das dort angeführte weitere Schrifttum; RGZ.-Komm. z. BGB. 8. Aufl. § 179 Anm. 1 Abs. 3; Oertmann BGB. Allgemeiner Teil § 179 Anm. 5 c, sowie Zentralbl. für Handelsrecht 1926 S. 302 flg.). Zweifellos ist der Fälscher im eigentlichen Sinne des Gesetzes nicht „Vertreter" des Namensträgers. Der vollmachtlose Vertreter handelt in fremdem Namen, indem er eine nicht vorhandene Vertretungsmacht vortäuscht; der Fälscher handelt unter fremdem Namen; er täuscht vor, ein anderer zu sein, als er es tatsächlich ist. Ob deshalb eine unmittelbare Anwendung der Vorschrift des § 177 BGB. über die Genehmigung des Rechtsgeschäfts eines vollmachtlosen Vertreters auf die Rechtshandlungen des Fälschers möglich ist, mag dahinstehen; in jedem Fall gebieten Sinn und Zweck der Vorschrift ihre entsprechende Anwendung. Der dem § 177 BGB. zugrunde liegende Rechtsgedanke geht dahin: der angeblich Vertretene soll die Befugnis haben, durch die Genehmigung die Wirkungen des in seinem Namen von dem vollmachtlosen Vertreter abgeschlossenen Rechtsgeschäfts sich gegenüber eintreten zu lassen. Wenn dies aber für die Rechtsgeschäfte des Vertreters ohne Vertretungsmacht zulässig ist, die der angebliche Vertreter nur mit Wirkung für den Vertretenen abgeschlossen hat, so muß das in noch höherem Maße für die Rechtshandlungen des Fälschers gelten, dessen Behauptung weitergeht als diejenige des vollmachtlosen Vertreters, indem er vorgibt, der Namensträger selbst zu sein, und indem er das Rechtsgeschäft nach Tatbestand und Wirkung als das Rechtsgeschäft des Namensträgers erscheinen läßt. Wenn der Namensträger (Vertretene) ein Rechtsgeschäft durch Genehmigung an sich ziehen kann, das ihn nur der Wirkung nach treffen sollte, dann muß er erst recht dazu befugt sein bei einem Rechtsgeschäfte, das nach Tatbestand und Wirkung als sein — des Namensträgers — Rechtsgeschäft in die Erscheinung tritt (im Ergebnis übereinstimmend Enneccerus-Nipperdey a. a. O.).

Es ist hiernach, in Abweichung von der bisherigen Rechtsprechung des Reichsgerichts, folgender Rechtsgrundsatz aufzustellen:

Eine gefälschte Wechselunterschrift wird wirksam, wenn der Namensträger den ihr zugrunde liegenden wechselrechtlichen Begebungsvertrag genehmigt. Durch die Genehmigung wird der Namensträger wechselmäßig verpflichtet.

Einer Entscheidung der Vereinigten Zivilsenate bedarf es nicht, weil der I. Zivilsenat, der bisher allein in einem abweichenden Sinn Stellung genommen hat, auf die Anfrage des erkennenden Senats erklärt hat, er halte an der in seinen Entscheidungen vom 17. Januar 1903 und 13. Juni 1904 vertretenen Rechtsauffassung nicht mehr fest.

Die Anwendung des Rechtsgrundsatzes auf den zur Entscheidung stehenden Fall führt nun zu folgendem Ergebnis:

Die sämtlichen hier in Frage kommenden Wechsel enthalten auf der Rückseite zunächst das Blankoindossament des Remittenten, im Anschluß daran das Blankoindossament der Firma H., sodann ein Vollindossament des Beklagten auf die Firma H. und schließlich ein Vollindossament der Firma H. auf die klagende Reichsbank. Die wechselrechtlichen Vorgänge haben sich somit nach dem Inhalt der Wechsel in der Weise abgespielt, daß die Firma H. ihre wechselmäßigen Befugnisse, die ihr auf Grund des Blankoindossaments zustanden, auf den Beklagten übertragen und daß der Beklagte diese Rechte sodann wiederum durch Vollindossament auf die Firma H. übertragen hat. Nach dem festgestellten Sachverhalt war der Beklagte persönlich bei diesen wechselrechtlichen Begebungsverträgen nicht beteiligt; beide Rechtshandlungen hat vielmehr die Firma H. unter dem Namen des Beklagten und für diesen mit sich selbst, unter Fälschung der Unterschriften des Beklagten unter den Vollindossamenten, vorgenommen. Um die wechselmäßige Haftung des Beklagten gegenüber der Klägerin zu begründen, bedarf es im Hinblick auf Art. 36, 74 WO. — da eine Bösgläubigkeit der Klägerin nicht in Frage kommt — nur des Nachweises der Wirksamkeit des zweiten Begebungsvertrages, des Vertrags also, durch welchen nach dem Inhalt des Vollindossaments der Beklagte seine wechselmäßigen Rechte auf die Firma H. übertragen hat. Dieser

Begebungsvertrag, den, wie dargelegt, die Firma H. unter dem Namen des Beklagten und für diesen mit sich selbst abgeschlossen hatte, konnte — ebenso wie dies für Rechtsgeschäfte anerkannt ist, die ein vollmachtloser Vertreter im Namen des Vertretenen mit sich selbst abgeschlossen hat (vgl. RGZ. Bd. 56 S. 104, Bd. 67 S. 51, Bd. 71 S. 163, Bd. 89 S. 374, Bd. 93 S. 337) — durch eine Genehmigung des Namensträgers im Rahmen des § 177 BGB. Wirksamkeit erlangen. Die Erteilung der Genehmigung hatte nach § 182 BGB. gegenüber einem der Vertragschließenden zu erfolgen. Soweit die Rechte eines der Vertragschließenden aus dem Vertrage auf einen Gesamt- oder Sonderrechtsnachfolger übergegangen waren, mußte die Genehmigung naturgemäß diesem gegenüber erklärt werden. Die Firma H. hatte nun ihre Rechte aus dem der Genehmigung des Beklagten zu seiner Wirksamkeit bedürftigen Begebungsvertrag durch Indossament auf die Klägerin übertragen; die Klägerin war also in Ansehung der Rechte und Pflichten aus dem Begebungsvertrage Sonderrechtsnachfolgerin der Firma H. geworden. Ihr gegenüber war die Genehmigung des Beklagten zu erteilen, und ihr gegenüber ist sie nach den Feststellungen des Berufungsgerichtes auch bezüglich der hier zunächst in Frage kommenden 12 Wechsel durch die Erklärung des Beklagten erteilt worden, daß die Wechselunterschriften echt seien.

Bezüglich dieser 12 Wechsel über einen Gesamtbetrag von 8403 RM ist der Beklagte nach alledem zu Recht auf Grund seiner durch die Genehmigung begründeten wechselmäßigen Verpflichtung zur Zahlung verurteilt worden.

2. Bezüglich der weiteren von der Klägerin nach dem 24. August 1930 angekauften 39 Wechsel über einen Gesamtbetrag von 25 962,90 Reichsmark hält das Berufungsgericht, indem es sich im wesentlichen die Erwägungen der Entscheidung des erkennenden Senats vom 15. November 1929 (RGZ. Bd. 126 S. 223) zu eigen gemacht, eine wechselmäßige Haftung des Beklagten aus dem Gesichtspunkte des sittenwidrigen Verschweigens der ihm spätestens am 24. August 1930 bekanntgewordenen Fälschungen und der darauf von der Klägerin gestützten Replik der Arglist für begründet.

Von einer Stellungnahme zu der Begründung dieses Teils der angefochtenen Entscheidung und zu den von der Revision dagegen erhobenen Angriffen kann abgesehen werden, da nach dem festgestellten Sachverhalt auch bezüglich dieser 39 Wechsel die wechselmäßige Haftung des Beklagten aus dem Gesichtspunkte der Genehmigung des gefälschten Giros begründet ist.

Wie das angefochtene Urteil feststellt, hat die klagende Reichsbank dem Beklagten bereits seit dem 21. August 1930 regelmäßig, sobald sie Wechsel mit dem Giro des Beklagten ankaufte, und zwar unmittelbar am Tage des Ankaufs von diesem Ankauf unter Angabe der Höhe des jedesmaligen Wechselbetrags Mitteilung gemacht. Diese Benachrichtigungen hat der Beklagte unbeantwortet gelassen, obwohl er wußte, daß sein Giro auf diesen Wechseln gefälscht war. Die — im allgemeinen nicht üblichen — Benachrichtigungen der klagenden Reichsbank waren, dem Beklagten erkennbar, zu dem Zweck erfolgt, um ihm Gelegenheit zu geben, der Reichsbank davon Mitteilung zu machen, wenn etwas an den Wechseln nicht in Ordnung, insbesondere das Giro des Beklagten nicht echt sein sollte. War das Giro nicht echt, so bestand nach Treu und Glauben sowie im Hinblick auf die Erfordernisse eines redlichen Handelsverkehrs (§ 346 HGB.), besonders aber mit Rücksicht auf die zwischen dem Beklagten und der Reichsbank bestehende Geschäftsverbindung, für jenen die Rechtspflicht, die Reichsbank hiervon in Kenntnis zu setzen. Ließ er die Benachrichtigungen unbeantwortet in dem Bewußtsein, daß das Giro gefälscht war oder gefälscht sein könne, so konnte dies Schweigen nur im Sinn einer Anerkennung der Echtheit und damit der Genehmigung des gefälschten Giros gedeutet werden. Auch eine empfangsbedürftige Willenserklärung wie es die Genehmigung ist, kann stillschweigend abgegeben werden; als der Reichsbank „zugegangen" hatte die Erteilung der Genehmigung in dem Zeitpunkte zu gelten, in welchem die Reichsbank bei regelmäßigem Geschäftsverkehr eine Antwort auf die Benachrichtigungen erwarten konnte, falls die Wechsel von dem Beklagten nicht als ordnungsmäßig befunden wurden. Der Beklagte hat also dadurch, daß er die Benachrichtigungen der Klägerin bezüglich dieser 39 Wechsel unbeantwortet ließ, die Genehmigung zu den gefälschten Unterschriften auch auf diesen Wechseln der Klägerin gegenüber erklärt.

Auch bezüglich dieser 39 Wechsel, bei denen im übrigen die Sach- und Rechtslage dieselbe ist, wie bei den zu 1. behandelten 12 Wechseln, ist deshalb auf Grund der Genehmigung die wechselmäßige Haftung des Beklagten begründet, so daß auch insoweit seine Verurteilung zu Recht erfolgt ist.

RGZ. 145, 121.

1. Können die Verpflichtungen mehrerer aus demselben Wechsel Verpflichteter verschiedenen örtlichen Rechten unterliegen?

2. Muß die Unterwerfung unter ausländisches Recht sich aus der Wechselurkunde selbst ergeben?

3. Richtet sich die Verjährung eines Wechselanspruchs, für den im übrigen ausländisches Recht gilt, auch dann nach diesem Rechte, wenn danach die Verjährung nicht eine Einrichtung des sachlichen, sondern des Verfahrensrechts ist?

WO. Art. 77, 85. EG z. BGB. Art. 30. BGB. § 194.

II. Zivilsenat. Urt. v. 6. Juli 1934.

I. Landgericht Berlin. — II. Kammergericht daselbst.

Die Klägerin ist Inhaberin von fünf im Januar und Februar 1932 von der „London and Northern Trading Co. Ltd." in London ausgestellten, auf englische Pfund lautenden Wechseln. Die Wechsel tragen das Ausstellerdatum von London. Sie sind auf englischen Wechselformblättern in englischer Sprache ausgestellt. Sie sind akzeptiert von der P.D.M. AG., die ihren Sitz in B. in Polen hat. Die Akzepterklärungen tragen unter der Firmenbezeichnung neben einer anderen die Unterschrift des Beklagten, der zu den zeichnungsberechtigten Verwaltungsratsmitgliedern der Akzeptantin gehört. Auf der Rückseite der Wechselurkunden befindet sich ein nur auf den Namen des Beklagten lautendes Blankogiro. Die Wechsel sind zahlbar bei der Klägerin in London. Sie sind an den Fälligkeitstagen in London bei der Klägerin vorgezeigt und dort mangels Zahlung protestiert worden. Die Klägerin hat den Beklagten jeweils am Fälligkeitstage durch Einschreibebrief unter der Anschrift der Akzeptantin in B. von dem Notleiden der Wechsel benachrichtigt. Mit der im Februar 1933 in Berlin im ordentlichen Verfahren erhobenen Klage nimmt die Klägerin den Beklagten aus seinem Giro in Anspruch. Sie beantragt ihn zur Zahlung der Wechselsumme nebst Zinsen und Protestkosten zu verurteilen. Der Beklagte ist im ersten und zweiten Rechtszug unterlegen. Seine Revision hatte keinen Erfolg.

Gründe:

Das Berufungsgericht nimmt an, daß auf Grund von Parteivereinbarung für die Verpflichtungen sowohl der Akzeptantin wie des verklagten Indossanten englisches Recht anzuwenden sei. Nach diesem betrage die Verjährungsfrist sechs Jahre. Die Einrede der Verjährung, die der Beklagte damit begründet hatte, daß er zur Zeit der Abgabe seines Giros seinen Wohnsitz in Berlin gehabt habe und daß nach deutschem Recht (Art. 78 WO.) die Verjährungsfrist abgelaufen sei, könne somit nicht durchdringen. Die gegen die Anwendung englischen Rechts auf die Verpflichtungen aus dem Giro des Beklagten erhobenen Einwendungen der Revision sind nicht begründet. Grundsätzlich ist von der Selbständigkeit der einzelnen Wechselverpflichtungen auszugehen. Es können also die Verpflichtungen des Ausstellers, des Akzeptanten oder des Indossanten aus demselben Wechsel sachlich-rechtlich verschiedenen Rechten unterliegen. Im Zweifel richtet sich die Verpflichtung des einzelnen nach dem Rechte des für ihn geltenden Erfüllungsorts, der sich aus den Umständen ergeben kann und sich nach seinem Wohnsitze zur Zeit der Übernahme der Verpflichtung bestimmt (RGZ. Bd. 24 S. 115). Es ist jedoch auch im Wechselrecht anerkannt, daß sich der Schuldner einem bestimmten ausländischen Rechte ausdrücklich oder durch schlüssige Handlungen unterwerfen kann. Das Berufungsgericht kommt zu dem Ergebnis, daß sich die Akzeptantin und der Beklagte als Indossant dem englischen Rechte unterworfen haben. Es schließt diese Unterwerfung nicht daraus, daß London auf den Wechseln als Zahlungsort bestimmt ist. Wohl aber hält es für ausschlaggebend, welcher Zweck mit der Ausstellung der Akzepte und des Giros verfolgt wurde. Die Akzeptantin habe Geld gebraucht. Zu diesem Zweck seien Wechselblankette, die nur den Akzeptvermerk der P.D.M. AG. und das Blankogiro des Beklagten enthielten, an die „London and Northern Trading Co. Ltd." gesandt worden, um zu sehen, ob die Akzepte dort unterzubringen seien. Zur Krediterleichterung habe der Beklagte sein Giro gegeben. In der Übersendung an die Ausstellerin, die in einem vom Beklagten unterzeichneten Schreiben der Azeptantin vom 1. Oktober 1934 erfolgte, liege gleichzeitig der Auftrag seitens der Akzeptantin und des Beklagten, die noch fehlende Ausfüllung der Wechsel vorzunehmen. Dieser Auftrag zur weiteren Ausfüllung der Wechsel enthalte auch die Einräumung der Befugnis zur Hinzufügung des Domizilvermerks. Die Bestimmung von London als Zahlungsort entspreche auch der Tatsache, daß — wie schon früher — ein Geldgeber in London gesucht wurde, dem naturgemäß daran liegen mußte, daß die Wechsel in London zahlbar gemacht würden. Aus diesen Umständen, ferner auch aus der Verwendung englischer Formblätter, ausgefüllt in englischer Sprache und auf englische Währung lautend, ergebe sich, daß die Akzeptantin und der Beklagte sich dem englischen Rechte unterwerfen wollten. Hinzu komme, daß die Verwertung der Wechsel auf England beschränkt sein sollte. Für eine Verwertung außerhalb Englands sei vom Beklagten nichts dargelegt. Dieser habe gemeinsam mit der Akzeptantin mittels der Blankette schnell einen Geldgeber gesucht, dessen Bereitwilligkeit nicht durch Anwendbarkeit eines ihm fremden Rechtes gehemmt werden sollte. Diese Ausführungen des Berufungsgerichts lassen keinen Rechtsirrtum erkennen. Aus den vom Berufungsgericht hervorgehobenen Tatumständen, dem mit dem Geschäft verbundenen Zweck der Blankoakzepte und -Indossamente, dem Zusammenwirken der Akzeptantin und des Beklagten zur Erreichung dieses Zieles, dem Streben, gerade in England auf die auszufüllenden Akzepte Geld zu bekommen und der dieses Ziel fördernden Einrichtung der Wechsel durch Bestimmung eines englischen Zahlungsorts in Verbindung mit der Verwendung englischer Formblätter, englischer Sprache und englischer Währung konnte die Erklärung des Willens der ihre Unterschrift Gebenden, sich dem englischen Recht zu unterwerfen, gefunden werden. Dies gilt namentlich auch vom Beklagten, der offensichtlich durch sein Giro die Diskontierung der Wechsel geradezu erleichtern sollte.

Die Revision vertritt den Standpunkt, daß jede Unterwerfung unter ein fremdes Recht aus Gründen der Rechtssicherheit aus dem Wechsel selbst hervorgehen müsse. Demgegenüber hat die Rechtsprechung angenommen, daß nach zwischenstaatlichem Privatrecht nicht nur eine ausdrückliche sondern auch eine aus den Umständen zu entnehmende — stillschweigende — Vereinbarung über das maßgebende Recht zulässig ist, und daß es auch bei sogenannten „Skripturobligationen" — für welche die Verbriefung des Rechts in einer Urkunde entscheidend ist — genügt, wenn sich aus einzelnen Bestimmungen der Willenserklärung mittelbar der Unterwerfungswille ergibt (vgl. RGZ. Bd. 126 S. 196 [201] in Verbindung mit Bd. 118 S. 370 [371; österreichische Eisenbahnschuldverschreibungen]). Jedenfalls muß es ausreichen, wenn sich aus der Urkunde in Verbindung mit anderen Tatsachen, die zur Erläuterung herangezogen werden können, der Unterwerfungswille ergibt. Die Rechtsprechung hat auch bei der Auslegung von Satzungen der Aktiengesellschaften und anderer juristischen Personen, die für die Allgemeinheit bestimmt sind, zwar daran festgehalten, daß sich der Inhalt aus der Satzung ergeben müsse, aber für zulässig erklärt, daß in Anwendung der allgemeinen Auslegungsregeln der §§ 133, 157 BGB. auch andere Tatsachen unterstützend herangezogen werden (vgl. z. B. RGZ. Bd. 140 S. 303 [306]). Da es im Wechselverkehr nicht üblich ist, die Unterwerfung unter ein bestimmtes Recht ausdrücklich im Wechsel zu erklären, etwa durch den Zusatz „nach englischem Recht", so müssen neben dem Gesamtinhalt des Wechsels immer die weiteren tatsächlichen Umstände des Falls zur Auslegung mit herangezogen werden. Die Bezeichnung des maßgebenden Rechts gehört auch nicht zu den Angaben, die sich aus der Wechselurkunde selbst ergeben müssen (Art. 4 WO.). Im vorliegenden Fall genügte die Verwendung des englischen Formblatts der englischen Sprache, der englischen Währung, des englischen Ausstellungsorts und des Zahlungsorts, die sämtlich aus der Urkunde selbst ersichtlich sind, und die der Beklagte auf Grund der durch Abgabe seiner Blankounterschrift erteilten Ermächtigung zur Ausfüllung des Blanketts gegen sich gelten lassen muß, in Verbindung mit der Tatsache, daß die Wechsel von einer englischen Firma der Klägerin in England zur Diskontierung vorgelegt wurden, zur Annahme des Unterwerfungswillens. Übrigens würde auch, wenn man den strengen Maßstab der Revision anlegen wollte, sich aus den Wechseln nicht ergeben, welchem anderen Recht die Verpflichtung des Beklagten unterliegen solle. Denn er hat sein Blankogiro ohne jeden Zusatz, auch ohne Angabe seines Wohnorts, abgegeben. Für einen dritten Erwerber des Wechsels hätte es daher — wenn man der Ansicht des Beklagten folgen wollte —, auch wenn sich das maßgebende Recht nach dem Wohnsitz des Beklagten bestimmte, der Feststellung auf Grund von Tatsachen, die aus der Urkunde nicht ersichtlich sind, bedurft.

Es fehlt auch nicht an der Annahme des Vertragsangebots, daß das englische Recht maßgebend sein sollte. Die Annahme des Angebots lag in der Ausfüllung des Wechsels durch den Aussteller, spätestens aber in der Entgegennahme des Wechsels durch den Diskontgeber. Unterlagen die Verpflichtungen des Beklagten einmal dem englischen Recht, so galt dies übrigens auch für einen späteren Inhaber des Wechsels, der die sich daraus ergebenden Rechte mindestens so erwarb, wie sie bei seinem Erwerbe bestanden.

Da englisches Recht anwendbar ist und die Zahlung in London zu erfolgen hatte, so mußte die Vorzeigung des Wechsels am Fälligkeitstage in London erfolgen — was geschehen ist —, und es bestimmte sich nach englischem Recht, was im Fall der Nichtzahlung zur Wahrung der Wechselrechte gegen den Indossanten zu geschehen hatte. Daß nach englischem Recht eine Protesterhebung nicht, wohl aber die sog. Notifikation, also die unverzügliche Benachrichtigung des Regreßpflichtigen von der Nichteinlösung, erforderlich war und daß die rechtzeitige Absendung der Anzeige genügte, ist unbestritten. Daß die Absendung der Notifikationsschreiben rechtzeitig erfolgt ist, wird vom Beklagten nicht in Abrede gestellt. Da sie aber unter seiner Namensanschrift an die P.D.M. AG. in Polen ging, so will er sie, weil er damals wie auch zur Zeit der Abgabe des Giros seinen Wohnsitz in Berlin gehabt habe und nur selten nach B. in Polen gekommen sei, erst Mitte März

1932 erhalten haben. Wenn der Beklagte damit geltend machen will, er sei wegen verspäteter Notifikation von der Haftung frei, so richtet sich dieser Angriff dagegen, daß das englische Recht unrichtig angewendet worden sei. Die rechtsirrtümliche Anwendung ausländischen Rechts kann aber nicht Gegenstand eines Revisionsangriffs sein. Mit Recht sieht aber auch das Berufungsgericht die Notifikation als ausreichend an. Der Berliner Wohnsitz des Beklagten ging aus seinem Giro nicht hervor. Aus der Unterschrift des Akzeptes mit dem Namen des Beklagten durfte deshalb die Klägerin entnehmen, daß der Beklagte auch seinen Wohnsitz am Sitze der von ihm vertretenen Gesellschaft habe. Bei dem engen Zusammenhang des Giros mit dem Akzept und den Belangen des Giranten und des Akzeptanten lag auch kein Anlaß vor, nachzuforschen, ob der Beklagte an einem andern Orte seinen Wohnsitz hatte. Wohnte der Beklagte an einem andern Orte, so war es seine Sache, dafür zu sorgen, daß ihm Briefe, die mit dem Geschäftsbetrieb, zu dem auch die Girierung gehört, zusammenhingen, zugesandt wurden.

Das Berufungsgericht kommt mit der Erwägung, daß das englische Recht Anwendung finde und daß nach diesem die Verjährungsfrist 6 Jahre betrage, zu dem Schlusse, daß der eingeklagte Anspruch nicht verjährt sei. Es nimmt dabei nicht Stellung zu der Frage, ob nicht trotzdem die Verjährung von dem deutschen Richter nach deutschem Recht zu beurteilen ist, wenn das im allgemeinen auf das Rechtsverhältnis anwendbare ausländische Recht die Verjährung nicht als Einwendung aus dem sachlichen Recht, sondern als solche aus dem Verfahrensrecht ansieht, das für den deutschen Richter nicht bindend ist. Die Revision erhebt insofern keine ausdrückliche Rüge. Da aber die Revision auch allgemein mit Verletzung des sachlichen Rechts begründet wird, ist die Frage, bei der es sich um eine solche der Anwendung des deutschen zwischenstaatlichen Rechts handelt, durch das Revisionsgericht zu prüfen.

Unzweifelhaft wird nach der englischen und amerikanischen Rechtslehre die Verjährung als Einrichtung des Prozesses angesehen und deshalb die Verjährung einer Klage von den Gerichten dieser Staaten stets nach der „lex fori" beurteilt (vgl. Frankenstein Int. Privatrecht Bd. 1 S. 276, 295; Walker Int. Privatrecht S. 284). Insbesondere steht auch die englische Rechtsprechung auf diesem Boden. So hat noch in neuester Zeit ein englisches Urteil (Kings Bench vom 2. November 1933, Bankarchiv XXXIII. Jahrgang S. 334) gegenüber einem Anspruch aus einem in Deutschland ausgestellten, auf eine deutsche Firma gezogenen, in Berlin zahlbaren, nach Belgien weitergegebenen, aber in England eingeklagten Wechsel die auf deutsches Recht gestützte Einrede der Verjährung verworfen. Nach englischem Recht gehörten, wie das Urteil sagt, die Verjährungsvorschriften zu den Prozeßvorschriften; der englische Richter könne nur englische Prozeßvorschriften anwenden; nach den englischen Vorschriften sei die Klage noch nicht verjährt. Hinzuweisen ist auch auf die von Lewald JW. 1926 S. 2815 besprochene Entscheidung 2263 des deutsch-englischen Gem. Schiedsgerichtshof, die davon ausgeht, daß das sachliche englische Recht keine Verjährungsvorschriften enthalte, da die Verjährungseinrede ein reines Prozeßinstitut sei.

Der I. Zivilsenat des Reichsgerichts führt in RGZ. Bd. 2 S. 13 aus, daß nach dem in New York geltenden Recht, welches den Anspruch aus dem dort ausgestellten und zahlbaren Wechsel sachlich-rechtlich beurteile, Ansprüche aus Wechseln in 6 Jahren verjähren und daß diese Frist noch nicht abgelaufen sei. Nach dem am Sitze des Landgerichts (Hamburg) geltenden Recht sei die Klageverjährung als Institut nicht des Prozesses sondern des sachlichen Rechts aufzufassen. Die Klagforderung unterliege daher der in New York geltenden sechsjährigen Verjährung. Die Nichtanwendung des deutschen Rechts sei auch dann gerechtfertigt, wenn nach dem in New York geltenden Rechte oder nach der dort herrschenden Rechtslehre die Klageverjährung als ein prozessuales Institut betrachtet werde. Denn das dürfe den deutschen Richter nicht veranlassen, das deutsche Verjährungsgesetz auf eine Forderung anzuwenden, welche diesem nach den Grundsätzen des deutschen Rechts nicht unterliege. Wenn der deutsche Richter diese letzteren (gemeint sind die Grundsätze über Anwendung fremden Rechtes) anwende, mache er sich einer unzulässigen Anwendung ausländischen Prozeßrechts nicht schuldig. Übrigens sei es auch unbegründet, die Klageverjährung in solchen Rechtsgebieten, wo sie ohne Rücksicht auf den Sitz der Obligation — den das Reichsgericht damals für die Frage, welches ausländische Recht materiell anwendbar ist, für maßgebend hielt — stets nach dem am Prozeßort geltenden Rechte beurteilt wird, schon deshalb als ein prozessuales Institut anzusehen; denn dieser Grundsatz sei vielmehr eine Konsequenz der über die sog. Kollision der Statuten geltenden Anschauung.

In RGZ. Bd. 7 S. 21 stand zur Entscheidung des I. Senats eine Forderung aus einem Wechsel, die sachlich-rechtlich nach dem Rechte des Staates Tennessee zu beurteilen und nach diesem Recht noch nicht verjährt war. Der Senat lehnte die Anwendung der dreijährigen Verjährung nach Art. 100 WO. ab. Denn die Verjährung der Forderungen liege nicht an sich in deren rechtlicher Natur, sondern gehöre dem positiven Rechte an, und die Verjährungsbestimmungen des deutschen Rechts seien weder prozessualer Natur noch sonstwie als Vorschriften von absolutem Charakter zu betrachten. Der deutsche Richter habe daher das einheimische Verjährungsrecht nur auf solche Forderungen anzuwenden, welche dem materiellen deutschen Rechte überhaupt unterliegen. Sollten die Verjährungsgesetze des Staates Tennessee lediglich prozessualer Natur sein, so würde hieraus zwar folgen, daß nach amerikanischem Recht nur die Klagbarkeit der Forderungen durch prozessuale Vorschriften zeitlich beschränkt ist; die Forderungen selber aber würden — wie das erhobene Rechtsgutachten annehme und vom deutschen Konsul bestätigt werde — ungeachtet des Ablaufs der Verjährungsfrist unverändert fortbestehen, materiell also einer Verjährung überhaupt nicht unterliegen. Daraus ergebe sich aber für den deutschen Richter, für welchen die Verjährung ein Institut des materiellen Rechtes sei, nicht etwa die Konsequenz der Anwendbarkeit der für Forderungen, welche ihren Sitz am Orte des Prozeßgerichts haben, geltenden Verjährungszeit, sondern vielmehr die Verwerfung der Einrede der Verjährung, da die für Gerichte in Tennessee bestehende prozessuale Bestimmung für die deutschen Gerichte nicht bestehe, während anderseits die materiell-rechtliche deutsche Verjährung sich nicht auf die hier fraglichen Forderungen beziehe.

Diese beiden Entscheidungen werden vom Schrifttum als unrichtig bezeichnet, insbesondere insofern die letztgenannte dahin zu verstehen ist, daß der deutsche Richter eine Verjährung überhaupt ablehnt (vgl. Frankenstein a. a. O. S. 276, 595; Kahn in Jherings Jahrbüchern Bd. 30 S. 1 flg. (120); Nußbaum Int. Privatrecht S. 47, 49; vgl. auch Michaelis WO. S. 398; Quassowski Albrecht Wechselgesetz S. 385 Anm. 3). Der jetzt erkennende Senat ist an diese Entscheidungen nicht gebunden, da sie vor Einführung des Bürgerlichen Gesetzbuchs und der seitdem geltenden Grundsätze über die Anwendung des zwischenstaatlichen Rechts ergangen sind. Auch für das heutige Recht ist die Frage, ob die Verjährung nach dem im übrigen für das Rechtsverhältnis geltenden sachlichen Rechte zu beurteilen sei, von der Vorfrage abhängig, ob die Verjährung eine Einrichtung des sachlichen Rechts oder nur eine solche des Prozeßrechtes ist. Diese Vorfrage ist nach deutschem Recht zu entscheiden. Nach diesem gehört die Verjährung dem sachlichen Recht an. Daraus ergibt sich, daß grundsätzlich der deutsche Richter die Verjährungsvorschriften des Senats anzuwenden hat, dessen sachlichem Recht das streitige Rechtsverhältnis im allgemeinen nach den Regeln des zwischenstaatlichen Privatrechts untersteht. Damit ist die Anwendung der deutschen Verjährungsvorschriften als solcher jedenfalls in der Regel unvereinbar. Es kann nicht auf dasselbe Rechtsverhältnis teils ausländisches teils deutsches sachliches Recht angewendet werden. Ist das ausländische Recht maßgebend, so ist es als Ganzes anzuwenden. Die Anwendung des ausländischen Rechts durch den deutschen Richter ist freilich ausgeschlossen, wenn es dem Zweck eines deutschen Gesetzes widerspricht. (Art. 30 EG.z.BGB.). Auf Grund dieser Vorschrift hat der III. Zivilsenat in RGZ. Bd. 106 S. 83 die Bestimmung des Art. 149 Abs. 5 des schweizerischen Schuldbeitreibungsgesetzes, nach der eine Forderung, für die ein „Verlustschein infolge Pfändung" ausgestellt ist, der Verjährung nicht unterliegt, für unvereinbar mit dem Zweck der deutschen Verjährungsgesetze erklärt, da das deutsche Recht, von Ausnahmen abgesehen, keine Ansprüche kenne, die der Verjährung entzogen seien; die Verjährung solle nicht nur den Vorteil des einzelnen Schuldners, sondern dem Rechtsfrieden und der Rechtssicherheit dienen. Hieran anknüpfend hat die obengenannte Entscheidung des gemischten Schiedsgerichtshofs, die auf den dort zu entscheidenden Fall sachlich englisches Recht, aber nach den besonderen Bestimmungen des die gemischten Gerichte schaffenden Versailler Vertrages die deutschen Kollisionsnormen anzuwenden hatte, entschieden, daß die deutschen Verjährungs f r i s t e n der deutschen Wechselordnung anwendbar seien (vgl. hierzu K a h n in JW. 1927 S. 2282). Die Folge, daß einfach die kurzen Verjährungsfristen des deutschen Rechts anzuwenden sind, ergibt sich aber keineswegs aus der Entscheidung in RGZ. Bd. 106 S. 83. Diese stellt nur den Grundsatz auf, daß es gegen den Zweck des deutschen Gesetzes verstoße, wenn das ausländische Gesetz überhaupt keinen der Verjährung entsprechenden Rechtsbehelf kenne. Denn es lehnt die Anwendung der deutschen Verjährungsfristen, und zwar der kurzen Fristen der §§ 196, 197 BGB., ab. Nachdem der Berufungsrichter diejenige Einzelvorschrift des schweizerischen Rechts, die an sich maßgebend gewesen wäre, auf Grund des Art. 30 EG.z.BGB. für unanwendbar erklärt habe, habe er sich in erster Reihe die Frage vorlegen müssen, ob mit der Ausschaltung der zunächst maßgebenden Einzelvorschrift zugleich die Maßgeblichkeit des schweizerischen Rechts im allgemeinen beseitigt und nicht vielmehr die Ausfüllung der entstehenden Lücke wiederum dem schweizerischen Rechte zu entnehmen sei. Erst wenn der Berufungsrichter finde, daß die Lücke nicht aus dem schweizerischen Recht ergänzt werden könne, dürfe er deutsches Recht zur Anwendung bringen. Auch dann sei er aber verpflichtet, innerhalb der deutschen Bestimmungen diejenige Einzelvorschrift zu ermitteln, die dem Rechtsgedanken des fremden Rechts am nächsten komme.

Entsprechend dem Zweck des internationalen Rechts, daß der Schuldner möglichst weitgehend nach dem Recht beurteilt werden soll, dem er sich unterworfen hat oder dem er nach allgemeinen Grundsätzen unterworfen ist, wird man zu einem richtigen Ergebnis kommen, wenn man bei der Frage der Verjährung einheitlich von dem Begriffe dieser Rechtseinrichtung nach deutschem Recht ausgeht und nicht deshalb von der Anwendung des fremden Verjährungsrechts absieht, weil die Verjährung sich nach der juristischen Konstruktion des ausländischen Rechts als *Prozeßeinrichtung darstellt*. Auf diesem Standpunkt steht auch der englische Richter in der obengenannten Entscheidung, indem er die Verjährungsbestimmungen von seinem Rechtssystem ausgehend immer als Prozeßvorschrift behandelt, auch wenn das an sich anzuwendende fremde Recht die Verjährung als Einrichtung des sachlichen Rechts ansieht. Denn der erkennende Richter kann auch bei Anwendung der Kollisionsnormen immer nur von den eigenen Rechtsbegriffen (z. B. Ehe) ausgehen und so die Kollisionsnorm ermitteln. Aber auch abgesehen davon ist die Verjährung nach deutschem und englischem Recht, trotz der verschiedenen Konstruktion, ihrem Wesen und Zweck nach doch verwandt. In beiden Rechten haben die Verjährungseinreden teils prozessuale, teils sachlich-rechtliche Bedeutung. Wenn auch die deutschen Verjährungsvorschriften dem sachlichen Recht angehören, und der Ablauf der Verjährungsfrist ein Leistungsverweigerungsrecht erzeugt, so dienen sie doch in der Hauptsache ebenso wie die englischen der Abwehr des vom Kläger begehrten Rechtsschutzes, gegründet auf die Nichtverfolgung des klägerischen Anspruchs innerhalb einer bestimmten Zeit. Hemmung und Unterbrechung der Verjährung sind auch im deutschen Recht zum Teil an prozeßrechtliche Tatbestände geknüpft (Stillstand der Rechtspflege, gerichtliche Geltendmachung). Die Verjährung ist auch im deutschen Recht nicht mit anderen sachlich-rechtlichen Einwendungen zu vergleichen, wie z. B. der Aufrechnung, die das Recht zum Erlöschen bringt. Anderseits wirkt die Versagung des Rechtsschutzes durch das englisch-amerikanische Recht wegen Untätigkeit des Gläubigers im Ergebnis als Beschränkung seines sachlichen Rechtes ebenso wie das Leistungsverweigerungsrecht des § 222 BGB. Endlich wird auch dort, wo die Verjährung als Prozeßeinrichtung angesehen wird, ähnlich wie im deutschen Recht eine Unterbrechung oder Hemmung der Verjährung zugestanden, wenn der Verfolgung des Anspruchs Hindernisse entgegenstehen (vgl. RGZ. Bd. 7 S. 21 [22], wonach nach amerikanischem die der Verjährung unterbrochen wird, wenn der Schuldner sich außerhalb des amerikanischen Staats begibt).

Hiernach ist mit Kahn a. a. O. (s. auch Raiser Die Wirkungen der Wechselerklärungen im internationalen Recht S. 69) davon auszugehen, daß auch diejenigen Vorschriften des Auslandes, welche die Verjährung als Prozeßvorschriften behandeln und welche die ausländischen Gerichte deshalb stets anwenden, doch auch einen sachlich-rechtlichen Inhalt haben, der in seinen Wirkungen der sachlich-rechtlichen Einrichtung der Verjährung nach deutschem Recht im Sinn des Zwischenrechts gleichkommt. Dann besteht aber kein Hindernis, auch die ausländischen Verjährungsvorschriften, namentlich auch die Verjährungsfristen anzuwenden. Danach ist der hier geltend gemachte Anspruch nicht verjährt. Auf diesem Standpunkt steht auch die vom I. Zivilsenat nach Einführung des neuen Rechts erlassene Entscheidung in JW. 1911 S. 148.

RGZ. 160, 338.

1. Kann der Inhaber eines Wechsels von dem Wechselverpflichteten verlangen, daß er die Wechselsumme in Teilbeträgen an verschiedene Empfänger zahle?

2. Kann auf die Einrede der Rechtshängigkeit verzichtet werden oder ist sie von Amts wegen zu berücksichtigen?

3. Kann eine Partei auch in Punkten für beweisfällig erklärt werden, die von Amts wegen zu berücksichtigen sind?

WO. Art. 39. ZPO. §§ 263, 274 Abs. 2 Nr. 4.

II. Zivilsenat. Urt. v. 17. Mai 1939.

I. Landgericht Düsseldorf. — II. Oberlandesgericht daselbst.

Der Kläger klagt aus einem von ihm am 31. Oktober 1926 ausgestellten, auf den Beklagten gezogenen und von diesem angenommenen Wechsel an eigene Order über 50 000 RM, fällig am 2. Januar 1927. Der Wechsel trägt auf der Vorderseite über dem Wechseltexte den Vermerk: „Nur 25 000 RM gültig". In der rechts über dem Wortlaut des Wechsels stehenden Angabe „RM 50 000" ist die Zahl 50 000 durchstrichen; dagegen sind die Worte „Reichsmark Fünfzigtausend" im Wortlaut des Wechsels stehengeblieben. Auf der Rückseite trägt der Wechsel ein Blankoindossament des Klägers. Der Annahme des Wechsels durch den Beklagten liegt folgender Sachverhalt zugrunde:

Der Kläger verkaufte im Juli 1926 an den Beklagten die gesamten Aktien der N.schen Buchdruckerei AG. zu einem vorläufigen Kaufpreise von 125 000 RM. Der endgültige Kaufpreis sollte nach der Festlegung der Aktiv- und Passivposten der Gesellschaft nach ihrem tatsächlichen Werte durch eine von dem Beklagten auf seine Kosten zu bestellende Treuhandgesellschaft festgesetzt werden. Auf den Kaufpreis hat der Beklagte 75 000 RM bar gezahlt. Die restlichen 50 000 RM sollten je zur Hälfte am 2. Januar und 2. April 1927 gezahlt werden. Der Beklagte nahm wegen des Restkaufpreises drei von dem Kläger an eigene Order ausgestellte Wechsel an, nämlich einen Wechsel über 50 000 RM, fällig am 1. Oktober 1926, den Klagewechsel und einen Wechsel über 25 000 RM, fällig am 2. April 1927. Die beiden letzten Wechsel sollten als Verlängerungswechsel dienen. Der Beklagte hat auf die Wechselforderung von 50 000 RM unstreitig 25 000 RM bezahlt.

Der Kläger hat unter Änderung seines früheren, auf Zahlung an ihn selbst lautenden Antrags beantragt, den Beklagten zu verurteilen, 25 000 RM nebst 2 v. H. Zinsen über dem jeweiligen Reichsbankdiskont zu zahlen, und zwar 11 909,70 RM an die Zuckerfabrik R. & G. AG. in W., 2000 RM an Rechtsanwalt Dr. He. in St., 1000 RM an Rechtsanwalt Hei. in St., 5000 RM an die Landschaftliche Bank in St. zur Gutschrift auf das Konto des Klägers, den gesamten Rest der Forderung nebst Zinsen an die Darmstädter und Nationalbank in Berlin zur Gutschrift auf das Konto des Klägers. Der Beklagte hat Abweisung der Klage beantragt. Er hat ausgeführt, darin, daß der Kläger von seinem ursprünglichen Antrag auf Zahlung an sich selbst abgegangen sei, liege eine unzulässige Klageänderung. Er hat weiter die Einrede der Rechtshängigkeit erhoben und behauptet, der Kläger habe den Anspruch aus dem Wechsel in einem vor dem Landgericht in St. anhängigen Rechtsstreit durch Widerklage gegen ihn geltend gemacht. Ferner hat er gegen den Klageanspruch eine Gegenforderung von 37 336, 81 RM zur Aufrechnung gestellt.

Da der frühere Prozeßbevollmächtigte des Klägers ins Ausland verzogen war, war der Klagewechsel vorübergehend nicht aufzufinden. Der Kläger konnte ihn daher im ersten Rechtsgange nicht vorlegen. Da der Beklagte bestritt, daß der Kläger im Besitze des Wechsels sei, wies das Landgericht die Klage als im Wechselprozeß unstatthaft ab. Im zweiten Rechtsgang hat der Kläger den vor dem Landgericht verlesenen Antrag nur noch als Hilfsantrag gestellt und in erster Reihe beantragt, den Beklagten zur Zahlung von 25 000 RM nebst Zinsen zu 2 v. H. über Reichsbankdiskont zu verurteilen mit der Maßgabe, daß davon 2000 RM an den Rechtsanwalt Dr. He. in St. und 1000 RM an den Rechtsanwalt Hei. in St. zu zahlen seien. Der Kläger hat den wiederaufgefundenen Klagewechsel im zweiten Rechtsgange vorgelegt. Er hat die Anzeige von der Abtretung der Wechselforderung widerrufen und behauptet, daß die Abtretungsempfänger damit einverstanden seien. Weiter hat er geltend gemacht, der Beklagte habe die Einrede der Rechtshängigkeit erst nach der Verhandlung zur Hauptsache und damit verspätet vorgebracht.

Das Berufungsgericht hat das Urteil des Landgerichts geändert und den Beklagten unter Vorbehalt der Ausführung seiner Rechte verurteilt, 25 000 RM nebst Zinsen in Höhe von 2 v. H. über dem jeweiligen Reichsbankdiskontsatz, mindestens aber 6 v. H., seit dem 2. Januar 1927 zu zahlen, und zwar 2000 RM an den Rechtsanwalt Dr. He. in St., weitere 1000 RM an den Rechtsanwalt Hei. in St., den Rest an den Kläger. Die Revision des Beklagten führte zur Aufhebung und Zurückverweisung.

Gründe:

Das Berufungsgericht hat zunächst ausgeführt, der Kläger habe als Aussteller aus dem von dem Beklagten angenommenen Wechsel gemäß Art. 23 Abs. 2 und Art. 81 der nach Art. 1 Abs. 6 des Einführungsgesetzes zum Wechselgesetz hier noch anzuwendenden Wechselordnung in Verbindung mit § 1 des Gesetzes über die Wechsel- und Scheckzinsen vom 3. Juli 1925 (RGBl. I S. 93) einen Anspruch auf Zahlung der Klagesumme nebst Zinsen. Die Revision greift das Berufungsurteil insoweit nicht an. Dem Berufungsgericht ist darin beizutreten, daß für den Klagewechsel, der am 31. Oktober 1926, also vor dem Inkrafttreten des Wechselgesetzes ausgestellt ist, nach Art. 1 Abs. 6 EG. z. WG. die Vorschriften der Wechselordnung maßgebend sind. Gegen die Gültigkeit des Klagewechsels bestehen nach der Wechselordnung keine Bedenken. Zu den Erfordernissen eines gezogenen Wechsels gehört nach Art. 4 Nr. 2 WO. auch die Angabe der zu zahlenden Geldsumme. Nach der vorliegenden Abschrift lautet der Klagewechsel auf 50 000 RM; diese mit Buchstaben in den Wortlaut des Wechsels eingefügte Summenangabe ist nicht durchstrichen. Darüber steht der Vermerk: „Nur 25 000 RM gültig". Es handelt sich dabei um die Abschreibung der von dem Beklagten auf den Wechsel geleisteten Teilzahlung von 25 000 RM gemäß § 39 WO. Der Vermerk ist zwar nicht glücklich gefaßt, der Wortlaut des Wechsels läßt aber doch hinreichend deutlich erkennen, daß er nur über 50 000 RM ausgestellt ist und jedenfalls noch für

25 000 RM, den Betrag der Klageforderung, gültig sein soll. Dem Erfordernis des Art. 4 Nr. 2 WO. ist somit genügt.

Das Berufungsurteil führt weiter aus, die vom Beklagten erhobene Rüge unzulässiger Klageänderung sei verfehlt. Die Änderung des Zahlungsempfängers stelle eine nach § 268 Nr. 2 ZPO. zulässige Klageerweiterung dar, da keine neuen Parteien in den Rechtsstreit eingeführt, sondern lediglich andere Zahlstellen angegeben worden seien. Die Revision erhebt auch insoweit keine Angriffe. Es ist aber zu beachten, daß eine Teilabtretung der Wechselforderung ebensowenig zulässig ist, wie etwa ein Teilindossament. Aus der Notwendigkeit der Übergabe des Wechsels zur Verschaffung des abgetretenen Rechts und aus dem Grundsatz, daß das Recht an dem Wechsel für den Erwerb des Rechts aus dem Wechsel notwendig ist, folgt, daß nur eine einheitliche Gläubigerschaft für die gesamte Wechselforderung bestehen kann. Das Berufungsgericht hat denn auch angenommen, daß es sich lediglich um die Angabe neuer Zahlstellen handele. Für einen Wechsel kann aber nur ein Zahlungsort und eine Zahlstelle angegeben werden, und der Aussteller kann beides nach der Annahme des Wechsels nicht einseitig von sich aus ändern. Im übrigen enthält der Hauptantrag des Klägers im zweiten Rechtsgange nicht die Angabe von Zahlstellen im Sinne des Wechselrechts, sondern die Angabe neuer Zahlungsempfänger. Allerdings verwandelt sich durch den Verzug des Annehmers die Wechselschuld aus einer Holschuld in eine Bringschuld, und nach § 270 Abs. 1 BGB. hat der Schuldner im Zweifel Geld auf seine Kosten und Gefahr dem Gläubiger an dessen Wohnsitz zu übermitteln. Die von dem Kläger als Empfänger von Teilzahlungen angegebenen Rechtsanwälte Dr. He. und Hei. sind aber nicht Gläubiger von entsprechenden Teilen der Wechselforderung und konnten das nach dem Vorhergesagten auch nicht werden. Andererseits ist der Beklagte nach Art. 39 WO. nur verpflichtet, gegen Aushändigung des quittierten Wechsels Zahlung zu leisten. Danach bestehen gegen die trotz des Widerspruchs des Beklagten von dem Berufungsgericht ausgesprochene Verurteilung zur Zahlung von Teilen der Wechselsumme an die Rechtsanwälte Dr. He. und Hei. erhebliche rechtliche Bedenken. Wie im folgenden noch darzulegen ist, verfällt das angefochtene Urteil aus den von der Revision angeführten Gründen der Aufhebung, und die Sache muß zu neuer Verhandlung und Entscheidung an das Berufungsgericht zurückverwiesen werden. Das Berufungsgericht wird deshalb bei der künftigen Verhandlung und Entscheidung den Bedenken gegen eine Verurteilung zu Teilzahlungen aus dem Wechsel an dritte Personen Rechnung tragen müssen.

Weiter hat das Berufungsgericht ausgeführt, der Kläger habe durch die Vorlegung des Wechsels im zweiten Rechtsgange nachgewiesen, daß er Inhaber und Wechselberechtigter sei. Entgegen der Rechtsauffassung des Landgerichts sei die Vorlegung des Wechsels keine Voraussetzung für die Zulässigkeit des Wechselprozesses gewesen. Der Kläger habe auch noch im zweiten Rechtsgange durch die Vorlegung des Wechsels beweisen können, daß er den Wechsel im Besitz habe. Gegen diese Ausführungen des Berufungsgerichts, die von der Revision ebenfalls nicht angegriffen werden, ist nichts zu erinnern. Insbesondere ist der Kläger zur Geltendmachung des Anspruchs aus dem Wechsel befugt. Er ist zwar nicht im Besitz einer Protesturkunde; seine Berechtigung ergibt sich aber aus dem Wechsel. Der Wechsel ist vom Kläger an eigene Order ausgestellt. Das auf dem Wechsel befindliche, nicht durchstrichene Blankogiro des Klägers steht seiner Berechtigung nicht entgegen; denn ein Blankoindossament weist jeden aus, der den Wechsel in der Hand hat, auch den Blankoindossanten selbst.

Das Berufungsurteil ist ferner der Ansicht, daß die Einrede der Rechtshängigkeit als unverzichtbare prozeßhindernde Einrede nach § 274 Abs. 3 ZPO. auch nach dem Beginn der mündlichen Verhandlung noch habe vorgebracht werden können. Es führt aber aus, der Beklagte habe den ihm obliegenden Beweis dafür, daß der Anspruch aus dem Klagewechsel Gegenstand der bei dem Landgericht in St. anhängigen Widerklage sei, mit den im Wechselprozeß zulässigen Beweismitteln nicht erbringen können. Die Widerklage aus dem Grundgeschäft auf Zahlung des noch ausstehenden Kaufpreisrestes für die Aktien der N.schen Buchdruckerei AG. könne die Einrede der Rechtshängigkeit ebensowenig begründen, wie die vom Beklagten erhobene Klage auf Feststellung des Nichtbestehens von Ansprüchen des Klägers gegen den Beklagten aus dem Klagewechsel. Die Einrede der Rechtshängigkeit sei daher nach § 598 ZPO. als im Wechselverfahren unstatthaft zurückzuweisen.

Die Revision weist zunächst darauf hin, daß das Berufungsurteil schon deshalb nicht bestehen bleiben könne, weil es den Aufrechnungseinwand des Beklagten nicht beschieden und dadurch ein selbständiges Verteidigungsmittel ohne Angabe von Gründen übergangen habe. Der Angriff der Revision ist berechtigt. Im Tatbestande des Berufungsurteils war zunächst gesagt, der Beklagte habe sein Vorbringen im ersten Rechtsgang im Berufungsverfahren wiederholt, „ohne den Aufrechnungseinwand aufrechterhalten zu haben". Auf den Antrag des Beklagten hat dann das Berufungsgericht den Tatbestand dahin berichtigt, daß die Worte „ohne den Aufrechnungseinwand aufrechterhalten zu haben" in Wegfall gekommen sind. Das Berufungsurteil ist, entsprechend der ursprünglichen Fassung des Tatbestandes, auf den Aufrechnungseinwand des Beklagten in den Entscheidungsgründen nicht eingegangen. Es ist somit für einen ganzen Rechtsbehelf, nämlich die rechtsvernichtende Einrede der Aufrechnung, nicht mit Gründen versehen. Darin liegt nach § 551 Nr. 7 ZPO. ein unbedingter Revisionsgrund (vgl. RGUrt. in HRR. 1925 Nr. 1688). Das Reichsgericht hat allerdings ausgesprochen, daß die Übergehung eines selbständigen Verteidigungsmittels dann keinen Verstoß gegen § 551 Nr. 7 ZPO. bedeutet, wenn das übergangene Verteidigungsmittel nicht zu dem von der Revision erstrebten Ergebnis führen kann (vgl. RGUrt. in JW. 1930 S. 705 Nr. 7; RGZ. Bd. 156 S. 113 [119]). Diese Voraussetzung ist hier aber nicht gegeben. Die Einwendung der Aufrechnung mit einer die Klageforderung übersteigenden Forderung gegen den Kläger war vielmehr geeignet, die Klage zu Fall zu bringen. Die Fassung des Tatbestandes vor seiner Berichtigung zeigt auch, daß das Berufungsgericht die Einwendung der Aufrechnung in den Entscheidungsgründen bewußt unerörtert gelassen hat. Das angefochtene Urteil mußte daher aus diesem Grunde aufgehoben und die Sache zu erneuter Verhandlung und Entscheidung an das Berufungsgericht zurückverwiesen werden.

Die Revision macht weiter geltend, daß auch die Entscheidung des Berufungsgerichts über die Einrede der Rechtshängigkeit auf einem Rechtsirrtum beruhe. Sie führt aus, es treffe nicht zu, daß dem Beklagten der Beweis für die Rechtshängigkeit obliege. Die Rechtshängigkeit sei ein verfahrensrechtlicher Zustand, der durch verfahrensrechtliche Handlungen begründet werde. Die verfahrensrechtlichen Handlungen müsse das Gericht von Amts wegen auf Grund des gesamten Akteninhalts prüfen. Der Akteninhalt unterliege nicht der Verfügung der Parteien im Rechtsstreite, so daß eine Beweispflicht für keine von ihnen in Frage kommen könne. Die Tatsache, daß die Akten des landgerichtlichen Rechtsstreits in St. vernichtet worden seien, begründe keine Beweispflicht für den Beklagten. Die vernichteten Akten hätten wiederhergestellt werden müssen. Das Berufungsgericht habe die prozeßhindernde Einrede des Beklagten nicht für unbegründet erklären dürfen, weil die Rechtshängigkeit des Wechselanspruchs aus den vorgelegten Schriftsätzen nicht mit Sicherheit zu entnehmen gewesen sei.

Über die Frage, ob die Einrede der Rechtshängigkeit zu den verzichtbaren, prozeßhindernden Einreden gehöre oder ob die Rechtshängigkeit von Amts wegen zu beachten sei, herrscht Streit. Während sich das neuere Schrifttum überwiegend auf den Standpunkt gestellt hat, daß die Rechtshängigkeit von Amts wegen zu berücksichtigen sei (vgl. Jonas-Pohle 16. Aufl. Bem. III zu § 263 ZPO., Seuffert-Walsmann 12. Aufl. Bem. II 2e zu § 263 ZPO., Baumbach 14. Aufl. Bem. 3A zu § 263 ZPO., Sauer Grundlagen des Prozeßrechts S. 499; a. M. Kleinfeller in ZZP. Bd. 56 S. 130), hat die Rechtsprechung bisher eine verzichtbare prozeßhindernde Einrede angenommen (vgl. RGZ. Bd. 52 S. 179 [183], Bd. 104 S. 155 [158]; RGUrt. in SeuffArch. Bd. 60 Nr. 41, HRR. 1931 Nr. 52). In RGZ. Bd. 158 S. 145 [153] hat das Reichsgericht die Frage offen gelassen. Der Senat hat sich der Ansicht angeschlossen, daß die prozeßhindernde Einrede der Rechtshängigkeit nicht zu den verzichtbaren Einreden gehört, sondern daß die Rechtshängigkeit von Amts wegen zu berücksichtigen ist. Die Einrede der Rechtshängigkeit bezweckt einmal die Verhütung widersprechender Urteile über denselben Streitgegenstand, sodann aber auch die Vermeidung einer mehrfachen Prozeßführung über denselben Streitgegenstand zu gleicher Zeit. Die Vermeidung einer solchen gleichzeitigen mehrfachen Prozeßführung dient einerseits den Belangen der beklagten Partei, die durch die mehrfachen Rechtsstreitigkeiten belästigt wird, andererseits aber auch öffentlichen Belangen. Die gleichzeitige Verhandlung derselben Sache unter denselben Parteien in mehrfachen Verfahren bedeutet einen Mißbrauch des Rechtsschutzes und eine Vergeudung von Mühe und Zeit der Behörden (vgl. Seuffert-Walsmann a. a. O.). Diese öffentlichen Belange haben aber nach der Rechtsauffassung der Gegenwart, wie sie insbesondere aus dem Vorspruch zu der Zivilprozeßänderung von 1933 (RGBl. I S. 821) hervorgeht, gegenüber der Zeit, in der die angeführten, die Verzichtbarkeit der Einrede bejahenden Entscheidungen ergangen sind, eine besondere und gesteigerte Bedeutung erlangt, und der Grundsatz, daß niemand die Tätigkeit der Gerichte unnütz in Anspruch nehmen darf (vgl. RGZ. Bd. 155 S. 72 [75]), nicht einmal mit Zustimmung der Gegenpartei, muß auch bei mehrfacher Rechtshängigkeit angewendet werden. Der Revision und dem Berufungsgericht ist mithin darin beizutreten, daß die Rechtshängigkeit von Amts wegen zu berücksichtigen ist.

Der Einrede der Rechtshängigkeit würde nicht entgegenstehen, daß der Kläger den Wechselanspruch vor dem Landgericht in St., wenn überhaupt, im ordentlichen Verfahren geltend gemacht hat, während er hier im Wechselverfahren vorgeht. Der Wechselgläubiger hat allerdings ein Recht darauf, seinen Anspruch in dem schnellen und die Verteidigung des Schuldners zunächst stark einschränkenden Wechselverfahren zu verfolgen. Hat er sich aber anders entschieden und den Anspruch einmal im ordentlichen Verfahren geltend gemacht, so kann er nicht mehr wegen desselben Anspruchs daneben ein Wechselverfahren einleiten, und ihm steht, wenn er das dennoch tut, die Einrede der Rechtshängigkeit entgegen. Dagegen vermag die verneinende Feststellungsklage, die der Beklagte bei dem Landgericht in St. gegen den Kläger erhoben hat, die Einrede der Rechtshängigkeit nicht zu begründen. Eine verneinende Feststellungsklage betrifft schon allgemein nicht den gleichen Anspruch wie die entsprechende Leistungsklage, und ihre Abweisung würde ein Leistungsurteil nicht entbehrlich machen. Für den vorliegenden Fall kommt noch hinzu, daß dem Kläger, wenn man die Einrede der Rechtshängigkeit zulassen wollte, durch die Klage des Beklagten auf Feststellung des Nichtbestehens des Wechselanspruchs die Geltendmachung der Wechselforderung im Wechselverfahren abgeschnitten würde.

Da die Akten des Landgerichts in St. während des gegenwärtigen Rechtsstreits vernichtet worden sind, standen dem Berufungsgericht für die Feststellung, ob der Anspruch aus dem Klagewechsel dort rechtshängig war, die folgenden Unterlagen zur Verfügung (wird im einzelnen aufgeführt). Das Berufungsgericht hat es abgelehnt, das Schreiben des Rechtsanwalts Dr. K., der den jetzigen Beklagten in dem Rechtsstreit vor dem Landgericht in St. vertreten hat, als Beweismittel zu verwenden, weil der Beweisantritt durch die Vorlegung dieses Schreibens auf einen mittelbaren Zeugenbeweis hinauslaufen würde, der im Wechselverfahren nicht zulässig sei. Dazu ist zu bemerken, daß die von Amts wegen zu prüfenden Prozeßvoraussetzungen, und um solche handelt es sich nach dem oben vertretenen Standpunkt über die Einrede der Rechtshängigkeit auch hier, nicht unter §§ 592 und 595 ZPO. fallen. Für sie gelten die Einschränkungen der Beweismittel nicht, da eine beschränkte Nachprüfung mit ihrer unbedingten Natur nicht vereinbar ist. Dasselbe gilt übrigens nach der herrschenden Ansicht auch für die verzichtbaren prozeßhindernden Einreden (vgl. Jonas-Pohle Bem. IV zu § 595 ZPO. und Baumbach Bem. 3 zu § 595 ZPO.). Es ist daher rechtsirrig, daß das Berufungsgericht geglaubt hat, auf die im Wechselverfahren zugelassenen Beweismittel beschränkt zu sein, und daß es festgestellt hat, dem Beklagten sei der Beweis für die Rechtshängigkeit des Wechselanspruchs mit den im Wechselverfahren allein zulässigen Beweismitteln nicht gelungen, die Einrede der Rechtshängigkeit sei deshalb als im Wechselverfahren unstatthaft zurückzuweisen. Die Revision rügt das zwar nicht ausdrücklich. Ihr gesamtes Vorbringen läßt aber erkennen, daß sie die vom Berufungsgericht angenommene Beschränkung auf die im Wechselverfahren zugelassenen Beweismittel nicht gelten lassen will. Insoweit sind die Angriffe der Revision begründet.

Dagegen lassen die Ausführungen des Berufungsgerichts über die Beweisfälligkeit des Beklagten keinen Rechtsirrtum erkennen. Die Prüfung von Amts wegen begründet für das Gericht nicht die Pflicht, wie im Amtsverfahren von sich aus zur Erforschung der Wahrheit tätig zu werden. Die Anregung der Prüfung bleibt weitgehend der Partei überlassen; sie kann die Prüfung nur nicht durch ihr Verhalten verhindern. Das Gericht hat sich daher auch hier auf die Prüfung des ihm vorgelegten oder offenkundigen Stoffes zu beschränken. Es hat zwar gegebenenfalls die Parteien nach § 139 ZPO. zu Beweisantritten anzuregen, aber es hat nicht die Pflicht, durch eigene Tätigkeit die tatsächlichen Grundlagen seiner Entscheidung zu beschaffen oder über die sonst geltenden Grenzen hinaus Beweisaufnahmen anzuordnen. Die Verteilung der Beweislast, d. h. der Grundsatz, daß die Nichtaufklärung eines Tatbestandes nach Maßgabe der einschlägigen Vorschriften zu Lasten einer Partei geht, gilt auch hier (vgl. Jonas-Pohle Vorbem. III 4 vor § 128 ZPO.). Da das Gesetz im § 274 ZPO. zum Ausdruck gebracht hat, daß es den Hinweis auf die mehrfache gleichzeitige Rechtshängigkeit derselben Streitsache als Einrede behandelt wissen will, geht die Nichtaufklärung des Tatbestandes zu Lasten der Partei, der die Einrede zugute kommen würde, d. h. zu Lasten des Beklagten. Eine andere Auffassung würde dem Kläger den Beweis dafür aufbürden, daß der geltend gemachte Anspruch nirgends anderweit gleichzeitig anhängig sei, und damit zu praktisch nicht haltbaren Folgerungen führen.

Danach läßt sich das bisherige Ergebnis dahin zusammenfassen, daß das Berufungsgericht zwar die Beweismöglichkeiten für den Beklagten unzulässig beschränkt, das Bestehen einer Beweislast zu seinen Ungunsten aber mit Recht bejaht hat. Wenn nicht erwiesen wird, daß der Kläger mit der Widerklage vor dem Landgericht in St. den Anspruch aus dem Klagewechsel geltend gemacht hat, so ist der Beklagte beweisfällig geblieben und die Einrede der Rechtshängigkeit unbegründet. Bei dem Landgericht in St. ist ein Anspruch auf Zahlung von 25 000 RM nebst 6 v. H. Zinsen seit dem 2. Januar 1927 anhängig, und das Berufungsgericht hat mit Recht darauf hingewiesen, daß der Kläger diesen Anspruch sowohl aus dem Wechsel wie aus dem Grundgeschäft, nämlich dem Kaufvertrag über die Aktien, herleiten konnte. Durch eine Klage aus dem Grundgeschäft würde der Anspruch aus dem Wechsel aber nicht rechtshängig geworden sein. Der Wechsel enthält ein selbständig verpflichtendes, vom Bestande des Grundgeschäfts unabhängiges Zahlungsversprechen. Der Schuldner, der einen Wechsel zahlungshalber angenommen hat, ist gegen eine doppelte Inanspruchnahme dadurch geschützt, daß der Gläubiger die Leistung aus dem Grundgeschäft nur gegen Rückgabe des Wechsels fordern kann; der Schuldner hat gegenüber der Forderung aus dem Grundgeschäft ein Zurückbehaltungsrecht. Die Klage aus dem Grundgeschäft und die Klage aus dem Wechsel beruhen auf verschiedenen Klagegründen; die Einrede der Rechtshängigkeit erfordert aber Gleichheit des Klagegrundes.

Das Berufungsgericht hat im einzelnen ausgeführt, der Beklagte habe nicht beweisen können, daß mit der Widerklage der Anspruch aus dem Klagewechsel und nicht der Anspruch aus dem Grundgeschäft geltend gemacht worden sei. Die Revision rügt, daß das Berufungsgericht die vernichteten Akten des Landgerichts in St. nicht hat auf Grund der Handakten der Anwälte wiederherstellen lassen. Dazu war es aber nicht verpflichtet. Wie bereits ausgeführt, begründet die Prüfung von Amts wegen für das Gericht nicht die Pflicht, durch eigene Tätigkeit die tatsächlichen Grundlagen für seine Entscheidung zu beschaffen oder über die sonst geltenden Grenzen hinaus Beweisaufnahmen anzuordnen. Das Berufungsgericht war daher nicht verpflichtet, die vernichteten Akten des Landgerichts in St. wiederherstellen zu lassen oder ihre Wiederherstellung durch dieses auf Betreiben des Beklagten abzuwarten. Die Akten konnten nur auf Grund der Handakten der Prozeßbevollmächtigten der Parteien vor dem Landgericht in St. wiederhergestellt werden. Der Kläger hat die Handakten seines Prozeßbevollmächtigten vorgelegt, und der Beklagte konnte die Handakten seines St.er Anwalts oder die ihm daraus für die Beurteilung bedeutsam erscheinenden Schriftstücke ebenfalls vorlegen; er hat das bei zwei Schriftsätzen auch getan. Die Wiederherstellung der Akten bedeutete einen unnötigen und zeitraubenden Umweg, und das Berufungsgericht hat ohne verfahrensrechtlichen Irrtum davon abgesehen, zumal da es sich um ein Wechselverfahren handelte und der Eigenart dieses Verfahrens auch insoweit Rechnung zu tragen war, als eine Beschränkung in den Beweismitteln gemäß §§ 592 und 595 ZPO. nicht bestand. Die verfahrensrechtliche Rüge der Revision ist deshalb insoweit, als sie sich auf die Nichterhebung bestimmter Beweise bezieht, unbegründet, obwohl das Berufungsgericht für die Zulässigkeit der Beweismittel von unrichtigen Voraussetzungen ausgegangen ist. Die Rüge ist aber dadurch überholt, daß die Akten des Landgerichts in St. inzwischen wiederhergestellt sind und in der mündlichen Verhandlung vor dem Revisionsgericht vorgelegen haben. Da die Rechtshängigkeit nach den vorstehenden Darlegungen von Amts wegen zu prüfen ist, so hat das Revisionsgericht insoweit auch neue Tatsachen zu beachten und gegebenenfalls auch Beweise zu erheben (vgl. RGZ. Bd. 86 S. 15 [16], Bd. 150 S. 330 [334], Bd. 151 S. 43 [44]). Weder die wiederhergestellten Akten, noch die vom Berufungsgericht für seine Beweiswürdigung verwerteten Unterlagen ergeben aber, daß die Widerklage aus dem Wechsel und nicht aus dem Grundgeschäft erhoben ist. Aus den wiederhergestellten Akten läßt sich insbesondere nichts erkennen, was nicht schon aus den vom Berufungsgericht berücksichtigten Akten und einzelnen Urkunden zu entnehmen gewesen wäre (wird näher ausgeführt). Die Einrede der Rechtshängigkeit mußte daher zurückgewiesen werden, aber, da die Beschränkung des Beklagten auf die im Wechselverfahren zugelassenen Beweismittel insoweit nicht besteht, schlechthin und nicht, wie es das Berufungsgericht will, nach § 598 ZPO. als im Wechselprozeß unstatthaft. Da das Berufungsgericht eine zwingende, von Amts wegen zu beachtende Vorschrift verletzt hat, ist eine solche Änderung des Berufungsurteils auch zum Nachteil des Beklagten und Revisionsklägers zulässig.

RGZ. 162, 302.

1. Kann der Einwand, die Begebung eines Wechsels an eigene Order durch den Aussteller und Remittenten sei wegen Wuchers nichtig, dem Wucherer und Wechselinhaber auch von dem Annehmer des Wechsels entgegengehalten werden, der sein Akzept dem Aussteller vor der Weiterbegebung des Wechsels gegeben hat?

2. Greift der Wuchereinwand gegenüber dem Wechselanspruch auch dann durch, wenn der Wechsel zugleich in Erfüllung eines wucherischen und eines rechtswirksamen Geschäfts hingegeben worden ist?

WG. Art. 17. BGB. § 138 Abs. 2.

II. Zivilsenat. Urt. v. 17. Januar 1940.

I. Landgericht Köslin. — II. Oberlandesgericht Stettin.

Die Klägerin ist Inhaberin eines vom Zweitbeklagten am 24. November 1937 ausgestellten und vom Erstbeklagten als Bezogenem angenommenen Wechsels über 10000 RM, fällig am 24. Februar 1938. Der Wechsel, der auf der Rückseite die Blankoindossamente des Zweitbeklagten und der Klägerin trägt, ist am 26. Februar 1938 für die

Kreissparkasse in K. mangels Zahlung protestiert und von der Klägerin im Rücklauf eingelöst worden. Die Klägerin hat die Beklagten im Wechselprozeß auf Zahlung der Wechselsumme nebst Zinsen und Kosten in Anspruch genommen, und das Landgericht hat sie durch ein Vorbehaltsurteil vom 24. Mai 1938 als Gesamtschuldner verurteilt, der Klägerin 10 000 RM nebst 6 v. H. Zinsen seit dem 25. Februar 1938 und 64,45 RM Wechselunkosten zu zahlen. Im Nachverfahren haben die Klägerin die Aufrechterhaltung des Vorbehaltsurteils und die Beklagten seine Aufhebung und Abweisung der Klage beantragt. Der Begebung des Wechsels liegt folgender Sachverhalt zugrunde:

Der Zweitbeklagte betrieb in K. eine Landwarenhandlung. Ebenda betreibt die Klägerin eine Agentur für Großhandels- und Industrieunternehmungen. Sie vermittelt u. a. für die Ch. AG. in B. Geschäfte in künstlichem Dünger, einer Ware, mit welcher der Zweitbeklagte seine Landkunden belieferte. Der Zweitbeklagte war ein Jugendfreund des Prokuristen der Klägerin und Sohnes ihrer Inhaberin, Klaus M. Die Klägerin gewährte dem Zweitbeklagten auf Grund eines schriftlichen Vertrages vom 31. Dezember 1935 ein Darlehn von 10 000 RM. Im Juli 1937 einigten sich die Klägerin und der Zweitbeklagte dahin, daß das Darlehn am 29. Dezember 1937 zurückgezahlt werden sollte. Der Zweitbeklagte übergab der Klägerin ein am 28. Dezember 1937 fälliges Wechselakzept über 10 000 RM, das er aber nicht einlöste. Im November 1937 fand sich der Erstbeklagte, ein entfernter Verwandter des Zweitbeklagten, bereit, diesem zur Verbesserung seines Kredits bei der P.-Bank 2 Wechselakzepte über je 10 000 RM zu geben. Von diesen beiden am 22. und 24. Februar 1938 fälligen Wechseln ist der zweite der Klagewechsel. Der Zweitbeklagte bot der P.-Bank den einen der Wechsel als Sicherheit an, diese lehnte die Hereinnahme aber ab, indem sie neben der Wechselunterschrift des Erstbeklagten noch die eines zweiten Großgrundbesitzers verlangte. Darauf nahm der Erstbeklagte noch einen dritten, von dem Landwirt St. ausgestellten Wechsel über 10 000 RM an, den der Zweitbeklagte girierte und an die P.-Bank weitergab. Zugleich erklärte er dem Erstbeklagten, daß er die beiden anderen Wechsel über je 10 000 RM vernichtet habe oder vernichten würde. Tatsächlich hat der Zweitbeklagte die beiden Wechsel nicht vernichtet, sondern sie an die Klägerin als Sicherheit weitergegeben.

Der Zweitbeklagte hatte zu dieser Zeit gegenüber der Ch. AG. Verbindlichkeiten in Höhe von rund 15 000 RM. Die Ch. AG. forderte ihn durch ein Schreiben vom 30. November 1937 auf, den gesamten Betrag bei Vermeidung der Klage binnen 3 Tagen abzudecken. Der Zweitbeklagte verhandelte über die so geschaffene Lage mit Klaus M., und dieser erklärte sich für die Klägerin bereit, ihm durch ein wechselmäßiges Eintreten für die Forderung der Ch. AG. zu helfen. Im Einverständnis mit der Ch. AG. stellte die Klägerin am 3. Dezember 1937 fünf Wechsel über je 3000 RM, fällig am 20. Januar, 2., 14. und 26. Februar und 10. März 1938 aus. Der Zweitbeklagte nahm die Wechsel an, und die Klägerin indossierte sie an die Ch. AG. Als Entgelt dafür vereinbarte der Zweitbeklagte mit der Klägerin die Zahlung einer Provision von 1500 RM und übergab ihr darauf einen später am 9. Dezember 1937 eingelösten Scheck über 500 RM und einen am 3. Februar 1938 fälligen Wechsel über 1000 RM, der von ihm nicht eingelöst und deshalb ihm zur Last geschrieben wurde. Die fünf Wechsel über je 3000 RM mußte die Klägerin einlösen, da der Zweitbeklagte nicht zahlungsfähig war.

Von den beiden vom Erstbeklagten angenommenen, vom Zweitbeklagten der Klägerin übergebenen Wechseln über je 10 000 RM wurde der am 22. Februar 1938 fällige Wechsel vom Erstbeklagten eingelöst. Gegenüber dem Anspruch aus dem zweiten Wechsel, dem Klagewechsel, haben die beiden Beklagten u. a. eingewendet, der Darlehnsvertrag vom 31. Dezember 1935 sei wucherisch. Ebenso sei die von der Klägerin aus Anlaß der Übernahme der Wechselbürgschaft für die Forderungen der Ch. AG. in Rechnung gestellte Delkredere-Provision von 1500 RM zu hoch. Zulässig sei allenfalls 1/3 v. H. Mehr sei Wucher.

Das Landgericht hat im Nachverfahren die Klage unter Aufhebung des Vorbehaltsurteils abgewiesen. Die Berufung der Klägerin hatte keinen Erfolg. Ihre Revision wurde zurückgewiesen.

Aus den Gründen:

Das Berufungsgericht hat den Einwand der Nichtigkeit wegen Wuchers gegenüber dem Vertrage vom 31. Dezember 1935 für unbegründet erklärt. Dagegen hat es die Vereinbarung der Delkredereprovision von 1500 RM als wucherisch und als gemäß § 138 Abs. 2 BGB. nichtig angesehen. Das Berufungsgericht hat ausgeführt, die Begebung der beiden Wechsel über je 10 000 RM sei deshalb wegen der Nichtigkeit des Grundgeschäfts hinfällig. Da es sich um einen unbedingten Mangel der Wechselbegebung handele, könne die Klägerin aus dem Klagewechsel gegen keinen der Beklagten Rechte herleiten.

Die Revision macht geltend:

1. An der wechselmäßigen Haftung des Erstbeklagten als des Annehmers des Klagewechsels könne auch dann nicht gezweifelt werden,

wenn das der Wechselausstellung durch den Zweitbeklagten zugrunde liegende Rechtsgeschäft wegen Wuchers nichtig sein sollte. Die etwaige Nichtigkeit der Ausstellerunterschrift des Zweitbeklagten stehe der Gültigkeit des Annahmevermerks des Erstbeklagten nicht entgegen. Dieser habe zu der Klägerin in keinem sachlich-rechtlichen Verhältnis gestanden. Er sei nicht bewuchert worden. Daran ändere auch nichts, daß er seine Akzepte dem Zweitbeklagten übergeben habe, damit dieser sie nach Art einer Wechselbürgschaft zur Sicherung einer von ihm einzugehenden Verpflichtung benutze; selbst der Wechselbürge bleibe aus seiner Unterschrift verpflichtet, wenn die Unterschrift des Hauptschuldners wegen Nichtigkeit der Hauptschuld nichtig sei. Die Haftung des Erstbeklagten bleibe daher bestehen, sofern er nicht nachweise, daß die Klägerin bei dem Erwerbe des Wechsels bewußt zu seinem Nachteile gehandelt habe. Das Berufungsgericht habe übersehen, daß der Erstbeklagte aus seiner Wechselannahme selbständig verpflichtet sei, auch wenn der Zweitbeklagte wegen Nichtigkeit des der Wechselbegebung zugrunde liegenden Geschäfts der Klägerin nicht aus dem Wechsel verpflichtet gewesen sein sollte.

Der Angriff der Revision ist nicht begründet. Der Verstoß gegen die guten Sitten, insbesondere der Wucher, hat die Nichtigkeit des Grundgeschäfts zur Folge. Bei Wucher erstreckt sich die Nichtigkeit regelmäßig auch auf das Erfüllungsgeschäft, in diesem Fall also auf die Wechselbegebung; denn die Nichtigkeit wegen Wuchers erfaßt auch das Rechtsgeschäft, durch das wucherische Vermögensvorteile gewährt werden (vgl. RG. in WarnRspr. 1909 Nr. 295). Ist der Begebungsvertrag zwischen der Klägerin und dem Zweitbeklagten nach § 138 Abs. 2 BGB. nichtig, so ist die Klägerin weder Eigentümerin des Klagewechsels geworden, noch hat sie sonst die Befugnis erlangt, über ihn zu verfügen. Dabei handelt es sich um einen Mangel des Begebungsvertrages und nicht, wie die Revision meint, um die Nichtigkeit der Ausstellerunterschrift des Zweitbeklagten. Der von der Revision unter Hinweis auf Quassowski WG. Bem. 5 zu Art. 32 gezogene Vergleich mit der Stellung des Wechselbürgen trifft somit hier nicht zu. Die Einwendung der Beklagten wendet sich gegen die Sachberechtigung der Klägerin als der Inhaberin des Klagewechsels. Der Annahmevermerk des Erstbeklagten befand sich bereits auf dem Wechsel, als er der Klägerin vom Zweitbeklagten übergeben wurde. Die Einwendung kann daher auch von dem Erstbeklagten als dem Annehmer des Wechsels gegen die Klägerin geltend gemacht werden.

2. Die Revision macht weiter geltend, nach Lage des Falles sei auch die Ausstellerunterschrift des Zweitbeklagten nicht nichtig. Das Berufungsurteil stelle fest, daß dieser der Klägerin das Akzept des Erstbeklagten nicht ausschließlich zur Sicherung wegen ihrer Haftung aus dem Geschäft mit der Ch. AG. gegeben habe, sondern gleichzeitig auch zur Sicherung für andere gültige Forderungen, wie solche z. B. aus dem vom Berufungsgericht für wirksam erachteten Darlehn vom 31. Dezember 1935 entstanden seien. Eine Wechselhingabe, der wenigstens zum Teil eine wirksame Schuld zugrunde liege, könne nicht deshalb nichtig sein, weil ein anderer Teil der Schuld wegen Wuchers nichtig sei. Der Satz, daß die Nichtigkeit des wucherischen Grundgeschäfts auch das Erfüllungsgeschäft ergreife, gehe in seiner Allgemeinheit zu weit. Es komme auf den einzelnen Fall an, und zwar darauf, ob gerade der dingliche Rechtsvorgang des Erfüllungsgeschäfts einen unsittlichen Zweck verfolge oder in ihm eine Unsittlichkeit begründet liege. Das Eintreten der Klägerin für den Zweitbeklagten bei der Ch. AG., das zur wirksamen Wechselhaftung der Klägerin dieser gegenüber geführt habe, sei sittlich vollständig einwandfrei gewesen. Durch die Einlösung der Wechsel habe die Klägerin den Zweitbeklagten von seiner Schuld von 15 000 RM an die Ch. AG. befreit, für die er dieser ebenfalls aus den Wechseln gehaftet habe. Für diese zu Recht bestehende Schuld habe der Zweitbeklagte der Klägerin in dem Klagewechsel eine Teilsicherung gegeben. Das einzige, was nach der Auffassung des Berufungsgerichts sittenwidrig und nichtig gewesen sein solle, sei das gerade nicht durch den Klagewechsel gedeckte Versprechen des Zweitbeklagten, der Klägerin eine Vergütung von 1500 RM zu gewähren. Diese nach der Auffassung des Berufungsgerichts unwirksame Verpflichtung sei vom Zweitbeklagten in Höhe von 500 RM bar erfüllt und in Höhe von 1000 RM durch einen anderen, hier nicht eingeklagten Wechsel gedeckt worden. Die Haftung des Zweitbeklagten aus dem Klagewechsel sei daher im Gegensatze zur Auffassung des Berufungsgerichts zu bejahen.

Auch dieser Angriff der Revision ist nicht begründet. Das Berufungsgericht hat festgestellt, die beiden Wechsel über je 10 000 RM seien im zeitlichen und rechtlichen Zusammenhange mit dem Ch. AG.-Geschäft als Sicherheit für dieses, „wenn gleichzeitig auch für die anderen Forderungen der Klägerin", übergeben worden. Danach sind die Wechsel auf Grund eines Geschäftes begeben worden, das zum Teil wucherisch und nichtig und zum Teil rechtswirksam war. Der Einwand der Beklagten, insbesondere des Zweitbeklagten, gegen den Wechselanspruch der Klägerin richtet sich aber gegen die Wechselbegebung als solche, er greift die Sachberechtigung der Klägerin aus dem Klagewechsel an und geht auf das Grundgeschäft nur ein, um aus dessen Nichtigkeit die des Wechselbegebungsvertrages als des Erfüllungsgeschäfts herzuleiten. Wenn einem Vertragsteil auf Grund zweier voneinander unabhängiger Geschäfte, von denen das eine rechtswirksam, das andere aber wucherisch und nichtig ist, Vermögensvorteile gewährt werden, so ist die Frage, ob das Erfüllungsgeschäft rechtswirksam oder nichtig ist, in entsprechender Anwendung des § 139 BGB. danach zu beurteilen, ob es auch ohne das wucherische Geschäft vorgenommen sein würde. Das Berufungsgericht hat bereits, wenn auch in anderem Zusammenhange, zutreffend ausgeführt, der Zweitbeklagte würde der Klägerin die beiden vom Erstbeklagten angenommenen Wechsel über je 10 000 RM ohne das Ch. AG.-Geschäft nicht ausgehändigt haben. Klaus M. hatte sich nach seiner eigenen Aussage schon vor dem Ch. AG.-Geschäft lange Zeit hindurch vergeblich bemüht, vom Zweitbeklagten eine gehörige Sicherung für die Forderungen der Klägerin zu erhalten. Der Zweitbeklagte hatte sich dem Erstbeklagten gegenüber verpflichtet, die beiden Wechsel zu vernichten; er durfte mithin im Verhältnis zu ihm nicht über die Wechsel verfügen. Tat er es dennoch, so machte er sich dem Erstbeklagten gegenüber der Untreue schuldig. Deshalb ist nicht anzunehmen, daß der Zweitbeklagte der Klägerin die beiden Wechsel über insgesamt 20 000 RM als Sicherheit für seine Schuld, die sich damals nur auf wenig mehr als 10 000 RM belief, übergeben haben würde, wenn er nicht durch das scharfe Vorgehen der Ch. AG. in eine Zwangslage geraten und dadurch gezwungen worden wäre, die Klägerin mit allen Mitteln zu veranlassen, durch ihre Wechselunterschrift für ihn gegenüber der Ch. AG. einzutreten. Dann hat sich aber die Klägerin durch die Entgegennahme der Wechsel und der Provision vom Zweitbeklagten unter Ausnutzung seiner Notlage Vermögensvorteile gewähren lassen, die zu dem Wert ihrer eigenen Leistung in einem auffälligen Mißverhältnis stehen, und die Wechselbegebung ist nach § 138 Abs. 2 BGB. nichtig.

Die Vermögensvorteile, die der Zweitbeklagte der Klägerin gewährt hat, lassen sich auch nicht in der Weise auseinanderreißen, daß die Hingabe der beiden Wechsel einerseits und andererseits die Zusage der Provision von 1500 RM und die Zahlung von 500 RM sowie die Hingabe eines anderen Wechsels darauf getrennt betrachtet werden. Vielmehr bildet das G a n z e die Gegenleistung, die der Zweitbeklagte in dem Ch. AG.-Geschäft der Klägerin versprochen und zum Teil gewährt hat, und durch das auffällige Mißverhältnis zwischen seiner Leistung und der Gegenleistung der Klägerin wurde das Geschäft wucherisch. Danach kann die Klägerin, da die Annahme des Berufungsgerichts zutrifft, daß das Ch. AG.-Geschäft wegen Wuchers nichtig sei, aus dem Klagewechsel gegen keinen der beiden Beklagten Ansprüche herleiten.

RGZ. 164, 10.

Haftet der erste Geber eines Wechsels einem gutgläubigen dritten Erwerber auf die höhere Wechselsumme, wenn der Nehmer des Wechsels vor dessen Weiterbegebung die innerhalb des zusammenhängenden Wortlauts des Wechsels in Ziffern angegebene Wechselsumme unberechtigt durch Vorsetzen einer Zahl erhöht und den so erhöhten Betrag in Buchstaben in den dafür vorgesehenen, bei der ersten Begebung des Wechsels offen gelassenen Raum des Wechselvordruckes eingesetzt hat?

WG. Art. 6, 10, 69.

II. Zivilsenat. Urt. v. 13. April 1940.

I. Landgericht Prenzlau. — II. Kammergericht Berlin.

Der Beklagte hat auf seinen Schwiegersohn, den Kaufmann M., eine Reihe von Wechseln an eigene Order gezogen. Er hat diese Wechsel mit seinem Blankogiro versehen und an M. ausgehändigt. Dieser hat die Wechsel angenommen und sie, ohne die Blankoindossamente auszufüllen oder die Wechsel zu indossieren, an die Kläger gegeben, die sie weitergegeben haben. Die Wechsel sind nach Fälligkeit sämtlich mangels Zahlung protestiert worden. Der Beklagte hat auf jeden der Wechsel einen kleinen Teilbetrag gezahlt. Die Kläger haben die Wechsel im Rücklauf eingelöst und wegen der noch ausstehenden Restbeträge gegen den Beklagten im Wechselverfahren vor dem Landgericht rechtskräftige Vorbehaltsurteile erwirkt. Im Nachverfahren hat der Beklagte vorgetragen, die Wechsel seien verfälscht. Sie hätten ursprünglich nur auf die Beträge gelautet, in deren Höhe er auf die einzelnen Wechsel Zahlungen geleistet habe. M. habe die Wechselsumme ohne seine Zustimmung verändert und erhöht.

Das Landgericht hat die sämtlichen Vorbehaltsurteile unter Wegfall des Vorbehalts bestätigt. Im zweiten Rechtsgange hat das Berufungsgericht die Sachen zu gleichzeitiger Verhandlung und Entscheidung verbunden und die Berufung des Beklagten zurückgewiesen. Die Revision des Beklagten blieb ohne Erfolg.

Gründe:

Das Berufungsgericht hat auf Grund des Gutachtens des Schreibsachverständigen Dr. J. festgestellt, daß in die Klagewechsel, als der Beklagte sie an M. aushändigte, als Wechselsummen nur kleinere Beträge in Höhe von 40 bis 100 RM in Ziffern eingesetzt waren, nämlich die Teilbeträge, die der Beklagte vor der Klageerhebung an die Kläger auf die Klagewechsel gezahlt hat. Nach der Feststellung des Berufungsgerichts hat der Bezogene M. diese Zahlen durch Davorschreiben weiterer Ziffern verändert und auf die jetzigen Wechselsummen erhöht und zugleich in den in den Wechselvordrucken für die Angabe der Wechselsumme in Buchstaben vorgesehenen und vom Beklagten unausgefüllt und ohne Strich gelassenen Raum die den veränderten Zahlen entsprechenden Beträge in Buchstaben eingesetzt. Das Berufungsgericht hat weiter festgestellt, daß diese Änderung nicht dem Willen des Beklagten entsprochen hat. Im übrigen hat es ausgeführt, es bestehe kein Anhalt dafür, daß die Kläger bei dem Erwerbe der Klagewechsel bösgläubig gewesen seien. Die Klagewechsel seien zwar keine Blankowechsel gewesen, weil die Angabe der Wechselsumme in Zahlen genügt habe. Da die Wechselurkunden aber die Ausfüllung der Wechselsummen in Buchstaben noch zugelassen hätten, seien sie rechtlich wie Blankowechsel zu behandeln.

Die Revision macht geltend, es handele sich nicht um eine abredewidrige Ausfüllung, sondern um eine Verfälschung der Klagewechsel, und die Haftung des Beklagten aus diesen Wechseln sei nicht nach Art. 10, sondern nach Art. 69 WG. zu beurteilen. Der Angriff der Revision ist nicht begründet.

Das Berufungsgericht hat nicht verkannt, daß die Fälle, die den von ihm herangezogenen Entscheidungen des Reichsgerichts in RGZ. Bd. 2 S. 97 flg. und des Oberlandesgerichts Kassel in JW. 1932 S. 2633 Nr. 4 zugrunde liegen, anders geartet sind als der gegenwärtige Fall. In diesen Entscheidungen handelte es sich um Wechselvordrucke, bei denen in dem zusammenhängenden Wortlaute der Wechselerklärung nur die Angabe der Wechselsumme in Buchstaben vorgesehen war, während sich darüber außerhalb des Wortlauts rechts noch einmal ein Raum für die Angabe der Wechselsumme in Ziffern befand. Bei der ersten Begebung der Wechsel war damals die Wechselsumme lediglich in dem rechts über der zusammenhängenden Wechselerklärung stehenden Vermerk in Ziffern angegeben, der für die Angabe der Wechselsumme in Buchstaben innerhalb der zusammenhängenden Wechselerklärung vorgesenhe Raum dagegen offen gelassen. Unter diesen Umständen war eine Auslegung dahin möglich, daß die Urkunden bei ihrer ersten Begebung noch nicht alle Erfordernisse eines Wechsels erfüllten und unvollständig waren, weil die in Art. 4 Nr. 2 WO. erforderte Angabe der Wechselsumme in der Wechselerklärung nicht enthalten war. Im gegenwärtigen Falle hat der Beklagte Wechselvordrucke verwendet, in denen innerhalb der zusammenhängenden Wechselerklärung zunächst ein Raum für die Angabe der Wechselsumme in Zahlen und dahinter ein entsprechend größerer, eine ganze Zeile einnehmender Raum für die Angabe der Wechselsumme in Buchstaben vorgesehen war. Der Beklagte hat die Wechselsumme nur in Ziffern in den dafür bestimmten kleineren Raum eingesetzt, dagegen den für die Angabe der Wechselsumme in Buchstaben bestimmten Raum unausgefüllt gelassen. Danach enthielt die zusammenhängende Wechselerklärung bereits zu der Zeit, zu der der Beklagte die Klagewechsel dem M. aushändigte, entsprechend Art. 1 Nr. 2 WG. die unbedingte Anweisung, eine bestimmte Geldsumme zu zahlen, und die Wechsel waren mithin vollständig. Das Wechselgesetz enthält, abweichend von der Wechselordnung, die über den Blankowechsel nichts bestimmte, in Art. 10 eine Bestimmung über die abredewidrige Ausfüllung eines Blankowechsels und in Art. 69 eine Bestimmung über die Änderung des Wechselwortlauts. Im ersten Falle kann die Nichteinhaltung der Vereinbarung über die Ausfüllung dem Inhaber nur entgegengesetzt werden, wenn er den Wechsel in bösem Glauben erworben hat oder ihm beim Erwerb eine grobe Fahrlässigkeit zur Last fällt. Im zweiten Falle haften diejenigen, die ihre Unterschrift nach der Änderung des Wortlauts auf den Wechsel gesetzt haben, entsprechend dem geänderten Wortlaute; wer früher unterschrieben hat, haftet nach dem ursprünglichen Wortlaut. Art. 10 WG. setzt zweierlei voraus, nämlich einmal, daß der Wechsel bei der Begebung unvollständig war, und weiter, daß er den getroffenen Vereinbarungen zuwider ausgefüllt worden ist. Zunächst muß also ein unvollständiger Wechsel begeben sein, und zwar muß sich der Wechselgeber dieser Unvollständigkeit bei der Begebung bewußt gewesen sein. Wenn ein unvollständiger, d. h. ein nicht alle vom Gesetz erforderten Bestandteile enthaltender Wechsel in der irrigen Meinung begeben wird, er sei vollständig, so entsteht weder eine Wechselverpflichtung, noch erwirbt der Nehmer das Recht zur Ausfüllung des Wechsels; füllt er dennoch aus, so verfälscht er den Wechsel. Im gegenwärtigen Falle hat der Beklagte auf den sieben Klagewechseln die in den Wechselvordrucken vorgesehene Angabe der Wechselsumme in Buchstaben fortgelassen. Die Zahl der Wechsel und die auffällige Art, in der der Raum für die Angabe in Buchstaben auf den Wechselvordrucken erscheint, zwingen zu dem Schluß, daß der Beklagte sich bei der Begebung der Wechsel an M. dieses Umstandes bewußt gewesen ist. Dann konnte die Weitergabe der insoweit nicht vollständig ausgefüllten Wechselvordrucke bei verständiger Auslegung nach Treu und Glauben und nach der allgemeinen Auffassung des Verkehrs nur dahin verstanden werden, M. solle ermächtigt sein, die Wechselsumme in Buchstaben entsprechend der bereits vorhandenen, vom Beklagten geschriebenen Angabe in Ziffern in die Wechselvordrucke einzufügen, und in diesem Sinne muß der Beklagte seine in der Weitergabe der Wechsel liegende stillschweigende Erklärung gegen sich gelten lassen. Wenn M. die Wechsel entsprechend den vorhandenen Ziffernangaben durch Einfügung der Wechselsumme in Buchstaben ergänzt hätte, so würde ihm jedenfalls nicht vorgeworfen werden können, er sei dem Beklagten gegenüber dazu nicht befugt gewesen. Nach Art. 1 Nr. 2 WG. kann die Wechselsumme sowohl in Buchstaben wie in Ziffern angegeben werden. Ist sie aber zugleich in Buchstaben und in Ziffern angegeben, so gilt nach Art. 6 WG. bei Abweichungen die in Buchstaben angegebene Summe. Wenn die Wechselsumme in Buchstaben angegeben ist, so ist diese Angabe mithin wesentlicher Bestandteil der Wechselerklärung, und die Angabe in Ziffern tritt dahinter zurück. Ein Wechsel, der die Wechselsumme lediglich in Ziffern wiedergibt, ist deshalb kein Blankowechsel. Die Sache liegt aber anders, wenn neben der Ziffernangabe ein offensichtlich für die Einfügung der Wechselsumme in Buchstaben bestimmter Raum freigelassen und der Wechselnehmer ausdrücklich oder stillschweigend ermächtigt ist, diesen Raum auszufüllen. In einem solchen Falle hat der Wechselnehmer das Recht, die Wechselurkunde durch Einfügung eines Bestandteils zu ergänzen, der nach Art. 1 Nr. 2 und Art. 6 WG., sofern er eingefügt wird, als wesentlicher Bestandteil des Wechsels gilt. Es kann dahingestellt bleiben, ob ein so begebener Wechsel als „Blankowechsel" im strengen Wortsinne bezeichnet werden kann. Für die hier zu treffende Entscheidung genügt die Feststellung, daß er für die Beurteilung der Wechselverpflichtungen wie ein unvollständiger Wechsel nach Art. 10 WG. behandelt werden muß und daß die rechtsgrundsätzlichen Erwägungen, die zu der Schaffung des Art. 10 WG. und zu der ihm im wesentlichen entsprechenden früheren Rechtsprechung über den Blankowechsel zur Zeit der Geltung der Wechselordnung geführt haben, auch auf den gegenwärtigen Fall zutreffen. Wenn der Inhaber den Wechsel anders ausgefüllt hat, als das nach den ihm bekannten, bei der Begebung getroffenen Abreden hätte geschehen müssen, so zerfällt seine förmliche Rechtsstellung als Wechselgläubiger vor dem Einwande des Wechselschuldners, er habe sie durch einen Vertrauensmißbrauch erlangt. Wenn aber ein abredewidrig ausgefüllter Wechsel an einen gutgläubigen Dritten weitergegeben wird, so erfordert es die Billigkeit, daß der Geber den durch die Vertragsverletzung des Empfängers entstandenen Schaden trägt. Durch die Begebung des — hier in bezug auf die offensichtlich vorgesehene Angabe der Wechselsumme in Buchstaben — unvollständigen Wechsels hat er einem anderen die abredewidrige Ausfüllung ermöglicht; er hat ihm sein Vertrauen geschenkt und muß daher auch für den Vertrauensmißbrauch einstehen (vgl. Quassowski Wechselgesetz, Bem. 13 zu Art. 10; RGZ. Bd. 19 S. 136, Bd. 65 S. 409). Mit Recht wird denn auch in RGZ. Bd. 2 S. 97 (100) ausgeführt, es stehe der Begebung eines gänzlich unausgefüllten Wechsels oder eines Wechsels, in dem ein wesentliches Erfordernis fehle, grundsätzlich gleich, wenn von zwei verschiedenen, gesetzlich gleichzeitig statthaften Beurkundungsweisen eines wesentlichen Wechselerfordernisses, von denen im Falle der Verschiedenheit eine allein maßgebend sei, nur die eine im Falle der Verschiedenheit nicht maßgebende beurkundet, die andere, gegebenenfalls maßgebende, aber offen gelassen sei, so daß offensichtlich durch die Ausfüllung dieser Stelle in jener maßgebenden Bezeichnungsweise das im Wechselrecht geltende wesentliche Erfordernis geschaffen werden könne und geschaffen worden sei. Von diesem Gesichtspunkt aus hat das Reichsgericht a. a. O. seine Ansicht folgerichtig auch für den Fall gelten lassen wollen, „daß die Ziffernbezeichnung oben rechts über dem Wechseltext für sich als Wechselsummenbezeichnung hätte gelten können", d. h., daß das wesentliche Erfordernis der Angabe der zu zahlenden Geldsumme nach Art. 4 Nr. 2 WO. erfüllt gewesen sei.

Danach steht dem Beklagten gegen die Wechselforderungen der Kläger nicht der nach Art. 69 WG. gegenüber jedem Wechselinhaber wirkende Einwand der Wechselverfälschung, sondern bloß der Einwand der abredewidrigen Ausfüllung eines unvollständigen Wechsels zu, der nach Art. 10 WG. nur gegen den bösgläubigen oder grobfahrlässigen Erwerber wirkt. Daß die Kläger beim Erwerbe der Klagewechsel bösgläubig gewesen wären, hat der Beklagte nicht behauptet. Eine grobe Fahrlässigkeit der Kläger beim Erwerbe der Wechsel hat das Berufungsgericht ohne erkennbaren Rechtsirrtum und ohne daß die Revision dagegen Angriffe erhebt, verneint.

RGZ. 166, 306.

Kann der Wechselschuldner dem Indossatar eines Wechsels Einwendungen aus der Person des Indossanten schon deshalb wirksam entgegenhalten, weil der Indossatar vor oder zugleich mit dem Wechsel auch die Forderung aus dem Wechselgrundgeschäft durch Abtretung erworben hat?

WO. Art. 9, 10, 16, 82.

II. Zivilsenat. Urt. v. 20. März 1941.

I. Landgericht Düsseldorf. — II. Oberlandesgericht daselbst.

Der Kläger macht gegen die Beklagten als Erben des im Laufe des Rechtsstreits verstorbenen Kaufmanns B. im Wechselverfahren aus einem von ihm am 31. Oktober 1926 ausgestellten, auf B. gezogenen und von diesem angenommenen Wechsel an eigene Order, fällig am 2. Januar 1927, einen Anspruch auf Zahlung der Wechselsumme von noch 25 000 RM nebst Zinsen geltend. Der Wechsel ist nicht zu Protest gegangen. Er trägt auf der Rückseite ein Blankoindossament des Klägers Max G. Darauf folgt ein Blankoindossament der Ehefrau des Klägers Marie G. geb. E. Darunter steht der Vermerk: „Max G. als ehemännlicher Vertreter der Frau Marie G. geb. E." Der Kläger hat zuletzt Zahlung an seine Ehefrau, hilfsweise an sich selbst als Ehemann und Vertreter seiner Ehefrau und ganz hilfsweise an sich selbst gefordert, und zwar in jedem Falle, soweit zulässig, zu Händen seiner Prozeßbevollmächtigten. Das Verfahren wurde durch die Eröffnung des Konkurses über das Vermögen des Klägers am 20. März 1930 unterbrochen Nachdem der Konkursverwalter die Wechselforderung im September 1936 freigegeben hatte, hat der Kläger das Verfahren wieder aufgenommen. Das Landgericht hat die Klage als im Wechselverfahren unstatthaft abgewiesen. Das Berufungsgericht hat das Urteil des Landgerichts geändert und den damaligen Beklagten B. unter Vorbehalt der Ausführung seiner Rechte zur Zahlung der Wechselsumme von 25 000 RM nebst Zinsen verurteilt. Der erkennende Senat hat dieses Urteil durch Urteil vom 17. Mai 1939 (RGZ. Bd. 160 S. 338) aufgehoben und die Sache zu neuer Verhandlung und Entscheidung an das Berufungsgericht zurückverwiesen, weil es einen Aufrechnungseinwand des B. nicht beschieden und so ein selbständiges Verteidigungsmittel ohne Angabe von Gründen übergegangen hatte. B. hatte eine Gegenforderung von 37 336,81 RM zur Aufrechnung gestellt, die er aus der Abrechnung über das Grundgeschäft herleitete. In dem neuen Verfahren vor dem Berufungsgericht haben die Beklagten außer mit der erwähnten Gegenforderung von 37 336,81 RM noch mit einer weiteren Gegenforderung von 60 000 RM aufgerechnet. Zur Begründung dieser Gegenforderung haben sie vorgetragen, die D.-Bank habe im Konkurse des Klägers laut Rechnungsauszug eine Forderung von 182 183 RM angemeldet und dafür abgesonderte Befriedigung oder Aussonderung verlangt. Der Konkursverwalter und der Kläger als Gemeinschuldner hätten die Forderung in Höhe des Ausfalls anerkannt; sie belaufe sich noch auf 176 287 RM. Die D.-Bank habe von dieser Forderung einen Teil von 60 000 RM an den Rechtsanwalt Dr. R. abgetreten. Dieser habe die Teilforderung am 8. Juli 1939 an B. weiter abgetreten, und B. habe noch an demselben Tage dem Kläger gegenüber mit der Forderung aufgerechnet.

Der Kläger hat u. a. eingewendet, die Beklagten könnten mit der Forderung nicht aufrechnen, weil er die Forderung aus dem dem Wechsel zugrunde liegenden Geschäft am 16. Mai 1936 auf seine Ehefrau übertragen und den Klagewechsel an diese indossiert habe. Die Indossierung des vorübergehend verlorengegangenen Klagewechsels habe er zunächst auf einem Wechselduplikat vorgenommen und später auf der wieder aufgefundenen Urschrift des Wechsels wiederholt. In der Zwischenzeit habe er die Wechselforderung im Auftrag und in Vollmacht seiner Ehefrau an den Kommerzienrat G. abgetreten, der sie später an seine, des Klägers, Ehefrau zurückübertragen habe. Von diesen Abtretungen habe B. Kenntnis erhalten, so daß die Aufrechnung nach § 406 BGB. ausgeschlossen sei.

Die Beklagten haben geltend gemacht, darin, daß der Kläger, anstatt wie bisher aus einem eigenen, nunmehr aus einem Wechselrecht seiner Ehefrau mit dem Hauptantrag auf Zahlung an diese klage, liege eine unzulässige Klageänderung. Sie haben bestritten, daß ihr Rechtsvorgänger von den Abtretungen der Forderung des Klägers an dessen Ehefrau Kenntnis gehabt habe, und behauptet, der Kläger sei im Zeitpunkte der Aufrechnung Inhaber der Forderung gewesen.

Das Berufungsgericht hat die Berufung des Klägers gegen das Urteil des Landgerichts mit der Maßgabe zurückgewiesen, daß die Klage nicht als im Wechselprozeß unstatthaft, sondern als unbegründet abgewiesen wird. Die Revision des Klägers führte zur Aufhebung und Zurückverweisung.

Aus den Gründen:

1. Der Senat hat bereits in dem vorangegangenen Urteil vom 17. Mai 1939 dargelegt, daß für den am 31. Oktober 1926 ausgestellten

Klagewechsel nach Art. 1 Abs. 6 EG.z.WG. noch die Vorschriften der Wechselordnung maßgebend sind.

2. Das Berufungsgericht hat den Einwand der unzulässigen Klageänderung für unbegründet erklärt. Es hat ausgeführt, nach § 265 ZPO. habe die Abtretung eines Anspruchs nach Eintritt der Rechtshängigkeit auf den Rechtsstreit keinerlei Wirkung. Der Kläger habe der veränderten sachlichen Rechtslage durch den Hauptantrag auf Zahlung an seine Ehefrau Rechnung getragen. Die wegen der Abtretung notwendige Umstellung des Klageantrags sei nach § 268 Nr. 3 ZPO. nicht als Klageänderung anzusehen, weil die Veränderung auf einem während der Rechtshängigkeit eingetretenen Umstande beruhe.

Nach § 270 ZPO. *ist das Revisionsgericht an die Entscheidung des* Berufungsgerichts, daß eine Klageänderung nicht vorliege, gebunden. Die vom Berufungsgericht gegebene Begründung ist allerdings nicht haltbar. Wenn die gegen den Kläger begründeten Einreden der Beklagten. Wie jener es behauptet hat, nach Art. 82 WO. seiner Ehefrau nicht entgegengehalten werden könnten, so würde das Urteil nach § 325 ZPO. gegen diese keine Rechtskraft schaffen. Die Beklagten würden somit nach § 265 Abs. 3 ZPO. dem Kläger den Einwand entgegensetzen können, daß er zur Geltendmachung des Anspruchs nicht mehr befugt sei. Der Kläger hat sich aber für seine Sachbefugnis auf seine Stellung als „ehemännlicher Vertreter seiner Ehefrau" berufen. Aus deren eidesstattlicher Versicherung vom 6. Juli 1940 geht hervor, daß der Kläger die Ehe mit Marie G. geb. E. erst im Jahre 1933 nach der Eröffnung des Konkurses über sein Vermögen geschlossen hat. Danach würde, in Ermangelung eines abweichenden Ehevertrages, das Vermögen der Ehefrau, und zwar auch der Klagewechsel, der Verwaltung und Nutznießung des Klägers unterliegen, und dieser würde nach § 1380 BGB. berechtigt sein, den Wechsel im eigenen Namen mit dem Klagebegehren auf Zahlung an seine Ehefrau geltend zu machen. Aber selbst wenn der Wechsel der Verwaltung und Nutznießung des Klägers nicht unterworfen sein sollte, wäre der Kläger berechtigt, im eigenen Namen auf Zahlung an seine Ehefrau zu klagen. Die Ehefrau des Klägers hat in der erwähnten, an das Berufungsgericht gerichteten eidesstattlichen Versicherung ihren Mann in der Führung des Rechtsstreits unterstützt und dadurch ihr Einverständnis mit dieser zu erkennen gegeben. Darin liegt eine von der Rechtsprechung allgemein zugelassene Ermächtigung dazu, daß der Kläger die Klagebefugnis aus dem Wechsel ausüben solle. Sowohl bei Anwendung des § 1380 BGB.

als auch bei der Annahme einer Ermächtigung zur Klage ist zu beachten, daß der Kläger zwar befugt ist, im eigenen Namen zu klagen, daß seine Ehefrau aber Inhaberin des Wechsels ist und der Wechselanspruch sachlichrechtlich ihr zusteht.

Gegen den wechselrechtlichen Ausweis des Klägers bestehen keine Bedenken. Das letzte Indossament auf dem Wechsel ist jedenfalls ein Blankoindossament, mag man nun den letzten Vermerk des Klägers auf dem Wechsel nur als Zusatz zu dem vorhergehenden Blankoindossament seiner Ehefrau oder als selbständiges Blankoindossament auffassen. Das Blankoindossament weist jeden Inhaber des Wechsels aus, auch den Blankoindossanten selbst. Der Kläger hat den Wechsel seiner Ehefrau erst nach Ablauf der für die Protesterhebung mangels Zahlung bestimmten Frist indossiert. Da aber kein Protest erhoben worden ist, gewährt das Indossament der Ehefrau des Klägers als Nachindossatarin nach Art. 16 Abs. 1 WO. gegen die Beklagten als Rechtsnachfolger des Bezogenen dieselben Rechte wie ein Indossament vor Ablauf der Protestfrist, d. h. die Beklagten können gegen den Wechselanspruch der Ehefrau des Klägers Einreden nur nach Maßgabe des Art. 82 WO. geltend machen.

3. . . .

4. Das Berufungsurteil führt weiter aus, die Beklagten könnten den Einwand der Aufrechnung auch der Ehefrau des Klägers, welche die Forderung aus dem Wechsel von diesem erworben habe, wirksam entgegenhalten. Sie habe die Rechte aus dem Wechsel allerdings noch nicht durch das Indossament auf der vom Kläger unrichtig als Wechselduplikat bezeichneten Urkunde erlangt, bei der es sich tatsächlich um eine nicht ordnungmäßig hergestellte Wechselabschrift gehandelt habe, sondern erst auf Grund des späteren Indossaments auf der wieder aufgefundenen Wechselurschrift. Nach dem Vortrage des Klägers habe seine Ehefrau nicht nur den Klagewechsel, sondern schon vorher, am 16. Mai 1935, auch die Ansprüche des Klägers aus dem Wechselgrundgeschäft (Kauf der gesamten Aktien der N.schen Buchdruckerei AG.) erworben. Die Beklagten könnten daher die ihnen gegen den Anspruch aus dem Grundgeschäft zustehenden Einwendungen der Ehefrau des Klägers als der Inhaberin des Klagewechsels entgegenhalten. Dazu gehöre auch der Aufrechnungseinwand. Der Rechtsvorgänger der Beklagten habe bei dem Erwerbe der Konkursforderung keine Kenntnis von der Abtretung der Forderungen des Klägers an dessen Ehefrau gehabt. Die Beklagten könnten somit nach § 406 BGB. auch der Ehefrau des Klägers gegenüber wirksam aufrechnen.

Diese Darlegungen des Berufungsgerichts, die von der Revision nicht besonders angegriffen werden, halten der sachlichrechtlichen Nachprüfung nicht stand. Wie schon unter 2 hervorgehoben, klagt der Kläger zwar im eigenen Namen, er macht aber ein Recht seiner Ehefrau geltend. Die Zulässigkeit von Einreden gegen den Wechselanspruch, hier des Aufrechnungseinwandes, ist mithin nach der Person der Ehefrau und nicht nach der des Klägers zu beurteilen. Nach § 406 BGB. kann der Schuldner eine ihm gegen den bisherigen Gläubiger zustehende Forderung auch dem neuen Gläubiger gegenüber aufrechnen, es sei denn, daß er bei dem Erwerbe der Forderung von der Abtretung Kenntnis hatte oder daß die Forderung erst nach der Erlangung der Kenntnis und später als die abgetretene Forderung fällig geworden ist. Die Beweislast für die die Unzulässigkeit der Aufrechnung ergebenden Umstände hat der Abtretungsempfänger. Diese Rechtssätze gelten aber nicht für die Forderung aus dem Wechsel; hier ist Art. 82 WO. maßgebend, und danach kann der Wechselschuldner sich nur solcher Einreden bedienen, welche aus dem Wechselrecht selbst hervorgehen oder ihm unmittelbar gegen den jedesmaligen Kläger zustehen. Das Berufungsgericht hat sich der Rechtsprechung des Reichsgerichts angeschlossen, wonach der Indossatar eines Wechsels, wenn er mit dem Wechsel zugleich die Forderung aus dem Grundgeschäft erworben hat, sich alle Einwendungen gefallen lassen muß, die dem Wechselschuldner gegenüber dem abgetretenen Anspruch aus dem Grundgeschäfte zustehen, und zwar auch dann, wenn der Wechselinhaber die Klage ausschließlich auf den Wechsel gestützt hat. Das Reichsgericht (I. Zivilsenat) hat die Frage zunächst in RGZ. Bd. 68 S. 418 (421) für den Fall bejaht, daß die indossierte Urkunde ein Blankoakzept war, das der Kläger erst durch Ausfüllung zu einem Wechsel gemacht hatte. Es hat das damit begründet, daß durch die Übertragung des Blanketts noch kein Wechselrecht, sondern nur die der Forderung aus dem Wechselgrundgeschäft entsprechende Ausfüllungsbefugnis auf den Indossatar übergegangen sei, und daß dieser bei dem gleichzeitigen Erwerbe der Forderung aus dem Grundgeschäft das Ausfüllungsrecht nur in einer dieser Forderung entsprechenden Weise habe ausüben können. In RGZ. Bd. 83 S. 97 (102) ist das Reichsgericht (II. Zivilsenat) weitergegangen und hat die Einwendungen aus der Person des Indossanten auch zugelassen, wenn ein vollausgefüllter Wechsel zugleich mit der Abtretung der Forderung aus dem Grundgeschäft indossiert worden ist. Dabei ist das Reichsgericht davon ausgegangen, daß durch die Abtretung das Rechtsverhältnis aus dem Grundgeschäft auf den Abtretungsempfänger ausgedehnt worden sei und daß deshalb die Einwendungen aus dem Grundgeschäft dem Schuldner gegen den Wechselinhaber unmittelbar zuständen. Es könne nicht im Belieben des Indossatars stehen, von seiner Eigenschaft als Abtretungsempfänger abzusehen; sein Wechselrecht habe vielmehr durch die Abtretung des Anspruchs aus dem Grundgeschäft ein der willkürlichen Änderung entzogenes Gepräge erhalten. Der erkennende Senat hat diese Rechtsprechung in einer Entscheidung vom 8. Juni 1934 in JW. 1934 S. 2551 Nr. 9 mit eingehender Begründung nochmals bestätigt. Bei nachträglicher Abtretung der Ansprüche aus dem Grundgeschäft hat jedoch das Reichsgericht die diesen Ansprüchen entgegenstehenden Einwendungen gegenüber der vor der Abtretung durch Indossament erworbenen Wechselforderung nicht zugelassen (vgl. Recht 1914 Nr. 704 = LZ. 1914 Sp. 753). Im Schrifttum sind die Ansichten geteilt. Der bisherigen Rechtsprechung des Reichsgerichts haben sich angeschlossen Quassowski-Albrecht (Bem. 30 zu Art. 17 WG.) und Neuschäffer (JW. 1934 S. 2551). Dagegen wird sie, soweit es sich um einen Erwerb der Forderung aus dem Grundgeschäft vor oder zugleich mit dem Erwerbe des Wechsels handelt, u. a. abgelehnt von Rilk (Bem. 2 zu Art. 17 WG. [S. 104]) und Baumbach (Bem. 2 B zu Art. 17 WG.). Die erneute Nachprüfung der Frage ergibt, daß an der bisherigen Rechtsprechung nicht festgehalten werden kann. Der Wechselschuldner kann sich nach Art. 82 WO. nur solcher Einreden bedienen, die aus dem Wechselrechte selbst hervorgehen oder ihm unmittelbar gegen den jeweiligen Kläger zustehen. Eine aus dem Wechselrechte selbst hervorgegangene Einrede kommt hier nicht in Frage. Es fragt sich deshalb, ob die Einrede aus dem Grundgeschäft dem Wechselschuldner gegen den Wechselinhaber, der vor oder mit der Indossierung des Wechsels die Forderung aus dem Grundgeschäft erworben hat, unmittelbar zusteht. In der Entscheidung vom 8. Juni 1934 (JW. 1934 S. 2551 Nr. 9) ist ausgeführt, die unmittelbare Beziehung sei dadurch geschaffen, daß der Wechselinhaber die Forderung aus dem Grundgeschäft erworben habe; er könne auf Grund der Abtretung — auch wenn die Wechselverpflichtung nicht wirksam entstanden oder wieder erloschen wäre — unmittelbar Erfüllung vom Schuldner verlangen, und dieser könne mit schuldbefreiender Wirkung unmittelbar an ihn leisten. Diese Begründung vermag nicht zu überzeugen. Zwar ist der Wechselgläubiger auch Gläubiger der Forderung aus dem Grundgeschäft. Die Einreden aus dem Grundgeschäft gegenüber dem Wechselanspruch beruhen aber nicht auf unmittelbaren Beziehungen zwischen dem Wechselinhaber und dem Schuldner. Klagt der Gläubiger aus dem Grundgeschäft, so ist die Rechtslage nach bürgerlichrechtlichen Gesichtspunkten zu beurteilen, d. h. nach §§ 404 flg. BGB., und Einwendungen, die gegen den Rechtsvorgänger bestanden, sind auch ihm gegenüber wirksam. Die Vorschriften der §§ 404 flg. BGB. sind notwendig; denn der Abtretungsempfänger erwirbt wohl die Forderung, er tritt aber nicht in das gesamte Rechtsverhältnis zwischen dem Abtretenden und dem Schuldner ein. Im Wechselrecht fehlen entsprechende Bestimmungen. Zwischen der Wechselforderung und der Forderung aus dem Grundgeschäft ist deshalb scharf zu unterscheiden. Es ist nicht so, daß der Wechselinhaber, der nach der Abtretung der Forderung aus dem Grundgeschäft oder gleichzeitig mit ihr den Wechsel indossiert erhält, ihn nunmehr als Erfüllung oder zur Sicherung für die Forderung aus dem Grundgeschäft erwirbt. Der Wechsel ist ein Wertpapier; er enthält ein abstraktes Zahlungsversprechen, und es ist deshalb nicht erforderlich, daß ihm überhaupt ein Schuldverhältnis zugrunde liegt. Nach Art. 9 WO. wird der Wechsel durch das Indossament auf den Indossatar übertragen; als wechselrechtlicher Nachfolger des Indossanten erwirbt er den Wechsel losgelöst vom Grundgeschäft allein auf Grund des Indossaments, und Einreden aus dem Grundgeschäft können ihm nur entgegengesetzt werden, wenn er bei dem Erwerbe des Wechsels bewußt zum Nachteil des Schuldners gehandelt hat oder wenn die Einreden sonst unmittelbar gegen ihn begründet sind. Dadurch unterscheidet sich das Indossament grundlegend von der Abtretung des Anspruchs aus dem Wechsel. Dem Wechselanspruch kann auch nicht etwa die Einrede der Arglist entgegengehalten werden, weil der Wechselinhaber, der die Forderung aus dem Grundgeschäft vor oder mit der Indossierung des Wechsels erworben hat, beim Nichtbestehen der Forderung aus dem Grundgeschäft das aus dem Wechsel Erhaltene an den Schuldner zurückgeben müßte, da dieser mit einem auf das Nichtbestehen der abgetretenen Forderung, zu deren Erfüllung oder Sicherung der Wechsel gegeben ist, gestützten Bereicherungsanspruch durchdringen würde. Steht der Forderung aus dem Grundgeschäft eine wirksame Einwendung entgegen, so ist der Wechselinhaber deswegen nicht um den Wechsel auf Kosten des Schuldners rechtlos bereichert; der Erwerb des Wechsels beruht vielmehr auf dem wechselrechtlichen Grunde des Indossaments, und der Wechselschuldner muß sich an den halten, an den er den Wechsel gegeben hat. Für die Aufrechterhaltung der bisherigen Rechtsprechung des Reichsgerichts sprechen auch keine wirtschaftlichen Gründe. Im Gegenteil spricht nichts dafür, die Rechtsstellung desjenigen, der neben dem Wechsel auch noch den Anspruch aus dem Grundgeschäft erworben hat, gegenüber dem, der den Wechsel allein erworben hat, zu verschlechtern und umgekehrt dem Wechselschuldner einen verstärkten Schutz angedeihen zu lassen. Der Wechselschuldner ist vielmehr dadurch hinreichend geschützt, daß er dem Wechselinhaber gegenüber einwenden kann, dieser habe bei dem Erwerbe des Wechsels bewußt zu seinem Nachteil gehandelt. Auch ist nicht einzusehen, weshalb der Erwerber eines Wechsels durch wechselmäßige Akte schlechter gestellt sein sollte, als es etwa der gutgläubige Erwerber einer Hypothek ist. Der dinglichen Hypothekenklage würde der Grundstückseigentümer auch nicht mit Einwendungen aus dem Grundgeschäft begegnen können. Das Berufungsurteil beruht mithin insoweit auf Rechtsirrtum, als es die Aufrechnung mit der Gegenforderung von 60000 RM gegen die Ehefrau des Klägers deshalb zugelassen hat, weil der Kläger ihr vor der Indossierung des Wechsels die Forderung aus dem Grundgeschäft abgetreten hat.

5. Die Zulässigkeit des Aufrechnungseinwandes gegen den Wechselanspruch der Ehefrau des Klägers hängt somit davon ab, ob diese beim Erwerbe mit dem Kläger zusammengewirkt (kolludiert) hat, um dem Wechselschuldner die Aufrechnungsmöglichkeit abzuschneiden (so die ständige Rechtsprechung, insbesondere ROHG. Bd. 13 S. 262). Diese Voraussetzung würde aber nicht schon dadurch erfüllt sein, daß die Ehefrau des Klägers den Wechsel in Kenntnis von dem über den Wechselanspruch anhängigen, gegenwärtigen Rechtsstreit erworben hat; sie müßte vielmehr von der Aufrechnung durch den Rechtsvorgänger der Beklagten Kenntnis gehabt haben und sich bewußt gewesen sein, daß die Weiterindossierung des Wechsels durch den Kläger dazu führen konnte, dem Wechselschuldner den Aufrechnungseinwand gegenüber dem Wechselanspruch abzuschneiden. Die Beweislast für ein etwaiges Zusammenwirken der Ehefrau des Klägers mit diesem tragen die Beklagten.

Scheckrecht

RGZ. 81, 254.

Mißbräuchliche Benutzung von Scheckformularen. Welche Sorgfalt haben die Beteiligten bei Aufbewahrung von Scheckformularen und bei Auszahlung von Scheckguthaben zu beobachten?

III. Zivilsenat. Urt. v. 28. Januar 1913.

I. Landgericht I Berlin. — II. Kammergericht daselbst.

Der klagende Verein, dessen Geschäftsräume sich in Berlin befinden, hatte ein Konto bei der ebenfalls in Berlin gelegenen Depositenkasse O. der Beklagten und hatte zur Verfügung über das ihm dort als tägliches Geld zustehende Guthaben ein Scheckbuch der Beklagten erhalten. Die für diesen Scheckverkehr geltenden Bedingungen lauteten folgendermaßen: „1. Die von der Bank ausgegebenen Scheckformulare müssen sorgfältig aufbewahrt werden; der etwaige Verlust derselben ist der Bank rechtzeitig schriftlich anzuzeigen, um die Zahlung an einen Unberechtigten zu verhindern. ... 4. Alle Folgen und Nachteile des Zuwiderhandelns, sowie der mißbräuchlichen Verwendung von Scheckformularen trägt der Kontoinhaber." Am 6. September 1910 entwendete B., ein Angestellter des klagenden Vereins, aus dessen Scheckbuch ein Formular, füllte es mit dem Betrage von 10 000 M aus, fälschte mit Hilfe eines Faksimilekautschukstempels, der im Büro des Klägers für die Korrespondenz benutzt wurde, die Unterschrift des zur Zeichnung für den Verein berechtigten Direktors B. und hob auf die so gefälschte Urkunde von dem damals 15 000 M betragenden Depot des Vereins 10 000 M bei der Beklagten ab. Die Beklagte bezeichnete diese Abhebung als dem Verein gegenüber verbindlich. Dieser erhob darauf Klage mit dem Antrage, festzustellen, daß sein Guthaben bei der Beklagten durch die am 6. September 1910 erfolgte Abhebung von 10 000 M nicht vermindert sei, hilfsweise: die Beklagte zur Zahlung von 10 000 M nebst Zinsen zu verurteilen.

Die Vorinstanzen wiesen die Klage ab. Die Revision wurde zurückgewiesen aus folgenden

Gründen:

„Die Revision macht zunächst geltend; wenn auch zwischen den Parteien ein Vertragsverhältnis bestanden habe, kraft dessen der Kläger zur Anwendung der im Verkehr erforderlichen Sorgfalt zwecks Verhütung eines Mißbrauchs der Formulare verpflichtet gewesen sei, so könne durch dieses Vertragsverhältnis die Beklagte doch nur dann geschützt werden, wenn sie einen Scheck als Quittung annehme, der nach § 1 ScheckG. ein rechtsgültiger Scheck sei. Im vorliegenden Falle sei aber das von B. ausgefüllte Formular kein gültiger Scheck gewesen, wenn es in der vom Kläger behaupteten Weise ausgefüllt worden sei, weil es dann an dem Erfordernis der Unterschrift gefehlt habe. Diese Ausführung ist ist unzutreffend. Denn ein Mißbrauch der Scheckformulare, zu deren sorgfältiger Aufbewahrung der Kläger der Beklagten gegenüber verpflichtet war, konnte auch in der Weise stattfinden, daß die Unterschrift auf einem Formulare durch einen Faksimilestempel hergestellt und dadurch bei der Beklagten der Glauben hervorgerufen wurde, es handle sich um eine Unterschrift.

Die Revision rügt sodann Verkennung des Maßes der im Verkehr erforderlichen Sorgfalt und führt aus, das Berufungsgericht überspanne dieses Maß, wenn es verlange, daß Scheckformulare, wenn nicht in einem eisernen Geldschranke, so doch in einem mit einem Kunstschlosse versehenen Behältnis aufbewahrt werden müßten. Auch diese Rüge ist nicht begründet. Mit Rücksicht darauf, daß der Scheckverkehr große Gefahren in sich birgt, daß insbesondere die mißbräuchliche Benutzung eines Scheckformulars leicht möglich ist, muß bei der Aufbewahrung solcher Formulare mit besonderer Sorgfalt verfahren werden. Eine erhöhte Sicherheit des Aufbewahrungsverhältnisses war aber in einem Falle, wie dem vorliegenden, erforderlich. Denn in dem Zimmer, in dem der zur Aufbewahrung der Scheckformulare dienende Schreibtisch stand, durften sich außer der mit der Verwahrung betrauten Buchhalterin L. noch ein Kontorfräulein und der erst seit wenigen Monaten dort beschäftigte Hilfsschreiber B. aufhalten, und die Buchhalterin L. war während der Geschäftsstunden nicht ständig in dem Zimmer anwesend, sondern verließ es auf kürzere oder längere Zeit. Wenn das Berufungsgericht in Berücksichtigung dieser Umstände die im Verkehr gebotene Sorgfalt nur als gewahrt ansieht bei Aufbewahrung der Scheckformulare in einem verschlossenen Behältnisse, das nur mit besonderer Schwierigkeit zu öffnen, also mit einem Kunstschloß versehen ist, so ist darin eine Verkennung des Begriffs der im Verkehr erforderlichen Sorgfalt nicht zu finden.

Endlich rügt die Revision, das Berufungsgericht habe zu Unrecht ein Verschulden der Beklagten bei Einlösung des Schecks verneint, indem es eine vorherige telephonische Anfrage der Beklagten bei dem Kläger für nicht erforderlich erachtet habe. Auch diese Rüge ist unbegründet. Selbst wenn, wie der Kläger behauptet, bei Vorlegung von Schecks in solchem Betrage, wie hier, durch einen unbekannten Überbringer eine vorherige Anfrage vor der Auszahlung üblich sein sollte, so kann doch bei der gegebenen Sachlage in einem solchen Unterlassen ein Verschulden nicht gefunden werden. Der Umstand, daß der Überbringer des Schecks den Beamten der Beklagten nicht bekannt war, muß von vornherein bei der Beurteilung ausscheiden, da es der Scheckverkehr ja gerade mit sich bringt, daß in zahlreichen Fällen Personen, die der Bank nicht bekannt sind, Schecks zur Zahlung vorzeigen, so namentlich in allen den Fällen, in denen der Kontoinhaber seinen Gläubigern Schecks auf sein Bankkonto einhändigt und die Gläubiger dann den Scheck zur Einlösung bei der Bank vorlegen. Die Abhebung eines Betrages von 10 000 M war aber im vorliegenden Falle ebenfalls nicht geeignet, einen Verdacht bei den Beamten der Beklagten zu erwecken, da, wie das Berufungsgericht festgestellt hat, der klagende Verein aus einer Anzahl äußerst leistungsfähiger großer Brauereien besteht, so daß die Verwendung eines Betrags von 10 000 M für geschäftliche Zwecke nichts Auffälliges hatte. Endlich kam hinzu, daß der Beklagten die Abhebung des Betrages vorher telephonisch angezeigt worden war, so daß sie um so weniger einen Grund hatte, auch ihrerseits telephonisch anzufragen." ...

RGZ. 95, 241.

Kann der Inhaber eines nicht eingelösten Verrechnungsschecks einen Rückgriff gegen den Aussteller ohne weiteres auf Zahlung der Schecksumme richten?

Scheckgesetz vom 11. März 1908 §§ 14, 15, 17.

V. Zivilsenat. Urt. v. 26. Februar 1919.

I. Landgericht I Berlin. — II. Kammergericht daselbst.

Der Kläger war Inhaber eines vom Beklagten ausgestellten Schecks über 5000 M, der von dem Bezogenen trotz rechtzeitiger Vorlegung nicht eingelöst war. Als Zahlungsempfänger war in dem Scheck der Kläger angegeben, doch war der Zusatz „oder Überbringer" beigefügt. Auf der Vorderseite trug der Scheck den Vermerk „nur zur Verrechnung". Der Kläger machte den Beklagten für die Einlösung haftbar und beanspruchte von ihm Zahlung der Schecksumme nebst 5 % Zinsen seit dem

Tage der Vorlegung. Das Reichsgericht, das das Berufungsurteil wegen hier nicht interessierender Verstöße aufhob, äußerte sich über obige Frage mit folgenden

Gründen:

„Gegen die Schlüssigkeit des Klaganspruchs bestehen keine rechtlichen Bedenken. Wenn der Scheck auch den Vermerk „nur zur Verrechnung" trug, so ging doch der Regreßanspruch des Inhabers gegen den Aussteller auf Zahlung der Schecksumme. Denn die Verrechnung gilt als Zahlung im Sinne des Scheckgesetzes (§ 14 Abs. 1). Der Umfang der Regreßforderung bestimmt sich gemäß § 17 ScheckG. nach Art. 50 WO. Nach dieser Vorschrift sind aber die Regreßansprüche des Wechselinhabers in erster Reihe auf die nicht bezahlte Wechselsumme gerichtet. Da das Scheckgesetz bei der Regelung des Regreßanspruchs keinen Unterschied zwischen dem Zahlungsscheck und dem Verrechnungsscheck macht, so ist der Inhaber eines nicht eingelösten Verrechnungsschecks berechtigt, seinen Regreß gegen den Aussteller ohne weiteres auf Zahlung der Schecksumme zu richten (vgl. auch Bernstein in Jur. Wochenschr. 1919 S. 51 Anmerkung)."...

RGZ. 96, 190.

Ist ein vordatierter Scheck nichtig, oder ist doch ein vorzeitig in Umlauf gelangter Scheck vor Eintritt des auf ihm angegebenen Ausstellungstags nicht als unter das Scheckgesetz fallend anzusehen? Wie ist ein vor diesem Tage erfolgter Widerruf zu beurteilen?

Scheckgesetz vom 11. März 1908 § 1 Nr. 4, §§ 7, 11, § 13 Abs. 3, § 29.

V. Zivilsenat. Urt. v. 21. Juni 1919.

I. Landgericht Hannover. — II. Oberlandesgericht Celle.

Die Klägerin als Inhaberin eines von der Beklagten auf die Bank für Handel und Industrie gezogenen, als Ausstellungstag den 10. November 1918 angebenden, aber tatsächlich schon früher ausgestellten und bereits am 6. November 1918 an sie gelangten, in ihrem Auftrag am 12. November 1918 mangels Zahlung protestierten Schecks über 20 000 M verlangte, im Scheckprozesse klagend, die Zahlung dieser Summe nebst Scheckunkosten und Zinsen. Diesem Antrage wurde vom Landgericht entsprochen. Das Oberlandesgericht wies die Berufung der Beklagten zurück, die ihre Verteidigung folgendermaßen begründet hatte. Sie habe den Scheck zahlungshalber auf eine Kaufschuld am 8. Oktober 1918 einer Frau R. gegeben. Diese habe den mit Rücksicht auf den Tag der Fälligkeit des Kaufpreises vordatierten Scheck an eine

Frau Sch. weitergegeben, und von dieser habe ihn die Klägerin erhalten. Da die gekauften Stoffe der Vereinbarung nicht entsprochen hätten, so habe sie den Scheck der Frau R. gegenüber am 26. Oktober 1918 und der bezogenen Bank gegenüber durch Schreiben vom 9. November 1918 widerrufen. Von dem Widerruf habe Frau Sch. der Klägerin, bei der Hingabe des Schecks Nachricht gegeben. Die Weitergabe des Schecks an Frau Sch. und von dieser an die Klägerin sei nur mit Rücksicht auf den Widerruf und mit dem Auftrage zum „Inkassomandat" erfolgt.

Die Revision der Beklagten wurde zurückgewiesen aus folgenden

Gründen:

„Das Berufungsgericht hat die von der Beklagten erhobenen Einwendungen abgelehnt. Es gelangt zu dem Ergebnis, daß vordatierte Schecks gültig seien. Dann aber sei auch der vor dem im Scheck angegebenen Ausstellungstag erklärte Widerruf bedeutungslos, da ein Widerruf gemäß § 13 Abs. 3 ScheckG. vom 11. März 1908 vor Ablauf der Vorlegungsfrist unwirksam sei.... (Es werden hier zunächst Einwendungen der Beklagten aus dem Kaufgeschäfte zurückgewiesen.) Die Beklagte hatte aber weiter behauptet, die Frau Sch. habe der Klägerin bei Hingabe des Schecks den gegenüber der ersten Empfängerin erklärten Widerruf mitgeteilt und diese habe den Scheck überhaupt nur an Frau Sch. und diese wieder an die Klägerin gerade mit Rücksicht auf diesen Widerruf und unter Mitteilung davon mit dem Auftrage zur Einkassierung gegeben. Auch damit kann die Beklagte den Klaganspruch nicht erfolgreich abwehren. Das Reichsgericht hat zwar für das gleichartig zu behandelnde Rechtsverhältnis zwischen dem Akzeptanten und dem durch Indossament legitimierten Inhaber eines Wechsels mehrfach ausgesprochen, daß ersterem die Einrede der Arglist gegen den letzteren nicht nur dann zustehe, wenn dieser bei dem Erwerbe des Wechsels arglistig handelte, insofern als er wußte, daß er als eine vorgeschobene Person, als Werkzeug dazu dienen sollte, einen unbegründeten Anspruch des Indossanten geltend zu machen und dem Wechselschuldner begründete Einreden abzuschneiden, sondern daß es schon genüge, wenn er vor Anstellung des Wechselprozesses oder auch erst in dessen Verlaufe die von dem Wechselschuldner gegen den Indossanten in Anspruch genommenen Einreden erfahre und das ihm zustehende formale Recht dazu mißbrauche, die Geltendmachung der Einreden kraft seiner eigenen wechselrechtlichen Legitimation zum Vorteile des Indossanten und zum Nachteile des Wechselschuldners zu verhindern (RGZ. Bd. 4 S. 100, Bd. 11 S. 9; Warneyer 1917 Nr. 278; Jur. Wochenschr. 1918 S. 42 Nr. 19). Der Indossatar und ebenso der Nehmer eines Schecks muß aber, wenn ihn der Vorwurf der Arglist treffen soll, damit gerechnet haben, daß er sich durch Abschneiden berechtigter Einreden an einem unsauberen Geschäft beteilige, während seine bloße Kenntnis von dem Entgegenstehen von Einreden gegenüber dem ursprünglichen Nehmer des Papiers, die ihm gegenüber nicht erhoben werden können, nicht genügt (RGZ. Bd. 57 S. 391; Warneyer 1912 Nr. 386). Im vorliegenden Falle ist nun zur Begründung der Arglist der Klägerin, soweit man eine derartige Einrede als erhoben ansehen will, nichts weiter behauptet, als daß die Klägerin in Kenntnis des Widerrufs und mit Rücksicht darauf, d. h. um eine Einrede daraus abzuschneiden, den Scheck genommen habe. Da aber der Widerruf nur das Verhältnis zwischen Aussteller und Bezogenen berührt, also dem Aussteller gar keine Einrede gegen den Empfänger gewährt, so konnte sie auch durch Weiterbegebung des Schecks nicht abgeschnitten werden. Anders könnte die Beurteilung sein, wenn Kenntnis des Nehmers von der dem Widerruf zugrunde liegenden Einrede des Ausstellers gegenüber dem ersten Empfänger behauptet wäre. Da dies nicht geschehen ist, bedarf es eines Eingehens hierauf nicht. Aus diesem Grunde geht auch die Annahme der Revision fehl, die Beklagte könne gegen die Klägerin den Einwand des Widerrufs erheben, wenn diese, wie unter Eideszuschiebung behauptet ist, beim Erwerben des Schecks wußte, daß er am 26. Oktober 1918 der ersten Empfängerin gegenüber widerrufen war. Denn selbst wenn der Widerruf, weil vor Beginn der Vorlegungsfrist erfolgt, zulässig gewesen wäre, so wäre er doch an sich, d. h. ohne begründete Veranlassung dazu, dem ersten Empfänger gegenüber von keiner rechtlichen Bedeutung gewesen.

Es kommt daher lediglich auf die Fragen an, ob ein vordatierter Scheck überhaupt kein Scheck im Sinne des § 1 ScheckG. ist, oder ob er doch seine rechtliche Bedeutung erst mit dem auf ihm vermerkten Ausstellungstag erlangt, so daß er, wenn er vorher widerrufen wird, zu rechtlichem Leben gar nicht gelangt und die Klägerin daher mit dem ihr vor diesem Tage gegebenen Scheck ein rechtliches Nichts erhalten hätte, aus dem sie dem Aussteller gegenüber keine, mindestens keine scheckrechtlichen Ansprüche erheben könnte.

Was die Angabe des Tages der Ausstellung anbetrifft, so stimmen hier Art. 4 Nr. 6 WO. und § 1 Nr. 4 ScheckG. darin überein, daß sie diese Angabe als wesentliches Erfordernis bezeichnen. In der Rechtsprechung und Rechtslehre steht fest, daß es rechtlich bedeutungslos ist, ob der Wechsel an einem anderen als dem in ihm angegebenen Tage ausgestellt wurde. Die Benennung des Ausstellungstages ist nicht Feststellung einer Tatsache, sondern Willenserklärung mit der Bedeutung, der Wechsel solle so beurteilt werden, als sei er an dem angegebenen Tage ausgestellt worden (ROHG. Bd. 12 S. 318; RGZ. Bd. 32 S. 117). Während es für die Zwecke des Wechsels genügt, daß er ein mögliches, genaues Ausstellungsdatum trägt, so daß gegen die Vordatierung, d. h. dagegen daß seine Ausstellung an einem früheren Tage als dem im Wechsel angegebenen erfolgt ist, keine Bedenken bestehen, liegt die Sache für den Scheck anders. Im Gegensatz zum Wechsel soll der Scheck kein Kreditpapier, sondern ein Zahlungsmittel sein, das bare Zahlungen möglichst überflüssig machen, auch in kurzer Zeit zur Befriedigung führen soll und seinen allgemeinen wirtschaftlichen Zweck um so besser erfüllt, je mehr bare Zahlungen durch ihn während seiner kurzen Umlaufszeit ersetzt werden. Es besteht daher ein starkes wirtschaftliches Interesse daran, zu verhüten, daß der Scheck über die im Gesetz (für Inlandsschecks) auf 10 Tage beschränkte Umlaufsfrist (§ 11 ScheckG.) im Verkehr bleibt. Um diesen Zweck der kurzen Vorlegungsfrist zu sichern, bestimmt das Gesetz in § 7, daß der Scheck bei Sicht zahlbar ist und durch Angabe einer anderen Zahlungszeit nichtig wird (Begründung S. 22). Dessen ungeachtet hat der Gesetzgeber die schon von ihm als Mißbrauch angesehene Vordatierung des Schecks, wodurch dessen Umlaufsfrist unbegrenzt verlängert werden kann, nicht für unzulässig erklärt, sondern nur geglaubt, diesem Mißbrauche dadurch einen Riegel vorschieben zu können, daß er den vordatierten Scheck der Wechselstempelpflicht unterwarf (§ 29 ScheckG.; Begründung S. 35). Wenn man den vordatierten Scheck trotz der erwähnten schwer wiegenden Gegengründe als nach dem Scheckgesetz zu beurteilenden Scheck zuließ, so war dafür die Erwägung entscheidend, daß andernfalls die Verkehrssicherheit erheblich leiden würde, wenn der einen Scheck gutgläubig nach Eintritt des angegebenen Ausstellungstages Nehmende nicht erkennen könne, daß er einen unrichtig datierten Scheck erhalten habe, womit er seines Regreßrechts verlustig gehen würde (Begründung S. 16/17). So haben sich denn auch das Kammergericht und das Oberlandesgericht in Hamburg in Urteilen vom 16. September 1909 und 4. Mai 1911 (Rspr. OLG. Bd. 19 S. 414, Bd. 24 S. 214, D. J.-Z. 1912 S. 90) für die Gültigkeit vordatierter Schecks ausgesprochen, und von der Rechtslehre wird, soweit ersichtlich, bis auf einen überzeugender Begründung entbehrenden Aufsatz in der Leipz. Z. 1912 Sp. 451, die gleiche Auffassung vertreten[1], wenn auch einzelne, insbesondere Conrad, Handbuch des

[1]) Lessing, SchG. § 1 V. 2: Merzbacher, ScheckG. § 1 Nr. 11a: Henschel, ScheckG. § 1 S. 7, 79; Schiebler, ScheckG. § 1 Nr. 4b; Kuhlenbeck, ScheckG. S. 40; Buff, ScheckG. S. 31; Jehle, ScheckG. S. 9; Apt, ScheckG. S. 59; Conrad, Handbuch d. Scheckrechts S. 83; Staub, HGB. Exkurs zu § 363 Anm. 7/8; Düringer-Hachenburg, Bd. 2, S. 593, Nr. 4.

Scheckrechts S. 83, diese Lösung und das in § 29 gegebene Abwehrmittel nicht als besonders glücklich bezeichnen.

Ist somit von der Gültigkeit des vordatierten Schecks an sich auszugehen, so bleibt doch noch die Frage offen, wie er für die Zeit von seiner Ausstellung an bis zum Eintritte des in ihm angegebenen Ausstellungstages rechtlich zu beurteilen ist. Die in der Begründung S. 22, wenn auch zu einem anderen Zwecke, gemachte Bemerkung, der Aussteller, der den Nehmer ausdrücklich erst in der Zukunft befriedigen will, dürfe nicht so behandelt werden, als hätte er eine sofort fällige Zahlungsanweisung erteilt, erscheint zutreffend, und auch die Auffassung Buffs (ScheckG. S. 62 zu § 11), daß, da als Ausstellungstag der auf dem Scheck angegebene Tag anzusehen sei, die Umlaufsfrist eines vordatierten Schecks erst mit dem angegebenen Ausstellungstage beginne, verdient Beachtung. Da der Scheck nichtig ist, wenn er auf eine andere Zahlungszeit als nach Sicht ausgestellt ist, der Zahlung aber die Vorlegung vorausgehen muß, die wieder begrifflich nicht vor der Ausstellung, d. h. dem als Ausstellungstag angegebenen Tage erfolgen kann, so kann allerdings der vordatierte Scheck vor Eintritt dieses Tages mindestens nicht die sämtlichen im Scheckgesetz an einen Scheck geknüpften Rechtsfolgen auslösen. Denn bis dahin kann sein Inhaber vom Bezogenen nicht Zahlung verlangen und nicht mangels Zahlung den Aussteller oder einen Vormann im Regreßweg in Anspruch nehmen. der Scheck kann nicht mit der im § 12 angegebenen Wirkung in einer Abrechnungsstelle eingeliefert werden, für die Bereicherungsklage des § 21 ist kein Raum, wie denn auch das Gesetz, wie bereits erwähnt, im § 29 hinsichtlich der Wechselstempelpflicht einen Unterschied macht zwischen vorzeitig in Umlauf gesetzten Schecks und solchen, deren Ausstellungstag mit dem auf der Urkunde angegebenen übereinstimmt.

Es wäre daher denkbar gewesen, die Regelung in der Art zu treffen, daß der vorzeitig in Umlauf gesetzte Scheck für die Zwischenzeit überhaupt nicht unter das Scheckgesetz fällt, wobei dann die Frage entstehen könnte, ob das Papier etwa in Anwendung des § 140 BGB. als Anweisung des Bürgerlichen Rechtes oder als kaufmännischer Verpflichtungsschein, falls die dafür verlangten Voraussetzungen gegeben sind, anzusehen wäre (RGZ. Bd. 48 S. 230).

Dem steht aber folgendes Bedenken entgegen. Es würde die eigentümliche Rechtslage eintreten, daß ein und dieselbe Urkunde verschiedenen Rechtsbestimmungen unterworfen wäre, je nachdem ihre Begebung und ihr weiterer Umlauf vor oder nach dem auf ihr angegebenen Ausstellungstag stattgefunden hat. Da aber weder für den durch Indossament übertragbaren noch für den Inhaberscheck eine Zeitangabe für die Begebung oder Übertragung vorgeschrieben ist, so sprechen die gleichen Gründe wie für die Gültigkeit des vordatierten Schecks im allgemeinen auch dafür, daß der vordatierte Scheck auch für die Zeit vor dem Eintritte des in ihm angegebenen Ausstellungstages unter das Scheckgesetz fällt. Der Aussteller hat durch seine wenn auch vorzeitige Begebung dem Empfänger und dessen Rechtsnachfolgern gegenüber zu erkennen gegeben, daß er sich nach Scheckrecht verpflichten wolle mit der einzigen Maßgabe, daß er die Anweisung zur Zahlung mit aufschiebender Wirkung, nämlich erst von dem angegebenen Ausstellungstag an, erteilt. Dadurch, daß er das Papier vorzeitig aus der Hand gibt oder doch durch vorzeitige Ausstellung die Möglichkeit schafft, daß es schon vor Eintritt des angegebenen Tages in Verkehr gelangt, ist es auf sein Verhalten zurückzuführen, daß das Papier nach Eintritt des Tages in den Besitz Gutgläubiger gelangt. Mangels besonderer Bestimmungen ist er auch in der Regel gar nicht in der Lage, das Papier von dem vorzeitigen Besitzer so rechtzeitig zurückzufordern, daß er dies verhindern könnte.

Da der Gesetzgeber eine derartig unterschiedliche Behandlung nicht getroffen hat und auch nicht hat treffen wollen, wie auch aus der Begründung S. 16 und 35 hervorgeht, so wird man bei den erwähnten Bedenken auch nicht im Wege des juristischen Aufbaues zu ihr gelangen können. Das Oberlandesgericht Hamburg hat in dem erwähnten Urteile (Rspr. OLG. Bd. 24 S. 214) auch bereits die Folgerung in der Weise gezogen, daß es die Bestimmung in § 13 Abs. 3 „Ein Widerruf des Schecks ist erst nach dem Ablaufe der Vorlegungsfrist wirksam" dahin versteht, der Widerruf sei nicht allein innerhalb der Vorlegungsfrist, sondern auch während der Zeit von der wirklichen Ausstellung bis zu dem im Scheck angegebenen Ausstellungstag unwirksam. Dem wird beizupflichten sein. Hatte aber der vorzeitige Widerruf keine rechtliche Wirkung, dann läßt sich mit dessen Kenntnis bei der Klägerin zur Zeit des Erwerbs des Schecks die Einrede der Arglist schon aus diesem Grunde nicht rechtfertigen. Somit blieben der Beklagten gegenüber der Klägerin als Inhaberin eines nach dem Scheckgesetz zu beurteilenden Schecks nur für den Fall des Vorliegens eines Inkassomandats die Möglichkeit des Zurückgreifens auf das der Scheckbegebung zugrunde liegende Rechtsverhältnis und die daraus entstandenen Einreden. Aber auf diese sachgemäß einzugehen, hat sie, wie das Berufungsgericht feststellt, ausdrücklich abgelehnt."

RGZ. 99, 75.

1. Enthält die Bestimmung in § 13 Abs. 3 des Scheckgesetzes vom 11. März 1908 (RGBl. S. 71) zwingendes Recht?

2. Ist der Scheckbezogene verpflichtet oder doch berechtigt, den Widerruf eines Schecks vor Ablauf der Vorlegungsfrist zu beachten? Ist eine Vereinbarung betreffs des Widerrufs zulässig, und ist sie zur Bindung des Bezogenen an den Widerruf auch erforderlich?

V. Zivilsenat. Urt. v. 8. Mai 1920.

I. Landgericht I Berlin, Kammer für Handelssachen. — II. Kammergericht daselbst.

Der Kläger übergab am 4. Januar 1918 dem Kaufmann M., der ihn um ein Darlehen gebeten hatte, einen Inhaberscheck über 5000 M auf die beklagte Bank, bereute dies jedoch alsbald und ersuchte am folgenden Tage vor Kassenöffnung den Vorsteher der Depositenkasse der Beklagten, bei der er das Scheckguthaben hatte, zu veranlassen, daß der Scheck nicht eingelöst werde. Nach seiner Behauptung verpflichtete sich der Vorsteher der Kasse auch, dies zu tun. Gleichwohl wurde der Scheck bald darauf ausgezahlt. Der Kläger fordert deshalb die Zahlung der 5000 M von der beklagten Bank. Das Landgericht wies die Klage ab, das Berufungsgericht verurteilte die Beklagte zur Zahlung der 5000 M Zug um Zug gegen Abtretung des Anspruchs des Klägers gegen M. Auf die Revision der Beklagten wurde das Berufungsurteil wegen Nichtberücksichtigung des von ihr erhobenen Einwandes des mitwirkenden Verschuldens des Klägers aufgehoben.

Aus den Gründen:

„Während das Landgericht die Ansicht vertritt, daß eine Verpflichtung der Beklagten, die Sperrung des Schecks zu beachten, nur aus einer besonderen Vereinbarung hätte hergeleitet werden können, die nicht erwiesen sei, nimmt das Berufungsgericht nach beiden Richtungen das Gegenteil an. Es sieht den Scheckvertrag als einen Geschäftsbesorgungsvertrag (§ 675 BGB.) an, der den Bankier verpflichtete, den Anweisungen des Scheckkunden als des Geschäftsherrn zu folgen (§ 665 BGB.). Danach hätte auch — so führt das Urteil aus — der Depositenkassenvorsteher der Beklagten das Verbot des Klägers, den Scheck einzulösen, beachten müssen, gleichviel ob er sich dazu besonders verpflichtet hatte, oder ob er das Verbot des § 13 ScheckG. als ein Hindernis ansah und die Befolgung des Widerrufs deshalb ablehnte. Tatsächlich habe er aber auch, nachdem er zuerst rechtliche Bedenken geäußert, sich bereit erklärt, sein Möglichstes zu tun, um die Auszahlung des Schecks zu verhindern. Dies sei nicht als eine bloße Gefälligkeit, sondern als Übernahme einer Verpflichtung anzusehen, die nur dem Wortlaute, nicht aber dem Inhalte nach verschieden sei von der aus dem Scheckvertrage sich ergebenden Verpflichtung, der Anweisung des Klägers gemäß den Scheck nicht einzulösen. Denn weil der Kläger den Scheck in Verkehr gebracht hatte, hätten sich Umstände ergeben können, die ungeachtet aller Sorgfalt der Beklagten doch zur Einlösung des Schecks geführt hätten. Diese Möglichkeit sei, auch ohne besondere Verabredung, auf Gefahr des Klägers gegangen. Ein derartiger Fall liege jedoch nicht vor, weil die Einlösung nur dadurch nicht verhindert worden sei, daß der Depositenkassenvorsteher D. nicht sein Möglichstes dazu getan habe.

Die Revision erklärt, die Bestimmung des § 13 Abs. 3: „Ein Widerruf des Schecks ist erst nach dem Ablaufe der Vorlegungsfrist wirksam" sei zwingenden Rechtes und könne durch eine Abrede, wie sie hier vom Berufungsgericht festgestellt sei, nicht beseitigt werden; § 665 BGB. sei insoweit durch das besondere Gesetz außer Kraft gesetzt.

Diesen Ausführungen kann ebensowenig beigepflichtet werden wie denen des Berufungsgerichts, soweit diese bereits aus dem Scheckvertrage die Verpflichtung der Beklagten herleiten, der Weisung des Klägers gemäß den Scheck nicht einzulösen. Der § 13 Abs. 3 ScheckG. gibt, richtig verstanden, keine zwingende Bestimmung. Wenn Lessing Scheckgesetz § 13 V 2 (S. 113) die Ausführung in den Motiven zu der gleichlautenden Bestimmung des § 13 des österreichischen Scheckgesetzes, die diese Bestimmung als eine zwingende bezeichnet, zu billigen scheint, so kann ihm nicht zugestimmt werden. Die Bestimmung kann nur aus ihrer Entstehungsgeschichte verstanden werden. Ursprünglich war beabsichtigt, dem Scheckinhaber einen unmittelbaren klagbaren Anspruch gegen den Bezogenen zu gewähren. Als Gegenstück dazu sollte, um zu verhindern, daß der Aussteller die Verwirklichung dieses unmittelbaren Anspruchs des Inhabers vereitele, dem Aussteller die ihm als Anweisenden gemäß § 790 BGB. an sich zustehende Befugnis des Widerrufs entzogen werden. Deshalb sprach noch der Entwurf von 1892 in § 10 Abs. 3 dem Widerruf allgemein, d. h. auch über die Vorlegungsfrist hinaus, die rechtliche Wirksamkeit ab, weil ein Widerruf mit dem Wesen der Scheckbegebung in grundsätzlichem Widerspruch stehe. Dies wurde bereits im Entwurfe von 1907 dahin eingeschränkt, daß ein Widerruf dem Bezogenen gegenüber nur nach Ablauf der Vorlegungsfrist wirksam sein sollte und dies ist im wesentlichen Inhalt des Gesetzes geworden, obwohl, dem Entwurfe von 1892 entgegen, das unmittelbare Klagrecht des Inhabers gegen den Bezogenen beseitigt wurde. Damit gewann der § 13 Abs. 3 eine völlig andere Bedeutung. Mit seiner Aufrechterhaltung bezweckte man die Eigenart des Schecks, der kein Kreditpapier sondern ein auf schleunige Einziehung drängender Ersatz für Barzahlung sein sollte, zu verstärken, indem der Inhaber aus Besorgnis vor dem nach Ablauf der Vorlegungsfrist wirksamen Widerrufe zur Vorlegung innerhalb der Frist veranlaßt werden sollte. Der Nachdruck ist daher nicht mehr auf die Unwirksamkeit des Widerrufs während der Vorlegungsfrist, sondern auf die Zulässigkeit des Widerrufs nach deren Ablauf zu legen. Demgemäß spricht denn auch das Gesetz nur von der Wirksamkeit des Widerrufs nach diesem Ablauf. Auch wenn man annimmt, daß der Gesetzgeber damit nicht den Widerruf für die Zeit vor dem Ablaufe der Vorlegungsfrist zwingend habe für unwirksam erklären wollen, würde die Bestimmung doch nicht mit Breit (Holdheims Monatsschr. 1908 S. 200) als eine solche anzusehen sein, die infolge Wegfalls der Klage des Inhabers gegen den Bezogenen hätte gestrichen werden müssen. Denn auch in diesem Falle behält sie eine beachtenswerte, ihren Zweck nicht verfehlende Bedeutung, nämlich einmal für das Verhältnis des Ausstellers zum Bezogenen, insofern dieser trotz des einseitigen Widerrufs aus dem Guthaben des Ausstellers zahlen darf, sodann für das Verhältnis zwischen dem Aussteller und etwaigen Indossanten einerseits und dem Inhaber des Schecks anderseits. Das dem Inhaber gegen jene nach § 15 ScheckG. zustehende scheckrechtliche Regreßrecht ist nämlich davon abhängig, daß der Aussteller den Scheck nicht wirksam widerrufen hat. Hätte also der Bezogene einen Widerruf vor Ablauf der Vorlegungsfrist beachtet, so würde der Inhaber seine Regreßrechte behalten (Conrad, Handbuch des Deutschen Scheckrechts S. 212). Zutreffend wird aber nicht nur von Lessing, sondern auch von Langen (Zum Scheckrecht S. 53), der ebenfalls die Bestimmung als zwingend ansieht, zugegeben, daß für den Inhaber, den jene Vorschrift vor einem willkürlichen Widerrufe schützen soll, nicht viel gewonnen sei, nämlich dem Bezogenen gegenüber, da er diesem gegenüber, selbst wennn dieser den vorzeitigen Widerruf beachtet, keine Ansprüche geltend machen könne. Beachtet der Bezogene einen Widerruf vor Ablauf der Vorlegungsfrist, und unterstellt man, daß § 13 Abs. 3 den Widerruf während dieser Zeit für unwirksam erkläre, so fehlt dieser Unwirksamkeit doch jede tatsächliche Bedeutung, soweit der Bezogene in Frage kommt. Denn auch der vom Inhaber in Anspruch genommene Ausstelle könnte sich nicht an den Bezogenen halten, da dieser, der nur der Weisung des Ausstellers entsprochen hätte, mit Erfolg die Einrede der allgemeinen Arglist erheben könnte. Mit Recht bezeichnet daher, soweit das Verhältnis zwischen dem Inhaber und dem Bezogenen in Frage kommt, Kuhlenbeck (Das deutsche Scheckgesetz S. 73) die Unwiderruflichkeit während der Vorlegungsfrist als eine lex imperfecta, der eine wirksame Sanktion fehle. Weshalb aber eine derartig für das Verhältnis zwischen dem Bezogenen auf der einen Seite und dem Inhaber auf der anderen Seite mit Rechtsfolgen nicht verbundene Bestimmung im Verhältnis zwischen dem Aussteller und dem Bezogenen zwingendes Recht darstellen sollte, ist nicht einzusehen.

Ebenso muß aber auch der unmittelbar entgegengesetzten Auffassung des Berufungsgerichts entgegengetreten werden. Es kann dahingestellt bleiben, ob der Auffassung beizutreten wäre, daß der Scheckvertrag ein eigenartiger Vertrag des modernen Rechtes ist (Lessing § 3 III 1 letzter Absatz S. 48). Denn selbst wenn er, wie das Berufungsgericht annimmt, ein Geschäftsbesorgungsvertrag im Sinne des § 675 BGB. wäre, so könnte daraus doch nicht die Folge gezogen werden, die das Berufungsgericht daraus entnimmt, und noch weniger die von Herzfeld (Leipz. Zeitschr. 1908 S. 437) vertretene, daß der Bezogene, dem Umstände bekannt sind, die der Annahme einer Berechtigung des Inhabers entgegenstehen, dem Aussteller gegenüber verpflichtet sei, die Zahlung zu weigern. Beide Auffassungen wären mit der Fassung des § 13 Abs. 3 unvereinbar. Ist zwar der Bezogene, wie oben nachgewiesen, an diese Gesetzesbestimmung nicht derartig gebunden, daß er sich durch deren Nichtbeachtung für ihn nachteiligen Rechtsfolgen aussetzt, so würde doch diese Bestimmung im Gesetz unverständlich sein, wenn sie dem Bezogenen nicht das Recht gäbe, sich dem Aussteller gegenüber auf das Gesetz zu berufen. Selbst wenn man den Scheckvertrag als Geschäftsbesorgungsvertrag ansehen will, würde daher die Befugnis des Ausstellers, vom Bezogenen zu verlangen, daß er seinen Weisungen nachkomme und deshalb den Scheck nicht einlöse (§ 675 BGB.), in der Bestimmung des § 13 Abs. 3 seine Schranke finden. Das Ergebnis ist daher, daß der Bezogene berechtigt, aber nicht verpflichtet ist, den vorzeitigen Widerspruch zu beachten, somit eine dahingehende Vereinbarung zulässig, aber auch zur Bindung des Bezogenen an einen derartigen Widerspruch erforderlich ist. Diese Ansicht ist auch die im Schrifttum herrschende[1]." ...

[1]) Breit in Holdheims MSchr. 1908 S. 200; Breit, Pflichten und Rechte des Bankiers S. 18, 25; Breit, Die Grundlagen des internen Scheckrechts ZHR. Bd. 64 S. 492 u. 496 Anm. 79; Düringer-Hachenburg, HGB. Bd. II Anhang I zu §§ 363—365 VII Anm. 20 S. 598; Helbing in Holdheims MSchr. 1908 S. 172; Staub, HGB. Exkurs zu § 363 Anm. 8.

RGZ. 100, 31.

Zur Frage der Haftung des Bezogenen aus der Einlösung eines Verrechnungsschecks, an dem zur Zeit der Vorlegung der Verrechnungsvermerk im Wege der Fälschung entfernt worden war.

V. Zivilsenat. Urt. v. 10. Juli 1920.

I. Landgericht I Berlin. — II. Kammergericht daselbst.

Die Klägerin hat von der Nebenintervenientin einen von dieser am 15. Januar 1918 auf die Beklagte gezogenen, an die Klägerin oder Überbringer zahlbaren Scheck über 4000 M zugesandt erhalten und mit einfachem Briefe der Dr. Bank übersandt. Diese hat jedoch den Scheck nicht erhalten; er ist vielmehr am 16. Januar 1918 der Beklagten von einer unbekannt gebliebenen Person vorgelegt und dieser gegenüber eingelöst worden. Der Scheck war, als er der Klägerin zuging, an zwei Stellen mit dem Vermerke „nur zur Verechnung" versehen und wurde in diesem Zustande der Dr. Bank übersandt; der Beklagten ist dagegen der Scheck ohne diese Vermerke in dem Zustand, in dem er sich jetzt befindet, vorgelegt worden.

Die Klägerin nimmt die Beklagte auf Ersatz des Schadens, den sie durch Einlösung des Schecks erlitten haben will, in Anspruch. Das Landgericht wies die Klage, das Kammergericht wies die Berufung der Klägerin zurück; ihre Revision wurde zurückgewiesen aus folgenden

Gründen:

Gemäß § 14 ScheckG. kann der Aussteller sowie jeder Inhaber eines Schecks durch den quer über die Vorderseite gesetzten Vermerk „nur zur Verrechnung" dessen bare Auszahlung verbieten, so daß dann die Einlösung nur durch die als Zahlung im Sinne des ScheckG. geltende Verrechnung erfolgen kann. Die Übertretung des nicht rücknehmbaren Verbots „macht den Bezogenen für den dadurch entstehenden Schaden verantwortlich".

Es darf dem Berufungsgericht zugestimmt werden, wenn es die Geltendmachung dieses Schadensersatzanspruchs jedem am Schecke Beteiligten zugesteht, der durch die verbotswidrige Bareinlösung einen Schaden erleidet, also nicht nur demjenigen, der den Verrechnungsvermerk auf den Scheck gesetzt hat (Begründung S. 30, Lessing, ScheckG. § 14 II, 4 Abs. 1, Breit, Pflichten und Rechte des Bankiers unter dem ScheckG. S. 38; Merzbacher, ScheckG. § 14 Anm. 6).

Würde eine verbotswidrige Bareinlösung vorliegen, so würde daher die Klägerin sich auf § 14 ScheckG. berufen können, wenn sie durch die Nichtbeachtung des Verbots einen Schaden erlitten hätte. Dies nimmt das Berufungsgericht an, weil die Klägerin ihre Forderung an die Nebenintervenientin ohne Gegenwert verloren habe, was es wieder daraus folgert, daß der Scheck eingelöst und die Nebenintervenientin von der Beklagten jedenfalls entsprechend belastet worden sei, und daß daher der Zahlungsversuch als gelungen und, für diesen Rechtsstreit wenigstens, die Nebenintervenientin als von ihrer Schuld bei der Klägerin befreit angesehen werden müsse.

Da das die Klage abweisende Ergebnis, zu dem beide Gerichte gelangen, zu billigen ist, so kann es dahingestellt bleiben, ob diese Ausführungen frei von Rechtsirrtum sind. Auch wenn man davon ausgeht, daß eine dem Verbote der baren Einlösung zuwider erfolgte Auszahlung des Scheckbetrags als Einlösung anzusehen sei (Breit a. a. O. S. 38), so daß die Zahlung ebenso zu Lasten des Ausstellers geht wie die bloße Verrechnung, so wird doch dadurch das Verhältnis zwischen dem Aussteller oder Begeber des Schecks und dem befugten Inhaber nicht berührt. Es erscheint bedenklich, in einer diesem nicht zugute kommenden Einlösung grundsätzlich einen gelungenen, den Schuldner seinem Gläubiger gegenüber befreienden Zahlungsversuch zu finden. Ob der Gläubiger rechtlich oder doch wirtschaftlich durch Entstehung einer zur Aufrechnung geeigneten Gegenforderung seine Forderung, die durch den Scheck getilgt werden sollte, verloren hat, wird von der Lage des einzelnen Falles abhängen, auf die hier nicht einzugehen ist.

Darin kann dem Berufungsgericht jedenfalls nicht beigetreten werden, daß die Vorschrift des § 14 Abs. 2 ScheckG. nicht dahin ausgedehnt werden könne, daß der Bezogene auch für den Schaden, der durch bare Einlösung entsteht, haften müsse, wenn er bei Prüfung des Schecks hätte erkennen können, daß dessen Text verändert worden, und wenn er durch die alsdann vorzunehmende Anfrage bei den bekannten Beteiligten erfahren hätte, daß der Scheck ein Verrechnungsscheck und die Beseitigung dieser Eigenschaft durch Fälschung herbeigeführt worden sei. Diese Ansicht ist damit begründet worden, daß eine derartige Prüfungspflicht der Bezogenen solchen Scheckbeteiligten gegenüber, mit denen sie nicht in Vertragsbeziehungen steht, nicht anzuerkennen sei.

Der erkennende Senat hat bereits mehrfach ausgesprochen (RGZ. Bd. 92 S. 52; JW. 1919 S. 821 Nr. 3), daß zur Vermeidung mißbräuchlicher Benutzung von Schecks den Bezogenen die Pflicht ganz besonders sorgsamer Prüfung des ihm zur Einlösung vorgelegten Schecks trifft. Die dort entschiedenen Fälle betrafen aber nur Parteien, die auf Grund des Scheckvertrags in einem Vertragsverhältnis zueinander standen, nämlich den Bezogenen und den Aussteller, ein Verhältnis, das hier nicht vorliegt. Eine gleiche Pflicht wird daher dem Bezogenen gegenüber einem Scheckinhaber an sich und allgemein nicht aufzuerlegen sein. Ist aber § 14 Abs. 2 ScheckG. dahin zu verstehen, daß der Schadensersatzanspruch wegen Nichtbeachtung des Verrechnungsvermerks auch dem (befugten) Inhaber zusteht, so muß dies notwendig zu der Forderung führen, daß der Bezogene auch diesem Inhaber gegenüber schadensersatzpflichtig ist, wenn er bei nicht fahrlässiger Handhabung hätte erkennen können, daß der ihm vorgelegte Scheck ein Verrechnungsscheck war und dieser Vermerk von unbefugter Seite auf dem Wege vom befugten Inhaber zum Bezogenen entfernt worden ist. Der Sinn und Zweck dieser Gesetzesbestimmung nötigt zugunsten des befugten Inhabers zu dieser Auffassung.

Kann daher mit der oben wiedergegebenen Erwägung des Berufungsgerichts der Klaganspruch nicht beseitigt werden, so wird doch das Urteil durch den weiteren, auf tatsächlichen Feststellungen beruhenden Entscheidungsgrund getragen, daß die Bezogene ein Verschulden daran, daß sie die ursprüngliche Eigenschaft des Schecks als Verrechnungsscheck nicht erkannt hat, nicht trifft.

Der Scheck enthielt, als er von der Klägerin an die Dr. Bank abgesandt wurde, den Verrechnungsvermerk an zwei Stellen. Der eine, an der linken oberen Ecke der Urkunde, berührte den Text des Schecks überhaupt nicht, so daß dem Berufungsgericht nicht entgegengetreten werden kann, wenn es diesen nicht quer über die Vorderseite des Schecks gesetzten Vermerk als ein nach § 14 ScheckG. unwirksames Verbot bezeichnet, dessen Beseitigung keine für die Scheckbeteiligten nachteiligen zivilrechtlichen Folgen haben könne. Den zweiten Vermerk, wenn er auch in ungewöhnlich kleiner und gedrängter Schrift hergestellt gewesen zu sein scheine, sieht es als der Vorschrift des § 14 ScheckG. ausreichend Rechnung tragend und seine Beseitigung als eine Fälschung an. Daraus kann aber nicht etwa gemäß dem Grundsatze, daß im Scheckverkehr durch Fälschung oder Verfälschung des Schecks entstandener Schaden grundsätzlich vom Bezogenen zu tragen sei (RGZ. Bd. 92 S. 51), entnommen werden, daß die Folgen der Fälschung hier an sich von der Bezogenen zu tragen seien. Denn dieser Grundsatz bezieht sich, wie in jenem Urteil dargelegt ist, nur auf das auf dem Scheckvertrag beruhende Rechtsverhältnis zwischen Aussteller und Bezogenen, eine Auffassung, die vom Schrifttume geteilt wird (s. Anm. 1 zu dem erwähnten Urteile). Ob er im vorliegenden Falle, wenn der Aussteller gegen die Bezogene klagen würde, überhaupt Anwendung fände, bedarf hier keiner Erörterung. Es kann sich daher nur fragen, ob in dem Nichterkennen, daß dieser Vermerk von unbefugter Seite entfernt worden war, eine fahrlässige Behandlung des zur Einlösung vorgelegten Schecks zu finden wäre, die die Bezogene der Klägerin gegenüber gemäß § 14 Abs. 2 ScheckG. zum Ersatz eines etwa entstandenen Schadens verpflichten würde. Dies wird vom Berufungsgericht mit der Begründung verneint, daß die Rasuren so sorgfältig ausgeführt, von so geringem Umfang und an so wenig auffallenden Stellen angebracht seien, daß sie von einem Kassenbeamten, der bei der Vorlegung des Schecks das ihm mit Rücksicht auf seine im Bankverkehr unvermeidliche Belastung zuzumutende Maß von Sorgfalt anwendete, nicht wahrgenommen zu werden brauchten. Es könne von ihm nicht verlangt werden, daß er jede, auch die äußerlich unverdächtige, Scheckurkunde mit besonderer Gründlichkeit und Genauigkeit etwa gegen das Licht prüfe und nach Veränderungen an Stellen forsche, wo solche nicht zu vermuten seien. Es kann der Revision nicht zugegeben werden, daß hierin eine Verkennung des Maßes der der Beklagten obliegenden Sorgfalt liege. ... (Dies wird näher ausgeführt.)

RGZ. 100, 55.

Inwiefern hat der Bezogene, der einen verfälschten Scheck eingelöst hat, einen Ersatzanspruch gegen den Aussteller? Mitwirkendes Verschulden des Ausstellers.

V. Zivilsenat. Urt. v. 16. Juni 1920.

I. Landgericht I Berlin. — II. Kammergericht daselbst.

Die Beklagte, die mit dem Kläger im Scheckverkehr stand, hat am 12. Mai 1917 einen von dem Kläger am 11. desselben Monats zugunsten eines „Herrn N. oder Überbringers" auf sie gezogenen Scheck eingelöst, der bei der Vorlegung über 11 000 M lautete. Mit diesem Betrage hat sie das Konto des Klägers belastet. Der Kläger hat diese Belastung, soweit sie 1000 M übersteigt, als nicht gerechtfertigt bezeichnet, weil der Scheck, den er dem N. zur Bezahlung für gelieferte Waren ausgestellt habe, nach seiner Ausfüllung durch die Buchhalterin nur über 1000 M gelautet habe und durch den Empfänger verfälscht worden sei. Dieser habe den 1000 M eine 1 vorangestellt, die Worte „Eintausend Mark" durch Rasur in „Elftausend Mark" verwandelt und zur Herstellung gleichmäßiger Tintenschrift sämtliche geschriebene Worte mit derselben Tinte überzogen. Die Fälschung, namentlich die Rasur, sei erkennbar gewesen, von der Beklagten aber nicht beachtet worden. Der Kläger hat die Feststellung begehrt, daß die Beklagte nicht berechtigt gewesen sei, sein Konto unter dem 12. Mai 1917 mit 11 0000 M statt 1000 M zu belasten. – Die Beklagte hat das Vorhandensein einer Fälschung bestritten. Jedenfalls sei diese selbst bei ganz genauer Betrachtung für jemand, der von der Fälschung keine Kenntnis gehabt, „kaum sichtbar", insbesondere sei von der Rasur „fast nichts" zu bemerken gewesen. Sei eine Fälschung vorgekommen, so treffe den Kläger das Verschulden und die Schadensersatzpflicht. Denn er habe die „Bestimmungen für den Scheckverkehr" unter Nr. 3, die ihm bei Ausstellung des Scheckbuchs mitgeteilt worden, nicht beachtet, indem er die Zahlenreihe an der rechten Seite des Scheckformulars insoweit, als sie die Zahl 1000 überstieg, nicht abgetrennt und es so dem Fälscher ermöglicht habe, den Scheck nach Abtrennung der 11 000 M übersteigenden Zahlen zur Zahlung vorzulegen. Dadurch und durch den Umstand, daß der Kläger den Scheck einem ihm sonst ganz unbekannten Manne ausgestellt habe, ohne die Beklagte davon in Kenntnis zu setzen, sei die Täuschung ermöglicht worden. Auch habe der Kläger insofern fahrlässig gehandelt, als er vor der Zahl 1000 zuviel Spielraum für Einschiebungen gelassen und durch die Wahl des Wortes „eintausend" statt „tausend" der Fälschung Vorschub geleistet habe. Zu einer eingehenden Untersuchung des Schecks sei bei dem großen Andrang an den Schaltern keine Zeit gewesen.

Der Kläger hat demgegenüber geltend gemacht, nicht ihn, sondern die Beklagte allein treffe das Verschulden. Die Nichtabtrennung der Zahlenreihe habe gerade den Zweck verfolgt, Fälschungen erkennbar zu machen, und beruhe auf einer dem jetzigen Kassierer der Beklagten bekannten, mit ihrem früheren Kassierer getroffenen Vereinbarung. Die teilweise Abtrennung der Zahlen erschwere nur die Verfälschung eines Schecks, versage aber gegenüber der vollständigen Fälschung (fälschlichen Herstellung) eines solchen. Diese zu verhindern, sei die dem Kassierer bekannte Übung des Klägers bestimmt gewesen. Seine Schecks seien in dieser Gestalt auch nie beanstandet worden. Die ganze Vorschrift werde im Verkehr nicht beachtet, vielmehr gebe die Beklagte selbst Scheckbücher ohne Zahlenleiste aus, insbesondere sei auch der Kläger im Besitz eines solchen Buchs. Die Art der Ausfüllung des Schecks begründe kein Verschulden und ebensowenig die Hingabe an eine sonst unbekannte Person. Zu einer Benachrichtigung der Beklagten habe keine Veranlassung vorgelegen, wohl aber habe die Beklagte bei der ungewöhnlichen Höhe des Schecks zur genauen Untersuchung des Schecks und zur Rückfrage mittels Fernsprechers Veranlassung gehabt. Sie habe aber sogar die handelsübliche Mitteilung von der Einlösung des Schecks unterlassen; wäre diese erfolgt, so hätte das Geld dem Fälscher noch abgenommen werden können, denn nach etwa 3 Tagen habe dieser nochmals beim Kläger sich eingefunden, um ein zweites Geschäft abzuschließen.

Die Beklagte hat die Abrede mit dem früheren Kassierer bestritten und für unerheblich, auch für widersinnig erklärt. Richtig sei nur, daß einige Schecks des Klägers mit vollständiger Zahlenleiste eingelöst worden seien; dies entschuldige aber den Kläger nicht. Scheckbücher ohne Zahlenleiste würden nur für kleine Kunden, nicht für Geschäftsleute ausgefertigt. Die Mitteilung der Einlösung werde zur Ersparung von Porto von einer großen Anzahl von Kunden nicht gewünscht und dazu gehöre auch der Kläger. Übrigens fehle der Beweis, daß die Mitteilung den Verlust noch hätte abwenden können. Auch sei der Betrag im Verkehr mit dem Kläger keineswegs ungewöhnlich hoch gewesen.

Das Landgericht hat ohne Beweiserhebung die Klage abgewiesen. Die Berufung des Klägers ist vom Kammergericht zurückgewiesen worden, weil der Kläger, selbst wenn die von ihm behauptete Fälschung vorliege, der Beklagte doch wegen schuldhafter Verstöße gegen die Bedingungen des Scheckverkehrs ersatzpflichtig sei. Ein solches Verschulden sei darin zu erblicken, daß er den Scheck ohne Benachrichtigung der Beklagten einer ihm nicht näher bekannten Person ausgehändigt und auch die Zahlenleiste nicht abgetrennt habe. Dieses Urteil hat das Reichsgericht auf die Revision des Klägers aufgehoben. Es hat erwogen: Ein Verschulden des Klägers könne nicht daraus abgeleitet werden, daß er den Scheck einer ihm nicht näher bekannten Person ausgehändigt habe, ohne der Beklagten davon Mitteilung zu machen. Eine solche Anforderung werde im Wechselverkehr nicht gestellt und könne auch im Scheckverkehr nicht gestellt werden. Denn wenn jedesmal die Vertrauenswürdigkeit des Empfängers eingehend geprüft und bei jedem Verdacht dem Bezogenen Anzeige erstattet werden müßte, würde der Verkehrswert des Schecks wesentlich beeinträchtigt werden. Hinsichtlich des Hauptvorwurfs, der die Nichtabtrennung der Zahlenleiste betreffe, sei das Verschulden beider Teile mangels genügender Aufklärung des Sachverhalts nicht ausreichend geprüft und gewürdigt. Ein Verschulden des Klägers lasse sich zwar nicht in Abrede stellen, es würde aber wesentlich gemildert werden und in anderem Lichte erscheinen, wenn festgestellt würde, daß die Beklagte auch anderweit sich an ihre Scheckbestimmung nicht gekehrt, daß deren früherer Kassierer die behauptete Vereinbarung mit dem Kläger getroffen und der jetzige Kassierer danach gehandelt habe. Es sei zwar richtig, daß die Beklagte an eine solche

Vereinbarung rechtlich nicht gebunden sei; darauf komme es aber im vorliegenden Falle nicht an, vielmehr handele es sich darum, ob den Kassierer, für den die Beklagte nach § 278 BGB. einzustehen habe, nicht ein die Verteilung des Schadens rechtfertigendes Mitverschulden treffe. Im übrigen sei auch betreffs des Verhaltens der Beklagten bei der Einlösung des Schecks eine genügende Aufklärung und Würdigung zu vermissen.

Bei der erneuten Verhandlung vor dem Kammergericht hat der Kläger, der inzwischen seine Geschäftsverbindung mit der Beklagten gelöst hatte, beantragt, die Beklagte nunmehr zur Zahlung der streitigen 10000 M nebst 4 % Zinsen seit dem 27. Mai 1917, als dem Tage der Mahnung, zu verurteilen. Das Kammergericht hat nach Beweisaufnahme diesem Antrage in Höhe von 5000 M nebst Zinsen stattgegeben, im übrigen dagegen die Klage abgewiesen und die Kosten des Rechtsstreits gegeneinander aufgehoben.

Die Revision der Beklagten wurde zurückgewiesen aus folgenden

Gründen:

Das Berufungsgericht hat nunmehr festgestellt, daß der von der Beklagten eingelöste Scheck in der von dem Kläger behaupteten Weise verfälscht worden ist. Es hat hieraus gefolgert, daß die Beklagte von dem Kläger die Erstattung des infolge der Fälschung zu viel bezahlten Betrages nur fordern könne, wenn der Kläger die Zuvielzahlung durch schuldhafte Verletzung des Scheckvertrags verursacht habe. Eine solche Vertragsverletzung liege allerdings insofern vor, als er es entgegen der Bestimmung unter Nr. 3 der allgemeinen Scheckbedingungen unterlassen habe, von der auf der rechten Seite des Schecks angebrachten Zahlenreihe die den Betrag des Schecks übersteigenden Zahlen abzutrennen. Die Beklagte treffe aber ein Mitverschulden, weil sie sich selbst nie an diese Vorschrift gekehrt habe. Deshalb müsse der entstandene Schaden gemäß § 254 BGB. jeder Partei zur Hälfte zur Last fallen.

Die Revision rügt zunächst Verletzung des § 254 BGB., indem sie geltend macht, die Beklagte habe keinen Anlaß gehabt, auf die Abtrennung des den Scheckbetrag übersteigenden Teiles der Zahlenreihe zu achten, da nach Nr. 10 der Scheckbedingungen die aus der Zuwiderhandlung gegen sie entstehenden Nachteile den Scheckkunden zur Last fielen, es auch mit dem Geschäftsbetriebe der Beklagten nicht vereinbar sei, die Scheckkunden in jedem einzelnen Falle zur Beachtung der Scheckbedingungen anzuhalten. Diese Rüge ist jedoch nicht begründet. Denn die unter Nr. 10 der Scheckbedingungen getroffene Vereinbarung entband die Beklagte nicht von ihrer sich aus dem Scheckvertrag ergebenden

Verpflichtung, die Empfangsbefugnis des Vorzeigers des Schecks mit Sorgfalt zu prüfen und dabei auch die Interessen des Klägers wahrzunehmen. Dieser Verpflichtung hat sie aber nach den Feststellungen des Berufungsrichters nicht genügt. Denn sie hat sich an die Vorschrift über die Abtrennung der Zahlenreihe nicht nur in einem einzelnen Falle, sondern durchweg nicht gekehrt und dadurch den Glauben erweckt, daß auf die Beobachtung dieser Vorschrift kein Wert zu legen sei. Daß hierin ein mitwirkendes Verschulden der Beklagten zu erblicken sei, hat der Senat bereits in seinem früheren Urteile angenommen. Auch die Ursächlichkeit dieses Verschuldens ist vom Berufungsrichter einwandfrei festgestellt. Die Revision bekämpft diese Feststellung nur mit dem Hinweise darauf, daß der Kläger behauptet habe, er habe mit einem Kassierer der Beklagten vereinbart, daß die Zahlenreihe nicht abgetrennt werden solle. Allein aus dieser Behauptung, deren Richtigkeit und Erheblichkeit die Beklagte, soweit sie zur Entlastung des Klägers dienen soll, bestreitet, kann die Beklagte auch keine Schlußfolgerungen zu ihren Gunsten ziehen. Es ergibt sich aus ihr auch nicht, daß der hier in Rede stehende Schaden auch entstanden wäre, wenn die Beklagte auf die Beobachtung der Vorschrift über die Abtrennung der Zahlenreihe geachtet und dem Kläger erkennbar gemacht hätte, daß sie auf die Beobachtung Wert lege.

In zweiter Linie rügt die Revision Verletzung des § 670 BGB. Nach dieser Vorschrift, so führt sie aus, könne die Beklagte, auch abgesehen von den ihr wegen schuldhafter Vertragsverletzung von seiten des Klägers zustehenden Schadensersatzansprüchen, ohne weiteres Erstattung aller Aufwendungen verlangen, die sie den Umständen nach zum Zwecke der Ausführung ihres in dem Scheckvertrage enthaltenen allgemeinen Auftrages habe für erforderlich halten dürfen. Dazu gehörten aber auch Zahlungen, die sie zur Einlösung gefälschter oder verfälschter Schecks geleistet habe, sofern nicht die Fälschung — was hier nicht der Fall sei — bei Beobachtung der im Verkehr erforderlichen Sorgfalt erkennbar gewesen sei. Es komme daher nicht darauf an, ob der Beklagten etwa bei der Einlösung von Schecks in früheren Fällen ein Verschulden zur Last falle. Auch dieser Revisionsangriff geht aus einem doppelten Grunde fehl.

Zunächst setzt sich die Revision mit ihm in Widerspruch zu der Rechtsauffassung, die der Aufhebung des früheren Berufungsurteils durch das erste Urteil des erkennenden Senats zugrunde liegt. Denn nach diesem Urteil ist ein Erstattungsanspruch der Beklagten nur für den Fall für begründet erachtet worden, wenn die infolge der Verfälschung des Schecks geleistete Zuvielzahlung durch eine schuldhafte Verletzung des Scheckvertrages von seiten des Klägers verursacht war. An diese Rechtsauffassung war gemäß § 565 Abs. 2 ZPO. das Berufungsgericht bei der erneuten Verhandlung und Entscheidung des Rechtsstreits im zweiten Rechtszuge gebunden. Sie ist daher jetzt auch für das Reichsgericht maßgebend (RGZ. Bd. 58 S. 286). Daß das frühere Revisionsurteil bei der Begründung dieser Rechtsansicht auf die von der Revision als verletzt bezeichnete Vorschrift nicht eingegangen ist, ist ohne Belang.

Abgesehen davon ist dieser Vorschrift für den Scheckvertrag auch nicht die von der Revision für sie in Anspruch genommene Tragweite beizumessen. Denn mangels gegenteiliger Vereinbarung kann nach Treu und Glauben der Inhalt des zwischen einer Bank und ihrem Kunden abgeschlossenen Scheckvertrags nur dahin verstanden werden, daß die Bank für Rechnung ihres Kunden Zahlungen nur auf die von diesem ausgestellten Schecks und nur in Höhe der Beträge leisten soll, die jeweils vom Aussteller oder mit seiner Ermächtigung von einem Dritten in dem Scheck angegeben sind. Was darüber hinaus infolge Fälschung oder Verfälschung eines Schecks gezahlt wird, ist daher nicht als im Rahmen und zum Zwecke der Ausführung des Scheckvertrages gezahlt anzusehen, und es kann mithin die Bank ihren Kunden für diese Zahlungen grundsätzlich auch nur in Anspruch nehmen, wenn ihm oder einer Person, deren Verschulden er zu vertreten hat, ein wenn auch nur mitwirkendes ursächliches Verschulden zur Last fällt. In diesem Sinne hat sich der Senat bereits in RGZ. Bd. 92 S. 50 in Übereinstimmung mit der herrschenden Meinung ausgesprochen, und hieran ist festzuhalten (vgl. auch Bd. 56 S. 411).

RGZ. 100, 138.

1. Ist es zur Gültigkeit der in § 16 Nr. 1 ScheckG. vorgesehenen Vorlegungsbescheinigung erforderlich, daß sie innerhalb der Vorlegungsfrist des § 11 ausgestellt wird?

2. Wird die Gültigkeit dieser Bescheinigung dadurch beeinträchtigt, daß das Datum der Ausstellung der Wahrheit nicht entspricht?

3. Muß die Bescheinigung im Falle der Gesamtvertretung einer Gesellschaft von allen Vertretern unterschrieben werden?

V. Zivilsenat. Urt. v. 16. Oktober 1920.

I. Landgericht I Berlin. — II. Kammergericht daselbst.

Der Kläger ist Inhaber eines von dem Beklagten G. am 22. April 1919 ausgestellten, auf die Bank für Handel und Industrie gezogenen, auf den Überbringer lautenden Verrechnungsschecks über 5100 M. Auf diesem Scheck befindet sich folgender Vermerk: „Dieser Scheck ist uns heute vorgelegt und von uns nicht eingelöst worden." Darunter befindet sich das Datum, das ursprünglich „Berlin, den 9. Mai 1919" lautete. Tag und Monat sind später ausgestrichen und durch die Angabe „28. April" ersetzt worden. Unter dem Datum ist die Firma der Bezogenen aufgedruckt und hierunter stehen die Unterschriften „von G." und „H.", die letztere mit dem Zusatze „ppa". Neben dem Vorlegungsvermerk steht das Wort „geändert" und darunter die Unterschrift „H.". Der Kläger hat auf Grund dieses Schecks im Scheckprozeß gegen den Beklagten auf Zahlung der Schecksumme nebst Zinsen geklagt. Der Beklagte hat eingewandt, der Scheck sei nicht rechtzeitig zur Zahlung vorgelegt worden; jedenfalls sei seine Vorlegung und Nichteinlösung nicht in der in § 16 ScheckG. vorgeschriebenen Weise nachgewiesen, da der Vorlegungsvermerk unrichtig datiert, unzulässigerweise erst nach Ablauf der Vorlegungsfrist ausgestellt und ebenso wie der nachträgliche Änderungsvermerk von Personen unterschrieben sei, denen die Befugnis zur Vertretung der Bezogenen gefehlt habe.

Das Landgericht wies die Klage als in der gewählten Prozeßart unstatthaft ab. Das Oberlandesgericht hat die Berufung des Klägers zurückgewiesen, auf die Anschlußberufung des Beklagten dagegen die Klage als sachlich unbegründet abgewiesen. Die Revision wurde zurückgewiesen.

Gründe:

Der Berufungsrichter erachtet den Klaganspruch für unbegründet, weil nach § 16 ScheckG. zur Ausübung des Rückgriffsrechts des Scheckinhabers gegen den Aussteller nachgewiesen werden müsse, daß der Scheck dem Bezogenen rechtzeitig zur Zahlung vorgelegt und nicht eingelöst oder daß die Vorlegung vergeblich versucht worden sei. Dieser Nachweis sei aber im gegenwärtigen Falle nicht in der in § 16 vorgeschriebenen Weise geführt, da der auf dem Scheck befindliche Vermerk den Erfordernissen des § 16 Nr. 1 nicht entspreche. Denn erstens habe der Vermerk durch nachträgliche Änderung des Ausstellungsdatums ein Datum erhalten, das dem Tage der Ausstellung nicht entspreche; zweitens sei die Ausstellung unzulässigerweise erst nach Ablauf der Vorlegungsfrist erfolgt; und schließlich seien die Personen, die den Vorlegungsvermerk und seine Änderung unterschrieben haben, zur Vertretung der Bezogenen nicht befugt gewesen.

Die beiden ersten Gründe werden allerdings mit Recht von der Revision bekämpft.

1. Zunächst ist der Auffassung des Berufungsrichters, daß die Unrichtigkeit des Ausstellungsdatums der vom Bezogenen erteilten Vor-

legungsbescheinigung dieser die Gültigkeit entziehe, nicht beizutreten. Denn diese Bescheinigung braucht bloß den Anforderungen zu genügen, die in § 16 Nr. 1 ScheckG. vorgeschrieben sind. Sie muß also zwar den Tag der Vorlegung des Schecks angeben, braucht aber selbst nicht datiert zu sein. Es ist daher auch nicht einzusehen, wie die Unrichtigkeit eines hinzugesetzten Ausstellungsdatums die Wirksamkeit der Bescheinigung beeinträchtigen sollte.

2. Auch die weitere Anforderung des Berufungsrichters, die Vorlegungsbescheinigung des Bezogenen müsse, um wirksam zu sein, während der Vorlegungsfrist des § 11 ScheckG. ausgestellt sein, ist aus dem Gesetze nicht abzuleiten. Eine ausdrückliche Vorschrift in diesem Sinne ist im Gesetz — im Gegensatze zum österreichischen Scheckgesetz vom 3. April 1906 § 16 Abs. 4 — nicht enthalten. Die Begründung des Entwurfs spricht dagegen ausdrücklich aus, daß die Vorlegungsbescheinigung auch noch nachträglich beigebracht werden könne, und ein Widerspruch hiergegen ist von keiner Seite erfolgt. Zudem hätte es, wenn für die Ausstellung der Vorlegungsbescheinigung eine Frist vorgeschrieben werden sollte, nahe gelegen, auch die Datierung dieser Bescheinigung vorzuschreiben. Eine solche Vorschrift ist, wie bereits erwähnt, nicht gegeben. Das Schrifttum steht denn auch, abgesehen von vereinzelten Ausnahmen (Zeitschr. f. Handelsrecht Bd. 63 S. 35 und 108), fast einstimmig auf dem Standpunkte, daß für die Ausstellung der Vorlegungsbescheinigung keine Frist vorgeschrieben sei,

— Breit, Pflichten und Rechte des Bankiers nach dem Scheckgesetze S. 42; derselbe in Borchardts Handelsgesetzen des Erdballs XIII, 2 S. III, 7; Langen, Zum Scheckrecht S. 100; Düringer-Hachenburg, HGB. Bd. 2 S. 600; Cosack, Handelsrecht 8. Aufl. S. 254 und die Kommentare von Lessing S. 130, Buff S. 83, Henschel S. 44, Jehle S. 73 und Schiebler S. 44 —

und dieser Standpunkt wird auch von dem Oberlandesgericht zu Dresden in der vom Berufungsrichter angeführten Entscheidung (ROLG. Bd. 35 S. 5) vertreten. Die Gründe, aus denen der Berufungsrichter zum gegenteiligen Ergebnis gelangt, sind nicht überzeugend. Er folgert sein Ergebnis zunächst daraus, daß auch der in § 16 Nr. 3 ScheckG. als Beweismittel für die rechtzeitige Vorlegung und Nichteinlösung des Schecks zugelassene Protest während der Vorlegungsfrist vollständig beurkundet sein müsse. Auch dies sei zwar im Gesetze nicht ausdrücklich ausgesprochen. Es sei aber allgemein anerkannt und ergebe sich, abgesehen von der Begründung des Entwurfs des Scheckgesetzes (S. 30), aus der in § 16 Abs. 2 dieses Gesetzes angeordneten entsprechenden Anwendung des die

Berichtigung des Wechselprotestes betreffenden Art. 90 WO. in der Fassung vom 3. Juni 1908 (RGBl. S. 326). Auch sei zu berücksichtigen, daß nach Art. 41 WO. zur Ausübung des bei nicht erlangter Zahlung statthaften Regresses aus dem Wechsel erforderlich sei, daß die Präsentation des Wechsels und die Nichterlangung der Zahlung durch einen „rechtzeitig darüber aufgenommenen" Protest dargetan werde. Ob aber nicht gerade daraus, daß die entsprechende Anwendung dieser Vorschrift auf den Scheckprotest nicht vorgeschrieben, daß für diesen Protest auch keine besondere Protestfrist bestimmt ist und daß der Berufungsrichter die von ihm angeführte Stelle der Begründung des Entwurfs offensichtlich mißversteht, oder ob nicht aus sonstigen Gründen Bedenken gegen die Rechtsauffassung des Berufungsrichters hinsichtlich des Scheckprotestes zu erheben sind, bedarf nicht der Erörterung. Denn die aus dieser Auffassung gezogene Schlußfolgerung, daß für das Vorlegungszeugnis des Bezogenen auch ohne besondere Vorschrift das gleiche gelten müsse wie für den Protest, ist nicht als zwingend anzuerkennen, zumal da die Absicht des Gesetzes dahin ging, den Nachweis der Vorlegung und Nichteinlösung des Schecks so viel als möglich zu erleichtern. Auch der Hinweis des Berufungsrichters auf die Notwendigkeit, etwaigen unlauteren Machenschaften zwischen dem Bezogenen und dem Scheckinhaber vorzubeugen, kann die von ihm vertretene Rechtsansicht nicht begründen. Denn inwiefern von diesem Standpunkt aus solchen Machenschaften wirksam vorgebeugt werden könnte, ist nicht ersichtlich.

3. Im Ergebnisse beizutreten war dagegen dem dritten Entscheidungsgrunde. Denn das abgeänderte Vorlegungszeugnis der Bezogenen ist, soweit die für den Nachweis der rechtzeitigen Vorlegung des Schecks erforderliche Änderung des Datums in Betracht kommt, nur von dem Prokuristen H. unterschrieben. Dessen Unterschrift reicht aber nicht aus, um dem in § 16 Nr. 1 aufgestellten Erfordernis der Unterschrift des Bezogenen zu entsprechen. Nach dem eigenen Sachvortrage des Klägers und der Streitgehilfin war H. für sich allein weder als gesetzlicher Vertreter noch als Bevollmächtigter der Streitgehilfin zu deren Vertretung ermächtigt, vielmehr stand ihm danach nur Gesamtvertretungsbefugnis zusammen mit anderen Vertretern zu. Insbesondere ist nicht behauptet worden, daß er ausdrücklich oder stillschweigend ermächtigt worden sei, Erklärungen der hier fraglichen Art allein für die Streitgehilfin abzugeben. Die Revision meint zwar, hierauf komme es nicht an, da es sich hier nur um eine Wissenserklärung, nicht um eine Willenserklärung handele. Allein diese Unterscheidung ist hier bedeutungslos. Denn wenn es sich auch bei der Vorlegungsbescheinigung des Bezogenen gemäß § 16

Nr. 1 ScheckG. nur um die Beurkundung von Tatsachen handelt, so kann doch diese Bescheinigung für den Bezogenen nur von solchen Personen ausgestellt werden, die kraft Gesetzes oder Vollmacht zu seiner Vertretung ermächtigt sind. Im Falle der Gesamtvertretung müssen daher so viele Vertreter mitwirken, als zur Abgabe einer Erklärung im Namen des Bezogenen erforderlich ist. Hieran ändert auch der Umstand nichts, daß es nach der auch im Schrifttum zur Anerkennung gelangten Rechtsprechung des Reichsgerichts (RGZ. Bd. 24 S. 86, Bd. 53 S. 230) zur Gültigkeit eines Wechselprotestes und mithin auch eines Scheckprotestes, auch wenn der Protestat von mehreren Personen nur in Gemeinschaft vertreten wird, genügt, wenn das für die Protesterhebung notwendige Zahlungsbegehren nur an einen der Vertreter gerichtet wird. Denn diese Rechtsauffassung beruht auf der Erwägung, daß es sich hierbei nur um eine Willenserklärung handelt, die gegenüber dem Protestaten abzugeben ist, daß eine solche aber auch im Falle der Gesamtvertretung nach dem den Vorschriften des § 171 Abs. 3 ZPO., § 28 Abs. 2 BGB., § 125 Abs. 2 Satz 3, § 150 Abs. 2 Satz 2, § 232 Abs. 1 Satz 3 HGB., § 35 Abs. 2 Satz 3 GmbHG. zugrunde liegenden Rechtsgedanken auch gegenüber nur einem von den mehreren Gesamtvertretern wirksam erfolgen kann. Um einen solchen Fall handelt es sich hier aber nicht, da die Ausstellung der in § 16 Nr. 1 ScheckG. vorgesehenen Bescheinigung die Abgabe und nicht die bloße Entgegennahme einer Erklärung enthält. Der hier in Rede stehende Mangel der Vorlegungsbescheinigung kann auch nicht etwa nur zur Abweisung der Klage in der gewählten Prozeßart führen. Denn die Vorlegungsbescheinigung des Bezogenen kommt nach § 16 nicht lediglich als Beweismittel im Prozesse in Betracht, sondern sie bildet eine sachliche Voraussetzung für die Entstehung des Rückgriffsanspruchs des Scheckinhabers. Ihr festgestellter Mangel muß daher dazu führen, daß die Klage als unbegründet abgewiesen wird.

RGZ. 102, 328.

1—3. . . .

4. Welche Bedeutung hat die Übersendung eines Inhaberschecks an eine Bank von ihren Kunden „zur Gutschrift"?

V. Zivilsenat. Urt. v. 9. Juli 1921.

Die Entscheidung ist abgedruckt unter „Verfahrensrecht, Zivilprozeßordnung".

RGZ. 103, 44.

Muß die durch § 16 Abs. 2 Nr. 1 ScheckG. erforderte Erklärung des Bezogenen unter allen Umständen den Tag der Vorlegung ausdrücklich angeben?

V. Zivilsenat. Urt. v. 19. Oktober 1921.

I. Landgericht Frankfurt a. M. — II. Oberlandesgericht daselbst.

Die Klägerin ist durch Indossament legitimierte Inhaberin eines von dem Beklagten auf die Firma H. & Co. in Frankfurt a. M. am 28. Dezember 1920 gezogenen und nicht eingelösten Schecks auf 20 000 M. Auf dem Schecke befindet sich die von der Bezogenen herrührende Erklärung: „Auf Veranlassung des Ausstellers nicht bezahlt.
Frankfurt a. M., den *4. Januar 1921.*
p. pa. H. & Co.
Otto H."

Die Klägerin erhob im Scheckprozeß Klage auf Zahlung der Schecksumme nebst Zinsen und Unkosten gegen die erste Empfängerin und Indossantin des Schecks sowie den Aussteller als Gesamtschuldner und erzielte obsiegende Urteile. Auf die Berufung des Beklagten, in deren Verlaufe die Klägerin ihren Antrag auf Zahlung von 16 849,55 M nebst 6 v. H. Zinsen seit 1. April 1921 sowie $^1/_3$ v. H. Provision ermäßigte, wies das Oberlandesgericht die Klage ab. Auf die Revision der Klägerin wurde das erste Urteil unter Berücksichtigung der Ermäßigung des Klagantrags wiederhergestellt.

Aus den Gründen:

Die einzige Einwendung des Beklagten, der auch das Berufungsgericht, abweichend vom Landgericht, stattgegeben hat, richtet sich dagegen, daß die im Tatbestand wiedergegebene, auf dem Schecke befindliche Erklärung des Bezogenen vom 4. Januar 1921 als das Erfordernis des § 16 Abs. 2 Nr. 1 ScheckG. erfüllend angesehen werde. Das Berufungsgericht entnimmt aus der Fassung des Gesetzes, die eine „den Tag der Vorlegung enthaltende Erklärung" verlangt, daß es nicht genügen soll, wenn aus der Erklärung die rechtzeitige Vorlegung und die Nichtzahlung hervorgehe, vielmehr der Tag der Vorlegung aus der Erklärung ersichtlich sein müsse. Dies sei mit gutem Grunde angeordnet, da andernfalls die Erklärung der rechtzeitigen Vorlegung und Nichtbezahlung genügen, damit aber dem Gerichte die Möglichkeit selbständiger unmittelbarer Prüfung der Wahrung der Vorlegungsfrist entzogen sein würde. Die Anwendung dieser, aus dem Wortlaute des Gesetzes selbst entwickelten Grundsätze auf den vorliegenden Fall führe zu folgendem Ergebnis. Aus der Erklärung der Bezogenen seien nur die Tatsachen der Nichtzahlung und die der Datierung dieser Erklärung innerhalb der Vorlegungsfrist ersichtlich, nicht aber, ob der Scheck überhaupt und innerhalb der Frist vorgelegt ist. Die Erklärung der Nichtzahlung könne aber der Bezogene gutgläubig auch dann abgeben, wenn ihm der Scheck zur Zahlung innerhalb der Frist des § 11 ScheckG. überhaupt nicht vorgelegen hat. Dieser eine Überspannung des Formerfordernisses enthaltenden Auffassung kann nicht beigetreten werden. Wenn das Gesetz eine „den Tag der Vorlegung enthaltende Erklärung" verlangt, so ist damit allerdings eine lediglich ein Urteil enthaltende Erklärung, daß die Vorlegung rechtzeitig erfolgt ist, ausgeschlossen. Andrerseits aber ist das Gesetz nicht dahin zu verstehen, daß der Tag der Vorlegung auch dann ausdrücklich angegeben sein muß, wenn sich aus dem Inhalte der Erklärung vom Gerichte mit Sicherheit feststellen läßt, daß die Vorlegung rechtzeitig erfolgt ist. Da im vorliegenden Falle die Erklärung das Datum des 4. Januar 1921 und der Scheck das des 28. Dezember 1920 trägt, so ergibt sich hieraus mit Sicherheit, daß die Vorlegung nicht nach dem 4. Januar 1921 erfolgt sein kann, also die Frist des § 11 ScheckG. gewahrt ist; denn die Erklärung kann ja selbstverständlich nur bei der Vorlegung des Schecks auf ihn gesetzt sein. Danach steht für die Vorlegung und die Erklärung der Nichtzahlung sowie für die Vorlegungsbescheinigung das Datum des 4. Januar 1921 und damit die Erfüllung des in § 16 Abs. 2 Nr. 1 ScheckG. aufgestellten Erfordernisses urkundlich fest. Daß übrigens die Rechtzeitigkeit der Vorlegungsbescheinigung nicht zu verlangen ist, hat der erkennende Senat in seinem Urteile vom 16. Oktober 1920 RGZ. Bd. 100 S. 138 ausgeführt, was auch die Zustimmung von Bernstein und Breit gefunden hat (JW. 1921 S. 29 und 518). Die gleiche Auffassung ist von dem Schrifttum fast einstimmig bereits vor dem Erlasse des erwähnten Urteils vertreten worden.

Wie Lessing (§ 16 II 1 S. 128) zutreffend ausführt, ist für die Erklärung eine bestimmte Form nicht vorgeschrieben, es genügt vielmehr jeder deutliche Vermerk, der einwandfrei die vor Ablauf der Vorlegungsfrist erfolgte Vorlegung und Nichthonorierung des Schecks darlegt. Auch darin ist ihm beizutreten, daß ein den Tag der Vorlegung ersichtlich machender Vermerk „Zahlung verweigert" genügt, da dieser Vermerk auch die Tatsache der Vorlegung erweist und die Erklärung der Nichtzahlung in sich begreift. Dem entspricht aber unbedenklich die auf dem Klagescheck befindliche Erklärung. Der von dem Berufungsgericht geltend gemachte Gegengrund, die Erklärung der Nichtzahlung auf Veranlassung des Ausstellers könne der Bezogene auch dann gutgläubig abgeben, wenn ihm der Scheck innerhalb der Frist des § 11 überhaupt nicht vorgelegt ist, da es zur Abgabe dieser Erklärung genügen würde, daß der Bezogene innerhalb der Frist dem Indossanten (?) erklärt hat, der Scheck werde auf Veranlassung des Ausstellers nicht bezahlt, versagt durchaus im vorliegenden Falle. An sich genügt allerdings die — übrigens nicht erforderliche — Datierung der Erklärung nicht, sondern die Vorlegung muß aus der Erklärung als rechtzeitig erfolgt ersichtlich sein. Diese Rechtzeitigkeit ergibt sich aus der Datierung der Erklärung allein zwar keineswegs stets, wohl aber dann, wenn, wie hier, die Erklärung ein innerhalb der Vorlegungsfrist fallendes Datum trägt, die Vorlegung also vor Ablauf der Frist erfolgt sein, der Scheck am 4. Januar 1921 jedenfalls vorgelegen haben muß.

Wenn der Revisionsbeklagte darauf hinwies, daß es an einem Beweise darüber fehle, daß die das Datum des 4. Januar 1921 tragende Erklärung der Bezogenen auch wirklich an diesem Tage auf den Scheck gesetzt worden sei, so ist demgegenüber zu bemerken, daß der Beklagte, soweit aus den Akten ersichtlich, dies nie bestritten, sondern stets nur die Nichtbeachtung der für die Erklärung der Bezogenen vorgeschriebenen Form eingewendet hat, und es daher, abgesehen von der Frage, ob den Kläger an sich die Beweislast für die Richtigkeit des Datums treffen würde, eines besonderen Nachweises der Richtigkeit des Datums nicht bedarf. . . .

RGZ. 103, 87.

1. Bezieht sich die Bestimmung des Art. 74 WO. nur auf abhanden gekommene Wechsel?

2. Kann der Umtausch eines Verrechnungsschecks in einen Barscheck eine grobe Fahrlässigkeit des Umtauschenden enthalten?

3. Ist § 254 BGB. im Falle des Art. 74 WO. anwendbar?

V. Zivilsenat. Urt. v. 26. Oktober 1921.

I. Landgericht Hamburg, Kammer f. Handelssachen. — II. Oberlandesgericht daselbst.

Die Klägerin ist legitimierte Inhaberin eines von der Beklagten auf die Firma Lantz Frères, Mulhouse, oder deren Order ausgestellten Schecks über 550 000 M. Der Scheck war auf die Vereinsbank in Hamburg gezogen und trug auf der Vorderseite den Vermerk „nur zur Verrechnung". Die Beklagte hatte den Scheck am Tage der Ausstellung, Sonnabend den 27. März 1920, dem angeblichen Vertreter der Firma Lantz Frères, der sich Léon L. nannte, ausgehändigt. Dieser sollte ihr

Schweizer Francs dafür beschaffen und bei einer Basler Bank zur Verfügung stellen. Erst dann sollte der Scheck freigegeben werden. Bis dahin war der Scheck gesperrt; die Beklagte benachrichtigte nämlich die Vereinsbank noch an demselben Tage, daß der Scheck nur mit ihrer Einwilligung eingelöst werden dürfe. Am Nachmittag des 27. März 1920 bat L. die Klägerin, da er über den Betrag am Montag in Berlin nach einer erhaltenen Order verfügen müsse, ihr den Scheck in bar einzulösen. Die Klägerin hat darauf dem L. einen auf den Inhaber lautenden Barscheck über 550 000 M gegeben, wogegen ihr L. den Verrechnungsscheck über 550 000 M, der auf der Rückseite das Indossament ppa. Lantz Frères Léon L. trug, aushändigte. Die Vereinsbank hat die Einlösung des Verrechnungsschecks abgelehnt. L. war, wie sich später herausstellte, ein Betrüger; er hat den Barscheck der Klägerin zu Geld gemacht. Die Klägerin nimmt die Beklagte als Ausstellerin in Anspruch und hat auf Zahlung von 550 000 M geklagt. Die Klage ist in beiden Instanzen abgewiesen. Die Revision blieb ohne Erfolg.

Gründe:

Das Berufungsgericht führt aus, daß zwar gegen die formelle Legitimation der Klägerin aus dem Scheck Bedenken nicht beständen, daß aber gemäß § 8 ScheckG. und Art. 74 WO. der Einwand der Beklagten, der Klägerin falle beim Erwerb des Schecks eine grobe Fahrlässigkeit zur Last, zuzulassen sei; bei Prüfung dieses Einwandes gelangt es dazu, ihn für begründet zu erklären. Allerdings gehe die Annahme des Landgerichts zu weit, daß ein Verrechnungsscheck überhaupt nicht zum Umlauf bestimmt sei; es sei nichts Ungewöhnliches, daß ein solcher Scheck von dem Empfänger oder Inhaber weitergegeben werde, zwar nicht zum Inkasso, wohl aber als Valuta für ein mit dem Dritten abgeschlossenes Geschäft. Aber es sei etwas ganz Ungewöhnliches und ein sehr verdächtiger Umstand gewesen, daß L. der Klägerin einen Verrechnungsscheck über einen so hohen Betrag gegen Bargeld anbot, zumal da er den Scheck erst an demselben Tage von dem an demselben Ort wohnenden Aussteller erworben hatte. Es habe der Klägerin unverständlich sein müssen, warum L., wenn er Bargeld brauchte, sich nicht einige Stunden früher einen Barscheck von der Beklagten geben ließ. In dieser Richtung sei für die Klägerin eine Frage nach den Gründen dieses auffälligen Vorgehens geboten gewesen. Auch wenn L. dann behauptete, die Weisung von seinem Hause erst nach Empfang des Verrechnungsschecks erhalten zu haben, hätte es die Klägerin doch stutzig machen müssen, daß er sich nicht an die Beklagte mit der Bitte um Austausch des Verrechnungsschecks wandte. Die Behauptung L.s, er brauche am Montag in Berlin Bargeld in so hohem Betrage, ohne daß dafür Dispositionen getroffen waren, sei keineswegs plausibel gewesen und hätte Anlaß zu Rückfragen gegeben, was für dringende Geschäfte vorlägen, die den mit der Einlösung eines Verrechnungsschecks verbundenen Zeitverlust nicht vertrugen. Unter den besonderen Umständen, die hier vorlagen, hätte die Klägerin sich die Berechtigung L.s zur Indossierung des Schecks in einer Weise nachweisen lassen müssen, die einem argwöhnisch gewordenen Kaufmann genügen durfte

Die Revision rügt Verletzung der Art. 36 und 74 WO. und des § 8 ScheckG. Sie macht zunächst geltend, daß böser Glaube auf seiten der Klägerin nicht vorgelegen habe, daß grobe Fahrlässigkeit aber nicht genüge, weil es sich nicht um einen „abhanden gekommeneen" Scheck im Sinne von Art. 73, 74 WO. gehandelt habe. Die Klägerin habe den Scheck von demjenigen erworben, dem er von der Beklagten zum Zweck der Verwertung ausgehändigt war. Dieser Angriff konnte keinen Erfolg haben. Der Art. 74 WO. ist der Gruppe XI des zweiten Abschnittes eingereiht, welche die Überschrift „Abhandengekommene Wechsel" trägt. Unter Abhandenkommen wird ein Besitzverlust verstanden, der nicht auf eigener Entschließung des Besitzers beruht (vgl. Staub HGB. § 366 Anm. 46). Der Art. 74 enthält aber von dem Erfordernis des Abhandenkommens im Gegensatz zu Art. 73 nichts. Er stellt vielmehr ganz allgemein den Grundsatz auf, daß der nach Art. 36 formell legitimierte Wechselinhaber den Wechsel herausgeben muß, wenn er beim Erwerb in bösem Glauben war oder grob fahrlässig handelte. Hiermit ist zugleich zum Ausdruck gebracht, daß der Besitz des Wechsels in Verbindung mit der formellen Legitimation des Wechselinhabers das Wechseleigentum verschafft, sofern nicht böser Glaube oder grobe Fahrlässigkeit beim Erwerb des Wechsels entgegensteht. Dieser Rechtsgrundsatz hat im Wechselrecht unbeschränkte Geltung; seine Anwendung kann von der Klägerin nicht damit abgelehnt werden, daß es sich hier nicht um einen abhanden gekommenen, sondern zufolge eines Willensmangels freiwillig begebenen Wechsel handele (vgl. auch § 365 HGB und RGZ. Bd. 53 S. 210, Bd. 55 S. 49, Bd. 57 S. 391, Bd. 74 S. 185; Leipz. Zeitschr. 1917 Sp. 206; RG. v. 10. Oktober 1916 II 285/16). Steht dem Aussteller aber ein Anspruch auf Herausgabe des Wechsels zu, so hat das Berufungsgericht ihm mit Recht auch eine Einrede gegenüber dem auf die Formallegitimation gegründeten Regreßanspruch des Wechselinhabers zugebilligt (Urt. des RG. vom 29. November 1911 I 244/11 im Recht 1912 Nr. 513).

Aber auch die weiteren Revisionsangriffe, welche sich gegen die Annahme einer groben Fahrlässigkeit auf seiten der Klägerin richten, können nicht für durchgreifend erachtet werden. Die Revision stellt zunächst in Abrede, daß es auffällig gewesen sei, wenn L. sich an die Klägerin und nicht an die Beklagte mit der Bitte um Austausch des Verrechnungsschecks in einen Barscheck wandte. Denn aus dem Verrechnungsscheck habe die Klägerin ja ersehen, daß die Beklagte eine Bareinlösung des Schecks nicht vornehmen lassen wollte. Dies brauchte aber nicht auf Mißtrauen gegen L. oder die von ihm angeblich vertretene Firma zu beruhen, sondern konnte auch andere Gründe haben. Das Berufungsgericht nimmt aber gerade an, daß die Klägerin es hätte aufklären müssen, weshalb L., wenn er dringend Geld in solcher Höhe nötig hatte, nicht entweder von vornherein einen Barscheck von der Beklagten verlangt oder wenigstens nachträglich letztere um Umtausch des Verrechnungsschecks gebeten hatte. Daß L. dies unterließ, mußte die Klägerin auf den Gedanken bringen, daß die Beklagte aus irgendwelchen Gründen nur einen Verrechnungsscheck habe geben wollen und daß sie dem Verlangen L.s nach Umtausch in einen Barscheck vermutlich nicht ohne weiteres nachgekommen sein würde. Wenn der Klägerin die Gründe der Beklagten auch nicht erkennbar waren, so ließ doch das Verhalten L.s nach der Annahme des Berufungsgerichts darauf schließen, daß ihm bei dem Versuch, von der Beklagten einen Barscheck zu erlangen, von dieser Schwierigkeiten gemacht worden wären. Es handelt sich hier im wesentlichen um tatsächliche Erwägungen des Berufungsgerichts, die der Nachprüfung des Revisionsgerichts entzogen sind. Ebenso liegt es auf tatsächlichem Gebiet, wenn der Berufungsrichter ausführt, daß es der Klägerin verdächtig vorkommen mußte, wenn L. plötzlich derartiger Barbeträge bedurfte, ohne daß sein Haus hierzu die nötigen Verfügungen getroffen hatte. Wenn das Berufungsgericht hieraus eine Verpflichtung der Klägerin entnimmt, Rückfragen zu halten und Aufklärung zu verlangen, ehe sie den Barscheck gab, so ist dies nicht zu beanstanden. Die Ausführung der Revision, daß es für Lantz Frères Schwierigkeiten machen mochte, in Deutschland Kredit zu erhalten, und daß deshalb eine derartige Transaktion erklärlich war, berührt nicht den Kernpunkt der Ausführungen des Berufungsgerichts, wonach das Auffällige für die Klägerin gerade darin lag, daß L. am nächsten Montage unbedingt in Berlin über einen Barbetrag von mehr als ½ Million Mark verfügen mußte, ohne daß sein Geschäftshaus bis zum Sonnabend nachmittag irgendwelche Vorkehrungen getroffen hatte, um ihn hierzu instand zu setzen.

Das Berufungsgericht hat auch nicht verkannt, daß es darauf ankommt, ob die Klägerin bei der Prüfung der Berechtigung des L., über den Verrechnungsscheck zu verfügen, sich einer groben Fahrlässigkeit schuldig gemacht habe. Denn in der Begründung des angefochtenen Urteils ist ausdrücklich hervorgehoben, daß das ungewöhnliche Verlangen nach Umtausch des Verrechnungsschecks in einen Barscheck der Klägerin Anlaß zu eingehender Legitimationsprüfung gegeben habe und daß die Klägerin zum mindesten die Berechtigung L.s zur Indossierung für die Remittentin sich in einer Weise hätte nachweisen lassen müssen, die einem argwöhnisch gewordenen Kaufmann genügen durfte. Die von der Revision nach dieser Richtung angeführten Umstände, welche für die Berechtigung des L. zur Verfügung über den Scheck sprachen, hat das Berufungsgericht sämtlich gewürdigt. Es geht auch selbst davon aus, daß bei einem im normalen Rahmen liegenden Geschäft eine eingehendere Legitimationsprüfung vielleicht nicht nötig gewesen sei. Aber gerade das Ungewöhnliche des ihr angetragenen Geschäfts hätte der Klägerin nach Auffassung des Berufungsgerichts Anlaß zu besonderer Prüfung der Berechtigung L.s geben müssen.

Auch darin endlich kann der Revision nicht beigepflichtet werden, daß eine Nachforschung seitens der Klägerin hier nur im Wege einer telegraphischen Anfrage bei der Firma Lantz Frères möglich gewesen wäre, ein derartiges Prüfungsverfahren aber zeitraubend und unter Goßkaufleuten nicht üblich sei. Es lag vielmehr für die Klägerin, wie auch das Landgericht angenommen hat, sehr nahe, sich zunächst mit einer Anfrage an die Beklagte oder die Vereinsbank zu wenden; alsdann hätte die Klägerin Kenntnis davon erhalten, daß der Scheck vorläufig gesperrt sei. Die Ermittlung dieser Tatsache würde voraussichtlich genügt haben, sie vom Erwerb des Verrechnungsschecks abzuhalten.

Daß auch die Beklagte ein gewisses Verschulden trifft, hat das Berufungsgericht nicht verkannt. Es bewertet aber die Unvorsichtigkeit der Beklagten gegenüber der Leichtfertigkeit der Klägerin als sehr gering. Auch diese Beurteilung ist wesentlich tatsächlicher Natur. Eine Anwendung des § 254 BGB. kam hier nicht in Frage. Denn fiel der Klägerin, wie das Berufungsgericht frei von Rechtsirrtum ausgeführt hat, beim Erwerb des Schecks eine grobe Fahrlässigkeit zur Last, so konnte sie zur Herausgabe angehalten werden und war bei der Geltendmachung von Ansprüchen aus dem Scheck trotz ihrer formellen Legitimation der Einrede ausgesetzt, daß ihr aus dem Scheck infolge dieses fehlerhaften Erwerbs keinerlei Rechte zustanden. Konnte sie aber mit Erfolg keinerlei Ansprüche aus dem Scheck geltend machen, so war auch für eine Verteilung des Schadens unter den Parteien schon aus diesem Grunde kein Raum, ganz abgesehen davon, ob die Anwendung des § 254 BGB. gegenüber dem geltend gemachten Regreßanspruch sonst rechtlich überhaupt möglich war.

RGZ. 104, 37.

Darf auch bei einem Verrechnungsscheck der Protest dahin gefaßt werden, daß zur Zahlung aufgefordert, Zahlung aber nicht erfolgt sei?

V. Zivilsenat. Urt. v. 1. Februar 1922.

I. Landgericht Dessau. — II. Oberlandesgericht Naumburg a. S.

Die Klägerin als Inhaberin eines vom Beklagten am 24. August 1920 für die Firma Th. L. in Celle ausgestellten, auf die Depositenkasse der Anhaltisch-Dessauischen Landesbank in Coswig gezogenen Verrechnungsschecks über 6000 M, der am 31. August 1920 mangels Zahlung protestiert worden ist, nimmt im Scheckprozeß klagend den Beklagten auf Zahlung der Schecksumme nebst Zinsen und Unkosten in Anspruch. Der Beklagte beantragte die Abweisung der Klage in erster Reihe wegen Ordnungswidrigkeit des Protestes, da bei einem Verrechnungsscheck die Aufforderung des Protestbeamten nur auf Einlösung durch Verrechnung, nicht aber auf Zahlung gehen und der Protest daher nicht mangels Zahlung erhoben werden dürfe. Nachdem das Landgericht die Klage aus diesem Grunde abgewiesen hatte, verurteilte das Oberlandesgericht auf die Berufung der Klägerin den Beklagten nach dem Klagantrage. Die Revision des Beklagten hatte keinen Erfolg.

Aus den Gründen:

Daß der Inhaber eines nicht eingelösten Verrechnungsschecks seinen Regreß gegen den Aussteller ohne weiteres auf Zahlung der Schecksumme richten darf, hat der erkennende Senat bereits in RGZ. Bd. 95 S. 242 dargetan. Gemäß § 16 ScheckG. ist die Ausübung des Regreßrechts abhängig von dem Nachweise, daß der Scheck rechtzeitig zur Zahlung vorgelegt und nicht eingelöst, oder daß die Vorlegung vergeblich versucht worden ist. Von den drei im § 16 zugelassenen Wegen zur Führung dieses Nachweises hat die Klägerin den des Protestes gewählt. Dem Wortlaute des Gesetzes entsprechend hat der Protestbeamte den Scheck der Bezogenen zur Zahlung vorgelegt, jene zur Zahlung der Schecksumme aufgefordert und auf ihre die Zahlung ablehnende Erklärung Protest mangels Zahlung erhoben.

Mit Rücksicht darauf, daß der § 14 die bare Bezahlung eines Verrechnungsschecks ausdrücklich verbietet, hat das Landgericht den Protest, da der Protestbeamte nur zur Verrechnung hätte auffordern dürfen, als ungültig angesehen und die Klage abgewiesen, während das Berufungsgericht den Protest für ordnungsmäßig erklärt hat. Dem muß beigetreten werden. Wenn die Revision sich für die Richtigkeit der Auffassung des Landgerichts auf Kuhlenbeck, das Deutsche Scheckgesetz § 16 Ziff. 1a Abs. 2, bezogen hat, so ist dagegen zu bemerken, daß dort zwar für den Protest bei einem Verrechnungsschecke der Nachweis, daß der Scheck dem Bezogenen zur Verrechnung vorgelegt und von diesem nicht zur Verrechnung gebracht worden ist, für genügend, daß aber ein dem Wortlaute des Gesetzes entsprechender Protest für den Verrechnungsscheck nicht als ungültig erklärt worden ist. Friedrich (Bankarchiv Bd. 11 S. 125), auf den sich die Revision weiter beruft, vertritt allerdings die Meinung, daß, da die Barzahlung dem durch Verrechnungsscheck Bezogenen verboten ist, auch die Präsentation zur Wahrung des Regreßrechts im Sinne des Gesetzes nur die Aufforderung enthalten dürfe, den Scheck durch Verrechnung einzulösen. Der § 16 erhalte damit für den Fall des Verrechnungsschecks den Sinn: „daß der Scheck rechtzeitig zur Verrechnung vorgelegt und nicht eingelöst ist".

Die Zulässigkeit der Fassung eines Protestes, wie sie Friedrich will, wird nicht in Zweifel zu ziehen sein. Nach § 16 Abs. 3, § 30 Abs. 2 ScheckG. finden auf den Protest die Vorschriften des Art. 88 der Wechselordnung entsprechende Anwendung. Der Art. 88 Nr. 2 lautet nach der durch Gesetz von 30. Mai 1908 vorgenommenen Änderung: In den Protest ist aufzunehmen ... „die Angabe, daß die Person, gegen welche protestiert wird, ohne Erfolg zur Vornahme der wechselrechtlichen Leistung aufgefordert worden ...". Danach dürfte es als zulässig erscheinen, daß der Protestbeamte den Bezogenen zur Vornahme der sich aus dem Verrechnungsscheck ergebenden scheckrechtlichen Leistung, nämlich der Verrechnung, auffordert und alsdann die Vergeblichkeit dieser Aufforderung feststellt. Da aber gemäß § 14 Abs. 1 Satz 3 die Verrechnung als Zahlung im Sinne dieses Gesetzes gilt und nur die Barzahlung des Verrechnungsschecks verboten ist, so kann jedenfalls die Begründung des Berufungsgerichts betreffs seiner Annahme der Gültigkeit des Protestes nicht beanstandet werden. Denn gilt die Verrechnung als Zahlung und ergibt, wie das Urteil feststellt, die Protesturkunde nicht, daß Barzahlung gefordert und abgelehnt worden sei, so darf mit dem Berufungsgericht die Aufforderung zur Zahlung als die zur Vornahme der Verrechnung und die Erhebung des Protests mangels Zahlung als die mangels Vornahme der Verrechnung verstanden werden. ...

RGZ. 111, 266.

1. Kann der auf eine bestimmte Depositenkasse der Bank gezogene Scheck bei der Bankzentrale wirksam präsentiert und mit dem Nichteinlösungsvermerk versehen werden?

2. Wird durch das von der auswärtigen Filiale der bezogenen Bank auf den Inhaberscheck gesetzte Indossament für die Filiale eine scheckmäßige Haftung gegenüber dem Inhaber und bei Nichteinlösung ein scheckmäßiger Regreßanspruch gegenüber dem Aussteller begründet?

Scheckgesetz v. 11. März 1908 §§ 8, 10, 15, 16.

Feriensenat. Urt. v. 20. Juli 1925.

I. Landgericht I Berlin. — II. Kammergericht daselbst.

Die Beklagte ist Ausstellerin zweier unter dem Datum Charlottenburg, den 8. Dezember 1923, auf die Darmstädter und Nationalbank, Kommanditgesellschaft auf Aktien, Depositenkasse und Wechselstube Berlin, Weinbergsweg 1, gezogener Schecks, in denen die Bezogene angewiesen wurde, je 1590 Billionen Mark aus dem Guthaben der Ausstellerin an die Firma S. Gr. in Köln oder Überbringer zu zahlen. Beide Schecks tragen die quer über die Vorderseite gesetzten Vermerke: „Nur zur Verrechnung". Am Rande der Vorderseite befindet sich bei beiden Schecks der Vermerk:

„Vorgelegt am 18. 12. 23 und nicht eingelöst. Darmstädter und Nationalbank, Kommanditgesellschaft auf Aktien, Abteilung Behrenstraße" (folgen Unterschriften).

Auf der Rückseite tragen die Schecks ein von der Darmstädter und Nationalbank, Kommanditgesellschaft auf Aktien, Filiale Köln, ausgestelltes undatiertes Indossament an die Reichsbankdirektion Berlin.

Die Kölner Filiale der Darmstädter und Nationalbank, welche die Schecks im Regreßwege bei der Reichsbank eingelöst zu haben behauptet, hat als Inhaberin der Schecks die Beklagte als Ausstellerin im Scheckprozeß auf Zahlung der Schecksummen von zusammen 3180 Goldmark zuzüglich 6 v. H. Zinsen seit 18. Dezember 1923 und 1/3 v. H. Provision in Anspruch genommen.

Die Beklagte hat mehrere Einwendungen erhoben und unter anderem geltend gemacht, daß die Erklärungen über die Vorlegung und Nichteinlösung der Schecks nur von der Depositenkasse Weinbergsweg 1, nicht aber von der Abteilung Behrenstraße der bezogenen Bank hätten ausgestellt werden können, der Nachweis der rechtzeitigen ordnungsmäßigen Vorlegung der Schecks also fehle, und daß ein Regreßanspruch der Klägerin gemäß § 20 des ScheckG. verjährt sei, da die Klage erst am 19. März 1924 erhoben sei. Das Landgericht hat die Beklagte nach dem Klagantrage verurteilt. Das Kammergericht hat die Klage abgewiesen. Die Revision der Klägerin blieb ohne Erfolg.

Gründe:

Das Berufungsgericht hat die Klage, soweit damit ein Regreßanspruch geltend gemacht wird, auf Grund der §§ 16 und 8 des Scheckgesetzes vom 11. März 1908 abgewiesen, weil die Schecks nicht in dem darin angegebenen Geschäftslokal der Bezogenen zur Zahlung vorgelegt seien und weil die auf die Schecks gesetzten Indossamente der Klägerin, die als Filiale der bezogenen Bank mit dieser ein und dieselbe Rechtspersönlichkeit darstelle, nach ausdrücklicher Gesetzesvorschrift unwirksam seien. Soweit die Klägerin als Inhaberin der Schecks klagt, erachtet das Berufungsgericht den Verjährungseinwand der Beklagten nach § 20 Abs. 2 des Scheckgesetzes für durchgreifend.

Die Revision greift nur die auf die §§ 16 und 8 des Scheckgesetzes gestützten Abweisungsgründe an. Tatsächlich würde auch, soweit die Klägerin als Inhaberin der Schecks klagt, der Anspruch nach § 20 Abs. 2 verjährt sein, da die Vorlegungsfrist am 18. Dezember 1923 abgelaufen, die Klage aber erst am 19. März 1924, also einen Tag nach dem Ablauf der dreimonatigen Verjährungsfrist, bei Gericht eingereicht und zugestellt worden ist.

Die auf Verletzung des § 16 des Scheckgesetzes gestützte Revisionsrüge erweist sich als begründet. Nach § 16 muß zur Ausübung des Regreßrechts nachgewiesen werden, daß der Scheck rechtzeitig zur Zahlung vorgelegt und nicht eingelöst worden ist, und kann dieser Nachweis geführt werden durch eine auf den Scheck gesetzte, von dem Bezogenen unterschriebene und den Tag der Vorlegung enthaltende Erklärung. Diesen Anforderungen genügen die auf den Schecks befindlichen Erklärungen der Darmstädter und Nationalbank, daß die Schecks am 18. Dezember 1923 vorgelegt und nicht eingelöst sind. Die Beklagte will diese Erklärungen nicht als genügend gelten lassen, weil sie von der Abteilung Behrenstraße der bezogenen Bank ausgestellt seien, während in den Schecks selbst die Depositenkasse und Wechselstube Weinbergsweg 1 der Darmstädter und Nationalbank als Bezogene angegeben sei, die Vorlegung der Schecks sonach bei dieser Kasse habe erfolgen müssen. Diese auch vom Berufungsgericht vertretene Ansicht ist nicht zutreffend.

Die Depositenkassen einer Bank stellen sich lediglich als Geschäftsstellen der Bank dar; sie sind, wie die Revision zutreffend ausführt, nur örtlich getrennte Verkehrseinrichtungen einer einheitlichen Rechtspersönlichkeit. Wenn also die Schecks auf die Depositenkasse Weinbergsweg 1 der Darmstädter und Nationalbank gezogen sind, so ist Bezogene immer nur die Bank selbst und hat die Beifügung einer Depositenkasse nur die Bedeutung, daß damit eine bestimmte Kasse der Bank als Zahlstelle bezeichnet wird, an der die der Bank aufgetragene Zahlung oder Einlösung des Schecks erfolgen soll. Es mag zugegeben werden, daß an sich die Vorlegung des Schecks durch den Inhaber ordnungsmäßig bei der im Scheck als Einlösungsstelle bezeichneten Kasse zu erfolgen hat. Das schließt aber nicht aus, daß auch eine Vorlegung des Schecks bei einer anderen Geschäftsstelle der bezogenen Bank wirksam erfolgen kann, wenn der Inhaber des Schecks und die Bank darüber einverstanden sind. Auf die Vorlegung des Schecks und den Protest finden nach § 16 Abs. 2 SchG. die Vorschriften der Art. 87, 88, 90, 91 der Wechselordnung entsprechende Anwendung. In Art. 91 Abs. 1 Satz 2 WO. ist aber zugelassen, daß die Präsentation zur Annnahme oder Zahlung des Wechsels, die nach Satz 1 in dem Geschäftslokal und in Ermangelung eines solchen in der Wohnung der im Wechsel bestimmten Person vorgenommen werden muß, an einer anderen Stelle im beiderseitigen Einverständnis geschehen kann. Erforderlich ist nur, daß diese andere Stelle sich innerhalb der Ortschaft, die als Zahlungsort im Wechsel angegeben ist, oder in einem dieser benachbarten Orte (Art. 91 a WO.) befindet, und daß ferner die Person, bei welcher die Vorlegung des Wechsels zu erfolgen hat, und die Person, welche die Vorlegung vornimmt, über die Stelle, an der die Vorlegung geschieht, sich im Einverständnis befinden (RGZ. Bd. 66 S. 301). Die entsprechende Anwendung dieser Grundsätze auf das Scheckrecht ergibt, daß auch die Vorlegung des Schecks und die den Protest ersetzende Erklärung des Bezogenen gemäß § 16 Nr. 1 SchG. im beiderseitigen Einverständnis des Scheckinhabers und des Bezogenen an einer anderen Stelle als bei der im Scheck bezeichneten Geschäftsstelle des Bezogenen wirksam erfolgen kann. Es besteht daher kein rechtliches Hindernis, wenn die Berliner Großbanken zum Zweck der Übersicht und schnelleren Abwicklung untereinander und mit der Reichsbank die Einrichtung getroffen haben, daß die Schecks nicht bei den einzelnen Kassen, sondern bei einer Abteilung der Zentrale der bezogenen Bank zur Einlösung vorgelegt werden sollen, und wenn demgemäß die Vorlegung und die Ausstellung der Erklärung gemäß § 16 Nr. 1 SchG. bei dieser Abteilung der Zentrale der Bank vorgenommen wird. Vorausgesetzt ist dabei nur, daß der Inhaber des Schecks oder die den Scheck vorlegende Person mit diesem Verfahren einverstanden ist. Dieses Einverständnis braucht aber nicht ausdrücklich erklärt zu werden, sondern kann auch stillschweigend dadurch zustande kommen, daß der Scheckinhaber gemäß der ihm bekannten, von der bezogenen Bank getroffenen Einrichtung sich sofort an die von der Bank bestimmte Abteilung der Zentralstelle wendet, wie das im vorliegenden Falle von der Reichsbank geschehen ist. Insoweit würde daher dem Klaganspruch kein Bedenken entgegenstehen.

Dagegen wird die Entscheidung des Berufungsgerichts durch den auf § 8 SchG. gestützten Grund getragen. Das Berufungsgericht hat in dieser Beziehung ausgeführt:

Die Klägerin könne keine Regreßrechte aus den Schecks gegen die Beklagte als Ausstellerin geltend machen, weil ihr Indossament nach § 8 SchG. unwirksam sei. Aus dem Scheck selbst sei zu entnehmen, daß sie nur eine Filiale des Bezogenen sei. Es müsse aber angenommen werden, daß auch Filialen des Bezogenen einen Scheck nicht wirksam indossieren könnten. Der Zweck der Vorschrift sei, eine Umgehung des in § 10 aufgestellten Verbots der Annahme zu verhindern. Ein Indossament des Bezogenen würde eine abstrakte Schuldverpflichtung gegenüber jedem späteren Inhaber ohne Rücksicht auf das Vorhandensein eines Guthabens begründen, also dieselbe Bedeutung haben wie ein Annahmevermerk. Es könne daher auch nicht zulässig sein, daß eine Filiale der bezogeneen Firma indossiere, da auch durch das Indossament der Filiale die Hauptstelle verpflichtet werde.

Die Revision zieht nicht in Zweifel, daß die Filialen keine eigene Rechtspersönlichkeit besitzen; sie weist aber darauf hin, daß Zweigniederlassungen in materieller und prozessualer Hinsicht immerhin eine gewisse Selbständigkeit haben, und will daraus folgern, daß auch in scheckrechtlicher Hinsicht die Hauptniederlassung nicht als identisch mit der Filiale zu behandeln sei. Weder dem Sinne des Gesetzes noch den wirtschaftlichen Bedürfnissen, denen die Reichsbank durch Hereinnahme solcher von Filialen indossierter Schecks gefolgt sei, werde die Auffassung des Berufungsgerichts gerecht. Bei der herrschenden Geldknappheit sei es nötig, die Umlaufwirkung der Schecks nach Möglichkeit zu fördern.

Diese Ausführungen können der Revision nicht zum Siege verhelfen.

Die streitigen Schecks haben, da der Firma des Zahlungsempfängers die Worte „oder Überbringer" beigefügt sind, nach § 4 SchG. als auf den Inhaber ausgestellte Schecks zu gelten. Ein eigentliches Indossament kam daher bei diesen Schecks nicht in Frage. Legitimiert zur Geltendmachung der Rechte aus den Schecks war jeder Inhaber, und ein auf die

Rückseite gesetztes Indossament hatte nur die Wirkung, daß dessen Aussteller dem Inhaber für die Einlösung haftbar wurde, jedoch mit Ausnahme des Bezogenen, auf den die Vorschrift des § 15 Abs. 2 Satz 1 SchG. nach ausdrücklicher Bestimmung des Satzes 2 keine Anwendung findet. Die Vorschrift des § 15 Abs. 2 Satz 2 steht im Zusammenhang mit § 10 und § 8 Abs. 2 Satz 3 und 4, nach denen ein auf den Scheck gesetzter Annahmevermerk als nicht geschrieben gilt, ein Indossament des Bezogenen unwirksam und ein Indossament an den Bezogenen nur als Quittung zu behandeln ist. Diese Vorschriften beruhen darauf, daß nach dem Willen des Gesetzgebers der Scheck lediglich ein Zahlungsmittel und kein Kreditpapier, daß er nur eine Anweisung auf ein bei dem Bezogenen bestehendes Guthaben des Ausstellers sein soll, und daß ein Akzept wie auch ein Indossament, durch das der Bezogene zu einem selbständigen Schuldner würde (während er nach dem Charakter des Schecks lediglich Zahlungsorgan sein soll), mit der Natur des Schecks nicht verträglich ist (vgl. Begründung zum Entwurf des Scheckgesetzes S. 13, 25).

Hiernach konnte ein von der bezogenen Bank auf die Schecks gesetztes Indossament keine scheckrechtliche Haftung der Bank gegenüber späteren Inhabern des Schecks und insbesondere auch nicht gegenüber dem von der Bank angegebenen Indossanten begründen. Die Rechtslage wird aber auch dadurch keine andere, daß die Indossamente nicht von der in den Schecks als Zahlstelle angegebenen Berliner Depositenkasse oder von der Berliner Zentrale, sondern von der Kölner Filiale auf die Schecks gesetzt worden sind. Denn die Filiale ist, wie das Berufungsgericht zutreffend angenommen hat, kein von der bezogenen Bank verschiedenes Rechtssubjekt, sondern nur eine mit selbständiger Geschäftsführungsbefugnis ausgestattete Geschäftsstelle; die bezogene Bank ist das alleinige Subjekt aller aus den von der Filiale vorgenommenen Geschäften entspringenden Rechte und Pflichten. Die Gutschrift, die die Kölner Filiale auf Grund der ihr übergebenen Schecks zugunsten der Firma Gr. vorgenommen hat, stellt sich als eine Leistung der bezogenen Bank dar. Das gleiche muß hinsichtlich der weiteren Rechtshandlungen gelten, die von der Kölner Filiale in Ansehung der Schecks bewirkt worden sind, also hinsichtlich ihrer Indossierung und Weiterbegebung an die Reichsbank in Berlin und ihrer Wiedereinlösung daselbst. Die Rechtslage ist keine andere, als wenn die Firma Gr. die Schecks an die darin angegebene Geschäftsstelle der bezogenen Bank in Berlin mit dem Ersuchen, ihr die Schecksumme auf ihrem Konto bei der Kölner Filiale gutschreiben zu lassen, übersandt und die Berliner Geschäftsstelle diesem Verlangen entsprochen hätte. Daß die Gutschrift für die Firma Gr. bei der Kölner Filiale auf Grund deren selbständiger Entschließung und nicht auf Anordnung der Berliner Geschäftsstelle erfolgt ist, kann rechtlich keinen Unterschied begründen, da beide Geschäftsstellen nur Vertreter der Bank sind, die durch die von ihren Geschäftsstellen innerhalb deren Vertretungsmacht vorgenommenen Rechtshandlungen berechtigt und verpflichtet wird. Hieraus ergibt sich, daß durch die von der Kölner Filiale vorgenommene Indossierung der Schecks auf die Reichsbank keine scheckmäßige Haftung der Darmstädter und Nationalbank begründet worden ist, die Indossamente vielmehr unwirksam gewesen sind (§ 15 Abs. 2 SchG.), daß demnach auch die Reichsbank keinen scheckmäßigen Regreßanspruch bei Nichteinlösung der Schecks gegen die Darmstädter und Nationalbank erwerben konnte, und daß die letztgenannte Bank ihrerseits auf Grund ihrer Indossamente und ihrer Inanspruchnahme durch die Reichsbank keinen scheckmäßigen Regreßanspruch gegen die Beklagte als Ausstellerin hat. Ob und welche Ansprüche der Reichsbank gegen die Darmstädter und Nationalbank und dieser Bank gegen die Beklagte erwachsen sind, richtet sich vielmehr lediglich nach den aus allgemeinen Vorschriften des bürgerlichen Rechts zu beurteilenden Rechtsverhältnissen, die zwischen den genannten Personen durch die Annahme der Schecks und die darauf bewirkten Leistungen begründet worden sind.

Die hiergegen von der Revision erhobenen Bedenken können nicht als begründet anerkannt werden. Weder aus dem Scheckgesetz selbst noch aus der Begründung läßt sich ein Anhalt dafür entnehmen, daß auswärtige Filialen einer bezogenen Bank von den in § 8 Abs. 2 Satz 3 und § 15 Abs. 2 Satz 2 gegebenen Vorschriften haben ausgenommen werden sollen. Ebensowenig läßt sich aus den Vorschriften des § 270 Abs. 2 BGB., der §§ 29, 31 HGB. und des § 21 ZPO. etwas zugunsten der Revision herleiten. In keiner dieser Vorschriften ist zum Ausdruck gebracht, daß eine auswärtige Zweigniederlassung als ein von der Hauptniederlassung völlig unabhängiges Unternehmen anzusehen sei. Gerade § 21 ZPO. spricht gegen die Ansicht der Revision. Denn dort ist als Partei für die im Gerichtsstand der Niederlassung zu erhebenden Klagen der Inhaber des Hauptbetriebs bezeichnet und damit deutlich erkennbar gemacht, daß als Rechtssubjekt der Zweigniederlassung der Inhaber des Hauptbetriebs anzusehen sei. Ob die Reichsbank von Filialen der bezogenen Bank indossierte Schecks anstandslos hereinnimmt, kann nicht von Erheblichkeit sein. Für die Reichsbank ist dieses Verfahren, solange ihr die betreffenden Banken wegen der in Betracht kommenden Beträge sicher sind, ohne besonderes Risiko, da sie jederzeit von den Banken Deckung erwarten kann. Endlich kann auch der Hinweis darauf nicht durchschlagen, daß es bei der herrschenden Geldknappheit nötig sei, die Umlaufswirkung der Schecks nach Möglichkeit zu fördern. Das Scheckgesetz hat, wie die Begründung zu § 10 (S. 25) ergibt, durch Festsetzung einer kurzen Vorlegungsfrist in Verbindung mit dem Verbot der Annahme ausdrücklich darauf Bedacht genommen, den Scheck der Einlösungsstelle so rasch als möglich zuzutreiben und ein unnötig langes Herumwandern gleich dem Papiergeld hintanzuhalten. Es ist auch in der Begründung immer wieder besonders betont worden, daß der Scheck kein Kreditpapier wie der Wechsel sein solle. Bei diesem klaren Standpunkt des Gesetzes kann einer sich im Verkehr bildenden Übung, den Scheck als Kreditpapier zu behandeln, keine rechtliche Anerkennung zuteil werden. Aus den Ausführungen von Simonson, Scheckgesetz S. 160/161, über die Zulässigkeit der Ausstellung trassiert = eigener Schecks, die von einzelnen Großbanken auf ihre auswärtigen Filialen ausgestellt werden, ist nichts zugunsten der Revision zu entnehmen. Denn auch Simonson erkennt an, daß diesem von ihr bezeugten neuerlichen Verfahren einiger Großbanken in rechtlicher Hinsicht das nicht zu beseitigende Bedenken entgegensteht, daß es sich bei der Bankzentrale und ihren Filialen immer um ein einheitliches Rechtssubjekt handelt.

RGZ. 111, 280⁺.

1. ...

2. Kann trotz nachträglicher Verfälschung des Scheckinhalts die Verpflichtung eines Regreßschuldners nach Maßgabe des echten Scheckinhalts fortbestehen?

Scheckgesetz vom 11. März 1908 § 1 Nr. 2, § 23.

Feriensenat. Urt. v. 12. August 1925.

I. Landgericht I Berlin. — II. Kammergericht daselbst.

Der Kläger besitzt einen vom Beklagten auf „selbst oder Überbringer" gestellten Scheck vom 24. Januar 1924. Zur Herstellung des Schecks ist ein Formular benutzt, in dem für die Angabe der zu zahlenden Geldsumme außerhalb des Kontextes der Buchstabe M und innerhalb des Kontextes das Wort Mark vorgedruckt ist. Der Beklagte hat hinter das M die Zahl 7235 in Ziffern und hinter das Wort Mark dieselbe Zahl in Buchstaben geschrieben. Vor das M und vor das Wort Mark hat er den Buchstaben G gesetzt. Dieses, gleich den sonstigen Teilen der ursprünglichen Niederschrift, mit Tinte geschriebene G ist mit Tintenstift durchstrichen, aber an beiden Stellen noch lesbar. Daneben steht an den beiden Stellen das mit Tintenstift geschriebene Wortzeichen Rtm. Die Parteien sind darüber einig, daß GM und GMark Goldmark, Rtm. Rentenmark bedeuten soll. Streitig ist, wer die Durchstreichung des G und die Beisetzung des Wortzeichens Rtm. vorgenommen hat.

Der Kläger hat den Scheck der bezogenen Bank am 28. Januar 1924 zur Zahlung vorlegen lassen. Die Bank hat ihn als vom Aussteller gesperrt nicht eingelöst und dieses, sowie den Tag der Vorlegung durch eine auf den Scheck gesetzte, von ihr unterschriebene Erklärung bescheinigt.

Auf die im Scheckprozeß erhobene Klage haben die beiden Vorderrichter den Beklagten verurteilt, an den Kläger 7235 Goldmark nebst Zinsen zu zahlen. Die Revision des Beklagten hatte keinen Erfolg.

Gründe:

Der Beklagte macht in erster Linie die Nichtigkeit des Schecks geltend, und zwar mit doppelter Begründung: 1. wegen Nichterfüllung des Formerfordernisses in § 1 Nr. 2 des Scheckgesetzes mit Bezug auf die Angabe einer „bestimmten Geldsumme", 2. wegen Verfälschung des Schecks durch nachträgliche unbefugte Abänderung der Bezeichnung der zu zahlenden Geldsumme.

1. . . .

2. Die Durchstreichung des G und die Beisetzung des Wortzeichens Rtm. bei der in Ziffern und bei der in Buchstaben ausgedrückten Marksumme ist nach dem äußeren Anschein nachträglich bewirkt. Nach der unwiderlegten und deshalb zu unterstellenden Behauptung des Beklagten ist beides nach der Begebung des Schecks durch ihn ohne sein Wissen und ohne seine Einwilligung oder Genehmigung geschehen. Es ist demnach davon auszugehen, daß dem Beklagten gegenüber eine nachträgliche Verfälschung des Scheckinhalts stattgefunden hat. Dies hat das Berufungsgericht nicht verkannt. Es nimmt aber an, daß der Beklagte, da der ursprüngliche Wortlaut des Schecks noch lesbar sei, trotz der nachträglichen Verfälschung den Scheck mit dem Inhalt gegen sich gelten lassen müsse, den er selbst ihm gegeben habe. Diese Annahme entspricht dem in der Rechtsprechung des Reichsgerichts (RGZ. Bd. 54 S. 386, Bd. 108 S. 78 = JW. 1924 S. 1153 Nr. 18) für den Wechselverkehr entwickelten Grundsatz, daß die Wechselverpflichtung nach dem ursprünglichen Wechselinhalt erhalten bleibt, wenn die fälschende Veränderung den ursprünglichen Text dergestalt unberührt läßt, daß er

neben der Veränderung unversehrt bestehen bleibt und nach der Entfernung der fälschenden Durchstreichung oder des fälschenden Zusatzes, werde sie tatsächlich oder auch nur in Gedanken vorgenommen, in seiner Ursprünglichkeit wieder erkennbar wird. Daß diese von der Rechtsprechung des vormaligen Reichsoberhandelsgerichts und der überwiegenden Meinung im Schrifttum abweichende Auffassung mit allgemeinen Rechtsgrundsätzen und mit der besonderen Natur des formellen Wechselrechts in Einklang steht, ist insbesondere in dem zweiten der beiden angeführten Reichsgerichtsurteile eingehend dargelegt. Die von der Revision angezogene kritische Bemerkung von Bernstein (zu JW. 1924 S. 1153 Nr. 18), in der dieser seine vom Reichsgericht a. a. O. zurückgewiesene Meinung verteidigt, gibt dem erkennenden Senat keinen Anlaß, von der durch zwei Senate in voller Kenntnis des Streitstandes entwickelten Auffassung abzugehen. Daß das, was hinsichtlich der Verfälschung des Inhalts der Urkunde beim Wechsel gilt, auf den Scheck entsprechend anzuwenden ist, ist bei der insoweit wesentlich gleichen Rechtslage auf den beiden Rechtsgebieten nicht zu bezweifeln (vgl. einerseits Art. 75, 76 WO., anderseits § 23 SchG. und die Begründung zum Entwurf dieses Gesetzes S. 32), wird auch von der Revision nicht in Zweifel gezogen.

. . .

RGZ. 112, 137.

1. Bleibt der ursprünglich als Bezogener Bezeichnete der Bezogene, wenn an die Stelle im Scheckformular, wo der Name des Bezogenen angegeben ist, durch Stempelaufdruck ein anderer Name gesetzt wird, ohne daß der Name des ursprünglichen Bezogenen durchstrichen oder sonst unkenntlich gemacht wird?

2. Kann ein Scheck mehrere Bezogene enthalten?

Scheckgesetz §§ 1 Nr. 2, 16.

II. Zivilsenat. Urt. v. 24. November 1925.

I. Landgericht Leipzig. — II. Oberlandesgericht Dresden.

Die Klägerin ist Inhaberin und Indossatarin zweier an den Beklagten oder den Überbringer zahlbarer und vom Beklagten durch Blankoindossament weiter begebener Schecks vom 31. Januar und 8. Februar 1924 über 6460 und 9050,40 Rentenmark. Mit der Behauptung, daß die Schecks nach der darauf gesetzten Erklärung der Crimmitschauer Bank A.-G. in Crimmitschau vom 7. und 12. Februar 1924 der Bezogenen vergeblich zur Einlösung vorgelegt seien, hat die Klägerin gegen den

Beklagten auf Zahlung eines Teilbetrags von 2700 Rentenmark nebst Zinsen Klage erhoben. Der Beklagte hat eingewendet, er habe die Schecks nur aus Gefälligkeit für eine Firma St. & Co. in H. giriert, und die Klägerin habe sie von dieser Firma nur zu dem Zweck erhalten, die Scheckbeträge für sie einzuziehen; außerdem habe diese Firma mit der Klägerin vereinbart, daß die Schecksummen von der Firma St. & Co. in Raten gezahlt und die gegen den Beklagten erhobene Klage zurückgenommen werden solle.

Das Landgericht hat zunächst durch Teilurteil den Beklagten zur Zahlung von 2500 Rentenmark nebst Zinsen verurteilt und, nachdem die Klägerin den noch streitig gebliebenen Betrag von 200 RtM. hatte fallen lassen, über die Kosten entschieden. Das Oberlandesgericht hat die Klage abgewiesen. Die Revision der Klägerin war erfolglos.

Gründe:

Nach der Annahme des Berufungsgerichts fehlt es an der gesetzlichen Voraussetzung für den Regreßanspruch, weil die Schecks dem Bezogenen nicht zur Zahlung vorgelegt worden seien und er nicht die Zahlung verweigert habe; nicht die Crimmitschauer Bank, die den datierten Vermerk „vorgelegt und nicht bezahlt" gemacht habe, sondern die Gewerbebank e. G. m. b. H. in Crimmitschau sei die Bezogene; wenn sich auch an der Stelle, wo im Text die Gewerbebank als Bezogene bezeichnet steht, der Stempelaufdruck „Crimmitschauer Bank A.-G. Crimmitschau" befinde, so lasse doch dieser Stempel nach der Art und Weise seiner Anbringung nicht die Deutung zu, daß damit an die Stelle der im gedruckten Text als Bezogene aufgeführten Bank — der Gewerbebank — eine andere Bezogene — die Crimmitschauer Bank — habe gesetzt werden sollen; vielmehr könne es sich um einen rechtlich bedeutungslosen Firmenstempelaufdruck handeln, wie ihn die bei der Scheck- oder Wechselbegebung beteiligten Firmen auf der Vorderseite der Urkunde anzubringen pflegten. Der Aufdruck könne auch so verstanden werden, daß damit neben die Gewerbebank als weitere Bezogene noch die Crimmitschauer Bank habe gesetzt werden sollen; in einem solchen Fall würden die Schecks nichtig sein, da ein Scheck nicht mehrere Bezogene enthalten dürfe. Die Frage, wer als Bezogener anzusehen sei, müsse ausschließlich aus dem Inhalt des Schecks beurteilt werden.

Die Revision macht hiergegen geltend, der Beklagte selbst habe nicht bestritten, daß die Crimmitschauer Bank die Bezogene sei. Da Veränderungen nicht zu vermuten seien, müsse man entgegen der Annahme des Berufungsgerichts davon ausgehen, daß der Aufdruck sich schon bei der Ausstellung auf dem Scheck befunden habe und von allen Beteiligten dahin verstanden worden sei, daß die Crimmitschauer Bank die Bezogene sein sollte; dem entspreche auch die Erfahrung, da in ähnlichen Fällen, z. B. bei Verschmelzungen von Banken, die vorhandenen Scheckbücher durch den Aufdruck der neuen Firma über die bisherige verwertbar erhalten zu werden pflegten; darauf, ob der Aufdruck die alte Firma völlig überdecke, könne es nicht ankommen. Da ein Scheck, ohne ungültig zu werden, nicht zwei Bezogene enthalten könne und dies den Banken bekannt sei, müsse ein solcher Aufdruck, der nur von der in ihm bezeichneten Bank herrühren könne, dahin verstanden werden, daß die im Drucktext angegebene bezogene Firma durch die in dem Aufdruck bezeichnete ersetzt werden solle. So habe auch der Beklagte die Sache angesehen, bis er durch das Bedenken des Landgerichts auf die Möglichkeit hingewiesen worden sei, aus der Form und der Stelle des Aufdrucks einen Einwand abzuleiten.

Der Revisionsangriff geht fehl.

Daß die Crimmitschauer Bank A.-G. in Crimmitschau als Bezogene an die Stelle der Gewerbebank e. G. m. b. H. in Crimmitschau treten sollte, ist den Schecks selbst nicht zu entnehmen, da eine Durchstreichung der Worte „Gewerbebank e. G. m. b. H. Crimmitschau" im Kontext nicht stattgefunden hat und auch der seitliche Aufdruck „Gewerbebank e. G. m. b. H. Crimmitschau" unverändert geblieben ist. Da der Scheck ein für den Umlauf im Publikum bestimmtes Zahlungsmittel ist, muß aus ihm mit zweifelloser Sicherheit hervorgehen, wer die Zahlung aus dem Scheck leisten soll. Fehlt es hieran und ist deshalb der Scheck nichtig, so ist es bedeutungslos, in welchem Sinne der Text von den Beteiligten selbst verstanden worden ist.

Nach dem Text der beiden Schecks ist also davon auszugehen, daß jedenfalls die Gewerbebank e. G. m. b. H. als Bezogene bezeichnet worden ist; diese Annahme liegt um so näher, als die bezogenen Banken die Scheckbücher ihren Kunden zur Benutzung aushändigen und der seitliche unverändert gebliebene Aufdruck ohne weiteres darauf hinweist, daß es sich um ein Scheckformular der Gewerbebank handelt. Kommt aber die Gewerbebank als Bezogene in Frage, so scheitert der gegen den Beklagten als Indossanten erhobene Regreßanspruch daran, daß der nach § 16 des Scheckgesetzes erforderliche Nachweis, daß die Schecks der Gewerbebank zur Zahlung vorgelegt und nicht eingelöst worden sind, nicht geführt werden kann.

Sollte sich bereits vor Ausfüllung des Scheckformulars durch den Aussteller der Aufdruck „Crimmitschauer Bank A.-G. Crimmitschau" auf dem Formular befunden haben, so schließt dies die Möglichkeit nicht aus, daß sowohl die Gewerbebank wie die Crimmitschauer Bank als Bezogene in Frage kommen sollten. Mehrere Bezogene aber darf der Scheck nicht enthalten. Es folgt dies schon aus § 1 Nr. 2 ScheckG., wo von der an den Bezogenen gerichteten Anweisung die Rede ist. Würde man mehrere Bezogene zulassen, so würde darunter die Schnelligkeit und Einfachheit der Einlösung leiden; vgl. auch Lessing, ScheckG. S. 21 und Simonson, ScheckG. S. 32. Der hier fragliche Fall darf auch nicht auf eine Stufe gestellt werden mit den Überdrucken, die bei Verschmelzung von Banken vorgenommen werden. Denn hier handelt es sich um den Fall, daß die Gewerbebank und die Crimmitschauer Bank als selbständige Rechtssubjekte nebeneinander bestehen und das Vorhandensein eines Interessenvertrags zwischen beiden Banken dem Publikum das Verhältnis nicht ohne weiteres aufdeckt. Was die Banken bei Vornahme des Aufdrucks beabsichtigt haben, ist ohne Bedeutung; es kommt vielmehr darauf an, wie das Publikum, das sich zur Ausübung des Regreßrechts an die Vorschrift des § 16 halten muß, die Sache auffaßt. Sparsamkeit, die zu Zweifeln oder Mißverständnissen Anlaß geben kann, darf nicht auf Kosten der Sicherheit des Verkehrs geübt werden.

Wenn sodann gerügt wird, es sei nicht geprüft, ob nicht im Fall der Ungültigkeit der Schecks eine gültige indossable kaufmännische Anweisung übrig bleibe, so ist auch dieser Angriff unbegründet; denn abgesehen von den sonstigen Unterschieden zwischen Scheck und Anweisung begründet die Indossierung der letzteren nicht die Regreßpflicht des Indossanten gegenüber den Nachmännern, und darauf allein kommt es hier an.

RGZ. 115, 195.

Ist die Vorlegungsfrist für einen im Inland ausgestellten, in New York zahlbaren Scheck nach amerikanischem Recht zu bestimmen?

Scheckgesetz § 11 Abs. 2 Satz 2, Bekanntmachung des Bundesrats vom 19. März 1908.

II. Zivilsenat. Urt. v. 4. Januar 1927.

I. Landgericht Koblenz. — II. Oberlandesgericht Köln.

Die Beklagte hat am 19. April 1923 einen Scheck über 1320 Dollars auf das Bankhaus K., N. & K. in New York ausgestellt und darin als Zahlungsempfänger „die Firma J. M. in Kreuznach oder Überbringer" genannt. Nach der Behauptung der Klägerin wollte ihr Gesellschafter H. Ki. an jenem Tage bei der Beklagten 20 000 Franken gegen

Dollars umtauschen. Er zahlte den Frankenbetrag in Noten ein und erhielt dafür von der Beklagten durch Vermittlung der Firma J. M. als Gegenwert obigen Scheck über 1320 Dollars zahlungshalber und außerdem 328 Franken. Diesen Scheck ließ die Klägerin am 27. Juli 1923 der bezogenen Bank in New York zur Zahlung vorlegen. Die Bank war jedoch Ende Mai oder Anfang Juni 1923 in Konkurs geraten und der Scheck wurde daher nicht eingelöst.

Die Klägerin ist, zugleich aus abgetretenem Recht der Firma J. M., gegen die Beklagte klagbar geworden mit dem Antrag, ihr 1320 Dollars nebst 6 % Zinsen seit dem 27. Juli 1923 zu zahlen. Sie behauptet, der Scheck sei rechtzeitig vorgelegt worden, hilfsweise hafte die Beklagte auf Herausgabe der Bereicherung oder aus dem zugrunde liegenden Kassa-Austauschgeschäft. Die Beklagte wandte ein, sie könne als Scheckausstellerin nicht haftbar gemacht werden, weil die Vorlegungsfrist nicht eingehalten sei. Aus ungerechtfertigter Bereicherung hafte sie auch nicht, weil kein Kassa-Austauschgeschäft vorliege. Das Landgericht gab der Klage statt; das Oberlandesgericht wies sie ab. Die Revision der Klägerin blieb erfolglos.

Aus den Gründen:

Nach § 11 Abs. 2 Satz 2 des Scheckgesetzes bestimmt der Bundesrat die Vorlegungsfrist für Schecks, die im Inland ausgestellt und im Ausland zahlbar sind, sofern das ausländische Recht keine Vorschrift über die Zeit der Vorlegung enthält. Diese Frist ist durch Bekanntmachung des Bundesrats vom 19. März 1908 (RGBl. S. 85) auf 2 Monate bestimmt, wenn der Scheck dem Bezogenen in den Vereinigten Staaten von Amerika zur Zahlung vorzulegen ist. Sie kommt indessen nach der Auffassung des Berufungsgerichts nicht zur Anwendung, weil § 322 Art. 17 des New Yorker Scheckgesetzes vorschreibe, daß ein Scheck „within a reasonable time" vorzulegen sei, die angemessene Frist jedoch nach den Anschauungen des New Yorker Verkehrs nicht auf einen längeren Zeitraum als einen Monat zu erstrecken sei.

Diese Darlegung unterliegt insofern der Nachprüfung des Revisionsgerichts, als nach deutschem Rechte zu beurteilen ist, ob das New Yorker Scheckgesetz „keine Vorschrift über die Zeit der Vorlegung enthält". Denn die Entscheidung des Berufungsgerichts bindet das Revisionsgericht nur dann, wenn das nicht revisible Recht nach Maßgabe des revisiblen anzuwenden war. Die Nachprüfung konnte jedoch zu keinem anderen Ergebnis führen als dem des Berufungsgerichts.

Wenn auch das New Yorker Scheckgesetz eine zeitlich fest umgrenzte Vorlegungsfrist nicht enthält, so ist die Frist doch bestimmbar und soll nach amerikanischer Anschauung nach den Verkehrsbedürfnissen bestimmt werden. Für die deutsche Rechtsauffassung läßt sich aber nicht sagen, daß ein Gesetz, das eine angemessen zu berechnende Frist bestimmt, keine Vorschrift über die Zeit der Vorlegung enthalte. Dem steht § 186 BGB. nicht entgegen; denn er besagt nur, daß, wenn ein Gesetz bestimmte Fristen enthalte, für diese die Auslegungsvorschriften der §§ 187 flg. BGB. maßgebend seien. Dem § 186 ist daher, jedenfalls für das Scheckrecht, nicht zu entnehmen, daß nach deutscher Rechtsauffassung nur solche Fristen anerkannt werden sollen, die zeitlich fest begrenzt sind, und die Fassung des § 11 des Scheckgesetzes bringt mit hinreichender Klarheit zum Ausdruck, daß deutsches Recht nur dann anzuwenden ist, wenn es im ausländischen Rechte an Bestimmungen über die Zeit der Vorlegung gänzlich fehlt (vgl. Lessing Scheckgesetz 2. Aufl. S. 153, 154; Niemeyer im Bank-Archiv Band 24 S. 76; Bernstein in JW. 1924 S. 1552 Anm.; Lion in Hans.RZ. 1925 Sp. 153 flg.).

Dies war auch der gesetzgeberische Gedanke bei Erlassung des deutschen Scheckgesetzes. Wie die Begründung zum Entwurf des Scheckgesetzes von 1892 zu § 8 und zum Entwurf von 1908 zu § 11 ergibt, wurde von den deutschen Handelskreisen, entgegen der dehnbaren Fristbestimmung des englisch-amerikanischen Rechts, für Deutschland eine festbegrenzte Vorlegungsfrist gefordert. Dementsprechend hat das deutsche Scheckgesetz für die im Inland ausgestellten und zahlbaren Schecks eine Vorlegungsfrist von 10 Tagen bestimmt. Liegt dagegen der Ausstellungsort außerhalb des Reichsgebietes, so ist nach dem Entwurf von 1892 (§ 8 Abs. 2) der Scheck spätestens am fünften Tage nach Ablauf desjenigen Zeitraums zur Zahlung vorzulegen, der erforderlich ist, um ihn vom Ausstellungsort mit den gewöhnlichen Transportmitteln nach dem Zahlungsort zu senden, und das nämliche soll für den im Reichsgebiet ausgestellten, außerhalb des Reichsgebiets zahlbaren Scheck gelten, sofern das ausländische Recht keine Vorlegungsfrist vorschreibt. Dieser Gesetzesvorschlag ging also gleichfalls von einer dehnbaren Frist aus, an deren Stelle nach dem Entwurf von 1908, der Gesetz geworden ist, die vom Bundesrat zu erlassenden Vorschriften treten sollen; für Schecks jedoch, die im Inland ausgestellt und im Ausland zahlbar sind, sollen jene Vorschriften nur gelten, wenn das ausländische Recht keine Vorschrift über die Zeit der Vorlegung enthält. Über die Bedeutung dieser Einschränkung der Anwendbarkeit deutschen Rechts hat, wie die

Begründung beider Entwürfe ergibt, kein Zweifel geherrscht, da zu § 8 des ersten und zu § 11 des zweiten Entwurfs ausdrücklich bemerkt wurde, daß deutsches Recht nur maßgebend sein solle, wenn das ausländische Recht Vorschriften über eine Vorlegungsfrist überhaupt nicht kenne.

Findet sonach amerikanisches Recht Anwendung, so ist die Annahme des Berufungsgerichts, daß nach diesem Rechte unter Zugrundelegung der New Yorker Verkehrsauffassung der streitige Scheck spätestens innerhalb Monatsfrist, also bis zum 19. Mai 1923, vorzulegen gewesen sei, für das Revisionsgericht bindend (§ 562 ZPO.).

Das Berufungsgericht geht also ohne Rechtsirrtum davon aus, daß die Klägerin ihr Rückgriffsrecht gegen die Beklagte als Ausstellerin verloren habe, weil der Scheck der bezogenen New Yorker Bank erst am 27. Juli 1923 zur Zahlung vorgelegt und von ihr nicht eingelöst wurde. ...

RGZ. 166, 98.

1. Inwieweit hat beim Antrag auf Eröffnung eines Bankkontos die Bank die Aufgaben des Antragstellers über seine Persönlichkeit zu prüfen?

2. Welche Prüfungspflicht hat die Bank, wenn sie von einem ihrer Kontoinhaber Schecks erwirbt?

BGB. §§ 932, 935 Abs. 2, § 990. ScheckG. vom 11. März 1908 § 8.
ScheckG. vom 14. August 1933 Art. 21.

VI. Zivilsenat. Urt. v. 4. Februar 1941.

I. Landgericht Chemnitz. — II. Oberlandesgericht Dresden.

Der Kläger war alleiniger Inhaber der Firma Paul Sch. in R.dorf, das im Jahre 1935 in O. eingemeindet wurde. Er übergab Anfang 1938 das Unternehmen an seinen Sohn Kurt, der schon längere Zeit vorher sein Handlungsbevollmächtigter gewesen war. Der Kläger hat sich von seinem Sohn eine Forderung abtreten lassen, die mit Veruntreuungen des langjährigen Buchhalters des Unternehmens Arthur G. zusammenhängt. Dieser ließ in einer Reihe von Fällen Schecks, die dem Kläger von seinen Kunden in Zahlung gegeben waren, bei der Beklagten diskontieren und verwandte den Erlös für sich. Er hatte sich bei der Beklagten ein Konto eröffnen lassen und dabei zwar seinen richtigen Namen, als Beruf aber „Kaufmann" und dazu nicht seine in R.dorf belegene Wohnung, sondern die seines Bruders Johannes G. in Ch. angegeben. Die von ihm eingereichten Schecks versah er mit dem Firmenstempel, dem gefälschten Indossament des Kurt Sch. und mit seinem eigenen Indossament. Die ihm auf dem Konto gutgebrachten Beträge hob er in runden Summen teils selbst, teils durch seinen von ihm bevollmächtigten Bruder ab, den letzten Betrag im Februar 1937, womit das Konto erlosch. Insgesamt verschaffte er sich auf diese Weise mehr als 18 000 DM. Ein Steuerbeamter kam im Jahre 1938 hinter die Veruntreuungen, worauf der Kläger Strafanzeige erstattete. Arthur G. war geständig und wurde bestraft.

Mit der gegenwärtigen Klage macht der Kläger für den Schaden die Beklagte verantwortlich. Er wirft ihr vor, sie habe es bei der Eröffnung des Kontos an der erforderlichen Berechtigungsprüfung fehlen lassen, da sie andernfalls erkannt haben würde, daß Arthur G. nicht selbständiger Kaufmann, sondern kaufmännischer Angestellter sei und seine Wohnung nicht in Ch., sondern in R.dorf, am Sitze der Firma, habe. Hätte sie seine Angaben als falsch erkannt, so würde sie sofort Verdacht geschöpft haben. Weiter wirft der Kläger der Beklagten vor, daß sie den während Bestehens des Kontos auftauchenden Verdachtsgründen nicht nachgegangen sei: Alle Schecks hätten von der Firma Paul Sch. gestammt, und die in runden Summen vorgenommenen Abhebungen hätten jedesmal fast das ganze Guthaben erschöpft; G. habe seine Mitteilungen auf formlose Zettel ohne Briefaufdruck geschrieben und die Schecks stets mit der Post aus R.dorf, später O. eingesandt. Der Kläger meint, die Beklagte habe auch mit der Zeit Verdacht geschöpft; denn sie habe habe G. nicht mehr als „Kaufmann", sondern als „Händler" geführt.

Die Beklagte bestreitet jedes Verschulden. Sie behauptet, sie habe sich vor Eröffnung des Kontos einen Ausweis von G. vorlegen lassen, welchen, könne sie wegen der Länge der verstrichenen Zeit nicht mehr angeben. Der Name habe ja gestimmt; die Bezeichnung „Kaufmann" werde auch für kaufmännische Angestellte gebraucht. Eine Prüfung des Berufs und der Wohnung sei überhaupt nicht erforderlich; daß die von G. angegebene Wohnung die seines Bruders sei, habe sie gewußt, darin aber nur die nicht ungewöhnliche Angabe einer Postanschrift gesehen. Im Laufe des Geschäftsverkehrs sei ihr Verdacht weder gekommen, noch habe er ihr zu kommen brauchen. Auf Umstände der angegebenen Art zu achten, könne ihr nicht zugemutet werden. Die Änderung der Bezeichnung „Kaufmann" in „Händler" erkläre sich vermutlich aus der geringen Bewegung auf dem Konto. Der Kläger selbst habe sich höchst nachlässig verhalten.

Die Klage ging ursprünglich auf einen Teilbetrag von 8000 RM. nebst Zinsen. Gegen das die Klage abweisende Urteil des Landgerichts hat der Kläger Berufung eingelegt; er hat den Klageantrag auf 11 000 RM. nebst Zinsen erhöht. Seine Berufung ist zurückgewiesen worden. Auch die Revision blieb ohne Erfolg.

Gründe:

Nach der Annahme des Berufungsgerichts fehlt dem Klageanspruch eine schuldrechtliche Grundlage: die Parteien hätten niemals in vertraglichen Beziehungen gestanden, und der Mantelvertrag der Spitzenverbände der Kreditinstitute vom 9. Januar 1932, der die Pflicht zu gewissenhafter Berechtigungsprüfung einschärfe, gebe zwar den Kreditinstituten untereinander vertragliche Rechte (RGZ. Bd. 152 S. 262), aber nicht den Kunden nach §328 BGB.; auch § 165 (jetzt § 163) RAbgO. begründe für den einzelnen keine Rechte. Ferner scheidet das Berufungsgericht den Klagegrund der ungerechtfertigten Bereicherung aus, dem übrigens, wie es annimmt, der Einwand des Wegfalls der Bereicherung entgegenstehen würde. Den Hauptteil des Berufungsurteils bildet die Untersuchung, ob die Beklagte aus unerlaubter Handlung hafte. Hier kommt das Berufungsgericht zu der Meinung, daß nur § 823 Abs. 1 BGB. in Frage kommen könne, nicht § 823 Abs. 2, weil weder die Bestimmung der Reichsabgabenordnung noch die des Mantelvertrages ein Schutzgesetz für den einzelnen sei. Die Voraussetzungen des § 826 BGB. aber habe der Kläger in keiner Weise dargelegt. Für die Anwendung des § 823 Abs. 1 BGB. ist nach der Ansicht des Berufungsgerichts entscheidend, ob die Beklagte die ihr von G. eingereichten Schecks grob fahrlässig erworben habe, da sie andernfalls — die Schecks möchten nun Inhaber- oder Orderschecks gewesen sein — deren Eigentümerin geworden sei und folglich das Eigentum des Klägers an ihnen nicht mehr habe verletzen können. Die Beweispflicht für eine grobe Fahrlässigkeit der Beklagten legt das Berufungsgericht dem Kläger auf, und es erachtet den Beweis nicht für geführt, weder in Hinsicht auf die Eröffnung des Kontos, noch auf die spätere Zeit. Der einzige beachtliche Vorwurf, der die Beklagte nach der Ansicht des Berufungsgerichts trifft, ist der, daß sie vor Eröffnung des Kontos die Wohnung des G. nicht festgestellt hat, wie es die Reichsabgabenordnung und der Mantelvertrag vorschreiben. Das Berufungsgericht erwägt hierzu aber, die Beklagte habe gewußt, daß die von G. angegebene Wohnung die seines Bruders sei, mit dessen Hilfe sie erforderlichenfalls die eigene Wohnung des G. hätte ermitteln können; ihr Briefverkehr mit ihm habe sich die ganzen Jahre hindurch reibungslos abgespielt. Aus diesen Gründen sieht das Berufungsgericht die Fahrlässigkeit der Beklagten nur als leicht an. Es fügt hinzu, den Kläger selbst treffe eine weit größere Schuld als die Beklagte, da weder er noch seine von ihm als Verrichtungsgehilfen angestellten Kinder den Buchhalter G. genügend beaufsichtigt hätten; sein Sohn Kurt habe sogar nach Aufdeckung von Veruntreuungen im Jahre 1936 sich mit Vorhaltungen gegenüber G. begnügt, im übrigen aber geschwiegen und namentlich die Beklagte nicht gewarnt. Das Berufungsgericht hält die Vermutung für naheliegend, daß diese mehr als nachsichtige Behandlung des G. mit Steuerhinterziehungen des Klägers zusammengehangen habe, die G. bekannt gewesen seien, läßt das aber dahingestellt und erachtet die grobe Fahrlässigkeit des Klägers und seiner Verrichtungsgehilfen für so überwiegend ursächlich für den Schaden, daß demgegenüber das Verschulden der Beklagten nach § 254 BGB. nicht in die Waagschale falle.

Soweit diese Erwägungen von der Revision ohne Erhebung besonderer Angriffe nur zur Nachprüfung gestellt werden, geben sie zu Bedenken keinen Anlaß. Die besonderen Angriffe der Revision richten sich dagegen, daß das Berufungsgericht keine grobe Fahrlässigkeit der Beklagten angenommen und in seiner Hilfserwägung § 254 BGB. angewandt habe.

Ob eine Fahrlässigkeit als leichte oder als grobe zu beurteilen ist, ob also die im Verkehr erforderliche Sorgfalt nach den gesamten Umständen in ungewöhnlich großem Maße verletzt worden und dasjenige unbeachtet geblieben ist, was im gegebenen Falle jedem hätte einleuchten müssen, ist im wesentlichen eine Frage tatrichterlicher Würdigung (RGZ. Bd. 141 S. 131). Zu einem Eingreifen des Revisionsgerichts würde allerdings dann Anlaß gegeben sein, wenn das Berufungsgericht bei seiner Beurteilung einen erheblichen Umstand außer acht gelassen hätte. Das hält die Revision bei der Berufsangabe des G. für gegeben; allein mit Unrecht. Dem Berufungsgericht ist nicht entgangen, daß die in die Unterschriftskarte übergegangene Angabe des G., er sei „Kaufmann", nicht mit der Berufsbezeichnung in dem von ihm vorgelegten Ausweis übereingestimmt haben kann. Was für ein Ausweis das war, hat sich nicht mit Sicherheit feststellen lassen. Das Berufungsgericht nimmt aber in richtiger Beurteilung der Beweislast zugunsten der Beklagten an, daß G. ihr einen polizeilichen Einwohnermeldeschein vorgelegt hat, und fügt hinzu, nur müsse sie es dann auch gegen sich gelten lassen, daß dieser Schein im Zweifel den richtigen Beruf G.s — Buchhalter, kaufmännischer Angestellter oder Handlungsgehilfe — und seine Wohnung als in R.dorf befindlich bezeichnet habe, was sie aber nicht beachtet habe. Daraus ergibt sich klar, daß sich das Berufungsgericht des Mangels der Übereinstimmung zwischen der von G. gewählten und der in seinem Ausweis enthaltenen Berufsbezeichnung bewußt gewesen ist, und auf dieser

Grundlage müssen die Ausführungen des Berufungsurteils über die Frage gewürdigt werden, ob der Beklagten bei der Prüfung des Berufs eine grobe Fahrlässigkeit zur Last fällt. Das Berufungsgericht sagt hierzu, die Beklagte habe die Berufsangabe G.s nicht „nachgeprüft", und ihr sei deshalb entgangen, daß er nur kaufmännischer Angestellter war. Die Revision beanstandet hieran den Ausdruck „nachgeprüft", da die Beklagte die in dem Ausweis enthaltene Angabe ganz unbeachtet gelassen haben müsse. Der Ausdruck wäre in der Tat mißverständlich, wenn ihm nicht jene Erwägung zugrunde läge. So aber kann der Ausdruck nur dahin verstanden werden, die Beklagte habe es unterlassen, die mündliche Angabe G.s, er sei Kaufmann, an der Hand des von ihm vorgelegten Ausweises nachzuprüfen, sei es, daß ihr Vertreter die darin enthaltene Berufsangabe gar nicht gelesen oder die Abweichung von der mündlichen Angabe nicht beachtet habe. Hierin findet das Berufungsgericht keine grobe Fahrlässigkeit, weil weder die Reichsabgabenordnung noch der Mantelvertrag eine Feststellung des Berufs ausdrücklich verlangt, eine Nachprüfung der Berufsangabe nach der getroffenen Feststellung in den maßgebenden Fachkreisen nicht für erforderlich gehalten wird und schließlich auch, wie das Berufungsgericht annimmt, kaufmännische Angestellte, namentlich ältere — solche von einem Alter, wie es G. damals hatte — mit Rücksicht auf ihre kaufmännische Ausbildung und Beschäftigung im Verkehr üblicherweise, wennn auch nicht völlig zutreffend, als Kaufleute bezeichnet werden. Daß diese Annahme der Lebenserfahrung widerspreche, kann der Revision nicht zugegeben werden. Wenn freilich die Ausführung des Berufungsgerichts, daß in diesem Punkte „keine beachtliche Zuwiderhandlung" der Beklagten gegen ihre Pflicht zur Berechtigungsprüfung zu erblicken sei, dahin verstanden werden müßte, es treffe sie hierin nicht einmal der Vorwurf einer einfachen (leichten) Fahrlässigkeit, so müßte insoweit den Angriffen der Revision Recht gegeben werden. Weist die Urkunde den, der sie vorlegt, als kaufmännischen Angestellten aus, so kann es nicht geduldet werden, daß für ihn ein Konto unter der Bezeichnung „Kaufmann" angelegt wird; dafür ergibt sich auch nichts aus den vom Berufungsgericht eingeholten Gutachten, worauf die Revision mit Recht hinweist. Vielmehr liegt darin eine Nachlässigkeit, für welche die Beklagte einstehen müßte, wenn sie — wie im Falle RGZ. Bd. 152 S. 262 die dort verklagte Sparkasse — einfache Fahrlässigkeit zu vertreten hätte. Allein die Revision kann damit nach der hier gegebenen Rechtslage nicht durchdringen, weil nach den vom Berufungsgericht zutreffend angeführten Bestimmungen (§§ 932, 935 Abs. 2 BGB., § 8 ScheckG., vom 11. März 1908, Art. 21 ScheckG. vom 14. August 1933) nur grobe Fahrlässigkeit der Beklagten ihren Eigentumserwerb an den Schecks verhindert haben würde. Daß aber das Berufungsgericht keine grobe Fahrlässigkeit in in diesem Punkt angenommen hat, läßt sich, da hierin nichts Wesentliches unbeachtet geblieben ist, nicht aus Rechtsgründen beanstanden.

Ähnlich liegt es damit, daß die Beklagte sich mit der Angabe der Wohnung von G.s Bruder als der Postanschrift begnügt und sich um seine eigene, in R.dorf belegene und aus dem Einwohnermeldeschein ersichtliche Wohnung nicht gekümmert hat. Hierin nimmt das Berufungsgericht aus den schon angegebenen Gründen eine leichte Fahrlässigkeit der Beklagten an, also wiederum keine grobe. Daß bei dieser Beurteilung ein wesentlicher Umstand übersehen worden sei, vermag die Revision nicht darzulegen. Sie kann daher auch in diesem Punkte keinen Erfolg haben.

War aber einmal das Konto ohne grobe Fahrlässigkeit der Beklagten in dieser Weise eröffnet worden, so kann dem Berufungsgericht auch darin nicht aus Rechtsgründen entgegengetreten werden, daß es in der Abwickelung des Geschäftsverkehrs mit G. keine grobe Fahrlässigkeit der Beklagten findet. Es erwägt hierzu im einzelnen: Daß G. Angestellter des Klägers war, habe sie, auch wenn er als kaufmännischer Angestellter in R.dorf wohnte, nicht zu wissen brauchen. Nur bei schon vorgefaßtem Verdacht hätte ihr auffallen müssen, daß die Übersendungsbriefe vielfach mit dem Poststempel R.dorf oder O. versehen gewesen seien; ihr umfangreicher Geschäftsbetrieb und die darin durchgeführte Arbeitsteilung habe Verdachtsgründe nicht aufkommen lassen. Daß G. formlose Zettel ohne Firmenaufdruck benutzt und immer runde Summen abgehoben habe, sei nicht geeignet gewesen, begründeten Argwohn zu erregen. Auch wenn G. in ihren Büchern als kaufmännischer Angestellter geführt worden wäre, hätte sich die Einsendung der auf die Firma des Klägers lautenden Schecks damit erklären lassen, daß G. mit dem Kläger — da ja sein Angestelltenverhältnis zu ihm weder bekannt gewesen sei, noch habe bekannt zu sein brauchen — Geschäfte mache. Die Umwandlung der Bezeichnung „Kaufmann' in „Händler" lasse sich darauf zurückführen, daß das Konto verhältnismäßig geringe Bewegung gezeigt habe. Die Schecks und ihre Indossamente seien stets der Form nach in Ordnung gewesen. Der Verkehr mit G., den Bezogenen und den Ausstellern habe sich reibungslos vollzogen; niemals sei sie vom Kläger gewarnt worden. Alles das sind tatsächliche Erwägungen, die von der Revision nicht aus Rechtsgründen angegriffen werden können. Insbesondere die Frage, ob die fortgesetzte Einreichung von Schecks mit der Firma des Klägers bei der Beklagten Verdacht erwecken mußte, durchaus auf tatsächlichem Gebiet. Es ist auch nicht rechtsirrig, wenn das Berufungsgericht die Geschäftseinrichtung der Beklagten berücksichtigt hat. Damit ist der an die Sorgfaltspflicht anzulegende Maßstab nicht preisgegeben, sondern nur erwogen, welche Anforderungen an ein größeres Kreditinstitut, das sich mit der Diskontierung und Einziehung von Schecks befaßt, gestellt werden können. Keinesfalls ist aber, auch wenn man diese Anforderungen noch höher spannen wollte, dabei der Begriff der groben Fahrlässigkeit verkannt.

Auf die Hilfserwägung braucht bei dieser Sachlage nicht eingegangen zu werden. Nur wenn die Beklagte grob fahrlässig gehandelt und darum kein Eigentum an den Schecks erworben hätte, würde sie dem Kläger schadensersatzpflichtig sein, und zwar — hierin bedarf das Berufungsurteil der Berichtigung — nicht nach § 823, sondern nach § 990 BGB. (RGRKomm. z. BGB. Bem. 1 zu § 987, Bem. 1 zu § 989). Aber auch nur in diesem Falle käme § 254 BGB. in Betracht. Es kann daher auf sich beruhen, ob der Kläger seinen Schaden überwiegend seinem eigenen Verhalten und dem seiner Verrichtungsgehilfen, seiner Tochter und seines Sohnes, zuzuschreiben hat.

Sachregister

(Die Ziffern bedeuten die Seitenzahlen dieses Bandes)

A

Abhanden gekommener Wechsel, § 74 WO. Zur Anwendbarkeit des § 254 BGB. im Fall des § 74 WO. 599
Abredewidrige Ausfüllung siehe Vertragswidrige Ausfüllung
Abtretung siehe Wechselzessionar
Abwesenheitsprotest, Erfordernisse 406
—, Ein in der Wohnung des Bezogenen aufgenommener —, der den Mangel eines Geschäftslokals nicht feststellt 193
Abzahlungsgeschäft und Wechselhingabe 511
Akkreditierung, Rechtliche Natur 8
Akkreditiv, Zur Prüfungspflicht der die Stellung eines —s ausführenden Bank bzgl. Erfüllung des unterliegenden Geschäfts 108
Aktivlegitimation bei Wechselklagen 243
Akzept siehe Blankoakzept und Wechselakzept
Akzeptant, Erfordernisse für Identität zwischen dem Bezogenen und —en 428
Allgemeine Geschäftsbedingungen, Wesen und Bedeutung der —n — von Banken und ihre Anerkennung durch die Kunden 138
Änderung des Wechselinhalts siehe Beweislast und Wechselfälschung
Arglisteinrede gegen Spieleinwand 70
Aufrechnung der Aktiv- und Debetposten im Kontokorrent 47
— mit gezahlten früheren Gewinnen aus Börsenspiel 70
— gegenüber Forderungen aus Börsentermingeschäften. Regelung durch Bankbedingungen 162
Ausländische Bergwerksunternehmungen, Börsentermingeschäfte in Anteilen —r —, § 63 I BörsenGes. 92
Ausländische Börse, Börsentermingeschäfte an —n —n 42, 70
Ausländische Währung, Zur Zahlungsverpflichtung des Wechselschuldners in —r — bei mündlicher Vereinbarung 431
Ausländisches Recht, Unterwerfung unter — — braucht nicht ausdrücklich in der Wechselurkunde enthalten zu sein 531
—, Zur Vorlegungsfrist für einen im Inland ausgestellten, in New York zahlbaren Scheck 617
Aussteller siehe Wechselaussteller
Avalist, Einrede der Arglist gegenüber dem —en bei verfälschten Wechseln 504

B

Bank, Prüfungspflicht der — beim Antrag auf Eröffnung eines Bankkontos und bei Erwerb eines Schecks von einem Kontoinhaber 620
Bank- und Börsenrecht 1—191
Bankbedingungen, Wirksamkeit von —, welche die Aufrechnung gegenüber Forderungen aus Börsentermingeschäften regeln 162
Bankdepotgesetz siehe Depotgesetz
Bankgeschäfte von städt. Sparkasse. Haftung der Stadt 130
Bankscheck, Zur Gültigkeit des Wechsels bei Überschrift „zahlbar in —" 434
—, Präsentierung des auf eine bestimmte Depositenkasse einer Bank gezogenen Schecks bei der Zentrale. Indossament der auswärtigen Filiale 606
Bankverwahrung und Verpfändung von Wertpapieren, § 12 DepotGes. 181
Bedingte Wechselerklärungen, Zur Gültigkeit —r — 489
Begebungsvertrag, Bedeutung und Inhalt des wechselrechtlichen —s. Empfang eines blanco girierten Wechsels mit dem Auftrag, ihn für Rechnung des Gebers diskontieren zu lassen 476

Bereicherung, Herausgabe wegen Ungültigkeit des Börsentermingeschäfts und Wegfall der — 144
Bereicherungsanspruch, Voraussetzungen des Wechsel—s 414
—, Zum Wechsel— des Vormanns, der einen bereits präjudizierten Wechsel einlöst, gegen den Aussteller 515
Bereicherungsklage nach Art. 83 WO. bei Fortbestehen des der Wechselausstellung oder —Annahme zugrunde liegenden Rechtsverhältnisses 278
— siehe auch Kondiktion und Ungerechtfertigte Bereicherung
Bergwerksunternehmung. Preußische Kuxe als Anteile von —en 27
Berichtigung eines ungenügend beurkundeten Wechselprotests 497
Besitzkonstitut siehe Miteigentum
Beweisfälligkeit einer Partei auch in Punkten, die von Amts wegen zu berücksichtigen sind 541
Beweislast bei Rückforderung des zur Erfüllung einer Verbindlichkeit angeblich unter Vorbehalt Geleisteten 144
—, wenn es nach dem Wechsel zweifelhaft ist, ob der Einlösende als Mitaussteller oder als Bürge des Ausstellers unterzeichnet hatte 322
— für den Zeitpunkt der Veränderung des ursprünglichen Wechselinhalts 359
— bei der Wechselklage, wenn nach Begebung des Wechsels für dessen Hingabe ein neuer Rechtsgrund geschaffen worden sein soll 495
— siehe auch Domizilvermerk
Bezogener, Wechselziehung auf Mehrere 287
—, Unrichtige Angabe der Adresse des —n, Rechtliche Bedeutung 349
—, Unvollständige Angabe der Firma des —n im Wechsel 377
—, Erfordernisse für Identität zwischen dem —n und Akzeptanten 428
—, Zu der nach Firmenrecht richtigen Bezeichnung der bezogenen Firma für Gültigkeit des Wechsels 484
— siehe auch Stempelaufdruck
Blankoakzept, Zur Frage der Ermächtigung des Nehmers eines —s zur Domizilierung des Wechsels 206
—, Entstehung der Wechselforderung aus —en, Ausfüllung des —s von den Erben des Empfängers 212
—, Einreden aus der Person des Verkäufers gegenüber dem gutgläubigen Käufer eines —s 354
—, Ausfüllung des Blanketts während des Rechtsstreits 450
— siehe auch Wechselfälschung
Blanco-girierter Wechsel siehe Begebungsvertrag
Blankogiro, Legitimation eines Wechselerwerbers nach Verfall und Protest durch Benutzung eines vorprotestlichen —s 197
Blankoindossament, Legitimation des Inhabers eines kaufmännischen Verpflichtungsscheins durch — 305
Blankowechsel, Abredewidrige Ausfüllung eines —s 251, 255, 557
—, Wesen der Hingabe eines —s, Einwand vertragswidriger Ausfüllung 255
—, Mit Tinte ausgeschriebener Wechsel, dessen Verfalltag als einziges mit Bleistift ausgefüllt ist, ist als — zu behandeln. Eintragung eines beliebigen Verfalltags mit Tinte durch gutgläubigen Erwerber 343
—, Einsetzung eines späteren Verfalltages als vereinbart war 392
—, Einrede des mangelnden Wechselvertrages gegenüber dem gutgläubigen Erwerber des —s 411
—, Beginn der Verjährung des Wechselanspruchs 422
—, Zum guten Glauben bei Vollendung des Wechsels über das Recht des Vormanns zu der von diesem vorgenommenen Teilausfüllung 506
Bleistiftvermerke auf einem mit Tinte ausgeschriebenen Wechsel 343, 349
Börsentermineinwand, Abtretung einer Grundschuld zur Deckung der Terminschuld. Verlust des —s 174
Börsentermingeschäft, Zur Unwirksamkeit solcher Geschäfte, bei denen nicht beide Kontrahenten in einem entsprechenden Börsenregister eingetragen sind 15
—, Zur Anwendung des Börsengesetzes für an einer ausländischen Börse geschlossene —e 42
— in nicht zugelassenen Wertpapieren an ausländischen Börsen. Sicherheits-

stellung. Spieleinwand. Aufrechnung mit älteren Gewinnen 70
— in Anteilen ausländischer Unternehmungen, § 63 I BörsenGes. 92
— im Ausland und Differenzeinwand 94
—, Beweislast für die Wirksamkeit von —en 96
— in Waren und handelsrechtliches Lieferungsgeschäft, Unterscheidung 113
—, Herausgabe wegen Ungültigkeit des —s und Wegfall der Bereicherung 144
—, Berufung des Schuldners auf Unwirksamkeit der —e. Beschränkung der Unwirksamkeit auf einen Teil der —e 152
—, Unterschied von —, Kassageschäft, Spielgeschäft 165

Börsenterminhandel, Begriff. Folgen des verbotenen —s 27

Bürge, Bedeutung des einer Wechselunterschrift beigefügten Zusatzes „als —" 216
—, Wirkung der Einlösung eines trockenen Wechsels durch einen Wechselschuldner, der neben dem Aussteller als — unterzeichnet hat 322

Bürgschaft, Zur Übernahme der — einer nicht börsentermingeschäftsfähigen Person für eine Verbindlichkeit des Hauptschuldners aus einem voll wirksamen Börsentermingeschäft 148
— siehe auch Verbürgung

D

Datum der Vorlegungsbescheinigung des § 16 Nr. 1 ScheckGes. 592

Depositenkasse, Scheck, der auf die — einer Bank gezogen, aber bei der Zentrale präsentiert wird. Indossament der auswärtigen Filiale 606

Depositum irregulare, Kompensation und Retention beim — — 1

Depotgesetz, Verzicht auf Übersendung des Stückeverzeichnisses nach § 3 II — 55
— siehe auch Verzug

Depotverkehr, Regelung des —s (§ 8 DepotGes.), durch Bankkaufleute oder auch die übrigen Kaufleute? 87

Diebstahl des Wechsels, Hinterlegung der Wechselsumme, wenn Vormann der indossierten Tratte behauptet, der Wechsel sei ihm gestohlen und vom Inhaber grob fahrlässig erworben 325, 338

Differenzeinwand, Ausschluß des —es bei Börsentermingeschäften 51
— bei Börsentermingeschäften im Ausland. Zulässigkeit 94
— als Verstoß gegen die guten Sitten? 158
—, Zum — und Spieleinwand bei Börsentermin- und Kassageschäften 165

Diskontgeschäft, Zum Wesen des —s 414

Domiziliat, Zahlung des —en. Umwandlung der Leistung in eine Ehrenzahlung 375

Domizilierung des Wechsels siehe Blankoakzept und Nachträgliche —

Domizilvermerk, Beifügung der Benennung eines Gasthofes und seiner Straßennummer zum — in einem Wechsel enthält nicht die Benennung eines bestimmten Domiziliaten 295
—, Beweislast für nachträgliche Hinzufügung des —s auf dem Wechsel 456

E

Ehrenzahlung, Zahlung des Domiziliaten und Umwandlung der Leistung in eine — 375
— und Rückforderung der Zahlung als ungerechtfertigte Bereicherung 381

Eigentumsübergang an Wertpapieren 120

Einlösung eines präjudizierten Wechsels durch denjenigen, der für denselben früher Valuta von dem Inhaber erhalten hat, als Anstandspflicht i. S. des § 814 BGB.

Einrede des Akkreditierenden gegen den Anspruch aus dem Akkreditiv 8
— der Arglist gegen Spieleinwand 70
— der Rechtskraft aus einem den Wechselinkassomandatars abweisenden Urteil gegen einen neuen Inkassomandatar 274
— der Rechtshängigkeit im Wechselprozeß 541

— siehe auch Regreßklage und Blankowechsel
Einschüsse, die auf den künftigen Saldo im Kontokorrentverkehr geleistet werden, als Leistungen zur Erfüllung von Verbindlichkeiten aus Börsentermingeschäften? 47
Erben, Zur Ausfüllung des Blankoakzepts von den — des Empfängers und auf einen anderen Namen als den des Empfängers 212

F

Fahrlässigkeit siehe Grobe —
Fälschung, Einlösung eines verfälschten Schecks. Ersatzanspruch gegen den Aussteller 587
—, Nachträgliche — des Scheckinhalts 612
— siehe auch Wechselfälschung und Verrechnungsscheck
Fiskus als Remittent, Wechselerfordernisse 424
Fixgeschäft bei Vertragsbestimmung „im April 19. . . .“ 113
Formmangel, Wegen —s ungültiger Wechsel als kaufmännischer Verpflichtungsschein 305
Formulare siehe Scheckformulare
Fremde Schuld, Übernahme einer Wechselverpflichtung für — — 419
Frist für Übersendung des Stückeverzeichnisses, §§ 3, 4 Depotgesetz 103

G

Geldentwertung, Hinterlegung der in ausländischer Währung ausgedrückten Wechselsumme in entwerteter Mark 446
Gesamtschuldverhältnis, Wechselmäßige Schuldhilfe und — 419
Gesamtvertretung, Zur Unterzeichnung der Vorlegungsbescheinigung des § 16 Nr. 1 ScheckGes. 592
Geschäftsbedingungen siehe Allgemeine —
Geschäftslokal siehe Abwesenheitsprotest
Geschäftsübernahme, Schuldenhaftung und Verjährung bei der — 520
Gewohnheitsrecht, Bildung von — 468
Giro, Begebung eines Wechsels nach Protest. Legitimation durch das — des Ausstellers 391
Girokonto, Rechtliche Natur 1
Giroverkehr der Reichsbank bei Kenntnis der Zahlungseinstellung des Empfängers der Überweisung. Widerruf einer Überweisung auf Girokonto 36
GmbH und Inhaber sämtlicher Geschäftsanteile verschiedene Rechtspersönlichkeiten 80
Grobe Fahrlässigkeit, Umtausch eines Verrechnungsschecks in einen Barscheck als — — 599
Grundschuld, Abtretung einer — zur Tilgung einer Börsenterminschuld. Verlust des Termineinwands 174
Gute Sitten, Verstoß gegen — — siehe Sittenwidrigkeit
Guter Glaube einer Bank beim Pfanderwerb 87, 126
— des formell legitimierten Wechselinhabers 389
— siehe Blankowechsel
Gutgläubiger Erwerber eines Wechselblanketts. Einrede des mangelnden Wechselvertrags gegenüber —m — 411
—, Zur Einrede des mangelnden Wechselbegebungsvertrags gegenüber dem —n — des Wechsels 454
Gutgläubiger Käufer eines Blankoakzepts. Einreden aus der Person des Verkäufers ihm gegenüber 354

H

Heilung unverbindlicher Börsentermingeschäfte. Begriff der vereinbarten Leistung, § 57 BörsenGes. 96
— unverbindlicher Börsentermingeschäfte durch Erfüllungsannahme der vereinbarten Leistung 99
Hinterlegung der Wechselsumme, wegen subjektiver Ungewißheit des Gläubigers, Voraussetzungen 325, 338
— der in ausländischer Währung ausgedrückten Wechselsumme in entwerteter Mark 446

I

Indossament, Durchstreichung der nachfolgenden —e im Verfahren und Klagänderung 462
— siehe auch Vollindossament

Indossant, Zur Angabe der Ortsbezeichnung auf dem Wechsel durch —en, wenn er Benachrichtigung von der Nichtzahlung des Wechsels beansprucht 395
—, Zum Rückgriff des —en, der den rückläufigen Wechsel eingelöst hat, gegen Akzeptanten und Vormänner 399
—, Einwendungen des Wechselschuldners gegenüber dem Indossatar aus der Person des —en 562
Inhaberscheck, Übersendung eines —s an eine Bank von ihren Kunden „zur Gutschrift". Rechtliche Bedeutung 596
Inkassomandatar *siehe* Rechtskraft
Inkassozession siehe Vollindossament
Inverzugsetzung des Kommissionärs durch Aufforderung nach § 4 I DepotGes. 61

K

Kassageschäft, Anzeichen für ihre Spielnatur 96
—, wenn der Prämienkäufer die Wertpapiere effektiv bezieht? 142
—, Unterschied von Börsentermingeschäft, —, Spielgeschäft 165
Kaufleute, Regelung des Depotverkehrs (§ 8 DepotGes.) durch Bankkaufleute oder auch die übrigen —? 87
Kaufmännischer Verpflichtungsschein, Wegen Formmangels ungültiger Wechsel als — — 305
Klagänderung, Durchstreichung der nachfolgenden Indossamente im Verfahren und — 462
Klageerhebung, Fälligkeit eines eigenen Nachsichtwechsels durch — 216
Klausel siehe Schiedsgerichtsklausel und Wechselklausel
Kommissionär, Welche Stücke hat der — in dem von ihm nach §§ 3, 4 DepotGes. zu erteilenden Stückeverzeichnis anzugeben? 64
— siehe auch Verzug
Kompensation und Retention beim depositum irregulare 1
Kondiktion eines Wechsels 283
— siehe auch Bereicherung
Kontokorrentverkehr siehe Einschüsse und Aufrechnung
Körperschaft des öffentlichen Rechts. Formvorschriften für ihre wechselmäßigen Verpflichtungserklärungen 468
Kuxe siehe Preußische —

L

Legitimation eines Wechselerwerbers nach Verfall und Protest durch Benutzung eines vorprotestlichen Blankogiros 197
—, Begebung eines Wechsels nach Protest. — durch das Giro des Ausstellers 391

M

Mehrere *Bezogene* im Scheck 614
Mehrere Verpflichtete aus demselben Wechsel können verschiedenen örtlichen Gerichten unterliegen 531
Mehrere Wechselunterzeichner, Verhältnis —r — untereinander 322
Miteigentum, Voraussetzungen der Verschaffung von — durch Besitzkonstitut 144
Mitteilung an Dritten nach § 8 DepotGes. kann nicht stillschweigend gemacht werden. Kennenmüssen auf Seiten des Dritten genügt nicht 156
Mitwirkendes Verschulden des Ausstellers im Scheckverkehr 587

N

Nachsichtwechsel, Fälligkeit eines eigenen —s durch Klageerhebung 216
— siehe auch Wechselprotest
Nachträgliche Domizilierung eines Wechsels 258
Nicht rechtsfähiger Verein, Zur Frage der Wechselfähigkeit eines — —n —s 453
Notadresse, Formalitäten der Protesterhebung gegen eine — Bereitwilligkeit der — zur Intervention. Frage der Gültigkeit der — 369
Notar, Zur Haftung des —s für Aufnahme eines ungültigen Protestes 515
Novation durch Prolongation eines Wechsels 438

O

Orderwechsel ohne Remittenten 512
Ortsangabe im Wechseldatum 389

Ortsbezeichnung, Zur Angabe der — auf dem Wechsel durch Indossanten, wenn er Benachrichtigung von der Nichtzahlung des Wechsels beansprucht 395

P

Pfandrecht, Klage des Verpfänders auf Pfandrückgabe zeigt seine Bereitwilligkeit zur Zahlung der gerichtlich festgestellten Schuld 152
— siehe auch Verpfändung
Prämienkauf ein Börsentermingeschäft 142
Preußische Kuxe als Anteile von Bergwerksunternehmungen 27
Prokuraindossament siehe Wechselprotest
Prokuraindossatar, Zur Haftung der Reichsbank als —in aus dem Wechselinkassoauftrag für Versehen des Notars beim Wechselprotest 515
Prolongation eines Wechsels, Novation durch — 438
Prolongationsgeschäft bei Ultimo-Engagements in Börsenpapieren 10
Protest beim Verrechnungsscheck. Fassung. 604
— siehe auch Wechselprotest, Abwesenheitsprotest, Windprotest und Prokuraindossatar
Protesterhebung, Einrechnung des Tages der — in die Verjährungsfrist des Wechselregreßanspruchs? 456
— an einem anderen als dem in Art. 91 Satz 1 WO bestimmten Ort mit beiderseitigem Einverständnis und — in Abwesenheit des davon Betroffenen 361
— siehe auch Notadresse
Protestfrist als Form der Handlungen im Sinne von Art. 86 WO 520
Protestkosten, Zum Wechselanspruch des Remittenten auf Erstattung der — und Wechselprovision 273
Protesturkunde, Erfordernisse des Abwesenheitsprotestes 406
Prüfungspflicht der Bank beim Antrag auf Eröffnung eines Bankkontos und bei Erwerb eines Schecks von einem Kontoinhaber 620

R

Rechtshängigkeit, Einrede der — im Wechselprozeß 541
Rechtskraft, Einrede der — aus einem den Wechselinkassomandatars abweisenden Urteil gegen einen neuen Inkassomandatar 274
—, Umfang der — bei Klagabweisung wegen mangelnder Wechsellegitimation 274
Regreß, Verlorener Wechsel und — mangels Zahlung 314
— siehe auch Rückgriff
Regreßanspruch des Indossanten, der den rückläufigen Wechsel eingelöst hat, gegen Akzeptanten u. Vormänner 399
Regreßklage des Indossanten. Einrede, beide Wechselunterschriften seien zur gemeinschaftlichen Verbürgung für eine Schuld des Akceptanten gegeben 300
Reichsbank siehe Prokuraindossatar
Reichsbankstelle siehe Wechselprotest
Reichsmarkschuld, Zahlung einer —, auch wenn sie Wertschuld ist, durch Reichsmark 137
Remboursregreß, Voraussetzungen 399
Remittent, Zum Wechselanspruch des —en auf Erstattung der Wechselprovision und Protestkosten 273
—, Erfordernis der genauen Bezeichnung des —en bei einem gezogenen Wechsel 357
—, Wechselerfordernisse bei Fiskus als — 424
—, Die in einem Wechsel fehlende Bezeichnung des —en kann noch während des Rechtsstreits nachgeholt werden 450
—, Orderwechsel ohne —en 512
Retention siehe Kompensation
Rubel Polnisch, Wechsel auf — — 255
Rückgriff aus einem Verrechnungsscheck 573
Rücktritt des Kommittenten bei unrichtiger Angabe des Stückeverzeichnisses bzgl. des ganzen Geschäfts oder nur bzgl. der fehlenden Stücke? 64

S

Scheckformulare, Mißbräuchliche Benutzung von —n. Sorgfalt bei Aufbewahrung von —n und bei Auszahlung des Guthabens 571

Scheckrecht 571—Ende
Scheckregreß, § 16 II Nr. 1 Scheck.Ges. 597
Schenkung, Wechselakzept als — 385
Schiedsgericht, Zur Auslegung des § 28 Börsengesetz 47
Schiedsgerichtsklausel, Unwirksamkeit der bei klaglosen Börsentermingeschäften vereinbarten — 47
Schiedsvertrag, Einrede des —s gegenüber Wechselanspruch 384
Schlußscheinbestimmung über Verzug und Nachfristgewährung, Bedeutung 113
Schuldhilfe, Wechselmäßige — und Gesamtschuldverhältnis 419
Sekunda *siehe Wechsel-Sekunda*
Selbsthilfe oder Deckungsverkauf von Wertpapieren 120
Selbstkontrahieren beim Wechselakzept 397
Sicherheitsleistung, Spieleinwand gegen inoffizielle Börsentermingeschäfte bei — nach § 54 BörsenGes. 70
— bei Börsentermingeschäften mit dem „jeweiligen Guthaben" 80
— nach § 54 BörsenGes. mit einer Forderung auf Lieferung von Wertpapieren 178
Sichtwechsel, Vorlegungsvermerk mit bedingter Zahlungsanweisung. Versäumung der rechtzeitigen Vorlegung des —s 489
Sittenwidrigkeit, Differenzeinwand als Verstoß gegen die guten Sitten 158
Sparkasse, Bankgeschäfte von städtischer — Haftung der Stadt 130
Sparkassenbeamte siehe Stadtgemeinde
Sperrung des Kontos, Bedeutung dieser Erklärung der Girobank einem Kunden gegenüber 36
Spieleinwand gegen inoffizielle Börsentermingeschäfte bei Sicherheitsleistung nach § 54 BörsenGes. 70
— siehe auch Differenzeinwand
Spielgeschäft, Unterschied von Börsentermingeschäft, Kassageschäft, —. 165
Spielnatur von Kassegeschäften 96
Stadtgemeinde, Bankgeschäfte der städt. Sparkasse. Haftung der — 130
—, Haftung einer — für satzungswidrige Wechselerklärungen ihrer Sparkassenbeamten 494
Stempelaufdruck eines anderen Namens auf dem Namen des Bezogenen. Mehrere Bezogene im Scheck 614
Stückeverzeichnis, Verzicht auf Übersendung des —ses nach § 3 II DepotGes. 55, 61
—, Zum Inhalt des —ses nach §§ 3, 4 DepotGes. 64, 103
—, Zur Verlängerung der dreitägigen Nachholungsfrist zur Übersendung des —ses (§ 4 DepotGes.). Verzicht auf das — 116
—, Verpflichtung und Übersendung des —ses (§ 3 DepotGes.) bei Vorliegen einer nicht eigentlichen Einkaufskommission, sondern eines ähnlichen Rechtsverhältnisses. 116

T

Teilausfüllung siehe Wechselblankett
Teilbeträge, Zum Anspruch auf Zahlung der Wechselsumme in —n an verschiedene Empfänger 541
Teilindossament, Zur Frage der Zulässigkeit eines —s 232
Tod des Akzeptanten und Wechselprotest mangels Zahlung 345

U

Überweisung, Widerruf einer — auf Girokonto 36
Ultimo-Engagement, siehe Prolongationsgeschäft
Umdeutung nichtiger Wechselerklärungen 512
Umgehung des Gesetzes, Begriff 15
Ungerechtfertigte Bereicherung, Ist der Anspruch auf Herausgabe einer solchen nach dem BGB nur subsidiär? 295
— siehe auch Bereicherungsklage und Ehrenzahlung
Unterbrechung der Verjährung bei nicht ordnungsmäßiger Zustellung des Zahlungsbefehls 456
Unterschrift des Wechselausstellers 404
— siehe auch Wechselfälschung
Unterzeichnung der Vorlegungsbescheinigung des § 16 Nr. 1 ScheckGes. bei Gesamtvertretung einer Gesellschaft 592

V

Verbotene Börsentermingeschäfte, Zur Frage der —n — 92
Verbotene Wertpapiere, Nichtigkeit der börsenmäßigen Termingeschäfte in —n —n 27
Verbürgung, Einrede gegen Wechselregreßklage, beide Wechselunterschriften seien zum Zweck gemeinschaftlicher — für eine Schuld des Akzeptanten gegeben 300
Verein, Zur Frage der Wechselfähigkeit eines nicht rechtsfähigen —s 453
Vereinbarte Leistung im Sinne des § 57 BörsenGes., Begriff 96, 99, 135
— nach § 57 BörsenGes. durch Verschaffung von Miteigentum an den im Sammeldepot liegenden Wertpapieren 144
Verfalltag siehe Blankowechsel
Verfälschung siehe Fälschung und Wechselfälschung
Verfügungsermächtigung des Hinterlegers nach § 2 DepotGes. 181
Verjährung, Wechselregreß und Einwand der — des Akzepts 221
—, Schuldenhaftung und — bei der Geschäftsübernahme 520
— eines Wechselanspruchs nach englischem Recht 531
— siehe auch Unterbrechung der —
Verjährungsbeginn des Anspruchs aus einem Blankowechsel 422
Verjährungsfrist, Tag der Protesterhebung wird in die — des Wechselregreßanspruchs nicht eingerechnet 456
Verlorener Wechsel und Regreß mangels Zahlung 314
Verpfändung fremder Wertpapiere, § 2 DepotGes. 78
— von Wertpapieren, § 8 DepotGes. 126
— von Wertpapieren und Bankverwahrung § 12 Depot-Ges. 181
Verrechnungsscheck, Rückgriff aus einem — 573
—, an dem zur Zeit der Vorlegung der Verrechnungsvermerk im Wege der Fälschung entfernt worden war. Haftung des Bezogenen 587
—, Umtausch eines —s in einen Barscheck als grobe Fahrlässigkeit 599
—, Fassung des Protestes beim — 604
Vertragswidrige Ausfüllung, Wesen der Hingabe eines Wechselblanketts. Einwand —r — 255
— eines Blankowechsels 251, 557
Verwahrung fremder Wertpapiere. Keine ausdehnende Auslegung des § 2 DepotGes. 139
Verzicht auf Übersendung des Stückeverzeichnisses nach § 3 II DepotGes. 55, 61, 116
Verzug, Zum — des Kommissionärs nach fruchtlosem Ablauf der in § 3 I DepotGes. bestimmten Frist 61
— siehe auch Inverzugsetzung
Vollindossament, Wirkung eines —s, das erteilt ist, damit der Indossatar einen Teil der Wechselsumme für eigene Rechnung, den anderen Teil für Rechnung des Indossanten beitreibe 271
—, Einwand, daß das den Regreßnehmer legitimierende — auf fiduziarischer Inkassozession beruhe 509
Vordatierter Scheck, Rechtliche Bedeutung 174
Vorlegungsfrist, Zur Ausstellung der Vorlegungsbescheinigung nach § 16 Nr. 1 ScheckGes. innerhalb der — nach § 11 ScheckGes. 592
— für einen im Inland ausgestellten, in New York zahlbaren Scheck 617
Vorlegungsvermerk siehe Sichtwechsel

W

Wechsel, Bezeichnung des —s als — nicht in der Urkunde selbst, sondern nur als Überschrift 305
Wechselakzept des Nichtbezogenen 266, 377
—, Zur Gültigkeit des —s, wenn der Wechsel auf eine OHG gezogen und von einer AG akzeptiert ist 266
—, Tragweite der Klausel, daß die seewärts zu liefernde Ware durch — gegen Aushändigung der Verladungs- und Versicherungsdokumente einzulösen sei 353
—, Schenkweise erteiltes —, Rechtliche Bedeutung 385

—, Selbstkontrahieren beim — 397
—, Erfordernisse 484
Wechselaussteller, Zur Unterschrift des —s 404
Wechselbegebungsvertrag, Zur Einrede des mangelnden —s gegenüber dem gutgläubigen Erwerber des Wechsels 454
Wechselblankett siehe Blankowechsel
Wechseldatum, Ortsangabe im —
Wechselerklärung, Auslegung, Bedingte —en 489
Wechselerwerb in bösem Glauben oder in grober Fahrlässigkeit 325, 338
Wechselfähigkeit, Beweislast 257
Wechselfälschung, Haftung desjenigen, der seine Unterschrift auf einen Wechsel gegeben, der leicht verfälscht werden kann, bei späterer — 209
—, Einwand der — gegenüber dem dritten Inhaber bei abredewidriger Ausfüllung eines Wechselblanketts mit domizilierter Adresse 251
—, Nachträgliche Änderung des vertragsmäßig fertig gestellten Wechsels durch Empfänger eines Blankoakzepts — oder nur Überschreitung der erteilten Ermächtigung zur Ausfüllung des Blanketts? 337
—, Zur Verpflichtung, glaubhafte Mitteilungen über die — einer auf dem Wechsel befindlichen Unterschrift weiterzugeben 381
—, Nachträgliche — des Inhalts und Verpflichtung früherer Wechselschuldner nach Maßgabe des echten Wechselinhalts 440
— Einrede der Arglist gegenüber dem Avalisten 504
—, Gefälschte Unterschrift und nachträgliche Genehmigung des Namensträgers 525
— und abredewidrige Ausfüllung des Wechsels 557
Wechselintervention, Formalitäten der Protesterhebung gegen eine Notadresse 369
Wechselklausel, „zahlbar in Bankscheck" 434
Wechsellegitimation, Umfang der Rechtskraft bei Klagabweisung wegen mangelnder — 274
Wechselprotest, Erfordernisse 246, 428
—, Zur Gültigkeit eines —es, den ein Prokuraindossatar hat erheben lassen, wenn der Wechsel noch ein späteres nicht durchstrichenes Prokuraindossament auf einen Dritten trägt 260
—, Zur Gültigkeit des —es wenn der Vorname des Protestanten in der Protesturkunde unrichtig angegeben ist 280
—, Zur Gültigkeit des —s, der gegenüber einem Vorstandsbeamten einer Reichsbankstelle ohne Feststellung der Abwesenheit des anderen Vorstandsbeamten aufgenommen wurde 332
— mangels Zahlung, wenn Akzeptant gestorben 345
—, Ungenügende Beurkundung und nachträgliche Berichtigung 497
—, Förmlichkeiten des —es, durch den die Präsentation eines eigenen Nach-Sicht-Wechsels beurkundet wird 373
—, Begebung eines Wechsels nach —, Legitimation durch das Giro des Ausstellers 391
— siehe auch Protest, Abwesenheitsprotest, Windprotest und Prokuraindossatar
Wechselprovision, Zum Wechselanspruch des Remittenten auf Erstattung der — und Protestkosten 273
Wechselrecht 193—569
Wechselregreß und Einwand der Verjährung des Akzepts 221
Wechsel-Sekunda, Recht des Inhabers der — auf Aushändigung der akzeptierten Prima 229
Wechselsumme, Hinterlegung der — mit befreiender Wirkung bei Ungewißheit über die Person des Gläubigers 325, 338
Wechselurkunde, Grundsätze für die Auslegung der — 357
— siehe auch Ausländisches Recht
Wechselvindikation gegen den wechselrechtlich und den zivilrechtlich legitimierten Wechselbesitzer 261
Wechselzessionar, Über Befugnis des —s zur Girierung des Wechsels 274
Wechselziehung auf Mehrere 287
Wertpapiere, Preußische Kuxe als — im Sinne des Börsengesetzes 27

—, Verpfändung fremder — 78
—, Eigentumsübergang. Selbsthilfe- oder Deckungsverkauf 120
—, Verwahrung fremder —. Keine ausdehnende Auslegung des § 2 DepotGes. 139
—, Bestellung einer Sicherheit nach § 54 BörsenGes. mit einer Forderung auf Lieferung von —n 178
Widerruf einer Überweisung auf Girokonto 36
— des Schecks vor dem scheckmäßigen Ausstellungstage 574
— eines Schecks, § 13 III ScheckGes. 580
Windprotest, aus dem nicht hervorgeht, daß *Protestbeamte Ermittlungen* nach Geschäftslokal oder Wohnung des Bezogenen angestellt hat 386
Wohnort des Ausstellers eines eigenen Wechsels, § 97 WO 216
Wohnungsangabe des Bezogenen in der Adresse des Wechsels, Rechtliche Bedeutung für Zahlstellenangabe 406
Wuchereinwand gegenüber Wechselanspruch 551

Z

Zahlstelle, Wirkung einer im Akzept angegebenen — Wohnungsangabe des Bezogenen in der Adresse des Wechsels 406
Zahlstellenwechsel, Erfordernisse (Art. 91 a Satz 1 WO) 419
Zession siehe Wechselzessionar
Zurückbehaltungsrecht nach § 8 DepotGes., Voraussetzungen 156

Kolibri 360 GmbH
Ferdinand-Jühlke-Straße 7
99095 Erfurt, Deutschland
produktsicherheit@kolibri360.de